21वीं शती का हिन्दी उपन्यास

[आलोचना]

21वीं शती का हिन्दी उपन्यास

पुष्पपाल सिंह

राधाकृष्ण प्रकाशन

ISBN : 978-81-8361-788-8

21वीं शती का हिन्दी उपन्यास

पहला संस्करण : 2015
तीसरा संस्करण : 2021
This book is printed on **Print on Demand** Technology : 2026

मूल्य : ₹1395

प्रकाशक
राधाकृष्ण प्रकाशन प्राइवेट लिमिटेड
जी-17, जगतपुरी, दिल्ली-110 051
शाखाएँ : अशोक राजपथ, साइंस कॉलेज के सामने, पटना-800 006
पहली मंजिल, दरबारी बिल्डिंग, महात्मा गांधी मार्ग, प्रयागराज-211 001
1, अनमोल सोराबजी संतुक लेन, धोबी तलाव, मरीन लाइंस, मुम्बई-400 002
वेबसाइट : www.radhakrishnaprakashan.com
ई-मेल : info@radhakrishnaprakashan.com

मुद्रक
बी.के. ऑफसेट
नवीन शाहदरा, दिल्ली-110 032

21WEEN SHATI KA HINDI UPANYAS
Criticism by Pushppal Singh

भूमिका

पिछली शती के अन्तिम दशक के प्रारम्भ से ही उपन्यास न केवल हिन्दी में अपितु समस्त देशी-विदेशी भाषाओं में साहित्य-रचना के केन्द्र में आ गया था। यह वह विकराल समय है जिसकी विकटता पर उपन्यास विधा में ही व्यापक तथा गहरा विमर्श रचा जा सकता था। इस काल-खंड में उपन्यास को जो लोकप्रियता प्राप्त हुई है, उसकी सम्पुष्टि अंग्रेज़ी के कई प्रतिष्ठित अन्तर्राष्ट्रीय प्रकाशन संस्थानों के संचालकों ने प्रेस को दिये अपने साक्षात्कारों में की है। हिन्दी के छोटे-बड़े प्रकाशकों ने सोत्साह धड़ाधड़ उपन्यास प्रकाशित किए—कभी ख़्यात नामों के तो कभी बिलकुल नए लेखकों के भी, और कभी उन लेखकों की उपन्यास-शीर्षक रचनाओं को भी प्रकाशन-अवसर मिला जो प्रकाशन के सर्वथा अयोग्य थीं। प्रतिवर्ष प्रकाशित उपन्यासों की संख्या इतनी अधिक हो चली कि उन सबका आकलन और मूल्यांकन किसी भी समीक्षक के लिए दुस्तर कार्य है। फिर भी वर्ष के अन्त में कुछ विशिष्ट उपन्यासों को रेखांकित करने के प्रयास भी होते रहे हैं। कुछ स्तरीय समाचार-पत्रों व पत्रिकाओं ने विशिष्ट उपन्यासों की समीक्षा प्रकाशित कर श्रेष्ठ उपन्यासों के रेखांकन का प्रयास भी किया। प्रस्तुत अध्ययन में प्रायः डेढ़ सौ उपन्यासों का अध्ययन कर, छलनी लगाकर, उपन्यास के श्रेष्ठ का मूल्यांकन किया गया है। वर्ष 2013 अप्रैल तक के उपन्यासों को अध्ययन-सीमा में रख इस पुस्तक को अद्यतन बनाने का प्रयत्न किया गया है।

21वीं शती के बारह बरस तो बीत चले और तेरहवें का आधे से अधिक समय गत हो चला है, हमारा प्रयास रहा है कि इस अध्ययन के द्वारा 21वीं शती के हिन्दी उपन्यास का अद्यतन संक्षिप्त इतिहास प्रस्तुत कर उसके कथ्य और शिल्प का व्यापक और गहन अध्ययन प्रस्तुत किया जा सके। इस क्रम में कई उपन्यासकारों की स्थापित छवि को ठेस भी पहुँची है, साहित्य जगत और समीक्षा में उनका अधिमूल्यन सही-सही मूल्यांकन को बाधित भी करता रहा है और उपन्यास के इतिहास को सही परिप्रेक्ष्य में देखने की दिशा भी अवरोधित होती रही है। इसी क्रम में कुछ ऐसे उपन्यासों-कृतिकारों का भी सही मूल्यांकन हुआ है जो प्रायः उपेक्षित या अवमूल्यित रहे हैं। कितनी ही नई उपन्यास प्रतिभाओं पर यहाँ प्रथम बार प्रकाश डाला गया है, उनका आगामी लेखन ही उपन्यास के इतिहास में उनकी जगह निर्धारित करेगा।

हिन्दी उपन्यास का कथ्य आज इतना विराट और बहुआयामी हो चला है कि पिछली शती के उपन्यास की तुलना में वह बहुत आगे खड़ा है। कथ्य और शिल्प दोनों स्तरों पर उपन्यास के ढाँचे में व्यापक तोड़-फोड़ हुई है। उपन्यास को गम्भीर विचार-विमर्श का माध्यम बनाने के लिए जो नई कथ्य-शैलियाँ विषयों को व्यापकता में चर्चित करने के लिए अपनाई गईं, वे विस्मयकारी हैं। वे इतनी आश्चर्यकारी हैं कि कुछ लोगों ने कुछ कृतियों को 'उपन्यास' न मानने की हठधर्मिता

भी दिखाई, यद्यपि उन कृतियों ने अपनी व्यापक स्वीकृति से साहित्य में अपनी यश-ध्वजा भी फहराई। इनमें से कुछ कृतियाँ तो इतनी उच्च कोटि की बन पड़ी हैं कि विश्व उपन्यास की उन श्रेष्ठ कृतियों, 'बेस्ट सेलर्स', के सम्मुख सगर्व रखी जा सकती हैं, जिन्हें भले ही पश्चिम में प्रचलित अकूत राशि के साहित्यिक पुरस्कार मिले हों। अब यह मोह भी भंग हो चुका है कि जो पुरस्कृत हो, वही सर्वश्रेष्ठ है—श्रेष्ठता और लोकप्रियता के मानक सदैव एक ही नहीं हुआ करते!

हमारा यह विनम्र प्रयास रहा है कि सभी प्रकार की साहित्यिक खेमेबाज़ी और गुटबन्दियों से ऊपर उठकर श्रेष्ठ कृतियों, उपन्यासों को अध्ययन का आधार बनाकर निष्कर्ष स्थापित किए जाएँ। इस प्रयास में मैं कितना सफल हो सका हूँ, इसका निर्णय विद्वजन करेंगे।

पुस्तक की अध्ययन-योजना इस प्रकार है : प्रथम खंड के अन्तर्गत छह अध्याय हैं। **अध्याय एक :** '21वीं शती का दुर्धर्ष परिवेश' वर्तमान के उस विकराल और अजेय समय को देखने का प्रयत्न करता है जिसके सम्मुख मनुष्य आज बेचारा बनकर रह गया है। साहित्य और कलाएँ उसे उसकी इसी बेचारगी से और 'मनुष्यता' को बचाने का सतत प्रयत्न कर रही हैं। **अध्याय दो :** '21वीं शती में उपन्यास स्थिति' में भारतीय भाषाओं और अंग्रेज़ी का भारतीय उपन्यास की स्थिति का संक्षिप्त दिग्दर्शन है तथा साथ ही उपन्यास-समीक्षा के संकटों पर विचार किया गया है। **अध्याय तीन :** '21वीं शती का हिन्दी उपन्यास' में 21वीं शती में रचित उपन्यासों को ऐतिहासिक परिप्रेक्ष्य में देखा गया है। **अध्याय चार :** '21वीं शती उपन्यास : कथ्य का विराट वितान' में इस विपुल उपन्यास साहित्य के कथ्य के गम्भीर सरोकारों का विस्तृत विवेचन हुआ है। **अध्याय पाँच :** 'नारी-पुरुष सम्बन्ध और नया नारी-विमर्श' के अन्तर्गत नारी-पुरुष सम्बन्धों में आए बदलावों और उनके आधार पर स्त्री-विमर्श का व्यापक धरातल यहाँ विवेचित हुआ है। यह अध्याय पूर्ववर्ती अध्याय का अगला चरण ही है, यह उसी के अन्तर्गत भी आ सकता था किन्तु वह अध्याय बहुत पृथुल हो जाता और जितनी व्यापकता में इस समस्या पर विचार हुआ है, उसे अलग अध्याय में रखना ही उपयुक्त लगा। **अध्याय छह** में '21वीं शती उपन्यास : नई शैल्पिक संरचना' उपन्यास-शिल्प के नए-नए प्रयोगों की चर्चा कर उपन्यास के परिवर्तित रूपाकार ('फॉर्म') पर विचार करते हुए यह देखने का प्रयास किया गया है कि उपन्यास का स्वरूप आज कितना-कितना नवीन हो उठा है। खंड-दो के अन्तर्गत 21वीं शती के उन प्रमुख उपन्यासों की प्रकाशन वर्षानुक्रम से विस्तृत समीक्षा प्रस्तुत हुई है जिनके द्वारा इस शती के हिन्दी उपन्यास का गौरवपूर्ण रूप गढ़ा गया है। मुझे एहसास है और कुछ उपन्यासकारों को एतराज़ भी हो सकता है कि उनकी या अमुक कृति क्यों छूट गई किन्तु मेरी भी तथा इस ग्रन्थ के आकार की भी सीमा—एक विवशता थी! अस्तु!! आशा है, विद्वत्समाज पहले की ही भाँति मेरी इस कृति को सकारेगा!!

—पुष्पपाल सिंह

अनुक्रम

खंड : एक

खंड : दो
विशिष्ट उपन्यास खंड
क्रम [वर्षानुक्रम से]

खंड : एक

अध्याय : एक

21वीं शती का दुर्धर्ष परिवेश

21वीं शती का परिवेश वस्तुतः दुर्धर्ष है। 'दुर्धर्ष' के कोशों में दिए गए अर्थ हैं : जिसका पराभव न किया जा सके, जिसे वश में न किया जा सके, उग्र, प्रबल—ये सभी अर्थ 21वीं शती और उसके परिवेश को परिभाषित करते हैं। इस शती के पहले एक दशक से वैश्वीकरण की आँधी जितने उग्र और प्रबल रूप में आई है कि उसको वश में करना कठिन है! कठिन क्या, प्रायः असम्भव है। वस्तुतः यह अमेरिकीकरण की आँधी है, उस महाशक्ति की आँधी है जिसने पूरे विश्व की अर्थ-व्यवस्था एवं संस्कृति को अपना वशवर्ती बना लिया है। अपनी बोइंग कम्पनियों, इंटेल, माइक्रोसॉफ़्ट, एम.टी.वी., हॉलीवुड फ़िल्मों, डिस्नेलैंड के स्वप्न-लोक, मैक्डोनल और स्टार चैनल्स, सौन्दर्य प्रतियोगिताओं की होड़, आदि से उसने अपनी ब्रह्मांड विजय की योजना को साकार रूप दे दिया है। भारत, चीन जैसे विशाल राष्ट्रों की युग-युगों की प्राचीन संस्कृतियों की चूलों को भी उसने पूरी तरह हिलाकर रख दिया है, भूटान जैसे अलग-थलग पड़े बन्द समाज के राष्ट्रों तक भी अपनी मैक्डोनल संस्कृति को पहुँचाया है। प्रत्येक देश की संस्कृति, भाषा-भूषा और जीवन-पद्धति को आमूल-चूल परिवर्तित कर स्थानिकता पर वैश्विकता को हावी कर दिया है। यह सब सम्भव किस रूप में हुआ, इस पर बाद में विचार किया जा सकता है, पहले इस पर विचार कर लें कि इक्कीसवीं शती का प्रारम्भ किस रूप में हुआ।

राजनीतिक चिन्तकों ने कहा है कि "21वीं शती का जन्म भीषण अग्निकांड में हुआ और इसका बपिस्तमा (दीक्षा) रक्त-रंजित हुआ।"[1] इस कथन को विस्तारित करते हुए प्रसिद्ध राजनीतिज्ञ, चिन्तक, शशि थरूर मानते हैं कि इक्कीसवीं शती का वास्तविक प्रारम्भ 11 सितम्बर, 2001 (9/11) को हुआ जब अमेरिका वर्ल्ड ट्रेड सेन्टर की ऊँची मीनारों को आतंकी शक्तियों द्वारा ध्वस्त कर दिया गया। वर्ल्ड ट्रेड सेन्टर की मीनारों का ध्वस्त किया जाना विश्व इतिहास की कोई सामान्य घटना नहीं है, उसकी सातवीं बरसी पर लिखते हुए शशि थरूर इस दुर्दान्त घटना से ही इक्कीसवीं शती का प्रारम्भ मानते हैं और इसीलिए इसे अग्निकांड में उत्पन्न और बैपटाइजेशन (दीक्षा) रक्त-रंजित मानते हैं। इससे उनका तात्पर्य यह है कि वर्ल्ड ट्रेड सेन्टर का ध्वस्त होना न केवल अमेरिकी पूँजीवाद के संस्थान को धक्का है किन्तु उनके उस अपरिचित आत्मविश्वास को धक्का जिसके व्यामोह में वे (अमेरिका) जी रहे थे, साथ ही यह एक सामाजिक और राजनीतिक व्यवस्था को ऐसा प्रबल धक्का था जिसमें एक क्षण को भी सोचने का अवसर ही नहीं दिया, केवल एक झटके में यह विश्वास दे दिया कि उन्हें इस रूप में भी विजित किया जा सकता है। 9/11 की इस घटना ने बता दिया कि उन्हें पूरी तरह विजित किया जा सकता है—उस महाशक्ति को, जिसने लगभग एक दर्जन बड़ी लड़ाइयाँ सफलतापूर्वक लड़ीं। उनके

प्रमुख शहर पर इस प्रकार का आक्रमण भी किया जा सकता है, जो उसकी स्मृतियों में भी दूर-दूर तक नहीं है। किसी विदेशी शक्ति ने 1812 ई. के बाद ऐसी शक्ति नहीं दिखाई, जब अंग्रेज़ों ने वाशिंगटन पर आक्रमण किया था। वस्तुतः यह विश्व की अजेय शक्ति को एक धूर्त चुनौती थी। इस आतंकी आक्रमण ने वर्तमान विश्व की इस मान्यता को सही कर दिया कि आज दुनिया में भौगोलिक दूरियाँ केवल इतिहास-भर बनकर रह गई हैं। दो महासमुद्रों के कारण भौगोलिक रूप से पूरी तरह अलग और सुरक्षित अमेरिका की भौगोलिक दूरियाँ पल-भर में समाप्त हो गईं और यह कथन सत्य सिद्ध हो गया कि भौगोलिक दूरियाँ अब केवल इतिहास की बात हैं। जिस रूप में पूरा विश्व इस घटना पर स्तब्ध होकर रह गया, उससे सिद्ध हो गया कि शेष संसार से अमेरिका की भौगोलिक दूरी बेमानी होकर रह गई। 9/11 के इस नृशंस आक्रमण ने मौत और विध्वंस का तांडव रच डाला! जिस प्रौद्योगिकी उन्नति, सूचना तकनीक की सूक्ष्म तकनीक और लक्ष्य को लक्षित कर ध्वंस करने की विशेषज्ञता सूचना और संचार-क्रान्ति ने सम्भव की, उसी के द्वारा आतंकियों के जैट विमानों ने अपने लक्ष्य मीनारों को ध्वस्त कर दिया। इस घटना ने भविष्य के ख़तरों और हमारे समय की चिन्ताओं का निर्धारण कर दिया। ध्यान में रहे कि यह उस महाशक्ति पर आक्रमण (या कहें उसका पराभव) था जिसकी बराबरी दुनिया की कोई सामरिक शक्ति नहीं कर सकती, जिसका सैन्य-शक्ति का बज़ट शेष संसार की सम्पूर्ण सैन्य शक्ति के बराबर है, जिसकी सामरिक शक्ति इतनी है जितनी इतिहास में किसी की भी नहीं रही, वैभवशाली रोम साम्राज्यों की भी नहीं। फ्रांस के पूर्व विदेश मन्त्री ह्यूबर्ट वैट्रिन ने यूँ ही अमेरिका को एक 'हाइपर पावर'—अति बलशाली महाशक्ति नहीं कह दिया था, उसके पीछे अमेरिकी सैन्य शक्ति का प्रबल प्रतापी स्वरूप ही था। किन्तु 9/11 की घटना ने यह साबित कर दिया कि जिसे हम ग्लोबल गाँव का नाम देते हैं, उसके किसी एक कोने, या एक सिरे में लगी आग विश्व गाँव के दूसरे सिरे पर स्थित उच्चतम आकाशचुम्बी भवन के गार्डरों को पिघलाने की क्षमता रखती है। इस घटना ने अमेरिका को अपनी अनेक देशों पर आक्रमण की योजनाओं—चाहे वे काबुल में तालिबान का तख़्ता पलटने की योजना हो, चाहे वह ईराक, आदि—पर पुनर्विचार के लिए विवश किया। यह दीगर बात है कि अमेरिका ने अपने वर्ल्ड ट्रेड सेन्टर की मीनारों को अत्यल्प समय में फिर से खड़ा कर अपनी शक्ति और आगे बढ़ने की निष्ठा का प्रमाण दिया—ठीक उसी तरह, जैसे भारत ने 26/11 के मुंबई हमले में ध्वस्त ताज होटल परिसर को अत्यल्प समय में उसी भव्य रूप में खड़ा कर दिया।

आतंकवाद द्वारा विध्वंस का यह तांडव केवल अमेरिका ने ही नहीं देखा, भारत में बंगलौर, अहमदाबाद, बम्बई, श्रीनगर, आदि ने तथा पाकिस्तान के अनेक स्थानों पर हुए भयंकर विस्फोटों ने क्या यह सन्देश नहीं दिया कि इस इक्कीसवीं शती में मनुष्य की ज़िन्दगी को अनिश्चितता का कितना भयावह त्रास मिलता रहा है? उम्मीद तो यह थी कि बीसवीं शती के दो महायुद्धों की विभीषिका से मनुष्य ने कुछ पाठ सीखा होगा किन्तु इक्कीसवीं शती में स्थितियाँ और विकटतर होती जा रही हैं। तालिबानी हमलों से बचाव के लिए कितने-कितने सुरक्षा प्रबन्धन प्रत्येक देश को करने पड़ रहे हैं और उस पर जितना धन खर्च हो रहा है, वह कितने भूखे मुखों का ग्रास बन सकता था, इसे अनुमानित किया जा सकता है। इसमें प्रत्येक देश के बजट ही नहीं, प्राथमिकताओं के निर्धारण की भी समस्या आती है।

इक्कीसवीं शती का प्रारम्भ भले ही 9/11 (2001) से माना जाए, पर अमेरिका अपने जिस वर्चस्व की लड़ाई लड़ रहा है, उसका प्रारम्भ तो 20वीं शती में अन्तिम दशक से ही हो

गया था। तभी से अमेरिका ने दुनिया की सर्वोच्च शक्ति के रूप में अपने को स्थापित कर शेष संसार के देशों का दादा बनने का स्वप्न बुन डाला था। अमेरिकी राष्ट्रपति रोनेल्ड डब्ल्यू. रीगन के राष्ट्रपति काल (1981-90 ई.) तक अमेरिका ने आर्थिक क्षेत्र में वैश्विक स्तर पर ऐसे पग उठा लिये थे कि विश्व आर्थिकता उसी के दिशा-निर्देश पर परिचालित होती रहे। यही वह समय है जब वाशिंगटन में आम राय के स्वप्न को साकार करने के लिए पग उठाए गए। दिसम्बर, 1992 में नाफ्टा समझौते—नार्थ अमेरिकन फ्री ट्रेड एग्रीमेंट—पर हस्ताक्षर करने के लिए अमेरिका, कनाडा और मैक्सिको के राष्ट्राध्यक्ष टैक्सास के सेंट ऐंटिनिओ में एकत्रित हुए। फिर जनवरी, 1995 में विश्व-व्यापार-संगठन (डब्ल्यू.टी.ओ.—वर्ल्ड ट्रेड आरगेनाइजेशन) की स्थापना की गई। इसके बाद 2011 ई. में दोहा सम्मेलन में इसमें कुछ संशोधन कर विश्व के अन्य राष्ट्रों को इसमें सम्मिलित करने का प्रलोभन दिया गया। वर्ष 2008, जुलाई तक 153 देश इसके सदस्य बन चुके थे। इन दोनों ने विश्व-व्यापार को इस क़दर प्रभावित किया कि इनकी पूरे विश्व-व्यापार में 95 प्रतिशत तक की भागीदारी हो गई। इस रूप में इस कालावधि में अमेरिका का आर्थिक वर्चस्व पूरे विश्व में स्थापित हो गया। इस प्रकार विश्व के अमेरिकीकरण का यह आर्थिक आधार था। भूमंडलीकरण—ग्लोबलाइजेशन—के नाम पर हो रहे इस अमेरिकीकरण की विश्व बैंक और अन्तर्राष्ट्रीय मुद्रा कोष (इंटरनेशनल मॉनेटरी फंड) जैसी संस्थाओं ने भरपूर पैरवी की। भूमंडलीकरण को परिभाषित करते हुए कहा गया कि यह विश्व के विभिन्न देशों में एक-दूसरे पर बढ़ती आर्थिक निर्भरता तथा राष्ट्रीय सीमाओं से बाहर उत्पादों, पूँजी का अबाध आदान-प्रदान है। किन्तु अमेरिका के लिए यहाँ 'आदान' का कोई अर्थ नहीं था, वह अपने उत्पादों का 'प्रदान ही प्रदान' कर रहा था। उसकी बड़ी-बड़ी बहुराष्ट्रीय कम्पनियाँ प्रत्येक देश में छा रही थीं। इस सम्बन्ध में एल.एस. हरदेनिया ने एक महत्त्वपूर्ण तथ्य का उल्लेख इस प्रकार किया है, "अब दुनिया में गुट नहीं हैं (जो बीसवीं शती में थे), अब सारी दुनिया पर अमेरिका का नियन्त्रण है। भूमंडलीकरण, विश्व बाज़ार, बहुराष्ट्रीय कम्पनियाँ, आदि सब अमेरिकन दादागीरी की सहायक एजेन्सी के रूप में काम करती हैं।" दो अमेरिकन अर्थशास्त्रियों की किताबों के हवाले से वे कहते हैं, "एक का शीर्षक था—'कार्पोरेशन 'दैट रूल द' वर्ल्ड' और दूसरी का शीर्षक था— 'एड वैदर इट हेल्प्स और हिंडर्स'। दोनों पुस्तकों के लेखक किसी न किसी बहुराष्ट्रीय कम्पनी के महत्त्वपूर्ण पद पर रहे हैं। इन दोनों लेखकों का कहना है कि विश्व के अधिकांश राष्ट्रों की नीतियाँ बड़ी कम्पनियों के इशारों पर निर्धारित होती हैं और उन्हें इस तरह निर्धारित किया जाता है जिससे अमेरिकी हितों का संरक्षण हो सके।"[2] भारतीय सन्दर्भ को ध्यान में रखते हुए यह बात तत्काल समझ में आती है जिसे हाल के कोयला घोटालों और अन्य बड़े-बड़े घोटालों ने सिद्ध कर दिया है कि किस प्रकार बड़ी-बड़ी कम्पनियाँ सरकार और प्रशासन के उच्चतर पदों पर प्रतिष्ठित लोगों को करोड़ों-करोड़ों के प्रलोभन से परिचालित करती हैं। फिर अमेरिका पर लौटते हैं तो यह स्पष्ट हो जाता है कि 2007-08 तक पूरी दुनिया की अर्थव्यवस्था में अमेरिका के डॉलर का वर्चस्व स्थापित हो चुका था किन्तु इसके दुष्परिणाम भी विश्व को भोगने पड़े। वर्ष 2007 के उत्तरार्द्ध में ही अमेरिकी अर्थ-व्यवस्था चरमराने लगी थी, 2008 की जनवरी तक आते-आते स्थिति इतनी खराब हो गई कि अमेरिकी अर्थव्यवस्था की चूलें हिल गईं। वह बुरी तरह धराशायी हो गई और पूरे विश्व की अर्थव्यवस्था डोल गई, शेयर बाज़ार धराशायी हुए, अचल सम्पत्ति की आकाश चूमती कीमतें धड़ाम से नीचे आ गिरीं और पूरे विश्व में मन्दी नहीं, महामन्दी का दौर प्रारम्भ हो गया, 1920-39 ई. के महामन्दी से भी बदतर स्थितियाँ राष्ट्रों की अर्थव्यवस्थाओं

को भुगतनी पड़ी और अभी भी अधिकांश राष्ट्र इसकी चपेट में हैं। पूरे विश्व वित्तीय बाज़ार में साठ अरब डालर की राशि डूब गई। सितम्बर, 2008 में अमेरिका के पाँच बड़े बैंक दिवालिया हो गए। 2009 के प्रारम्भ में वहाँ की सबसे बड़ी वित्तीय कम्पनी एन. आई. जी. अभूतपूर्व संकट में घिरकर धराशायी हो गई, इसे तथा अन्य बैंकों को वित्तीय संकट से उबारने के लिए अमेरिकन ने प्रभूत राशि अनुदान के रूप में झोंक दी किन्तु फिर भी मन्दी की क़यामत रोके नहीं रुक पा रही है। भारत और चीन जैसे देशों को इसके उतने झटके नहीं लगे थे, यद्यपि कर्मचारियों की छँटनी, नौकरियाँ छूटने का सिलसिला यहाँ भी चला था। किन्तु भारत की वर्ष 1912-13 की जो विकास-दर, अभी 30 जून, 2013 को घोषित हुई है, वह घटकर मात्र 5% रह गई है, यद्यपि सरकार के हवाई दावे अभी भी हैं कि हम इसमें सुधार कर दिखाएँगे किन्तु अरबों-करोड़ों रु. के राजस्व को चूना लगाने वाले घोटालों से देश की अर्थव्यवस्था कैसे सुधर पाएगी, यह रामभरोसे ही है– ठीक उसी प्रकार, जिस प्रकार देश का शासन रामभरोसे चल रहा है।* अमेरिका के ओबामा प्रशासन ने आर्थिक दशा सुधारने के आश्वासन अवश्य दिए हैं, और इसी उम्मीद पर दूसरी बार भी चुनाव में अमेरिकी जनता ने उन्हें अपना विश्वास सौंपा है। देखना यह होगा कि वे इसमें कितना सफल हो पाते हैं। अर्थशास्त्री तो यह घोषणा भी कर रहे हैं कि आर्थिक मन्दी का इससे भी बदतर दौर अभी आगे आने वाला है। कुछ भी हो, इस सबके बावजूद मैक्डोनल, कोकाकोला, माइक्रोसॉफ्ट, स्टार चैनल्स-चेन, अनेक अमेरिकी दवा कम्पनियों, के.सी.एफ., अनेक ब्रांडिड कास्मेटिक कम्पनियों, नेस्ले, लैदर बैग के नामी ब्रांडों, आदि से दुनिया के बाज़ारों का पटना बन्द नहीं हुआ है। वॉल मार्ट जैसे स्टोर्स की शृंखला (चेन), बी.एम.डब्ल्यू. तथा मर्सीडीज़ जैसी कारों की तेज़ रफ़्तार बिक्री ने अमेरिका की दौड़ को मन्दा नहीं होने दिया है।

विश्व-भर में छाई इस अमेरिकी अर्थव्यवस्था का सबसे बड़ा श्याम पक्ष यह है कि इसने पूँजी, धन के असमान वितरण से अमीरी-ग़रीबी के बीच की खाई को बहुत चौड़ा कर दिया है। इस अर्थव्यवस्था में धनी और अधिक धनी और निर्धन और अधिक निर्धन, पूरी तरह कंगाल होते चले जा रहे हैं। यह वैश्विक आर्थिकता का सबसे दुखद पक्ष है। गरीब देशों में ही नहीं, विश्व के समुन्नत राष्ट्रों में भी घनघोर ग़रीबी है जो अनेक प्रकार के अपराधों को जन्म देकर विकट समस्याएँ उत्पन्न कर रही है। यू.एन. हैबिटाट की स्लम्स की चुनौतियाँ–'द चैलेंज ऑफ़ स्लम्स' शीर्षक रिपोर्ट में बताया गया है कि पूँजी के अपरिमित व्यापारिक उछाल ने 'स्लम्स'– गन्दी बस्तियों की संख्या में अभूतपूर्व वृद्धि की है। यदि अमेरिका के 1% सर्वाधिक धनी नागरिकों की बढ़ती आय के आँकड़े देखें तो हैरान कर देने वाले हैं। आय-कर काटकर उनकी आय में 113.3% की वृद्धि हुई है, यह 2,98,900 डॉलर से बढ़कर 631,700 डॉलर प्रतिवर्ष हो गई है। अमेरिका के एक प्रतिष्ठित समाचार-पत्र 'इंटरनेशनल हेराल्ड ट्रिब्यून' (न्यूयॉर्क टाइम्स का एक उपक्रम) के अनुसार इन 1% अमेरिकियों की आय में एक ही वर्ष (2005-06) में 14% वृद्धि हुई है। इससे उलट अभी हाल के आँकड़ों के अनुसार, "उन अमेरिकियों का प्रतिशत जो भयंकर ग़रीबी में रह रहे हैं, पिछले बत्तीस वर्षों में सबसे अधिक हो गया है।"[3] सन् 2005 में हुई अमेरिकी जनगणना के अनुसार "करीब एक करोड़ साठ लाख अमेरिकी अत्यन्त ग़रीबी में जी रहे हैं। ऐसे अमेरिकियों की संख्या सन् 2000 और 2005 के बीच छब्बीस प्रतिशत बढ़ी। वैसे मोटे तौर पर ग़रीब माने जाने वाले अमेरिकियों की तादाद में इसी दौरान छप्पन प्रतिशत वृद्धि हुई है।"[4] अकेले

* हाल के दिनों में रुपए की कीमत डॉलर के मुकाबले 68/= रु. से अधिक तक गिर गई है, कल क्या होगा, किसी को पता नहीं है (28.8.13)।

अमेरिका की ही यह स्थिति नहीं है कि वहाँ अमीरों और ग़रीबों के बीच की खाई बढ़ती जा रही है। चीन, भारत, मलेशिया, थाइलैंड, जापान, कोरिया, आदि देशों की भी यही स्थिति है। पूँजी के इस असमान वितरण को एक उदाहरण द्वारा भली प्रकार स्पष्ट किया जा सकता है। कहा जाता है कि दुबई के एक होटल 'लुबाना' में एक रात के खाने की कीमत 11 लाख रु. से कुछ ऊपर है और जब उसकी बुकिंग खुलती है तो मात्र एक ही घंटे में उसकी सब सीटों की अग्रिम बुकिंग समाप्त हो जाती है (यह दीगर बात है कि इस आय की बड़ी राशि सामाजिक कार्यों के लिए प्रयुक्त होती है, यहाँ बल इस बात पर है कि 11 लाख रु. में एक डिनर बुक कराने वालों की संख्या कम नहीं है)। दूसरी ओर 29 जनवरी, 2013 के दैनिक जागरण समाचार-पत्र की एक कतरन मेरे सामने है जिसका समाचार शीर्षक है 'नरभक्षी हो रहे हैं उत्तर कोरिया के लोग'। इस समाचार-टिप्पणी के तथ्य लोमहर्षक हैं, लन्दन एजेन्सी के माध्यम से ख़बर है, "उत्तर कोरिया में भूख से तड़प रहे एक व्यक्ति को अपने दो बच्चे को मारकर खाने के जुर्म में फाँसी की सजा दी गई।" इसी समाचार में आगे 'संडे टाइम्स' के हवाले से यह विवरण दिया गया है, "कृषि प्रधान उत्तरी और दक्षिणी हवाई प्रान्त में अकाल से अब तक दस हज़ार से ज़्यादा लोगों की मौत हो चुकी है। भूख से बेहाल लोगों के नरभक्षी होने की घटनाएँ भी दिन-ब-दिन बढ़ती जा रही हैं। हाल ही में एक व्यक्ति ने अपने पोते को भूख शान्त करने के लिए मारकर खा लिया। वहीं एक व्यक्ति ने अपने ही बेटे की बलि चढ़ा दी। रिपोर्ट में कहा गया है कि इन दोनों प्रान्तों से अन्न को ज़ब्त करके राजधानी पोंगयांग के निवासियों को बाँटा गया है।"[5] यह तब हो रहा है जब वहाँ के सर्वोच्च नेता किम जोंग तीसरा परमाणु परीक्षण कर रहे हैं। 4 जून, 2013 को संयुक्त राष्ट्र संघ ने पर्यावरण दिवस पर अपना मुख्य विषय ('मेन थीम') रखा 'सोचो, खाओ और बचाओ'। इस अवसर पर संयुक्त राष्ट्र संघ के 'खाद्य एवं कृषि संगठन' का अनुमान है कि विश्व में कुल उत्पादित खाद्य पदार्थ का एक तिमाही हिस्सा पैदावार, संग्रहण, परिवहन और उपभोग के स्तर पर नष्ट हो जाता है। इसके पीछे सबसे बड़ा कारण विकसित देशों की विलासितापूर्ण जीवन-शैली है। "दुनिया में हर साल 1.3 अरब टन से ज़्यादा खाना बर्बाद हो जाता है। वहीं, हर रोज़ 20 हज़ार से अधिक बच्चे भूख और कुपोषण से दम तोड़ देते हैं, जबकि हर सात में से एक व्यक्ति को भूखे पेट सोना पड़ता है।" "खाना बर्बाद करने में अमेरिकी सबसे आगे हैं, यहाँ एक व्यक्ति हर साल 95 से 115 किलोग्राम खाना नष्ट कर देता है। यूरोपीय देश 60 से 110 किलोग्राम। विकासशील देश 6 से 11 किलोग्राम खाने की बर्बादी करते हैं।"[6] प्रसंगात् यह चर्चा भी अनपेक्षित नहीं होगी कि इक्कीसवीं शती के वैश्विक गाँव में एक और भयंकर समस्या जो इन अघाये पेटों के कारण जन्म ले रही है, वह है विश्व के विकसित राष्ट्रों में ही नहीं विकासशील राष्ट्रों में भी मोटापे की समस्या जो बड़ी तेज़ी से पैर पसार रही है। मैक्डोनल, पीज़ा हट, डोमेनियो, आदि द्वारा परोसे जा रहे और पूरे जोर-शोर से प्रचारित किए जा रहे 'फास्ट-फूड्स'—त्वरित भोजन मोटापे में निरन्तर वृद्धि कर रहे हैं। इंडिया टुडे जैसी पत्रिकाओं ने इस पर अपने सर्वेक्षण भी प्रस्तुत किए हैं कि किस प्रकार महानगरों में तेज़ी से बच्चों और किशोरों में मोटापे ('ओबेसिटी') की समस्या बढ़ती जा रही है। मोटापा है तो कोई बात नहीं, अमेरिका पद्धति पर ही मोटापा घटाने की एक पूरी इडंस्ट्री (व्यवसाय) ही प्रत्येक देश में खड़ी हो रही है। जिम, हैल्थ प्वाइंट्स, ट्रिम-स्लिम रहने की कितनी ही अन्य जुगतें, तत्सम्बन्धी दवाइयों की खेप की खेप इक्कीसवीं शती के वरदान रूप में सर्वसुलभ हैं। भूखे और अघाओं का यह विरोधाभासी समाज हमारे समय का बड़ा सच है। इन तथ्यों को उद्धृत करने के बाद विश्व में अमीरी-ग़रीबी की खाई के सम्बन्ध में और कुछ कहने को नहीं रह जाता है।

अमीरी-ग़रीबी की इस खाई ने वैश्विक स्तर पर जघन्य अपराधों को बढ़ावा दिया है। भूमंडलीकरण की इस आँधी ने उपभोक्तावाद को जिस रूप में बढ़ावा दिया है, उसने मनुष्य में लालसाओं का ज्वार जगा दिया। बड़ी से बड़ी वस्तु की प्राप्ति के लिए (आर्थिक दृष्टि से) छोटे से छोटा आदमी लालसा पाले हुए है, भले ही वह उसकी पहुँच में न हो। पहुँच में लाने के लिए वह छोटे-मोटे अपराध करता हुआ अपराध जगत में प्रवेश करता है जिसकी अंध गुफ़ाओं से निकलने का रास्ता उसके पास नहीं है। फलतः वह मादक द्रव्यों की तस्करी के अन्य अनेक प्रकारों में संलिप्त होता चला जाता है। मैक्सिको तथा अमेरिका में मादक द्रव्यों की तस्करी, तस्करी के बादशाहों के महल और उन द्वारा पालित बाहुबलियों की फौज को टी.वी. पर देखकर आश्चर्य होता है। धन की यह अनबुझ प्यास गरीबों में ही नहीं है, प्रत्येक देश में हज़ार और अरब करोड़ों के घोटाले करने वाले राजनीतिज्ञ, करोड़ों-करोड़ों में बिकने वाले क्रिकेट के दिग्गज (बाकायदा बोली लगकर जिनकी कीमत तय की जाती है), सभी इन धाँधलियों में लिथड़े हुए हैं। इनसे भी ऊपर कुछ ऐसे अपराधी हैं जिनके कारणों का पता कोई नहीं लगा सकता, हाँ मनोवैज्ञानिकों ने यह ज़रूर सिद्ध किया है कि वे विक्षिप्त मानस हैं—उदाहरणार्थ अमेरिका में कई बार प्राइमरी स्कूलों में मासूम बच्चों को गोलियों से भूनने वाले ये सिरफिरे किस शताब्दी की देन हैं? लगता है वे 21वीं शती की नहीं अपितु ईसा पूर्व की कुछ नरभक्षी पीढ़ियों के अवशिष्ट हैं। पूरे विश्व में ऐसे अकल्पनीय अपराध सदैव घटित होते रहते हैं। इस प्रकार 21वीं शती का यह वैश्विक परिदृश्य हमारे मनो-मानस को कोई बहुत सकून देनेवाला दिखाई नहीं देता। विकास की अंधी दौड़ में हम मानवता को भी बहुत-बहुत पीछे छोड़े चले जा रहे हैं। 21वीं शती में यदि भारतीय परिदृश्य की बात की जाए तो यहाँ भी 21वीं शती का आगाज़ कुछ कम रोमांचक नहीं है। पिछली शती के अन्तिम दशक के प्रारम्भ से ही हमने अपनी विदेश नीति को अमेरिकी-प्रिय बना डाला। आर्थिक उदारीकरण और नव विकासवाद हमारे मूल मन्त्र बन गए तो हमारी अर्थव्यवस्था के विशाल द्वार (फ़्लड् गेट्स) उन्मुक्त रूप से खुल गए। विदेशी पूँजी और उत्पादों ने भारतीय बाज़ारों को पाट दिया। मॉल्स की ऐसी संस्कृति हमने महानगरों-नगरों को दे दी कि उपभोक्तावाद का ज्वार थामे नहीं थम रहा है। इस भूमंडलीय संस्कृति पर बात थोड़ी देर में, पहले यह देख लें कि 21वीं शती का आगाज़ हमारे यहाँ किस रूप में हुआ। जिस प्रकार अमेरिका से इसका प्रारम्भ 26/11 की अमेरिका के विश्व व्यापार केन्द्र की मीनारों के ढहने से रक्त रंजित रूप में हुआ था, उसी प्रकार कुछ समय बाद भारत में इस शती का विहान फरवरी 2002 में गुजरात के भीषण नरसंहार से हुआ। यद्यपि भारत में साम्प्रदायिक दंगे कोई नई बात नहीं थी, स्वतंत्रता से पहले भी और बाद में भी भारत के विभिन्न अंचलों में हिन्दू-मुस्लिम के बीच साम्प्रदायिक दंगे होते रहे हैं, क्योंकि अंग्रेज़ों ने बहुत सोची-समझी रणनीति के तहत दोनों सम्प्रदायों के बीच नफ़रत की कभी न ढहने वाली दीवार खड़ी कर दी। यदि इस विभाजन के समय की विभीषिका, मार-काट को भूल भी जाएँ, नौआखाली आदि को याद न भी करें तो ताज़ा स्मृतियों में 1992 ई. में बम्बई में हुए साम्प्रदायिक दंगे, 1993 में बम्बई में हुए भयंकर बम विस्फोट, छह दिसम्बर 1992 को हुई बाबरी मस्जिद ध्वंस की घटना, इसमें पहले 1984 ई. में हुए सिख विरोधी दंगे, जब-तब सुलगता उत्तर प्रदेश, महाराष्ट्र में भिवंडी, आदि इसके प्रमाण हैं कि भारत में साम्प्रदायिक दंगे कोई नई बात नहीं थी। गुजरात दंगों का महत्त्व इसीलिए अधिक है कि उसमें राज्य-पोषित हिंसा का अत्यन्त बर्बर रूप सामने आया जिसकी घटनाएँ पढ़-सुनकर मनुष्य की आत्मा कराह उठती है। इन दंगों के बीच इसी 'मनुष्यता' ने 'दानवता' से भी अधिक भयंकर, रौद्र रूप धारण कर गर्भस्थ शिशुओं,

उनको धारण करने वाली माँओं को भी नहीं बख़्शा। उस दानवता के विवरण, अहमदाबाद के नरोडा-पाटिया के लोमहर्षक विवरण जग-उजागर हैं, पुनरुक्ति का कोई लाभ नहीं। गुजरात नरसंहार के दंगों का सबसे बड़ा नुकसान यह हुआ कि उसने हमारी धर्मनिरपेक्षता ('सैक्यूलरिज़्म') की पुख़्ता नींव को बुरी तरह हिला दिया तथा मुस्लिम चेतना ('साइकी') में बड़ा भारी बदलाव किया, ठीक बाबरी-मस्जिद-ध्वंस की घटना के समय हुए बदलाव को और पुख़्ता करते हुए। इन जख़्मों को पूरने के लिए इतिहास अभी काफ़ी समय लेगा।

बात का सिरा वहाँ छोड़ा था कि किस प्रकार नव उदारवाद और उन्मुक्त बाज़ार व्यवस्था ने भारत को 'इंडिया शाइनिंग' के भ्रम में धकेला था, 'पिछड़े और ग़रीब भारत' की पूरी तरह उपेक्षा करके। हमारे यहाँ भी अमीर और ग़रीब के बीच की खाई निरन्तर चौड़ी होती जा रही है।

दोनों ध्रुवों से परिचित होने के लिए कुछ रपटों और आँकड़ों का सहारा लिया जा सकता है। देश अपनी प्रगति के पथ पर बहुत तेज़ी से बढ़ा है, इसमें सन्देह नहीं। हम विश्व की एक ऐसी उभरती आर्थिक स्थिति के रूप में जाने जा रहे हैं जिसका लोहा विश्व के समुन्नत राष्ट्र मान रहे हैं। वर्ष 2012 की समाप्ति होते-होते एक सुखद समाचार की ओर ध्यान जाता है, दिसम्बर 27 का अंग्रेज़ी ट्रिब्यून समाचार देता है—"भारतीय अर्थ-व्यवस्था 2017 तक ब्रिटेन की अर्थव्यवस्था को पछाड़ देगी।" इस शीर्षक समाचार के अन्तर्गत श्याम भाटिया (पत्रकार) लन्दन से लिखते हैं कि भारतीय अर्थ-व्यवस्था मात्र अगले चार वर्ष में ब्रिटेन की अर्थ-व्यवस्था को भी पछाड़कर राष्ट्र संघ ('कामन वैल्थ') की सबसे बड़ी अर्थ शक्ति के रूप में उभरकर आएगी। यह उनकी यूँ ही घोषणा मात्र नहीं है अपितु उन्होंने उसे ब्रिटेन की 'सेन्टर फॉर इकॉनॉमिक एंड बिजनेस सेन्टर' की शोध के आधार पर दिया है। इस रिपोर्ट का यह भी कहना है कि वर्ष 2022 तक केवल अमेरिका अर्थशक्ति के रूप में भारत से बढ़कर होगा। चीन तथा जापान की अर्थव्यस्था ब्राज़ील और जर्मनी से ऊपर रहेगी। 2020 ई. तक भारत और ब्राज़ील की अर्थव्यवस्थाएँ जर्मनी, ब्रिटेन, फ्रांस तथा इटली से ऊपर की स्थिति में होंगी। इसी संस्था के प्रमुख डगलस मैक विलियम्स ने एक रेडियो इंटरव्यू में बड़ी रोचक शैली में यह बात कही है कि 'इन सर्दियों (2012) में भारतीयों को हमसे क्रिकेट में ज़रूर पराजय मिली किन्तु वे 2017 तक हमको अर्थव्यवस्था में अवश्य पछाड़ने की राह पर हैं।' वस्तुतः भारतीयों के लिए यह बड़ी आशाप्रद रिपोर्ट है किन्तु दूसरी ओर एक हताशा भरी बात यह है कि 30 मई को भारत की केन्द्रीय सांख्यकी संगठन (सी.एस.ओ.) ने अपनी रिपोर्ट जारी कर बीते वर्ष 2012-13 में देश की विकास-दर मात्र 5% बताई है। इससे भी दुखद स्थिति यह है कि पिछली तिमाही (जनवरी-मार्च में) जीडीपी अर्थात् सकल घरेलू उत्पाद की दर मात्र 4.8% ही रह गई। योजना आयोग के उप-प्रधान स. मोंटेक सिंह अहलुवालिया (जो प्रसिद्ध अर्थशास्त्री भी हैं) का कहना है कि इन स्थितियों में आगामी वर्ष के लिए निर्धारित विकास-दर 6% को प्राप्त करना बहुत दुष्कर होगा। 'इंडिया शाइनिंग' के 'इंडिया' के लिए यह बहुत बड़ा झटका है। 'इंडिया' और 'भारत' में जिस प्रकार देश बँटा हुआ है, विश्व के अन्य उच्च विकास-दर प्राप्त देशों के समान यहाँ भी अमीर और ग़रीब के बीच की खाई निरन्तर बढ़ती जा रही है। मुम्बई में मुकेश अंबानी का 'एंटीला' भी है जो विश्व के सबसे धनियों के आवासों में सबसे अधिक महँगा आवास है तो दूसरी ओर वहाँ झुग्गी-झोंपड़ियों की एशिया की सबसे बड़ी 'धारावी' कॉलोनी भी है, भूख से बिलबिलाते बच्चे आइसक्रीमों के फेंके गए रैपर्स से आइसक्रीम की तलछट चाट रहे हैं और उनकी माँएँ रेसकोर्स के बाहर फेंकी गई घोड़ों की लीद में आया हुआ चना भी बीन रही हैं जिसे धो कर

वे अन्न रूप में खा सकें। यदि एक ओर हमारे यहाँ सरकारी आँकड़ों द्वारा दी गई, ग़रीबी रेखा के नीचे के आदमियों की औसत आय मात्र छब्बीस रुपए है तो दूसरी ओर करोड़पतियों और अरबपतियों की निरन्तर बढ़ती संख्या है। अक्तूबर 2008 ई. के आँकड़े बताते हैं भारत में करोड़पतियों की संख्या में 23 प्रतिशत की दर से वृद्धि हुई है। फोर्ब्स पत्रिका के अनुसार भारत में प्रति वर्ष 10 हज़ार नए अरबपति बन रहे हैं। दो प्रसिद्ध वित्तीय कम्पनियों मैरिल लिंच और कैपजेमिनी ने 2007-8 में विश्व-समृद्धि पर सर्वेक्षण कराकर जून 2008 में एक रिपोर्ट प्रकाशित कर बताया है कि विश्व में ऐसे करोड़पतियों की संख्या सबसे अधिक है जिनके पास निवेश करने के लिए चार करोड़ रुपए की राशि है। इन करोड़पतियों की संख्या दो वर्ष में, 2007 में, 22.6 प्रतिशत की दर से बढ़ी है। हम इस श्रेणी में दुनिया में दूसरे स्थान पर थे और 2008 में पहले स्थान पर आ गए तथा इन चार करोड़ निवेश करने वाले धन कुबेरों की संख्या 2006 में 1,00,015 थी तो 2007 में यह 1,23,000 जा पहुँची। इन आँकड़ों में इन धनिकों की इस सम्पत्ति में अचल सम्पत्ति, भवनों, भू-खंडों, आदि को सम्मिलित नहीं किया गया है। हमारी उपभोक्तावादी जीवन-शैली का एक और प्रमाण ग़ौरतलब है—वर्ष 2012 में हमारे फ़िल्म उद्योग में 10 फ़िल्में ऐसी थीं जिन्होंने 100-100 करोड़ से ऊपर की कमाई की (चैनल द्वारा 5 जून, '13 को दिए गए आँकड़े)। एक ओर हमारे सामने भारत की आर्थिक सवृद्धि का यह पक्ष है तो दूसरी ओर कालाहाँडी (ओडिशा) में भूख से बिलबिलाते, दम तोड़ते बच्चों-बड़ों के चित्र हैं, विदर्भ क्षेत्र में अकाल-सूखे की मार से आत्म-हत्याएँ करते कृषक हैं, देश के सर्वाधिक समृद्ध कहे जाने वाले प्रान्त पंजाब में कर्ज में डूबे किसानों की आए दिन हो रही आत्म-हत्याओं के निरन्तर आते समाचार हैं, आन्ध्र प्रदेश में किसानों की आत्म-हत्याओं की कितनी-कितनी घटनाएँ हैं। शती के पहले दशाब्द में ये स्थितियाँ और भी विकट हुई हैं। इस प्रकार 21वीं शती के प्रारम्भ में हमारे 'इंडिया' और 'भारत' के समाजों की ये विरोधी स्थितियाँ हैं, इन्हीं के हिसाब से हमारा समाज दो वर्गों में बँटकर रह गया है।

इस असमान पूँजी-वितरण का एक बहुत भयानक परिणाम नक्सलवाद की बढ़ती समस्या के रूप में सामने आया है। पूरी तरह से हथियारबन्द 10,000 नक्सली कॉडर के लोग देश के पूर्वी भागों में सक्रिय हैं जो आए दिन एक से एक खौफ़ज़दा घटनाओं को अंजाम देते रहते हैं। कितने ही कद्दावर राजनीतिक नेताओं को उन्होंने नृशंसता से मौत के घाट उतारा है। अभी हाल ही में (25 मई, 2013) छत्तीसगढ़ के महत्त्वपूर्ण कांग्रेसी नेता महेन्द्र वर्मा थे, जिन्हें जेड प्लस श्रेणी की सुरक्षा प्राप्त थी, लगभग एक बटालियन शक्ति-बल से माओवादियों ने 25 गाड़ियों के काफिले पर आक्रमण कर महेन्द्र वर्मा के अतिरिक्त छत्तीसगढ़ कांग्रेस के अध्यक्ष नन्द कुमार पटेल, उनके पुत्र दिनेश पटेल और पूर्व विधायक उदय मुदालियर की हत्या कर दी, इनके साथ 27 अन्य लोग भी इस हमले में मारे गए। प्रसिद्ध कांग्रेसी नेता विद्याचरण शुक्ल भी इस आक्रमण से बुरी तरह घायल हुए जिन्होंने बाद में अस्पताल में दम तोड़ दिया। इससे पूर्व उन्होंने कितनी ही बार अधिकारियों और सुरक्षाबलों के कर्मियों को अपना निशाना बनाकर समाप्त किया है। उ.प्र., बिहार, झारखंड, छत्तीसगढ़, पं. बंगाल, ओडिशा, आन्ध्र प्रदेश, महाराष्ट्र तथा मध्यप्रदेश—नौ राज्यों के 106 ज़िले किसी न किसी रूप में नक्सली हिंसा से प्रभावित हैं। नक्सलियों के रूप में एशिया की सबसे बड़ी गुरिल्ला फौज के अधिनायक गणपति का लक्ष्य 2050 ई. तक भारत के शासन का तख़्ता पलटना है। ओडिशा, आन्ध्र प्रदेश, झारखंड जैसे राज्यों में तो एक प्रकार से उन्होंने एक समानान्तर सत्ता स्थापित की हुई है। इनका सिद्धान्त

वाक्य माओ का प्रसिद्ध कथन यह है कि 'सत्ता बन्दूक की गोली से निकलती है।' अभी कल (13 जून '13) उन्होंने बिहार में जमुआ के पास पटना जाती ट्रेन को अपने कब्ज़े में कर अंधाधुंध फायरिंग की जिसमें तीन यात्रियों की मौत हो गई और कई घायल हुए हैं। सोचा भी नहीं जा सकता था कि 21वीं शती में आतंक का यह भी एक रूप सामने आएगा।

21वीं शती में भूमंडलीकरण, अमेरिकीकरण की जो आँधी चली उसका दूसरा पक्ष सांस्कृतिक है जो किसी भी प्रकार आर्थिक पक्ष से कमतर नहीं है। इस सांस्कृतिक आक्रमण की आँधी आर्थिक से भी अधिक तीव्र गति से आई जिसने हमारी सांस्कृतिक जड़ों को पूरी तरह हिला डाला। अब तक जितनी भी विदेशी संस्कृतियाँ, विभिन्न आक्रमणकारियों द्वारा भारत में लाई गईं या थोपी गईं, वे हमारे जीवन-परिवेश में पूरी तरह घुल-मिल गई थीं। कुछ सौ वर्षों बाद उनकी अलग पहचान भी न रह गई, वे भारतीय संस्कृति के महानद में समाकर एकमेक हो गईं, उन्हें हमने अच्छी तरह आत्मसात कर लिया, पूरी तरह पचा लिया। किन्तु इस संस्कृति ने हमारी निजता, सांस्कृतिक मूल्यों, सभ्यता के पारम्परिक स्वरूप में बदलाव लाने की चेष्टा नहीं की अपितु पुरातन सभ्यता और संस्कृति के सब कुछ को हटाकर अपना स्थान ग्रहण कर लिया। साहित्य और कला से जुड़े बुधजनों की कठिनाई यह है कि वे न नए को स्वीकार कर पा रहे हैं और न पुरातन को छोड़ पा रहे हैं, फिर भी पुरातन और पारम्परिक उनसे बिना पूछे छूट रहा है, भले ही वे उस पर कितना ही स्यापा क्यों न करें। नई पीढ़ी उनके इस अतीत-मोह की परवाह नहीं करती। जैसा कि पहले संकेतित किया जा चुका है इस वैश्वीकरण में सर्वाधिक भूमिका टी. वी. चैनल, कोकाकोला और मैक्डोनल की रही। जितनी तेज़ी से हम अमेरिकी संस्कृति में ढले, समाजशास्त्रियों-इतिहासकारों ने इसे हमारा 'मैक्डोनालीकरण' कहा है। "रिज़िस (Ritzes) जैसे चिन्तक इसे 'मैक्डोनाल्डीकरण' की प्रक्रिया कहते हैं। मैक्डोनाल्ड खाने का, फटाफट खाने का प्रतीक है। मैक्डोनाल्ड की एक पूरी संस्कृति विकसित हो गई है।"[7] होना यह चाहिए था कि वैश्वीकरण की प्रक्रिया में सभी देशों की संस्कृति में आदान-प्रदान होता किन्तु हुआ केवल अमेरिकी संस्कृति का थोपा जाना। पूरा विश्व एक एकल संस्कृति, अमेरिकी संस्कृति, में ढलता जा रहा है, इसे एक उदाहरण से स्पष्ट किया जा सकता है। किसी भी देश में चले जाइए, उनकी राजधानियों, महानगरों का जो विकास हुआ है वह सब जगह एक-सा दिखाई देता है—चौड़ी-चौड़ी सड़कों के साथ खड़े माचिस की डिब्बीनुमा बहुमंज़िले अपार्टमेंट्स, आकाशचुम्बी एक-सी इमारतें, एक-से मॉल—यहाँ तक कि उन सब मॉलों में लगभग एक जैसे ब्रांडों का माल, चाहे वे पहनने के कपड़े हों, प्रसाधन-सामग्री हो, हाथ में लटकाने वाले पर्स हों, घड़ियाँ हों, इत्र-परफ्यूम हों—सब जगह उन्हीं प्रसिद्ध ब्रांडों के उत्पादों की भरमार रहती है। पूरी दुनिया के बाज़ार, मॉल्स, इन बहुराष्ट्रीय कम्पनियों के उत्पादों से भरे हुए हैं। अब तो कारों-लक्ज़री कारों के ब्रांड्स का भी यही हाल है, वे दुनिया के किसी भी देश में उपलब्ध हैं। संगीत और नृत्य की दुनिया में चले जाइए वहाँ भी पूरे विश्व में तीव्र अमरीकी धुनें और शोर का हंगामा बरपाती नृत्य की थिरकनें—डांस-ट्यून्स हैं। जब माइकेल जैक्शन की लोकप्रियता सर्वोच्च शिखर पर थी तो पूरी दुनिया में उसके रिकार्ड्स, सी.डी., डी.वी.डी. की बिक्री चरम पर थी। यही विश्व व्यापी लोकप्रियता ब्रिटनी स्पीयर्स ने अर्जित की। इन सबका प्रभाव हमारे देशज संगीत और लय पर पड़ा। बालीवुड में प्रभु देवा, सलमान खान, आदि के अश्लील ठुमकों के पीछे यही प्रभाव देखा जा सकता है। पंजाबी पॉप म्यूज़िक तो पूरी तरह अमेरिकी नकल बनकर रह गया। सर्वत्र अमेरिका! सर्वत्र अमेरिका!!

इस बहुराष्ट्रीय बाज़ार के लुभावने उत्पादों में से आप क्या ख़रीदते हैं या ख़रीदना चाहते हैं, यह आपकी इच्छा पर निर्भर नहीं रह गया है, इसका निर्धारण विज्ञापन करता है। आज विज्ञापन हमारी चेतना पर इतना हावी हो गया है कि हमें क्या खाना है, क्या पहनना है, क्या ओढ़ना-बिछाना है, इसे विज्ञापन तय करता है। उपभोक्तावाद की सफलता कम्पनियों की विपणन-व्यवस्था और विज्ञापन के मायावी जगत पर निर्भर करती है। उद्योग जगत की सफलता बहुत समय से विज्ञापन पर आश्रित रही है किन्तु आज उसका स्वरूप बदल गया है। आज उसका उद्‌देश्य हो गया है, आवश्यकता न होने पर भी वस्तु की तीव्र ललक जगा देना और उसकी प्राप्ति के लिए दुर्दमनीय कामना, लालसा जगा देना। ये वस्तु की गुणवत्ता पर बल नहीं देते अपितु उसकी तीव्र आवश्यकता का अनुभव करा देना जैसे उसके बिना व्यक्ति का जीवन ही समाप्त हो जाएगा। विज्ञापन का एक पूरा व्यवसाय खड़ा हो गया है। तकनीकी शिक्षा के उच्च शिक्षण संस्थानों में बाक़ायदा विज्ञापन के पाठ्य-क्रम प्रारम्भ कर दिए गए हैं। विज्ञापनों को अधिकाधिक प्रसार में लाने के लिए विभिन्न महानगरों, नगरों, में विज्ञापन-एजेंसियाँ खोल दी गई हैं। आज विज्ञापन एक पूर्ण विकसित कला एवं संस्था का रूप धारण कर गई है। कोक, पेप्सी, विभिन्न कारों, तेलों-मसालों, क्रीम, डिओडेरेंट, परफ़्यूम, सेनेटरी नेपकिन, शैम्पू, शेविंग क्रीम, साबुन, स्किन क्रीम फिर आगे इसके भी उपविभाग—मर्दों वाली क्रीम, त्वचा की झुर्रियाँ हटाने की क्रीम, गर्भावस्था की पेट की झुर्रियाँ हटाने की क्रीम, फिर लिपस्टिक और उसकी लिप लॉस, आदि की श्रेणियाँ—आपको सौ-सौ चिंघाड़ते चैनल चौबीसों घंटे दिखाकर आपकी चेतना पर दस्तक देते रहेंगे। इन विज्ञापनों को देने वाले कलाकारों—सिने एक्टर, क्रिकेटर्स, आदि की एक विज्ञापन की फ़ीस 6-6 करोड़ प्रति विज्ञापन बताई जाती है और अब हाल-फिलहाल की ख़बर है कि आमिर खान ने एक विज्ञापन के 88 करोड़ रुपए लिए हैं। 5-5, 10-10 रुपए की वस्तु—चाकलेट, माउथ फ्रेशनर, च्विंग गम, पैन, कुरकुरे पैकिट तथा दो-दो, एक-एक रुपए के शैम्पू सैशे, जैसी वस्तुओं के विज्ञापन दिए जाते हैं तो यह गणित लगाकर दिमाग़ खराब हो जाता है कि पाँच-पाँच, दो-दो, एक-एक रुपए की वस्तु के ये विज्ञापन उपभोक्ता को कितने की चीज़ वास्तव में देते होंगे, महँगे पैकिंग की बात छोड़ भी दी जाए तो अनुमान लगाइए कि वस्तु रूप में कितने की चीज़ उपभोक्ता के हाथ लगती होगी। विज्ञापन किस प्रकार एक भरमाने की कला का रूप ग्रहण कर गया है, अर्थशास्त्रियों ने इसका गहन अध्ययन किया है। अमेरिकी पत्रकार वांस पैकार्ड ने अपनी पुस्तक 'द' हिडेन पर्सएडर्स' में इसका विशेष अध्ययन किया है कि विज्ञापन किस प्रकार 'आवश्यकता' का सृजन कर सामाजिक जीवन को प्रभावित करते हैं, "विज्ञापन के ज़रिए उपभोक्ता के मानस को प्रभावित किया जाता है और उत्पाद विशेष के लिए उसमें इच्छा और ललक पैदा कर वास्तविक आवश्यकता न होने पर भी ख़रीदने के लिए प्रेरित किया जाता है।"[8] पैकार्ड ने विज्ञापन के बच्चों पर पड़ने वाले दुष्प्रभावों पर चिन्ता जताई है। आजकल आप देख रहे हैं कि बच्चा माँ से यह सवाल कर रहा है कि फरवरी में 28 दिन ही क्यों होते हैं, उसकी बुद्धि इतनी कुशाग्र एक विशेष पेय पीने से ही हुई है। अमेरिका के मैरीलेंड विश्वविद्यालय के प्रोफ़ेसर बेंजामिन जे. बारबर ने अपने अध्ययन के आधार पर बताया है कि किस प्रकार "विज्ञापन भूमंडलीकरण के दौर में बच्चों को भ्रष्ट, व्यस्कों को बचकाना बनाता हुआ, सभी नागरिकों को पूरी तरह बिगाड़ रहा है।"[9] बहुराष्ट्रीय कम्पनियाँ ही नहीं, हमारे यहाँ की बड़ी-बड़ी कम्पनियाँ भी अपने उत्पादों को लोकप्रिय बनाने के लिए विज्ञापन की यही राह अपना रही हैं, यह दीगर बात है कि वे उनकी तुलना में कहीं खड़ी नहीं हो पाती हैं। टूथ

पेस्ट का ही उदाहरण लीजिए, कोलगेट सारे टूथपेस्टों को पीछे छोड़ता हुआ आज भी क्यों इस बाज़ार का सरताज बना हुआ है। गाँवों में कुछ अल्प शिक्षित, भले ही उनके पास अपने समय में कमाई बी.ए., एम.ए. की डिग्री भी हो, आज पेस्ट करने के लिए कौन-से भी ब्रांड का पेस्ट दें, कहते यही हैं 'कोलगेट कर लीजिए'। मुझे बड़ा आश्चर्य हुआ कि कोलगेट का इतना वर्चस्व हो गया कि वह किसी भी टूथपेस्ट का पर्याय हो गया। यह सब विज्ञापन का ही कमाल है। एक नहीं अनेक वस्तुओं के विज्ञापन के उदाहरण से यह देखा जा सकता है कि किस प्रकार वे उपभोक्ता को अपनी 'आवश्यकता', तीव्र आवश्यकता का बोध करा देते हैं। विज्ञापन का भार उत्पाद पर ही डाला जाता है जिसे अन्ततः उपभोक्ता की जेब को ही भुगतना पड़ता है।

बहुराष्ट्रीय कम्पनियों तथा कुछेक स्वदेशी बड़ी कम्पनियों ने विज्ञापन का एक और नया फंडा निकाला है, वह है हमारे यहाँ के उत्सवों, उत्सवधर्मी आयोजनों का 'प्रायोजन' ('स्पॉन्सरिंग')। अब तो ये समाचार-चैनलों की 'मुख्य ख़बरों' का भी प्रायोजन कर रहे हैं। टी.वी. कार्यक्रमों, रियल्टी शोज़, आदि के प्रायोजनों की बात छोड़ भी दी जाए, क्योंकि वह सर्वज्ञात सत्य है, तो ये बड़ी कम्पनियाँ दुर्गा पूजा, गणेश पूजा, पांडालों, दुर्गा-पूजा पर डाँडिया, आदि के कार्यक्रमों तथा कुछेक साहित्यिक कार्यक्रमों—कवि-सम्मेलनों, मुशायरों, आदि का भी प्रायोजन मैक्डोनल, केन्टुकी, पिज़ा (पीज्जा) हट, कोकाकाला, पैप्सी, जैसी बड़ी कम्पनियाँ करती रहती हैं। प्रभा खेतान ने अपनी पुस्तक 'भूमंडलीकरण : ब्रांड संस्कृति और राष्ट्र' में अपने व्यवसाय (चमड़ा उद्योग से सम्बद्ध) बाज़ार का एक रोचक अध्ययन प्रस्तुत किया है कि विज्ञापन किस प्रकार वस्तुओं, उत्पादों और उनके ब्रांडों में अन्तर ला देता है। एक वस्तु को बनाने वाली मशीनें तो सभी एक जैसी हैं। बाटा के जूतों और नाइक के जूतों में फ़र्क़ कहाँ था? सभी तो समान हैं। फिर यदि एडीडास या नाइक का जूता अन्य किसी चीनी व्यापारी के बनाए जूते से भिन्न नहीं हैं तो ग्राहक नाइक के जूतों को ही क्यों ख़रीदेगा? यह तो विज्ञापन का कमाल है, जिसके माध्यम से भिन्नता को उत्पन्न किया जा रहा है। विज्ञापन के जरिए ऐसा करिश्मा उत्पन्न करता था कि बाटा बोलते ही जूता, टाटा बोलते ही स्टील, डालडा बोलते ही वनस्पति घी आँखों के सामने तैर जाए और इन्हें ख़रीदने व पहनने वाले, बच्चे-बूढ़े सभी तैयार हो जाएँ।"[10] हमारे देखते-देखते बाटा, टाटा, रिबॉक, नाइक, मोंट कार्ले, एप्पल, द' बाडी शॉप, शहनाज हुसैन, बारबर हबीब, फ़ैशन डिज़ाइनर रोहित बल, आदि ने विज्ञापनों और विभिन्न कार्यक्रमों के प्रायोजनों द्वारा किस प्रकार अपने ब्रांडों की महत्ता और वर्चस्व बाज़ार में क़ायम किया है। अब टी.वी. चैनलों पर कोई ऐसा कार्यक्रम नहीं रह गया जिसका प्रायोजन कोई-न-कोई या बहुत-से ब्रांड न कर रहे हों। इतने विज्ञापन इन कार्यक्रमों में आते हैं, प्रायः ही कोई विज्ञापन दो-दो, तीन-तीन मिनट बाद भी आता है, कि दर्शकों के सिर में दर्द होने लगता है। दो मिनट का कार्यक्रम शेष रहता है और दस मिनट के विज्ञापन दर्शक को झेलने पड़ते हैं। हाल-फिलहाल की, दो-एक दिन पहले (2-3, जून, '13) की ही सुखद ख़बर यह है कि शीघ्र ही सरकार ऐसी सीमा निर्धारित करने जा रही है जिसके अनुसार किसी भी चैनल पर एक घंटे में 12 मिनट से अधिक का विज्ञापन नहीं होगा (जिसका सीधा परिणाम कि चैनलों को करोड़ों-करोड़ों की चपत लगेगी)। बहरहाल, इस दुर्धर्ष शती में हम विज्ञापन संस्कृति के इसी रूप को देखने को अभिशप्त हैं।

बात दर्शक के देखने की लाचारी की आई तो यह सवाल भी उठता है कि छोटे पर्दे और बड़े पर्दे बा-रास्ता हॉलीवुड-बालीवुड हमें जो नंगई, अश्लीलता निरन्तर परोसते चले आ रहे हैं, क्या यह इस शती का ख़ास तोहफ़ा नहीं है? सिनेमा और टी.वी. समाज में अश्लीलता की

नई अवधारणाएँ और एक नई नैतिकता (इथिकल कोड) विकसित कर उस सबके लिए हमारा अनुकूलन ('कंडिशनिंग') कर रहे हैं। अनुकूलन का यह क्रम इस रूप में चला है कि पहले थोड़ी नंगई और कामुकता परोसो, जब समाज उसे हजम कर जाए तो उसे उससे अगले क़दम के लिए तैयार करो और अधिक कामुकता और नंगई परोसकर। यदि हम विचार करें कि टी.वी. और सिनेमा की 15-20 वर्ष पूर्व नंगई और अश्लीलता कैसी थी और आज हम इसे किस रूप में देख रहे हैं—तो सामाजिक अनुकूलन और खुलेपन (बोल्डनेस) के रोचक तथ्य सामने आएँगे। पहले तो हमारे समाज में कुछ देर तक यह चर्चा रही कि टी.वी. देखने लायक चीज़ है भी या नहीं। एक उदाहरण देने का लोभ संवरण नहीं हो पा रहा है (जिसे अन्यत्र मैंने अपनी एक और पुस्तक में भी दिया है)। दिल्ली के एक कटरे की बात है, दिसम्बर-जनवरी की कड़ाके की ठंड में एक वृद्ध अपने घर की छत पर काले मोमजामे की झोंपड़ी बनाकर अपनी खाट बिछाकर सो रहा था। जब मैंने उसका कारण जानना चाहा तो यह बात सामने आई कि इसके बेटा-बहू छोटा टी.वी. (तब ब्लेक एंड व्हाइट ही थे) ले आए हैं, इसने कहीं उन दिनों का लोकप्रिय कार्यक्रम 'चित्रहार' देख लिया तो उसके विरोधस्वरूप या उसे बर्दाश्त न करने के कारण वृद्ध ने खुले आसमान के नीचे अपना आशियाना बना लिया। जो कुछ उम्रदराज़ लोग 'चित्रहार' को बर्दाश्त कर लेते थे वे भी जब नायक-नायिका को तनिक भी निकट आते देखते तो परिवारजनों के बीच से चुपचाप उठकर चले जाते थे। फिर धीरे-धीरे हमारा अश्लीलता-बोध कुछ क्षीण हुआ और ऐसे न जाने कितने ही दृश्यों को परिवार के सब जन साथ-साथ देखने लगे। हॉलीवुड फ़िल्मों के अनुकरण पर बालीवुड की फिल्मों में भी आलिंगन, चुम्बन, प्रगाढ़ चुम्बन ('स्मूचिंग') आम बात होती चली गई, रही बची कोर-कसर 'आइटम सांग' ने पूरी कर दी, जहाँ पूरे खुलेपन से वक्ष को उछाल-उछाल कर 'सैयाँ' और 'होंठों' को फेवीकोल से चिपकाने की बात कही गई, यह बात सैयाँ के खटिया सरकाने, बीड़ी जलाने, चिकनी चमेली, 'बंटी और बबली', 'जलेबी बाई', 'मुन्नी बदनाम हुई', आदि, आदि से आगे की थी। इसी प्रकार ध्यान दीजिए कि पहले हमारे टी.वी. चैनलों पर फ़िल्मी अवार्डों का जो प्रसारण होता था, उसमें अभिनेत्रियों की वेशभूषा में वह खुलापन नहीं होता था जो आस्कर अवार्ड में आती अभिनेत्रियों की वेशभूषा में होता था। कुछ ही वर्षों में हमारी तारिकाओं ने उन्हें पीछे छोड़कर कंधे उघाड़ने, आदि से आगे बढ़कर वक्ष को उस सीमा तक उघाड़ दिया जिसमें केवल वक्षोज का काला भाग ही न दिखाई दे। एक नवोदित तारिका ने अपना पहला पुरस्कार (डेव्यू एवार्ड) लेने जाते समय ऐसा ही परिधान अपनाया जिसमें उसके वक्ष के दोनों गोलाकार तो स्पष्ट दिखाई देते थे, बामुश्किल कुचाग्र ढँके हुए थे और दोनों ओर बने कप्स का हिसाब कुछ ऐसा नज़र आता था जैसे कि अब गिरे-अब गिरे, अधोवस्त्र में जाँघ तक का भाग कटे हुए कपड़े से झाँक-झाँक जाता था। सिनेमा की यह नई पीढ़ी अपना नया ड्रेस-कोड अपना रही थी और उधर राखियाँ (सावन्त) टी.वी. पर अपना वक्ष इस रूप में उघाड़-उघाड़ रही थीं कि वह अश्लीलता से बढ़कर वीभत्स की ओर जा रहा था। अब तो यह आलम है कि प्रत्येक शुक्रवार को बड़े पर्दे की नायिकाओं में होड़-सी लगी हुई है कि कौन अपने को और अधिक, औरों से अधिक उघाड़े। एक तारिका ने घोषित किया कि उसके शरीर में छिपाने लायक कुछ है ही नहीं, सब कुछ इतना अच्छा है कि वह उसे प्रदर्शित करने में कोई संकोच नहीं रखती। फिर उन्होंने पूर्ण नग्नावस्था में (न्यूड रूप में) विश्वप्रसिद्ध विदेशी पत्रिका 'प्ले बॉय' के कवर पर आना पसन्द किया। कहना न होगा कि यह भारतीय समाज का अश्लीलता के लिए किया गया भूमंडलीय अनुकूलन है। ग़नीमत यह हुई कि कदाचित्

सम्बन्धित मन्त्रालय के निर्देशानुसार टी.वी. पर वक्ष का उघाड़ना अब इतना दिखाई नहीं दे रहा है पर टी.वी. चैनलों ने इसकी काट यह निकाली कि अपने सीरियलों में नायिका तथा अन्य पात्रों को आगे से उघाड़ना कम किया किन्तु उनकी कमर बिलकुल नंगी कर दी—एक-दो नहीं सारे चैनलों पर प्रसारित स्त्री-पात्रों की वेश-भूषा कुछ ऐसी ही है जिसमें कमर प्रायः सदैव नंगी रहे, एक पतली-सी पट्टी मात्र उनकी कमर पर रहे। इस प्रकार भारतीय समाज नंगई और अश्लीलता की नई परिभाषाएँ गढ़ रहा है।

आजकल हिन्दी फिल्मों में द्विअर्थी संवादों का प्रचलन बड़ी आम बात हो चली है किन्तु अंगेज़ी और देसी गालियों का प्रयोग जिस रूप में हो रहा है, अब उसके लिए हमें अनुकूलित किया जा रहा है। साफ़ से साफ़ तौर पर अश्लील गालियाँ परोसी जा रही हैं। दो-एक दिन पहले टी.वी. का रिमोट घुमाते हुए एक फिल्मी दृश्य पर रुक गया। कई बार कहा गया 'तेरी तो फाड़ दी', 'तेरी तो फाड़कर रख दी', बताने की आवश्यकता नहीं कि यह कौन-सी गाली का ऐसी गर्हित रूप है, इसे परदे पर दिखाना नहीं चाहिए। सवाल यह उठता है कि सरकार ने जो सेंसर बोर्ड इन फिल्मों को प्रदर्शन के योग्य प्रमाणित करने के लिए बनाया है, वे अपना दायित्व किस रूप में निभा रहे हैं? क्या उन्हें भान है कि वे समाज को किस दिशा में धकेल रहे हैं। इस प्रकार टी.वी. चैनल या सिनेमा जो नंगई और अश्लीलता परोस रहे हैं, उस सबका बहुत बड़ा परिणाम है समय से पहले किशोरों का, यहाँ तक कि बच्चों का भी जवान हो जाना, मेरा बल समय से पहले पर है। किशोर पीढ़ी ने छोटे-बड़े पर्दे पर इस अश्लीलता को देखकर और मोबाइल के द्वारा दुनिया मुट्ठी में कर अपने को कामानुभवों के नए क्षेत्र में प्रशिक्षित-दीक्षित करने का पथ अपनाया। किसी चैनल पर दिल्ली के डी.पी.एस. स्कूल के कुछ छात्रों का इंटरव्यू प्रसारित हो रहा था, बात उस समय की है जब वहीं के एक अन्य प्रतिष्ठित स्कूल में विदेशी शराब की महँगी बोतलों का ज़खीरा पकड़ा गया था। एक छात्र से पूछा गया, "क्या तुमने कभी सेक्स किया है?" उसका तपाक से निःसंकोच उत्तर था, ''यह कोई बड़ी चीज़ नहीं है, 'इट्स नॉट ए बिग डील'।" ऐसे कितने ही उदाहरणों से सिद्ध किया जा सकता है कि नई पीढ़ी पर इन कामुकतापूर्ण प्रदर्शनों का कितना कुप्रभाव पड़ रहा है।

इसी से जुड़ा प्रश्न बलात्कार का है। आज समाज में जिस मात्रा और जिस रूप में यह अपराध बढ़ा है, उससे 21वीं शती का चेहरा शर्मसार है। 16-17 दिसम्बर, 2012 की रात को 'दामिनी कांड' में जो भयावह घटा वह कितना जघन्य कर्म था जो 21वीं शती को आदिम युगों में धकेल देता है। उन आदिम युगों में भी स्वच्छन्द यौनाचार में कहीं न कहीं स्त्री को इस प्रकार रौंदा नहीं जाता होगा। जो कुछ घटा, उसके बाद पूरे देश का आक्रोश और उस पर की गई तीख़ी प्रतिक्रियाएँ, मीडिया में घटना पर पूरा प्रकाश डालते हुए तीखी भर्त्सना, कुछेक सवाल शती के लिए छोड़ जाती है। क्या उसके बाद भी सामूहिक बलात्कार—गैंग रेप—की घटनाएँ कम हो सकीं? सर्वाधिक समुन्नत जानी जाने वाली शती का वह कैसा समाज है जिसमें दो-दो साल, छह-छह साल की बच्चियों के साथ बलात्कार हो रहा है? कभी मैं सोचता हूँ कि इतनी-इतनी मासूम बच्चियों के साथ हो रही दरिंदगी कहीं मीडिया के इन घटनाओं को अधिकाधिक फोकस में लाने के कारण तो नहीं? ये विकलांग मानस ये सोचते हों कि चलो हम भी इस बहुप्रचारित फल को चखकर देखें। समय आ गया है कि केन्द्रीय सरकार और प्रान्तीय सरकारें चौतरफ़ा सख़्त से सख़्त क़दम उठाकर इस अमानुषिकता से नारी तथा अबोध शिशुओं की रक्षा करें। निठारी जैसे कांडों को विस्मृति के गर्भ में न जाने देकर समय रहते उनसे कुछ सबक ग्रहण किए जाएँ।

अथाह पूँजी के अबाध आवागमन ने विश्व को अपराध जगत से भी अधिक भयानक एक और समस्या ने जकड़ रखा है, वह है भ्रष्टाचार। राजनीतिक, आर्थिक तथा सामाजिक क्षेत्र में या कहें जीवन का कोई क्षेत्र नहीं बचा है जो भ्रष्टाचार से ग्रस्त न हो। विकसित देशों और विकासशील देशों, यहाँ तक कि अविकसित देशों में भी भ्रष्टाचार के दानव ने अपने डैने पूरी तरह फैलाए हुए हैं। अमेरिका में भी भ्रष्टाचार कम नहीं है। 'ट्रांसपेरेंसी इंटरनेशनल' नामक भ्रष्टाचार विरोधी संस्था ने 2004 ई. में अमेरिका की गणना विश्व के 180 देशों में सबसे कम भ्रष्ट राष्ट्रों में की तथा भ्रष्टता में उसको 18वाँ स्थान दिया गया। विश्व बैंक जैसी संस्था ने इसे विश्व अर्थ व्यवस्था में एक कैंसर घोषित किया जो इस महारोग की भाँति निरन्तर और निरन्तर फैलता जा रहा है। विश्व बैंक के अन्तर्राष्ट्रीय मामलों के निदेशक डॉ. विजय भार्गव[11] ने 2005 में अपना एक शोध-पत्र प्रस्तुत किया जिसमें उन्होंने विश्व-स्तर पर फैले भ्रष्टाचार को छह श्रेणियों में सूचीबद्ध किया–

1. **महाभ्रष्टाचार**–वह भ्रष्टाचार जिसमें राष्ट्रों के प्रमुख (राष्ट्रपति, प्रधानमंत्रियों), मंत्रियों तथा वरिष्ठ प्रशासनिक अधिकारी संलिप्त होते हैं और जिनसे कुछ प्रमुख व्यवसायियों, राजनीतिज्ञों अथवा बड़े अपराधियों के हित सधते हैं।
2. **राजनीतिक भ्रष्टाचार**–इस भ्रष्टाचार में सम्राट/सम्राज्ञी, विधायक, आदि वे लोग हैं जो ऐसे नियमों-क़ानूनों का विधान करते हैं जिनसे व्यवस्था चलती है। ये प्रशासनिक अधिकारी निजी लाभ के लिए मोटी रिश्वतें लेते हैं और बदले में उन व्यक्तियों को सार्वजनिक हित के विपरीत जाकर लाभ प्रदान करते हैं।
3. **औद्योगिक निकायों में भ्रष्टाचार**–इसका सम्बन्ध उस भ्रष्टाचार से है जो विभिन्न उद्योगों में माल आपूर्ति करने वाले या उनके माल की ख़रीद में सहायक प्रतिनिधियों, आदि में लेन-देन के रूप में होता है। इसका एक रूप यह भी है कि जब कम्पनी के प्रशासनिक अधिकारी कम्पनी परिसम्पत्तियों, धन का उपयोग शेयरधारकों को नुक़सान पहुँचाते हुए व्यक्तिगत लाभ के लिए करते हैं।
4. **प्रशासनिक भ्रष्टाचार**–यह वह भ्रष्टाचार है जिसमें किन्हीं व्यक्ति विशेषों और व्यापारिक संस्थाओं को कम कर (टैक्स) देने, नियम-क़ानूनों से बचने अथवा निचले स्तर पर अनुबंध (कांट्रेक्ट), आदि प्राप्त करने के लिए रिश्वतें दी जाती हैं और अनुचित रूप से पक्षपात किया जाता है।
5. **छोटे-मोटे भ्रष्टाचार**–इनमें भ्रष्टाचार का वह रूप आता है जिसमें नित्य प्रति के कार्यालयी कार्यों के निपटान, कस्टम-निकासी, भवन-निर्माण के परमिट, आदि के लिए अपेक्षतया छोटी राशि रिश्वत के रूप में दी जाती है।
6. **सुनियमित भ्रष्टाचार**–यह वह भ्रष्टाचार है जो समाज के सभी स्तरों पर व्याप्त है।

ट्रांसपेरेंसी इंटरनेशनल ने समय-समय पर विभिन्न देशों के विभिन्न क्षेत्रों में फैले भ्रष्टाचार का गहन अध्ययन कर अपने ये निष्कर्ष स्थापित किए हैं। उपर्युक्त छह श्रेणियों को पढ़ते हुए सहसा ही यह ध्यान आता है कि किस-किस श्रेणी में हमारे यहाँ कौन-कौन अपराधी हैं और कैसा भ्रष्टाचार हुआ है।

हमें भारतीय परिदृश्य में भी भ्रष्टाचार का स्वरूप देख लेना चाहिए। भ्रष्टाचार और धाँधलियों के क्षेत्र में भारत विश्व के सिरमौर राष्ट्रों में से एक है। हमारे राजनेताओं की प्रतिष्ठा का सवाल है, उन्हें करोड़ों-करोड़ों की धाँधलियाँ रास नहीं आ पाती हैं, उनका स्तर हज़ारों-हज़ार करोड़ों

की धाँधलियों का है, छोटी-छोटी रक़मों में वे अपना हाथ नहीं डालते। अब जन-मानस ने आँकड़े रखना छोड़ दिया है, हर अगली धाँधलेबाज़ी इतनी बड़ी होती है कि पिछली छोटी पड़ जाती है। प्रति वर्ष ट्रांसपेरेंसी इंटरनेशनल जो सर्वे करती है, उससे भी इस क्षेत्र में हमारी तरक्की का अच्छा ग्राफ़ बनता है। 17 नवम्बर, 09, को ट्रांसपेरेंसी इंटरनेशनल इंडिया ने भ्रष्टाचार पर अपनी रिपोर्ट प्रकाशित की। 180 देशों के सर्वेक्षण में भ्रष्टता में हमारा गौरवपूर्ण स्थान 84वाँ है। दक्षिण एशिया में हमें 'सर्वाधिक भ्रष्ट' होने का सम्मान प्राप्त है। इससे दो दिन पहले देश के सर्वाधिक समृद्ध नहीं तो अत्यन्त समृद्ध राज्य—पंजाब—के मुख्यमन्त्री का बयान आया है कि 'अब मात्र चार-पाँच फ़ीसदी लोग ही रह गए हैं जो अभी तक करप्शन से बचे हुए हैं', इस सम्बन्ध में कुछ न कर पाने की बेबसी जताते हुए उन्होंने हाथ खड़े करने की स्थिति बना ली। यह कैसी बेबसी है जो राज्य के सर्वोच्च प्रशासक, सत्ता के शीर्ष पर बैठे व्यक्ति से ये सब शब्द कहला रही है। उन्होंने भ्रष्टाचार को एक प्रकार से युगधर्म ही घोषित कर दिया कि भ्रष्टाचार पंजाब में ही नहीं पूरे देश में 'वे ऑफ लाइफ़', ज़िन्दगी का ढर्रा बन चुका है, इसे नियंत्रित करना मुश्किल है।' तो क्या इधर से मुँह मोड़कर इसे पूरी तरह अनदेखा कर दिया जाए? 13 नवम्बर, 2009 को देश के विधि मन्त्री एम. वीरप्पा मोईली ने दुखित और कुपित होकर नौकरशाही की भ्रष्टता पर लगभग बेबसी-सी जताते हुए संविधान के अनुच्छेद 311 में संशोधन का प्रस्ताव रखा। रिश्वतखोरी के मामलों में सम्बन्धित व्यक्ति को दंडित न कर पाने की विवशता और कम ही मामलों में सफलता मिलने के प्रश्न पर उन्होंने देश की खुफ़िया एजेन्सियों और न्यायिक व्यवस्था की असफलता पर खेद भी प्रकट किया। प्रान्तीय सरकार के सर्वेसर्वा और केन्द्रीय मन्त्री की यह बेबसी क्या यह संकेत नहीं छोड़ती कि यह सब कुछ तो ऐसे ही चलना है, देश में बड़े-से-बड़ा कांड हो जाए किन्तु किसी भी नेता-प्रशासन पर कोई असर नहीं पड़ता है। कितने वर्षों से स्थिति जस-की-तस चली आ रही है, इसे ट्रांसपेरेंसी इंटरनेशनल इंडिया के पिछले वर्षों के रिकॉर्ड से जाना जा सकता है। 2008 ई. में 180 देशों के सर्वेक्षण में हमारा भ्रष्टता में स्थान 85 वाँ था जबकि 2007 में हमारा स्थान 72 वाँ था। 'इंडिया शाइनिंग' के काल में 72 वें स्थान से 84-85 वें स्थान तक की यह दुर्गतिमयी 'प्रगति' हमारी उपलब्धि ही मानने में व्यवस्था का गौरव है। चार हज़ार करोड़ के मालिक पूर्व मुख्यमन्त्री का केवल पन्द्रह सौ करोड़ का विवरण ही हमारी कुशल जाँच एजेंसियाँ प्राप्त कर पाने में सक्षम हो पाती हैं। बोफोर्स तोप कांड, आगरा ताज कॉरिडोर, चारा-घोटाला, पंजाब में करोड़ों-करोड़ों के रेड-क्रॉस कांड, आदि में जाँच एजेन्सियों ने क्या निकाल लिया भला! सत्रह बरस तक खोज कर लिब्राहन आयोग जो तथ्य जुटा पाया, अब उसकी जाँच के लिए भी केन्द्रीय जाँच—सी.बी.आई.—संस्था को लगाया जा रहा है, निकलेंगे तो वही ढाक के तीन पात। इसका मुख्य कारण हमारी नीयत और दृष्टि में खोट है, इसका भी सर्वेक्षण ट्रांसपेरेंसी इंटरनेशनल इंडिया ने किया है। हमारी ईमानदारी 10 अंकीय तालिका में 3.4 है, 2008 में भी यह 3.4 थी और इस वर्ष भी हमारी ईमानदारी में कोई सुधार नहीं हो पाया है। 2007 में यह 3.5 पर थी। पिछले वर्ष (2010) मीडिया में इस सबका विश्लेषण करती हुई ट्रांसपेरेंसी इंटरनेशनल इंडिया की प्रवक्ता अनुपमा झा ने कहा—'कोई शर्म ही बाकी नहीं रह गई है' ('नो शेम इज़ लेफ़्ट')। कुछ राजनेताओं, प्रशासनिक अधिकारियों को यह थोथा तर्क देते हुए भी देखा जा सकता है कि पूरी दुनिया में भ्रष्टाचार इसी रूप में फैल रहा है, एशिया के अन्य देशों में भी भ्रष्टाचार इसी रूप में वृद्धि पा रहा है। यह भी बेशर्मी का ही एक रूप है। इन लोगों को दुनिया और एशिया के अन्य देश तो दिखाई देते हैं किन्तु विकसित अर्थ-व्यवस्था,

जिसे विकासशील अर्थ-व्यवस्था की श्रेणी भी दी जाती है, का ब्राज़ील नहीं दिखाई देता जहाँ ईमानदारी (इंटीग्रिटी) का स्तर दस अंकीय तालिका में 9.4 है, डेनमार्क, फिनलैंड, न्यूजीलैंड जैसे देश भी दिखाई नहीं देते, उनका भी ईमानदारी स्तर 9.4 ही है। 2012 में ट्रांसपेरेंसी इंटरनेशनल ने भारत के सन्दर्भ में जो सर्वे कराया उसमें 176 देशों में भ्रष्टता में हमारा स्थान 94वाँ है। एजेन्सी ने यह भी बताया है कि भ्रष्टाचार भारतीय आर्थिकता ('इकॉनॉमी') को बुरी तरह प्रभावित कर रहा है। यहाँ भ्रष्टाचार के सबसे बड़े स्रोत सरकार द्वारा चलाई जा रही जनहितकारी योजनाएँ हैं, यथा मनरेगा (महात्मा गांधी राष्ट्रीय ग्रामीण रोज़गार योजना), राष्ट्रीय ग्रामीण चिकित्सा योजना, आदि। भ्रष्टाचार के अन्य प्रमुख स्रोतों में उन्होंने ट्रक इंडस्ट्री को परिगणित किया है जिससे अरबों रुपए पुलिस तथा राष्ट्रीय राजमार्गों पर नियन्त्रण करने वाले कितने ही सरकारी विभागों को रिश्वत-रूप में दिए जाते हैं। भारत में भ्रष्टाचार के प्रमुख कारणों में अत्यधिक जटिल क़ानून-व्यवस्था, जटिल कर तथा लाइसेंसिंग प्रणाली, अनावश्यक रूप से बहुत-से सरकारी विभाग, अपारदर्शी नौकरशाही के अबाधित स्वविवेकी अधिकार, सरकारी नियन्त्रण की अनेक संस्थाओं द्वारा उत्पादों की सम्पूर्ति तथा पारदर्शी व्यवस्था का अभाव है।

राजनीति के अपराधीकरण की समस्या भी हमारे यहाँ विकट रूप धार चुकी है। दिसम्बर, 2008 के आँकड़ों के अनुसार भारत की संसद के 523 में से 120 सांसद विभिन्न प्रकार के अपराधों में संलिप्त थे। रिपोर्ट रेखांकित करती है कि 2010 के बाद के भीषणतम घोटाला-कांडों में सरकार के उच्चतम स्तर के लोग—केन्द्रीय मन्त्री, मुख्यमन्त्री, आदि संलिप्त थे, यथा 2 जी स्पैक्ट्रम घोटाला, 2010 का कॉमलवेल्थ गेम्स घोटाला, आदर्श हाउसिंग सोसायटी घोटाला, कोयला घोटाला, खदान घोटाला, कनार्टक का नोट के बदले वोट का घोटाला और नव्यतम रेल घोटाला—2013।

कर चोरी और रिश्वत की जैसी साँठ-गाँठ हमारे देश में है, उसका एक बड़ा रोचक दृष्टान्त इंटरनेशनल ट्रांसपेरेंसी ने प्रस्तुत किया है। राज्यों की सीमा पर कर-चोरी और रिश्वत की मिलीभगत किस रूप में चलती है, उसमें ट्रकों को वार्षिक 22,200 करोड़ रु. (कुल 4.5 अरब डॉलर) की राशि रिश्वत रूप में देनी पड़ती है। सरकारी नियामक संस्थाओं और पुलिस के बीच यह राशि क्रमशः 43 प्रतिशत तथा 45 प्रतिशत के बीच बँट जाती है। ट्रकों को अपने मुकाम तक पहुँचने में 11 घंटे का समय विभिन्न चैक प्वाइंट्स पर रुकने में लग जाता है। बिना मतलब, ज़बर्दस्ती रोके गए ऐसे 60 प्रतिशत मुकाम—स्टोपेज—हैं जहाँ पर इन ट्रकों से ज़बर्दस्ती रुपए वसूले जाते हैं—कुछ सरकारी नाके, पुलिस नाके, वन-विभाग के नाके, सेल्स एंड एक्साइज़ नाके, चुंगी नाके, भार-तौल नाके, आदि कितने ही नाके हैं जो अवैध रूप से पैसा वसूली का काम करते हैं। 2007 की विश्व बैंक द्वारा प्रकाशित एक रिपोर्ट के अनुसार यदि ट्रकों के दिल्ली-मुम्बई रूट पर ये सब नाके—रुकावटें—न हों तो एक बार की यात्रा में 2 दिन के समय की बचत आसानी से हो सकती है।

वस्तुतः हमारी सारी प्रशासनिक व्यवस्था ही आपाद-मस्तक भ्रष्टाचार में डूबी हुई बहुत-बहुत अक्षम, अकार्यकुशल होकर रह गई है। 2009 के एक सर्वे के अनुसार हमारी नौकरशाही सिंगापुर, हांग-कांग, थाईलैंड, दक्षिणी कोरिया, जापान, मलेशिया, ताईवान, वियतनाम, चीन, फिलिपींस तथा इंडोनेशिया जैसे छोटे-छोटे देशों की तुलना में कम कार्यकुशल पाई गई है। रिपोर्ट में बड़े दुख से व्यक्त किया गया है कि भारत के सिविल सर्वेंट्स के साथ कार्य करना-करवाना 'बहुत ही धीमी और पीड़ादायक' प्रक्रिया है।[12]

यह भी जगजाना सत्य है कि भ्रष्टाचार के काले धन की यह अकूत राशि स्विस बैंकों में जमा है, देश में इसके विषय में जब-तब शोर मचता ही रहता है। प्रसिद्ध अंग्रेज़ी दैनिक

के 'द' हिन्दू' ने 2010 में एक लेख में प्रकाशित किया था कि भारतीयों के 1456 डॉलर अरब रुपए स्विस बैंकों में जमा हैं। इससे भी बड़ा चौंकाने वाला तथ्य यह है कि स्विस बैंकिंग एसोसिएशन ने 2006 ई. में अपनी एक रिपोर्ट में बताया कि भारत का इतना काला धन जमा है जो पूरी दुनिया के काले धन से अधिक है। इसके बाद भी स्विटज़रलैंड के बैंकों में काले धन के विषय में अनेक आँकड़े जारी किए गए जो परस्पर विरोधी होते हुए बहुत ज़्यादा विश्वसनीय नहीं कहे जा सकते। किन्तु इतना तो सत्य है कि काले धन का धन्धा भारत में अपनी अलग समानान्तर सत्ता चला रहा है जिसके खेल निराले और बड़े निराले हैं।

भ्रष्टाचार पर लगाम लगाने के लिए जो कैग (केन्द्रीय महालेखा परीक्षक) तथा केन्द्रीय अन्वेषण जैसी संस्थाएँ हैं जिन्हें जाँच का दायित्व निरन्तर दिया जाता रहा है, वे सब सत्ता केन्द्रों के इशारे पर चलती हैं। विभिन्न जाँच आयोग जो बिठाए जाते हैं, अधिकांशतः का परिणाम यह निकलता है कि मामला ठंडे बस्ते में डाल दिया गया है। सत्ता समीकरण के इन खेलों को सामान्य-जन बेबसी से देख रहा है, कितने ही आर.टी.आई—सूचना का अधिकार—जैसे प्रावधान कर दिए जाएँ—सबकी काट सत्ता प्रतिष्ठान निकाल ही लेते हैं।

ऐसा नहीं है कि 21वीं शती में केवल अँधेरा ही अँधेरा या जीवन का श्याम-पक्ष ही है, इस शती के गए 10-12 वर्षों में न केवल विश्व ने अपितु भारत ने भी अनेकमुखी प्रगति की है। सामान्य व्यक्ति, मध्य वर्ग, उच्च मध्य वर्ग, उच्च वर्ग तथा समाज के उच्चतम वर्ग के जीवन-स्तर में अभूतपूर्व सुधार, साधन सम्पन्नता में बढ़ोतरी हुई है। ज्ञान-विज्ञान, प्रौद्योगिकी, संसाधनों ('इन्फ्रास्ट्रक्चर'), सैन्य-संसाधनों, आदि, आदि की दृष्टि से इस शती में आश्चर्यजनक अभिवृद्धि हुई है किन्तु साहित्य का दायित्व मनुष्य के सामने पसरे घने अँधेरों और कुहासों से लड़ने और संस्कृति के श्रेष्ठ मूल्यों को बचाने का है जिससे यह जीवन निरन्तर जीने योग्य बना रहे...। इस दुर्धर्ष परिवेश और इसके अनेक अँधेरों से लड़ने की शक्ति शब्द की ही हो सकती है। साहित्य की विभिन्न विधाएँ इस ओर पूरी तरह सचेत होकर अपनी तरह से लड़ाई लड़ रही हैं। हिन्दी उपन्यास भी इन सब स्थितियों का प्रतिरोधी स्वर रचता हुआ प्रकाश की अनेक किरणें सिरजता है।

सन्दर्भ

1. शशि थरूर, *द 21st सैंचुरी हेज़ बीन बॉर्न इन फायर एंड बैपटाइज़्ड इन ब्लड*—माई टाइम्स, माई वॉयस', अंग्रेज़ी ट्रिब्यून, 7/9/2008 में लेख रूप में उद्धृत
2. एल.एस. हरदेनिया, *21वीं शती का पहला दशक*, अक्षरपर्व, जून 2008
3. 'द हेराल्ड ट्रिब्यून' पत्र का विश्लेषण, *द गैप बिटवीन रिच एंड पूअर ग्रोज? इन द यूनाइटेड स्टेट्स*
4. सच्चिदानन्द सिन्हा, *भूमंडलीकरण की चुनौतियाँ*, पृ. 22
5. दैनिक जागरण, 29 जनवरी 2013
6. बिज़नेस भास्कर, 5 जून 2013
7. उद्धृत, प्रभा खेतान, *भूमंडलीकरण : ब्रांड संस्कृति और राष्ट्र*, पृ. 34
8. गिरीश मिश्र, *भूमंडलीकरण की दुनिया में विज्ञापन*, जनसत्ता
9. उद्धृत, प्रभा खेतान, *भूमंडलीकरण और राष्ट्र*
10. प्रभा खेतान, *भूमंडलीकरण और राष्ट्र*
11. उद्धृत, पुष्पपाल सिंह, *भूमंडलीकरण और हिन्दी उपन्यास*, पृ. 68
12. *Wilkipedia Encyclopedia* से साभार

अध्याय : दो

21वीं शती में उपन्यास-स्थिति

(क) भारतीय भाषाओं में उपन्यास-स्थिति

'भारतीय उपन्यास' की अवधारणा जैसे पदों के विभम्र में न पड़, यह देखने का प्रयास किया जा रहा है कि हिन्दी की सहवर्ती प्रमुख भाषाओं में 21वीं शती के उपन्यास की क्या स्थिति रही है।* अंग्रेज़ी भी हिन्दी की सहवर्ती भारतीय भाषा के रूप में मान्यता प्राप्त है जिसकी स्वीकृति संविधान की आठवीं अनुसूची में स्वीकृत भाषाओं में से एक के रूप में हो चुकी है, इसी रूप में साहित्य अकादमी अंग्रेज़ी-लेखन को भी पुरस्कृत करती है।

प्रारम्भ से ही **बांग्ला** में उपन्यास एक लोकप्रिय विधा रही है, इस शती की दस सर्वाधिक चर्चित औपन्यासिक कृतियों की चर्चा की जाए तो वे इस प्रकार हैं[1]—'दहन'—सुचित्रा भट्टाचार्य, 'झॉपताल'—मन्दाक्रान्ता सेन, 'वसुधारा'—तिलोत्तमा मजूमदार, 'चक्र'—शीर्षेन्दु मुखर्जी, 'शंखिनी' —संगीता बनर्जी, 'झाड़ेर खैया'—वाणी वसु, 'आमादेर कथा'—विजया राय, 'बांग्लानामा'—तपन राय गंगोपाध्याय। (इस सूची में महिला उपन्यासकारों का ही बाहुल्य है किन्तु यह बांग्ला साहित्य के अध्येता प्रोफ़ेसर द्वारा दी गई सूचना के आधार पर है तो इसे प्रश्नांकित भी नहीं किया जा सकता)। 'दहन' (2000) का विषय वर्तमान सामाजिक संरचना में नारी को मिलने वाले त्रास ही हैं जिससे स्त्री-स्वाधीनता का प्रश्न बार-बार जुड़ता है। सामाजिक अत्याचारों का विरोध करती नायिका महिला सशक्तीकरण की मिसाल बनती है। टालीगंज मेट्रो स्टेशन पर चार मनचले नवयुवक युवती के साथ अश्लील हरकतें करते हैं, उसे बचाने के लिए कथा-लेखिका आगे आती है। थाना-पुलिस और सारे प्रशासकीय तंत्र की जग-जानी कार्यशैली का वह जिस रूप में प्रतिरोध करती है, वह उपन्यास को पठनीय और महत्त्वपूर्ण बनाता है। विख्यात फिल्म निर्देशक ऋतुपर्ण घोष ने इस पर इसी शीर्षक 'दहन' से एक फिल्म भी बनाई जो अन्तर्राष्ट्रीय स्तर पर प्रशंसित और पुरस्कृत भी हुई। 'झॉपताल' (2000) में मन्दाक्रान्ता सेन ने कॉलेज की प्रथम वर्ष की छात्रा तिथि के माध्यम से चित्रित किया है कि तथाकथित प्रेम के जाल में फँसकर नवयुवतियाँ प्रेमी के साथ विवाह-बन्धन में बँध तो जाती हैं किन्तु फिर परिवार के विरोध, पति के परिवार में

* किसी भी ऐसे प्रयास में दूसरे सूचना-स्रोतों के आधार पर सामान्य-सी जानकारी ही दी जा सकती है। बहुत प्रयास करने पर भी कुछ प्रमुख भाषाओं यथा पूर्वांचल की कई भाषाओं, कश्मीरी, आदि पर यत्किंचित् जानकारी भी नहीं दी जा सकी है। यथेच्छ सामग्री न मिलने पर एक बहुत बड़ा कारण यह भी रहा कि कुछ भाषाओं के अध्येता-प्रोफ़ेसर, आदि ने अधुनातन उपन्यास—21वीं शती के उपन्यास पर लिखने में आनाकानी ही करते रहे। कुछ आश्वस्त करने के बाद भी सामग्री न दे पाए। बहरहाल, जिन सुधी जनों ने इस ओर सहायता की है, उनका नाम यथा-स्थान सधन्यवाद दे रहा हूँ।

स्वीकृत न हो पाने की पीड़ा, धीरे-धीरे पति की बेरुखी, आदि से घबराकर अपने घर लौट आती हैं, "झॉपताल ऐसे जीवन का एक दस्तावेज़ है", "लेखिका की जीवन सम्बन्धी निजी सोच, पात्र-विश्लेषण की अद्भुत क्षमता, नग्न वास्तविकता का उद्घाटन—कुल मिलाकर इस उपन्यास को मनोग्राही बनाती है।" 'वसुधारा' (2002) उपन्यास में तिलोत्तमा मजूमदार धनी और निर्धन, सवर्णों और दलितों के जीवन की तुलना कर उनके बीच चल रही संघर्षपूर्ण स्थितियों का चित्रण करती हैं तथा अध्यापक आनिसुहामान के माध्यम से धर्म के वास्तविक स्वरूप एवं मानवीय संस्कारों के प्रति उनकी प्रतिबद्धता की कथा रोचक रूप में प्रस्तुत करती है। 'चक्र' (2005) उपन्यास के रचयिता शीवेन्द्र मुखर्जी अपनी भाषा के लालित्य एवं "आत्मान्वेषण और व्यक्तित्व विश्लेषण की अद्भुत क्षमता" के कारण बेहद लोकप्रिय हैं। उपन्यास की कथा बर्दवान नगर के समीपस्थ एक गाँव और कोलकाता के बीच आवाजाही करती हुई ग्रामों के तेज़ी से होते नगरीकरण का चित्रण करती हुई अमल राय और पारुल के बीच एक प्रेम-कथा का पल्लवन करती है। यद्यपि प्रेम-कथा का स्वरूप पारम्परिक ही है किन्तु संघर्षों के बीच भी इनसान कैसे सुखी रह सकता है—यह चित्रित करना ही उपन्यासकार का अभीष्ट है। 'चक्र' कहानी में है प्रेम, आत्मान्वेषण, पुरानी अवधारणाओं से विच्छिन्न कर देने की चेष्टा और इसमें है ग्रामीण जीवन के भीतर धीरे-धीरे नगरीकरण की सभ्यता का प्रवेश। जीवन कितना अपरिमेय है, इसका एक चित्र है 'चक्र'। संगीता बैनर्जी का उपन्यास 'शंखिनी' (2006) विभिन्न पात्रों के माध्यम से ज़िन्दगी का रहस्य, जीवन तत्त्व समझाने की कथा है। वाणी बसु 'झाड़ेर खैया'-तूफ़ान की नौका—में विभिन्न पात्रों के जीवन में सम्बन्धों की दृष्टि से आए तूफ़ान का चित्रण करती हुई जीवन में समरसता और सम्बन्धों की मधुरिमा की पक्षधर हैं जिससे जीवन में नए रंग प्रस्फुटित हो जाते हैं। आमादेर कथा (2008) प्रसिद्ध फ़िल्मकार सत्यजीत राय की पत्नी विजया राय का आत्मकथापरक, संस्मरणात्मक उपन्यास[2] है। बंगलादेश स्थित यशस्वी राय परिवार के विभिन्न व्यक्तियों को केन्द्र में रखकर तत्कालीन समाज का जीवन्त परिचय प्रस्तुत कर राय परिवार के सदस्यों की आत्मीयता और सम्बन्धों की मधुरिमा का परिचय दिया गया है। 'बांग्लानामा' (2007) के रचयिता अन्तर्राष्ट्रीय ख्याति प्राप्त इतिहासकार तपन राय चौधुरी हैं। लेखक ने अपने शैशव काल से लेकर आज तक के समय को कथा में समेटा है। पूर्वी बंगाल में 1926 ई. में जन्मे तपन राय चौधुरी ने न केवल अस्सी वर्ष के समय को अतीत-मोह के साथ उपन्यास में चित्रित किया है अपितु बंगलादेश के अस्तित्व में आने की स्थितियों को भी विश्लेषित किया है। वाणी वसु का 'अष्टम गर्भ' (2000) एक मिथकीय चेतना का उपन्यास है जिसमें कृष्ण कथा को नई दृष्टि से प्रस्तुत कर 'बांग्ला इतिहास के युगान्तकारी समय' का इतिहास विश्लेषित किया गया है, "प्राचीन और अर्वाचीन जगत के (परिवेश अर्थ में प्रयुक्त) के बीच यह उपन्यास एक लैंड मार्क है। हिन्दी और अन्य भारतीय भाषाओं में ख्यात उपन्यासकार सुनील गंगोपाध्याय का 'मनेर मानुष' (2009) इस कालावधि का एक अत्यन्त प्रमुख उपन्यास है। गौतम घोष के निर्देशन में इस उपन्यास पर एक फ़िल्म भी बन चुकी है। उपन्यास का नायक लालन फकीर—लालन—'बंगभाषी समाज के प्राणों की धरोहर' बन गया है। उसका जीवन अत्यन्त विषम स्थितियों में गुज़रता है। पूर्वी बंगाल के गंड नामक गाँव में उसकी माँ खादी के कारखाने में काम करती है, लालन को गाने का बेहद शौक है। एक परिवार के साथ वह गंगा स्नान के लिए गया तो चेचक से ग्रसित हो जाने के कारण उसके साथी उसे मृत समझ गंगा में जल-समाधि दे देते हैं जहाँ से वह एक मुसलमान द्वारा बचा लिया जाता है और उसकी सेवा-शुश्रूषा से वह ठीक

हो जाता है। मुसलमान के साथ रहने के कारण उसे जाति-बहिष्कृत कर दिया जाता है, उसकी माँ और पत्नी भी उसे घर के अन्दर प्रवेश नहीं करने देतीं। समाज और घर-परिवार से बहिष्कृत हो वह जंगल में जाकर अपना नया जीवन प्रारम्भ करता है। "अनुभूत ज्ञान और वेदना ने लालन के हृदय में असंख्य गीतों को जन्म दिया, बंगलादेश के आकाश और हवा उसके गीतों में ढल गए।" "मेरे मनेर मानुष जो है—यह जिज्ञासा उसे एक अनन्त जीवन की ओर उन्मुख कर देती है।...अपने जीवन के रास्ते पर चलते हुए सच्चे मनुष्य की तलाश ही उसका अभीष्ट था। रचनात्मक सौन्दर्य के कारण यह उपन्यास एक अतुलनीय और सुखद रचना है।" इनके अतिरिक्त वे उपन्यास भी महत्त्वपूर्ण हैं जिन्हें साहित्य अकादमी ने पुरस्कृत किया है : 'आमि ओ बनविहारी'—सन्दीपन चटोपाध्याय (2002 में पुरस्कृत), 'क्रान्तिकाल'—प्रफुल्ल राय (2003), 'ध्रुवपुत्र'—अमर मित्रा (2006), 'खान मिहिरेर धीपि'—बानी बसु (2010) तथा 'बीरासन'—सुब्रतो मुखोपाध्याय!

मराठी में भी उपन्यास एक अत्यन्त समादृत और लोकप्रिय विधा है। आलोच्य समय से पूर्व पिछली शती के पिछले खेवे में भालचन्द्र नेमाडे, भाड पाध्ये, रंगनाथ पठारे, राजन गवरू, आदि अत्यन्त प्रसिद्ध उपन्यासकार रहे हैं। इस शती में परिवेशगत सजगता और भूमंडलीकरण के प्रभावों से त्रसित समाज प्रमुख रूप से उपन्यासकारों की चिन्ता का विषय बना है। विकास के नए संकल्पों से युक्त नई अर्थनीति, प्रौद्योगिकी और तकनीक के द्रुत विकास, पूँजीवादी सभ्यता से निसृत प्राणलेवा प्रतिस्पर्द्धा, परिवर्तित जीवन-शैली तथा उससे निर्मित नई चेतना ने जिस रूप में हमारे जीवन-परिवेश को बदला है, उसी का चित्रण करता मराठी उपन्यास अपने युग-सत्य का साक्ष्य बनता है। इक्कीसवीं शती में पिछले खेवे के उपन्यासकार भी रचनारत रहे हैं, यथा रंगनाथ पठारे, राजन गवरू, श्याम मनोहर, आशा बगे, राजन खान, आदि किन्तु यहाँ मुख्यतः इसी समय में उभरे नए लेखकों की चर्चा ही अभीष्ट होगी। ये लेखक महाराष्ट्र के विभिन्न क्षेत्रों—विदर्भ, मराठवाड़ा, खानदेश, पश्चिम महाराष्ट्र, आदि—से आए हैं तो इन्होंने-उन्होंने अपने-अपने समाजों के माध्यम से समय को चीन्हा है। इन लेखकों में प्रमुख हैं : सदानन्द देशमुख, कृष्णात खोत, रमेश इंगले उत्तादकर, प्रवीण बांदेकर, गणेश आवटी, अशोक कोली, कविता महाजन, मकरंद साठे, जी.के. एनाकुरे, आदि। सदानन्द देशमुख के 'लहान' (प्यास), 'बागेभास' (बारहमास) तथा सीताराम सावन्त के 'देशोधड़ी' (पतन) जैसे उपन्यासों में समकालीन युवा पीढ़ी की निराशा एवं असफलता के बोध का चित्रण किया गया है, तो कृष्णात खोत के 'गावठाण' (चारदीवारी के अन्दर का गाँव) तथा 'सैंदाला' (घपला) तथा 'भिरूड' (घुन, दीमक) में गाँव की राजनीति का चित्रण किया गया है। गाँव में राजनीति में प्रवेश जिस प्रकार जीवन-परिवेश पूरी तरह से परिवर्तित होकर दुसह्य हो उठा है, उस सबका चित्रण कृष्णात खोत के उपन्यासों में किया गया है। प्रवीण बादेकर के 'चालेगत' (भूत-प्रेम), तथा आनन्द विंगकर के 'अवकाली पावसाच्या दरायानची गोष्ट' ('असमय बरसात की कहानी') उपन्यासों में भूमंडलीकरण के कृषि जीवन पर पड़े विपरीत प्रभावों—आघातों का चित्रण किया गया है। रमेश इंगले उत्तादकर के लिखे उपन्यास 'निशाणी डावा अंगठा' (अँगूठे का निशान) तथा 'सर्वप्रश्न अनिवार्य' में गाँव में आधुनिक शिक्षा के पड़ने वाले दुष्प्रभावों का आकलन करते हुए वर्तमान शिक्षा-प्रणाली पर चोट की गई है। जी. के. एनाकुरे ने अपनी 'रिबोट' जैसी औपन्यासिक कृति में दलित जीवन और बम्बई की कपड़ा मिलों के मज़दूरों की शोभनीय स्थिति का चित्रण किया है। कविता महाजन के 'ब्रा' तथा 'भिन्न' में स्त्रीवादी विमर्श के परिप्रेक्ष्य में नारी जागृति, पंचायती राज में उसकी साझेदारी तथा एड्सग्रस्त स्त्री की मनोव्यथा का चित्रण किया गया है। अशोक पवार का उपन्यास

'इलनभान' (दिन रात की भटकन) में दलित जीवन-कथा के केन्द्र में है, ब्रिटिश औपनिवेशिक समय से लेकर अब तक उन पर जो अत्याचार होते रहे, उस सबका मार्मिक चित्रण किया गया है। साथ ही आज़ादी के बाद देश के आर्थिक विकास की नीति को प्रश्नांकित किया गया है। मकरंद साठे के उपन्यास 'आपरेशन यम्' तथा 'अत्युत आठवाले आणि आठवण' ('अच्युत आठवले और संस्मरण') में नगरीय जीवन की आत्मकेन्द्रित दृष्टि को दर्शाकर वर्तमान समय में मनुष्य की घुटन, ऊब और विघटनकारी मनोवृत्तियों को व्यक्त किया गया है।

वरिष्ठ पीढ़ी के लेखकों में दो उपन्यासकार इस समय भी चर्चित रहे हैं—श्याम मनोहर और रंगनाथ पठारे। श्याम मनोहर के 'उत्सुकेतेने मी झोपलो' (मैं उत्सुकता के साथ सोया) तथा साहित्य अकादमी द्वारा पुरस्कृत, 'खेकसत म्हणणे आय लव यू' (झल्लाकर कहना आय लव यू) तथा रंगनाथ पठारे का 'कुंठेचा लोलक' (कुंठा का लोलक) और 'भर रस्त्यावर अरण्यरुदन' (भरे रास्ते पर अरण्य रोदन) उल्लेखनीय हैं। भालचन्द्र नेमाडे का लिखा बहुचर्चित उपन्यास 'हिन्दू : जगण्याची समृद्ध अडगल' (हिन्दू : जीने का समृद्ध काठ-कबाड़ा) का प्रकाशन इस दशक की ऐतिहासिक घटना है। उनके उपन्यासों ने मराठी उपन्यास के कथ्य और शिल्प दोनों में भारी बदलाव उपस्थित किया है। साहित्य अकादमी द्वारा पुरस्कृत ये उपन्यास भी अत्यन्त महत्त्व के हैं : 'तणकट'-राजन गवास (2001), 'डेंगोश एका नागंचा' टी.वी. सरदेशमुख (2003), 'बारोमारू'—सदानन्द देशमुख (2004), 'भूमि' आशा बगे (2006)। मराठी में पौराणिक, ऐतिहासिक और जीवनीपरक उपन्यास-लेखन की भी समृद्ध परम्परा रही है, विश्वास पाटिल के 'पानीपत' (1988), और 'सम्भाजी' (2005) इसी परम्परा के वृहद् उपन्यास हैं। अपने कथ्यगत और शैलीगत वैविध्य में मराठी उपन्यास ने इक्कीसवीं शती में अभूतपूर्व प्रगति की है।

गुजराती में भी उपन्यास-परम्परा काफ़ी समृद्ध रही है, इस कालावधि के उपन्यासों में "सामाजिक चेतना का कलात्मक अभिज्ञता के साथ नए सिरे से राज्याभिषेक किया जा रहा है—समस्या केन्द्रित जीवनीपरक तथा जनपद केन्द्रित उपन्यासों में संरचनात्मक (शैल्पिक) नावीन्य गौरतलब है।" दलित विमर्श समकालीन गुजराती उपन्यास का मुख्य स्वर है। इस क्षेत्र में जोसेफ़ मेकवान, दलपत चौहाण के 'मलक' (मुल्क) तथा 'गीध' (गिद्ध) 'भलमाखलू' (भोर) में दलित चेतना के नए आयाम उभरकर आते हैं। 'गीध' में सवर्ण स्त्री द्वारा दलित युवक के यौन-शोषण तथा संघर्ष का चित्रण किया गया है। 'भलमाखलू' में दलित स्त्री की शिक्षा प्राप्त करने की दुर्दम्य इच्छा और उसकी संघर्ष कथा का जीवन्त चित्रण किया गया है। गुजराती उपन्यास में महिलाओं की बड़ी सक्रिय भागीदारी रही है, स्त्रीवादी विमर्श इनका मुख्य सरोकार रहा है। बिन्दु भट्ट, धीरू बहन पटेल, इला आरब मेहता, कुन्दनिका कपाड़िया, वर्षा अडालजा, सरोज पाठक, हिमांशी शैलत, आदि गुजराती उपन्यास की अत्यन्त सशक्त हस्ताक्षर हैं। बिन्दु भट्ट का उपन्यास 'मीरा याज्ञिक की डायरी' स्त्री-समलैंगिकता पर लिखा गया न केवल गुजराती का अपितु भारतीय भाषाओं का प्रथम महत्त्वपूर्ण उपन्यास[3] है, हिन्दी-उपन्यास-लेखन पर भी इसका प्रभाव पड़ा है, यथास्थान जिसकी चर्चा की गई है। इला आरब मेहता का हाल ही में उपन्यास 'द न्यू लाइफ़' आप्रवासी (डायस्पोरा) साहित्य में एक नई कड़ी जोड़ता है। सदियों से उद्यमी गुजराती माणस विदेश में अपने औद्योगिक साहस और व्यावसायिक प्रतिभा का सिक्का जमाते रहे हैं, यहाँ पहली बार नायिका लोपा के माध्यम से अफ्रीका और इंग्लैंड में बसे गुजरातियों की बार-बार अपनी जड़ों से उखड़ने की कथा कही गई है। वर्षा अडालजा ने अपने उपन्यास 'शग रे संकोरु' (बाती को उसका दूँ) में तथाकथित धार्मिकता की आड़ में पलायन करते पति और विवाह संस्था को बचाकर

जीवन रस बनाए रखने का प्रयत्न करती पत्नी के दमघोंटू दाम्पत्य का चित्रण किया है। नायिका वसन्त यह मार्ग प्रशस्त करती है कि किस प्रकार स्वयं द्वारा रचे गए घर को बचाकर रखा जा सकता है। गुजरात का जूनागढ़ का नवाब शासित क्षेत्र कभी साम्प्रदायिक एकता की एक मिसाल था किन्तु उस संस्कृति को कैसे समुद्री तूफ़ान की तरह समय की बात ने क्षत-विक्षत कर दिया इसका प्रभावी अंकन गुजराती के प्रसिद्ध समीक्षक नरोत्तम पलाण ने 'हू-हू' शीर्षक उपन्यास में किया है, 'हू-हू' एक ऐसा समुद्री तूफ़ान है जो आता है तो नदियों के मुँह मोड़ देता है और खड़ी फ़सलों में ज़हरीली गन्ध-स्वाद भर देता है। साम्प्रदायिक दंगों से ग्रस्त आज के विषाक्त माहौल को चित्रित करते हुए लेखक सद्भाव और प्रेम की कौमी विरासत को सहेजने की प्रेरणा देता है।

ध्रुव भट्ट गुजराती उपन्यास में अपनी बिलकुल अलग पहचान लेकर अपनी उपस्थिति दर्ज़ कराते हैं। इनके उपन्यासों को आंचलिक कहें या पर्यावर्णीय कहें, जनपदीय कहें या पारिस्थितिकीय ('इकोलॉजिकल') कहें, इन्हें परिभाषा में नहीं बाँधा जा सकता। उनके 'समुद्रान्तिके' में गुजरात का सागर-तट, 'तत्त्वमसि' में नर्मदा का उद्‌गम और उसकी घाटियाँ-जंगल तो 'अकूपार' (2009) में गुजरात का गीर अरण्य कथा के केन्द्र में है। "इन कृतियों में स्थल विशेष की उपस्थिति एक जीवन्त अस्तित्व के रूप में भी हैं और एक सांस्कृतिक विमर्श के रूप में भी। इनमें सृष्टि के जड़-चेतन तत्त्वों के आपसी सम्बन्धों को टटोलते हुए, तर्क से परे किसी अज्ञात क़ो बूझने की आकांक्षा है।" ध्रुव भट्ट अपने प्रत्येक उपन्यास में कथा की नई ज़मीन खोदते हैं।

जीवनीपरक उपन्यास-लेखन में दिनकर जोशी अपने विवादास्पद नायकों से पाठकों का ध्यान आकर्षित करते हैं, मुहम्मद अली जिन्ना को अपने 'प्रतिनायक' उपन्यास में एक प्रतिनायक के रूप में ही चित्रित किया है, दक्षा दामोदरा ने 'सावित्री' उपन्यास में सावित्री बाई फुले के शिक्षा संघर्ष और नारी-जागृति को चित्रित किया है। स्व. जयन्त गाडीत ने अपनी बारह वर्ष की रचनात्मक साधना को 'सत्य' नामक चार खंडों वाले उपन्यास में लगभग 1100 पृष्ठों में, मोहनदास कर्मचन्द गांधी तथा उनके समय को पुनर्जीवित किया है। गांधी के महान व्यक्तित्व, उनके दर्शन और कार्य-साधना का परिचय देता हुआ उनका यह महत्त्वाकांक्षी उपन्यास है। साहित्य अकादमी पुरस्कार से पुरस्कृत वीरेन्द्र मेहता का 'छावणी' उपन्यास सन् 2000 में गुजरात के कच्छ अंचल में आए सर्वनाशी भूचाल की पृष्ठभूमि में मानव-नियति और मानव-स्वभाव को एक कलात्मक दूरी के साथ सशक्त रूप में चित्रित करता है।

समकालीन उपन्यासों में धीरू बहन ने एक मरणासन्न वृद्ध की स्व से सर्व की ओर गति करती भाव-यात्रा का मार्मिक आलेखन किया है। दौलत भट्ट के 'कैकेयी' उपन्यास में इस पौराणिक चरित्र को वर्तमान की एक राजनीतिज्ञ के रूप में चित्रित किया गया है। 'अरवल्ली' उपन्यास में किशोर सिंह सोलंकी ने अरवल्ली की गिरि-शृंखला को अपनी प्राकृतिक-सांस्कृतिक थाती के साथ प्रस्तुत किया है। योगेश जोशी ने 'वास्तु' में कैंसरग्रस्त रोगी की मनोदशा और जिजीविषा को चित्रित किया है। वीनेस अन्ताणी 'अन्तर्गत' उपन्यास में अपने पात्रों की चारित्रिक गुत्थियों को प्रतीकात्मक भाषा में खोलते हैं। गुजराती उपन्यास में दलित-लेखन का प्रारम्भ करने वाले जोसेफ़ मेकवान 'दरिया' में दलित नायिका के जीवन की संघर्ष यात्रा का मार्मिक अंकन करते हुए स्त्री-विमर्श के कई मुद्‌दे उठाते हैं। मोहन परमार तथा चीनू मोदी भी इस समय में महत्त्वपूर्ण उपन्यास-लेखन कर रहे हैं। आज गुजराती उपन्यास में दलित तथा स्त्री-विमर्श उपन्यासकारों की चिन्ता के मुख्य सरोकार हैं। इस रूप में गुजराती का उपन्यास बहुविध रूप में सम्पन्न हैं।

'पुदिनम्' संज्ञा से अभिहित तमिळ[4] भाषा में भी उपन्यास ने पर्याप्त प्रगति की है। 21वीं शती के तमिल उपन्यासों में कथ्य और शैली का पर्याप्त वैविध्य मिलता है। इस कालावधि में 'शिवकामीरनशणदूम्' तथा 'पोन्नीचिन वेल्वम्' जैसे ऐतिहासिक उपन्यासों की रचना एक महत्त्वपूर्ण घटना है, साथ ही ना. पार्थ सारथी कृत 'कपालपुरम्', 'समुदाय वीदी' भी पुरस्कृत उपन्यासों में प्रमुख स्थान रखते हैं, ये सभी उपन्यास ऐतिहासिक पृष्ठभूमि पर रचित हैं। ता. ना. कुमार स्वामी के उपन्यास 'वीट्टूपुरा', 'ओट्टीचेड़ी', 'अन्न बिने इल्ले' तथा 'कानज नीर' उल्लेखनीय आंचलिक उपन्यास हैं। ज्ञानपीठ पुरस्कार प्राप्त जयकान्तन के 'जय-जय शंकर हर-हर शंकर', 'ओरू वीडू ओर मनिदन ओरू उलगार', 'सुन्दरकांड', 'ओरु नडिगै नाटकार पाक्कीरार' के विशेष रूप से उल्लेख्य उपन्यास हैं। इनमें परिवर्तित आधुनिक जीवन-शैली की तमाम विसंगतियों का चित्रण मिलता है। सा. कंदस्वामी कृत 'छायावनम्', 'तोलैन्दू पोनवल', 'अवन आनन्दू', बाल कुमारन कृत 'मरुकुरू पूकल', अैयसेक अरुमै राजन कृत 'कीरलवाल्ल', 'आषक्कू' डेविड सिद्धैया कृत 'नाँमजिल नाडू' म.त. समुद्रम् कृत 'आफिस मोहिनी', 'वाडा मल्ली', एड्स जैसी संक्रामक बीमारी पर 'पालै सुरा' तथा 'वेरिल पड़त्त पला', इन्दिरा पार्थसारथी कृत 'कुरदी पूक्कल' राजम कृष्णन कृत अमुद माड़ वरिगै' रमणिचन्द्रन कृत 'वैर मलर', 'पाड़दू विडियंद वेलै', आदि इस काल खंड के महत्त्वपूर्ण उपन्यास हैं। पुलिस महिला आई.पी.एस. अधिकारी तिलकवती कृत 'कल मरम', 'नेंजिल आसै', 'निनविक्कुल सूर्यन' आदि ने अपने उपन्यासों में स्त्री समस्याओं पर कथा को केन्द्रित किया है। सूर्य कान्ता का 'मानावरी' उपन्यास कृषक जीवन पर केन्द्रित है। जयमोहन कृत 'खर', 'विष्णु पुराणम्', 'सादित नारकाली' (साहित्य अकादमी पुरस्कृत), नॉजिल नायडू कृत तलैकीय विगिन्दन्वाल', 'मिदवै', 'चतुरंगन बोदी', आदि औपन्यासिक कृतियाँ आधुनिक जीवन की विसंगतियों का चित्रण करती हुई युग-समस्याओं से टकराती हुई कन्याकुमारी के ग्रामीण अंचल के सागर तटीय जीवन को चित्रित करते हैं। वहाँ की भाषा का आंचलिक रंग और मुहावरे उस जीवन को सहज रूप में जीवन्त कर देते हैं। तमिळ के साहित्य अकादमी से पुरस्कृत उपन्यासों का भी अपना विशिष्ट स्थान है—सी. एस.चेल्लपा के 'सतुंथरा दागम्' आर. वैराभुथु कृत 'कालकिट्टु इथिकासम्', जी. थिलकावती कृत 'कलमारम्' नीता पद्नामन के 'नई उथिर कालम्', सु. वेंकटेसन के 'कवाल कोट्टम्' तथा डी. सेल्वाराग के 'थोल' उपन्यास इस कालखंड के पुरस्कृत उपन्यास हैं। इधर तमिळ में लघु उपन्यासों का प्रचलन बहुत बढ़ा है, हेप्प सीबा जेसुदास तथा डॉ. चेलप्पा के लघु उपन्यासों ने विशेष लोकप्रियता प्राप्त की है। इस प्रकार तमिळ का उपन्यास साहित्य भी पर्याप्त समृद्ध कहा जा सकता है।

मळयालम साहित्य में भी उपन्यास एक लोकप्रिय विधा है, यहाँ पर्याप्त मात्रा में उपन्यास साहित्य रचा गया है। पिछली पीढ़ी (20वीं शती के उत्तरार्द्ध में) के उपन्यासों में पुन्नत्तिल कुंजन्दुल्ला के 'मरुनु' (दवाई) तथा 'स्मारकशिला कल' (मकबरे का पत्थर), सेतु का 'पांडवपुरम्', एन. पी. मोहम्मद का 'देवतिरें कन्नु' (देवता की आँख), के.पी रामानुन्ती का 'सूफ़ी परजा कथा' (सूफ़ी द्वारा कही गई कहानी) और 'जीवित तंटे पुस्तकम्' (ज़िन्दगी की किताब), टी.वी. कोचुबावा का 'वृद्धशरणम्' (वृद्धाश्रम), सी.आर. परमेश्वरन का 'प्रकृति नियमम्' (प्रकृति के नियम), सी. सी. बालकृष्णन का 'आयुस्सिन्टे पुस्तकम्' (जीवन की पुस्तक), टी.एस. वासुदेवन नायर का 'वाराणसी', एन.एस. माधवन की 'लुंडे बतरियले लुतिनीयकल' (डच बैटरी की लिट्टिनियाँ) जैसी प्रसिद्ध कृतियाँ प्रकाशित हुईं।[5]

21वीं शती में भी मळयाली उपन्यास बहुत समृद्ध रूप में सामने आया है और प्रभूत मात्रा में उपन्यास-रचना हुई है। इस कालखंड के प्रमुख दस उपन्यासों की चर्चा यहाँ अभीष्ट हैं।[6] बन्यामन आनन्द इस समय के महत्त्वपूर्ण लेखक हैं, 'आडुजीवितम्' (भेड़ जैसा जीवन) उनका महत्त्वपूर्ण उपन्यास है, इससे पूर्व भी उनका 'आलकूट्टम' (भीड़) जो बम्बई के जीवन-परिवेश पर लिखा गया उपन्यास है, विशेष चर्चित रहा उसके बाद उनकी कई प्रयोगात्मक औपन्यासिक कृतियाँ आईं, यथा—'मरण सर्टिफिकेट', 'अभयर्तिकल' (शरणार्थी) 'मरुभूमिकल उडांकुन्नातु' (मरुस्थल कैसे उत्पन्न होते हैं) और 'गोवर्धनडे यात्राकल' (गोवर्धन यात्रा)। 'आडुजीवितम्' में खाड़ी देशों में गए केरलवासियों के जीवन संघर्षों का चित्रण है। नायक नजीब वहाँ पहुँचकर बकरियों के चराने का काम करता है और उनके पीछे-पीछे चलते उसका जीवन भी बकरियों जैसा निःसहाय हो जाता है। इस प्रकार उपन्यास बेहतर जीवन की तलाश में अरब देशों में गए लोगों के मोहभंग और अतीत-मोह (नास्टज़ेनिया), आदि का मार्मिक अंकन करता है। 'मरकापिल्ले तेटयङल' अंबिकासूदन का प्रथम उपन्यास है जिसमें ग्रामीण संस्कृति तथा पारिस्थितिक सजगता के प्रति लेखक विशेष सचेत है। मरक्कारण एक ऐसा गाँव है जिसका भूमंडलीय स्थितियों में तेज़ी से नगरीकरण हो रहा है और गाँव पूरी तरह उपभोक्तावादी संस्कृति की गिरफ़्त में आ जाता है। उम्पिच्ची उसका "केन्द्रीय पात्र है जो व्यवस्था के विरुद्ध संघर्ष करती हुई अपनी संस्कृति की" रक्षा में सन्नद्ध होती है किन्तु "उसका प्रतिरोध वर्तमान व्यवस्था के सामने निष्प्रभ" हो जाता है। 'एनमकजे' अंबिकासूदन का चर्चित उपन्यास है जो इसी नाम से केरल के एक गाँव को कथानक के केन्द्र में रख चित्रित करता है कि प्राकृतिक सम्पदा और जैव वैविद्य से भरपूर उसके प्राकृतिक संसाधनों को नव विकास के नाम पर किस प्रकार नष्ट किया जा रहा है।" भूमंडलीकरण के इस दौर में उपनिवेशी कारपोरेट संस्कृति से हाथ मिलाकर देसी सत्ता यहाँ की परम्परा एवं संस्कृति यहाँ की प्राकृतिक सम्पदा को किस प्रकार समाप्त कर रही है, किस प्रकार एनडोसलफान, जो विदेशों में निषिद्ध है, के उपयोग से गाँव रोगियों एवं अपाहिजों का अड्डा बन गया है। पाँच भाषाओं की संगमभूमि एनमकजे गाँव आज मीठे पानी के लिए तरस रहा है।" विकास के नाम पर हो रहे इस संहार के प्रति अब जनता सजग होकर उसका प्रतिरोध उपस्थित कर रही है। एन. प्रभाकरन का 'जनकथा' भी ग्रामीण पृष्ठभूमि पर रचित सशक्त उपन्यास है जो हाशिये पर पड़े लोगों की बात कहता है। 'विभजनडल' आनन्द का उपन्यास है जिसका अर्थ विभाजन है। आनन्द ने बँटवारे को मानव के इतिहास एवं संस्कृति के साथ जोड़ दिया है। यहाँ इतिहास, मिथ, संस्कृति को कथा-सूत्र में आकर्षक रूप में अनुस्यूत किया गया है। के.पी. उण्णी का उपन्यास 'फोसिलकुल उण्डायिरुन्नित्' विस्थापन की समस्याओं को उजागर करता है। शासक वर्ग विकास के नाम पर 'छेदी' नामक स्थान पर विभिन्न परियोजनाएँ लेकर ज़मीन अधिगृहीत करना चाहता है किन्तु जनाक्रोश के रूप में उसका विरोध किया जाता है। सुभाष चन्द्रन का उपन्यास 'मनुष्यन् ओरु आमुखम्' तच्चनकरा गाँव के माध्यम से तीन पीढ़ियों के एक सौ पच्चीस वर्षीय इतिहास की प्रस्तुति कर सामन्ती-ज़मींदारी समाज से आज तक के समाज की स्थितियों का सजीव अंकन प्रस्तुत करता है। टी.वी. रामकृष्णन् का 'आल्फा' एक प्रकार से वैज्ञानिक उपन्यास कहा जा सकता है जिसमें विभिन्न प्रयोग करने वाले बारह पात्र हैं जो बाहरी दुनिया एवं समाज से दूर एक द्वीप में रहकर अपने ऊपर पड़ने वाले प्रभावों की जाँच करते हैं। इन शोधकर्ताओं का जीवन ही उपन्यास के केन्द्र में है। सारा जोसेफ़ एक प्रमुख स्त्रीवादी लेखिका हैं जिनका 'अलाहयुडे पेनमक्कल' (अल्लाह की बेटियाँ) बहुत प्रसिद्ध

उपन्यास रहा है। उनका 'ओथाप्पु' (प्रलोभन) औरत की आध्यात्मिकता और कामुकता—दोनों की एक साथ सच्चाई समझने की कोशिशों को दिखाता है—"इस उपन्यास की मार्गलिटा, एक नन है जो अपने प्रेमी करप्पन से शादी करने के लिए कॉन्वेंट को छोड़ती है।" इस कालावधि में उनका 'आदि' पारिस्थितिकी से सम्बन्धित एक सशक्त उपन्यास है। दलित जीवन पर 'रामायण' जैसा उपन्यास भी मलयाली साहित्य का गौरव है।

तेलुगु, कन्नड़, आदि के उपन्यास साहित्य पर यत्किंचित् सूचनाएँ ही उपलब्ध हो सकी हैं। 'समकालीन भारतीय साहित्य' (पत्रिका) में तेलुगु साहित्य पर लिखते हुए प्रो. द्वा.ना. शास्त्री ने केवल स्त्रीवादी उपन्यासकारों और दलित जीवन पर लिखने वाले उपन्यासों की चर्चा की है। "स्त्रीवादी उपन्यास लेखिकाओं में वोल्गा का सबसे महत्त्वपूर्ण स्थान है, 'स्वेच्छा', 'आकाश में आधा', 'मानवी' 'प्रयोगम्' जैसे उनके उपन्यास चर्चा में हैं। पी. सत्यवती के 'विवाह-यात्रा', 'कुप्पिलि पद्मा के 'अहल्या' गीतांजलि के 'जंगल को जीती हुई महिला', 'अरुणा के एल्ली' जैसे उपन्यासों में स्त्रीवादी विचारधारा का प्रभावी अंकन हुआ है!" "दलित चेतना सम्पन्न उपन्यास भी अनेक प्रकाश में आए हैं। उनमें कल्याण राव के 'अछूत वसन्त' की विशेष रूप से चर्चा होती आई है। जातिवाद, दलितों की आर्थिक विपन्नता, अशिक्षा, आत्महीनता, शोषण, आदि इन उपन्यासों के मुख्य विषय हैं। कुछ उपन्यासों में दलित स्त्री का, जो दलित और स्त्री होने के कारण दोहरे उत्पीड़न का शिकार हो रही है, मार्मिक चित्रण मिलता है।"[7] मुस्लिम समाज के जीवन का चित्रण करने वाला सलीम द्वारा रचित 'मेघ' भी एक महत्त्वपूर्ण उपन्यास है जिसमें उनमें व्याप्त स्त्री-अशिक्षा, उनकी विवाह-व्यवस्था, सम्पत्ति पर महिलाओं का अधिकार न होना जैसी समस्याएँ चित्रित हैं।

कन्नड़ साहित्य में भी उपन्यास सर्वाधिक समृद्ध और अत्यन्त लोकप्रिय विधा है। इस काल-खंड से पूर्व के उपन्यास लेखकों में यू.आर. अनन्तमूर्ति, एस.एल. भैरप्पा, पी. लंकेश, चन्द्रशेखर कंबार, यशवन्त चित्ताल, के.पी. पूर्णचन्द्र तेजस्वी, शान्तिनाथ देसाई, शंकर मोकाशी पुणेकर, बी.वी. बैकुंठराजू, आदि प्रमुख हैं। "पिछले वर्षों में नई पीढ़ी के अनेक युवा-लेखक उपन्यास लिखने में बड़ी तत्परता से जुटे हैं और अनेक महत्त्वपूर्ण उपन्यास भी लिखे हैं जिनमें दो प्रमुख लेखकों का उल्लेख विशेष रूप से होता है। श्रीकृष्ण आलनइल्ली कन्नड़ के लेखकों में सर्वाधिक चर्चित कथाकार और उपन्यासकार थे जिनका असामयिक देहान्त हुआ। उनके उपन्यासों में ग्रामीण जीवन के रंग-बिरंगे चित्र आकर्षक शैली में अंकित हुए हैं। नगरीय जीवन के प्रभाव से ग्रामीण जीवन में हो रहे परिवर्तनों के उन्होंने अत्यन्त आत्मीय चित्र प्रस्तुत किए हैं। दलित लेखकों में देवनूर महादेव का अपना विशिष्ट स्थान है, जिनके दो उपन्यास 'ओडलाळ' और 'कुसुमबाले' दलित समाज की संवेदनाओं एवं उनकी पीड़ाओं को बड़े कलात्मक ढंग से प्रस्तुत करते हैं। इनके उपन्यासों में शोर नहीं है। बड़ी सहज और शान्त रीति से दलितों के यातनापूर्ण जीवन का निरूपण करने में देवनूर को बड़ी सफलता मिली है। इस पीढ़ी के अन्य उपन्यासकारों में से डॉ. बेसगरहल्ली रामण्णा, कुं. वीरभद्रप्पा, पी.वी. नारायण, के.वी. तिरुमलेश, अग्रहार कृष्णमूर्ति, शेषनारायण, विशुकुमार, ना. मोगसाले, जाणगेरे वेंकट रामय्या, दु.निं. बेळगली, सुन्दर नाडकर्णी, बोळुवार मोहम्मद कुञ्जी, एच.एस. वेंकटेशमूर्ति, बी.आर. लक्ष्मणराव, अरविंद मालगत्ति के नाम उल्लेखनीय हैं। टी.के. रामाराव, ना. डिसूज़ा, डी.वी. राव, के.टी. गट्टी, हन्दनकेरे रामदासु के नाम धारावाहिक उपन्यासों के प्रेमी पाठकों के बीच अत्यन्त लोकप्रिय रहे हैं। इधर के वर्षों में अत्यन्त सूक्ष्म संवेदनाओं से उपन्यास लेखन में लगी हुई लेखिकाओं में से सारा

अबूबकर, वीणा शान्तेश्वर, रेखा राणी, एम.पी. उमादेवी, पूर्णिमा गुडिबंडे, सविता नागभूषण के नाम विशेष रूप से उल्लेखनीय हैं। कन्नड़ की लेखिकाओं पर प्रायः यह आक्षेप लगाया जाता है कि ये पारिवारिक समस्याओं की परिधि से बाहर नहीं आती हैं और घरेलू महिलाओं के मद्देनज़र उपन्यास लिखती हैं, किन्तु इधर के उपन्यासों को पढ़ने से लगता है कि इनके लेखन में परिवर्तन अवश्य आया है। आधुनिक संवेदनाओं के प्रति हमारी महिलाएँ सचेत हैं, यह कम सन्तोष की बात नहीं है।"[8]

उड़िया की प्रतिभा राय तथा सरोजिनी साहू के नाम स्त्रीवादी लेखिकाओं में प्रमुख हैं, प्रतिभा राय का इस कालखंड में कदाचित् कोई उपन्यास प्रकाशित नहीं है। ज्ञानपीठ, साहित्य अकादेमी, मूर्तिदेवी पुरस्कार, आदि अनेक पुरस्कारों और पद्मश्री से सम्मानित प्रतिभा राय के हिन्दी में 'द्रौपदी' तथा 'महामोह' जैसे उपन्यास विशेष रूप से चर्चित रहे। अन्य महत्त्वपूर्ण उपन्यासों में[9] भीम पृष्टि के साहित्य अकादेमी पुरस्कृत 'मुहाण' उपन्यास में समुद्र-किनारे बसे मछली विक्रेताओं के जीवन की व्यथा कथा चित्रित की गई है। 'गंगावतरण' में वाराणसी में एक बलात्कृता अबला नारी के देवी बन जाने की कथा कही गई है। जगदीश महान्ति ने 'अदृश्य सवाल' में विज्ञान-सम्बन्धित एक नया विषय अपनाया है, क्लोनिंग के द्वारा उत्पन्न जीवों की सत्ता ईश्वरीय सत्ता को किस प्रकार प्रश्नांकित करती है। कैलाश पटनायक ने अपने उपन्यास 'स्थावेर जंगम' में मनुष्येतर जीवों को कथ्य बनाया है। सत्यप्रिय महालिक के 'कवर स्टोरी' उपन्यास में बलात्कृता दलित बच्ची की पीड़ा को उकेरा गया है। प्रसिद्ध स्त्रीवादी लेखिका सरोजिनी साहू का 'असामाजिक' दो नारियों के समलैंगिक सम्बन्धों पर उड़िया का प्रथम उपन्यास है। इनके 'पक्षीवास' उपन्यास में दलित सतनामी (चमार) परिवार की संघर्ष-कथा कही गई है। अखिल नायक का उपन्यास 'भेद' भी पश्चिमी उड़ीसा के दलित 'डोम' जनजाति पर केन्द्रित है। 'जुली' (शारदा प्रसाद मिश्र) तथा 'नट' (बिभूति भूषण प्रधान) उपन्यास क्रमशः 'सामना' तथा 'सृजनी' पत्रिकाओं में प्रकाशित होकर पर्याप्त चर्चा में हैं। इस प्रकार 21वीं शती का उड़िया उपन्यास अपने संवेदन में हिन्दी के समान पर्याप्त 'आधुनिक' है।

भारतीय भाषाओं के उपन्यासों पर बिहंगम दृष्टि डालने से यह अवश्य स्पष्ट होता है कि कुछ भारतीय भाषाओं में उपन्यासों के ऐसे विषय भी अपनाए गए जो अभी हिन्दी में भी प्रायः अछूते रहे हैं, यथा एड्स जैसे संक्रामक रोग, सागर तटीय जीवन, परिस्थितियों और जैव ऊर्जा के प्राकृतिक संसाधन, आदि। यह जानना भी बहुत प्रीतिकर है कि भूमंडलीय संस्कृति के दुष्प्रभावों का आकलन हिन्दी और अन्य भारतीय भाषाओं में समान रूप से किया गया है। उसी प्रकार स्त्रीवादी विमर्श, महिला सशक्तीकरण और अन्य अनेक रूपों में स्त्री-पक्षधरता तथा दलित जीवन सभी भाषाओं के उपन्यास की चिन्ता में प्रमुख सरोकार के रूप में रहे हैं।

(ख) अंग्रेज़ी का भारतीय उपन्यास

('द इंडियन इंग्लिश नॉवेल'/'इंडियन नॉवेल इन इंग्लिश')

अंग्रेज़ी अब भारतीय उपमहाद्वीप की भी भाषा बन चुकी है और इसने अन्य भारतीय भाषाओं की तरह एक भारतीय भाषा का रुतबा हासिल कर लिया है। यह एक ऐसा सत्य है जिसे हम न चाहते हुए भी नकार नहीं सकते। मैकाले के स्वप्नों में ढली एक पूरी पीढ़ी है जिसने अंग्रेज़ी का प्रयोग मातृभाषा की तरह कर उसमें अपनी भावनाओं की अभिव्यक्ति को गौरव माना। इसलिए अंगेज़ी साहित्य के देशी और विदेशी अध्येताओं, आलोचकों और स्वयं इसके रचनाकारों

ने 'द इंडियन इंग्लिश नॉवेल' तथा 'इंडियन नॉवेल इन इंग्लिश' पद को सहज स्वीकार कर लिया है। भारतीय भाषाओं के उपन्यास सन्दर्भ में अंग्रेज़ी के भारतीय उपन्यास पर भी संक्षिप्ततः विचार करना अपेक्षित हो जाता है।

21वीं शती में भी तथा इसमें पूर्व की शती के अन्तिम दशक में भारतीयों के अंग्रेज़ी उपन्यास का मुख्य स्वर यह रहा कि यहाँ के जीवन के कुत्सित और कभी-कभी अतिशय कल्पित अशोभनीय यथार्थ का घिनौना चित्रण यूरोपीय और अमेरिकी पाठक-वृंद के लिए बहुत चटखारेदार साबित हुआ जिससे कुछ लेखक रातोरात प्रसिद्धि के चरम शिखर पर पहुँच गए और उनके प्रकाशकों ने उन्हें अकल्पनीय प्रभूत राशि अग्रिम रूप में प्रदान कर उनकी लेखनी को कृतकत्य दिया, उन्हें रातोरात मालामाल कर डाला। (यद्यपि उपन्यास की दुनिया से नहीं किन्तु विदेशी प्रकाशक संस्थानों का बाज़ार को अपने हिसाब से चलाने का ताज़ा उदाहरण मात्र एक बच्ची पाकिस्तान के आंतकियों द्वारा प्रताड़ित, स्त्री शिक्षा की पैरोकार मलाला की अनलिखी डायरी को प्रायः सोलह करोड़ रुपए की राशि के लिए अनुबंधित कर लिया गया)। बताया जाता है कि इसी प्रकार अरुंधती राय के मात्र कुछ पृष्ठों के नमूने दिखाकर 'द गॉड ऑफ़ स्माल थिंग्स' को करोड़ों रुपए की अग्रिम राशि पंकज मिश्रा द्वारा दिला दी गई और इसी प्रकार उन्होंने राजकमल झा के उपन्यास के मात्र 20 पृष्ठों की सामग्री के आधार पर झा को एक लाख तिरसठ हज़ार डॉलर की अग्रिम राशि दिला दी और कुछ समय बाद स्वयं पंकज मिश्रा के "नौ सप्ताहों में लिखित उनके उपन्यास 'दि रोमांटिक्स' के प्रकाशनाधिकार लन्दन व जर्मनी में तीन लाख डॉलर की कीमत पर बिके।" इन तथा उस समय लिखे गए उपन्यासों में भारत की ग़रीबी, झुग्गी-झोंपड़ियों, मन्दिर-मठों, धार्मिक रूढ़ियों, उत्सव, मेले-ठेलों, आदि का चित्रण तो था ही, प्रमुख रूप से अप्राकृतिक, अमानवीय, समाज वर्जित तथा गर्हित काम-सम्बन्धों, यौन-अनुभवों का जो गरम ('हॉट') चित्रण था, उसने इन्हें अपार लोकप्रियता दिलाकर लेखन की व्यावसायिकता के चरम पर पहुँचाया। राजकमल झा के 'द ब्लू बेडस्प्रेड' में बहन से सम्भोग का यह चित्र चौंकाने वाला है, कथानायक (नैरेटर) का कथन है, "उस रात मेरी बहन ने बिस्तर के नज़दीक रखे लैंप को नहीं बुझाया...हम एक-दूसरे को कसकर भींचे हुए थे। चादर वर्षा से नम थी, जहाँ मेरे पैरों से ढुलककर वीर्य गिरा था वहाँ चादर कड़ी व धब्बेदार हो गई थी।...उसकी लाल शर्ट ऊपर तक चढ़ी थी, ताकि मेरे होंठ उसके स्तनाग्रों में शरणागत हो सके, मेरी ठोढ़ी उसके स्तनों की छोटी तकिया पर विश्राम पा सके और मेरे गर्म और मुलायम हाथ उसकी टाँगों के बीच दबे रहें...।" कुछ अन्तराल के बाद "नीली चादर पर जुलाई की वह रात जब बहन को भाई की देह-संसर्ग से गर्भ ठहरा था, हमारे जीवित बचे रहने के अमूल्य क्षण थे।" समाज-वर्जित यौन सम्बन्धों को उपन्यास 'उदात्तीकरण' करने के स्तर पर वर्णित करता है, सास-बहू के बीच यौन-सम्बन्धों को बहू इस रूप में कहती है, "...हर रात मैं अपनी सास के बगल में एक-दूसरे में गुँथी हुई लेटती हूँ। वह मेरी टाँगों के बीच होंठों और जीभ से अपने घुसपैठिए बेटे, मेरे पति के अवशिष्ट चिह्नों को मिटाती है।"[10] कहना न होगा कि हिन्दी पाठक शोभा डे और खुशवन्त सिंह के उपन्यासों के जिन वर्णनों से हिला हुआ था, यह उससे आगे के उपन्यास का पाठ है जिसने पश्चिम के साहित्य-जगत् को अपने सम्मोहन से ग्रस्त कर लिया। 21वीं शती के अंग्रेज़ी उपन्यास की दिशा काफ़ी सीमा तक तय करने में पिछली शती के पिछले दशक के उपन्यास का भी पर्याप्त योग है।

21वीं शती में अंग्रेज़ी उपन्यास ने अभूर्तपूर्व प्रगति की है। प्रथम दशाब्द में ही लगभग चार सौ से ऊपर भारतीयों के अंग्रेज़ी उपन्यास प्रकाशित हुए। यह संख्या पिछली शती तक

प्रकाशित भारतीय अंग्रेज़ी उपन्यासों से कहीं अधिक है। बिक्री संख्या, बिक्री में सर्वश्रेष्ठ, बेस्ट सेलर्स की श्रेणी में कई लेखकों के उपन्यास परिगणित होते रहे, कइयों को 'मैन बुकर' जैसा प्रतिष्ठित पुरस्कार प्राप्त होकर वे विश्व-व्यापी चर्चा में रहे हैं। विद्वानों ने विवेच्य शती के प्रथम दशक के दस सर्वाधिक चर्चित, अंग्रेज़ी में सर्वाधिक प्रभावी दस भारतीय लेखकों के रूप में ये नाम सूचीबद्ध किए हैं : चेतन भगत, किरन देसाई, अरविंद अडिगा, अमिताव घोष, सलमान रश्दी, अमित चौधरी, विक्रम सेठ, अनिता देसाई, रस्किन बांड, शोभा डे।[11] ये नाम भले ही सर्वश्रेष्ठ कोटि में न हों किन्तु सर्वाधिक चर्चित तो वे हैं ही। चेतन भगत भले ही गम्भीर समीक्षकों के लिए गम्भीरता से लिए जाने वाले लेखक नहीं हैं किन्तु युवा वर्ग, विशेषतः सूचना प्रौद्योगिकी से जुड़े इंजीनियरों आदि की पहली पसन्द हैं। उनके कई उपन्यासों पर फ़िल्में भी बनी हैं और अभी कुछ पर निर्माणाधीन भी हैं। अब तो वे कई अंग्रेज़ी-हिन्दी दैनिकों में स्तम्भ-लेखन भी कर रहे हैं। लोकप्रियता की दृष्टि से वे अंग्रेज़ी के गुलशन नन्दा सरीखे हैं। 2004 में उनका प्रथम उपन्यास 'फ़ाइव प्वाइंट्स समवन' प्रकाशित हुआ जिसकी भारतीय प्रकाशन व्यवसाय में रिकॉर्ड-तोड़ बिक्री दर्ज़ की गई। स्वयं लेखक ने इसे दो करोड़ प्रतियों की बिक्री बताया है। उनका 2009 में प्रकाशित उपन्यास 'द स्टोरी ऑफ़ माई मैरिज' उस वर्ष किसी भी भारतीय लेखक की सर्वाधिक बिक्री वाली कृति थी। भले ही आलोचक उनमें बौद्धिकता और साहित्यिकता से रहित कृतियाँ होने का विलाप करते रहे किन्तु उन्होंने अपना जो पाठक वर्ग बना लिया है, उसने उन्हें हाथो-हाथ लिया।

पिछली पीढ़ी की वरिष्ठ लेखिका अनिता देसाई की पुत्री किरण देसाई भी इस दशक की महत्त्वपूर्ण लेखिका हैं। 2006 में उन्हें अपने दूसरे ही उपन्यास 'द इनहेरिटेंस ऑफ़ लौस' के लिए प्रतिष्ठित 'मैन बुकर' प्राइज़ प्राप्त हुआ। अरविंद अडिगा भी इस दौर के अंग्रेज़ी के महत्त्वपूर्ण भारतीय लेखक हैं जिनके उपन्यास 'व्हाइट टाइगर' को वर्ष 2008 का 'मैन बुकर' प्राइज़ प्राप्त हुआ और इसे भी बेस्ट सेलर होने का मान प्राप्त हुआ। यद्यपि अंग्रेज़ी साहित्य के अनेक अध्येता, आलोचक आज भी हतप्रभ हैं कि इस कृति पर बुकर जैसा प्रतिष्ठित पुरस्कार क्यों दिया गया। इसमें भी साहित्यिकता का अभाव है। यों इधर सभी पुरस्कारों की विश्वसनीयता का क्षरण हुआ है। अमिताव घोष भी अपने बहुविध लेखन के लिए बहुचर्चित लेखक हैं और इनके उपन्यास कथा-रस की दृष्टि से विशेष रूप से सराहे गए हैं। 2008 में प्रकाशित उनका उपन्यास 'सी ऑफ़ पापीज़' बहुत चर्चित हुआ और बुकर पुरस्कार के लिए भी यह सूचीबद्ध हुआ था। इससे पूर्व इनका 'रिवर ऑफ़ स्मोक' भी चर्चा में रहा जिसमें अफ़ीम युद्ध ('ओपियम वार') के समय चीन गए भारतीयों का जीवन कथा के केन्द्र में था। सलमान रश्दी को यद्यपि 1981 ई. में प्रकाशित अपने उपन्यास 'मिडनाइट चिल्ड्रन' के कारण ही विशेष ख्याति मिली जिसे 1993 में बुकर प्राइज़ मिला और 2008 में इसे अब तक की बुकर प्राइज पुस्तकों में सर्वोच्च सम्माननीय स्थान का सम्मान मिला। इस दशक में उनकी चर्चा उनके उपन्यासों के कारण कम और उनकी नई-नई पत्नियों के विषय में अधिक रही, फिर भी उनका 2008 में प्रकाशित उपन्यास 'द एनचेंट्रेस ऑफ़ फ्लोरेंस' पर्याप्त चर्चित रहा। अमित चौधरी विशेषतः अपने शास्त्रीय संगीत-गायन के लिए जाने जाते हैं किन्तु अपने उपन्यासों के लिए भी उन्हें विश्व के कई देशों में पुरस्कृत किया गया। 2003 में उनके उपन्यास 'फ्रीडम सौंग' के लिए लॉस एन्जिल्स टाइम्स का पुरस्कार प्रदान किया गया। 2009 में प्रकाशित उपन्यास 'द इम्मोरटल्स' में अमित चौधरी ने संगीत की महिमा दर्शाई है। 'ए सूटेबिल ब्वॉय' के प्रसिद्ध लेखक विक्रम सेठ को 1993 में अपार ख्याति तब

मिली जब उन्हें इस उपन्यास के प्रकाशन से पूर्व प्रभूत अग्रिम रॉयल्टी राशि दी गई। इस उपन्यास को न केवल बेस्ट सेलर होने का गौरव प्राप्त हुआ, लेखक को भी विश्व-व्यापी ख्याति मिली। अपने संस्मरणों की पुस्तक 'टू लाइव्स' (2005) के लिए तो वे चर्चित हुए ही, उनके 2013 में प्रकाश्य उपन्यास 'सूटेबिल गर्ल' की भी उत्कट प्रतीक्षा है। अनिता देसाई को अपने उपन्यास 'इन कस्टडी' (1984) से विशेष ख्याति मिली थी। इस दौर में उनका 'जिग़ज़ाग वे' (2004) प्रकाशित हुआ है। हिमालय की तराई में बसे क़स्बाई जीवन पर लिखने वाले रस्किन बांड के उपन्यास भी खासी चर्चा में रहे, उनका अपना पाठक वर्ग है। शोभा डे का नाम एक खास तरह के उन्मुक्त काम-चित्रण के लिए रूढ़ हो चुका है, उन्हें 'द महारानी ऑफ़ मक' भी लोगों द्वारा कहा गया है। ('मक' के कोशगत अर्थ हैं—कूड़ा, गन्दगी, कर्दम तथा आवारापन भी—यह अंगेज़ी दाँ ही जानें कि उन्हें किस विशेष अर्थ में 'महारानी ऑफ मक' कहा गया है)। उनकी लेखनी ने विश्राम नहीं जाना, इस आयु में भी 2009 में उन्होंने 'स्वीट सिक्स्टीन्थ' उपन्यास प्रकाशित कराया है, सदैव ही उनके उपन्यास बहुपठित ही रहे हैं।

इन दस अत्यन्त चर्चित लेखकों के अतिरिक्त 21वीं शती के प्रथम दशक में अनेक भारतीय अपने अंग्रेज़ी उपन्यासों के लिए चर्चित रहे हैं, यथा—झुंपा लहिड़ी-'नेम सेक', सुशील गुप्ता—'फोर्थ मंकी', 'तरुन तेजपाल'—'वैली ऑफ़ मारक्स', चित्रा बनर्जी दिवाकरुणी—'क्वीन ऑफ़ ड्रीम्स', आदि। इनके अतिरिक्त 'रोसविथा जोशी (जर्मनी में जन्म), शशि देशपांडे, मंजु कपूर, गीता अब्राहम जोज़, रोहिंटन मिस्त्री, सिद्धार्थ सिंघवी, आदि कितने ही उपन्यासकार इस शती के उपन्यास क्षितिज पर हैं।

(ग) उपन्यास : समीक्षा के संकट

उपन्यास-समीक्षा के कितने ही संकट हैं। सर्वप्रथम तो उपन्यास को समीक्षा और गहन समीक्षा की दृष्टि से पढ़ना बहुत सुकर नहीं है। कविता की कुछ ही पंक्तियाँ बहुत थोड़े-थोड़े शब्दों वाली प्रत्येक पृष्ठ पर मुद्रित होती हैं, बहुत जल्दी कविता-संग्रह पढ़ा जा सकता है। जो कविता का पाठक है, उसका बौद्धिक संस्कार इतना परिपक्व अवश्य होता है कि वह उसमें बिम्बों, प्रतीकों, व्यंग्य, आदि को सहज ही हृदंगम कर लेता है। कहानी-संग्रह में भी यह सुविधा है कि उसे जल्दी पढ़ा जा सकता है, यदि कोई कहानी बाँध नहीं पा रही है तो उसे छोड़ आगे बढ़ा जा सकता है। कुछ कहानियों को पढ़कर भी लेखकीय प्रतिभा, क्षमता, कौशल से परिचित हुआ जा सकता है। नाटक प्रायः संक्षिप्त ही होते हैं और संवाद-रचना भी ऐसी होती है कि पाठक उसे जल्दी ही समाप्त कर लेता है। उपन्यास के साथ यह सुविधा नहीं है, उसे पूरा-पूरा पढ़कर ही उस पर कुछ साधिकार लिखा जा सकता है। जितने विपुल परिमाण में उपन्यास का प्रकाशन हो रहा है, उस सबका अध्यनन, हनुमान के लिए सागर तरना जैसा प्रकल्प होगा। यदि प्रमुख उपन्यासों के अध्ययन का भी बीड़ा उठाया जाए तो यह कोई सरल कार्य नहीं है। यही कारण है कि उपन्यास अध्ययन के लिए समीक्षा में सम्पादित पुस्तकों का बाहुल्य रहा। एक-एक समीक्षक को एक-एक उपन्यास समीक्षा के लिए दे दिया जाए और फिर एक भूमिका के साथ पुस्तक रूप में प्रकाशित कराने की 'रीति' ही अधिक रही। एक ही व्यक्ति जब समस्त उपन्यासों का अध्ययन कर समीक्षा में प्रवृत्त होता है तो उसकी दृष्टि भी स्पष्ट होती है और यदि वह तुलनात्मक रूप से उपन्यासों पर कुछ बात करता है तो वह आधिकारिक भी होती है और संयत भी। उपन्यास साहित्य के समस्त श्रेष्ठ को पढ़े बिना किसी भी कृति को 'न भूतो, न भविष्यतो' की श्रेणी

में रख देना कोई बहुत सम्यक् आलोचना दृष्टि नहीं। याद करता हूँ कि कितने उपन्यासों को तालस्तॉय के 'युद्ध और शान्ति' ('वार एंड पीस') तथा कितनों को 'महाकाव्यात्मक उपन्यास' या 'महा उपन्यास' की संज्ञा दी गई तो हँसी ही आती है। यही कारण है कि उपन्यास की व्यवस्थित समीक्षा का प्रायः अभाव रहा। ले-देकर दो ही पुस्तकों के नाम लिए जा सकते हैं प्रथम डॉ. गोपाल राय का 'हिन्दी उपन्यास का इतिहास' (2002) जो उपन्यास के गम्भीर अध्ययन के लिए एक आवश्यक सन्दर्भ-ग्रन्थ का काम करता है और दूसरी डॉ. ज्योतिष जोशी की 'उपन्यास की समकालीनता' (2007)। उपन्यास-समीक्षा में भारी सूखा रहा है, कुछ भरमाने वाले शीर्षकों से जो पुस्तकें आईं, उनमें शीर्षक के अनुरूप कुछ नहीं निकलता। नए लेखकों की बात छोड़ भी दें तों बड़े-बड़े शोभाधारी नामों की पुस्तकों में भी ऐसा देखा गया है।

विभिन्न पत्र-पत्रिकाओं में जो समीक्षाएँ प्रकाशित होती हैं, वे अधिकांशतः प्रशंसात्मक ही होती हैं, उनमें प्रायः ही गम्भीरता का अभाव पाया जाता है। बहुत सारी प्रशंसा कर, एकाध अभाव गिना देने मात्र से समीक्षक के कर्तव्य की इतिश्री हो जाती है। दूसरे, अधिकांश पत्र-पत्रिकाओं में निश्चित शब्द-संख्या, स्थान की भी सीमा रहती है। इसका परिणाम यही है कि अधिकांश उपन्यासों की आयु केवल-दो तीन वर्ष ही रहती है, इसके बाद उनके नाम भी सुनाई नहीं पड़ते, कभी-कभी बहुत अच्छे उपन्यास विस्मृति के गर्भ में चले जाते हैं। दूसरी ओर ऐसे भी उपन्यास हैं, जिनके कई-कई संस्करण लेखकीय अथवा प्रकाशकीय प्रयत्नों से थोक ख़रीद कृपा से हो जाते हैं, गुणवत्ता में वे उन उपन्यासों के निकट भी नहीं बैठते जो वास्तव में श्रेष्ठ, सशक्त उपन्यास हैं। किन्तु सदैव ही ऐसा नहीं होता यथा कमलेश्वर के 'कितने पाकिस्तान', चित्रा मुद्‌गल के 'आवाँ', काशीनाथ सिंह के 'काशी का अस्सी', कृष्णा सोबती, आदि के उपन्यासों के संस्करण बिना किसी थोक ख़रीद के बलबूते पर निकल रहे हैं। साहित्य का शाश्वत नियम है कि श्रेष्ठ साहित्य देर-सवेर अपनी पहचान बना लेता है किन्तु आज के प्रचार तंत्र के विज्ञापनी युग में कुछ कृतियाँ चर्चा में आ जाती हैं और कुछ सर्वथा अचर्चित रह जाती हैं। इस क्रम में उपन्यासों के नाम नहीं ले रहा हूँ, क्योंकि कुछ कृतियाँ छूट जाने का संकट तो रहेगा ही। इसलिए बहुत आवश्यक है कि समीक्षा निष्पक्ष दृष्टि से महत्त्वपूर्ण कृतियों को रेखांकित करे।

लोकार्पण और गोष्ठी संस्कृति ने भी न केवल उपन्यास, अपितु प्रत्येक विधा की कृतियों के मूल्यांकन में बड़ी बाधा खड़ी की है। लोकार्पण का कुछ अर्थ ही नहीं रह गया है। पहले गाँवों (और छोटे शहरों में भी) नव वधू की मुँह दिखाई कराई जाती थी, घूँघट में बहू की झलक-भर देखकर, देखने वालियाँ अपने-अपने हिसाब से उसका गुण-कथन करती थीं, दोष पर चुप्पी साध लेती थीं। दोष-कथन मर्यादा और शिष्टाचार के विरुद्ध होता, ऐसा माना जाता था। पुस्तक की लोकार्पण संस्कृति भी किताब की इसी तरह की मुँह दिखाई है, कभी किसी ने उसकी झलक देखी, तो कभी न भी देखी—बस लेखक और कृति का लगभग 'न भूतो, न भविष्यतो' शैली में गुणगान ही अभीष्ट होता है। दिल्ली महानगर में ऐसे लोकार्पण और पुस्तक विशेष पर गोष्ठियाँ आए दिन होती रहती हैं। भोपाल, कोलकाता, जयपुर, जैसे बड़े शहरों में ही नहीं, अब यह रोग छोटे शहरों-क़स्बों में भी खूब फैल रहा है। चन्द स्टार गोष्ठी अभिजन हैं जो प्रत्येक गोष्ठी में उपस्थित पाए जाते हैं। लेखक की इस दृष्टि से बड़ी हानि होती है। वह अपने अगले उपन्यास पर मेहनत करने के बजाय साल-छह महीने तो इसी नशे में रहता है कि अमुक-तमुक नामवर आलोचकों ने मेरे उपन्यास की चर्चा इन शब्दों में की है, एक अफ़ीम की गोली-सी उसे प्रशंसा-रूप

में दे दी जाती है जिससे वह उसमें मदमस्त रहता है। ख्यातनामा लेखकों द्वारा प्रशंसित जब आप उस कृति को देखते हैं तो खोदा पहाड़ निकली चुहिया जैसी स्थिति बनती है, कभी-कभी तो चुहिया भी मरी ही निकलती है। कभी यह आश्चर्य होता है कि इतने अच्छे लेखक/कवि/समीक्षक की क्या मज़बूरी थी या क्या प्रलोभन उसके सामने थे कि उसने अपने शब्दों को कृति के लिए गिरवी रख दिया। यहीं आलोचना की विश्वनीयता का प्रश्न भी खड़ा होता है। एकाध गोष्ठी-चतुर सम्भ्रान्तों से मैंने पूछा भी कि आपने अमुक कृति की प्रशंसा क्यों की, उसमें तो कुछ अच्छा है ही नहीं, तो उन्होंने सहजता से उत्तर दिया, यार! सब चलता है, ऐसे मौकों पर ऐसा ही कहा जाता है, तुम किस दुनिया में रहते हो। एक प्रश्न यह भी है कि किसी-किसी गोष्ठी में वक्ता सुधीजन इतने होते हैं कि शंका होती है कि लेखक/प्रकाशक ने क्या उन सबको वह पुस्तक उपलब्ध भी करा दी होगी? वस्तुतः ये लोकार्पण समीक्षा के संकट के रूप में ही उपस्थित हैं।

इधर हिन्दी में सफलता का एक और नया मानक उपन्यास का पृथुलाकार होना कुछ लेखकों ने मान लिया है। कुछ हद तक प्रकाशकों ने भी इसे उपन्यास की सफलता का मापदंड अपने व्यापारिक कारणों से मानकर वृहदाकार उपन्यास लिखने के लिए प्रेरणा दी है। किन्तु यह एक भ्रान्ति मात्र है कि कोई बड़ा उपन्यास ही श्रेष्ठ होगा। कुछ लोग मेरी इस चर्चा को ही निरर्थक करार दे सकते हैं कि उपन्यास की श्रेष्ठता का आधार से क्या सम्बन्ध है, मेरा यह दुराग्रह नहीं है कि वृहदाकार उपन्यास सशक्त हो ही नहीं सकते, किन्तु यह भी एक सच है कि वृहद् उपन्यास को साधना हर किसी के वश की बात नहीं है। बहुत-से उपन्यास अपने वृहदाकार के कारण भी बड़े पुरस्कारों के अधिकारी बने, यह तथ्य भी विचारणीय है किन्तु यह भी एक सत्य है कि बहुत-से उपन्यास अपने पृथुलाकार के कारण ही लक्षित और लोकप्रिय होने से रह गए, कामतानाथ के द्विखंडी उपन्यास 'काल कथा' की यही नियति हुई। उपन्यास का वह समय चला गया जब बांग्ला के आशापूर्णा देवी आदि के पृथुलाकार उपन्यास हिन्दी में बड़े चाव से पढ़े जाते थे। आज टी.वी. संस्कृति के युग में सामान्य पाठक के पास इतना समय नहीं है कि वह बहुत मोटे-मोटे उपन्यासों को झेल सके। न ही उपन्यास के गम्भीर पाठक, समीक्षक के पास भी इतना धैर्य और समय है कि वह बड़े आकार के उपन्यासों का सम्यक् अध्ययन कर सके। मैंने 'जनसत्ता' के एक स्तम्भ में भी इस विषय में लिखा था, पाठकों, साहित्यकारों ने इस पर अपनी सहमति जताई थी कि उपन्यास का वृहदाकार होना संकटपूर्ण है। अंग्रेज़ी के प्रसिद्ध उपन्यासकार, स्तम्भकार श्री खुशवन्त सिंह ने भी कुछ समय बाद ही (मेरे अनुकरण पर नहीं, मेरा लेख तो उन्होंने पढ़ा ही नहीं होगा, वे भी इस समस्या से जूझ रहे थे) अंग्रेज़ी 'हिन्दुस्तान' में यह समस्या उठाई थी और उन्होंने इस बात पर बल दिया कि उपन्यास की सफलता के लिए और पाठक की दृष्टि से आदर्श स्थिति यह है कि उपन्यास लगभग ढाई-सौ पृष्ठ का ही हो और उसका मूल्य भी 250-300 रुपए के आसपास हो। किन्तु हिन्दी में, यदि कुछ ही उपन्यासों पर दृष्टि डालें, तो स्थिति यह है 'पहला गिरमिटिया', पृ. 904, 'आवाँ', पृ. 544, 'चतुरंग' पृ. 427, 'काला पहाड़' पृ. 466, 'बाबल तेरा देस में', पृ. 989, 'कथा सतीसर', पृ. 515, 'विसर्जन', पृ. 455, 'अरे चांडाल', पृ. 464, 'उफ़्फ़', पृ. 377, 'मैस्कुलीगंज', पृ. 504, 'कुइयाँ जान', पृ. 416, 'पारिजात', पृ. 504, 'माटी कहे कुम्हार से', पृ. 515, 'सुल्तान रज़िया', पृ. 669, इसी लेखक का 'दारा शिकोह' भी इतना ही पृथुल (इस समय उपन्यास मेरे सामने नहीं है सो पृष्ठ संख्या नहीं दे रहा हूँ), द्रोणवीर कोहली—'ध्रुव सत्य', पृ. 576, मुद्राराक्षस—'अर्धवृत्त', पृ. 541,

आदि। मैं इस बात को बलपूर्वक प्रस्थापित करना चाहूँगा कि आकार सभी जगह उपन्यास की सफलता को बाधित करे ऐसा नहीं है, यथा हाल ही में सुरेन्द्र वर्मा का 'काटना शमी का वृक्ष पद्मपांखुरी की धार से' सुदीर्घ शीर्षक का इतना ही सुदीर्घ 530 पृष्ठीय उपन्यास आया है जो गम्भीर पाठक को अन्त तक बाँधे रखता है। कुछ ऐसे भी दृढ़ प्रतिज्ञ उपन्यासकार भी हैं, जो छोटा या मझोला उपन्यास लिखना जानते ही नहीं हैं, केवल और केवल वृहदाकार उपन्यास, उनके लिए सफलता का यही नया मानक फंडा है। मैंने यहाँ उपन्यासकारों के नाम जान-बूझ कर नहीं दिए हैं क्योंकि मेरा उद्देश्य केवल उंपन्यास के लिए घातक एक प्रवृत्ति की ओर ध्यान दिलाना मात्र था। दूसरी ओर ऐसे अनेक लेखक हैं जिन्होंने मझोले या छोटे आकार के उपन्यास लिखकर बड़ी सफलता पाई है, कुछ नाम—काशीनाथ सिंह, रवीन्द्र वर्मा, रवीन्द्र कालिया, अलका सरावगी, हरीचरन प्रकाश, प्रियंवद, अब्दुल बिस्मिल्लाह, उषा प्रियंवदा, रामधारी सिंह 'दिवाकर', ब्रजेश के. वर्मन, आदि। सुखकर बात यह है कि इधर कुछ एकदम नए लेखकों के अत्यन्त महत्त्वपूर्ण संक्षिप्त से उपन्यास आए हैं जो अपने कथ्य और शिल्पगत रचाव में पाठक को बाँधते हैं, इनमें से कुछ लोगों की ये प्रथम कृतियाँ ही हैं—यथा अशोक भौमिक का 'मोनालिसा हँस रही थी' (पृ. 127), 'शिप्रा एक नदी का नाम है' (पृ. 96), रणेन्द्र का 'ग्लोबल गाँव का देवता' (पृ. 100), कुणाल सिंह का 'आदिग्राम उपाख्यान' (पृ. 184), पंकज सुबीर का 'ये वो सहर तो नहीं' (पृ. 208), विजय शर्मा का 'दिमाग में घोंसले' (पृ. 96), आदि। कुछ वरिष्ठ लेखकों के भी सीमित पृष्ठ संख्या के बहुत सशक्त उपन्यास आए हैं जो अपने कथ्य की दृष्टि से प्रभावित करते हैं। हाल ही में काशीनाथ सिंह का 'महुआचरित' केवल 99 पृष्ठ का, वह भी बहुत खुली लाइनों और बड़े प्वाइंट में, बहुत प्रभावी उपन्यास आया है। इससे पूर्व चित्रा मुद्गल का 'गिलिगडु' (पृ. 114), रवीन्द्र कालिया का 'ए.बी.सी.डी.' (पृ. 95), मधुकर सिंह का 'बेनीमाधो तिवारी की पतोहू' (पृ. 90), ज्ञानप्रकाश विवेक का 'चाय का दूसरा कप' (पृ. 164), गिरिराज किशोर का 'स्वर्णमृग' (पृ. 112), आदि लघु आकारीय उपन्यास कितने ही बड़े आकार वाले उपन्यासों के लिए चुनौती बनते हैं। इसलिए बड़े आकार वाले उपन्यासों को ही महत् मानने की प्रवृत्ति को उपन्यासकार और समीक्षा दोनों को ही छोड़ना होगा।

सन्दर्भ

1. सौजन्य—डॉ. श्रीलेखा वसु तथा डॉ. इन्दु जोशी
2. सौजन्य—डॉ. रणधीर शिंदे तथा डॉ. सुनील कुमार लवटे—हिन्दी तथा मराठी विभाग, शिवाजी विश्वविद्यालय, कोल्हापुर के विद्वान, प्रसिद्ध साहित्यकार
3. सौजन्य—डॉ. बिन्दु भट्ट, प्रो. हिन्दी विभाग, उमा आर्य आर्ट्स नाथिबा कॉमर्स कॉलेज, गांधी नगर (गुजरात)
4. सौजन्य—डॉ. ए. भवानी, प्रो. तथा अध्यक्ष, हिन्दी विभाग, एम.एस.वि.वि. तिरुनेलवेली तथा इंटरनेट
5. के. सच्चिदानन्द, *समकालीन भारतीय साहित्य*, अंक 152, नवम्बर-दिसम्बर, 2010
6. सौजन्य—प्रो. पी. रवि, हिन्दी विभाग, श्री शंकराचार्य संस्कृत वि. वि. कलाड़ी (केरल)
7. *समकालीन भारतीय साहित्य*, अंक 152, नवम्बर-दिसम्बर 2010
8. तिप्पेस्वामी, *समकालीन भारतीय साहित्य*, अंक 152, नवम्बर-दिसम्बर, 2010
9. सौजन्य—डॉ. सरोजिनी साहू, *उड़िया की प्रसिद्ध नारीवादी कथाकार*
10. द्र. वीरेन्द्र यादव, *उपन्यास और वर्चस्व की सत्ता*, पृ. 227, 238
11. चित्रा बनर्जी दिवाकरुणी के *चिलीबीज़* (वेबसाइट) से साक्षात्कार के आधार पर

अध्याय : तीन

21वीं शती का हिन्दी उपन्यास

21वीं शती की चुनौतियाँ और सरोकार बीसवीं शती से बिलकुल अलग, एकदम नए हो गए हों, ऐसा सोचना तर्क-संगत नहीं होगा। कलेंडर की तिथियाँ वर्षवार और प्रति माह बदलती ही है, पुराना पन्ना फटता है और नया आता है, यह कालक्रम है। साहित्य की प्रवृत्तियाँ काल-गणना के कलेंडर के साथ नहीं बदलतीं, वे धीरे-धीरे विकास पाती हैं और क्रमशः ही उनका लोप या अवसान होता है। यह साहित्य-विकास की सहज प्रक्रिया है, किसी भी भाषा का साहित्य इसका साक्ष्य है। नई शती या कहें नई सहस्त्राब्दि के आगमन पर हम अपने साहित्य के नए प्रकल्प अवश्य निश्चित कर सकते हैं किन्तु रचनाकार तो अपनी-अपनी तरह से ही अपने समय से साक्षात्कार कर सृजन में प्रवृत्त होगा। इसलिए सहस्त्राब्दि के प्रारम्भ के साथ ही साहित्य-रचना में कोई नया प्रस्थान-बिन्दु रेखांकित किया जा सकता है, यह सोचना भी अविवेकपूर्ण होगा। परिवेश में जब समाजार्थिक, धार्मिक, वैज्ञानिक, प्रौद्योगिक, तकनीकी, आदि स्थितियाँ बदलेंगी तभी साहित्य में उनकी प्रतिच्छवि रूपायित होगी, स्थितियों के सकार और नकार की स्थितियाँ स्वतः बनती चली जाती हैं। पिछली शती के अन्तिम दो दशकों से हमारे देश में जो भूमंडलीय स्थितियाँ बनती चली गईं, साहित्य की चिन्ता के केन्द्र में वही प्रमुखता से रूपायित हुई हैं। वैश्विक गाँव—ग्लोबल विलेज—की अवधारणा ने जो हमारा पश्चिमीकरण, अमेरिकीकरण किया, उसका चित्रण और तीव्र प्रतिरोध साहित्य की प्रत्येक विधा में बड़ी गहराई से विवेचित हुआ है। इक्कीसवीं शती के प्रथम दशक-पर्यंत यही स्थितियाँ मुख्यतः साहित्य की चिन्ता का विषय रही हैं। परिवर्तित परिवेश में व्यक्ति की जीवन-पद्धति, मूल्य-दृष्टि, रिश्ते-नातों, आदि में जो बदलाव आया, साहित्य का इस सबसे गहरा सम्बन्ध रहा, इन सब स्थितियों में मनुष्य के मनुष्यत्व को बचाने की चिन्ता और व्याकुलता पूरे साहित्य में विभिन्न विधाओं और विभिन्न रूपों में चित्रित हुई है।

कथा-साहित्य की प्रवृत्ति तात्कालिक समस्याओं को अधिक तीव्रता से पकड़ने की होती है, इसलिए उनमें अपने समय की चिन्ताएँ और प्रश्न अधिक गहनता से चित्रित-विश्लेषित होते हैं। उपन्यास-विकास के सन्दर्भ में पर्याप्त विरोधाभासी स्थिति रही है, कुछ समय पूर्व तक उपन्यास की प्रवृत्ति प्रमुखतः अतीतजीवी रही है, वह अपने कथा-सूत्र सन्निकट के वर्तमान से न अपनाकर पीछे जाकर इतिहास में खोजता रहा है जबकि 'कहानी' की प्रवृत्ति 'तात्कालिकता' की रही है, अतः वह अपने समय में बहुत सार्थकता से हस्तक्षेप करती हुई अपने वर्तमान की प्रत्येक महत्त्वपूर्ण घटना से मुठभेड़ कर समय के सवालों से जूझती रही है। उपन्यास में यह प्रवृत्ति किंचित् बाद में आई। इतिहास से कथा-सूत्र खोजते हुए भीष्म साहनी 'तमस' (1973) में भारत-पाक विभाजन

की समस्या उठाते हैं और 'मय्यादास की माड़ी' (1988) में प्रथम राष्ट्रीय स्वतंत्रता संग्राम—1857 से लेकर 1950 ई. तक—के समय को उपन्यास का कथ्य बनाते हैं। कामतानाथ अपने 'काल कथा' (2000) उपन्यास के दो खंडों में स्वतंत्रता-आन्दोलन को ही कथा के केन्द्र में रखते हैं। गिरिराज किशोर 'ढाई घर' (1991) तथा 'पहला गिरमिटिया' (2001) में स्वातंत्र्य-पूर्व के भारत को कथ्य बनाते हैं। इसी प्रकार असगर वजाहत के उपन्यास 'सात आसमान' (1996) में कम्पनी राज्य से प्रारम्भ कर आज़ादी के बाद तक के समय को तथा जगदीश चन्द्र भी 'नरक कुंड में वास' (1994) आदि में, रवीन्द्र वर्मा 'निन्यान्वे' (1999), 'मैं अपनी झाँसी नहीं दूँगा' (2004) में कथा को वर्तमान से पीछे जाकर ही उठाते हैं। इससे कुछ पहले के समय में 20वीं शती के आठवें दशक में आचार्य हजारी प्रसाद द्विवेदी के 'पुनर्नवा' (1993) और 'अनामदास का पोथा' (1976) तथा शिवप्रसाद सिंह के 'नीला चाँद' (1988), 'कुहरे में युद्ध' (1993), 'दिल्ली दूर है' (1993), 'वैश्वानर' (1989) आदि में इतिहास-पुराण जनश्रुति को ही उपन्यासों का विषय बनाया गया है। पिछली शती के अन्तिम वर्षों और 21वीं शती के प्रथम दशक में उपन्यास की इस अतीत- जीवी प्रकृति में बड़ा भारी परिवर्तन उपस्थित हुआ कि उसने अतीत-मोह से प्रायः ही अपना पल्ला झाड़कर वर्तमान पर अपनी चिन्ता केन्द्रित की। हिन्दी उपन्यास के लिए यह एक बहुत बड़ा प्रस्थान बिन्दु है कि वह बहुत प्रखरता से अपने को वर्तमान से, बिलकुल सन्निकट के वर्तमान से, जोड़कर कथ्य और कथा की आधार-भूमि खोजता है। यह प्रवृत्ति न केवल नई पीढ़ी के उपन्यासकारों में प्राप्त होती है अपितु पिछली पीढ़ी के वरिष्ठ उपन्यासकार भी अपने उपन्यासों की विषय-वस्तु (थीम) मुख्यतः सन्निकट वर्तमान से ही ग्रहण करते हैं। किन्तु यह नहीं कहा जा सकता कि इतिहास अथवा पौराणिक आख्यानों पर उपन्यास लिखे ही नहीं गए किन्तु उनमें वे ही उपन्यास श्रेष्ठ बन सके हैं जिनमें इतिहास-कथा, अतीत का समय, वर्तमान में प्रक्षेपित किया जा सका है—राम और कृष्ण के महिमावान चरित्रों के अतिरिक्त विक्रमादित्य, क़ायदे-आज़म जिन्ना, द्रौपदी, मोनालिसा, दाराशिकोह, रजिया सुल्तान, विश्वामित्र, नालन्दा, वरःमिहिर, तथागत भगवान बुद्ध, अंग्रेज़ शासकों को आधार बनाकर भी उपन्यास-रचना हुई है किन्तु परिमाण में वह उतनी नहीं है जितनी उपन्यास-रचना वर्तमान की अनेकानेक समस्याओं को केन्द्र में रखकर की गई है जो 'तत्काल' की, हमारे आज की समस्याएँ हैं। आज उपन्यास के केन्द्र में भूमंडलीय अपसंस्कृति का दुर्धर्ष आक्रमण है जिसका सामना करना हमारे वश की बात नहीं रह गई है, हम केवल उसके लिए अपने को विविध रूपों में अनुकूलित किए जा रहे हैं। उपभोक्तावाद, बाज़ारवाद, विकास के नए प्रारूप (मॉडल) में विज्ञापन जगत का वर्चस्व और उससे सम्बद्ध बाज़ार तथा विपणन (मार्केटिंग) की नई सर्वग्राही स्थितियों, आदि ने उपन्यासकार की चेतना को आक्रान्त रखा है। बाबरी मस्जिद प्रकरण, गोधरा कांड तथा उसके बाद गुजरात के नरसंहार के रूप में उग्र साम्प्रदायिकता का जो वहशी चेहरा सामने आया, राजनीति ने अपराधीकरण और कदाचार का जो घिनौना रूप हाल के वर्षों में प्रदर्शित किया, इन सब स्थितियों और प्रश्नों से 21वीं शती का उपन्यास मुठभेड़ करता हुआ एक स्वस्थ सोच और दिशा खोजने का सार्थक प्रयास करता है। यहाँ इक्कीसवीं शती के प्रारम्भ से अद्यतन के उपन्यास पर वर्ष-वार विवेचन अभीष्ट है।

शती की देहरी पर पैर रखते ही हिन्दी उपन्यास को एक बड़ी थाती के रूप में कमलेश्वर का बहुचर्चित, बहुप्रशंसित उपन्यास 'कितने पाकिस्तान' प्राप्त हुआ। इस उपन्यास को प्रकाशित होते ही साहित्य जगत और सामान्य पाठक वर्ग में जो व्यापक स्वीकृति मिली, वह विस्मयकारी

है। वर्ष 2000 ई. में प्रकाशित होकर अब तक (जनवरी 2012 ई.) सोलह संस्करण प्रकाशित हुए हैं—जनवरी 2000 में पहला संस्करण, जून 2000 में दूसरा, नवम्बर 2000 में तीसरा, फरवरी 2001 में चौथा, जुलाई 2001 में पाँचवाँ, जून 2002 में छठा, फरवरी 2003 में सातवाँ, अप्रैल 2004 में आठवाँ, अप्रैल 2006 में नौवाँ, अप्रैल 2007 में दसवाँ, मई 2008 में ग्यारहवाँ और जनवरी 2010 में बारहवाँ संस्करण प्रकाशित हुआ—प्रकाशन के प्रथम वर्ष में तीन और फिर निरन्तर लगभग प्रत्येक वर्ष नए संस्करण होना निश्चय ही इस अनूठे उपन्यास को हिन्दी की सर्वाधिक बिकने वाली पुस्तक ('बेस्ट सेलर') की श्रेणी में ला दिया है, यद्यपि हिन्दी में 'बेस्ट सेलर' जैसी धारणा अभी विकास-प्राप्त नहीं है। कमलेश्वर के स्वर्गवास पर स्व. डॉ. बच्चन सिंह ने एक जगह लिखा था, "हिन्दी का सलमान रश्दी कभी न लौटने के लिए चला गया। काश! 'मिडनाइट चिल्ड्रेन' के लेखक को 'कितने पाकिस्तान' पढ़ने को मिलता और वह पढ़ पाता तो उसे पता चलता कि देशी भाषाओं में 'मिडनाइट चिल्ड्रेन' से बेहतर लिखा जा सकता है।" 'कितने पाकिस्तान' के प्रकाशन के पूर्व मेरा यह मानना रहा कि कमलेश्वर कहानीकार तो बहुत बड़े हैं किन्तु उपन्यास उनके यहाँ कमज़ोर हैं, बल्कि कहें तो उल्लेखनीय एक भी उपन्यास नहीं है किन्तु अपने इस उपन्यास में पिछली सभी शिकायतों को दूर करते हुए अपने इस एक ही बेहतरीन कौशल—'मास्टर स्ट्रोक'—में वे अपने को श्रेष्ठ एवं सशक्त उपन्यासकार के रूप में स्थापित करते हैं। कथ्य और शिल्प दोनों स्तरों पर यह चुनौतीपूर्ण कृति हिन्दी उपन्यास के पारम्परिक ढाँचे में तोड़-फोड़ करती हुई उपन्यास के लिए एक नया दिक् खोलती है और यहाँ उपन्यास का एक नया प्रादर्श-मॉडल तथा कला-मानक स्थापित होता है। उपन्यास में कथ्य की व्यापकता जहाँ इसे कितने ही आलोचकों की दृष्टि में हिन्दी के प्रथम विश्व स्तरीय उपन्यास की मान्यता देती है तो कुछ लोग इसे उपन्यास ही नहीं मानते, 'अनउपन्यास' भी नहीं, जो संज्ञा कृष्ण बलदेव वैद के उपन्यासों के लिए स्वयं उनके द्वारा ही प्रयुक्त हुई। 'कितने पाकिस्तान' के कटु आलोचक इसके घटना-बाहुल्य चरित्र को उपन्यास की वृत्ति के विपरीत मानते हैं। वस्तुतः कोई भी बड़ा रचनाकार विधा के प्रचलित, पारम्परिक, ढाँचे और प्रविधि में आमूल-चूल परिवर्तन कर ही अपना एक अलग कला-मानक बनाता है, 'कितने पाकिस्तान' इसी श्रेणी का उपन्यास है। घटनाओं के घटाटोप में लेखकीय चिन्ता, जो इस उपन्यास की मुख्य अन्तर्धारा ('अंडर करेंट') कहीं भी अवरुद्ध नहीं होती—प्राचीनतम व्यक्ति से लेकर अद्यतन, सन्निकट वर्तमान के किसी भी क्षेत्र के किसी महान ('ग्रेट' और 'सेलेब्रेटी') को अदीबे आलिया के दरबार में बुलाने की अनूठी कथा-युक्ति के प्रयोग से कहीं भी कथा-क्रम भंग नहीं होता है, कथानक की वल्गाएँ पूरी तरह लेखक की पकड़ में रहती हैं। साथ ही अदीब के रूप में उपन्यासकार की अपनी उपस्थिति इतिहास और संस्कृति के प्रश्नों पर ज़िरह करने की पूरी छूट देती है और इसी रूप में उपन्यास में कथा नहीं विमर्श प्रमुख हो उठता है। धुर पुरा काल के सिन्धु सभ्यताकालीन सम्राट गिलगमेश, से लेकर बाबर, हुमायूँ, दाराशिकोह, औरंगज़ेब, उस काल पर लिखने वाले इतिहासकारों—कालिका रंजन, क़ानूनगो, शिवली नोमानी, प्रो. हबीब प्रभृति इतिहासकारों, अकबर, अकबर के वित्त मन्त्री टोडरमल, माउंटबेटन, जिन्ना, विश्व के अनेक अणु-वैज्ञानिक—ओपनहाइमर, फर्मी, टेलॅर, आदि से लेकर मंटो, मोहन राकेश, सुभाष पन्त, आदि तक उसकी अदालत में पेश हो इतिहास के सवालों का जबाव देने का प्रयत्न करते हैं। उपन्यास की कथा का वितान सुदूर अतीत, सिन्धु घाटी सभ्यता, सुमेरियन, बैबोलियन सभ्यताओं से लेकर वर्तमान के कारगिल युद्ध प्रकरण (1999—उपन्यास की रचना तक का समय) तक फैला हुआ है। वस्तुतः फ़न्तासी

के इस रंग में विभिन्न समयों के कई-कई इतिहास पुरुष काल के एक ही बिन्दु पर मिल जाते हैं। अपने क़िस्सागोई के कौशल से कमलेश्वर इतनी विस्तृति और वैविध्य की कथा को कहीं भी बिखरने नहीं देते। अदीबे आलिया की आवाज़ इनसानियत की बेखौफ और बेनियाज़ आवाज़ बनकर समस्त विश्व इतिहास में उन अलगाववादी तत्त्वों की शिनाख़्त अपने तार्किक ढंग से करती है जो पाकिस्तान की निर्मिति का कारण बनते हैं और ये ही विलगाववादी तत्त्व पूरे विश्व में पल्लवित होते हुए न जाने कितने-कितने पाकिस्तानों के निर्माण में सक्रिय हैं। राष्ट्रीय परिवेश में ही साम्प्रदायिक शक्तियों को नहीं चीन्हा गया है अपितु अन्तर्राष्ट्रीय क्षितिज पर यूगोस्लाविया, सर्विया, अफगानिस्तान; वहाँ के तालिबान, पाकिस्तान की राजनीति और सामरिक योजनाओं में आई.एस.आई. की भूमिका, आई.एस.आई. की 'फंडिग' की समस्या की विकटता में उसका नशीली दवाइयों, तस्करी, हथियारों के अवैध व्यापार में संलिप्ति, आदि के विस्तार में जाया गया है। राजनीतिक दृष्टि के साथ-साथ उपन्यास सांस्कृतिक प्रश्नों से टकराता हुआ सुमेरी, अक्कादि, सिन्धु घाटी, आदि सभ्यताओं की अनेक अवधारणाओं और मिथकों को अपने ढंग से खोलता ('डिकोड' करता) है। इसी क्रम में आर्यों के भारत आगमन के सिद्धान्त और उनके सांस्कृतिक प्रसार पर विचार किया जाता है। कथाकार की सोच और विश्लेषण कितनी ही पुरानी ऐतिहासिक मान्यताओं को ध्वस्त करता है, यथा बाबरी मास्जिद जैसी समस्या पर एक नई ऐतिहासिक प्रस्थापना प्रस्तुत की गई है। वस्तुतः पूरी दुनिया-जहान की अनेकानेक ज्वलन्त राजनीतिक, समाजार्थिक तथा सांस्कृतिक समस्याओं से जूझता यह उपन्यास सही अर्थों में वैश्विक परिदृश्य का उपन्यास बन जाता है। उपन्यास के विमर्श में दो बड़ी न्यूनताएँ हैं जिनका उल्लेख आवश्यक है—प्रथम अपनी प्रगतिशीलता की किसी झोंक में कमलेश्वर भारत की औपनिवेशिक सम्पदा का समुचित मूल्यांकन नहीं कर पाते हैं, उसे किंचित् अवमाननापूर्ण दृष्टि से आकलित करते हैं तथा दूसरे मुग़ल साम्राज्य की उत्तराधिकार की लड़ाई में दाराशिकोह के प्रसंग का अनावश्यक विस्तार, इतना विस्तार कि पाठक को ऊब होने लगती है।* इन अत्यल्प अभावों के बावजूद कमलेश्वर का यह मास्टरपीस उपन्यास समकालीन हिन्दी उपन्यास ही नहीं, हिन्दी उपन्यास की पूरी परम्परा में एक गौरवपूर्ण थाती है।

वर्तमान में संयुक्त परिवार का पारम्परिक ढाँचा पूरी तरह विशृंखलित हो गया है। वर्तमान की सारी आर्थिक प्रगति, समृद्धि के बीच मनुष्य को जीवन की निरर्थकता का बोध जिस रूप में जीवन सन्ध्या दे रही है और सम्बन्धों की सारी ऊष्मा के इस क्षरण का पीड़ा-भरा सशक्त आख्यान हिन्दी उपन्यास में हुआ है, विशेषतः वरिष्ठ पीढ़ी के कथाकारों द्वारा। इसी क्रम में वरिष्ठ लेखिका कृष्णा सोबती का 'समय सरगम' उपन्यास 2000 में समाज में व्याप्त इस समस्या पर बहुत गहरे संवेदन से उँगली रखता है। ईशान और आरण्या सम्भ्रान्त वर्ग के दो पड़ोसी हैं जो दिल्ली जैसे कंकरीट के जंगलों के महानगर में रह रहे हैं। दोनों पड़ोसी वरिष्ठ नागरिकों में जो साहचर्य-जन्य निकटता, आत्मीयता विकसित होती है, उसके चलते वे वृद्धावस्था की सारी शारीरिक, मानसिक, विद्रूपताओं, पारिवारिक-सांसारिक विसंगतियों सबका मार्मिक आख्यान अपनी टिप्पणियों में प्रस्तुत कर सदैव वृद्धावस्था का एक सार्थक विमर्श रचते रहते हैं। वे 'परिवार की सूत्रबद्धता पर संवाद नहीं—आरक्षण और संरक्षण' चाहते हैं। अपनी निजता को पूर्णतः सुरक्षित

* प्रसंगात् यहाँ यह कहना अतिरिक्त नहीं होगा कि उपन्यास के इन दोनों अभावों को कमलेश्वर ने पूर्ण विनम्र भाव से फ़ोन और पत्र द्वारा स्वीकार किया था और इसी बात को प्रकारान्तर से 'कितने पाकिस्तान' के छठे संस्करण (और बाद के संस्करणों में भी) की भूमिका में स्वीकार किया है।

रखते हुए भी ये दोनों वृद्ध-जनों के प्रातिनिधिक चरित्र होकर आते हैं, "परिवारों से दूर छिटके अकेले वरिष्ठ नागरिकों की अपनी ही उलझनें और समस्याएँ। अपने स्वयं के आसपास घूमती रीति-नीति। अपने होने से जुड़ी हैं सम्भावनाएँ और बूढ़ी हो चुकी आकांक्षाएँ। तन-मन ही ऊहापोह में झुँझलाते कभी शान्त, कभी रोग-बीमारी और चिन्ताओं से परेशान।" प्रभुदयाल जैसे कई वृद्धों के माध्यम से यह प्रश्न भी उठाया गया है कि परम्परागत समाज में यदि कोई वृद्ध किसी साथी की तलाश कर ले तो पारिवारिक तथा शेष समाज उसे सहजता से नहीं ले सकते। मुख्यतः इन्हीं बिन्दुओं पर केन्द्रित कथा वृद्धावस्था का पीड़ा-भरा यथार्थ प्रस्तुत करती है। 'समय सरगम' में कृष्णा सोबती की भाषा बड़े कौशल से बुनी गई है, शब्दों के पीछे एक मन्द्र संगीत-सा निरन्तर प्रवाहित रहता है, पाठक के मन को भिगोता हुआ। शैल्पिक स्तर पर भी यहाँ बड़ी ताज़गी दिखाई देती है, मात्र संवादों में सारी स्थितियों और परिवेश को पूरी तरह साक्षात् करती नई शैल्पिक-युक्ति उपन्यास को एक अनूठा और अलग-सा कथा-रस प्रदान करती हुई इसे समकालीन उपन्यास में विशिष्ट स्थान का अधिकारी बनाती है।

चन्द्रकान्ता के बहुचर्चित उपन्यास 'कथा सतीसर' (2001) में कश्मीर को सांस्कृतिक और ऐतिहासिक परिप्रेक्ष्य में देखते हुए उसके अतीत और वर्तमान का बहुत सांगोपांग चित्रण इस रूप में किया गया कि पग-पग पर कश्मीरीयत का गहरा परिचय प्राप्त होता चलता है। लेखिका ने कश्मीर के अतीत और वर्तमान को नीलमत पुराण, राजतरंगिनी, 'डिस्कवरी ऑफ़ इंडिया' (ज.ला. नेहरू), 'बायोग्राफी ऑफ़ नेहरू' (सर्वपल्ली गोपाल), 'द कश्मीरी पंडित' (डॉ. कुसुम पन्त), 'टू अनटोल्ड स्टोरी' (ले. जनरल बी.एम. कौल), 'कश्मीर समस्या और समाधान' (जगमोहन), 'कश्मीर, ए ट्रेजडी ऑफ़ एरर्स' (तवलीन सिंह) जैसे विश्वस्त और चर्चित ग्रन्थों के सहारे तो खँगाला ही है, वह कश्मीर के जन-जीवन में गहरे डूबी हुई है अपितु कहें कि वहीं का एक हिस्सा होकर कश्मीर की समस्या और वहाँ चले आ रहे आतंकवादी वर्चस्व के सुदीर्घ समय के यथार्थ का अत्यन्त प्रामाणिक और संवेदनात्मक चित्रण 'कथा सतीसर' में किया है। कश्मीर के जनजीवन, इतिहास, परम्परा और वर्तमान के काले दिनों का चित्रण करने वाला यह एक महत् प्रयत्न है किन्तु अच्छा होता, यदि यह और संगुम्फित ('कम्पेक्ट') रूप में अपना कथा-वितान रचता और इतना पृथुलाकार न होता, उस रूप में वह अपने पाठकों पर इतना भारी न पड़ता।

'कलिकथा : वाया बाइपास' जैसे बहुप्रशंसित और साहित्य अकादमी पुरस्कार-प्राप्त उपन्यास के बाद अलका सरावगी का 'शेष कादम्बरी' (2001) उपन्यास जो बहुत सशक्त होते हुए भी पहले उपन्यास की यश-छाया में पूरी तरह चर्चा में नहीं आ पाया, उसकी ओर कम ध्यान दिया गया। अपने इस दूसरे उपन्यास में भी अलका सरावगी मारवाड़ी समाज की पृष्ठभूमि पर एक और काल-कथा (समय-कथा) जो देवीदत्त मामा के जन्मवर्ष 1900 ई. से लेकर अटल बिहारी वाजपेयी के प्रधानमंत्रित्व काल और कारगिल युद्ध के प्रसंग तक–कहें तो अद्यतन समय को कथा-कलेवर में समेटती हैं। पूरी शती की कथा में तीन पीढ़ियाँ हैं–रूबी दी, उनकी नातिन कादम्बरी और बीच में अपनी कादम्बरी की माँ गौरी। प्रायः एक शती की यह कथा मुख्यतः कोलकाता की कथा है किन्तु उसकी प्रस्तुति इस रूप में होती है कि पूरा देश वाया कोलकाता बाईपास अपनी उपस्थिति दर्ज़ पाता है। रूबी दी और कोलकाता कथा के खोल-भर रह जाते हैं और यह कथा अपने समय की जीवन्त कथा का रूप ले लेती है। यहाँ भी 'कलि-कथा : वाया बाईपास' के समान ही औपनिवेशिक संरचना में तथा कथा-युक्तियों का समावेश हुआ है, वह कथाकार और हिन्दी उपन्यास दोनों के लिए ही गौरवपूर्ण उपलब्धि है। इसी वर्ष गीतांजलि

श्री का 'तिरोहित' उपन्यास प्रकाशित हुआ, जो पति से यौन-अतृप्ति पाकर समलैंगिक रति में प्रवृत्त दो स्त्रियों की कथा कहता है। स्त्री-समलैंगिकता की प्रसंगात् चर्चा कई उपन्यासों में कथा-क्रम के बीच में हुई है, किन्तु पूरी तरह इसी विषय पर यह पहला उपन्यास है। यह प्रवृत्ति भी स्त्री-स्वातंत्र्य का एक नया प्रयोग-सा बनकर उपन्यास में आ रही है।

वर्ष 2002 के उपन्यासों में हिन्दी का श्रेण्य (क्लासिक) श्रेणी (गौरवग्रन्थ) का उपन्यास 'काशी का अस्सी' प्रकाशित हुआ, यह उपन्यास भी हिन्दी उपन्यास के लिए एक नया प्रदर्श (मॉडल) रचता है, उपन्यास के पारम्परिक विधागत चरित्र को पूरी तरह तोड़ता हुआ, उसे 'नया' रचता हुआ। 'कितने पाकिस्तान' के समान यहाँ भी कथ्य और शिल्प पूरी तरह बदला हुआ है और स्वयं लेखक दुविधा में है कि उसे कथा की किस विधा में अँटा हुआ पाए, फिर भी वह इसे 'उपन्यास' ही कहना उचित समझता है, "...इसी मुहल्ले और दुकान का 'लाइव शो' है यह कृति-उपन्यास का उपन्यास और कथाएँ ही कथाएँ।" ये कथाएँ जिस रूप में एकसूत्रता में अन्तर्ग्रथित हैं, वही इसे उपन्यास की पहचान देता है। वस्तुतः कोई चुनौतीपूर्ण महत् कृति ही अपनी विधा के प्रचलित स्वरूप को तोड़ती हुई अपनी नई लीक स्थापित कर उस विधा को ही अभिनव बना देती है। पप्पू की दुकान के विमर्श देश-दुनिया के सवालों पर जो अपनी पैनी और बेबाक सोच प्रस्तुत करते हैं और जिस लोकभाषा के रंग में कहते हैं, वह आद्यन्त प्रभावित कर अपने समय के दारुण यथार्थ से साक्षात्कार कराते हैं। देश की अनेकानेक ज्वलन्त समस्याएँ—चुनावों में दलगत राजनीति का घिनौना रूप, राजनेताओं के आपराधिक समीकरण, आपाद-मस्तक कदाचार के दलदल में डूबी प्रशासनिक व्यवस्था, बाबरी-मस्जिद-राम-मन्दिर की धर्मांध राजनीति, चुनावों में जातिगत समीकरणों को भुनाने में सभी राजनीतिक दलों के क्षुद्र दाँव-पेंच, बूथ-कैपचरिंग, न्याय-व्यवस्था को ख़रीदने के हथकंडे, वाराणसी जैसे तीर्थ स्थानों में विदेशी सैलानियों की लूट-खसोट, अपने गुरुडम और तंत्र से पंडाओं-गुरुओं द्वारा उनका तरह-तरह से दोहन, विवाह तक भी उन्हें ले जाने की खुराफ़ातों, आदि-आदि का जीवन्त और प्रामाणिक परिचय उपन्यास अपनी ठेठ देशज शैली में देता है। साथ ही देश के तेज़ी से बदलते आर्थिक परिवेश—अस्सी के पुरातन-पारम्परिक रूप से लेकर भूमंडलीय संस्कृति में रूपान्तरित होने की पूरी प्रक्रिया, अपनी समस्त सौगातों के साथ नव आर्थिक विकास के अनेक अभिशाप, विज्ञापन, टी.वी., सिनेमा, जगह-जगह खुलते ब्यूटी पार्लर, फास्ट-फूड कल्चर आदि—को पूरी चिन्ता से यहाँ सोच के स्तर पर उठाया गया है। इस कृति का कथा-वितान बड़ी व्यापकता लिये हुए है, इमरजेंसी, यूनिवर्सिटी की छात्र राजनीति, पत्रकारिता, आरक्षण की राजनीति, मंडल-कमंडल का वितंडा, सुरसा-सा मुँह फाड़ती महँगाई, नेताओं की चुनावी राजनीति की जातिगत गोष्ठियाँ खेलने की चालें, अस्सी घाट का ग्लोबल गाँव का अंग बनने की प्रक्रिया, उदारीकरण और खुले बाज़ार की राजनीति आदि, आदि पर अपनी व्यंग्य-शैली से मारक टिप्पणियाँ देता लेखक इसे एक स्मरणीय कृति बना देता है। वैश्विक गाँव की इन सारी नियामतों के बीच श्रेष्ठ मानवीय मूल्यों का जो क्षरण आज के समाज में हुआ है, उसे 'हँसी' की विलुप्ति की पीड़ा के साथ व्यंग्य और फ़न्तासी के स्तर पर बड़े कौशल से चित्रित कर आज के मनुष्य के दुखान्त को बड़ी गम्भीरता से विश्लेषित किया गया है। कुछ साहित्यिक हलकों से 'काशी का अस्सी' की भाषा को लेकर बड़ी तल्ख प्रतिक्रियाएँ आईं किन्तु भाषा का यह देशी ठाठ हिन्दी कथा-साहित्य और गद्य के लिए एक उपलब्धि तथा फणीश्वरनाथ रेणु से आगे का स्वागत योग्य क़दम है। वस्तुतः यह बनारस की औघड़ संस्कृति का काल्पनिक गद्य है।

'आवाँ' की ख्यातिप्राप्त लेखिका चित्रा मुद्गल का वृद्धावस्था की समस्या को गहरी संवेदना से उकेरता उपन्यास 'गिलिगडु' (2002) इस कथ्य पर एक बहुत सशक्त कृति है। दो वृद्धों कर्नल स्वामी और बाबू जसवन्त सिंह के माध्यम से भारतीय परिवेश की इस विकट समस्या को बड़े खिलन्दड़ी अन्दाज़ में उठाया गया है। दोनों वृद्धों के संवाद पूरे जहान की समस्याओं का जायज़ा लेते हुए अपनी-अपनी व्यथाओं का सलीब अपनी-अपनी तरह ढोते हैं। कर्नल स्वामी जो ऊपर-ऊपर से अपनी सुखी गृहस्थी का पर्दा ताने हुए हैं, उपन्यास का अन्त होते-होते वह पर्दा तार-तार हो जाता है—उनका यथार्थ बड़ा भयावह और त्रासद है। पुत्र से मार खाते कर्नल की व्यथा और दयनीय दशा भीतर तक हिला देने वाली है, अपने बेटों और उनके परिवार से दूर रहते कर्नल स्वामी का मलिन जातियों के बच्चों से जुड़ाव, लुक-छिप कर अपनी, स्वयं की पोतियों को फ़ोन करना, आदि प्रसंग उपन्यास के वृत्तान्त को अपने समय का करुण दस्तावेज़ बना देते हैं, वृद्धावस्था की दयनीयता का मार्मिक चित्रण करने वाला यह उपन्यास समकालीन उपन्यास में अपने कथ्य और शिल्प दोनों ही दृष्टियों से महत्त्वपूर्ण हो उठता है।

रामधारी सिंह दिवाकर ने बिहार के संक्रमणकालीन ग्रामीण समाज की नब्ज़ पकड़ने और वहाँ व्याप्त रोगों के उपचार की जुगत की इंगिति देने का कार्य कर अपनी कहानियों से ध्यान आकृष्ट किया था, उनका 'टूटते दायरे' (2002) इसी ग्राम समाज में और गहरे प्रवेश करता है। सुरपतगन गाँव के क्रोड में पसरी कथा में देश-प्रजातंत्र के आगमन पर दलित, शोषित-वंचित को भारत के संविधान ने नव विकास का सन्देश तो दिया पर 'षड्यंत्रों'-साजिशों में निष्णात भूमिपति, ज़मींदार गाँव की सारी ज़मीन को हड़पने के लिए निरन्तर जो कुचक्र रचते हैं—उन सबका पर्दाफाश करते हुए उन सब स्थितियों को उघाड़ते हैं जिनसे गाँव का चरित्र ही बदल गया। शहर के सम्पर्क ने गाँव को जो नई सभ्यता-संस्कृति दी है, जो सलीका सिखाया है, गांधी के अनुयायियों ने गांधी को वहाँ जिस रूप में 'भुनाया' (एनकैश किया) है—'गांधी ग्राम', 'गांधी भवन', स्वराज्य पुस्तकालय', 'रात्रि पाठशाला', 'गांधी का चरखा आन्दोलन'—सभी की दुर्गति पर आँसू बहाती कथा आगे बढ़ती है और प्रान्त की राजधानी पटना में रामजतन बाबू से स्वतंत्रता सेनानी का प्रमाण-पत्र देने के लिए पाँच सौ रुपए रिश्वत की माँग की बात रेखांकित करती इस देश की आपाद-मस्तक कदाचार में डूबी व्यवस्था के अनेक-अनेक रूपों में नंगा करती है। दलबदलुओं के चरित्र की बखिया उधेड़ता उपन्यास देश की दुर्व्यवस्था पर सिर धुनता है, "अब तो जिससे चाहे पार्टी बदलवा लो। पारसाल जो इस पार्टी के जुलूस में गया था, इस साल दूसरी पार्टी के जुलूस में जा रहा है। एक आदमी अनेक सूरतें...साला पतन ही पतन है देश का।" मैत्रेयी पुष्पा को ब्रज क्षेत्र और बुन्देलखंड क्षेत्र के ग्रामीण समाज के चित्रण के लिए विशेष रूप से जाना जाता है किन्तु उनके 'विज़न' (2002) उपन्यास में इस क्षेत्र का शहरी जन-जीवन उनकी लेखनी का विषय बनता है, वह भी विशेषतः डॉक्टरी पेशे से सम्बन्धित दुनिया-जहान। नई कथा-भूमि के बावजूद 'विज़न', 'इदन्नमम्' और 'चाक' जैसी ऊँचाई और लोकप्रियता प्राप्त नहीं कर पाता। नीरजा माधव का 'यमद्वीप' (2002) स्त्री-विमर्श को उठाता शिखंडी (हिजड़े या किन्नर) समाज पर केन्द्रित उपन्यास है। पितृ-सत्तात्मक परिवार-व्यवस्था की न्यूनताओं को परखता उपन्यास नायिका मानवी के रूप में एक ऐसा चरित्र प्रस्तुत करता है जो अपने आप में 'पूरा का पूरा स्त्री विमर्श है।' यहाँ नारी-मुक्ति का प्रसंग है 'पर यह मुक्ति अपने अन्दर की संकीर्णता, अशिक्षा और अपने शोषण में है।' उपन्यासकार स्त्रीवाद की होड़ में पुरुष वर्चस्व को चुनौती देने के पक्ष में उतनी नहीं है, उसकी विचार-दृष्टि ही यह है, "सच पूछो तो नारी-पुरुष

दोनों एक दूसरे के अर्द्धांश हैं। एक-दूसरे में अपनी पूर्णता, अपनी अर्थवत्ता छिपाए हुए। सम्पूर्ण होने के लिए दोनों अर्द्धांशों का सम्मेलन आवश्यक होता है। सृष्टि इसी चक्र पर आधारित है। इसे नकारना अपने अस्तित्व को नकारना है।" उपन्यास की चिन्ता हमारी संस्कृति के इसी सत्य को बचाने की है।

जितेंद्र भाटिया के पूर्व प्रकाशित दो उपन्यास 'समय-सीमान्त' और 'प्रत्यक्षदर्शी' एक ही जिल्द में 'शहर-दर-शहर' (2002) शीर्षक से प्रस्तुत हुए हैं। दोनों में देश के दो महानगर—बम्बई ('समय-सीमान्त') और कोलकाता ('प्रत्यक्षदर्शी') कथा का 'लोकेल'—कथा-भूमि बनते हैं जिनमें महानगरीय ज़िन्दगी के संघर्ष और विद्रूपमयी स्थितियाँ उकेरी गई हैं। 'समय-सीमान्त' का नौजवान चित्रकार अपनी माँ की मृत्यु का समाचार पाकर अपने अतीत को खँगालता एक पीड़ा से गुज़रता है। माँ बेटे का भविष्य बनाने के लिए बम्बई भेजते समय साढ़े सात सौ रुपए की रक़म और पाँच सौ रुपयों का ड्राफ्ट सौंपती हैं, किन्तु उसी माँ की मृत्यु पर जब बेटा लौटता है तो बारह सौ रुपए और आत्मविश्वास का वह उजला-सा अहसास— सब पता नहीं कहाँ गुम हो गए थे और अब मेरी जेब में था सिर्फ़ वह मुड़ा-तुड़ा पोस्टकार्ड और शेट्टी साहब के दिए उधार के कुछ रुपए जिन्हें मैं ज़रूरी तौर पर लौटाना चाहता था...यही था मेरे दस साल का कुल जमा-हासिल। 'प्रत्यक्षदर्शी' में रिटायर्ड प्राध्यापक भ्रष्ट व्यवस्था द्वारा अपराध जगत का एक हिस्सा बनाकर रख दिया जाता है और वह उन स्थितियों से छुटकारा पाने के लिए निरन्तर जूझता रहता है।

एस.आर. हरनोट का 'हिडिम्ब' (2003) हिमाचल के जनजीवन पर केन्द्रित उपन्यास है जिसमें हरनोट ने इस पर्वतीय अंचल के लोकजीवन और संस्कृति को बड़े चटख़ रंगों में चित्रित किया है। परम्पराबद्ध समाज अपनी रूढ़ियों-परम्पराओं तथा धार्मिक अंधविश्वासों में जीता शावणू जैसों का समाज आज के राजनेताओं की चालों का शिकार किस प्रकार होता है, अपनी लड़ाई किस प्रकार लड़ता है, इस सबका चित्रण करता हुआ 'हिडिम्ब' पहाड़ के जीवन को बहुत जीवन्त रूप में प्रस्तुत करता है।

वर्ष 2004 में जो उपन्यास प्रकाशित हुए उनमें भीमसेन त्यागी का 'ज़मीन', रवीन्द्र कालिया का 'ए.बी.सी.डी.', रवीन्द्र वर्मा का 'मैं अपनी झाँसी नहीं दूँगा', गोविन्द मिश्र का 'कोहरे में क़ैद रंग', अलका सरावगी का 'कोई बात नहीं', असगर वजाहत का 'कैसी आग लगाई' तथा भगवानदास मोरवाल का 'बाबल तेरा देस में' प्रमुख रूप से उल्लेखनीय हैं। भीमसेन त्यागी का उपन्यास 'ज़मीन' उनकी अपनी ज़मीन से जुड़ा उपन्यास है, कथा के केन्द्र में गंगा-जमुना का दोआबा—मेरठ, सहारनपुर, मुजफरनगर तथा कुछ क्षेत्र बुलन्दशहर जनपदों का अंचल—जिसे कौरवी बोली का क्षेत्र कहा जाता है—का ग्रामीण जन-जीवन बड़े कौशल से चित्रित हुआ है। 1940-45 के समय से लेकर स्वतंत्रता-प्राप्ति के कुछ समय बाद तक का समय कथा के कलेवर में समेटा गया है जिसमें अंग्रेज़ी साम्राज्यवादी नीतियों तथा ज़मींदारी प्रथा के दुष्चक्र में पिसता ग्रामीण समाज है, बाद में किस प्रकार गाँव ज़मींदारी प्रथा के शोषण-चक्र से बाहर निकले इसका भी बहुत प्रामाणिक चित्रण 'ज़मीन' में किया गया है। रवीन्द्र कालिया का उपन्यास 'ए.बी.सी.डी.' प्रवासी-जीवन की समस्याओं पर केन्द्रित है। उपन्यास का पूरा शीर्षक 'अमेरिका बार्न कन्फ्यूज्ड देशी' है। शीर्षक से ही स्पष्ट है कि इसमें अमेरिका-कनाडा में प्रवास कर रहे भारतीयों की समस्याएँ कथा के केन्द्र में हैं। इस कथ्य पर आए अन्य उपन्यासों से यह उपन्यास इस रूप में अलग बन पड़ा है कि यह अमेरिकन जीवन और संस्कृति के हर पहलू को नकारता नहीं है किन्तु वहाँ जो जीवन-मूल्यों में श्रेष्ठ और वरेण्य है, उसे रेखांकित किया गया है। अमेरिकी

और भारतीय दोनों संस्कृतियों तथा जीवन-दृष्टि वृत्तान्त में प्रस्तुत करता हुआ, उन पहलुओं पर प्रकाश डालता है जिनके कारण अमेरिका आज नई पीढ़ी में प्रायः सभी के लिए मक्का-मदीना बना हुआ है। संक्षिप्ति में उपन्यास अपनी बात बख़ूबी कह देता है।

रवीन्द्र वर्मा के 'मैं अपनी झाँसी नहीं दूँगा' उपन्यास में 1857 ई. के स्वतत्रन्ता संग्राम तथा उसके बाद झाँसी में हुए नरसंहार तथा देश में व्याप्त राष्ट्रीय चेतना का परिचय झाँसी की रानी के वफ़ादार सिपाही रामगुलाम और उसके परिवार के माध्यम से दिया गया है। किस प्रकार रामगुलाम और उसकी अगली पीढ़ी अंग्रेज़ों के नृशंस अत्याचारों से भी टूटती नहीं है और अपनी प्रतिज्ञा 'मैं अपनी झाँसी नहीं दूँगा' के लिए तिल-तिल कर होम होती है, उसका सशक्त चित्रण करता उपन्यास वर्तमान में अपनी प्रविष्टि लेकर मुम्बई महानगर की झोंपड़पट्टी और महानगरीय समुद्र में छोटे क़स्बे-नगर से आकर समा जाने वाले जनसमुदाय की संघर्ष कथा कहता है। आज देश में विदेशी माल और ब्रांडों की जो ललक (क्रेज़) है, उसके उत्तर उस समय में खोजता उपन्यासकार आज की ब्रांडिड संस्कृति पर प्रहार करता है। वस्तुतः हमारे देश में कम्पनी राज में वैश्वीकरण का जो पहला हमला हुआ था, उसकी पहली आहट 1861-62 में भारत में आ चुकी थी। हमारे देश को किस प्रकार अंग्रेज़ों ने अपना बाज़ार बनाया, इन चालों को गहराई से निरखा-परखा गया है। फिर झाँसी में तथा समय आने, शती के पलटने से जो परिवर्तन समाजार्थिक रूप में घटित हुए, उन्होंने हमारे जीवन-मूल्यों को किस रूप में परिवर्तित किया, उसका आख्यान रचता हुआ उपन्यास प्रस्थापित करता है कि "यह शती क्षत्रियों की नहीं, बनियों की थी।"—सारे कार्य-व्यापारों और जीवन-दृष्टि में अर्थ ही प्रधान हो गया था। स्वदेशी आन्दोलन, पिकेटिंग, खिलाफत आन्दोलन, जलियाँवाला बाग का भयंकर हत्याकांड, आदि प्रमुख घटनाओं पर विचार करता हुआ उपन्यास इस सबको पूरे विस्तार और गहराई में चित्रित करता है, संक्षिप्ति में कथा का इतना विराट ताना-बाना लेखकीय कौशल दर्शाता है।

गोविन्द मिश्र 'कोहरे में क़ैद रंग' उपन्यास में प्रेम के अपने प्रिय कथ्य को पुनः इस उपन्यास में अपनाते हैं—जो किशोर-वय स्कूली प्रेम से लेकर प्रौढ़ होने तक के विवाहेतर प्रेम-सम्बन्धों तक आता है। विवाहेतर प्रेम में स्त्री स्वातंत्र्य जैसे प्रश्न को भी वे अपनी दृष्टि से विश्लेषित करते हैं, किन्तु उपन्यास सामान्यता के ऊपर नहीं जा पाता है, केवल 'ठीक-ठाक' ('सो-सो')-भर बनकर रह जाता है। अलका सरावगी का उपन्यास 'कोई बात नहीं' में भी कोई ख़ास बात बन नहीं पाती है, शारीरिक रूप से अपंग सत्रह वर्षीय शशांक की कथा सामान्य-सी बनकर रह जाती है। असगर वजाहत के उपन्यास के सम्बन्ध में भी लगभग इन्हीं शब्दों का प्रयोग किया जा सकता है कि वह सामान्यता से ऊपर नहीं जा पाता है। भगवानदास मोरवाल के उपन्यास 'बाबल तेरा देस में' उनके 'काला पहाड़' उपन्यास के समान ही पुनः हरियाणा के मेवात क्षेत्र के पिछड़े समाज पर केन्द्रित है। पूर्णतः उपेक्षित इस क्षेत्र और समाज का बड़ा गहन अध्ययन कथा-कलेवर में लेखक ने अध्यवसायपूर्वक प्रस्तुत किया है। 'अभी शेष है' में महीप सिंह अपने समकाल को कथा में उठाते हुए लगभग 1970 ई. से शती के अन्त तक के समय को विश्लेषित करते हैं जिसमें पूर्व दीप्ति शैली में यादों के झरोखे से पिछली शती के प्रायः पच्चीस वर्षों के काल-खंड को औपन्यासिक संवेदन से देखा-परखा गया है। निर्मला भुराड़िया का 'आब्जेक्शन मी लार्ड' उपन्यास बड़े रोचक रूप से बन्द मारवाड़ी समाज के जीवनाचार का परिचय देते हुए 'मीडिया जगत की असली टीस और प्रामाणिक सच्चाइयों' को स्वर देकर और उस पुरुष-प्रधान संस्था में माधवी जैसी जुझारू स्त्री की संघर्षशील भूमिका को रेखांकित करता है।

वर्ष 2005 के प्रकाशित उपन्यासों में नासिरा शर्मा के 'कुइयाँ जान', ज्ञानप्रकाश विवेक के 'दिल्ली दरवाज़ा', शरद सिंह के 'पिछले पन्ने की औरतें', कान्तिमयी के 'महिमामयी' तथा राधा बल्लभ त्रिपाठी के 'विक्रमादित्य कथा' के नाम लिए जा सकते हैं। नासिरा शर्मा का 'कुइयाँजाल' एक बिलकुल नई समस्या पर लिखा गया हिन्दी का एकमात्र उपन्यास है जिसमें कथा में आदि से अन्त तक देश में जल-सम्पदा के संरक्षण की समस्या किसी न किसी रूप में सदैव खड़ी रहती है—कभी जल-संकट तो कभी अत्यधिक वर्षा के कारण बाढ़, आदि में मनुष्य की दुर्गति को अत्यन्त संवेदनात्मक रूप में चित्रित किया गया है। मस्जिद के मौलाना के गुज़रने पर उनके शव को नहलाने के लिए पानी की जिस क़िल्लत से कथा का प्रारम्भ होता है, पूरे उपन्यास के कथा-क्रम में विविध घटनाओं के द्वारा जल-संकट चित्रित किया गया है। पूरे देश के विभिन्न अंचलों, प्रदेशों, में उ.प्र., दिल्ली से लेकर तमिलनाडु के रामनाथपुरम, बुनियादीपुरम और मुतुरामलिंगन के तल-पोखरों का सूखना, ओडिशा के कालाहांडी, राजस्थान के बीकानेर, चुरु, आदि स्थानों, गुजरात, लद्दाख के पहाड़ों, दक्षिण बिहार के 'सुखाड़ क्षेत्र' में चल रही स्वर्णरेखा बाँध परियोजना, सरदार सरोवर परियोजना, आदि की तो दृष्टिपूर्ण विवेचना वृत्तान्त में पिरोई गई ही है, वैश्विक स्तर पर भी इस समस्या को सुलझाने की अनिवार्यता को रेखांकित किया गया है। सवाल उठाया गया है कि जनमानस से जुड़ी जल जैसी प्राथमिक आवश्यकता की सम्पूर्ति की ओर ध्यान न देकर सरकार क्यों परमाणु बम निर्माण और परीक्षण पर अकूत धन-राशि ख़र्च करती है और अमेरिका जैसा शक्तिशाली देश इराक युद्ध के लिए 75 अरब डॉलर की राशि झोंक देता है, पर जल-समस्या के निदान के लिए कोई ऐसा ही पग क्यों नहीं उठाता। लेखिका की सफलता है कि इस विकट समस्या का इतने विस्तार में चित्रण कर भी कथा-रस को बाधित नहीं होने देती, मुस्लिम समाज के जन-जीवन को उसकी पूर्ण रंगत में प्रस्तुति करती है। शरद सिंह की कृति 'पिछले पन्ने की औरतें' की चर्चा इसलिए आवश्यक है कि यह उपन्यास की लीक से हटकर है। वास्तविक अर्थों में इसे उपन्यास न कहकर बेड़नियों के जीवन पर समाजशास्त्रीय शोध आधारित कथा रिपोर्ताज़ शैली की कृति है, यद्यपि स्वयं लेखिका और प्रकाशक ने इसे उपन्यास रूप में ही प्रस्तुत किया। रिपोर्ताज़ शैली की वर्णनात्मकता ने कथा-रस को भी क्षत किया है। निस्सन्देह यहाँ मध्य प्रदेश के सागर जिले की इस बेड़नी जाति की स्त्रियों का समाज बहुत विश्वसनीय रूप में शोधपरक तथ्यों और आँकड़ों के साथ प्रस्तुत हुआ है, और जगह-जगह उसमें भारतीय समाज में स्त्रियों की दारुण दशा को लेकर स्त्री-विमर्श के अवसर निकाल लिए गए हैं। यही इस कृति का सशक्त पक्ष है।

वर्ष 2006 ई. में प्रकाशित उपन्यासों में महुआ माझी का 'मैं बोरिशाइल्ला', राजेन्द्र मोहन भटनागर का 'क़ायदे आज़म', प्रमोद कुमार त्रिपाठी का 'अरे चंडाल', मैत्रेयी पुष्पा का 'त्रिया हठ', रमेशचन्द्र शाह का 'सफ़ेद परदे पर', मिथिलेश्वर का 'माटी कहे कुम्हार से', रामधारी सिंह दिवाकर का 'अकाल सन्ध्या' तथा मुहम्मद आरिफ़ का 'उपयात्रा' प्रमुख हैं। इस वर्ष के उपन्यासों में 'मैं बोरिशाइल्ला' का विशिष्ट स्थान है जिसमें लेखिका ने बड़े गहन शोध के पश्चात् बंगलादेश की समाजार्थिक तथा राजनीतिक स्थितियों का गम्भीर विवेचन करते हुए बंगलादेश के जन्म की संघर्ष-गाथा वहाँ के लोक-जीवन में गहरे उतरकर की है जिससे इस सोनार बांग्ला का पूरा प्राकृतिक परिवेश और वहाँ की संस्कृति पूरी तरह उपन्यास में जीवन्त हो उठती है। उपन्यास में एक ओर तो बंगलादेश के अस्तित्व में आने के समय के तीव्र राजनीतिक घटनाक्रम का वर्णन है और दूसरी ओर पाकिस्तानी सैनिकों तथा उर्दूभाषी मुसलमानों द्वारा बांग्लाभाषी

मुसलमानों पर किए गए अत्याचारों का प्रामाणिक चित्रण किया गया है। बंगलादेश के मुक्ति संग्राम में बुद्धिजीवियों, ढाका विश्वविद्यालय के ख्यात प्रोफ़ेसरों, छात्रों, आदि पर जो ज़ुल्म ढाए गए, उस सबका लोमहर्षक चित्रण ज़मीनी सच्चाइयों के साथ किया गया है। भारतीय सीमा में बांग्लादेशवासियों के लिए जो शरणार्थी शिविर जगह-जगह स्थापित किए गए थे, उनकी अव्यवस्था और दुर्दशा का भी चित्रण बहुत प्रभावी बन पड़ा है। मिथिलेश्वर का 'माटी कहे कुम्हार से' बिहार के जन-जीवन पर एक महत्त्वाकांक्षी (पृथुलाकार 515 पृष्ठीय) ठस्स उपन्यास है। उपन्यास की वर्णनात्मक शैली में कथात्मक रचाव का नितान्त अभाव है तथा आदर्शों की स्थापना की झोंक में मुनीला का चरित्र भी बहुत अवास्तविक और अविश्वसनीय हो जाता है। इससे कहीं बेहतर बिहार के जन-जीवन पर केन्द्रित रामधारी सिंह 'दिवाकर' का 'अकाल सन्ध्या' तथा मधुकर सिंह का लघु उपन्यास 'बेनी माधो तिवारी की पतोह' उपन्यास हैं जिनमें बिहार के ग्रामीण समाज का वर्तमान अपनी सामाजिक, राजनीतिक और आर्थिक सच्चाइयों में कौशल से प्रस्तुत हुआ है। पूर्णिया जिले के गाँव-समाज पर केन्द्रित उपन्यास की कथा में सवर्ण-शक्ति-ज़मींदार और बबुआनों के पराभव और दलित शक्ति के अभ्युदय का समाजार्थिक विश्लेषण करते हुए सत्ता के नए समीकरणों पर प्रकाश डाला गया है। आज दलित सत्ता पर अधिष्ठित हो, ठीक उसी प्रकार का आचरण कर रहे हैं जिस प्रकार सवर्ण और शक्तिशाली ज़मींदार वर्ग कर रहा था। सामान्य दलित के सामने वही प्रश्न ज्यों का त्यों खड़ा है कि उसके लिए निज़ाम तनिक भी नहीं बदला है। राजनीति में बढ़ता अपराधीकरण और वोट की गन्दी राजनीति को उपन्यास गहरी चिन्ता से उकेरता हुआ उपन्यास वर्तमान के बिहार के गाँव-समाज का प्रामाणिक अंकन प्रस्तुत करता है। रमेशचन्द्र शाह का उपन्यास 'सफ़ेद परदे पर' वृद्धावस्था के एकाकीपन और पत्नी की मृत्यु के पश्चात् घर-परिवार से अलग रहने की समस्याओं को एक नवीन दृष्टि से उठाता है। यहाँ कथा एक लेखक को केन्द्र में रखकर कही गई है। एक बौद्धिक व्यक्ति की वानप्रस्थी अवस्था, वृद्धावस्था की मानसिक ऊहापोह के माध्यम से इस अवस्था के सन्तापों का चित्रण है जिसमें उपन्यासकार का लेखकीय व्यक्तित्व भी बार-बार झाँकता है। परिवार की किच-किच से अलग रहने के लिए वृद्ध अपने फ़्लैट को किराएदारों से खाली कराकर उसमें रहने चला जाता है, वह अपने लिए एक स्वतंत्रता—'स्पेस'—चाहता है किन्तु यहाँ आकर भी उसे चैन नहीं मिलता, वह स्मृतियों के द्वन्द्व में जीता है। साथ ही जीवन-जगत की कुछ अन्य समस्याओं पर भी जब-तब चलते-चलते टिप्पणियाँ करता है, यथा भूमंडलीकरण के युग में स्वावलम्बन की बात, एन.जी.ओ., संस्थाओं में फैली भ्रष्टता, आदि। अन्त में कथा-नायक 'मैं' बेटी का पत्र प्राप्त होने पर अपने बेटे-बहू के पास लौटकर ही शान्ति प्राप्त करता है। राजेंद्र मोहन भटनागर 'क़ायदे आज़म' मुहम्मद अली जिन्ना के जीवन को कुछ नए तथ्यों के प्रकाश में चित्रित करता है। प्रमोद कुमार त्रिपाठी का उपन्यास 'अरे चाँडाल' अपने (464 पृष्ठीय) आकार से डराता तो है, किन्तु यदि पाठक साहसपूर्वक उसके पाठ में प्रवृत्त हो जाए तो उसे निराशा नहीं मिलती। फणीश्वरनाथ 'रेणु' की शैली और श्रीलाल शुक्ल के 'राग दरबारी' का कहन की स्मृति कराता उपन्यास स्वातंत्र्योत्तर भारतीय ग्राम समाज की सच्चाइयों का ऐसा कच्चा चिट्ठा खोलता है कि गाँवों तक पहुँचते लोकतंत्र की विकरालता का प्रामाणिक परिचय मिल जाता है। ब्लॉक, बैंक, विकास की अन्य अनेक इकाइयों, आदि ने गाँवों में लूट तंत्र का जो जाल फैलाया है, उसका परिचय ज़मीनी सच्चाइयों के रूप में देता हुआ, यह एक पठनीय उपन्यास बन जाता है।

मैत्रेयी पुष्पा का 'त्रिया हठ' उनके 'बेतवा बहती रही' उपन्यास की अगली कड़ी के रूप में लिखा गया है। वहाँ वे उर्वशी को 'लड़की की प्रकृत प्रकृति' के अनुरूप प्रस्तुत नहीं कर पाई थीं, इसी का प्रतिकार करते हुए वे इस चरित्र को पुनर्विचारित कर 'त्रिया हठ' में प्रस्तुत करती हैं और उनकी चेष्टा रही है कि 'औरत में से एक औरत की असलीयत निकालकर' उस चरित्र का विश्लेषण कर सकें। उर्वशी के रूप में एक ऐसी हठीली विधवा का चरित्र कथा के केन्द्र में है जो अपने तन और मन की आवाज़ सुनकर अपनी ही तरह से चलती है, सारे सामाजिक रिश्तों की पारम्परिकता को चुनौती देती हुई। इस चरित्र के माध्यम से ग्राम-समाज में स्त्री की स्वतंत्रता का विमर्श रचा गया है, पूरी लेखकीय प्रतिबद्धता के साथ। उर्वशी एक ऐसी अल्हड़ विधवा है जिसके रूप का दाहक प्रभाव गाँव-समाज के अनेक छोटों-बड़ों, युवाओं-प्रौढ़ों को अपने ताप से प्रकाशित करता है। गाँव-समाज में अवैध सम्बन्धों (जो लेखिका और उर्वशी की दृष्टि में अवैध हैं ही नहीं) की निर्णायक बनती है वहाँ की पंचायत किन्तु लेखिका ने इन पंचायतों में छा रहे पुरुष-वर्चस्व और मर्दवादी दृष्टि की ख़बर ली है कि दादियों और माँओं के ज़माने से चले आ रहे पंचायती क़ानूनों से आज की पीढ़ी को न्याय नहीं मिल सकता। यह प्रेमकथा अहीर, यादव, लोध, राजपूत, जाट, कुर्मी, आदि खेतिहर जातियों में स्त्री की, विशेषतः विधवा स्त्री की स्थिति पर प्रकाश डालती है कि इन समाजों में विधवा को मनचाहे सम्बन्ध अपनाने की स्वीकृति इसलिए भी नहीं दी जाती कि उन सम्बन्धों से उत्पन्न सन्तान ज़मीन—भूमि—पर अपना हक़ माँगेगी। इसीलिए पुनर्विवाह के लिए चादर ओढ़ाने, बिछिया करने, चूड़ियाँ पहनने, आदि के नाम से यह रस्म निकाल ली गई कि विधवा परिवार के ही किसी व्यक्ति की होकर रहे जिससे घर की धरती घर में ही बनी रह जाए। इसीलिए उर्वशी जेठ की अकूत शक्ति के सामने देवेश के हिस्से की धरती का ही नहीं, अपने हक़ का दावा भी लेकर खड़ी हो जाती है। इस मुख्य कार्य के साथ-साथ उपन्यास थोड़ा-थोड़ा उन स्थितियों को भी छूता है कि किस प्रकार बेरोजगारी में गाँव के नौजवान बन्दूक उठाकर चम्बल के बीहड़ों में उतर डाकू बन जाते हैं। इस प्रकार 'त्रिया हठ' बुन्देलखंड के ग्रामीण जीवन पर एक अच्छा उपन्यास है।

मोहम्मद आरिफ़ ने 'उपयात्रा' उपन्यास में बाबरी मस्जिद-प्रकरण के पश्चात् मुस्लिम-समाज की चिति ('साइके') में आए परिवर्तन को लक्षित किया है। यद्यपि उपन्यास हिन्दू-मुस्लिम के बीच में युगों से चले आ रहे भाईचारे को भी रेखांकित करता है किन्तु कहीं-कहीं अपनी दृष्टि को 'साम्प्रदायिक' नहीं तो सम्प्रदायबद्ध ज़रूर कर लेता है। यही कमज़ोर पक्ष उसे अच्छा उपन्यास बनने नहीं देता है। हरिसुमन बिष्ट का 'आछरी माछरी' उपन्यास अल्मोड़ा क्षेत्र के पर्वतीय जनजीवन का चित्रण करने वाला सशक्त उपन्यास है जिसमें वहाँ का लोक जीवन अत्यन्त प्रामाणिक रूप से साक्षात् होता है, अपनी समस्त रीतियों-नीतियों, संस्कारों, अंधविश्वासों के साथ। उपन्यास पहाड़ के जीवन में धीरे-धीरे आ रही जागृति, शिक्षा और राजनीति की पेंचबाजी को चित्रित करता हुआ, वहाँ स्त्री में आ रही जागृति को विशेष रूप से चिह्नित करता है, उपन्यास की नायिका आछरी का गाँव के प्रधान पद तक पहुँचना इसी स्त्री-मुक्ति का अगला क़दम कहा जा सकता है।

वर्ष 2007 के उपन्यासों में रवीन्द्र वर्मा का 'दस बरस का भँवर', अशोक भौमिक का 'मोनालिसा हँस रही थी', द्रोणवीर कोहली का 'मुल्क़ अवाणों का', गीतांजलि श्री का 'तिरोहित', मंज़ूर एहतेशाम का 'पहर ढलते', सुधीर निगम का 'मैं धृतराष्ट्र' तथा कृष्णा सोबती का 'जेनी मेहरबान' प्रमुख हैं। रवीन्द्र वर्मा उपन्यास के एक बहुत ही कुशल शिल्पी हैं, जब उपन्यास

लेखन में भारी-भरकम उपन्यास लिखने का रोग लगभग संक्रामक रूप से बढ़ रहा हो, रवीन्द्र वर्मा अपने उपन्यासों के संक्षिप्त कलेवर में बहुआयामी वृत्तान्त रचते हैं। अपने दो पूर्ववर्ती उपन्यासों 'निन्यान्वे' तथा 'मैं अपनी झाँसी नहीं दूँगा' के समान ही 'दस बरस का भँवर' की कथा-भूमि ('लोकेल') भी झाँसी ही है, झाँसी के रूप में पूरे देश का परिवेश साक्षात् होता है। वस्तुतः अपने उपन्यासों की इस त्रयी के द्वारा रवीन्द्र वर्मा 1857 ई. के बाद के समय को अद्यतन तक अपनी इतिहास चेतना से कुशलतापूर्वक गहन रूप में विश्लेषित करते हैं। 'दस बरस का भँवर' अपने समय के बीहड़ में, अनेक प्रकार से घात लगाता हुआ, प्रवेश करता है। वर्तमान परिदृश्य में वैश्वीकृत दुनिया के जितने भी अहम सवाल हो सकते हैं, उन पर उपन्यासकार की दृष्टि जाती है। यद्यपि उपन्यास का मुख्य स्वर गुजरात के दंगों की नृशंस स्थितियों का चित्रण कर साम्प्रदायिकता की समस्या, मनोवृत्ति, से जूझने का है किन्तु साथ ही बाँके बिहारी के छोटे पुत्र रतन के माध्यम से दिग्भ्रमित युवा पीढ़ी, अतिशय भौतिकतावादी समय में पारिवारिक रिश्तों के ताने-बाने का बिखरना, टूटना, भूमंडलीकरण के नाम पर देश का अमेरिकीकरण, महानगरीय परिवेश में इनसान और इनसानियत के गुम होने की पीड़ा, बाबरी मस्जिद और रामलला प्रकरण के पीछे की राजनीति, उड़ीसा में ग्राहम स्टेंश की हत्या और उनके बच्चों को ज़िन्दा जलाने का अमानवीय कृत्य, गणपति के दूध पीने की देशव्यापी पोंगापन्थी, उपभोक्तावाद के बढ़ते नए-नए 'क्रेज़' (सनक), पोखरन में परमाणु विस्फोट, आदि-आदि घटनाओं पर उपन्यासकार की पैनी दृष्टि अपना विमर्श प्रस्तुत करती है। विचारधारा या विचार को आरोपित किए बिना कथा के सहज प्रवाह में मात्र 206-207 पृष्ठों के आकार में यह सब नई-नई कथा-युक्तियों के प्रयोग से अनुस्यूत करता यह एक महत्त्वपूर्ण उपन्यास है।

प्रख्यात चित्रकार अशोक भौमिक का उपन्यास 'मोनालिसा हँस रही थी' भी कला जगत ('पेंटिंग वर्ल्ड') पर लिखा गया एक अत्यन्त महत्त्वपूर्ण और श्रेष्ठ उपन्यास है। चित्रकला जगत के बहुत अन्तरंग और समृद्ध—'रिच'—अनुभवों पर चित्रकार की रंगोज्ज्वल तूलिका, कथाकार की संवेदना और काव्यात्मकता की मधुरता के पाग में सिरजा गया बहुत छोटे आकार (मात्र 127 पृष्ठ, प्रारम्भ के 6 पृष्ठ छोड़ दें तो मात्र 120-121 पृष्ठ) में इसकी कथा कितनी विस्तृति में युग-प्रश्नों पर जाती है, यह आश्चर्यकारी है। किसी कथाकार और वह भी चित्रकार की कलम से प्रथम उपन्यास के रूप में इतनी प्रौढ़ कृति सिरजी जा सकती है, यह देखकर आश्चर्य होता है। लखनऊ के कला-स्कूल ('आर्ट स्कूल') की ज़िन्दगी का यथार्थ और उसमें अपने आदर्शों और मूल्यों की रक्षा के लिए तिल-तिल कर जीवन होम कर देने वाले प्रो. अमित कुमार नियोगी जैसे चित्रकार की अनख़, अमेरिका के पी.एल. एक्ट 480 के उदार दान की असलीयत, अमेरिकी अर्थ नीतियों द्वारा पूरे विश्व में अपना वर्चस्व स्थापित करने की दुर्नीतियाँ, अंग्रेज़ उपनिवेशी साम्राज्य में शोषण की स्थितियाँ और देश में मीर जाफ़रों की उपस्थिति, केवल कुछ व्यक्तियों, शक्तियों द्वारा पूरे कला-जगत के बाज़ार के नियमन का यथार्थ, आदि उपन्यास में एकरेखीय नहीं रहने देता। भाषा-शैली का ललित, प्रांजल रूप अपने सम्मोहन में पाठक को आद्यन्त बाँधे रखता है।

द्रोणवीर कोहली का 'मुल्क़ अवाणों का' उनके पूर्व प्रकाशित दो उपन्यासों—'हवेलियों वाले' तथा 'आँगन-कोठा' का एकत्रित रूप है। विभाजन-पूर्व पंजाब के उस अंचल विशेष—थोहा माहर्म खाँ गाँव के आस-पास—का जनजीवन चित्रित करने में विशेष दक्षता प्राप्त है। वहाँ प्रचलित 'आवाणकी' ('आवणकारी') जनभाषा में वहाँ की मिट्टी के चरित्रों को उपन्यासकार ने पूरी प्रामाणिकता में चित्रित किया है। मंजूर एहतेशाम का 'पहर ढलते' एक अलग ही शैली का

उपन्यास है जिसे 'दिसम्बर 1976 की एक रात' का उपशीर्षक दिया गया है, छह छोटे-छोटे अध्यायों में विभक्त प्रायः 110 पृष्ठों का यह लघु उपन्यास बाबरी मस्जिद के हादसे के बाद के उच्चवर्गीय मुस्लिम समाज की चिति में झाँकता है। कथा की प्रस्तुति एक महफ़िल के माहौल में की गई है। श्याम विमल का 'प्रेम अनन्त' उपन्यास प्रेम को ही अपना कथ्य बनाता है जिसमें स्त्री-पुरुष सम्बन्धों का विश्लेषण अपनी ही दृष्टि से किया गया है, उपन्यास सामान्य बनकर रह जाता है। महाभारतीय कथा में किसी भी युग को अपनी दृष्टि से चित्रित करने का पर्याप्त अवसर ('स्पेस') है, इसी दृष्टि से धृतराष्ट्र की दृष्टि से 'मैं धृतराष्ट्र' उपन्यास में सुधीर निगम द्वारा महाभारत-युग की घटनाओं को विश्लेषित कर कथा को युग-सम्मत स्वरूप देने की चेष्टा की गई है।

वर्ष 2008 से 2010 ई. के बीच साहित्य-रचना में उपन्यास विशेष केन्द्रीयता प्राप्त कर लेता है। गुणवत्ता और परिणाम दोनों ही दृष्टियों से ये तीन वर्ष उपन्यास के लिए विशेष ऊर्वरता के वर्ष कहे जा सकते हैं। उपन्यासों की इस महत्त्व स्थापना में पत्रिकाओं और कई प्रकाशन-संस्थानों का योग काफ़ी सीमा तक रहा है। 'हंस' आदि पत्रिकाएँ देर से उपन्यास की केन्द्रीयता की बात कर रही थीं, तो भारतीय ज्ञानपीठ जैसे बड़े प्रकाशन-संस्थान ने वर्ष 2008-09 को अपना उपन्यास वर्ष घोषित कर दिया तो अन्य अच्छे संस्थानों ने बिना किसी ऐसी घोषणा के उपन्यास ख़ूब धड़ल्ले से प्रकाशित किए, (कदाचित् बाज़ार की स्थितियाँ भी इसके अनुकूल थीं)। अंग्रेज़ी के कुछ ख़्यातनामा प्रकाशन-गृहों के प्रबन्ध अधिकारियों ने भी उपन्यासों की लोकप्रियता के सम्बन्ध में ऐसे ही उत्साहपूर्ण वक्तव्य दिए। इन वर्षों में प्रकाशित हिन्दी उपन्यासों की बड़ी संख्या में एक सचेत चुनाव काफ़ी कुछ मुश्किल काम है, किन्तु फिर भी प्रयत्न तो किया ही जा सकता है। वर्ष 2008 के उपन्यासों में काशीनाथ सिंह का 'रेहन पर रग्घू', रवीन्द्र वर्मा का 'आखिरी मंज़िल', नासिरा शर्मा का 'जीरो रोड', संजीव का 'आकाशचम्पा', अब्दुल बिस्मिल्लाह का 'अपवित्र आख्यान', अलका सरावगी का 'एक ब्रेक के बाद', गोविन्द मिश्र का 'धूल पौधों पर', अनामिका का 'तिनका तिनके पास', 'दस द्वारे का पींजरा', भगवानदास मोरवाल का 'रेत', रजनीगुप्त का 'एक न एक दिन', हरीचरन प्रकाश का 'एक गन्धर्व का दुःस्वप्न', मधु काँकरिया का 'सेज पर संस्कृत', नरेन्द्र नागदेव का 'खम्भों पर टिकी खुशबू', जितेन ठाकुर का 'उड़ान', अनुसूया त्यागी का 'मैं भी औरत हूँ' तथा मेवाराम का 'दारा शिकोह' प्रमुख हैं। ये सभी उपन्यास किसी-न-किसी दृष्टि से महत्त्वपूर्ण बनते हैं, जिन उपन्यासों को बहुत ज़्यादा सफल भी नहीं कहा जा सकता, किन्तु उनमें भी कुछ ऐसे सशक्त पक्ष हैं, जिनमें कथ्य की बहुत नई ज़मीन तोड़ी गई है और उपन्यास के शैल्पिक ढाँचों में नए प्रयोग कर उपन्यास की बुनत ही परिवर्तित हो गई है।

उम्र का तकाज़ा और वार्धक्य की बढ़ती शारीरिक-मानसिक समस्याएँ वरिष्ठ पीढ़ी के कथाकारों की सर्जक चेतना पर प्रायः ही छाई रही है, इसीलिए बुढ़ौती के दंश पर इधर कई अच्छे उपन्यास आए हैं। वर्ष 2008 में काशीनाथ सिंह 'रेहन पर रग्घू' और रवीन्द्र वर्मा 'आखिरी मंज़िल' उपन्यासों में वृद्धावस्था के कथ्य को अपनी-अपनी तरह से उठाते हैं। काशीनाथ सिंह 'रेहन पर रग्घू' में रघुनाथ मास्टर उर्फ़ रग्घू के माध्यम से पूरे भारतीय सामाजिक परिदृश्य के रूपान्तरण पर दृष्टि डालते हैं। रग्घू मास्टर बनारस के समीपवर्ती गाँव पहाड़पुर से यात्रा प्रारम्भ करते हैं किन्तु जीवन की सन्ध्या तक पहुँचते-पहुँचते वे न केवल बनारस की पॉश कॉलोनी, मॉडर्न बस्ती अशोक विहार में जा स्थापित होते हैं अपितु उनकी सन्तान का कार्य-विस्तार तो अमेरिका तक जा पहुँचता

है। यह वह अशोक विहार है जो प्रत्येक शहर के सीमान्तों पर आधुनिक नगर, वैश्विक गाँव की 'मॉडल टाउन' बस्ती के रूप में विकसित हो रहे हैं। इन नई बस्तियों में वैश्वीकरण की प्रक्रिया में, उन्नत, और उन्नत बनते चले जाने के प्रयास में जिस रूप में जीवन के श्रेष्ठ मूल्यों का क्षरण हो रहा है, उसका बड़ा पीड़ा-भरा आख्यान रचता है यह उपन्यास। जीवन के इस निजी बदलाव के साथ देश में आए राजनीतिक-प्रशासनिक परिवर्तनों ने गाँव, गाँव की राजनीति, अगड़े-पिछड़ों की राजनीति, जातियों के बनते नए समीकरण, रोटी-बेटी के नव-विकसित सम्बन्ध, आरक्षण से जुड़े अनेक प्रश्न, मंडल-कमंडल की राजनीति और उससे उठे अनेक सवाल तथा शहरी जीवन में 'बड़ा आदमी' बनने का एकमात्र अर्थ 'धनवान बनना' जो रह गया है, इन सब पर अँगुली रखता हुआ उपन्यास रघुनाथ मास्टर के बिल्कुल अकेले पड़ जाने की नियति का करुणाजनक वृत्तान्त रचता है। रवीन्द्र वर्मा का 'आख़िरी मंज़िल' में भी ज़िन्दगी के आख़िरी पड़ाव से देखी गई दुनिया का संवेदनात्मक चित्रण है जिसके लिए लेखक ने माधव दयाल का मृत्यु से पुनर्जीवित हो, अपने पिछले जीवन को खँगालने और देश-दुनिया में जो भी महत्त्वपूर्ण घट रहा है, उस पर अपनी लेखकीय चिन्ता प्रकट करने का अवसर प्रदान करने की जुगत अपनाई गई है। वृद्धावस्था को केन्द्र में रखकर भी उपन्यास अपने फलक को विस्तृति देता है—उसमें साहित्य अकादेमी पुरस्कारों से लेकर ज्ञानपीठ और नोबेल पुरस्कारों के पीछे की राजनीति, आपातकाल—इमरजेन्सी—के दौर की स्थितियों, देश में सार्वजनिक क्षेत्र में निजी निवेश, आदि की 'नई बहसों' (नए विमर्श), राजनीति और पुलिस तंत्र के गठबन्धन जैसे अनेक ज्वलन्त प्रश्नों पर विमर्श और लेखकीय दृष्टि बहुत कौशल से अभिव्यक्ति पाती है। नासिरा शर्मा का 'ज़ीरो रोड' दुबई के जीवन पर केन्द्रित है जिसमें इलाहाबाद से गया सिद्धार्थ अपनी जीवन-राह तलाशता है और उसी के माध्यम से दुबई के ऐतिहासिक, भौगोलिक, सांस्कृतिक और व्यावसायिक रूप के दर्शन प्रामणिकता से होते हैं। विभिन्न देशों से आए लोग वहाँ किन-किन परिस्थितियों में आए और किस-किस जुगत से वहाँ अपने को स्थापित किया, इस सबका बहुत ही सशक्त चित्रण करता हुआ उपन्यास सांस्कृतिक विस्थापन ('डायस्पोरा') की समस्याओं से जूझता है।

संजीव का नया उपन्यास 'आकाशचम्पा' एक प्रकार से मोहभंग का उपन्यास है, यह मोहभंग नव भारत के नव निर्माण की महत्त्वाकांक्षाओं के बुरी तरह भंजित होने, भूमंडलीकरण में हमारे पारम्परिक मूल्यों, बहुत से श्रेष्ठ का, क्षरण का है और विविध रूपों में समकालीन समय में हस्तक्षेप के रूप में हुआ है। 'आकाशचम्पा' में एक झीनी-सी प्रेम-कथा भी है जो कथा-नायक मास्टर मोतीलाल और भाभी के बीच पनपती है। किन्तु पूरे उपन्यास में आकाशचम्पा से अधिक नीम का पेड़ हावी रहता है। नीम के माध्यम से ही कथा अपना सूत्र 1857 ई. के प्रथम स्वतंत्रता संग्राम के एकदम बाद से खोज लेती है। नीम के पेड़ से लटकी लाशों का बिम्ब मास्टर मोतीलाल को बहुत-सी 'इतिहास-भूलों' पर दृष्टिपात करने का अवसर प्रदान करता है और मास्टर जी इतिहास तथा 'मिथहास' की भूलों पर अपनी गहन शोध का विमर्श प्रस्तुत कर 'इतिहास से बाहर' नामक कृति का प्रणयन करते हैं। पूरे इतिहास और मिथकों की शोध पर उनका विश्लेषणात्मक ('डिकोडिंग') अध्ययन एक ओर उपन्यास की उपलब्धि बनता है, तो दूसरी ओर इससे कथा-रस क्षरित भी होता है—लेखक की प्रत्यक्ष उपस्थिति से लेकर वर्णनात्मकता कथा-रस को बाधित करती है किन्तु वैदिक काल से लेकर अब तक दलित प्रश्न और जाति प्रथा के समाजशास्त्र पर गम्भीर चिन्तना का परिचय देता हुआ उपन्यास समकालीन उपन्यास में अपनी महत्ता स्थापित कर लेता है।

नासिरा शर्मा का 'ज़ीरो रोड' (2008) मुख्यतः दुबई पर केन्द्रित उपन्यास है जिसमें एक ओर सांस्कृतिक विस्थापन ('डॉयस्पोरा') की समस्या है तो दूसरी ओर दुबई की स्थापना, सन् 1830 से लेकर 1970 और बाद में पैंतीस सालों में किस प्रकार उसने विकास के आधुनिकतम रूप को प्राप्त करने के इतिहास का बड़ा रोचक चित्रण कर पूरे यू.ए.ई.—यूनाइटेड अरब ऐमेरटस का परिचय दिया गया है। साथ ही इथोपिया, सोमालिया, आदि देशों के राजनीतिक संघर्ष और समाजार्थिक परिदृश्य की भी बड़ी प्रामाणिक जानकारी कथात्मक संवेदन के साथ दी गई है। कथा-नायक सिद्धार्थ, जो इलाहाबाद के पिछड़े मोहल्ले 'चंक' से निकलकर दुबई पहुँचा है, के माध्यम से उसके साथ घूमते हुए वहाँ पनप रही मॉल संस्कृति, वैश्वीकरण के अन्य सोपानों, उनकी चपेट में आती अरब दुनिया का चित्रण उपन्यास को बहुत पठनीय रूप प्रदान करता है।

अब्दुल बिस्मिल्लाह का 'अपवित्र आख्यान' साम्प्रदायिक मानसिकता पर चोट करता हुआ, इस कथ्य पर एक बेहतरीन उपन्यास है। उपन्यास के विमर्श की एक बहुत बड़ी विशेषता यह है कि इसमें हाल-फिलहाल के प्रकाशित उपन्यासों की तरह न तो बाबरी मस्जिद प्रकरण को कथ्य के केन्द्र में रखा गया है और न ही गुजरात के नृशंस दंगों को कथ्य की आधारभूमि बनाया गया है। जनसमाज में जिस प्रकार एक ओर 'हिन्दू मानसिकता' और दूसरी ओर एक 'मुस्लिम मानसिकता' घर कर गई है, उसकी तह में जाता हुआ लेखक अपने पात्रों द्वारा उस पर गहरी चोट करता है। जमील नामक युवक हिन्दी में एम.ए. कर हिन्दी शिक्षक तो बन जाता है, पर वह न मुसलमानों को स्वीकार्य है और न हिन्दुओं को। दोनों समाजों में 'अपवित्र हुए' इसी व्यक्ति का 'आख्यान' बनता है प्रस्तुत उपन्यास। उपन्यास की स्थापना है कि भाषा को धर्म और जाति से देखने की प्रवृत्ति समाज के लिए घातक है—अपनी बात कहने के लिए लेखक ने अल्पसंख्यक समुदाय द्वारा संचालित 'महात्मा गांधी इंटर कॉलेज' का प्रांगण रखा है। 'ना काहू से दोस्ती, ना काहू से बैर' के रंग में हिन्दू-मुस्लिम दोनों की तंग ज़हनियत को कबीरी अन्दाज़ में ख़बर लेता यह एक बहुत पठनीय उपन्यास बन जाता है।

अलका सरावगी का 'एक ब्रेक के बाद' उपन्यास खुली अर्थव्यवस्था के परिणामस्वरूप औद्योगिक जगत—कार्पोरेट हाउसिस—की परिवर्तित भूमंडलीकृत स्थितियों को केन्द्रित कर लिखा गया है। अपने विस्तार के लिए औद्योगिक घराने किस प्रकार 'शाइनिंग इंडिया' में किसान और मज़दूरों को नारकीय जीवन स्थितियों में स्थापित कर देते हैं, उसको गुरुचरण की डायरी में दर्ज़ किया गया है। झुग्गी-झोंपड़ियों की बस्ती को उजाड़कर, मात्र कुछ टके मुआवज़े के रूप में देकर इन्हें दिहाड़ी मज़दूर या फिर भिखारी बना देने की इस खुली अर्थव्यवस्था की जमकर ख़बर ली गई है। बहुराष्ट्रीय कम्पनियों ने अपने विभिन्न उत्पादों से व्यक्ति की जीवन-चर्या में सुबह से शाम तक अपनी पैठ जिस रूप में बना ली है, मोबाइल और कम्प्यूटर ने जिस तरह दुनिया को अपनी मुट्ठी में कर लेने का संकल्प और मनोबल दिया है, 'ब्रांड इंडिया' के रूप में दक्षिण भारत का अभ्युदय, आर्थिक सुधारों का सच, विज्ञापन का तिलस्मी-संसार जो इच्छाओं का अनन्त आकाश खड़ा कर देता है, भारत में रिटेल स्टोर्स की शृंखलाएँ और उनसे विस्थापित होता हुआ खुदरा व्यापारी, आदि बदले ज़माने की अनेक चिन्ताएँ उपन्यास में प्रकाश पाती हैं—उसकी मुख्य चिन्ता एक वाक्य में यह है, "ज़माना हर समय बदलता है, पर पिछले दस सालों में ज़माना एक बार छलाँग लगाकर जैसे सौ साल आगे निकल गया है।" इसी बदले ज़माने की चिन्ता का विमर्शपूर्ण आख्यान बनता है 'एक ब्रेक के बाद'। गोविन्द मिश्र का उपन्यास 'धूल पौधों पर' दाम्पत्य की दूरियों और विवाहेतर प्रेम की कथा सामान्य-से ढंग से कहता है।

2008 ई. में अनामिका के दो उपन्यास 'दस द्वारे का पींजरा' तथा 'तिनका तिनके पास' आए। 'दस द्वारे का पींजरा' में अनामिका ने मुजफरपुर की जोगनिया कोठी और आधारशिला को केन्द्र में रखकर पंडिता रमाबाई, वेश्या ढेलाबाई जैसी प्रखर समाज सुधारिका नारियों के स्त्री-उत्थान के अथक प्रयत्नों का चित्रण किया है, जो उन्होंने 19वीं शती में समस्त प्रतिबंधों, प्रतिरोधों का सामना कर ऐतिहासिक कार्य किया था। रमाबाई और ढेलाबाई का सक्रिय जीवन न केवल स्त्री-दशा-सुधार के लिए अपितु दलितोद्धार के लिए भी समर्पित रहा। पूरे उपन्यास का पाठ स्त्री-सशक्तीकरण के महत प्रयत्न के रूप में देखा जा सकता है। 'तिनका तिनके पास' उपन्यास को पढ़ने की तीव्र उत्कंठा तब और भी जागी जब हिन्दी के राजनीतिक किस्म के साहित्यकार ने इस उपन्यास को 'महान उपन्यास' की महिमा से मंडित किया। अनामिका हिन्दी की प्रतिष्ठित स्त्रीवादी लेखिका, कवयित्री और कथाकार हैं, स्त्री-विमर्श पर उन्होंने 'थोक' में लिखा है—कई-कई किताबें और कितने ही लेख पत्र-पत्रिकाओं में। विवेच्य उपन्यास का भी मुख्य स्वर यदि कोई मुकर्रर किया जा सकता है तो वह स्त्रीवादी विमर्श ही कहा जा सकता है। महत्त्वाकांक्षी उपन्यास इसे इसलिए कहा जा सकता है कि इसमें लेखिका ने 'सब कुछ' अँटाने का प्रयत्न कर उपन्यास को सूचनाओं-जानकारियों का एक भंडारण (गोदाम) बनाकर रख दिया है। क्या नहीं है यहाँ, सब कुछ है, बहुत कुछ है, मसलन-स्त्री की पक्षधरता का पूरा विमर्श आद्यन्त अपनी उपस्थिति तो पाता ही है, उसके साथ ही स्त्री-उत्पीड़न, उसे वेश्या मार्ग तथा कॉलगर्ल पेशे में उतारने वाली स्थितियाँ, पत्नीत्व में कॉलगर्ल जैसी विवशताएँ, कॉलगर्ल के बारे में विभिन्न अनुभव, विदेश—अमेरिका में भी कॉलगर्ल के पेशे के विभिन्न रूप, ग्राहकों का अमानवीय व्यवहार, किस्म-किस्म के यौन-अनुभव, अमेरिका में काले-गोरे की विभेदपूर्ण स्थितियाँ, विवाहेतर सम्बन्ध, सहजीवन (स्टे-इन-रिलेशनशिप), दलितों का जीवन, बंगाल का अकाल, दिल्ली के फॉर्म हाउसों में चलने वाली दारू-पार्टियाँ, नामी-गिरामी साहित्यकारों की इन दारू-पार्टियों में शिरकत और बहकने के बाद के उच्चार, राष्ट्रीय स्वतंत्रता-संग्राम के खिलाफत आन्दोलन, नेहरू-गांधी, आदि के सन्दर्भ, थियेटर की दुनिया में इप्टा के अनेक प्रसंग, विभिन्न प्रसंगों में 'देह-रसायन' के मर्मों-रहस्यों का खुलासा, आदि-आदि कितने विषय उपन्यास के कथानक में अनुस्यूत किए गए हैं किन्तु उन्हें कहीं भी परिणति तक पहुँचाने का प्रयत्न नहीं हुआ है। बेहतर यह होता कि उपन्यास कुछ ही विषयों और समस्याओं पर केन्द्रित रहकर उनका सफल निर्वहन करता। उदाहरणार्थ, बिहार में 'रणवीर सेनाओं' जैसे विषय की जो अलभ्य जानकारियाँ लेखिका की हो सकती हैं—उपन्यास कुछ दूर तक उन्हीं की यथार्थपरक स्थितियों को उघाड़ता। मुजफरपुर, लेखिका का गृह नगर, पर्याप्त विस्तृति में चित्रित हुआ है किन्तु फिर भी लगता है कि उसकी आत्मा से साक्षात्कार अधूरा रह गया है। 'आधारशिला', काननदेवी-काननबाला, पंडिता रमाबाई, ढेलाबाई, जोगनिया कोठी के प्रसंग, चित्रण उनके इससे पहले उपन्यास 'दस द्वारे का पींजरा' में भी आए हैं। उपन्यास का सर्वाधिक सशक्त पक्ष उसकी भाषा है। लेखिका ने नई जीवन प्रणाली और परिवेश के अनुरूप नवीन उपमानों का प्रयोग करते हुए भाषा को बेहद सम्प्रेषणीय और आकर्षक बनाया है, इस दृष्टि से उनका गद्य बेजोड़ है। किन्तु उपन्यास के चमत्कृति उत्पन्न करने वाले शिल्प ने भाषा के इस गुण को बहुत अधिक प्रकाशित नहीं होने दिया है। चौंकाने वाले शीर्षक जो अनुच्छेद के कथ्य से बहुत अधिक संगति नहीं खोज पाते, स्व-कविताओं का अनावश्यक रूप में प्रयोग, अंग्रेज़ी के कवियों की कविताओं के जबर्दस्ती प्रयोग का आग्रह 'किस्सा-तोता मैना' की कथाओं की

अनावश्यक रूप में दीर्घ उद्‌धृति, आदि ने उपन्यास को अपने उद्‌देश्य से भटकाकर चूँ-चूँ का मुरब्बा बनाकर रख दिया है।

'रेत' उपन्यास में भगवानदास मोरवाल फिर अपने चिर-परिचित मेवात क्षेत्र को कथा के लिए चुनते हैं जिसके केन्द्र में वहाँ की 'कंजर' जनजाति है जिसे वे काननचारी अर्थात् जंगल में घूमने वाली कहते हैं। इस जाति की रीति-नीतियाँ, जीवन-चर्या, आचार-व्यवहार का जिस अन्तरंगता में चित्रण हुआ है, वह इस समाज की नैतिकता कठोर नियमों और वर्जना ('टैबू') भाव से संचालित नहीं है अपितु अपनी स्वतंत्र आचार-संहिता निर्मित करते सभ्य समाज की स्थापित नैतिकताओं की धज्जियाँ उड़ा देते हैं। इस समाज की सुन्दरियों का खुले आम जो इस्तेमाल राजनीतिक तंत्र करता है, उसका खुलासा करता उपन्यास राजनेताओं के असली चेहरे को भी उजागर करता है। अपने लोकधर्मी भाषा-संस्कार के लिए भी उपन्यास देर तक स्मृति में बसा रहता है। रजनी गुप्त का उपन्यास 'एक न एक दिन' स्त्री-स्वातंत्र्य के प्रश्न को लेकर आधुनिक समाज में दाम्पत्य के विकट सामंजस्य और सन्ताप पर विचार करता है। कितनी ही लेखिकाओं ने अपने-अपने दृष्टिकोण और अनुभव-संसार से इस समस्या पर इस रूप में लिखा है कि लगता है कि प्रत्येक काल खंड अपनी-अपनी तरह से दाम्पत्य को परिभाषित कर रहा है। घरेलू हिंसा ('डोमेस्टिक वॉयलेंस') को केन्द्र में रखकर रजनी गुप्त विवाह, दाम्पत्य प्रेम, नारी के आर्थिक स्वातंत्र्य, गृह-कलह के अमानुषिक रूप की छाया में पलते-बढ़ते बच्चे और पति से अलग रहकर उन बच्चों को अच्छी परवरिश, अच्छी शिक्षा और उत्तम कैरिअर देने की अकेली नारी की संघर्ष-यात्रा, चुनौतियों और नई पीढ़ी के प्रेम और विवाह के नए सरोकार, कॉरपोरेट जगत में इस पीढ़ी की समस्याएँ, आदि को गहरे संवेदनात्मक रूप में उपन्यास में विवेचित करती हैं। उपन्यास की कथा की विशेषता यह है कि ये सब समस्याएँ उच्च पदस्थ (अफ़सर) नारी को कथा के केन्द्र में रखकर चित्रित हुई है। आर्थिक स्वातंत्र्य अर्जित करने के बाद भी क्या नारी को उसका उचित प्रदेय समाज और घर-परिवार में मिल सका है, इस मूल समस्या से प्रेरित हो दाम्पत्य की कटु सच्चाइयों और विवाह संस्था की सार्थकता को प्रश्नांकित करता उपन्यास इस कथ्य पर एक नया विमर्श रचता है।

हरीचरण प्रकाश का 'एक गन्धर्व का दुःस्वप्न' एक अनूठे कथा-शिल्प का ऐसा उपन्यास है जो बड़े गहरे संवेदन और विवेक से अपने समकाल की महत्त्वपूर्ण घटनाओं पर बड़ी सार्थक सोच देता हुआ साम्प्रदायिकता की घिनौनी वृत्ति पर तीखी चोट करता है। बाबरी मस्जिद ध्वंस तथा राम-जन्मभूमि विवाद में सरकारी तंत्र की भूमिका को लेखक ने एक प्रशासनिक अधिकारी के रूप में बहुत निकट से देखा है। इस प्रकरण में और आपातकाल में व्यवस्था की अव्यवस्था दूर करने के नाम पर सरकारी मशीनरी किस प्रकार शाह-ए-वक़्त और उनके युवराज के हाथों की कठपुतली मात्र बनकर रह जाती है, उस सबका अत्यन्त प्रामाणिक चित्रण इस उपन्यास में प्राप्त होता है। अयोध्या और फ़ैज़ाबाद में सरकारी दस्तावेज़ों के प्रामाणिक ब्योरे देकर मन्दिर-मस्जिद के पीछे की राजनीति का सच उघाड़ता हुआ उपन्यास उन स्थितियों को रेखांकित करता है जिनमें अल्पसंख्यकों चिति ('साइके') को बदलकर रख दिया—"अब वे भारतवर्ष में मुसलमान थे, हिन्दुस्तान के नहीं।" लेखक हिन्दुओं के उन धर्म-ग्रन्थों की भी ख़बर लेता है जिन्होंने धर्म की सही अवधारणा को क्षत किया, वह शहीद रामप्रसाद बिस्मिल और शहीद अशफ़ाक़ उल्ला ख़ाँ के फाँसी से पूर्व के आत्म-वक्तव्यों को सही ढंग से रेखांकित करता है जो भारतीय समाज में साम्प्रदायिक सौहार्द की निशानदेही करते हैं। उपन्यास की सशक्त भाषा

शैली और अनूठा शिल्प भी इसे समय का महत्त्वपूर्ण उपन्यास बनाने में सहायक होते हैं। नरेंद्र नागदेव का उपन्यास 'खम्भों पर टिकी खुशबू' वास्तुशिल्प, आर्किटेक्चर की दुनिया के संघर्षों को चित्रित करता हुआ वहाँ व्याप्त भ्रष्टाचार, भवन-निर्माण के ठेकों में पैठे माफियाओं की करतूतों का चित्रण करता हुआ एक निष्ठावान वास्तुशिल्पी ('आर्किटेक्ट') के सामने आने वाली मुसीबतों का ऐसा चित्रण है जो इस बात का साक्ष्य बनता है कि किसी भी सही आदमी के लिए आज देश में कहीं भी जगह नहीं है। उपन्यास का वृत्तान्त जिस रूप में रचा गया है, वह किसी भी क्षेत्र में मूल्याधारित ज़िन्दगी जीने वालों की नियति बन जाता है। श्रेष्ठ जीवन-मूल्य चारों ओर नित्य हार का मुँह देखने को अभिशप्त हैं। उपन्यासकार बहुत विश्वसनीय रूप में अपने पाठक को वास्तु-आर्किटेक्ट, भवन-निर्माण के संसार में चल रहे माफ़िया साम्राज्य से निकट का परिचय कराता है। इसी व्यवस्था से जुड़े होने के कारण वह इन कुत्सित चालों से गहरे रूप में परिचित है। प्रतिभाशाली आर्किटेक्ट सुनील और 'पैरामाउंट' भवन निर्माण कम्पनी को केन्द्रित कर इस समाज का पूरा परिचय उपन्यास प्रामाणिक रूप में दे सका है।

मधु कांकरिया ने 'सेज पर संस्कृत' में धर्म और अध्यात्म के नाम पर चल रहे धन्धों पर बहुत साहसपूर्वक चोट की है। जैन धर्म के गुरुडम के दुर्ग पर वे न केवल चुनौतीपूर्ण आक्रमण करती हैं अपितु तद्विषयक अपनी गहन शोधपूर्ण दृष्टि से इस समाज का समाजशास्त्रीय अध्ययन ही प्रस्तुत कर देती हैं। मालविका, संघमित्रा, छुटकी, आदि के माध्यम से बड़ी बहन धर्म के नाम पर हो रहे कुत्सित मनोवृत्ति के मिथ्याचारों पर बड़ी तार्किक विवेचना कर उन मान्यताओं को बुरी तरह खंडित करती है जिन्होंने धर्म के नाम पर मानवता और संस्कृति के सहज विकास को अवरुद्ध कर दिया है। दिगम्बर सम्प्रदाय में दीक्षित निर्मल साधु और साध्वियों के जीवनेतिहास में गहरे जाकर धर्म के नाम पर चल रहे आडम्बर और धर्माचार्यों के छद्माचरण की कलई खोली गई है। धर्म के तत्त्वों को लेकर जो विमर्श स्थान-स्थान पर रचा गया है, वह बहुत प्रभावी बन पड़ा है। भाषा की ताज़ी तराश भी उपन्यास को बहुत आकर्षक रूप में पठनीय बनाती है। अनुसूया त्यागी का उपन्यास-'मैं भी औरत हूँ' अपनी तरह से नारी-व्यथा का आख्यान रचता है, यह चिकित्सकीय रिपोर्ट्स के आधार पर विभिन्न स्त्रियों के दुख-दर्द बाँचता है। जितेन ठाकुर का 'उड़ान' उत्तराखंड के पहाड़ी जीवन पर केन्द्रित, अजय नावरिया का 'उधर के लोग' दलितों के जीवन पर आधारित तथा राकेश कुमार सिंह का 'साधो यह मुर्दों का गाँव' जेल जीवन और देश की बीमार-सी न्याय-व्यवस्था पर केन्द्रित उपन्यास भी पठनीय हैं।

वर्ष 2009 में ममता कालिया का 'दुक्खम सुक्खम', मृदुला गर्ग का 'मिलजुल मन', प्रियंवद का 'छुट्टी के दिन का कोरस', अनवर सुहैल का 'पहचान', बादशाह हुसैन रिज़वी का 'मैं मुहाज़िर नहीं हूँ', शरद सिंह का 'पचकौड़ी', राजू शर्मा का 'विसर्जन', ब्रजेश के. वर्मन का 'विश्वामित्र', विभूतिनारायण राय का 'प्रेम की भूत कथा', ज्ञान प्रकाश विवेक का 'आखेट', जयन्ती का 'खानाबदोश ख़्वाहिशें', पंकज बिष्ट का 'पंख वाली नाव', लता शर्मा का 'सही नाप के जूते', मुशर्रफ़ अली जौकी का 'सुनामी में विजेता', शत्रुघ्न प्रसाद सिंह का 'सिद्धियों के खंडहर', संजय कुंदन का 'टूटने के बाद', प्रेमयोगी का 'क्रान्तिकारी' आर.के. पालीवाल का 'बाँसपुर की उत्तर कथा', आदि उपन्यास उल्लेखनीय हैं।

ममता कालिया 'दुक्खम सुक्खम' में ब्रज-क्षेत्र का जन-जीवन अत्यन्त प्रामाणिक तथा दस्तावेज़ी रूप में चित्रित करती हैं, एक ऐसा दस्तावेज़ जो प्रायः 60-70 बरस पूर्व के समाज को बड़े चटख़ रंगों में प्रस्तुत करता है—एक प्रकार से यह बीसवीं शती के पूर्वार्द्ध की समाज-कथा

है। यद्यपि कथा के केन्द्र में मथुरा है, कहीं-कहीं वृंदावन भी किन्तु यह कथा केवल इस ब्रज क्षेत्र की कथा न रहकर पूरे उत्तर भारत की क़स्बाई-संस्कृति को पुनर्जीवित करती है। लेखिका स्मृति के सहारे पाठक को उस तीन लोक से न्यारी मथुरा नगरी में ले चलती है जो अभी भी मध्यकालीन संस्कारों में जी रहा है। यद्यपि मथुरा एक जनपद का मुख्यालय है किन्तु अपनी संस्कृति में पूरी तरह क़स्बे की संस्कृति को जीता है। यह वह मथुरा है जिसको अभी उद्योगीकरणजनित नगरीकरण की हवा नहीं लग पाई है। वस्तुतः उस समय बड़े-बड़े नगरों यहाँ तक कि दिल्ली जैसे महानगर के संस्कार भी कमोबेश क़स्बाई ही थे, आधुनिकता का संचरण वहाँ नहीं हुआ था। विगत शती के प्रायः अर्द्ध-भाग के काल खंड से लेकर कथा वर्तमान तक संचरित होती हुई हमारे समाजार्थिक परिवर्तनों का साक्ष्य तीन पीढ़ियों के माध्यम से कराती है। लाला नत्थीमल तथा उसकी पत्नी विद्यावती उर्फ जीजी का वैश्य परिवार, उनके पुत्र कवि तथा पुत्रवधू इन्दु तथा तीसरी पीढ़ी इन दोनों की दो पुत्रियाँ मनीषा और प्रतिभा जिस प्रकार क़स्बे से दिल्ली (तब नगर) और फिर बम्बई (महानगर) में प्रस्थापित होते चले जाते हैं, उससे इस काल-खंड का समाजशास्त्रीय विवेचन उपन्यास में हो जाता है। उपन्यासकार ने बड़े कौशल से वर्तमान से पुरातन और आगत भविष्यत् को संग्रथित कर, बिना बहुत मुखर ('वोकल') हुए सहज रूप में समस्याओं को कथा में अनुस्यूत किया है। उपन्यास का प्रारम्भ यद्यपि परिवार में पुत्री-जन्म की घटना पर पारिवारिकों की प्रतिक्रियाओं से होता है किन्तु यह विवरण सहज ही स्त्री-विमर्श का प्रकरण बन जाता है। हमारे समाज में कन्या-जन्म के साथ ही उसे और उसकी जन्मदात्री माँ को सास तथा अन्य पारिवारिकों के ताने-तिसने और अमानवीय व्यवहार, प्रताड़ना, विशेषतः नारी जाति द्वारा ही मिलता है, मानो उसने कोई जघन्य पाप, कठोर अपराध कर डाला है। स्त्री-चेतना की अभिव्यक्ति के लिए उपन्यास में जब-तब अवसर निकाल ही लिए गए हैं। औरतों की गप्प गोष्ठी में गांधी बाबा के प्रवचनों का उदाहरण देकर स्त्री-पुरुष समानता की बात की जाती है। उपन्यास का शीर्षक भी यही ध्वनित करता है कि औरत की पूरी ज़िन्दगी किसी प्रकार दुक्खम सुक्खम कट ही जाती है, "औरतों की ताउम्र ऐसे ही कट जाती है—कभी दुक्खम कभी सुक्खम। कहने की बात है कि मायके में सुख मिले, सासरे में दुख। माँ भी कम वैरी नहीं होती। बच्चों में दुभाँत करना बाप का नहीं, माँ का काम दिखता है। बेटों को प्यार, बेटियों को दुत्कार। बेटे सारी 'जमा-पूँजी, ज़मीन-जायदाद' ले जाएँ तो भी प्यारे। बेटियाँ अचार की फाँक पर पलें, तब भी भारी।" ऐसे कई प्रसंग और कथा में अनुस्यूत रानी फूलमती की कथा भी भारतीय समाज के इसी विद्रूप को उघाड़ती है। उपन्यास का बहुत बड़ा आकर्षण उसका ब्रज भाषा की बोली-बानी का सहज-सरस प्रयोग है। पुरातन परिवेश के सभी पात्र पूरी तरह ब्रज-संस्कृति में ढले अपनी भाषा की शब्दावली, मुहावरे, लोकोक्तियों का प्रयोग जिस रूप में करते हैं, वह लोक-जीवन को और भी चटख रंगों में प्रस्तुत कर देता है। इसी वर्ष ममता कालिया का दूसरा उपन्यास 'अँधेरे का ताला' आया है, जिसमें महिला कॉलेज को केन्द्र में रख उत्तर प्रदेश के नगरों-क़स्बों में कुकुरमुत्तों की तरह उग आए असम्बद्ध कॉलेजों के यथार्थ को चित्रित किया गया है। कॉलेजों को अनपढ़ प्रबन्धक किस प्रकार दक़ियानूसी दृष्टि से चलाते हैं, शिक्षिकाओं का किस प्रकार शोषण करते हैं, छात्राओं को क्या कुछ भुगतना पड़ता है, इस सबका चित्रण करते हुए शिक्षा-क्षेत्र के अनेक विद्रूपों को बड़ी खिलन्दड़ी भाषा-शैली में अभिव्यक्ति दी गई है।

आत्मकथा और औपन्यासिक शिल्प के बीच में आवाजाही करता 'मिलजुल मन' (जिसे लेखिका ने 'उपन्यास' कहना ही अधिक उपयुक्त समझा है—पुस्तक के भीतरी पृष्ठ पर) मृदुला

गर्ग का उपन्यास अपनी भाषा की गंगा-जमुनी तराश और दो समकालीन प्रसिद्ध लेखिकाओं—मृदुला गर्ग तथा मंजुल भगत की जीवनी को बहुत खिलदंड़े अन्दाज़ में प्रस्तुत करने के नए ढंग के कारण विशेष आकर्षक बन पड़ा है। अपनी जीवनी के कुछ पन्नों में झाँकने के साथ-साथ उपन्यास देश की तत्कालीन परिस्थितियों का आकलन भी करता चलता है, इसीलिए लेखिका ने भूमिका में लिखा है, "सत्ताइस बरस से जो लिखना चाह रही थी, लिखा जाने लगा। मेरे वक्त और मुल्क की, मेरे क़िरदारों की कहानियाँ एकमेव हुईं और बन गईं यह क़िस्सा, जिसका नाम है 'मिलजुल मन'।" उपन्यास के दो ही मुख्य क़िरदार हैं—'शोख, मुँहज़ोर गुलमोहर' (मृदुला गर्ग की बहन मंजुल भगत) और शर्मिली, मुँहज़ोर मोगरा' (स्वयं मृदुला गर्ग)। कहानी का प्रारम्भ अपनी नई शैल्पिक युक्तियों से करती उपन्यासकार अपने पात्रों—दोनों बहनों—को कथा में प्रविष्ट कराती हैं किन्तु बहुत देर तक इन परिकल्पित नामों का निर्मोक ठहर नहीं पाता है और कथा-क्रम में स्थान-स्थान पर उद्घाटित होता चला जाता है कि गुल के रूप में मंजुल भगत की कहानी कही जा रही है और मोगरा के रूप में स्वयं लेखिका—मृदुला गर्ग सामने आ रही हैं। अपनी दोनों की क़द-काठी का वर्णन वे जिस रूप में करती हैं, उससे भी स्पष्ट होने लगता है कि यह आत्मवृत्त मृदुला गर्ग का है, (जिसका बड़ा हिस्सा मंजुल भगत की गतिविधियों, प्रेम-प्रसंग, प्रेम-प्रसंग के विवाह के रूप में परिणति, आदि के रूप में मंजुल भगत की ही कहानी ज़्यादा बनता है)। इसकी कहानी में प्रवेश से पहले 'मिलजुल मन' की भाषा पर थोड़ी-सी बात करना ज़रूरी और वाज़िब है। औपनिवेशिक शिल्प में ढला यह आत्मवृत्त सहज ही पाठक के मन में यह सवाल उठाता है कि 21वीं शती के प्रथम दशक की लगभग समाप्ति (2009 ई. में) पर प्रकाशित यह कृति ज़बर्दस्ती उर्दू का प्रयोग, कभी-कभी नितान्त अनावश्यक रूप, में क्यों कर रही है? आज भी दिल्ली या आस-पास के (राष्ट्रीय राजधानी) क्षेत्रों में मात्र कुछ ही लोग, पिछली पीढ़ी के ही चन्द लोग, जिस आम फ़हम भाषा का प्रयोग कर रहे हैं, उससे अलग हटकर गरिष्ठ उर्दू के प्रयोग की, कौन-सी बिना टालने वाली, ज़रूरत लेखिका को पड़ गई—ऐसी भाषा को जिसको समझने के लिए कभी-कभी उर्दू कोश उठाकर देखना पड़ जाए। कुछ उदाहरण वाज़िब होंगे, 'जीता तो अपनी बसारत से और हारा तो कद्दावर हरीफ़ से', 'जुग्गी चाचा पर मकूर्ज़ थी', 'दिमागी तनासुब', 'हैरतज़र्द मर्सरत', 'शोहदों के माहिरे ख़सूस हैं', 'मज़ाहिया क़िस्से', आदि। कभी-कभी शब्दों के रूप और वचन बदलते हुए भी हिन्दी के नहीं उर्दू के व्याकरण से दिशा ग्रहण की गई है, यथा 'इन्तज़ाम' से 'इन्तज़ामात' प्रयोग भी इसी रूप में किया गया है। उर्दू की 'रंगत' में नहीं पूरी तरह चाशनी में डूबा यह वाक्य-विन्यास देखिए—"इन्तज़ामात में दोनों बीवियाँ जितनी लायक़ और ख़बरदार थीं, सास हमारी उतनी ही क़ाहिल। वाक़ई थी यह (या) कह-कहकर बना दी थीं, दीगर है।" यह तर्क भी बहुत दूर तक लेखिका का साथ नहीं दे सकता कि उस वक़्त के क़िरदार इसी भाषा में बात करते थे या तत्कालीन परिवेश को मूर्त करने के लिए यह शैली मौज़ूँ थी। बहरहाल, पढ़ना तो इसे आज के पाठक को ही है—नई पीढ़ी किस प्रकार इस भाषा से एकदम कट चुकी है, इसे ब्योरों में जाकर बताने की ज़रूरत यहाँ नहीं है। बावज़ूद इसके 'मिलजुल मन' में गजब की पठनीयता है जिसका श्रेय लेखिका के कथा-युक्तियों के कौशल को जाता है जिसमें क़िस्सागोई के समान 'और फिर' 'और फिर' के रूप में जानने की जिज्ञासा बनी रहती है। दोनों बहनों के लिए जो नाम चुनने का शैल्पिक सलीका उन्होंने अपनाया है, उसमें गुल की बात कहते-कहते मोगरा बड़ी कुशलता से कथा-सूत्र को मोगरा के जीवन में और फिर मोगरा से हटकर पुनः गुल पर केन्द्रित कर देती है—"रुको-रुको, तुम अपनी

कहानी सुना रही थीं, याद है? इसमें तो खालिस पिताजी हैं।", "फिलहाल यही सही। अपनी बात अगली मुलाकात में।" 'अपनी या अपनों की कहने की इस दिक्कत को' साधती कथा-युक्ति का खुलासा भी लेखिका कर देती है, "इसलिए मैंने तय किया है कि बीच-बीच में, बक़लम लेखक, मोगरा की मदद करती चलूँगी। उसके दो फ़ायदे होंगे। एक तरफ़ मोगरा की ज़ुबानी, पोशीदा बातों का ज़िक्र आप तक पहुँचता रहेगा। दूसरी तरफ़, जब जहाँ-जहाँ, वह असलीयत को राज़ बताएगी, मैं उसे अफशाँ कर दूँगी। यक़ीन मानिए, वह जान-बूझकर नहीं छिपाएगी।" भाषा-शैली का 'नमकीनपन' भी इस आत्मकथा को पठनीय बनाने में सहायक हुआ है, इसे 'उल्लासपूर्ण गद्य' भी कहा जा सकता है, दो टुकड़े देखिए—"वह अपने बेमिसाल नमकीन हुस्न को नज़रअन्दाज़ करके, ता-उम्र गोरा बनने के सपने देखती रही और उसके लिए, हर मुमकिन-नामुमकिन कोशिश करती रही।" "कहावत थी कि इंद्रप्रस्थ कॉलेज में माएँ जाती हैं, लेडी इर्विन में बहनें और मिरांडा में माशूकाएँ।" कहीं-कहीं इस शैली में बतकही का-सा अन्दाज़ और आनन्द है। इसी खिलन्दड़ गद्य में मृदुला गर्ग ने अपने और मंजुल भगत के बचपन, यौवन, शिक्षा और लेखिका बनने के दौर के सभी आवश्यक विवरणों-ब्योरों ('डिटेल्स') में जाकर चित्रित किया है। अपने घर, माता-पिता, कुछ सम्बन्धियों की कथा कहते-कहते देश और समाज के तत्कालीन परिवेश को भी वे समानान्तर रूप में चित्रित करती चलती हैं।

इतिहास और मिथक को आधार बनाकर तीन बहुत महत्त्वपूर्ण उपन्यास विवेच्य वर्ष में आए हैं। प्रियंवद ने पिछले दिनों औपनिवेशिक काल के भारत के इतिहास के शोधकर्ता-रूप में अपनी छवि स्थापित की है और अब उसी क्रम में उनका उपन्यास 'छुट्टी के दिन का कोरस' आया है—इस कृति में उन्होंने इतिहास, कल्पना और जनश्रुति का प्रयोग कर विवान (विन्सेट डगलस) के माध्यम से जो वृत्तान्त रचा है, वह अत्यन्त रोचक और उस कालखंड की प्रस्तुति का अभिनव प्रयोग है। 'छुट्टी के दिनों में अक्सर वह (विवान) दिन में कई बार पलंग पर लेटा हुआ', 'कहीं न कहीं पहुँचाने वाली यात्राएँ करता' है और ये यात्राएँ ही उसे स्मृति-वनों में धकेल अतीत में गहरे डुबोती हैं। 1914 की बड़ी लड़ाई, जब विवान का जन्म हुआ से लेकर वर्तमान में भारत-विभाजन तक की घटनाओं पर आता उपन्यास 20 जून, 1756 में कलकत्ता के ब्लैक होल की घटना, ईस्ट इंडिया कम्पनी, कर्जन के समाधि लेख की वास्तविकता, 1925 के हिन्दुस्तान में भिखारियों की संख्या (जो उस समय 1,452,174 थी), आदि का जो अध्ययनपरक आख्यान रचा गया है और बीच-बीच में लेखक की साहित्य-सृजन, हत्या आदि के विषय में दार्शनिक विश्लेषणपरक टिप्पणियाँ उपन्यास के गहरे पाठ के लिए प्रेरित करती हैं—"दूसरी बड़ी लड़ाई में सबसे ज़्यादा लोग मारे गए। मनुष्य के पक्ष में सबसे ज़्यादा साहित्य तभी लिखा गया।" स्वतंत्रता-आन्दोलन के सम्बन्ध में कितनी ही नई स्थापनाएँ उपन्यास के वृत्तान्त का हिस्सा बनती हैं जिनकी प्रामाणिकता के विषय में लेखक स्वयं तो आश्वस्त है ही, पाठक को भी इस रूप में आश्वस्त करता है, "यह प्रामाणिकता कई स्रोतों से सिद्ध की जा सकती है। किन्तु इस घन पक्ष के साथ ही उपन्यास का एक बहुत न्यून पक्ष भी है : उपन्यास तत्कालीन परिवेश, वातावरण के सूक्ष्म चित्रण के मोह में बहुत सूक्ष्म विवरणों में विस्तार में जाता है। इतने विस्तार में कि कथा-रस क्षरित होता है और पाठक बीच-बीच में ऊब जाता है, अनावश्यक विवरणों को वह झेल नहीं पाता है (यथा पृ. 145-146, आदि)। दूसरे उपन्यासकार बार-बार विवान के यौन-अनुभवों (प्रेमानुभाव वे नहीं ही हैं) के प्रसंगों को परिकल्पित करता है, यहाँ भी सचेत पाठक एक ऊब का अनुभव करता है। इतिहास में रुचि के व्यक्तियों के लिए विवान डगलस को मिले पुराने

रोज़नामचे में दर्ज़ 130 पहले के-9 नवम्बर, 1862, 7 अगस्त, 1865, 13 जुलाई 1869 से लेकर 15 अगस्त, 1947 तक के विवरण तथा विलमौट डगलस की डायरी के 1857 से नवम्बर, 1859 तक विवरण ('डिटेल्स') बहुत जानकारीपूर्ण और रोचक बन पड़े हैं, जो 1857 के स्वतंत्रता संग्राम पर तथ्यों के आधार पर नया प्रकाश डालते हैं। यदि उपन्यास कुछ संग्रथित ('क्रॉम्पेक्ट') रूप में होता तो वह अधिक सुपाठ्य बन पाता।

ब्रजेश के. वर्मन का 'विश्वामित्र' उपन्यास राम-कथा-मिथक में विश्वामित्र की उपस्थिति को एक बिलकुल नए दृष्टिकोण से प्रस्तुत करता है। ऋग्वेद, वाल्मीकि रामायण, अनेक उपनिषदों, पुराणों, आदि का आधार लेकर वर्मन ने विश्वामित्र की प्रगतिशील दृष्टि से संसार को यहाँ जिस दृष्टि से प्रस्तुत किया है, उसे उपन्यासकार के प्रारम्भ के इन शब्दों से चीन्हा जा सकता है, "आज से हज़ारों वर्ष पूर्व विकल्पों को ढूँढ़ते, प्रयोगों को दोहराते एक ऋषि ने चुनौती दे डाली, इन्द्र के वर्णवादी कुशासन को, ललकारा उसके स्त्री मान-मर्दक चरित्र को, सेनाएँ सजाईं, युद्ध लड़ा और पराजित हुआ।" राम को साथ लेकर इंद्र और रावण की सत्ता को चुनौती देकर न्याय की अवधारणा के आधार पर विश्वामित्र एक नए समाज की स्थापना का स्वप्न पालते हैं। उपन्यास वृत्तान्त के बीच लेखक ऐसी स्थितियाँ निकाल लेता है कि वह प्रेम, यौवन, राष्ट्र अवधारणा, गम्भीर साहित्य लेखन, राक्षस-दैत्य परिभाषा, ऋषि परम्परा, न्याय-व्यवस्था, अकूत सम्पत्ति के बीच सुख की स्थिति, आदि पर अपनी सोच प्रकट करता चले। मिथक की शक्ति ही यह है कि वह वर्तमान में प्रक्षेपित हो सके—वर्मन का उपन्यासकार इस कार्य को इतने कौशल से सम्पन्न करता है कि विश्वास ही नहीं होता कि यह किसी लेखक का प्रथम उपन्यास है, इतना शिल्प ढला। उपन्यास में ऋषि विश्वामित्र और उनके युग की अवतारणा एक बिलकुल नए रूप में की गई है जहाँ लेखक ने ऋग्वेद, अथर्ववेद, वाल्मीकीय रामायण, पुराणों, आदि का गहन अध्ययन, इतिहास और लोक परम्पराओं को खँगालकर अपनी उर्वर कल्पना और प्रखर सोच से विश्वामित्र को 'तत्कालीन प्रगतिशील प्रवृत्तियों का प्रतीक' तथा इंद्र की वर्णवादी तथा विलासी जीवन की पक्षधर शक्तियों का प्रतिरोध कर राष्ट्र हित में एक नवीन राष्ट्र की संकल्पना का स्वप्न सिरजने वाले ऋषि के रूप में परिकल्पित किया है। विश्वामित्र ने मिथेतिहास में जो स्पेस वर्तमान को चित्रित करने के लिए है, उसका पूर्ण उपयोग करते हुए उपन्यायकार विश्वामित्र के समय को बार-बार वर्तमान में प्रक्षेपित करता है। इसी प्रवृत्ति के चलते उपन्यास विमर्शधर्मा बन जाता है, विश्वामित्र के समय को चित्रित करती उसकी दृष्टि वर्तमान में राष्ट्र की समस्याओं पर आ टिकती है, वे राष्ट्रीयता के मूल्यों को पुनर्परिभाषित करने का सार्थक प्रयत्न करते हैं। विश्वामित्र केवल चौबीस दिनों के लिए राम-लक्ष्मण को माँगकर ले गए थे और इसी छोटी-सी अवधि में वे न केवल ताड़का, रावण और इंद्र के बीच घट रहे राजनीतिक समीकरणों का समुचित उत्तर राम की अगुवाई में देते हैं—विश्वामित्र के आश्रम में रहते हुए राम द्वारा ताड़का, मारीच और सुबाहु जैसे राक्षसों के संहार का यही कारण है। विश्वामित्र राम को अपना सहायक शिष्य बना भ्रष्ट और कदाचारी व्यवस्था को समाप्त करने का संकल्प बार-बार करते हैं। ऋषि के उन संकल्पों के माध्यम से युग-प्रश्नों पर एक गम्भीर विमर्श उपन्यास में सर्वत्र अपनी उपस्थिति पाता है—भारत राष्ट्र क्या है, भोगवाद से निकला आतंकवाद, आतंकवादी, ब्राह्मणत्व, ज्ञान-बुद्धि और विवेक, लोक-भाषा और संस्कृत भाषा, अच्छे आलोचक, सत्साहित्य सृजन, वर्तमान में साहित्य की प्रासंगिकता, वेद की नई युग-सम्मत व्याख्या, नीत्शे द्वारा आधुनिक समय में की गई घोषणा 'ईश्वर मर चुका है' ('गॉड इज़ डैड') को शाक्य-मुनि की परम्परा में देखना, भोगे गए यथार्थ

का प्रश्न, दास-प्रथा, पग-पग पर राजनीतिक घटनाक्रमों को राष्ट्रीयता की धारणा से जोड़ना, राष्ट्रनायक की परिकल्पना, लोकमन और उसका महत्त्व, जाति-प्रथा, मेनका और रम्भा अप्सराओं के स्वरूप की सही व्याख्या, पत्नी-धर्म, प्रज्ञा-ज्ञान-विवेक का सूक्ष्म अन्तर, धर्म की धारणा, सगोत्रीय विवाह आदि पर विचार करते हुए जिस प्रकार मिथकीय कथा का प्रक्षेपण वर्तमान में किया गया है, वह लेखकीय कौशल से परिचित कराता है। 'सिद्धियों के खंडहर' शत्रुघ्न प्रसाद का यद्यपि प्रथम उपन्यास नहीं है किन्तु उनके पूर्ववर्ती उपन्यास विशेष चर्चा में नहीं आ पाए। 'सिद्धियों के खंडहर' बहुत शोधपूर्वक 12 वीं शती के नालन्दा और विक्रमशिला विद्यापीठ के प्रांगणों में झाँकता हुआ तत्कालीन इतिहास और समाज को हमारे सम्मुख प्रस्तुत करता है। पाल वंश का साम्राज्य, गौड़ के सेनवंश के 'शृंगार काव्य और ज्योतिष में रसमग्न' होने की स्थिति, नालन्दा में सहज-साधना का केन्द्र, पाटलिपुत्र की अपनी समस्याएँ, उदन्तपुरी की राजसभा और गोविन्दपाल देव, कुमार महेंद्र का दायित्व, बौद्ध-भिक्षुओं के विभिन्न दल और उनकी उपासना-पद्धतियाँ, रूपजीवियों की शृंगार-हाट, इब्राहीम का आक्रमण और बन्दी बनाया जाना, महास्थविर रत्नभद्र, सिद्ध घोरपा आदि की शोभा-यात्रा के दृश्य मानो मगध और उसके समीपवर्ती राज्यों के इतिहास की जीवन्त प्रस्तुति यहाँ हुई है।

इतिहास को आधार बनाकर औपन्यासिक कथाएँ तो प्रायः ही लिखी जाती रही हैं किन्तु विभूतिनारायण राय का उपन्यास 'प्रेम की भूत कथा' इस दृष्टि से विशिष्ट है कि इसमें मसूरी में 100 वर्ष पहले, 1909 में हुई पहली हत्या की गुत्थी को मसूरी का खंडहर बन चुकी महलनुमा अंग्रेज़ों की आलीशान हवेलियों, नैनी जेल, इलाहाबाद, मसूरी और देहरादून के अनाम स्थानों पर अपनी पुलिस अफसर की खोजी दृष्टि से लगभग एक शोध जैसी प्रक्रिया से गुज़रने के बाद, सुलझाने का प्रयास किया गया है। रस्किन बांड की मसूरी पर लिखी पुस्तक के 'दो-तीन पैराग्राफ़ों' में बिखरी इस कहानी के सूत्र तलाशते हुए लेखक 1900 ई. में बीस खंडों में प्रकाशित एक महत्त्वपूर्ण ग्रन्थ 'द इंटरनेशनल लाइब्रेरी ऑव फेमस लिटरेचर' के कुछ खंडों को भी खँगाल डालता है। कथा-नायक के रूप में एक पत्रकार की परिकल्पना की गई है। केमिस्ट जेम्स की हत्या के लिए गुरखा रेजीमेंट के 14 वीं लाइट कैवेलरी के कारपोरल एलन को फाँसी की सज़ा हुई थी किन्तु न तो फाँसी लगाने वाले जल्लाद मेहतर कल्लू को यकीन आया और न ही फ़ादर कैमिलस को कि एलन जैसा यह ब्रिटिश फौज़ी कोई क़त्ल भी कर सकता है। उसे फाँसी ग़लत दी गई है इस तथ्य की पुष्टि एलन द्वारा फाँसी के फंदे पर चढ़ने से पूर्व लिखी गई एक छोटी-सी काग़ज़ की पुर्ज़ी भी करती है जिस पर उसने टाँका था—'नो रिग्रेट्स माय लव।' कथा-नायक पत्रकार के लिए यही कथन गुत्थी बन जाता है कि यह वाक्य किसे सम्बोधित था? पत्रकार की खोज दो दिशाओं में चलती है—जेम्स की हत्या किसने की और यह वाक्य 'नो रिग्रेट्स माय लव' किसे सम्बोधित है? इन्हीं तलाशों में 'एक अद्‌भुत प्रेम-कथा' खुलती चली जाती है, जिसके सूत्र नई कथा-युक्तियों से तलाशे गए हैं। प्रेम-कथा 'भूतनी' के द्वारा आगे बढ़ाई जाती है किन्तु 'भूतनी' एक गाली के रूप में प्रयुक्त होती है, इसीलिए लेखक 'भूतनी' को 'भूत' कहना पसन्द करता है और इसीलिए 'प्रेम की भूत कथा' शीर्षक उपन्यास को दिया गया है।

कुछ उपन्यास वर्तमान भारतीय इतिहास की उन दुर्भाग्यपूर्ण घटनाओं को केन्द्र में रखकर मानवता के उन जख़्मों पर फ़ाहा रखने का काम करते हैं जो आज भी जातीय-स्मृति में बहुत-बहुत ताज़े हैं—भारत-विभाजन, बाबरी-मस्जिद ध्वंस, गुजरात-नरसंहार और पंजाब का सन्ताप ऐसे ही प्रकरण हैं जिनको कथ्य बनाकर निरन्तरता में उपन्यास आते रहे हैं। इस दृष्टि से तीन बहुत

ही उल्लेखनीय उपन्यास प्रकाशित हुए हैं—अनवर सुहैल का 'पहचान', बादशाह हुसैन रिज़्वी का 'मैं मुहाजिर नहीं हूँ' तथा सुरेश सेठ का 'सुलगती नदी'। सुहैल का उपन्यास 'पहचान' मध्यप्रदेश की सीमा पर बसे उस सिंगरौली क्षेत्र की कथा कहता है जहाँ एशिया की सबसे मोटी कोयला परत पाई जाती है, इसी कारण यह स्थान एक 'ऊर्जा तीर्थ' के रूप में एक बड़ा औद्योगिक स्थान बन जाता है। कोयला खदानों के जीवन पर हिन्दी में पहले भी संजीव के 'सावधान नीचे आग है', 'धार', आदि उपन्यास आए हैं किन्तु अनवर सुहैल का 'पहचान' इस कथ्य पर एक नई कथा-भूमि का उत्खनन करता है। यहाँ की प्राकृतिक सम्पदा की सम्भावनाओं की तलाश में देश के बड़े उद्योगपति और भारत सरकार के सार्वजनिक उद्यम, प्रतिष्ठान यहाँ के निवासियों को जो विस्थापन का दंश दे रहे हैं उसे बड़ी पीड़ा से शब्द दिए गए हैं। कथा का यह सूत्र वहाँ तक चले आ रहे भूमि अधिग्रहण की व्यथा की इंगिति करता है जो व्यथा 'रंगभूमि' के सूरदास से लेकर वर्तमान में नन्दी ग्राम और सिन्दूर तक के निवासियों की रही है और औद्योगिकीकरण तथा भूमंडलीकरण के बढ़ते चरणों का यह महाप्रसाद सामान्य जन को भोगना पड़ रहा है। इस खदान क्षेत्र के निकटस्थ बस गईं बस्तियों, उनके जीवन-संघर्ष, विभिन्न संयंत्रों में काम करने वाले मज़दूरों को लग जाने वाली बीमारियों, मज़दूर हितों के लिए बन गई मज़दूर यूनियनों और उन पर कब्ज़ा किए 'दादाओं' आदि का, उस समाज की समाजार्थिक स्थितियों का बड़ा गहरा और सूक्ष्म चित्रण इस लघुकाय उपन्यास में हुआ है।

बादशाह हुसैन रिज़्वी का उपन्यास 'मैं मुजाहिर नहीं हूँ' पाकिस्तान गए उन भारतीय मुस्लिम नागरिकों की व्यथा कहता है जिन्हें वहाँ मुजाहिर का दर्ज़ा देकर एक अवहेलना-दृष्टि से देखा जाता है। यहाँ अपने वतन लौटकर हिन्दू-मुस्लिम सामान्य जन के बीच जो सौहार्द-भाव, गंगा-जमुनी संस्कृति वे देखते हैं, उससे अभिभूत रहते हैं। उपन्यास अनेक रूपों में भूमंडलीय समस्याओं—अमेरिका की दादागिरी, 'ग्रीन गैस उत्सर्जन' समस्या, उपभोक्तावाद, आदि पर भी विचार करता हुआ एक बहुत ही सशक्त पठनीय कृति का रूप लेता है। देश-विभाजन की त्रासदी और पंजाब का आतंक के साये में लगभग एक दशक तक सन्तापमयी स्थितियों को भोगना बार-बार लेखकीय चिन्ता में आया है, सुरेश सेठ का 'सुलगती नदी' कथ्य की इसी ज़मीन पर अपना वृत्तान्त रचता है।

'सुलगती नदी' में पंजाब के उन काले दिनों, 1980-81 से प्रायः एक दशक तक के आतंकवादी कारनामों के साये में जीता पंजाब, अपनी प्रत्येक धड़कन के साथ उपस्थित है। विभाजन की त्रासदी और पंजाब का आतंकवाद-आतंकवाद के साये में जिया जीवन बार-बार जातीय चेतना पर दस्तक देता हुआ रचनाकार का सरोकार बनता है। तत्कालीन पंजाब के जनजीवन के अछूते पक्षों का चित्रण बहुत कुशलता से किया गया है। यह उपन्यास उन लोगों के लिए तो पठनीय है ही जो इन स्थितियों के भुक्त-भोगी हैं, पंजाब से बाहर के उन लोगों के लिए तत्कालीन जीवन का एक बिलकुल अजाना पक्ष यहाँ प्रस्तुत होता है जो अखबारी सूचनाओं से बिलकुल अलग और अजाना है।

जिस तेज़ी से भूमंडलीकरण पूरे विश्व में अपने पग पसार रहा है, उतनी ही तेज़ी से साहित्य और कलाओं में उसकी व्याप्ति निरन्तर बढ़ती जा रही है। राजू शर्मा के 'विसर्जन' उपन्यास में कथा के केन्द्र में देश के उच्चतम खुफ़िया तंत्र के आई.बी., रॉ, सी.बी.आई., जैसे उच्च्व गुप्तचर संस्थान हैं जिनके इतिहास और कार्य-प्रणाली के विस्तार में जाकर वहाँ व्याप्त भ्रष्टाचार, कदाचार की पोल खोली गई है। उपन्यासकार ने कथा के बीच में ऐसी स्थितियाँ प्रकल्पित की हैं कि

भूमंडलीकरण के विभिन्न तत्त्वों, घटकों, आदि पर काफ़ी विस्तार में विमर्श रचा जा सका है। प्रथम बार कथात्मक धरातल पर वैश्वीकरण की आर्थिकता ('इकॉनॉमी') की सैद्धान्तिकी इस प्रकार प्रस्तुत की गई है जिससे भूमंडलीकरण का ऐतिहासिक विकास-क्रम, उसके द्वारा पल्लवित बाज़ारवाद, उपभोक्तावाद, आर्थिक सुधारों और 'इंडिया शाईनिंग' की वास्तविकता, भूमंडलीकरण के सन्दर्भ में बनीं कितनी ही वैश्विक नीतियाँ, वाशिंगटन आम राय, क्रिब रिपोर्ट, किंग्सले रिपोर्ट, आदि का परिचय देते हुए अमीरी-ग़रीबी के बीच की बढ़ती खाई, विदेशी निवेश, नव उदारवाद, शेयर बाज़ार, आदि की चर्चा द्वारा उपन्यास का कथा-क्षितिज विस्तार पाता है। उपन्यास में दिल्ली के औद्योगिकीकरण में जमीनों के भाव किस प्रकार बढ़कर आसमान छूने लगे और सत्ता के शीर्ष पर बैठे लोगों ने उस ज़मीन को बहुत सस्ते, कोड़ियों में, अपनी बना लिया—खान मार्केट और कनॉट प्लेस, जैसी जगहों में जब ज़मीन के भाव आसमान छूने लगे तो इन लोगों की चाँदी हो गई—'कनॉट प्लेस में सन् 2000 में ज़मीन का कमर्शियल रेट 57,960 रुपए प्रति वर्ग मीटर तय किया गया था।' इसी रूप में उपन्यास लुटियान की दिल्ली के विभिन्न स्थलों और स्मारकों के इतिहास में जाता है। खुफ़िया ब्यूरो—आई.बी. के दफ़्तर, उसकी कार्य-प्रणाली और उसके सारे अन्तर्बाह्य में अपने पात्रों के माध्यम से प्रवेश करता लेखक खुफ़िया तंत्र के इतिहास में झाँकता है। उपन्यासकार एक ऊँचे नौकरशाह के रूप में इन सब स्थितियों का प्रत्यक्षदर्शी रहा है, इसीलिए यहाँ इतना प्रामाणिक और जीवन्त चित्रण हो सका है। हिन्दी कथा के लिए यह अनुभव-संसार बहुत-बहुत नया है। इतना ही नहीं यह अफ़सरशाही किस प्रकार एक भोगवादी संस्कृति में डूबी हुई है, उसका परिचय भी वी. ऐसार, सपना, आदि के माध्यम से दिया गया है और इसीलिए सम्भोग का चित्रण बार-बार उपन्यास में आता है। उपन्यास बहुत पैनी दृष्टि से भूमंडलीकृत आर्थिकता को विश्लेषित करता है जिसमें नव-उदारवाद, आई-टी कम्पनियों, रियल्टी बाज़ार के बूम, बहुराष्ट्रीय कम्पनियों और हमारी बड़ी कम्पनियों में होने वाले समझौतों (डील्स), 'सी ई ओ नामक जन्तु की आकाशचुम्बी तनखाएँ या देश के अरबपतियों की निरन्तर बढ़ती संख्या, इंडिया गेट की चौखट पर प्रज्वलित मोमबत्तियों से पिघलता न्याय या एस.एम. एस. जनित राजनीतिक डिस्कोर्स', आदि पर तीख़ी टिप्पणियाँ की गई हैं। नव उदारवाद को आज जिस प्रकार हर बीमारी का इलाज बताया जा रहा है और भारत की आर्थिक छवि को जिस प्रकार बढ़ा-चढ़ाकर वाहवाही लूटी जा रही है किन्तु वास्तविकता यह है कि "दुनिया-भर की कम्पनियाँ इस जाग उठे हाथी की पीठ पर सवारी करना चाहती हैं।"

जयन्ती के उपन्यास 'खानाबदोश ख़्वाहिशें' की निधि अपने ही हिसाब से नारी-स्वातंत्र्य और प्रेम के अर्थ तलाशती हुई 'एडवेंचर' और उच्छृंखल जीवन जीती हुई विभिन्न पुरुषों के संसर्ग में आती है, उसे हर बार यही अहसास होता है जो पहले प्रेमी के साथ उन्मुक्त जीवन जीते हुए हुआ था, "निधि की ज़िन्दगी का पहला एडवेंचर अकुशलतापूर्वक सम्पन्न हुआ, दूसरे 'एडवेंचर' में भी धीरज का साथ छूटने पर यही अनुभूति होती है कि यह प्यार बिना किसी निष्कर्ष के समाप्त हो गया। वस्तुतः वह एक मॉड कल्चर में ढली नारी है, जो बहुत देर बाद यह समझ पाती है कि ज़िन्दगी में पुरुष उतना महत्त्वपूर्ण नहीं है, जितना पूरे अस्तित्व के साथ जीना।" अपने प्रथम पाठ में उपन्यास अपने अन्तर में प्रवेश नहीं करने देता, पहली बार उपन्यास पढ़ते हुए, विशेषतः निधि के प्रेम, यौनानुभवों के दो 'अकुशलतापूर्वक सम्पन्न हुए एडवेंचरों' के वर्णन पढ़कर ऐसा लगने लगता है कि लेखिका शोभा डे के अन्दाज़ में अपनी नायिका तथा अन्य पात्रों के 'कुशलता- अकुशलतापूर्वक सम्पन्न हुए' इन यौनानुभवों के इर्द-गिर्द ही कथा

को विन्यास दे रही है। उपन्यास के दूसरे पाठ में वैश्विक गाँव की संस्कृति में ढली नए युग की नई नारी की चुनौतियों, जीवन-संघर्ष, नई जीवन-शैली की लमतरानियों, नई पीढ़ी की भटकन के बीच स्त्रीत्व की तलाश, जैसे मुद्दों पर उँगली रखता हुआ उपन्यास बनता दिखाई देता है। पत्रकारिता से जुड़ी लेखिका के पास इस उत्तर आधुनिक समय की नारी की बहुत-सी प्रायः अपराधी प्रवृत्ति-परक प्रेम-कहानियाँ (स्टोरीज़) हैं जिन्हें उसने बहुत कौशल से कथा के ताने-बाने में विन्यस्त कर उपन्यास को पठनीय बना दिया है।

लता शर्मा का उपन्यास 'सही नाप के जूते' भूमंडलीय अपसंस्कृति के परिप्रेक्ष्य में 'अर्थ व्यवस्था के सामने नाच रही अर्धनग्न स्त्री देह' से सम्बन्धित प्रश्नों पर अपना गहरा विमर्श रचता है। सौन्दर्य प्रतियोगिताओं, भारत सुन्दरी, विश्व सुन्दरी प्रतियोगिताओं की ललक, उनके पीछे चल रहा सौन्दर्य-साधनों-कॉस्मिटिक्स का बाज़ार, शरीर को सानुपातिक रखने के लिए तरह-तरह के उपक्रम और इस सब प्रक्रिया से गुज़रती नायिका उर्वशी का विश्व सुन्दरी के सोपान पर पहुँचना और उसके बाद छोटे-बड़े पर्दे पर उपस्थिति, उर्वशी की माँ की बढ़ती लिप्साएँ-एषणाएँ बहुत विस्तार और सूक्ष्मता में, सशक्त रूप में, इस मायावी जगत को उद्घाटित करता हुआ यह एक स्मरणीय उपन्यास बन जाता है। जिस रूप में विश्व सुन्दरी की विदेश यात्राएँ बड़े सूक्ष्म विवरणों के साथ चित्रित हुई हैं, वह इस मायालोक से अन्तरंग रूप में परिचित कराती हैं और उपन्यास का अन्त इस अपसंस्कृति का प्रतिरोधी स्वर उपस्थित करता है।

ज्ञान प्रकाश विवेक का उपन्यास 'आखेट' एक बेरोज़गार युवक की संघर्ष-यात्रा से परिचय कराता हुआ बीमा कम्पनी, इंश्योरेंस कम्पनी के अन्तर-बाह्य से परिचित कराता है। दिल्ली महानगर में भटकता युवक जब अंबाला इंश्योरेंस कम्पनी में आता है तो स्टेशन से उतरते ही पिताजी के परिचय के टंडन साहब के लिए जो उर्दू में लिखा पत्र वह लाता है, उसे न पढ़ पाने की विवशता में उस परिवार के युवक के साथ व्यवहार, उससे कथा-नायक की ज़िल्लत का बड़ा प्रभावी चित्रण करता उपन्यासकार दफ़्तरी दुनिया में प्रवेश करता है। दफ़्तरी दुनिया के विवरण जिस प्रामाणिकता और सूक्ष्मता से उकेरे गए हैं, वे न केवल चेतन की विवशता को व्यक्त करते हैं किन्तु उस परिवेश में अपने समय को उकेरते हैं। इस चित्रण में लेखक का सबसे बड़ा उपकरण उसकी नए रचाव की भाषा है, जो उपन्यास को बहुत प्रभावी और महत्त्वपूर्ण बना देती है।

रणेन्द्र ने अपने संक्षिप्त-से (मात्र 100 पृष्ठीय) 'ग्लोबल गाँव के देवता' उपन्यास से उपन्यास-रचना को एक नया मानक और कला-आदर्श प्रदान किया है।* खनिज समृद्ध राज्यों—छत्तीसगढ़, झारखंड तथा ओडिशा में बहुराष्ट्रीय कम्पनियों ने जिस प्रकार वहाँ की भू-सम्पदा का दोहन कर वहाँ की जनजातियों और उनकी संस्कृति के जिस रूप में मटियामेट कर आर्थिक विकास के नाम पर उन्हें नारकीय स्थितियों में धकेल दिया है, उन सबका बड़ा प्रत्यक्षदर्शी और शोधपरक दस्तावेज़ी चित्रण लेखक ने अपने उपन्यास में किया है। कथा-भूमि के रूप में झारखंड के कोयलाबीधा क्षेत्र के भौंराघाट को केन्द्र में रखकर उन स्थितियों का गहरा विश्लेषण किया गया है जिनसे 'वेदान्त'—जिसे उपन्यासकार ने 'वेदांग' नाम दे दिया है—जैसी बड़ी कम्पनियाँ किस प्रकार वहाँ की संस्कृति और आर्थिकता को विनष्ट कर रही हैं, बॉक्साइट की खानों से दिनोदिन मालामाल होती जा रही हैं और वहाँ के मूल निवासियों को नारकीय जीवन-स्थितियों

* पहले ही वर्ष 1908 में 'नया ज्ञानोदय' (के अगस्त अंक) में प्रकाशित होकर यह उपन्यास पर्याप्त चर्चित हो चुका है।

में डाल रही हैं, उसका पीड़ा-भरा आख्यान यहाँ रचा गया है। देशी, विदेशी विभिन्न नृतत्वशास्त्रीय शोधपरक अध्ययनों के साक्ष्य उस क्षेत्र का बहुत जीवन्त चित्रण कर, वहाँ के नए निज़ाम के यथार्थ को सामने लाया गया है। वहाँ की लोक-संस्कृति को बहुत सूक्ष्मता से गहरे, चटख़ रंगों में चित्रित कर ज़मीन के अधिग्रहण की पीड़ादायक स्थितियों का बयान ज़मीनी सच्चाइयों के साथ किया है। इनकी पारम्परिकता को बॉक्साइट खानों का खनन और उसकी व्यवस्था पूरी तरह लील कर राजनीति और प्रशासन तंत्र के अपराधीकरण की मिलीभगतों का शिकार बना रही हैं, उसका सशक्त चित्रण इतिहास और मिथक की गहरी समझ, लोक-संस्कृति का चाक्षुष ज्ञान तथा भाषा का बहुत सरस विन्यास इस उपन्यास को स्मरणीय बना देता है।

मनोज सिंह का उपन्यास 'बन्धन' भी एक बिलकुल नई ज़मीन पर है जो हिन्दी उपन्यास के कथ्य को विस्तृति प्रदान करता है। एक मनोरोगी के जीवन को आधार बनाकर उसके परिवार की व्यथा कथा कहता है जो मनोरोगी की देख-भाल करते हुए अपनी शान्त सुचारु व्यवस्था नहीं चला पाता। उपन्यास उन कारणों में भी जाता है जिनके कारण आधुनिक जीवन-शैली में मनोरोगी निरन्तर बढ़ते चले जा रहे हैं, एकल परिवार भी मनोरोगों को बढ़ा रहे हैं। लेखक की धारणा है कि सामाजिक-संरचना के परिवर्तन से मानसिक असन्तुलन निरन्तर बढ़ रहा है। लेखक ने अध्यवसायपूर्वक मेडिकल प्रोफ़ेशन से सम्बन्धित जानकारी प्राप्त कर रोग और रोगियों का प्रामाणिक चित्रण प्रस्तुत किया है। अत्यधिक वर्णनात्मकता उपन्यास के पाठ को बोझिल अवश्य बना देती है। असगर वजाहत का 'बरखा रचाई', पंकज बिष्ट का 'पंखवाली नाव' तथा प्रदीप सौरभ का 'मुन्नी मोबाइल' वर्ष 2009 के अन्य उल्लेख्य उपन्यास हैं। असगर वजाहत का 'बरखा रचाई' गाँव और शहर दोनों क्षेत्रों में संचरित होता ऐसा उपन्यास है जो एक ओर कथा-नायक कामरेड के माध्यम से एक 'होल टाइम पार्टी वर्कर' की जीवन-शैली का परिचय देता है और उनके चुनाव लड़ते ही राजनीति दंद-फंद में पड़ने के विविध अनुभवों को सामने लाता है। जब शहर में आकर कामरेड पत्रकारिता की दुनिया में प्रवेश करता है तो उसका श्याम-श्वेत प्रामाणिकता से चित्रित होता है। उपन्यास में बहुत खटकने वाली बात स्थान-स्थान पर कथा में ऐसी स्थितियाँ निकालना है जहाँ कथा-वक्ता, कथा-नायक, स्त्री शरीर का भूगोल खँगालने में व्यस्त दिखाया जाता है। पंकज बिष्ट का 'पंखवाली नाव' समलैंगिकों के जीवन पर आधारित 'गे समस्या' का उपन्यास है जिसमें इस प्रवृत्ति में संलिप्त व्यक्तियों की मानसिकता पर विचार करते हुए इसके औचित्य-अनौचित्य पर गम्भीरता से विचार किया गया है, लेखक का वोट समलैंगिकों—'गे'—के साथ ही जाता दिखता है। यह उपन्यास विषय की नवीनता के लिए ही उल्लेख्य बनता है। प्रदीप सौरभ का 'मुन्नी मोबाइल' राष्ट्रीय राजधानी क्षेत्र—एन.सी.आर.—गाज़ियाबाद के समीपवर्ती साहिबाबाद को केन्द्र में रखकर लिखा गया उपन्यास है। उपन्यासकार ने इस क्षेत्र को 'गोबर पट्टी' भी कहा है (ध्यान पड़ता है कि कुछ स्वनामधन्य 'मनीषियों' ने पूरे हिन्दी क्षेत्र को ही 'गोबर पट्टी' कहा था)। कथा-नायिका मुन्नी का कार्यक्षेत्र साहिबाबाद ज़रूर है पर लेखक की दृष्टि उपन्यास के पत्रकार नायक की तरह अहमदाबाद, गोधरा, गोधराकांड, नरेन्द्र मोदी के सुलगते गुजरात से लेकर इलाहाबाद, बिहार प्रदेश, लन्दन, लखनऊ, इलाहाबाद, अमेरिका, गुडगाँव के कॉल सेन्टरों, आदि पर जाती है। इन सभी जगहों के चित्रण पत्रकारिता की रिपोर्टिंग शैली या कहें रिपोर्ताज़ शैली में किए गए हैं जिनमें कथात्मक संवेदन का अभाव है। राष्ट्रीय राजधानी क्षेत्र का अपराध-जगत, गुजरात के नरसंहार के लोमहर्षक दृश्य, दिल्ली महानगर का नारकीय जीवन, मुन्नी और उसकी बेटी रेखा का देह-व्यापार, गुड़गाँव के कॉल-सेन्टरों

में नई पीढ़ी का मुक्ताचार, ड्रग्स, डिस्को, सहजीवन, भूमंडलीयकृत आर्थिकता के दुष्परिणाम, बाज़ारवाद के बढ़ते चरण, आदि का चित्रण वर्णनात्मक शैली में होकर रह गया है, जिससे उपन्यास में सब कुछ को समेटने का आग्रह प्रबल रूप में दिखाई देता है, कथात्मक संवेदन यहाँ न्यून होकर रह गया है।

वर्ष 2010 में उपन्यास-सृजन बहुत आश्वस्त करता है–गुणात्मक और परिमाणात्मक दोनों रूपों में। वरिष्ठ और अपेक्षाकृत नई–दोनों पीढ़ियों के कथाकारों ने इस वर्ष बहुत सारे सफल उपन्यास हिन्दी संसार को दिए–कुछ प्रमुख उपन्यास इस प्रकार गिनाए जा सकते हैं–'17 रानडे रोड' (रवीन्द्र कालिया), 'क्रान्ति कक्का की जन्म शताब्दी' (रवीन्द्र वर्मा), 'काटना शमी का वृक्ष पद्म पंखुरी की धार से' (सुरेन्द्र वर्मा), 'सुखफ़रोश' (वीरेंद्र जैन), 'मैंने नाता तोड़ा' (सुषम बेदी), 'शिगाफ़' (मनीषा कुलश्रेष्ठ), 'उफ' (प्रमोद कुमार तिवारी), 'सीढ़ियों पर चीता' (तेजिन्दर), 'यहीं कहीं था घर' (सुधा अरोड़ा), 'नम्बरदार हुआ नाखुदा' (विजय), 'बेनीमाधव तिवारी की पतोह' (मधुकर सिंह), 'रेखाएँ दुख की' (विष्णुचन्द्र शर्मा), 'पास वर्ड' (कमल कुमार), 'उत्तर वनवास' (अरुण आदित्य), 'ये वो सहर तो नहीं' (पंकज सुबीर), 'ईहामृग' (नीरजा माधव), 'दिमाग में घोंसले' (विजय शर्मा), 'तीसरे लोग' (गीतांजलि चटर्जी), 'वरःमिहिर' (घनश्याम पाण्डेय), 'जगदीप जी की उत्तर कथा' (राजेंद्र लहरिया), आदि।

मधुकर सिंह अपने 'बेनीमाधव तिवारी की पतोह' (मात्र 83-84 पृष्ठीय लघु आकारीय) उपन्यास में बड़ी कुशलता से वर्तमान के बिहार के ग्रामांचल की राजनीतिक हलचलों, समाजार्थिक स्थितियों और जातीय समीकरणों से बनते गाँव के नए नक़्शे का प्रामाणिकता से परिचय देते हैं। लोक-मानस, लोक-परम्परा, लोक-संस्कृति, आदि पर बाज़ारवाद जिस रूप में हावी होता जा रहा है, उसका चित्रण न केवल बिहार के गाँव का चरित्र है अपितु वह पूरे भारतीय ग्राम-समाज का अंकन है, सभी गाँवों की धड़कन वहाँ सुनी जा सकती है। गाँवों में चल रही लड़ाइयाँ 'आर्थिक और वर्चस्व की लड़ाई' हैं जो जगह-जगह अपनी-अपनी तरह चलती हैं। सरकारी तंत्र गाँवों की विकास-योजनाओं से अपना जो कदाचार फैलाता है, वह भी कथा में विविध रूपों में उद्घाटित होता चलता है। 1857 ई. के स्वतंत्रता-संग्राम और 1860 ई. में ब्रिटिश सरकार द्वारा स्त्री के यौन-उत्पीड़न और बलात्कार रोकने के लिए जो क़ानून बनाए गए उनका उल्लेख तथा भारतीय पुलिस व्यवस्था को अंग्रेज़ों की देन बताकर लेखक अपनी इतिहास-दृष्टि का भी परिचय देता है। जिस रूप में सुनन्दा तिवारी के चरित्र को रचा गया है, वह न केवल भारतीय ग्राम-समाज में स्त्री में आ रही नई चेतना का परिचय देता है अपितु स्त्री अस्मिता और स्वातंत्र्य ('स्त्री-विमर्श') का भी सशक्त पाठ रचता है। मधुकर सिंह की प्रतिबद्ध मार्क्सवादी दृष्टि बड़े सलीके से अपनी प्रस्थापनाएँ पात्रों और घटना-क्रम में अनुस्यूत करती है–बिना मुखर ('वोकल') हुए। यह उपन्यास अपने सशक्त कथ्य के कारण महत्त्वपूर्ण बनता है।

रवीन्द्र कालिया अपने नए उपन्यास '17 रानडे रोड' में मुम्बई के महानगरीय जीवन के विविध पक्ष प्रस्तुत करते हुए कथा के केन्द्र में मुम्बई के ग्लैमर वर्ल्ड को रखकर उस 'पेज थ्री' की दुनिया से साक्षात् कराते हैं जो पूरी तरह वैश्विक गाँव की ज़िन्दगी को जीती हुई उत्तर आधुनिक समय में अपने पाँव पसारे हुए है। इस पंचसितारा ज़िन्दगी का प्रातिनिधिक चरित्र सम्पूरन है जिसका रिंद और दरवेशी स्वभाव कथा को आकर्षक वृत्तान्त बनाता है। इस पात्र के माध्यम से मुम्बई के उस जीवन में प्रवेश किया गया है जिसका ऐश्वर्य और विलास–ग्लैमर–एक वैश्विक पूँजीवादी समाज की सच्चाइयों को सामने लाता है। सम्पूरन बोरी-बन्दर के प्लेटफार्म से ज़िन्दगी

शुरू करता है और "भायखला, माहिम, अँधेरी के गेस्ट हाउस की खटिया-भर सीस से" वह रानडे रोड के सी फेस के भव्य 'फ्लैट' तक पहुँचता है, एक भुतहे बंगले को 'जन्नत में तब्दील कर डालने का जीवट उसमें है। उसका जीवन-सिद्धान्त 'नाऊ और नेवर' का है, वह मुफ़लिसी में भी अपने लिए पंच सितारा ज़िन्दगी की सुविधाएँ जुटा लेता है। कभी वह बड़ी-बड़ी हस्तियों को महँगे होटलों में दावत देता है तो उसकी अगली सुबह उसकी जेब में टैक्सी का किराया देने-भर को भी पैसे नहीं होते। दोस्तों और पार्टियों के लिए सब कुछ उड़ा देनेवाला यह दरियादिल इनसान कभी आसमान की ऊँचाइयों को छूता है तो कभी अपनी हस्ती को फ़र्श पर पाता है। वस्तुतः वह कतार के आदमी से अलग है। उसके माध्यम से मुम्बई के उच्चवर्गीय जीवन के विविध पक्ष चित्रित किए हुए हैं। उसके संगी-साथी शिवेन्द्र, स्वर्ण, चन्नी, अशोक सिंह, हैंग्सन, सुप्रिया, सुषमा—सभी अपने प्रकार की बोहेमियन ज़िन्दगी जीते हैं। पंच सितारा होटलों की भव्य शराब पार्टियाँ इनके नित्य के शगल हैं। कथा की पृष्ठभूमि (लेखक के अपने जन्म जनपद) जलंधर से चलकर मुंबई की तिलस्मी दुनिया तक फैली है। दौलत के समुन्दर मुम्बई में आकर सुदर्शन जिस सम्पूरन से मिलता है, वह विज्ञापन जगत और फिल्मी दुनिया से जुड़ा हुआ है। इस मुम्बइया ज़िन्दगी में सम्पूरन के सभी दोस्त पूरी तरह पार्टीबाज़ हैं। कुछ उद्योगपति, कुछ पालिटिशियन, फैशन डिज़ाइनर, ज्वैलरी डिज़ाइनर, फुलटाइम सोशलिस्ट, नए कलाकार, कुछ महत्त्वाकांक्षी लड़कियाँ, एकाध विदेशी लोगों की ये पार्टियाँ अत्याधुनिक (मॉड) ज़िन्दगी की विभिन्न छवियाँ प्रस्तुत करती हैं। फिल्म-निर्माण और विज्ञापन जगत का परिचय इनकी आपसी बातचीत और कार्य-व्यापार से मिलता है। उपन्यासकार अवसर निकालकर मुम्बई की झुग्गी-झोंपड़ियों, चालों, में भी झाँकता है—उनके जीवन के कुछ श्वेत-श्याम चित्रों के साथ। मुम्बई का महानगरीय जीवन और संस्कृति अपनी जीवन्त उपस्थिति के साथ '17 रानडे रोड' को एक अत्यन्त पठनीय कृति बनाता है।

रवीन्द्र वर्मा का नया उपन्यास 'क्रान्ति कक्का की जन्म-शताब्दी' अपनी कथा स्वतंत्रता-आन्दोलन के उस काल-खंड से उठाता है जिसमें पं. चन्द्रशेखर आज़ाद ने देश पर कुर्बानी दी थी। अपने पिछले उपन्यासों की तरह कथा-भूमि (लोकेल) झाँसी ही है किन्तु जब वे भूमंडलीकरण की नव उदारवाद, उपभोक्तावाद और नव बाज़ारवाद की बात करते हैं तो उपन्यास पूरे देश के परिवेश का आईना बन जाता है। स्वतंत्रता के लिए कुर्बानी देने वाले समय के साक्षी क्रान्ति कक्का की तीसरी पीढ़ी विकास के जिस विद्रूप को भोगती हुई भोगवादी ऐश्वर्यवादी दुनिया के प्रत्येक वैभव को प्राप्त कर जिस रूप में मूल्यहीन होती जा रही है, उसका पीड़ा-भरा आख्यान स्थान-स्थान पर रचता हुआ उपन्यास मार्मिकता से आधुनिक सभ्यता-संस्कृति के विद्रूप को चित्रित करता है। कश्मीर समस्या को केन्द्र में रखकर प्रकाशित उपन्यासों में मनीषा कुलश्रेष्ठ का 'शिग़ाफ़', अपना एक अलग स्थान रखता है। ई-मेल, ब्लॉग, चैट, आदि की इंटरनेटी दुनिया से शैल्पिक युक्तियाँ अपनाता हुआ उपन्यास कश्मीर समस्या को उसके पूरे ऐतिहासिक परिप्रेक्ष्य में ज़मीनी सच्चाइयों से परिचित कराता हुआ वहाँ के आतंकवाद के स्वरूप, अलगाववादी संगठनों की कार्यविधियों, सेना द्वारा चलाए जा रहे सहायता शिविरों, रोज़-रोज़ होने वाले 'एनकाउंटरों', युवकों के भटकाव, बेगुनाह युवकों, अन्य लोगों के न्यायालयों में चलते केसों, सुरक्षा के नाम पर कश्मीर के जंगलों का दोहन, मानवाधिकारों का खुले आम उल्लंघन, आदि कश्मीरी जीवन और समस्या की अनेक पेचीदगियों को चित्रित करता कश्मीर के वर्तमान से अन्तरंग साक्षात्कार कराता है। सुषम बेदी का 'मैंने नाता तोड़ा' चौदहवें साल में बलात्कार

का दंश भोगती उस लड़की की व्यथा-कथा कहता है जो जीवन-भर इसके त्रास से उबर नहीं पाती है। किन्तु उपन्यास में जगह-जगह यौन-उत्पीड़न की स्थितियों का नियोजन कथा को बहुत स्वाभाविक परिणति नहीं दे पाता है, न ही इस घटना का विन्यास एक गम्भीर सामाजिक समस्या के रूप में हो पाता है, लगता है इन स्थितियों को बारम्बार लाया जा रहा है, आरोपित रूप में। इसीलिए उपन्यास बहुत प्रभावी नहीं बन पाता है।

इस वर्ष पाँच या कहें कुछ कथाकारों के प्रथम उपन्यास आए हैं जिनका कथ्य जितना चुनौतीपूर्ण ('चैलेंजिंग') है, शिल्प भी उतना ही ताज़ा और उपन्यास के विधागत पारम्परिक स्वरूप को बदलने का सार्थक प्रयत्न करता हुआ। कुणाल सिंह का उपन्यास 'आदिग्राम उपाख्यान' मध्यवर्ती पश्चिम बंगाल के पूर्वी छोर पर स्थित गाँव 'आदिग्राम' के अतीत और वर्तमान में बहुत गहराई से झाँकता हुआ कम्पनी शासन के दौर के शोषण से लेकर वर्तमान तक के राजनीतिक परिदृश्य का बहुत सशक्त चित्रण करता है। कलकत्ते में वामदलों की राजनीतिक चालों, सीटू, आदि मज़दूर संगठनों की कारगुज़ारियों आदि का चित्रण करता हुआ उपन्यासकार राजनीति के भ्रष्ट आचरण और बंगाल की राजनीति में पल्लवित होते युवा-आक्रोश को ज़मीनी सच्चाइयों के साथ चित्रण करता हुआ इसे एक महत्त्वपूर्ण उपन्यास बनाता है। 'ये वो सहर तो नहीं...' में पंकज सुबीर 1857 ई. की क्रान्ति का एक अनछुआ पृष्ठ उद्घाटित करते हैं—भोपाल रियासत के छोटे से गाँवनुमा सीदपुर छावनी के विद्रोह का चित्रण कर ऐतिहासिक परिप्रेक्ष्य में 1857 से लेकर 2007 तक का समय कथा के केन्द्र में है, यहाँ भी कम्पनी शासन के दौर की शोषण-स्थितियों का चित्रण आता है, उत्तरार्द्ध में कथा बड़ी तेज़ी से कभी स्वतंत्रता-संग्राम के समय 1857-58 तो कभी वर्तमान में आवाजाही करती हुई पत्रकारिता की दुनिया में भी सूक्ष्मता से झाँकती हुई वर्तमान की स्थितियों में सार्थक हस्तक्षेप करती है। विजय शर्मा का उपन्यास 'दिमाग़ में घोंसले' कोलकाता के राजनीतिक परिदृश्य, विशेषतः युवा आक्रोश और वहाँ चल रही राजनीतिक सरगर्मियों, नौकरशाही का चरित्र, वहाँ पनप चुकी हिंसा की राजनीति, राजनीति का अपराधीकरण, शहर के चरित्र को मटियामेट करती भूमंडलीकृत अपसंस्कृति, मॉल और ब्रांडिड संस्कृति आदि का बड़ा कुशल चित्रण मात्र लगभग 90 पृष्ठों में कर उपन्यासकार अपनी कला का लोहा मनवा लेता है। गीताजंलि चटर्जी ने 'तीसरे लोग' में पुरुष समलैंगिकता के विषय को बिलकुल नई दृष्टि से अपनी सधी और प्रांजल भाषा में उठाया है, इधर आए इस विषय के उपन्यासों में यह उपन्यास इस रूप में अपनी अलग छवि बनाता है कि डॉ. पति को समलैंगिक पाकर भी पत्नी फाल्गुनी इसे अपनी नियति मानकर पति के साथ पूरी ज़िन्दगी बिताती है। समलैंगिकता को यहाँ एक ऐसी विकृति के रूप में नहीं माना गया है जिसे व्यक्ति अपना लेता है अपितु यह एक नैसर्गिक वृत्ति है। पति-पत्नी दोनों इस समस्या से समाज को निपटने की जुगत का संकल्प लेकर अपना चिकित्सालय खोलने का सार्थक प्रयत्न करते हैं। फाल्गुनी के चरित्र को किसी भी प्रकार से यौन-अतृप्ति से ग्रस्त न दिखाकर उसे अन्य रास्तों पर नहीं भटकाया गया है, यह उपन्यास का बड़ा सकारात्मक पक्ष है।

अरुण आदित्य अपने 'उत्तर वनवास' उपन्यास में बिलकुल नई कथा-युक्ति अपनाकर भारतीय ग्राम समाज में पैठी राजनीति के निम्न स्तर के यथार्थ का आक्रोशपूर्ण चित्रण करते हैं, स्थान-स्थान पर इस वर्तमान की संगति राम-कथा में खोजते हुए तुलसीदास के 'मानस' की चौपाइयों को उद्धृत किया है—वर्तमान और राम-कथा मिथक में आवाजाही करती कथा वर्तमान की स्थितियों का और धारदार कथन करने में सक्षम होकर उपन्यास की प्रभावान्विति में अभिवृद्धि

करती है। वरिष्ठ कथाकार अब्दुल बिस्मिल्लाह का उपन्यास 'रावी लिखता है' मुस्लिम समाज के गौरवपूर्ण अतीत और वर्तमान में वैश्विक सभ्यता के नवाचारों से जुड़ने की प्रक्रिया का बहुत रोचक चित्रण करता हुआ समृद्ध ग्रामीण सभ्यता के श्रेष्ठ का पुनर्वार स्मरण करता हुआ लोक जीवन का गहरा परिचय देता है, साथ ही विदेश में रह रहे लोगों के सामने उपस्थित सांस्कृतिक विस्थापन के प्रश्नों से रू-ब-रू कराता है। तेजिन्दर का 'सीढ़ियों पर चीता' इस दृष्टि से ध्यान आकृष्ट करता है कि वह हिन्दी में कदाचित् पहला उपन्यास है जिसमें चेन्नई और तमिलनाडु का जीवन इतने प्रामाणिक रूप में प्रस्तुत हुआ है, वहाँ बारिश से जो बर्बादी होती रही है और सरकारी सहायता का वितरण जिस रूप में होता है, साथ ही समुद्री क्षेत्रों में अतिवृष्टि से उपजी समस्याओं तथा आर्थिक दृष्टि से निम्नस्तरीय समाज का गहरा परिचय उपन्यास देता है। द्राविड़ियन ज्ञान और संस्कृति, युवकों का भटकाव, न केवल वहाँ के अपितु पंजाब के युवकों के भटकाव के कारणों में भी उपन्यास जाता है किन्तु उसका ऋण पक्ष उपन्यास में प्रयुक्त भाषा-शैली और उसकी अत्यधिक वर्णनात्मकता है जो उपन्यास को एक प्रभावी उपन्यास नहीं बनने देती। कमल कुमार के इस वर्ष दो उपन्यास आए हैं—'मैं घूमर नाचूँ' तथा 'पासवर्ड'। 'मैं घूमर नाचूँ' राजस्थान की पृष्ठभूमि में बाल-विधवा का चित्रण करता हुआ महाभारतीय कथा पर भी स्त्री विमर्श की शैली में नई सोच प्रस्तुत करता है। कई अन्य रूपों में भी लेखिका स्त्री-विमर्श के कई प्रसंग उपस्थित कर नारी-पक्ष में अपनी आवाज़ उठाती है। यहाँ 'पास वर्ड' उपन्यास की चर्चा भी अभीष्ट है जो शैल्पिक दृष्टि से उपन्यास-विधा को एक नया रूप देता है। 'शिग़ाफ़' की तरह यहाँ भी ई. मेल की कथा-युक्ति का प्रयोग कर कहीं कथा रिपोर्ताज़ शैली और कहीं आत्म-कथा, तो कहीं यात्रा-वृत्त का सम्मिलित आस्वाद देते हुए अपने को किसी समस्या विशेष पर केन्द्रित नहीं करता है, यहाँ नन्दी ग्राम भी है, जगह-जगह स्त्री-विमर्श भी है, विदेश के अनेक देश हैं, चित्रकला ('पेंटिंग') की दुनिया है तो कहीं साहित्य की श्रेण्य कृतियों पर चर्चा है, नाटक और रंग मंच, फिल्म, साहित्य कर्म की सारवत्ता, आदि पर बड़ा प्रभावी विमर्श रचता उपन्यास एक अलग ही आस्वाद देता अपना विशिष्ट स्थान बनाता है।

इसी वर्ष ज्ञानप्रकाश विवेक का उपन्यास 'चाय का दूसरा कप' प्रकाशित हुआ जिसमें पुत्र के कहीं चले जाने पर उसके पिता के त्रासद जीवन के शून्य और एकाकीपन को बड़े गहरे संवेदन से उकेरा गया है। उपन्यासकार ग़ज़लगो भी हैं, इस हुनर का प्रयोग उपन्यास की भाषा में करते हुए उन्होंने पिता देवदत्त की पुत्र केतन की स्मृतियों को बड़े प्रभावी रूप में चित्रित किया है। एक प्रकार से यह स्मृतियों से ज़िरह करता उपन्यास है। पुत्र-विछोह के दंश के साथ-साथ उपन्यास अपने समय की व्यवस्था और अपसंस्कृति पर भी टिप्पणी करता हुआ एक प्रभावी पाठ बनता है, यथा—"...पिता-पुत्र की दुनिया। जैसे दरिया के दो किनारे। जैसे ज़िन्दगी के दो पाँव। जैसे कुर्सी की दो हत्थियाँ। जैसे जलते दो चिराग़। और चिराग़ों की दो रोशनियाँ। बस, इतनी-सी दुनिया दो जनों की दुनिया।"

वर्ष 2011 के प्रमुख उपन्यासों में सुरेन्द्र वर्मा के 'काटना शमी का वृक्ष पद्म पखुँरी की धार से', हृदयेश के 'चार दरवेश', रमेशचन्द्र शाह के 'विनायक', रमेश दबे के 'खेल गुरु', नासिरा शर्मा के 'पारिजात', सूर्यनाथ सिंह के 'चलती चाकी', मैत्रेयी पुष्पा के 'गुनाह के गुनाह', ज्योत्स्ना मिलन के 'केशर माँ', हरिसुमन बिष्ट के 'बसेरा', नमिता सिंह के 'लेडीज़ क्लब', के.एल. कमल के 'कैम्पस', विजय गौड़ के 'फाँस', दिनेश कर्नाटक के 'फिर वही सवाल', मेवाराम के 'सुल्तान रज़िया', मंजूर एहतेशाम के 'मदरसा', आदि उपन्यासों के नाम परिगणित किए जा सकते हैं।

'मुझे चाँद चाहिए' के ख्यातनामा उपन्यासकार सुरेन्द्र वर्मा का 'काटना शमी का वृक्ष पद्म पँखुरी की धार से' समकालीन उपन्यास में एक नए मील के पत्थर की तरह अपना विशिष्ट स्थान बनाता है, कथ्य और शिल्प दोनों स्तरों पर यह बहुत चुनौतीपूर्ण उपन्यास है। इसका शैल्पिक ढाँचा पूरी तरह नाट्यशास्त्रीय परम्परा का है, लेखक ने इसे सीधे-सीधे उपन्यास न कहकर 'एक दृश्य का व्याख्यान' कहा है, न केवल शीर्षक अपितु नाटक की भाषा पात्रों की संवाद-योजना, दृश्य-विधान, आदि सभी नाट्यधर्मी हैं। कथ्य भी संस्कृत के प्रसिद्ध महाकवि नाटककार कालिदास के जीवन और कृतित्व से सम्बन्धित है। बड़ी गहरी शोध से लेखक ने न केवल तत्युगीन वातावरण का भास्वर निर्माण किया है अपितु भाषा-संरचना में भी उसी कालखंड को मूर्त कर दिया है। महाकवि कालिदास के काव्य और नाटकों पर केन्द्रित इस 'काव्याख्यान' की रचना पूरी तरह नाट्यात्मक है जिसमें पाँच खंडों के अन्तर्गत 95 'दृश्योच्छवास' हैं जिनके शीर्षक प्रसंग का बोध कराने के साथ आधुनिक संवेदन से युक्त हैं, यथा–'डाक पेटी में आबद्ध ऋतुसंहार', 'यदि अंधकूप से फूट सकती है गंगाधार, तभी हो सकती है नन्दीग्राम में नाट्य-रचना!', 'स्थिति नियन्त्रण में है', आदि। नाटकों के समान ही अन्तिम दृश्योच्छवास (95) की संरचना भी 'भरत वाक्य' जैसी ही है। कालिदास के कृतित्व–'ऋतुसंहारम्' तथा 'अभिज्ञान शाकुन्तल' में चित्रित विवरणों के अनुरूप तत्कालीन सांस्कृतिक वातावरण की जीवन्त निर्मिति पूरे मनोयोगपूर्वक की गई है। गुप्तवंशीय राजदरबारों के शीलमय, रीति-व्यवहार, आदि का ध्यान पूरी तरह सूक्ष्मता में जाकर रखा गया है। कालिदास की संघर्ष-यात्रा में आधुनिक युग के साहित्यकार-कलाकार की संघर्ष-गाथा भी समानान्तर रूप से प्रतिभासित होती चलती है। 'नवसीखये (नौसिखिये) नाटककार कालिदास' को जिन कठिनाइयों से गुज़रना पड़ता है, वे आज के सन्दर्भ में भी पूरी तरह सही है। लेखकीय-प्रकाशकीय सम्बन्धों पर सामान्यतः दस प्रतिशत मानदेय ('रॉयल्टी') देने का प्रश्न, 'राष्ट्रीय साहित्य केन्द्र के भव्य प्रेक्षागार' में 'ऋतुसंहार' का उत्सव वर्तमान के 'लोकार्पण' उत्सवों जैसा सम्भार, विश्वविद्यालय के विश्रुत आचार्यों, साहित्य जगत के नामी शोभाधर्मी व्यक्तित्वों ('सेलेब्रेटीज़') आदि, आदि के चित्रण द्वारा उपन्यास की गुप्तकालीन कथा वर्तमान में संचरित होने लगती है। अपनी समग्र प्रस्तुति में उपन्यास का यह अभिनव प्रयोग देर तक स्मृति में रहेगा किन्तु अपने समस्त वैशिष्ट्य और गौरव के होते हुए भी उपन्यास सामान्य पाठक का नहीं बन पाता है, अभिजनों का ही रहता है, जिसमें एक बड़ा कारण इसका (530 पृष्ठीय) पृथुलाकार भी है। बहरहाल, इसके कथ्य और शिल्प पर प्रबुद्ध पाठक रीझे बिना नहीं रह सकता। वरिष्ठ कथाकार हृदयेश की 'चार दरवेश' वृद्धावस्था की समस्या पर एक बेहतरीन औपन्यासिक कृति है। न केवल भारतीय परिवेश में अपितु अन्तर्राष्ट्रीय स्तर पर वृद्धों की समस्या एक विकराल रूप धारण करती चली जा रही है। संयुक्त परिवार-व्यवस्था का टूट-टूट कर एकल परिवारों के अस्तित्व में आ जाने से हमारे समाज में वृद्ध बहुत-बहुत बेचारे हो गए हैं। सूखे नाले की पुलिया पर बैठकर अपने सुख-दुख बाँटते हुए चारों वृद्ध जिस रूप में अपने सुख-दुख साँझे करते हैं वे बदलते समय की तस्वीर पेश कर पीढ़ियों के बढ़ते अन्तराल और सम्बन्धों की ऊष्मा के क्षरण का पीड़ादायक आख्यान प्रस्तुत करते हैं। चिन्ताहरण शर्मा, रामप्रसाद, दिलीपचन्द तथा शिवशंकर और इनमें आ मिला पाँचवाँ वृद्ध महज़ पुलिया पर बैठे अलग-अलग जीव नहीं हैं, वे हमारे समाज के ऐसे चरित्र हैं जो अपने चौगिर्दे में ही नित्य हमें मिल जाते हैं। वृद्धावस्था के कथ्य पर 'चार दरवेश' एक अत्यन्त सशक्त उपन्यास है। रमेशचन्द्र शाह का नया उपन्यास 'विनायक' उनके पिछले चर्चित उपन्यास 'गोबर गणेश' के नायक की उत्तर कथा के रूप में

आया है जिसमें लेखक ने 'गोबर गणेश' के नायक की 'पूरे पन्द्रह साल बाद', 'सुध' ली है। उपन्यास कॉलेज जीवन में प्रोफ़ेसर के अनुभवों और लेखक के रूप में साहित्यिक दुनिया के अनुभवों के आधार पर 'प्रति स्मृति' के रूप में बुना गया है। इस उपन्यास को पढ़कर रमेशचन्द्र शाह के ही उपन्यास 'सफ़ेद परदे' की भी स्मृति हो आती है, कथ्य-शैली में यह उसके काफ़ी निकट लगने लगता है। निश्चय ही यह उनके उपन्यासकार की यात्रा का अगला चरण है। रमेश दवे का 'खेल गुरु' एक वरिष्ठ साहित्यकर्मी का प्रथम उपन्यास है जो अपने कथ्य की नवीनता के कारण प्रभावित करता है। आश्चर्य यह देखकर होता है कि लेखक ने किस प्रकार क्रीड़ा-जगत के अन्तर्बाह्य में इतनी सूक्ष्मता से प्रवेश किया है। वसुधा का चरित्र जिस विश्वसनीय रूप में गढ़ा गया है, वह एक ओर तो क्रीड़ा जगत और उच्च शिक्षा संस्थानों की गतिविधियों का सूक्ष्म चित्रण करता है तो दूसरी ओर इन संस्थाओं में 'तन' का खेला जिस रूप में खेला जाता है, उसका चित्रण कर गुरु और कोच गुरुओं की "'काउच' यानी लड़की की काया के भूखे" लोगों की पोल खोली गई है। दक्षिण भारतीय वसुधा का परिवेश भी उपन्यासकार बहुत कौशल से चित्रित करता है। नासिरा शर्मा का 'पारिजात' इलाहाबाद की पृष्ठभूमि में बीते समय की हिन्दू-मुस्लिम समाजों की गंगा-जमुनी संस्कृति का चित्रण करता हुआ लखनऊ, सीतापुर, उनकी रवायतों, आदि का बड़ा गहन परिचय उपन्यास देता है, यथा 'पाटदार आवाज़ से मसनवी का पहला हिस्सा हम्द (ख़ुदा की प्रशंसा)' का तरन्नुम से पढ़ा जाना, आदि। आधुनिक जीवन स्थितियों में जिस रूप में इस समाज का रूपान्तरण हो रहा है, उसकी प्रतीति भी कथा देती है।

'चलती चाकी' सूर्यनाथ सिंह का यद्यपि प्रथम उपन्यास है किन्तु इस उपन्यास में ग्रामीण जीवन पर जो उनकी पकड़ है, वह बहुत आश्वस्तिदायक है। कथानायक श्वेतानन्द गाँव-सुधार का जो प्रकल्प साधते हैं, वह भले ही आदर्शवाद का चरम प्रस्तुत करता हो, किन्तु वह अव्यवहारिक बिलकुल नहीं है। भूमंडलीकृत व्यवस्था में गाँव की बदलती तस्वीर, बाज़ारवाद की विभिन्न स्थितियाँ, गाँव में पुलिस तंत्र का अपना ही रूप, वाम-आन्दोलन, उससे परिचालित छात्र-राजनीति, साधुओं का राजनीति में बढ़ता दख़ल, गाँव के जातीय समीकरण और चुनावी राजनीति का जाति-आँकड़ों को भुनाना, हिन्दी पत्रकारिता, विश्वविद्यालयों के पाठ्यक्रम, आदि प्रश्नों से टकराता उपन्यास अपने समय को जीवन्तता से विश्लेषित करता है। मैत्रेयी पुष्पा का 'गुनाह बेगुनाह' उनकी 'फादर की डायरी' (रिपोर्ताज़) के अगले क़दम के रूप में देखा जा सकता है जिसमें वे पुलिस में कार्यरत महिलाओं के माध्यम से स्त्री पर हो रहे अत्याचारों का प्रतिरोधी स्वर उपस्थित करती हैं। उपन्यास में 'नए ज़माने की नई औरत' का चरित्र विभिन्न नारी पात्रों की 'केस हिस्ट्री' के रूप में प्रस्तुत किया गया है, समीना, शीतल, गुलाब, सुरेन्द्र कौर, आदि की पीड़ा के ब्योरे कथा-नायिका इला के द्वारा देते हुए मैत्रेयी स्त्री-पक्ष में बहुत मज़बूती से खड़ी दिखाई देती हैं। ज्योत्स्ना मिलन का उपन्यास 'केशर माँ' अतीत से एक ऐसा चरित्र केशर माँ के रूप में प्रस्तुत करता है जिनकी प्रजाति अति दुर्लभ होती चली जा रही है, मानवीय मूल्यों को जीने वाले ऐसे चरित्र अब स्मृति में ही रह गए हैं। हरिसुमन बिष्ट ने यदि अपने पिछले उपन्यास 'आछरी-माछरी' में पहाड़ का जन-जीवन उकेरा था तो इस बार वे 'बसेरा' में राष्ट्रीय राजधानी क्षेत्र के नोएडा का चित्रण निठारी गाँव को केन्द्र में रखकर करते हैं। निठारी कांड की भी चर्चा उपन्यास में है, पर उससे भी अधिक उन गाँवों का चरित्र-विकास उपन्यास में हुआ है जिन पर नोएडा जैसा तेज़ी से बढ़ता दिल्ली का उपनगर बनता चला गया। वहाँ के गाँवों में पुलिस किस प्रकार अपना तंत्र-संजाल चलाती है, उसका चरित्र बड़ी सूक्ष्मता से चित्रित किया गया

है। जितेन ठाकुर 'नीलधारा' उपन्यास के माध्यम से हरिद्वार में साधु-सन्तों के आश्रमों की पंचसितारा होटलनुमा ज़िन्दगी के सच में गहरे प्रवेश करते हुए वहाँ के कदाचारों पर दृष्टि डालते हैं। कुम्भ मेले के समय नागा साधुओं का व्यवहार, धर्म के ऐसे पावन, बिना लागत के व्यवसाय, आदि पर अपनी तीखी प्रतिक्रिया देकर लेखक एक अहम सवाल 'हरि का द्वार' हरिद्वार के विषय में उठाता कहता है, 'कौन से हरि का द्वार है यह'—इसी प्रश्न से उपन्यास की कथा जूझती है।

नमिता सिंह का 'लेडीज़ क्लब' साम्प्रदायिकता की समस्या पर एक बहुत सशक्त उपन्यास है। भारतीय परिदृश्य में साम्प्रदायिकता का मुद्दा सदैव हिन्दू-मुस्लिम सम्प्रदायों के बीच ही उठता रहा है। अलीगढ़ मुस्लिम संस्कृति का सुदृढ़ गढ़ है, जब-जब दोनों सम्प्रदायों के बीच साम्प्रदायिक मनोवृत्ति या समस्या की बात उठती है, तब-तब अलीगढ़ विश्वविद्यालय का नाम किसी न किसी रूप में आता है। नमिता सिंह अपने इस उपन्यास में हिन्दू-मुस्लिम के बीच की गंगा-जमुनी साँझा संस्कृति का बहुत सशक्त पक्ष प्रस्तुत करती हैं। अलीगढ़ के भूगोल और मनोभूगोल दोनों का गहरा परिचय देता हुआ उपन्यास अपने पात्रों के माध्यम से साम्प्रदायिक मनोवृत्ति को तिरस्कृत कर दोनों सम्प्रदायों के इनसानी जज़्बातों को रेखांकित करता है। विमलेश जिस रूप में इन वहशी साम्प्रदायिक लोगों से लड़ती है, वह रोमांचकारी है। 'विभाजन रेखाओं' को 'जोड़ने वाली डोरियों' के रूप में परिवर्तित करते उपन्यास के पात्र प्रभावित तो करते ही हैं, लगभग 40 साल पहले 'इंडियन वीमेन फेडरेशन' का अधिवेशन जिस रूप में आयोजित हुआ (शायद नमिता सिंह द्वारा ही), वह उस समाज में नारी-जागरण का एक बहुत सशक्त और प्रथम पग था। अलीगढ़ के बाहरी अँचलों में बसी मुस्लिम बस्तियों का भी चित्रण बहुत जीवन्त रूप में हुआ है, वस्तुतः पूरा अलीगढ़ उपन्यास में जीवन्त हो उठता है।

के.एल. कमल (भूतपूर्व कुलपति, राजस्थान विश्वविद्यालय) का उपन्यास 'कैम्पस' कुलपति की विवशताओं का चित्रण करता हुआ विश्वविद्यालयी शिक्षा व्यवस्था की कलई खोलता है। विश्वविद्यालयों के कैम्पस पर पहले भी श्रवण कुमार, देवेश ठाकुर, आदि ने अच्छे उपन्यास लिखे हैं किन्तु अध्यापकों और छात्र संघों की राजनीति कुलपति और उसके स्वप्नों को किस प्रकार बन्धक बनाकर रखते हैं, उसका बहुत भुक्त-भोगी चित्रण सशक्त रूप में उपन्यास में लेखक ने किया है। इतना अच्छा उपन्यास होते हुए भी यह कोई दिशा नहीं दे पाता कि इन स्थितियों से त्राण का भी कोई उपाय हो सकता है, कथा का कुलपति चन्द्रकान्त अपना त्यागपत्र देकर पलायन कर जाता है। दो युवा कथाकारों के पहले उपन्यास आए हैं जो उनके लेखन के प्रति आश्वस्त करते हैं, विजय गौड़ का 'फाँस' तथा दिनेश कनार्टक का 'फिर वही सवाल'। विजय गौड़ के 'फाँस' में निम्नवर्गीय जन-जीवन को केन्द्र में रखकर यह विश्लेषित करने की चेष्टा की गई है कि देश में आज़ादी की सूरज की किरणों को किस वर्ग ने बन्दी बनाकर रख लिया, सामान्य-जन की ज़िन्दगी अँधेरे में ही भटकने के लिए अभिशप्त रह गई। अमीरों और ग़रीबों के बीच की खाई किस प्रकार निरन्तर और चौड़ी तथा गहरी होती चली गई, इन्हीं स्थितियों का विश्लेषण नई पीढ़ी की दृष्टि से किया गया है। दिनेश कनार्टक 'फिर वही सवाल' में एक पहाड़ के उस नौजवान की पीड़ा से साक्षात्कार कराते हैं जो रोज़ी-रोटी और अच्छे भविष्य की तलाश में शहर का रुख़ करता है, किन्तु यहाँ रहकर भी वह अपने गाँव और जड़ों को नहीं भुला पाता है। पहाड़ से शहर आए लड़के की संघर्ष कथा का मार्मिक आख्यान उपन्यास में कुशलता से बुना गया है।

वर्ष 2012 के उपन्यासों में काशीनाथ सिंह का 'महुआचरित', गिरिराज किशोर का 'स्वर्ण-मृग', महुआ माजी का 'मरंग गोड़ा नीलकंठ हुआ', रमेशचन्द्र शाह का 'कथा सनातन', द्रोणवीर कोहली का 'पोटली', नीलेश रघुवंशी का 'एक क़स्बे का नोट्स', विमांशु दिव्याल का 'गाथा लंपट तंत्र की', कुसुम कुमार का 'मीठी नीम', विद्या सागर नौटियाल का 'मेरा जामक वापस दो', शैलेन्द्र सागर का 'एक सुबह यह भी' रजनी गुप्त का 'कुल जमा बीस', अशोक भौमिक का 'शिप्रा एक नदी का नाम है' के नाम विशेष रूप से उल्लेखनीय हैं। सिद्धहस्त कथाकार काशीनाथ सिंह का 'महुआचरित' एक लघु उपन्यास है, बड़े फॉन्ट में काग़ज़ पर काफ़ी हाशिए छोड़कर इसे लगभग 90 पृष्ठों तक का फैलाव दिया गया है (पुस्तक में कुल मिलाकर 100 पृष्ठ)। यहाँ यह अवकाश नहीं है कि यह विचार किया जाए कि इस कृति को लघु उपन्यास कहा जाए या लम्बी कहानी, प्रकाशित रूप में इसे लघु उपन्यास की ही संज्ञा दी गई है। निश्चय ही उपन्यास की संरचना पर सिद्धहस्त कथाकार का कौशल इसे बहुत पठनीय बना देता है। कथा कहने की नई शैल्पिक युक्ति, कहन में आद्यन्त कथा रस की अवस्थिति, भाषा का लालित्य, शब्द-प्रयोग का लाघव कृति में गज़ब की पठनीयता देता है। दाम्पत्य में स्त्री-पुरुष के व्यक्ति-स्वातंत्र्य के मूल्यों की स्थापना को बिलकुल अधुनातन दृष्टि से 'पुरातन' कथाकार (वरिष्ठ कथाकार) ने बड़े उल्लासपूर्ण लहज़े में वर्णित किया है। गिरिराज किशोर का लघु उपन्यास 'स्वर्ण-मृग' वैश्वीकरण की अपसंस्कृति का चित्रण करता हुआ धन के पीछे अंधी दौड़ दौड़ती नई पीढ़ी की दुर्नियति का बयान बड़ी कुशलता से करता है। 'चैटिंग' की ई-मेल संस्कृति में पल रही पीढ़ी को आए दिन भरमाने वाले जो मेल्स आते हैं, उसमें कैसे लाखों-लाखों का चूना लगाकर आदमी को स्वर्ण-मृग के पीछे दौड़ा दिया जाता है—इन सब स्थितियों का त्रासद चित्रण उपन्यास की उपलब्धि है। राजकमल प्रकाशन के 'कृति सम्मान' से सम्मानित महुआ माजी का 'मरंग गोड़ा नीलकंठ हुआ' ख़ासी चर्चा में है—अनुकूल और प्रतिकूल दोनों प्रकार की आलोचनाएँ उपन्यास को मिली हैं। झारखंड के जमशेदपुर के सन्निकट स्थित 'मरंग गोड़ा'—जो वास्तव में 'जादूगोड़ा' है—क़स्बे के पन्द्रह गाँवों के तीस हज़ार से अधिक लोग यूरेनियम के कारखानों के विकिरण से प्रभावित हैं, "विकिरण-प्रदूषण-विस्थापन से जूझते आदिवासियों की गाथा" प्रस्तुत करना ही उपन्यास का उद्‌देश्य है। 'हो' जनजाति के लोकाचारों, जनजीवन का चित्रण करते हुए वैश्वीकरण की अनेक समस्याओं की भी यहाँ चर्चा हुई है। रमेशचन्द्र शाह का उपन्यास 'कथा सनातन' वृद्धावस्था को केन्द्र में रखकर जीवन के तत्त्व या कहें 'आत्म तत्त्व' की तलाश करता है जिसे उपन्यासकार "जीवनी नहीं जीवनी का अर्क" तथा "आत्मकथा और परमात्म कथा का वह अपूर्वानुमेय रसायन" कहता है जो "तथाकथित जीवनी या तथाकथित आत्मकथा से नहीं मिलता", इसे "औपन्यासिक सरंचना" ही सँभाल सकती थी। द्रोणवीर कोहली का उपन्यास 'पोटली' उनके अन्य उपन्यासों की भाँति एक आत्मकथात्मक संस्पर्श लिये हुए है, भारत-पाक विभाजन की त्रासदी के वे चश्मदीद ग़वाह ही नहीं, अनेक-अनेक कष्टों के भोक्ता शरणार्थी थे, इसलिए इस उपन्यास के अनेक किरदार उस समय की साक्षी देते हैं, इसी परिवेश में पल्लवित होती कथा-नायक मैं और सहायता की प्रेम-कथा परवान चढ़ती है। नीलेश रघुवंशी का 'एक क़स्बे के नोट्स' बुन्देलखंड के एक क़स्बे के माध्यम से पूरे उत्तर भारतीय क़स्बों का परिवेश बहुत अन्तरंगता से वहाँ की बोली-बानी को साहित्यिक संस्कार देते हुए प्रस्तुत किया गया है। पारिवारिक-सरंचना और सम्बन्धों के खट्टे-मीठे अनुभव पाठक को बहुत-बहुत अपने लगने लगते हैं। विद्यासागर नौटियाल का उपन्यास 'मेरा जामक वापस दो' पहाड़ की पीड़ा का उपन्यास

कहा जा सकता है। उत्तरकाशी से पचीस किलोमीटर की दूरी पर बसा गाँव जामक कथा के केन्द्र में है। 40-50 घरों की आबादी वाले गाँव की संघर्ष-कथा को लेखक उस समय से उठाता है जब प्रजामंडल के नेतृत्व में जनता ने सन् 1948 में राजशाही का तख़्ता पलट दिया था। वहाँ तथा अल्मोड़ा में आए भयंकर भूकम्प में जनता को जो भोगना पड़ा, बाद में बाँध बनने के समय जिस रूप में पन्द्रह गाँवों से आबादी का विस्थापन हुआ, कांग्रेसी सरकार की नीतियों, प्रशासन-तंत्र की भ्रष्टता ने विकास के रथ को जनता के द्वार तक नहीं पहुँचने दिया, आदि इन्हीं समस्याओं पर कथा-विन्यास हुआ है।

विभांशु दिव्याल का उपन्यास 'गाथा लंपट तंत्र की' चार लड़कों—बाद में पाँचवाँ भी इनमें आ मिलता है—के माध्यम से देश के भ्रष्ट तंत्र पर उँगली रखता हुआ, उस सबके प्रति उबलते युवा आक्रोश को वाणी देता है। जनता के हाथ से ज़मीनों का निकलना, जंगलों का छिनते चले जाना, मॉल-संस्कृति और उपभोक्तावाद का बढ़ता खेल, आदि उपन्यासकार की चिन्ता का विषय बनते हैं। इस कथा-मुहावरे से अलग हटकर सुधाकर अदीब का उपन्यास 'मम अराम' आया है जो राम कथा को एक नया आयाम देता है जिसमें अभी तक राम की छाया बने अनुज सौमित्र लक्ष्मण के हृदय को किसी ने भी, किसी भी साहित्य-विधा में अपनी लेखनी का विषय नहीं बनाया। राम कथा के मूल स्वरूप को अक्षुण्ण रखते हुए लक्ष्मण की महत्त्वपूर्ण भूमिका को रेखांकित किया गया है। शैलेन्द्र सागर अपने उपन्यास 'एक सुबह यह भी' में अलग तरह का दलित-विमर्श रचते हुए भ्रष्ट प्रशासनिक व्यवस्था के चलते इस वर्ग की दुर्दशा 'अभेद्य दीवार' टूट नहीं पाती है। 'हीरामन हाईस्कूल' की ख्यात लेखिका का 'मीठा नीम' उपन्यास आया है जो पर्यावरण ('इकॉलॉजी') की समस्या पर अपनी तरह का पहला उपन्यास है। रजनी गुप्त अपने उपन्यास 'कुल जमा बीस' में समस्या को वहाँ से उठाती है, जहाँ उसे अपने पिछले उपन्यास 'एक न एक दिन' के लगभग अन्त में छोड़ा था। माँ-बाप के कुसमंजन ('मैलएडजस्टमेंट') के बीच चल रहे कटु-तिक्त रिश्तों के बीच बच्चों को कैसा अस्वाभाविक विकास मिलता है, 'कुल जमा बीस' में यह समस्या और विकटतर रूप धारण करती है। माँ-बाप की ऐसी गृहस्थी के बीच बच्चे अपने सपनों का आकाश खोजने के लिए, जो संघर्ष करते हैं, उस सबका परिचय देते हुए नई पीढ़ी के स्वतंत्र, किसी हद तक उच्छृंखल जीवनाचार की तह में झाँकते हुए उनके प्रेम और यौनाचार-सेक्स जीवन के 'यूज़ एंड थ्रो' के नव दर्शन पर भी विचार किया गया है। अशोक भौमिक का 'शिप्रा एक नदी का नाम है' में बंगाल से लेकर उ.प्र. तक में फैले वामपन्थी आन्दोलन के विकास के सूत्र नई दृष्टि और तथ्यों के साथ तलाशे गए हैं। स्वतंत्रता प्राप्ति के लिए भगत सिंह, चन्द्रशेखर आज़ाद, सुभाषचन्द्र बोस के दाय को रेखांकित करते हुए उस मोहभंग को चित्रित किया गया है जो 1947 के बाद हुआ। थोड़े ही समय में गांधी-नेहरू के भरोसों को टूटते देख नई पीढ़ी का मोहभंग हुआ और वह किस प्रकार वामपन्थी खूनी आन्दोलनों में शामिल होते चले गए, इसका बड़ा दृष्टिपूर्ण चित्रण 96 पृष्ठीय उपन्यास में कौशल से सम्भव किया गया है। स्मरणीय है कि अशोक भौमिक का पहला ही कला जगत का अन्तरंगता में चित्रण करने वाला उपन्यास 'मोनालिसा हँस रही थी' भी मात्र 127 पृष्ठीय उपन्यास है। ये दोनों उपन्यास और इधर के आए कुछ अन्य युवा लेखकों के प्रायः छोटे उपन्यास इस बात की सहज प्रतीति कराते हैं कि बड़ी बात कहने के लिए उपन्यास का पृथलकाय होना आवश्यक नहीं है।

ज्ञानप्रकाश विवेक का 'तलघर' उनके पिछले उपन्यास 'आखेट' का अगला चरण या विस्तार है, कथानायक चेतन भी वही है और उपन्यास का कथ्य भी इंश्योरेंस सेक्टर का ही है। इंश्योरेंस

कम्पनियों की ही नहीं, निजी क्षेत्र, प्राइवेट सेक्टर की सभी कम्पनियों की कार्य शैली, वहाँ के दफ़्तरों का माहौल, अनिरुद्ध जैसे लोगों का संस्पेंशन और संघर्ष, यूनियनों की राजनीति और साथी कर्मचारियों का व्यवहार, बीमा कम्पनियों में 'थर्ड पार्टी' बीमा कराने वालों का खैरमकदम, बॉस और स्टेनो के रिश्ते, आदि का जीवन्त चित्रण उपन्यास को पठनीय बनाते हैं। परितोष चक्रवर्ती का 'प्रिंट लाइन' उपन्यास झारखंड के बिलासपुर, रायपुर क्षेत्र को विशेषतः केन्द्र में रखकर पत्रकारिता की दुनिया में अन्तरंगता से झाँकता हुआ देश-दुनिया के हालातों की ख़बर लेता चलता है। 'दैनिक दीनबंधु', 'महाकौशल', 'दिनमान', 'ब्लिट्ज़', 'स्टार डस्ट', आदि बड़े अख़बारों और आँचलिक अख़बारों की कार्य-पद्धति, अंग्रेज़ी पत्रकारिता और हिन्दी पत्रकारिता की दुनिया के अन्तरालों की जानकारी के साथ देश की चुनावी राजनीति, आपातकाल की स्थितियों, आपातकाल के समय देश की चार प्रमुख समाचार-एजेन्सियों के विलय से बनी 'समाचार' एजेन्सी के बनने से भारतीय समाचार-जगत में लौटती चमक, आदि के विवरण पत्रकारिता की दुनिया के अन्तरंग सत्यों से परिचित कराकर उपन्यास को रोचक रूप देते हैं।

इसी प्रकार नई शती में हिन्दी उपन्यास का कथा फलक अभूतपूर्व विराटता लिये हुए है, राष्ट्रीय और अन्तर्राष्ट्रीय समस्याओं के सन्दर्भों के साथ-साथ हमारे देश और समाज की विविधमुखी समस्याएँ, जो भी इन सन्दर्भों में चिन्तनीय हैं, उन सभी पर हिन्दी उपन्यासकार की दृष्टि गई है। शैल्पिक समृद्धि में भी उपन्यास इस समय बहुत आगे की यात्रा तय करता है।

अध्याय चार

21वीं शती उपन्यास : कथ्य का विराट वितान

21वीं शती में आकर उपन्यास के कथ्य की विस्तृति आश्चर्यचकित करती है। जीवन, जगत का कोई क्षेत्र नहीं छूटा है जिस पर उपन्यास-रचना न हुई हो। इसका सबसे बड़ा कारण यह है कि समाज के सभी क्षेत्रों से ऐसे रचनाकार आ रहे हैं जिनके पास अपने अनुभव-क्षेत्र की अपनी नई अनुभव-सम्पदा है। डॉक्टर, पत्रकार, अध्यापक, चित्रकार, प्रशासन के उच्च पदों—आई.ए.एस., पी.सी.एस., पुलिस कमिश्नर, विदेश सेवाओं के अफ़सरों से लेकर बीमा कम्पनियों, बैंक, कारपोरेट जगत, आदि से सम्बद्ध व्यक्ति, मध्यम दर्ज़े के पदों और सामान्य कर्मचारी—क्लर्क, पत्रकार, पत्रकारिता और इलेक्ट्रोनिक मीडिया की दुनिया से जुड़े लोग, विज्ञापन-जगत से सम्बद्ध, विश्वविद्यालयों के कुलपति से लेकर अध्यापक, वास्तु जगत से जुड़े लोग, खनन क्षेत्रों से सम्बद्ध व्यक्ति, क्रीड़ा जगत, सैन्य जीवन से जुड़े लोग तथा स्वतंत्र रूप से केवल लेखन और लेखन करने वाले—अनेक प्रकार से समाज के विभिन्न वर्गों एवं दूरस्थ अंचलों के लोग आज उपन्यास-रचना में संलग्न हैं। उनकी विपुल अनुभव-सम्पदा ने उपन्यास के कथ्य का विराट वितान रचा है। अच्छे उपन्यासों की कथा एकरेखीय नहीं रहती, उनमें एकाधिक समस्याओं से जूझते हुए कथा का चरित्र इतना संश्लिष्ट बना रहता है कि एक साथ ही समय और समाज के अनेक ज्वलन्त प्रश्नों पर विमर्श रचा जाता है। उपन्यास के कथ्य के सभी पक्षों पर बात करना कदाचित् सम्भव भी नहीं है किन्तु फिर भी जिन प्रमुख समस्याओं-प्रश्नों पर उपन्यासकारों की दृष्टि गई है, उन्हें निम्नस्थ रूप में रखा जा सकता है—

1. समस्याओं के राष्ट्रीय-अन्तर्राष्ट्रीय सन्दर्भ
2. भूमंडलीय अपसंस्कृति
3. भूमि अधिग्रहण और कृषक दुरवस्था
4. औपनिवेशिक साम्राज्यवाद का प्रतिरोधी स्वर
5. साम्प्रदायिकता का प्रतिरोध
    (अ) विभाजन की त्रासदी का सच
    (आ) बाँग्लादेश निर्मिति
    (इ) बाबरी मस्जिद प्रकरण
    (ई) गुजरात नरसंहार
    (उ) कश्मीर समस्या
    (ऊ) मुस्लिम चिति ('साइकी')
    (ए) वैश्विक आतंकवाद और पंजाब का आतंकवाद

6. प्रशासनिक भ्रष्टाचार और राजनीतिक गठजोड़
7. ग्राम समाज, सुदूर अंचल
8. पहाड़ का जीवन
9. खनन क्षेत्र
10. नक्सलवाद, युवा आक्रोश
11. वृद्धावस्था
12. दलित विमर्श
13. प्रेम तथा स्त्री-पुरुष सम्बन्धों के अन्य आसंग
14. कला जगत
15. पत्रकारिता की दुनिया
16. वास्तु जगत
17. विश्वविद्यालय परिसर
18. थ्री-पेजी दुनिया
19. खेल की दुनिया
20. एंग्लो इंडियन समाज
21. पर्यावरण संकट
22. भोपाल गैस त्रासदी

स्त्री-पक्ष उपन्यास में इतने विस्तार में चर्चित हुआ है कि उसे अलग से आगामी अध्याय में विवेचित किया गया है।

1. समस्याओं के राष्ट्रीय-अन्तर्राष्ट्रीय सन्दर्भ

आज सूचना-संचार प्रौद्योगिकी तथा तकनीक के विस्तार से भूमंडल का विस्तार सबके लिए इतना संक्षिप्त हो चुका है कि दुनिया के किसी भी देश में घटित घटना चन्द मिनटों-घंटों में पूरे संसार में फैल जाती है। बिलकुल ताज़ा-ताज़ा (दिसम्बर 16.17, 2012 की रात में घटित) 'दामिनी' सामूहिक बलात्कार ('गैंग-रेप') का उदाहरण है जिसने देश और पूरी दुनिया को बुरी तरह झकझोरकर रख दिया। इससे पूर्व पाकिस्तान की स्वात घाटी में अफ़गानी संस्कृति के तालिबानी पहरूओं ने बालिका शिक्षा के विरोध में मलाला को जब गोली मारी थी, तो ऐसा ही उदाहरण उपस्थित हुआ था। विश्व के किसी भी कोने में कोई गम्भीर, अप्रिय घटना घटित होती है तो उससे पूरी मानवीयता प्रभावित होती है। सीरिया पर होने वाले हमले, मिश्र की अशान्ति, जापान की सुनामी, विएतनाम की भीषण बाढ़, किसी भी देश में हो रहे सत्ता-परिवर्तन, मनुष्य की आज़ादी के लिए कहीं भी किए जा रहे संघर्ष, प्रजातंत्र की स्थापना के प्रयत्नों, आदि पर पूरी दुनिया की नज़र टिक जाती है। संवेदनशील कथाकार का रचनाकार मानस देश-दुनिया की इन सब घटनाओं से प्रभावित होता है। 21वीं शती के हिन्दी उपन्यासों में जागरुकता और परिपक्वता के साथ राष्ट्रीय और अन्तर्राष्ट्रीय समस्याओं पर विचार हुआ है।

कमलेश्वर 'कितने पाकिस्तान' उपन्यास में वर्तमान के कारगिल युद्ध से लेकर, पीछे लौटते हुए, आर्यों के भारत आगमन, उसके बाद मुग़लों के समय के इतिहास, अकबर और दाराशिकोह के प्रयत्नों से हिन्दुस्तान में बनती एक नई तहज़ीब और धर्मांधता में औरंगज़ेब द्वारा इस तहज़ीब को तहस-नहस कर देने की नीतियों, आदि का विवेचन, ब्रिटिश साम्राज्यवादी शक्ति द्वारा

हिन्दू-मुस्लिम के बीच खड़ी हो गई नफ़रत की दीवार की वास्तविकता को परखा गया है। कश्मीर में सूफ़ियों के प्रचार से इस्लाम का जो परिष्कृत रूप पहुँच रहा था, औरंगज़ेब, आदि द्वारा उसका विरोध, फिर कश्मीरी पंडितों की रक्षा में गुरु तेग़बहादुर का बलिदान, आदि को लेखक अपनी इतिहास दृष्टि से परीक्षित करता है। इतना ही नहीं आर्यों-अनार्यों के संघर्ष, बौद्ध धर्म का विरोध, आदि पर दृष्टि डालता हुआ लेखक अपनी आवाज़ को बहुत अकेली पाता है तो वह अपने क़लम के साथियों को पुकारता है कि वे अपनी क़लम की ताक़त को पहचानते हुए इतिहास की उन विसंगतियों पर प्रहार करें जिनसे 'कितने-कितने पाकिस्तान' बनने की नौबत आई है, "...मैं अब बुरी तरह लस्त हो गया हूँ। मैं अपने दोस्तों और समकालीनों को आवाज़ देना चाहता हूँ कि मेरा साथ दो...राकेश, रेणु, दुष्यन्त, राही, परसाई, रघुवीर, श्रीकान्त के अलावा मैं अपने तमाम उन दोस्तों को आवाज़ देना चाहता हूँ जो अपनी रचनात्मक शक्ति और क़लम की सच्चाई से इस दुनिया को बेहतर बनाना चाहते हैं...उनसे कहो—मेरा साथ दें...मैं बहुत अकेला पड़ गया हूँ।"[1] उपन्यास का नायक (उसे नैरेटर भी कहा जा सकता है), अदीबे आलिया फ़न्तासी की विभिन्न युक्तियों से किसी भी देश में हाज़िर हो, मानवता के त्रास और सामान्य आदमी को छलने की कहानी कहने लगता है। भारत-पाक विभाजन में अंग्रेज़ों की राजनीति, ईस्ट इंडिया कम्पनी, डच, पुर्तगाली कम्पनी, आदि विदेशी कम्पनियों की व्यापार, विस्तार और देश की राजनीति में घुसपैठ, बंगाल में धोखे से राजशक्ति का हथियाना, और फिर धीरे-धीरे पूरे देश की सत्ता पर कब्ज़ा ज़माने की चालों को बहुत बारीकी से चित्रित किया गया है। यही नहीं अन्तर्राष्ट्रीय क्षितिज पर यूगोस्लाविया, सर्बिया, अफगानिस्तान के अन्दरूनी हालात और तालिबानों का उदय, पाकिस्तान की आई.एस.आई., इस आई.एस.आई. के पास पैसा न दे पाने की विवशता में उसका नशीली दवाइयों, हथियारों के अवैध व्यापार में कूदने की मज़बूरी, इनसे अलग नाटो की राजनीति, द्वितीय महायुद्ध में अनावश्यक रूप से एटम बम और हाइड्रोजन बम का अवांछनीय प्रयोग, आदि पर विभिन्न लोगों से कैफ़ियत माँगी जाती है, "यह मामला तो सीधे-सीधे नृशंस मानव-हत्या का है, क्योंकि अमेरिकी प्रेसीडेंट ट्रूमैन के पास एटमी हमले का कोई कारण नहीं था। ट्रूमैन! उत्तर दो...भूमध्यसागर में मुसोलिनी ध्वस्त हो चुका था। सोवियत सेनाओं के सामने हिटलर और उसका बर्लिन घुटने टेक चुका था और जापान समर्पण के लिए तैयार था...तब तुम्हें इतना मारक और संहारक अणु और हाइड्रोजन बमों द्वारा आक्रमण करने की क्या ज़रूरत थी?"[2] कदाचित् विश्व साहित्य में अन्य कहीं द्वितीय महायुद्ध में विभीषिका ढाने वालों से ऐसा जवाब किसी और साहित्यकार ने नहीं माँगा है। द्वितीय महायुद्ध के कई अन्य अलक्षित पक्षों पर उपन्यासकार की दृष्टि जाती है। युद्धों में, विशेषतः द्वितीय महायुद्ध में, औरतों पर सेनाएँ जो क़हर ढाती हैं, उसका यह अनजाना पक्ष कमलेश्वर इस रूप में कोरियन लड़की के माध्यम से उजागर करते हैं, "किम-हकसुन ने कहा—'सर! मैं कोरियन हूँ! तब मैं 17 साल की थी। वैसे मैं पैदा तो सन् 1924 ई. में, जिलिन में हुई थी। लेकिन 1941 में मुझे पेइचिंग से जापानी फ़ौजियों ने उठाया था और दूसरे महायुद्ध के दौरान मुझसे जापानी सोल्जरों ने लगातार 15 बार प्रतिदिन बलात्कार किया। मुझे 'तीसहिनताई' कोर में भर्ती किया गया जो सेक्स-कोर थी, जिसे 'कम्फर्ट कोर' के नाम से पुकारा जाता था। इस कोर में करीब चालीस हज़ार औरतें-लड़कियाँ ज़बरदस्ती भर्ती की गई थीं और हम प्रतिदिन कम से कम पन्द्रह जापानी फौजियों की पाशविक वासना को सहती और तृप्त करती थीं... ।"[3] इतना ही नहीं अरब अमीर जिस प्रकार कमसिन लड़कियों को ख़रीदकर उन्हें दिन में बीसियों बार रौंदते हैं, उसका उदाहरण उपन्यास में बिलकीस के

द्वारा दिया गया है। उपन्यास विश्व इतिहास के और भी बेग़ैरत पन्नों में झाँकता है, यथा यूरोप में गोरों, जिन्हें उपन्यासकार ने 'नीले खून वाले' कहा है, ने जिस प्रकार पूरे यूरोप में नृशंस शोषण का चक्र चलाया है, उसे इस प्रकार चिन्हित किया गया है, "क्योंकि यह तथाकथित नीले खून वाले मुख्यतः ऐय्याश, लुटेरे और साम्राज्यवादी थे...इन्हीं के वंशजों ने पूरे यूरोप को अपनी खानदानी जागीर बना लिया था। जागीर की ख़ातिर ये अपना नाम और पहचान बदलने में देर नहीं लगाते थे (माउंटबेटन का रूसी खानदान इसी तरह जर्मनी और वहाँ से खदेड़े जाने पर इंग्लैंड में आ बसा था, उनके पिता 'बेटनवर्ग' से 'माउंटबेटन' बने थे)...यूरोप के सारे राजशाही खानदान खून, रिश्तों या शादियों के जरिए जुड़े हुए थे...फिर चाहे वह क़ैसर हो, रूस का ज़ार निकोलस, स्पेन का अलफांसो या ग्रीस का कॉन्स्टेननाइन, रोमानिया का फर्डीनंड, स्वीडन का गुस्ताव, नार्वे का हक्कून हो या यूगोस्लाविया का अलेक्ज़ेंडर...अपनी विलासिता और ऐय्याशी के लिए इन खानदानों ने हर राज्य में प्रजा का नृशंस शोषण किया और उन्हें दबाए रखने के लिए उन्हीं की औरतों से संसर्ग करके सामन्त-श्रीमन्तों का वर्ग पैदा किया...इन राजघरानों ने सामन्तों को सुविधाओं के उदार अंकुश में रखा पर जन-सामान्य को लूटने और सताने के लिए उन वर्गों को निरंकुश छोड़ दिया... ।"[4] इसी प्रकार विश्व इतिहास की कितनी ही घटनाएँ यहाँ नए सिरे से, नए नज़रिए से देखी-परखी गई हैं। कथा को इस प्रकार अन्तर्राष्ट्रीय सन्दर्भों से जोड़ना हिन्दी उपन्यास की यह महत उपलब्धि है।

भूमंडलीकरण के सन्दर्भ में अमेरिकी वर्चस्व को तो बहुत सारे उपन्यासों में विश्लेषित किया गया है। काशीनाथ सिंह टी.वी. द्वारा प्रसारित अमेरिकीकरण की प्रक्रिया को फंतासी के व्यंग्य के माध्यम से चित्रित करते हैं, "...अमेरिका ने एक टीका ईज़ाद किया है। टीका क्या है, ड्रॉप है। हँसी निरोधक ड्राप। पैदा होते ही किसी बच्चे को एक बूँद दे दी जाए तो हँसी जीवन-भर के लिए ख़त्म। फिर वे मनहूस के मनहूस ही मर जाएँगे हमेशा के लिए। सुना है, वह इसका प्रयोग जापान में कर चुका है।" "जिसे हँसी निरोधक ड्रॉप कह रहे हो, वह ड्रॉप-ड्राप नहीं, यही टी.बी. है।"[5] पूरे विश्व में अमेरिकी संस्कृति का प्रसार कर सामान्य जन की हँसी छीनने का यह व्यंग्यात्मक कथन अमेरिका की साम्राज्यवादी नीति पर तीव्र व्यंग्य है।

राजू शर्मा का उपन्यास 'विसर्जन' आर्थिक उदारवाद, नवविकास की परिकल्पना के सन्दर्भ में राष्ट्रीय और अन्तर्राष्ट्रीय आर्थिक चिन्तकों की अवधारणाओं पर विचार करता है। नव उदारवाद भारत को क्रिब रिपोर्ट (संशोधित संस्करण) के माध्यम से एक स्वप्न-संसार दे रहा है कि भारत को एक आर्थिक शक्ति के रूप में मान्यता देने को आतुर है, "दुनिया भर की शक्तियाँ इस जाग उठे हाथी की पीठ पर सवारी करना चाहती हैं।" "2050 तक भारत धन-अर्जन की दौड़ में अमरीका को पछाड़कर दूसरा स्थान पा लेगा।" अर्थशास्त्री तरह-तरह से भारत की आर्थिकता ('इकॉनॉमी') की व्याख्या ग्लोबलीय सन्दर्भों में कर रहे हैं, "भारत और दूसरे बड़े विकासशील देशों को इस राग में लुभाने के लिए, समझ लो, अस्सी के दशक में प्रलोभन और कलाकारी के तत्त्व बढ़े हैं। यह इसलिए क्योंकि ग्लोबल पूँजी और निवेश के नए हीरो और विजेताओं की ज़रूरत है। जो राष्ट्रीय राजनीति से बँधे नहीं, जो राष्ट्रवाद और समता के पुराने खूँटों से परे हैं।...ऐसे ग्लोबल हीरो जो कथित ग्लोबल संस्कृति के प्रतीक हैं। और आज की दुनिया में विशेषज्ञ, खास तौर से अर्थशास्त्री, नया ग्लोबल नायक है। यह मात्र संयोग नहीं कि जहाँ अमरीका में अभी तक कोई शुद्ध अकादमिक राष्ट्रपति नहीं बना, बहुत-से ग़रीब देशों में राजनीति से परहेज़ रखने वाले बुद्धि के रण बाँकुरे सत्ता के शीर्ष पर विराजे हैं।"[6] आगे लेखक ने बताया है कि

किस प्रकार नव उदारवादियों ने राजनीति का मैदान मार लिया। हायेक, रॉबर्ट नोज़िक और मिल्टन फ्रीडमैन, जॉन मेनार्ड कीन्स, आदि अर्थशास्त्रियों की चर्चा कर उपन्यासकार ने क्रिब रिपोर्ट के इस निष्कर्ष को रेखांकित किया है कि "भारत सकल आय में इटली से 2015 में, फ्रांस में 2020 में, जर्मनी और जापान से क्रमशः 2025 और 2035 में आगे निकल जाएगा। अन्ततः 2050 में हमारा देश, चीन और अमेरिका के बाद सबसे बड़ी आर्थिक शक्ति होगा और देश की कुल आय जापान के मुकाबले चार गुना और जर्मनी, फ्रांस, ब्रिटेन जैसे देशों से आठ गुना होगी।"[7] यहाँ प्रश्न यह नहीं है कि विभिन्न अर्थशास्त्रियों के ये अनुमान सही उतरेंगे या नहीं, विचारणीय यह है कि आज उपन्यास का कथ्य इतना विस्तृत हो गया है कि वह शुष्क अर्थशास्त्रीय विषयों को भी अपने कलेवर में समेट राष्ट्रीय-अन्तर्राष्ट्रीय समस्याओं पर इतने गहरे जाकर विचार करता है।

2. भूमंडलीय अपसंस्कृति*

इस नव उदारवाद, आर्थिक विकास के नए प्रारूप (मॉडल), उपभोक्तावाद की दौड़ में दौड़ती सारी मनुष्य जाति, विज्ञापन-संस्कृति में पनपता, पलता, बढ़ता बाज़ारवाद जिस रूप में एक सर्वग्रासी संस्कृति के रूप में दुनिया को लील रहा है, उसके दुष्परिणाम सभी देशों में सामान्य मनुष्य को भोगने पड़ रहे हैं। बीसवीं शती के अन्तिम दशक से यह चिन्ता पूरे भारत के बौद्धिक जगत के लिए चिन्तन-मनन का सतत विषय रही है। हिन्दी उपन्यासकार भी इस चिन्ता से अछूता नहीं रहा, इस विकट समस्या पर उसका मानसिक उद्वेलन उसकी कृतियों में निरन्तर उपस्थित रहा। लगभग प्रत्येक सजग उपन्यासकार ने उसके किसी न किसी पक्ष पर कथात्मक संवेदन में कुशलता से विमर्श रचा है।

उपन्यास की सबसे बड़ी चिन्ता यह रही कि इस भूमंडलीय वर्चस्ववादी संस्कृति ने हमारी सांस्कृतिक अस्मिता पर सीधे-सीधे आक्रमण कर उसे एक प्रकार से विजित ही कर लिया है, 'हममें' हम बाकी नहीं रहा, 'वह' छाता चला गया। किसी भी देश में जीवन के किसी भी क्षेत्र में स्थानिकता के लिए कोई अवकाश नहीं रहा, निरन्तर और निरन्तर राष्ट्रों की पुरानी सभ्यताओं का अमेरिकीकरण होता चला गया। ब्रिटिश औपनिवेशिक समय में पहले हमारा 'मैकालेकरण' हुआ था और अब वैश्वीकरण की प्रक्रिया में बीसवीं शती के अन्तिम दशक के प्रारम्भ से ही हमारा 'मैक्डोनलीकरण' होता चला गया। आज स्थिति यह हो गई है कि किसी भी क्षेत्र में हमारी निजता की विलुप्ति हो गई है, और तेज़ी से होती जा रही है। मांगलिक अवसरों पर परम्परागत देसी मिठाइयों से मुँह मीठा कराने के बजाय 'कुछ मीठा हो जाए' के नाम पर कैडबरी के लड्डू और मिठाइयाँ बाँटी जा रही हैं। शगुन के रूप में विवाह के निमन्त्रण-पत्र के साथ परम्परागत मिठाई के स्थान पर डिब्बे में कैडबरी की चाकलेटी मिठाइयाँ आ रही हैं। हमारी भाषा से रंगों की देशज पहचान विलुप्त हो गई है, खोजते रह जाते हैं कि हमारे घर-परिवार के सदस्य पीच कलर, कोकाकोला कलर, बॉटल ग्रीन, स्काई ब्ल्यू, आदि से तो परिचित हैं किन्तु बादामी, नारंगी, कत्थई, किशमिशी, मूँगिया, आसमानी नीला, प्याज़ू, जामुनी, आदि रंगों की पहचान और उनसे अपना मानसिक जुड़ाव पूरी तरह भूल चुके हैं। अपने शरीर के अंगों की अपनी भाषा में पहचान विलुप्ति की ओर है, जिह्वा पर चढ़े हुए हैं–फ़ोरहैड, आई ब्रो, आइज़, नोज़, लिप्स, टीथ, चेस्ट, स्टोमॅक, आदि। खवे, उँगलियों की पोर, पहुँचा, टख़ने, तलुए, आदि शब्दों से तो नई पनपती

* सुविस्तृत विवेचन के लिए द्र. 'भूमंडलीकरण और हिन्दी उपन्यास' (पुष्पपाल सिंह)–राधाकृष्ण प्रकाशन, नई दिल्ली-2, संस्क. 2012.

पीढ़ी परिचय लगभग खो चुकी है। कहने को तो यह बात सामान्य-सी लगती है किन्तु वस्तुतः यह सांस्कृतिक दृष्टि से अपनी जड़ों से पूरी तरह उखड़ते चले जाने की तीव्र प्रक्रिया है। यह पीड़ा प्रकारान्तर से लगभग प्रत्येक सजग उपन्यासकार ने चीन्ही है। रवीन्द्र वर्मा ने अपने उपन्यास 'दस बरस का भँवर' में संस्कृति के इस नव औपनिवेशिक रूप को बड़ी तकलीफ़ से इस प्रकार विवेचित किया है, "दो शती पहले अंग्रेज़ों ने एक हाथ में सलीब और दूसरे हाथ में बन्दूक लेकर हमारे देश में प्रवेश किया था। इस दशक में गोरों ने फिर एक हाथ में पेप्सी और दूसरे हाथ में टी.वी. का केबिल लेकर हमारी धरती पर क़दम रखे हैं। धरती पर क़दम रखने वाले वे ख़ुद नहीं हैं। उनके अक्स हैं। ये अक्स अन्तरिक्ष में घूमते सैटलाइट के ज़रिए हमारे घरों में आते हैं। हमें पता नहीं चलता। हम अमरीकी बिम्बों के गुलाम हैं।" हम एक ऐसे समय में रह रहे हैं जिसमें अमेरिकी संस्कृति का संक्रामक रोग हमें बुरी तरह अपनी चपेट में ले रहा है। नव विकासवाद ने अमीर और ग़रीब के बीच की खाई को और भी चौड़ा कर दिया है, "हम जिस समय में जी रहे हैं, उसमें शिज़ोफ़ेनिया का अन्देशा और भी ज़्यादा है। यह ऐसा समय है जिसमें देश के एक तिहाई लोग भूखे थे और एक चौथाई पिज़्ज़ा खा रहे थे—बाकी लोग प्रदर्शन-खिड़की में आँखें गड़ाए खड़े थे।"[8] रवीन्द्र वर्मा 'फास्ट फूड' और 'फास्ट सक्सेस' की ही बात नहीं करते, वे इस अमेरिकीकरण प्रदत्त उपभोक्तावाद की अंधी दौड़, विज्ञापन जगत के कामुक विज्ञापनों और तरह-तरह के आकर्षणों में संलिप्त अपसंस्कृति की ओर बढ़ती नई पीढ़ी की जीवन-पद्धति पर भी कुपित हैं, "बाज़ार इन्हें भड़काता है"..."हर लड़के को ली बाइट जींस, सेल-फ़ोन, मारुति और उन तीन लड़कियों में से एक लड़की चाहिए जो ब्रीफ़ के विज्ञापन में समुद्र की लहरों से दौड़ती हुई लड़के की ओर रोज़ टी.वी. के परदे पर आती हैं।"[9] ब्रांडिड संस्कृति और बाज़ारवाद की अन्य जुगतों पर भी उपन्यासकार की दृष्टि जाती है और विभिन्न रूपों में वह अमेरिकीकरण की अन्य विसंगतियों पर भी अपनी पैनी दृष्टि डालता है।

अलका सरावगी अपने उपन्यास 'एक ब्रेक के बाद' में इस वैश्वीकरण की आर्थिकता, देश की मौद्रिक नीति, बहुराष्ट्रीय (मल्टीनेशनल) कम्पनियों द्वारा देश के बाज़ार और घरों में प्रवेश, व्यवसाय (कार्पोरेट) जगत के मुनाफ़े के धंधों के विभिन्न समीकरणों 'डिपार्टमेंटल स्टोरों' की सफलता के राज़, अमेरिकीकरण के फलस्वरूप देश में अमीरी-ग़रीबी के बीच निरन्तर बढ़ती खाई, आदि का बहुत गम्भीर विवेचन एक अर्थशास्त्री जैसी दृष्टि से किया है। वैश्वीकरण की प्रक्रिया में जीवन में तीव्र गति से परिवर्तन आया है, "ज़माना हर समय बदलता है, पर पिछले दस सालों में ज़माना एक बार छलाँग लगाकर जैसे सौ साल आगे निकल गया है।" बाज़ारवाद और विज्ञापन की तिकड़मों से माल की खपत बढ़ाने की जुगतों, ब्रांडिड संस्कृति के आकर्षणों, आदि की चर्चा उपन्यास को बहुत पठनीय रूप प्रदान करती है, यथा—"दो विदेशी लोग बड़े ज़ालिम हैं। उन्हें क्या इस देश की भूखी-नंगी जनता को खिलाने-पिलाने की चिन्ता है, जो ये सब सवाल उठाते हैं? उन्हें तो सिर्फ़ अपना माल सस्ते में बनवाने की फिक्र है, क्योंकि उनके अपने देश में लगभग मुफ्त में माल बनाने वाले गुलाम कहाँ मिलेंगे? या फिर अपना माल यहाँ के पच्चीस करोड़ मिडिल क्लास लोगों में खपाने की फिक्र है। एक तरफ़ पश्चिम के बड़े-बड़े ब्रांड-गैप, पोलो, टॉमी हिलफिगर, मार्क्स एंड स्पेंसर अपना सारा माल इंडिया की फैक्टरियों में सस्ते में बनवा रहे हैं, तो दूसरी तरफ़ लेवी, सोनी, ब्रासकिन राबिंस जैसे ब्रांड जीन्स और टी.वी. से लेकर आइसक्रीम तक महानगरों के बड़े-बड़े शॉपिंग मॉलों में बेच रहे हैं। पर बात जब करेंगे तो ग़रीबी रेखा के नीचे रखने वाले लोगों की या फिर 'चाइल्ड लेबर' की।"[10] 'एक ब्रेक के

बाद' में उपन्यासकार ने इस बात को प्रथम बार रेखांकित किया है कि इस नए आर्थिक निज़ाम में देश का दक्षिणी भाग, 'साउथ इंडिया', किस प्रकार व्यापार केन्द्र ('बिजनेस हब') बनता जा रहा है, "अरे यंग मैन, बंगलोर अब सिलिकोन वैली बन गया है, हैदराबाद अब साइबराबाद है और चेन्नई गाड़ियों के कारखाने का ड्रीटोयट। तिरुपति नया मैनचेस्टर बन गया है।"[11] इसी प्रकार शेयर बाज़ार के उतार-चढ़ाव इस देश में बड़े-बड़े अमेरिकी कारख़ानों की ज़हरीली गैस के रिसाव, स्पेशल इकोनॉमिक ज़ोन'—'सेज़' की परिकल्पना—अमेरिका के वैश्वीकरण की सभी अवधारणाएँ 'एक ब्रेक के बाद' में चर्चित-विवेचित हुई हैं।

राजू शर्मा का 'विसर्जन' बहुत विस्तार में वैश्वीकरण चालित नव उदारवाद और विकासवाद को व्यवसाय ('कार्पोरेट') जगत के परिप्रेक्ष्य में विवेचित कर बनते भारत 'शाइनिंग इंडिया' और वास्तविक भारत के जीवन के बीच की खाई को विश्लेषित करता है। कथानायक पी.वी. 'आर्थिक सुधार, अभिव्यंजना और अभिलाषा की खुशहाली' को अपना गुरु मन्त्र बताता हुआ 'बचत, निवेश और विकास का सद्गुण चक्र' बताता है; "गांधी जी ने आज़ादी के लिए अहिंसा और सत्याग्रह का अनदेखा तरीका ईज़ाद किया; पी.वी. ने बाज़ारवाद और ग्लोबलाइजेशन का एक देशी संस्करण सामने रखा। महात्मा गांधी ने आत्म-त्याग और सरल जीवन का पाठ पढ़ाया था; और पी.वी. ने अनन्त अभिलाषा और लाभ के लिए उधार-जनित उपभोग को दिव्य बोध की रोशनी दी।" देश में विकास की जो नव क्रान्ति भूमंडलीकरण के द्वारा तेज़ी से फैल रही थी, उसके कुछ पक्षों की एक साथ जानकारी यहाँ सूक्ष्मता में इस प्रकार दी गई है, "लोभ और लालसा के नैतिक पाठ का जो देसी संस्करण उसने तिन-तिन कर पिछले दस बरसों में तैयार किया था, एक एकरेखीय, जगत पिपासु, विश्वोन्मुख, दूर का चश्माधारी (ताकि दूर की चकाचौंध दिखाई दे, पास की गन्दगी नहीं) और विदेशी आँख से देश को विरक्त भाव से देखने वालों की एक पूरी जमात को मूर्तिमान करने का एक दशक का अथक प्रयास, अचानक तीन साल बाद इन प्रयत्नों के क्लोन एक संक्रामक रोग की तरह जनित होने, फैलने लगे। टाटा और मित्तल की कोरस और आर्सिलोर डील से लेकर शिल्पा शेट्टी की यू.के. रियल्टी शो में जीत; सेज़ (विशेष आर्थिक ज़ोन) का साज़ या आई.टी. रियल एस्टेट का विस्फोट; सी.ई.ओ नामक जन्तु की आकाशचुम्बी तनखाएँ या देश के अरबपतियों की निरन्तर बढ़ती संख्या, इंडिया गेट की चौखट पर प्रज्जवलित मोमबत्तियों से पिघलता न्याय या एस.एम.एस. जनित राजनीतिक डिस्कोर्स—यह सब एक माला में पिरोई महानता और उजले सूर्य का आर्तनाद बन रहा था।"[12] वस्तुतः यह पूरा उपन्यास भूमंडलीकरण आर्थिकता के विभिन्न विद्रूपों पर बहुत गम्भीरता से तथ्य और आँकड़े प्रस्तुत करता हुआ बताता है कि इस नव विकासवाद ने देश को किस-किस प्रकार और कितना-कितना छला है।

गिरिराज किशोर का ताज़ा उपन्यास 'स्वर्णमृग' (2012) वैश्वीकरण के दंश को बहुत गहरी पीड़ा से उकेरता है। इस संक्षिप्त उपन्यास में ग्लोबलाइज़ेशन, जिसका अनुवाद 'वैश्वीकरण' लेखक को अपूर्ण-सा लगता है, के क़हर को बड़ी चिन्ता से लक्षित किया गया है। इस अमेरिकी अर्थ-व्यवस्था ने मानवता को जिस प्रकार शान्ति और चैन से दूर कर दिया है, जिस प्रकार राष्ट्रों और व्यक्तियों को उधार की क्रेडिट कार्ड संस्कृति में ढाल दिया है, वह चारवाक के 'ऋणं कृत्वा घृतं पीबेत' के दर्शन को भी बहुत पीछे छोड़ देता है। फ़ोन-मोबाइल फ़ोन, इंटरनेट, क्रेडिट कार्ड संस्कृति में ढाल उपभोक्तावाद, बाज़ारवाद और वैश्वीकरण की अन्य सौगातों ने मनुष्य को एक स्वर्ण-मृग की माया-मरीचिका में भटका दिया है जिसके पीछे वह पागल होकर दौड़ रहा है। वस्तुतः

वह एक राक्षस या कालीदह का नाग है, कथा-नायक को लगता है कि वैश्वीकरण "...आख़िर वह इनसान है या कोई दाना है जो जब आता है तो निबटाता चला जाता है, या सिमसिम जैसी कोई चीज़ है जो खुलते ही मालामाल कर देता है। लेकिन आधी-अधूरी बातों से अन्दाज़ा लगाना मुश्किल होता है। उसने शुरू में जो लिखा था उससे लगा था कि वैश्वीकरण जैसा कोई मिथ है। लेकिन उसने बाद में लिखा वह तो कालीदह है जिसमें रह रहे भयंकर सहस्त्र सिरों वाले नाग को नाचने के लिए कृष्ण उसमें कूद गए थे। उसने बड़े मज़े से अमेरिका का ज़िक्र किया था कि उसने ही इस कालिदह का निर्माण किया।...जिसने दूसरों के लिए कालिदह का निर्माण किया आज वह स्वयं ही उसमें डूब रहा है।"[13] 'धन और संसाधनों का हिमालय' भी 'कभी किसी नदी में डूब सकता है', यह आश्चर्यकारी है किन्तु 2008 के शुरू में यही तो अघटित घटा था जिसने पूरी दुनिया की अर्थ-व्यवस्थाओं को झकझोरकर रख दिया। उपन्यास अपने को साइबर-क्राइम की उस समस्या से जोड़ता है जिसने व्यक्ति को 'अमेरिका की मन्दी ने व्यक्तिगत रूप से धन कमाने की नई पद्धतियों'–धोखाधड़ियों की ओर धकेल दिया। आज मोबाइल व कम्प्यूटर पर रोज़ हज़ारों-हज़ारों डॉलरों और पाउंड्स की इनामी राशि आपके नाम हो जाने की एस.एम.एस. या ई-मेल आती है, कथा नायक पुरुषोत्तम उसी में फँसकर किस प्रकार आगे से आगे जालसाज़ियों, मायामृग के भटकाव में फँसता चला जाता है, उसका रोचक चित्रण उपन्यास में है। ई-मेल के माध्यम से ढेरों-ढेर राशियों का प्रलोभन देता यह मायामृग वैश्वीकरण की इस आर्थिक लालसा की मरीचिका में भोले इनसानों को अपने जाल में फँसा रहा है, इस त्रासदी का वो सशक्त आख्यान तो 'मायामृग' उपन्यास बनता ही है, "इस नए आर्थिक इन्कलाब ने रिश्तों को कितना खोखला कर दिया है, 'आपाधापी की सुनामी'[14] में सब लोग बहे जा रहे हैं।"

आज एकाध ही कोई ऐसा उपन्यास होगा जिसमें किसी न किसी रूप में अवसर निकालकर उपन्यासकार ने भूमंडलीकरण के किसी न किसी पक्ष पर बात न की हो। उपभोक्तावाद, बाज़ारवाद, इनको बढ़ावा देता विज्ञापन जगत, टी.वी. की अपसंस्कृति, प्रत्येक क्षेत्र में अमेरिकी वर्चस्व, आदि का चित्रण लगभग प्रत्येक उपन्यास में मिल जाता है। अमेरिकी संस्कृति में कुछ अच्छाइयाँ भी हैं जिन्हें भारतीय परम्पराओं के बर-अक्स रखकर देखने की आवश्यकता है–इस तथ्य को रेखांकित किया गया है रवीन्द्र कालिया के 'ए.बी.सी.डी.' उपन्यास में जिसके शीर्षक का पूर्ण रूप है– 'अमेरिका बॉर्न कन्फ़्यूज़्ड देसी'। आज अमेरिका उच्च वर्ग तथा उच्च मध्य वर्ग की नई पीढ़ी के लिए ज़न्नत का दर्ज़ा पाए हुए उनका मक्का-मदीना बन गया है। वहाँ रहते भारतीय परिवारों की यह बड़ी भारी समस्या है कि उनकी बेटियाँ 'डेटिंग' पर जाने के लिए उतावली हैं, वे उन्हें कैसे सँभालें। डेटिंग का नाम सुनते ही माँ की यह स्थिति है कि वह "अवसाद में डूबी हुई थी जैसे शीनी ने कुल की मर्यादाओं का गला घोंट दिया हो और अब डेट से लहू-लुहान लौटेगी।" माँ बेटी के बीच हुआ संवाद चौंकाने वाला है, "अपूर्वा के जाने के बाद माँ ने शीनी को डाँटा तो उसने अत्यन्त बदतमीज़ी से जवाब दिया कि माँ सिर्फ़ दिन-रात शलवार पर पहरा देने वाली लड़कियाँ ही पवित्र नहीं होतीं। मैं देख रही हूँ इस देश में हिन्दुस्तानियों ने अपनी बेटियों को यही एक काम दे रखा है। आज पूरी दुनिया में लड़कियाँ मर्दों के कंधे से कंधा मिलाकर काम कर रही हैं।" उपन्यास भारतीय संस्कृति के कितने ही तथाकथित छद्‌म आदर्शों पर कटाक्ष कर कहता है कि कब तक हम अपने देश को 'ऋषियों-मुनियों की धरती' कहकर इसका गौरव-गान करते रहेंगे, कितने छल-छद्‌म से लोग उस देश में प्रवेश के लिए धरती आसमान एक करते रहते हैं, "कोई सगी बहन से फर्जी शादी रचाकर चला जाता है तो कोई बहू से। जितनी झूठी

शादियों और झूठे तलाक यहाँ के हिन्दुस्तानियों के बीच होते हैं, किसी दूसरे मुल्क के बीच न होते होंगे!"...हिन्दुस्तानियों को यह कहते हुए सुनता हूँ कि 'अवर कंट्री इज़ वैरी ग्रेट' तो मेरा बहुत मनोरंजन होता है। दलितों, अल्पसंख्यकों और अपनी बहुओं को ज़िन्दा जलाने वाली कौम जब नैतिकता और अहिंसा का वास्ता देती है तो मेरी हँसी छूट जाती है।" शीनी गुस्से में माँ से यह तक कह जाती है कि "तुम लोगों की सारी नैतिकता चड्ढी तक सीमित है।"[15] अपनी इसी दृष्टि के कारण रवीन्द्र कालिया का यह छोटा-सा उपन्यास महत्त्वपूर्ण हो जाता है कि यह बड़ी तटस्थ और बेबाक दृष्टि से यौनिक पावित्र्य पर भारतीय और अमेरिकी दृष्टियों को समानान्तर रखकर देखता है। निश्चित रूप से भूमंडलीकरण की आधियों-व्याधियों को देखना 21वीं शती के उपन्यास का सर्वप्रमुख सरोकार बना हुआ है।

3. भूमि अधिग्रहण और कृषक दुरवस्था

भूमंडलीकरण की नई अर्थ व्यवस्था, उदारीकरण और खुले बाज़ार की नीतियों के कारण नगरों-महानगरों का द्रुत विकास हुआ। व्यवसाय जगत के विस्तार के लिए आवश्यक संसाधन और संरचना ('इन्फ्रास्टक्चर') जुटाने, सड़क, राजमार्ग, पुल, रेलवे, मैट्रो-ट्रैक, हवाई अड्डे, आदि के निर्माण और पुनर्रचना के लिए भूमि चाहिए जिसके अधिग्रहण के लिए सरकार पग उठाती है। भूमि अधिग्रहण के विरोध में किसान जिस रूप में उठ खड़े होते हैं, गुड़गाँव तथा हरियाणा के अन्य स्थानों, सिंगूर, नन्दी ग्राम, राँची, रायपुर, ओडिशा में दक्षिण कोरियाई बहुराष्ट्रीय कम्पनी पॉस्को के लिए पाराद्वीप पोर्ट ब्लेयर के सन्निकट की भूमि के अधिग्रहण को लेकर वर्षों-वर्ष चलने वाले आन्दोलन और प्रतिरोधों की ख़बरें आए दिन आती ही रहती हैं। किसानों को मिलने वाले मुआवज़ों को लेकर यदि कोई फ़ैसला होने-होने को होता है तो उसे स्थानीय राजनीतिक दल और छुटभइये नेता सिरे नहीं चढ़ने देते। पॉस्को के विरोध में जगतसिंहपुर के किसानों-आदिवासियों के आन्दोलन की जो तस्वीरें मीडिया में दिखाई जाती रही हैं, उन्हें देखकर दुख हुआ कि औरतें और बच्चे भी प्रदर्शन में शामिल होकर पुलिस का मुकाबला करने के लिए खड़े हुए हैं तो वहाँ के लोगों से व्यक्तिगत रूप से ज्ञात हुआ कि मुआवज़े का फ़ैसला तो पहले ही हो चुका था, सवेरे-सवेरे किसानों को मुआवज़े का भुगतान भी कर दिया गया किन्तु जब घटना-स्थल पर टी.वी. चैनलों के लोग आ गए तो बच्चों और औरतों को 'इस प्रदर्शन' में लाकर खड़ा कर दिया गया। इस उदाहरण से यह बात बहुत स्पष्ट रूप में सामने आती है कि यदि ऐसे स्थानों पर भूमि अधिग्रहण की समस्या का कोई समाधान नज़र आता भी है तो स्थानीय नेता उसे अमान्य करवाकर अलाव को फिर सुलगते रखना चाहते हैं। इस प्रकार भूमि अधिग्रहण का मामला बहुत पेचीदा हो जाता है। हिन्दी उपन्यासकार ने इस पेचीदा समस्या पर अपनी तरह से विचार किया है।

कमल कुमार के उपन्यास 'पासवर्ड' का कथ्य यद्यपि बहुआयामी है, अपनी ई-मेल की कथा-युक्ति से लेखिका कभी किसी तो कभी किसी समस्या को उठा लेती है, भूमंडलीय विकास के नए मॉडल में 'आम आदमी' किस प्रकार विकास से महरूम हो अपनी ज़मीन से हाथ धोता रहा है, उसका चित्रण इस चिन्ताकुल रूप में हुआ है, "लेकिन विकास हो रहा है देश का! देश यानी सेठ-साहूकार, उद्योगपति, भू-माफ़िया? यही है क्या देश। राजनेता देश हैं? भूपति देश हैं? उद्योगपति देश हैं? पूँजीपति देश हैं? बहुराष्ट्रीय कम्पनियों के मालिक देश हैं? सच तो यही है; यही देश हैं। इनके विकास की क़ीमत चुका रहा है किसान, आदिवासी, मेहनतकश और दलित। बलपूर्वक इनकी ज़मीन हड़पी जा रही है। वह दर-दर की ठोकरें खाने को मज़बूर हो रहे हैं।

सरकारें ख़ामोश हैं। कभी सेज़ के नाम पर, कभी औद्योगिकीकरण और विकास के नाम पर, उन्हें सरकारी बुलडोज़र के नीचे पीसा जा रहा है। नहीं तो पुलिस की लाठियों और गोलियों से मारा जा रहा है। क्या यही विकास है? आज हमारी ज़मीन, जल और जंगल बहुराष्ट्रीय कम्पनियों के हवाले किए जा रहे हैं। भूमि ही नहीं नदी के जल पर भी अधिग्रहण का दुष्चक्र किस प्रकार चला है, इसका उदाहरण छत्तीसगढ़ में शिवनाथ नदी का निजीकरण है, "एक और घटना हुई छत्तीसगढ़ में। वहाँ की शिवनाथ नदी का निजीकरण हो गया। पता तब चला जब नदी के तेईस किलोमीटर के हिस्से के आसपास रहने वाले लोगों को पानी के साधनों के प्रयोग के लिए प्रतिबंध लगा दिया गया। अनुबन्धकर्ता कम्पनी और छत्तीसगढ़ राज्य के औद्योगिक विकास निगम के बीच के समझौते की जाँच के तथ्य आश्चर्यचकित हैं, आपत्तिजनक और अवैधानिक हैं। एक कुटिलतापूर्ण षड्यंत्र है। इस क्षेत्र में नदी के किनारे बसे मछुआरों की आबादी है। उनका व्यवसाय ख़त्म हो गया। वहाँ के निवासियों के प्रति पानी की आपूर्ति ज़िम्मेदारी किसकी है?"[16]

यह बड़ा विकट प्रश्न है कि भूमि अधिग्रहण के बिना विकास भी सम्भव नहीं है और यदि भूमि ली जाती है तो हमारे समाज का बहुत बड़ा वर्ग मुआवज़े की राशि पाकर भी एक विस्थापित की स्थिति में आ जाता है, उसके पारम्परिक आय स्रोत समाप्त हो जाते हैं। खनन-क्षेत्रों में इस समस्या ने और भी विकराल रूप धारण किया हुआ है। रणेन्द्र ने 'ग्लोबल गाँव के देवता' में इसे न केवल देश के सन्दर्भ में अपितु अमेरिका के सन्दर्भ में भी ऐतिहासिक शोधक की दृष्टि से विचार किया है, जहाँ अमेरिकियों ने 'रेड इंडियन्स' को उनके क्षेत्रों से खदेड़कर बेघर कर दिया। छत्तीसगढ़ के कोयलाबीघा क्षेत्र में बॉक्साइट की खानों में न केवल अवैध खनन अपितु कभी रज़ामन्दी से तो कभी ज़ोर ज़बरदस्ती कर जिस प्रकार वहाँ के मूल निवासी असुरों से भूमि हथियाकर बॉक्साइट का खनन कर बड़ी-बड़ी कम्पनियाँ, छोटे-छोटे ठेकेदार चाँदी कूट रहे हैं, उसका बड़ा महत्त्वपूर्ण समाजशास्त्रीय अध्ययन इस उपन्यास में प्रस्तुत किया है। कभी सोमा के बाबा जैसे निर्धन लोग अपनी एक एकड़ खेत-भूमि मात्र पाँच हज़ार रुपए में एक खदान के दलाल को दे देते हैं बिना यह ख़याल किए कि उनके 'जवान-जहान बेटे का भविष्य' क्या होगा, तो दूसरी ओर शिंडाल्को जैसी बड़ी बहुराष्ट्रीय कम्पनियाँ हैं जो सरकारी तंत्र का प्रयोग कर खनन के लिए मूल निवासियों की ज़मीन लगातार हड़पते चले जाते हैं। लालचन और समझुम जैसे लोग यह लड़ाई लड़ते हैं कि "रैयती ज़मीन कम्पनियों को नहीं देनी है। नहीं तो धीरे-धीरे पाट पर खेती तो छोड़िए, रहने और पैर धरने को ज़मीन नहीं बचेगी। अबकी बार असुर भागकर कहाँ जाएँगे?" वस्तुतः यह इस असुर समाज की चिरन्तन समस्या है कि उन्हें युगों-युगों से उनके मूल स्थानों से खदेड़ा जा रहा है, "सवाल तो वही पुराना था। हज़ारों सालों से पीछा करता सवाल। एक शाश्वत आदि प्रश्न। जिसका उत्तर न उनके पूर्वज तलाश पाए थे और न वे ढूँढ़ पा रहे हैं कि कब तक पीछे हटा जाए और कहाँ तक पीछे हटा जाए? इस पाट के बाद अब कहाँ?" इतना ही नहीं इन सुदूर अंचलों के वन-विभाग मात्र भूखंडों को नहीं गाँव के गाँव खाली कराने के लिए जिस प्रकार आदिवासियों को त्रस्त करते हैं, उसका भी प्रामाणिक अंकन रणेन्द्र करते हैं। भेड़ियों की प्रजाति बचाने के लिए केन्द्र सरकार 'भेड़िया अभयारण्य' नामक योजना भेजती है। इसके लिए वन विभाग आदिवासियों के सैंतीस गाँव खाली कराना चाहता, "ई सैंतीस वन ग्राम में बाइस गाँव असुरों का है, बाकी उराँव, खेखार और सदान लोगों का।"[17] विद्रूप यह है कि इस योजना पर वन विभाग ने 'तैंतीस पेज तो इन भेड़ियों की इस नस्ल पर ही लिखा' किन्तु इन सैंतीस ग्रामों को खाली कराने पर इन असुरों और अन्य जनजातियों पर क्या बीतेगी, उस

पर कुछ भी नहीं कहा गया। फलस्वरूप वहाँ इन जनजातियों ने 'संघर्ष समिति' बनाकर प्रतिरोध किया, इस सबका उपन्यास में बड़ा प्रामाणिक और सशक्त चित्रण किया गया है। इतना ही नहीं उपन्यासकार की शोधक दृष्टि सुदूर अमेरिका तक में आदिवासियों-जनजातियों की इसी प्रकार उनकी मूल भूमि से उखाड़ने की समस्या पर जाती हुई भूमि अधिग्रहण समस्या पर एक व्यापक परिप्रेक्ष्य का विमर्श रचती है, "अमेरिकी महाद्वीप में यूरोपीय आबादी की बढ़ती लहर और सोने की खानों के लोभ में मूल निवासियों को बार-बार पीछे ठेलने के लिए विवश किया गया। साम्राज्यवादी शक्तियाँ येन-केन भूमि पर कब्ज़ा ज़माने की नीति पर निरन्तर आगे बढ़ रही थीं।" 1759 से 1761 तक चेराकी युद्ध और '1763 में पोंटियार के नेतृत्व में आटोवा विद्रोह की घटनाएँ' इसी समस्या का परिणाम थीं। फिर इसके बाद अमेरिका में शासन-पोषित जो भूमि-हड़प कार्यक्रम चला उसे इस दीर्घ उद्धरण के बिना नहीं समझा जा सकता, "भूमि हड़पो अभियान को 1820 के दशक में राज्य-नीति में तब्दील कर दिया गया। सन् 1825 में राष्ट्रपति मुनरो ने आधिकारिक रूप से प्रस्ताव रखा कि दक्षिणी महासंघ के इंडियनों को अपने इलाक़े खाली कर मिसिसिपी नदी के पश्चिमी इलाकों में जाकर बसना होगा। लेकिन चेराकी जनजाति संघ ने 1826 ई. में अपना संविधान बनाया और अपनी भूमि पर अपनी सार्वभौमिकता घोषित कर दी। अमेरिकी सर्वोच्च न्यायालय ने चेराकियों के भूमि स्वामित्व को मान्यता प्रदान की। किन्तु राष्ट्रपति एंड्रयू जेक्सन, सर्वोच्च न्यायालय की भावनाओं से सहमत नहीं था। उसने 1830 ई. में इंडियन रिमूवल एक्ट बनाया। सरकारी बजट में 'इंडियन रिमूवल' के लिए विधिवत् धनराशि अंकित की जाती थी। 1837 ई. में प्रत्येक जनजाति के चौदह हज़ार लोग विस्थापित किए गए। 1835-1840 के बीच सेमिनोल जनजाति को उजाड़ने में चार से छह करोड़ डालर खर्च किए गए। सोलह हज़ार चिराकी जनजाति के लोगों को सेना ने घेरकर कैम्पों में बन्दी बनाकर रखा। पूरी गरमी बीत जाने के बाद बरसात के दिनों में 1838 ई. में उन्हें 1500 किलोमीटर की यात्रा पर ज़बरन भेज दिया गया। लकड़ी की खच्चर गाड़ियों में उनका सामान लाद दिया गया। लगभग आठ हज़ार बच्चे, बूढ़े, बीमार, महिलाएँ इस यात्रा में मारे गए। कुछ वर्षों बाद 1841 ई. में 48 खच्चर गाड़ियाँ नर-कंकालों से भरी हुई प्रसिद्ध आरैगॉन पगडंडी (ट्रेल) के रास्ते सैकरोमेंटो पहुँचीं। इस त्रासदीपूर्ण यात्रा को 'आँसुओं की पगडंडी' का नाम दिया गया।"[18]

कुणाल सिंह ने भी 'आदिग्राम उपाख्यान' उपन्यास में चित्रित किया है कि ज़मीन अधिग्रहण का यह मामला किस प्रकार ईस्ट इंडिया कम्पनी के समय से ही चला आ रहा है, तब भी किसानों को भू-अधिग्रहण पर इतना ही क्रोध आया था जैसा आज आता है, "आदिग्राम के किसानों ने जब जाना कि अब उनकी ज़मीन उनकी अपनी नहीं रही, ईस्ट इंडिया कम्पनी की हो गई है और इस पर खेती करने के लिए उन्हें फ़सल का एक हिस्सा कम्पनी को देना होगा, तो वे मरने-मारने पर उतारू हो गए। एक दिन आदिग्राम के जंगलों में दोनों गोरे अफ़सरों की लाश पाई गई।" कुणाल सिंह गाँवों की दुर्दशा पर भी विचार करते हैं कि किस प्रकार दिल्ली में बैठी सरकार ज़मीनी सच्चाई को जाने बिना ही ग़रीबी रेखा और उससे नीचे के बी.पी.एल. श्रेणी के लोगों का निर्णय करती रहती है। बी.पी.एल. (बिलो पावर्टी लाइन) कार्ड भी किस प्रकार मज़ाक बनकर रह गए हैं, इसका बड़ा व्यंग्यात्मक चित्रण उपन्यास में किया गया है, "गाँव में सत्ताईस लोग ऐसे हैं जिन्हें बी.पी.एल. कार्ड मिला हुआ है। ये लोग ग़रीबी रेखा से नीचे के लोग हैं। इन लोगों को दूसरों की अपेक्षा सस्ते दर पर राशन मिलता है। जिनके पास बी.पी.एल. कार्ड होता है, वे सरकारी ग़रीब हैं और जिनके पास यह कार्ड नहीं है, सरकार उन्हें अमीर मानती

है। इसे लेकर पिछले साल चैत में काफ़ी हो-हल्ला हुआ था।" वास्तविकता यह है कि गाँव में सत्ताईस नहीं, सात सौ लोग ग़रीब हैं, "सच यह है कि गाँव में हरिजनों, ईसाइयों और मुसलमानों को मिलाकर सात सौ से ज़्यादा ही लोग ग़रीब थे।" ग़रीबों का यही असन्तोष संघर्ष, 'गुरिल्ला वार', नक्सली प्रवृत्तियों में ढल जाता है, रघुनाथ नामक पात्र के द्वारा यही आह्वान कराया गया है, "...सरकार को ग़रीबी रेखा के बदले अमीरी रेखा खींचनी चाहिए। जिसके पास घर हो, खेत हो, गाड़ी हो, नौकर-चाकर हों, वो अमीर और बाकी सारे लोग ग़रीब। भाई चावल में से घुन को अलग करना ही तो समझदारी है न कि आप चावल को ही बीनने लग जाएँ।"[19] इस प्रकार यह उपन्यास ज़मीन-अधिग्रहण की समस्या पर ऐतिहासिक परिप्रेक्ष्य में विचार करते हुए कृषक दुर्दशा पर अपने को केन्द्रित करता है।

किसानों की दुर्दशा पर राजू शर्मा अपने 'हलफनामे' उपन्यास में गम्भीरता से विचार करते हैं, विशेष रूप से आन्ध्र प्रदेश में हुई किसानों की आत्महत्याओं तथा उनके कारणों को वे आँकड़ों के प्रमाणपुष्ट तथ्यों द्वारा विश्लेषित करते हैं, "आन्ध्र प्रदेश में किसानों द्वारा आत्महत्या के मामलों में अचानक वृद्धि सन् 1997-98 से शुरू हुई जब कपास के दाम गिरे और फ़सलें भी फेल करने लगीं—एक साथ दो पहाड़-सी मुसीबतें जिनके उपाय दुष्कर थे। किसानों के हाथ में नहीं थे। संख्या के बारे में अलग-अलग आँकड़े थे। एक रिपोर्ट के अनुसार पिछले तीन सालों में 15000 से ज़्यादा किसान खुदकुशी कर चुके थे। कारणों के बारे में ज़्यादा मतभेद नहीं थे : कुल लागत का 40 प्रतिशत खर्चा बीज का था और उनकी तासीर भी तय नहीं थी। चालीस साल का सिंचाई का इतिहास यही था कि किसानों ने बोरवैल में 12000 करोड़ रुपए झोंक दिए जबकि प्रदेश सरकार ने मात्र 25000 करोड़ का निवेश किया। 1975 के 8,20,000 बोरवैल 1999 तक आते-आते तेज़ी से बढ़कर 22 लाख से ज़्यादा हो गए थे, पानी का स्तर ज़मीन के नीचे लगातार गिर रहा था। एक बोरवैल डालने की लागत 15000 रुपए आती थी, और 20,000 रुपए का पमा अलग। अगर पानी न निकला तो दूसरी जगह खोदने का लालच। एक फ़ेल बोरवैल पर बात रुकती नहीं थी।"[20] प्रशासन के दुष्कर्म में फँसे किसान की दुर्दशा का 'हलफनामे' में बहुत प्रामाणिक और सूक्ष्म अंकन हुआ है।

'दस बरस का भँवर' में रवीन्द्र वर्मा भी किसानों की आत्महत्याओं से क्षुब्ध होकर अपनी चिन्ता इस प्रकार प्रकट करते हैं, "इधर किसानों की आत्महत्याओं की ख़बर आई थी जिसका एक ही कारण था : ऋण, और एक ही प्रविधि थी : कीटनाशक पी जाना—जैसे आदमी कीड़ा हो गया हो। कुछ कारख़ानों के मज़दूर भी कारख़ाने से निकाले जाने पर ज़िन्दगी से ही निकल गए।"[21] उपन्यासकार ने यहाँ नौजवानों की उन आत्महत्याओं का भी ज़िक्र किया है जो वे अपनी बेकारी से तंग आकर करते हैं।

कहना न होगा कि इक्कीसवीं शती के उपन्यास का यह बिलकुल नया चेहरा है जहाँ भूमि अधिग्रहण समस्या और किसान-दुर्दशा का ऐसा सूक्ष्म और गम्भीर विश्लेषण ऐतिहासिक परिप्रेक्ष्य में गम्भीर शोध के साथ प्रथम बार प्रस्तुत हुआ है।

4. औपनिवेशिक साम्राज्यवाद का प्रतिरोधी स्वर

भूमंडलीकरण एक प्रकार से नव साम्राज्यवाद है जिसमें अमेरिकी नीतियाँ तथा अमेरिकी बहुराष्ट्रीय कम्पनियाँ अपने माल की खपत के लिए नए-नए बाज़ार विकासशील देशों में तलाश रही हैं। भारत इन साम्राज्यवादी ताक़तों का शिकार ईस्ट इंडिया कम्पनी के समय से ही बनता आ रहा है। जब आज हम एक नई साम्राज्यशाही का हरित चरागाह बनते जा रहे हैं, तब निश्चिय ही

ध्यान ईस्ट इंडिया कम्पनी और ब्रिटिश साम्राज्यशाही दौर की ओर जाता है कि किस प्रकार उन्होंने भारत के संसाधनों का दोहन कर देश को कंगाली के कगार पर खड़ा कर दिया था। वरिष्ठ कथा लेखकों और युवा पीढ़ी के लेखकों—दोनों ने ही इस विषय को गम्भीरता से अपने उपन्यासों में उठाया है कि किस प्रकार यह शोषण चक्र निरन्तरता में हमारे देश में चला आ रहा है।

प्रियंवद के उपन्यासों में ऐतिहासिक चेतना इस रूप में संगुम्फित है कि वे ब्रिटिश औपनिवेशिक शक्ति के शोषक चेहरे को बहुत प्रामाणिकता से उघाड़ते हैं, 'छुट्टी के दिन का कोरस' में विवान डगलस की स्मृतियों के सहचर हो ईस्ट इंडिया कम्पनी के समय से लेकर वर्तमान में पिछली शती के अन्त तक आते हैं, विशेष रूप से 1857 के इतिहास के अलक्षित पक्ष पर प्रकाश डालते हैं, पारम्परिक इतिहास-ज्ञान की अपनी तरह से परीक्षा करते हैं, विभिन्न प्रामाणिक दस्तावेज़ों के साक्ष्य के साथ। 'विलमौट डगलस, नाइन्टीथर्ड सदरलैंड, हाइलैंडर्स रेजिमेंट इंग्लैंड, अवध, नवम्बर 1857 से नवम्बर 1859' के विवरणों से बताते हैं कि किस प्रकार ईस्ट इंडिया कम्पनी को हिन्दुस्तान में तिज़ारत की इजाज़त दी गई, "1600 ई. की डूबती हुई शती के आख़िरी दिन, आख़िरी लम्हों में, जब चर्च के घंटे अपने काँटों के बारह पर पहुँचते ही इस शती के ख़त्म होने की घोषणा करने को बेचैन थे, रानी एलिजाबेथ ने उस कागज़ पर दस्तख़्त बनाए जिसने ईस्ट इंडिया कम्पनी के लिए हिन्दुस्तान आने के रास्ते खोल दिए। सन् 1600 की उस आख़िरी शाम, जब हिन्दुस्तान में अकबर नाम का बादशाह असीरगढ़ के किले की घेराबन्दी को लेकर चिन्तित था, अपने बेहद अज़ीज बेटे सलीम के बगावती तेवरों को लेकर चिन्तित था; अपने तैमूरी खानदान की शानो शौकत, नाम और इतिहास को लेकर चिन्तित था, तब उसे नहीं मालूम था कि लन्दन नाम के एक नामालूम शहर में, उसी रात, उस मुल्क़ की रानी ने जिस कागज़ पर दस्तख़त किए हैं, वह आने वाले समय में, उसके तैमूरी खानदान की मौत का घोषणापत्र भी था।"[22] इसी प्रकार 1867 से 1947 तक ब्रिटिश साम्राज्यशाही ने किस प्रकार विभिन्न रूपों में देश का शोषण किया, किस प्रकार यहाँ हिन्दू-मुस्लिम के बीच साम्प्रदायिकता की दीवारें खड़ी करने का प्रयत्न किया, किस प्रकार 1857 के जन-विद्रोह को कुचला गया, आदि को नए सिरे से परखा गया है।

पंकज सुबीर ने 'ये वो सहर तो नहीं...' में भोपाल-रियासत और सिद्धपुर क़स्बे के सन्दर्भ में वर्ष-तिथिवार ब्योरे देकर बताया है कि किस प्रकार अंग्रेज़ ईस्ट इंडिया कम्पनी के समय से ही अपनी साजिशों से देश को अपनी साम्राज्यवादी भूख का शिकार बना रहे थे, "दोस्त मोहम्मद खाँ के वंशज नवाब नज़र मोहम्मद खाँ और ईस्ट इंडिया कम्पनी के बीच फ़रवरी 1818 में जो एंग्लो-भोपाल संधि हुई उसके द्वारा भोपाल ब्रिटिश इंडिया की प्रिंसली स्टेट हो गई। इस संधि के पीछे भी कई सारे कारण थे। लेकिन प्रमुख था हिन्दू शासकों की रियासत पर टेढ़ी नज़र। 1777, 1809 और 1817 की क्रमशः पहली, दूसरी तथा तीसरी एंग्लो-मराठा लड़ाइयों में भोपाल रियासत अंग्रेज़-भक्त बनी रही। दुश्मन जब एक ही हो तो दोस्ती में देर नहीं लगती है। नवाब नज़र मोहम्मद खाँ जो 1816 से 1819 ई. में अपनी दुर्भाग्यपूर्ण मृत्यु तक भोपाल के शासक अल्प अवधि के लिए रहे, उनके तथा ईस्ट इंडिया कम्पनी के बीच हुए समझौते के तहत भोपाल से तीस किलोमीटर दूर सिद्धपुर क़स्बे के नज़दीक का यह मैदान अंग्रेज़ों को दिया गया। यहाँ पर उन्होंने कंटोमेंट ऑफ़ रेजीमेंट की स्थापना की। यहीं पर अंग्रेज़ों की कंटिजैंट फ़ौज रखी गई। 1818 में ही ईस्ट इंडिया कम्पनी की ब्रिटिश भोपाल एजेन्सी भी बनाई गई; जो 15 अगस्त, 1947 तक काम करती रही।" आगे बताया गया है कि अंग्रेज़ों के पॉलिटिकल एजेन्ट जिन ठाट-बाट से लम्बे-लम्बे बँगलों में रहते थे, आज भी हमारी सरकार के पॉलिटिकल एजेन्ट—कलक्टर—उसी

ठाट-बाट और शान-औ-शौक़त से इन्हीं बँगलों में रहते हैं। इन अंग्रेज़ अफ़सरों के प्रति तत्कालीन व्यापारियों और जन-सामान्य की जो वफ़ादारी और भक्ति होती थी, उसका आख्यान 'तोता शाह पीर की मज़ार के उदाहरण से दिया गया है। अंग्रेज़-मेमों के मरे तोतों, अफ़सरों के घोड़ों, आदि के प्रति रियाआ की जो अन्ध भक्ति थी, उसे इस प्रकार अभिव्यक्त किया गया है, "किसी अंग्रेज़ अफ़सर की पत्नी ने एक तोता पाला हुआ था। उस तोते को वह दिलोजान से चाहती थी। एक दिन वह तोता मर गया। चूँकि अंग्रेज़ अफ़सर की पत्नी की जान तो तोते में थी नहीं। ऐसा होता तो वह तोते के साथ ही मर जाती। हाँ, यह ज़रूर हुआ कि उसको बहुत दुख हुआ अपने इस तोते के मरने का। फलतः उस तोते को, जो कि लगभग सरकारी तोता था बाक़ायदा दफ़न करके वहाँ पर उसकी समाधि बनाई गई। समाधि वहाँ पर बनाई गई जहाँ पर व्यापारियों की दुकानें थीं। अंग्रेज़ों को प्रसन्न करने के लिए व्यापारियों ने उस समाधि पर हार-फूल चढ़ाने प्रारम्भ कर दिए। आज 190 साल बाद वह स्थल तोता शाह पीर की मज़ार हो चुकी है। ऐसी ही एक और समाधि भी है। घोड़ा शाह पीर की मज़ार। अंग्रेज़ों के समय में भोपाल में डाक लाने और ले जाने के लिए घोड़ों का उपयोग होता था। ऐसे ही एक बार किसी अंगेज़ अफ़सर का पसन्दीदा घोड़ा रास्ते में मर गया। दफ़न कर दिया गया, सीदपुर से मात्र दो-तीन किलोमीटर की दूरी पर। आज वह भी घोड़ा शाहपीर की मज़ार हो चुकी है।"[23] इस प्रकार न केवल अंग्रेज़ों की साम्राज्यवादी नीतियों तथा वर्गों को उपन्यास प्रकाशित करता है अपितु उस साम्राज्यवादी शासन के तले पिसती जनता की चित्तवृत्तियों का भी उदघाटन करता है। 1857 के प्रथम स्वतंत्रता संग्राम में किस प्रकार जनता अंग्रेज़ शक्ति का विरोध कर स्वतंत्रता-सेनानियों का साथ दे रही थी, इस सबका विश्लेषण भी 'ये वो सहर तो नहीं...' में हुआ है।

कुणाल सिंह भी 'आदिग्राम उपाख्यान' में ईस्ट इंडिया कम्पनी की साम्राज्यवादी नीतियों और जनसामान्य द्वारा उसके प्रतिकार का जो चित्रण प्रस्तुत करते हैं, उसका इतिहास कलकत्ते में पढ़ाए जाने वाली इतिहास की किताबों में नहीं है, वह देश की लोक-स्मृति में बसा इतिहास है, वाचिक परम्परा का इतिहास। उपन्यास में परिमलेन्दु दा ऐसी ही कथा सुनाकर बंगाल के अकाल की वास्तविकताओं को उजागर करते हैं। वे सन् 1760 की कथा' बताते हैं, "जब ज़मींदारी ख़त्म कर ईस्ट इंडिया कम्पनी के तीन कारिन्दे मालगुज़ारी के नियमों में हुए बदलाव की घोषणा करने आदिग्राम पहुँचे थे।" परिमलेन्दु दा के हवाले से ही आगे बताया जाता है, "कि एक तरफ़ तो बंगाल के इस इलाके में इतना भीषण अकाल पड़ा था, दूसरी तरफ़ ईस्ट इंडिया कम्पनी के कारिन्दों का मालगुज़ारी वसूलने के लिए इतना अमानवीय अत्याचार। धीरे-धीरे अकाल की मार से बचे हुए लोगों में विद्रोह की चिनगारी सुलगने लगी। वे एकजुट होकर छिटपुट हमले करने लगे। कम्पनी के कारिन्दों की लाशें कभी पोखर से तो कभी जंगल से बरामद होतीं। बाद के वर्षों में आदिग्राम में दो और अंग्रेज़ कलक्टरों की हत्याएँ हुईं। इतिहास में इस विद्रोह को 'चुआड़ विद्रोह' कहा गया। अंग्रेज़ इस विद्रोह को कुचलने में नाक़ामयाब हो रहे थे। इलाके के बच्चे-बच्चे तक तीरन्दाज़ी में पारंगत हो चुके थे। जंगलों में गुप्त मीटिंगें होतीं और आगे की कार्रवाई की रूपरेखा तैयार की जाती। 'जान दूँगा, ज़मीन नहीं दूँगा' जैसे नारे पहली बार इतिहास में तभी गूँजे थे।' रानी रासमणि के नेतृत्व में औरतों की लड़ाकू वाहिनी तैयार करने और '27 अक्तूबर, 1770 की' घनघोर अँधेरी रात जब कम्पनी के कुछ कारिंदे नलहाटी बाज़ार से बैलगाड़ियों पर धान लादकर चले तो उन्हें इस बात की ज़रा भी भनक नहीं थी कि उनके साथ क्या होने जा रहा है।"[24] कम्पनी शासन के पश्चिम बंगाल में हुए अत्याचारों और सामान्य

जनता का उनके प्रति सुलगता विद्रोह उपन्यास के इतिहास का अंग बनता है। उपरिवर्णित उपन्यासों में औपनिवेशिक साम्राज्यवाद के अत्याचारी चरित्र और उनके प्रतिकार का जो तीव्र प्रतिरोधी स्वर मिलता है, वह अपने इतिहास के सही पुनर्पाठ का एक बड़ा भारी पग है जो सांस्कृतिक परिवर्तन को एक नई दिशा देता है।

5. साम्प्रदायिकता का प्रतिरोध

इस महादेश में 1857-58 के बाद से ही अंग्रेज़ों ने 'फूट डालो और राज करो' की चालें चलीं कि हिन्दू-मुस्लिम के बीच साम्प्रदायिक वैमनस्य की दीवारें निरन्तर ऊँची होती चली गईं। स्वतंत्रता-आन्दोलन के दौरान ऐसा समय भी आया कि फिर हिन्दू-मुस्लिम के बीच बहुत मज़बूत भाईचारा दिखाई दिया किन्तु फिर अंग्रेज़ों ने अपनी दुरभि सन्धियों से इन दोनों के बीच नफ़रत की ऊँची-ऊँची दीवारें खड़ी कर दीं जिसका चरम परिणाम देश का भारत और पाक दो राष्ट्रों के रूप में विभाजन था किन्तु पाकिस्तान बन जाने मात्र से समस्या का स्थाई समाधान न हुआ, आए दिन देश में साम्प्रदायिक हिंसाएँ भड़कती रहीं, विभिन्न स्थानों पर दंगे-फ़साद होते रहे। अभी भी जब-तब देश में कहीं-न-कहीं साम्प्रदायिक हिंसा की आग भड़क उठती है और हम फिर वहीं आकर खड़े हो जाते हैं जहाँ से चले थे। दोनों देशों के बीच चल रही राजनीति भी जब-तब साम्प्रदायिकता को हवा देती रहती है। विभिन्न समयों पर हुए भारत-पाक युद्ध, आतंकी घटनाएँ, देश की संसद पर होने वाले आतंकी आक्रमण के चलते बाबरी-मस्जिद प्रकरण, गुजरात में भीषण नरसंहार, दोनों देशों की सीमा पर निरन्तर चलती सैनिक छेड़-छाड़, सैनिकों के सिर काटने जैसी घटनाएँ—देश में साम्प्रदायिक भावनाओं को भड़काती रहती हैं। इस सबके बीच एक बहुत बड़ी बात यह है कि साहित्य और कलाओं में इन साम्प्रदायिक ताक़तों का पुरज़ोर विरोध हुआ है। हिन्दी उपन्यास ने साम्प्रदायिकता का तीव्र प्रतिरोधी स्वर उपस्थित किया है। लेखन को जातीयता के आधार पर बाँटकर नहीं देखा जा सकता किन्तु बहुत तोषदाई बात यह है कि हिन्दू और मुस्लिम दोनों वर्गों के लेखकों ने साम्प्रदायिकता पर बहुत तेज़ प्रहार किए हैं। देश में कहीं भी हो रही साम्प्रदायिक हिंसाओं का तीव्र विरोध, गंगा-जमुनी साँझा संस्कृति का रेखांकन और हिन्दू-मुस्लिम के दायरों से ऊपर उठ सम्पूर्ण इनसानियत की पक्षधरता में हिन्दी उपन्यास पूरी चिन्ता और गहरे सरोकारों के साथ खड़ा दिखाई देता है। हिन्दी उपन्यासकारों की इस बहुमूल्य वैचारिक सम्पदा का परिचय मुख्यतः निम्नलिखित सन्दर्भों में मिलता है :

(अ) विभाजन की त्रासदी का सच
(आ) बंगलादेश निर्मिति
(इ) बाबरी मस्जिद प्रकरण
(ई) गुजरात नरसंहार
(उ) कश्मीर समस्या
(ऊ) मुस्लिम चिति ('साइकी')
(ए) वैश्विक आतंकवाद और पंजाब का आतंकवाद

(अ) विभाजन की त्रासदी का सच

भारत और पाकिस्तान के रूप में 1947 ई. में दो राष्ट्रों का उदय विश्व इतिहास की बहुत बड़ी त्रासदियों में से एक है जिसमें इतना भीषण नरसंहार और इतनी बड़ी जनसंख्या का अपने घर

और वतन से उजड़कर दूसरे देश में प्रत्यार्पण हुआ, जिनके सामने सर पर छत के आसरे की खोज से लेकर रोज़ी-रोटी के जुगाड़ का संघर्ष, नए देश में आकर 'शरणार्थी' या 'मुहाज़िर' बनकर रह जाने की अमानवीय स्थितियाँ थीं। अभी उनके दिलों से मार-काट के जख़्मों को ढोने की विचलित कर देने वाले संकट की शिला हटी भी नहीं थी कि शरणार्थी शिविरों के त्रास और उनके बीच नई बसाई गृहस्थी की अनेकानेक समस्याएँ, नई पीढ़ी की शिक्षा और रोज़गार की समस्याएँ, आदि निरन्तर उनका पीछा कर रही थीं। इक्कीसवीं शती के हिन्दी उपन्यास ने इतना समय बीतने के बाद पीछे मुड़कर इस समस्या पर सोचते हुए उन परिस्थितियों का आकलन किया जिनके कारण विभाजन का यह दंश झेलना पड़ा। हिन्दू-मुस्लिम के बीच जो साम्प्रदायिक सौहार्द इस देश में बाबर के आगमन और बाद में अकबर जैसे बादशाहों के समय से चला आ रहा था, उसको अंग्रेज़ साम्राज्यशाही ने किस प्रकार अपने न्यस्त स्वार्थों के लिए एक कूटनीति के तहत निरन्तर समाप्त करने की साजिशें रचीं, जिनके परिणाम हमें आज़ादी के बाद भी भुगतने पड़े। देश में निरन्तर साम्प्रदायिक दंगे भड़कते रहे, कभी मेरठ, कभी अहमदाबाद, कभी बड़ौदा, कभी कानपुर, आदि इन दंगों में झुलसते रहे। इन स्थितियों का विश्लेषण अपनी-अपनी दृष्टि से उपन्यासकारों ने किया। 'कितने पाकिस्तान' में कमलेश्वर इसे एक फ़न्तासी के माध्यम से विश्लेषित करते हैं। अदीबे आलिया की अदालत में खून के दो बम फट पड़े। 'खून से सरोबार तरबतर अपना मुँह पोंछकर अदालत' पूछती है कि "ये ख़ून के बम कब से बनने लगे?" तो उत्तर मिलता है, "जबसे आज़ादी मिली, सरकार! ये फसल सन् सैंतालिस में बोई गई।...इस फ़सल को ख़ून से सींचा गया।" भागलपुर का एक मुर्दा बोला। मेरठ, अहमदाबाद, बड़ौदा और कानपुर, और न जाने कितनी जगहों के मुर्दों ने उसकी हाँ में हाँ मिलाई। प्रश्न यह है कि एक पाकिस्तान बनने से इस साम्प्रदायिक समस्या का अन्त क्यों नहीं हुआ, देश में कहीं खालिस्तान और न जाने कितने देशों में और और पाकिस्तान बनाए जा रहे हैं। कराची का एक मुहाज़िर मुर्दा खड़ा होकर बयान देता है, "...मैं पाकिस्तान में पाकिस्तान बना रहा था। तो क्या सन् सैंतालिस में पाकिस्तान नहीं बना? बना, लेकिन वह तो जुगराफिए की बात है हमारे दिमाग़ों और दिलों में पाकिस्तान का जो नक्शा बनाया गया था, वह पूरा नहीं हुआ है...।" इसी का परिणाम कश्मीर में अलगाववाद की समस्या के रूप में देखा जा सकता है। अर्दली के माध्यम से अदीब (उपन्यासकार) का निष्कर्ष यही है कि "उसी सन् सैंतालिस वाली फ़सल से यह ज़हर जन्मा है, जो हिन्दू को ज़्यादा बड़ा हिन्दू और मुसलमान को ज़्यादा बड़ा मुसलमान बनाता है।"[25] उपन्यास का विमर्श प्रस्थापित करना चाहता है कि तंग ज़हनियत से देश और दुनिया में बार-बार जो 'पाकिस्तान' बन रहे हैं, वे सदैव के लिए समाप्त हो जाने चाहिए।

महीप सिंह अपने उपन्यास 'अभी शेष है' में एक दूसरी तरह विभाजन की त्रासदी के दंश को फिर-फिर याद करते हैं। "मानसिंह उर्फ़ 'भइया जी' पचहत्तर के होने को हैं किन्तु उन्हें बार-बार उन काले दिनों की याद आती है जब देश-विभाजन के समय मार-काट मची थी, तब 'भइया जी' भरपूर जवान थे। देश के अनेक भागों में हिन्दुओं-मुसलमानों के बीच भड़के दंगों के समाचार वे पढ़ते भी थे और अपने रेडियो सेट पर सुनते भी थे। कलकत्ते में सीधी कार्रवाई के दिन और फिर बिहार में जो कुछ हुआ था, उसका उन्हें पता था। सरहदी सूबे में कुछ स्थानों पर पठान कबायलियों ने वहाँ के हिन्दुओं-सिक्खों पर हमले किए थे, जिनमें सैकड़ों लोग मारे गए थे। किन्तु उनके बड़े भाई लाभ सिंह उन्हें ढाढ़स देते कि धीरे-धीरे सब ठीक हो जाएगा। जब राज पलटता है तो ऐसा ही होता है।"[26] पाकिस्तान से आए न जाने कितने परिवारों की यही व्यथा-कथा

है, उम्रदराज़ लोग अपनी उन स्मृतियों का बोझ निरन्तर ढोते चले आए हैं। वे नई पीढ़ी से उन स्मृतियों को जब-तब बाँटना चाहते हैं किन्तु नई पीढ़ी का अपना जीवन और अपना आकाश है, उनके पास इस सबको रोज़-रोज़ सुनने का धैर्य कहाँ, "किन्तु अब ये बच्चे बड़े होते जा रहे थे। उनके लिए भइया जी की कहानी बहुत बार बज चुके रिकॉर्ड की तरह रसहीन और उबाऊ होती जा रही थी। पाकिस्तान की जगह उनकी मानसिकता में अमेरिका, कनाडा, इंग्लैंड या जर्मनी की तस्वीरें बनती-बिगड़ती रहतीं और वहाँ जाने, उन देशों के देखने के सपने उनकी आँखों में तिरने लगते थे।" किन्तु भइया जी अपनी स्मृतियों से मुक्त नहीं हो पाते, कभी उस विश्वास के ध्वस्त होने की पीड़ा है कि कभी हिन्दू-सिक्खों और मुसलमानों के बीच का भाईचारा इतने निर्मम रूप में समाप्त भी हो सकता था, कभी पाकिस्तान की अपनी जन्मभूमि में बिताए स्वर्णिम अतीत का मोह है तो कभी छूट जाने की टीस है।

मंजूर एहतेशाम जैसे प्रगतिशील सोच के उपन्यासकारों ने बहुत सही रूप में उस मुस्लिम वर्ग की भावनाओं को अभिव्यक्ति दी है जिन्हें पाकिस्तान बनने पर पाकिस्तान न जाने का कोई दुख-मलाल नहीं सालता, उन्हें हिन्दुस्तान में रहने में ही अपनी बेहतरी दिखाई दी थी। 'मदरसा' (2011) में दिया गया यह संवाद यही प्रतीति देता है, "...किसी ने पूछा था—पार्टीशन के बाद आपने कभी पाकिस्तान जाने का नहीं सोचा?"—"क्यों नहीं सोचा!" मियाँ ने बेबाकी से कहा था—"दसियों बार सोचा होगा, और अपनी सोच पर हँसा होऊँगा! मैं पैदाइश का मुसलमान, पाकिस्तान के मोमिनों के बीच मेरी क्या जगह! मास्को जा सकता था, मगर ज़ालिम ज़माना उसे ही मिटाने पर तुला है। यूटोपिया जन्नत की ही तरह है, कहीं है नहीं, तो बेहतर है अपना ही घर सुधारने की कोशिश करूँ। करने पर ही होना टिका है।"[27]

इसी प्रकार जहाँ कहीं भी अवसर मिला है हिन्दी उपन्यासकार ने पाकिस्तान बनने के पीछे की साम्प्रदायिक प्रवृत्ति का तीव्र विरोध दर्ज़ किया है।

(आ) बंगलादेश निर्मिति

बंगलादेश भी एक प्रकार के साम्प्रदायिक वैमनस्य के कारण ही सम्भव हुआ। पूर्वी पाकिस्तान, अविभाज्य भारत का पूर्वी बंगाल, भी मुस्लिम बहुल क्षेत्र था किन्तु अपने धार्मिक ज़ुनून में पाकिस्तानी सरकार वहाँ की बंग-भाषा और बंग-संस्कृति को पूरी तरह नष्ट कर उर्दू और इस्लामी संस्कृति को उन पर थोप रही थी, जनरल अयूब खाँ के सत्ता हाथ में आते ही (1958 ई.) पूर्वी बंगाल का इस्लामीकरण और तीव्रतर होता चला गया। फिर उसके बाद याहिया खाँ के समय में बंग-भाषियों पर अत्याचारों का क़हर और भी बुरी तरह बरपा होने लगा। धीरे-धीरे वहाँ जो जनाक्रोश बढ़ता गया, उसी की चरम परिणति बंगलादेश की निर्मिति के रूप में हुई। बंगलादेश की मुक्तिवाहिनी की संघर्ष-कथा या पूर्वी बंगाल में पाकिस्तानी सरकार और फ़ौज द्वारा किए गए अत्याचारों पर हिन्दी उपन्यास में बहुत अधिक नहीं लिखा गया—एकाध उपन्यास में बंगलादेश के शरणार्थियों की पश्चिमी बंगाल में बेरोक-टोक आवाजाही और वहाँ जीविका चलाने, आदि का वर्णन मिलता है, यथा—कुणाल सिंह के 'आदिग्राम उपाख्यान' में तथा इस कथ्य पर (अभी तक) महुआ माजी का एकमात्र उपन्यास 'मैं बोरिशाइल्ला' है।* 'आदिग्राम उपाख्यान' की कथाभूमि

* हम यहाँ आजकल चल रही उस गरम चर्चा में नहीं पड़ना चाहेंगे कि 'बोरिशाइल्ला' के लेखन में महुआ माजी का कितना कुछ अपना है या कितना कहाँ से लिया गया। उपन्यास के रूप में जो कृति सामने है, उसी पर विचार करना अलम् है।

('लोकेल') उस आदिग्राम उपाख्यान की है जो बंगलादेश और पश्चिमी बंगाल के सीमान्त पर स्थित है, कथा उन दिनों की है जब 'बार्डर पर एकदम ढील थी। इस पार का आदमी पेशाब लगने पर उस पार पेड़ की आड़ में करके चला आता था।' 'बंगलादेशी छोकरी मयना' इसी प्रकार 'उस पार से' इधर आई है। दोनों देशों की सांस्कृतिक साँझ जिस रूप में है, सामान्य आदमी उसकी प्रतीति इस रूप में देता है, "वह सूताग्राम नहीं जाना चाहता मतलब हो तो बंगलादेश नहीं जाना चाहना हुआ। बंगलादेश नाम की अलग से कोई जगह थोड़े ही है। बंगलादेश मतलब वही सूताग्राम, फ़रीदकोट, फेज़लपुर, ढाका, मैमनसिंह, बोरिशाल। पच्छिम बांग्ला मतलब गंगा और बंगलादेश मतलब पद्मा। बंगलादेश मतलब मयना। मयना भी तो बंगलादेश मतलब सूताग्राम में है।" आगे उपन्यास में बहुत सूक्ष्म-सा संकेत बाबरी मस्जिद की घटना का है "जिस दिन 'देश-भर में एक ज़लज़ला आया था...कुछ मुसलमान बंगलादेश भाग गए और कुछ हिन्दू वहाँ से भागकर यहाँ आ बसे।"[28] कुणाल सिंह के उपन्यास की कथा में बंगलादेश के सन्दर्भ के लिए इतना ही अवकाश था।

महुआ माजी अपने 'मैं बोरिशाइल्ला' उपन्यास में बंगलादेश की निर्मिति के पूरे इतिहास और मनोभूगोल में गहरे प्रवेश करती है। गहन शोध और विभिन्न व्यक्तियों से साक्षात्कार कर उन्होंने उपन्यास की आधार-सामग्री जुटाकर उसे बहुत प्रामाणिक बनाने की चेष्टा की है। कथा के केन्द्र में पूर्वी बंगाल का बोरिशाल शहर है जहाँ के निवासी को आंचलिक भाषा में 'बोरिशाइल्ला' कहा जाता है, कथानायक केष्टो बोरिशाल का है, अतः वह अपनी कथा 'मैं बोरिशाइल्ला' के रूप में प्रस्तुत करता है। कथानायक बताता है कि किस प्रकार पाकिस्तान बनने के छह-सात महीने बाद से ही पूर्वी बंगाल ने 1948 ई. के मार्च महीने में जिन्ना साहब के ढाका विश्वविद्यालय में आने पर छात्रों और बुद्धिजीवियों ने जिन्ना पर स्पष्ट कर दिया था कि, "हमें अपनी भाषा, अपने साहित्य तथा संस्कृति पर अत्यन्त गर्व है। इस विषय पर हम किसी प्रकार का आक्रमण नहीं सहेंगे।" पूर्वी बंग के प्रत्येक निवासी—हिन्दू-मुस्लिम—में कूट-कूटकर भरी इसी राष्ट्रीय चेतना से बंगलादेश अस्तित्व में आया। उपन्यास का पूर्वांश या कहें कि आधे से अधिक भाग इस समस्या पर केन्द्रित है कि किस प्रकार 1947-1948 ई. में वहाँ हिन्दुओं के साथ अमानवीय सलूक किया गया, किस प्रकार वहाँ से हिन्दुओं को खदेड़ा गया, "पाँच से दस दिनों तक चले उस दंगे में असंख्य हिन्दू मारे गए। कितने ही लोग अपना घरबार छोड़कर भारत चले गए। प्रारम्भ में उन्हें शरणार्थी शिविरों में रखा गया। फिर भारत सरकार ने उन्हें अलग-अलग भागों में ले जाकर बसाया। इस प्रकार भारत के उड़ीसा, अंडमान-निकोबार, दंडकारण्य, राँची, पश्चिमी बंगाल के गोमा, हावड़ा, ताहीरपुर, कृष्ण नगर, आदि जगहों में काफ़ी संख्या में पूर्वी पाकिस्तान के हिन्दू शरणार्थी जाकर बस गए।"[29] इसके बाद उपन्यासकार पाकिस्तान और भारत के प्रमुख राजनीतिक घटना-क्रमों पर दृष्टि डालती हुई अयूबशाही, याहिया खाँ के शासन-काल और भारत में श्रीनगर में हज़रत बल मस्जिद में रखे पैगम्बर साहब के बाल गुम होने, पाकिस्तानियों द्वारा हिन्दुस्तान के हवाई जहाज के अपहरण, आदि की घटनाओं के पश्चात्-प्रभाव का आकलन करते हुए कथा को बंगलादेश में मुक्तिवाहिनी के संघर्ष पर केन्द्रित करती है। इस क्रम में वह मुक्तिवाहिनी की संघर्ष-यात्रा के कितने ही अनजाने पक्षों पर प्रकाश डालती है, यथा "17 अप्रैल की सुबह कुश्टिया जिले के मेहरपुर महकमा के वैद्यनाथतला गाँव में 100 बीघे ज़मीन पर फैले आम के बग़ीचे में दो हज़ार लोगों की भीड़ जुटना और 'गणप्रजातंत्री बंगलादेश' के जन्म की घोषणा, कैम्प की दुर्दशा के रूप में 'नरक दर्शन', 'कोलकाता के आठ नम्बर, थियेटर रोड स्थित' दो तल्ला मकान

में 'प्रवासी बंगलादेश सरकार का दफ़्तर', आदि। फिर 13-14 दिसम्बर, 1971 की रात में 'मित्रवाहिनी', 'मुक्तिवाहिनी' और 'भारतीय सेना वाहिनी' का संयुक्त रूप से ढाका पर आक्रमण, जनरल नियाज़ी का 90 हज़ार से अधिक पाक सैनिकों के साथ बिना किसी शर्त के आत्मसमर्पण, आदि के बड़े प्रामाणिक और सूक्ष्म विवरण उपन्यास को बहुत पठनीय बनाते हैं। 16 दिसम्बर, 1971 की शाम को हुआ यह आत्म-समर्पण बंगलादेश की जयघोषणा था। 'युद्धोपरान्त' स्थितियों का चित्रण भी ज़मीनी सच्चाइयों के साथ बहुत सशक्त बन पड़ा है। इस प्रकार यह उपन्यास बंगलादेश की निर्मिति को ऐतिहासिक शोध के परिप्रेक्ष्य में प्रस्तुत कर सका है।

(इ) बाबरी मस्जिद प्रकरण

राम-मन्दिर निर्माण की समस्या और बाबरी मस्जिद प्रकरण राजनीतिक दृष्टि से बीसवीं शती के उत्तरार्द्ध की सबसे बड़ी नहीं तो बहुत बड़ी घटनाएँ हैं जिनकी आग (जब-तब) निरन्तर सुलगती रहती है। कुछ राजनीतिक दल इस समस्या को निरन्तर प्रज्वलित रखना चाहते हैं जिससे उन्हें निरन्तर 'ऊर्जा' मिलती रहे। 21वीं शती के हिन्दी उपन्यासकार की चिन्ता को भूमंडलीकरण की अपसंस्कृति के बाद सबसे ज़्यादा इसी समस्या ने मथा है, यही कारण है कि हिन्दी उपन्यास में वैश्वीकरण के दुष्प्रभावों के बाद सबसे बड़ी समस्या बाबरी मस्जिद ध्वंस का प्रकरण रहा है। 'कितने पाकिस्तान' (कमलेश्वर), 'काशी का अस्सी' (काशीनाथ सिंह), 'दस बरस का भँवर' (रवीन्द्र वर्मा), 'एक गन्धर्व का दुःस्वप्न' (हरीचरन प्रकाश), 'उपयात्रा' (मो. आरिफ़), 'पहचान' (अनवर सुहेल), 'पहर ढलते' (मंजूर एहतेशाम), आदि उपन्यासों में इस समस्या पर व्यापक और गहरा विमर्श रचा गया है। बहुत सुखद और श्रेयस्कर स्थिति यह है कि सभी उपन्यासकारों ने इस समस्या को तूल देने के लिए राजनीतिक दलों तथा उग्र हिन्दूवादी संगठनों को दोषी मानकर मानवता विरोधी दुर्दान्त शक्तियों का तीव्र विरोध अपनी कृतियों में दर्ज़ किया है। कोई भी राष्ट्र अपने देश की बहुत बड़ी जनसंख्या, भले ही उन्हें अल्पसंख्यक कहा गया हो, के प्रति हो रहे अनाचार को बर्दाश्त नहीं कर सकता, धार्मिक सौहार्द और समभाव हमारी राष्ट्रीयता की प्रमुख पहचान हैं। अल्पसंख्यकों में भी यदि तंग-ज़हनीयत है तो उसे बख़्शा नहीं गया है, विशेषतः मुस्लिम उपन्यासकारों ने अपने वर्ग की धार्मिक कट्टरता और दूसरे वर्ग के प्रति भड़काने वाली भावनाओं वाले व्यक्तियों की खूब ख़बर ली है। यह विमर्श इसी निष्कर्ष पर पहुँचाता है कि साहित्यकार की क़लम सदैव ही सही के साथ खड़ी पाई जाती है।

कमलेश्वर के 'कितने पाकिस्तान' में बाबरी मस्जिद समस्या और राम-मन्दिर निर्माण के पीछे की राजनीति को बहुत गम्भीरता से ऐतिहासिक तथ्यों के प्रकाश में विश्लेषित करते हुए बताया गया है कि बाबर कभी सरयू के इस पार अयोध्या आया ही नहीं, न ही उसने यहाँ कोई मस्जिद बनवाई। प्रसिद्ध ब्रिटिश इतिहासकार ए. फ्यूहरर की शोध के साक्ष्य से इस मस्जिद का निर्माण इब्राहीम लोदी ने करवाया, "...हिजरी 930 यानी करीब 17 सितम्बर, सन् 1523 में इब्राहीम लोदी ने उस मस्जिद की नींव रखवाई थी और जो 10 सितम्बर, 1524 में बनकर तैयार हुंई, जिसे अब बाबरी मस्जिद कहा जाता है। यही बताने मैं बाबर के पास गया था।" ए. फ्यूहरर ने कहा—"इस खुतबे को वक्त ने नहीं, उन लोगों ने बरबाद किया था जो इस बाबरी मस्जिद और राम-मन्दिर के झगड़े को ज़िन्दा रखना चाहते हैं।" 1910 ई. में काबुल में बाबर की कब्र पर होकर आया फ्यूहरर तथाकथित बाबरी मस्जिद के इस शिलालेख, खुतबे को पढ़ा था, बाद में इसे न्यस्त स्वार्थ अंग्रेज़ों ने मिटवा डाला। उपन्यासकार की दूसरी प्रस्थापना यह

है कि इस मस्जिद की नींव किसी भी मन्दिर—राम-मन्दिर—के ऊपर नहीं रखी गई थी। मस्जिद का निर्माण कराने वाला इब्राहीम लोदी ऐसा कर ही नहीं सकता था क्योंकि उसकी दादी हिन्दू थी, "इब्राहीम लोदी पर किसी ने राम-जन्मभूमि मन्दिर तोड़ने का इल्ज़ाम नहीं लगाया क्योंकि पहली बात—वहाँ मन्दिर ही नहीं था और दूसरी बात कि...इब्राहीम लोदी की दादी हिन्दू थी...हिन्दू दादी का खून उसकी रगों में बहता था, इसलिए भी उस पर इल्ज़ाम नहीं लगाया गया।"[30] कमलेश्वर का तीसरा तर्क यह भी है कि अयोध्या का सूबेदार उस समय मीरबाक़ी था, उसने चापलूसीवश उस मस्जिद को अपने बादशाह का नाम दे दिया होगा, ठीक उसी तरह जैसे "आज खुद इसी मुल्क में कितने गांधी नगर, नेहरू नगर, किदवई नगर और संजय गांधी नगर बसे हुए हैं। क्या वे सब उन लोगों ने तामीर करवाए हैं?" लेखक ने अंग्रेज़ों की उन चालों को भी नंगा किया है जिनके द्वारा उन्होंने 'बाबरनामा' के 3 अप्रैल, 1528 से 17 सितम्बर, 1528 तक के पन्ने ग़ायब करवा दिए और अपने गज़ेटियर लेखक एच. आर. नेविल से यह लिखवा दिया कि 1528 की गमियों, अप्रैल और अगस्त के बीच बाबर अयोध्या पहुँचा और उसने वहाँ राम-मन्दिर तोड़ने का आदेश दिया और इसी प्रकार कनिंघम से लखनऊ गज़ेटियर में यह लिखवा दिया कि "बाबरी मस्जिद की तामीर के दौरान...मुसलमानों ने एक लाख चौहत्तर हज़ार हिन्दुओं को हलाक किया था...उन्हीं हिन्दुओं के खून से मस्जिद के लिए गारा बनाया गया था।" इस सफ़ेद झूठ का विरोधाभास यही है कि यही गज़ेटियर लेखक नेविल 1869 में फ़ैज़ाबाद-अयोध्या की कुल आबादी 9,949 बता रहा है और 1881 ई. में फ़ैज़ाबाद की कुल आबादी 11,643 थी—बारह वर्षों में करीब 2000 आबादी की बढ़त, इसी से अनुमानित किया जा सकता है कि सन् 1528 ई. में 'उस इलाके की आबादी क्या रही होगी', तब 1,74,000 हिन्दू कैसे मारे जा सकते हैं। इससे "यह बात साफ़ होनी चाहिए कि अंग्रेज़ों ने हमारे मुल्क हिन्दुस्तान के साथ क्या खेल खेला है।" और भी अन्य तर्कों तथा लोक-स्मृति के साक्ष्य से 'कितने पाकिस्तान' में यह सिद्ध किया गया है कि राम-जन्मभूमि तथा बाबरी मस्जिद विवाद अंग्रेज़ों का खड़ा किया हुआ है, जिससे हिन्दू-मुस्लिम के बीच तक़रार हमेशा बनी रहे। इतिहास कितना भी इन बातों को ग़लत बताता रहे, अंग्रेज़ अपने उद्देश्य में सफल हो गए।

बाद के उपन्यासों 'काशी का अस्सी' (काशीनाथ सिंह), 'दस बरस का भँवर', (रवीन्द्र वर्मा), 'एक गन्धर्व का दुःस्वप्न' (हरीचरन प्रकाश), आदि में बाबरी मस्जिद ध्वंस से पहले के बनते उन्मादी वातावरण के चित्रण पर बल दिया गया कि किस प्रकार देश को धार्मिक उन्माद की अफ़ीम चटाकर कुछ राजनीतिक दल और उग्र हिन्दूवादी संगठन राम-मन्दिर निर्माण को हिन्दू अस्मिता से जोड़ जनसाधारण को पूरी तरह भड़का रहे थे। लालकृष्ण अडवानी की रथ-यात्रा, आदि से यह धार्मिक उन्माद और भी भड़क रहा था। काशी के अस्सी की ही यह दशा नहीं है, अपितु पूरे उत्तर के मुख्य शहरों में स्थिति कमोबेश यही थी। कार-सेवकों के रेले के रेले राम-मन्दिर में अपने हिस्से की ईंट लगाने के लिए उतावले होकर सड़कों पर उतर आए थे और उनकी दिशा अयोध्या की ओर ही थी, "इसी बीच 'हर-हर महादेव' की जगह 'जय श्रीराम' ने ले ली।...अस्सी के सभी 'आदिवासी' रामभक्त हो गए और कार-सेवा की तैयारी में लग गए। 23 अक्तूबर को अडवाणी की गिरफ़्तारी ने सनसनी पैदा कर दी! शंख, घड़ियाल, आतिशबाज़ी, मशाल, नारे अस्सी की दिनचर्या बन गए।" पूरा देश आश्चर्य में था कि पूरे देश के डेढ़-दो करोड़ लोग 'जय श्रीराम', 'जै सियाराम', एक साथ गा रहे हैं किन्तु जब दाल, आदि सामान्य ज़रूरत की चीज़ों के दाम आसमान छू रहे थे तो "बीस लाख की आबादी वाले इस

शहर में एक भी ऐसा आदमी आपको मिला जो उसके ख़िलाफ़ सड़क पर चिल्लाया हो?" देश में तरह-तरह की अफ़वाहें फैलती हुई राम-मन्दिर आन्दोलन को अपनी-अपनी तरह से हवा दे रही थीं। सामान्य नागरिक ऐसे बात कर रहा था जैसे अयोध्या के रामलला के साथ हॉट लाइन पर था, "प्रत्येक दस मिनट पर नई-नई अफ़वाहें! अडवानी नज़रबन्दी से फरार अयोध्या में। अटल बिहारी गिरफ़्तार। मुलायम सिंह को दिल का दौरा। अयोध्या में तैनान सेनाओं में बग़ावत। वी.पी. सिंह अस्पताल में। गई रात रामसेवक हनुमान जी ने गया से मस्जिद की गुम्बज उड़ा दी! रामलला ने कारसेवकों की कमान खुद सँभाल ली है,...आदि, आदि।" पूरे देश में पार्टी विशेष द्वारा दिए गए नारे गूँज रहे थे, "रामलला हम आएँगे, मन्दिर वहीं बनाएँगे", "बच्चा-बच्चा राम का, भाजपा के काम का।"[31] विभिन्न अंचलों से लोग अयोध्या के लिए अश्वमेधी जय-यात्रा पर निकल चले थे। काशीनाथ सिंह अस्सी की जन-भावनाओं के प्रकटीकरण द्वारा देश में चल रही राम-लहर का परिचय देते हैं। 'दस बरस का भँवर' में रवीन्द्र वर्मा भी तत्कालीन घटनाओं का चित्रण इसी धर्म-निरपेक्ष दृष्टि से करते हैं। प्रत्येक शहर में कार-सेवकों का जो स्वागत-सत्कार होता था, उससे यही लगता था कि वे सभी दिग्विजयी अभियान पर निकले हैं। "बेरोज़गार नवयुवक रामभक्तों को फौज़ में भर्ती हो अयोध्या की ओर कूच करते देखा जाता, लोग उस फ़ौज को अयोध्या जाते देखते हैं और कीर्तन करते रहते हैं। फ़ौज गोधरा लौटती है और गुजरात हो जाता है।" उपन्यासकार की चिन्ता यह है कि रामभक्तों ने राम का ग़लत तरह से इस्तेमाल किया है, बाँके बिहारी की चिन्ता है कि "राम को उन हाथों से बचाइए जो उन्हें अस्त्र की तरह इस्तेमाल करना चाहते हैं। जब राम खुद बचेंगे, तभी वे आपको बचाएँगे! श्याम सुन्दर की ज़िद थी कि लोगों को राम से छुड़ाना होगा।" राम को जो नया रूप दिया गया उसके उत्स खोजते कहा गया है, "...नए राम 1949 ई. में पैदा हुए जब बाबरी मस्जिद में मूर्तियाँ रखी गईं। ये प्रतिशोधी राम हैं।" लेखक की धारणा है कि बाबरी मस्जिद ध्वंस से लेकर गुजरात नरसंहार तक की हृदय विदारक घटनाएँ नए राम का पल्ला पकड़कर ही की गई हैं, ये राम तुलसी के करुणा-सागर राम से सर्वथा अलग हैं, "करुणा के सागर का गुजरात में लूट, बलात्कार और आगजनी से क्या सम्बन्ध हो सकता था। बन्दरों की सेना ने भी राक्षसों की लंका में ऐसा नहीं किया था।" लेखक की दृढ़ धारणा है कि अयोध्या मुद्दे को दिल्ली के सिंहासन पर पहुँचने का एक माध्यम बनाया जा रहा था, "उसने कहा कि सन् 1949 में जो रामलला बाबरी मस्जिद में अवतरित हुए और जिनकी अध्यक्षता में 1992 में मस्जिद गिरी, वे तुलसी के राम नहीं थे। राम दिल्ली की कुर्सी का पायदान नहीं हो सकते।"[32] इस प्रकार बाबरी मस्जिद की घटना को एक गन्दी राजनीति के रूप में ही देखता है।

हरीचरन प्रकाश भी अपने उपन्यास 'एक गन्धर्व का दुःस्वप्न' में अयोध्या के रामलला के मन्दिर और बाबरी मस्जिद के दुखान्त को ऐतिहासिक परिप्रेक्ष्य में परिलक्षित करते हुए इसे राजनीतिक दलों की दुरभि-संधि के रूप में देखते हैं। उपन्यासकार की मान्यता है कि कांग्रेस के तत्कालीन राजकुमार (राजीव गांधी) ने राम-मन्दिर का ताला खुलवा कर वर्षों से ठंडे बस्ते में सुप्त पड़ी समस्या को पुनः हवा दे दी, "एक बाहोश मुकद्दमे को बेहोश किया गया। फ़ैज़ाबाद के जिला जज ने जन्मभूमि में स्थापित मन्दिर का ताला खोलने का निर्णय लिया। नगर मजिस्ट्रेट ने हाथ जोड़कर ताला खोला। पुराने-धुराने 'जय राम-जय सियाराम' के नारे के बजाय 'जय श्रीराम' का नारा गूँजा। ब्रजभाषा का शब्द लला जोड़कर 'रामलला' तैयार किया गया। राजीव गांधी ने देश में सुप्रबन्धन के नाम पर हिन्दू-मुस्लिम दोनों को थोड़ा-थोड़ा देकर तुष्टिकरण की

नीति अपनाई और उसी समय शाहबानो और राम-मन्दिर विवाद एक साथ खड़े हो गए। इस उपन्यास में लेखक ने फ़ैज़ाबाद जनपद के इतिहास को खँगालते हुए बताने की चेष्टा की है कि उग्र हिन्दूवाद ने किस प्रकार यहाँ के मुसलमानों को बेग़ाना बना दिया। विभाजन के बाद जो लोग पाकिस्तान जाना भी नहीं चाहते थे उन्हें बार-बार इस प्रकार की जिल्लत दी गई कि इश्तियाक बाबू जैसे लोग जो अपनी हड्डियों को यहीं दफ़न कर देना चाहते थे उन्हें भी पाकिस्तान का रुख करना पड़ा। यह सारा बखेड़ा तभी से शुरू हुआ जब "बाबरी मस्जिद में साल डेढ़ साल पहले एक कामचलाऊ मन्दिर खुला। तमाम किचकिच और किचकिच के बावज़ूद मस्जिद में मन्दिर खुलने का यह पहला वाक्या था जबकि इसके पहले मन्दिर पर मस्जिद चढ़कर बनती थी। इश्तियाक बाबू कसमसाए लेकिन चुप रहे। अब वे भारतवर्ष के मुसलमान थे, हिन्दुस्तान के नहीं।" लेखक कहना चाहता है कि हिन्दुस्तान की साँझी तहज़ीब पर 'भारतवर्ष' का हिन्दू कुठाराघात कर रहा था जिसका प्रमाण यह है कि मन्दिर के पास के क़ब्रिस्तान की ज़मीन को पवित्र कर उसे मन्दिर-परिसर में मिलाया जा रहा था। लगभग परित्यक्त इस क़ब्रिस्तान में जब एक शव अर्से बाद दफ़नाने (या उस भूमि पर अपना हक़ साबित करने) के लिए लाया गया तो आचार्य जगत प्रसाद इसका विरोध करते हैं। "इश्तियाक बाबू मय्यत नहीं छोड़कर म्युनिस्पैलिटी के चेयरमैन के पास गए जिन्होंने ताआस्सुबियों की घर बैठे ही निन्दा कर डाली। कांग्रेस अध्यक्ष दुख से भरे-भरे मौके पर पहुँचे और अधिकारियों से मौके की नज़ाकत की जानकारी कर वापस लौटे। उन्होंने दोनों पक्षों से समझदारी की अपील की और दोनों से गाली खाई थी। बाईस घंटों की जद्दोजहद और सड़न के बाद इश्तियाक बाबू के रिश्तेदार को किसी और जगह कब्र नसीब हुई।" उसी के बाद इश्तियाक बाबू यहाँ का सब कुछ बेचकर पाकिस्तान चले गए। इस घटना के माध्यम से लेखक ने समझाना चाहा है कि किस प्रकार एक वर्ग विशेष के व्यवहार से इस देश का मुसलमान राष्ट्रीयता की भावना से दूर होता चला गया और कितनों ने ही न चाहते हुए भी मज़बूरी में पाकिस्तान का रुख किया। 'रथयात्रा' शीर्षक में लेखक ने बाबरी मस्जिद ध्वंस से पहले के घटना-क्रम को ऐतिहासिक परिप्रेक्ष्य में देखा है। अडवाणी की रथ-यात्रा ने देश में जो राम-लहर ला दी थी उसका परिचय इस रूप में दिया गया है, "जहाँ-जहाँ रथयात्री जाते धनुष-बाण का बाज़ार खुल जाता। वह सोमनाथ से चले थे और एक टेढ़ा तथा लम्बा रास्ता तय कर उन्हें अयोध्या पहुँचना था। उनकी हुँकार थी–

सौगन्ध राम की खाते हैं
हम मन्दिर वहीं बनाएँगे।

इस हुँकार की गूँज बाबरी मस्जिद के मटमैले गुम्बद से टकरा रही थी।" उपन्यास में 5, 6 दिसम्बर 1992 की घटनाओं का चित्रण भी बड़ी सूक्ष्मता से कर स्थितियों को किस प्रकार नियन्त्रण से बाहर छोड़ उग्र हिन्दूवाद को अपने मनसूबे पूरे करने के खुले अवसर दिए गए। पुलिस-बल, अर्धसैनिक बल, आदि किस रूप में कार-सेवकों के साथ सहानुभूति रखते हुए अपनी ड्यूटी निभा रहे थे, प्रशासन की कोताही यह थी, "पुलिस की नाकाबन्दियों से आरामदेह आँखमिचौली करते हुए लोग सड़क पर जा रहे थे। गोपट्टी के हिन्दू पिले हुए थे। यह लोग अयोध्या के आसपास के गाँवों में बड़े जलसे के साथ छिपे हुए थे। अख़बार उनकी सांगठनिक चतुराई पर फिदा थे। गुप्तचर एजेंसियाँ उनसे पूछ-पूछकर रिपोर्ट दे रही थीं। छत से सड़क नहीं दिखाई पड़ती थी लेकिन उसका हल्ला गलियों में गूँज रहा था।" सी.एन.एन. की न्यूज़ बुलेटिन देखने वालों के लिए यह एक नयनाभिराम दृश्यान्तर था। 5 दिसम्बर को अयोध्या में मनाई गई गीता

जयन्ती और 6 दिसम्बर को सवा बारह बजे कार-सेवा के निकाले गए मुहूर्त का बड़ा जीवन्त चाक्षुष चित्रण लेखक ने किया है। यह चित्रण उसी तरह का है जैसा उस समय विभिन्न राष्ट्रीय और अन्तर्राष्ट्रीय चैनलों ने दिखाया था किन्तु उपन्यासकार ने मस्जिद के गुम्बद पर प्रथम प्रहार करने वाले व्यक्ति को उन्मादी लँगड़े के रूप में परिकल्पित किया है जो जन्म से पूरी तरह असामाजिकता में जन्मा और पला-बढ़ा था। इस परिकल्पना से लेखक यही सम्प्रेषित करना चाहता है कि मस्जिद पर प्रहार करने वाले अधिकांशतः ऐसे ही असामाजिक तत्त्व थे। 'रथयात्री' ने जिस प्रकार वहाँ इन असामाजिक तत्त्वों, कारसेवकों को संचालित किया, उसका चित्रण पूरी लेखकीय चिन्ता और मर्यादा के साथ इस रूप में किया है, "रथयात्री को भविष्य की योजनाएँ बनानी थीं जिसके लिए इतिहास को फिर से खोदना था। लोग क्यों भूले कि मुसलमानी हमले के समय अयोध्या में तीन मुख्य हिन्दू स्थल थे, जन्मस्थल मन्दिर, स्वर्गद्वार और त्रेता का ठाकुर जो एक-एक कर सगर्व और दर्ज़ कर तोड़े गए। इस सच के विरुद्ध धर्मनिरपेक्षी जितना झूठ गढ़ेंगे, उतना ही पस्त होंगे। उसने रूमाल को अनुशासनपूर्वक तहाया और सामने की ओर देखा। सी.आर.एफ. और पी.ए.सी. के जवान मस्जिद कारसेवकों के हवाले कर बाहर निकल रहे थे। बन्दूक कन्धे पर लटकाए वह विध्वंस को एक तरह का गार्ड ऑफ़ ऑनर दे रहे थे।"[33] इस प्रकार उपन्यासकार ने बाबरी मस्जिद ध्वंस प्रकरण से उठी साम्प्रदायिकता की समस्या को पूरे ऐतिहासिक परिप्रेक्ष्य में विश्लेषित किया है।

मो. आरिफ़ ने अपने 'उपयात्रा' और अनवर सुहैल ने 'पहचान' उपन्यासों में बाबरी मस्जिद की घटना के समय में अल्पसंख्यक समुदाय के लोगों के दिलों में हो रही हलचल का बड़ा प्रामाणिक और भुक्तभोगी चित्रण किया है। इस दृष्टि से उपन्यास के 'छह दिसम्बर' तथा 'नई सुबह?' शीर्षक अध्याय विशेष रूप से पठनीय हैं। छह दिसम्बर को बाबरी मस्जिद घटना ने जिस प्रकार युगों से चले आ रहे साम्प्रदायिक सौहार्द के ताने-बाने को विच्छिन्न कर पूरे देश में दोनों सम्प्रदायों को एक धार्मिक कट्टरता में धकेल दिया था, उनका सूक्ष्म विवेचन अयोध्या से महज़ साठ किलोमीटर दूर स्थित हुसैनपुरा में जिस रूप में इस घटना का प्रभाव पड़ा, के माध्यम से चित्रित किया गया है। हुसैनपुरा का सामान्य मुसलमान समझ नहीं पा रहा था कि इस झगड़े में कौन सही है, कौन ग़लत, "वे सोच रहे हैं कि अगर राम जी का काम है तो बिना तोड़-फोड़ के हो तो अच्छा होगा। मोहम्मद साहब को तो नाटक के सीरियल में देखना-दिखाना तो सख़्त मना है। राम को तो जनम-जनम से देखते आ रहे हैं। हुसैनपुरा के वासी राम जैसी औलाद की दुआ करते हैं और भरत और लक्ष्मण जैसा भाई चाहते हैं। और हाँ दुलहिन हो तो जनक दुलारी जैसी। कैकेयी, मंथरा और विभीषण से पूरा हुसैनपुरा चिढ़ता है।" "रघुकुल रीति से हुसैनपुरा वाले अच्छी तरह वाकिफ़ हैं। बोली-बानी, खान-पान, रहन-सहन, अतिथि सत्कार, मूड-मिज़ाज, सभी में ये लोग पूरे के पूरे अवधी हैं।" इस प्रकार पूरा हुसैनपुरा एक सांस्कृतिक साँझ द्वारा हिन्दुओं से जुड़ा हुआ है। यह सांस्कृतिक विरासत मात्र इस मस्जिद ध्वंस घटना से एक ही दिन में छिन्न-विच्छिन्न हो गई। यदि घटना-क्रम को राजनीतिक नेतृत्व और प्रशासन-तंत्र ने ठीक तरह से नियंत्रित किया होता तो स्थिति नहीं बिगड़ती, "कारसेवकों को कहीं से कोई चुनौती नहीं मिली। उन्होंने जो किया उससे न तो उन्हें किसी ने रोकने का प्रयास किया न ही समझाने-बुझाने का। वरिष्ठ पुलिस अधिकारी जिसके ऊपर अयोध्या के क़ानून व्यवस्था की ज़िम्मेदारी थी, वह ठीक दस तीस पर राम भक्त में तब्दील हो गया। इस तरह अपने जीवन की सबसे महत्त्वपूर्ण परीक्षा में वह मात्र शून्य अंक हासिल कर सका। कर्तव्यहीनता के लिए

इनाम में टिकट पाकर बाद में लोकसभा का सदस्य निर्वाचित हुआ।"[34] इसी प्रकार 'नई सुबह?' अध्याय में मस्जिद ध्वंस के बाद लोकमानस को देखा-परखा गया है। 'उपयात्रा' उपन्यास का बहुत बड़ा अभाव यह है कि साम्प्रदायिकता की भावना से लड़ता हुआ उपन्यास स्वयं कहीं-कहीं 'साम्प्रदायिक' हो उठता है, वहाँ वह अपना विवेक खोकर स्वयं इसी दृष्टि से बात करने लगता है। उग्र हिन्दूवादी विचारधारा के लोगों द्वारा अल्पसंख्यक समुदाय के पूज्य धर्मग्रन्थ कुरआन की आयतों की मनमानी व्याख्या कर उनका मज़ाक उड़ाता, प्रसंग से बाहर उनकी ऐसी मनमानी व्याख्या करना कि वे इस्लाम में हिंसा की जनक हैं, पैगंबर साहब पर लांछन लगाना, आतंकवाद, युद्ध और जनसंख्या वृद्धि के लिए तथा मुसलमानों के शैक्षिक पिछड़ेपन के लिए इस्लाम को दोषी ठहराने, आदि बातों को उपन्यासकार ने सही परिप्रेक्ष्य में प्रस्तुत किया है किन्तु उसके प्रतिकार के लिए कथानायक फ़रीद (जो लेखक की प्रतिछवि के रूप में आता है) भी खुद ऐसे ही कुफ्र की प्रवृत्ति का हो जाता है जब वह भी हिन्दुओं के लिए पूज्य गीता के अनेक श्लोकों की प्रसंग-बाह्य व्याख्या कर गीता को 'जिंगोइस्टिक पुस्तक', 'जिंगोइस्टिक धर्म ग्रन्थ' कहता है। यहाँ लेखक स्वयं उस दुष्प्रवृत्ति का शिकार हो जाता है जिसके विरोध में वह अपने उपन्यास को खड़ा करना चाहता है। इस बिन्दु पर आकर उपन्यास सम्प्रदायवाद के विरोध में असफल हो जाता है।

अनवर सुहैल 'पहचान' उपन्यास में बाबरी मस्जिद गिराए जाने के बाद लोगों के दिलों में जो फ़र्क़ आ गया उसका चित्रण बहुत छोटी-छोटी घटनाओं के माध्यम से देते हैं। अंडा, मुर्गा और मछली की दुकानें अधिकांशतः मुसलमानों की हैं किन्तु बाबरी मस्जिद की दुखद घटना के बाद छोटे-छोटे क़स्बों में इस स्थिति में बदलाव इस रूप में आया, "बाबरी मस्जिद गिराए जाने के बाद नगर में हिन्दू कसाइयों ने 'झटका' वाली दुकानें लगाईं। हमीद चिकवा बताता है कि उन लोगों ने अपनी मीटिंग में फ़ैसला किया है कि 'गर्व से कहो हम हिन्दू हैं' का नारा लगाने वाले राष्ट्रीय हिन्दू यदि मांसाहारी हैं तो वे मुसलमान चिकवों से गोश्त न ख़रीदें, बल्कि 'झटका' वाली दुकानों से गोश्त ख़रीदें।"[35] उपन्यास का पूरा विमर्श दोनों ओर की उग्र साम्प्रदायिक ताक़तों का तीव्र प्रतिरोध करता है।

(ई) गुजरात-नरसंहार

मन्दिर और मस्जिद की राजनीति केवल बाबरी मस्जिद ध्वंस-प्रकरण तक ही सीमित नहीं रही, गोधरा कांड और गुजरात-नरसंहार इसी साम्प्रदायिक जुनून के अगले पड़ाव हैं। गोधरा कांड की निष्पत्ति जिस रूप में गुजरात की भयंकर मार-काट के रूप में हुई, उससे मानवीयता कराह उठी और प्रत्येक बुद्धिजीवी और साहित्यकार का मानस उद्वेलित हुआ। उपन्यास में इस अमानवीयता का विरोध खूब खुलकर हुआ, जिस भी उपन्यास के कथा-क्रम में सम्भव हुआ गुजरात नरसंहार पर तीख़ी टिप्पणियाँ कर इस वहशीपन पर तीव्र प्रहार किया गया। रवीन्द्र वर्मा 'दस बरस का भँवर' में गुजरात-नरसंहार का अत्यन्त प्रामाणिक और त्रासद वर्णन प्रस्तुत करते हैं जो रोंगटे खड़े कर देनेवाला है। यद्यपि उपन्यास में वर्णित सारे घटना-क्रम को समाचार-पत्रों और इलेक्ट्रॉनिक मीडिया के द्वारा देखा जा चुका है किन्तु जिस मानवीय संवेदन के साथ उसकी कथा में प्रस्तुति हुई है, वह चेतना को झिंझोड़ती है। किस प्रकार प्रसिद्ध शायर वली दकनी की मज़ार को उजाड़ा गया, किस प्रकार नवरंगपुरा में मुसलमानों के घरों को उसी प्रकार चिह्नित किया गया जैसे नाज़ी जर्मनी में यहूदियों के घरों को किया गया था, किस प्रकार वहाँ मुसलमानों

का क़त्ले-आम हुआ, आगजनी के भयंकर दृश्य, आदि को लेखक 'ब्लैक होल' आदि जलियाँवाला बाग़ के नरसंहार से भी बदतर बताता है, "नरोडा-पाटिया जनतंत्र का षड्यंत्र था। 'ब्लैक होल' में आदमी जानवरों की तरह मारे गए थे। नरोडा-पाटिया में आदमियों को आदमी की तरह ज़िन्दा जलाया गया, औरतों को औरतों की तरह रेप किया गया और बच्चों को बच्चों की तरह हवा में उछाल कर संगीन पर छेदा गया! 'ब्लैक होल' में लाशें बची थीं। नरोडा-पाटिया में लाशें नहीं थीं—ताकि कोई सनद न रहे जो वक्त पर काम आए।" लेखकीय आक्रोश यहीं नहीं थमता, वह 2002 के गुजरात-नरसंहार को जलियाँवाला बाग़ से भी भीषण नरसंहार के रूप में देखता हुआ देश और इतिहास से उत्तर माँगता है कि "जलियाँवाला बाग़ की 379 हत्याओं के लिए जनरल डायर पर इंग्लैंड में मुकदमा चला था। गुजरात के नरसंहार के लिए जिसमें करीब तीन हज़ार जानें गईं, कहाँ मुकदमा चलेगा?" नरोडा-पाटिया हत्या-कांड में नरसंहार से कहीं ज़्यादा अहम उसकी तकनीक थी, "ज़रा तसव्वुर कीजिए, एक गर्भवती स्त्री से सार्वजनिक सामूहिक बलात्कार, फिर उसका पेट चीर कर शिशु को निकालना और हवा में उछालना। जब नवजात शिशु हवा में नीचे उतरता है धरती से पहले उसे एक संगीन की नोक धारण कर लेती है। नवजात शिशु चीख़ भी नहीं पाता। जीवन की पहली चीख़ भी मयस्सर नहीं! उसकी माता सार्वजनिक बलात्कार के दौरान पहले चीख़ती है, फिर बेहोश हो जाती है। उसे दूसरी नंगी औरतों के साथ पेट्रोल डालकर जला दिया जाता है।" एक से एक जघन्य घटनाएँ, कृत्य इन गुजरात दंगों में घटित हुए जिन्हें देखकर मानवता लज्जित हुई है। उपन्यासकार उन परिवारों की स्थिति भी चित्रित करता है जिनमें पत्नी मुसलमान या पति मुसलमान थे, उन सभी "मुस्लिमों के क़त्ल होने पर 'दोनों घरों में आधे मुसलमान बच्चे' अनाथ बनकर रह गए थे।"[36] इस उपन्यास का उत्तरार्द्ध गुजरात-नरसंहार पर ही केन्द्रित है।

अनवर सुहैल ने 'पहचान' उपन्यास में उस समय टी.वी. चैनलों के समाचार-प्रचारण की शैली में गुजरात के दंगों का सच उजागर किया है। टी.वी. चैनल इस मानवीय त्रासदी अपनी टी.आर.पी. बढ़ाने के लिए किस प्रकार इन घटनाओं को संवेदनहीनता से प्रसारित कर रहे हैं, यह पक्ष भी यहाँ उभरकर आता है, "ये देखिए, हाथ में पेट्रोल से भरी बोतलें लिये औरतें आगे बढ़ रही हैं। ये देखिए हरे रंग में पुता एक ख़ास जाति के लोगों का मकान, पर्दे की ओट से झाँकती बुर्का ओढ़े औरतें, छत पर पत्थर-ईंट इकट्ठा करते बच्चे, नमाज़ें अदा करते बुज़ुर्ग, और ये देखिए किस तरह तड़ातड़ बोतलें फेंकी जा रही हैं। इस सड़क पर देखिए पुलिस के सिपाही मौन खड़े भीड़ को अवसर दे रहे हैं...वो देखिए एक गर्भवती महिला किस तरह भागना चाह रही है...किस तरह त्रिशूल और लाठियाँ लिये, माथे पर गेरुआ पट्टी बाँधे युवक उस महिला को चारों तरफ़ से घेरकर खड़े हो गए हैं...और...और...ये रहा उस महिला के पेट का त्रिशूल की नोंक से चीरा जाना,...देखिए किस तरह त्रिशूल की नोक पर अजन्मा बच्चा भीड़ के सिरों पर खुले आकाश में लहराया जा रहा है...याद रखिए ये लाइव-कवरेज़ हमारे चैनल पर ही दिखलाया जा रहा है और अब गुजरात में क्रिया के बाद की स्वाभाविक प्रतिक्रिया को पूरी ईमानदारी के साथ आप लोगों तक पहुँचाया जा रहा है। रात नौ बजे पूरे घटनाक्रम पर फिर एक बार निगाह डालता हमारा दंगा-विशेष देखना न भूलें। इस कार्यक्रम के प्रायोजक हैं हीरे-जवाहरात के व्यापारी, चरस-हीरोइन के स्मगलर, जूता, साबुन; कंडोम और नेपकिन्स के निर्माता...।"[37] ध्यातव्य है कि सभी उपन्यासकारों ने दंगों में अमानुषिक व्यवहार—बलात्कार, गर्भवती महिलाओं और अजन्मे शिशुओं के बर्बर क़त्ल, दंगों में पुलिस की निष्क्रियता और सीधे-सीधे दंगाइयों

को समर्थन तथा समाज में काली कमाई के स्वामियों का दंगाइयों को प्रायोजित करने जैसी अनैतिकता को नंगा किया है। अनवर सुहैल चैनल पर दंगा कार्यक्रम के प्रायोजक के रूप में जिस हीरे-जवाहरात के व्यापारी को चिह्नित करते हैं, वह इन दंगों को सुनियोजित रूप में अंजाम देने वाली शक्तियों का प्रतीक बन जाता है। खसखसी दाढ़ी वाले मुख्यमन्त्री, कवि प्रधानमन्त्री, विपदा में बैठे घड़ियाली आँसू बहाते नेताओं, सभी की ख़बर लेते हुए उपन्यासकार इस कांड पर अपना प्रतिरोध दर्ज़ करता है।

यदि उपन्यास किसी दूसरे कथ्य पर भी है तो भी जहाँ कहीं किंचित् भी अवसर कथा-क्रम में मिला है, तो गुजरात-नरसंहार का प्रसंग किसी न किसी रूप में अनुस्यूत हुआ है। नासिरा शर्मा का उपन्यास 'ज़ीरो रोड' इलाहाबाद से चलकर दुबई के जीवन पर केन्द्रित है किन्तु देश से इतनी दूर बैठे भारतीयों की चिन्ता में कहीं न कहीं गुजरात का यह भीषण नरसंहार है जिसके दूरगामी परिणामों पर वे बहस-मुबाहसा करते हैं, वे वहाँ बैठकर हिन्दू-मुस्लिम की दीवारों से ऊपर उठकर सोच सकते हैं। वहाँ दोस्तों के बीच हुआ यह संवाद द्रष्टव्य है जिसमें गुजरात घटना के दूरगामी परिणामों पर चिन्ता व्यक्त की गई है, "वहाँ दिल्ली में यह भी सुनने को आया था कि गुजरात में ऐसा कुछ भी नहीं हुआ था। कुछ विचारधारा व पार्टी वाले अपनी रोटी इस अलाव में सेंक रहे हैं। सिद्धार्थ ने गहरी साँस ली और सोचा-मुसलमान ज़्यादा मरे या हिन्दू? इसका हिसाब न लगाकर यदि इतना ही जोड़ा जाए कि कितने इनसान मरे, कितने हिन्दुस्तानी मरे तो यह सवाल उठेगा कि आख़िर क्यों मरे? यह भूकम्प न था, सैलाब न था, यह तो इनसानों द्वारा बुलाई गई विपदा थी जिसमें बहुत कुछ उनका चला गया जिन्होंने कुछ किया ही न था। जैसे-जैसे सिद्धार्थ वहाँ रहकर गुजरात के दंगों की बात सुन रहा था, वैसे-वैसे उसका तनाव बढ़ रहा था। इसका अहसास उसे हो गया था कि सियासत ने घृणा की जो आग सुलगाई है, उसे बुझाते-बुझाते बरसों लग जाएँगे। जिन्होंने अपने को खोया है, क्या वह कभी इस याद से मुक्त हो पाएँगे? उसके दुख का बयान क्या आने वाली पीढ़ी के सामने नहीं दोहराया जाएगा कि उनके पिता के, उनके दादा के, दादी के साथ ऐसा हुआ था? क्या वे इस कुंठा से उबर पाएँगे कि उनके बुज़ुर्गों को बिना कारण दर-बदर होना पड़ा था? या उनके प्यारों को मौत के घाट उतारा था?"[38] इस प्रकार गुजरात-नरसंहार पर विभिन्न उपन्यासकारों ने गहरी चिन्ता प्रकट कर मनुष्य के सद् विवेक को जगाने की चेष्टा की है जिससे हिन्दू-मुस्लिम के बीच की खाई पट सके।

(उ) कश्मीर-समस्या

भारत की स्वतंत्रता-प्राप्ति (1947) के साथ ही कश्मीर समस्या एक ऐसे राजनीतिक नासूर के रूप में उठ खड़ी हुई कि आज तक भारत की राजनीति और जनता उसके दुष्परिणाम भोगती आ रही है, और अभी दूर तक भी समस्या का कोई निस्तार नज़र नहीं आ रहा है। आए-दिन सीमा-पार से होती घुसपैठ, नियन्त्रण रेखा का बार-बार उल्लंघन, सेना के जवानों के सिर काटने जैसी जघन्य घटनाएँ, विमान-अपहरण, कश्मीरी आतंकियों को फाँसी दिए जाने के विरोध में 10-10 दिन तक लगने वाले कर्फ्यू, इससे पहले भी कहीं न कहीं घाटी में हो रहे उपद्रवों के कारण जब-तब लगने वाले कर्फ्यू, आदि ने न केवल वहाँ के अवाम की ज़िन्दगी को तबाह कर घाटी की पूरी अर्थ-व्यवस्था को छिन्न-भिन्न कर आम आदमी के जीवन को नरक बना दिया है। इस सबके बीच कश्मीरी हिन्दुओं, विशेषतः कश्मीरी पंडितों को जो नारकीय जीवन

जीना पड़ा है, उसके कारण कश्मीरी पंडितों को अपना वतन छोड़कर जम्मू, दिल्ली, आदि के शरणार्थी शिविरों में जो त्रासद जीवन जीना पड़ रहा है, वतन और हम वतनों की याद के असंख्य जख़्म सीने में लेकर जीवन को जिस दुर्वह रूप में जीना पड़ रहा है, वह रोंगटे खड़े कर देनेवाला है। कश्मीर के इस दुखान्त पर हिन्दी में काफ़ी उपन्यास प्रकाशित हुए हैं। चन्द्रकान्ता तो इस विषय पर निरन्तर लिखती रही हैं, इस कालावधि में उनका 'कथा-सतीसर' (2001) महत्त्वपूर्ण उपन्यास है। क्षमा कौल का 'दर्दपुर', पद्मा सचदेव का 'नौशीन', संजना कौल का 'पाषाण युग', मीरा कान्त का 'एक कोई था, कहीं-नहीं सा' तथा मनीषा कुलश्रेष्ठ का 'शिगाफ़' भी कश्मीर-समस्या को लेकर लिखे गए अन्य उल्लेखनीय उपन्यास हैं। चन्द्रकान्ता अपने वृहद् उपन्यास 'कथा सतीसर' में न केवल कश्मीर के इतिहास, परम्परा, सांस्कृतिक थाती का गहरी दृष्टि से विश्लेषण करती हैं, अपितु वहाँ के लोक-जीवन, सामान्य जनता में हिन्दू-मुस्लिम सौहार्द और भाईचारे की विरासत का सूक्ष्म चित्रण करती हुई वर्तमान के कश्मीरी जीवन, आतंकवादी स्थितियों और सन् 1947 ई. से चली आ रही राजनीतिक उथल-पुथल का बड़ा प्रामाणिक और संवेदनात्मक चित्रण करती हैं। आए दिन की मार-काट, हत्या-बलात्कार और घाटी छोड़ने के लिए दी जाने वाली धमकियों के चलते कश्मीरी पंडितों को जिस प्रकार अपना घर-वतन छोड़कर जम्मू, दिल्ली, आदि के शरणार्थी शिविरों में शरण लेनी पड़ी—इस सबका विवरण ज़मीनी सच्चाइयों के साथ प्रस्तुत किया गया है। लेखिका बताती हैं कि 1903 ई. तथा 1928-29 की कश्मीर की भयंकर बाढ़ में किस प्रकार हिन्दू-मुस्लिम ने एक दूसरे की मदद की थी किन्तु फिर इस फिज़ा में "ज़हर घोला अंग्रेज़ों की नीतियों ने।" किस प्रकार स्वतंत्रता-आन्दोलन के दौरान अंग्रेज़ अपनी नीतियों से हिन्दू-मुस्लिम के बीच खाई खोदते चले गए उन स्थितियों का विवेचन किया गया है। आज़ादी के समय का कश्मीर, शेख़ अब्दुल्ला के समय का खुशहाल कश्मीर किस प्रकार बाद में बदतर हालातों का शिकार होता चला गया, उसके मूल में गहराई से प्रवेश किया गया है। फारुख़ अब्दुल्ला के शासन काल से ही कश्मीर की राजनीति में तेज़ी से जो उथल-पुथल शुरू हुई उसका आकलन करते हुए आतंकी स्थितियों के उग्र से उग्रतर हो जाने के उपन्यास में बारीकी से चीन्हा गया है। कश्मीर की राजनीतिक स्थिति के बदलाव में कांग्रेस, इंदिरा गांधी, फारुख़ अब्दुल्ला, आदि के समीकरणों ने कश्मीर को यहाँ ला खड़ा किया, "ज्वालामुखी ने धरती में शिगाफ़ डाल दिए। हिन्दुस्तान का मतलब 'हिन्दू' का वतन हो गया, और पंडित चूँकि हिन्दू हैं, इसलिए वह वादी में हिन्दुस्तान का एजेन्ट हो गया। यानी मुख़बिर।"[39] 'मास एक्जोडस' अध्याय में पंडितों के वतन छोड़ने और जिन्होंने पहले जेहादियों के 'घर छोड़ कहीं भी दफ़ा हो जाओ वाले हुकुमनामे को पाकर भी, अपने घरों में जमे रहने का अपराध किया था', उनका क्या हश्र किया था, उसका लोमहर्षक चित्रण किया गया है, "जेहादियों की हुकुम उदूली ज़ाहिर है, जेहादियों को गुस्सा आ गया था। उन्होंने गर्म इस्तरी से दागी, आँख की पुतलियाँ निकालीं, आरी से बीचोबीच काटी गई, दस-पन्द्रह पंडितों की लाशें यहाँ-वहाँ पेड़ों पर टाँग दी थीं। कुछ बीच सड़क पर फेंक दीं, कुछ वितस्ता में बहा दीं। अब बोलो! जाते हो ज़र-ज़मीन और जोरू यहीं छोड़कर, या अभी भी पाँच हज़ार साल पुरानी हिन्दू सभ्यता की बपौती का मातम मनाने, यहीं पड़े रहना चाहते हो?" फिर उपन्यास में तेज़ी से घटित राजनीतिक घटना-क्रम का परिचय देते हुए मुफ्ती मुहम्मद की बेटी डॉ. रूबय्या सैयद का उग्रवादियों द्वारा अपहरण, उसके बदले पाँच खूँखार उग्रवादियों की रिहाई, राज्यपाल के रूप में जगमोहन के आने से 'हालात का भड़कना', जेहादियों द्वारा घाटी में क़ानून-व्यवस्था को धता बताना, घाटी के मुख्य शहरों का कर्फ़्यू में

डूबना, अपहरण और बलात्कार की अमानवीय घटनाएँ, नसीम जैसी औरतों का ज़ेहादियों द्वारा मनमाना उपभोग, दिल्ली सरकार की मिलिटेंटों से बातचीत की पेशकश, बार-बार उठती मत-संग्रह—प्लिबिसाइड—की माँग की असलीयत, आदि पर विचार करता हुआ यह उपन्यास कश्मीर समस्या का गहन विवेचन प्रस्तुत करता है।

मीरा कान्त 'एक कोई था, कहीं नहीं-सा' उपन्यास में कश्मीरी पंडितों के विस्थापन के दर्द को मार्मिक अभिव्यक्ति देती हैं कि किस प्रकार वे लोग अपने ही देश में बेगाने होकर 'डॉयस्पोरो' का जीवन जी रहे हैं। यहाँ भी मिथकीय आख्यानों में वर्णित कश्मीर के इतिहास, संस्कृति और जन-जीवन का गहरा परिचय देकर यह रेखांकित किया गया है कि किस प्रकार कश्मीर में अलगाववादी ताक़तों ने धीरे-धीरे पैर ज़माना शुरू कर दिए थे, "घाटी में धर्म की छाँव तले बैठी राजनीति आहिस्ता-आहिस्ता अपने हाथ-पाँव पसार रही थी। साम्प्रदायिकता का तंत्र जाल-सा फैलता जा रहा था, यहाँ के नागों (जल स्रोतों) की मछलियों तक को निगलने की कोशिश में। परिस्थितियाँ कुछ ऐसी बदल रही थीं कि मनोस्थितियाँ भी रोने लगी थीं।" इसके बाद आतंकियों द्वारा ढाए गए क़हर के अनेक उदाहरण बिना वजह क़त्ल, लड़कियों के अपहरण, बूढ़ों तक को सरे-बाज़ार गोलियों से भूनने की आतंक फैलाती घटनाएँ और इस सबके बीच मज़बूरी में दिल पर पत्थर रख पंडितों का घाटी से पलायन, आदि की घटनाएँ प्रामाणिकता से चित्रित हुई हैं। वहाँ लगभग हर घर-परिवार को इन स्थितियों से गुज़रना पड़ रहा है, "सुबह जिस घर के दरवाज़े को खुला देखते हैं शाम को उसी पर ताला लगा मिलता है। हमारा मुहल्ला तो लगभग खाली हो गया है। मैं तो भाई की वजह से पड़ा हूँ यहाँ...उसे इस लकवे की हालत में कहाँ ले जाऊँ।...घर के अन्दर भी इत्मीनान से नहीं बैठ सकते। घरों के अन्दर पत्थरबाज़ी होती है। आँगने में निकलते हैं तो डर लगता है कि कहीं कोई पत्थर सिर पर ही न पड़ जाए। फिर पत्थरों को ही क्या रोएँ...कोई भी घर में घुसकर घर के लोगों पर खड़े-खड़े गोली दाग़कर चल देता है। हमें भी जाने कब-कौन आकर गोली मार दे।" उपन्यासकार ने यह सवाल भी उठाया है कि दहशतगर्दों ने जो चाहा, वह हो गया है, कश्मीर हिन्दुओं से खाली हो गया है, वे सब वहाँ से निकाल दिए गए हैं, "फिर अब वहाँ अमन-चैन क्यों नहीं? खुशहाली क्यों नहीं?"[40] कश्मीर की राजनीति ने वहाँ के अवाम के जीवन को सामान्य रहने ही नहीं दिया है। यह उपन्यास ऐसे ही सवालों से मुठभेड़ करता है।

मनीषा कुलश्रेष्ठ इस क्रम में पहली उपन्यासकार हैं जिनकी जन्मभूमि कश्मीर नहीं है किन्तु फिर भी उन्होंने अपने व्यापक अध्ययन और कुछ समय के कश्मीर प्रवास के आधार पर कश्मीर समस्या पर 'शिगाफ़' जैसा सशक्त उपन्यास लिखा है जिसकी शैल्पिक संरचना भी लीक से हटकर है। कथा-नायिका अमिता एक विस्थापित कश्मीरी हिन्दू परिवार से है और जो अपने अध्ययन और काम के सिलसिले में एक साल से स्पेन में पामालोना के निकट के एक छोटे-से शहर सैनसबैस्टियन में रह रही है। अपने ब्लॉग में वह कश्मीर की स्मृतियों, वहाँ पर हो रहे अत्याचारों-अनाचारों की ख़बर पूरी दुनिया में शाया करती रहती है जिस पर कश्मीर और हिन्दुस्तान से जुड़े लोग तरह-तरह से अपनी प्रतिक्रियाएँ देते हैं—इस सबके माध्यम से कश्मीरीयत, कश्मीर के मनोभूगोल और वर्तमान के राजनीतिक परिदृश्य तथा वर्तमान आतंकवादी दौर की प्रामाणिक तस्वीर सामने आती है। अमिता के ब्लॉग की एक प्रतिक्रिया से कश्मीर से हिन्दुओं के उजड़ने की समस्या से उपन्यास के प्रारम्भ में ही परिचित करा दिया जाता है। एक 'हाउस बोट ओनर' शाद अहमद 'शाद' अपनी प्रतिक्रिया इस रूप में देता है, "तुम्हारा ब्लॉग पढ़ता रहता हूँ। एक

बात बताना चाहूँगा कि कश्मीरी हिन्दुओं का उजड़ना...एक पूरी कौम का इस ज़मीन से उखड़ना किसी इकॉलॉजिकल सिस्टम के बिगड़ने जैसा है। हमारी आज की नस्ल की सोचो...जो आए दिन हादसों से रू-ब-रू होती है...जो कभी बदअमनी...बदहाली और खौफ़ से आज़ाद नहीं रही है...वह उम्मीद से भरी और जोश से खिलखिला कैसे सकती है। मेरा भी भारतीय होने में विश्वास था, मगर चुक रहा है। गनीमत है...तुम कश्मीर से बाहर हो। असलीयत हम जानते हैं जो शोलों पर बैठे हैं।" उपन्यास में कश्मीर में आतंकवादी दौर में हो रहे अत्याचारों का भी चित्रण है किन्तु अमिता को "यकीन है कि हमारा कल्चर जिन्हें हम कश्मीरीयत कहते हैं, वह इतनी कमज़ोर नहीं है कि कट्टरपन्थी इसे कुचल दें।" कश्मीर में सुरक्षा-बलों की कार्रवाई और उनसे आतंकियों की मुठभेड़, कट्टरपन्थियों के गाँवों में जाकर अंजाम दिए गए बर्बर कारनामों, मस्जिदों में बैठे आंतकियों से सेना की मुठभेड़, आदि के बहुत जीवन्त चित्र दिए गए हैं। कश्मीर-समस्या को गहराई से समझने की कोशिश भी यहाँ कई कथा-युक्तियों से की गई है, "संसार के महानतम नेताओं ने बहस कर ली मगर यह मुअम्मा हल न हुआ। कश्मीर-समस्या की आवाज़ वहाँ जेनेवा तक में गूँजती रही मगर इस समस्या के पीछे की सच्ची कहानी अनकही रही। पश्चिम वालों के लिए कश्मीर महज़ कट्टरपन्थियों के हिंसक खेल का मैदान बना रहा। यहाँ के लोगों की समस्या से वो लोग नावाफ़िक रहे हैं—मुसलमानों की भी और हिन्दुओं की भी।"[41] उपन्यासकार सहानुभूतिपूर्वक उन कारणों के मूल में जाने का प्रयत्न करती है कि किन कारणों से वहाँ के नवयुवक कश्मीर को 'एक आज़ाद इस्लामिक मुल्क' के रूप में देखना चाहते हैं। कारगिल-युद्ध के समय घाटी का जीवन तथा 8 अक्तूबर, 2005 में कश्मीर में आए भयंकर भूचाल और इस मुसीबत में भारतीय सेना की तरह-तरह की मदद, आदि के विवरण उपन्यास को और भी पठनीय बना देते हैं। इस प्रकार यह उपन्यास कश्मीर-समस्या का चित्रण एक नई दृष्टि से करता है।

(ऊ) मुस्लिम चिति ('साइकी')

देश-विभाजन के साथ ही हिन्दू-मुस्लिम के बीच साम्प्रदायिकता के जो बन्द प्रकोष्ठ बनते गए, उन्होंने अलगाववादी तत्त्वों को शह तो दी है, सदैव के लिए मुस्लिमों को देश में रहते हुए भी एक असुरक्षा और अलगाव की भावना दी, उन्हें 'अल्पसंख्यक' होने का अहसास तेज़ी से दिलाया। बंगलादेश की निर्मिति, हिन्दुस्तान-पाकिस्तान के बीच निरन्तर युद्धों की शृंखला और सीमा पर आए दिन तनाव-मुठभेड़, बाबरी मस्जिद की त्रासदी, गुजरात का नरसंहार, कश्मीर की न सुलझने वाली समस्या, आदि ने मुस्लिम मानस को एक असुरक्षा की भावना दी। उसके सामने प्रायः ही यह समस्या रही कि वह पग-पग पर अपनी राष्ट्रीयता और देश-निष्ठा को प्रमाणित करता रहे, सत्यापित करता रहे। गाँव-समाज और छोटे शहरों में जो भाईचारा हिन्दू-मुस्लिम के बीच सदियों से चला आ रहा है, उसके हज़ारों-हज़ार उदाहरण होते हुए भी मुसलमान को प्रत्येक पग पर अपनी देश-भक्ति का जो परिचय देना पड़ता है, उसे मुस्लिम उपन्यासकारों ने बड़े गहरे संवेदन और पीड़ा से भुक्तभोगी रूप में उकेरा है। अनवर सुहैल ने अपने उपन्यास 'पहचान' के प्रारम्भ में शम्सुर्रहमान फ़ारुक़ी का यह कथन उद्धृत किया है, "जब हमने अपनी पहचान यहाँ की बना ली है और हम इसी मुल्क में हैं, इसी मुल्क के रहने वाले हैं तो आप पूछते हो कि तुम हिन्दुस्तानी मुसलमान हो या मुसलमान हिन्दुस्तानी?" उपन्यास में बताया गया है कि मुसलमानों की रूपाकृति, दाढ़ी, टोपी, आदि, पहरावा सब कुछ उन्हें एक अलग क़ौम का रूप दे देता है— "तब्लीगी-जमात से जुड़ा होने के कारण सलीम भाई का गेट-अप एकदम ओसामा बिन लादेन

की तरह दिखता था।" इसीलिए उपन्यास के अन्त में मौलवी यूनुस से यह बात कहता है, "तुम मुसलमान ज़रूर हो, लेकिन लेकिन तुम्हारा रहन-सहन एक आम हिन्दू शहरी की तरह है। इसलिए तुम हिन्दुओं के बीच खप जाते हो। हमें देखकर कोई भी जान लेता है कि हम मुसलमान हैं। वे हमसे नफ़रत करने लगते हैं। सोचता हूँ कि इस मुल्क में उलेमा यह फ़तवा जारी कर दें कि हम मुसलमानों को दाढ़ी रखने की सुन्नत से छूट मिल जाए।" किन्तु "यूनुस उन बुज़ुर्ग की बात सुनकर काँप जाता है।"[42] यूनुस का काँपना दिखाकर कदाचित् लेखक यह कहना चाहता है कि यह उनके अस्तित्व, अस्मिता को समाप्त करने जैसा होगा। सहज ही उपन्यास यह प्रश्न छोड़ देता है कि क्या एक स्वतंत्र धर्मनिरपेक्ष राष्ट्र में प्रत्येक नागरिक का यह अधिकार नहीं है कि वह अपनी आस्था का जीवन-यापन कर सके? उसे यह सिद्ध करने की नियति क्यों भोगनी पड़ती है कि वह 'हिन्दुस्तानी मुसलमान' है या 'मुसलमान हिन्दुस्तानी?'

अब्दुल बिस्मिल्लाह का उपन्यास 'अपवित्र आख्यान' बहुत गहरे जाकर मुसलमान-मानस में प्रवेश करता है—वह दोनों सम्प्रदायों में पनप रहे कठमुल्लापन पर तरह-तरह से तीव्र चोट करता है। उपन्यास की विशेषता यह है कि वह बिना देश-विभाजन, बाबरी मस्जिद तथा गुजरात-नरसंहार का नाम लिए बिना साम्प्रदायिक मानसिकता का तीव्र विरोध करता है और जैसे-तैसे जातीयता की तंग दीवारों को लाँघता हुआ वह एक इंटर कॉलेज में अध्यापक हो जाता है, हिन्दी में कविताएँ भी करता है। किन्तु उसे अपने मुस्लिम होने का अहसास क़दम-क़दम पर दिलाकर उसके हिन्दी-प्रेम का उपहास दोनों समाजों में किया जाता है। कभी-कभी उसे मुसलमान होने के कारण 'पाकिस्तानी एजेन्ट' तक समझा जाता है। उसके अध्यापक तक मानते हैं कि 'हिन्दी में उसकी आत्मा है' किन्तु मुसलमान होने के कारण जमील को अध्यापक के रूप में चयनकर्ता उसे नियुक्ति नहीं देते। जमील को इस बात की बड़ी पीड़ा है कि उसे हिन्दी के मुसलमान लेखक के रूप में जाना जाता है जबकि किसी अन्य जाति के हिन्दी लेखक को उसकी जाति के आधार पर नहीं पहचाना जाता। वह इस प्रवृत्ति का तीव्र विरोध करता है, "मेरा तो यही मानना है कि लेखक का एक ही धर्म है—मानवता। लेखक न हिन्दू होता है, न मुसलमान; वह सिर्फ़ लेखक होता है। और जमील साहब यह न भूलिए कि आप लेखक भी हैं।" "जी हाँ, हिन्दी का मुसलमान लेखक।" "इससे क्या फ़र्क़ पड़ता है?" "आप शायद ठीक कहते हैं। इसीलिए तो हिन्दी का कोई ब्राह्मण लेखक, ठाकुर लेखक या कायस्थ लेखक नहीं होता, मगर..." यह सारा संवाद इस प्रवृत्ति पर चोट करता है कि उसे हिन्दी का मुस्लिम लेखक क्यों कहा जाता है। उपन्यास के अन्त में विभिन्न लोगों के पत्र दिए गए हैं जो समाज की इसी मानसिकता को चिह्नित करते हैं, "ये पत्र हिन्दू-मुस्लिम दोनों लोगों के हैं। यासमीन को फ्रांस में होने वाले 'वर्ल्ड बुक फ़ेयर' में हिन्दी की मुसलमान विदुषी के रूप में आमन्त्रित किया गया है। अगर आप भी हिन्दी की सेवा करने के साथ-साथ मुसलमान भी बने रहते तो यह अवसर कभी आपको भी मिल सकता था। मगर अब तो लगता है कि आपके लिए इस तरह के सारे रास्ते बन्द हो चुके हैं।" जमील (लेखक के रूप में) की पीड़ा यह है कि उसे उसकी धर्मनिरपेक्ष दृष्टि के लिए हिन्दू-मुस्लिम दोनों वर्गों के लोगों से सुनना पड़ता है। उसके कॉलेज का मुसलमान प्रिंसिपल उसे यह नसीहत और धमकी देता है, "आप तो जानते हैं कि 'महात्मा गांधी इंटर कॉलेज' एक माइनॉरिटी इंस्टीट्यूशन है। इस लिहाज़ से यहाँ कोई भी मुसलमान फ़र्द अगर हिन्दू देवी-देवताओं के पूजा-पाठ में शामिल होता है तो उसका यह अमल न सिर्फ़ खिलाफ़े-इस्लाम है, बल्कि कॉलेज की पॉलिसी के हिसाब से जुर्म भी है।...इसलिए मेरी दोस्ताना

सलाह यह है कि आप निहायत ख़ामोशी के साथ मेरे नाम पर एक माफ़ीनामा लिखकर दे दें।" इसी प्रकार राष्ट्रीय कवि सम्मेलन के संयोजक का पत्र 'तूणीर' सम्पादक 'हठी' ओमप्रकाश गुप्ता, आदि के पत्र धार्मिक कट्टरता को दर्शाते हैं, गुप्ता का यह पत्रांश द्रष्टव्य है, "अतः मेरा स्पष्ट मत है कि इस देश के मुसलमानों को या तो हिन्दू संस्कारों में ढल जाना चाहिए, या फिर इस पाक भूमि को छोड़ देना चाहिए। अन्यथा भविष्य में क्या होगा, कुछ कहा नहीं जा सकता।"[43] इन सारे पत्रों के माध्यम से लेखक दोनों ओर के कठमुल्लावादी विचारों का परिचय देता हुआ, उस मुसलमान की नियति दर्शाता है जो धार्मिक संकीर्णताओं से ऊपर उठकर एक हिन्दुस्तानी, भारतीय के रूप में जीना चाहता है।

बादशाह हुसैन रिज़वी अपने उपन्यास 'मैं मुहाज़िर नहीं हूँ' में अवधी-भोजपुरी संस्कृति की उन विशिष्टताओं को रेखांकित करते हैं जिनकी पाकिस्तान में रह रहा बस्ती ज़िले के हल्लौर गाँव का रहने वाला पाकिस्तानी रेलवे के जी.एम. पद से रिटायर हुआ उच्च पदाधिकारी अपनी स्मृति में संजोए हुए भारत आता है। वह उन लाखों मुसलमानों का प्रतिनिधि है जिन्हें बँटवारे ने नौकरी के कारण पाकिस्तान का नागरिक बना दिया, पर दिल उनका अभी तक हिन्दुस्तान के लिए तरसता और तड़पता है। उसकी स्मृतियों के माध्यम से हिन्दू-मुस्लिम सौहार्द का वह चित्र अंकित किया गया है जो सदियों से अवाम के बीच चला आ रहा था। भले ही वह पाकिस्तान में रह रहा हो या दुनिया के किसी भी मुल्क़ में घूम आया हो, उसे पाकिस्तान की याद नहीं आती, हिन्दुस्तान के अपने गाँव-जवार, की याद आती है, वह कभी भी पाकिस्तान को अपना घर स्वीकार नहीं कर पाया। कराची का उसने कभी अपना घर नहीं समझा। "ऑन डेप्यूटेशन मैं नाइजीरिया, इंग्लैंड, अमेरिका जहाँ भी रहा अपने क़स्बे जिला-जवार को एक पल भी नहीं भूल पाया। तन्हाई में मेरी यादें मेरा पीछा करती रहीं। मुद्दत हुई इस अवधी बोली को सुने हुए। मेरे कान तरस गए। जब तक बीवी ज़िन्दा थीं, उनसे बातें गाँव-गाँव की बोली में होती थीं। कभी-कभी तो तन्हाई में ख़ुद से उसी बोली में बातें करता हूँ और सुनता हूँ। जब दिल बहुत घबराता है तो कराची से पाँच किलोमीटर की दूरी पर एक मुहल्ला है, जहाँ ज़्यादातर बस्ती, गोंडा और लखनऊ के लोग रहते हैं, उनसे मिलकर तबीयत तरोताज़ा हो जाती है।" अपने गाँव हल्लौर में मीरा बाबा जैसे लोकप्रिय फ़कीर की याद उन्हें आती है जिन्होंने हिन्दू-मुस्लिम की साँझी संस्कृति को विभाजित करने में महत्त्वपूर्ण भूमिका अदा की थी, "मज़हबी तालीमात (शिक्षा) के साथ उन्होंने भारत की स्वस्थ संस्कृति, रस्मो-रिवाज़ को पूर्ववत् बनाए रखने पर ज़ोर दिया, जो आज भी किसी न किसी शक्ल में मौज़ूद है। वही हमारी ताक़त है और पहचान भी। मिली-जुली संस्कृति जिस पर मीरा बाबा ने बल दिया और चलकर दिखाया, उसी का असर है कि आज भी मुहर्रम का महीना आते ही हिन्दू घरों की बेटियाँ जहाँ भी ब्याही गई हों, मुहर्रम में, ख़ास तौर से नवीं मुहर्रम के इमाम बाबा (बड़े ताज़िया को इमाम बाबा कहते हैं) का दर्शन करने अपनी मनौतियाँ उतारने ज़रूर आती हैं। बड़ी से बड़ी शादी का लगन, मुहूर्त क्यों न हो, इस क़स्बे के हिन्दू अपने बेटे और बेटियों की तारीख़ मुहर्रम में नहीं रखते।"[44] पूरा उपन्यास उन रवायतों को चिह्नित करता है जो लम्बे समय से हिन्दू-मुस्लिम के बीच भाईचारा बनाए हुए हैं। सामान्य आदमी की मनोवृति साम्प्रदायिक नहीं है, उसे राजनीति और दोनों ओर के कट्टरपन्थियों ने प्रदूषित किया है।

'उपयात्रा' में मो. आरिफ़ भी इस बात को रेखांकित करते हैं कि प्रत्येक मुसलमान आतंकवादी या पाकिस्तान का हिमायती नहीं है। वे बाबर का उदाहरण देते हैं जो 'हिन्दुस्तान से बेपनाह

मुहब्बत करता था। वह यहाँ की सरज़मीन, यहाँ के फूल-फल, भोजन, परिन्दों, नदियों-पहाड़ों पर जी जान से फ़िदा था। उसके अनपढ़ पोते को भी ये गुण विरासत में मिले जिसने "आज़ादी की पहली लड़ाई का परचम लहराया था।"[45] उपन्यासकार विविध रूपों में यह प्रस्थापित करना चाहता है कि मुसलमानों को बार-बार अपनी देश-निष्ठा का प्रमाण देने के लिए क्यों विवश किया जाता है। केवल कुछ कट्टरपन्थियों के लिए एक पूरी क़ौम को बदनामी क्यों दी जाती है जबकि उग्र हिन्दूवादी विचारधारा भी उनकी धार्मिक भावनाओं को चोट पहुँचाने में कोई कोर-कसर नहीं छोड़ती। इस प्रकार मुस्लिम उपन्यासकारों ने अपनी कृतियों में ऐसा विमर्श रचा है जिसंसे सम्प्रदायवाद के जिन्न को समाप्त किया जा सके।

(ए) वैश्विक आतंकवाद और पंजाब का आतंकवाद

आज विश्व में चारों ओर आतंकवाद किसी न किसी रूप में अपने पैर पसारे हुए है, आतंकियों को प्रश्रय देने वाले पाकिस्तान जैसे देश भी उनकी चपेट से बाहर नहीं हैं। अफ़गानिस्तान, बोस्निया, सोमालिया, ब्राजील, फ़िलिस्तीन, अफ़्रीका-इथोपिया, मिस्त्र, इज़राइल, आदि में जगह-जगह युद्ध और आतंकी स्थितियाँ हैं। 11 सितम्बर, 2001 को अमेरिकी वर्ल्ड ट्रेड सेन्टर पर हुए आतंकी हमले ने पूरे विश्व को हिलाकर रख दिया था। भारत में उल्फ़ा उग्रवादी तथा पंजाब में बहुत देर तक पैर जमाए रहे आतंकवाद को अभी भी हम भूल नहीं पाए हैं। पूरे विश्व में हो रहे इन आतंकवादी हमलों में असंख्य लोगों का मौत के मुँह में समा जाना और विविध रूपों में मानव अधिकारों का हनन, हिन्दी के अनेक उपन्यासकारों की चिन्ता में रहा है। कमलेश्वर 'कितने पाकिस्तान' में इस वैश्विक आतंकवाद पर अपनी चिन्ता इस रूप में प्रकट करते हैं, "'बोस्निया और सोमालिया के मुर्दे', अदीबे-आलिया की अदालत में दस्तक देते हैं, उनको रोककर भवानी सेनगुप्त के द्वारा कहलाया गया है, हाहाकार तो है, पूरी दुनिया में मानवाधिकारों का हनन हो रहा है, हिंसा, हत्या, कष्ट, उत्पीड़न, यातना, बेईमानी, बदकारी, के सैलाब उमड़ रहे हैं...।" यहीं साउथ अफ़्रीका, इजरायल और फ़िलिस्तीन, ईरान, आदि में फैली अशान्ति और युद्धक स्थितियों के प्रति गहरी चिन्ता जताई गई है। धर्मांध लोग ईजिप्ट में नील नदी को क्यों रोने को 'मज़बूर' कर रहे हैं, 'इराक में कुर्द अपना पाकिस्तान' बनाने की जद्दोजहद कर रहे हैं, आदि। इस स्थिति पर भी विचार किया गया है कि जापान पर एटम बम और हाइड्रोजन बम गिराने का भी कोई औचित्य नहीं था, "वह सीधे-सीधे 'नृशंस मानव-हत्या' का मामला था", "अमेरिकी प्रेसीडेंट ट्रूमैन के पास एटमी हमले का कोई कारण और औचित्य नहीं था। ट्रूमैन! उत्तर दो...भूमध्यसागर में मुसोलिनी ध्वस्त हो चुका था...हिटलर अपनी प्रेमिका इवा ब्राउन के साथ आत्महत्या की तैयारी कर चुका था और जापान समर्पण के लिए तैयार था...तब तुम्हें इतने मारक और संहारक अणु और हाइड्रोजन बमों द्वारा आक्रमण करने की क्या ज़रूरत थी?"[46] पूरा उपन्यास मानवीयता पर छाए संकटों की इन्हीं चिन्ताओं से आक्रान्त है।

नासिरा शर्मा अपने 'ज़ीरो रोड' उपन्यास में अफ़गानिस्तान, फ़िलिस्तीन और अफ़्रीका-इथोपिया में चल रही आतंकी स्थितियों पर अपनी चिन्ता प्रकट करती हैं। अफ़गानिस्तान में चल रहे नरमेध को इस रूप में देखा गया है, "पिछले छह माह में सौ बम गिराए गए हैं। 2005 में चार हज़ार लोग बाग़ियों को ख़त्म करने के चक्कर में मरे हैं। इनमें अफ़गान आर्मी, पुलिस, विदेशी आर्मी, तालिबान सिविलियन सभी तरह के लोग शामिल हैं। अरे आप बम फेंकते तालिबानों व मुजाहिदीनों पर तो क्या वह उनको अकेले ढूँढ़कर मारेंगे। वह तो पूरे परिवार,

पूरी बस्ती को बिसमार करेंगे।" इसी प्रकार वे फ़िलिस्तीन की चर्चा इस प्रसंग में करती हैं, "फ़िलिस्तीन में देखो, आपस में हमास व फ़तेह लड़ पड़े और सितम्बर 1993 में ओसलो अनुबंध के बाद इजरायल की ख़्वाहिश रही है कि कैसे फ़िलिस्तीनियों में फूट पड़े। बैठे-बिठाए राष्ट्रपति अब्बास के ख़ास आदमी के तीन किशोरों को मार डाला, माँ-बाप पर क्या गुज़री होगी। जवाब में उन्होंने दूसरी पार्टी के मन्त्री को मार गिराया।" अफ़्रीका-इथोपिया में चल रहे संघर्ष पर भी चिन्ता प्रकट कर आतंकवादी स्थितियों में सामान्य आदमी के जीवन की दुर्वहता को चित्रित किया गया है, "कौन जानता है कि अफ़्रीका की भारी-भरकम फ़ौज से इथोपिया के खाना-बदोश किस तरह लड़ रहे हैं। उन्हें चारागाह चाहिए, झोंपड़ियाँ चाहिए मगर क्या हो रहा है उनके साथ? औरतें अपने बदन की हिफ़ाजत के लिए एक तरफ़ पिस्टल रखती हैं तो दूसरी ओर उन्हें हथियार रखने के जुर्म में इस आरोप में पकड़ा जाता है कि वे आतंकवादियों को पनाह देती हैं। अब तो डरकर कोई सरनेम नहीं बताता कि कहीं मुस्लिम होने के कारण उन्हें शक के घेरे में धर न लिया जाए। हालत यह है कि बूढ़ी औरतों तक का बलात्कार होता है और जवान माँओं के निप्पल चिमटी से मरोड़ कर उनसे बातें कबूलवाई जाती हैं। नवजात दूध न पी सकने के कारण डीहाइड्रेशन, इनफेक्शन और भूख से मर रहे हैं।" लेखिका उन कारणों के मूल में भी जाती हैं जिनसे सोमालिया 1897 ई. से ही इथोपियन सत्ता के विरुद्ध आवाज़ उठा रहा है, वहाँ रेगिस्तान में 'पिरामिड की तरह कब्रिस्तानों को देखा जा सकता है' जो "1977-78 की लड़ाई की उपलब्धि है।" वहाँ अमेरिकी सेना के हस्तक्षेप के बाद इथोपिया में जो कुछ हुआ उसे 'ह्यूमन राइट्स वाच' की 2005 की रिपोर्ट के आधार पर दर्शाया गया है, "...सरकारी फौज़ों ने पश्चिमी इथोपिया के अल्पसंख्यक क़बीले 'पुनुक' पर क्या ज़ुल्म नहीं किए—उनके घर तोड़े, लोगों को लोहे की छड़ों से मार-मारकर मौत की नींद सुलाया। देखने वालों ने तो यहाँ तक बताया कि क़ैदियों को बाँधकर उन पर मिल्ट्री ट्रक तक दौड़ाया और जिन्होंने इन सारे अत्याचारों से पर्दा उठाया उन शोधकर्ताओं को देश-निकाला मिला।"[47] इन युद्धों और आतंकी स्थितियों का मूल धार्मिक कट्टरता में ही है।

'दस बरस का भँवर' में रवीन्द्र वर्मा 11 सितम्बर, 2001 को आतंकवादियों द्वारा न्यूयार्क वर्ल्ड ट्रेड सेन्टर की जुड़वाँ मीनारों के ध्वस्त हो जाने की घटना पर अपनी चिन्ता प्रकट करते हैं। उपन्यासकार ने टी.वी. द्वारा मीनारों के ध्वंस होते और अफ़रा-तफ़री में लोगों के इधर-उधर भागने का तो चित्रण किया ही है, इस बड़ी घटना के दूरगामी परिणाम पर चिन्ता भी प्रकट की गई है कि जब दुनिया की सबसे बड़ी ताक़त इतनी असुरक्षित हो उठी है तो शेष देशों की क्या स्थिति होगी, "डर की लहरें अमेरिका से निकलकर सात समुद्रों से होती हुई दुनिया-भर में फैल गई थीं। मुम्बई समुद्र के किनारे थी, जिसमें पोली ज़मीन के नीचे समुद्र से घिरे सात द्वीप थे। सातों द्वीपों का डर अकेला था। यदि बादशाह के बिस्तर पर विस्फोट हुआ था, तो कहीं कुछ भी हो सकता था?" यहाँ यह सवाल भी उठाया गया है कि जो दूसरों की जान लेने के लिए अपनी जान गँवाते हैं, क्या वे सचमुच में पागल हैं। आतंकी स्वयं को तो धार्मिक जुनून में पागल मानते ही हैं, वे उस मुल्क़ को भी पागल मानते हैं जो अपने सत्ता-मद में पूरी दुनिया को एक पागलपन के दौर में डाले हुए हैं। जब बेबी रतन से कहती है "कोई पागल ही अपनी जान इस तरह से ले सकता है" तो रतन उत्तर देता है, "दूसरे उन्हें पागल ही कहते हैं। वे कहते हैं बादशाह पागल है और वे बादशाह को जगा रहे हैं।"[48] लेकिन 'लोगों को मारकर' पागल बादशाह को जगाने का आतंकवादियों का यह तरीक़ा कितना सही है, उपन्यास इसी सोच को प्रश्नांकित करता है।

पंजाब ने 1980-81 से लेकर एक दशक से कुछ ऊपर तक आतंकवादियों के क़हर का जो सन्ताप झेला है, उसने पूरे देश के मानस को विक्षुब्ध कर दिया था। इस कथ्य पर कहानियाँ तो बहुत अधिक संख्या और सशक्त रूप में न केवल पंजाब के लेखकों द्वारा अपितु प्रान्त से बाहर के लेखकों द्वारा भी लिखी गईं किन्तु इस विषय को उपन्यास में कम ही चित्रित किया गया। तरसेम गुजराल का 'जलता गुलाब', जे.वी. गोयल का 'शेष फिर' और आलोच्य कालावधि में सुरेश सेठ का 'सुलगती नदी' (2009) उपन्यास ही प्रकाशित हुआ। 'सुलगती नदी' में एक सरहदी गाँव को कथा के केन्द्र में रखकर ऐसी स्थितियों से परिचित कराया गया है जो पूरे पंजाब में अपना पैर पसारे हुए थीं। इस सरहदी इलाक़े की स्थिति यह थी, "पूरा इलाक़ा तो एक सहमी हुई नींद में न जाने कब का गुम हो गया। दूर गाँव की बत्तियाँ भी अब बुझ गईं। कोई-कोई रोशनी अब भी टिमटिमाती है। इस गाँव के आसपास कुछ और गाँव भी हैं, पर कहीं से भी एक कुत्ते के भौंकने का स्वर नहीं होता।...अब यहाँ पूरा इलाक़ा गफ़लत में पड़ा है। सरहदी चौकियों से लेकर इनसानी चूल्हों तक। गफ़लत से लेकर डर और दहशत के साये हर कोने को अपने दामन में समेट रहे हैं। सिर्फ़ सड़कों पर बाकी रह गई है कभी-कभी उभरने वाली जीपों की घरघराहट या मोटरसाइकिल की फटफटिया आवाज़। बीच-बीच में कहीं गोली चल जाती है तो लोग तकिए में अपना मुँह अन्दर छुपा लेते हैं। कोई उठकर बाहर आने की चेष्टा नहीं करता। सुबह अगर हुई तो अपने आप ख़बर हो जाएगी, रात कौन मरा? गोली ए.के. सैंतालिस से चली थी, या कोई राकेट चला या मिसाइल फटा।"[49] इसी प्रकार सीमावर्ती इलाकों में गाँवों के गाँव खाली हो जाने की असलीयत बयान की गई, टी.वी. मीडिया और अख़बारों ने घटनाओं की प्रस्तुति में जो तोड़-फोड़ कर जन-भावनाओं को उभारा इसका परिचय भी यहाँ दिया गया है। आतंकी 'बाबे' किस प्रकार समाज के निजाम को नियंत्रित कर रहे थे, कुछ घटनाओं के उदाहरण से इसकी इंगिति दी गई है। उपन्यास का अभाव है कि वह आतंकवादी स्थितियों के धार्मिक, समाजार्थिक तथा राजनीतिक कारणों की तह में जाकर स्थितियों की पड़ताल नहीं कर पाता है।

6. प्रशासनिक भ्रष्टाचार और राजनीतिक गठजोड़

भारतीय समाज-व्यवस्था और प्रशासन के प्रत्येक क्षेत्र में भ्रष्टाचार जितने गहरे पैठ गया है, हमारे इतिहास में यह बेमिसाल, अभूतपूर्व है। यह भी कहा जाता रहा है कि विकास और भ्रष्टाचार का युगपत सम्बन्ध है। इसीलिए विकास के चरम को पहुँचे देशों तथा विकासशील देशों में भी भ्रष्टाचार ने बड़े व्यापक और गम्भीर रूप में अपने पैर पसारे हुए हैं। हमारी विशेषता यह है कि हम भ्रष्टाचार में भी किसी से पीछे नहीं हैं, इस क्षेत्र में भी हम सिरमौर हैं। ट्रांसपेरेंसी इंटरनेशनल इंडिया ने भ्रष्टाचार पर पिछले कुछ वर्षों में जो अपनी विभिन्न रपटें पेश की हैं, उनके आँकड़े चौंकाने वाले हैं। 17 नवम्बर, 2009 में इस संस्था ने 180 देशों का सर्वेक्षण कर भ्रष्टाचार पर जो अपना प्रतिवेदन प्रस्तुत किया उसमें हमारा स्थान 84वाँ था और दक्षिण एशिया में हमें 'सर्वाधिक भ्रष्ट' होने का गौरव प्राप्त हुआ। 2008 ई. में भ्रष्टता में हमारा स्थान 85वाँ था जबकि 2007 में यह स्थान 72वाँ था। ये आँकड़े और भी चेतावनीपूर्ण हो चुके होंगे, क्योंकि अब तो दफ़्तरों के सामान्य बाबू और चपरासियों के यहाँ हज़ारों करोड़ों की सम्पत्ति-परिसम्पत्तियाँ निकल रही हैं। वर्ष 2008 में ट्रांसपरेंसी इंटरनेशनल इंडिया की प्रवक्ता अनुपमा झा ने एक टी.वी. चैनल पर कहा था—'कोई शर्म ही बाकी नहीं रह गई है' ('नो शेम इज़ लेफ़्ट')। ऊपर

से तुर्रा यह है कि भ्रष्टाचार को रोक पाने में समर्थ राजनेताओं और भ्रष्टाचार नियामक संस्थाओं ने भी एक प्रकार से हाथ खड़े कर लिए हैं कि अब इस सम्बन्ध में कुछ भी नहीं किया जा सकता। देश के सर्वाधिक समृद्ध राज्यों में से एक पंजाब के मुख्यमन्त्री ने दो-एक वर्ष पहले यह बयान दिया था कि 'अब मात्र चार-पाँच फीसदी लोग ही रह गए हैं जो करप्शन से बचे हुए हैं', 'अब इस सम्बन्ध में कुछ नहीं किया जा सकता'। कैसी बेबसी है कि सत्ता के शीर्ष पर बैठे व्यक्ति को ये शब्द कहने पड़े! उन्होंने भ्रष्टाचार को एक प्रकार से युगधर्म ही घोषित कर दिया। विभिन्न जाँच एजेंसियाँ स्वयं सवालों के घेरे में हैं। चार हज़ार करोड़ के मालिक एक पूर्व मुख्यमन्त्री की केवल पन्द्रह-सौ करोड़ की सम्पत्ति का विवरण ही ये प्रतापी एजेंसियाँ निकाल पाती हैं। देश में कांड और घोटालों की पोल जिस रूप में आए दिन सामने आ रही है, उनसे सामान्य-जन को कोई सनसनी नहीं होती। इस सबको सहन करने के लिए हमारा अनुकूलन हो चुका है, नित्य प्रति और अधिक किया जा रहा है। सत्रह बरस तक खोज कर लिब्राहन आयोग जो तथ्य जुटा पाया, अब उसके लिए भी केन्द्रीय अन्वेषण ब्यूरो—सी. बी. आई.—को लगाया जा रहा है, फिर जिसकी रिपोर्ट हज़ारों-हज़ार पृष्ठों में प्रस्तुत कर दी जाएगी। 21वीं शती के उपन्यास-साहित्य में चहुँ ओर फैला यह भ्रष्टाचार प्रमुखता और गहरी चिन्ता से चित्रित हुआ है।

काशीनाथ सिंह ने 'काशी का अस्सी' में बहुत व्यंग्यात्मक रूप में देश की व्यवस्था में फैले इस भ्रष्टाचार पर दृष्टि डाली है। जब जयललिता, हर्षद मेहता, नरसिम्हा राव, बोफोर्स, झामुमो, लालू यादव, आदि-आदि घोटालों और हवालों की चर्चा करते हुए मैंने उनसे कुछ बाल-सुलभ जिज्ञासाएँ कीं, तो समझाइश के रूप में उनका उत्तर यह था, "भ्रष्टाचार लोकतंत्र के लिए ऑक्सीजन है, है कोई ऐसा राष्ट्र जहाँ लोकतंत्र हो और भ्रष्टाचार न हो? जरा नज़र दौड़ाइए पूरी दुनिया पर, ये छोटी-बड़ी राजनीतिक पार्टियाँ कहाँ हैं? अलग-अलग छोटे-बड़े संस्थान, भ्रष्टाचार के प्रशिक्षण केन्द्र, सिद्धान्त मुखौटे हैं जिनके पीछे ट्रेनिंग दी जाती है।" चुनावी राजनीति ने इस भ्रष्ट तंत्र को और भी बढ़ावा दिया है। चुनावों में चल रहे जातीय समीकरणों और तरह-तरह के भ्रष्ट आचरण की यहाँ खूब ख़बर ली गई है। नोट के बल पर पहले पार्टी का टिकट और फिर वोट हासिल करना ही राजनेताओं का प्रमुख धन्धा हो गया है। राजनीति यह सिद्ध कर रही है कि जो जितना अधिक भ्रष्ट है, उतना ही अधिक सफल, "जो कल तक नगर का सबसे बड़ा अज्ञानी था, वह नगर का ही नहीं, मुल्क का सबसे सम्मानित नागरिक हो गया था।"[50] वस्तुतः उपन्यासकार पूरे राजनीतिक परिदृश्य पर कुपित हो व्यंग्यात्मक शैली में अपनी चिन्ता प्रकट करता है।

प्रशासनिक भ्रष्टाचार को वे उपन्यासकार अधिक प्रभावी रूप में चित्रित कर सके हैं जो स्वयं प्रशासनिक अधिकारी के रूप में प्रशासन के विभिन्न अंगों, विभागों से जुड़े रहे हैं। राजू शर्मा (भारतीय प्रशासनिक सेवा से सम्बद्ध) के 'हलफ़नामे' और 'विसर्जन' उपन्यासों में प्रशासनिक तंत्र के भीतर पोर-पोर तक समा गए भ्रष्टाचार का प्रत्यक्षदर्शी चित्रण किया गया है। गाँव को केन्द्र में रख 'हलफनामे' में गाँव, क़स्बे, तहसील और जिला स्तर पर कोर्ट-कचहरी, अदालत में फैले भ्रष्टाचार को नंगा किया गया है। कथानक में आई स्थितियाँ इतनी-इतनी जानी-पहचानी और सामान्य जन की ज़िन्दगी की कड़ुवी सच्चाइयाँ हैं कि पाठक को लगता है कि वह इन ज़्यादतियों का सहभोक्ता है। रिश्वत, चाहे वह किसी भी रूप में कितनी ही बड़ी या छोटी हो, के बिना आज व्यक्ति अपना कोई भी काम नहीं करवा सकता। इसका सबसे घिनौना और

विकराल रूप 'हलफ़नामे' में इस रूप में चित्रित हुआ है कि मकई अपने पिता के शरीर का पोस्टमार्टम करने वाले डॉक्टर से भी मृत्यु का प्रमाण-पत्र बिना उसकी मुट्ठी गरम किए नहीं ले सकता, जीवन के इस भयावह विद्रूप का चित्रण इस रूप में किया गया है, "डॉक्टर काग़ज़ पर झुका और खुद के जितनी पतली क़लम से उस पर मौत की तारीख दर्ज़ कर दी, मानो यमराज जीवन-मरण का हिसाब रख रहा है। उसके बाद काग़ज़ दोनों हाथों को मिलाते हुए जैसे मकई को दान कर दिया। दिलासा की हिदायत के अनुसार मकई ने सावधानी से गिने नोटों की एक गड्डी अपनी मुट्ठी में बन्द कर रखी थी। उसने मानो एक प्राचीन रीति को निभाते हुए वह गड्डी प्रसाद स्वरूप डॉक्टर की खुली हथेली में छोड़ दी।" क्या विडम्बना है कि देश में स्थितियाँ इतनी विषम हो गई हैं कि मृत व्यक्ति की पोस्ट-मार्टम रिपोर्ट और मृत्यु प्रमाण-पत्र भी बिना रिश्वत दिए नहीं मिल सकता। 'हलफ़नामे' में हलफ़नामों—एफ़िडेविट—की भी असलीयत खोली गई है। अजीब निजाम है कि एक शपथ-पत्र देकर चाहे किसी भी झूठ को सच में तब्दील करा लो, "तुम्हें झूठ को सच बनाना हो, या सच को सच, शपथ की तसदीक तो नोटरी ही करेगा या ओथ कमिश्नर, ये जो नोटरी होता है, सच के भंडार की चाबी उसी के पास है।" मकई को इतने हलफ़नामे दाख़िल करने पड़े कि "एक साल बाद मकई हलफ़नामे की महिमा पर घंटों बोल सकता है।" सरकारी मशीन हलफ़नामों से ही चलती है, दफ़्तरों और अदालतों में इन हलफ़नामों की स्वीकृति ही किसी मामले का सच तय करती है, इस सरकारी मशीनरी पर लेखक का यह व्यंग्य द्रष्टव्य है, "ये सरकारी मुलाज़िम बहुत हरामी होते हैं और सरकारी मशीन उनका बाप। ये सबसे पहले अपनी नैया पार लगाते हैं, हर सूरत में इनकी बचत होनी चाहिए। बन्दर को बन्दर नहीं कहते जब तक बन्दर एफिडेविट न दे दे। एफिडेविट के बिना यह मशीन नहीं चलती।"[51]

यदि 'हलफ़नामे' में राजू शर्मा प्रशासन के निचले स्तर पर फैले भ्रष्टाचार की ख़बर लेते हैं तो 'विसर्जन' में प्रशासन के सर्वोच्च स्तर पर सक्रिय देश के केन्द्रीय गुप्तचर संस्थानों—आई.बी. ('इंटिलेजैंस ब्यूरो'), रॉ (रिसर्च एंड इंटलिजेंस ब्यूरो), सी.बी.आई. (केन्द्रीय अन्वेषण ब्यूरो), केन्द्रीय अर्थ अनुसंधान ब्यूरो—की कार्य-शैली और उनमें व्याप्त भ्रष्टाचार, देश के सर्वोच्च औद्योगिक घरानों का सत्ता में अपने ढंग से हस्तक्षेप, आदि के ऐसे तथ्य प्रस्तुत किए गए हैं जो अधिकांश पाठकों के लिए पूरी तरह अजाने हैं। सिविल सेवा अधिकारियों के संस्थान जैसी उच्च पदस्थ अधिकारियों की आरामगाह जैसी जगहों में भी उपन्यासकार झाँकता है। प्रेस-क्लब की अय्याशियाँ भी उसकी दृष्टि से छूटती नहीं हैं। 'घोटालों का धारावाहिक-धारावाहिक घोटाला' अध्याय इस दृष्टि से विशेष रूप से द्रष्टव्य है। घोटालों का पर्दाफ़ाश करते हुए प्रशासन-तंत्र के इन सर्वोच्च संस्थानों, निकायों की कार्य-शैली पर अन्तरंग जानकारी के साथ प्रकाश डाला गया है, उदाहरणस्वरूप आई.बी. ('इंटेलिजेंस ब्यूरो') के सम्बन्ध में यह टिप्पणी द्रष्टव्य होगी, "कोई प्रधानमन्त्री आई.बी. को शिकायत नहीं करता। शिकायत हो भी कैसे। अपनी सबसे भरोसेमन्द रखैल से कैसे गिला हो सकता है! खुफ़िया ब्यूरो का निदेशक पी.एम. से रोज मिलता है, बिना नागा। यह एक परम्परा बन गई है। फिर हर सुबह और देर रात आई.बी. की डेली रिपोर्ट प्रधानमन्त्री के सामने रखी जाती है।...यह कानाफूसी प्रणाली का ही प्रताप है कि अन्य सरकारी विभागों की आई. बी. को ओवररूल करने की हिम्मत ही नहीं है।" आश्चर्य होता है यह देखकर कि देश की सर्वोत्तम प्रशासन इकाइयाँ किस प्रकार कार्य करती हैं, दूरदर्शन घोटाले के सम्बन्ध में इसे देखा जा सकता है, "सरकार की मिली भगत से बहुराष्ट्रीय कम्पनियों और अवांछित

बाहरी ताक़तों ने मिलकर दूरदर्शन और देश के मीडिया तंत्र को नष्ट करने और बेचने का एक घिनौना षड्यंत्र रचा है।...सी.बी.आई. ने भ्रष्टाचार के कुछ मामले दर्ज़ किए। जाँच कमीशन ने अभी अपनी ड्राफ़्ट रिपोर्ट तैयार की है। डीटेल्स को एक बार छोड़ दें पर संकेत यह है कि व्यापक षड्यंत्र का कोई स्पष्ट या विश्वसनीय प्रमाण नहीं है। यह हमारे मुँह पर तमाचा है। अब चुनाव का समय आ रहा है। हमारी थू-थू होगी। हम जनता को क्या जवाब दें?" इधर बड़े-बड़े सरकारी निकायों के निजीकरण पर बड़ी गम्भीर सोच और पैनी दृष्टि से विवेचन हुआ है—सार्वजनिक संस्थानों के निजीकरण की प्रक्रिया में होने वाली चालाकियों-धाँधलियों को भी बेपर्द किया गया है, दूरदर्शन सेटेलाइट और टी.वी. नेटवर्क के प्रस्तावित निजीकरण के लिए जो निविदाएँ आमंत्रित की जाती हैं, उससे पहले की राजनीति को इस प्रकार बेपर्द किया गया है, जिससे बी.एस.एन.एल. और एम.टी.एन.एल.—भारत सरकार की टेलीकॉम कम्पनियों की कार्य-पद्धति उजागर होती है, "इन प्रयोजनों को अंजाम देने का तरीक़ा परिचित और पुराना है : सार्वजनिक इकाई की साख गिराओ, उनके मानव संसाधन छीनो, उनके शेयर के दाम गिराओ और उन्हें एक स्तर तक ख़रीदो; फिर कोई कलंक और परम संकट; और अन्त में कौड़ियों के दाम ख़रीद और अधिग्रहण। दूरदर्शन में इस तरह की दखलन्दाजी के स्पष्ट संकेत मिलने लगे हैं।" जो चालें चली जाती हैं और तिकड़में भिड़ाई जाती हैं उसका नमूना यह देखा जा सकता है, "यह मात्र संयोग नहीं कि विगत तीन सालों में दूरदर्शन के प्रमुख प्रोग्राम सॉफ्टवेयर का काम उन कम्पनियों को मिला है जो निविदाकार कम्पनियों की सहायक इकाइयाँ हैं। इस प्रकार मोनोपली और कार्टल दोनों का ख़तरा साफ़ और स्पष्ट है।"[52] 'विसर्जन' उपन्यास बहुत कुशलता से सत्ता के उच्च संस्थानों और निकायों की भ्रष्टता की तह में जाता है—सरकार के उच्च अर्थशास्त्रियों, नीति-निर्धारकों, आदि की कार्य-शैली की भी ख़बर लेता हुआ उपन्यास के कथ्य की एक नई दिशा खोलता है।

21वीं शती के उपन्यास की यह बहुत बड़ी विशेषता है कि उसमें प्रायः जीवन के प्रत्येक क्षेत्र में व्याप्त प्रशासनिक भ्रष्टाचार पर लिखा गया है, जिसका बहुत बड़ा कारण यह है कि जीवन के हर क्षेत्र, पेशे से जुड़े हुए लोग कथा-रचना में संलग्न हो रहे हैं। वास्तु-शिल्पियों ('आर्किटेक्ट्स') तथा भवन-निर्माताओं की दुनिया में किस प्रकार माफ़िया तंत्र का वर्चस्व छाया हुआ है, नरेन्द्र नागदेव (पेशे से आर्किटेक्ट) के उपन्यास 'खम्भों पर टिकी खुशबू' में इसी का चित्रण मिलता है। इस पेशे में माफ़ियाओं ने किस प्रकार सारे तंत्र को अपने अधीन कर अपने मनचाहे मुनाफ़े के लिए ख़रीदा हुआ है, उपन्यास इसे सुनील और विशी अंकल के चरित्र के माध्यम से अभिव्यक्ति देता है। वस्तुतः सुनील सर जीवन-मूल्यों में आस्था रखने वालों का प्रतिनिधि बन जाता है जो मित्तल और प्रतिपक्ष के लोगों से हर समय हारने को अभिशप्त है। यहाँ हर समय ऐसे कुचक्र चलते रहते हैं जो "सही व्यक्ति से उसका प्राप्य छीनने के कुचक्र रचते हैं, "रास्ते में आती हर सही चीज़ को तुरन्त और विश्वासपूर्वक ध्वस्त" कर देते हैं। मित्तल जैसे व्यक्ति जो इन मूल्यों को धता बताते हैं वे "सफलता और समृद्धि और प्रसिद्धि के एक के बाद एक शिखर चढ़ते चले जाते" हैं। भवन-निर्माण के किसी भी प्रोजेक्ट में जिस रूप में टेंडर को मनचाहे कान्ट्रेक्टर को देने के लिए जिस रूप में 'टेलर्ड' किया जाता है, और फिर इस टेंडर में तो यह शर्त भी कान्ट्रेक्टर के पक्ष में है, और वह भी। बल्कि हर पेज पर कोई-न-कोई शर्त उसी के लिए बनाई गई है।"[53] नगरपालिका के अधिशासी इंजीनियर, पैरामाउंट कम्पनी के प्रतिनिधि और माफ़िया के प्रतिनिधि सब मिलकर टेंडर खोलने का खेल अपने न्यस्त स्वार्थों

को साधने के लिए खोलते हैं। उपन्यास एक अनछुए विषय को केन्द्र में रखकर इस क्षेत्र के प्रशासनिक भ्रष्टाचार पर दृष्टि डालता है। इस प्रकार राजनीतिक साठ-गाँठ से चल रहे प्रशासनिक भ्रष्टाचार को नंगा कर उस पर चिन्ता प्रकट करना, इक्कीसवीं शती के उपन्यास के मुख्य सरोकारों में से एक है।

7. ग्राम समाज, सुदूर अंचल

21वीं शती के हिन्दी उपन्यास का गाँव प्रेमचन्द, रेणु, श्रीलाल शुक्ल, आदि के गाँव से अलग है। अस्सी के दशक के बाद से गाँवों का चरित्र जितनी तेज़ी से बदला है, इस बदलाव को गाँव की पृष्ठभूमि से जुड़े कथाकारों ने अपने कथानुभव का हिस्सा बनाया है। मैत्रेयी पुष्पा के 'इदन्नमम्' तथा 'चाक' जैसे उपन्यासों ने अपने-अपने क्षेत्र के जन-जीवन में आ रहे परिवर्तनों को बारीक़ी से समझने-बूझने की एक नई प्रवृत्ति, जिसे महज़ 'आंचलिक' नहीं कहा जा सकता, हिन्दी उपन्यास को प्रदान कर क्षेत्र विशेष को खँगालने के लिए प्रेरित किया। जगदीश चन्द्र ने पंजाब के होशियारपुर के निकटस्थ ढोलेवाह गाँव पर 'धरती धन न अपना', 'कभी न छोड़ें खेत', जैसे चर्चित उपन्यास लिखे तो इस काल खंड में 'ज़मीन अपनी तो थी' (2001) उपन्यास लिखे। भगवानदास मोरवाल ने 'काला पहाड़', 'रेत' जैसे उपन्यासों में मेवात क्षेत्र, मधुकर सिंह, प्रेम कुमार मणि, मिथिलेश्वर, रामधारी सिंह दिवाकर, संजीव ने बिहार के ग्राम-अंचल को अपने उपन्यासों में चित्रित किया तो भीमसेन त्यागी द्वारा 'ज़मीन' तथा शैलेन्द्र सागर ने 'चतुरंग' में पश्चिमी उत्तर प्रदेश के गाँव समाज को कथा के केन्द्र में रखा। कुणाल सिंह के उपन्यास 'आदिग्राम उपाख्यान' में पश्चिमी बंगाल का गाँव तो राजू शर्मा के 'हलफ़नामे' में तथा सूर्यनाथ सिंह के 'चलती चाकी' में पूर्वी उत्तर प्रदेश का अंचल साँस लेता है।

जगदीश चन्द्र के उपन्यासों में गाँव का दलित समाज केन्द्र में है, कथा-नायक काली जिनका प्रतिनिधि बनकर उनकी उपन्यास-शृंखला में आता है। 'ज़मीन अपनी तो थी' के समय तक आते-आते काली शहर से गाँव लौटता है तो वहाँ बहुत बदलाव आ गया है। शहर से क़स्बा बनता गाँव अपने बस-अड्डे के इर्द-गिर्द बाज़ार ही नहीं विकसित करता, उसका परिचय नए निज़ाम से होता है जिसमें कोऑपरेटिव सोसायटी है, राशन के डिपू हैं किन्तु अभी भी सत्ता पर गाँव के भूमिपति सरदार ही काबिज़ हैं। गाँव के दलित इन्हें तरह-तरह से चुनौती देकर अपने अधिकारों के लिए संघर्ष करते हैं। उपन्यास इस ओर भी दृष्टि डालता है कि शिक्षा प्राप्त कर दलित वर्ग के लोग किस प्रकार तहसीलदार, डी.एस.पी. और आई.ए.एस. तक पहुँच जाते हैं। किन्तु सत्ता का स्वाद पाते ही ये लोग किस प्रकार अपने ही दलित भाइयों का शोषण करने लगते हैं। भूमि सुधार क़ानून, आरक्षण, दलितोद्धार की अनेकानेक योजनाएँ किस रूप में लागू की जाती हैं, इस सबका प्रत्यक्षदर्शी आख्यान रचा गया है। दलितों के लिए 'ससैटी' (सोसायटी) से कर्ज़ लेना कितना-कितना मुश्किल है, इसका चित्रण करते हुए बताया गया है कि गाँव में दलितों की संख्या अधिक होते हुए भी किस प्रकार वे सरदारों के इशारों पर नाचने के लिए विवश हैं, "क्या करें...गिनती हमारी बिरादरी की है...बाक़ी गाँव से सात-आठ गुना। नफरी इधर है, लेकिन तालीम और पैसा सरदारों के पास है। ओहदेदार तो उन्हीं के होंगे।" सोसायटी का गठन यह है "...तीन ओहदेदारों के साथ-साथ मेम्बर भी हैं। अपनी पत्ती (मुहल्ले) से चाचा मक्खन सिंह, बुद्धराम और मैं मैम्बर हूँ। चौथा मेम्बर कोठी से है। तीन सरदार हैं। ससैटी को मेम्बरों की कमेटी चलाएगी।" जब काली सोसायटी से कर्ज़ा लेने के लिए कायदे-क़ानून का

नाम लेता है तो उसे खुली चुनौती मिलती है, "तू कायदे-क़ानून के अनुसार कर्ज़ा लेने की कोशिश कर देख।" दूसरी ओर बड़ी-बड़ी योजनाओं के लॉली पॉप इन लोगों को रोज़ ही इस रूप में दिखाए जाते हैं, "नई ज़मीनी असलाहात (भूमि-सुधार) का बिल पास। राष्ट्रपति की मंजूरी के साथ लागू हो जाएगा। फालतू ज़मीन हरिजनों में बाँटी जाएगी। एक परिवार को ज़्यादा से ज़्यादा पाँच एकड़। ज़मीन की क़ीमत का भुगतान आसान किश्तों में। हल-जोत के लिए कम ब्याज दर पर कर्ज़ की सहूलत।"[54] अख़बार की यह ख़बर दलितों की ज़िन्दगी में एक नया सूरज लेकर आती है किन्तु कागज़ से ज़मीन पर आते-आते इन योजनाओं का हश्र कुछ और ही हो जाता है। इस प्रकार जगदीश चन्द्र गुप्त दलितों के सन्दर्भ में गाँव में आए परिवर्तनों की सूक्ष्म पड़ताल 'ज़मीन अपनी तो थी' उपन्यास में करते हैं।

भीमसेन त्यागी के 'ज़मीन' उपन्यास की कथा-भूमि—लोकेल—पश्चिमी उत्तर प्रदेश का मेरठ-मवाना क्षेत्र है, वहाँ की बोली-बानी की रंगत उपन्यास के पात्रों की कहन में स्थान-स्थान पर देखी जा सकती है। उपन्यास की कथा 1942 ई. के भारत छोड़ो आन्दोलन से लेकर 1962 में हुए चीनी आक्रमण और उसके परिणाम से आहत नेहरू जी के निधन तक के कालखंड को अपने कलेवर में समेटे हुए है। अंग्रेज़ी निज़ाम में ज़मींदारी प्रथा के अन्तर्गत गाँव समाज जिस रूप में उनके शोषण का शिकार हो रहा था, उसका प्रामाणिक चित्रण प्रस्तुत करता उपन्यास सामन्तवाद की गिरफ़्त में निकलते जिस समाज का परिचय देता है उसमें वैश्य, ठाकुर, जाट, तेली-तमोली, भंगी-चमार, उच्च वर्ग-निम्न वर्ग सभी वर्गों के लोग हैं। मध्यवर्ग तो उस समय किसी गिनती में था ही नहीं, उसका अस्तित्व तत्कालीन समाज में संख्या और महत्त्व दोनों दृष्टियों से नगण्य-प्राय ही था। किसान की बदतर स्थिति प्रेमचन्द के किसान की स्मृति करा ही देती है, अलग्योझा और ऊपर से मौसम की मार किसान को नानी याद करा देती थी, रतनू का अपनी पत्नी चम्पा से यह कथन और वर्षा पर निर्भर खेती की स्थिति इस प्रकार अभिव्यक्ति पाती है, "बँटवारा तो हो गया चम्पा, लेकिन अब दिन कैसे कटेंगे? जो ज़मीन थी, उसे तो जित्तू ले उड़ा। दस बीघे खाकी ज़मीन है, ऊपर से करज...।" खाकी ज़मीन (जिस ज़मीन पर सिंचाई की कोई व्यवस्था न हो) की स्थिति रामभरोसे ही रहती थी, "चार रोज़ हुए बरखा हुई थी। जय हो-इन्दर महाराज की! बड़े बख़त से सुनी। एक बार मक्का के खेत में खुरपी निकल जाए तो क्या कहने।" किसानों की दुर्दशा, गांधी का वध, देश में हुए पहले आम चुनाव, भूदान आन्दोलन, गाँवों के सुधार की लहर और उसके लिए नियुक्त सरकारी अमले की लूट-खसोट, पुलिस-थाना और गाँवों के नियामक तंत्र से उसकी साँठ-गाँठ, चीनी आक्रमण और उससे क्षुब्ध होकर कुछ समय बाद नेहरू जी के निधन पर की अनेक घटनाओं को चित्रित करता उपन्यास पश्चिमी उत्तर प्रदेश के तत्कालीन गाँव-समाज का जीवन्त चित्र बनता है। गाँव के बदलते हुए समाज में जिस प्रकार वी.एल.डब्ल्यू.—'विलेज़ लेविल वर्कर', ग्राम सेवक, ही नहीं पूरा सरकारी अमला अपनी सत्ता काबिज़ कर रहा था, उसका चित्रण 'डबलू'—वी.एल.डब्ल्यू. के माध्यम से इस रूप में किया गया है, "वो डबल उल्लू गाँव में करेगा क्या?" "करना धरना क्या, यो भी लूट-खसोट मचावेगा। जितने भी सरकारी आदमी हैं, सब लंका में बावन गजे।" "पहले गाँव में सिरफ़ दो सरकारी हाक्कम होवैं थे—एक पटवारी और दूसरा चौकीदार। उनसे ही सारे काम चल जावैं थे। अब सरकारी आदमियों का सूअरी जैसा ब्याँत फैल गया है। रोज़ एक नया चला आ रहा है। पता नहीं ये क्या करके हटेंगे।" विकास के रथ को हाँकने वाले ये सरकारी अफ़सर कितनी-कितनी 'ग्रांटों' को स्वयं चट कर जाते हैं। विकास-राशि की हकीक़त यह है, "असल

में विकास का कोई भी काम करने के लिए सरकार से जो रुपया मंजूर होता है, मुश्किल से उसका दसवाँ हिस्सा काम में लग पाता है।"[55] 'ज़मीन' न केवल पश्चिमी उत्तर प्रदेश अपितु तत्कालीन पूरे भारतीय ग्राम-प्रान्तर की तस्वीर जीवन्तता से पेश करता है।

भगवानदास मोरवाल का 'रेत' मेवात अंचल के रेत के ढूहों के बीच बसे छोटे-से गाँव गाजूकी को केन्द्र में रख कानन‌चारी–'कंजर' जाति के आचार-व्यवहार का चित्रण करता है। कंजरों में सगाई की रस्म, विवाह-बन्धन में बँधने के बजाय 'बुआ' बनने और दाम्पत्य में सुख अनुभव न कर 'खिलावड़ी' बनने को तरजीह देना जैसी रीतियों-प्रथाओं का चित्रण कर इस समाज के जन-जीवन पर प्रकाश डाला गया है। यहाँ विवाह-संस्था को खुलकर निस्सार बताया जाता है, "क्या मिलता है ब्याह करके। ज़िन्दगी-भर खसम और औलाद के साथ-साथ भाभी बनी सास-ननदों की चाकरी ही तो करनी पड़ती है। मरी, बुआ बनी रहती तो उमर-भर मज़े करती।" बुआ बनकर वे धड़ल्ले से पेशा कर न जाने कितने ग्राहकों को तुष्ट करती हैं। ग्राहक भी समाज के सभी वर्गों से आते हैं–रिटायर्ड एस.पी., ईंट भट्टा मालिक, समाजवादी नेता, रीयल एस्टेट के व्यापारी, शेयर बाज़ार के खिलाड़ी, कैंटीन ठेकेदार, आदि। विवाह इनके यहाँ 'मत्थाढकाई' के रूप में होता है, इसका दारुण पक्ष यह है कि किसी भी उम्र का हट्टा-कट्टा आदमी अपने पैसों के बल पर कैशोर्य की देहली लाँघती अल्हड़ गिल्हरी जैसी युवतियों का भोक्ता बन जाता है, "यानी आज के बाद यह न कूदती-फूदती गिलहरी रहेगी, न रम्भा। बस एक खिलावड़ी-भर रह जाएगी। यही उसकी पहचान होगी।"[56] इनके लिए 'मरद' की जाति का भी कोई अर्थ नहीं है, भले ही वह हिन्दू हो या मुसलमान, "जब तक निभेगी ठीक है, ना निभेगी लात मारकर चलता करूँगी" ही इसका जीवन-सिद्धान्त है। यह समाज धीरे-धीरे मातृ-सत्तात्मक परिवार-व्यवस्था की ओर बढ़ रहा है क्योंकि यहाँ अर्थ की नियन्ता स्त्री बनती जा रही है। कमला सदन का मालिक कौन है, कोई स्त्री या पुरुष यह किसी को पता नहीं चल पाता है जबकि असलीयत यह है, "इस घर का मालिक कोई मर्द तो हरगिज़ नहीं हो सकता। कभी-कभी उसे लगता है कि घर का मालिक न तो कमला बुआ है, न उसकी दोनों बेटियाँ सुशीला-माया। असली मालिक हैं सुशीला की दोनों बेटियाँ यानी उसकी ननद रुक्मिणी और वंदना। पूनम अभी छोटी है। कहने का तात्पर्य यह, या बकौल सन्तों कि जिनकी कमाई से चले घर, वही उसका मालिक।" कंजरों का पुरुष वर्ग तो निठल्ला बना घूमता हुआ चोरी-चकोरी, नकबजनी, आदि कर्मों में संलिप्त रहते हैं–चोरी-नकबजनी के एक-से-एक बढ़िया 'हुनर' इन्हें आते हैं। कंजरों की बेड़ियाँ-साँसी जैसी उपजातियों का परिचय भी उपन्यास में मिलता है। एक प्रकार से उपन्यास कंजर जाति का समाजशास्त्रीय अध्ययन बन जाता है।

मधुकर सिंह के उपन्यास 'बेनीमाधो तिवारी की पतोह' में बिहार के बदलते गाँवों की तस्वीर अंकित हुई है। विकास की विभिन्न योजनाएँ, इन्हें कार्य-रूप देनेवाला बी.डी.ओ., प्रखंड अधिकारी, आदि का अमला, गाँवों में पंचायत चुनाव से लेकर विधायक चुनाव तक में होने वाली जातीय-समीकरणों की टेढ़ी-मेढ़ी चालें, स्त्री शक्ति और दलित शक्ति का नया उभार और इन सबके बीच पनपते नक्सलवाद, आदि को छोटी-सी कथा में अनुस्यूत किया गया है, इस रूप में कि बिहार के ग्रामीण परिवेश पर लिखे गए बड़े उपन्यासों के लिए यह लघु उपन्यास एक चुनौती बन जाता है। गाँवों में सवर्णों और दलितों में जो कशमकश चलती रहती है, उसका चित्रण ज़मीनी सच्चाइयों के साथ किया गया है, इस घटना से गाँव के सवर्ण सामन्त बौखला उठे। यदु सिंह ने इसे अपने ख़िलाफ़ बेनीमाधो तिवारी की खुली चुनौती समझा। उन्होंने दुखदेवन

सिंह को बुलाकर समझाया, "तुम्हारे हरवाह-चरवाह की गन्दगी ने सीधे हम पर हमला बोल दिया है। धिक्कार है तुम्हारे जाति-वंश को। हमारे सामने चमार-दुसाध की ऐसी हिम्मत? नाकेबन्दी करनी होगी इनके ख़िलाफ़? हम गाँव के नान्ह-रेआन से अपना कोई काम नहीं कराएँगे। दूसरे गाँव से मज़दूर मँगाएँगे। वोट के दिन सालों को उन्हीं के घरों में बन्द कर देंगे। ब्राह्मण टोली को समझाएँगे बन्द करो वेनीमाधो का हुक्का पानी? उसकी पतोहिया ब्राह्मण कुल कलंकिनी है।" 'बेनीमाधो की पतोह' सुनन्दा गाँव में आ रही जन-क्रान्ति की पुरोधा बनती है, भले ही उस पर नक्सलवादी होने का अभियोग लगता है। गाँव में आँगनबाड़ी सेविकाओं के लिए प्राप्त राशि का सरकारी अधिकारियों द्वारा खा-पका जाना, रोज़गार-गारंटी योजना की धाँधलियों को लेकर 'माले वालों' का धरना-प्रदर्शन, सिर पर मैला ढोने को लेकर विरोध-प्रदर्शन, आदि का चित्रण इस रूप में किया है कि समस्याओं का आदर्शीकृत समाधान भी प्रस्तुत किया जा सके। युवाओं की टोलियों द्वारा गोरख पांडे के जन-गीतों को गा-गा कर जनता को संकल्पबद्ध करने का प्रयास इसी दिशा में उठा क़दम है, श्रीराम सिंह से कहलाया गया है, "गोरख पांडे आज भी हमारे भीतर जीवित हैं। उन्हीं के कंठ हमारे भीतर भी फूटे हैं। सभी उनके सुर में सुर मिलाकर नया आदमी गढ़ने का संकल्प लें।"[57] गाँव में 'पूँजी और सामन्ती गठजोड़' का विरोध करता यह उपन्यास गाँव की बदलती सूरत और सीरत का प्रतिबद्ध दृष्टि से परिचय कराता है।

बिहार के गाँवों में हो रहे समाजार्थिक, राजनीतिक और सांस्कृतिक बदलाव का सबसे भास्वर रूप रामधारी सिंह दिवाकर के उपन्यास 'अकाल सन्ध्या' में मिलता है। पूर्णिया जिले के मरकसवा तथा बड़कन गाँव—दो गाँवों के माध्यम से उपन्यासकार गाँवों में सिर उठाती दलित शक्ति के उत्थान की कथा कहता है जिसने परम्परागत सामन्ती शक्तियों और नेतृत्व को खुली चुनौती देकर सारे गाँव के निज़ाम को अपनी मुट्ठी में कर लिया है। किन्तु दूसरी ओर यहाँ यह चिन्ता भी जताई गई है कि ज़मींदारों या बबुआन टोले के विरोध में खड़ी हुई दलित शक्ति स्वयं उन्हीं का प्रतिरूप बनती जा रही है। यदि बड़का गाँव में बबुआन टोले में गाँव के नामी-गिरामी ज़मींदार बाबू हरिवंश शर्मा की शानदार हवेली है तो दलित दयानन्द उर्फ़ डायमंड का 'जलमहल' तथा दलित लुचाय राम के एस.पी. पुत्र रामचरन का भव्य 'व्हाइट हाउस' भी है। आरक्षण और नई-नई योजनाएँ गाँव में आ जाने से दलित गाँव में सिर उठाकर चलते हैं। गाँव के इस बदले 'हवा-पानी' और 'बनी बनाई व्यवस्था' के बदलने से सब लोग हैरान-परेशान हैं कि 'जन-मजूर' आज जिस तरह ऐंठकर बात कर रहे हैं, यह बड़ा भारी अनर्थकारी परिवर्तन है, 'यह शूद्रों के उदय की काली आँधी है। ज़मींदारों, बाबू-बबुआनों की ज़मीन दिल्ली-पंजाब कमा कर लौटे छोटे-मोटे मज़दूर ख़रीद रहे हैं, "सोलकन टोले और बमनटोली का समाजी रिश्ता भी अब सामान्य हो चला है। रिश्ते को सामान्य बनाने में सबसे बड़ी भूमिका तो समय की थी; दूसरी बड़ी बात थी राजनीति में शूद्रों का आकस्मिक उभार जिसमें अब तक चली आती धारणा और व्यवस्था चरमरा गई।" छोटी जातियों और सवर्णों के बीच शादी-ब्याह भी काफ़ी होने लगे हैं जिसके कई उदाहरण कथा में प्रस्तुत किए गए हैं लेकिन चिन्ता का विषय यह है कि "जात का खूँटा जरा भी हिल नहीं रहा है। बल्कि जात और मज़बूत हो रही है।" लेखक चुनावी राजनीति की गहराई में भी प्रवेश करता है, जहाँ दलितों की संख्या अधिक होते हुए और उनमें तरह-तरह की जागृति आ जाने पर भी सत्ता का समीकरण सवर्णों द्वारा ही तय किया जाता है, "अनुसूचित और पिछड़ी जातियों के लगभग सत्तर प्रतिशत से ज़्यादा मतदाता थे, लेकिन इतिहास ही ऐसा था कि विधानसभा और लोकसभा के चुनावों में सवर्ण वर्ग के नेता ही विजयी होते थे। लोकसभा

क्षेत्र चूँकि अनुसूचित जाति के लिए सुरक्षित था, इस कारण सवर्ण दबंग नेताओं के पालित-पोषित अनुसूचित जातियों और अत्यन्त पिछड़ी जातियों के बहुत कम वोटर मतदान कर पाते थे। यादव-कुर्मी और कोइरी जाति के मतदाताओं को छोड़ अन्य पिछड़ी और दलित जातियों के वोटरों को मतदान केन्द्रों पर जाने की ज़रूरत ही नहीं होती थी। उनके वोट अपनी-अपनी ताक़त के अनुसार मतदान-केन्द्रों पर बाँट लिए जाते थे। पहले ही कह दिया जाता था—बूथ पर जाने की ज़रूरत नहीं। अपना काम करो। लोकसभा के पाँच आम चुनाव हो चुके, लेकिन बड़का गाँव के दक्षिण टोले के कुछ गिने-चुने लोगों को छोड़ लोग जानते ही नहीं थे कि कैसे किया जाता है मतदान।" लोकतंत्र की सत्ता का निर्णय इसी लाठी राज से किया जाता रहा है। मार्क्सवादी विचारधारा यदि भूमिहीनों, दलितों को गोलबन्द की रही थी तो दूसरी ओर रणवीर सेना और सवर्ण सुरक्षा संघ जैसे संगठन इन गाँवों में जिस रूप में राजनीति कर रहे हैं, उस सबका परिचय भी उपन्यास में मिलता है। इसी राजनीतिक उथल-पुथल का परिणाम है कि अब दलित भी अपनी वोट का मनचाहा इस्तेमाल करने लगे हैं, "पहले ब्रामन, राजपूत, भुइहार हम लोगों को भोट कहाँ देने देते थे। अब हम भोट देते हैं और अपने मन से भोट देते हैं। किसकी मज़ाल है कि हमको रोक ले! ई जो परमुख साहब बैठे हैं, ई जो मुखिया जी हैं यादव जी।" रामबरन और लुचाय राम चमारों को अब बामन, राजपूत-सब परनाम करते हैं, क्योंकि इनके बेटा-लोग अफ़सरी कुर्सी पर हैं। किन्तु चिन्ता की बात यही है कि राजा चाहे किसी भी वक्त में कोई भी रहे सामान्य जनता की नियति तो वहीं की वहीं खड़ी है, "मुदा एक्के बात हजूर...एके बात से चिन्ता होती है कि जो कुछ चढ़ गया सिंहासन पर वही राजा! और राजा राजा एक समान! क्या ब्रामन-राजपूत, भुइहार, क्या जादव, कुर्मी, चमार-धरकार! राजा-राजा एक समान। सबको देख लिया हजूर।"[58] इस प्रकार 'अकाल सन्ध्या' में भारत के गाँव के नए चेहरे की तस्वीर बहुत सूक्ष्मता और प्रामाणिकता से उकेरी गई है।

राजू शर्मा ने 'हलफ़नामे' उपन्यास में गाँव और किसान के केन्द्र में रख सरकारी योजनाओं के खोखलेपन और प्रशासन-तंत्र के नकारापन को बड़ी व्यंग्यात्मक शैली में नंगा किया है। व्यंग्य का विधान जिस रूप में किया गया है, वह कहीं-कहीं फ़न्तासी-सा बन जाता है, यथा मकईराम द्वारा कलेक्टर के बंगले में बाढ़ के समय आए करंट का 'अर्थ' कर दूर देना। इसी प्रकार उपन्यास के प्रारम्भ में ही जिस 'किसान आत्म-हत्या योजना' में मुआवज़ा देने की पेशकश का प्रसंग आया है, उसमें मकईराम इस किसान आत्महत्या योजना के अधीन दो लाख की क्षतिपूर्ति का दावा पेश करता है किन्तु उसे जो हलफ़नामे-दर-हलफ़नामे दाख़िल करने पड़ते हैं और अन्त तक परिणाम कुछ नहीं निकलता की स्थितियों को चित्रित करता लेखक किसान के सन्दर्भ में कोर्ट-कचहरी की कार्य-प्रणाली की खूब ख़बर लेता है। सरकारी मशीनरी के काम करने की शैली का यूँ तो हर जगह खाका खींचा गया है, पर उसका चूणान्त तक सामने आता है जब तहसीलदार मकईराम के चैक मिलने में तीन रुकावटें बताता है। गाँव में योजनाओं को कार्यरूप देने वाले सरकारी अमले की यह कार्य-पद्धति द्रष्टव्य है, "अगर कृषि या उद्यान विभाग का अधिकारी होता तो किसी नर्सरी या खेत में पहुँचकर मिचमिचाती आँखों से आसपास देखता, वैकल्पिक ऊर्जा का अधिकारी गोबर गैस के सूखे गड्ढों और खराब सोलर लालटेनों को ताक़ता, स्वास्थ्य अधिकारी सूखे कुओं में यह देखने के लिए झाँकता कि डीडीटी का छिड़काव हुआ कि नहीं—कुँए पत्तों से अँटे थे, जहाँ भी उस पत्ते के ऊपर सफ़ेदी की परत दिखाई दी; उसकी बाँछे खिल जातीं। ग्राम्य विकास का अधिकारी ऐसे बैल और भैंस खोजता रहा जिनके कान

में छेद हो जिससे एक ख़ास किस्म का कुंडल लटका रहता है जिसे बिपिला कहते हैं (बिपिल शब्द भारत सरकार द्वारा ईज़ाद संकेताक्षर बी.पी.एल. से निकला है जिसका मतलब है बिलो पावर्टी लाइन यानी ग़रीबी रेखा के नीचे) बिपिल भैंस...मछली पालन का अधिकारी मायूस हो गया जब उसे मछली क्या गाँव के एक भी तालाब में पानी नहीं दिखा, समाज कल्याण का अधिकारी पूरे वक्त नाक खुजाता रहा, उसे लगा गाँव का हर व्यक्ति उसकी हर योजना का पात्र है... ।"[59] इस प्रकार 'हलफ़नामे' गाँव में आ रही नई-नई विकास-योजनाओं की असलीयत से रू-ब-रू कराता हुआ सरकारी मशीनरी की कार्य-शैली का प्रभावी चित्रण करता है, उपन्यास का न्यून पक्ष यह है कि यह गाँव-समाज के जीवन में अन्तरंगता से नहीं झाँक पाता है, उपन्यास का चित्रण एकपक्षीय होकर रह जाता है।

सूर्यनाथ सिंह के उपन्यास 'चलती चाकी' में गाँव की बदलती हुई समाजार्थिक और राजनीतिक स्थितियों पर विचार किया गया है। वोट-प्रपंच गाँव का सबसे बड़ा यथार्थ बनता जा रहा है, वोट की धुरी जातीय समीकरणों पर टिकी हुई है, "जाति-पाँति का भेदभाव मिटाने की जितनी कोशिश हो रही है, वह उतना ही बढ़ता जा रहा है। ये राजनेता हैं, यही लोग इस खाई को बढ़ा रहे हैं। ये जो तीन दिन उधर खर्च करके आए हैं, हरिजनों और यादवों दोनों को इस तरह पटाने की कोशिश में लगे रहे होंगे कि वे इन्हें अपना आदमी मानने लगें। वोट इन्हीं को दें। दूसरी पार्टियों के नेता भी वहाँ जाकर यही करके आए होंगे।"[60] देश में फैले हुए जाति के इस 'मकड़जाल' में उस जाति का नेता अपने को राजनीतिक रूप में स्थापित करने की जुगाड़ में है। जाति के इन स्थानीय नेताओं ने पुलिस-तंत्र से अपना जो गठजोड़ बना रखा है, उस पर भी उपन्यासकार की दृष्टि जाती है। सारी तरक्की के बावज़ूद छोटा किसान अभी भी उतना दीन-हीन और परेशान है, किसानी उसके लिए आज भी भार-स्वरूपा होकर रह गई है, "हम क्या कहें, लेकिन साल-भर मेहनत करके, खाद पानी देके, सांड-भइंसा-लिलगाय, चिड़िया-चुडुंग से बचा फसल तैयार करते हैं, काटने की बारी आती है तो इस तरह उसको चौपट होते नहीं देखा जाता। दैव की मरजी मान के करेजा पर पत्थर रख लेते हैं।" प्राकृतिक आपदा के साथ सरकारी कारिंदों और व्यापारियों की मनमानी के चलते फसल की वाजिब क़ीमत न मिल पाने का दुख किसानी के पेशे को मरे बाप का नाम चलाने की विवशता की स्थिति में ला देते हैं। किसान-पुत्र शिक्षा में अंग्रेज़ी की कमज़ोरी के कारण जो पिछड़े रह जाते हैं, उसका भी विवेचन समस्या की जड़ में जाकर किया गया है। ग्राम-पंचायतों की कार्यप्रणाली और बदले हुए निज़ाम में सफ़ाई कर्मचारी के रूप में कार्य करने के लिए 'पंडितों' का भी आना गाँव में बेरोज़गारी का एक और रूप प्रस्तुत करता है। पश्चिम बंगाल के सिंगूर और नन्दीग्राम में हुए किसान-आन्दोलन का भी सरसरी दृष्टि से उल्लेख तथा बसपा का राजनीतिक क्षितिज पर प्रभावकारी रूप में उदय, आदि की घटनाओं से गाँव में चली आ रही राजनीतिक चेतना का परिचय 'चलती चाकी' में दिया गया है।

इस प्रकार 21वीं शती के हिन्दी उपन्यास ने गाँव-समाज में हो रहे समाजार्थिक तथा राजनीतिक परिवर्तनों को विभिन्न रूपों में रेखांकित करने का प्रयास किया है।

8. पहाड़ का जीवन

ग्रामीण-समाज के चित्रण का एक अलग पक्ष यह भी है कि पहाड़ के गाँव-अंचल का भी प्रामाणिक चित्रण हिन्दी उपन्यास में हुआ है। पूर्ववर्ती समय में शैलेश मटियानी, शिवानी, मृणाल पाण्डे,

मनोहरश्याम जोशी, विद्या सागर नौटियाल, आदि ने अपने उपन्यास में पहाड़ का बहुत सशक्त चित्रण किया है। इस कालखंड में एस. आर. हरनोट, हरिसुमन बिष्ट, विद्या सागर नौटियाल, जितेन ठाकुर, दिनेश कनार्टक, आदि ने अपने उपन्यासों में पहाड़ के जन-जीवन का चित्रण किया है। एस.आर. हरनोट ने 'हिडिम्ब' (2004) में हिमाचल प्रदेश के गाँव के जीवन के लोक-जीवन के समस्त श्वेत और श्याम को स्व-अनुभूत यथार्थ के रूप में प्रस्तुत किया है। अपने प्रथम उपन्यास की कुछ भाषागत और शैल्पिक कच्चाइयों के होते हुए भी हरनोट का यह प्रयत्न इसलिए आकर्षित करता है कि इसमें हिमाचली लोक-जीवन और संस्कृति विस्तार में चित्रण पाती है। सामान्य जन के प्रतिनिधि शावणू नड़ की ज़मीन पर मन्त्री की दृष्टि पड़ जाती है, शावणू जाति से दलित है। इन दो पक्षों को खड़ा कर उपन्यास की कथा आगे बढ़ती हुई, गाँव में दलित शक्ति के उभार, मन्त्री जैसी शक्तियों से संघर्ष की कथा, आदि को वर्णित करती हुई पहाड़ के जीवन में आ रहे समाजार्थिक परिवर्तनों, परम्परागत जीवनाचार और युग-युग से चले आते अंधविश्वासों में जीते पहाड़ के सीधे-सादे लोग, देवी-देवताओं, धार्मिक कृत्यों, पशु-बलि, आदि के सहज विश्वासी लोगों के यहाँ कभी किसी के सिर देवी-देवता आ जाते हैं तो कभी ओझानुमा उनके गूर इन्हें अपने छलावों में भरमाते हैं। 'देवी का गूर' जब बोलना शुरू करता है तो उसका एक कारकून जनता को इस रूप में भरमाता है, "पंचो! सुणो! सर्वनाश होगा...कुछ नहीं रहेगा...। मेरे देवता नाराज़ हैं...दुखी हैं...मैं कहाँ जाऊँ...क्या करूँ...कहाँ है मेरी जगह...मेरी ज़मीन...मेरे चरांद...मैं कहाँ अपनी गऊओं को चराऊँ...कहाँ भेड़-बकरियों को ले जाऊँ...वे भूखी मर रही हैं...प्यासी मर रही हैं...चिड़ियों को बैठने तक के लिए पेड़ नहीं रहे...मुसाफिरों को छाँव नहीं रही...पानी की बावड़ियाँ नहीं रहीं...खेतों में मक्की, गेहूँ नहीं रहे...क्यारों में धान नहीं रहे...चोरी से भाँग बीजते हैं...अफ़ीम बीजते हैं...बच्चों को खिलाते हैं...सब कुछ गन्दा कर दिया...नदी गन्दी कर दी...वह रोती है...उसके बहने की जगह नहीं रही..."[61] आदि-आदि। 'गूर' में आई देवी के इन बोले में पहाड़ के बदल रहे जीवन की झलक भी मिलती है। ऐसे खेलते देवी-देवता उपन्यास में कई बार आते हैं। मन्त्री, पुलिस बल, प्रशासन के छोटे-बड़े अधिकारियों का उपयोग अपने हित में जिस रूप में करता है, उस सबका चित्रण दर्शाता है कि चाहे मैदानी-क्षेत्र हो या पहाड़ राजनीति और राजनेताओं का चरित्र सब जगह एक-सा है। सत्ता का यह खुला खेल सभी गाँवों में चल रहा है, "हाँ! शावणू हाँ...मैं मन्त्री! नेताओं का नेता...मेरी टोपी में सभी समा गए हैं। मेरा एकछत्र राज...हर जगह...चल रहा है। मैं जो चाहूँ कर सकता हूँ। सब कुछ मेरे वश में है। नदी, झरने, पहाड़, जंगल, हिमशिखर, पशु-पक्षी, लोग-बाग, जानवर, तुम्हारे ये देवता जो मन्दिरों में कैद हैं। यानी सम्पूर्ण प्रकृति...मैं इस सभी का राजा बन गया हूँ।" पहाड़ के जंगलों, ज़मीन, पशुओं, आदि का यह राजा मन्त्री अन्ततः शावणू को मन्दिरों की मूर्तियों की चोरी-तस्करी में फँसाकर जेल पहुँचा देता है। लेखक शावणू से इस सबका प्रतिरोध तो कराता है किन्तु मन्त्री पर दया के रास्ते से। शावणू अपनी ज़मीन मन्त्री को न देकर सीधे कम्पनी को दान कर देता है। उस आदर्शात्मक समाधान के साथ कथा का समापन कर लेखक स्थितियों से सामान्य जन का जूझना दिखाकर आशा की एक क्षीण-सी रेखा छोड़ देता है।

हरिसुमन बिष्ट अपने 'आछरी-माछरी' (2006) उपन्यास में उत्तरांचल के अल्मोड़ा अंचल को कथा के केन्द्र में रखते हैं। तिब्बती सीमा से लगे भोटिया महाल क्षेत्र के छोटे-से गाँव का लोक जीवन अपने चटख और धूसर रंगों में यहाँ चित्रित हुआ है। इतनी ऊँचाई पर तम्बुओं में रहते हुए हींग, गन्दरैणी बेचने जाने के लिए खुकरी से भेड़ की बलि देकर उसके पेट को

चीरकर वीर सिंह का प्रस्थान के लिए शकुन विचार करता, 'बुग्याल- दर-बुग्याल' नदी नाले और ऊँची पहाड़ियों से झरते-बहते झरनों को पार कर अपना सामान बेचने के लिए भटकना, मशाल उठाए हुए लोगों द्वारा चढ़ाई-उतराई पार करना, वीर सिंह के आधा दर्जन कुत्तों और उन कुत्तों में एक पिल्ला ऐसा जो मांस नहीं खाता था, आदि की दृश्यावलियाँ उस पहाड़ को पूरी तरह साक्षात् कर देती हैं जहाँ का चित्रण किया जा रहा है। जिस डूंगरपुर गाँव में आछरी आकर रहती है वह डेढ़ सौ परिवारों का गाँव पहाड़ का ठेठ ('टिपिकल') गाँव है जिसका चित्रण वहाँ की ही नहीं किसी भी पहाड़ी गाँव की समाजार्थिक स्थिति को स्पष्ट कर देता है, "गाँव की आबादी जितनी भी रही हो, आज वह कुल आबादी का एक चौथाई-भर रह गई थी। उनमें भी वे बुज़ुर्ग अधिक थे जो सूरज के छिपने की टकटकी लगाए हुए थे। उनकी संख्या बीस थी। उतनी ही बुज़ुर्ग औरतें थीं। जवान और अधेड़ उम्र की औरतों की संख्या चालीस थी। जिनके मर्द दूसरे शहरों में रह रहे थे। जो गाँव में रह रहे थे। वे सूखकर ठूँठ होते जा रहे थे। और उनकी औरतें बनैल चिड़िया की भाँति एक शाखा से दूसरी शाखा पर फुदकती उड़ती सैकड़ों मील की यात्रा कर लेती थीं, जिसका उन्हें पता ही नहीं चलता। ये सब चिड़िया बन चुकी थीं। वे सब बिजार नहीं हो सकतीं। सरकारी परिवार-नियोजन ने उन्हें बिजार नहीं बनने दिया था।" उपन्यासकार गाँव में हो रहे सामाजिक परिवर्तनों पर दृष्टि डालता चलता है। पहाड़ के गाँव में जो नई-नई विकास-योजनाएँ आ रही थीं, दलितों को उनसे महरूम रख सवर्ण, विशेष रूप से जयदत्त, तुलसा पन्त जैसे ब्राह्मणों का वर्ग उन्हें अपना 'जेबी-संस्करण' बना रहे थे, उसके प्रति दलितों का आक्रोश प्रकट करवाकर लेखक दलितों में उभर रही नई राजनीतिक चेतना का परिचय देता है। देश में योजनाओं के नाम पर जो भ्रष्टाचार चल रहा है, पहाड़ भी उससे अछूता नहीं रह पाता है, "...जयदत्त बेईमानी भी करेगा तो वह कोई नया काम तो कर नहीं रहा। पूरा देश बेईमानी कर रहा है। जिस देश के नेता, ऑफ़िसर बेईमान हों वहाँ दो पैसे की हेर-फेर जयदत्त भी कर ले तो क्या फ़र्क़ पड़ेगा।...आख़िर नफ़ा भी लेगा तो कितना।" गाँव के इन सत्ता केन्द्रों के ख़िलाफ़ आछरी जैसी दलित महिला जब चुनाव लड़ने का बीड़ा उठाती है तो उसके सामने वोटों का समीकरण इस प्रकार है—"उसे (प्रधान को) तो मिल ही जाएगी मोटी रकम और अगले महीने के इलेक्शन में वोट भी। पूरी पन्त बिरादरी में एक सौ चार वोट हैं, अकेले बीस वोट जयदत्त के घर से हैं। ऐसी स्थिति में आदमी के पक्ष में प्रधान क्या बोलेगा भला? कोई क्यों बोलेगा। आज तक कोई भी बोला—हमेशा उसे नुकसान ही पहुँचाते रहे हैं।" जयदत्त पन्त, तुलसा पन्त जैसे लोगों के ख़िलाफ़ आछरी का चुनाव में खड़े होने की सहमति देना बहुत बड़ा निर्णय है जिसको गोधना इस रूप में रेखांकित करता है, "तुम राजी नहीं होतीं तो...हम तो जीवन-भर इस गाँव के बीठों (सवर्णों) की खिदमत ही करते रहे। जूठन खाने के सिवाय इन्होंने हमें दिया ही क्या?" यह दलित चेतना स्त्री-जागृति का रूप भी ले लेती है। आछरी प्रधानी के लिए खड़ी होकर औरत के वज़ूद सम्बन्धी अनेक प्रश्नों से बार-बार टकराती है, स्त्री को सशक्त रूप में देखने का स्वप्न वह निरन्तर पालती रहती है, तुलसा पन्त की करतूतों के बारे में सोचती वह बुदबुदाती है, "औरत है तो औरत ही होनी चाहिए वरना वह औरत नहीं है। औरत होने का मतलब है यहाँ के हवा-पानी पर बराबर का हक। पुरुषों की नाक से निकली बदबूदार हवा में दम भरने वाली औरत नहीं हो सकती। हुड़किया बोल सिर्फ़ गोधना ही नहीं गा सकता, धान रोपाई औरतें ही नहीं कर सकतीं, प्रधानचारी सिर्फ़ तुलसा पन्त ही नहीं चला सकता, उसकी औरत और बहुएँ भी चला सकती हैं। वे ही क्यों कोई भी कर सकता

है—मैं भी कर सकती हूँ।"[62] आछरी चुनाव लड़ती ही नहीं है, जीतकर भी दिखाती है। इस प्रकार पूरा उपन्यास पहाड़ के सुदूर इलाकों का अन्तरंग परिचय देकर वहाँ आ रही नई चेतना, स्त्री-शक्ति और दलित-शक्ति के अभ्युदय की गाथा प्रस्तुत करता है।

विद्या सागर नौटियाल का उपन्यास 'मेरा जामक वापस दो' टिहरी-गढ़वाल क्षेत्र में उत्तरकाशी में आए भयंकर भूचाल की घटना पर आधारित है जिसमें भूकम्प पीड़ित पहाड़ी जनता की दुर्दशा और प्रशासन-तंत्र के छोटे-मोटे अनेक कर्मचारियों की कार्य-पद्धति और उस संकट के बीच भी राजनीतिक दलों की करनी-कथनी को बड़े बेबाक ढंग से चित्रित किया गया है। इस विनाशकारी भूकम्प ने 'उत्तरकाशी के अलावा टिहरी गढ़वाल और चमोली जिलों के कई इलाकों को प्रभावित किया था। इस भूकम्प का केन्द्र बिन्दु अल्मोड़ा था और तेज़ वर्षा के चलते भूकम्पमापी रेक्टर स्केल पर उसकी गति 8 प्लस थी, पृथ्वी की सतह के सात मील नीचे। उसने पूरे अंचल को हिलाकर रख दिया था, छोटे-से जामक गाँव में एक साथ छब्बीस मौतें हुई थीं और अनेक घायल। भूचाल की इस विनाशलीला का प्रत्यक्षदर्शी लोमहर्षक चित्रण इस रूप में किया गया है, "तेज़ बरसते पानी की बौछारों को सहते हुए, घरों से मृतकों की लाशों को नदी-तट तक पहुँचाने का काम गाँव के थोड़े-से नौजवानों को करना पड़ा था, जो किसी तरह भूकम्प के दौरान घायल होने से बच पाए थे। उस बीभत्स दृश्य से अपनी नज़रें हटाने के बाद चारों डॉक्टर कर्मवीर के साथ जामक की ओर चलने लगे।" इस भयंकर प्राकृतिक विपदा में सरकारी मशीनरी का काम करने का अपना ही तरीक़ा है। "जामक और उत्तरकाशी का असली शासक लखनऊ में बैठकर जिलों के अन्दर तैनात अपने अधिकारियों पर सतर्क नज़र रखते हुए शासन का संचालन करता रहता है।" किन्तु यह 'नज़र' इतनी कमज़ोर है कि वह अच्छे-बुरे अफ़सरों, कर्मचारियों का अन्तर नहीं कर पाता है। मल्होत्रा जैसे जनसेवी डी. एम. का इसलिए तबादला कर दिया जाता है कि वह अपने नीचे के सरकारी अमले को 'खुश' नहीं रख पाता है, उसकी कार्य-शैली उच्च प्रशासकों को रास नहीं आ पाती, क्योंकि "वह किसी एस.डी.एम. को साथ लिये बगैर वह अकेला ही, किसी पटवारी की तरह, गाँव-गाँव में चला जाता है। हमने जो हेलीकॉप्टर उसे दिया है, उससे वह मरीज़ों को ढोते रहने का काम करवाने लगा है। जहाज़ नहीं रहा, ट्रक बना दिया गया है। श्रीमानजी जामक में पहुँचे तो एक ठिठुरते आदमी को अपना कोट उतारकर दे दिया। यह आदमी प्रशासन चला रहा है या अगले आम चुनाव में अपने लिए कांस्टीट्यूएंसी तैयार कर रहा है? अपने किसी भी मातहत हाकिम को वह कोई भी ज़िम्मेदारी सौंपता ही नहीं।" ऐसा अफ़सर निश्चय ही बड़े अफ़सरों की आँख की किरकिरी बन जाता है, उसका तबादला कर दिया जाता है। यहाँ सार्वजनिक जीवन में काम करने वाले नेताओं का सच यह है कि "मैं एक-एक की रग से परिचित हो चुका हूँ, कौन कितने गहरे पानी में है। और भूकम्प के दौरान पीड़ितों की सेवा करने के नाम पर किसने कितना कमाया। सब लोग भलाई चाहने में और अपने घर भरने में लगे रहते थे...।" उत्तरकाशी के भयंकर भूकम्प जैसी मानवीय त्रासदी में भी सरकारी तंत्र और राजनेताओं ने देश और जनता को लूटने में कोई कोर-कसर बाकी न रखी। उपन्यास अपने पूर्वार्द्ध में यह उत्तर भी तलाशता है कि आख़िर इस क्षेत्र में बार-बार भूचाल क्यों आए हैं? टिहरी में बाँध बनाने के लिए भागीरथी घाटी में जो बार-बार विस्फोट बाँध बनाने वाली कम्पनियों के द्वारा विभिन्न सुरंगों में किए जा रहे थे, उन्होंने वहाँ धरती का सन्तुलन ख़राब कर दिया था। नित्य भूडोल होते रहते थे। गाँवों की जनता इसका प्रतिरोध भी कर रही थी किन्तु उसका कोई असर नहीं हो पा रहा था। वहाँ बम-धमाकों का सिलसिला

निरन्तर चल रहा था, "धमाकों का सिलसिला चालू हो गया था। हर रोज सुबह-शाम कम्पनी की ओर से किए जा रहे भारी ब्लास्टिंग से गाँव की धरती काँपने लगती थी। कुल ग्रामवासी और उनके पालतू पशु आतंक के साये में जीने लगे। एक नियमित, स्थायी आतंक। हर रोज़। हर सुबह, हर शाम।"[63] इस प्रकार 'मेरा जामक वापस दो' उपन्यास उत्तरकाशी के भूकम्प की त्रासदी और उसके कारणों का गहरा संवेदनात्मक चित्रण प्रस्तुत करता है।

जितेन ठाकुर ने 'नीलधारा' उपन्यास में उत्तरांचल के हरिद्वार-क्षेत्र में पिछले लगभग पचास बरसों में आए परिवर्तन को कथा-नायक की स्मृतियों के माध्यम से लक्षित किया है। धर्मप्राण हिन्दू जनता ने हरिद्वार को जो महत्त्व प्रदान किया है और साधुओं-संन्यासियों ने वहाँ धर्म की जिस रूप में खेती की है, उस पर गम्भीरता से विचार करते हुए धर्म के ढोंगाचार, आडम्बर पर चोट की गई है। नीलधारा वाले बाबा से इस विषय में कहलाया गया है, "धर्म पावन व्यवसाय है। बिना लागत का व्यवसाय। सजी हुई दुकान तो केवल दस, बीस, सौ या हज़ार को लुभाती है, पर धर्म सारे संसार को लुभाता है। पूरा देश खिंचा हुआ चला आता है यहाँ। कुछ बचते हैं, कुछ मरते हैं, फिर भी धन्य-धन्य करते हैं। हरि तक पहुँचने के लिए हरि के द्वार से तो गुज़रना ही पड़ेगा न।" वहाँ बाबाओं का कारोबार इतने बड़े और भव्य पैमाने पर है कि लगता है कि ये समाज के नियन्ता हैं। विदेशी भक्तों की भीड़ और महँगी-महँगी गाड़ियों के काफ़िले देखकर उनका राजसी वैभव आतंकित करता है, "आश्रम क्या था, एक शानदार होटल था। जनरेटर और सोलर एनर्जी से बिजली की ज़रूरतें पूरी की जातीं। आश्रम से बहुत ऊपर पहाड़ पर पानी के मुहाने पर टंकी बनाकर पानी की आपूर्ति की जाती। आश्रम से बस्ती तक, लगभग सात किलोमीटर पहाड़ी काटकर कच्ची सड़क बनाई गई थी, जिससे बाबा की गाड़ियों का काफ़िला बिना किसी रुकावट के आ-जा सकता था। भंडारी बाबा जानते थे कि वे कोई परमार्थ का काम नहीं कर रहे हैं। विदेशी शिष्यों से भारी रकम कमाकर संन्यासी बाबा उन्हें योग सिखाते, मन की शांति की राह दिखलाते, संसार की नश्वरता पर उपदेश देते और इहलोक और परलोक सँवारने की विधियाँ बताते। यह संन्यासी बाबा का 'एक हाथ दो, एक हाथ लो' जैसा ही व्यवसाय था...। "विदेशी भक्तों के लिए बाबाओं ने अपने धर्माचरण की रीति ही बदल डाली है, मांस-मदिरा का प्रयोग उनके लिए निषिद्ध नहीं रह गया है। उपभोक्ता संस्कृति आश्रमों में भी पूरी तरह जड़ जमा चुकी है, यही कारण है कितने ही आश्रम भ्रष्टाचार-भ्रष्टाचरण के अड्डे बनकर रह गए हैं, तुम क्या समझते हो जीवन मूल्यों का ह्रास केवल शहरों में ही हुआ है या उपभोक्ता संस्कृति केवल बाज़ार तक ही सीमित है। नहीं! लाभ लेना मनुष्य की प्रवृत्ति बन चुकी है। वो शहर में है या गाँव में, मैदान में है या पहाड़ में, इससे कोई अन्तर नहीं पड़ता।"[64] पूरे उपन्यास में हरिद्वार के आश्रमों में फैले भ्रष्टाचार और वहाँ आए जन-जीवन में परिवर्तनों पर चिन्ताकुल दृष्टि से विचार किया गया है।

गंगाप्रसाद विमल के अभी-अभी प्रकाशित उपन्यास 'मानुषखोर' (मार्च 2013)* में गढ़वाल के अपने पहाड़ के गाँव-समाज को चित्रित किया है, उसके अतीत, इतिहास और वर्तमान में हो रहे परिवर्तनों के साथ दुर्गम पहाड़ी रास्तों, उन रास्तों पर गुजरता सिपाहियों की चढ़ाई और पड़ाव, गढ़वालियों, नेपालियों के लोकविश्वास, उनके इतिहास की जनश्रुतियों, आदि के बड़े रोचक विवरण उपन्यास में आए हैं, यथा—"गुर्खा फौज के शिविरघ्कोटेश्वर महादेव के मन्दिर के चारों तरफ़ फैले हुए थे। फौजियों ने छावनी क्षेत्र में सिपहसालार का सुरक्षित स्थान भैरो

* ये पंक्तियाँ भी मार्च 2013 में ही लिखी जा रही हैं।

मन्दिर के करीब ही निर्मित किया हुआ था। खुखरी खोले दो छोटे कद के सैनिक ऊपर पहाड़ की तरफ़ देख रहे थे। पगडंडियाँ गाँव-गाँव की दिशा में मटमैले कटाव की तरह दीख रही थीं। अपने-अपने शिविरों से बाहर निकलकर कभी-कभी सैनिक लोग भी पगडंडियों की तरफ़ देख रहे थे। सिपहसालार आज एक भैंस की बलि देना चाहते थे, कोटेश्वर महादेव में, क्योंकि देव प्रयाग से इस इलाके में आते हुए उन्हें सबसे कम वक्त लगा था। सड़क समतल थी। घोड़े और टट्टुओं की कतार की कतार फौजी सामान जल्दी-जल्दी पहुँचाने में सफल हुई थी।" ऐसे ही कितने चाक्षुष चित्र उपन्यास में पहाड़ को जीवन्तता के साथ प्रस्तुत करते हैं। चुनाव की राजनीति पहाड़ के गाँवों में भी नए परिवर्तनों की आहट के रूप में आ रही थी। पंचायती चुनावों की सरगर्मियों के विषय में कहा गया है, "...पंचायत के चुनावों ने पूरे पर्वतीय इलाके में नई जान फूँक दी थी। मिट्टी के तेल के कनस्तर अब दुकानों में दिखाई दे रहे हैं। अफ़वाह थी कि इन चुनावों के दिनों में कोई कमी न रहेगी। फलतः हर दुनाली बन्दूक वाले के पास कोई नया लायसेंस होगा।"[65] इसी प्रकार पहाड़ के गाँवों में आ रहे परिवर्तन, पहाड़ से देश की राजधानी तक स्थानीय नेताओं का केन्द्रीय नेताओं से सम्पर्क, आदि का चित्रण करता हुआ उपन्यास पहाड़ की बदलती तस्वीर और तासीर से परिचित कराता है।

दिनेश कर्नाटक 'फिर वही सवाल' (2011) उपन्यास में दिल्ली में जीविका के लिए आ जमे उस पहाड़ी युवक की स्मृति में जब-तब आए पहाड़ का यत्किंचित् उल्लेख मात्र कराते हैं जिनमें घर छोड़ने से पहले का यह दृश्य अवश्य ही कथा-नायक की जन्म-भूमि से प्रीति और लगाव को सूचित करता है, "उसे लग रहा था, बुरुंश का जंगल, गाँव वालों के घर-बरामदे, खेत, नौले, काफल के पेड़, गोलज्यू का थान, गाँव की पगडंडी सब उससे उसकी ईजा, भाई-बहन, दोस्तों की तरह कुछ कहना चाह रहे थे। उस पल उसे लगा जिस गाँव को छोड़कर वह कहीं और चला जाना चाहता था, जिसकी ऊँची-ऊँची पहाड़ियों से वह आजिज आ गया था, उसे छोड़कर जाना उसके लिए कितना कठिन है। इस सबके साथ उसका कितना गहरा रिश्ता है।"[66] किन्तु पहाड़ से यह गहरा रिश्ता पूरे उपन्यास में प्रतिच्छायित नहीं हो पाता है, न पहाड़ का जीवन्त परिवेश, न वहाँ का लोक जीवन तथा संस्कृति कथा में अनुस्यूत हो पाती है, उपन्यास पहाड़ के जीवन का आख्यान न रचकर महानगर में पहाड़ी युवक के पैर ज़माने के संघर्ष की कथा अधिक कहता है। इसी प्रकार सुन्दर चन्द ठाकुर के मुख्यतः सैन्य जीवन पर केन्द्रित उपन्यास 'पत्थर पर दूब' में भी स्मृति के रूप में कुमाऊँ अंचल के मल्लीताल और नैनीताल का यत्किंचित् उल्लेख ही आ पाया है, "नैनीताल अब भी वैसा ही था। सिर्फ़ तल्लीताल स्टेशन पर अब गाड़ियों की तादाद ज़्यादा दिख रही थी। अक्टूबर आने तक नैनीताल में ठंड बहुत बढ़ जाती है, मगर इसके बावज़ूद पर्यटकों की संख्या में कोई कमी न आई थी। तल्लीताल से मल्लीताल जाते हुए उसने हर दस कदम पर हनीमून मनाने आया जोड़ा देखा,"[67] आदि। इस प्रकार कथा का उद्देश्य दूसरा होते हुए यहाँ उपन्यासकार पहाड़ के जीवन में अन्तरंगता में प्रवेश नहीं कर सका है।

9. खनन क्षेत्र

सुदूर ग्रामांचलों और दुर्गम पहाड़ी क्षेत्रों के अतिरिक्त खनन क्षेत्रों पर भी हिन्दी उपन्यास में सशक्त रूप में लिखा गया है। पहले संजीव, आदि ने कोयला खदानों, आदि पर लिखा है, किन्तु इक्कीसवीं शती में खदानों, खनन क्षेत्र के आदिवासियों के जीवन और समस्या पर अधिक सूक्ष्मता, और अधिक गहरी चिन्ता तथा अधिक गहरी शोध के साथ लिखा गया है। भूमंडलीय आर्थिकता

के तीव्र औद्योगिक विकास ने खनन क्षेत्रों और आदिवासियों की समस्याओं को न केवल भारत में अपितु अफ्रीका, आस्ट्रेलिया और अन्य लातिन अमेरिकी देशों में एक बड़े संकट के रूप में खड़ा कर दिया है। खनन क्षेत्रों का चित्रण करते हुए तीन महत्त्वपूर्ण उपन्यास इस काल खंड में आए हैं—अनवर सुहैल का 'पहचान', रणेन्द्र का 'ग्लोबल गाँव के देवता' तथा महुआ माजी का 'मरंग गोड़ा नीलकंठ हुआ'। अनवर सुहैल ने 'पहचान' में मध्य प्रदेश और उत्तर प्रदेश की सीमा पर स्थित सिंगरौली क्षेत्र की कोयला खदानों की विभिन्न समस्याओं का चित्रण किया है। यह वह क्षेत्र है जहाँ "एशिया की सबसे मोटी परतों में से एक परत 'झिंगुरदह सीम' है, जो कि लगभग एक सौ पचास मीटर मोटी है।" गांधी और नेहरू के मित्र बिड़ला उद्योग समूह को इस महत्त्वपूर्ण कोयला खदान-क्षेत्र में सस्ती ज़मीन चाहिए थी जिससे वे यहाँ बिड़ला पावर प्लांट लगा सकें। "झिंगुरदह खदान से कोयला 'एरियल रोप वे' द्वारा बिड़ला के पावर प्लांट 'रेणूसागर' में आता। रेणूसागर में ताप-विद्युत तकनीक से बिजली बनती जिसे सीधे रेणूकूट में स्थित एल्यूमिनियम कारख़ानों में भेजा जाता था।" बाद में एन.सी.टी.पी. ने भी अपना संयत्र यहाँ स्थापित कर लिया था। औद्योगिक विकास की आँधी में सिंगरौली में देश-भर के उद्योगपतियों, व्यावसायियों, टैकनोक्रेट और कुशल अकुशल श्रमिक शक्ति वहाँ आ-आकर डेरा डाल रही थी जिसके परिणामस्वरूप दो तरह की बस्तियाँ वहाँ अस्तित्व में आ रही थीं, एक तो साहब लोगों की सुन्दर पार्क, स्ट्रीट लाइनों, आलीशान बंगलों वाली पॉवर कॉलोनी और दूसरी ओर ठेकेदार-मज़दूरों की आज़ाद नगर जैसी बस्ती है जिसकी खसूसियतें भी हैं, "आज़ाद नगर नाम के अनुसार ये बस्ती भारतीय दंड विधान की धाराओं, उपधाराओं, आदि पाबन्दियों से आज़ाद थी। इस बस्ती को समस्त वर्जनाओं से आज़ादी मिली हुई थी। आज़ाद नगर में प्रचुरता से उपलब्ध था—शराब, शबाब, कबाब, जरायम-पेशा लोग, भूख-बीमारी, बेकारी और सट्टा-जुआ के अड्डे।" इसी प्रकार कोतमा नगर के कोने में बसे उपनगर लहसुई का चरित्र उकेरा गया है, जो 'मिनी पाकिस्तान' के नाम से जाना जाता है। वस्तुतः ये इस औद्योगिक नगरी की गन्दी बस्तियाँ हैं जिनका बड़ा यथार्थपरक रूप यहाँ प्रस्तुत हुआ है। कोयला खदान में बड़े-बड़े डम्परों का शोर, एक-एक डम्पर 'एक बड़ी फैक्ट्री' के समान भीमकाय और बड़ी-बड़ी ड्रेगलाइन मशीनें, ऐसी ड्रेगलाइनें जो एक मशीन एक घंटे में एक हज़ार मज़दूरों के एक माह के काम के बराबर मिट्टी हटाती है, आदि ने जनजीवन को जिस प्रकार प्रभावित किया है, उसका बहुत भयावह चित्र है, "डम्पर चलने के लिए चौड़ी सड़कें बनाई जाती हैं। इन्हें हॉल-रोड कहा जाता है। हॉल रोड पर डम्पर चलने के पूर्व के पानी के टेंकर से जल-सिंचन किया जाता है ताकि धूल के बादल न उठें। बालुई पत्थर की धूल फेफड़े के लिए नुकसानदेह होती है। फेफड़े के छिद्रों में कोयला और पत्थर की धूल के असुरक्षित खनन से खदान-कर्मियों को न्यूरोकोनियोसिस, सिलकोसिस जैसी बीमारियाँ हो जाती हैं।"[68] इतना ही नहीं ड्रीलिंग मशीन जैसी दैत्याकार मशीन जो ज़मीन में एक सौ पचास फुट गहरे और एक फुट व्यास के छेद करती है जिनमें डेढ़ से दो टन बारूद डालकर ब्लास्टिंग की जाती है। एक बार में चार-पाँच सौ टन बारूद की ब्लास्टिंग होती है। इसकी धमक से आसपास का इलाका दहल जाता है और अरण्य में रहने वाले जंगली जानवर न जाने कहाँ भाग गए हैं। इस प्रकार बहुत सूक्ष्म विवरणों में जाकर कोयला खदान की कार्य-पद्धति और उससे प्रभावित लोक जीवन को 'पहचान' में वाणी मिली है।

रणेन्द्र ने अपने 'ग्लोबल गाँव के देवता' उपन्यास में खनन क्षेत्रों की अनेक समस्याओं पर बहुविध रूप में प्रकाश डाला है, तो उस क्षेत्र के जन-जीवन का चित्रण कर सामान्य आदमी

की तकलीफ़ों का गहरा संवेदनात्मक अंकन किया है। एक ओर वहाँ जिस प्रकार समृद्ध जन समृद्धि के और अधिक सोपान चढ़ते चले जाते हैं, सामान्य आदमी वहाँ कोल्हू का बैल बनकर रह गया है, जिसे रोटी के भी लाले हैं। खदानों के कारण बन गए गड्ढों से नारकीय जीवन जीने को अभिशप्त सामान्य मनुष्य की दशा का यह कारुणिक चित्र द्रष्टव्य है, "...मक्का की एक बरसाती फ़सल के भरोसे ज़िन्दगी कितनी कठिन हो जाती है। मजूरी और जंगल का सहारा जो नहीं हो तो लोग फिर आसाम-भूटान निकल जाएँ। लेकिन एक तरह इन खानों ने मज़दूरी दी तो दूसरी तरफ़ बरबादी के सरंजाम भी खड़े किए। पिछले पच्चीस-तीस सालों में खान मालिकों ने जो बड़े-बड़े गड्ढे छोड़े हैं, बरसात में इन गड्ढों में पानी भर जाता है और मच्छर पलते हैं। सेरेब्रल मलेरिया यहाँ के लिए महामारी है, महामारी।" यहाँ स्त्रियों और बच्चों की दशा भी कम दयनीय नहीं है, वे दिन-रात परिश्रम कर पानी और जलावन ही जुटाती रह जाती हैं, "पानी और जलावन जुटाने में हमारी औरतों की आधी ज़िन्दगी गुज़र जाती है। बरसात के गिंजन की तो मत पूछिए। बन्द खदान के सैकड़ों गड्ढे विशाल पोखरों में बदल जाते हैं। कीचड़ में लोटते सूअरों और हमारे बच्चों में फ़र्क़ करना मुश्किल हो जाता है। वहाँ के गेस्ट हाउस के मेस में छत्तीस तरह के व्यंजन। मुहावरे वाले नहीं, सचमुच के, क्या खाएँ-क्या नहीं खाएँ। एक ही दिन में पेट खराब हो गया। यहाँ मकई का घट्टा खा-खाकर जीभ पर घट्टा पड़ जाता है। हमारे ज़्यादतर घरों में भात-दाल सब्ज़ी भी पर्व-त्योहार का भोजन है।" इस रूप में यहाँ अमीरी-ग़रीबी के बीच बनती चौड़ी खाई देखी जा सकती है। ऐसे में इनकी स्त्रियाँ ठेकेदारों की हवस का शिकार हो उनके द्वारा दिए गए ज़िन्दगी के सुख और चाक-चिक्य के चक्र में बुरी तरह घिरती जा रही हैं। स्त्री-पाउडर, रंग-आलता का चाक-चिक्य उन्हें लुभाने लगता है जिससे किसी की 'रखनी'-रखैन बनने का रोग यहाँ 'छुतहा' रोग की तरह पूरे पाट में फैलता चला गया है जिसका कोई अन्त दिखाई नहीं देता है। इन स्थितियों को समझने-बूझने वाले रुमझुम जैसे लोगों के अन्दर समाज का यह विलाप क्रंदन करता है, "भूख और ग़रीबी ने अन्दर से इतना खोखला कर दिया है कि सामाजिक व्यवस्था भरभरा गई है। अखड़ा में बैंगा-पाहन-पुजार और गाँव के बड़े-बूढ़ों का वज़न दिन पर दिन घटता जा रहा है। ठीक ही बात है कि घर में तीन-चार माह से ज़्यादा का अनाज नहीं हो तो कौन बेटों को गाँव छोड़ने और बेटियों को डेरा में काम के बहाने रखनी बनने से रोक सकता है।"[69] ऐसे में गुंडा तत्त्व, समाज बाह्य शक्तियाँ, लड़कियों को दूसरे शहरों में शरीर व्यापार के लिए दलाली का काम करने लगती हैं। यह सब वहाँ के पारम्परिक जीवन की त्रासद विलुप्ति है। रणेन्द्र ने खदान क्षेत्र के जन-जीवन के अन्य पक्षों का भी अत्यन्त कुशल चित्रण कर इस क्षेत्र के जीवन का अत्यन्त प्रामाणिक समाजशास्त्रीय अध्ययन प्रस्तुत किया है।

10. नक्सलवाद, युवा आक्रोश

नक्सलवाद की समस्या भी दिनोदिन देश में विकटतर रूप धारण करती जा रही है, विशेषतः पश्चिमी बंगाल, बिहार, ओडिशा, झारखंड, छत्तीसगढ़, आदि के खनन क्षेत्रों में। नई पीढ़ी के उपन्यासकारों—अशोक भौमिक, कुणाल सिंह, विजय शर्मा, महुआ माजी, आदि ने अपने उपन्यासों में इस समस्या के विभिन्न रूपों पर प्रकाश डाला है। अशोक भौमिक का उपन्यास 'मोनालिसा हँस रही थी' उपन्यास यद्यपि कला जगत पर केन्द्रित है किन्तु वे पश्चिम बंगाल, बम्बई में उन दिनों संस्कृति-कर्मियों में चल रही वामपन्थी सोच की विद्रोही लहर का चित्रण करते हैं जो बम्बई में रामदेव पठारे जैसे लोगों को 'सड़क कविता पत्रिका' जैसी विद्रोही तेवर की पत्रिका निकालने

के लिए प्रेरित करती है। पत्रिका किस प्रकार एक सुगठित आन्दोलन का रूप ले लेती है, इसका चित्रण इस रूप में किया गया है, "दूसरे दिन बड़े-बड़े लेखक, कवि, चित्रकार और बुद्धिजीवियों ने 25 कलाकारों की क़ैद का कड़ा विरोध किया था। छात्रों ने विक्रोली, दादर, वी.टी., चर्च गेट और लोरा फाउंटेन पर रात 10 बजे से सुबह सात बजे तक काली सड़क पर सफ़ेद रंग से लिखी कविताओं के इर्द-गिर्द मशाल, दीप और मोमबत्तियाँ जलाकर 'ज़ुल्म की रात' के ख़िलाफ़ मुक्ति के प्रातः के लिए विरोध सभाओं का आयोजन किया था। महज आठ दिनों के अन्दर ही 'सड़क कविता पत्रिका' का निरीह-सा लगने वाला रोमेंटिक पहलू एक बड़े आन्दोलन का रूप ले चुका था।"[70] वस्तुतः यह उस आन्दोलन की एक शुरुआत की सुगबुगाहट थी जो न केवल सामान्य जन में अपितु बुद्धिजीवी वर्ग, संस्कृतिकर्मियों में भी एक क्रान्तिकारी विचारधारा का रूप ले रही थी, जिसके पीछे प्रेरणास्रोत सी.पी.एम. जैसे राजनीतिक दलों की उग्रवादी विचारधारा ही थी।

कुणाल सिंह 'आदिग्राम उपाख्यान' में पश्चिम बंगाल के बंगलादेश से लगते सीमान्त के अन्दरूनी भागों में फैली नक्सलवाद की गतिविधियों का आकलन सूक्ष्मता से ज़मीनी सच्चाइयों के साथ करते हैं। साथ ही झारखंड में राँची आदि स्थानों की नक्सली गतिविधियों का भी जायज़ा लेते हैं। उपन्यास के फाटाकेष्टो तथा रघुनाथ ऐसे ही पात्र हैं जो बाक़ायदा नक्सली कैडरों के सदस्य हैं। पूरी दुनिया में चल रही इस प्रकार की गुरिल्ला वार लड़ती विविध 'सेनाओं' से उनका निकट परिचय कैडरों की विचारधारा के अनुसार मिला हुआ है, "रघुनाथ की संगत में आने से इस बीच उसने दुनिया-जगत के बारे में बहुत कुछ जाना-सीखा है। माओ-त्से-तुंग के बारे में। सद्दाम हुसैन के बारे में, जार्ज बुश के बारे में। अमरीका और वियतनाम के बारे में। रघुनाथ कहता है कि हम फिर से गुलाम हो गए हैं और इस गुलामी से छुटकारा पाने के लिए हमें गुरिल्ला वार लड़ना होगा। पूछने पर उसने गुरिल्ला वार के बारे में बताया था। गुरिल्ला वार मतलब छिपकर, घात लगाकर पटकनी देना।" आगे 'तीसरी आँख' अख़बार के हवाले से उस ख़बर की ओर भी ध्यान दिलाया गया है जिसके अनुसार बन्दूक वाली पार्टी के लड़कों ने 'झारखंड में दो-तीन जगहों पर रेल की पटरियाँ उड़ा दी हैं और राँची रेलवे स्टेशन पर राँची राजधानी एक्सप्रेस को किसी छोटे स्टेशन पर सात-आठ घंटे रोके रखा', सुरक्षा बल के जवानों के हथियार छीनकर भगा दिया और आंध्र प्रदेश में गिरफ़्तार अपने कामरेड मनोज चौधरी और कामरेड सुशील कान्ति की रिहाई के नारे लिख दिए। यह घटना यह बताने के लिए काफ़ी है कि नक्सली आन्दोलन के सूत्र पश्चिम बंगाल, आंध्र, ओडिशा, आदि राज्यों में किस प्रकार एक दूसरे से जुड़े हुए हैं। वस्तुतः ये आन्दोलनकारी अपनी विचारधारा के कारण सभी जगह चल रहे ऐसे आन्दोलनों से पूरी तरह जुड़े हुए हैं। वस्तुतः यह नक्सलियों द्वारा एक 'अघोषित युद्ध', 'भयानक युद्ध', 'एक ज़बर्दस्त मोहभंग की शुरुआत' थी। आदिग्राम की पुलिस फायरिंग में ऐसे छियासठ लोगों का मारा जाना और एक सौ चार का जख़्मी होना कोई मामूली बात नहीं थी, इसने नए सिरे से आदिग्राम के लोगों में विद्रोह-भावना का संचार कर दिया था। आदिग्राम ही नहीं पूरे 'पच्छिम बांग्ला' में कैडरों का जाल इस रूप में फैला था कि उनकी पहचान करना मुश्किल काम था, "पच्छिम बांग्ला के कैडरों की शिकायत करना उतना आसान नहीं, जैसा खाकी रंग का हाफ़ पेंट पहने, एक-दूसरे को मित्र के सम्बोधनों से पुकारते; सुबह शाम शाखा लगाते और बात-बात पर 'वंदे मातरम्' या 'भारत माता की जय' का नारे लगाते सम्बोधनों से पहचाना जा सकता है। बल्कि कैडर कौन है से ज़्यादा आसान काम यह पता लगाना होगा

कि कैडर कौन नहीं है। सामने की दीवार पर पार्टी का अख़बार 'गणशक्ति' को चिपकाने वाला यह लड़का कैडर है, दुर्गा पूजा के समय आपसे चन्दा माँगने वाला कैडर है। 'न्यू स्टार स्पोर्टिंग संघ' या 'बंधुमहल क्लब' के सामने साठ वाट के बल्ब की रोशनी में कैरम खेलने वाला, 'नन्दन' में सौमित्र मोहन की काव्य आवृत्ति सुनाने वाला', मोहनबागान और ईस्ट बंगाल के बीच फुटबाल मैच खेलने वाला सौरभ गाँगुली की कप्तानी छिनने के बाद ग्रेग चैपल को गालियाँ देने वाला, पाड़ा में किसी सार्वजनिक सभा में 'बंधुगण आपनादेर के जानाई प्रीति; शुभेच्छा ओ सादर ओभिनन्दन' कहने वाली प्राइमरी स्कूल की दादीमणि, पार्टी के न्यूज़ चैनल 'चौबीस घोंटा' (24 घंटा) पर समाचार पढ़ने वाली वाचिका कैडर हो सकती है, गणेश जी को दूध पिलाने वाला तेरह साल का लड़का भी पार्टी का कैडर हो सकता है। गरज कि सी.पी.एम. के कैडर आपके चारों ओर हैं और उनके पास आपके बारे में छोटी-से-छोटी जानकारियाँ भी हैं...।"[71] कल्पना कीजिए उस समाज की जिसमें कैडर आपको चारों ओर से बहुरूपों में आतंकित-प्रताड़ित कर रहा है। बंगाल का एक समय ऐसा ही था, यह साठ के दशक का वही समय था जब ज्योति बाबू की सरकार के चलते कितने ही लोगों को सरे-बाज़ार मूजी-गाजर की तरह काट डाला गया था। रोज़-रोज़ बन्द और हड़ताल वहाँ आम हो चले थे। सीपीएम, माकपा, टीएमसी जैसे राजनीतिक दलों ने शक्ति-प्रदर्शन कर वहाँ के जन-सामान्य के जीवन को दूभर कर दिया था। अमेरिका ने वियतनाम युद्ध के समय जो 'स्ट्रेटेजिक हमेलेंट प्रोग्राम' लागू किया गया था, उसी रूप में इसे पश्चिम बंगाल में अपनाया जा रहा था। "माओत्से तुंग ने कहा था कि एक गुरिल्ला को ह्यूमन टेरीटरी में उसी तरह मूव करना चाहिए, ऐज़ ॲ फिश स्विम्स इन द सी"—माओत्से तुंग के ऐसे ही सिद्धान्त वाक्यों का अनुसरण कर नक्सलवादी प्रवृत्ति के कैडर निरन्तर क्रियाशील थे जिनका बहुत प्रामाणिक आलेख कुणाल सिंह ने अपने उपन्यास में किया है।

विजय शर्मा अपने पहले ही उपन्यास 'दिमाग़ में घोंसले' में बड़ी सुलझी दृष्टि से नक्सली समस्या को न केवल पश्चिम बंगाल, कलकत्ता के सन्दर्भ में अपितु पूरे वैश्विक सन्दर्भ में विश्लेषित करते हैं। वामपन्थी क्रान्ति किस प्रकार उग्र से उग्रतर होती चली गई इसका स्वरूप यह रहा है, "इस पूरे आन्दोलन का एक रूप यह भी रहा है कि अन्तर्राष्ट्रीय होने के बावज़ूद ये निरा 'लोकल' भी था। आज की भाषा में ग्लोबल। अन्तर्राष्ट्रीय, राष्ट्रीय स्तर पर वर्ग शत्रु की पहचान साथ ही बिलकुल लोक स्तर पर भी वर्गशत्रु की तलाश; ज़रूरत पड़ने पर उसकी खोज और निर्माण।" "आज भी तो लातिन अमेरिका, अफ़्रीका सहित मध्य एशिया में कई राष्ट्र इसी अंधी सुरंग से गुज़र रहे हैं। कहीं साम्राज्यवाद-विरोध के नाम पर, कहीं क्रान्ति के नाम पर, कहीं धर्म और नस्ल के शुद्धिकरण और श्रेष्ठता के बहाने...।" कलकत्ते की सबरबन संकरी गलियों में किस प्रकार काटेज इंडस्ट्री के रूप में बारुद के कारखाने बन गए थे। वामपन्थी पार्टियाँ किस प्रकार अपनी-अपनी पार्टियों का जनाधार बनाने के लिए ऐसी गतिविधियों को प्रोत्साहित कर रही थीं, इस सबका भी चित्रण ज़मीनी सच्चाइयों के साथ किया गया है। स्थिति यह रही थी, "20-22 औसत वय रही इन कार्यकर्ताओं के हाथ में हथियार। किसी परिपक्व राजनीति के अभाव में उसका वैसा बेजा इस्तेमाल हो सकता था, वही हुआ। साल भर तक इधर-उधर लाशें गिरती रहीं। एक तरफ़ भाले, दूसरी तरफ़ युवक कांग्रेस, फिर सी.पी.एम. और फिर अर्धसैनिक दस्ते। शहर में हज़ार खून, खून का बदला ख़ून, लाल सलाम के नारों से ऐसी स्थिति बनी कि...इट वाज़ केऑटिक सिचुएशन। नोगडी न्यू हू इज़ किलिंग हूम।"[72] कलकत्ता उस समय युवा आक्रोश से जल रहा था। इंदिरा गांधी के समर्थन से सिद्धार्थशंकर राय ने अर्द्धसैनिक बलों द्वारा 5000

नौजवानों को मौत के घाट उतरवा दिया। वहाँ की स्थिति इतनी विकट हो गई थी, "ख़ून खराबे की नौबत देख वह दहशत से सहम गया। आतंक और भय के माहौल में राजनीतिक मतादर्श और वैश्विकता दुबक गई। एक समय तो ऐसा आया कि नक्सलवाद लगभग आतंक का पर्याय बन गया, कॉमन पार्लेन्स में।" वस्तुतः पूरा उपन्यास नक्सलवाद और आतंकवाद का चित्रण बहुत गम्भीरता से करता हुआ तत्कालीन युवा आक्रोश का परिचय देता है।

11. वृद्धावस्था

न केवल भारतीय समाज में अपितु वैश्विक स्तर पर वृद्धावस्था एक बड़ी भारी समस्या बनती जा रही है—स्वयं वृद्धों के लिए भी और शेष समाज के लिए भी। पूरे विश्व में वृद्धों की संख्या में अभूतपूर्व वृद्धि हो रही है, अच्छा जीवन-स्तर, बेहतर स्वास्थ्य सेवाओं के चलते मनुष्य की औसत आयु प्रत्येक देश में बढ़ रही है। इस समय भारत में 7 करोड़ वृद्ध 60 वर्ष से ऊपर के आयु वर्ग में हैं। संयुक्त परिवार-व्यवस्था के तेज़ी से टूटने से वृद्धों की देखभाल की समस्या और भी विकट रूप धारण करती चली जा रही है। नव-जीवन शैली में कुलीन या अभिजन-समाज के पुत्र विदेश या देश में ही कहीं अपने नगर से बाहर, कभी बहुत दूर जाकर अपनी गृहस्थी जमा लेते हैं। एन.आर.आई. सन्तानों के माता-पिताओं की स्थिति भी कम दयनीय नहीं है। देश में, गाँवों तक में रहने वाले बुजुर्गों को अपनी ही सन्तानों के कारण अपमानित और दुखित होना पड़ रहा है। ज़मीन, सम्पत्ति-परिसम्पत्ति आदि हथियाने के लिए भी कभी-कभी माँ-बाप की हत्या तक कर दी जाती है। कभी उनसे सम्पत्ति-भूमि, आदि अपने नाम कराकर उन्हें धक्के मारकर बाहर का रास्ता दिखा दिया जाता है। सरकार को भी इसीलिए सन्तान का दायित्व निभाने के लिए क़ानून बनाना पड़ा किन्तु ज़मीनी सच्चाई यह है कि क़ानून वृद्धों की दशा में सुधार का कुछ कारगर परिणाम न निकाल सका। अपनी भी 'आँखों के तारे', 'नौनिहालों' के ख़िलाफ़ कौन वृद्ध जा पाता है और जाना चाहे भी तो कोई कचहरी के चक्कर शारीरिक असहाय अवस्था में वे किस प्रकार लगा पाएँगे—इन सब कारणों से क़ानून छलावा-सा बनकर रह गया है। सरकार और विभिन्न स्वयंसेवी संस्थाओं ने 'वृद्धाश्रम' ('ओल्ड एज होम') खोलकर भी वृद्धों की आवासीय और भोजन, आदि की समस्याओं को सुलझाने का प्रयत्न किया। वृद्धों की इस दुर्दशा पर विपुल परिणाम में हिन्दी में कथा-साहित्य लिखा गया। कुछ पत्रिकाओं ('वागर्थ', आदि) ने तो वृद्धावस्था पर अपने विशेषांक ही नियोजित कर डाले। उपन्यास के क्षेत्र में भी हिन्दी कथाकारों के यहाँ यह समस्या उनकी प्रमुख चिन्ताओं में रही है। अकारण नहीं है कि वरिष्ठ पीढ़ी के कथाकारों को यह समस्या और अधिक सालती रही है। चित्रा मुद्गल का 'गिलिगडु', काशीनाथ सिंह का 'रेहन पर रग्घू' रवीन्द्र वर्मा का 'आख़िरी मंज़िल', हृदयेश का 'चार दरवेश', रमेशचन्द्र शाह के 'सफ़ेद पर्दे पर' तथा 'कथा सनातन' तथा निर्मल वर्मा का 'अन्तिम अरण्य' वृद्धावस्था के कथ्य पर बेहतरीन उपन्यास हैं।

'गिलिगडु' में चित्रा मुद्गल ने बाबू जसवन्त सिंह और कर्नल स्वामी दो कथा-पात्रों को केन्द्र में रख वृद्धावस्था के अकेलेपन, पारिवारिक त्रास, नई पीढ़ी, नाती-पोतों से मोह ममता और अपने अरमानों को पूरा न कर पाने की विवशता, आदि का बहुत सशक्त चित्रण किया है। बाबू जसवन्त सिंह अपने पोते का जन्म दिन पूरे उत्साह से मनाना चाहते हैं, किन्तु पोते मलय ने पहले ही अपने मम्मी-पापा के साथ जन्मदिन 'मैक्डोनल्ड्स' में मनाने का कार्यक्रम बना लिया है जहाँ केवल बच्चे ही बच्चे होंगे, कोई बड़ा न होगा। पोता 'गिफ़्ट' में दादा से

अदनान सामी की सी.डी. माँगता है जो पालिका बाज़ार जाकर मिल सकती है, जहाँ उनके लिए अकेले जाना सम्भव नहीं होगा। बाबू जसवन्त सिंह पर उदासी तारी हो जाती है। वे नई पीढ़ी के विषय में सोचने लगते हैं, बच्चों की ग़लती नहीं। उन्हें अपने तक सीमित रहना सिखाया जा रहा है। उन्हें समझाया जा रहा है कि उन्हें किसी की ज़रूरत नहीं। उन्होंने इसी के चलते मलय-निलय को कभी कोई खेल 'ब्लॉक्स', 'मेकेनिक्स', 'पज्लस' नहीं भेंट किए। नरेन्द्र और बहू विचित्र तब भी लगे थे, जब बच्चों के बिना माँगे ही वह उन्हें ऐसे खेल-खिलौने लाकर देते जो उन्हें गली के बच्चों से अलग कर अपने में ही उलझाए और रिझाए रहने के लिए अनुकूलित कर रहे थे। उन्हें खेल—खिलौनों की आड़ में बड़ी खूबसूरती से 'बुद्धि विकास की आड़ में' "बच्चों की संवेदना से च्युत किया जा रहा—इतना कि बच्चे कभी परिवार में न लौट सकें, न कभी अपना कोई परिवार गढ़ सकें।" वस्तुतः बाबू जसवन्त सिंह पीढ़ियों के मूल्य-परिवर्तन से ही दुखित-कुपित नहीं हैं, वे उन मूल्यों के टूटने की चिन्ता में व्यथित हैं जिनसे परिवार को जोड़कर रखा जाता है। बाबू जसवन्त सिंह ने अपने जिस बेटे को इतनी-इतनी मुसीबतों से आई.आई.टी. कानपुर में पढ़ाया, जिसके लिए भविष्य-निधि (पी.एफ.) की रकम तोड़ दी, उसके यहाँ उनके लिए खाने-पीने में इच्छा-अनिच्छा प्रकट करने की औक़ात नहीं रख सकते, "दिल्ली आने के हफ़्ते भर बाद बाबू जसवन्त सिंह को लगा था कि उन्हें नरेन्द्र से अपनी आपत्ति प्रकट कर देनी चाहिए। खाने में कुछ भी खाना उनके लिए सम्भव नहीं। फ्रिज में रखा बासी-कूसी उसकी अम्मा ने कभी उन्हें नहीं खिलाया। सो पेट को उसकी आदत नहीं। रोटी भी तुरन्त सिकी ही खा सकते हैं वे। बनी रखी दाँतों से चबती नहीं। जवाब में नरेन्द्र के लम्बे-चौड़े भाषण ने बाबू जसवन्त सिंह को नसीहत पिलाई कि आइंदा वे अपनी पसन्द की गुंजाइश इस घर में न ढूँढ़े तो बेहतर है। नरेन्द्र की सलाह वाजिब लगी कि उन्हें वक्त की मारामारी देख वक्त के साथ चलने का अभ्यास डालना चाहिए।" इस प्रकार की अनेक विवशताएँ-असहायताएँ वृद्धों को झेलनी पड़ती हैं। नरेन्द्र और पिता जसवन्त सिंह की स्थितियाँ इतनी दारुण होती चली जाती हैं कि उन्हें अपनी वसीयत बदल नौकरानी सुनगुनिया के नाम वह घर कर देना चाहते हैं जो उनकी पैतृक सम्पत्ति नहीं स्वयं की अपनी अर्जित सम्पत्ति है। उनका यह भी निर्णय है कि "सुनगुनिया से वे कहकर जाएँगे और अपनी वसीयत में स्पष्ट लिखवा भी देंगे कि सुनगुनिया का पुत्र रामरतन, न अभिषेक आसरे ही उनकी कपाल-क्रिया करे। उसे ही अपने दाह-संस्कार का अधिकार दे रहे हैं।" उन्हें इस बात की तनिक भी परवाह नहीं है कि दुनिया उनके सम्बन्ध को क्या नाम देगी, यह वे सुनगुनिया पर छोड़ते हैं कि वह क्या सम्बन्ध मानना चाहती है। बाबू जसवन्त सिंह से भी बदतर स्थिति कर्नल स्वामी की है जो जीवन भर दुनिया के सामने झूठ का यह प्रपंच रचते रहे कि वे बेटा-बहू के साथ बहुत सुखी हैं। किन्तु वस्तुस्थिति यह है कि उनके पुत्र ने प्लॉट हथियाने के चक्कर में एक प्रकार से पिता की हत्या ही कर डाली, वही उनकी मृत्यु का ज़िम्मेदार था किन्तु पिता अपनी मर्यादा में रह अन्त तक दुनिया को अपनी किरकिरी का तमाशा दिखाना नहीं चाहता, "क्रुद्ध श्रीनारायण ने अपने पिता पर हाथ उठा दिया। कर्नल स्वामी के रोने-चीख़ने का आर्त स्वर सुनकर मिस्टर एंड मिसेज़ श्रीवास्तव का दिल दहल उठा। दरवाज़ा भड़भड़ाया। श्रीनारायण ने भीतर से ही उनको आपसी मामले में दख़ल न देने की धमकी दी। घबराए श्रीवास्तव जी ने सौ डायल कर पुलिस सहायता बुला ली। पुलिस ने दरवाज़ा खुलवाया। लहुलूहान कर्नल स्वामी को 'कैलाश हस्पताल' ले जाया गया। बोलने के काबिल होते ही उन्होंने बेटे के ख़िलाफ़ एफ.आई.आर. दर्ज़ कराने से मनाकर दिया। श्रीनारायण

ने माफ़ी माँगते हुए अपने अप्पू के पाँव जो पकड़ लिये थे।"[73] कर्नल स्वामी की मृत्यु हो जाती है और फिर वही हुआ जो आज हो रहा है। दो बेटे व्यस्तता के चलते क्रिया-कर्म में आ नहीं सके–चौथे के लिए रुकने का 'किसी के पास समय नहीं था।' इस प्रकार 'गिलिगडु' वृद्धावस्था की कारुणिक अवस्था का अत्यन्त संवेदनात्मक चित्रण प्रस्तुत करता है।

हृदयेश अपने उपन्यास 'चार दरवेश' में ऐसे चार वृद्ध जनों का सजीव चित्रण करते हैं मानो ये बुज़ुर्ग हमारे ही आस-पड़ोस से उठकर कथा-पात्रों की भूमिका निभा रहे हैं, और हमारे बहुत-बहुत जाने-पहचाने हैं। उपन्यास के चार वृद्ध–चिन्ताहरण शर्मा, रामप्रसाद, शिवशंकर तथा दिलीपचन्द जिन अपनों के साथ रह रहे हैं, उनसे शिकायतों का पुलिन्दा उनके पास है जिसे कभी वे पुलिया पर बैठकर तो कभी किसी पार्क आदि में बैठकर एक-दूसरे के सामने खोलते हैं, किसी को बेटी-दामाद से शिकायत है तो किसी को अपने बेटे नाती-पोतों से। ये शिकायतें कभी पीढ़ी अन्तराल के कारण मूल्य-स्तर पर हैं तो कभी घर-परिवार से मिलने वाली उपेक्षाओं और दुर्व्यवहार के कारण। रामप्रसाद बेटी के यहाँ रहते हैं तो उन्हें तरह-तरह से प्रताड़ना और उपेक्षा सहन करनी पड़ती है। पेशाब की कुछ बूँदें पैंट पर गिरें या न गिरें, उसकी सफ़ाई में भी उन्हें पूरा जोर लगाना पड़ता है। पेशाब का नियन्त्रण में न रहना वृद्धावस्था के शरीर की एक विवशता है किन्तु उसके लिए बेटी के सामने उन्हें जलील होना पड़ता है। वे अपनी विवशता छिपाते हुए कहते हैं–"पेशाब नहीं चुई है। हैंड पम्प से पानी लेते हुए भीग गया।" बहस आगे बढ़ती है तो उन्हें कहना पड़ता है, "जान-बूछकर तो भिगोता नहीं। बूढ़ा हूँ। बच्चों की तरह बूढ़ों से भी बहुत-कुछ सँभलता नहीं।" फिर भी बड़ों की यह गन्दगी सुहाती नहीं है। "पाजामा तो पहनोगे ही।" बेटी से तिरस्कृत हो वे झुँझलाहट-भरा यह उत्तर देते हैं, "दिमाग़ खराब न कर, अपना काम कर।" इसी प्रकार की चिक-चिक परिवार में जिस-तिस कारण पर लगी रहती है। किन्तु उन्हें पीड़ा तब होती है जब वे अपने दामाद का यह उत्तर फ्यूज़ बल्ब के ऊपर बेटी से देते सुनते हैं। जमाई बाबू तमक खाए स्वर में कह रहे थे, "तेरा बाप हरदम ततैया मिर्च बना रहता है। शिकवा-गिला के सिवा कुछ जानता ही नहीं। वह भी तो घर से बाहर निकलता है। साँझ को जब बैठकबाज़ी से लौटता है तब किसी बिजली वाली दुकान से क्यों नहीं बल्ब ले लेता है? सो क्यों? अपनी टेंट से दस-बारह रुपए जो ढीले करने पड़ेंगे। बुड्ढा चालाक कौवा है।" ये सब चीज़ें रामप्रसाद को तरह-तरह से सालती हैं। शिवशंकर, दिलीपचन्द तथा चिन्ताहरण को भी अपने-अपने परिवारों से इसी तरह शिकायतें हैं जिन्हें वे उस सूखे नाले की पुलिया पर बैठकर सुलझाते-बुझाते हैं। बाप-बेटों के सम्बन्धों के विषय में उनका जो तबसिरा हुआ उसका एक विवरण समय की नाज़ुकता को बयान करता है। दिलीपचन्द अख़बार में पढ़ी ख़बर का विवरण इस प्रकार प्रस्तुत करते हैं, "एक पुत्र ने अपने बीमार वृद्ध पिता को घर से बाहर निकाल दिया था और जब वह पिता थाने में शिकायत करने गया तो दीवान ने उसे अपनी आपबीती सुना दी थी कि उसके बेटे ने उसके नए मकान पर जबरदस्ती कब्ज़ा कर लिया है और वह अपने इस मकान में पाँव तक रख नहीं सकता है। फिर उसे इस ज़्यादती को बर्दाश्त करने की सीख यह कहते हुए दी थी कि ज़माने की हवा ने अपने ही बीज को ज़हरीला बना दिया है।"[74] इस प्रकार पूरे उपन्यास में चार वृद्धों (दरवेशों) की ज़ुबानी ज़माने की इस बिगड़ी हवा का परिचय देकर वृद्धावस्था की समस्या को रेखांकित किया गया है।

काशीनाथ सिंह के 'रेहन पर रग्घू' तथा रवीन्द्र वर्मा के 'आख़िरी मंज़िल' में भी वृद्धावस्था को केन्द्र में रखा गया है किन्तु इन दोनों उपन्यासों के कथ्य का निर्वहन दूसरे प्रकार से हुआ

है। दोनों ही उपन्यासों के वृद्ध बदले हुए समय, परिवेश और मूल्यों को अपनी दृष्टि से देखते हुए अपने समय का विश्लेषण करते हैं। 'रेहन पर रग्घू' के रघुनाथ मास्टर को इसी बात का आश्चर्य है कि बनारस के पार्श्ववर्ती गाँव पहाड़पुर से चलकर वे और उनका कुनबा किस तरह बनारस की पॉश कॉलोनी और अमेरिका तक फैल गया है, वे स्वयं से प्रश्न करते हैं, "सच-सच बताओ रघुनाथ, तुम्हें जो मिला है उसके बारे में कभी सोचा था? कभी सोचा था कि एक छोटे-से गाँव से लेकर अमेरिका तक फैल जाओगे? चौके में पीढ़ा पर बैठकर रोटी प्याज़ नमक खाने वाले तुम अशोक विहार में बैठकर लंच और डिनर करोगे?"[75] फिर रघुनाथ मास्टर तेज़ी से बदलते भूमंडलीकरण के समय पर पीछे मुड़-मुड़कर दृष्टि डालते हैं जिसमें समय के प्रश्नों पर उनकी चिन्ताएँ उजागर होती हैं। वस्तुतः प्रस्तुत उपन्यास वृद्धावस्था की दुरवस्था को केन्द्र में नहीं रखता है, उसका फोकस बदले हुए समय पर है जिसमें रघुनाथ मास्टर को सारा परिवेश ही पूरी तरह परिवर्तित नज़र आता है।

रवीन्द्र वर्मा के 'आख़िरी मंज़िल' उपन्यास में भी वृद्धावस्था की असहाय स्थिति कथ्य नहीं बनती है अपितु वे भी माधव दयाल की आकस्मिक मृत्यु और उतने ही आकस्मिक रूप में पुनः जीवित हो उठने से कहानी का प्रारम्भ कर बदले हुए ज़माने और विशेषतः साहित्य-क्षेत्र में पुरस्कारों, आदि को लेकर की जा रही आपा-धापी और जोड़-तोड़ पर बात करते हुए साहित्य की वर्तमान दुरवस्था का स्यापा पेश हुआ है जिसे अरण्य-रोदन भी कहा जा सकता है। साहित्य अकादमी पुरस्कार, व्यास सम्मान, आदि का मखौल उड़ाते हुए माधव और मनीष बटव्याल जैसे लोगों का चिट्ठा खोलते हैं, जो मुक्तिबोध को साहित्य अकादमी पुरस्कार दिलाने का दम-भरने जैसी टुच्ची हरकत करते हैं। पुरस्कार और साहित्य की राजनीति का केन्द्र दिल्ली है, जिस पर इस रूप में कटाक्ष किया गया है, "दिल्ली सब जाना चाहते हैं।" माधव हँसे, "मुक्तिबोध भी पूछते हैं, कहाँ जाऊँ, दिल्ली या उज्जैन?" "दिल्ली रेत की तरह है, हाथ नहीं आती।" "सब जानते थे कि मनीष बटव्याल उन मुट्ठी-भर लोगों में हैं जो साहित्य की दिल्ली के नियन्ता हैं।"[76] कहना न होगा कि इन पात्रों में वर्तमान में हिन्दी के कितने ही प्रभावपूर्ण नक्षत्रों ('स्टार्स') की झलक स्वतः मिल जाती है। इस प्रकार माधव दयाल के माध्यम से बदलते हुए साहित्य-समीकरणों एवं परिवर्तित जीवन-मूल्यों की बात कही गई है।

रमेशचन्द्र शाह के वृद्धावस्था पर लिखे गए 'सफ़ेद परदे पर' तथा 'कथा सनातन' उपन्यासों में वृद्धावस्था के एकाकीपन और बेचारगी को आत्मकथात्मक संस्पर्श के साथ देखा गया है। इनमें 'सफ़ेद परदे पर' अधिक पठनीय बन पड़ा है जिसमें एक लेखक बेटे और बहू से अलग रहकर अपने लिए स्वतंत्रता का एक अवकाश—'स्पेस'—लेना चाहता है किन्तु उसका यह अलग रहने का प्रयोग बहुत अधिक हास्यास्पद होकर रह जाता है। उसकी बेटी अपने 'पापई' (पिता) को पत्र लिखकर पुनः परिवार में लौटने के लिए प्रेरित करती है। वस्तुतः उपन्यास की स्थितियाँ मात्र कल्पनीय-सी बनकर रह जाती हैं, उसमें वृद्धावस्था का एकाकीपन और जीवन की ऊब बहुत विश्वसनीयता से चित्रित नहीं हो पाती है। यही स्थिति 'कथा सनातन' की है जिसमें पात्र सनातन (जो स्वयं लेखक है) का दार्शनिक उलझाव पाठक को भटकाता है और वृद्धावस्था का कोई विशेष दंश या जीवन-तत्त्व सामने नहीं आ पाता है। भूमिका जिस 'जीवन अर्क' को कृति में देने की संकल्पना है, वह मूर्त्त नहीं हो पाती है। निर्मल वर्मा के 'अन्तिम अरण्य' उपन्यास में भी वृद्धावस्था कथा के केन्द्र में है, जहाँ मुरलीधर मेहरा साहब के कॉलेज में उनके एकाकीपन का वेतनभोगी सहयोगी बन जाता है, उनके बुढ़ापे के प्रायः हर पल और मनोभाव का लेखा-जोखा

रखने वाला। मेहरा साहब की मनोदशा को वह इस प्रकार अभिव्यक्त करता है, "मुरलीधर उनके चेहरे को देखकर सोचने लगा, पता नहीं, इनके भीतर क्या पल रहा है, फोड़े की तरह, जो न दबता है, न फूटकर बाहर आता है। ऐसे क्षणों में लगता है कि चिट्ठी लिखकर बिटिया को बुलवा भेजे, लेकिन हर बार हिम्मत छूट जाती है। उसने आज तक कोई काम साहिब जी से छिपाकर नहीं किया था—और अब आख़िरी बार जब वह बिस्तर पर इस तरह बेबस लेटे हैं, वह उनके साथ धोखा करेगा? वह उसे माफ़ कर भी दें, अपने को कभी माफ़ नहीं कर सकेगा।" उन्हें देखकर उसे लगता है कि "ज़िन्दगी आगे बढ़ती हुई जो ख़ाली जगह छोड़ती जाती थी, उसमें गुज़री हुई घटनाएँ अपना घर बनाती जाती थीं...क्या एक उम्र के बाद आदमी जीता एक तरफ़ है और जागता दूसरी तरफ़? जब सचमुच जागता है, तब पता चलता है, जीने का अर्थ पता नहीं कहाँ रास्ते में छूट गया...।"[77] इस प्रकार से उपन्यास में निर्मल वर्मा अपने दार्शनिक अन्दाज़ में वृद्धावस्था की बेबसियों और एकाकीपन की उदासी को अपनी विशिष्ट शैली में अभिव्यक्त करते चलते हैं। इस प्रकार वरिष्ठ पीढ़ी के उपन्यासकारों ने वृद्धावस्था को अपनी-अपनी दृष्टि से लक्षित किया है।

12. दलित विमर्श

दलित समाज का चित्रण प्रेमचन्द और रेणु के समय से ही हिन्दी उपन्यास में किसी न किसी रूप में उपस्थित रहा है किन्तु वर्तमान में वह एक प्रमुख और व्यापक विमर्श के रूप में हिन्दी साहित्य की विभिन्न विधाओं में अपनी उपस्थिति पा रहा है। 21वीं शती के उपन्यासों में भी दलित समस्या एक गम्भीर चिन्ता के रूप में लेखकों का प्रमुख सरोकार रही है। प्रसंगात् तो कितने ही उपन्यासों में यह समस्या आई है किन्तु विशेष रूप से काशीनाथ सिंह के 'काशी का अस्सी', 'रेहन पर रग्घू', रवीन्द्र वर्मा के 'आख़िरी मंज़िल', अजय नावरिया के 'उधर के लोग', रामधारी सिंह दिवाकर के 'अकाल सन्ध्या', मुद्राराक्षस के 'अर्धवृत्त', आदि उपन्यासों में दलित विमर्श प्रभावी रूप में आया है। काशीनाथ सिंह के 'काशी का अस्सी' में तो दलितों की स्थिति पर विचार चुनावों के सन्दर्भ में ही विशेषतः हुआ है, किन्तु 'रेहन पर रग्घू' में वे दलित-समस्या के अनदेखे पहलू पर बहुत गम्भीरता से विचार करते हैं। 'काशी का अस्सी' में एक ओर तो वे वर्णाश्रम धर्म की व्यवस्था पर करारा व्यंग्य करते हैं, जिसकी कठोर शृंखलाएँ तड़तड़ाकर टूट रही हैं और दूसरी ओर दलितों, मायावती के राजनीतिक क्षितिज पर तेज़ी से छा जाने को स्वीकार करते हैं। चुनाव-सन्दर्भ में उनकी यह तल्ख़ टिप्पणी द्रष्टव्य है, "साले, सिविल वार कराना चाहते हो बनारस में? इस देश में? अगर अहिरा भोंसडी के दिल्ली के मोह में न पड़ा होता और समझौता कर लिया होता चमैनिया से तो कांग्रेस और भाजपा को बीच से चीरते हुए मोर्चा सीधे लाल किले पर पहुँच जाता और टापते रह जाते तुम लोग।"[78] दलितों के भारतीय राजनीति में बढ़ते वर्चस्व की इस उपन्यास में कई जगह चर्चा की गई है। 'रेहन पर रग्घू' उपन्यास 'दलित-समस्या' पर कई कोणों से गहरे विचार करता है। एक ओर तो वे दलितों के शिक्षा के प्रसार से उनके जीवन-स्तर में सुधार, अपनी मेहनत और मेधा के बल पर बड़ी-बड़ी नौकरियों पर उनकी नियुक्ति और उस सबसे उनकी जीवन-शैली का बदलना, आदि का चित्रण किया गया है। किन्तु वे सवर्णों के उस सुलगते आक्रोश पर भी दृष्टि डालते हैं। 'मंडल' की राजनीति के चलते जिस प्रकार आरक्षण के बल पर नौकरियों में दलितों का वर्चस्व बढ़ता गया और उधर सवर्ण युवाओं को लगने लगा कि यह उनके अधिकारों का हनन

है, आरक्षण के चलते अच्छी नौकरियों पर केवल दलितों का अधिकार हो जाता है और वे हाथ मलते रह जाते हैं। उनमें एक प्रकार का निठल्लापन भी व्यापता है कि जब हमारा होना-हवाना कुछ है नहीं, इसलिए पढ़ाई में बहुत मेहनत करने का भी क्या लाभ? "जब 'मंडल आयोग' लागू किया गया था तो उसका स्वागत करने वालों में अकेले अगड़े अध्यापक रघुनाथ थे।" इसी प्रकार 'जब चमटोल के हलवाहे हड़ताल की धमकी देते थे, वे मानते थे कि यह वाज़िब है और उनका हक़ है किन्तु इस सबका विरोध उन्हें सामाजिक व पारिवारिक स्तर पर सहना पड़ता है। उन्हें इस बात का दुख था कि उनके अपने ही 'कोटा' या आरक्षण की आड़ में अपनी असफलताएँ छिपाते थे, "कोटा या आरक्षण एक ऐसा कवच मिल गया उन्हें, जिसका इस्तेमाल वे अपनी असफलताएँ छिपाने के लिए करते हैं। लेकिन इन्हीं मुश्किलों का हल उन्होंने सुझाया तो बेटे ही नहीं बाप भी बुरा मान गए।" उपन्यासकार दलित शक्ति के उस नए रूप पर भी विचार करता है जिसके बल पर वे ठाकुर टोली को गच्चा खिला देते हैं। दलित शक्ति का यह रूप परम्परा से चली आती ठाकुर-सर्वण-शक्ति को खुली चुनौती है जिसका सही रेखांकन यहाँ हुआ है, "हलवाहों ने हड़ताल की भी ऐसे ही वक्त पर—खेत के जोत, बन्नी और केड़ा को लेकर। हड़ौरी (हल जोतने की मजूरी) और खलिहानी को लेकर बाबा आदम के ज़माने से चले आ रहे रेट पर काम करने से इनकार कर दिया था हलवाहों ने। बीच-बीच में भी हड़तालें की थीं उन्होंने, लेकिन ठाकुरों ने थोड़ा-बहुत बढ़ाकर और उन्हें समझा-बुझाकर ठीक कर लिया था लेकिन अबकी आर-पार की लड़ाई थी। इसमें गोबर पाथने वाली उनकी औरतें और लड़कियाँ शामिल थीं। नतीज़ा यह कि खेतों से लेव का पानी सूखने लगा था, चरनी पर बँधे मवेशी गोबर मूत में ही उठ-बैठ रहे थे और पूरा ठकुरान गन्दगी से बजबजा रहा था।" इतना ही नहीं वे किसी भी प्रकार ठाकुरों के लट्ठ या डाँट-डपट से दब नहीं रहे थे, यह वह खुला अकल्पनीय विद्रोह था, "इस बार की हड़ताल को समझने में ठाकुर गच्चा खा गए थे। हलवाहे न थक-हारकर आए, न गिड़गिड़ाए, न उसके चूल्हे बुझे। ज़रूरत भी पड़ी तो अहिरान गए, इधर नहीं आए।" यह दलितों की शक्ति का अभूतपूर्व ध्रुवीकरण था। उपन्यासकार एक और सामाजिक परिवर्तन की ओर दृष्टि डालता है। आज सवर्णों एवं दलितों के बीच में रोटी-बेटी का सम्बन्ध, विवाह सम्बन्ध, काफ़ी प्रचलन में आ चुका है। यह दोनों वर्गों की युवा-शक्ति का पुरातन के प्रति खुल्लम-खुल्ला विद्रोह है। पुरातन पीढ़ी इस परिवर्तन को पचा नहीं पा रही है। रघुनाथ मास्टर की बेटी सरला दलित सुदेश भारती से विवाह का निर्णय सुनाती है तो, "रघुनाथ को काटो तो खून नहीं।" वे इस कल्पना मात्र से सिहर उठते हैं कि यदि उनका विवाह हो गया "तो गनपत जो उनका हल जोतता है और उनके आगे खड़ा रहता है या मचिया कर बैठता है, उनका रिश्तेदार होगा! खरपत जो गनपत का बाप है, उनका समधी होगा और गले मिलेगा। उनके साथ खटिया पर बैठेगा और दामाद के बाप की हैसियत से ऊँचा होगा उनसे। उनका मन हुआ कि शीला को आवाज़ देकर बुलाएँ और कहें कि सुनो, गनपत क्या कह रहा है?"[79] वस्तुतः उनका यह सुनाना केवल पत्नी शीला को नहीं है, अपितु ज़माने को सुनाना है, देश और जहान को सुनाना है कि यह बड़ा सामाजिक परिवर्तन है, इसे स्वीकारना ही होगा। यह समय की बदली बयार है। रवीन्द्र वर्मा का भी दृढ़ विश्वास है कि जातीयता की सुदृढ़ दीवारें अन्तर्जातीय विवाह सम्बन्धों से ही टूटेंगी। दलित और सवर्णों के बीच की खाई इनमें हुए पारस्परिक प्रेम-सम्बन्धों और विवाह-सम्बन्धों से ही पट सकेगी। इसीलिए 'आखिरी मंज़िल' में पहले हरि और सुनन्दा का प्रेम दिखाया जाता है और फिर दूसरा संयोग कि "हरि की दोस्ती गहरे साँवले रंग की एक लड़की

से हुई थी, जिसका नाम कृष्णा था और जो दलित थी।" इतना ही नहीं वे विवाह बन्धन में भी बँध जाते हैं, "कृष्णा अब उसकी पत्नी थी। वह घबरा गया था जब उसे पता चला कि वह माधव दयाल की सन्तान है : अब वह न दलित था, न सवर्ण था। पहले वह पूर्ण था। अब अधूरा हो गया था। वह पूरा होना चाहता था, अब वह अदालती विवाह के बाद कृष्णा को झाँसी अपने घर ले गया तो बाई ने कृष्णा को देखकर कहा कि मैं तेरे लिए लड़की ढूँढ़ती तो वह ऐसी ही होती—हाँ, इतना पढ़ी-लिखी न होती। कृष्णा का घर बरेली में था। खुशीपुरा में हरि का घर देखकर उसने कहा कि मेरा घर बरेली में ऐसा ही है और ऐसा ही मोहल्ला है जिसमें उसका घर है। खुशीपुरा में चमारों की रहस थी। बस्ती में कोरी, मुस्लिम और मेहतर भी थे। वहाँ सूअर घूमते रहते। एक शाश्वत दुर्गन्ध थी जिसका उत्स सार्वजनिक पाखाना था या सूअर या मोहल्ले की गन्दगी—यह कहना मुश्किल था। यह सच है कि सुनन्दा को यह दुर्गन्ध मुश्किल लगी थी। कृष्णा ने मुस्कराते हुए कहा था, "यह गन्ध बरेली में मेरे मोहल्ले से आई है।"[80] इस सम्पूर्ण प्रसंग की परिकल्पना लेखक ने इसलिए की है कि वह बताना चाहता है कि जब पहली पीढ़ी दलित लड़कियों के साथ सो सकती थी, इसमें हर्ज़ क्या है कि उनकी नई पीढ़ी ने उनसे विवाह सम्बन्ध स्थापित कर लिया, आज समाज में दलितों और सवर्णों के बीच हुए सम्बन्ध अजूबा नहीं रह गए हैं। उपन्यास इन सम्बन्धों की स्वीकृति देकर दलित समस्या पर एक स्वस्थ सोच प्रस्तुत करता है।

अजय नावरिया 'उधर के लोग' उपन्यास में दलित समस्या पर एक और कोण से विचार करते हैं। उनकी प्रमुख चिन्ता जहाँ एक ओर भारतीय या कहें हिन्दू-समाज में बढ़ती जाती जातीयता की समस्या है तो दूसरी ओर वे इस बात से भी कुपित हैं कि स्वयं दलितों ने अपने समाज में ऊँच-नीच की दीवारें खड़ी कर रखी हैं। विभिन्न नौकरियों में गए पिछड़ी जाति के सदस्य 'रिजर्व्ड कैंडिडेट्स' को संगठित करना चाहते हैं। किन्तु वहाँ जातीयता के नए समीकरण बन गए हैं। सुशील इसी वर्ग का प्रतिनिधि है जो जाटवों को भी विरोधी मानने लगा है, "इसके तो विरोधी भी बदल गए हैं। पहले सवर्ण थे, अब तो यह जाटवों को ही विरोधी मानने लगा है।" सुशील तिलमिलाकर उत्तर देता है, "मैंने कहा कि जाटव जाति से मैं चिढ़ता हूँ। मुझे उन जाटव लोगों से चिढ़ है जो हमारे लोगों से छूत-छात करते हैं। ये साले भी छिपे हुए वेदप्रकाश हैं।" आरक्षण आदि के मुद्दों की भी उपन्यास में चर्चा है किन्तु बार-बार बल इसी बात पर दिया गया है। मिस्टर बेवर और सुशील कुमार के बीच हुई बातचीत भी इसी मुद्दे को रेखांकित करती है, "मिस्टर बेवर आप नहीं जानते, यहाँ अछूतों में भी जात-पाँत और भेदभाव है, हमें सब जगह नीची नज़र से देखा जाता है, चाहे चमार हो या खटीक या कोई और।" सुशील जैसों को इस बात की भारी पीड़ा है कि सवर्ण तो उनसे भेदभाव करते ही हैं, "पर दलित भी आपस में करें तो फिर वे सवर्णों को किस मुँह से इसके लिए दोष दे सकते हैं।"[81] पूरा उपन्यास दलित समाज की इस विकृति से लड़ता है।

रामधारी सिंह दिवाकर का उपन्यास 'अकाल सन्ध्या' मुख्यतः गाँव में दलित शक्ति का अभ्युदय और ठकुरास को चुनौती देते उनके तेवरों पर केन्द्रित है। गाँवों में मंडल आयोग के आरक्षण के पश्चात् जो एक नई जागृति दलित वर्ग में आई है, उसका आकलन इस प्रकार किया गया है, "...इधर बारह-चौदह साल से जाने कैसी हवा चली है कि धीरे-धीरे सत्ता केन्द्रों से सवर्ण वर्ग गायब होता चला जा रहा है। जब से आरक्षण लागू हुआ है, पिछड़ी जातियों के लोग बात-बात में नीचा दिखाने लगे हैं सवर्णों को। आग लगे मंडल कमीशन को। बज्जर गिरे

वी.पी. सिंह पर! इसी बड़का गाँव के धोबी, चमार, दुसाध, यादव-कुर्मी-कोइरी, नोनियाँ, खवास के लड़के सरकारी नौकरियों में चले गए। बड़े-बड़े ओहदों पर पहुँच गए। इसी गाँव की चमरटोली का लुचाय राम पिपही बजाता था बड़का टोले के बाबू सुरवंश शर्मा की हवेली में। उसका बेटा डी.एस.पी. बना। इधर प्रोन्नति पाकर एस.पी. हो गया है। चमरटोली से लुचाय राम ने अपना घर हटा लिया और नील पोखर के पच्छिमी-दक्खिनी कोने पर शानदार मकान बना लिया। गाँव के पछुवा लड़के वहाइट हाउस कहते हैं लुचाय राम के मकान को।" इतना ही बड़ा महलनुमा घर है 'जलमहल' विधायक डायमंड राम का। युग-युग से सवर्णों विशेषतः ठाकुरों, द्वारा प्रताड़ित ये दलित जातियाँ लामबन्द होकर किस प्रकार ठाकुर-सत्ता को चुनौती देकर अपना वर्चस्व स्थापित कर रही हैं। इस सबका बहुत प्रभावी चित्रण 'अकाल सन्ध्या' में किया गया है।

मुद्राराक्षस ने अपने सद्यः प्रकाशित पृथुलाकार (541 पृष्ठीय) उपन्यास 'अर्धवृत्त' (2013) में आत्मकथात्मक शैली में दलित वर्ग की व्यथा को बड़ी बारीकी से बहुत अधिक विस्तार में चित्रित करते हुए दिखाया है कि यह वर्ग किस प्रकार अपनी योग्यता, प्रतिभा और कर्मठता से राजनीति में भी अपना वर्चस्व स्थापित कर सका है। दलितों को जो नारकीय जीवन जीना पड़ता था, उसके विषय में उपन्यासकार की यह टिप्पणी द्रष्टव्य है, "हर्बट मार्क्यूस की एक दिलचस्प स्थापना है। उसका कहना है कि उच्चवर्गीय समुदाय के लोग अपने नीचे एक नरक निर्मित करते हैं। मज़बूरियों में जीने वाले लोगों के लिए यह नरक ही उनकी दुनिया होती है और इन्हें यहीं रहना होता है। अब विश्वास से कह सकता हूँ कि हम लोग उसी नरक में थे।...शहर में जाते ही हमें जो कृमि-भोजन नरक देखना पड़ा था, उससे पहले देखे नरकों में से ही यह एक नरक था। हम एक अँधेरे, अंधे कुएँ में थे।" जैसे-जैसे कथा-नायक बड़ा होता है, बम्बई जैसी महानगरी में पहुँचता है, वहाँ के वामपन्थी आन्दोलनों, दलित-संगठनों, आदि से जुड़ता हुआ सत्ता का स्वाद चखता है, उस सबका सविस्तार चित्रण उपन्यास में किया गया है। "...शहर में आ जाने के बाद से हमारे गुण सूत्रों में बारीक से परिवर्तन हो रहे थे, शायद सवर्णों की दुनिया की आवोहवा में रहने के कारण। जैसे पानी में रहने वाली मछली धीरे-धीरे कीचड़ और फिर सूखी ज़मीन पर आकर पंजे उगा ले।" फिर शहर में इस वर्ग की ज़िन्दगी का परिवर्तित परिदृश्य प्रस्तुत किया गया है। जब दलित कामगार संगठन के नेता रामसमुझ उनसे सांसद बनने का अनुरोध करते हैं। कथानायक को अन्त तक ध्यान रहता है कि वह उस मीरासी जाति का सदस्य है जिसका पेशा तरह-तरह की कलाएँ दिखाकर जनता को रिझाना है। उसे लगता है कि "आनुवंशिकी या जेनेटिक्स का कोई सूत्र इससे जोड़ा जा सकता है या नहीं, लेकिन इतना मैं ज़रूर कह सकता हूँ कि जन-सम्बोधन में किसी भी बेड़िए को जो महारत हासिल थी, वह मुझे भी मिली हुई थी।"[82] इसके साथ ही राजनीति और प्रशासन-तंत्र में पैठ होने पर किस प्रकार यह दलित भी भ्रष्टता में शरीक़ हो जाता है, इस सबका चित्रण किया गया है। यदि उपन्यास की कथा-संग्रथित ('काम्पेक्ट') रूप में लगभग आधे पृष्ठों में समा सकती तो यह कृति और कथ्य को प्रभावी रूप प्रदान कर सकती थी।

13. प्रेम तथा स्त्री-पुरुष सम्बन्धों के अन्य आसंग

प्रेम साहित्य का शाश्वत विषय है, साहित्य और कलाओं में इसकी निरन्तर उपस्थिति सर्वज्ञात है। 21वीं शती का परिदृश्य और हमारी जीवन-शैली बड़ी तेज़ी से परिवर्तित हुई है। उसी प्रकार स्त्री-पुरुष सम्बन्धों में भी भारी बदलाव आया है। प्रेम-सम्बन्ध, विवाह-सम्बन्ध, विवाहेतर सम्बन्ध

तथा स्त्री-पुरुष सम्बन्धों के विभिन्न आसंगों पर बड़ी बेबाकी और खुलेपन से इस काल खंड के हिन्दी उपन्यास में चर्चा हुई है। इस पुस्तक के 'स्त्री-पुरुष सम्बन्ध और नया नारी-विमर्श' (अध्याय पाँच में) पृथक् शीर्षक से इस विषय की सविस्तार चर्चा की गई है, अतएव पुनरुक्ति से बचते हुए इस सम्बन्ध में वही अध्याय द्रष्टव्य होगा।

14. कला जगत

वैश्वीकरण की नव आर्थिक विकास की स्थितियों के चलते भारत में करोड़पति-अरबपतियों की संख्या में आशातीत वृद्धि हुई है और अरबपतियों की संख्या निरन्तर बढ़ती जा रही है, फॉर्ब्स आदि पत्रिकाओं के आँकड़े यही सूचित करते हैं। हाल ही में फॉर्ब्स के एक सर्वेक्षण ने बताया कि दुनिया के अमीरों में सबसे महँगा घर 'एटलाइंटा' मुकेश अंबानी का है। इन अमीरों के शौक़ भी अपनी ही तरह के हैं जिनमें चित्र-कला-कृतियों का शौक़ भी है जिनसे वे अपने घर की दीवारों को महँगी से महँगी चित्र-कृतियों से सजाना चाहते हैं। यह शौक चित्रों को अपने घर की शोभा बनाने तक ही सीमित नहीं रह गया है, ये लक्ष्मीपुत्र तो इस टोह में रहते हैं कि पूँजी-निवेश की सम्भावनाएँ कहाँ-कहाँ बहुत अच्छी हैं। उन्हें कला-बाज़ार भी एक बड़े मुनाफ़े का बाज़ार नज़र आता है, क्योंकि प्रत्येक वर्ष कला-कृतियाँ और महँगी और महँगी होती चली जाती हैं। पहले अन्तर्राष्ट्रीय बाज़ार में लाखों-लाखों में बिकने वाली कला-कृतियाँ अब करोड़ों-करोड़ों में बिकती हैं। भारतीय चित्रकला जगत में कितनी ही हस्तियाँ ऐसी हैं जिनके चित्र लन्दन-पेरिस की कला-दीर्घाओं में करोड़ों से कम में बिकते ही नहीं हैं, या कहें उनकी न्यूनतम मूल्य श्रेणी-रेंज-करोड़ों से ही प्रारम्भ होती है। कला जगत की इन बारीकियों का चित्रण जिन हिन्दी उपन्यासकारों ने किया है, उनमें अलका सरावगी, अशोक भौमिक तथा रजनी गुप्त प्रमुख हैं। अलका सरावगी ने 'एक ब्रेक के बाद' उपन्यास में कला जगत की विपणन नीति की सूक्ष्मताओं में प्रवेश किया है। उपन्यास में व्यवसाय जगत के दो दिग्गज भट्ट और गुरु नित्य पैसा, और अधिक पैसा कमाने की नई-नई युक्तियों की तलाश में रहते हैं। भट्ट कलकत्ते में नई आर्ट गैलरी खोलता है, वह इस कला बाज़ार में वैसी सम्भावनाएँ खोजता है, जैसी आई.टी. की दिग्गज कम्पनी 'इन्फोसिस' की है। वह कला बाज़ार की सम्भावनाएँ तलाशता हुआ उच्च वर्ग, पूँजीपति वर्ग में चित्रों के लिए अनबुझ ललक देखता है, इसलिए "भट्ट पाँच हज़ार से पाँच लाख तक की पेंटिंग गाजर-मूली की तरह बेच सकता था।" भट्ट गुरु को कला बाजार में जमने के गुर बताता हुआ अपनी एक विपणन-योजना के विषय में बताता है, "अभी हमने बीस युवा चित्रकारों को लेकर समकालीन कला का 'शो-केस' किया था। बहुत हिट रहा। सभी आर्टिस्ट तीस से चालीस बरस के थे और पहली बार ग्लोबलाइजेशन के बाद इंडिया की कला की बदलती हुई ज़मीन के 'डायनोमिक्स' समझ में आने लगे।" वस्तुतः यह नवोदित 'इंडिया' में तेज़ी से प्रवेश करती हुई कला-रुचि है जिसको कारपोरेट जगत अपनी-अपनी तरह से भुनाना चाहता है। वे नए कलाकारों के चित्रों को औने-पौने दामों में ख़रीदकर क्योंकि 'आगे यही आर्टिस्ट ऐसा बन जाएगा कि तुम्हारे बूते के बाहर ही जाएगा।' यही भविष्य का पिकासो है। "ख़रीद लो ख़रीद लो, इसके पहले कि भारतीय कला 'इन्फोसिस' बन जाए और सारा माल विदेश जाने लग जाए। अब आर्ट और 'ब्लू चिप' में कोई अन्तर नहीं बचा है।" कला बाज़ार के ये चालाक पारखी भविष्य के 'ब्लू चिप्स' को पहचानने में चूक नहीं करते, "भट्ट को वह बूढ़ा पारसी आर्टिस्ट याद आया जिसकी बनाई तस्वीरें वह ख़रीदकर रख लेना चाहता था। अगले दस सालों में वह इस आर्टिस्ट को उछाल कर उन तस्वीरों

से करोड़ों रुपया कमा सकता है।" कला बाज़ार-मर्मज्ञ भट्ट यह भी जानता है कि आज का समय कलाकार की साधना मात्र का ही नहीं रह गया है अपनी प्रतिभा की धाक ज़माने के लिए उसे मीडिया की पूरी शक्ति को झोंक देना चाहिए, क्योंकि "कला की आत्मा बाज़ार के शोर में खो गई है", "अब सिर्फ़ कला की प्रतिभा से काम नहीं चलेगा, बिकने के लिए उसे और बहुत सारी चतुराई चाहिए। अपनी आत्मा तक पहुँचने के लिए कलाकार कितने मुश्किल रास्तों से गुज़रता है। उस हिलती हुई दीये की लौ को पकड़ने के लिए कितनी साधना करता है। पर अब कलाकार को इससे ज़्यादा ज़रूरी दूसरे काम लगने लगे हैं।"[83] इस प्रकार अलका सरावगी कला-जगत् के श्वेत-श्याम में गहरे प्रवेश कर उसके यथार्थ का सशक्त चित्रण कर सकी हैं।

अशोक भौमिक का 'मोनालिसा हँस रही थी' केवल चित्रकला की दुनिया को ही कथा को केन्द्र में रखता है। एक ओर तो लेखक हँसती हुई मोनालिसा के विश्वविख्यात चित्र और उसके सर्जक चित्रकार लियोनार्दो-दा-विंसी का इतिहास तथा इस चित्र की मॉडल लीसा घेराडीन का इतिहास पूरी ऐतिहासिक शोध और अपनी कमनीय कल्पना के द्वारा प्रस्तुत करता है, साथ ही चित्रकला के इतिहास में दूसरी अमर कृति 'वीनस डे मेलो' की खंडित मूर्ति का इतिहास भी बहुत शोधपरक अध्ययन और अपनी कल्पना के रंगों द्वारा प्रस्तुत करता है। कथा की इस धारा में बहुत कौशल से वह चित्रकारों की इस निष्ठावान पीढ़ी का इतिहास लखनऊ के आर्ट कॉलेज के प्रसिद्ध कला अध्यापक प्रो. अमित कुमार नियोगी के जीवन से प्रस्तुत करता है जो कला के मूल्यों की रक्षा करते थे और बड़े-से-बड़े प्रलोभनों के सम्मुख भी अपने चित्रों को बिकने नहीं देते थे। अमेरिका अपने कला-एजेन्ट, रिचार्ड बार्ड को प्रो. नियोगी के पास चित्रों की ख़रीद के लिए भेजता है किन्तु वह अपने को, अपने चित्रों को बिकने नहीं देता। लखनऊ में गोमती में भयंकर बाढ़ आ जाने पर भी उन्हें अपने चित्रों को बचाने की कितनी चिन्ता, कितनी छटपटाहट है, उसका बहुत मार्मिक अंकन उपन्यासकार करता है। भारतीय कला-बाज़ार में कुशल ख़रीददार और उनके व्यापारिक प्रतिनिधि किसी कलाकार का मूल्य किस प्रकार चढ़ाकर उसे रातोरात आसमान पर पहुँचा देते हैं, इसका भी बड़ा अनुभव-जन्य वर्णन चित्रकार अशोक भौमिक ने प्रस्तुत किया है। आरपी मोदी जैसा कला-बाज़ार का कुशल खिलाड़ी किशन जैसे कालजयी चित्रकार की सारी पेंटिंग्स मात्र एक लाख में ख़रीद लेता है, किशन ने इतने सारे रुपए पूरी ज़िन्दगी में नहीं देखे थे। कलाकार को इतनी बड़ी राशि और बाद में उससे भी बड़ी राशि कला के सौदागर देते हैं, किन्तु किशन भीतर से बहुत छूँछा होकर टूट जाता है, उसमें एक शून्य व्याप जाता है, "किशन को लगा कि उसने अपनी पिछली दस महीनों की मेहनत एक ही दिन में गँवा दी थी। उसके पास पैसे आ गए थे, पर उसके चित्र जो उसके इतने अपने थे, वे सब पराए हो चुके थे। वे सभी दूर, बहुत दूर चले गए थे।" इतना ही नहीं जब किशन के चित्रों को पी.आर. (जन-सम्पर्क) का जिम्मा जीत द्वारा ट्यूलिप कम्पनी को दे दिया जाता है, जब उसके चित्रों में यू.एस.ए. एम्बेसी के कल्चरल अटैशे, विलियम डायर और उसकी पत्नी क्रिस्टोफ़र डायर की दिलचस्पी बढ़ जाती है, तो उसके लिए यह स्वतंत्रता भी बाकी नहीं रह जाती है कि वह अपने मृत मित्र रामदेव को बम्बई अस्पताल देखने या उसके अन्तिम संस्कार ('फ़्यूनरल') में सम्मिलित होने भी जा सके। उसे अपने अभिन्न मित्र रामदेव के इलाज का बिल चुकाने के लिए अस्पताल भी नहीं जाने दिया जाता। वस्तुतः वह कला-बाज़ार का क्रीतदास बनकर रह जाता है, "जीत शेट्टी का प्रोजेक्ट तीसरे साल में ही कामयाबी की ऊँचाइयों को छूने लगा था। पेंटिंगों की ऊँची कीमत के बावज़ूद वह आने वाले तीन साल के लिए बुक था—यानी तीन

साल तक लगातार चित्र बनाने पर भी गैलरियों की माँग को वह पूरा नहीं कर सकता था।" "तिलस्मी किस्से-कहानियों में ही ऐसी कामयाबी की कथाएँ सुनने को मिल सकती थीं। महज़ एक प्रदर्शनी के बाद ही कोई इतना बड़ा कलाकार बनकर स्थापित हो जाए, यह किसी ने नहीं सुना था। यह सब जीत शेट्टी की योजना और ट्यूलिप की पी.आर. की मेहनत का फल था...जिस मंज़िल पर दूसरे कलाकार तीस सालों की मेहनत से भी नहीं पहुँच पाते हैं, वहाँ किशन दो-तीन सालों में ही पहुँच चुका था।"[84] इस प्रकार पूरा उपन्यास कला की निष्ठा और बाज़ारवादी मूल्यों के संघर्ष की गाथा बड़े गहरे संवेदन के साथ प्रस्तुत करता है।

रजनी गुप्त के 'एक न एक दिन' उपन्यास में कला-बाज़ार में नई-नई सम्भावनाओं और कला-कृतियों के ऊँचे मूल्यों की चर्चा कथा में प्रसंगात् आई है। नव धनाढ्य वर्ग में कला के प्रति बढ़ती रुचि बतौर फ़ैशन ही आई, भले ही वे चित्रकला का क-ख-ग न समझते हों, "धीरे-धीरे अन्तर्राष्ट्रीय मार्केट में इंडियन आर्ट गैलरी और लाखों-करोड़ों में बिकती कृतियों पर चर्चा चलने लगी। हिन्दुस्तान में कितने लोग कितना पैसा कला के क्षेत्र में खर्च करते हैं...ऐसे धनी-मानी उद्योगपति तमाम कलात्मक पीस अपने बेडरूम में टाँग ज़रूर लेते मगर कला का क-ख-ग भी नहीं समझते।...अपने यहाँ की कला-कृतियों की विदेशों में खूब बिक्री है...बहुत बड़ा मार्केट है वहाँ संग्रहकर्ताओं का।"[85] आर्किटेक्ट इंटीरियर डेकोरेशन और पेंटिंग्स के सम्मिश्रण और कम्प्यूटर के कमाल से इस क्षेत्र में कितनी-कितनी सम्भावनाएँ खोजी जा सकती हैं। इस सबकी चर्चा उपन्यासकार ने कला जगत के प्रसंग में की है।

15. पत्रकारिता की दुनिया

इधर हिन्दी में पत्रकारिता की दुनिया से जुड़े बहुत-से लोग कथा-लेखन में प्रवृत्त हैं। पत्रकारिता के अनुभव-संसार को केन्द्रित कर लिखे गए उपन्यासों में निर्मला भुराड़िया का 'आब्जेक्शन मी लार्ड', परितोष चक्रवर्ती का 'प्रिंट लाइन' तथा प्रदीप सौरभ का 'मुन्नी मोबाइल' प्रमुख हैं। 'आब्जेक्शन मी लार्ड' का पूर्वार्द्ध तो मुख्यतः बन्द मारवाड़ी समाज के विभिन्न रूढ़िगत संस्कारों और परिवेश का चित्रण करता है किन्तु उसका उत्तरार्द्ध पत्रकारिता की दुनिया, विशेषतः क्षेत्रीय समाचार-पत्रों के प्रबन्धन, सेठाश्रयी पत्रों में उनका और उनके पारिवारिकों का वर्चस्व जिस रूप में छाया रहता है, उसका चित्रण माधवी के माध्यम से किया गया है। लेखिका ने इस बात का भी कड़ा प्रतिरोध किया है कि समाचार-पत्रों के क्षेत्र में महिलाओं को द्वितीय कोटि का समझकर उन्हें 'सॉफ्ट बीट' पर लगाकर घर-परिवार या महिला सम्बन्धी विषयों पर ही स्टोरी करने-रिपोर्टिंग आदि का कार्य दिया जाता है, वह अख़बार के मालिक कृष्णकान्त जी से कहती है, "सर, लेकिन पत्रकारिता में 'हार्ड बीट' तो राजनीतिक पत्रकारिता ही मानी जाती है और समाज और संस्कृति 'सॉफ्ट बीट'। क्या मैं लड़की हूँ इसीलिए मुझे आप 'सॉफ्ट बीट' देना चाहते हैं? क्या आप मुझे चुनौतियों के लायक नहीं समझते?" जब उसे महिला कैदियों की स्टोरी कवर करने के लिए कहा जाता है, तब भी वह लगभग इन्हीं शब्दों में अपना विरोध दर्ज़ करती है। क्षेत्रीय अखबार किस प्रकार मंत्रियों, मुख्य मंत्रियों का गुणगान कर अपना व्यापार बढ़ाते हुए प्रेस की धाक जमाते हैं, इसका विवरण भी उपन्यास में मिलता है। वहाँ सम्पादकों, उप-सम्पादकों को कार्य करने की स्वतंत्रता बिलकुल नहीं है, वहाँ स्थिति यह है, "सम्पादकीय विभाग में एक पेज भी बनकर तैयार होता है तो केबिन-दर-केबिन सारे जालानों (मालिकों) के पास घूम कर एप्रूव होता है कि ठीक बना है या नहीं? और यह पेज चपरासी लेकर नहीं जाता है। वैसे भी चपरासी और उप-सम्पादकों

की तनख्वाह लगभग बराबर ही है, क्योंकि समस्त जालान परिवार का एकमत से यह अटल विश्वास है कि जितनी तनख्वाह एक सम्पादक को दी जाएगी उतने में तीन उप-सम्पादक रखे जा सकते हैं। हालाँकि पत्रकारों के हक में देश में वेतन आयोग है लेकिन यहाँ आयोगों की रपटें एक तरफ़ रखने के कई उपाय रच लिए गए हैं।" इस प्रकार उपन्यास में सेठाश्रयी पत्रों की कार्य-पद्धति की भी खूब ख़बर ली गई है। इन समाचार-पत्रों में समाचार जिस रूप में अपने न्यस्त स्वार्थों की सम्पूर्ति के लिए परोसे जाते हैं, उसका कच्चा चिट्ठा भी यहाँ पेश किया गया है। राष्ट्रीय महत्त्व की एक लीड स्टोरी देकर क्षेत्रीय खबरों की प्रस्तुति कुछ इस प्रकार होती है, "जो पूरे राष्ट्र की लीड स्टोरी वही हमारी भी।" फिर क्षेत्रीय खबरों में इन्हीं दिनों रोटरी का पद-ग्रहण समारोह हुआ, सन्त गेरुजी महाराज की तीन दिवसीय कथा हुई, जिसे शराब बनानेवाले बेड़िया ने स्पांसर किया, मुख्यमन्त्री का जन्म-दिवस आया, जिसमें उन्हें तराजू में तुलकर अपने तौल बराबर अन्नदान किया, "चकाचौंध के विमोचन-समारोह के सारे चित्र और सबके भाषणों के अंश गए, मेयर घनश्याम जी ने सरकारी स्कूलों को टाटपट्टी भेंट की और एक प्राइवेट स्कूल में कम्प्यूटर कक्ष का फीता काटकर शुभारम्भ किया। इसके भी चित्र और ख़बर छप गई।" "खबरें अभी और भी थीं–शहर के एक रईस की बहू ने बुटीक सेन्टर खोला था, जिसका उद्घाटन छोटे जालान जी ने किया था। मय रंगीन फोटो उसकी ख़बर।" सम्पादकीय स्वतंत्रता नाम की कोई चीज़ यहाँ नहीं है, सम्पादकों से क्रीत दास की तरह व्यवहार किया जाता है, इसीलिए वे स्व-विवेक का प्रयोग न कर मालिकों के इशारों की कठपुलतियाँ बनकर रह गए हैं। सम्पादक की यह गति है तो उप-सम्पादक तो यहाँ चपरासियों के समकक्ष भर बनकर रह जाते हैं। इस प्रकार पूरा उपन्यास क्षेत्रीय पत्रकारिता के प्रबन्धन, मालिकों के वर्चस्व और अन्य टुच्ची प्रवृत्तियों का व्यंग्यात्मक आख्यान रचता है।

परितोष चक्रवर्ती का उपन्यास 'प्रिंट लाइन' उपन्यास और आत्माख्यान के बीच की चीज़ बनकर रह गया है किन्तु पत्रकारिता जगत के श्वेत-श्याम को प्रस्तुत करने वाली यह कृति न केवल पत्रकारिता के गौरवपूर्ण अतीत और पुराने समय के सम्पादकों की निष्ठाओं पर प्रकाश डालती है अपितु पग-पग पर पत्रकारिता के अतीत और वर्तमान की तुलना करती चलती है। औपन्यासिक विवरण का चरित्र रिपोर्टिंग शैली, पत्रकारिता की भाषा में कहें तो 'स्टोरी' का ही बना रहता है, इसलिए घटनाओं का विवरण देते हुए पात्रों के यथार्थ नाम ही रखे गए हैं–गोष्ठी में पधारे नवगीत के उमाकान्त मालवीय (इलाहाबाद) अन्यत्र भी प्रसिद्ध नाट्यकर्मी सत्यदेव दुबे, शिबू सोरेन, प्रधामन्त्री चन्द्रशेखर, आदि के नाम और काम जस के तस वर्णित कर दिए गए हैं। लेखक पुराने समय के संवाददाताओं को इस प्रकार याद करता है, "उन दिनों जिला मुख्यालयों को छोड़कर शेष जगहों में अखबारों के संवादददाता प्रायः वही होते थे, वो वहाँ अखबारों की एजेंसियाँ लिया करते थे। अखबारों की एजेंसी लेने के लिए प्रति कॉपी एक निश्चित राशि डिपाज़िट करनी पड़ती थी। हरिओम ने जैसे-तैसे कुछ पैसे बचाकर एक अख़बार की एजेन्सी भी ले रखी थी। इस तरह वे नैला के संवाददाता भी बन गए थे।"[87] रायपुर और आसपास के क्षेत्रों के समस्त स्थानीय, क्षेत्रीय अखबारों की रोचक कथा कहते हुए 'अमृत वर्षा' जैसे अख़बार और उसके निरक्षर सम्पादक पारसनाथ जी का भी परिचय देते हैं। उपन्यासकार ने 'रविवार' और उसके यशस्वी सम्पादक उदयन शर्मा का भी अच्छा परिचय प्रस्तुत किया है। क्षेत्रीय अख़बारों की दुनिया से निकलकर कथा-नायक अमर राष्ट्रीय पत्रों की दिल्ली केन्द्रित दुनिया में भी आता है और वहाँ के श्वेत-श्याम से अपने पाठक का गहरा परिचय कराता है। इससे पूर्व आपात्

काल की स्थितियों का भी सूक्ष्म चित्रण कर उस समय के यथार्थ से परिचय कराया जाता है। फिर केन्द्र में भाजपा का शासन, बाद में संविद सरकारों का गठन और उसके राजनीति तथा प्रशासन पर पड़ते प्रभावों का आकलन करते हुए पत्रकारिता से मोहभंग तक की कथा अमर के माध्यम से प्रस्तुत की गई है।

प्रदीप सौरभ के 'मुन्नी मोबाइल' में कथा-नायक, आनन्द भारती की हैसियत एक पत्रकार की ही है जो अपनी रिपोर्टिंग के बल पर गुजरात दंगों, वहाँ हुए नरसंहार, बलात्कारों आदि का यथातथ्य चित्रण प्रस्तुत करता है और जहाँ कहीं भी अवसर मिलता है पत्रकारिता और इलेक्ट्रॉनिक मीडिया जगत पर अपनी तल्ख़ टिप्पणियाँ दर्ज़ करता चलता है, यथा—गुजरात दंगों के सन्दर्भ में मीडिया पर यह टिप्पणी है, "असल में आज़ादी के बाद विकसित हुआ देश का मीडिया बाज़ार की रखैल बन गया। उसके पास न तो कोई सपना है और न ही समाज के प्रति कोई प्रतिबद्धता। वह एक उद्योग में तब्दील हो चुका है। लाभ कमाना और सत्ता के गलियारों में दबाव बनाए रखना उसका एकमात्र उद्‌देश्य है।"[88] देश-विदेश में घूमा हुआ पत्रकार आनन्द भारती अपने देखे हुए प्रत्येक स्थान की रिपोर्टिंग अपने उपन्यास में करता है। यहाँ घटनाएँ प्रमुख होकर आती हैं, पत्रकारिता के व्यापक सरोकारों पर कोई विमर्श नहीं रचा जाता।

16. वास्तु जगत

वास्तु जगत ('आर्किटेक्ट') की दुनिया से हिन्दी में अकेले नरेन्द्र नागदेव, जो स्वयं आर्किटेक्ट और चित्रकार हैं, उपन्यास रचना में संलग्न हैं। इनके 'अन्वेषी' और इस काल-खंड में 'खम्भों पर टिकी खुशबू' उपन्यास प्रकाशित हुए हैं, 'खम्भों पर टिकी खुशबू' इस काल-खंड का महत्त्वपूर्ण उपन्यास है। वास्तु, स्थापत्य, कला यद्यपि पाँच कलाओं में स्थान पाती रही है किन्तु कला का यह जगत किस प्रकार माफ़िया तंत्र का साम्राज्य बनकर रह गया है, इसका बड़ा प्रामाणिक चित्र उपन्यास में प्रस्तुत हुआ है। इस दुनिया में जो लोग कला, आदि के स्वप्न लेकर आते हैं, उन्हें पग-पग पर निरन्तर कठिनाइयों-दर-कठिनाइयों से गुज़रना पड़ता है। काग़ज़ से उतरकर भवन-निर्माण के इन स्वप्नों को ज़मीन पर ही आना पड़ता है—बिल्डिंग व्यवसाय सीधे-सीधे टेंडरों के तंत्र से जुड़ा है। पैरामाउंट जैसी बड़ी संस्था भवन निर्माण में संलग्न हैं और उनकी 'निष्ठा' तो यह है, "क्या है छोटे कि इस शहर में हम जो प्रोजेक्ट लेना चाहते हैं ना, उसका कांटेक्ट तो लेकर ही छोड़ते हैं। दूसरों के लिए समझदारी इसी में है कि वे उस प्रोजेक्ट का टेंडर भरें ही नहीं।" वे किसी भी टेंडर को हथियाने के लिए साम-दाम-दंड-भेद—सभी प्रकार की नीतियाँ अपनाते हैं, इसीलिए 'छोटे' को 'हरदयाल' (कं.) में 'प्लांट' किया जाता है कि वह प्रतिद्वन्द्वी कम्पनी की सारी भीतरी ख़बरें उन्हें देता रहे। छोटे का संकट यही है कि 'वह आत्मा की धज्जियाँ उड़ती देखकर' स्वयं को सँभाल नहीं पाता है। अण्णा विशी को स्थापत्य की दुनिया में आए इस परिवर्तन से इस प्रकार परिचित कराते हैं, "...अब देखो विशी! तुम ठहरे कलाकार आदमी। अपनी दुनिया में जीने वाले। लेकिन बात तो यह है कि अब ये जो भवन-निर्माण की दुनिया है ना, इसमें कला-वला से काम बनता नहीं है। समझे ना?" "अरे यार, अब तो पुराना ज़माना थोड़े ही है कि खूबसूरत भवन की डिज़ाइन बना दी। महाराजा प्रसन्न हुए। और हीरों का हार दे दिया।" "अब तो दूसरी दुनिया है विशी। खालिस दुनियादार। और वहाँ कला कहाँ है। वहाँ तो शुद्ध व्यवसाय है। मुनाफ़े पर टिका हुआ।" केवल मुनाफ़ा कमाना ही इनका उद्‌देश्य नहीं है, अपने विरोधी को धूल में मिलाने के लिए वे किसी भी प्रकार के, कितने ही निम्न स्तर के, हथकंडे अपना सकते हैं। वे

दूसरी कम्पनी के बेहतरीन मॉडेलर को अपने किराए के गुंडों से बुरी तरह पिटवाकर उसे यह सीख भी दे सकते हैं, "ये मॉडेल बनाकर तू किन लोगों से दुश्मनी ले रहा है, कुछ होश है तुझे?" उन्होंने उसके चेहरे को पीछे झटका देते हुए पूछा। इसके पीछे उद्देश्य यही था कि वक्त पर इस कम्पनी का मॉडेल प्रेज़ेंटेशन के लिए न पहुँचे। नगरपालिका में जूरी बैठकर लोग जिस रूप में 'माडेल्स' का चयन करते हैं, उसका भी प्रत्यक्षदर्शी विवरण उपन्यास में आया है। अन्त में पाँच में से दो डिज़ाइन रह जाती हैं—एक सुनील सर की और दूसरी पेरामाउंट की। जूरी के दो कला प्रेमी सदस्य सुनील सर की डिज़ाइन के पक्ष में हैं किन्तु नगर के अधिशासी इंजीनियर 'पेरामाउंट' के पक्ष में आ जाते हैं, स्वाभाविक है निर्णय पेरामाउंट कम्पनी के पक्ष में ही जाता। अधिशासी इंजीनियर जिस रूप में तरह-तरह से चालें चलते हैं, उसका चित्रण आज की वस्तु-स्थितियों का चित्रण है। सुनील सर को ट्रक से कुचलवाकर रास्ते से 'एलीनिमेट' ही करा दिया जाता है। उनकी मृत्यु से पहले विशी अंकल न केवल वस्तु कला के क्षेत्र में मूल्य-क्षरण पर अश्रुपात कर सुनील सर को समझाते हैं अपितु सर्वत्र हो रही मूल्य-हत्या पर अपना अभिमत इस प्रकार प्रकट करते हैं, "देखो सुनील, बात यह है कि यह सब जो घट रहा है ना, ये एक चिरन्तन संघर्ष के शेड्स हैं, जो सही और ग़लत के बीच चलता ही रहता है। जिस दिन आदमी ने होश सँभाला था, उसी दिन शुरू हुआ था यह। और उसके अस्तित्व के अन्तिम दिन तक ऐसे ही चलेगा। इसमें किसी तरह के विराम की कोई गुंजाइश नहीं है। पैटर्न भी वैसा ही है हर जगह। अर्थात् जो भी गलत होगा, उसी का आक्रमण, आँधी-तूफ़ान की तरह होगा...वे बुलडोज़रों की तरह आएँगे, और अपने प्रवाह में हर चीज़ को छिन्न-विच्छिन्न करते चले जाएँगे, और जो सही होगा, वह कैसा प्रतिवाद करेगा?"[89] इस प्रकार पूरा उपन्यास वास्तु जगत, भवन-निर्माण के क्षेत्र में आई भ्रष्टताओं को नंगा करता हुआ कला-मूल्यों की हिमायत में खड़ा होता है।

17. विश्वविद्यालय परिसर

शिक्षा के हमारे उच्चतम मन्दिर, विश्वविद्यालय, आज जिस प्रकार पतनोन्मुख हुए हैं, यह स्थिति अत्यन्त दारुण और दुखदाई है। स्थितियाँ किस सीमा तक नियन्त्रण से बाहर और चिन्तनीय हो उठी हैं। इसे भुक्त-भोगी या 'अन्दर के लोग' ही भली-भाँति जान सकते हैं। इस विषय पर पहले भी श्रवणकुमार गोस्वामी का 'चक्रव्यूह' (1988) तथा देवेश ठाकुर का 'गुरुकुल' (1989) जैसे उपन्यास आ चुके हैं। इस काल-खंड में के.एल. कमल, भूतपूर्व कुलपति राजस्थान विश्वविद्यालय, जयपुर का 'कैम्पस' एक महत्त्वपूर्ण उपन्यास है जिसमें उन्होंने विश्वविद्यालय परिसर, वहाँ की छात्र-राजनीति तथा अध्यापक राजनीति का अन्दरुनी चित्रण प्रस्तुत करते हुए उस कुलपति की असहायता और विवशताओं का अनुभवजन्य चित्रण किया है जो अपने उच्च शिक्षा आदर्शों-सिद्धान्तों को लागू करने से सक्षम नहीं हो पाता है। उपन्यास की 'टोन'—उद्देश्य—भूमिका के इन शब्दों से ही आभासित हो जाती है, "हाल ही में अन्तर्राष्ट्रीय स्तर पर प्रकाशित एक अत्यन्त विश्वसनीय रिपोर्ट के अनुसार गुणवत्ता एवं शोध की दृष्टि से भारत का एक भी विश्वविद्यालय अन्तर्राष्ट्रीय पहचान नहीं बना पाया है। विश्व के श्रेष्ठतम 10 विश्वविद्यालयों में सात अकेले अमरीका में हैं। श्रेष्ठ 50 विश्वविद्यालयों में चीन में चार विश्वविद्यालय हैं, जबकि भारत का 175 विश्वविद्यालयों में भी कहीं नाम नहीं है। बड़ी वेदना है कि दक्षिण कोरिया, थाईलैंड, मलेशिया जैसे विकासशील एवं अपेक्षाकृत छोटे देश भी इससे कहीं आगे हैं।" "उपभोक्तावाद और बाज़ारवाद ने हमारे सांस्कृतिक मूल्यों, आयामों एवं संस्थाओं को क्षत-विक्षत

कर दिया है। इसी दुर्दशा और वेदना को समेटे हुए है यह उपन्यास जो उजागर करता है कि हमारे अधिकांश विश्वविद्यालय ज्ञान, शोध, सृजन एवं संस्कारों के मन्दिर न होकर क्षुद्र राजनीति, बड़बोलेपन, अहंकार, जातीयता, संकीर्णता, मर्यादाहीनता एवं अशैक्षणिक गतिविधियों के गढ़ बन गए हैं।" ऐसे ही विषाक्त वातावरण में कुलपति की दुर्दशा और मनोदशा का दारुण चित्रण इस उपन्यास में प्रस्तुत हुआ है। वस्तुतः यहाँ कुलपति की दृष्टि से 'देखा, भोगा, यथार्थ' (उपन्यास के प्रथम अध्याय का शीर्षक) ही कथा रूप में विन्यस्त हुआ है। यह बात अवश्य है कि कुलपति ने बहुत निरपेक्ष और वस्तुनिष्ठ दृष्टि से स्थितियों को प्रामाणिक रूप में विश्लेषित किया है। एक ओर उसके सामने हुल्लड़ मचाता, अपनी माँगें मनवाने के लिए आमादा छात्र समुदाय है, निठल्ले प्राध्यापक हैं, जिनका विश्वास सारी परिसर राजनीति में है, नहीं है तो केवल पढ़ाने में नहीं है। न केवल विश्वविद्यालय के छात्र और अध्यापक अपितु कॉलेज के भी छात्र और अध्यापक तरह-तरह की माँगें लेकर कुलपति के नाक में दम किए रहते हैं। इन सबका विश्वास परिसर में तोड़-फोड़कर, चिल्ला-चिल्लाकर नारे लगाकर कुलपति पर दबाव बनाता है। एक विश्वविद्यालयी अध्यापक नेता और एक कॉलेज के अध्यापक का परिचय पाना अपेक्षित है, "...अधेड़ावस्था की ओर कुछ धीमी-धीमी रफ़्तार से बढ़ता जा रहा यह अध्यापक नेता श्रीचन्द, अध्यापक संघ का पदाधिकारी भी है। इसे अध्यापक कहना केवल इतना ही उचित है कि उसका नाम विश्वविद्यालय के स्थायी शिक्षकों की सूची में है और इस रूप में समस्त सुविधाएँ भोग रहा है। क्लास लेने में उसका विश्वास नहीं है। स्वयं को वामपन्थी और प्रगतिशील मानता है और क्लास न लेकर काल मार्क्स के क्लासलेस सोसायटी के स्वप्न को साकार करने में और विश्वविद्यालय को क्लास-लैस बनाने की दिशा में सक्रिय योगदान दे रहा है।" कॉलेज स्तर पर अध्यापक नेताओं की कमी नहीं है, उनकी न्यूसेंस वैल्यू इतनी है कि जिस सरकारी संस्था में वह अध्यापक है, वहाँ का प्रिंसिपल अपने सिरदर्द को दूर करने की दृष्टि से किशोर कुमार के विरुद्ध कोई अनुशासनात्मक कार्रवाई करने से भयभीत-सा रहता है। किशोर कुमार घोषित समाजवादी है और कुछ ऐसे ही किशोर कुमारों के कारण समाजवाद जैसा कल्याणकारी क्रान्तिकारी दर्शन आकर्षणविहीन होता जा रहा है। इतना ही नहीं विश्वविद्यालयों में देश के तीन बड़े राजनीतिक दलों के विद्यार्थी संगठन हैं—कांग्रेस का एन.एस.यू.आई., भाजपा का ए.बी.वी.पी. तथा कम्यूनिस्ट पार्टी का एस.एफ.आई.—तीनों ही तरह-तरह से पार्टी-निर्देश के अनुसार कुलपति (वी.सी.) की नाक में दम किए रहते हैं। कुछ दल तो खुल्लम-खुल्लम कुलपति को चुनौती देते हैं कि वह उनकी पार्टी के द्वारा नियुक्त है, उनकी माँगें क्यों नहीं मानेगा। वे यह भूल जाते हैं कि कुलपति की नियुक्ति तो राज्यपाल-गर्वनर के द्वारा होती है। वे इस राजनीतिक-प्रशासनिक समीकरण से भली प्रकार परिचित होते हैं कि राज्यपाल तो मुख्यमन्त्री की डॉटेड लाइन पर केवल हस्ताक्षर-भर करता है, असल कुँजी तो मुख्यमन्त्री के पास ही है। छात्र खुल्लम-खुल्ला कुलपति का घेराव कर ताले में बन्द करने की धमकी देते हैं, इस चेतावनी के साथ कि "पहले भी कुलपतियों को ताले में बन्द किया है।" विश्वविद्यालय का अपना सुरक्षा-बल (दस्ता), कुलानुशासक (रजिस्ट्रार), आदि इन स्थितियों के असहाय मूक दर्शक बनकर रह जाते हैं। विश्वविद्यालय में कुलपति के कार्यकाल के सौ दिन भी पूरे नहीं हो पाते कि उसकी स्थिति इतनी दयनीय हो जाती है, "कुलपति ने अपने कार्यकाल के सौ दिन भी पूरे नहीं किए थे कि उसे लगा मानो उसे गहरे पानी में किसी ने छोड़ दिया है जिसके न तो किनारे का पता है और न ही उसकी गहराई का। वह जिधर का झोंका आया, उधर बहता जा रहा है, तैर नहीं रहा।...जो भी आता है, वह ऐसा इम्प्रेशन

देता है मानो वही उसका सबसे बड़ा शुभचिन्तक है, लेकिन चन्द पलों के बाद ही यह स्पष्ट हो जाता है कि वह अपना कोई कार्य सिद्ध करवाना चाहता है। हैरानी तो तब होती है, जब वह किसी दूसरे को हानि पहुँचाकर अपना अहं तुष्ट करना चाहता है।" विश्वविद्यालय का कुलपति चाहे कितना भी योग्य प्रशासक हो, उसने चाहे कितने ही अध्यापकों की प्रोन्नति की हो, विश्वविद्यालय की जर्जरित वित्तीय स्थिति को ठीक करने का कितना ही प्रयत्न क्यों न किया हो, कितने ही रोज़गारोन्मुखी पाठ्य-क्रम विश्वविद्यालय में लागू किए हों, शैक्षणिक सत्र को नियमित करने का कितना ही प्रयत्न क्यों न किया हो, किन्तु प्रायः अन्ततः उसे असम्मानजनक रूप में ही अपने पद से जाना होता है, यही हश्र कथानायक कुलपति चन्द्रकान्त का हुआ। इस प्रकार यह उपन्यास विश्वविद्यालयी शिक्षा के अँधेरों पर भरपूर प्रकाश डालता है।

18. थ्री-पेजी दुनिया

वैश्वीकरण के फलस्वरूप महानगरों का स्वरूप तेज़ी से बदला है, वहाँ के सम्भ्रान्त वर्ग—'एलीट क्लास'—की अपनी एक अलग दुनिया है। तेज़ी से बढ़ते उपभोक्तावाद, बाज़ारवाद और विज्ञापनी संस्कृति के बीच ऐश्वर्ययुक्त समारोहों की (हाई प्रोफ़ाइल पार्टीज़) भोग-विलासपूर्ण ज़िन्दगी ने महानगरों की एक नई 'थ्री-पेजी' दुनिया रच डाली है। जिन उपन्यासों में महानगरीय ज़िन्दगी को बारीकी से उकेरा गया है, उनमें यह थ्री पेजी दुनिया अपनी पूरे ताम-झाम, सज-धज के साथ चित्रित हुई है। रवीन्द्र कालिया के '17 रानडे रोड', राजू शर्मा के 'विसर्जन', लता शर्मा के 'सही नाप के जूते', प्रमोद कुमारी तिवारी के 'उफ़्फ़', आदि उपन्यासों में महानगरीय सभ्यता के इस पक्ष का चित्रण विभिन्न रूपों में किया गया है। रवीन्द्र कालिया का उपन्यास '17 रानडे रोड' बम्बई के इस थ्री पेजी संसार पर ही केन्द्रित है जहाँ शराब-शबाब की पार्टियाँ हैं, फिल्म-निर्माण से जुड़े लोगों की लमतरानियाँ और बम्बई में पूँजी को लेकर पाले गए अपने सपनों को पूरा करने की अनेकानेक लालसाएँ हैं। उपन्यास का मुख्य पात्र सम्पूरन एक ऐसे ही बिन्दास चरित्र का स्वामी है, जो 'ऋणं कृत्वा घृतम् पीवेत्' का विश्वासी है, वह वस्तुतः 'दिल का राजा जेब का फ़कीर' है (यद्यपि उपन्यास में यह शीर्षक उसके मित्र, के.सी. मलकानी के लिए दिया गया है)। उसकी मुस्कराहट भी 'किसी पहुँचे हुए फ़कीर की तरह' है। भले ही उसकी जेब खाली हो तो भी वह किसी भी दोस्त को शराब-पार्टी और डिनर के लिए आमंत्रित कर सकता है, उसे पूर्ण विश्वास है कि वह शाम तक कहीं न कहीं से पैसे का जुगाड़ कर लेगा। एकाउंट में पैसे न होने पर भी वह किसी को भी पोस्ट डेटिड चैक दे सकता है क्योंकि उसे विश्वास है कि उस तारीख तक पैसों का कोई न कोई इन्तज़ाम हो ही जाएगा। उसका मित्र आयकर अधिकारी शिवेन्द्र भी ऐसा ही पार्टीबाज़ शौकीन है जो सुरा और सुन्दरी, सुन्दरियों में डूबने का आदी है। पार्टियों के विषय में वह सम्पूरन को अपनी पूरी सैद्धांतिकी से परिचित करा देता है, "बम्बई ग्लैमर और दौलत की नगरी है। जिसके पास पैसा है, वह ग्लैमर के पीछे दौड़ रहा है और जिसके पास ग्लैमर है वह दोस्त के पीछे। इसलिए पार्टी में ग्लैमरस और दौलतमन्द चेहरे दिखाई देने चाहिए। अपने यहाँ पार्टी का स्ट्रक्चर मैं कुछ इस प्रकार रखता हूँ।" सम्पूरन बाकायदा इन सूत्रों को अपनी डायरी में टाँकता है, "पार्टी में दो उद्योगपति रहने चाहिए, एकाध पोलिटिशियन, एक फैशन डिज़ाइनर या ज्युअलरी डिज़ाइनर, एक फुलटाइम सोशलाइट, जिससे आप सब पार्टियों में मिल सकते हैं और एक ऐसी ग्लैमरस सोशलाइट जिसकी उपस्थिति मात्र से लोग रोमांचित हो उठें। बम्बई में जर्नलिस्टों की भी कमी नहीं, वे लोग आपकी दारू ज़रूर पिएँगे मगर आपकी छवि

बनाने में भी सहायक होंगे। इन सबके बीच एक दढ़ियल किस्म का दिलफेंक नया कलाकार भी होना चाहिए।...टेलिविज़न की दो-तीन हस्तियों से पार्टियों में जान आ जाती है। गुज्जू भाई और रईस लोग विदेशियों से बहुत प्रभावित होते हैं।" शिवेन्द्र फ़िल्मी दुनिया में भी प्रवेश करता है, वह अपनी जो फ़िल्म लाँच करता है उसमें बड़ी-बड़ी नामी फ़िल्मी हस्तियों का जमावड़ा होता है, "शर्मिष्ठा टैगोर मद्रास में अपनी शूटिंग छोड़कर पार्टी में शामिल होने आई थीं। उस पार्टी में आर.एस. गौहर भी आया था, वह लगातार फ़िल्म के नाम की पैरोडी करता रहा, यह ज़िन्दगी कितनी हसीन थी। वह हर बार यही कहता 'यह ज़िन्दगी कितनी हसीन थी' और ठहाका लगाता। उसके बारे में मशहूर था, कि हर पार्टी में नई लड़की के साथ आता है। आज भी उसके साथ नई लड़की थी—आराधना। वह शायद किसी फ़िल्मी पार्टी में पहली बार आई थी और पीने में लगातार संकोच कर रही थी। स्लीवलेस ब्लाउज़ भी शायद उसने पहली बार पहना था, वह बार-बार पल्लू से अपनी बाँहें ढँक रही थी।" इन पार्टियों में जिस रूप में शराब की विभिन्न महँगी किस्मों का दरिया बहता है, उसका बयान भी कई पार्टियों के सन्दर्भ में किया गया है। फ़िल्मी नायिकाएँ ('हीरोइनें'), उनका स्नान, स्नानोपरान्त का शृंगार, महँगे कॉस्मेटिक्स, बढ़िया से बढ़िया अन्तर्वस्त्र और पोशाकों, आदि के विवरण कई बार उपन्यास में आए हैं, जरा फ़िल्म अभिनेत्री सुषमा के रंग-ढंग से परिचित होइए—"वह कुनकुने पानी से नहाती थी। पूरे बदन पर फ्रूट सोप का झाग कर लेती और टब में लेट जाती। पूरे जिस्म पर वह शावर फेंकती टार्च की तरह। शावर की धार इतनी तेज़ कि उसे लगता उसके शरीर का पोर-पोर स्वच्छ हो गया।" वार्डरोब में से कपड़ों का चुनाव करना भी कम कठिन कार्य न होता, "उसके लिए फ्रांस से आयातित लिंगरीज़ के डिब्बे पड़े थे। डिब्बों पर अत्यन्त बिन्दास युवतियों को अन्तःवस्त्रों में दिखाया गया था। उसने अंडरवियर पहना तो अजब अनुभव हुआ। फैबरिक इतनी महीन और पारदर्शी था कि वह लजा गई। इलास्टिक ऐसा कि कमर तो महसूस ही न हो कि कुछ पहना है। यही हाल ब्रा का था। अब तक जो ब्रा पहनती थी, उसे पहनकर लगता था कि कपड़ा लगातार दबाव बना रहा है और उतारने पर राहत महसूस होती थी और एक यह ब्रा भी कि एहसास ही नहीं होता था कि शरीर पर कुछ धारण किया है, बल्कि लगता था कि कोई दबाव बनाए तो अच्छा लगे।"

बम्बई की तेज़ भागती ज़िन्दगी में अभिजनों की ज़िन्दगी के ऐसे कितने ही श्वेत-श्याम चित्र रवीन्द्र कालिया के इस उपन्यास में आए हैं। ब्यूटी पार्लर ब्यूटीशियन, फैशन डिज़ाइनर, परफ्यूम-स्प्रे, बुटीक आदि फिल्मी दुनिया से जुड़े ऐसे अनेक अनुभाग-सम्भाग हैं, जो 'हाई क्लास सोसाइटीज़' के लिए अभिन्न अंग की तरह हैं। 'आधा दर्जन प्रेमिकाओं' का संग-साथ ओ. वी. जैसे यारवाश पार्टीबाज़ लोगों के लिए बड़ी आम-सी बात है। मुम्बई में सम्पूरन जैसे जीवट के लोग हैं, जिनका सिद्धान्त ही 'खाओ, पीओ, मौज उड़ाओ' है। अन्त में उसका सुप्रिया से फ़ोन पर यह कथन उसके जीवन-दर्शन को व्याख्यायित करता है, "मुझे अपने पर भरोसा है। जब बम्बई आया तो जेब में सिर्फ़ बीस रुपए थे, आज मेरे पास तू है, दफ़्तर है, दफ्तर में मारिया है, समुद्र किनारे बँगला है, चाहे भूत बँगला ही क्यों न हो। मेरे सिर पर छत है। कर्ज़ भी ज़्यादा नहीं है; जबकि तुम जानती हो, ये कन्धे लाखों का कर्ज़ उठाने की कुव्वत रखते हैं।"[91] इस प्रकार सम्पूरन की बोहेमियन ज़िन्दगी के माध्यम से बम्बई के थ्री पेजी संसार का जीवन्त चित्र उपन्यास में प्रस्तुत हुआ है।

राजू शर्मा के 'विसर्जन' उपन्यास के अभिजनों की दुनिया एक अलग ही प्रकार की 'सिविल' सोयायटी (सभ्य) दुनिया है जिसकी पहुँच सत्ता के ऊँचे गलियारों में है। कथा देश की सर्वोच्च

खुफ़िया संस्थाओं—केन्द्रीय अन्वेषण ब्यूरो (सी.बी.आई.), केन्द्रीय इंटिलेजैंस ब्यूरो (आई.बी.), रॉ जैसी प्रतिष्ठित गुप्तचर संस्थाओं पर केन्द्रित है। इन संस्थाओं के अधिकारियों की शामें, भले ही वे इनकी कार्य-पद्धति का आवश्यक अंग बन गई हों, चाहे उनमें व्यक्तिगत सम्पर्कों से कितनी ही गुप्त जानकारियाँ उगलवाई जाती हों, कितनी हसीन-रंगीन और सुरा-सुन्दरी के निरन्तर उपभोग की शामें बनती हैं। सुषमा, पंचम, दरबारी, बॉस, सपना, आदर्श, आदि पात्र अपनी शामों में कभी गुप्तचरी के संकेत-सूत्र खोजते हैं तो कभी केवल देह-स्तरों पर उतरकर अपनी शामों को रंगीन बनाते हैं। उनके उन्मुक्त रति-चित्रों को उपन्यास में बारम्बार किसी न किसी बहाने से चित्रित किया गया है। काम के बहाने वे अपनी काम-क्रीड़ा के अवसर किसी न किसी रूप में निकाले ही रहते हैं, पंचम और सुषमा गुप्तचर्या—खुफ़ियागिरी—की बात करते-करते वे बिस्तर पर ही आ सकते थे, "सुषमा उससे उम्र में करीब दुगुनी थी और बिस्तर में उसकी भूख तीन गुना ज़्यादा। स्पेशल सर्विस ब्यूरो में उसके पास जनसम्पर्क अधिकारी का अनमना, बेमतलब-सा काम और ओहदा था। दोनों का उत्तेजक अ़फेयर चल रहा था। बॉस तो अपनी बात कहकर चलता बनता था पर पंचम को पूरा वाकया शब्द-दर-शब्द, भाव-दर-भाव, सुषमा के साथ बिस्तर पर दुहराना पड़ता। तभी पंचम बॉस की ही बातचीत के नोट्स लेता था।...न जाने सुषमा को यह कैसी लत थी। बॉस की बातें सुनकर, उनके बारे में अफसानेबाजी करने से उसकी प्रेम-क्रीड़ाओं में उमंग के पँख लग जाते थे। बॉस का हर कहा वह पंचम से उगलवाती, न जाने वह सुनती भी थी या नहीं, क्योंकि तत्क्षण उसकी सिसकारियाँ और आहें एक उन्माद में फैल जातीं...। वह उन औरतों में है जो सम्भोग करते हुए मृत्युंजय जाप भी कर सकती हैं।"[92] इस प्रकार की कितनी ही शामों का चित्रण करता हुआ उपन्यासकार इन अभिजनों के अन्तरंग जीवन में झाँकता है, यद्यपि उसके उपन्यास का उद्‌देश्य देश की शीर्षस्थ गुप्तचर सेवाओं के अन्तरंग में झाँकना है।

लता शर्मा का उपन्यास 'सही नाप के जूते' में एक अलग दृष्टि से अभिजनों की ज़िन्दगी का सच सामने लाया जाता है। किस प्रकार एक माँ अपनी बेटी को विश्व सुन्दरी प्रतियोगिता के लिए प्रशिक्षित और अनुकूलित कर रही है, इस सबका चित्रण करते हुए फ़िल्मी नगरी की अन्तरंगता में प्रवेश किया गया है। विश्व सुन्दरी प्रतियोगिता में निर्णायक मंडल ('ज्यूरी') के सदस्य जो बाज़ार और फैशल जगत की दिग्गज हस्तियाँ हैं, वे किस प्रकार प्रतियोगियों से व्यवहार करते हैं, इसका बड़ा बेबाक वर्णन प्रस्तुत किया गया है। एक उदाहरण द्रष्टव्य होगा, "कंचुकी और सारंग (लुंगी) में देश-देशों की सुन्दरियाँ अपना मूल्यांकन कराने के लिए तत्पर बैठी हैं, "कुछ स्वाभाविक 'फ्रेंक और फ्री' दिखने के चक्कर में अधिक आत्म सजग लग रही थीं और कुछ वस्तुतः स्वाभाविक और सहज भाव से बैठी थीं।/उनका परिधान भी उनकी ही तरह से बेलौस था।/वो इस तरह बैठी थीं कि कंचुकी का होना न होना एक बराबर था...और सारंग? तहमदनुमा अधोवस्त्र घुटनों तक खिंचा था, सामने से खुला था।/तो...एक मेज और आमने सामने बैठे निर्णायक व सुन्दरी।/मेज के ऊपर कुहनियाँ टिकाए मुस्कराती सुन्दरी, निर्णायक महोदय से बात कर रही थी। मेज के नीचे उसका पाँव धीरे-धीरे निर्णायक महोदय के पाँव से बातें कर रहा था। थोड़ी देर बाद निर्णायक महोदय की बातचीत काफ़ी अन्तरंग हो उठी।...मेज के नीचे उनके पाँव का अँगूठा निरन्तर आगे बढ़ रहा था।" निर्णायक महोदय फ्रांस के प्रसिद्ध वाइन मर्चेंट हैं। अन्तर्राष्ट्रीय ख्याति प्राप्त। "मेज के नीचे उनका अँगूठा उसके घुटने के दस इंच ऊपर था।/और रात में भोजन से पहले नृत्य/नृत्य से पहले आसव पान, नृत्य के

बाद...लुका-छिपी, छीना-झपटी।"[93] यहीं वॉलीबॉल के खेल में "एक सुन्दरी की कंचुकी का बन्धन टूट जाता है, वक्ष नग्न हो जाता है, इसे 'वार्डरोब डिज़ास्टर' का नाम दिया जाता है। कहना न होगा कि बम्बई में फैशन शो में एकाधिक बार यह 'वार्डरोब डिजास्टर' घटित हो चुका है। वस्तुतः यह सब उस थ्री पेजी अभिजन समाज का चित्रण है जिसके यहाँ इस प्रकार की सभी वर्जनाएँ और निषेध समाप्त हो गए हैं।"

प्रमोद कुमार तिवारी के 'उफ़्फ़' उपन्यास के केन्द्र में असम प्रदेश की वह उच्चवर्गीय नौकरशाही है जो मुख्यमन्त्री के इर्द-गिर्द सत्ता का केन्द्र बनी हुई है। इन शहंशाह नौकरशाहों की कुछ रंगीन शामों का चित्रण उपन्यासकार ने किया है। ऐसी ही एक पार्टी में रंजना के सामने श्रीधर खड़े हैं, "दो-दो नफ़ीस औरतें सामने खड़ी हों तो मि. श्रीधर के लिए ज़रूरी हो जाता है कोई ऐसी घोषणा करना जो उनको राज्य के सबसे ताक़तवर नौकरशाह वाली छवि से मेल खाए।" रंजना दलवीर की तारीफ़ कुछ इस रूप में करती है, "बोले तो लगे, यूरोप, अमेरिका, आस्ट्रेलिया, लैटिन अमेरिका, सारे के सारे महादेश कहीं आस-पास ही फुसफुसा रहे हैं। नियाग्रा उसने भी देखा है, पर इस शख़्स से सुनो तो उसके पानी की हद्-हद् सुनाई देती-सी लगे।" ये सारे बड़े-बड़े अफ़सर-नौकरशाह-प्रशासन-तंत्र की सारी बातें, एक-दूसरे को नीचा दिखाने, अच्छी पोस्टिंग लेने, सी.एम. की गुडबुक्स में आने के लिए, किन्तु ये सब अफ़सर अपनी महिला सहकर्मियों को बिस्तर, सोफ़े या फ़र्श पर लाने में अधिक समय नहीं लगाते (या कहें गँवाते), अम्लान, अक्षरा (मन्त्री) समीक्षा, रंजना, दिव्य बरफून—सभी किसी न किसी रूप में किसी भी अवसर पर देह-स्तर पर ही उतर आते हैं। अध्याय सोलह का सुदीर्घ दिव्य बरफून और अक्षरा प्रसंग पूरी तरह से देह-सम्बन्धों का ही चित्रण है, "दूधिया गोलार्द्धों को भींचे हुए मुट्ठियों में उसे खींचते हैं अपनी ओर।/अक्...छ...रा.../नसों में उत्तेजना का उत्पात बेकार होता जा रहा है।/पिंडलियाँ ऐंठती-सी महसूस होती हैं। आवाजाही अवरुद्ध होती-सी लगती है साँसों की...।"[94] इस प्रकार के अनेक चित्र अफ़सरों की रंगीन मिज़ाजी और खुशगवार शामों के 'उफ़्फ़' में आए हैं।

19. खेल की दुनिया

क्रीड़ा जगत पर हिन्दी में उपन्यास-लेखन लगभग न के बराबर है, एकमात्र कृति रमेश दवे की 'खेल गुरु' है। रमेश दवे ने ऊँची कूद ('लाँग जम्प') को केन्द्रित कर यह उपन्यास लिखा है, जिसमें हमारे देश के एन.आई.एस. (नेशनल इंस्टीट्यूट ऑफ़ स्पोट्‌र्स'—सुभाषचन्द्र बोस राष्ट्रीय क्रीड़ा संस्थान), पटियाला जैसे उच्चतम क्रीड़ा-प्रशिक्षण संस्थान की कार्यविधि, खिलाड़ियों को कराए जाने वाले अभ्यास, विभिन्न प्रतियोगिताओं के लिए किया जाने वाला खिलाड़ियों का चयन, कोचों—खेल गुरुओं—द्वारा अपने प्रशिक्षार्थियों पर की जाने वाली मेहनत, राष्ट्रीय और अन्तर्राष्ट्रीय प्रतियोगिताओं के लिए किया जाने वाला चयन, उसके पीछे की राजनीति, क्षेत्रीयता और खेल मन्त्रालय के दबावों, आदि का सूक्ष्म प्रत्यक्षदर्शी-सा चित्रण प्रस्तुत किया गया है। केरल के कोट्टायम जिले के छोटे-से गाँव की लड़की वसुधा किस प्रकार पहले जिला और प्रान्त स्तर पर ऊँची कूद में अपनी प्रतिष्ठा बनाती है और मास्टर वासुदेवन जैसे स्कूल शिक्षक उसकी प्रतिभा को पहचान कर जिस प्रकार उसे तराशने में जुट जाते हैं, वह आज के उपभोक्तावादी युग में विरल उदाहरण बनता है, "वसुधा के बारे में एक मास्टर एक साथ इतना सोच गए—क्या दरअसल ऐसे मास्टर बचे हैं, इस देश में? कितनी ही वसुधाएँ गाँव-गाँव, आदिवासी-वनवासी प्रदेशों में अपनी गठीली लचीली देहों से भरी पड़ी हैं। कौन उनके जरिए मिट्टी में से स्वर्ण

खोजेगा?" फिर उसका प्रवेश तिरुवनन्तपुरम के क्रीडा-संस्थान में होता है जहाँ वसुधा को विश्वनाथन सर जैसे खेल गुरु मिलते हैं जो उसे लाँग जम्प के अच्छे खिलाड़ी के रूप में तराशने में कोई कोर-कसर बाकी नहीं छोड़ते—स्टेमिना बिल्डिंग के लिए घोर परिश्रम-व्यायाम, पी.टी., आदि और फिर दिन-भर कूद—जम्प—का अभ्यास कराकर उसे पूरी तरह विभिन्न राष्ट्रीय प्रतियोगिताओं के लिए तैयार किया जाता है। लेखक ने जिस रूप में लाँग जम्प की अन्दरूनी बारीकियों का चित्रण किया है, उससे लगता है कि उसका इस खेल से गहरा परिचय है। जम्पिंग के प्रेक्टिस सेशन का परिचय कथन को सम्पुष्ट करता है, "अपना-अपना रन-अप एक्शन, जम्प का फ्लाइट एक्शन, लेंडिग एक्शन, हाथ पैरों का आगे-पीछे टिकने का एक्शन, बॉडी पास्चर, सभी ने पूरी तन्मयता से दिखाने की कोशिश की। माइक्रो फ़िल्म हर एक्शन की बनाई गई। गद्दों पर और मिट्टी के एरिया दोनों जगह परफारमेंस हुआ।" फिर वसुधा इंटर-स्टेट मीट के लिए पटियाला के राष्ट्रीय क्रीड़ा संस्थान पहुँचती है। यहाँ राष्ट्रीय स्तर के चयनकर्त्ता—सिलेक्टर—किस प्रकार राजनीति के शिकार हो जाते हैं उस पर लेखक ने अपना क्षोभ भी व्यक्त किया है। वहाँ मुरलीधरन जैसे सिलेक्टर भी हैं जो इस दलदल में फँसना नहीं चाहते, मुरलीधरन अपने पत्र में लिखता है, "जिन लोगों पर न्यायधीश की तरह पूरा देश विश्वास करता है, वे मन्त्री की एक फूँक से अपनी सारी नैतिकता ताक पर रखने को तैयार हो गए।" मुरलीधरन इस सबके प्रति विद्रोह करता है। सारी अड़चनों के बावज़ूद वसुधा अपने खेल में सर्वोत्कृष्ट तक पहुँचती है। लेखक ने उपन्यास में एक प्रश्न बहुत सावधानीपूर्वक बड़े साहस से उठाया है कि वह खेल-गुरुओं और विभिन्न क्रीड़ाओं की महिला खिलाड़ियों के पारस्परिक सम्बन्धों को लेकर है। वसुधा कभी-कभी ऐसे संकटों से गुज़रती है, ...मुझे यह लगा कि शायद विवि सर मेरे जम्प और ड्रेस से ज़्यादा मेरी देह में मेरा उछाल और उभार देख रहे हैं। उधर कोच विवि सर के निर्देश ऐसे हैं, "तुम आज जो ड्रेस पहनकर आई हो, अब ये नहीं चलेगी। तुम्हें सेंडोकट टॉपलेस टीशर्ट या स्लीवलेस टॉपलेस सेंडो बनियान पहनकर आना होगा। छाती पर ब्रा कुछ ढीली होनी चाहिए। इतनी कसी हुई न हो कि जम्प के दौरान झटके से क्लिप निकल जाएँ। शार्ट्स बिल्कुल शार्ट हों और जाँघों से चिपके हों, हिप्स पर भी चिपके हों, लूज बिलकुल न हों। कपड़ों, जूतों, मोजों का वज़न, कम से कम होना चाहिए। इसलिए कल से जो कपड़े तुमने यहाँ के स्पेसीफिकेशन पर शॉप से ख़रीदे हैं, वही पहनकर आएँ। तुम्हारे और छलाँग के बीच कपड़े नहीं आने चाहिए।" ऐसे कितने ही संकोचों, संकटों के बीच खिलाड़ी को अपना कैरियर बनाना पड़ता है। कभी-कभी महिला खिलाड़ी या दूसरे खिलाड़ी इस द्वन्द्व से भी गुज़रते हैं कि, "...आखिर एक खिलाड़ी के खेल पर अधिकार किसका? स्वयं खिलाड़ी का? नहीं, नहीं। तो फिर कोच का, मैनेजर का, संस्थान या अकादमी का? अधिकारियों का? नेताओं, मंत्रियों, सिलेक्टरों, अख़बारों, मीडिया वालों और पैसे से सारी दुनिया ख़रीदने वाले दौलतमन्दों का? ये एक खिलाड़ी से जितना लेते हैं, बदले में उसे देते कितना हैं?"[95] ऐसे कितने ही सवालों से लेखक टकराता है। वस्तुतः यह खेल की दुनिया जितनी सरल-सहज दिखती है, उतनी होती नहीं। खेल की दुनिया की इन्हीं सब समस्याओं को 'खेल गुरु' में प्रामाणिकता से चित्रित किया गया है।

20. एंग्लो इंडियन समाज

हिन्दी उपन्यास का कथ्य इतना विराट और बहुआयामी है कि जीवन और समाज का कोई क्षेत्र उससे छूटा नहीं है। भारत में बड़ी संख्या में एंग्लो इंडियन बहुत-से शहरों में बसे हुए हैं,

वे भी हमारे समाज के अभिन्न अंग बन गए हैं, ठीक उसी प्रकार जिस प्रकार पारसी, आदि जातियाँ भारतीय समाज में पूरी तरह घुल-मिल गई हैं किन्तु फिर भी उनकी अपनी एक अलग सांस्कृतिक पहचान है। इसी प्रकार एंग्लो इंडियन समाज के लोग पूरी तरह भारतीय समाज का अंग बनकर भी अपनी एक अलग सांस्कृतिक अस्मिता बनाए हुए हैं। इस समाज का बिहार के दक्षिणांचल में एक पूरा गाँव बसा हुआ है जिसकी कथा विकास कुमार झा ने 'मैकलुस्कीगंज' उपन्यास में बहुत सूक्ष्मता और प्रामाणिकता से अंकित की है। वस्तुतः यह समाज पूरी तरह हिन्दुस्तान की मिट्टी से एकमेक हो गया है, दूर रहते हुए उन्हें भी अपने गाँव-दुआर की याद उसी प्रकार आती है जिस प्रकार किसी हिन्दुस्तानी को। उपन्यास का प्रारम्भ ही गाँव के इस अतीत-मोह से होता है, दूर हांगकांग में बैठा डेनिस मैगाबन "इन बीते वर्षों में (डेनिस) हज़ारों-हज़ार किलोमीटर दूर बसे अपने गाँव मैकलुस्कीगंज की यादों से पीछा नहीं छुड़ा सके।" उपन्यासकार एंग्लो इंडियन समुदाय के इतिहास में जाते हुए बताता है कि 2 अगस्त, 1935 को तत्कालीन ब्रिटिश सरकार ने इन्हें विधिवत् मान्यता प्रदान की थी और इसी दिन को ये लोग आज भी 'एंग्लो इंडियन डे' के रूप में मनाते हैं। इस समुदाय का गाँव किस प्रकार बसा इसे डेनिस अपनी स्मृति में आज तक संजोए हुए उसका किस्सा यूँ बयान करते हैं, "...कंका पहाड़ी के पार्श्व में बसा सघन जंगल के बीच बसा अपना 'गंज' था। ईसाई मिशनरी वालों ने यों दक्षिण बिहार के इस इलाके में अनगिनत गिरजाघर बनवाकर आदिवासियों को बहुतायत में ईसाई बनाया था। लेकिन ईसाई मिशनरियों ने कोई गाँव आबाद कर दिया हो, ऐसा नहीं था। पर मि. मैकलुस्की ने तो ज़िद बाँधकर एंग्लो-इंडियन समुदाय के लिए एक गाँव ही बसा दिया। डेनिस अपने बचपन के दिनों को याद करते कि कैसे गोबरछत्ते की तरह एंग्लो इंडियंस के छोटे-बड़े बँगले उनकी आँखों के सामने उगते चले गए थे।" इस प्रकार स्मृतियों के सहारे डेनिस इस 'गंज' के अतीत और वर्तमान की गाथा कहते हैं। इस गाँव के बहुत सारे वासी दूर-दराज अपनी जीविका और बेहतर जीवन स्तर की तलाश में चले गए हैं किन्तु वे अपने पुश्तैनी घरों से आज भी ममता की डोर से बँधे हुए हैं, वे उन घरों को बेचते नहीं अपनी आयाओं और खानसामों को देखभाल के लिए, उन्हीं के लिए, छोड़ देते हैं। थॉप साहब के बेटे वाल्टर इसी प्रकार अपने घर को आया को देकर कहते हैं, "आया! पूरा कैम्पस तुमको रहने को दे दिया और क्या लोगी तुम? इसी में उपजाओ...कमाओ...खाओ। कितना बड़ा कैम्पस है।" फिर कथा में कोयला खदानों के लिए ज़मीन अधिग्रहण, आदि की समस्या पर विचार हुआ है। वह समय भी आता है जब इस समुदाय के लोगों को गोरी चमड़ी के कारण विदेशी एज़ेंटों के रूप में स्थानीय राजनेता और पुलिस इन पर तोहमत लगाते हैं किन्तु इसका पुरज़ोर विरोध वहाँ के मूल निवासी करते हैं क्योंकि वे जानते हैं कि वे कभी ऐसा नहीं कर सकते। रॉबिन को जब इसी शक में पुलिस पकड़ने आती है तो सामू, मुंडा चिल्ला-चिल्लाकर कहता है, "अनर्थ...क्या अनर्थ हो रहा है यह...? शर्म नहीं आती तुम लोगों को। अरे, यह इसी मिट्टी-पानी का लड़का है। कौन कहता है...? किसका कहना है कि यह विदेशी एजेन्ट है...? कमीनो... कुत्तो...हरामजादो...। तुम सब लोग हो विदेशी एजेन्ट। भारतीय शरीर में एक देशद्रोही...। कुत्तो...हरामजादो।" इस आदिवासी आक्रोश के बावज़ूद इन पर झूठे संगीन आरोप लगाए जाते हैं, "आप लोगों के साथ मेरी पूरी हमदर्दी है। पर रॉबिन के ख़िलाफ़ गम्भीर आरोप हैं। स्थानीय आदिवासियों को भड़काने और एम.सी.सी. उग्रवादियों को आधुनिक हथियारों के लिए उन विदेशी एजेन्सियों से रुपया दिलवाने का भी उस पर आरोप है, जो भारत में अस्त-व्यस्तता

पैदा करने में सक्रिय हैं। 'झारखंड मुक्ति मोर्चा' के एम.पी. एंकोनी लकड़ा ने और इसी पार्टी के संगठन-सचिव दुती भगत ने इन बातों की लिखित शिकायत की है। दुती भगत तो आपके मैकलुस्कीगंज के ही हैं। इन ज़िम्मेवार-सम्मानित लोगों की शिकायत को नज़रअन्दाज़ भी तो नहीं किया जा सकता।"[95] राजनीति के इस खेल में जिस प्रकार इन निर्दोषों को फँसाया जाता है, यह आज के राज्य और शासन पोषित आतंकवाद का परिचय देता है। फिर उपन्यासकार ने बिहार की राजनीति को यथार्थ रूप में, बिना कल्पना का रंग दिए चित्रित किया है जब सन् 2000 का बिहार विधानसभा चुनाव हुआ और फिर तेज़ी से चलते राजनीतिक घटना-क्रम में किस प्रकार पहले नीतिश कुमार ने एंग्लो इंडियन सीट पर 'सेंट डॉमनिक स्कूल' के संचालक जोजफ पिचली गलस्टॉन का मनोनयन राज्यपाल से करवा दिया और लालू यादव की कड़ी आपत्ति के बावज़ूद मि. गलस्टॉन को विधायक पद की शपथ दिलवा दी गई। नीलमणि और रॉबिन की गोली मारकर की गई हत्या और उसके विरोध में व्यापक जनाक्रोश के साथ उपन्यास का समापन होता है। वस्तुतः मैकलुस्कीगंज एंग्लो इंडियन समुदाय के इतिहास और जीवन पर लिखा गया एक महत्त्वपूर्ण उपन्यास है। अभी (4-5 जून, 2013) की ताजी सूचना यह है कि शीला रोहेकर का 'मिस सम्युएल-एक यहूदी गाथा' भारत के यहूदियों के जीवन पर आया है। इस प्रकार अलक्षित समाजों पर हिन्दी उपन्यास की दृष्टि गई है।

21. पर्यावरण संकट

आज देश और दुनिया के सामने पर्यावरण का संकट बड़े विकराल रूप में खड़ा हुआ है। बढ़ते आधुनिकीकरण और उद्योग-धन्धों के तीव्र विकास ने हमारी पारिस्थितिकी को अस्त-व्यस्त कर दिया है। जल-संकट, वनों का निरन्तर कटते चले जाना, नगरों-महानगरों का बढ़ता विस्तार, आदि हमारे लिए पर्यावरण के अनेक संकट उपस्थित कर रहा है। जल समस्या इतनी विकट हो उठी है कि आँकड़ों के अनुसार चालीस प्रतिशत जनसंख्या के पास न्यूनतम स्वच्छता वाला पर्याप्त जल नहीं है। संयुक्त राष्ट्र संघ की यूनेस्को संस्था ने कुछ वर्ष पूर्व विश्व जल दिवस जैसे आयोजन से पूरी दुनिया को जल संकट के प्रति सचेत करने का प्रयास किया था। जल से जुड़ा पर्यावरण का दूसरा संकट वनों, जंगलों का निरन्तर कटते चले जाना भी जल-संकट से जुड़ा हुआ है। इसी कारण वर्षा का कम होना, नदियों में बाढ़ आना, सूखा और अकाल की स्थितियाँ, आदि ऐसे अनेक संकट हैं, जो मनुष्य के लिए पर्यावरण के संकट के रूप में उपस्थित रहते हैं। हिन्दी उपन्यास ने जहाँ देश और समाज की अनेक समस्याओं पर दृष्टि डाली है, वहीं पर्यावरण संकट को भी कुछ उपन्यासकारों ने अपने उपन्यास का विषय बनाया है। नासिरा शर्मा का उपन्यास 'कुइयाँजान' तो मुख्यतः जल-संकट पर ही केन्द्रित है। उपन्यास का कथा-पट खुलते ही पानी के लिए मची चिल्ल-पों पर दृष्टि डाली गई है, "मुहल्ले के कुएँ बरसों पहले पाट दिए गए थे। एक-दो घरों में हैंडपम्प थे, जो खराब पड़े थे। मस्जिद वाली गली से मिली अन्दरसे वाली गली थी। वहाँ पक्के बड़े-बड़े घर थे। उनके यहाँ भी पानी की हाय-तौबा मची थी। शिव मन्दिर के पुजारी भी बिना नहाए परेशान बैठे थे। उन्होंने न मन्दिर धोया था, न भगवान को भोग लगाया था। उनके सारे गगरे-लोटे खाली लुढ़के पड़े थे। नल की टोटी पर कई बार कौआ पानी की तलाश में आ-आकर बैठ-उड़ चुका था। गरमी ऐसी कि पसीना पानी की तरह शरीर से बह रहा था।" चारों ओर पानी के लिए मची त्राहि-त्राहि के बीच मस्जिद के मौलाना साहब गुज़र जाते हैं और उनके आख़िरी गुसल के लिए पानी नहीं

है। बूढ़ी बुआ उनके गुसल के लिए अपने घर से सहेजा हुआ पानी देती है। दो दिन बाद लाइट आने पर जब पानी आता है तो लोगों को पानी की कीमत मालूम होती है। धरती का जल-भू स्तर ही नीचे नहीं गया है अपितु जहाँ पानी की उपलब्धता है वहीं यह संकट भी उपस्थित है कि पानी पीने योग्य नहीं रह गया है, "कई जिलों में पानी की जाँच से पता चला है कि नलकूप से आने वाला पानी पीने लायक नहीं है। भोजपुर जिले में आरसेनिक (सांखिया) की मात्रा बहुत अधिक पाई गई है जिसका सेवन स्वास्थ्य के लिए अत्यन्त हानिकारक है। अब सारे नलकूप सील कर दिए गए हैं और उस इलाके में टैंकर की सहायता से जनता को सरकार जल उपलब्ध करवा रही है।" लेखिका की दृष्टि राजस्थान, मध्यप्रदेश, आदि उत्तरी प्रान्तों के जल-संकट पर ही नहीं रुक जाती वह दक्षिण भारत के जल-संकट पर भी विचार करती है, "यही हाल दक्षिण भारत में तमिलनाडु के रामनाथपुरम, बुनियादीपुरम और मुतुरामलिंगन के ताल-पोखरों का हो गया है। सूख गए हैं, मगर पानी चाहिए सो 'वाइगड' नदी के किनारे पानी के लिए रेत में गड्ढे बना पीने का पानी जमा कर रहे हैं।" पानी की समस्या पर कितने ही कोणों से विचार करती उपन्यासकार उस स्थिति को भी प्रकाशित करती है जहाँ कुछ गाँवों में दलितों को 'ठाकुर का कुएँ' से आज भी तीन रुपए प्रति घड़े से पानी बेचा जाता है। वे उन बहुराष्ट्रीय कम्पनियों पर भी कटाक्ष करती हैं, "जो हमारी नदी के जल और धरती के गर्भ में छुपे जलाशय पर भी अधिकार जमा रही हैं।" इसी प्रकार पूरे उपन्यास में जल-संकट और वनों के कटने, बाँध बनाने के हानि-लाभ, नदियों को जोड़ने से उपजी समस्याओं पर गम्भीरता से विचार करता है। फराका बाँध बनने से बंगलादेश को जो नुकसान हुआ उसका यह चित्र भी आँख खोलने वाला है, "...इस बाँध ने बंगलादेश को जो हानि पहुँचाई है, उसका ज़िक्र करना चाहूँगा। इस बैराज के बनने से बंगलादेश के कुंटिया सहित सात-आठ जिलों में जल-स्तर काफ़ी नीचे चला गया। जिसके कारण पेड़-पौधों पर बहुत बुरा असर पड़ा। ज़मीन का लवण भी जल के साथ नीचे गया। सुन्दरी पेड़, जिसकी हमारे यहाँ बहुतायत थी, जिसके कारण जंगल का नाम सुन्दरवन पड़ा, वह पेड़ अब खोजने से ही नज़र आते हैं। वही हाल मछलियों का हुआ। प्रवासी पक्षियों के आगमन पर असर हुआ।"[96] आदि। वस्तुतः जल-संकट, वनों के निरन्तर कटने, सूखा और बाढ़ ही स्थितियों, आदि पर विचार करता 'कुइयाँजान' पर्यावरण संकट पर अपनी गहरी चिन्ता व्यक्त करता है।

ब्रजेश के. वर्मन का उपन्यास 'विश्वामित्र' यद्यपि राम कथा के मिथक को अपनी दृष्टि से खोलता है किन्तु यहाँ भी लेखक ने मिथिलापुरी में राजा जनक की जल-प्रबन्धन व्यवस्था को वर्तमान के लिए संकेतित किया है, "जनकपुर कमल से भरे जलाशयों और नैसर्गिक सौन्दर्य की नगरी थी। सिर्फ़ जनकपुर ही नहीं, सम्पूर्ण मिथिलांचल में जल-संचय और उसके विविध उपयोग का यह लघु प्रयोग, जल-संसाधन के प्रयोग की सर्वाधिक प्रासंगिक विधि थी। मछली पालन से लेकर मखाना, सिंघाड़ा और कमलगट्टे का उत्पादन न केवल आर्थिक सम्पन्नता में सहायक था वरन् सूखे की स्थिति से निपटने में सक्षम भी। सम्पूर्ण भारतवर्ष की भौगोलिक विविधता की विडम्बना यही है कि वर्षा की प्रचुरता का कोई सम्यक् संकल्प और वितरण नहीं हो पा रहा है।" आगे लेखक सीधे-सीधे वर्तमान की विसंगतियों पर प्रहार करता अपना मत इस प्रकार व्यक्त करता हुआ राजनेताओं और प्रशासन-तंत्र को एक दिशा-निर्देश देता है, "पूर्वोत्तर बाढ़ के पानी को पश्चिमी मरुभूमि या दक्षिणी पठार तक ले जाने की योजना धरी की धरी रह जाती है। वे कहते हैं ऐसा करने से पर्यावरण का संकट हो जाएगा। पर सच तो यह है कि संकट पर्यावरण

का नहीं राजनीतिक इच्छा शक्ति का है। क्षुद्र सवर्णों की तलवारबाज़ी से फुर्सत मिले तो कोई बड़ा काम हो। राजनीति को अगर विकास नीति से नहीं जोड़ पाए तो गणतंत्र को भीड़तंत्र बनने में ज़्यादा समय नहीं लगता।"[97] इस प्रकार रामकथा में अवसर निकालकर वर्तमान के पर्यावरण प्रश्नों पर मिथिला नगरी के माध्यम से एक अच्छा विचार प्रस्तुत किया गया है।

कुसुम कुमार का 'मीठी नीम' पूरी तरह वन और पेड़-पौधों की रक्षा तथा वृक्षारोपण के आन्दोलन पर ही केन्द्रित है। 'मीठी नीम' शीर्षक तो नीम जैसे कड़वे वृक्षों की महत्ता बताने के लिए दिया ही गया है, उपन्यास 'एक खास जनान्दोलन के सम्मान में' समर्पित भी है। ओमना जैसा अल्पशिक्षित या कहें प्रायः अशिक्षित पात्र जिस रूप में वृक्ष संरक्षण और वृक्षारोपण को समर्पित है, वह पर्यावरण के सम्बन्ध में लेखकीय चिन्ता को उजागर करता है। पहले तल्लेवाली ओमना पुरी वह है जिसने "पूरी नर्सरी घर में ही बना रखी है।" वर्षा ऋतु में पड़ती बारिश में वह 'रागमाला' की हरी सम्पदा देखती है, "समग्र हरी विविधा, जिसे अपलक देखती" वह "आह्लादित है", "नीम हरा, मेंहदी हरा। नींबू हरा। तोतई हरा। ग्रामीण हरा। द्वैत हरा। जित देखो तित हरा...।" इस हरियाली को देखकर ओमना गद्‌गद्‌ होती है। वृक्षों-पौधों से उसकी ममता और नेह इतना है कि वह उन्हें छोड़कर अपने सद्यःजात पौत्र को भी देखने नहीं जाती। जब उसका बेटा उसे साथ ले जाने का आग्रह करता है तो उसका उत्तर यह है, "मैं जानती हूँ पुरु, मेरी टिकट ख़रीद ली तूने जिसे तुझे अब, कैंसिल करना पड़ेगा, मैं परसों तेरे साथ नहीं जा सकती। पौधों की देखभाल का कुछ प्रबन्ध हो जाने पर, खुद पहुँच जाऊँगी बड़ोदरा।" वृक्षों के कटने से जो ऋतु चक्र बदला है उससे कभी घनघोर वर्षा तो कभी सूखा की स्थिति, जो आती है उस पर भी चिन्ता प्रकट की गई है। पूरे कथा-क्रम में ओमना की यह पर्यावरण चिन्ता दिखाकर उपन्यास के अन्त में वह अपने 'मीठी नीम' की रक्षा में अपने स्थान पर ही रह जाना चाहती है, किसी भी बच्चे के साथ नहीं जाती। उसकी बेटी भी यही प्रतिज्ञा लेती है, "एक बात कसम खाकर कहती हूँ मैं जहाँ रहूँगी, वृक्षों की रक्षा करूँगी।" इस कारण उपन्यास की पूरी कथा ही वृक्षों-पौधों के संरक्षण की चिन्ता से जुड़ी हुई है।

22. भोपाल गैस त्रासदी

2 दिसम्बर, 1984 की रात को भोपाल में अमेरिकी कम्पनी यूनियन कार्बाइड में जो गैस रिसाव हुआ वह पिछली शताब्दी की भीषणतम औद्योगिक दुघर्टना थी जिसमें हज़ारों की संख्या में लोग मारे गए, यद्यपि प्रकाशित आँकड़ों में संख्या कम दी गई किन्तु प्रत्यक्षदर्शी जानकारों का कहना है कि लगभग 15 हज़ार लोग मारे गए और घायल तथा गैस-जन्य बीमारियों से पीड़ितों की संख्या लाखों में है। जिसका प्रभाव आज भी वहाँ के सद्यजात शिशुओं में अनेक चर्म-रोग नेत्र-रोग, अनेक स्नायुविक रोगों के रूप में देखे जा सकते हैं, ठीक उसी प्रकार जिस प्रकार हिरोशिमा और नागासाकी में आज भी जन्मे बच्चे अणुबम-हाइड्रोजन बमों के दुष्परिणामों को लेकर पैदा हो रहे हैं। अमेरिकन कम्पनी ने जिस प्रकार सुरक्षा नियमों की धज्जियाँ उड़ाते हुए भारतीयों की ज़िन्दगी से खिलवाड़ किया वह अमेरिका की उपनिवेशवादी बर्बर नीतियों का गर्हित उदाहरण है। इस भयंकर त्रासदी पर न्यूयार्क में अभियोजन पक्ष के वकील ने जो शब्द कहे (जिन्हें नरेन्द्र नागदेव ने अपने उपन्यास के ब्लर्ब पर उद्‌धृत किया है) वे इस गैस कांड की त्रासदी के भयावह और अमानवीय रूप को बड़ी पीड़ा से व्यक्त करते हैं : "यूनियन कार्बाइड कारपोरेशन (यू.एस.ए.) की यह लोमहर्षक दोहरे मानदंडों वाली, संक्षेप में कहें तो नस्लवादी मनोवृत्ति का प्रमाण है जो

मनुष्य के जीवन (मानवता) के प्रति घोर उपेक्षा भाव दर्शाता है।"[99] इस त्रासदी से पीड़ित लोगों के कम्पनी द्वारा दिए जाने वाले मुआवज़े के मामले घोर उपेक्षा भाव से अभी तक लम्बित चले आ रहे हैं। इस लोमहर्षक त्रासदी की यत्किंचित् चर्चा तो कई उपन्यासों में हुई है किन्तु इस विषय पर पूरी शोध और तैयारी से नरेन्द्र नागदेव का सशक्त उपन्यास 'एक स्विच था भोपाल में' (2012) आया है। प्रस्तुत उपन्यास में लेखक ने बताया है कि यूनियन कार्बाइड कारपोरेशन कम्पनी का भोपाल में स्थापित कारखाना समस्त सुरक्षा-निर्देशों को धता बताकर स्वीकृत किया गया था। रेलवे स्टेशन से महज़ दो किलोमीटर की दूरी पर आसपास बसी बस्तियों के पास इस सयंत्र की स्थापना एक आपराधिक पग था जिसका भरपूर विरोध प्रशासन में बैठे ईमानदार लोगों ने किया था। 2 दिसम्बर, 1984 की रात को घटी यह भयंकर त्रासदी अचानक नहीं घट गई। गैस रिसाव के कितने ही छोटे-बड़े हादसे पहले से इस कम्पनी में निरन्तर होते आ रहे थे जिनकी ओर कम्पनी ने ध्यान नहीं दिया क्योंकि उनका एकमात्र उद्देश्य केवल मुनाफ़ा कमाना था। यह कम्पनी " 'सेवन' नामक कीटाणुनाशक बनाती थी," इसकी स्थापना के समय दावा किया गया कि यह "कम्पनी देश की अधिक अन्न उपजाने की क्रान्ति में महत्त्वपूर्ण भूमिका अदा" करेगी। इस उद्देश्य से 1969 ई. में इसकी इकाई भोपाल में स्थापित की गई। इस त्रासदी से सवाल उठता है कि यह कारखाना लगाने के लिए सरकार ने यह ज़मीन दी ही क्यों जो आबादी के आसपास है। भाउ जैसे अधिकारियों ने अपना विरोध दर्ज़ किया था, "किस एरिया में यूनियन कारबाइड को अपना कारखाना लगाने की इजाज़त दी गई? यह ज़ोन सिर्फ़ छोटे उद्योगों तथा दफ़्तरों के लिए सुरक्षित है। इसमें इन्होंने इतना विशालकाय कारखाना लगा लिया, और डंके की चोट पर चला भी रहे हैं।...और तो और, अब उसी प्लांट में मिथाइल आयसोसाइनेट का अलग कारखाना लगाने का प्रस्ताव है इनका। वह भी तब जब इनके प्लांट के आसपास ही बस्तियाँ हैं...आबादी है।" "इसलिए इन तमाम मुद्दों का निष्पक्ष आकलन करके भोपाल शहर की सुरक्षा को ध्यान में रखते हुए...मैं इस प्रस्ताव को अस्वीकृत करता हूँ।" किन्तु उनके उच्च अधिकारियों ने उनकी एक न सुनी और कारखाना स्थापित हो गया। वस्तुतः लेखक अमेरिका की उस नस्लवादी मानसिकता और उपनिवेशवादी नीति को बेपर्द करता है, वे भोपाल गैस त्रासदी का तो चित्रण करते ही हैं, गौरांग प्रभुओं की उस विषैली मानसिकता पर चोट करते हैं, जिसके तहत उसे बनाया गया था। यह वह मानसिकता है "जिसमें जीने के अधिकारों को स्थगित करके, उनकी ज़िन्दगी को महज़ अपने लाभ का साधन बनाया लेता है।" रिकार्ड में यही दर्ज़ है कि इसे यूनियन कार्बाइड फैक्टरी, भोपाल के निर्माण के साथ-साथ ही बनाया गया। लेकिन सचाई यह है कि इसका निर्माण विलियम व्हाइट नामक एक गौरवर्ण मालिक के प्लांटेशन पर हो रहा था सन् 1763 में। जब वह अपने गुलामों को अमानवीय यातना दे रहा था—सिर्फ़ अपने लाभ और अपनी समृद्धि के लिए। 2 दिसम्बर, 1984 की गैस त्रासदी तो सबका जाना हुआ सच है किन्तु लेखक इनसान की ज़िन्दगियों से खेलने वाली उन लापरवाहियों की ओर ध्यान दिलाता है जिनके कारण यह त्रासदी घटित हुई। "ख़तरे की सूचना देने वाले सायरनों को बन्द कर दिए जाने के कारण विषैली गैसों का यह अदृश्य दानव निश्चित होकर बस्ती को निगलने के लिए आ पहुँचा था।"[101] ऐसे कितने ही कारणों की ओर लेखक ध्यान दिलाता है जिनसे यह त्रासदी घटित हुई, यथा मिथाइल आयसोसाइनेट विभाग में चालकों (ऑपरेटर्स) की संख्या बारह से छह कर देना, रख-रखाव करने वालों की संख्या छह से दो कर, कंट्रोल रूम में सत्तर पैनलों को मॉनीटर करने के लिए सिर्फ़ एक आपरेटर रख देना, हर पखवाड़े इंस्पेक्शन की बजाय

दो-दो महीनों में करवा देना, पुराने वाल्वों, पम्पों और पाइपों को बदलने से इनकार कर देना, आदि। मानो स्वयं कम्पनी प्रबन्धन ने इस क़हर को लाने की व्यवस्था ही कर डाली थी। इस प्रकार भोपाल गैस त्रासदी पर एक नई दृष्टि से विचार करता 'एक स्विच था भोपाल में' नरेन्द्र नागदेव का एक बहुत ही सशक्त उपन्यास है।

इस विवेचन से सुस्पष्ट है कि 21वीं शती के हिन्दी उपन्यास ने अपने समय और समाज की चिन्ताओं को कितने विस्तार, गहराई एवं सूक्ष्मता से चित्रित किया है। अपने समय की कोई समस्या या चिन्ता नहीं है जिस पर उपन्यास न लिखा गया हो, इसका एक बहुत बड़ा कारण जैसाकि पहले कहा गया है, यह है कि जीवन के सभी क्षेत्रों में कार्य करने वाले रचनाकार हिन्दी में उपन्यास रचना कर रहे हैं। यह एक बहुत स्वस्थ और स्वागत योग्य बात है जिससे हिन्दी उपन्यास समृद्धि के और भी सोपान आयत्त करेगा।

सन्दर्भ

1. कमलेश्वर, *कितने पाकिस्तान*, पृ. 91
2. वही, वही, पृ. 350
3. वही, वही, पृ. 89
4. वही, वही, पृ. 270
5. काशीनाथ सिंह, *काशी का अस्सी*, पृ. 151
6. राजू शर्मा, *विसर्जन*, पृ. 146
7. वही, वही, पृ. 152
8. रवीन्द्र वर्मा, *दस बरस का भँवर*, पृ. 74
9. वही, वही, पृ. 77
10. अलका सरावगी, *एक ब्रेक के बाद*, पृ. 51.52
11. वही, वही, पृ. 74
12. राजू शर्मा, *विसर्जन*, पृ. 110
13. गिरिराज किशोर, *स्वर्णमृग*, पृ. 28
14. वही, *आत्म वेदना* शीर्षक से उपन्यास के अन्त में दी गई भूमिका
15. रवीन्द्र कालिया, *ए.बी.सी.डी.*, पृ. 11, 12, 13
16. कमल कुमार, *पासवर्ड*, पृ. 63
17. रणेन्द्र, *ग्लोबल गाँव के देवता*, पृ. 27, 42, 78
18. वही, वही, पृ. 44-45
19. कुणाल सिंह, *आदिग्राम उपाख्यान*, पृ. 63, 39
20. राजू शर्मा, *हलफ़नामे*, पृ. 47
21. रवीन्द्र वर्मा, *दस बरस का भँवर*, पृ. 73
22. प्रियंवद, *छुट्टी के दिन का कोरस*, पृ. 195
23. पंकज सुबीर, *ये वो सहर तो नहीं...*, पृ. 11, 17
24. कुणाल सिंह, *आदिग्राम उपाख्यान*, पृ. 67
25. कमलेश्वर, *कितने पाकिस्तान*, द्र. पृ. 64, 65, 69
26. महीप सिंह, *अभी शेष है*, 'पूर्वा', पृ. 14
27. मंज़ूर एहतेशाम, *मदरसा*, पृ. 227
28. कुणाल सिंह, *आदिग्राम उपाख्यान*, पृ. 59, 62
29. महुआ माजी, *मैं बोरिशाइल्ला*, पृ. 94, 192, 216-17

30 कमलेश्वर, *कितने पाकिस्तान*, पृ. 72
31. काशीनाथ सिंह, *काशी का अस्सी*, पृ. 26, 27, 28
32. रवीन्द्र वर्मा, *दस बरस का भँवर*, पृ. 34, 96
33. हरी चरण प्रकाश, *एक गन्धर्व का दुःस्वप्न*, पृ. 34, 141
34. मो. आरिफ, *उपयात्रा*, पृ. 161, 163-64
35. अनवर सुहैल, *पहचान*, पृ. 75
36. रवीन्द्र वर्मा, *दस बरस का भँवर*, पृ. 179, 191, 194
37. अनवर सुहैल, *पहचान*, पृ. 118
38. नासिरा शर्मा *ज़ीरो रोड*, पृ. 197
39. चन्द्रकान्ता, *कथा सतीसर*, पृ. 489, 511
40. मीरा कान्त, *एक कोई था, कहीं नहीं-सा*, पृ. 171, 182
41. मनीषा कुलश्रेष्ठ, *शिगाफ़*, पृ. 29, 153, 221
42. अनवर सुहैल, *पहचान*, पृ. 131
43. अब्दुल बिस्मिल्लाह, *अपवित्र आख्यान*, पृ. 136, 165
44. बादशाह हुसैन रिज़वी, *मैं मुहाज़िर नहीं हूँ*, पृ. 14, 59
45. मो. आरिफ, *उपयात्रा*, पृ. 31
46. कमलेश्वर, *कितने पाकिस्तान*, पृ. 179, 174, 175, 350
47. नासिरा शर्मा, *ज़ीरो रोड*, पृ. 204, 226, 227
48. रवीन्द्र वर्मा, *दस बरस का भँवर*, पृ. 135, 136
49. सुरेश सेठ, *सुलगती नदी*, पृ. 10
50. काशीनाथ सिंह, *काशी का अस्सी*, पृ. 34-35, 41, 167
51. राजू शर्मा, *हलफ़नामे*, पृ. 33, 41
52. राजू शर्मा, *विसर्जन*, पृ. 78, 79, 83
53. नरेन्द्र नागदेव, *खम्भों पर टिकी खुशबू*, पृ. 104, 141
54. जगदीश चन्द्र, *जगदीश चन्द्र रचनावली, खंड-एक*, पृ. 655, 661, 699
55. भीमसेन त्यागी, *ज़मीन*, पृ. 237, 242
56. भगवानदास मोरवाल, *रेत*, पृ. 63, 73
57. मधुकर सिंह, *बेनीमाधो तिवारी की पतोह*, पृ. 48-49, 58
58. रामधारी सिंह दिवाकर, *अकाल सन्ध्या*, पृ. 115, 210, 286
59. राजू शर्मा, *हलफ़नामे*, पृ. 200
60. सूर्यनाथ सिंह, *चलती चाकी*, पृ. 29, 38
61. एस.आर. हरनोट, *हिडिम्ब*, पृ. 91-92, 232
62. हरिसुमन बिष्ट, *आछरी-माछरी*, पृ. 77, 79, 124, 141
63. विद्या सागर नौटियाल, *मेरा जामक वापस दो*, पृ. 113, 92, 45
64. जितेन ठाकुर, *नीलधारा*, पृ. 62, 94, 98
65. गंगा प्रसाद विमल, *मानुषखोर*, पृ. 182, 99, 103
66. दिनेश कनार्टक, *फिर वही सवाल*, पृ. 46
67. सुन्दर चन्द ठाकुर, *पत्थर पर दूब*, पृ. 56
68. अनवर सुहैल, *पहचान*, पृ. 21, 23, 79
69. रणेन्द्र, *ग्लोबल गाँव का देवता*, पृ. 13, 17, 39
70. अशोक भौमिक, *मोनालिसा हँस रही थी*, पृ. 87
71. कुणाल सिंह, *आदिग्राम उपाख्यान*, पृ. 46, 85

72. विजय वर्मा, *दिमाग़ में घोंसले*, पृ. 31, 34-35, 37
73. चित्रा मुद्‌गल, *गिलिगडु*, पृ. 34, 39-40, 144
74. हृदयेश, *चार दरवेश*, पृ. 16, 64-65
75. काशीनाथ सिंह, *रेहन पर रग्घू*, पृ. 13
76. रवीन्द्र वर्मा, *आखिरी मंज़िल*, पृ. 114
77. निर्मल वर्मा, *अन्तिम अरण्य*, पृ. 132, 133
78. काशीनाथ सिंह, *काशी का अस्सी*, पृ. 66, द्र. 65 भी
79. वही, *रेहन पर रग्घू*, पृ. 63, 64, 69
80. रवीन्द्र वर्मा, *आखिरी मंज़िल*, पृ. 91
81. अजय नावरिया, *उधर के लोग*, पृ. 55, 113
82. मुद्राराक्षस, *अर्द्धवृत्त*, पृ. 26, 450, 451
83. अलका सरावगी, *एक ब्रेक के बाद*, पृ. 179, 209, 210
84. अशोक भौमिक, *मोनालिसा हँस रही थी*, पृ. 96-97, 99, 118
85. रजनी गुप्त, *एक न एक दिन*, पृ. 35-36
86. निर्मला भुराड़िया, *आब्जेक्शन मी लॉर्ड*, पृ. 130, 225
87. परितोष चक्रवर्ती, *प्रिंट लाइन*, पृ. 33-34
88. प्रदीप सौरभ, *मुन्नी मोबाइल*, पृ. 31
89. नरेन्द्र नागदेव, *खम्भों पर टिकी खुशबू*, पृ. 17, 47, 80, 103-4
90. के. एल. कमल, *कैम्पस*, पृ. 11, 12, 27
91. रवीन्द्र कालिया, *17 रानडे रोड*, पृ. 149-150, 67, 235
92. राजू शर्मा, *विसर्जन*, पृ. 58
93. लता शर्मा, *सही नाप के जूते*, पृ. 79, 80-81
94. प्रमोद कुमार तिवारी, *उफ़्फ़*, पृ. 302
95. रमेश दवे, *खेल गुरु*, पृ. 19, 66
96. विकास कुमार झा, *मैकलुस्कीगंज*, पृ. 9, 31, 129, 428, 439
97. नासिरा शर्मा, *कुइयाँजान*, पृ. 11, 83, 104, 402
98. ब्रजेश के. वर्मन, *विश्वामित्र*, पृ. 220
99. कुसुम कुमार, *मीठी नीम*, पृ. 23, 131, 403, 404
100. "Union Carbide Corporation (U.S.A.)'s culture of greed & doubt standard, in short racism, bred a eckless deprared indifference to human life.", Prosecuting Attorney in New York Court."
101. नरेन्द्र नागदेव, *एक स्विच था भोपाल में*, पृ. 49-50, 114, 91-92

अध्याय पाँच

स्त्री-पुरुष सम्बन्ध और नया नारी-विमर्श

भारतीय नव जागरण काल से ही स्त्री-दशा-सुधार के आन्दोलनों ने जोर पकड़ा और भारतीय साहित्य में स्त्री-पक्षधरता में पर्याप्त साहित्य की रचना हुई। स्वतंत्रता आन्दोलन के दौर में भी नारी-जागृति पर बड़ा बल रहा, जिसकी छाया साहित्य में स्पष्टतः देखी जा सकती है। पुरुष और महिला साहित्यकारों ने समान उत्साह से नारी-पक्ष में अपनी क़लम का योगदान किया। भारतीय साहित्य में नारी को उसको अपने पूरे वजूद में, पूरी तरह से एकदम 'स्त्री' के स्वाभाविक रूप में, अपने अस्तित्व के पूरे अहसास के साथ प्रस्तुत करने का प्रथम विस्फोटक प्रयत्न प्रगतिशील आन्दोलन के प्रारम्भिक वर्षों (1936 ई.) में ही इस्मत चुगताई की 'अंगारे' में प्रकाशित प्रख्यात उर्दू कहानी 'लिहाफ़' के द्वारा हुआ जो स्त्री को अपनी कामनाओं के साथ जीने, अपनी स्वतंत्रता को पूरी तरह हासिल करने की हसरत को पूरा करने का साक्ष्य बनकर प्रस्तुत होती है। फिर हिन्दी में इस स्वातंत्र्य-यात्रा का दूसरा प्रस्थान बिन्दु कृष्णा सोबती की 'मित्रो मरजानी' के साथ शुरू हुआ जिसमें हाड़-मांस की बनी नद-नदिया-सी खुली-डुली मित्रो को अपनी शर्तों पर ज़िन्दगी जीने का स्वाद दिया। इस चरित्र ने युगों से नारी के लिए निश्चित नैतिकता के मानदंडों को खम ठोककर चुनौती दी और उस मर्यादा की चूनर को पूरी तरह तार-तार कर जिसको 'जस की तस धर देने' का दायित्व केवल स्त्री पर डाल दिया गया था। हिन्दी कथा-लेखन में नारी-स्वातंत्र्य का दूसरा प्रस्थान बिन्दु मृदुला गर्ग की 'चित्तकोबरा' में आया जिसमें रिचर्ड और मनु के बीच घटित रति-क्षणों को बिना किसी निषेध और वर्जना-भाव के इस प्रकार व्यक्त किया गया कि स्त्री के लिए बनाई गई वर्जना की सारी शृंखलाएँ तड़-तड़ाकर टूट गईं। इसके पश्चात् भारतीय साहित्य में स्त्री-पुरुष सम्बन्धों के चित्रण में एक नई लहर तब आई जब कुछ महिलाओं ने अपनी आत्म-कथाओं में बिना किसी वर्जना और निषेध भाव के स्त्री-मन की खुली अभिव्यक्ति की। अंगेज़ी में कमला दास की 'मेरी कहानी' ('माई स्टोरी'), पंजाबी में अमृता प्रीतम की 'रसीदी टिकट', अजीत कौर की 'खानाबदोश' ऐसी ही आत्मकथाएँ थीं जिन्होंने नारी-लेखन को नई दिशा दी। सुरेन्द्र वर्मा के 'मुझे चाँद चाहिए' (1993) ने भी स्त्री-पुरुष सम्बन्धों के चित्रण में एक नई दिशा का उद्घाटन किया, वर्षा के रूप में नए युग की नई नारी की इस अवतारणा ने आगे के उपन्यासों में स्त्री-पुरुष सम्बन्धों के चित्रण के नए गवाक्ष खोले। हिन्दी उपन्यास ने स्त्री-पुरुष सम्बन्धों, को एक प्रकार से अपने ढंग से पुनर्परिभाषित किया।

इक्कीसवीं शती तक आते-आते हिन्दी महिला कथाकार वैश्विक स्तर पर चल रहे नारी आन्दोलनों और स्त्री-विमर्श से भली प्रकार परिचित हो चुकी थी। इसलिए आकस्मिक नहीं है कि हिन्दी में महिला साहित्यकारों द्वारा स्त्री-विमर्श सम्बन्धी इतनी-इतनी पुस्तकें लिखी गईं, कोई

एकाध ही लेखिका रह गई हो, जिसने स्त्री-विमर्श सम्बन्धी लेख या पुस्तकें न लिखीं हों, (द्रष्टव्य, परिशिष्ट—'स्त्री विमर्श सम्बन्धी ग्रन्थ) कुछ पुरुषों ने भी स्त्री-विमर्श पर लिखा या अपने सम्पादन में पुस्तकें प्रकाशित कराईं। शायद ही कोई ऐसा प्रतिष्ठित प्रकाशक हो जिसने इस विषय पर पुस्तकें प्रकाशित न की हों। प्रकाशन-व्यवसाय के लिए यह लोक-लुभावना, बिक्री की दृष्टि से अच्छा ('सेलेबल') उत्पाद (प्रोडक्ट) रहा। एक प्रकाशक ने तो इक्यावन पुस्तकें इस विषय पर प्रकाशित कीं। यहाँ यह चर्चा अपेक्षित नहीं है कि इस विषय पर जितना 'छपा', उसमें से कितना 'छपने योग्य' था। एक लहर में लिखे जाने वाले साहित्य की यही नियति होती है। बहरहाल, स्त्री की पक्षधरता में, महिला सशक्तीकरण की दिशा में यह स्वागत योग्य प्रवृत्ति है कि स्त्री-प्रश्नों पर इतनी सजगता से सोचा गया। यहाँ यह भी विचारणीय नहीं है कि इन प्रयत्नों ने महिला का कितना 'सशक्तीकरण' किया। इस सम्बन्ध में प्रायः नवोदित कवयित्री, वंदना शुक्ला की सद्यःप्रकाशित कविता 'निरस्त'[1] को उद्धृत करने का लोभ संवरण नहीं हो पा रहा है—

प्रश्न एक था और वो अनेक
पूछना था जिनसे
रेड लाइट की प्रतीक्षा करती रुकते वाहनों पर लपकतीं
उन स्त्रियों से
स्टेशन, सड़कों, घरों, बाज़ारों, मन्दिरों के द्वार पर
चीथड़ों में घूमतीं
पृथ्वी की खुरदुरी त्वचा पर
नंगे पैर विचरती उन भिखारिनों से
समाज और बुद्धि से परिष्कृत
उस पगली से,
या सड़क कूटती मजदूरनियों से
तोते के कुतरे फेंके, रोते हुए पेड़ों से बिछुड़े
ज़मीन पर पड़े उन अधखाये फलों-सी
स्त्रियों से भी
सुनो तुम सब...मैंने पुकारा
वो दौड़ पड़ीं, मेरी ओर
अपने अँधेरों को अपनी छाती से चिपकाए
बिवाई फटे पैरों से
कंकरीली धरती को ठेलती पीछे छोड़ती हुई
नंग-धड़ंग बच्चों को गोद में टाँगे
किसी को गर्भ में लिए
सबकी धँसी आँखों में भूख
सहसा चमक उठी
जानती हो क्या अर्थ होता है
स्त्री-मुक्ति का?—मैंने पूछा।
(वो उदास हो गईं, भूख की तरह...
उन्होंने बढ़ी हुई हथेली अपनी लकीरों समेत पीछे छिपा ली)

तुम सब एक अहम हिस्सा हो उसका और
तुम्हारे लिए ही किए जा रहे हैं बड़े-बड़े विमर्श
लिखी जा रही हैं सैकड़ों पुस्तकें
बाँटे-बटोरे जा रहे हैं पुरस्कार
रँगे जा रहे खम्भे इबारतों से
बदल रही हैं सरकारें
झाड़ी जा रही है धूल
मोटी-मोटी क़ानून की किताबों से
संसद में चल रही हैं बहसें
बिल पास किए जा रहे हैं
तुम्हें नहीं मालूम?
स्त्रियों ने उदास और गहरी नज़रों से देखा मुझे
'फ़ोकट में टेम खोटी किया बाई'
एक ने तिरस्कार से कहा
अचानक वो सब पलटीं और दौड़ पड़ीं
वो दौड़ी जा रही थीं
उतर रही थीं ढलान से पृथ्वी की
नज़रों से ओझल हो जाती हुईं

स्त्री-विमर्श सम्बन्धी ग्रन्थों, विशेषतः महिला साहित्यकारों की पुस्तकों, को देखकर यह सहज ही स्पष्ट होता है कि 21वीं शती की कथाकार एक पूरी वैचारिक पृष्ठभूमि और तैयारी के साथ उपन्यास-लेखन में प्रवृत्त हुई हैं। उन्होंने न केवल विवाह संस्था को पुनर्परिभाषित किया है अपितु स्त्री-पुरुष सम्बन्धों के समस्त आसंगों को नई दृष्टि से विश्लेषित किया है, बिना इस बात की परवाह किए कि कौन उनकी विचार-सरणि को कितनी दूर तक ग्रहण कर पाता है, उससे सहमत हो पाता है। शती के प्रारम्भ में ही अलका सरावगी अपने उपन्यास 'शेष कादम्बरी' (2001) में सविता और रूबी दी के मध्य वार्तालाप में उस नारी की वेदना को अंकित किया है जो विवाह-सूत्र में बँधकर पति के प्रत्येक अनुचित को सहने के लिए अभिशप्त है। पति के न जाने कितनी देसी-विदेशी लड़कियों से सम्पर्क हैं किन्तु सब कुछ जानते हुए भी सविता खून का घूँट पीकर रह जाती है, उसे पति के साथ रेप से भी ज़्यादा यातना मिलती है, "नहीं, रेप नहीं किया उसने मेरे शरीर का। खुद मेरी मर्जी के लिए वह निरे बेमन से सिर्फ़ दो-तीन मिनट के लिए आता था मेरे पास। उसे एक-से-एक सुन्दर लड़कियों के साथ घूमने की आदत जो थी। और मैं? इस तरह सूखी हुई रहती कि रेप से भी ज़्यादा कष्ट होता था मुझे। यह सब मैं कैसे किसे बताती। रूबी दी की आत्मा दहल गई और उनके मन में प्रश्न कौंधा, किसी पुरानी फ़िल्म के घटिया डायलॉग की तरह "अरे विधाता, तूने औरत को क्या सिर्फ़ पीड़ा झेलने के लिए बनाया।" सविता के पास कोई ठौर-ठिकाना नहीं था, "इसलिए उसने सोचा कि मैं यहीं पड़ी रहूँगी—पाँव-पोश बनकर। बाहर जाते समय पाँव पोंछ जाओ। बाहर से आते वक्त फिर पाँव पोंछ लो।"[2] स्वयं रूबी दी के दाम्पत्य की यंत्रणाएँ भी कम नहीं हैं, किन्तु लेखिका ने उपन्यास का अन्त होते-होते सविता को इतनी दबंग अवश्य दिखा दिया है कि वह अपने छली पति को सबक सिखा देना चाहती है, कोर्ट में घसीटकर उससे बीस लाख रुपए वसूलना चाहती है। वह अपने अत्याचारी

पति को क्षमा नहीं करती, उससे प्रतिशोध लेना चाहती है। उपन्यास में विधर्मी प्रेमी आदिल से रूबी दी का विवाह न हो पाने की पीड़ा भी एक कसक छोड़ती है। अपने अगले उपन्यास 'एक ब्रेक के बाद' (2008) की कथा में अलका सरावगी के लिए विवाह और विवाहेतर प्रेम चित्रण के लिए अधिक अवकाश नहीं है किन्तु यहाँ वे 'शेष कादम्बरी' से आगे बढ़कर दाम्पत्येतर प्रेम की पैरवी करती नज़र आती है। यहाँ गुरु का मत दिया गया है कि परिवार, विवाह, संस्था एक बीमा कम्पनी के समान है, "परिवार है तो इसलिए कि तुम्हारे पढ़ने-लिखने, खाने-पीने, बीमार पड़ने, बूढ़े होने की व्यवस्था ठीक रहे। असल में तो पति-पत्नी अलग-अलग रहकर दो दोस्तों की तरह मिलें, तब तो पता चले कि असल में प्रेम के कारण मिल रहे हैं, कोई बीमा कम्पनी खोलने के लिए नहीं।" दाम्पत्येतर प्रेम में ही रुक्मिणी अपने नारीत्व की सम्पूर्ति मानती है, "गुरु से प्रेम करने से पहले रुक्मिणी प्रेम का अर्थ ही नहीं जानती थी। वह एकदम अधूरी थी। मैं अपने कॉलेज के दिनों में एक लड़की से बेहताशा प्रेम करता था, पर हमारी शादी नहीं हो सकी थी। इस बात के लिए रुक्मिणी ने मुझे तब तक माफ़ नहीं किया था तब तब वह खुद गुरु से प्रेम नहीं करने लगी थी।" इस दाम्पत्येतर प्रेम की स्वीकृति और भी स्पष्ट रूप में इन शब्दों में दी गई है, "प्रेम का यह दुर्लभ अनुभव, जिसे वह बिना जाने ही मर जाता यदि वह रुक्मिणी से नहीं मिलता।"[3] यहाँ स्त्री 'अपना एक निजी स्पेस' बनाने के लिए तत्पर है। एक प्रकार से यहाँ विवाह संस्था को पूरी तरह नकार दिया गया है।

अनामिका अलका सरावगी से बाद की कथा-पीढ़ी में आती हैं, उनके यहाँ स्त्री-विमर्श अपना एक अलग नया रूप, यदि कहें उत्तर आधुनिक रूप, लेकर आया है तो असंगत नहीं होगा। अनामिका ने स्त्री-विमर्श सम्बन्धी अनेक पुस्तकें लिखी हैं, लगभग थोक रूप में, और निरन्तरता में—यथा 'मन माँझने की ज़रूरत', 'स्त्रीत्व का मानचित्र', 'स्त्री विमर्श की उत्तर गाथा', 'मौसम बदलने की आहटें', 'स्वाधीनता का स्त्री पक्ष' (अन्तिम तीन वर्ष 2012 में ही प्रकाशित)। स्त्री-विमर्श पर 'ऋग्वेद' से लेकर अद्यतन के पौर्वात्य और पाश्चात्य साहित्य का गहन अध्ययन उनके नारी-विषयक चिन्तन को धारदार बनाता है। इन पुस्तकों के लेखों की वैचारिक प्रखरता उनके उपन्यासों में भी प्रतिबिम्बित हुई है। विवाह संस्था, प्रेम, दाम्पत्येतर प्रेम-सम्बन्ध, स्वच्छन्द प्रेम, उच्छृंखल प्रेम, कॉलगर्ल पेशा, आदि अनेक स्त्री-पुरुष सम्बन्धों को अनामिका ने अपने उपन्यास 'तिनका-तिनके पास' में विवेचित किया है। वस्तुतः उपन्यास में कथा तो खोल-भर है, इन्हीं प्रसंगों पर अपना विमर्श प्रस्तुत करने के लिए कथा में अवसर निकाल लिए गए हैं, इससे उपन्यास का कथा-रस कुछ बाधित भी हुआ है। किन्तु इन स्त्री-विमर्श सम्बन्धी प्रश्नों के विवेचन का सबसे बड़ा आकर्षण है लेखिका की लालित्यपूर्ण आधुनिक भंगिमा की भाषा। अनामिका की संस्कृत साहित्य में गहन गति, अंग्रेज़ी भाषा और साहित्य का न केवल गम्भीर अध्ययन, अंग्रेज़ी भाषा और साहित्य का अध्यापन और हिन्दी पर भी उतना ही अधिकार उनकी भाषा को बिलकुल अलग किस्म का वैभव प्रदान करता है जो उनके स्त्री-विमर्श को कहीं भी न्यून नहीं होने देता। स्पंदन की माँ के माध्यम से वे दाम्पत्य के पुराने मॉडल को इस रूप में देखती हैं, "समझो कि तुम एक टायर हो—और हर दिन तुम्हें कुछ देर यानी जितनी देर बप्पा घर में रहते हैं—ऊबड़-खाबड़ सड़क पर उठा-पटक झेलनी ही है, 'मोदी टायर' की तरह का 'एड्योरेंस टेस्ट' देना ही है...।" किन्तु इसके बरक्स आधुनिक युग की जाग्रत नारी है जो बराबरी के हक माँगने से ज़्यादा 'भेड़िया रूपी पति' को 'भेड़' बना डालने की महत्त्वाकांक्षा रखती है। पतिदेव की शक्की आदत को वह इस रूप में चुनौती देना चाहती है, "ये भी मैंने सोचा कि जब बिना

कुछ किए ही ये मेरे पतिदेव मुझ पर इतना शक करते हैं तो सचमुच ही कुछ क्यों नहीं कर गुज़रूँ।" "लेकिन कुछ कर गुज़रने लायक भी तो चाहिए था। अपने इस धनी मुवक्किल का चेहरा मुझे बिलकुल पसन्द नहीं था—उसके साथ सोने में मुझे उतनी ही जोर से आँखें मींचकर एक-एक क्षण की रगड़घस झेलनी पड़ती जितनी पति के साथ। एक फ़र्क़ था केवल—पति को तो इसकी चिन्ता नहीं थी कि मुझको उनका यह प्रणय-पर्फोमेन्स लगा कैसा, लेकिन मेरा यह प्रेमी काम क्रिया के अपने पराक्रम की विरुदावली सुनने को ज़्यादा ही आकुल-व्याकुल दीखता। पिता का सिखाया वह श्लोक 'सत्यं ब्रूयात प्रियं ब्रयात/न ब्रूयात सत्यम् + अप्रियम' याद करके मैं चुप ही रह जाती।" यहाँ जिस बेबाकी से स्त्री-पुरुष सम्बन्धों के सत्य को उद्घाटित किया गया है, वह यह नारी है जो बहुत दिन किसी एक व्यक्ति से बँधकर नहीं रह पाई। किन्तु उसके इस "निरंकुश जीवन का अधिकांश प्रत्याशियों को ढालते बीता। बहुत समय, बहुत ऊर्जा इसमें नष्ट हुई। बार-बार मन में आया कि लाख कँटीला हो कोई पति, पर कटीली बाड़ की तरह तो उसका उपयोग हो ही सकता है!...सोचकर देखो तो 'क्रोध' और 'काम' के 'सरप्लस' या अतिरेक से पुरुष को उबारना ही स्त्रीवाद की सबसे कठिन चुनौती है। यह अतिरेक ही हर उस सम्बन्ध का कबाड़ा कर डालता है जो वैयक्तिक और सार्वजनिक जीवन में भी हर ओर उजाला फैला सकता था।" प्रेमी और पति के अन्दर की यह बेबाक, बिन्दास, अभिव्यक्ति साहित्य के लिए बिलकुल नई है। तथाकथित प्रेमी जो 'देहलोलुप' ही होते हैं, वे स्त्री के पास 'तीन बुलावै, तेरह आवैं' की तरह 'थोक' में मिल जाते हैं पर कटु यथार्थ यह है कि "देह-निरपेक्ष कोई सच्चा दोस्त नहीं मिलता किसी अकेली स्त्री को!" अवन्तिका मौसी के माध्यम से यह सत्य भी निस्संकोच रूप में व्यक्त किया गया है कि पत्नी का 'पेशा' भी किसी 'कॉलगर्ल' से कम नहीं, कॉलगर्ल को यह छूट होती है कि वह हर 'कॉल' पर प्रस्तुत न हो पर पत्नी के पास यह विकल्प भी नहीं है। स्त्री को मज़बूरी में कभी-कभी पति के सामने अपनी जो देह बिछा देनी होती है, उसको भी बहुत कारुणिक रूप में उपन्यास में प्रस्तुत किया गया है, "...कोई पिटी हुई निरुपाय पत्नी पति से सटकर जब अपना ब्लाउज ऊपर उठा ले—सिर्फ़ इसलिए कि उसके पास जाने की और कोई जगह नहीं, कि उसके बच्चे अभी दुधमुँहे हैं, कि बाहर की दुनिया और भयानक लगती है उसको, उसकी स्थिति किसी वेश्या से बेहतर नहीं होती—यह मैंने खुद हर उस क्षण महसूस किया जब 'गेट आउट' कहने के अगले ही घंटे सब भूलकर मेरे पतिदेव मेरा ही दुधमुँहा बच्चा बन गोदी में मस्त सो लिये और मैं छत की बीमें गिनती चुपचाप सोचती रही कि उठने के ग्यारहवें क्षण फिर वहीं हाँय-हाँय, झाँय-झाँय जब शुरू होगी—मन की वितृष्णा कैसे पोंछूँगी—जाँघों पर असमय ही भभक पड़ी वीर्य की बूँदों की तरह, या आँसुओं की तरह?"[4] वैवाहिक जीवन की इन मज़बूरियों और पत्नी की बेबसी का यह मार्मिक चित्रण अकुंठ भाव से नारी की व्यथा कहता है। किन्तु इस सबके बीच, इस सबके होते हुए भी, अनामिका अपने नारी पात्रों को कमज़ोर नहीं पड़ने देती है, यहाँ नारी पूरी शक्ति से स्थितियों का प्रतिकार करते हुए अपने लिए नई राह चुनती है। यह महिला सशक्तीकरण की ओर स्त्रीवादी विमर्श का ठोस पग है।

रजनी गुप्त भी अपने उपन्यास 'एक न एक दिन' में इसी प्रकार विवाह-संस्था के परम्परागत रूप की यंत्रणाओं को उजागर करती हुई, सारी स्थितियों का प्रतिरोध नायिका कृति के माध्यम से प्रस्तुत कराती है। पुरुष जिस अधिकार से स्त्री को वस्तु मात्र समझता है, उसके प्रति आक्रोश और विद्रोह सर्वत्र व्यंजित हुआ है। पति नामक पुरुष अपने लिए तो 'ब्रीदिंग स्पेस' चाहता है किन्तु स्त्रियों के लिए हर जगह बात-बात पर 'हदबन्दियाँ' लागू कर देना चाहता है। इसका

मुख्य कारण आर्थिक परवशता है, "मर्दवादी अहंकार की वजह से औरतें सालों तक उनकी गुलामी बर्दाश्त करने को मज़बूर थीं। आर्थिक परवशता के चलते ही वो मुँह सिए रहीं और अपने ख़िलाफ़ होते शोषण को अपनी नियति मानकर जीती रहीं। इसी का नतीज़ा हमारी पीढ़ी को भुगतना पड़ रहा है।" आज भी इन स्थितियों में कोई ख़ास फ़र्क़ नहीं पड़ा है। कृति जैसी उच्च अफ़सर को भी घर में दाम्पत्य का वही पुराना नरक भोगना पड़ता है क्योंकि कोई भी पुरुष अपने अहम् का विसर्जन नहीं करना चाहता, "पुरुष दंभ और अहंकार का फन इतना विकराल और विशाल होता है कि स्त्री चाहकर भी उसे लचीला बनाकर अपनी तरफ़ मोड़ नहीं पाती।" वह युग-युग से चली आती व्यवस्था को चुनौती देती है कि विवाह-सूत्र में बँधकर स्त्री क्रीत दासी क्यों बन जाती है, "आख़िर किसने थमाए एक व्यक्ति के हाथों में इतने अनन्त अधिकार? क्यों ये व्यवस्था हमेशा औरत पर ही छींटाकशी के मौके ढूँढ़ती रहती है? महज सात फेरे लेने से क्यूँकर एक पुरुष किसी भी स्त्री का सर्वांग मालिक बन जाएगा? स्त्री की सारी सोच, सारी क्षमताएँ और सारी ऊर्जा क्यूँकर एक पुरुष के इर्द-गिर्द चक्कर काटकर वहीं थम जाने के लिए अभिशप्त हैं?" यहाँ भी दाम्पत्य को निभा ले जाने की मज़बूरी में बच्चे आड़े आते हैं, अलग रहने से उन पर क्या बीतेगी, इसी विवशता में कृति अपने दाम्पत्य को ढोये जा रही है। स्त्री-पुरुष मित्रता के सन्दर्भ में यह प्रश्न भी यहाँ कृति राजीव, आदि के साथ कई बार उठाती है कि स्त्री-पुरुष सम्बन्ध में देह बीच में क्यों आ जाती है। पुरुष की इस मानसिकता पर कृति इन शब्दों में चोट करती है, "क्यों तुम सब पुरुष लोग स्त्री से पनपती दोस्ती को सिर्फ़ एक ही नज़रिए से देखने लगते हो? तुम्हारी पुरुषवादी सोच क्यों सिर्फ़ और सिर्फ़ एक ही दिशा में चली जाती है?" जिस रूप में अनामिका की अवन्तिका पति का उपयोग 'कँटीली बाड़' के रूप में करना चाहती है तो यहाँ भी पूजा का सिद्धान्त यही है, "बाहरी कुत्तों से बचने का सबसे कारगर तरीका है—घर में पति जैसे कुत्ते को एक रखवाली के लिए पाल लेना। अपने पति से तो खूब पटती थी...उसकी क्या वो कुछ भी आपत्ति नहीं करता?"[5] किन्तु अधिकांशतः स्त्रियाँ बच्चों का ध्यान कर ही अपने दुर्वह दाम्पत्य को निभा ले जाने का प्रयत्न करती जीवन शेष कर लेती हैं। इस प्रकार स्त्री-पुरुष सम्बन्धों को यहाँ एक सन्तुलित दृष्टि से विवेचित किया गया है।

मृदुला गर्ग घोषित रूप से स्त्री विमर्शवादी लेखिका हैं, इस कालावधि में प्रकाशित उनके आत्मकथात्मक उपन्यास 'मिलजुल मन' में यद्यपि कथा में अवसर नहीं थे कि वे स्त्री-पक्षधरता में कुछ कह सकें किन्तु यहाँ भी कहीं न कहीं वे अवसर निकाल ही लेती हैं कि अपनी तरह का स्त्री-विमर्श रच सकें। उपन्यास के प्रारम्भ में ही यह कचोट व्यक्त होती है, "फ़ेमिनिज़्म आया अब जाकर। मर्दाना तो औरताना भी होना पड़ेगा।" आगे चलकर वे मिथकीय कथाओं में स्त्री पात्रों का मनचाहा भोग करने की प्रवृत्ति की मीमांसा इस रूप में करती हैं, "मछली की बू से गन्धाती मत्स्यगन्धा नाम की सुन्दरी, वेद-व्यास को नाजायज़ जन्म दे, सत्यवती कैसे बनी। देवयानी और शर्मिष्ठा ने एक मर्द से मुहब्बत कर क्या गुल खिलाए।...वेदव्यास से नियोग कर, सत्यवती की विधवा बहुएँ माँ कैसे बनीं। आज़ाद ख़याल दासी ने अपनी मर्ज़ी से सहवास कर पूर्ण ज्ञानी विदुर को कैसे जन्म दिया। कैसे अंधे धृतराष्ट्र का अंधापन पोशीदा रख, उनका ब्याह ग़ज़ब की खूबसूरत गाँधारी से रचाया गया", आदि। वे हर औरत के मन में समलैंगिकता को बैठी मानती हैं, "दिक्कत अनकही को कहने की है कि हर औरत के अन्दर एक समलैंगिक, अंग्रेज़ी में जिसे कहते हैं, लेस्बियन, छिपी रहती है।...मैं पश्चिम के किसी मुल्क में रह रही होती और दूध से जले होने का तज़रबा न हुआ होता तो बेबाक कहती, कनकलता और पारबती

के बीच, किस्सा, लुका-छिपी समलैंगिकता का था। जब हर औरत, अपने हमसफ़र मर्द से औरतनुमा ग़मख़्वारी की तवक्को रखती है, पर मिल जाए जो उसे जनाना बतला कर मुँह बिचका लेती हैं तो ज़ाहिर है मर्द में औरत या औरत में मर्द ढूँढ़ती है।"[6] अपने समय के मिरांडा हाउस के हॉस्टल का चित्रण जिस रूप में किया गया है, उससे नई जीवन-शैली में ढली नई पीढ़ी की लड़कियों का परिचय मिलता है। जहाँ कहीं भी अवसर मिला है, एकाध वाक्य वे नए स्त्री विमर्श की शैली में अवश्य जड़ देती हैं।

'दुक्खन सुक्खम' की कथा में ममता कालिया ने पारम्परिक समाज, अब से लगभग 50-60 वर्ष के सामाजिक परिवेश में, स्त्री-दुर्गति के जाने-पहचाने सत्यों से पाठकों का साक्षात्कार इस रूप में कराया है कि स्त्री-सशक्तीकरण के लिए एक पूरी मानसिकता विकसित हो सके। उपन्यास का प्रारम्भ ही हमारे समाज के उस कड़वे सच से सामना कराता है जिसमें कन्या-जन्म एक अभिशाप माना जाता रहा है। लड़के के जन्म की सूचना-भर से परिवार में थालियाँ और ढोल-ढमाके बजाये जाते हैं पर कन्या-जन्म पर यह आलम है, "जिस दिन वह पैदा हुई, घर में कोई उत्सव नहीं मना, लड्डू नहीं बँटे, बधावा नहीं बजा। उलटे घर की मनहूसियत ही बढ़ी। दादी ने चूल्हा तक नहीं जलाया। लालटेन की मद्धम रोशनी में सिर पर हाथ रखे देर तक बैठी रही। बेटे की बेटी के लिए उनके मन में अस्वीकार का भाव था।" दूसरी-तीसरी बेटी की हर्षपूर्ण स्वीकृति तो समाज के किसी भी परिवार में नहीं हो पाती। दूसरी पोती के होने पर दादी का इस प्रकार टूटना अस्वाभाविक नहीं है किन्तु लेखिका ने यहाँ यह सवाल ज़रूर उठा दिया है कि लड़की के आगमन पर यह मायूसी का आलम क्यों होता है। पचास-साठ बरस बाद भी ये सामाजिक स्थितियाँ बहुत नहीं बदल पाई हैं। विद्यावती के पति नत्थीमल पत्नी के गर्भ रह जाने पर अबकी बार भी लड़की न हो जाए, इस भय से गर्भ की सफ़ाई की गोलियाँ देते हैं। यह पग आज हो रहे कन्या-भ्रूण-हत्या के समान ही है। स्त्री-पुरुष नैतिकता के पृथक् मानदंड तब भी समाज में व्यापक सामाजिक स्वीकृति के साथ प्रचलित थे, इस प्रवृत्ति पर भी चोट की गई है। कवि जब अपने विवाह का विरोध कर आगे पढ़ने की बात कहता है तो पिता उसे विवाह के लिए धमकाते हैं। कवि का कथन यह है कि जब मैंने लड़की को देखा ही नहीं तो मैं उससे जीवन-भर के लिए कैसे बँध सकता हूँ तो उसकी माँ का यह उत्तर कवि को ही नहीं, पाठक को भी हतप्रभ कर देता है, "अरे, कबी, क्यों मट्टीपलीद करवा रहा है मेरी और अपनी। हामी भर दे। फिर जहाँ तेरी मर्ज़ी, चला जाइओ। लड़की का क्या है, दो रोटी खाय के मेरे पास पड़ी रहेगी।" औरत की उस स्थिति पर भी विचार किया गया है जब माँ-बाप और पति के भी न रहने पर मायका भी पराया हो जाता है और उसे पराया बनाने में भाई नहीं, भाभियों की भूमिका होती है, इन्दु कहती है, "औरतें भी कम जालिम नहीं होती हैं", "जिस लड़की के माँ-बाप खतम हो जाँय उसका पीहर भाभियाँ छुड़ाएँ हैं, भाई नहीं।" स्वतंत्रता प्राप्त होने पर स्त्रियों ने भी स्वप्न देखा था कि 'घर-बाहर हर जगह' औरत के साथ 'बराबरी का बर्ताव होगा' किन्तु औरत के लिए स्थिति नहीं बदली, "चलो समाज को तराजू मान लो और आदमी-औरत को बटखरा। ऐसा कैसे हो रहा है कि आदमी तो तीन छटाँग का भी सवा सेर और औरत सवाया होकर भी पौनी। बच्चों का पासंग बनाओ, तब भी तराजू सतर नहीं होती। औरत की तमाम उम्र ऐसे ही कट जाती है—कभी दुक्खम कभी सुक्खम।"[7] स्त्री का सम्पूर्ण जीवन ही समझौता बनकर रह जाता है, यही मुख्य स्वर है इस उपन्यास का। नारीवाद के नए नारों से सर्वथा असम्पृक्त रहकर बहुत स्वाभाविक रूप में कथा को स्त्री-पक्ष में खड़ा किया गया है।

मधु काँकरिया अपने उपन्यास 'सेज पर संस्कृत' में जैन समाज में स्त्री पर धर्म के नाम पर हो रहे अत्याचारों का पर्दाफ़ाश करती है। जैन धर्म के जो संन्यासी-संन्यासिनें मुँह पर कपड़ा इसलिए बाँधकर चलते हैं कि किसी कीटाणु की हत्या न हो जाए, वे किशोरियों-नवयुवतियों पर कैसा क़हर ढाते हैं कि धार्मिक क्रिया के नाम पर बर्बर ढंग से केश लुंचन कर उसको संन्यास में दीक्षित किया जाता है। इस अमानवीयता का चित्रण बड़े संवेदनात्मक ढंग से इस रूप में प्रस्तुत किया गया है, "...मुझे ऐसा ज़रूर लग रहा है कि यह सारी धार्मिक सत्ता कितनी अमानवीय हो उठी है...कि निषिद्धों के इंजेक्शन दे-देकर युवतियों के उल्लास-उमंग और यौवन-सुलभ स्वप्नों की भ्रूण हत्या की जा रही है। कहीं परिवार में रहते हुए जीवन न जाग जाए इस कारण अंकुरों को ही मसल देना...सम्भावना को ही शेष कर देना और नाम दे देना वैराग्य का। जैसा कि गाँव में किसान बछड़ों के युवा होते ही उनके अंडकोष को काट देते हैं जिससे उनकी सम्भोग की सामर्थ्य और इच्छा ही नष्ट हो जाए...मर जाए उसका काम—फिर जोता जा सके उसे खेतों में।" (वैसे प्रसंगात् यह बताता अनपेक्षित नहीं होगा कि युवा या कहें किशोर बछड़े के अण्डकोष काटे नहीं जाते हैं, उन्हें विधि-विशेष से छेत कर निष्क्रिय कर दिया जाता है।) इस रूप में लड़कियों को धर्मापित कर उनके साथ घोर अन्याय किया जाता है। संघमित्रा के प्रश्न के माध्यम से यह प्रश्न उठाया गया है कि छोटी-छोटी बालिकाओं को संन्यास में दीक्षित कर हम उनका कौन-सा उपकार कर रहे हैं, "गुरुदेव, जैसे एक वीणावादक का सत्य उसकी वीणा में, नृत्यांगना का सत्य उनके घुँघरुओं में, कुम्हार का चाक में, पक्षी का उड़ान में, वैज्ञानिक का प्रयोगशाला में...क्योंकि वहीं वे अपनी आत्मा का सर्वश्रेष्ठ उड़ेलकर...अपना सर्वश्रेष्ठ मानवता को देकर मुक्त हो सकते हैं, मोक्ष पा सकते हैं वैसे ही एक ग्यारह वर्षीय बालिका का सत्य तो उसके खिलौने और उसकी पुस्तक ही हो सकता है। उसके सत्य पर किसी और सत्य का आरोपण करना क्या उसके सत्य के साथ बलात्कार नहीं होगा? जवानी के कपड़े बचपन में नहीं पहने जा सकते हैं, गुरुदेव!" इस प्रकार सामूहिक रूप से हो रही बाल-दीक्षाओं के प्रति यहाँ आक्रोश और विरोध दर्ज़ किया गया है। धर्म में दीक्षित होकर भी वे सुरक्षित कहाँ हैं, इन धार्मिक आश्रमों-डेरों, आदि में स्त्री का जो शोषण होता है, लेखिका ने उसका भी बड़ा विश्वसनीय अंकन उपन्यास में प्रस्तुत किया है। जहाँ भी स्त्री का शोषण है, उसके ख़िलाफ़ उपन्यास के संघमित्रा जैसे पात्र इस रूप में खड़े होते हैं कि वे महिला सशक्तीकरण का उदाहरण बन जाते हैं। अपने बॉस मि. मुखर्जी की मेज़ पर अपना त्यागपत्र रखकर आ, वह उनकी चिरौरियों से भी नहीं पिघलती, दो टूक उत्तर देकर नारी के स्वाभिमान की रक्षा करती है, "खुद कुकुर हुए तो अब पूरी स्त्री जाति का ही कुकरीकरण करने के महान काम में लगे हुए हैं, ...आधुनिकता की इस चकाचौंध ने आपको इतना मोटा देखने का अभ्यस्त बना डाला कि नारी स्वाभिमान और सम्मान की ये बारीक हरकतें आप लोगों को दिखलाई ही नहीं पड़तीं।" संघमित्रा विषम परिस्थितियों से टूटती नहीं, अपना पूरा आक्रोश दिखाकर भरपूर प्रतिरोध करती है, "नहीं सर, मैं इस गन्दगी में लोट नहीं लगा सकती। मैं इस हवा-पानी की जीव नहीं। यदि मैं आत्मविहीन हो गई, मेरा स्वाभिमान पराजित हो गया, गर्दन मरोड़ दी गई उसकी तो कितनी दूर जा पाऊँगी मैं? अब जीवन ही हाथ से निकल जाएगा तो जीविका लेकर क्या करूँगी मैं?"[8] इसी प्रकार छुटकी पर हुए घनघोर अत्याचारों का चित्रण किया गया है, उसके दैहिक शोषण की अमानवीय घटनाएँ लोमहर्षक हैं और अपने अन्तिम समय भी वह धर्मगुरु अभय मुनि को क्षमा नहीं करती, वह उन्हें 'मिटाने' का संकल्प पालती है। इस प्रकार यहाँ स्त्री समाज द्वारा दी गई यातनाओं, प्रताड़णाओं और दैहिक त्रासों में झुकती नहीं है, उनका भरपूर प्रतिकार करती है।

कमल कुमार अपने उपन्यास 'पासवर्ड' में ई-मेल सन्देशों की कथा-युक्ति के माध्यम से अपनी कथा को कमलेश्वर के 'कितने पाकिस्तान' के समान इतना खुला रखती है कि जब चाहे, तब किसी भी विषय पर चर्चा करने लगती हैं, तो स्वाभाविक ही है कि उपन्यास में स्त्री-पक्षधरता में भी कुछ कहा जाता। नैथिनियल हार्थान के उपन्यास 'द स्कार्लेट लैटर' की नायिका के विषय में लिखती हुई कहती हैं, "लगभग डेढ़ सौ वर्ष पहले लिखे गए इस उपन्यास की नायिका हैस्टर प्रिन की स्थिति में और आज की नायिका या औरत की स्थिति में कितना अन्तर आया है? आया है क्या कोई अन्तर? यह भी एक बड़ा सवाल है। पाकिस्तान का और दूसरे मुस्लिम देशों का बर्बर क़ानून भी औरतों के साथ यही सलूक करता है।" दुनिया में जहाँ कहीं भी उन्होंने महिलाओं पर हो रहे अत्याचारों को देखा है या उसके विषय में पढ़ा है, उस पर कमल कुमार अपने उपन्यास में चर्चा करती हैं, भले ही वह अमेरिका में किशोर माँओं की समस्या हो, थाइलैंड में बैंकाक, पटाया तथा सिंगापुर, आदि में जो देह व्यापार होता है, उस पर भी वे अपनी कड़ी प्रतिक्रिया व्यक्त करती हैं, उन्हें इस बात का आश्चर्य है कि बिना कोई भावात्मक रिश्ता बने शरीर का रिश्ता कैसे बन जाता है, धंधे की तरह औरत के शरीर का इस्तेमाल बड़ा अमानवीय कर्म है, "आदिकाल से आज तक औरत की देह पुरुष की तुष्टि के लिए और अपनी ज़रूरतों के लिए, उनकी पूर्ति के दूसरे साधनों के अभाव में बिकाऊ रही है, लेकिन अब सुविधाओं और साधनों के लिए यह बिकाऊ हो रही है। बड़ा जटिल सवाल है। आज 21वीं शती में, औरत वहीं खड़ी है। फिर से देह और बिकाऊ बनी।" अन्यत्र भी एकाधिक बार उपन्यासकार यही प्रस्थापित करती है कि "देह से शुरू होकर देह पर ख़त्म हो गया रिश्ता कैसा होता होगा, नहीं जानती।" उपन्यास में विवाह-संस्था पर भी विचार किया गया है, विवाह का सामन्ती रूप और संस्था में औरत की दोयम स्थिति के प्रति तीव्र प्रतिक्रिया दी गई है, "आशीष! यूँ देखा जाए तो हमारे यहाँ विवाह की शुरुआत ही ग़लत होती है। तुम बताओ क्यों दूल्हा घोड़ी पर चढ़कर कमर में तलवार (प्रतीक रूप में ही सही) लटकाकर बैंड बाजे के साथ लड़की को ब्याहने के लिए आया है विजेता की तरह। यह सामन्त युग में होता था, जब कोई राजा परास्त होता था तो विजयी राजा को अपनी एक लड़की उपहार में दे देता था यानी उससे शादी कर देता था।" घर को एक इंडस्ट्री की तरह मानते हुए उसमें औरत की स्थिति पर इस प्रकार विचार किया गया है, "...घर एक इंडस्ट्री की तरह होता है, घर की सुचारू व्यवस्था का काम! असल में औरत 'घर' की सी.इ.ओ. और श्रमिक दोनों होती है, होनी ही चाहिए, पर होता क्या है, वह सिर्फ़ मज़दूर होकर रह जाती है। समान भागीदारी और अपनी-अपनी भूमिका निभाते हुए भी समानता और सम्मान की अधिकारी औरत नहीं हो पाती। जो औरतें कामकाजी हैं, आर्थिक रूप से स्वावलम्बी हैं, उनकी स्थिति भी कोई बेहतर नहीं है। दोहरी भूमिका निभाते हुए, घर-बाहर के सारे दबाव सहते हुए भी उसका पूरा श्रेय कौन देता है उसे?" इस कथ्य का उत्तरार्द्ध विशेष रूप से ध्यातव्य है कि यह तर्क बहुत दूर तक साथ नहीं दे पाता कि महिलाओं की समाज में दोयम स्थिति उसके आर्थिक परावलम्बन के कारण हैं। बहुत अच्छा कमाती-धमाती स्त्रियों को भी कभी-कभी बहुत-सी जिल्लतों से गुज़रना पड़ता है। कमल कुमार स्त्री-पुरुष सम्बन्धों में शरीर को महत्त्वपूर्ण न मानती हो, ऐसा नहीं है। उनका मानना है कि बिना भावनात्मक सम्बन्ध बने शारीरिक सम्बन्ध बेमानी है। इसीलिए अपने प्रेमी आशीष के साथ शरीर सम्बन्ध की अभिव्यक्ति वे बड़े अकुंठ-भाव से करती हुई उसे पूजा और भक्ति के स्तर पर ले जाती हैं किन्तु जब भी अवसर मिला है वे पुरुष के स्त्री के प्रति हेय या द्वितीय कोटि के व्यवहार को स्वीकार

नहीं करतीं, "औरत की पूर्ण तृप्ति सम्भोग में, काम कर्म में नहीं होती। उसकी मनःस्थिति की अनुरूपता में और उसके व्यवहार की अनुकूलता में होती है, लेकिन पुरुष की सारी सोच अपने सुख और तृप्ति के लिए है। कामशात्र की सारी स्थापनाएँ पुरुष की तृप्ति और सुख के लिए है। स्त्री वहाँ सिर्फ़ उसके सुख का माध्यम है। उस सुख की भागीदार नहीं।" नए युग की यह नारी कामशास्त्र में भी स्त्री के दिए गए उसके समुचित प्राप्य के प्रति विरोध दर्ज़ पर रति-कर्म में भी उसके समान अधिकार की आकांक्षी है, "तुमने मुझे पूर्णता दी। परितृप्ति की सम्पूर्णता दी, क्योंकि तुम मेरी औरत की 'बॉडी ऑफ़ माइंड' में उतर सके। मेरी मानसिक अवस्था की अनुकूलता में सब हुआ। औरत के लिए काम कर्म उतना प्रमुख नहीं, जितनी उसकी प्रक्रिया। यह प्रक्रिया जो उसकी मनःस्थिति की अनुरूपता में हो और उसकी दशा और दिशा भी उसी से निर्धारित हो, जिससे वह अपने को हीन, क्षरित और पराजित, अनुभव न करे...।"[9] इस प्रकार उपन्यास में सर्वत्र नारी को उसका प्राप्य देने की बात अनेकशः रूप में कही गई है।

निर्मला भुराड़िया का उपन्यास 'ऑब्जेक्शन मी लार्ड' यद्यपि मुख्यतः पत्रकारिता की दुनिया पर ही केन्द्रित है किन्तु लेखिका ने उसमें स्त्री की व्यथा के विभिन्न रूपों को चित्रित करने के बहुत अवसर निकाल लिए हैं। उपन्यास के प्रथम खंड में सोमाती परिवार में माध्यम से रूढ़िप्रिय बन्द मारवाड़ी समाज में स्त्री-दुर्गति के अनेक चित्र अंकित किए गए हैं। कावेरीदेवी को छुआछूत की बीमारी हो जाने और सरोजदेवी को हिस्टीरिया का रोग हो जाने के पीछे जो काम अतृप्ति है, उसका मनोवैज्ञानिक विश्लेषण किया गया है। इसी खंड में माधवी के माध्यम से लड़की के बच्ची से किशोरी बनने के समय की दिक़्क़तों को दक़ियानूसी सामाजिक रीति-रिवाज़ों द्वारा खड़ी की गई निषेधों और वर्जनाओं की बन्दिशों को चित्रित किया गया है। रजस्वला होने की स्थिति को किस प्रकार 'छुआछूत' की बन्दिशों के नाम पर परिवार में डंके की चोट पर सार्वजनिक किया जाता है और उससे लड़की को जो मानसिक पीड़ा होती है, उसका चित्रण कदाचित् पहली बार इतने विस्तार में जाकर इस उपन्यास में किया गया है। इस उम्र में समाज और परिवार में लड़की को किस प्रकार विभिन्न रूपों में यौन-अतिक्रमणों से गुज़रना पड़ता है, इसका चित्रण भी किराएदार छटंकी के माध्यम से हुआ है जो प्राथमिक पाठशालाओं की बच्चियों को गोद में बिठाकर लड्डू देता है। फिर किशोरी माधवी को यह दृश्य विचलित करता है कि अपनी पत्नी के चरित्र का प्रमाण लेने के लिए मदन लाल किस प्रकार सफ़ेद चादर लाया था कि उस पर सुहागरात के बाद रक्त के धब्बे देखकर उसका सतीत्व परख सके। निशा दी से स्त्री-पुरुष के लिए बने दोहरे मानदंडों के प्रति कहलाया गया है कि "औरत के सपने में भी कोई आ जाए तो जुर्म है। उस जुर्म की सजा देने को आदमी सचमुच की दूसरी ले आए तो दिन-रात छाती पर मूँग दले तो जुर्म नहीं। मर्द ठहरा जितनी चाहे कर सकता है, फिर भी मूँछ पर ताव दिए फिर सकता है।" किन्तु माधवी इससे भी बड़ी समस्या में अपने को घिरा पाती है कि उसके रजस्वला होने को किस प्रकार मारवाड़ी समय में उत्सव के रूप में मनाया जाता है, नाइन द्वारा विधिवत् नहलाया जाना, ढोलक वाली को ढोलक बजाना, दादी का उसे ज़री के किनारे वाली साड़ी भेंट करना, सरोज चाची का उस पर रुपए वारना, आदि की रस्में उसे परेशान कर रही थीं। वह सोच रही थी कि "...भारतीय समाज में यह लड़की के स्त्रीत्व पा लेने का स्वागत है? या इस बात का ढोल-ढमाका कि अब उसका शरीर उत्पादन के लिए तैयार है? अब यह सन्तति दे सकेगी। क्या स्त्रीत्व को लेकर इतना आदर-भाव हमारे यहाँ है कि उसे प्राप्त करने के लिए उत्सव मनाया जाए? या यह उत्सव-बोध इसलिए कि पुरुष के लिए एक

और उपहार तैयार हो गया है?" घर के पुरुषों, नौकर-चाकरों और मेहमानों तक को यह स्थिति बतला दी जाती है कि "आज फलाँ के भीतर 'ऐसा' हो रहा है, इसलिए वह अलग बैठी है।" इस प्रकार माधवी के माध्यम से बन्द मारवाड़ी समाज के विरोधाभासी व्यवहार पर यह कठोर टिप्पणी की गई है। उपन्यास के दूसरे-तीसरे खंड में माधवी जब बड़ी हो गई है, पत्रकारिता की दुनिया में प्रवेश करती है तो वह स्त्री की दुर्गति पर वेश्याओं के यहाँ तथा जेलों में जाकर 'स्टोरी' करती है और स्त्री पर हुए जुल्मों की कई लोमहर्षक कहानियाँ बयान करती है। प्रेमा अपने उस पिता का क़त्ल करके जेल आई है जो अपनी पुत्री पर ही कुदृष्टि रखता है, "माधवी को उस मर्द की दरिंदगी पर यकीन नहीं आ रहा था, ऐसे भी लोग हो सकते हैं...प्रेमा के किस्से ने माधवी को हिलाकर रख दिया था।" किन्तु उसे तब और भी मानसिक आघात लगता है, जब उसे पता चलता है कि उसके प्रेम का दम भरने वाला सोम उससे अपने विवाहित होने के सत्य को छिपाता हुआ छलपूर्वक प्रेम पाने, शरीर पाने, की मनुहारें करता रहा है, वह उसके प्रति समर्पित भी हो जाती है किन्तु जब उसे सत्य का पता चलता है तो उस पर वज्रपात-सा होता है। वह घंटों नहाकर भी अपने शरीर से सोम के संसर्ग की बास मिटा नहीं पाती है। वह गहरे अवसाद में डूब जाती है और उसी से त्राण पाने के लिए डॉक्टर से विवाह की स्वीकृति दे देती है, "और उस रात माधवी ने 'हाँ' कर दी थी दो सन्नाटे के गठबन्धन के लिए। उस रात डॉक्टर साहब ने 'हाँ' कर दी थी सन्नाटे को सन्नाटे से काटने के लिए।"[10] किन्तु उस पर दूसरा वज्रपात तब होता है जब उसे पता चलता है कि डॉक्टर की और भी प्रेमिका अमेरिका में है और उससे विवाह न हो सकने के कारण डॉक्टर ने अपना मन बहलाने के लिए उससे विवाह कर लिया है। इस प्रकार माधवी तथा अन्य स्त्री पात्रों के चित्रण से निर्मल भुराड़िया यह प्रस्थापित करना चाहती है कि भारतीय समाज नारी को उसका समुचित प्रदेय नहीं दे पाता है। पत्रकारिता की दुनिया में भी स्त्री को कमज़ोर मानकर 'सॉफ्ट बीट' का कार्य सौंपा जाता है, माधवी इसका भी तीव्र प्रतिरोध करती है।

लता शर्मा ने 'सही नाप के जूते' उपन्यास में आधुनिक नारी के भूमंडलीय समाज में कमोडिटी के रूप में परिणत होकर खुद को बिकाऊ स्थिति में डालने की स्थितियों का चित्रण कर स्त्री के इस सबसे अलग रहने का मार्ग प्रशस्त किया है। उपन्यास प्रारम्भ में ही यह वाक्य—"मुक्त अर्थव्यवस्था के सामने नाच रही है अर्द्धनग्न स्त्री देह" कथाकार के उद्देश्य को स्पष्ट कर देता है कि वह इस 'मुक्त बाज़ार' की 'उपभोक्ता संस्कृति' में अभिभावकों की महत्त्वाकांक्षाओं के सामने लड़की को कितना-कितना लाचार कर देते हैं। माँ की महत्त्वाकांक्षा अपनी बेटी को विश्व सुन्दरी बनाने की है, इसलिए वह अपनी बेटी 'उर्मि' को 'उर्वशी' तक की यात्रा कराती है, सामान्य लड़की से विश्व सुन्दरी। उसके शरीर की देख-भाल, रख-रखाव वह जिस रूप में कर रही है, उसमें बेटी की खान-पान, रहन-सहन, पहनने-ओढ़ने में निज की कोई इच्छा नहीं है, जैसा माँ कराती है, वह करती चली जाती है। 'कुछ बनने के लिए...' उर्मि को बचपन और कैशोर्य का बहुत कुछ खोना पड़ता है और यौवन का बहुत कुछ खोती है वह माँ की महत्त्वाकांक्षा के लिए, अपने मालिश करने वाले को शरीर भी समर्पित करना पड़ता है तो माँ उसे 'बिज़नेस हैजार्ड' (व्यावसायिक जीविका) कहकर अनदेखी में डाल देती है। वह भारत-सुन्दरी का ताज पाने में सफल हो जाती है, अब माँ उसका अगला पड़ाव 'विश्व सुन्दरी' का तय करती है। भारत सुन्दरी बनते ही तीन घटनाएँ एक साथ घटती हैं, "माँ ने कफ परेड की खूबसूरत इमारत सागर रत्न में फ्लैट ख़रीदा/पापा सरकारी क्वार्टर में ही छूट गए/...और उर्वशी का कौमार्य भंग हुआ।"

माँ के लक्ष्य को पाने के लिए वह मशीनी जीवन जीने लगती है, "भारत सुन्दरी बनते ही उर्वशी के चारों ओर विज्ञापनों की वर्षा होने लगी। उसके पास दो ही काम थे। माँ द्वारा बताई गई जगह पर हस्ताक्षर करना और निर्देशक द्वारा बताई गई वस्तु हाथ में लेकर विज्ञापित करना। समय बहुत कम था। एक बार विश्व सुन्दरी प्रतियोगिता की ट्रेनिंग शुरू हो गई, तो किसी काम के लिए वक्त नहीं बचेगा। आषाढ़ की धूप है, जितने बने, पापड़ बना लो।' इस सबसे थक-ऊबकर उर्वशी पापा के पास घर लौट जाना चाहती है किन्तु माँ वहीं पाँच करोड़ रुपए का आलीशान फ़्लैट ले 'जरा ढंग से रहना चाहती है अब।' बेटी को चिन्ता है कि इसका लोन कैसे पटेगा, माँ जानती है कि यह सब बेटी के शरीर-विज्ञापन से ही आएगा। चार्ल्स रोजेरियो नामक युवक "अन्तर्राष्ट्रीय ख्याति प्राप्त शरीर वैज्ञानिक प्रशिक्षक और मालिश करने वाला" उसे पूर्ण नग्न कर आपाद मस्तक निहारता है, परीक्षक की तरह और ऐसे ही किसी 'सेशन' में "ऐसे ही संगीत की लहरों पर 'डूबते-उतराते अचानक एक बार चार्ल्स ऊपर चढ़ आया। दोनों हाथों से उर्वशी के पुष्ट उरोजों को भींच उसके अन्दर उतर गया।" माँ 'बड़ी शान्ति और धैर्य से' बेटी की पूरी बात सुन' पानी में डेटॉल डालकर गुप्तांग धोने और अच्छी तरह 'नहाने की सलाह' देकर उपराम हो जाती है, सहज भाव से इसे व्यवसायगत जोखिम—आक्यूपेशनल हेजार्ड' का नाम देकर और व्यक्तित्वहीन हुई उर्वशी 'सदा की आज्ञाकारिणी' की तरह इसे भूल गई। फिर वो विश्वसुन्दरी की यात्रा तक कई बार उन ब्यूटी कांटेस्ट सेशंस में प्रख्यात व्यक्तियों की जूरी के सदस्यों को उसने तरह-तरह से अपने को परोसा और इसी की कीमत पर विश्वसुन्दरी का ताज हासिल किया। "माँ की महत्त्वाकांक्षा पूरी हुई। आगे क्या है? कोई और शिखर?.../या ढलान...सिर्फ़ ढलान।"[11] फ़िल्म इंडस्ट्री में सफलता और प्रसिद्धि के अनेक शिखर छूते हुए अन्ततः वह ढलान से गर्त में, और गहरे गर्तों में गिरती चली जाती है। और अन्त में मिला है उसे एक कारुणिक दारुण अन्त! उर्वशी ने अपना जीवन जिया नहीं, यह उस पर थोपा गया। इस प्रकार उपन्यास भूमंडलीय समय के भँवर में फँसी मॉड नारी की नियति का आख्यान रचता है।

जयन्ती अपने उपन्यास 'खानाबदोश ख़्वाहिशें' में उस माँ, नारी की नियति चित्रित करती हैं, जो विवाह संस्था की विश्वासी न होकर एक पुरुष से मन भर जाने की स्थिति में स्वेच्छाचार की सीमा तक कितने ही पुरुषों से सम्बन्ध बनाती है। नायिका निधि ऐसी ही पात्र है, जिसकी ज़िन्दगी में रूपदत्त, शिवम् तथा आकाश कई पुरुष आते हैं। "वह अपने जीवन का प्रारम्भ जिस रूप में करती है, शिवम् के साथ अपने प्रथम यौनानुभव को वह 'ज़िन्दगी का पहला एडवेंचर' मानती है जो जीजा के हाथों पिटाई के साथ अकुशलतापूर्वक सम्पन्न हुआ।" दूसरे एडवेंचर में वह पति धीरज और उसके परिवार के साथ यह अनुभव करती है कि "उसकी इस पवित्रता को किसी ने नहीं स्वीकारा, धीरज ने भी नहीं। सब उसके लिए बदचलन, छिछोरी, आवारा जैसे सम्बोधनों का प्रयोग करते रहे।" इस सबसे विद्रोह कर वह सेक्स की दृष्टि से सन्तुष्ट होने के लिए अपने रास्ते चल देती है। चन्द्रा के सन्दर्भ में अपनी मान्यता इस प्रकार प्रकट करती है, जो इस युग की नई नैतिकता है, बिना किसी लाग लपेट के उसका स्पष्ट स्वीकार इस प्रकार है, "चन्द्रा ने क्या ग़लत किया है। एक पुरुष से मन और शरीर की तुष्टि पाने की वजह से अपने को कठघरे में क्यों खड़ा कर रही है वह? जो हो गया, उसके साथ आगे क्यों नहीं बढ़ती? एक देह ही तो नहीं, जिसकी वजह से वे बन्धनों में क़ैद हैं? देह की एक माँग ने उन्हें बेचैन कर दिया। क्या औरत का अपनी देह पर कोई हक नहीं।" किन्तु वैयक्तिक नैतिकता का सामाजिक नैतिकता से तालमेल होना ज़रूरी है, चन्द्रा का अपने दामाद विवेक से शरीर

सम्बन्ध बनाना किसी भी दृष्टि से जायज़ नहीं कहा जा सकता, यद्यपि बाद में चन्द्रा को आत्म-ग्लानि में भी गर्क़ दिखाया गया है किन्तु उसका यह अपराध किसी भी दृष्टि से सभ्य की कोटि में नहीं आता। वस्तुतः उपन्यास के सभी पात्र चाहे अरुणा (अरु) और लतीफ़ हैं, सौम्य और विवेक हैं, सुफ़ला-संजीव, नीरज हैं, दस वर्ष की आयु में कौमार्य खोने वाली कैट है, आश्रम के गुरु महाराज हैं—सभी मुक्त यौनाचार के विश्वासी हैं। निधि ने जो जीवन जिया उसके विषय में वह तुष्ट नज़र आती है, "मैंने जो किया, कहा और जिया, उसकी पूरी ज़िम्मेदारी उठाती हूँ। मुझमें किसी किस्म का गिल्ट नहीं। मैं औरों जैसी नहीं बन सकी, ना बनने की कोशिश की और ना ही बनना चाहूँगी। कोई मुझ जैसा बनना चाहे, इसकी भी आकांक्षा नहीं। मैं जैसी हूँ, मैं हूँ, अपने पूरे सच के साथ। मैं निधि!" अन्ततः वह इसी निष्कर्ष पर पहुँचती है कि "...मैं भी कुछ दिनों पहले तक मानती थी कि औरत को पुरुष दिशा देता है। मैं अपनी तलाश में बहुत भटकी। बहुत पुरुषों में सहारा ढूँढ़ा। पर मिला तो अपने ही कन्धों पर।...हम हर पुरुष में एक आदर्श ढूँढ़ते हैं। सब किताबी बातें हैं। ऐसा कुछ नहीं होता।"[12] इन सब पात्रों की 'खानाबदोश ख़्वाहिशें' नए युग की नारी के विभिन्न नवाचारों का परिचय देती हैं, यह पहचान देते हुए कि नारी इन रूपों में भी महानगरों में अपनी ज़िन्दगी जी रही है।

पश्चिम में स्त्रीवादी विमर्श का एक मुख्य स्वर यह भी रहा था कि स्त्री और पुरुष को भी समलैंगिकता में पूरा सुख भोगने का अधिकार है, धीरे-धीरे यह प्रवृत्ति पूरी दुनिया में स्वीकृति प्राप्त करती चली गई। प्रति वर्ष विश्व में जगहों-जगहों पर समलैंगिकों के जो जुलूस निकलते हैं, वे इसी जीवन-यथार्थ की प्रतीति देते हैं। भारतीय समाज में भी अब स्त्री के बीच हुए विवाह सम्बन्ध को वैधानिक मान्यता प्राप्त हो गई है। भारतीय न्यायपालिका ने इस पर अपनी स्वीकृति की मुहर कई वर्ष पहले लगा दी थी। 2 जुलाई, 2009 को दिल्ली उच्च न्यायालय ने अपने महत्त्वपूर्ण फ़ैसले में भारतीय दंड संहिता की धारा 377 को असंवैधानिक और मानवीय स्वतंत्रता का हनन करने वाली घोषित कर वयस्कों के बीच परस्पर सहमति से एकान्त में बनाए गए समलैंगिक सम्बन्धों को अपराध के दायरे से बाहर कर दंड संहिता के 149 वर्ष पुराने इस क़ानून को व्यक्ति के मौलिक अधिकारों का विरोधी घोषित कर दिया। बाद में उच्चतम न्यायालय ने भी इन सम्बन्धों की वैधता स्वीकार कर ली और आज बिना किसी हिचकिचाहट के देश के विभिन्न भागों में समलैंगिक विवाह हो रहे हैं, विशेषतः लड़की-लड़की के बीच। ये लोग समलैंगिक सम्बन्धों में केवल एक ही कमी पाते हैं कि इन्हें मातृत्व सुख प्राप्त नहीं हो सकता, किन्तु इसके लिए वे अपने इस 'परमानन्द' 'चरमानन्द' से वंचित नहीं होना चाहतीं अपितु अन्य अनेक चिकित्सीय खोजों से मातृत्व प्राप्ति की जा सकती है, वह भी तब—जब वे चाहे। हिन्दी उपन्यास में स्त्री-समलैंगिकता पर सबसे पहले सुरेन्द्र वर्मा के 'मुझे चाँद चाहिए' में चर्चा आती है। उसके बाद उषा प्रियंवदा, मृदुला गर्ग, आदि ने अपने उपन्यासों में इसकी चर्चा कर स्त्री मन की एक नई दिशा का उद्घाटन किया। इस कालावधि में सबसे पहले गीतांजलि श्री ने अपने उपन्यास 'तिरोहित' (2001) में इस समस्या को उठाया, यूँ भी इस उपन्यास में काम-प्रसंगों का कुछ ज़्यादा ही खुला, कहीं-कहीं अनावश्यक-सा भी, चित्रण है। 'तिरोहित' में कई स्थानों पर समलैंगिक रति चित्र हैं, यथा—"दोनों का ड्रामे-ड्रामे का प्रोग्राम था। चच्चो की रेशमी साड़ी टंकी के पीछे छत पर पड़ी है। दोनों ने पेटीकोट सीने पर बाँध लिए हैं और पहले एक-दूसरे के पैरों पर आल्ता लगाएँगी, हथेलियों पर बेल-बूटी सजाएँगी, माथे पर लाल-लाल बुँदकियाँ बनाएँगी।" मुझसे जरा पीठ करके चच्चो और ललना ब्लाउज़ उतार देती हैं और सीने पर पारदर्शी

मलमल की सलमें सितारे की चुन्नियाँ बाँधती हैं, छातियों के बीच बड़ा-सा फूल बनाकर। कलेंडरों में दमयन्ती और शकुन्तला उतर आई हों जैसे, अपने झीने चमकते आवरण पर गेंदे की लड़ियों में पिरोई चोटियाँ मटकातीं, और लेकर मुझे गोद में चुमकारतीं...हाय कितना प्यारा लग रहा है और हम।" इसके बाद पूर्ण निर्द्वन्द्व भाव से "जवानी घाटे में गँवाई कोई बालम को दे दे तार" गाकर मदमस्त होकर नाचती हैं। दूसरा दृश्य है बेबस बीमारी में असहाय पड़े पति ओम जी के सामने ही पत्नी का बहन जी के सामने यह खेला–"क्या है?"/"मधुमक्खी का छत्ता"/वृत्ताकार में उन पर बँधे हमारे हाथ उमाह से भरने लगे/"कितनी मधुमक्खियाँ हैं?"/"हज़्ज़ारों हज़्ज़ारों"/"शहद बन रहा है"/"मधुमेह वालों को नहीं मिलेगा।" ओम बाबू को हिदायत दी जाती है कि 'जागने की कोशिश भी न करना', "और अपने अनगिनत प्रोग्रामों की तरह इस बार भी हम गाने लगीं अपनी हर साँस का जैसे इसी तरह निवारण करतीं।/यही न, जब हम दोनों हाथ में हाथ देकर प्रोग्राम करतीं, तो हर चीज़ हमारी आशनाई की गिरफ़्त में।" पुरुष के सामने उसकी बीमारी का मज़ाक उड़ाते हुए अपने स्वातंत्र्य की यह प्रबल घोषणा स्त्रीवादी विमर्श के चलते ही साहित्य में चित्रित हुई है। इतना ही नहीं, फिर वही कहना होगा कि अंग्रेज़ी लेखन की तर्ज़ पर, स्त्री-पुरुष काम-सम्बन्धों का भी बहुत खुला, तथाकथित साहसी ('बोल्ड') चित्रण भी गीतांजलि श्री ने किया है, यद्यपि कथा के प्रसंग में उसकी कोई जगह नहीं बन पाती है, दो उदाहरण द्रष्टव्य हैं :

– मिस बोनीफिशस के "रोशनदान का शीशा टूटा था और सिर्फ़ मुझमें यह आत्मविश्वास था कि बच्चों से घिरा दौड़ जाऊँ और घुसेड़ के उसमें अपना लिंग, धार मार दूँ।"
– "हाय देख अपने चाचा को," वह फड़का, "कैसे खोलकर बैठे हैं वह।" जाँघें खोल छत पर फैल गया। ललना की पीठ और सिर मैंने भी देखे। चच्चो की कुर्सी के आगे झुकी, दाएँ-बाएँ, दाएँ-बाएँ, फुर्ती से सिर चला रही थी, खुले बालों में बिजलियाँ छिटकाती। "ओय होय", परेश ललचाया, "और यों चाट रही है ललना देखो ज्यों चिकनी करी हो। चल...मुझे नहीं खींचा..."शुरू हो जा" युवा लम्पटता से बोला।"[13]

कहना न होगा कि ये प्रसंग पूर्णतः अनावश्यक हैं, ये कथ्य की कोई ज़मीन नहीं तोड़ते, वक्ती तारीफ़ भले ही इन्हें प्राप्त हो गई हो।

अनामिका और मृदुला गर्ग ने भी अपने उपन्यासों क्रमशः 'तिनका तिनके पास' और 'मिलजुल मन' में लेस्बियन सम्बन्धों की यत्किंचित् चर्चा की है। अनामिका सोफ़ी के सन्दर्भ में और मृदुला गर्ग मिरांडा हाउस के हॉस्टल के प्रसंग में उन लेस्बियन सम्बन्धों की बात करती हैं जो आज की लड़कियों में लगभग सामान्य-से हो गए हैं। सहजीवन पर भी स्त्री उपन्यासकारों ने खूब खुलकर लिखा है। इस सम्बन्ध में सबसे अधिक खुलेपन से अनामिका ने 'दस द्वारे का पींजरा' में लिखा, उपन्यास के प्रारम्भ में ही तत्सम्बन्धी मान्यता इस रूप में अभिव्यक्त होती है, "मुझे सहजीवन और विवाह में बुनियादी फ़र्क़ नज़र नहीं आता। फ़र्क़ है तो इतना कि विवाह के सिर पर क़ानून की छतरी और धर्म का चँदोवा टँगा है और सहजीवन बिना छतरी और चँदोवे के धूप और और बारिश साथ झेलने और भोगने के रोमांस से नहाया हुआ है। विवाह एक परम ठोस सामाजिक व्यवस्था है : आल-औलाद, नैहर-ससुराल, पड़ोस-मुहल्ला, पोथी-पतरा, रीति-रिवाज़, गहना-कपड़ा–हर कदम पर वृहत्तर समाज यहाँ खड़ा है। सहजीवन है खुले द्वार का पिंजड़ा, जब तक मिठास से निभे, रहो, वरना तुम अपने रास्ते, हम अपने। ऐसा भी हो सकता है कि सहजीवन का काल एक प्रॉबेशन पीरियड माना जाए और उसके बाद ही (मन करे तो)

कन्फर्मेशन लेटर दिया जाए एक-दूसरे को।"[14] यह आज की नारी की सुचिन्तत सोच है जो विवाह संस्था और पारम्परिक स्त्री-पुरुष सम्बन्धों को पुनर्परिभाषित करती है।

पुरुष लेखकों ने अपने उपन्यासों में यत्र-तत्र तो स्त्री-पुरुष सम्बन्धों पर टिप्पणी की है या पारम्परिक विवाह-सम्बन्ध में अनास्था प्रकट की है किन्तु इस सम्बन्ध में बिलकुल नई दृष्टि से केवल रवीन्द्र कालिया और काशीनाथ सिंह ने विचार किया है। रवीन्द्र कालिया अपने 'ए.बी.सी.डी.' उपन्यास में अमेरिका में रह रहे भारतीयों की उस मानसिकता पर चोट करते हैं जो बरसों-बरस वहाँ रहकर भी वहाँ की जीवन-शैली से तालमेल नहीं बिठा पाते, मात्र 'डेटिंग' पर जाने से वे अपनी लड़कियों का कौमार्य क्षत देखने लगते हैं, 'उनकी नज़र में केवल और केवल वही अच्छा है जो हिन्दुस्तान में होता। इसीलिए वहाँ की आधुनिक जीवन-शैली में ढली शीनी अपनी माँ को इन शब्दों में डाँटती है, "...माँ सिर्फ़ दिन रात शलवार पर पहरा देने वाली लड़कियाँ ही पवित्र नहीं होतीं। मैं देख रही हूँ, इस देश में हिन्दुस्तानियों ने अपनी बेटियों को यही काम दे रखा है। आज पूरी दुनिया में लड़कियाँ मर्दों के कंधे से कंधा मिलाकर काम कर रही हैं।" वस्तुतः यहाँ उपन्यासकार अमेरिका बार्न कन्फ़्यूज़्ड़ देसी (ए.बी.सी.डी.) को यह समझाना चाहते हैं कि उन्हें दुनिया के इस सबसे समुन्नत देश में स्त्री-पुरुष सम्बन्धों के प्रति अपनी इस दक़ियानूसी सोच को बदलना होगा, "...मेरी समझ में नहीं आता कि हिन्दुस्तानी लोग अपनी बेटियों के यौन जीवन के प्रति इतने क्रूर क्यों हो जाते हैं। अपनी बेटी की उम्र तक छह बच्चे पैदा करने वाले माँ-बाप भी बेटी को दिमागी तौर पर चेस्टिटी बेल्ट पहनाते रहते हैं।" यह एक समाज है जहाँ यौनिक पवित्रता कोई बहुत बड़ी नेमत नहीं मानी जाती, पति की मृत्यु के तीन साल बाद यहाँ औरत अपनी बच्ची को जन्म देती है, हर नगर और उपनगर में वहाँ कुमारी माँएँ हैं, वहाँ हर स्कूल में बाथरूम में कंडोम रखे रहते हैं, "हम लोग अपने नैतिक मूल्य इस समाज पर कैसे थोप सकते हैं।" दोहरी मानसिकता में जीते और भारतीय संस्कृति का दम भरने वाले समाज पर बहसती शीनी माँ से तर्क करती है, "माँ तुम जैसे जानती नहीं कि उसी ऋषियों-मुनियों की धरती के छल छद्म से कितने लोग यहाँ आते हैं। कोई सगी बहन से फर्जी शादी रचाकर चला आता है तो कोई बहू से। जितनी झूठी शादियाँ और झूठे तलाक यहाँ के हिन्दुस्तानियों के बीच होते हैं, किसी दूसरे मुल्क के लोगों के बीच न होते होंगे।"[15] पूरा उपन्यास स्त्री-पुरुष के बीच सम्बन्धों की नई दृष्टि की स्वीकृति देता हुआ दक़ियानूसी सोच पर करारी चोट करता है।

काशीनाथ सिंह के उपन्यास 'महुआचरित' (2012) में उस सामाजिक दृष्टि पर चोट की गई है जो स्त्री-पुरुष के लिए पृथक-पृथक बनाए गए मानदंडों पर जीती है। इसीलिए उपन्यास के प्रारम्भ में ही ये शब्द उसके स्वर (टोन) से परिचय करा देते हैं : "जब तक/समाज ऐसा है/तब तक/झूठ या छल ही हमारा अन्तरिक्ष है।" ज़ाहिर है यहाँ लेखक अपनी काव्यात्मक शैली के इस लघु उपन्यास में स्त्री को लेकर लगाए गए बन्धनों के प्रति एक आक्रोशात्मक प्रतिशोध दर्ज़ करता है। आत्मकथात्मक शैली में कथानायिका लड़की अपने शरीर की माँगों को पूरी तरह जायज़ ठहरती है, सामाजिक इतियों, भीतियों, वर्जनाओं की परवाह किए बिना। पढ़ाई-लिखाई पूरी कर उन्तीस की खिंची उम्र में जब यौवन का शरीर ढलने की प्रक्रिया में आ गया है तो उसका मानसिक विस्फोट इस रूप में होता है, "घर की माली हालत और 'कैरियर' की चिन्ता ने कभी अहसास/ही नहीं होने दिया कि मैं भी औरत हूँ, मेरी भी देह है,/उस/देह की अपनी ज़रूरते हैं, माँगें हैं, भूख है। और अब जब/उन्नीस की उम्र पार कर रही हूँ तो मुझे क्यों लग रहा है कि/या तो यौवन आया ही नहीं या आकर चला गया। अगर वह अभी बना हुआ है तो

आँखों के नीचे झाइयाँ क्यों हैं? छातियाँ ढली-ढली सी क्यों लगती हैं। गले के नीचे रेखाएँ/क्यों खिंच रही हैं?" इसलिए जब उसकी ज़िन्दगी में एक 'सम्मोहन-सा' प्रथम पुरुष आया तो वह भली प्रकार जानती है कि वह "मेरा प्यार नहीं था, एक सम्मोहन था। सिर्फ़ सम्मोहन।" वह अच्छी तरह जानती है कि ज़िन्दगी के इस मोड़ पर यदि साजिद न होकर कोई भी 'शिशिर', 'शशांक' या 'शुभम' कोई भी हो सकता था; केवल एक सुदर्शनीय पुरुष होता। इसी कारण वह 'दो बच्चों के बाप' अपने पड़ोसी साजिद के सम्मोहन में बँध रेल-यात्रा में उसे अपना कौमार्य समर्पित कर देती है। अब उसके सामने समस्या आती है ऐसे बच्चों की 'कुँवारी माँ' बनने की जिसका बाप मुसलमान है। वह ऊँच-नीच के पचड़े में फँसे समाज के सामने अपने बच्चे को 'एक नए कबीर' के रूप में जन्म देना चाहती है 'जिसका न कोई मज़हब हो, ना जात, जो सिर्फ़ और सिर्फ़ मनुष्य हो?" साजिद के कभी न मिलने की शर्त पर अलग होकर वह कभी उसके प्रति आकर्षित हर्षुल के सम्पर्क में आती है किन्तु हर्षुल उसका अतीत जानकर उससे सम्बन्ध नहीं रखना चाहता किन्तु वह अपने बच्चे को जन्म देना चाहती है। दाम्पत्य के सम्बन्ध में उसकी मान्यता है, "कि पति-पत्नी नमक-पानी नहीं हैं—/कि इस तरह घुल-मिल जाएँ/कि न पानी पानी रहे,/न नमक-नमक/उन दोनों की अपनी-अपनी प्राइवेसी होनी चाहिए/और अपनी-अपनी ज़िन्दगी।"[16]

इस प्रकार काशीनाथ सिंह इस उपन्यास में नए ज़माने की नारी की दृष्टि से स्त्री-पुरुष सम्बन्धों का नया वृत्त खोलते हैं।

उपर्युक्त विवेचन से स्पष्ट है कि नई शती के उपन्यासों में स्त्री-पुरुष सम्बन्धों के विषय में एक नई दृष्टि मिलती है जिसकी पृष्ठभूमि में स्त्रीवादी विमर्श की चिन्तना है। महिला सशक्तीकरण का यह स्वर इन सम्बन्धों को नया आयाम देता है।

सन्दर्भ

1. वंदना शुक्ला, *निरस्त* कविता, *समकालीन सरोकार,* मई-जून 2013
2. अलका, सरावगी, *शेष कादम्बरी,* पृ. 73
3. वही, *एक ब्रेक के बाद,* पृ. 108, 109, 111, 133
4. अनामिका, *तिनका तिनके पास,* पृ. 58, 60, 63
5. रजनी गुप्त, *एक न एक दिन,* पृ. 94, 149, 171, 255, 257
6. मृदुला गर्ग, *मिलजुल मन,* पृ. 73-74
7. ममता कालिया, *दुक्खम सुक्खम,* पृ. 7, 31, 146, 167
8. मधु काँकरिया, *सेज पर संस्कृत,* पृ. 159
9. कमल कुमार, *पासवर्ड,* पृ. 11, 20, 42, 145, 146
10. निर्मला भुराड़िया, *ऑब्जेक्शन मी लार्ड,* पृ. 85, 86, 180
11. लता शर्मा, *सही नाप के जूते,* पृ. 9
12. जयन्ती, *खानाबदोश ख़्वाहिशें,* पृ. 190
13. गीताजंलि श्री, *तिरोहित,* पृ. 60-61, 138-39, 65, 71
14. अनामिका, *दस द्वारे का पींजरा,* पृ. 13
15. रवीन्द्र कालिया, *ए.बी.सी.डी.,* पृ. 11, 14, 12
16. काशीनाथ सिंह, *महुआचरित,* पृ. 41, 51, 98

अध्याय छह

21वीं शती उपन्यास : नई शैल्पिक संरचना

हिन्दी उपन्यास के शिल्प पर बहुत ही कम बात हुई है, हुई भी है तो बहुत सरसरी तौर पर सतही ही-सी होकर रह गई है। कुछ पुस्तकों या गोष्ठियों में यदि इस विषय पर यत्किंचित् कुछ कहा भी गया तो बात हिन्दी उपन्यास पर न होकर कुछ सम्भ्रान्त, दिग्गज, विदेशी विचारकों-आलोचकों के सन्दर्भ से अंग्रेज़ी के कुछ उपन्यासों पर आकर रुक गई, हिन्दी की ओर वे बढ़े ही नहीं। कोई 1975 ई. में प्रकाशित मैक्सिको के प्रसिद्ध कथाकार कार्ल्स फुंटेश का 'टेरोनोस्ट्रा' का उदाहरण देकर प्रस्थापित करना चाहता है कि, क्योंकि उसमें अपने समय से प्रायः 24 वर्ष आगे 1999 की घटना का वर्णन किया गया है, इसीलिए "कल्पनापरक जादू यथार्थवाद (तात्पर्य जादुई यथार्थवाद से) का यही सौन्दर्यशास्त्र है, इसलिए 1975 को नई कल्पनाशीलता और रचनाशीलता के आरम्भ का वर्ष माना जाना चाहिए संसार के गल्प साहित्य में। टेरोनोस्ट्रा का अर्थ कदाचित् नई दुनिया है। गल्प में एक नए सिद्धान्त का आविष्कार कार्ल्स फुंटेश ने इस रूप में किया उसने कालक्रमिक इतिहास को भी विदा कर दिया पूरी तरह।" इसी रूप में दूसरी स्थापना क़ाका को नए युग के मसीहा के मानने की है जिनके उपन्यास शिल्प से "गल्प में अनन्त सम्भावनाओं का द्वार खुल गया था, इसलिए क़ाका नए युग के मसीहा के रूप में आए और बाद में सारा गल्प का इतिहास जो आगे को गया वह टॉमसमान के साथ नहीं गया, वह क़ाका के साथ गया।" फिर इसके विरोधी बात यह कही जाती है कि 'जार्ज लुकाच यथार्थवाद के सबसे बड़े शास्त्रकार इस शताब्दी में हुए उन्होंने एक विख्यात निबन्ध लिखा। 'टॉससमान और क़ाका' शीर्षक से उस निबन्ध में जार्ज लुकाच ने बहुत विस्तृत विवेचना के बाद यह स्थापना दी कि हम क़ाका को स्वीकार नहीं कर सकते। टॉमसमान जो है, वही हमारे लिए मान्य है, क्योंकि क़ाका एक नई बुर्ज़्वा सभ्यता के जो पतनशील रूप होते हैं, उसकी अनन्त पतनशील छवियाँ होती हैं, उसका कथाकार है और टॉमसमान जो है इस यथार्थवाद की महान धारा थी...।" इसके बाद फिर कार्ल्स फुंटेश का माला-जाप है और "बोर्खेज़ आए, मार्क्वेज़ आए, मिलान कुंदेरा आए और फिर सलमान रुश्दी आए, यह कहकर उपन्यास में यथार्थवाद और कल्पना की बात की गई है।"[1] वस्तुतः अपने समय से 24 वर्ष आगे की घटनाओं का वर्णन इतनी आश्चर्यकारी नई शैल्पिक प्रविधि नहीं है कि उसे गल्प की नई रचनाशीलता का द्वार ही मान लिया जाए, वस्तुतः वह सीधे-सीधे 'फ़न्तासी' का प्रयोग है जिसका प्रयोग विभिन्न रूपों में साहित्य विधाओं में होता चला आ रहा है। जिन वरेण्य उपन्यासकारों, आलोचकों के नाम सन्दर्भित कर श्रोताओं को आतंकित किया जाता है, उनकी श्रेष्ठता को प्रश्नांकित नहीं किया जा सकता किन्तु यहाँ मूल प्रश्न यही है कि हिन्दी उपन्यास के शिल्प पर बात करते

हुए इन सब सन्दर्भों से उपन्यास-शिल्प, विशेषतः हिन्दी उपन्यास के शिल्प का कुछ सिर-पैर क्या हाथ आ भी पाता है? दूसरे उपन्यास में यथार्थ और कल्पना के प्रयोग की स्थिति पर ही बात करके क्या हम उपन्यास के शिल्प-तकनीक के विषय में कुछ जान पाएँगे। इसी रूप में उपन्यास के 'स्थापत्य' पर बात करते हुए डी.एच. लारेंस, डब्ल्यू.जे. हार्वे, इवो आन्द्रिच, एलेन फ्रिडमैन, आदि के नाम से लेकर शिल्प-चर्चा को यथार्थ-चित्रण और आदर्श तक ही सीमित कर कर्तव्य की इतिश्री मान ली गई है।[2] डॉ. बच्चन सिंह भी अपनी पुस्तक 'उपन्यास का काव्यशास्त्र' में उपन्यास-शिल्प पर बहुत कम बात करते हैं, अलबत्ता 'पश्चिम में औपन्यासिक सिद्धान्तों पर अभी महत्त्वपूर्ण पुस्तकों' के लेखकों के नाम अवश्य गिनाते हैं—हेनरी जेम्स, परसील्यूबक, वर्जीनिया वुल्फ़, रोलाँ बार्थ, ओयनवाट, डेविड लाज, कमरोड, आदि वे एक लम्बी साँस ज़रूर मारते हैं कि "हिन्दी में एक भी ठीक-ठिकाने की पुस्तक उपन्यास के आलोचना सिद्धान्त पर नहीं है", यद्यपि बच्चन सिंह की पुस्तक इस अभाव की सम्पूर्ति में कुछ योग देती दिखाई नहीं देती, कुछ उपन्यासों और कुछ कहानियों की सामान्य-सी समीक्षा पुस्तक बनकर रह जाती है।[3] इस फेहरिस्त को और लम्बा न कर, सीधे-सीधे 21वीं शती हिन्दी उपन्यास की विस्मयकारी समृद्ध शैल्पिक संरचना पर विचार करने में प्रवृत्त हुआ जा सकता है।

यह सर्वमान्य तथ्य है कि रचना में अन्तर्वस्तु ही उसकी प्रस्तुति का स्वरूप निर्धारित करती है। उपन्यास-रचना से पूर्व कोई भी उपन्यासकार उपन्यास की सैद्धान्तिकी पढ़ने में प्रवृत्त नहीं होता कि पश्चिम के किस उपन्यासकार अथवा आलोचक ने उपन्यास में यथार्थ और आदर्श की प्रस्तुति के क्या कला मानक स्थापित किए हैं। लेखन से पूर्व उसने जो कुछ भी आलोचनात्मक या सर्जनात्मक साहित्य पढ़ा है, उसके प्रभाव उसमें मानस पर पड़ते अवश्य रहते हैं, उसका साहित्य, संस्कृति, इतिहास, धर्म ग्रन्थों, आदि का पठन-पाठन उसके कथाकार-मानस की निर्मिति को निरन्तर संस्कारित करते रहते हैं। अपने परिवेश, सामाजिक, राजनीतिक, आर्थिक, धार्मिक, आदि स्थितियों के संघात उसे जिस रूप में आलोड़ित-विलोड़ित किए रहते हैं, वे ही उसकी कृति में विभिन्न रूपों में प्रतिच्छायित होते हैं। रचनाकार का यही मानसिक आलोड़न-विलोड़न जितना तीव्र होता है, उतने ही वेग से उसकी कृति में उसका विस्फोट होता है। इस तीव्र वैचारिक विस्फोट को वहन करने की क्षमता विधा के पारम्परिक स्वरूप में सम्भव नहीं हो पाती, इसीलिए प्रत्येक चुनौतीपूर्ण रचना अपनी तरह से उस विधा के प्रचलित ढाँचे, रूपबंध ('फॉर्म') को तोड़ती हुई उसे विकास की एक नई मंज़िल पर ले जाकर खड़ा कर देती है। 21वीं शती के उपन्यास के शैल्पिक ढाँचे में भी इसी रूप में निरन्तर विस्फोटक परिवर्तन होते रहे हैं।

शती के प्रारम्भ में ही दो ऐसी औपन्यासिक कृतियाँ आईं जिन्होंने उपन्यास की संकल्पना को ही पूरी तरह बदलकर रख दिया। कमलेश्वर ने 'कितने पाकिस्तान' (2000) तथा काशीनाथ सिंह ने 'काशी का अस्सी' (2002) में विभिन्न कथा-युक्तियों के प्रयोग से उपन्यास के ढाँचे में ऐसी तोड़-फोड़ की कि कुछ लोगों को उन्हें 'उपन्यास' की परिधि में रखना ही स्वीकार्य न हुआ। 'काशी का अस्सी' की अति संक्षिप्त-सी भूमिका में लेखक ने इसे अपने मुहल्ले अस्सी और उसी की दुकान का 'लाइव शो' मानते हुए यह असमंजस प्रकट किया है कि वे इसे 'उपन्यास' माने या 'कथा'—"यह कृति उपन्यास का उपन्यास और कथाएँ की कथाएँ" अर्थात् यह दोनों विधाओं में आवाजाही करती है, किन्तु अगले ही क्षण उसे 'उपन्यास' ही स्वीकार कर लेते हैं—"ख़ासा चर्चित, विवादित और बदनाम! लेकिन बदनाम सिर्फ़ अभिजनों में, आमजनों में नहीं! आमजन और आम पाठक ही इस उपन्यास के जन्म की ज़मीन रहे हैं।" ऐसा इसलिए भी हुआ

क्योंकि इसके पाँचों अध्यायों का प्रकाशन कथा पत्रिका 'हंस' में कहानी के रूप में ही हुआ, वास्तविकता यही है कि यह नई ढब का उपन्यास है, जो 'आमजन और आम पाठक की ज़मीन' से ही आया है। इसी प्रकार 'कितने पाकिस्तान' के प्रकाशन पर विष्णु प्रभाकर ने कहा था, "कमलेश्वर ने उपन्यास के बने बनाए ढाँचे को तोड़ दिया है और लेखकीय अभिव्यक्ति के लिए सब कुछ सम्भव बनाने का दुर्लभ द्वार खोलकर एक नया रास्ता दिखाया है।" ईसाई पादरी रेवरेंड डॉ. जे. एच. आनन्द ने इस उपन्यास के शिल्प को एक और ही नई दृष्टि से देखा है, "मैं 'कितने पाकिस्तान' को बाइबिल की अन्तिम पुस्तक 'रेविलेशन' में प्रयुक्त 'एपोकेलिप्सिस' के समान मानता हूँ। इस श्रेणी का प्रयोग यहूदी अदीबों ने रोमन शासकों के विरुद्ध आज़ादी के लिए किया था।"[4] शती के प्रथम दशक का अन्त होते-होते सुरेन्द्र वर्मा का उपन्यास 'काटना शमी का वृक्ष पद्मपंखुरी की धार से' (2010) अनेक नई कथा-युक्तियों और पूरी तरह नया शैल्पिक सम्भार लिये आया जिसमें नाटक के सिद्धान्त, नाटक की दुनिया और उपन्यास के आख्यान की पूरी कहन नाटकीय संरचना से युक्त है। लेखक इसे एक विशुद्ध उपन्यास मानता ही नहीं, 'एक दृश्य काव्याख्यान' कहता है और लेखक अपना नाम भी संस्कृत नाटकों की शैली पर 'कवि सुरेन्द्र वर्मा विरचित' के रूप में देता है। अन्य अनेक उपन्यासों (जिनकी चर्चा यथा-स्थान होगी) में भी कितने ही रूपों में उपन्यास के पारम्परिक ढाँचे को तोड़ा गया है किन्तु इन तीन कृतियों ने तो हिन्दी उपन्यास की बनत पूरी तरह बदलकर रख दी।

'कितने पाकिस्तान' पर बात करते हुए हम यह जान लें कि न केवल इस उपन्यास में अपितु पूरे दशक के उपन्यास में और यदि पिछली शती के लगभग अन्तिम दशक में लौटें तो उस काल खंड के भी महत्त्वपूर्ण उपन्यासों में, वृत्तान्त, घटनाओं, का विवरण ('नैरेशन') बहुत कम होता चला गया है, विभिन्न कथा-युक्तियों के माध्यम से विचार, वैचारिक मंथन, समाजार्थिक तथा राजनीतिक घटनाओं का विश्लेषण, उन पर चिन्तन निरन्तर मुखर होता गया है। यदि कथाकार ने इतिहास की किसी बड़ी घटना को भी कृति के केन्द्र में रखा है, तो उसके माध्यम से वह वर्तमान की चिन्ताओं की ऊहापोह में पड़ा रहता है, वह वर्तमान के प्रश्नों के लिए ही इतिहास और मिथक को निज दृष्टि से खँगालता है। प्रत्येक उपन्यासकार ने अपने देखे हुए यथार्थ को अपनी तरह से वाणी दी है, इसीलिए उसमें इतना विस्मयकारी वैविध्य और रोचकता है।

यूँ तो प्रत्येक चुनौतीपूर्ण उपन्यास में उपन्यास के पारम्परिक शिल्प और ढाँचे में तोड़-फोड़ की गई है, यहाँ उन उपन्यासों की चर्चा विशेषतः अभीष्ट है जिन्होंने उपन्यास का विधागत चरित्र ही पूरी तरह बदलकर रख दिया। कुछ लोगों ने बार-बार यह सवाल उठाया कि ऐसी कृतियों को उपन्यास कहा जाए या कहानी या कुछ और!! शती की देहरी पर प्रकाशित कमलेश्वर के 'कितने पाकिस्तान' ने उपन्यास शिल्प में अनेक नई कथा-युक्तियों का प्रयोग कर उपन्यास की ढब ही बदलकर रख दी। उपन्यास के प्रारम्भ में एक भीनी-सी प्रेम-कथा किशोर वय कथा-नायक और उसकी सहपाठी विद्या की है। कानपुर से शिकोहाबाद जंक्शन और फिर वहाँ से ब्रांच लाइन की गाड़ी पकड़कर कहानी के 'मैं' का 'अपनी मैनपुरी' तक का सफ़र इस कहानी को आत्मकथात्मक संस्पर्श देता है। कमलेश्वर की एक कहानी में भी यह ट्रेन-यात्रा, विद्या और उसका छूटा रूमाल लगभग इसी रूप में आता है। उसी पुरानी प्रेमिका का कितने ही पतों से रिडायेरक्ट होकर कितने ही वर्षों बाद मिले ख़त में उसके लिए 'अदीबे आलिया' वाला सम्बोधन उपन्यास के कथा-सूत्र को आगे बढ़ाने की एक जुगत-कथा-युक्ति निकाल लेता है। अदीबे आलिया का 'एक में तीन' ('थ्री इन वन') सहायक, स्टेनो और अर्दली महमूद जब उसके सामने हाज़िर होता है तो वह

उसे डिक्टेशन दे प्रधानमन्त्री को ख़त लिखाने लगता है जिसमें कारगिल युद्ध-प्रसंग और उसके पीछे की राजनीति का सविस्तार खुला चित्रण पत्रकारिता की रिपोर्टिंग शैली में किया जाता है। इस प्रकार कथा-प्रसंग में देश के शोकग्रस्त समय में शामिल एक अदीब और पत्रकार की 'प्रविष्टि'—एंट्री—कराई जाती है। फिर अगले ही अध्याय में उनके सामने महमूद हाज़िर हो जाता है जो 'पिछली सदियों में जाकर' राजा रामचन्द्र के सतयुग में जाकर उनसे शंबूक वध की कैफ़ियत माँगता है, रास्ते में उसे वैदिक युग भी मिल जाता है जिसमें अहिल्या प्रसंग उठाकर पुरुष वर्चस्ववादी समाज में स्त्री की दशा पर, विचार किया गया है, फिर अर्दली महाभारत काल में चला जाता है और उस भीषण रक्तपात पर आँसू बहाता है। अदीब, लेखक (साहित्यकार) की नियति यही है कि वह "हर अभावग्रस्त, शोषणग्रस्त, यातनाग्रस्त और मृत्युग्रस्त मनुष्य के आँसू एकत्रित करता" है। फिर आगे के खंडों में यह अर्दली इतिहास के किसी भी काल-खंड—भूत, वर्तमान और भविष्यत्—में जाकर किसी भी जीवित या मृत व्यक्ति को अदीबे आलिया के सामने हाज़िर कर देता है, अदीब उससे उसके और उसके युग के विद्रूपतापूर्ण कृत्यों की कैफ़ियत माँगता है। वस्तुतः यह कमलेश्वर का फ़न्तासी की शक्तियों का दोहन कर उसका नवीन प्रयोग है, वे फ़न्तासी को बहुत सशक्त रूप में अपनी कहानियों में प्रयुक्त करते आ रहे हैं किन्तु यहाँ यह प्रयोग विस्मित कर देनेवाला है जिसमें देश और दुनिया के किसी भी युग, समय, के मनुष्य को उपस्थित कर उससे इतिहास में बिला गए प्रश्नों के जवाब माँगें गए हैं। इस शैल्पिक प्रविधि से युरूक (यूनान) के सम्राट गिलमेश, बेबेलोनिया, मेसोपोटामिया, सुमेरी-अक्कादि और सिन्धु घाटी के देवता, इन सभ्यताओं की महाप्रलय-गाथाएँ, बाबर-हुमायूँ, लॉर्ड माउंटबेटन, आदि तथा मोहन राकेश, मंटो, सुभाष पन्त, आदि मृत तथा जीवित—सभी अदीबे आलिया की अदालत में हाज़िरी-भर उसके ज़हन में चल रही ज़द्दो-ज़हद में शिरकत करते हैं। उपन्यास में आए तरह-तरह के विमर्शों में कहीं निबन्ध, कहीं ऐतिहासिक शोधपरक टिप्पणियाँ तो कहीं संस्मरण, आदि उपन्यास में निरन्तर अपनी उपस्थिति दिखाते हैं। इस प्रकार के विमर्श का एक उदाहरण द्रष्टव्य है—

"...मैं कहता हूँ कि इतिहास के साथ यह तर्कहीन बेहूदा खिलवाड़ बन्द कीजिए!" माउंटबेटन ने तिलमिलाकर कहा।

— माउंटबेटन साहब! सच्चा इतिहास सिर्फ़ वह नहीं है जो साम्राज्यवादी नस्लों ने लिखा है...सच्चा इतिहास वह है जिसकी इबारत शोषित और दलित देशों की आत्मा पर आज भी उत्कीर्ण है! कबीर ने दहकते हुए शब्दों में कहा—"हमारे पास इतिहास की नदियाँ मौजूद हैं, तुम्हारे पास वे नहरें हैं, जो तुमने तर्कों और स्वार्थों की कुदाल से खोद-खोदकर निकाली हैं, इसीलिए इतिहास का वास्ता हमें मत दो। तुमने अपना इतिहास लिखा है, हमने तुम्हारा इतिहास जिया है!"[5] कहाँ माउंटबेटन, कहाँ कबीर और दोनों की यह तर्कातर्की पाठक को विस्मित कर एक नया आस्वाद देती है। इस प्रकार फ़न्तासी के अभूतपूर्व प्रयोग से कमलेश्वर ने उपन्यास का शैल्पिक ढाँचा पूरी तरह बदलकर उसे कथ्य की अनन्त सम्भावनाएँ दे डालीं।

'काशी का अस्सी' (2002) में काशीनाथ सिंह हिन्दी उपन्यास के चेहरे और बनत को पूरी तरह बदलते हैं। जीवन के खुरदरे यथार्थ और वर्तमान की सारी प्रमुख चिन्ताओं से जितने बेबाक ढंग से अपने लोकधर्मी गद्य के साथ वे टकराते हैं, वह विस्मयकारी है। लोक में प्रचलित, पग-पग पर प्रयुक्त ठेठ गालियाँ यहाँ अपना अश्लीलत्व छोड़ सार्वजनिक बनकर सामान्य आम जन की बातचीत का सहज अंग बन जाती है। गद्य का यह ठेठ फ़कीरी ठाठ ही इस कृति को

अनुपम बनाने में महत् भूमिका निभाता है। गद्य पर विचार करने से पूर्व इस उपन्यास के विधागत रूप—फॉर्म—पर बात कर ली जाए। एक ओर तो यह कहानी और उपन्यास दोनों विधाओं में संचरण करता है—इसके प्रत्येक अध्याय को एक स्वतंत्र कहानी के रूप में भी पढ़ा जा सकता है। इसका प्रारम्भ इसे संस्मरणधर्मा बनाता है, उपन्यास का प्रथम वाक्य ही इस रूप में है, "मित्रो, यह संस्मरण वयस्कों के लिए है, बच्चों और बूढ़ों के लिए नहीं..." इसका अर्थात् यही बनता है कि इस कथा-खंड की संकल्पना लेखक ने संस्मरण रूप में ही की थी, कहानी या उपन्यास के रूप में नहीं। संस्मरण लेखक के 'स्व' से सम्बन्धित होता है, अतः उसमें निज की उपस्थिति स्वतः बन जाती है। उपन्यास में कितने ही स्थानों पर न केवल काशीनाथ सिंह का निजी व्यक्तित्व, उनकी अपनी शख़्शियत, शारीरिक डील-डौल, रहन-कहन, इसमें आई है अपितु चौथीराम यादव, रामधारी सिंह दिनकर, मुन्नु दीक्षित, आदि उनके संगी-साथी, मित्र-मंडली स्वतः चली आई है। इस रूप में आत्म-परिचय ठेठ बनारसी ठाठ के साथ तटस्थ और निस्पृह-भाव से दिया गया है, "इधर सुनते हैं कि कोई बुढ़ऊ-बुढ़ऊ से हैं काशीनाथ-इनभर्सीटी के मास्टर जो कहानियाँ-फहानियाँ लिखते हैं और अपने दो-चार 'बकलोल' दोस्तों के साथ 'मारवाड़ी सेवा संघ' के चौतरे पर 'राजेश ब्रदर्स' में बैठे रहते हैं। अक्सर शाम को! "ए भाई! ऊ तुमको किधर से लेखक-कवी बुझाता है जी! बकरा जहसा दाढ़ी-दाढ़ा बढ़ाने से कोई लेखक-कवी थोड़े नु बनता है? देखा नहीं था दिनकरवा को? अरे, उहै रामधारी सिंघवा? जब चदरा-ओदरा कन्हियाँ पर तान के खड़ा हो जाता था—छह फुटा ज्वान, तब भह्-भह् करता रहता था। आऊर ई भोंसड़ी के अखबार पर लाई-दाना फइलाय के एक पुड़िया नून और एक पाव मिरचा बटोर के भकोसता रहता है। कवी-लेखक अइसे होत है का?"[6] इस प्रकार उपन्यास में आत्म-वृत्त भी जगह-जगह अपनी पैठ बनाता है। यहाँ लेखक अपने लिए भी उसी गाली का स्नेह-प्रयोग करता है जो वहाँ के लोक की जिह्वा पर मन्त्र-पाठ की तरह चढ़ी हुई है। अजीब इत्तफ़ाक़ है कि हमारे दो प्रसिद्ध तीर्थ-स्थलों बनारस और मथुरा दोनों की बोली-बानी में यह गाली इस रसपूर्ण ढंग से घुली हुई है कि वहाँ के लोगों को कुछ अजीब और अश्लील ही नहीं लगता, वे उसे इस कान सुनी, उस कान निकाल देने की सहज मुद्रा में ग्रहण करते हैं। काशी की बोली-बानी के इस सहज संस्कार और बेधड़क मिज़ाज ने 'काशी का अस्सी' के पूरे तन्तु-विन्यास—'टैक्सचर'—बुनावट को ही बदल डाला है, उपन्यास के प्रारम्भ के कुछ उद्धरण यह दिखाने के लिए पर्याप्त हैं कि उपन्यास की कहन ने शिल्प को किस रूप में बदलकर रख दिया है—

- "अस्सी और भाषा के बीच ननद-भौजाई और साली-बहनोई का रिश्ता है! जो भाषा में गन्दगी, गाली, अश्लीलता और जाने क्या-क्या देखते हैं और जिन्हें हमारे मुहल्ले के भाषाविद् 'परम' (चूतिया का पर्याय कहते हैं) वे भी कृपया इसे पढ़कर अपना दिल न दुखाएँ।
- तो, सबसे पहले इस मुहल्ले का मुख़्तखर-सा बायोडॉटा—कमर में गमछा, कंधे पर लंगोट और बदन पर जनेऊ—यह 'यूनिफॉर्म' है अस्सी का!"
- "'हर-हर महादेव' के साथ 'भोंसड़ी के' नारा इसका सार्वजनिक अभिवादन है! चाहे वह होली का कवि सम्मेलन हो, चाहे क़र्फ़्यू खुलने के बाद पी.ए.सी. और एस.एस.पी. की गाड़ी, चाहे कोई मन्त्री हो, चाहे गधे को दौड़ाता नंग-धड़ंग बच्चा—यहाँ तक कि जार्ज बुश या मार्गरेट थैचर या गोर्वाचोव चाहे जो आ जाए (काशी नरेश को छोड़कर) सबके लिए 'हर हर महादेव' के साथ 'भोंसड़ी के' का जय-जयकार!"

– "ज़माने को लौड़े पर रखकर मस्ती से घूमने की मुद्रा 'आईडेंटिटी कार्ड' है इसका।"
– "'गुरु' यहाँ की नागरिकता का 'सरनेम' है।"
– "...अस्सी के मुहावरे में अगर तीनों नहीं, तो कम-से-कम दो–एक ही गाँड़ हगते हैं।"[7]

लेखक का आग्रह रहा है कि "...अगर शब्दों के अर्थ पर न जाएँ तो जीवन की अकुंठ-उल्लसित ध्वनियों का समारोह" इन गालियों के 'प्रक्षेपास्त्रों' में है। इसी अकुंठ और उल्लसित गद्य में यह उपन्यास काशी के अस्सी के चौराहे को देश की पूरी राजनीतिक सुगबुगाहट और सामाजिक संरचना के ताने-बाने के रूप में प्रस्तुत करता है। परम्परागत विरहा, निर्गुनिया पदों और लोकगीतों की अन्य रंगतों का प्रयोग उपन्यास की बयानी को और भी समृद्ध करता है। इस प्रकार 'काशी का अस्सी' उपन्यास-शिल्प की नई दिशाओं का संधान करता है।

काशीनाथ सिंह अपने सद्य प्रकाशित लघु उपन्यास 'मंहुआचरित' (2012) में भी औपन्यासिक शिल्प में बिलकुल नया प्रयोग करते हैं। यद्यपि उपन्यास को 'लघु उपन्यास' कहा गया है किन्तु यह सामान्य लघु उपन्यासों से बिलकुल अलग हटकर है। बड़े फॉन्ट में काग़ज़ पर सामान्य से ज़्यादा हाशिया छोड़कर इसे लगभग 90 पृष्ठों का फैलाव दिया गया है–यूँ पुस्तक में कुल मिलाकर 100 पृष्ठ हैं, यदि इसे सामान्य रूप में मुद्रित किया जाता है तो कदाचित् यह रचना मात्र 50 पृष्ठ की होती है, पुस्तक का आकार भी भली प्रकार न बन पाता किन्तु इतनी संक्षिप्ति में स्त्री की देहासक्ति से विवाह तक की यात्रा और अपनी भावनाओं की अकुंठ अभिव्यक्ति का सम्भार बहुत चुनौतीपूर्ण कथ्य के रूप में सामने आता है। बहुत देर से उपन्यास में 'वृत्तान्त' के अन्त की बात कही जा रही है किन्तु यहाँ आकर वृत्तान्त अत्यधिक न्यून होकर रह गया है। यहाँ आत्म-कथन और संवाद भी एक अपूर्व काव्यात्मकता के साथ नियोजित हुए हैं जो नायिका के भीतर निरन्तर 'गूँजती सिम्फनी' को मूर्त करते हैं, यह बिलकुल नई कथा-युक्ति है–

"छत!
यही छत मेरे जीवन का 'टर्निंग प्वाइंट' बनी।
और जब तक छत पर रहती थी, तब तक महसूस करती
थी कि

न आकाश है, न धरती
न बेहड़ है, न परती है

न नदियाँ हैं, न नाले हैं
न पेड़ हैं, न पालो हैं
न पर्वत हैं, न जंगल हैं
न बारिश है, न बादल हैं

न गाँव हैं, न नगर हैं

सिर्फ़ मैं थी और यह फ़ीका चाँद था और वे छिटपुट तारे

थे
और एक अबूझ सिम्फनी
थी जो मेरे भीतर गूँजती रहती थी।"

इस नई युक्ति से उपन्यास के गद्य में ऐसी सिम्फनी बुनी गई है जहाँ गद्य और कविता की सीमाएँ एक-दूसरे में सिमटने लगती हैं। ये संवाद, ये एकालाप, किसी दूसरे से नहीं स्वयं अपने आपसे ही होते रहते हैं, जिनमें अनेक युगीन प्रश्नों पर अपनी चिन्ताएँ अपने ढंग से अभिव्यक्ति पाती हैं। पूरे उपन्यास का यह शैल्पिक विन्यास चकित-विस्मित करता है।

सुरेन्द्र वर्मा का उपन्यास 'काटना शमी का वृक्ष पद्मपंखुरी की धार से' (2010) शैल्पिक संरचना में ऐसी नवीनता लेकर आया है कि बीच के सारे उपन्यासों को छोड़कर पहले चर्चा की बाध्यता देता है। इस औपन्यासिक आख्यान में नाटक की विधा इस प्रकार अन्तर्ग्रंथित हुई है कि सहज ही यह एक साथ उपन्यास और नाटक का आस्वाद देता है। नाटक की दृश्य-योजना को 'दृश्योच्छ्वास' का नाम और शीर्षक देकर अधिकांशतः छोटे-छोटे तो कहीं बड़े दृश्य देकर 95 दृश्योच्छ्वासों को पाँच खंडों में रखकर कथा का वितान रचा गया है। यह भी आश्चर्यकारी है कि उपसंहार के 94 क दृश्योच्छ्वास को भूमिका रूप में प्रारम्भ में ही दिया गया है तथा नाटक की ही शैली पर अन्त में 'भरत वाक्य'-सा अन्तिम दृश्योच्छ्वास है। उपन्यास का शीर्षक कथाकार/ नाटककार के मनोजगत में देर से बसा हुआ था, 1993 में प्रकाशित 'मुझे चाँद चाहिए' के दूसरे खंड में एक शीर्षक है, 'पद्मपंखुरी की धार से शमी का पेड़ काटोगे?' इसी का परिवर्तित रूप अब इस उपन्यास का शीर्षक बनता है। उपन्यास का कथा-स्थल उज्जयिनी का राष्ट्रीय नाट्य केन्द्र है जिसकी संकल्पना बहुत कुछ वर्तमान के राष्ट्रीय नाट्य विद्यालय (एन.एस.डी.) के रूप में की गई है। उपन्यास की भाषा का रचाव और तराश पूरी तरह नाट्य भाषा का है जिस पर लेखक ने बहुत कड़ा परिश्रम किया है। भाषा के इस नव-विन्यास से तत्युगीन संस्कृति-सभ्यता और गुप्तकालीन वैभवपूर्ण सामन्ती राजसभा, उसका शील-नय, आचार-विचार सभी कुछ भास्वर रूप में प्रस्तुत होता है। कालिदास के व्यक्तित्व और कृतित्व को पूरी तरह चित्रित करने के लिए उनकी कृतियों से स्थान-स्थान पर उन्हीं के काव्य-श्लोकों की उद्धृति प्रचुर रूप में करते हुए पाद-टिप्पणियों में उनका अर्थ भी दिया गया है। कालिदास के समय की जीवन्त प्रस्तुति की अनेक कथा-युक्तियों के साथ इन दृश्योच्छ्वासों के शीर्षक भी इसमें खास भूमिका निभाते हैं, यथा—'डाक-पेटी में आबद्ध ऋतुसंहार', 'सुन लें भरतमुनि', 'रंगोन्मादी कालिदास बनकर रहेगा नाटककार', 'वर्षा मेरे जीवन की शुभंकर है', 'सभ्य संसार की विश्वात्मिका राजधानी : उज्जयिनी', 'ऋतुसंहार का अस्वीकृत पांडुलेख लिये नवरत्न कीर्तिप्रतिमा तले टूटा हुआ कालिदास', 'अलंकृत करे कालिदास भास और कवि-पुत्र की श्रेणी', 'कालिदास कौन?' अर्थात् 'अपने-अपने निजी राक्षस।' भाषा का लालित्य जिस रूप में इस उपन्यास में सृजित हुआ है, वह तत्युगीन परिस्थितियों, लोकाचार, सम्बोधन पद्धतियों और आद्योपान्त पात्रों के अनुरूप जिस रूप में बना रहा है, वह आश्चर्यचकित करता है, कदाचित् उपन्यास की भाषा के रचाव का यह कौशल और भाषा पर किया गया श्रम वर्तमान समय में अन्य किसी कथाकार के यहाँ नहीं हुआ है, कहीं से भी कोई उद्धरण उठाकर इस तथ्य की पुष्टि सहज ही की जा सकती है, यथा—"चेतना रंध्रों में प्रियंगुमंजरी की सुरभि बसी थी। अपना हाथ देखा उसने। प्रियंगुमंजरी का स्पर्श जैसे अभी तक जीवन्त था—जैसे सूर्य की दिशा में एक क्षण देखने का दुस्साहस कर लो, तो आलोक-चक्र कम्पित होते हुए बन्द आँखों में भी देर तक कौंधते रहते हैं।"[8] वस्तुतः इस 'दृश्याख्यान' में सुरेन्द्र वर्मा का नाटककार, रंगकर्मी, कवि और उपन्यासकार एक साथ उपस्थित हो इसे महनीय बनाते हैं। इस शैल्पिक सपन्नता के बावजूद उपन्यास की पठनीयता में अभिवृद्धि नहीं हो पाती है, इसका तत्युगीन भाषा-सम्भार, रचाव,

तथा (530) पृष्ठीय वृहदाकार सामान्य पाठक पर भारी पड़ता है, उपन्यास अभिजन, 'क्लास', का ही होकर रह जाता। इतने वृहदाकार उपन्यास को पढ़ना उस वर्ग विशेष पर भी भारी ('टैक्सिंग') पड़ता है, उपन्यास को पूरा पढ़ना आलोचना की ही विवशता हो सकती है।

फिर पीछे लौटें तो शती के प्रारम्भ में ही अलका सरावगी 'शेष कादम्बरी' (2001) में कई नए शैल्पिक प्रयोग करती हैं। यद्यपि उनकी प्रथम चर्चित औपन्यासिक कृति 'कलिकथा वाया बाईपास' में भी उपन्यास शिल्प में अनेक नए प्रयोग किए गए हैं किन्तु इस कालखंड के उपन्यास 'शेष कादम्बरी' में भी वे निरन्तर प्रयोगशील रही हैं। उपन्यासों के अध्यायों के शीर्षकों में भी एक विशेष आकर्षण है, यथा प्रारम्भिक परिच्छेद का यह बांग्ला शीर्षक शिल्प में एक ताज़गी का बोध देता है–"ओ गो आमार एई जीवनेर शेष परिपूर्णता...।" जैसे पहले उपन्यास में 'वाया बाई पास कलिकथा' कही गई थी, वैसे ही यहाँ एक अध्याय में "एक शताब्दी की खोज : वाया एक अदद आदमी" की गई है। उपन्यास का प्रारम्भ भी एक शपथ-पत्र–'एफ़ीडेविट'–के द्वारा हुआ है–"मैं, मुसद्दी लाल, वल्द कन्हाई लाल, उम्र तिरपन वर्ष, धर्म से हिन्दू, व्यवसायी, 108 बी, चक्रबेरिया लेन, कलकत्ता-20 का रहने वाला, इस आवेदन के द्वारा पूरी ईमानदारी और विस्तार के साथ यह घोषित करता हूँ–

1. कि अजय लाल, उम्र बीस वर्ष, मेरी पत्नी ज्ञानवती देवी के पहले पति स्वर्गीय प्रभुदयाल गुप्ता का पुत्र है और सामाजिक विवाह क़ानून 1954' के ज्ञानवती देवी से मेरी शादी के बाद से–यानी 15 जुलाई, 1994 से मेरे साथ रह रहा है, उस अजय लाल का भविष्य में मेरी सम्पत्ति पर कोई क़ानूनी हक नहीं रहेगा।
2. कि उपरोक्त अजय लाल ने कुछ दिनों से सामाजिक क़ायदों और मर्यादाओं की परवाह न करते हुए एक आवारा किस्म की ज़िन्दगी चुन ली है। उसके आचरण ने मुझे निरन्तर मानसिक कष्ट पहुँचाया है।
3. कि इस आवेदन के साथ-साथ अजय लाल को दिए गए सभी हक, जो उसे मेरे विवाह के एक साल बाद मजिस्ट्रेट के सामने दिए गए एक आवेदन के द्वारा दिए गए थे, तुरन्त वापस लिए जाते हैं...।"[9]

कथा को प्रारम्भ करने का यह सर्वथा नवीन ढंग है जहाँ शपथ पत्र के माध्यम से कथा के विषय से थोड़ा परिचित कराया जाता है, कथा-संकेत दे दिए जाते हैं और पाठक सीधा अपने को कथा के बीच रूबी दी के सामने पाता है।

सूचना-प्रौद्योगिकी की तकनीक के विभिन्न उपकरणों-प्रविधियों का प्रारम्भ भी इसी उपन्यास से होता है, यहाँ सर्वप्रथम कलकत्ता से दिल्ली और दिल्ली से कलकत्ता एस.टी.डी. का प्रयोग कर फ़ोन के माध्यम से नानी और धेवती संवाद-रत होती हैं। विभिन्न समस्याओं, मुद्दों पर उन दोनों का विचार-विमर्श फ़ोन पर ही चलता है। आगे चलकर कितने ही उपन्यासों में ई-मेल, फेसबुक, आदि का भी प्रयोग हुआ है। बदलते समय की दिशा और दशा को नानी-धेवती के माध्यम से चर्चित कर पूरी शताब्दी का समाजार्थिक परिवेश, राजनीतिक उथल-पुथल का चित्रण और भूमंडलीकृत नव संस्कृति के विद्रूप को इस नई शैली में चर्चित किया गया है।

रवीन्द्र कालिया ने अपने '17 रानडे रोड' उपन्यास में नितान्त नई कथा-युक्ति से कथा का प्रारम्भ किया है। जिस प्रकार फ़िल्मों में अतिथि कलाकार, पात्र ('गेस्ट आर्टिस्ट') होते हैं, उसी प्रकार यहाँ अतिथि पात्र, एक, दो, तीन, चार तथा पाँच के छोटे-छोटे अध्याय दिए गए हैं, अतिथि पात्रों के नाम के साथ रवीन्द्र कालिया की खिलन्दड़ी गद्य शैली में फ़िल्मी गानों की तर्ज़ पर या

फ़िल्म के नामों की तरह अध्यायों के शीर्षक दिए गए हैं—अतिथि पात्र एक : सुदर्शन पुरुषार्थी—'ज़रा कह दो साँवरिया से आया करें', अतिथि पात्र दो : स्वर्ण सिंह, सम्पादक चेतना—'बर्मिंगम से आया मेरा दोस्त', अतिथि पात्र तीन : एक अद्भुत प्रेतात्मा—'भूतबंगले में पहला दिन', अतिथि पात्र चार : के.सी. मलकानी—'दिल का राजा जेब का फ़कीर' तथा अतिथि पात्र पाँच : बम्बई—'यह शहर किसका है?' फिर इसी खंड में फरवरी, अप्रैल, मई, जून, अगस्त, सितम्बर के एक-एक दो पृष्ठों के ब्योरे डायरी शैली में दर्ज़ किए जाते हैं। उपन्यासकार ने भाषा में भी बड़े नए प्रयोग कर गद्य को उत्फुल्ल और खिलन्दड़ बनाया है, यथा—"सुप्रिया प्रायः स्लीवलेस ब्लाउज़ नहीं पहनती ।, आज वह पहली बार उसकी गोरी गुद्दाज़ बाँहें देख रहा था। बाँहें इतनी ताज़ा लग रही थीं जैसे अभी-अभी डिब्बे से खोलकर पहनी हों।"[10] श्री पेजी ज़िन्दगी और फ़िल्मी दुनिया का चित्रण प्रस्तुत करने वाला यह उपन्यास अपने लिए शिल्प भी उसी तरह का ईज़ाद करता है।

अनामिका का उपन्यास 'तिनका तिनके पास' (2008) अपनी नई कथा-शैली और पूरी बनत में उपन्यास का एक नया शिल्प उद्घाटित करता है। उपन्यास का प्रारम्भ, उसमें अंग्रेज़ी के प्रसिद्ध कवियों एवं स्व-कवितांशों की उद्धृति, उपन्यास के अध्यायों के अटपटे और चटखटे शीर्षक, लोकगीतों और लोककथाओं की सहज प्रयुक्ति, और सबसे ऊपर भाषा की नई लोच और तराश कहन को एक बिलकुल नया अन्दाज़ देती है। उपन्यास का प्रारम्भ मुज्जफरपुर के सदर अस्पताल के 'जच्चा बच्चा वार्ड' में मोनकिया भाय के 'कथासत्रम्' से होता है। देहाती महिलाओं की गप्प-गोष्ठी से कथा आगे बढ़ती है। उपन्यास का सबसे सबल पक्ष उसकी सशक्त भाषा है जो आज की नई पीढ़ी की सोच, वैज्ञानिक-तकनीकी युग और प्रौद्योगिकी के अनेक आविष्कारों की रंगत के उपमान-चयन और बिम्बों से लैस है, इस बिदांस भाषा के कुछ उदाहरण द्रष्टव्य हैं—

– "क्या हरदम सुपरसीरियस रहना! हँसते-हँसाते प्रेमी को दोस्त बना लेने की कला जरा हम लड़कियों से सीखो! एकतरफ़ा केस-स्टडीज़ का काफ़ी मैटिरियल दे सकती हूँ...धीरोदात्त नाटकों के धीरज से सबको टैकल किया है हमने—अपमान किसी का नहीं किया लेकिन सबसे दूरी बनाए रखी! अपमान इसलिए नहीं किया कि प्रेम-प्रस्तावों की डलिया पर अदृश्य अक्षरों में कुदरत ही लिख देती है—'हैंडल विद केयर', दुनिया की सबसे महीन और नाज़ुक-सी संवेदना प्रेम है—इसको झकझोरना एक हिमायत है, पर एक ही प्रेम इतनी बड़ी ज़िम्मेदारी है कि ज़्यादा मैनेज नहीं होता—स्नेह मैनेज हो जाता है पर प्रेम? बच्चों की तरह ज़्यादा-ज़्यादा 'एक या दो-बस', बाकी प्रस्तावों के आगे 'हाउस फुल' की तख़्ती टाँगनी पड़ती है।"—पृ. 17
– "फटफटिया को फटफटिया क्यों कहते हैं—यह तो दुनिया के सब कर्मवीर जानते हैं, पर बिहार की सड़कों पर मूँग-दलती ये सरकारी जीपें भी कम नहीं खँखारतीं।"—पृ. 22
– "साहिल से विदा लेकर उठी तो मन अदबदाया-सा प्रेशर कुकर हो गया था।"—पृ 56
– "अवसानकाल में तो पुरुष महात्मा गांधी हो ही जाते हैं।"—पृ. 57

डायरी शैली में घटना का तिथि-क्रम डालकर पूरा विवरण कई जगह देकर (4 मार्च, 2005, 05.03.2006, आदि) कथा को आगे बढ़ाया गया है तो शीर्षकों का अटपटापन भी शैली को चटपटा बना देता है, कुछ शीर्षक द्रष्टव्य है : "हारिल साहिल : ऐसी चलाचली में अचल हाड़ा हूवे रहौ", "अवन्तिका चतुर्वेदी कक्कड़ : 10, राजाजी मार्ग : रखियो ग़ालिब मुझे इस तल्ख़नवाई में मुआफ़", "कानन बाला की मृत्युशय्या : हेडा ऊ का तुरिअ जिरुँ हाथ ल फेरई रुद्र रुद्र बार", आदि।[11] कविताओं एवं लोकगीतों के नए रूप में प्रयोग की नवीनता प्रदान करता है।

ई-मेल के प्रसंग कई उपन्यासों में आए हैं कि अमुक पात्र को तमुक पात्र की मेल इन विवरणों के साथ आई है किन्तु इस शैली से अलग हटकर कमल कुमार अपना पूरा उपन्यास 'पासवर्ड' (2010) ई-मेलों की निरन्तर शृंखला में प्रस्तुत करती हैं। जिस डॉ. आशीष से कथा-नायिका, लेखिका का 'स्व' से निरन्तर सम्पर्क ई-मेल के माध्यम से रहता है, उसके कथा में प्रवेश की भी नई कथा-युक्ति प्रयुक्त कर उपन्यास का प्रारम्भ बिलकुल नई शैली में हुआ है, "हाय! चलो आज तुम्हारा नया नामकरण कर देती हूँ, आशीष। तुम्हारे नाम से मिलता-जुलता ही है। असली नाम जाने ही दो। यों भी कितने नाम देखने हैं मैंने। कांस्टीपेटिड, सूखा कुआँ, सूखी बावड़ी, ब्लाटिंग पेपर, सेनेटरी पैड।

यह सब नहीं असल में तुम मेरे अन्तरिक्षयान हो। सबसे लम्बे समय तक स्पेस में रहने वाला अन्तरिक्षयान। मेरा यह अन्तरिक्षयान, जिसमें मैं और तुम हैं, इसको आख़िर तो उतरना ही धरती के यथार्थ पर है। पृथ्वी की कक्षा में आ रहा है। बस वही डर, पृथ्वी के घर्षण से जलकर भस्म न हो जाए।"

× × × ×

"वैसे तुम मेरे प्यार के काबिल भी नहीं हो। इतना प्यार तुम्हें कौन करेगा? कितना समय लगा मुझे सँभलने में, पर सच में कितना सँभल पाई हूँ। सँभल पाई हूँ क्या! जाने दो, मेरे सोचने से कुछ नहीं होगा।"

× × × ×

"अपना ध्यान रखना। ई-मेल का जवाब जल्दी देना।"[12]

उपन्यास की प्रस्तुति और कथा का प्रारम्भ करने की यह युक्ति उपन्यास को आकर्षक तो बनाती ही है, लेखिका को खूब खुला छोड़ देती है कि वह जब चाहे जिस रूप में चाहे किसी विषय पर बात कर सकती है, ठीक 'कितने पाकिस्तान' की तरह। वह आज जो सोच रही है, उसे तत्क्षण कभी देश-विदेश के यात्रा-वृत्तान्त के रूप में, कभी निबन्ध की वर्णनात्मकता के साथ तो, कभी आत्म-वृत्त की तरह अभिव्यक्ति देने की यह स्वतंत्रता ई-मेल का कथा-शिल्प प्रदान करता है। इसलिए कभी कुछ लोगों को भ्रम हुआ है कि 'पासवर्ड' को उपन्यास माना भी जाए या नहीं। उपन्यास में वृत्तान्त के लोप की जो बात कही गई है, यह उपन्यास उसका एक प्रमुख दृष्टान्त है।

सूचना प्रौद्योगिकी की विभिन्न तकनीकों—एस.टी.डी., ई-मेल के साथ-साथ अब फेस-बुक और ब्लॉग लेखन का जो प्रयोग नई पीढ़ी के कार्य-व्यवहार में बढ़ा है, उपन्यास-शिल्प में उसका भरपूर प्रयोग किया गया है। मनीषा कुलश्रेष्ठ के उपन्यास 'शिगाफ़' की कथा इस इंटरनेटी दुनिया में अपनी आवाजाही रखती है, पूरे उपन्यास में ब्लॉग का प्रयोग कर इस शैली में कथा प्रस्तुति हुई है। लगभग प्रारम्भ से ही यह एक उदाहरण द्रष्टव्य है, "खाना खाने के बाद बहुत दिनों बाद मैंने इंटरनेट पर चल रहे अपने दोनों ब्लॉग 'अमिता इन स्पेन ब्लागस्पाट डॉट कॉम' और 'रोड टु ला मांचा ब्लागस्पॉट डॉट कॉम' खोले और उन्हें फिर अपडेट करने के लिए सोचा। दोनों ही काफी पढ़े जा रहे थे। मुझे लोगों की प्रतिक्रियाएँ खूब-खूब और खूब मिल रही थीं। मैं कम से कम इस बात से तो खुश हो सकती थी कि मेरे ब्लॉग लोकप्रिय हो रहे थे।

अमिता इन स्पेन ब्लॉगस्पाट डॉट कॉम

फिर तिथिवार ब्लाग—"22 जुलाई, 2004, 11.30"[13]

और उस पर प्रतिक्रिया, फिर "1 अगस्त, 2004, रात 9.30" बजे, आदि इसी प्रकार तिथिवार अनेक ब्लॉग चर्चाएँ और विमर्श हैं। वस्तुतः यह कथन-प्रणाली उपन्यासकार को अपनी बात चाहे जहाँ से चाहे जिस रूप में कहने के अवसर और सक्षमता प्रदान करती हुई उपन्यास के विमर्श को व्यापक आधार प्रदान करती है।

हरी चरण प्रकाश का उपन्यास 'एक गन्धर्व का दुःस्वप्न' भी अपनी शैल्पिक प्रस्तुति के लिए अविस्मरणीय है। महात्मा गांधी के एक ही लेख के—भगवान राम के चरित्र-निरूपण पर तीन उद्धरण, डॉ. राममनोहर लोहिया के 'हिन्दुत्व : उद्धार एवं कट्टरपन्थी' दृष्टिकोण पर तीन उद्धरण, 'सत्यार्थप्रकाश' (स्वामी दयानन्द) के मूर्तिपूजा विषयक उद्धरण और फिर फाँसी से पहले शहीद रामप्रसाद बिस्मिल तथा शहीद अशफ़ाक़ उल्ला खाँ के उद्धरण देकर अपने समय की विकराल स्थितियों का ऐतिहासिक परिप्रेक्ष्य में और भी संश्लिष्ट रूप देकर कथ्य को आकर्षक बना दिया गया है। उपन्यास के विभिन्न अध्यायों के प्रारम्भ में भी मौक़े की कविताएँ, शे'र, ऋग्वेद, आदि के मन्त्रों का अनुवाद, सार संक्षेप, लोकगीतों-धुनों का प्रयोग, आदि देकर उपन्यास की कथन-भंगिमा को और प्रभावी बनाया गया है, यथा—आपातकाल की स्थितियों का चित्रण करने से पहले अध्याय के प्रारम्भ में लोकगीत के साथ यह टिप्पणी दी गई है—

बैरगिया नाला जुलुम जोर
नौ कथिक नचावें तीन चोर
जब तबला कहै धीन-धीन
तो एक के ऊपर तीन-तीन।

26 जून, 1975 को सवेरे 7.00 बजे आन्तरिक आपातकाल की घोषणा पर राष्ट्रपति ने हस्ताक्षर किए लेकिन इमरजेंसी की लीला रात से शुरू हो गई थी।"

19 दिसम्बर, 1927 को फाँसी लगने से तीन दिन पहले रामप्रसाद बिस्मिल की लिखी आत्मकथा के इस अंश की उद्धृति अयोध्या-बाबरी मस्जिद प्रकरण में कर पूरे प्रसंग में अलग तरह से ही जान डाल देती है, "अशफ़ाक, मेरे साथी तुम्हें मुसलमान होने के कारण कुछ घृणा की दृष्टि से देखते थे किन्तु तुम अपने निश्चय में दृढ़ थे। मेरे पास आर्य समाज मन्दिर में आते-जाते थे। हिन्दू-मुस्लिम झगड़ा होने पर तुम्हारे मुहल्ले में सब कोई तुम्हें खुल्लमखुल्ला गालियाँ देते थे, काफिर के नाम से पुकारते थे। पर तुम कभी उनके विचारों से सहमत नहीं हुए, सदैव हिन्दु-मुस्लिम ऐक्य के पक्षपाती रहे। तुम एक सच्चे मुसलमान तथा सच्चे स्वदेश-भक्त थे।"

बाबरी-मस्जिद-ध्वंस सन्दर्भ में अध्याय के पूर्व अथर्ववेद से मन्त्र का भाषान्तर इस रूप में उद्धृत है—"हे स्वप्न, हम तुम्हारी जन्मभूमि जानते हैं, तुम देवभगिनियों के पुत्र हो, तुम यम के सहायक हो, तुम अन्तर हो, तुम मृत्यु हो, मैं दुःस्वप्न देखने पर घूम जाता हूँ। (करवट बदल लेता हूँ...)...मैं स्वप्नों में आगत दुश्चिन्ताओं को और भगाता हूँ।" बाबरी-मस्जिद में प्रथम बार मन्दिर खुलने की घटना के ऐतिहासिक परिप्रेक्ष्य को खँगालने से पहले उपन्यासकार ने चकबस्त का यह शे'र उद्धृत किया है—"शेख ने मस्जिद बनाई मिस्समार बुतख़ाना किया/पहले तो इक सूरत भी थी अब साफ़ वीराना किया।"[14] औपन्यासिक शिल्प में ये सब प्रयोग बिलकुल नए और अनूठे हैं।

उपरिचर्चित प्रमुख उपन्यासों में तो हिन्दी उपन्यास का शैल्पिक सम्भार पूरी तरह बदला हुआ है ही, 21 वीं शती के अन्य उपन्यासकारों ने कुछ नवीन कथा-युक्तियों का प्रयोग कर हिन्दी उपन्यास की बनत को पूरी तरह बदला है। प्रमुख उपन्यासों के सन्दर्भ में कुछ महत्त्वपूर्ण

बदलावों को रेखांकित किया जा सकता है। सर्वप्रथम उपन्यासों के शीर्षक और उसमें आए अध्यायों के शीर्षक पर विचार अभिप्रेत है। उपन्यासों के शीर्षक पर विचार करें तो वे कम चौंकाने वाले नहीं हैं–सुरेन्द्र वर्मा के उपन्यास 'काटना शमी का वृक्ष पद्मपंखुरी की धार से' की पर्याप्त चर्चा ऊपर की गई है किन्तु यहाँ इस तथ्य को रेखांकित करना चाहेंगे कि इतना सुदीर्घ शीर्षक हिन्दी में दूसरा नहीं है, हाँ कहानी के क्षेत्र में कमलेश्वर की एक कहानी का शीर्षक इसी रूप में इतना लम्बा है–"उस रात वह मुझे बीच कैंडी पर मिली थी और अगली सुबह सूरज पश्चिम से निकला था।" कुछ उपन्यासों के कमनीय शीर्षक देखने योग्य हैं–'खम्भों पर टिकी खुशबू' (नरेन्द्र नागदेव), 'आब्जेक्शन मी लॉर्ड' (निर्मला भुराड़िया), 'मोनालिसा हँस रही थी' (अशोक भौमिक), 'छुट्टी के दिन का कोरस' (प्रियंवद), 'मरंग गोड़ा नीलकंठ हुआ' (महुआ माजी) आदि। कहीं उपन्यासों के शीर्षक उर्दू-हिन्दी की काव्य-पंक्तियों से उठाए गए हैं–'ये वो सहर तो नहीं...' (पंकज सुबीर), 'मुखड़ा क्या देखे' (अब्दुल बिस्मिल्लाह), आदि। कहीं किसी शहर की सड़क के नाम पर उपन्यासों के नाम रख दिए गए–'17 रानडे रोड' (रवीन्द्र कालिया), 'ज़ीरो रोड' (नासिरा शर्मा) आदि। चित्रा मुद्गल ने 'गिलिगडु' उपन्यास में मृतक की तेरहवीं तक के दिनों को 'पहली गैर मौज़ूदगी', 'दूसरी गैर मौज़ूदगी' से लेकर तेरहवीं 'गैर मौज़ूदगी' अध्यायों के मुख्य शीर्षक रूप में रखा है।[15] संजीव के 'आकाशचम्पा' उपन्यास के अध्यायों के कुछ शीर्षक इस प्रकार हैं–'सखि हे, की पूछसि अनुभव मोर!' 'जै जै भैरवि असुर भयावनि...' (दोनों शीर्षक विद्यापति के पदों के मुखड़े, टेक के आधार पर), 'हाँ तो मैं क्या पढ़ रहा था?' 'मोटरसाइकिल माने मोटर भी, साइकिल भी?' 'इति रेवा खंडे जम्बू द्वीपे', 'भा जी, तुमरी महिमा अपरम्पार!' आदि। 'मरंग गोड़ा नीलकंठ हुआ' उपन्यास के अध्यायों के कुछ शीर्षक हैं–'डिंग-डिसिंग, डिंग-डिसिंग, चांग-चांग', 'शिकार गए शिकार खेलने', 'क़ब्र के पत्थर ही ज़मीन के पट्टे हैं', 'लुकु लुकुमी और सृष्टि की आदिकथा', 'हुतुस्लां, टोंगा अःसर', 'इंडिजीनस वर्ल्ड यूरेनियम समिट'–'माइनिंग के लिए आदिवासियों की धरती से बलात्कार!...'[16] कुणाल सिंह ने अपने उपन्यास 'आदिग्राम उपाख्यान' में अध्यायों के शीर्षक इस रूप में रखे हैं–गाँव के दरवाज़े पर लिखा था–'बच्चों से सावधान', 'चोरों को संस्कृत बोलना उचित नहीं', 'गाँव में सिर्फ़ सत्ताईस लोग ग़रीब हो सकते हैं', 'यह पगडंडी सीधे अमेरिका ले जाएगी न', 'हम जिसे भी देखते हों, दो बार देखते हैं', 'पेड़ पाखी फूल पत्ती धरती अकास पर नाम रखने के कुछ फ़ायदे', 'गिव मी रेड, कॉमरेड! बूढ़े ने बन्दूक से कथा चलाई', 'हराधन मारा गया'।[17] यहाँ शीर्षक दो-दो पंक्तियों में रखे गए हैं, पहले से दूसरे का कोई सम्बन्ध नहीं बनता। विकास कुमार झा ने 'मैकलुस्कीगंज' में भी कुछ ऐसे ही विचित्र शीर्षक अध्यायों के दिए हैं, यथा–'मुखिया मेंडेन', 'बाबू की मुन्नी यानी लफड़ा गाँव की रूपकथा', 'इख लिबे उर्फ़ पहली नज़र में प्यार', 'पिन-कोड-829208', 'रात की क़ब्र पर पीला चाँद', 'इ आइ...इ आइ...ओ', आदि।[18] कहना न होगा कि इनमें से कुछ शीर्षक तो अध्याय के कथ्य से सम्बन्धित हैं, अधिकांशतः वैचित्र्य प्रदर्शन कर कौतूहल-वर्द्धन ही इनका उद्देश्य है–सीधे-सीधे ये अध्याय के कथ्य से किसी भी प्रकार जुड़ नहीं पाते हैं। मंजूर एहतेशाम के 'मदरसा' (2011) की भी यही स्थिति बनती है–'नार्मल', यानी 'अदना और मामूली!' 'क' से 'काली परेड और कार्बाइड', 'बरेली टु बरेली वाया अलीगढ़', आदि।[19]

इधर उपन्यासों में अध्याय विहीनता का भी प्रचलन हुआ है, बिना किसी अध्याय-विभाजन के आद्यन्त कथा एक ही साँस में चली जाती है। प्रियंवद का उपन्यास 'छुट्टी का एक दिन'

में कथा पूरे उपन्यास में बिना किसी अध्याय-विभाजन के आगे ही आगे चलती रहती है। घटना-प्रसंग, कथा-भूमि परिवर्तन की सूचना मात्र दो-तीन पंक्तियों का स्थान ('स्पेस') छोड़कर दे दी गई है। ब्रजेश के. वर्मन के उपन्यास 'विश्वामित्र' में भी यही पद्धति अपनाई गई है, पृथक से कोई अध्याय विभाजन नहीं। मधुकर सिंह के 'बेनीमाधव तिवारी की पतोह', प्रदीप सौरभ के 'मुन्नी मोबाइल', बादशाह हुसैन रिज़वी के 'मैं मुहाज़िर नहीं हूँ', रणेन्द्र के 'ग्लोबल गाँव के देवता', विजय शर्मा के 'दिमाग़ में घोंसले', अरुण आदित्य के 'उत्तर बनवास', आदि उपन्यासों में नए-पुराने लेखकों ने इसी प्रविधि में कथा-प्रस्तुति की है। रवीन्द्र वर्मा ने 'दस बरस का भँवर' उपन्यास में खंडों और अध्यायों का विभाजन शोध-प्रबन्धों की मानक शैली में किया है, यथा– "1.1, 1.2, 2.1, 2.2, 2.3, 3.1, 3.2," आदि।

कथा-प्रस्तुति और उपन्यास में कथा-प्रवेश की अनेक नई युक्तियाँ उपन्यासकारों द्वारा अपनाई गईं जिनमें से कुछ विशिष्ट उपन्यासों की चर्चा आवश्यक है। पंकज सुबीर ने 'ये वो सहर तो नहीं...' में कथा-प्रस्तुति के लिए समानान्तर कथा शिल्प के प्रयोग में कमलेश्वर की प्रसिद्ध कहानी 'राजा निरबंसिया' का अनुसरण किया है, इसे वे इस रूप में स्वीकारते हैं, "हमारा आज जो वर्तमान है वह एक व्यंग्य के अलावा और कुछ भी तो नहीं है। कहानी दो काल खंडों का तालमेल है। तालमेल बिठाने की कोशिश है 1857 और 2007 में। कहानी श्रद्धेय कमलेश्वर जी की 'राजा निरबंसिया' की तरह। इस उपन्यास में भी 'राजा निरबंसिया' की तरह एक के बाद एक घटनाएँ होती हैं। कहानी डेढ़ सौ सालों का अन्तराल तय करके 2007 से 1857 के बीच में डोलती रहती है। एक अध्याय 1857 में जाता है तो दूसरा 2007 में लौट आता है।"[20] उपन्यास में इस समानान्तर कथा-शिल्प का सफल प्रयोग तो हुआ ही, क़िस्सागोई की शैली में उपन्यास का प्रारम्भ भी उसे आकर्षक बनाता है, "किसी को नहीं मालूम कि सिद्धपुर का नाम सिद्धपुर क्यों पड़ा? यकीनन कहीं-न-कहीं कुछ ऐसा रहा होगा कि यहाँ पर सिद्ध लोग बसते होंगे और उसी के कारण इस क़स्बे का नाम सिद्धपुर पड़ गया होगा।" नदी की भी अपनी एक कहानी है। कहानी यही कि यह तो कभी नदी थी ही नहीं। तो फिर क्या थी यह...? इसे जानने के लिए थोड़ा इतिहास में जाना होगा। कहानी चूँकि सीदपुर की है सो ज़ाहिर-सी बात है हमारी कहानी का नायक भी वही है। इस क़िस्सागोई में व्यंग्य का सहजता से प्रवेश कर वे उपन्यास की भाषा को और भी करारी बना देते हैं, "हम हिन्दुस्तानियों के चाहे-न-चाहे अंग्रेज़ों के बारे में जानना आवश्यक होता ही है। अंग्रेज़ों के बारे में इसलिए क्योंकि अंग्रेज़ देश से अभी गए ही कहाँ हैं।"[21]

उपन्यास के प्रारम्भ में कवितांश उद्धृत कर अपने कथ्य के अभिप्रेत को सूचित करने की शैली यद्यपि काफ़ी पुरानी है, अज्ञेय ने भी अपने 'नदी के द्वीप', आदि के प्रारम्भ और बीच में अंग्रेज़ी कवियों को उद्धृत किया है किन्तु इधर के उपन्यासों में यह कथा-युक्ति पर्याप्त प्रचलित रही है। कुणाल सिंह अपने उपन्यास 'आदिग्राम उपाख्यान' के प्रारम्भ में ही कवि नागार्जुन को इस प्रकार उद्धृत करते हैं–

"आओ रानी, हम ढोएँगे पालकी,
यही हुई है राय जवाहरलाल की।"

कविता और कवितांश ही नहीं, प्रसिद्ध लेखकों, विचारकों के गद्य-कथन भी उपन्यास के प्रारम्भ में उद्धृति पाते रहे हैं। सुरेन्द्र वर्मा के 'मुझे चाँद चाहिए' के बाद इस शैल्पिक युक्ति के प्रयोग में अभिवृद्धि हुई है, उन्होंने उपन्यास के प्रारम्भ में कालिगुल्ला को इस रूप में उद्धृत किया है, "अचानक मुझमें असम्भव के लिए आकांक्षा जागी। अपना यह संसार काफ़ी असहनीय

है, इसलिए मुझे चन्द्रमा या खुशी चाहिए—कुछ ऐसा, जो वस्तुतः पागलपन-सा जान पड़े। मैं असम्भव का संधान कर रहा हूँ...देखो तर्क कहाँ ले लाता है—शक्ति अपनी सर्वोच्च सीमा तक, इच्छा शक्ति अपने अनन्त छोर तक! शक्ति तब तक सम्पूर्ण नहीं होती, जब तक अपनी काली नियति के सामने आत्मसमर्पण न कर दिया जाए। नहीं, अब वापसी नहीं हो सकती। मुझे आगे बढ़ते ही जाना है...।"[22] निर्मल वर्मा 'अन्तिम अरण्य' के प्रारम्भ में वाल्टर बेन्जामिन की पंक्तियाँ इस रूप में उद्धृत करते हैं, "हममें से किसी के पास समय नहीं था कि हम अपने जीवन के असली नाटकों को जी सकें, जो हमारी नियति में लिखे थे। यही चीज़ हमें बूढ़ा बनाती है—सिर्फ़ यह, और कोई नहीं। हमारे चेहरे की झुर्रियाँ और सलवटें उन विराट उन्मादों और व्यसनों की ओर संकेत करती हैं, जो हमसे मिलने आए थे और हम घर पर नहीं थे। —वाल्टर बेन्जामिन, प्रूस्त पर लिखते हुए।"[23]

अपने आत्मकथात्मक उपन्यास 'ध्रुव-सत्य' में द्रोणवीर कोहली उपन्यास के आत्मकथात्मक चरित्र की संगति सिद्ध करने के लिए गैब्रियल मर्सिया मार्क्वेज़, आस्ट्रेलियाई उपन्यासकार केट ग्रीनवील, 'लूनार पार्क' उपन्यास के लेखक ब्रेट ईस्टॉन एलिस, जे.के. चेस्टर्टन तथा अल्बेयर कामू के कथन उद्धृत करते हैं, यथा—"मेरी प्रत्येक पुस्तक आत्मकथात्मक होती है, क्योंकि कुरेद-कुरेदकर एक भी शब्द गढ़ना कठिन होता है"—कैट ग्रीनवील।" "कलाकृति आत्म स्वीकृति होती है"—अल्बेयर कामू।

देश-विदेश के कवियों के कवितांश, गीत, लोकगीतों की प्रयुक्ति भी तरह-तरह से उपन्यासकारों ने अपनी कृतियों में की है। अनामिका अपने उपन्यास 'तिनका तिनके पास' में भक्त कवियों, अंग्रेज़ी कवियों, स्व-रचित कविताओं, लोकगीतों का प्रयोग कितनी ही जगह करती है। भक्त कवि जनाबाई के पद का रूपान्तर (पृ. 127), अपनी लम्बी कविता (पृ. 144 से 146 तक), फिर अपनी 'पतिव्रता' शीर्षक सुदीर्घ कविता (पृ. 149 से 151 तक) से उद्धृत कर स्त्री-पक्ष को बड़ी तार्किकता से प्रस्तुत कर स्त्री अधिकारों की पक्षधरता की गई है, यथा—

"तबसे उन्हें आने लगी शरम-सी
रोज़ रोज़ मरने में...
एक बार शरमाती, लेकिन फिर कुछ सोचकर
मर ही जातीं
मरती हुई सोचतीं—
चिड़िया ही होना था तो शुतुर्मुर्ग क्यों हुई मैं,
सूँघनी ही थी तो कोई लाड़ली नाक मुझे सूँघती—
यह क्या कि सूँघा तो साँप।
और कुछ दिन बीते तो किसी ने उनको पढ़ाई
...गांधी जी की जीवनी,
सत्याग्रह का कुछ ऐसा प्रभाव हुआ,
वेवज़ह पिटने के प्रतिकार में वे
लम्बे-लम्बे अनशन रखने लगीं।
चार-पाँच शाम खटतीं वे निराहार
कि कोई आकर मना ले,
फिर एक रात

गिन्न-गिन्न नाचता माथा
पकड़े-पकड़े जा पहुँचतीं वे चौके तक
और धीरे-धीरे खुद काढ़कर
खाती बासी रोटियाँ–
थोड़ा-सा लेकर उधार नमक आँखों का।
तो, सखियों, ऐसा था कलियुग में जीवन
पतिव्रता का...।" (पृ. 150)

इसी प्रकार अंग्रेज़ी कवि जैरेल, उर्दू कवि मौलाना जफ़र अली खान की नज़्म, बेगम अख्तर का गाना, गोरख पांडे का प्रसिद्ध गीत, मेहन्दर मिसिर का मैथिली लोकगीत, आदि अनामिका के उपन्यास में उद्धृति पाते हैं। इतना ही नहीं झुग्गी के साइबर मुहल्ले के बच्चों द्वारा तैयार पुस्तक 'बहुरूपियाँ शहर' नामक पुस्तक की धारदार भाषा में प्रस्तुत किशोरों की कहानियों से भी उद्धरण दिए गए हैं। (द्र. पृ. 108 से 113)।

रणेन्द्र ने अपने उपन्यास 'ग्लोबल गाँव के देवता' के प्रारम्भ में ही एक असुर मन्त्र को कविता के रूप में रूपातंरित कर उद्धृत किया है–

"मैं हवा बाँधता हूँ, पानी बाँधता हूँ,
धरती बाँधता हूँ,
आकाश बाँधता हूँ,
लाश पशु-परेवा,
सवा लाख जड़ी-बूटी बाँधता हूँ।
मैं लाख चुड़ैल,
दस लाख भूत बाँधता हूँ।"...

कथा के बीच में भी रणेन्द्र अपनी कविता को उद्धृत करते हैं–

"...हमारी बात
भरपूर काली रात होने का
आश्वासन हमें दे रही
उदास हवाएँ
दूर कहीं विलाप कर रहीं
एक जख़्मी हिरण
अपने पीछे आते हुए
शिकारी की आवाज सुनकर
अपने आप को
अपनी पूर्ण मृत्यु के लिए
तैयार कर रहा है
...
अपनी पूर्ण मृत्यु...।"

प्रायः प्रत्येक सशक्त उपन्यासकार ने अपने शैल्पिक प्रयोगों से उपन्यास-शिल्प को नूतनता प्रदान की है। कुछ विशिष्ट उपन्यासों की शैल्पिक संरचना पर विचार करते हुए देखा जा चुका है कि किस प्रकार गद्य की अन्य विधाएँ और कथा-कथन की अन्य शैलियाँ आधुनिक उपन्यास

की बनत को बदल रही हैं। नाटक, रिपोर्ताज़, निबन्ध, संस्मरण, आत्मकथा, जीवनी, आदि का उपन्यास में निर्बाध प्रवेश तथा पत्र-शैली, डायरी शैली, तिथि-क्रम से कथा में इतिहास-लेखन, आदि शैली के ऐसे प्रयोग हैं जो अन्य चर्चित उपन्यासों में भी बहुतायत में देखे जा सकते हैं। उषा प्रियंवदा ने 'भया कबीर उदास' (2007) की कथा को डायरी शैली में लिखते हुए कैंसर डायरी, कैंसर डायरी-II, कैंसर डायरी-III, कैंसर डायरी-IV, कैंसर डायरी-V, अध्यायों के शीर्षक दिए हैं। 'फुटनोट' का प्रयोग भी यहाँ 'अपर्णा की कहानी का फुटनोट' के रूप में किया गया है। अलका सरावगी, प्रियंवद, अनामिका, मनीषा कुलश्रेष्ठ, आदि ने भी अपने पूर्व विवेचित उपन्यासों में डायरी शैली का खूब प्रयोग किया है। रिपोर्ताज़ शैली उपन्यास के कथानक के बीच में बहुत-से उपन्यासों में आई है। कमल कुमार का 'पासवर्ड' रिपोर्ताज़, यात्रा-विवरण तथा निबन्धात्मक शैली का प्रयोग करता है। किन्तु पूरा का पूरा उपन्यास ही मात्र रिपोर्ताज़ शैली में लिखा गया हो, इसका उदाहरण बनता है प्रदीप सौरभ का 'मुन्नी मोबाइल' जिसमें पत्रकारिता की शैली में प्रत्येक घटना की रिपोर्टिंग की जाती है, कथात्मक संवेदन वहाँ नहीं है।[24] इन सब प्रयोगों ने उपन्यास की कथन-शैली में परिवर्तन उपस्थित किया है।

औपन्यासिक शिल्प में आत्मकथा और जीवनी की अन्तर्भुक्ति का सर्वप्रमुख उदाहरण मृदुला गर्ग का 'मिलजुल मन' उपन्यास है जिसमें उनका स्वयं का आत्मवृत्त तथा उनकी बहन मंजुल भगत का जीवन-वृत्त प्रस्तुत हुआ है। कहीं वे स्वयं का नाम प्रत्यक्षतः लेती हैं तो कहीं वह चित्रण परोक्ष रूप से उन्हीं के व्यक्तित्व का प्रतिबिम्ब बन जाता है, यद्यपि औपन्यासिक शिल्प के अनुरूप अपने दोनों के गुलमोहर और मोगरा कल्पित नाम भी रखे गए हैं और दोनों के किस्से को एक नई ही शैली में प्रस्तुत किया गया है, "आज के मुहावरे में कहें तो मसला उस ख़ुदाई हँसी का है, जिसके चलते, उपन्यास हुआ करते हैं। आप कहेंगे किस्सा, आप मानेंगे सच्चाई। वे कहेंगे आँखों देखा सच, आप मानेंगे गप्प। हम बन्दापरवर, समचेता किस्म के इनसान हैं, इसलिए सुनिए क़िस्साए गुलमोहर व साथी, कभी मोगरा तो कभी लेखक की ज़ुबानी।"[25] गुलमोहर के रूप में मृदुला गर्ग हैं और मोगरा मंजुल भगत हैं। यहाँ कल्पना कम और आत्मकथा तथा जीवनी जैसे तथ्य ज़्यादा हैं, एक उदाहरण द्रष्टव्य है–"अंग्रेज़ी हिन्दी साहित्य से हमें मुहब्बत थी। अर्थशास्त्र तो ख़ैर था ही रूखा-सूखा, वास्तविकता के ठोस धरातल पर खड़ा, जिसे जानकी अम्मा जैसी सबल, सक्षम आचार्य ने पढ़ाया, छोटाया और रटाया। बाप रे! अंग्रेज़ी हमें कुछ समय कपिला मलिक बाद में कपिला वात्स्यायन ने पढ़ाया। अब गरिमामय वरिष्ठ अधिकारी हैं पर तब चपल चपल चन्दनी नवयुवती थी।"[26] कहना न होगा कि यहाँ अपनी अध्यापिकाओं के नाम तक वास्तविक हैं। इस प्रकार 'मिलजुल मन' उपन्यास आत्मकथा और जीवनी का गड्ड-मड्ड है। रमेशचन्द्र शाह के उपन्यास 'सफ़ेद परदे पर' तथा 'कथा-सनातन' में भी कथा-नायक के चरित्र में लेखक का निजी व्यक्तित्व बार-बार झाँकता है।[27]

उपन्यासों के शिल्प में एक बहुत बड़ा प्रयोग इतिहास और मिथक को लेकर हुआ है। इतिहास और मिथक का इस दृष्टि से प्रयोग कि वह वर्तमान के विकट समय को चित्रित करने का माध्यम बन सके, इस शती के कई सशक्त उपन्यासों में मिलता है। रवीन्द्र वर्मा, प्रियंवद, ब्रजेश के. वर्मन, अरुण आदित्य, कुणाल सिंह, रणेन्द्र, पंकज सुबीर, आदि ने इस प्रकार के प्रयोग विविध रूपों में किए हैं। रवीन्द्र वर्मा 'दस बरस का भँवर' तथा 'क्रान्ति कक्का की जन्म शताब्दी' उपन्यासों में इतिहास की विवेचना वर्तमान की दृष्टि से करते हैं, ब्रिटिश उपनिवेशवादी नीतियों को वर्तमान परिदृश्य से मिलाते हैं। झाँसी पर केन्द्रित इतिहास को पूरे

देश के सन्दर्भ में विश्लेषित कर भूमंडलीकृत अपसंस्कृति के विभिन्न पक्षों को चित्रित करने का प्रयत्न 'दस बरस के भँवर' में किया गया है। यही शैली 'क्रान्ति कक्का की जन्म शताब्दी' में अपनाई गई है, चन्द्रशेखर आज़ाद की शहादत के माध्यम से तत्कालीन भारत में उदित नारी चेतना का परिचय और गोरों के झाँसी के किले पर चढ़ आने को वर्तमान से जोड़कर इस प्रकार देखा गया है, "पिछले दशक में जब किले में टी.वी. टावर लगी, क्रान्ति कक्का कह रहे थे, 'तो मुझे लगा कि चक्र पूरा हो गया है। जिन गोरों को देश से भगाने के लिए रानी ने जान दी थी, वे फिर हवा के घोड़ों पर सवार किले की छाती पर चढ़ आए।' वे हमें बताते हैं कि हम क्या खाएँ, कैसे खाएँ, क्या पहनें, क्या बोलें, कैसे बोलें, कैसे नाचें, कैसे गाएँ और कैसे प्यार करें।"[28] प्रियंवद 'छुट्टी के दिन का कोरस' में यद्यपि कथा के केन्द्र में विवान और उसके पारिवारिकों के माध्यम से मुख्यतः प्रथम महायुद्ध के बाद के इतिहास को वर्तमान के सन्दर्भ में विश्लेषित करते हैं कि पूर्वदीप्ति शैली में 1857 से नवम्बर 1859 तथा अंग्रेज़ों के भारत में पर्दापण (1600 ई. के आस-पास) के समय को जिस दृष्टि से विश्लेषित करते हैं, उसका यह उदाहरण द्रष्टव्य है–

"विलमौट डगलस; नाइन्टीथर्ड सदरलैंड, हाईलैंडर्स रेजिमेंट इंग्लैंड, अवध, नवम्बर 1857 से नवम्बर 1859।

1600 ई. की डूबती हुई शती के आख़िरी दिन, आख़िरी लम्हों में, जब चर्च के घंटे अपने काँटों के बारह पर पहुँचते ही इस शती के खत्म होने की घोषणा करने को बेचैन थे, रानी एलिजाबेथ ने उस काग़ज़ पर दस्तख़्त बनाए जिसने ईस्ट इंडिया कम्पनी के लिए हिन्दुस्तान आने के रास्ते खोल दिए। सन् 1600 की उस आख़िरी शाम, जब हिन्दुस्तान में अकबर नाम का बादशाह असीरगढ़ के किले की घेराबन्दी को लेकर चिन्तित था, तब उसे नहीं मालूम था कि लन्दन नाम के एक मामूली शहर में, उसी रात, उस मुल्क की रानी ने जिस काग़ज़ पर दस्तख़्त किए हैं, वह आने वाले समय में उसके तैमूरी खानदान की मौत का घोषणा-पत्र भी था।"[29] देश में भूमंडलीकृत आर्थिकता के चलते अमीर-ग़रीब के बीच की जो खाई निरन्तर बढ़ती जा रही है, उसका सिलसिला किस प्रकार 1925 में ही शुरू हो चका था उसको विन्सेंट के माध्यम से इस रूप में अभिव्यक्ति दी गई है, "तीन दिन बाद उसने विली की लन्दन की जायदाद उसके कुछ खास रिश्तेदारों और कुछ मैनेजर्स की देखरेख में छोड़ी और हमेशा के लिए 1926 के उस हिन्दुस्तान में, जब यहाँ 1,452,174 लोग भिखारी या फ़कीर थे, जब ब्रिटिश इंडिया के किसानों पर महाजनों का एक अरब नब्बे करोड़ पौंड का कुल कर्ज़ था, जब अट्ठावन करोड़ से ज़्यादा लोगों ने रेल के तीसरे दर्ज़े में सफ़र किया था और जब अकेले हैदराबाद के निजाम के पास दो सौ मिलियन डॉलर का सोना जमा था, आ गया। अपनी पत्नी और माँ की ही तरह, अचानक ही 1930 में विली डगलस भी बाघ के शिकार में, हाँके के एक आदमी के द्वारा फेंके गए भाले से मर गया था।"[30] पूरे उपन्यास के विमर्श की यही शैली है।

कुणाल सिंह 'आदिग्राम उपाख्यान' में ईस्ट इंडिया कम्पनी के अत्याचारों का वह इतिहास प्रस्तुत करते हैं जो वाचिक परम्परा का इतिहास है, इतिहास की पुस्तकों में पश्चिमी बंगाल के चुआड़ विद्रोह, जो ईस्ट इंडिया कम्पनी द्वारा जबर्दस्ती ज़मीन अधिग्रहण के विरुद्ध हुआ था, का कोई ज़िक्र तक नहीं है किन्तु उपन्यास की रानी रासमणि के माध्यम से उसे प्रस्तुत किया गया है जिसकी कुछ बानगी यह है, "रानी रासमणि ने इलाक़े की औरतों को बटोरकर एक लड़ाकू वाहिनी तैयार की थी। 27 अक्तूबर, 1770 की घनघोर अँधेरी रात जब कम्पनी

के कुछ कारिंदे नलहाटी बाज़ार से बैलगाड़ियों पर धान लादकर चले तो उन्हें इस बात की ज़रा भी भनक नहीं थी कि उनके साथ क्या होने जा रहा है।" रानी रासमणि का इतिहास जिस रूप में प्रस्तुत किया गया है, वह ईस्ट इंडिया कम्पनी के अत्याचारों के विरोध में जन्मी जन-चेतना का इतिहास है। इन विदेशी शक्तियों ने स्थानीय लोगों की प्राकृतिक सम्पदा को लूटकर उन्हें जो कमानी दी है, उसका मार्मिक चित्रण इन पंक्तियों में किया गया है, "वैसे भी हींग वग़ैरह अब कहाँ मिल पाती है? गोल मिरिच, दालचीनी, बड़ी और छोटी इलायचियाँ तो अब भी दिख जाती हैं, लेकिन रतनजोत, जावित्री या जायफल जैसे मसाले अब देखने को नहीं मिलते। कोई बड़ा चोर है जो यह सब चुराकर ले गया। वह दिन दूर नहीं जब कोदों, ज्वार-बाजरे की तरह ज़माने से दालें भी ग़ायब हो जाएँगी। आज की तारीख उनकी क़ीमत आसमान छू रही है...। भात के साथ चायमीन सानकर खाने में कैसा लगेगा।"[31] पंकज सुबीर के उपन्यास 'ये वो सहर तो नहीं...' में 1857 की क्रान्ति के समय का इतिहास प्रस्तुत कर उसे 2007 में विन्यस्त करते हैं, इतना ही नहीं वे भोपाल रियासत के इतिहास को 1707, 1809 और 1817 की क्रमशः पहली, दूसरी तथा तीसरी एंग्लो-मराठा लड़ाइयों तक ले जाते हैं। सिद्धपुर गाँव के इतिहास के माध्यम से कम्पनी राज, 14 जनवरी, 1858 को ब्रिटिश जनरल ह्यूरोज़ ने जिस प्रकार इस क्षेत्र को रौंदा था। स्वयं लेखक के शब्दों में '190 सालों की बात' (इतिहास) का इस्तेमाल तत्युगीन स्थितियों और वर्तमान की विसंगतियों को चित्रित करते हुए भोपाल रियासत के भारतीय संघ में विलीनीकरण की कथा कही गई है। यह इतिहास-अवलोकन उपन्यास की कथा प्रस्तुत (इंट्रोड्यूस) करने की नई शैली के रूप में देखा जा सकता है, "इतिहास का अवलोकन लगभग पूर्ण हो चुका है। क्योंकि 1858 से 15 अगस्त में क्या हुआ यह कुछ पता नहीं चलता है। शायद कुछ भी नहीं हुआ हो, बस यूँ ही लोग पैदा होंगे और मरते रहे होंगे, अंग्रेज़ पोलिटिकल एजेन्ट की उस विशाल कोठी को सजदे कर-करके जो केनाल नम्बर वन उर्फ सीवन के तट पर बनी है और जहाँ कभी ह्यूरोज़ ठहरा था। सीदपुर के बाशिंदों में उस कोठी को पीढ़ी-दर-पीढ़ी सजदा करने के जो संस्कार मिलते आ रहे हैं, वे इतिहास के इसी कालखंड 58 से 47 की देन हैं। हमारी मूल कथा के सारे पात्र इसी कालखंड की परम्परा को दोहराते दिखाई देते हैं। ह्यूरोज़ तो ख़ैर जनवरी 58 में ही चला गया था लेकिन उसका भूत अभी भी इस बंगले में मौज़ूद है। या यूँ कहें तो ज़्यादा ठीक होगा कि उसका भूत छावनी के लोगों के दिलों में आज तक भी ज़िन्दा है, मर नहीं पाया।"[32] इस प्रकार तत्कालीन इतिहास को वर्तमान के ऐतिहासिक मूल्यों के परिप्रेक्ष्य में देखा गया है।

रणेन्द्र ने 'ग्लोबल गाँव के देवता' में नृतत्त्वशास्त्र ('एन्थ्रॉपॉलॉजी') तथा इतिहास का गम्भीर अध्ययन प्रस्तुत करते हुए न केवल छत्तीसगढ़ की असुर जनजातियों अपितु अमेरिका में बसे रेड इंडियंस की बस्तियों के अस्तित्व में आने और गोरों द्वारा उनके शोषण-चक्र की गाथा को इसी प्रविधि से प्रस्तुत किया है, वेरियर एल्विन से लेकर एस.सी. राय तक सब नृतत्त्वशास्त्रियों का अध्ययन कर और इतिहास के अनेक स्रोतों में भटकते हुए जनजातियों का इतिहास और वर्तमान में उनके शोषण की कथा कही गई है। जो भारत में असुर जनजातियों के साथ वर्तमान के खनन क्षेत्रों में घटित हो रहा है, वही अमेरिका में रेड इंडियंस के साथ हुआ था जिसे रेड इंडियंस पर लिखित पुस्तक 'ट्रेल ऑव टियर्स' के अध्याय के आधार पर पूरी प्रामाणिकता से तिथिवार प्रस्तुत किया गया है, यह उद्धरण देखना वांछनीय होगा कि किस प्रकार गोरी जातियाँ जनजातियों का निरन्तर शोषण कर इन्हें पददलित करती रही हैं, "भूमि हड़पो अभियान को

1820 ई. के दशक में राज्य नीति में तब्दील कर दिया गया। सन् 1825 में राष्ट्रपति मनरो ने आधिकारिक रूप से यह प्रस्ताव रखा कि दक्षिणी महासंघ के इंडियनों को अपने इलाक़े खाली कर मिसिसिपी नदी के पश्चिमी इलाक़ों में जाकर बसना होगा। लेकिन चेराकी जनजाति संघ ने 1828 ई. में अपना संविधान बनाया और अपनी भूमि पर अपनी सार्वभौमिकता घोषित कर दी। अमेरिकी सर्वोच्च न्यायालय ने चेराकियों के भूमि स्वामित्व को मान्यता प्रदान की। किन्तु राष्ट्रपति एंड्रयू जेक्सन, सर्वोच्च न्यायालय की भावनाओं से सहमत नहीं था। उसने 1830 ई. में इंडियन रिमूवल एक्ट बनाया। सरकारी बज़ट में 'इंडियन रिमूवल' के लिए विधिवत् धनराशि अंकित की जाती थी। 1837 ई. में प्रीक जनजाति के चौदह हज़ार लोग विस्थापित किए गए। 1835-1840 के बीच सेमिनोल जनजाति को उजाड़ने में चार से छह करोड़ डालर ख़र्च किए गए। सोलह हज़ार चिराकी जनजाति के लोगों को सेना ने घेरकर कैम्पों में बन्धक बनाकर रखा। पूरी गरमी बीत जाने के बाद, बरसात के दिनों में 1838 ई. में उन्हें 1500 किलोमीटर की यात्रा पर ज़बरन भेज दिया गया। लकड़ी की खच्चर गाड़ियों में उनका सामान लाद दिया गया। लगभग आठ हज़ार बच्चे, बूढ़े, बीमार, महिलाएँ इस यात्रा में मारे गए। कुछ वर्षों बाद 1841 ई. में 48 खच्चर गाड़ियाँ नर कंकालों से भरी हुई प्रसिद्ध ओरेगॉन पगडंडी (ट्रेल) के रास्तों सैंकरोमेंटो पहुँचीं। इस त्रासदीपूर्ण यात्रा को 'आँसुओं की पगडंडी' का नाम दिया गया।"[33] आँकड़ों–वर्ष-तिथियों से भरे इस सुदीर्घ उद्धरण को यहाँ देने का प्रयोजन यह दिखाना ही है कि क्या इस शती के पूर्व के हिन्दी उपन्यास के कथात्मक कलेवर में इतिहास के इस तर्कपूर्ण प्रयोग का कोई उदाहरण मिलता है। कदाचित् केवल भीष्म साहनी ने अपने उपन्यास 'मय्यादास की माड़ी' (1988) में ब्रिटिश साम्राज्य द्वारा किए गए शोषण के कुछ आँकड़े प्रस्तुत किए गए, ने भी कथा के बीच में ही नहीं, केवल पाद-टिप्पणियों के रूप में। इस शती के उपन्यासकारों ने, विशेषतः नई पीढ़ी के उपन्यासकारों ने इतिहास को कथा-युक्ति के रूप में प्रयोग करने की कला अर्जित की।

इतिहास के साथ-साथ मिथक का प्रयोग भी इसी शैली में किया गया जिसके दो बहुत अच्छे उदाहरण बनते हैं। ब्रजेश के. वर्मन का उपन्यास 'विश्वामित्र' तथा अरुण आदित्य का 'उत्तर बनवास'। यद्यपि दोनों उपन्यासों में राम-कथा-दोहन की शैली अलग-अलग है। 'विश्वामित्र' में राम का मिथक एक ओर तो वर्तमान के लिए एक समानान्तर पाठ रचता है जिसमें वर्तमान के सामयिक प्रश्नों पर विमर्श रचा जाता है और दूसरी ओर अनेक कथाओं-शूर्पणखा वध, अहिल्या-उद्धार, आदि की नवीन व्याख्या कर स्त्री-विमर्श के अनेक प्रश्नों पर विचार हुआ है, कई प्रसंगों में गणतंत्र की व्याख्या, नागरिक के कर्तव्य, आदि। एक उदाहरण द्रष्टव्य होगा–जनकपुर के कमल से भरे जलाशयों को देखकर वर्तमान के लिए जल-संचयन की समस्या पर इस रूप में विचार किया गया है–"सिर्फ़ जनकपुर ही नहीं, सम्पूर्ण मिथिलांचल में जल-संसाधन के प्रयोग की सर्वाधिक प्रासंगिक विधि थी। मछली-पालन से लेकर मखाना, सिंघाड़ा और कमल गट्टे का उत्पादन न केवल आर्थिक सम्पन्नता में सहायक था वरन् सूखे की स्थिति से पूरी तरह निपटने में सक्षम भी। सम्पूर्ण भारतवर्ष की भौगोलिक विविधता की विडम्बना यही है कि वर्षा की प्रचुरता का कोई सम्यक् संकलन और वितरण नहीं हो पा रहा। राज्य सत्ताएँ आती हैं और जाती हैं, पर नदियों के जोड़े जाने का कोई गम्भीर प्रयास नहीं करतीं। पूर्वोत्तर बाढ़ के पानी को पश्चिमी मरुभूमि या दक्षिणी पठार तक ले जाने की योजना धरी-की-धरी रह जाती है। वे कहते हैं ऐसा करने से पर्यावरण का संकट हो जाएगा। पर सच तो यह है कि संकट

तो पर्यावरण का नहीं बल्कि राजनीतिक इच्छा शक्ति का है। क्षुद्र स्वार्थों की तलवारबाज़ी से फुर्सत मिले तो कोई बड़ा काम हो। राजनीति को अगर विकास नीति से नहीं जोड़ पाए तो गणतंत्र को भीड़तंत्र बनने में ज़्यादा समय नहीं लगता।"[34] इस प्रकार उपन्यास का शिल्प मिथक की शक्ति का दोहन कर वर्तमान के यथार्थ से टकराने की जुगत करता है। 'उत्तर वनवास' में अरुण आदित्य राम-चरित का उपयोग तुलसीदास के 'रामचरित मानस' की पंक्तियों को वर्तमान के सन्दर्भ में बार-बार प्रयुक्त करते हैं। कथानायक रामचन्द्र अपनी जीवन स्थितियों के सन्दर्भ में बार-बार 'मानस' की उक्तियों को अपने ऊपर सटीक बैठता देखता है, तभी कोई चौपाई उद्धृत कर देता है। हिन्दी मास्टर की कक्षा में पी.डब्ल्यू.डी. इंजीनियर समरथ मल जैन का बेटा राजेश इसलिए कम बैठने लगा है क्योंकि उसके एक भतीजे की अस्थायी नौकरी समरथ मल ने लगवा दी थी, मास्टर जी राजेश की अनुपस्थिति से समझौता कर उसकी अनदेखी कर देते हैं, तब 'उचित अनुचित के लिए उनके पास' बाबा तुलसीदास का यही तर्क था—

"सुर नर मुनि सबकै यह रीती
स्वारथ लागि करहीं सब प्रीती।"[35]

इसी प्रकार "धावा क्रोधवन्त खग कैसे/छूटत पबि परबत कहुँ कैसे/" "राम तुरत मुनि वेष बनाई/चले जननिह सिर नाई/" "जन्मभूमि मम पुरी सुहावनि, उत्तर दिसि सरजू बह पावनि/" "नाथ विषय सम मद कुछ नाही/मुनि मन मोह करइ छल माही?" आदि चौपाइयों का प्रयोग प्रसंग के अनुरूप किया गया है। मिथक-प्रयोग की यह बिलकुल नई शैली है।

कहना न होगा कि उपन्यास-शिल्प में भाषा का महत्त्वपूर्ण स्थान है। कथा-साहित्य (कहानी और उपन्यास) ने हिन्दी गद्य की अभिवृद्धि में महत्त्वपूर्ण योग दिया है। अत्युक्ति नहीं होगी यदि यह कह दिया जाए कि पिछले तीस वर्षों में हिन्दी गद्य का जो उन्नयन हुआ है, उसमें कथा-साहित्य का योग सर्वाधिक है। काशीनाथ सिंह, सुरेन्द्र वर्मा, अनामिका, आदि के उपन्यासों के सन्दर्भ में उपन्यास की भाषा की यत्किंचित् चर्चा ऊपर की जा चुकी है। प्रायः प्रत्येक कथाकार ने अपनी-अपनी तरह से भाषा को नई अर्थवत्ता, अभिव्यक्ति-क्षमता, रंगत और नई कथा-भंगिमा प्रदान की है, कुछ प्रमुख प्रवृत्तियों को संकेतित कर उपन्यास के गौरववान गद्य से परिचित हुआ जा सकता है। वरिष्ठ पीढ़ी के सिद्धहस्त कथाकारों के यहाँ तो गद्य का समुन्नत रूप देखने को मिलता ही है, यहाँ अपेक्षाकृत कुछ नए कथाकारों की उपन्यास-भाषा पर विचार करना सम्यक् होगा। सबसे पहले तो ध्यान इस ओर जाता है कि 21वीं शती के उपन्यास में भाषाई शुचिता, कि केवल परिनिष्ठित, संस्कृत की शुद्ध तत्सम बहुला भाषा ही प्रयुक्त हो, की धारणा को सिरे से नकारा है। वैसे भी कथा-भाषा जीवन के निकट की ही भाषा हो सकती है। आज जिस बहुलता से अंग्रेज़ी का जीवन की भाषा में प्रयोग हो रहा है, उसी प्रकार उपन्यास के पात्रों की कहन को स्वाभाविक रखने के लिए अंग्रेज़ी शब्दावली, पदों, वाक्यों का प्रयोग उपन्यासों में हो रहा है—नए-पुराने सभी उपन्यासकारों के यहाँ। संजीव के 'आकाशचम्पा' का यह उदाहरण देखिए—"अब तो हमारा नौकरी पड़ा ख़तरा में। मनु बाबा 'सैंस्कृट' का साथ-साथ इंग्लिश को भी देख लेगा।" देखते-देखते हेडमास्टर का कमरा शिक्षकों से भर गया। लक्खीकान्त लाहिड़ी ने बात को बहकने से रोका—"सर, वी वांट ए वाइज़ कॅमेंट ऑन दिस इशू विच इज़ अनप्रेसेडेंटेड, अनवारंटेड...एंड प्रोवोकेटिव"—(पृ. 98)। यहाँ यह विचारणीय नहीं है कि पूरा संवाद अंग्रेज़ी वाक्यों का रखना चाहिए या नहीं, रखा जा रहा है, यही उपन्यासकार को काम्य है। ज्ञानप्रकाश विवेक 'चाय का दूसरा कप' में युवा पीढ़ी अंग्रेज़ी रंगत वाली भाषा का प्रयोग इस रूप में करते

हैं, ''खराब वक्त है भैटये।' कोई कुछ भी कर सकता है। पैसे वालों के लिए, हम सब तो स्क्रैप की तरह है।...एक और बात भी है : ...थोड़ी सीरियस!" पहली आवाज़/"कौन सी सीरियस बात?" एक अन्य आवाज़/ "...यंग ब्यॉज़ के सूसाइड के लिए वो जगह खूब भा रही है/क्या कहता है यार! प्लस टू का स्टूडेंट सूसाइड करेगा?" दूसरी आवाज़!/ "तू अभी बच्चा है। सूसाइड के मामले इस ऐज में ज़्यादा होते हैं। रीज़न, लव अफेयर!..."–(पृ. 113)। यहाँ भी इसी प्रकार जबर्दस्ती अंग्रेज़ी शब्दों को भाषा पर लादा जा रहा है जिस प्रकार नई पीढ़ी सहज रूप में अंग्रेज़ी शब्दों के बिना एक-दो वाक्य भी नहीं बोल पाती है। भाषा युगानुकूल और पात्रानुकूल तो बनी रहती है किन्तु हिन्दी पक्षधर पाठक को विचलित ज़रूर करती है। वस्तुतः आज बहुत तेज़ी से भाषाओं का यूज़न–समेकीकरण–हो रहा है, उपन्यास के पात्र भी इससे अधूरे नहीं रह पाते हैं। जो लोग उर्दू दाँ हैं, वे इसे यूज़न-समेकीकरण में शामिल करते हैं, ज्ञानप्रकाश विवेक के इसी उपन्यास में अंग्रेज़ी और उर्दू का एक साथ ऐसा ही समेकीकरण देखा जा सकता है, "केतन यंग था। ऊर्जा और उत्साह से भरपूर! उसका बात करने का अपना स्टाइल था। पिता से भिन्न! देवदत्त संजीदा तो केतन शब्दों के शरारे उछालता। रहस्य बुनता"–(पृ. 75)। इन सब प्रयोगों में उपन्यास-भाषा को जीवन-भाषा की जीवन्तता देना ही उद्देश्य है। यदि भाषा को जीवन्तता देने के लिए अंग्रेज़ी-उर्दू के शब्दों का प्रयोग किया जाता है, तो बात कुछ समझ में आने लायक़ है किन्तु कभी-कभी शब्दावली में उर्दू का इतना बाहुल्य हो जाता है कि न तो हिन्दी की प्रकृति उसे सँभाल पाती है और न ही पाठक उसकी दुर्बोधता का वहन कर पाता है। मृदुला गर्ग ने अपने उपन्यास 'मिलजुल मन' में ऐसी ही कृत्रिम भाषा सिरजी है जिसमें उर्दू की अप्रचलित शब्दावली, वह शब्दावली जो आमफ़हम नहीं है, प्रयुक्त की गई है। लेखिका को यह भी ध्यान नहीं रहा है कि वर्तमान पीढ़ी तो उर्दू से पूरी तरह कट चुकी है। 'मिलजुल मन' की भाषा के कुछ उद्धरण कथन की सम्पुष्टि करेंगे–

(i) "किस्साए बैजनाथ, उनकी दुखतर पर न छोड़ थोड़ा बहुत मुझे भी कह लेने दें।" –पृ. 35

(ii) "दिलोजान लगाकर खेलते कि वह महसूस करे कि जीता तो अपनी बसारत से और हारा तो कद्दावर हरीफ़ से।" –पृ. 90

(iii) "बुड्ढों को शोहदों का क्या इल्म?
आप शोहदों के माहिरे खसूस हैं?" –पृ. 147

(vi) "...यक़ीन रखें, हल्की-फुल्की चरमराहट उसके इश्कनबाज़ महल में दरार न डाल पाएगी। लता ने समझा कि बुज़ुर्ग सास के रहते, शमित से आशिकी का इज़हार मुश्किल था और उसके यक़ीन पर यक़ीन कर लिया होगा।"–पृ. 291

भाषा की शब्दावली को समृद्ध करते हिन्दी की बोलियों के अनेक शब्द जिन उपन्यासकारों ने अपनी कृतियों में प्रयुक्त किए हैं, वे शब्द न केवल हिन्दी को समृद्ध करते हैं, उपन्यास की भाषा को एक लोकधर्मी संस्कार प्रदान कर उसके सौन्दर्य में अभिवृद्धि करते हैं। ऐसे देशज शब्द ग्रामीण पृष्ठभूमि से आए उपन्यासकारों की भाषा में सहजता से आए हैं। संजीव के 'आकाशचम्पा' उपन्यास में ऐसे कुछ शब्द आए हैं, यथा–"आप निफिकर हो जाइए भौजी" (पृ. 89), "पचास-एक लड़के भी आ चुके थे जिज्ञासा में और वे खिड़की, दरवाज़ों से हुलक रहे थे।" (पृ. 120), "हटास मारकर बह रही थी हवा" (पृ. 157), "...समाज की सारी असफलताएँ अररा कर टूटती हैं" (पृ. 290) या फिर ऐसी लोकोक्तियाँ–"भीलों ने बाँट लिए वन, राजा को

ख़बर तक नहीं।" (पृ. 233)। रणेन्द्र के 'ग्लोबल गाँव के देवता' में भी ऐसे शब्दों-मुहावरों के प्रयोग सराहनीय रूप में हुए हैं, यथा : "घर में कल का पैदा हुआ छोकरा भी आग ही मूतता था" (पृ. 35), "खेत-बहार एवं पानी के लिए छछन रहे" (पृ. 91), "तभी डाक्टर साहब की क्लीनिक से बुलहटा आया", आदि। शहराती संस्कृति में पगे लेखक जब आधुनिक जीवन-स्थितियों, डिस्को, बार, क्लब, आदि और 'पेज थ्री' की दुनिया का चित्रण करते हैं तो उनकी भाषा अलग तरह से जनधर्मी बन जाती है। रवीन्द्र कालिया का इस वर्ग के चाक-चिक्यपूर्ण संसार का चित्रण करने वाला उपन्यास '17 रानडे रोड' भाषा का यह नमूना पेश करता है—"उसके बाद वह सुदर्शन को अपने 'बार' तक ले गया। विश्व का कोई ऐसा प्रसिद्ध ब्रांड न था, जो उसके 'बार' की शोभा न बढ़ा रहा हो। कोई पन्द्रह-बीस बरस पूर्व 'इंडिया टुडे' में उस पर 'राइटअप' देखकर चौंका था। मालूम हुआ, बम्बई के विज्ञापन जगत का वह बेताज बादशाह बन चुका है।"[36] कमल कुमार 'पासवर्ड' में नगरीय भाषा की सहजबयानी को वाक्यों के छोटे-छोटे टुकड़ों में इस प्रकार बतकही के रूप में प्रस्तुत करती है, "क्लास के बाद पार्किंग में आई थी। गाड़ी स्टार्ट की थी। किनारों पर सरके सूखे पत्ते में हवा आवेग जगा रही थी।"[37] इन दो उपन्यासों में ये उदाहरण अचानक यूँ ही ले लिये गए हैं, वास्तविकता यह है कि ऐसे भाषागत प्रयोग प्रायः कभी उपन्यासों में देखे जा सकते हैं। यह भाषा का नया रचाव है।

भाषा-प्रयोग के सम्बन्ध में अन्तिम बात काव्यात्मक संवेदन की, की जा सकती है। भाषा में यह काव्यात्मक संवेदन विशेषतः प्रेम-चित्रण के सम्बन्ध में देखा जा सकता है। इस काव्यात्मक संवेदन के अभाव में प्रेम के अन्तरंग क्षणों का चित्रण बहुत स्थूल-सा होकर रह जाता है, उसमें मांसलता मुखर हो उठती है। मेरा ऐसा मानना है कि कमज़ोर क़लम रति-चित्रण के ऐन्द्रिक पलों को लगभग भौंडेपन या अश्लीलता में ढाल देती है, सिद्धहस्त क़लम उन्हीं क्षणों को दिव्यता का औदात्य प्रदान कर देती है। अपनी बात को सम्पुष्ट करने के लिए बिलकुल नए उपन्यासकार की प्रथम कृति से उद्धरण देना चाहूँगा जिसमें काव्यात्मक संवेदन से रति-चित्रण एक दिव्यता का बोध देता है। अशोक भौमिक के कला-जगत पर लिखे गए उपन्यास 'मोनालिसा हँस रही थी' में चित्रकार किशन और न्यूड पेंटिंग के लिए सिटर बनी मॉडल के रूप में मीना के बीच जो प्रेम-स्फुरण होता है, उसका काव्यात्मक संवेदन में चित्रण करती यह भाषा देखिए :

"किशन ने, मीना को इतने करीब से पहले कभी नहीं देखा था। मीना के दिल की धड़कनें, जैसे उसे साफ़ सुनाई दे रही थीं। दूर किसी घने, ऊँचे दरख़्तों वाले जंगल में, आदिवासी स्त्री-पुरुषों का दल, महुआ पीकर मानो किसी माँदल की धुन पर नाच रहे थे।

मादल की धुन धीरे-धीरे तेज़ हो रही थी।

किशन की खुली हथेलियों पर मीना का चेहरा थमा हुआ था। मानो मीना का चेहरा महीन, बहुत महीन काँच का बना हुआ था।

मीना के घने काले बालों के बीच से गुज़रती माँग, उसे आदिवासियों की उस जंगल की पतली पगडंडी-सी लगी, जिस पर लाल पलाश के कुछ फूल कुचले पड़े थे।

जंगल के अन्दर नशीले माँदल की अवाज़ सुनते हुए मीना और किशन, उस आवाज़ के उत्स को तलाशते, धीरे-धीरे बढ़ने लगे। घने दरख़्तों वाले हरे घने जंगल के अन्दर, भरी दुपहरी में शाम उतर आई थी। पर कोई भी दीप कहीं भी नहीं जल रहा था।

आदिवासियों का माँदल न जाने कब थम गया था। मीना और किशन जंगल के काजल–हरे अँधेरे में अपना रास्ता खो चुके थे।"*[38]

इसी प्रकार वीनस की टूटी हुई, कटे हुए बाजुओं की विश्वप्रसिद्ध मूर्ति का अनिंद्य सौन्दर्य-चित्रण, मीना का सौन्दर्य-चित्रण, प्रिंसिपल सतीश डंगवाल के कठोर अनुशासित व्यक्तित्व में बहती प्रेम की क्षीण धारा, आदि का चित्रण जिस काव्यात्मक संवेदन में हुआ है, भाषा मानो वहाँ एक सिम्फनी का रूप ले लेती है।

कवि, चित्रकार अशोक भौमिक ही नहीं कुछ अन्य सशक्त उपन्यासकारों के पास भी भाषा की यह कला है जिसका प्रयोग प्रेम-चित्रण के सन्दर्भ में वे प्रकृति के सान्निध्य में ही करते हैं। कदाचित् श्रेष्ठ प्रेम-चित्रण में प्रकृति की भूमिका प्रायः अपरिहार्य हो उठती है। रणेन्द्र के 'ग्लोबल गाँव के देवता' में भी प्रेम-चित्रण इसी काव्यात्मक संवेदन में लगभग ऐसी ही प्राकृतिक पृष्ठभूमि में होता है : "यह गीत का नशा था कि महुआ के तेज़ हड़िया का गन्दूर धीरे-धीरे वहीं घास पर चाँदनी के संग लेट गया। जलन से गुलईंची टपक-टपक उसके बदन को ढँकने लगी। यह वह मौका था शायद जिसकी प्रतीक्षा जमुनिया अब तक करती आ रही थी। उसने हाथ बढ़ाया और बादलों की घनी चादर से चाँद का चेहरा ढँक दिया। एक लहर-सी उठी और उस सुनसान में जामुनी रंग मेरे वज़ूद पर छाता चला गया। मैं उस लहर में जब तक ऊब-डूब करता रहा जब तक कि सिर से पैर तक जामुनी रंग में रँग नहीं गया।"[39] इस प्रकार वर्तमान के उपन्यास का शिल्प जिस समृद्धि का बोध देता है, वह विस्मयकारी है।

सन्दर्भ

1. विजयेन्द्रनारायण सिंह, *यथार्थवाद का अन्त और उपन्यास की नई रचनाशीलता, संवाद और हस्तक्षेप* (खंड पाँच) पावस व्याख्यानमाला (जुलाई-अगस्त, 1999), मध्यप्रदेश साहित्य परिषद्, भोपाल का उपक्रम (प्रकाशन 2000), पृ. 83 तथा 80
2. ज्योतिषा जोशी, *उपन्यास का स्थापत्य* अध्याय *उपन्यास की समकालीनता*
3. बच्चन सिंह, *उपन्यास का काव्यशास्त्र*, पृ. 13 तथा द्र. पृ. 19
4. *कितने पाकिस्तान* उपन्यास के ब्लर्ब पर
5. कमलेश्वर, *कितने पाकिस्तान*, पृ. 285
6. काशीनाथ सिंह, *काशी का अस्सी*, पृ. 17
7. वही, *महुआचरित*, पृ. 16.17
8. सुरेन्द्र वर्मा, *काटना शमी का वृक्ष पद्मपंखुरी की धार से*, पृ. 274
9. अलका सरावगी, *शेष कादम्बरी*, पृ. 5
10. रवीन्द्र कालिया, *17 रानडे रोड*, पृ. 194
11. द्र. अनामिका, *तिनका तिनके पास*
12. कमल कुमार, *पासवर्ड*, पृ. 7, 8 तथा 10
13. मनीषा कुलश्रेष्ठ, *शिगाफ़*, पृ. 13, 14, 16, 17, आदि
14. हरीचरन प्रकाश, *एक गन्धर्व का दुःस्वप्न*, पृ. 162
15. चित्रा मुद्गल, *गिलिगडु*
16 महुआ माजी, *मरंग गोड़ा नील कंठ हुआ*

* यह सुदीर्घ उद्धरण इसलिए कि इसकी प्राकृतिक पृष्ठभूमि के बिना आगे के प्रेम-चित्रण की सूक्ष्मता को ग्रहण नहीं किया जा सकता था।

17. कुणाल सिंह, *आदिग्राम उपाख्यान*
18. विकास कुमार झा, *मैकलुस्कीगंज*
19. मंजूर एहतेशाम, *मदरसा*
20. पंकज सुबीर, *ये वो सहर तो नहीं...*, *छोटी-सी बात* शीर्षक भूमिका, पृ. 7
21. वही, वही, पृ. 9, 10
22. सुरेन्द्र वर्मा, *मुझे चाँद चाहिए*
23. निर्मल वर्मा, *अन्तिम अरण्य*
24. द्र. प्रदीप सौरभ, *मुन्नी मोबाइल*
25. मृदुला गर्ग, *मिलजुल मन*, पृ. 33
26. वही, पृ. 116
27. द्र. रमेशचन्द्र शाह, *सफ़ेद परदे पर* तथा *कथा सनातन*
28. रवीन्द्र वर्मा, *क्रान्ति कक्का की जन्म शताब्दी*, पृ. 18
29. प्रियंवद, *छुट्टी के दिन का कोरस*, पृ. 195
30. वही, वही, पृ. 21
31. कुणाल सिंह, *आदिग्राम उपाख्यान*, पृ. 91
32. पंकज सुबीर, *ये वो सहर तो नही...*, पृ. 22, 23
33. रणेन्द्र, *ग्लोबल गाँव के देवता*, पृ. 45
34. ब्रजेश के. वर्मन, *विश्वामित्र*, पृ. 220
35. अरुण आदित्य, *उत्तर वनवास*, पृ. 24
36. रवीन्द्र कालिया, *17 रानडे रोड*, पृ. 19
37. कमल कुमार, *पासवर्ड*, पृ. 163
38. अशोक भौमिक, *बया पत्रिका में छपा उपन्यास–मोनालिसा हँस रही थी*, पत्रिका पृ. 193
39. रणेन्द्र, *ग्लोबल गाँव के देवता*, पृ. 47

खंड : दो

विशिष्ट उपन्यास खंड

हर दौर और जहाँ में बनते पाकिस्तानों के ख़िलाफ़ 'कितने पाकिस्तान' उपन्यास

हर दौर में और दुनिया के हर हिस्से में बीमार मानसिकता ने अपने-अपने पाकिस्तान बनाने की चालें चलीं, कभी ये चालें सफल हुईं तो कभी असफल। संस्कृति की महायात्रा में ये पाकिस्तान अवरोध बनकर उपस्थित हुए हैं, सही सोच ने सदैव इनका विरोध कर मानवता की जय-यात्रा का इतिहास रचा है। "...कोई भी संस्कृति पाकिस्तानों के निर्माण के लिए जगह नहीं देती। संस्कृति अनुदार नहीं उदार होती है...वह मरण का उत्सव नहीं मनाती, वह जीवन के उत्सव की अनवरत श्रृंखला है...इसी सामासिक संस्कृति की ज़रूरत हमें है क्योंकि वह जीवन का सम्मान करती है।"[1] कमलेश्वर का उपन्यास 'कितने पाकिस्तान' इतिहास और संस्कृति की इसी गहरी और ज़रूरी समझ का विराट फलक बनकर आया है। मनुष्य के वर्तमान की चिन्ताओं को पूरे ऐतिहासिक परिप्रेक्ष्य में विश्लेषित करता यह उपन्यास न केवल राष्ट्रीय सन्दर्भों तक ही अपने को सीमित रखता है अपितु पूरे जहान की राजनीतिक, समाजार्थिक ज्वलन्त समस्याओं से जूझता सही अर्थों में पाठक को एक ग्लोबल गाँव-समाज का सदस्य बना देता है। यदि पूरे हिन्दी उपन्यास की कथा-यात्रा पर दृष्टिपात करें तो कहा जा सकता है कि इतने विराट फलक का उपन्यास हिन्दी में दूसरा नहीं है जिसमें राष्ट्रीय-अन्तर्राष्ट्रीय समस्याओं की ऐसी गम्भीर पड़ताल और इतना गहन-गम्भीर बौद्धिक विमर्श हुआ हो। अपने इस रूप में 'कितने पाकिस्तान' हिन्दी उपन्यास की विषयगत और कलागत रूढ़ियों को तोड़ता हुआ अपना एक नया मानक और 'मॉडल' प्रस्तुत करता है।

उपन्यास में यथार्थ चित्रण की सैद्धान्तिकी कभी उसे युग-जीवन का चित्र तो कभी मध्यवर्ग का महाकाव्य, तो कभी आदर्शों तथा मूल्यों की स्थापना का कथात्मक प्रयत्न, आदि मानती रही है। इन सभी संधानों को खोजता हिन्दी उपन्यास अधिकांशतः अपनी प्रवृत्ति में अतीतजीवी रहा है। 'कितने पाकिस्तान' में अतीत, इतिहास, परम्परा का इस्तेमाल इस रूप में किया गया है कि वह हमारे वर्तमान के कुछ अत्यन्त महत्त्वपूर्ण प्रश्नों और समस्याओं को समझने की एक नई दिशा और चिन्तन पद्धति दे सके। उपन्यास का नायक, जो निश्चय ही हिन्दी उपन्यास के अब तक आए नायकों में सबसे अलग है, अदीबे आलिया ही "मनुष्य की सबसे बड़ी धरोहर"—"बेलौस, बेखौफ़ आवाज़" की रक्षा करने में समर्थ है। इनसानियत की यही बेलौस, बेखौफ़ आवाज़ अदीब की आवाज़ बनकर सारी दुनिया के सांस्कृतिक इतिहास में उन विलगाववादी तत्त्वों को तलाशती है जो 'पाकिस्तानों' की निर्मिति में अपनी भूमिका निभाते रहे हैं। उपन्यासकार कहना यह चाहता है कि शब्द की शक्ति ही सांस्कृतिक पुनर्निर्माण की भूमिका बना सकती है। इस 'बेलौस' और 'बेखौफ़' आवाज़ का साक्ष्य यद्यपि पूरे उपन्यास की चिन्तन-प्रक्रिया में देखा जा सकता है किन्तु उसके साक्ष्य के रूप में अदीबे आलिया द्वारा भारत के प्रधानमन्त्री

और रक्षामन्त्री को लिखे गए पत्र का यह अंश द्रष्टव्य है, "...प्रधानमन्त्री जी, यह तो आपके नैतिक पतन की पराकाष्ठा है कि जब आपकी सरकार गिराई गई थी, तो दूसरे ही दिन आप देश की जनता को सन्देश देने के लिए दूरदर्शन पर मौज़ूद थे, लेकिन जब उत्तरी सीमान्त पर स्कवाड्रन लीडर अजय कुमार आहूजा मारा गया, फ्लाइट लेफ्टिनेंट नचिकेता अपनी जान को ख़तरे में डालकर क्षतिग्रस्त जहाज से कूदा, जब कारगिल क्षेत्र में ही वायुसेना का हेलीकॉप्टर क्षतिग्रस्त हुआ और चालक दल के चार सदस्य मारे गए, साथ ही सरकारी आँकड़ों की विश्वसनीयता संदिग्ध होने के बावज़ूद यह बताया गया है कि हमारी सेना के 29 जवान मारे गए हैं, 128 घायल हैं तथा 12 लापता हैं, तब इस देश को विश्वास में लेने के लिए और उसके संकट और दुख में शामिल होने के लिए आपको दूरदर्शन पर आने की ज़रूरत महसूस नहीं हुई। यह संवेदनहीनता की इन्तिहा है!

और-आपके यह रक्षामन्त्री जार्ज फर्नांडिस तो ऊल-जलूल बयान देने के विशेषज्ञ बन चुके हैं! पोखरन परमाणु विस्फोटों को उचित ठहराते हुए उन्होंने चीन को दुश्मन नम्बर एक घोषित करने में देरी नहीं की थी...और ऊपर से तुर्रा यह कि रक्षामन्त्री ने अपने बेहूदे और दायित्वहीन बयान में यहाँ तक कह डाला कि इस घुसपैठ में पाकिस्तान के प्रधानमन्त्री और पाकिस्तान सेना के गुप्तचर संगठन आई.एस.आई. का हाथ नहीं है। यह घुसपैठ पाकिस्तान सेना की ही करतूत है। भारत के रक्षामन्त्री को मालूम होना चाहिए कि यह एक हास्यास्पद बयान है, बल्कि लगता तो यह है कि माननीय रक्षामन्त्री की औसत चेतना और समझ कुंद हो चुकी है।"[2]

इस सुदीर्घ उद्धरण को देने का मन्तव्य उस तेज़-तर्रार, 'बेखौफ़-बेलौस' आवाज़ से परिचित कराना है जिससे वह न केवल प्रधानमन्त्री-रक्षामन्त्री की ख़बर लेता है अपितु संयुक्त राष्ट्र के महासचिव कोफ़ी अन्नान, इंडियन यूनियन मुस्लिम लीग के प्रेसीडेंट गुलाम महमूद बनातवाला, विनायक दामोदर सावरकर, आदि को अपनी 'आवाज़' के कोड़ों से तिलमिलाता है।

'कितने पाकिस्तान' उपन्यास की कथा का प्रसार सुदूर अतीत से लेकर कारगिल प्रकरण (1999) तक है। इतने लम्बे समय और पूरे विश्व में फैली भौगोलिक सीमा को लेखक ने बड़ी नई, कुशल और पैनी कथा-युक्तियों से सँभाला है। अदीबे आलिया की अदालत में जब चाहे, दुनिया के किसी भी कोने के किसी भी ज़िन्दा या मुर्दा व्यक्ति को उपस्थित किया जाता है। इस कथा-युक्ति से कथाकार अपने कथ्य और कथानक के सरपट दौड़ते घोड़ों की रास पूरे नियन्त्रण में थामे रखता है—जब चाहे उन्हें पूरी ढील दे देता है और जब चाहे उस ढील की रास को खींच लेता है। कई-कई शताब्दियों के इतिहास-पुरुष उसकी अदालत में समय के एक ही बिन्दु पर आकर मिल जाते हैं। यह कथा-प्रयोग उपन्यास में फ़न्तासी की एक अद्भुत दुनिया रचता है। फ़न्तासी का यह जादुई यथार्थ कमलेश्वर की क़िस्सागोई की कला को और भी अधिक समृद्धि प्रदान करता है। क़िस्सागोई का यह गुण इतने विस्तार और वैविध्य की कथा को कहीं भी बिखरने नहीं देता है, उपन्यास में ग़जब की पठनीयता है।

'नया' (आरा, बिहार) पत्रिका के मार्च 1971 अंक में कमलेश्वर की कहानी 'कितने पाकिस्तान' (सर्वप्रथम) प्रकाशित हुई थी और अब पिछली शती का अन्त होते-होते, नई सहस्राब्दि की शुरुआत (जनवरी 2000) में ही 'कितने पाकिस्तान' शीर्षक से उनका उपन्यास आया है जो निश्चय ही उस 'लम्बी ज़िरह' का सुचिन्तित परिणाम है जो लेखक के भीतर कई दशकों तक चलती रही है और जिसका अन्त अभी भी नहीं है।[3] 1971 ई. की इस कहानी में देश में बार-बार हो रहे साम्प्रदायिक दंगों और दंगों के पीछे की वहशी मानसिकता ने सर्जक-मानस

को झकझोरा था तो विवेच्य उपन्यास में वह न केवल भारत अपितु पूरे विश्व में स्थान-स्थान पर धर्म के नाम पर हो रहे भीषण नरसंहारों, मानवता की नृशंस हत्या, शक्तियों-महाशक्तियों द्वारा दुनिया के छोटे-छोटे देशों, विशेषतः तीसरी दुनिया के दुखियारे देशों में ढाए जा रहे ज़ुल्मो-सितम के पीछे छिपे कारणों की खोज में परेशान-हाल हैं। इसी परेशानी और ज़द्दो-ज़हद में उपन्यास का 'अदीबे आलिया' पूरी दुनिया के इतिहास-सांस्कृतिक इतिहास को अनेक ज्ञात-अज्ञात ऐतिहासिक प्रमाणों, दस्तावेज़ों, जनश्रुतियों, मिथक-कथाओं तथा फ़न्तासी की कल्पना और जादुई यथार्थ से खँगालता है। इसीलिए इस उपन्यास का 'नायक-महानायक और खलनायक' समय को ही बनाया गया है।[4]

प्रस्तुत उपन्यास के लेखन से पूर्व उपन्यासकार ने गम्भीर शोध कर अपनी सामग्री का संचयन किया है। आर्यों के भारत-आगमन सम्बन्धी आक्रमण की अवधारणा को नकारकर आर्यों के उत्स सम्बन्धी अपनी स्थापना, बेबेलोनिया, मेसोपोटामिया, सुमेरी-अक्कादी और सिन्धु घाटी की सभ्यताओं की मूलभूत एकता, पूरब की ओर बढ़ने पर आर्यों का कई कबीलों में बँटना आदि, प्रसंगों को पढ़कर सहज ही राहुल सांकृत्यायन के 'वोल्गा से गंगा' की स्मृति हो आती है। जिस प्रकार की गम्भीर शोध के बाद राहुल का उक्त उपन्यास और जयशंकर प्रसाद के नाटक लिखे गए हैं, उसी प्रकार की ऐतिहासिक शोध के उपरान्त 'कितने पाकिस्तान' की ये स्थापनाएँ सामने आती हैं। आर्यों के भारत-आगमन सम्बन्धी यह धारणा देखिए—"...आर्यों के वे कबीले जो सहस्रों सदियों पहले क्रोशिया के बिन्दिजा इलाके से चले थे, उनमें से कुछ थककर रूस के दक्षिणवर्ती घास के मैदानों में रुक गए थे। जिन कबीलों का साथ कुदरत ने नहीं दिया, वे मिस्र की तरफ़ निकल गए, लेकिन आर्यों के बड़े-बड़े कबीलों को पूरब का सूरज ज़्यादा आकर्षित कर रहा था। उन्होंने प्रकाश की दिशा—पूरब की ओर बढ़ना ही पसन्द किया। अंधकार के बाद उदित होकर पूरब का सूरज उन्हें पुकारता था...इसलिए वे आर्य कबीले उफरातु और तिग्रा नदियों से होते हुए, उस पार जाकर तबरेज और तेहरान के रास्ते सिन्धु घाटी की ओर बढ़ गए।" आर्य कबीलों का दूसरा कारवाँ मशद के इलाके को छोड़ता हुआ हेरात और बलख़ के रास्ते बोलन दर्रे से सिन्धु प्रदेश में दाखिल हुआ था। आर्यों का तीसरा कारवाँ, जो खैबर दर्रे को पार करके सिन्धु घाटी में दाखिल हुआ, वह मोहनजोदड़ो और हड़प्पा के इलाके में बस गया...शायद इन्हीं आर्यों का राजा है इन्द्र! वह भी सम्राट गिलगमेश की तरह महाविलासी है...(गिलगमेश को युरू का सम्राट बताया गया है)।[5]

'कितने पाकिस्तान' न केवल इस प्रकार प्रागैतिहासिक काल पर नए सिरे से प्रकाश डालता है, बल्कि मध्यकालीन मुगल इतिहास को भी और इस इतिहास को तोड़-मरोड़ कर प्रस्तुत करने की ब्रिटिश साम्राज्यवादी नीयत को भी गम्भीर ऐतिहासिक शोध के माध्यम से 'पूरे सच' के आइने में देखने की दृष्टि देता है। उपन्यास की बहुत बड़ी उपलब्धि शाहजहाँ के बाद उसके बेटों में हुई उत्तराधिकार की लड़ाई को सही परिप्रेक्ष्य में देखना-परखना और बाबरी मस्जिद-प्रकरण में यह स्थापित करना है कि 'बाबरी मस्जिद' बाबर की बनवाई हुई है ही नहीं, वह कभी अयोध्या गया ही नहीं। वह तो घग्घर (सरयू) के दूसरे किनारे से ही लौट आया था। वस्तुतः इन घटनाओं के माध्यम से उपन्यास में यह सत्य तलाशा गया है कि सभी सभ्यताओं में, सभी समयों में देवत्व, ब्राह्मत्व, गुरुडम, कठमुल्लापन ने सामान्य जन की, उसके सहज धार्मिक विश्वासों, उसके मानवीय मूल्यों की धर्म के जनून के नाम पर किस प्रकार अवहेलना और अवमानना की है। अयोध्या के बाबरी मस्जिद प्रकरण पर तत्कालीन इतिहास लेखकों, विदेशी यात्रियों के

यात्रा-विवरणों, ऐतिहासिक महत्त्व के विभिन्न दस्तावेज़ों, अन्य साक्ष्यों के आधार पर यह सिद्ध किया गया है कि ब्रिटिश शासकों ने अपने न्यस्त स्वार्थों के चलते किस प्रकार इतिहास को तोड़ा-मरोड़ा और किस प्रकार धर्मांध लोगों ने उस 'इश्यू' को सदैव जीवित बनाए रखने के लिए तरह-तरह की चालें चलीं। इतिहास के इन अँधेरों में रोशनी की तलाश करता उपन्यासकार शाहजहाँ के समय चलती उत्तराधिकार की लड़ाई तक इसलिए जाता है कि वह बता सके कि हिन्दुस्तान में पहले अकबर और फिर दाराशिकोह के रूप में बनती एक नई तहज़ीब को किस प्रकार धर्मांधता ने रोककर उस धार्मिक जुनून का रास्ता साफ़ कर दिया जो औरंगज़ेब के रूप में एक शक्ति बनकर उभर रहा था। इस क्रम में उपन्यासकार औरंगज़ेब- दाराशिकोह, शुज़ा, आदि शहज़ादों की गद्दी के लिए लड़ी गई लड़ाइयों-संघर्षों के वर्णन कुछ ज़्यादा ही विस्तार में ले जाकर करता है, भले ही उसमें इतिहास को प्राप्त दस्तावेज़ी साक्ष्यों के आधार पर परखने की एक दृष्टि मिली है किन्तु इससे उपन्यास का कथा-प्रवाह बाधित होता है। इतिहास को खँगालने में इन स्थलों पर उपन्यास पीछे हो गया है और इतिहास आगे आ जाता है। उपन्यास में 25 वें अध्याय से लेकर 28 वें अध्याय तक का यह प्रकरण भले ही कथा पर भारी पड़ता हो किन्तु उसमें ऐतिहासिक घटनाओं की तारीख़ें जिस रूप में दर्ज़ हैं—वह कथा को एक विश्वसनीयता प्रदान करते हैं। इन अध्यायों की एक उपलब्धि इतिहास को एक नई समझ से जाँचने-परखने की दृष्टि है, जिसके आधार पर ऐसे महत्त्वपूर्ण तार्किक विश्लेषण किए गए हैं, "...हिन्दुस्तान में हिन्दू बहुसंख्या में थे, उनके राज्य भी थे, लेकिन हिन्दुस्तान कभी भी हिन्दू राष्ट्र नहीं था। तब हिन्दू राष्ट्र नाम का कोई दार्शनिक प्राणबिन्दु और धार्मिक केन्द्रबिन्दु मौज़ूद नहीं था। हिन्दुस्तान का हिन्दू धर्म राजसत्ता का प्रतीक नहीं था, इसीलिए यहाँ की सरजमीं पर कोई केन्द्रीय धार्मिक सत्ता मौज़ूद नहीं थी और हिन्दू अपने धर्म को मानते और स्वीकारते हुए भी धर्म की सत्ता से आज़ाद थे।" "हिन्दुस्तान का पौराणिक और ज़मीनी इतिहास गवाह है कि यहाँ हमेशा सत्य और सभ्यता के लिए धर्मयुद्ध लड़े गए लेकिन किसी धर्म विशेष की केन्द्रीयता और वर्चस्व के लिए कोई महायुद्ध नहीं लड़ा गया। यह 'धर्म-युद्धों' की धरती नहीं है...यहाँ तक कि राम-रावण युद्ध भी धार्मिक वर्चस्वता और सत्ता का युद्ध नहीं था, वह अनाचार, अनैतिकता, अपसंस्कृति और अत्याचार के विरुद्ध लड़ा गया एक महान नैतिक युद्ध था।"[6] वस्तुतः अपनी परम्परा की यह व्याख्या, भले ही इसमें असहमति की कितनी ही गुंजाइशें हो, न केवल आज की महती आवश्यकता है अपितु यही साहित्य का अपने समय में सार्थक ढंग से सक्रिय हस्तक्षेप है। ऐसी ही राष्ट्रीय परिकल्पना देश को आगे ले जाने में साहित्य का कारगर क़दम है। कथा में उपस्थित सुभाष पन्त, जोगिन्दर पाल, वज़ीर आग़ा और कृष्णा (सोबती) तो इस विश्लेषण पर 'ब्रेवो! ब्रेवो'—वाह-वाह—कर ही उठते हैं। उनके साथ ही पाठक भी उपन्यास की इस विचार-सरणि का अनुगमन करने लगता है।

ब्रिटिश हुकूमत ने अपनी साम्राज्यवादी नीति के अनुरूप हिन्दू-मुस्लिम के बीच धर्म के नाम पर किस प्रकार खाई पैदा की, इसके प्रमाणस्वरूप लेखक ने दो घटनाओं को बहुत ही सही परिप्रेक्ष्य में पूरे ऐतिहासिक प्रमाणों के साथ प्रस्तुत किया है। एक तो 'बाबरनामा' के बीस पृष्ठों को ग़ायब कराना और दूसरे अपने चहेते अफ़सरों, पुरातत्त्व सर्वेक्षण विभाग के कर्त्ता-धर्ता कनिंघम और फ़ैज़ाबाद गज़ेटियर के लेखक अंग्रेज़ अफ़सर नेविल से किस प्रकार लखनऊ और फ़ैज़ाबाद के गज़ेटियर में ग़लत प्रविष्टियाँ दर्ज़ कराई गईं। उपन्यासकार ने प्रमाणपुष्ट ढंग से स्थापित किया है कि 'बाबरनामा' के 3 अप्रैल, 1528 से 17 सितम्बर, 1528 तक के साढ़े

पाँच महीनों के पन्ने इसलिए ग़ायब कराए गए कि अयोध्या की बाबरी मस्जिद को बाबर निर्मित बताया जा सके और लखनऊ और फ़ैज़ाबाद के गज़ेटियरों में भी यही दर्ज़ कराया जा सके।[7] ब्रिटिश शासकों ने हमारे इतिहास के साथ जो मनमानी की है, उसका गम्भीर विश्लेषण इस उपन्यास में पूरे प्रमाणों के साथ पहली बार हुआ है।

'कितने पाकिस्तान' उपन्यास की कथा फिर वैदिक ब्राह्मणवाद के विरोध में जन्मे, आर्यों के वर्णवाद (जो एक अप्राकृतिक सिद्धान्त है) का विरोध करते बौद्धों की ओर मुड़ती है और वहाँ से फिर कश्मीर में सूफ़ियों के प्रचार से इस्लाम का जो परिष्कृत-समन्वयवादी रूप पहुँच रहा था, उसका औरंगज़ेब आदि ने जो विरोध किया था और कश्मीरी पंडितों की रक्षा में गुरु तेगबहादुर की जो शहादत हुई—उन सब ऐतिहासिक घटनाओं की पुनर्पड़ताल की गई है। इसी क्रम में कमलेश्वर ने उपनिषदों के विषय में जो वक्तव्य दिया है, उस पर 'घोर आपत्ति' के लिए स्थान हो सकता है। शॉपेनहॉवर जैसे विद्वानों ने उपनिषदों के सम्बन्ध में जो मत प्रकट किए थे, उनके बर-अक्स कमलेश्वर के इस मत को सहज ही हज़म करना बहुत मुश्किल होगा, "यह उपनिषद ब्राह्मण ग्रन्थों के बाद लिखे गए आर्य-धूर्तता के ग्रन्थ हैं... ।"[8] उपनिषदों के सम्बन्ध में ऐसी ही एक और अभिव्यक्ति को देखा जा सकता है, "तुम्हारे उपनिषद और कुछ नहीं...वे ब्राह्मणवादी अत्याचारों, वर्णवादी अनाचारों और ईश्वरवादी आस्था को स्थापित करने वाले पश्चाताप के ग्रन्थ हैं...उन्होंने तुम कुलीन आर्यों को ज़रूर सँभाला, पर वे विश्व के बदले हुए मानसिक मानचित्र को नहीं सँभाल सके...दुनिया की सच्चाइयाँ बदल गई थीं, पर तुम आर्य इन बदली हुई सच्चाइयों को आत्मसात नहीं कर पाए थे।"[9] लगता है कि कमलेश्वर की वस्तुनिष्ठ दृष्टि उपनिषदों की थाती का मूल्यांकन करने में उसी तरह पूर्वाग्रही दृष्टि का शिकार हो गई है जिसका विरोध उनका सम्पूर्ण उपन्यास कर रहा है। ऐसे वैमत्य के स्थल उपन्यास में अधिक नहीं हैं, यही स्वस्थकर बात है। वास्तव में इस वक्त के अदीब में जो एक निर्भ्रान्त दृष्टि और चीज़ों को राष्ट्रीय परिप्रेक्ष्य में सही रूप में जाँचने-परखने की जो समझ दरकार है, 'हिन्दू-मुस्लिम' से ऊपर उठकर, अपने इतिहास को समझने और वर्तमान को उससे सीख लेने के लिए साहित्यकार का जो दायित्व है, 'कितने पाकिस्तान' का अदीबे आलिया उसी सत्य की तलाश करने की पुरज़ोर कोशिश करता है। अपनी आवाज़ को बहुत अकेली और थकी हुई पाकर वह अपने समकालीन क़लमधर्मियों का आह्वान करता है, "...मैं अब बुरी तरह लस्त हो गया हूँ। मैं अपने दोस्तों और समकालीनों को आवाज़ देना चाहता हूँ कि मेरा साथ दो...राकेश, रेणु, दुष्यन्त, राही, परसाई, रघुवीर, श्रीकान्त के अलावा मैं अपने तमाम उन जीवन्त दोस्तों को आवाज़ लगाना चाहता हूँ जिन्होंने अपनी रचनात्मक शक्ति को अपने लिए नहीं, दुनिया के लिए समर्पित कर दिया है और वे लगातार अपनी व्यक्तिगत रचना शक्ति और अपने क़लम की सच्चाई से इस दुनिया को बेहतर बनाना चाहते हैं।"[10] इस आह्वान में आज के समय में साहित्यकार की भूमिका भी पुनर्परिभाषित होती है।

वास्तव में 'कितने पाकिस्तान' उपन्यास में कथ्य का जो व्यापक प्रसार, विस्तृति, व्याप्ति, विस्तार है, उसमें न तो अपने देश के इतिहास की कोई महत्त्वपूर्ण घटना छूट पाती है और न ही विश्व के किसी भी देश, छोर या अंचल की कोई महत्त्वपूर्ण घटना या समस्या छूट पाती है। यहाँ न केवल पाकिस्तान बनने के पीछे छिपी राजनीति, पर्दे के पीछे की राजनीति का सूक्ष्म विश्लेषण है, अपितु ईस्ट इंडिया कम्पनी, डच कम्पनियों का साम्राज्यवादी विस्तार, बंगाल में धोखे से सत्ता में घुसपैठ और धीरे-धीरे सत्ता पर काबिज़ होने की राजनीति, '1934 से 1937

तक ब्रिटेन की राज्यसत्ता द्वारा साजिश भरे कार्यक्रमों' की तैयारी, न चाहते हुए भी विभाजन को हिन्दुस्तान पर थोपे जाने की साजिश, भीषण नरसंहार, आदि को बिलकुल नए रूप में देखने-परखने की अन्तर्दृष्टि उपन्यास की विधा को एक बिलकुल नया तेवर प्रदान करती हैं। अन्तर्राष्ट्रीय क्षितिज पर युगोस्लाविया, सर्बिया, अफ़गानिस्तान, अफ़गानिस्तानों के तालिबानों की समस्या, पाकिस्तान की आई.एस.आई., पाकिस्तान के पास आई.एस.आई. को पैसा न दे पाने की कूवत के अभाव में उसका नशीली दवाइयों, हथियारों के अवैध व्यापार पर कब्ज़ा करने की मज़बूरी, नाटो की राजनीति, इससे पूर्व जापान पर अमरीकी प्रेसीडेंट ट्रूमैन द्वारा एटमी हमला करवाने की फिज़ूल की कार्रवाई[11] फिर हमारे देश द्वारा पोखरन में कराए गए परमाणु बम-परीक्षण, फिर कभी पीछे लौटकर 1857 ई. और इससे भी पीछे लौटकर 1757 ई. को देखना और वहाँ से लौटकर साम्राज्यवाद और उपनिवेशवाद पर विचार ("आज दस्तक देती हुई नई शती में इसका कोई अन्य नाम भी हो सकता है।") यह व्यवस्था कच्चे माल की प्राप्ति और नित नए बाज़ारों के निर्माण के बिना जी नहीं सकती। यातना, विषमता और अवसाद के बीच यह देते हैं कृत्रिम उत्सव और उल्लास। सड़ती लाशों के अम्बार पर ये छिड़कते हैं क्रिश्चियन डियोर, शैनल और अमुआमे क्रिस्टल के इत्र। कटी हुई लहूलुहान गर्दनों में ये पहनाते हैं लानविन की नेकटाइयाँ और मेजोरिका के नेकलेस। टूटी हुई कलाइयों में ये बाँधते हैं सडो और रेमंडवील की घड़ियाँ और चकनाचूर उँगलियों को ये पकड़ाते हैं मोंटब्लैंक और वाटरमैन के क़लम! "आज भी इंडिया के हज़ारों गाँवों में जहाँ पीने का साफ़ पानी नहीं पहुँच पाया है, वहाँ पेप्सी और कोक पहुँच चुका है..."[12], अन्तर्राष्ट्रीय मुद्रा कोष और विश्व बैंक से भीख माँगते देशों की क़तार, टर्की, कांगो, स्पेन,—कभी कहीं तो कभी कहीं, पूरा उपन्यास देश और दुनिया के चिन्ताकुल प्रश्नों से जूझ रहा होता है। 'कितने पाकिस्तान' का शिल्प और उसकी युक्तियाँ यह स्वतंत्रता प्राप्त किए हुए हैं कि जब चाहें ज़िन्दा या मुर्दा इतिहास और समय के जीवित पात्र को भी अदीबे-आलिया की अदालत में पेश कर दें, इससे उपन्यासकार जब चाहे, जिस प्रश्न पर चाहे एक लम्बी ज़िरह पेश कर सकता है।* फ़न्तासी और जादुई यथार्थ की अद्भुत कीमियागिरी का उपन्यास बनता है 'कितने पाकिस्तान'।

गहन-गम्भीर बौद्धिकता के इस माहौल में उपन्यास की कथा कहीं भी बोझिल नहीं होती है, फिर भी उसमें सरसता लाने के लिए सलमा और अदीब की प्रेम-कथा का प्रसंग अनुस्यूत है किन्तु प्रेम-कथा का इस्तेमाल भी लेखक इस रूप में करता है कि उसकी परिणति एक बौद्धिक विमर्श के रूप में होती है। यह प्रेम न केवल हिन्दू-मुस्लिम के बीच की दीवार को गिराता है अपितु हिन्दुस्तान और पाकिस्तान के रूप में जाने जाते मुल्कों की सीमा को भी अमान्य करता है—उनका एक ही रिश्ता है मानवीयता का। इस प्रेम-प्रसंग में प्रेम-तत्त्व की बारीकियों में भी लेखक बड़ी सुचिन्तित और अनुभव-पगी अभिव्यक्तियाँ करता है। प्रेम में वर्जना की स्थिति, विवाहेतर-दाम्पत्येतर प्रेम, आदि के अनेक प्रश्नों का उत्तर अपने ढंग से दिया गया है। उस प्रेम की अभिव्यक्ति के बिम्ब भी अतीन्द्रिय और अत्यन्त प्रभावी बन पड़े हैं। साहित्य में प्रेम की देह-स्तर पर अभिव्यक्ति वहीं मांसल और अश्लील की सीमा तक जा पहुँचती है जब लेखक के पास भाषा पर पूर्ण अधिकार और कल्पना का वैभव न हो। यहाँ अन्तरंग क्षणों को, देह

---

* कभी वहाँ प्राक्-ऐतिहासिक काल के पात्र उपस्थित होते हैं तो कभी सिमरनजीत सिंह 'मान', कभी कोफ़ी अन्नान, कभी दाराशिकोह, कभी माउंटबेटन, कभी श्रीनगर में हिन्दुस्तान मशीन टूल्स के शहीद एच.एस. सेड़ा, कभी अमीर खुसरो तो कभी प्रो. नरुल हसन आदि, आदि।

की अन्तरंगता की स्थितियों को, जिन बिम्बों से अभिव्यक्ति मिली है, उनसे एक पावनता का बोध होता है "...यह घर साँसों का था...साँसें...जो दूर कोरल रीफ से टकराती हिन्द महासागर की लहरों की तरह फेनिल हो आई थीं...और दोनों की कसती बाँहों और उलझते अंगों से चिंगारियों के फूल झरने लगे थे।" कितना खूबसूरत है आम के झरने में नहाया हुआ यह पलाश वन!" "कहते-कहते सलमा उसके शरीर में साँसों की तरह समा गई थी...और उनके शरीरों पर हज़ारों नीले फूल खिल उठे थे।"[13]

कभी कमलेश्वर की कहानियों पर लिखते हुए ('कमलेश्वर : कहानी का सन्दर्भ'—मैकमिलन एंड कं.) मैंने लिखा था कि कमलेश्वर के कथाकार की मूल संवेदना क़स्बे की है। अपने महानगरीय परिवेश में भी वह चीज़ों को क़स्बे के उसी भोले मानस से देखता-परखता है। इस उपन्यास का प्रारम्भ भी कमलेश्वर मैनपुरी के उसी परिवेश से करते हैं—विद्या, फतेहगढ़, शिकोहाबाद जंक्शन...छोटी लाइन की अपनी गाड़ी पकड़ने के लिए पुल पर विद्या का चढ़ना और धीरे-से अपना रूमाल गिराना और कथा-क्रम में बहुत बाद में भी लेखक (अदीब) द्वारा उस रूमाल की तलाश-मात्र अतीत-मोह (नॉस्टेलेजिया) नहीं है, अपितु उस ज़मीन से जुड़कर कथा को न केवल आत्मीयता अपितु आत्मकथात्मक रंग देने की मोहक शैल्पिक युक्ति है। ज़मीन और जड़ों से जुड़ने का यह अहसास लेखक तब भी कराता है, जब वह कथा में अमीर खुसरो को उपस्थित करता है। इस बिन्दु से चलकर उपन्यास की कथा अपने पूरे इतिहास और परम्परा को खँगालती हुई, अन्तर्राष्ट्रीय क्षितिज पर पूरे विस्तार में फैलती है।

अन्त में चलते-चलते मैं उपन्यास का महत्त्व एक और दृष्टि से रेखांकित करना चाहूँगा। यह उपन्यास उस समय आया है जब भारत के बहुप्रशंसित अंग्रेज़ी लेखक 'औरतें' ('द कम्पनी ऑफ़ वीमेन'—खुशवन्त सिंह), 'सितारों की रातें' ('स्टारी नाइट्स'—शोभा डे) जैसी कृतियाँ दे रहे हैं। या फिर अन्तर्राष्ट्रीय बाज़ार में खूब-खूब समादृत, खूब-खूब लोकप्रिय अरुन्धति राय के 'द गॉड ऑफ़ स्माल थिंग्स' जैसे उपन्यास से भी 'कितने पाकिस्तान' की तुलना करने में कोई हर्ज़ नहीं है। निश्चय ही 'कितने पाकिस्तान' से हिन्दी उपन्यास का क़द बहुत ऊँचा हो जाता है। कमलेश्वर के इस उपन्यास के प्रकाश में आने से पूर्व मेरी यह धारणा रही कि कमलेश्वर की कहानी बहुत सशक्त और समृद्ध है किन्तु उनका उपन्यास कमज़ोर है, शायद फ़िल्मी लेखन भी इसका एक कारण रहा हो, किन्तु 'कितने पाकिस्तान' पर की गई मेहनत, इसकी अद्भुत बौद्धिक विमर्श-क्षमता, इतिहास को पुनर्परीक्षित करने की तलस्पर्शी अन्तर्दृष्टि, अपने समय के जलते राष्ट्रीय और अन्तर्राष्ट्रीय सवालों पर बेलाग सोच, आदि ने न केवल इस उपन्यास को हिन्दी की एक महनीय उपलब्धि बनाया है अपितु कमलेश्वर को हिन्दी के गिने-चुने प्रतिष्ठित उपन्यासकारों की अग्रिम पाँत में स्थान दिलाया है।

सन्दर्भ

1. *कितने पाकिस्तान*, पृ. 182
2. वही, पृ. 15-16
3. उपन्यास की 'यह उपन्यास' शीर्षक भूमिका का प्रारम्भ और अन्त
4. *उपन्यास की भूमिका*
5. *कितने पाकिस्तान*, पृ. 25
6. वही, पृ. 228

7. द्रष्टव्य उपन्यास के पृ. 71-77
8. वही, पृ. 257
9. वही, पृ. 103
10. वही, पृ. 91
11. "ट्रूमैन! उत्तर से...भूमध्यसागर में मुसोलिनी ध्वस्त हो चुका था। सोवियत सेनाओं के सामने हिटलर और उसका बर्लिन घुटने टेक चुका था...हिटलर अपनी प्रेमिका इवः ब्राउन के साथ आत्महत्या की तैयारी कर चुका था और जापान समर्पण के लिए तैयार था...तब तुम्हें इतने मारक और संहारक अणु और हाइड्रोजन बमों द्वारा आक्रमण करने की क्या ज़रूरत थी?" पृ. 350
12. वही, पृ. 291
13. वही, पृ. 116

'काशी का अस्सी' और अस्सी के काशी (नाथ)

"धक्के देना और धक्के खाना, जलील करना और जलील होना, गालियाँ देना और गालियाँ पाना औघड़ संस्कृति है। अस्सी की नागरिकता के मौलिक अधिकार और कर्तव्य। इसके जनक सन्त कबीर रहे हैं और संस्थापक औघड़ कीनाराम।...अस्सीवासी उसी औघड़ संस्कृति की जायज-नाजायज औलादें हैं। गालियाँ इस संस्कृति की राष्ट्रभाषा है जिसमें प्यार और आशीर्वाद का लेन-देन होता है।"

"...सच मानिए तो घाटों का राजा एक ही है—अस्सी घाट! यहाँ से नगर या तो शुरू होता है या खत्म होता है। क्या ही चौड़ा और क्या ही चौरस! हर साल गंगा पीछे खिसकती जाती है—इससे कहते हुए कि और आगे आ, और आगे जा। देखो तो सीढ़ियों के पहाड़ भी हैं, पठार भी हैं और मैदान भी। चाहे जितना टहलो और चाहे जितना बैठो। बैठने के लिए सीढ़ियाँ भी हैं। पत्थर के लम्बे-चौड़े चौतरे भी हैं, लकड़ी के तख़्ते और पटरे भी हैं, मिट्टी के ढूह भी हैं और किनारे बँधी छोटी-बड़ी सैकड़ों नौकाएँ भी।"

"इसकी (अस्सी की) आजीविका है—यज्ञ, हवन, पूजन, अनुष्ठान, मुहूर्त्त, लग्न, कुंडली, ज्योतिष, हस्तरेखा, जजमानी। इसे ही इसका व्यवसाय कहिए या खेती-बारी। विश्व का सारा ज्ञान-विज्ञान इसी मुहल्ले के ज्ञान में समाहित है। जो यहाँ नहीं है, वह कहीं नहीं है, लेकिन जो कहीं नहीं है, वह भी यहीं है। इसी के संकेत पर ग्रह-नक्षत्र चलते हैं और यह पृथ्वी भी। यदि ये रास्ता भटक जाएँ तो इन्हें धुरी पर लाने का विधान भी इसी के पास है।"

"इस तरह धीरे-धीरे सब चले गए एक दिन अस्सी से अपनी अस्सी के साथ—अपनी हँसियों, ठहाकों, मस्तियों और याराना गालियों के साथ।"

"हँसी धीरे-धीरे खत्म हो रही है दुनिया से। पश्चिम के लिए इसका अर्थ रह गया है—कसरत, खेल, क्लब। क्लब, टीम, एसोसिएशन, ग्रुप बनाकर निरर्थक, निरुद्देश्य, जबर्दस्ती 'हो-हो-हा-हा' करना। इसे हँसी नहीं कहते। हँसी का मतलब है ज़िन्दादिली और मस्ती का विस्फोट, ज़िन्दगी की खनक। यह तन की नहीं, मन की चीज़ है। यह किसी भी सनसनीखेज ख़बर से कम नहीं कि जम्बूद्वीप में एक ऐसी भी जगह है जहाँ हँसी बाकी रह गई है।"

"यह अस्सी चौराहा ही है न?"

"जी था तो वही लेकिन अब 'तुलसी नगर' कहते हैं। 'अस्सी' यहाँ से उठाकर—ज्यों का त्यों उठाकर कहीं और ले जाया गया है उन गुरुओं समेत। अब यह मुहल्ला नहीं, 'म्यूज़ियम' है। —पृ. 155.

पर काशी (नाथ सिंह) इस मुहल्ले को म्यूज़ियम नहीं बनने देते, वे इसे पूरी जीवन्तता में 'अस्सी' से उठाकर 'काशी का अस्सी' में चिर स्थायी कर देते हैं। युग-युगों के लिए। वे काशी के अस्सी के गुरुओं को चले जाने नहीं देते, शब्दों में जीवन्त कर देते हैं, "अपनी हँसियों, ठहाकों,

अस्तियों और याराना गालियों के साथ", अपनी पूरी धुन में, निगेटिव्ज़ से कोई छेड़-छाड़ किए बिना। उस लोक-मानस को पूरी यथार्थता में 'जस का तस' अपने पाठक के सामने प्रस्तुत करते हुए।

अभी प्रायः तीस-बत्तीस बरस बाद बनारस जाना हुआ। पहुँचने की अगली सुबह अस्सी घाट पर स्नान करने पहुँचे तो विचार बना कि नाव से परली पार जाकर खुले में, (अस्सी की भाषा में 'बहमरी अलंग के पास') जाकर नहाया जाए। उस पार जाकर अभी कपड़े ही उतार रहे थे कि पास खड़े 14-15 बरस के दो-तीन किशोरों की बातचीत के टुकड़े कानों में 'ट्न' से आकर बजे जिनमें बनारसी गालियों के बीज शब्द ('भोसड़ी के') का उच्चारण बार-बार पूर्ण निरपेक्ष भाव से किया जा रहा था—किशोर उसी 'उल्लास' का सहज 'उच्छवास' प्रकट कर रहे थे। और एकदम सत्यापित हो गया यह तथ्य कि व्यर्थ ही लोग काशीनाथ सिंह के इन आलेखों, संस्करणों या उपन्यास-खंड जो भी फिलहाल इन्हें कहना चाहें (इनके विधागत चरित्र या स्वरूप पर बाद में बात की जाएगी), पर 'अश्लील', 'भद्दपन', आदि के दोषारोपण कर रहे थे, वास्तविकता यह है कि इस कृति में स्थान, विशेषकर 'लोक' इस रूप में प्रयुक्त हुआ है कि वह न केवल बनारस के अस्सी, अपितु पूरे देश के 'लोक' को समझने की एक दिशा देता है। अकेले बनारस में 'अस्सी' का 'तुलसी नगर' नहीं बन रहा है अपितु पूरे देश में गाँवों-क़स्बों का चरित्र बदलकर 'हँसी' के लाले पड़ गए हैं—हँसी-ठ्ठठों में जीता एक मस्त समाज समय के विकास-चक्र में पूरी तरह बिला गया है। अस्सी के बहाने यह उनके इतिहास का पुनर्प्रस्तुतीकरण नहीं अपितु 'परम्परा' में पूरी तरह डूबने-रमने का एक महाकुम्भ प्रस्तुत हुआ है। आधुनिकीकरण, मशीनीकरण और अब भूमंडलीय और बाज़ारवाद ने हमारी सहज जीवन-पद्धति को जिस रूप में क्षरित किया है, वह न केवल मूल्यों के ह्रास की कारुणिक गाथा है, जो सांस्कृतिक विरूपीकरण की प्रक्रिया है, जो 'अस्सी' से उठकर चले जाने के लिए यहाँ धीरे-धीरे खुलती हुई हमारी आँखें खोलने का प्रयास करती है।

हिन्दी गद्य में पिछले तीन-चार बरस में जो दो-तीन उपलब्धिपूर्ण रचनाएँ प्रकाशित हुई हैं, 'काशी का अस्सी' उनमें अपना महत्त्व और धनज रखती है। यह प्रेमचन्द और रेणु की स्मृति इसलिए कराती है कि इसकी अपने समाज और लोक से गहरी सम्पृक्ति है। इसमें लेखक इतने गहरे 'लोक' में डूबा है कि यथार्थ का ऐसा खाँटी और खुरदरा रूप मिला है, जो आधुनिक साहित्य में अतुलनीय है। यह वस्तुतः एक औघड़ संस्कृति का कापालिक गद्य है। पूर्ण अकुंठ भाव से जन-जीवन की रसपूर्ण प्रस्तुति!! भाँग की तरंग की तरह लेखक इसमें अपने कथ्य के घोड़े जहाँ कहीं भी दौड़ाने की स्वतंत्रता अपने पास रखे हुए है, वहीं वह इन घोड़ों की रास भी पूरी तरह अपने हाथ में रखे हुए है। खूब-खूब लम्बी दौड़ लगाते हुए भी वह जिस बिन्दु से चलता है, वहीं पुनः लौट आता है। अस्सी के विभिन्न पात्रों, चरित्रों को अपने खिलदंडी अन्दाज़ में प्रस्तुत करता लेखक कभी प्रान्तीय राजनीति और कभी पूरे देश की राजनीति पर अपनी दार्शनिक चिन्तना अस्सी की संसद के लिए खोलता हुआ, देश की ज्वलन्त समस्याओं-चुनावों की दलगत राजनीति, जातिगत समीकरणों, साम्प्रदायिक ताक़तों को बेनकाब करता है, उन पर व्यंग्य के हथियार के जबर्दस्त प्रहार से एक दार्शनिक चिन्तना में डूबता-डुबाता हुआ अपने समय के सवालों से जूझता-जुझाता हुआ चलता है। यहाँ व्यंग्यकार काशी की मारक रेंज (स्ट्राइकिंग पावर) बड़ी व्यापक है, इमर्जेंसी, यूनीवर्सिटी की छात्र-राजनीति, पत्रकारिता, आरक्षण की राजनीति, मंडल-कमंडल के झगड़े, गेहूँ और कोयला ढाई रुपए किलो—एक ही भाव जैसे बढ़ती महँगाई के विद्रूप (चाहे कोयला खाइए, चाहे गेहूँ), नेताओं को चुनावी राजनीति और रोटियाँ और अपनी पूँजी को जमा करने की तिकड़में चाहे वे सत्ता में हों या न हों, आपादमस्तक

भ्रष्टाचार में डूबी शासन-व्यवस्था, बाबरी मस्जिद प्रकरण के पहले और बाद का समय-परिवेश कारसेवकों का धर्मांध जोश-उत्साह, (30 अक्तूबर से 8 नवम्बर तक का) मुलायम सिंह की सपा, काशीराम की बसपा, कांग्रेस, भाजपा—सभी राजनीतिक दलों की जातिगत गोटियाँ खेलने की 'हिकमतें', बूथ-कैपचरिंग, न्याय व्यवस्था तक को ख़रीद डालने के हथकंडे, वाराणसी आने वाले विदेशियों का बनारस के गुरुओं द्वारा बेवकूफ बनाना, अस्सी का पुरातन रूप से चलकर साइबर कैफ़े की दुनिया तक पहुँचना, खुले बाज़ार के पर्दे के पीछे के रहस्य, जगह-जगह खुलते ब्यूटी पार्लर, विदेशी वस्तुओं, प्रसाधन-सामग्री से बाज़ार पाट देने और उनकी ललक जगाने के विभिन्न उपक्रमों का गणित, फास्ट-फूड कल्चर, किन्तु इन सबके 'टोटल' परिणाम का दुखान्त मनुष्य की 'हँसी' (सुख-सन्तोष) की विलुप्ति, आदि-आदि सब कुछ इसकी मारक दूरी में है।

कथ्य के विभिन्न कोणों पर विचार करने से पूर्व काशीनाथ सिंह ने इस कथ्य को जिस रूप (फार्म) में प्रस्तुत किया है, उस पर विमर्श आवश्यक है। कोई महत् कृति ही अपने प्रचलित विधागत स्वरूप की चौखटों को तोड़कर सर्वथा नई विधा या उसी विधा के स्वरूप की नवनिर्मिति करती है। 'काशी का अस्सी' निज दृष्टि से कुछ कथाओं के माध्यम से, जो अपने समग्र रूप में 'उपन्यास' में ही परिवर्तित हो उठती (उपन्यास का उपन्यास और कथाएँ की कथाएँ) हैं। इन कथाओं का वितान भी कल्पना के ताने-बाने से कम, यथार्थ के गहन अवलोकन और सूक्ष्म निरीक्षण से अधिक बुना गया है। बुना क्या गया है, यदि यह कहा जाए कि तथ्य और सत्य को जस का तस धर दिया है, अपनी पूरी संलग्नता और चिन्ता के साथ तो अधिक उपयुक्त होगा। 'यह देख तमाशा लकड़ी का ही नहीं', 'खुला खेल फ़रुर्खावादी' भी है, अपनी कहन में काशी यहाँ कबीर का फक्कड़ाना रूप तो अख़्तियार करते ही हैं, उनमें एक घरफूँक मस्ती भी है, साथ ही अपने प्रस्थान में एक चुनौती-भरा आमन्त्रण भी—'जो घर फूँकै आपणा, चलै हमारे साथ' का उद्घोष भी!! औरों पर ही नहीं अपने पर भी हँसने का साहस और बेबाकीपन, "इधर सुनते हैं कि कोई बुढ़ऊ-बुढ़ऊ से हैं कासीनाथ-इनभर्सीटी के मास्टर जो कहानियाँ-फहानियाँ लिखते हैं और अपने दो-चार बकलोल दोस्तों के साथ 'मारवाड़ी सेवा संघ' के चौंतरे पर 'राजेश ब्रदर्स' में बैठे रहते हैं। अक्सर शाम को! 'ए भाई! ऊ तुमको किधर से लेखक कवि बुझाता है जी? बकरा जइसा दाढ़ी-दाढ़ा बढ़ाने से कोई लेखक-कवि थोड़े नु बनता है। देखा नहीं था दिनकरवा को? अरे, उहै रामधारी सिंघवा? जब चदरा-ओदरा कन्हियाँ पर तान के खड़ा हो जाता था—छह फुट जवान; तब भट्‌ट-भट्‌ट बरता रहता था। आउर ई भोसड़ी के अख़बार पर लाई-दाना फइलाय के, एक पुड़िया नून और एक पान मिरचा बटोर के भकोसता रहता है। कवि-लेखक अइसै होता है का?"[1]

अस्सी के यथार्थ पात्रों के लेखक ने काल्पनिक नाम नहीं दिए, अपने समेत सबको यथावत् पूरी रसमयता में प्रस्तुत कर वहाँ की संसद का असली खाका खींचा है। तो क्या इस आधार पर इन कथाओं को संस्मरण कह दिया जाए? इन कथाओं की संस्मरण विधा में आवाजाही तो बनी रहती है किन्तु ये संस्मरण न होकर एक दृष्टियुक्त कथा का रूप ले लेते हैं—वास्तविक पात्रों की जीवन्त उपस्थिति के साथ। यही काशी संस्मरण, कहानी-कथा के प्रचलित गद्य-रूपों का अतिक्रमण कर उपन्यास का एक बिलकुल नया रूप (फार्मेट) प्रदान करते हैं। यह नया गद्य-रूप ही इनके कथ्य को एक नई रंगत देता है।

अब थोड़ा विचार इस उपन्यास (अब आगे मैं इसे उपन्यास ही कहूँगा) की भाषा-शैली के भद्‌देपन, 'अश्लीलता' अथवा कहें गालियों पर। बनारस के 'शब्द-कल्पद्रुम' पर!! काशी

के अस्सी के इस लोक-रंग के बारूदी शब्द-भंडार पर बात करने से पहले तनिक उस लोक पर बात कर ली जाए, जहाँ गालियाँ, गालियाँ न रहकर बात-बात में, कभी-कभी एक ही वाक्य में कई-कई बार अपनी सहज उपस्थिति इस रूप में करा रही हैं कि वक्ता या श्रोता, जो कभी-कभी बहन-बेटी की उपस्थिति भी हो सकती है, को किंचित् भी 'पाप-बोध' या अश्लीलता या संकोच भी नहीं दे पाती हैं। वे इन 'बीज शब्दों' का उच्चारण उसी 'परम पवित्र' भाव से करते हैं जिस भाव से भगवद् जाप या और कोई भी पुण्य-स्मरण! ध्यान आ रहा है। मथुरा की गली-बाज़ारों की भाषा का जहाँ माँ-बहन के सम्बन्ध स्थापित किए बिना कोई बात आगे नहीं बढ़ती। उत्तर प्रदेश के पश्चिमी खंड में 'बहनचोद' 'बिरचोद' आदि का प्रयोग लोग अपनी बेटी-बहुओं के सामने भी इसी अकुंठ भाव से करते हैं। हरियाणा के गाँवों-क़स्बों में चले जाइए, बिना 'चोदूदा' के वहाँ कोई बात ही पूरी नहीं करता मिलेगा। पंजाब के पिंड (गाँव) में चले जाइए बिना 'फुदूदी', 'फुदूदा', 'लन' के बच्चे, बूढ़े, जवान अपनी बात पूरी ही नहीं करते। हो सकता है अन्य अंचलों की स्थिति भी ऐसी ही हो। इसलिए काशीनाथ सिंह ने जिस कथ्य को जिस बाने में प्रस्तुत करने का 'साहसिक' बीड़ा उठाया है, उसमें इन गालियों को यथावत् प्रस्तुत करना उनकी 'अनिवार्यता' बन गई है। यहाँ साहित्य में श्लीलता, अश्लीलता की बहस उठाना मौजूँ नहीं है। हाँ, प्रसंग से अलग उठाकर मात्र स्वतंत्र शब्दों के रूप में रखने पर ये गालियाँ ही हैं—पूर्ण अश्लील, भदेस, गँवारू...आदि, पर प्रसंग के बीच के पूरी तरह उस जन के सामान्य कथन मात्र हैं अपनी पूरी यथार्थता में। यह तो ऐसा नंग-मलंग गद्य है जो कोई पाप बोध या अश्लीलता बोध नहीं जगाता। 'लिट्टे', 'ख़ालिस्तान', 'उग्रवाद', राम जन्म भूमि, बाबरी मस्जिद, राष्ट्रीय-अन्तराष्ट्रीय कोई समस्या नहीं जो होली की गालियों में प्रक्षेपास्त्रों की जद से बाहर हो! गालियों में दिलचस्पी हो तब भी आइए और राजनीतिक व्यंग्य में हो तब भी! अगर शब्दों के अर्थ पर न जाएँ तो जीवन की अकुंठ उच्छल-उल्लसित ध्वनियों का समारोह![2] तो काशी के अस्सी की गालियों के 'शब्द कल्पद्रुम' से गुज़रते हुए इन्हें अकुंठ उच्छल उल्लसित ध्वनियों का समारोह ही मानिए।

पप्पू की दुकान, चाय की दुकान, उतनी ही महत्त्वपूर्ण रही है जितनी नई दिल्ली में कनॉट प्लेस में मोहन सिंह पैलेस का 'कॉफ़ी हाउस', बल्कि कहें और भी महत्त्वपूर्ण क्योंकि यहाँ की सनातन यूनिफॉर्म, 'कमर में गमछा', कन्धे पर लँगोट और बदन पर 'जनेऊ', का वैभव और उल्लासपूर्ण समागम वहाँ कहाँ!! यह यहाँ की संसद है जिसमें पूरे देश की राजनीति का रग-रेशा तार-तार कर धुना जाता है। जो मज़ा बनारस में, न पेरिस में, न फारस में, के इश्तहार के चलते ही चौथीराम यादव मुलायम सिंह यादव और लालू यादव की पेशकश पर किसी विश्वविद्यालय का कुलपति बनना स्वीकार नहीं करते। 'दो लम्बी मेजों और चार लम्बे बेंचों वाले इस दड़बे में दस-बारह ग्राहकों के बजाय बीस-पच्चीस संस्कृतिकर्मी सुबह से शाम तक ठँसे रहते हैं, इनमें भले ही विभिन्न संस्कृतिकर्मियों, साहित्यकारों के नाम दिए गए हों, पर वे एक प्रकार से बनारस के प्रातिनिधिक चरित्र हैं। इन चरित्रों के माध्यम से ही उपन्यासकार देश की प्रायः हर समस्या पर अपनी सोच व्यंग्यमयी शैली में प्रस्तुत करता है, कभी किसी के माध्यम से तो कभी किसी के माध्यम से। राजनीति के चरित्र की बखिया उधेड़ता उपन्यासकार व्यंग्य की ऐसी जबर्दस्त मार करता है, जो कबीर के कोड़ों से कम नहीं। एक उदाहरण, रामवचनजी उवाच "सन् 70 के बाद से कुछ लोग हैं जो बराबर सत्ता में हैं। सरकार चाहे जिसकी बने, वे हारें या जीतें, सत्ता-सुख भोग रहे हैं। जैसे, मैं एक मन्त्री जी को जानता हूँ। बड़ा रुतबा है उनका इन दिनों। उन्होंने अलग-अलग काम के लिए लोगों से कुल मिलाकर लगभग एक

करोड़ रुपए ले रखे हैं। अब मान लीजिए, कल सरकार गिर गई। सरकार में रहकर वे जान चुके हैं कि काम कैसे कराया जाता है। वे मन्त्री रहें, न रहें, लेकिन आधा करोड़ भी खर्च कर देंगे तो काम हो जाएगा। अगले चुनाव तक तो काम चलता रहा न! यह दलबदलुओं को छोड़के बाकी लोगों का हाल है।"[3] सिद्धान्तविहीन, दिशाविहीन राजनीति पर भी लेखक खूब व्यंग्य करता है कि जो लोग '3 अगस्त, 1990 को देवीलाल के निकाले जाने पर' वी. पी. सिंह ज़िन्दाबाद' और 'देवीलाल मुर्दाबाद' बोल रहे थे, वही लोग 15 अगस्त, 1990 के मंडल आयोग की घोषणा के बाद 'वी. पी. सिंह मुर्दाबाद' बोलने लगे।

"जिस देश में मुर्दा फूँकने के लिए घूस देना पड़ता हो उसमें सिद्धान्त?"[4]

वस्तुतः राजनीति की गलाज़त से इतना परेशान है उपन्यासकार कि बीच में हस्तक्षेप कर अपना प्रत्यक्ष दखल दे वह 23 अक्तूबर, 1990 को आडवाणी की रथ-यात्रा के दौरान हुई गिरफ़्तारी के बाद की मन्दिर राजनीति का बनारस के सन्दर्भ में खुलासा करता हुआ केसरिया पट्टा बाँधे लोगों के धार्मिक उन्माद, जुनून का पर्दाफाश करता है। लेखक को बड़ी भारी पीड़ा है कि जो लोग कार-सेवा के नाम पर आज हो-हल्ला मचा रहे हैं, वे दाल के चौबीस रुपए किलो हो जाने पर चुप रहते हैं—बीस लाख की आबादी वाले शहर में एक भी बागी स्वर इन स्थितियों के विरोध में नहीं उठता है। 'देख तमाशा लकड़ी का' कथा की तान इस उद्धरण पर आकर टूटती है, "मुझे यह कहते हुए न लाज है, न शरम कि मानव-योनि से बढ़कर बेकार जन्म किसी जीव का नहीं। उसमें भी अगर लिख-पढ़ गया तो गया काम से। और लिख-पढ़कर भी कहीं लेखक, कवि हो गया तो कौड़ी का तीन समझिए। हर बात में अर्थ! हो न हो, तब भी अर्थ!"[5] इस कथन को पढ़कर मुझे कबीर याद आए—"सुखिया सब संसार है, खावै और सोवै, दुखियादास कबीर है, जागे अरू रौवे।" काशीनाथ सिंह का 'जागना' ओर 'रोना' भी यही है।

'सन्तो घर में झगरा भारी' शीर्षक उपन्यास की दूसरी कथा में लेखक ने सभी राजनीतिक पार्टियों की जमकर ख़बर ली है, विशेषतः उनकी चुनावी राजनीति की जिसमें सभी पार्टियाँ जातिगत समीकरणों की गोटियाँ किस प्रकार 'फिट' करती हैं, इसकी कलई खोली गई है। '12 फरवरी, 98 की शाम' के अन्तर्गत चुनाव में जातिवाद का खुलासा इस रूप में मिलता है, "देखिए, साफ़-साफ़ बताते हैं आपसे, ठाकुरों-बामनों के वोट तो हैं नहीं, इनमें नेता ज़रूर हैं लेकिन इनके वोट नहीं हैं। वोट किनके हैं तो यादवों के, चमारों के। लेकिन वे अपने बूते नहीं जिता सकते, जिता कौन सकता है तो बकिया जातियाँ—पाँच घर तेली, चार घर कहार, तीन घर धोबी, दो घर कुम्हार, लुहार, नोनियाँ, धुनिया...जितानेवाली जातियाँ यही हैं, जो हर गाँव में हैं और जिन्हें कोई नहीं पूछता। वे जिधर जाएँगी, वही जीतेगा...।"[6] चुनाव के लिए राजनीतिक दल जब टिकट बाँटते हैं तो आवश्यक नहीं कि मुलायम सिंह यादव, काशीराम जिसे टिकट दें, वह इनकी जाति का ही हो, अपितु जिसे वे टिकट देते हैं भले ही वह किसी सवर्ण जाति का है, इनकी जाति का बन जाता है। टिकट मिल जाने, चुन लिए जाने पर ये नेता दन्द-फन्द मचाकर भ्रष्टाचार का नंगा नाच खेलते हैं, उन पर भी उपन्यासकार की बड़ी मार्मिक टिप्पणी है, "भ्रष्टाचार लोकतंत्र के लिए ऑक्सीजन है। है कोई ऐसा राष्ट्र जहाँ लोकतंत्र हो और भ्रष्टाचार न हो? ज़रा नज़र दौड़ाइए। पूरी दुनिया पर, ये छोटी-छोटी राजनीतिक पार्टियाँ कहाँ हैं? अलग-अलग छोटे-बड़े संस्थान, भ्रष्टाचार के प्रशिक्षण केन्द्र, सिद्धान्त मुखौटे हैं जिनके पीछे ट्रेनिंग दी जाती है। आप क्या समझते हैं, जो आदमी चुनाव लड़ने में पन्द्रह-बीस लाख खर्च करेगा, यह विधायक या सांसद बनने पर ऐसे ही छोड़ देगा आपको? देश को? चूतिया है क्या?"[7] सभी राजनीतिक दलों

की ख़बर लेता लेखक अपनी सी.पी.आई. को भी नहीं छोड़ता, 'भोसड़ी के सौ करोड़ की आबादी में पाँच झँटकुल्ली सी.पी.आई. और दिखाएँगे ऐसे जैसे ये न हों, तो देश ही न चले।"[8]

इस दूसरे अध्याय में भाजपा और राष्ट्रीय स्वयंसेवक संघ की मन्दिर राजनीति की खूब खुलकर ख़बर ली गई है कि किस प्रकार उसने सामान्य जनता की मनोवृत्ति को प्रभावित कर उसे साम्प्रदायिकता में रँग दिया। "ग्राहक हिन्दू होने लगे इस बीच, आलू, भिंडी, करेला, टमाटर, कोहंड़ा (मुहल्ले की सबसे प्यारी सब्जी-पूड़ी प्रेम के कारण) कद्दू, गोभी मुसलमान हो गए। घाटे पर घाटे। रिश्ते में खटास आई। भाई सलीम-अलीम छोड़ चले नईम को। वे चले गए। अलईपुर या जैतपुरा। अपने लोगों के बीच! नईम ने तय किया, वह सिर्फ़ आलू बेचेगा।... आलू-प्याज़ में हिन्दू, मुसलमान जैसी कोई चीज़ नहीं।"[9] नईम की बड़ी गहरी तकलीफ़ है कि यदि वह 'हिन्दू' को वोट दे भी दे, तब भी कोई विश्वास नहीं करेगा। कैसा है यह देश, जहाँ सेकुलर का मतलब सिर्फ़ मुस्लिम वोट बैंक रह गया है। 1998 के चुनावों की राजनीति का खाका जिस प्रामाणिकता से 'लोक' की नब्ज़ पर पूरी तरह उँगली रखते हुए यहाँ खींचा गया है, वह एक गहरा समाज-शास्त्रीय अध्ययन कहा जा सकता है। 'ऋषि-मुनियों' द्वारा दी वर्ण व्यवस्था ने देश का जो बेड़ा गर्क किया है, उस पर यह तिलमिलाती टिप्पणी द्रष्टव्य है, "और घने जंगल और बियावान में बैठे अकेले तपस्या कर रहे ये ऋषि-मुनि खुद क्या थे? आदिवासी, टोना-टोटका वाले। खुद क्या थे?...सबके सब जारज और यही भोसड़ी के वर्ण व्यवस्था देते हैं। देखो तो सभी जातियों के गोत्र ब्राह्मण ऋषियों के नाम पर। जब सभी के पुरखे तुम्हीं हो तो उन्हें जातियों में क्यों बाँटता है बे?"[10] यह है कबीर का पुनरावतरण, "जो तू बांमन बंभनी जाया, आन बाट ह्वै क्यों नहीं आया?" मालवीय जी की यूनिवर्सिटी में अध्यापकों को दस-बाहर हज़ार रुपए प्रति माह का वेतन क्या इसीलिए मिल रहा है कि वे छात्रों को राजनीतिक गुंडागर्दी के विभिन्न गुर सिखाएँ और देश को रसातल की ओर ले जाने में मददगार हों, जैसे सवाल उठाकर राजनीति द्वारा छात्रों का इस्तेमाल करने के हथकंडों को भी बेनकाब किया गया है। इस प्रकार यह प्रकरण काशी की राजनीति का ही नहीं पूरे देश की राजनीति का पूरा परिदृश्य उपस्थित करता है। इन कथाओं की गहरी राजनीतिक चिन्ता और विर्मश ही इन्हें संस्मरण की विधा से उठाकर कथात्मक संवेदन की ओर ले जाता है। ऊपर इस समीक्षा में शीर्षक का उत्तरार्द्ध 'अस्सी के काशी' (नाथ) दिया गया है, न केवल इन गहन विमर्शों व गहरे सरोकारों ('कन्सर्न') से बल्कि अस्सी की पूरी चर्चा और संगी-साथियों की 'करनी' और 'कथनी' के सूक्ष्म प्रामाणिक विवरणों से हमारे सामने काशीनाथ सिंह का व्यक्तित्व भी पूरी अन्तरंगता से खुलता है। बनारस में अपने पदार्पण से लेकर 'बकरा जइसा, दाढ़ी-दाढ़ा', बढ़ाने की 'बुढ़ऊ-बुढ़ऊ-सी' उम्र तक पहुँचने तक की यात्रा काशीनाथ सिंह के व्यक्तित्व का यदि पूरा-पूरा नहीं तो काफ़ी-काफ़ी परिचय अवश्य करा देती है। वस्तुतः वे बनारस के नहीं 'अस्सी' (घाट) के ही काशी हैं। 'इनभर्सिटी' के अन्तरंग से वे परिचित हैं, पर अस्सी की तो साँस-साँस की आहट वे सुनते रहे हैं। इसीलिए 'काशी का अस्सी' अस्सी (घाट) का ई.सी.जी. है जिसमें काशी की धड़कन सुनी जा सकती है और साथ ही काशीनाथ सिंह के हृदय की धड़कन भी!!

'सन्तों, असन्तों और घोंघावालों का अस्सी' में लेखक की चिन्ता में देश की केन्द्रीय सत्ता द्वारा परिचालित साम्प्रदायिकता है, उस सरकार की कलई खोली जाती है जिसके एजेंडे पर राष्ट्रीय स्वाभिमान, गो-संरक्षण, अयोध्या और पोखरन हैं। उसकी चिन्ता है कि "6 दिसम्बर की अयोध्या की घटना की देन क्या है? जो मुसलमान नहीं थे या कम थे या जिन्हें अपने मुसलमान

होने का बोध नहीं था, वे मुसलमान हो गए रातोरात। रातोरात चन्दा करके सारी मस्जिदों का जीर्णोद्धार शुरू कर दिया। देश की सारी मस्जिदों पर लाउड-स्पीकर लग गए। मामूली से मामूली टूटही मस्जिद पर भी लाउड-स्पीकर लग गया। जिस मस्जिद में कभी नमाज़ नहीं पढ़ी जाती थी, उसमें भोर और रात में सुनाई पड़ने लगी।"[11] इसी रूप में वह उन स्थितियों को विश्लेषित करता है जिनमें हिन्दू-मुस्लिम के बीच का भाईचारा खत्म होता चला गया। यहीं काशीनाथ सिंह अस्सी के जन्म की कथा सुनाते हैं जो नितान्त लौकिक जो न इतिहास में है, न पुराण में। इस लौकिक परम्परा के इतिहास का परिचय देने के उपरान्त काशी का जो परिचय अन्तरंगता में दिया गया है, वह न तीन-तीन खंडों के काशी के इतिहास से सम्बन्धित उपन्यासों में है, न अन्य साहित्यिक कृतियों में, न अन्य इतिहास ग्रन्थों में!! "इतिहास कहता है कि गंगा के गर्भ से पैदा हुआ यह नगर। वह इसकी माँ है। माँ इसलिए है कि नगर की तीन-चौथाई आबादी उसी के सहारे है। पंडे, पुरोहित, नाई, धोबी, मल्लाह, मछुआरे, बढ़ई, माली, डोम, मेहतर, बिसाती, साधु, सन्त, भिखमंगे, गाइड, मालिशिए-जाले कितने पेशे और कितनी जाति के लोग उसी के सहारे सदियों से जी-खा रहे हैं।" इससे आगे काशीनाथ सिंह के व्यंग्यकार का दार्शनिक अन्दाज़ इस पारम्परिक इतिहास के वर्तमान में प्रक्षेपित करता है, "ये तो जी-खा रहे थे लेकिन बची हुई एक चौथाई आबादी जिसमें बालू और नहर और पुल और बाँधों के ठेकेदार, इंजीनियर, अफसर भी हैं और पर्यावरण, प्रदूषण और 'स्वच्छ गंगा अभियान' की देसी-विदेसी, सरकारी-गैर-सरकारी संस्थाएँ भी—इसे तबीयत से खा-पी रही हैं। जीने-खाने वाले दूसरे हैं और खाने-पीने वाले दूसरे। लेकिन ये आज की बातें हैं। कल की नहीं।"[12] फिर इसके बाद काशी के विभिन्न मुहल्लों का परिचय और विशेषतः पूर्वांचल पश्चिमी बिहार और पूर्वी उत्तर प्रदेश का विश्लेषण, बनारस के बनते-ढहते मन्दिरों का परिचय, इन मन्दिरों के दीवाने विदेशी और इन विदेशियों का...या बनाते पुरोहित-पंडे, आदि का जीवन्त चित्रण कैथरीन के प्रोजेक्ट के बहाने किया गया है। 'पांडे कौन कुमति तोईं लागी' में धर्मनाथ शास्त्री के प्रसंग में विदेशियों के ठगने की कन्नी जैसे लोगों की हरकतों का और भी खुलासा किया गया है।

'कौन ठगवा नगरिया लूटल हो' इस उपन्यास के अन्तिम कथा-खंड में आते-आते काशीनाथ सिंह की कला चरम निखार पर है। यहाँ व्यंग्य, फ़न्तासी और लोक-कला-रूपों, लोक-संगीत के, कजली, बिरहा निरगुण और कव्वाली जैसे माध्यमों से लेखक अपने समय और विद्रूप सामाजिक स्थितियों में गहरा हस्तक्षेप करता है। 'विरहा' की उसी कहानी के मूल पाठ के 'नक्शे और ढाँचे' में जो 'अपनी लिपाई, पुताई, रंग-रोगन और पालिश' करता है, वह अद्‌भुत है। विरह की तर्ज़ में ही उसका गद्य ढल जाता है। ''द्वीपों में द्वीप जम्बूद्वीप। जम्बूद्वीप की परजा बड़ी दुखियारी। इसे परजा कहो चाहे जनता-बड़ी दुखियारी और बड़ी परेशान! ...जनता असहाय। लाचार करे तो क्या करे? चुपचाप ताक़ती रहे और अपनी किस्मत को रोती रहे? देखती रहे इस जुल्म और अनर्थ को?"[13] गद्य में सरलीकरण का यह सौन्दर्य और भाषा की शक्तिमत्ता में अद्‌भुत पैनापन स्पृहणीय है। साम्प्रदायिकता की समस्या यूँ तो पूर्व के सभी कथा-खंड़ों में लेखक का गहरा सरोकार रहते हैं किन्तु यहाँ ईश्वर को अयोध्या में 'मन्दिर से निकलकर मस्जिद में नमाज़ अदा करने' जाता और रास्ते में ही उसे अगवा कर मुम्बई पंचसितारा होटल के स्वीमिंग पूल में बने मन्दिर में लगभग बन्दी बनाता दिखाकर फ़न्तासी का बड़ा सशक्त रूप सामने आता है। अयोध्या के बहाने जिस रूप में धार्मिक भावनाएँ भड़काई गईं, उस पर तीखे कटाक्ष करता लेखक बार-बार साम्प्रदायिकता पर गहरी चोट करता है, ''भगवन्! कुछ समझ और विवेक से

काम लीजिए। न तैश में आइए, न नाराज होइए। आप कहें न कहें हम समझते हैं आपकी स्थिति। बड़े बुरे दिन देखे हैं आपने पिछले दिनों।...कितने पूछने वाले रह गए थे आपको हमारे सिवा?...कितने झाँकनेवाले रह गए थे आपके दरवज्जे? बैठे-बैठे मक्खियाँ ही मार रहे थे आप।"[14] यह ईश्वर-प्रकरण इसी बिरहा तर्ज़ में आगे बढ़ता हुआ देश में व्यापी साम्प्रदायिकता की समस्या पर लेखक की बेलाग सोच का परिचय देता है।

पंचसितारा होटल में ईश्वर और सेठों की मीटिंग की यह फ़न्तासी और आगे बढ़ती हुई खुले बाज़ार को सेठाश्रित और उन्हीं द्वारा नियंत्रित व्यवस्था पर चोट करती है। बड़े-बड़े औद्योगिक घराने (कारपोरेट हाउसिस) देश की राजनीति ही क्या हवा-पानी को भी नियंत्रित करने की जो क्षमता रखते हैं, सरकार बनाने-गिराने की जो उठा-पटक करा सकते हैं, वह प्रत्येक वाक्य और शब्द में इस फ़न्तासी में इतने कौशल से बुनी गई है कि हमारा विकराल समय पूरी तरह खँगाला गया है। बाज़ारवाद व उपभोक्तावाद का जो सर्वग्रासी रूप सुरसा के मुख की भाँति दिनोदिन फैलाता जा रहा है, उसे लेखक ने सर्वपक्षी रूप में विश्लेषित किया है, एक उदाहरण "सेठ ने ज़ोर देकर कहा—हम काहे के लिए हैं? इस पूरे मामले का सम्बन्ध बाज़ार से है। तुम्हारा काम है सरकार देखना, हमारा काम है बाज़ार देखना। हम अपना काम देखते हैं, आप अपना काम देखो। हम तो बाज़ार का एक ही मतलब जानते हैं सरकार, बाज़ार वह नहीं है जो सड़क पर है, दुकान में है, नुक्कड़ पर है, शोकेस में है। बाज़ार वह है जो तुम्हारे दरवाज़े पर है, पोर्टिकों में है, ड्राइंगरूम में है, बेडरूम में है, अलमारी में है, किचेन में है, टॉयलेट में है और यहीं क्यों तुम्हारे बदन पर है, सिर पर बालों से लेकर पैर के नाखून तक है। ऐसा कि जो तुम्हारे घर जाए या तुम्हें देखे, उसके लार टपकने लगे, उसकी नींद और उसका चैन छिन जाए, तड़प उठे कि वह चीज़, जो तुम्हारे पास है, उसके पास सुबह नहीं तो शाम तक आ ही जाए। और जब तक न आए तब तक न खाना अच्छा लगे, न पीना, न जीना।"[15] इस अंधी दौड़ में शामिल होने के लिए हर आदमी बुरी तरह भाग रहा है, समय नहीं है उसके पास दो मिनट चैन से बैठने का। इस सब कुछ को आयत्त करने के लिए अगली पीढ़ी के पास एक ही रास्ता बचा है, वह है 'मल्टीनेशनल' ज्वाइन करने का। लेखक की पीड़ा यह है कि "डॉक्टर, इंजीनियर, अफसर सब बनना चाहते हैं, आदमी कोई नहीं बनना चाहता।" 90 के दशक में ('सन् 84 के किसी महीने की बात है यह') टी.वी. का व्यापक प्रचार-प्रसार विज्ञापनों के माध्यम से प्रारम्भ हुआ और देखते ही देखते टी.वी. की अपसंस्कृति ने समाज के हर वर्ग को अपनी गिरफ्त में ले लिया। वर्तमान के इस दुखान्त को काशीनाथ फ़न्तासी में बुनते हैं। हँसी और खुशी—मस्ती—जिस रूप में जीवन से विलुप्त होकर 'मल्टीनेशनलों' और उनके स्रोत अमेरिका से नियंत्रित हैं उसकी विद्रूपता की भी लेखक धज्जियाँ बिखेरता है—एक लेखक के सन्दर्भ में उसे इस रूप में रखा गया है, "अमेरिका ने एक टीका ईज़ाद किया है। टीका क्या है, ड्राप है। हँसी निरोधक ड्राप! पैदा होते ही किसी बच्चे को एक बूँद दे दी जाए तो हँसी जीवन-भर के लिए खत्म। जिसे हँसी निरोधक ड्राप कह रहे हो, वह ड्रॉप-ड्राप नहीं, यही टी.वी. है।"[16] इस हँसी, जिसका अर्थ है 'ज़िन्दादिली और मस्ती का विस्फोट, ज़िन्दगी की खनक' जो 'तन की नहीं, मन की चीज़ है।' केवल एक ही जगह जम्बूद्वीप में देखा जा सकता है—केवल और केवल अस्सी में।

इस फ़न्तासी का चरम वहाँ है जहाँ कन्नी अपने बूढ़े बाप को जिसके पास हँसी बची रह गई है, ढूँढ़ने के लिए धरती-आसमान एक कर देता है। सरकार की सारी एजेंसियाँ, पुलिस बल आदि जब उस बूढ़े को नहीं ढूँढ़ पाते तो उसे पकड़ने के लिए पहले लाखों और फिर करोड़

का इनाम घोषित होता है। 'हँसना' जैसे संगीन जुर्म में बूढ़े को पकड़ने के लिए। पैसे की लिप्सा में अपने ही बाप को पकड़वाने का उपक्रम दिखाकर काशीनाथ वर्तमान की एक और भयंकर त्रासदी पर विमर्श प्रस्तुत करते हैं और वह है वृद्धावस्था में बड़े-बूढ़ों की दुर्गति!! वर्तमान का यह भीषण अभिशाप काशीनाथ के रचनाकार के नब्बे के दशक से ही परेशान करता रहा है। इसी कथ्य पर वे दो बेजोड़ कहानियाँ हिन्दी कहानी की महत् उपलब्धि के रूप में दे चुके हैं– 'अपना रास्ता लो बाबा' तथा 'कहानी सराय मोहन की' (दोनों 'सदी का सबसे बड़ा आदमी' संग्रह में)। संयुक्त परिवारों के टूटने पर घरों में जो माँ-बाप की दुर्दशा है वह कन्नी के माँ-बाप की दुर्दशा के रूप में चित्रित है। कन्नी का 31 दिसम्बर की ठिठुरती रात के सन्नाटे में कार के बोनट के पास खड़ी माँ को अकंवार में लेकर रोने का मार्मिक दृश्य बड़ी कलात्मकता से उकेरा गया है। कन्नी के बाप की दशा मुड़कट्टा बाबा के रूप में दिखाकर लेखक जीवन में श्रेष्ठ के विलुप्त हो जाने की मर्मान्तक पीड़ा का बोध करा देता है–"उसके केवल धड़ था, सिर नहीं। उसका हँसनेवाला सिर यहाँ-वहाँ घूमता रहता था। जब कभी उसे हँसना होता था, सिर खुद-ब-खुद उसके धड़ से जुड़ जाता था।"[17] फ़न्तासी का अन्त हँसी वाले बूढ़े की मौत और कबीर के 'निरगुन' के साथ होता है।

इस प्रकार काशीनाथ सिंह का 'काशी का अस्सी' हिन्दी गद्य की एक अभूतपूर्व और गौरवपूर्ण औपन्यासिक कृति है, अपने कथ्य और शैली की लोक साहित्यमयी धज के साथ। मेरा विचार है काशीनाथ सिंह ने अपनी तीन रचनाओं–'अपना रास्ता लो बाबा' तथा 'कहानी सराय मोहन की' दो कहानियों तथा 'काशी का अस्सी' के द्वारा हिन्दी साहित्य के इतिहास में अक्षुण्ण स्थान अर्जित किया है। इन तीनों रचनाओं को काल की बात का कोई भय नहीं, ये हमारी स्थायी निधि हैं।

सन्दर्भ

1. *काशी का अस्सी*, पृ. 17
2. वही, पृ. 20
3. वही, पृ. 25
4. वही, पृ. 25
5. वही, पृ. 32
6. वही, पृ. 45
7. वही, पृ. 34-35
8. वही, पृ. 46
9. वही, पृ. 51
10. वही, पृ. 65
11. वही, पृ. 93
12. वही, पृ. 99
13. वही, पृ. 135
14. वही, पृ. 137
15. वही, पृ. 142
16. वही, पृ. 151
17. वही, पृ. 171

वृद्धावस्था की त्रासद नियति का मार्मिक आख्यान

श्रवण कुमार के देश में माता-पिता वृद्धावस्था में जिस त्रासद स्थिति को भोग रहे हैं, वह भयावह है। तीव्र औद्योगिक विकास और महानगरीय संस्कृति ने बड़ी तेज़ी से संयुक्त कुटुम्ब प्रणाली की समाप्ति कर एकल परिवार-संस्कृति स्थापित कर दी। भूमंडलीय अपसंस्कृति ने मनुष्य के सम्मुख लालसाओं का ऐसा अम्बार लगा दिया कि धन का ही महत्त्व रह गया, रिश्ते-नातों की सारी ऊष्मा धीरे-धीरे बिला रही है। फलतः न केवल भारत में अपितु वैश्विक परिदृश्य में वृद्धावस्था की समस्याएँ विकट रूप ले रही हैं। पूरे विश्व में तेज़ी से वृद्धों की आबादी बेहतर जीवन-स्तर और चिकित्सीय सुविधाओं के चलते निरन्तर बढ़ रही है। किन्तु अपना पैसा और अचल सम्पत्ति—घर-मकान के अपने नाम होते हुए भी, वृद्ध एक लाचारगी का जीवन जी रहे हैं, शारीरिक अशक्तता उन्हें दूसरों का मुँह जोहने के लिए विवश करती है। इस अवस्था की अपनी ही तरह की परवशता है यह! यह कथ्य, विशेषतः वरिष्ठ पीढ़ी के कथाकारों के लिए इतना लोकप्रिय हो गया है कि इस पर बहुतों ने अपनी सोच कथा-क्लेवर में प्रस्तुत की है—निर्मल वर्मा का 'अन्तिम अरण्य', काशीनाथ सिंह का 'रेहन पर रग्घू', रवीन्द्र वर्मा का 'आख़िरी मंज़िल', रमेशचन्द्र शाह का 'सफ़ेद परदे पर' तथा 'कथा सनातन' आदि। इसी क्रम में चित्रा मुद्गल का 'गिलिगडु' उपन्यास है जिसमें दो वृद्धों—बाबू जसवन्त सिंह तथा कर्नल स्वामी के माध्यम से वृद्धावस्था की त्रासद स्थितियाँ इस रूप में उकेरी गई हैं कि लगता है कि ये दोनों पात्र बहुत-बहुत अपने और पहचाने हुए से हैं। इसी प्रकार जसवन्त सिंह का बेटा नरेन्द्र और बहू सुनयना भी अपने परिवेश से उठाए गए बहुत जीवन्त पात्र हैं। वृद्धावस्था का त्रास, बेटा और बहू द्वारा दिया जाने वाला बेगानापन, अपनों के द्वारा पग-पग पर दिए जाने वाले अन्य दंश, ताने-तिसने और वृद्धों की सम्पत्ति पर बेटे-बहू की गिद्ध दृष्टि—यह सब उपन्यास के संक्षिप्त-से कथा-वितान में बहुत मार्मिक रूप में अभिव्यक्ति पाते हैं। विभिन्न कथा-युक्तियों के माध्यम से चित्रा मुद्गल ने वृद्धों के जीवन का कोई पक्ष छोड़ा नहीं है जिस पर उनकी दृष्टि न गई हो।

उपन्यास की कथा मुख्यतः बाबू जसवन्त सिंह के माध्यम से आगे बढ़ती है और जिसका पटाक्षेप कर्नल स्वामी की त्रासदी से होता है। कानपुर के रहने वाले बाबू जसवन्त सिंह बेटे-बहू के पास दिल्ली में आकर रहने लगे हैं। मयूर बिहार इलाके में रहने वाले रिटायर्ड सिविल इंजीनियर जसवन्त सिंह बेटे-बहू के साथ मयूर बिहार में 'गलैक्सो' में रहते हैं और रिटायर्ड कर्नल स्वामी पास ही नोएडा में रहते हैं। दोनों जब-तब पुलिया पर मिल लेते हैं और अपने दुख-सुख एक-दूसरे से बाँटते हैं। जब वे नहीं मिल पाते तो एक-दूसरे को 'मिस' करते हैं, दोनों के बीच आत्मीयता का सूत्र विकसित हो चलता है। अपने प्रस्थान-बिन्दु पुलिया से

दोनों सुबह की सैर एक साथ करते हैं और इसी सैर में एक दिन कर्नल स्वामी 'गिलिगडु' का अर्थ समझाते हैं, तभी उपन्यास का शीर्षक खुलता है, "गिलि माने चिड़िया। गिलिगडु माने चिड़ियाँ। दरअसल हमारी मलयालम में कहते हैं किलि कलु। हमने उसका हिन्दीकरण कर लिया है।" कर्नल स्वामी अपनी दोनों जुड़वाँ पोतियों को गिलिगडु कहते हैं क्योंकि दोनों पोतियाँ चिड़ियों की ही मानिन्द "चहकती-फुदकती, मस्ती करती, हुड़दंगें मचाती कुमुदनी और कात्यायिनी...उफ़ कैसी धमाल हैं दोनों।" इन्हीं पोतियों से काल्पनिक संवाद रचते कर्नल स्वामी अपने बुढ़ापे की सार्थकता पाते हैं। कर्नल स्वामी बाबू जसवन्त सिंह के लिए कभी नया स्पोर्ट शू ख़रीद कर लाते हैं तो कभी दो जोड़ी 'लक्स कॉट्सवूल' ख़रीदने का प्रस्ताव करते। इन्हीं प्रसंगों में उन्हें कानपुर की याद हुड़क आती है—कानपुर की यादों में दिवंगता पत्नी की यादें तो हैं ही, घर की नौकरानी सुनगुनिया की यादें भी हैं जो अपने सेवा भाव से बाबू जसवन्त सिंह का दिल जीत लेती है। उसकी और उसके बच्चों की याद उन्हें रह-रहकर आती है। सुनगुनिया को लेकर कई भीनी स्मृतियाँ उनके मानस में घुमड़ती हैं।

दिल्ली में बेटा-बहू के पास रहते बाबू जसवन्त सिंह को वृद्धावस्था की शारीरिक विवशताओं से बार-बार उनके सामने लज्जित होना पड़ता है, कभी पाजामे में पेशाब निकल जाने या पेशाब करते समय बाद में कुछ बूँदों के टपक जाने से उन्हें बेटा-बहू के सामने जो ज़िल्लत उठानी पड़ती है, उसका बड़ा मार्मिक चित्रण लेखिका ने किया है। उन्हें बड़ी पीड़ा है कि "चौथापन कितना परवश करता है पुरुष को और उनकी परवशता शुरू हो चुकी है।" अपनी इस शारीरिक परवशता से वे तब बहुत शर्मसार होते हैं जब पड़ोस की किशोरी उन पर तोहमत लगाती है कि उन्होंने अपने कमरे में उसे उसको छत पर देखकर पाजामे का नाड़ा खोला, शिकायत बहू तक पहुँचती है, बहू की जो प्रतिक्रिया हो सकती थी, वही हुई। अब वे बेचारे किसको समझाएँ कि उन्होंने अपने पाजामे का नाड़ा बवासीर के मस्से पर दवा लगाने के लिए खोला था, उन्हें क्या पता कौन उन्हें बराबर की छत पर खड़ा देख रहा है। उन्हें बड़ी पीड़ा होती है जब "उन्होंने नरेन्द्र के दफ़्तर के ड्राइवर को उनका सामान कमरे में तब्दील की गई बॉलकनी में रखते देखा।" जिस बालकनी में घर के बुज़ुर्ग को स्थापित किया गया, उसकी दशा इस प्रकार की थी कि उनका मन रोने-रोने को हो आया, "'बी' बिल्डिंग की तीसरे माले की ठीक उन्हीं के आकार-प्रकार की नंगी, बुच्ची बालकनी। बालकनी के बाहर की ओर तीन तारों पर सूखते हवा में फड़फड़ाते उसी घर के कपड़े। कुछ ऐसे भी जिन्हें स्त्रियाँ धारण करती हैं मगर उन्होंने कभी उन्हें कानपुर की अलगनियों पर सूखने नहीं दिया। और थे अल्मूनियम के लम्बोतर भारी-भरकम बक्से। एक दूसरे पर चढ़े कूलर। जाले झाड़ने वाली बाँसवाली झाड़ू और न जाने क्या-क्या अटरम-सटरम कि देखते मन फूँकी कुप्पी-सा बुझ आया। लगा कि वे एकाएक कबाड़ के अंबार के ऊपर बेमुरव्वत से उठाकर फेंक दिए गए हों।"[1] किन्तु विवशता में यह स्थिति उन्हें स्वीकार करनी ही पड़ती है।

रोज़ाना पग-पग पर उन्हें सोसायटी वालों या बहू से बात-बात पर चिक-चिक होती रहती है। एक बार एक मिनट के लिए लिफ़्ट खुली छोड़कर कुत्ते टॉमी को लेने चले गए थे तो तूफ़ान बरपा हो गया, उन्हें लगा "जिसको देखो वही उन पर गुलेल तान लेता है। एकाध मिनट लिफ्ट देर से पहुँची तो कौन-सी आफ़त टूट पड़ी।/इस घर में बच्चों की शिकायतें नहीं आतीं। बुड्ढों की आती हैं। इस सोसायटी के लोग शायद कभी बूढ़े नहीं होंगे। न उनकी शक्ति क्षीण होगी न स्मृति। ऐसे अजर, अमर जन्मे हैं, न कभी कोई कष्ट व्यापेगा, न

हारी-बीमारी।"[2] इन परिस्थितियों में रहते किसी भी वृद्ध की यह स्वाभाविक प्रतिक्रिया होगी। उनको ताने-तिसने देने वाली बहू सुनयना एक टिपिकल बहू का प्रातिनिधिक चरित्र है। वह "एक गुण में बेजोड़ है—पति नरेन्द्र को भेड़ा बनाकर रखने में।" यद्यपि नरेन्द्र पहले कभी अपनी अम्मा और बाबू जी को बद्रीनाथ-केदारनाथ की यात्रा करवाने की बात कह चुका है, इस प्रतिज्ञा के साथ कि 'उनके बिना वह स्वयं कभी केदारनाथ दर्शनों को नहीं जाएगा।' किन्तु अब नरेन्द्र का परिवार अपने मित्रों के परिवारों के साथ केदारनाथ का कार्यक्रम बना लेता है, उन्हें अपने कार्यालय के चपरासी की देखभाल में रख, उनके डॉक्टर अनुराग चतुर्वेदी के घर और क्लीनिक का नम्बर नोट कर। बाद में चलते हुए उनकी मर्ज़ी पूछी जाती है, कार्यक्रम सुनिश्चित कर उनकी मर्ज़ी पूछने का क्या अर्थ है! उन्हें लगा, "मान लेना होगा। श्रवणकुमार अब किस्से-कहानियों में ही ढूँढ़े मिलेंगे।" जब कभी वे कर्नल स्वामी के साथ कहीं बाहर 'निरूलाज़' आदि में जाने का कार्यक्रम बनाते हैं, तो बहू को उनका उत्साह से भरा होना बर्दाश्त नहीं हो पाता। बड़े 'रुक्ष स्वर में' उनसे कहा, "उनके पायजामे और चड्ढी में लगे खून के धब्बे (बवासीर के कारण) वाशिंग मशीन में नहीं छूटते। उनके बाथरूम में रिन की बट्टी रख दी गई है। कपड़े धोने डालने से पहले वे स्वयं धब्बों को तनिक रगड़ दिया करें। बच्चों के सफ़ेद यूनिफ़ार्म इसी लापरवाही के चलते लगभग पीले पड़ रहे...।"[3] जब वे पेट की बीमारी से और परेशान होते हैं तो उन्हें कमरे में ही घूमना पड़ता है किन्तु वहाँ उनके वायु खारिज होने से बेटा-बहू को एतराज़ होता है, तब वे नरेन्द्र से सवाल करते हैं, "तुम कभी बूढ़े नहीं होंगे नरेन्द्र?"/"सवाल बुढ़ापे और जवानी का नहीं है बाबू जी—एडजस्टमेंट का है।"/"बिलकुल ठीक—यही सीख तुम अपनी बहू को क्यों नहीं देते? उसे नहीं सीखना चाहिए, बुज़ुर्गों के संग कैसे रहा जाता है? छींक, पाद, डकारें जवानी और बुढ़ापा नहीं देखतीं नरेन्द्र।" हद तब हो जाती है जब बेटा-बहू की नज़र उनके कानपुर वाले लॉकर और घर पर पड़ती है, वे येन-केन प्रकारेण दोनों को हथियाना चाहते हैं। कानपुर वाले मकान को वे भाई के नाम कर दें, इसमें नरेन्द्र अपनी बहन को भी शामिल कर लेता है। लड़कियाँ माँ-बाप के लिए अधिक पचती हैं किन्तु उन्हें आश्चर्य होता है कि बेटी इस मामले में भाई का साथ दे रही है। बहन शालिनी भाई का साथ इस हद तक देने को तैयार है कि उन्हें वृद्धाश्रम में डाल देने का प्रस्ताव पिता से इस रूप में देती है, "भैया तो यहाँ तक सोच रहे हैं कि जहाँ बाबूजी का मन लगे, वे प्रसन्नचित्त रहें, उन्हें वहीं रखा जाए। उन्होंने पता लगाया है कि नोएडा के सेक्टर पचपन में कोई आनन्द निकेतन आश्रम है, क्यों न उनके रहने की व्यवस्था वहीं कर दी जाए। हमउम्रों की जमात में बाबूजी का मन लगा रहेगा। भैया जगह देख आए हैं। वे बता रहे हैं कि बहुत सुन्दर है। भोजनादि की व्यवस्था उच्च कोटि की है। उन्हें वहाँ रखने के निर्णय से भैया पर खर्च का अतिरिक्त बोझ पड़ेगा। भैया उसे उठाने के लिए तैयार हैं।" भैया नरेन्द्र पिता को घर से बाहर रखने में ही सुविधा देखता है, इसी दृष्टि से वह हरिद्वार के भी एकाध आश्रम को देख आया है। असल बात यह है कि एकाध महीने में उसे किसी अमेरिकी कम्पनी में नियुक्ति मिलने वाली है, अमेरिका जाने से पहले वह अपने बाबू जी को किसी ऐसी ही जगह स्थापित कर देना चाहता है। बाबू जसवन्त सिंह को अपने बप्पा की याद आती है जिन्हें "गाय का अग्रासन निकालकर चौके में सबसे पहली थाली" परोसी जाती थी। घर के बुज़ुर्ग का यह सम्मान होता था किन्तु आज...! बाबू जसवन्त सिंह इस स्थिति से विचलित हो उठते हैं, "उन्हें वनवास देने का अपनी ही औलादों का षड्यंत्र" रास नहीं आता। वे सोचते रह जाते हैं कि "...कोई पिता अपने ही परिवार के

तिरस्कार का विषय कैसे हो सकता है। उनके लिए अभी किसी ने किया ही क्या है? न पैसे रुपयों से, न असाध्य रोग के रोगी हो उन पर बोझ बने उनकी जवानी को लँगड़ी मार रहे।"[4] अपनों से मोहभंग होने पर उन्हें कानपुर में उनके घर में रह रही नौकरानी सुनगुनिया की बहुत याद आती है जो अपनों से कहीं ज़्यादा स्नेह-भाव से उनकी देखभाल करती थी। उसके प्रति उनकी ममता इस रूप में उमड़ती है कि वे उसके दोनों बच्चों की शिक्षा के लिए प्रति माह पाँच सौ रुपया भेजने का निर्णय लेते हैं और बेटा-बहू को बिना बताए उसे मनीऑर्डर कर भी आते हैं, इस प्रार्थना के साथ कि वह उन रुपयों को लौटाए नहीं।

उपन्यास के अन्तिम पृष्ठों में कथा अचानक एक अप्रत्याशित मोड़ लेती है। कितने ही दिनों से कर्नल स्वामी की अनुपस्थिति उन्हें खल रही थी। आखिर एक दिन एक थ्री-व्हीलर ऑटो रिक्शा पकड़कर वे कर्नल स्वामी के घर का रुख करते हैं। जैसे-तैसे, तरह-तरह से पूछताछ कर वे कर्नल स्वामी के घर को ढूँढ़ ही लेते हैं और वहाँ का यथार्थ देखकर वे सन्न रह जाते हैं। पड़ोस की महिला मिसेज़ श्रीवास्तव से उन्हें ज्ञात होता है कि कर्नल स्वामी की मृत्यु अत्यन्त दुखदाई स्थितियों में होती है, साथ ही उन्हें इस कटु यथार्थ का बोध होता है कि कर्नल स्वामी का चौथापन इतना खुशगवार नहीं था जितना वे ऊपर से दिखाते थे। वस्तुतः यहाँ लेखिका ने बड़े कौशल से कर्नल स्वामी को उस वृद्ध वर्ग का प्रातिनिधिक चरित्र बना दिया है जो अपने बेटे-बहू के साथ सुखी न रहकर निरन्तर उनसे त्रास पाते हुए बाहर की दुनिया में बहुत खुश रहने या ठीक-ठीक रहने का नाटक अपनी और पुत्र-पुत्रवधू की सामाजिक प्रतिष्ठा बचाने के लिए करते रहते हैं। कर्नल स्वामी इसी प्रकार अपने अत्यन्त अन्तरंग मित्र बाबू जसवन्त सिंह से सदैव बहू की प्रशंसा करते हुए अपने 'सुखी पारिवारिक जीवन' का चित्र प्रस्तुत करते रहते हैं, जबकि कठोर यथार्थ यह है कि उनकी बहू अपने नृत्य-गुरु के साथ चली गई है, पोतियाँ—जिन्हें वे गिलिगडु कहते हैं, हॉस्टल में रहती हैं। कर्नल को पोतियों से असीम स्नेह है और वे फ़ोन पर निरन्तर उनके सम्पर्क में रहते हैं। उनके तीन बेटे हैं जिनकी गिद्ध दृष्टि उनके चार कमरों वाले नोएडा के फ़्लैट पर है जबकि वे गाजियाबाद स्थित क़ीमती प्लॉट बेचकर उनकी फ़्लैट ख़रीदने में मदद कर चुके हैं। अन्तिम समय में उनके बेटे श्रीनारायण ने उनके साथ यह व्यवहार किया है, "श्रीनारायण का प्रस्ताव उन्होंने ठुकरा दिया। क्रुद्ध श्रीनारायण ने पिता पर हाथ उठा दिया। कर्नल स्वामी के रोने-चीखने का आर्त स्वर सुनकर मिस्टर एंड मिसेज़ श्रीवास्तव का दिल दहल उठा। दरवाज़ा भड़भड़ाया। श्रीनारायण से उन्होंने दरवाज़ा खोल देने की चिरौरी की। श्रीनारायण ने भीतर से ही उनको आपसी मामले में दखल न देने की धमकी दी। घबड़ाए श्रीवास्तव ने सौ डायल कर पुलिस सहायता बुला ली। पुलिस ने दरवाज़ा खुलवाया। लहूलुहान कर्नल स्वामी को 'कैलाश अस्पताल' ले जाया गया। बोलने के काबिल होते ही उन्होंने बेटे के विरुद्ध एफ.आई.आर. दर्ज कराने से मना कर दिया। श्रीनारायण ने माफ़ी माँगते हुए अपने अप्पू के पाँव जो पकड़ लिये थे।"[5] इस चित्रण में सबसे बड़ा कौशल लेखिका ने यह दिखाया है कि पिता को पुत्र के ख़िलाफ़ एफ.आई.आर. दर्ज़ करने से मना करता दिखाया है। यह माता-पिता का हृदय ही है जो सन्ताप की कितनी-कितनी अनकरनी और अनकहनी को सहते हुए भी उन्हें क्षमा ही कर देता है, कभी ममतावश तो कभी लोकलाजवश। इसके बाद कर्नल स्वामी की मृत्यु हो जाती है, इस त्रासद मृत्यु पर मिसेज़ श्रीवास्तव का यह कथन भी समय के कटु सत्य पर उँगली रखता है, "ऐसी कसाई औलादों से तो आदमी निपूता भला। हमें इस बात का कोई ग़म नहीं कि हमारी

अपनी कोई औलाद नहीं...।" बेटे-बहू आजकल जिस रूप में अन्तिम संस्कार निपटा पाते हैं, उसका भी बड़ा अवसादपूर्ण रूप यहाँ प्रस्तुत हुआ है, छोटी बहू माधवी अपने वर्तमान पति के साथ दाह-संस्कार में सम्मिलित होने आ जाती है, "उन्होंने ही बताया कि दोनों अन्य भाई अड़चनों के चलते दाह-संस्कार में सम्मिलित नहीं हो पाएँगे। ट्रेन से समय पर पहुँचना कठिन होगा। हवाई किराया पहुँच के भीतर की बात नहीं है। पहली को कर्नल स्वामी का दाह-संस्कार कर दिया गया। चौथे के लिए रुकने का उनके पास समय नहीं था। फूल चुनकर वापिस लौट गए।"[6] इस विद्रूप को भी रेखांकित किया जा सकता है कि सगे बेटे दाह-संस्कार में नहीं पहुँच पाते, केवल वह बहू अपने वर्तमान पति के साथ पहुँचती है जिसका वर्तमान में इस परिवार से कोई सम्बन्ध नहीं है, माधवी के मन में उनके लिए कोई कोमल भावना शेष अवश्य रह गई थी जिसके चलते वह उनके दाह-संस्कार में सम्मिलित होने के लिए आ गई। यह भी आधुनिक व्यस्त जीवन की विसंगति है कि सन्तान के पास माँ-बाप के अन्तिम संस्कार के लिए समय ही नहीं है। यह संवेदनाओं का मुर्झाना मात्र नहीं है अपितु कोमल संवेदनाओं का मर जाना ही है।

जीवन के अन्तिम चरण में कर्नल स्वामी ने अपने को व्यस्त रखने का जो उपक्रम किया है, वह भी वृद्ध जीवन के लिए एक प्रादर्श—मॉडल—है कि वे मलिन बस्तियों के बच्चों को निःशुल्क पढ़ाते हैं। उनकी मृत्यु पर उन बच्चों का शोकाकुल होना और बाबू जसवन्त सिंह का गिलिगडु के लिए लाया केक उनमें बँटवा देना, इस सारे चित्रण को एक मार्मिक रूप प्रदान कर देता है। उपन्यास का अन्त बाबू जसवन्त सिंह के विद्रोह-भाव से होता है। अपनों द्वारा न केवल अपनी अपितु कर्नल स्वामी जैसे आत्मीयों की अपनों द्वारा होती दुर्गति से आक्रोशित-कुपित जसवन्त सिंह अपना कानपुर का घर और सब कुछ उस आत्मीय नौकरानी को देकर जाना चाहते हैं जो जीवन-भर उनकी सेवा पूर्ण निस्पृह-भाव से करती रही। उसके बच्चों और उस पर उनकी ममता इस रूप में प्रकट होती है, "वे वकील से अपनी 'नई वसीयत' बनवाएँगे और उसे रजिस्टर्ड करवाएँगे कि कानपुर वाला घर उनकी पैतृक सम्पत्ति नहीं है। उनकी अर्जित सम्पत्ति है। उनके न रहने पर उस घर की एकमात्र अधिकारिणी सुनगुनिया होगी। वे उसके नाम बैंक में नया लॉकर भी लेना चाहते हैं। ताकि आगे चलकर किसी चुनौती का सामना न करना पड़े। किसी चुनौती का सामना करना भी पड़ेगा, तो उन्हें पूरा विश्वास है कि चुनौतियों का सामना करने में सुनगुनिया समर्थ है।"[7] साथ ही वे अपनी कपालक्रिया करने का अधिकार भी सुनगुनिया के पुत्र को ही देते हैं। उपन्यास के इस कलात्मक अन्त में लेखिका ने बड़े कौशल से वृद्ध बाबू जसवन्त सिंह को अपनी परिस्थितियों से हारता नहीं दिखाया है अपितु उनका मुँहतोड़ जवाब देते हुए जीवन जीने का एक नया विकल्प प्रस्तुत किया है। इस रूप में वृद्धावस्था पर यह उपन्यास बहुत महनीय बन जाता है।

उपन्यास के अभिव्यक्ति-कौशल, भाषा-वैभव की भी संक्षिप्त-सी चर्चा आवश्यक होगी। चित्रा मुद्गल ने महज़ 144 पृष्ठों में (यूँ सघन मुद्रण में इसकी पृष्ठ संख्या और भी कम हो सकती थी) जिस कौशल से भारतीय समाज की इस विकट समस्या को उसके सम्पूर्ण आसंगों में विवेचित किया है, वह एक सिद्धहस्त कथाकार का ही कर्म है। भाषागत रचाव में भी यहाँ वे 'आवाँ' से आगे के पड़ाव की प्रतीति देती हैं। भाषा का सहज कथात्मक रचाव और अभिप्सित साहित्यिकता जिस रूप में यहाँ प्रयुक्त है, वह आकर्षक बन पड़ा है, दो उदाहरण देकर उपन्यास-चर्चा को समाप्त किया जा रहा है :

(क) "नश्तर-सी लगातार उतरती उदासी से क्षण-भर को टूटे बाबू जसवन्त सिंह ने आसमान में उठती सूरज की सुनहरी उठान को एकाएक मटमैली चादर की ओट होते देखा।" (पृ. 35)।

(ख) "पड़ोसन ने तो ऐसी पनवती लगाई कि उनके तथाकथित कमरे में दाखिल होती बित्ता-भर उजली धूप और कटी पतंग-से चौकोर आसमान ने मुँह फेर लिया।"

सन्दर्भ

1. *गिलिगडु*, पृ. 57
2. वही, पृ. 65
3. वही, पृ. 71
4. वही, पृ. 102
5. वही, पृ. 137
6. वही, पृ. 138
7. वही, पृ. 144

अपने समकाल पर उपन्यास की पैनी आँख

1976 ई. में 'यह भी नहीं' के लम्बे अन्तराल के बाद महीप सिंह का उपन्यास 'अभी शेष है' (2004) आया है। 'अभी शेष है' में महीप सिंह ने अपने समकाल को कथा में उठाते हुए प्रायः 1970 से शती के अन्त के समय को केन्द्र में रख आज़ादी के बाद के समय को पूर्व-दीप्ति में, यादों के झरोखों से देखते हुए, पिछली शती के लगभग पच्चीस वर्षों के काल-खंड को औपन्यासिक संवेदन से देखा-परखा है। पच्चीस वर्षों के समय को केन्द्र में रख जो विमर्श उपन्यास रचता है, उसमें हमारी सामाजिक तथा राजनीतिक संरचना की गहरी समझ और प्रत्येक प्रश्न पर एक प्रौढ़ तथा सुलझी दृष्टि देखने को मिलती है।

प्रथमतः यह उपन्यास अपने समय के सभी महत्त्वपूर्ण प्रश्नों से जूझता है—देश-विभाजन का दर्द जिससे आज तक लोग उबर नहीं पाए हैं, पाकिस्तान से उजड़कर, पूरी तरह उजड़कर आने के बाद शरणार्थियों का अपने जीवट से दिल्ली, आदि स्थानों पर जमना, केवल जमना-भर नहीं अपितु अपने पुरुषार्थ, कर्मठता से स्वयं को प्रत्येक क्षेत्र में शीर्ष पर स्थापित करना, पत्रकारिता में घुस आई राजनीति, सम्पादकों की नैतिकता, पंजाब में चल रही अकाली राजनीति और उसी की छत्र-छाया में पल रही दिल्ली की सिख संगत में व्यापी राजनीति गुरुद्वारों और डेरों के नियन्त्रण की रस्साकशी, विभिन्न डेरों में घर कर गई सत्ता की राजनीति, देश की राजनीति में पनप रहे आधिकारवाद और परिवारवाद पर विचार आपातकाल को लेकर चली गईं राजनीतिक चालें, जे.पी. और विनोबा के क्रान्ति-प्रयत्न, आपातकाल में लेखकों की घिनौनी कार्य-शैली—इन सब बहुत-बहुत जानी-पहचानी स्थितियों की तह में जाकर उपन्यासकार ने इन सब प्रश्नों पर एक निर्भीक और बेबाक सोच प्रस्तुत की है।

इतने व्यापक कथा-फलक को अपनाकर भी लेखक ने कथा के विभिन्न सूत्रों को पूरी तरह अपने नियन्त्रण में रखा है। कहीं भी यह बहक नहीं दिखाई देती कि अपनी रौ में बहकर कोई प्रसंग लम्बा हो गया हो। अकाली राजनीति, साम्प्रदायिक स्थितियों तथा आनन्द-सुनन्दा प्रेम-प्रसंग में कई-कई अवसर उपस्थित होते हैं कि प्रसंग को और विस्तार में ले जाया जा सकता था किन्तु उपन्यासकार ने इन सभी स्थलों पर श्लाघ्य संयम बरता है।

कथा-कहन में यह शऊर आ जाने से कि क्या और कितना कहना है, उपन्यास में एक संगुम्फन-कांपेक्टनेस बनी रही है जिसने इसकी प्रभावान्विति में अभिवृद्धि की है।

उपन्यासकार ने सामाजिक स्थितियों, राजनीतिक स्थितियों पर अपनी सोच प्रकट करते हुए सर्वत्र यह प्रतीति दी है 'न काहू से दोस्ती, न काहू से वैर'। जे.पी. आन्दोलन की भरपूर प्रंशसा करते हुए भी यदि उसे उस आन्दोलन में कुछ न्यून लगा है तो उसे दो टूक कहा है, जे.पी. के महिमा-मंडल से प्रभावित हुए बिना।

महीप सिंह विभिन्न स्थितियों की व्याख्या के लिए बारम्बार गुरवाणी पर आकर रुकते हैं जिसमें जीवन को एक आस्थामय प्रकाश मिलता है। किन्तु गुरुद्वारों की राजनीति पर बात करते हुए वे पूर्ण निर्द्वंद्व भाव से वहाँ की भ्रष्टताओं, कदाचारों पर प्रहार करते हैं।

उपन्यास का नायक और सम्पादक बहुत तक लेखक का आत्म ही है—आपातकाल के सन्दर्भ में 'चार मुर्गों की कहानी' इस कथ्य का साक्ष्य बनकर उपस्थित है।

उपन्यास की कथा का प्रारम्भ सरदार मानसिंह के परिवार की स्थितियों से होता है जो दो माह बाद पचहत्तर के होने वाले हैं। विभाजन के समय वे अपनी पत्नी भागवन्ती और दो बेटों तथा एक भतीजे के साथ दिल्ली के मुस्लिम-बहुल इलाके तुर्कमान गेट में किसी ऐसे मुस्लिम मकान में आ स्थापित हुए थे जो यहाँ से उजड़कर पाकिस्तान चला गया था। देश-विभाजन के समय वे भरपूर जवान थे, इसलिए उनकी यादों में मार-काट का वह मंजर पूरी तरह बसा हुआ था जब हैवानियत ने इनसानियत को पूरी तरह लील कर विनाश का तांडव रचा था। उनकी चेतना में अन्त समय तक उनका गाँव पंजण और उसके बाशिंदे पूरी तरह जीवन्त यथार्थ बनकर बस रहे थे। विभाजन की त्रासदी पर रची अनेक कहानियाँ बँटवारे से पहले हिन्दू-सिख-मुसलमानों के बीच विद्यमान उस भाईचारे का परिचय देती हैं जिसे मिटा पाना सम्भव नहीं था किन्तु साम्प्रदायिक जुनून ने चन्द ही दिनों में सब कुछ मटियामेट कर दिया था। एक बोझ है मानसिंह के सीने पर जिसे अपनी सारी सम्पन्नता और समृद्धि के बीच भी वह भुला नहीं पाता है। वह अपने परिवार की दूसरी-तीसरी पीढ़ी को अपने दिल का दर्द जब-तब मौका मिलते ही सुनाने लगता है। वहाँ के साँझे त्योहार दीवाली-बैसाखी, आदि सभी जाति और सम्प्रदाय के लोग किस तरह मनाते थे, किस तरह सिख-मुसलमान एक-दूसरे की हिफ़ाजत की चिन्ता में पड़े रहते थे, किस प्रकार एक-दूसरे की सन्तानों, आदि की फिक्र सबको लगी रहती थी, इन सबके परिचय के लिए राजा जफ़र अली के ये शब्द बहुत महत्त्व के हैं जो साम्प्रदायिक ताक़तों की मंशा को स्पष्ट कर देते हैं, "मानसिंह, अमोलक ने यह काम अच्छा नहीं किया। इस गाँव में मुसलमान, हिन्दू, सिख सभी बड़े प्यार से रहते हैं, लेकिन तुम जानते हो कि जुनूनी आदमी हर जगह, हर कौम में होते हैं। ऐसे जुनूनियों को ऐसा मौका कभी नहीं देना चाहिए। ऐसे लोग तो बस मौके की ताक में रहते हैं। मज़हब इनके लिए मोहब्बत नहीं, नफ़रत होता है।"[1] बुजुर्गों की एक पीढ़ी, एक पूरा समाज है जिनकी चेतना में पाकिस्तान कहे जाने वाले मुल्क में उनका पूरा मुल्क छूट गया है, उनकी दुनिया-जहान वहीं है, रूह वहीं है, यहाँ शरीर है और शरीर धर्म से बँधे हैं। मानसिंह जैसे बुजुर्ग चाहते हैं कि उनकी मिट्टी पाकिस्तान के उसी गाँव, उनके 'वतन' पंजण में ही मिट्टी में मिले, इसीलिए उनके फूल (अस्थियाँ) वहाँ से लाए जाते हैं। यह एक पीढ़ी का सच था किन्तु इन्हीं के आगे आने वाली पीढ़ियाँ अपने पुरखों के अतीत को भूलकर जीवन की तेज़ दौड़ में अपने को पूरी तरह प्रतिष्ठित करने की कशमकश में हैं, उनके लिए दादा जी की यह कहानी बहुत उबाऊ होती जा रही है। पाकिस्तान की जगह उनकी मानसिकता में अमेरिका, कनाडा, इंग्लैंड या जर्मनी की तस्वीरें बनती-बिगड़ती रहती और वहाँ जाने, उन देशों को देखने के सपने उनकी आँखों में तिरने लगते थे।"[2] विभाजन की त्रासदी पर उपन्यासकार ने इस दृष्टि से भी विचार किया है कि धर्म-सम्प्रदाय के नाम पर अलग पाकिस्तान बनाकर क्या इस समस्या का स्थायी निदान निकल पाया? यहाँ से अपने स्वर्ग की तलाश में गया हिन्दुस्तानी मुसलमान क्या पाकिस्तान में जाकर सुखी हो पाया, क्या पाकिस्तान में से एक और नया मुल्क उसकी सभ्यता और संस्कृति की अलग पहचान के कारण 'बंगलादेश' के रूप

में अस्तित्व में नहीं आ गया? यहाँ के मुसलमान "उस मुल्क में जाकर परदेसी बन गए, मुहाज़िर बन गए, न घर के रहे न घाट के। यहाँ से वे उर्दू ज़ुबान साथ ले गए जो पाकिस्तान के किसी भी हिस्से की ज़ुबान नहीं है। इधर से जो मुसलमान पाकिस्तान गए, वे बंगाल में जाकर बंगाली नहीं बने, सिंध में जाकर सिंधी नहीं बने। इतने बरस हो गए, अभी भी मुहाज़िर बने हुए हैं और मुहाज़िर ही बने रहना चाहते हैं।"[3] उपन्यास इस समस्या में और गहरे उतरता हुआ आज़ादी के बाद मुसलमानों की हिन्दुस्तान में भी बदतर होती चली जा रही स्थिति पर विचार करता है। उनकी सामाजिक स्थिति दोयम दर्ज़े के नागरिक जैसी ही है—फ़ौज और पुलिस में उन्हें कोई नहीं पूछता 'क्योंकि उनकी वफ़ादारी शक के घेरे में है।' लेखक ने यह भी विचार किया है कि जो साम्प्रदायिक दंगे भड़कते हैं, उनमें "ज़्यादातर जगहों पर दंगे की शुरुआत मुसलमानों की तरफ़ से होती है। शुरू-शुरू में हिन्दू पिटते हैं। उन्हीं की जान-माल का नुक़सान ज़्यादा होता है। फिर पुलिस आ जाती है। उसे देखकर दुबके हुए हिन्दू भी शेर बन जाते हैं और मुसलमानों की तबाही शुरू हो जाती है। उनकी दुकानें लुटती और जलती हैं। पुलिस की गोलियों से भी वही ज़्यादा मारे जाते हैं। आप जैसे बुद्धिजीवी मुसलमान इस हालत पर गम्भीरतापूर्वक बैठकर विचार क्यों नहीं करते?"[4] 'अभी शेष है' में साम्प्रदायिक स्थितियों का यह गम्भीर आकलन सही अर्थों में धर्मनिरपेक्ष दृष्टि का परिचय देता है, उन प्रतिबद्ध-दृष्टि-सम्पन्न उपन्यासों से अलग जो अपनी सेक्यूलर दृष्टि का परिचय देने के लिए सदैव हिन्दुओं को ही दोषी ठहराते रहे हैं। साहित्यकार तो सही रूप में स्थितियों का आकलन कर दिशा-निर्देशन कार्य करता है, यहाँ यही सम्भव हो पाया है।

इसके बाद उपन्यासकार का कैमरा बहुत तेज़ी से 1965 के भारत-पाक-युद्ध के पश्चात् की उन स्थितियों का चित्रण करता है जिनके चलते इंदिरा गांधी का भारतीय राजनीति में एक शक्ति के रूप में उदय होता है, जब उन्होंने कांग्रेस में विद्यमान शक्तिशाली सिंडीकेट धड़े को धता बताते हुए राष्ट्रपति-पद पर अपने उम्मीदवार वी.वी. गिरि को जिताकर कांग्रेस के अधिकृत उम्मीदवार नीलम संजीव रेड्डी को धूल चटाकर पुरानी पार्टी से नाता तोड़ अपनी अलग इंदिरा कांग्रेस (कांग्रेस आई.) का गठन कर लिया था। यहाँ उपन्यासकार ने बड़ी कुशलता से पत्रकारों की बातचीत के माध्यम से यह सवाल उठाया है कि लोकतंत्रीय व्यवस्था में ऐसा अधिनायकवाद देश और जनता के लिए हानिकारक सिद्ध होता है। रमन का यह कथन द्रष्टव्य है, "किसी एक व्यक्ति का करिश्मा किसी देश के लिए लाभकारी हो सकता है, पर उसका बहुत बड़ा नुक़सान भी कर सकता है।" आगे रमन इतिहास से सबक लेने के लिए जर्मनी की मिसाल देता है जहाँ "हिटलर ने अपने को ऐसी ही निरंकुश सत्ता के रूप में स्थापित कर लिया था।"[5] वह इंदिरा गांधी के अभ्युदय के श्वेत-श्याम पक्षों पर पूर्ण तटस्थ और निर्भीक दृष्टि से विचार करता है। आनन्द की खूबी यह है कि वह ऐसे समय में अधिनायकवाद के ख़तरों की ओर संकेत करता है जब पूरा देश इंदिरा की जय-जयकार कर रहा है, "आज बड़े-छोटे अख़बार इंदिरा गांधी की तूती बजा रहे हैं, उन्हें एक महान नेता साबित करने में लगे हुए हैं, आपने उन ख़तरों की ओर भी लोगों का ध्यान खींचा है, जिनमें किसी डिक्टेटर का जन्म होता है। ऐसी चेतावनी देने का काम आप जैसा कोई आज़ाद तबीयत का एडीटर ही कर सकता है।"[6] इंदिरा गांधी द्वारा देश के चौदह बड़े बैंकों के राष्ट्रीयकरण के प्रश्न को उठाते हुए लेखक पूँजीवादी और साम्यवादी देशों की व्यवस्थाओं पर विचार का अवसर निकाल लेता है। उसे इस बात का भी क्षोभ है कि आज लेखकों की पहचान भी इस आधार पर की जाती है कि मार्क्सवादी है, लोहियावादी

है, जनसंघी है, सोवियत संघ की जय-जयकार करता है या चीन की। सी.आई.ए. का एजेन्ट सबसे बड़ी गाली है। यह देखने की कोशिश कितनी होती है कि लेखक ने क्या लिखा है? वह कितना सार्थक है?"[7]

'अभी शेष है' उपन्यास दिल्ली में चल रही सिख राजनीति, गुरुद्वारों के प्रबन्धन पर अधिकार की जोड़-तोड़ तथा यहाँ विद्यमान धार्मिक डेरों की स्थिति पर भी अपनी पैनी दृष्टि डालता है। दिल्ली में सिखों का जो नव-धनाड्य वर्ग बिल्डिंगों के बनाने, विभिन्न व्यवसायों में ठेकेदारी करने, ट्रांसपोर्टर-टायर विक्रेता के रूप में उभरकर आया, वह वर्ग गुरुद्वारों पर अपना प्रभुत्व तरह-तरह से ज़माना चाहता है, "गुरनाम सिंह तो दिल्ली के जाने-माने बिल्डर हैं, दिल्ली में जितनी बिल्डिंगें बनाते हैं, उसमें लकड़ी का ठेका सोहन सिंह के पिता सुलक्खन सिंह को मिलता है। इस समय गुरुद्वारा कमेटी पर कब्ज़ा उन्हीं के सपूत का है।"[8] गोलक और कड़ाह-प्रसाद के फंड में भी हेरा-फेरी से ये लोग बाज नहीं आते। बाबू राम लुभाया, सरदार जयमल सिंह, सरदार जोध सिंह, जत्थेदार सोहन सिंह, परमात्मा सिंह, आदि न केवल बड़े-बड़े व्यवसायों के मालिक थे अपितु अनेक गुरुद्वारों, सिंह सभाओं, गुरु हरिकृष्ण पब्लिक स्कूल जैसी संस्थाओं के लगभग मालिकाना हक़ ऐसे ही लोगों के हाथों में थे। अपने पद-प्रतिष्ठा का इस्तेमाल ये लोग इस रूप में कर रहे थे, "दिल्ली की इस राजनीति में जत्थेदार सोहन सिंह सिरमौर बनकर उभर आए थे। इंदिरा गांधी से निकटता होने के कारण उन्होंने विभिन्न गुरुद्वारों और स्कूलों के लिए बहुत-सी सुविधाएँ प्राप्त कर ली थीं, इस समाज में उनकी प्रतिष्ठा बढ़ गई थी। इसी कारण वह पंजाब के अकाली नेताओं की आँखों में बहुत खटकने लगे थे और दिल्ली में उनके विरोधियों की संख्या बढ़ गई थी।" किन्तु सोहन सिंह के अतिरिक्त किसी और बड़े नेता के अभाव में 'दिल्ली की सिख राजनीति उसके इशारों पर चलने लगी।' पंजाब के केन्द्रीय अकाली दल को जब यह बात रास नहीं आई तो उसे अकाली दल से निष्कासित कर दिया गया, दिल्ली अकाली दल का अध्यक्ष तो वह था ही, उसने अपना नया अकाली दल बना लिया—धन्नी सिख व्यापारियों ने सत्ता से लाभ लेने के लिए उसका साथ दिया। इस प्रकार गुरुद्वारों और दिल्ली की अकाली राजनीति के सभी अन्तर-बाह्य से उपन्यासकार पूरा साक्षात्कार कराता है। इस सब राजनीति में 'क्लैमर' का सम्पादक आनन्द अपनी स्वतंत्र पत्रकारिता की निष्ठा को किसी भी क़ीमत पर गिरवी नहीं रखता। वह किसी भी सत्ता-गुट का मोहरा बनने से इनकार करता हुआ श्रेष्ठ पत्रकारिता और पत्रकार की निष्ठा का एक आदर्श प्रारूप—मॉडल—पेश करता है।

आनन्द के चरित्र को उपन्यासकार ने बहुत कौशल से बुना है। यदि एक ओर उसमें सम्मानपूर्ण आदर्श जीवन जीने की ललक है तो दूसरी ओर दुनिया-जहान के सभी प्रश्नों पर उसके पास एक खुली और सुलझी सोच है। बहुत अधिक साधन-सम्पन्न समाचार-पत्र का मालिक वह नहीं है किन्तु कोई जत्थेदार या जोध सिंह, सोहन सिंह जैसा प्रभावी व्यक्ति उसे ख़रीदकर, उसका मनचाहा इस्तेमाल नहीं कर सकता। कई अवसरों पर वह 'बिक' सकता था किन्तु वह अपने सिद्धान्तों तथा पत्र की नीति से समझौता नहीं करता। इस चरित्र में प्रेम का स्रोत भी उमड़ता है—सुनन्दा से उसकी प्रीति की बेल लहलहाती भी है किन्तु यहाँ दाम्पत्य प्रेम को नियंत्रित कर उसे सीमा में बाँध देता है। अन्ततः तो सुनन्दा आनन्द की पत्नी की मित्र और सहायक का रूप ले लेती है। इस प्रेम-चित्रण की बहुत बड़ी विशेषता यह है कि उपन्यासकार इसके चित्रण और विवरणों में बहकता नहीं है, उसे एक बड़ी कला हासिल है कि प्रेम-चित्रण की सीमा क्या हो, यह विशिष्टता तब और भी ध्यान आकर्षित करती है जब हम तुलनात्मक दृष्टि से

देखते हैं और पाते हैं कि इधर प्रकाशित बहुसंख्यक उपन्यासों में यौन-चित्रण का इस्तेमाल एक फार्मूले के रूप में किया जा रहा है। यहाँ भी लेखक ने प्रेम की परिणति शरीर-भोग तक पहुँचाई है किन्तु उसका अत्यन्त संयत, संक्षिप्त और मात्र इंगिति में चित्रण होता है। इस देह राग की स्मृति भी कभी-कभी दोनों के चेहरों पर मधुरिमा घोल जाती है पर वे असंयत नहीं होते—उन्हें सचेत करने का बहुत बड़ा आदर्श आनन्द की पत्नी कोमल प्रस्तुत करती है। मैं ऐसा मानता हूँ कि कोई भी कृति यौनिकता की ओर तब बढ़ती है जब कथाकार के पास भाषा की सामर्थ्य की न्यूनता होती है अथवा वह किसी फार्मूलाबद्ध लेखन में प्रवृत्त होता है। प्रेम की मधुर और मदिर स्थितियों को कलात्मक संयम के साथ प्रस्तुत करना भी एक बड़ी लेखकीय चुनौती है। 'अभी शेष है' के कथाकार ने कहीं भी इस संयम को न खोकर प्रेम की कुछ स्थितियों को काव्यात्मक संवेदना में बुना है। मात्र एक वाक्य में प्रेमिका के पूरे वजूद को परिभाषित कर लेखक आगे बढ़ लेता है, "फिर एकाएक पूरे धमाके से आ गई थी सुनन्दा सिंह, उफनती हुई नदी की तरह एक पूरी औरत, जिसने उसे रससिक्त कर दिया, अपने प्रवाह में डुबो दिया।" बस इससे आगे वह टी-हाउस की बहसों, ठहाकों और नोंक-झोंक पर बात करने लगता है। इसी प्रकार आनन्द रवीन्द्रनाथ टैगोर के सन्दर्भ से 'माँ' और 'प्रिया' जाति दो प्रकार की औरतें मानता हुआ सुनन्दा का चरित्र-निरूपण इन शब्दों में कर उससे अपने सम्बन्ध की अन्तरंगता को बहुत ही संक्षेप में कह देता है, "सुनन्दा माँ जाति वाली वर्षा नहीं थी। वह प्रिया जाति वाली वसन्त ऋतु थी जिसका साथ अनार के रस जैसी तृप्ति नहीं उपजाता, वह किसी तीख़ी-तेज़ लिकर की तरह मुँह के अन्दर आते ही हलक के रास्ते से आग की लपट की तरह अन्दर उतरती चली जाती है और व्यक्ति की नस-नस मरोड़ खाने लगती है।"[9] वस्तुतः वह उसके जीवन में एक उफनती हुई नदी की तरह आई थी, जिसने उसे रससिक्त कर पूरी तरह अपने प्रवाह में डुबो दिया था और सबसे बड़ी बात कि उसके वजूद ने आनन्द को एक 'पूरी औरत' की प्रतीति दी थी। समकाल के कठिन राजनीतिक दौर से गुज़रती उपन्यास की गहमा-गहमी भरी कथा में यह प्रेम-प्रसंग एक सुखद छाँव बनकर आता है जिसमें कथा-नायक आनन्द और पाठक दोनों ही सुस्ताकर हरे हो जाते हैं।

दिल्ली और पंजाब में बड़े-बड़े सम्पन्न धार्मिक डेरे हैं जिनके मठाधीश क्वालिस, बोलेरो जैसी मँहगी गाड़ियों में चलते हैं और एक राजसी ठाठ का प्रजा-मंडल इनके चारों ओर रहता है। इन डेरों का विकास जिस रूप में हुआ और धीरे-धीरे इनके पास कैसे अकूत सम्पत्ति आती चली गई, इसका प्रतिनिधिक चित्रण सन्त निरंजन सिंह के डेरे को केन्द्र में रखकर हुआ है। लायलपुर के इलाके से दिल्ली में महरौली में आ स्थापित हुए इस डेरे की सभी अच्छाइयों-बुराइयों को पूर्ण निस्संग भाव से लेखक ने वर्णित किया है। लाखों-लाखों आस्थावान लोगों के श्रद्धा-केन्द्र डेरे कुछ ही वर्षों में किस प्रकार समृद्ध होते चले गए और फिर धीरे-धीरे इन डेरों में सत्ता के स्वामित्व की लड़ाइयाँ जिस रूप में उभरने लगीं, सन्त निरंजन सिंह की वृद्धावस्था आते-आते यही वर्चस्व की समस्या उनके डेरे में उठ खड़ी होती है। लेखकीय कौशल यह है कि लेखक ने इन डेरों के श्वेत-श्याम पक्षों को बड़ी बारीकी से चित्रित किया है। यदि एक ओर डेरों के लोकोपकारी कार्य-कलापों तथा उनके प्रति समर्पित जनता के भक्ति-भाव-श्रद्धा का चित्रण किया गया है तो बोर सिंह और निधान सिंह जैसे सन्तों-सेवादारों को चारित्रिक न्यूनताओं, जर-जोरू-ज़मीन के प्रति उनके आकर्षण को भी पूरी बेबाकी से उकेरा गया है। सिख डेरों में हिन्दुओं की भी कितनी श्रद्धा-आस्था होती थी, लाला मुल्खराज इसका जीवन्त उदाहरण बनकर प्रस्तुत होते

हैं। लाला मुल्खराज अपनी श्रद्धा-भक्ति और सेवा ही के कारण सन्त निरंजन सिंह जी के सर्वाधिक प्रिय और विश्वास-पात्र बन जाते हैं। डेरे की करोड़ों की सम्पत्ति का भविष्य में दुरुपयोग न हो, इसीलिए लाला जी के प्रयत्नों से 'सन्त निरंजन सिंह गुरुमत ट्रस्ट' बनता है जो डेरे की व्यवस्था का कार्य-भार सँभालता है। इस प्रकार डेरों और गुरुद्वारों के प्रबन्धन की इस दुनिया का चित्रण, मेरे लेख, हिन्दी उपन्यास में प्रथम बार किया गया है। डेरों के नाम पर कुछ डेरे कैसी-कैसी धाँधलियाँ और प्रपंच रचते हैं, किस प्रकार भोली-भाली जनता की श्रद्धा का अनुचित लाभ उठाते हैं, होशियारपुर का डेरा इसका परिचय देता है जहाँ से मनजीत हताश होकर लौटी है, "भगवान बचाए ऐसे डेरों से। वहाँ एक लाख से ज़्यादा लोग आए होंगे। दो दिन रहने के लिए हमें बड़ी मुश्किल से एक कमरा मिला, बहुत गन्दा सा। चारों तरफ़ मसन्दों का राज था। डेरे के बाहर एक बड़ी खुली जगह है। सैकड़ों औरतें-मर्द वहाँ केश खोले अपने सिर को ज़ोर-ज़ोर से घुमाते नज़र आते थे, जिसे झूमना कहते हैं। ऐसा लगता था कि सभी लोग मिर्गी के शिकार हैं।"[10] इस प्रकार महीप सिंह का उपन्यासकार धर्म के सभी छद्मों पर प्रहार करता है।

उपन्यास फिर अपने राजनीतिक घटना-क्रम की ओर लौटता हुआ आपातकाल पूर्व की स्थितियों पर अपनी सटीक सोच प्रस्तुत करता है। इंदिरा गांधी के निरंकुश व्यक्ति तत्त्व ने किस प्रकार लोकतंत्र का मज़ाक बनाकर रख दिया और संविधान को महज़ काग़ज़ों का पुलिन्दा बना दिया था और संजय गांधी किस प्रकार एक गैर-संवैधानिक सत्ता केन्द्र के रूप में उभरकर आ चुके थे—इन सब स्थितियों को विभिन्न घटना-क्रमों के माध्यम से प्रस्तुत किया गया है। सम्पादक आनन्द बार-बार संजय गांधी की 'कॉन्स्टीट्यूशनल अथॉरिटी' की बात उठाता है किन्तु समय का सत्य यह है कि जो जुनेजा बयान करता है, "सब जानते हैं कि इस समय वही संविधान है, क़ानून है, देश का नेता है और कहें तो वह सब कुछ है। उसी का हुक्म चलता है, उसी की तूती बोलती है।"[11] यहीं महीप सिंह यह नाजुक सवाल उठाते हैं कि पंजाब के अकाली दल ने जब जे.पी. का समर्थन करने की ठानी तो किस प्रकार दिल्ली की सिख राजनीति के अगुआ जत्थेदारों ने इंदिरा गांधी के समर्थन को दुहाई दी थी, उन्हें सिख हितों का पैरोकार बताकर। किन्तु आनन्द जैसे सूझवान लोगों ने इसका विरोध किया था। ऐसे ही कठिन समय में इंदिरा गांधी ने न्यायपालिका को मुट्ठी में करने के लिए एक और पैंतरा चला। सुप्रीम कोर्ट के तीन वरिष्ठ जजों—शेलेट, हेगड़े और ग्रोवर की वरिष्ठता की अनदेखी कर ए.एन. रे को भारत का सर्वोच्च न्यायाधीश बना दिया गया—पूरे देश को यह निर्णय क्षुब्ध कर गया। चिन्ता का विषय यह था कि प्रधानमन्त्री और उसके बेटों को 'कमिटेड लोग' चाहिए थे। पत्रकार इम्तियाज़ खाँ यह सवाल उठाने की जुर्रत करता है कि "यह कमिटमेंट किसके लिए होना चाहिए? मुल्क के लिए या इंदिरा गांधी के लिए?" बिहार में जयप्रकाश नारायण ने जो सम्पूर्ण क्रान्ति का नारा दिया था उसका प्रभाव बिहार और देश के अन्य भागों में किस प्रकार पड़ा, इसका प्रभावी चित्रण उपन्यास में किया गया है, हज़ारों लोग गाते फिर रहे थे, "जयप्रकाश का बिगुल बजा तो जाग उठी तरणाई है।" तभी एक और विस्फोटक घटना न्यायपालिका द्वारा ही घटित हुई, इलाहाबाद हाईकोर्ट के जज जगमोहन लाल सिन्हा ने अपने ऐतिहासिक फैसले में इंदिरा गांधी के निर्वाचन को अवैध घोषित कर दिया था। और इसी की प्रतिक्रियास्वरूप किस प्रकार देश में दमन-चक्र चला, आपातकाल की घोषणा कर दी गई, किस प्रकार प्रेस की स्वतंत्रता छीन ली गई थी, इन स्थितियों की गहराई से विवेचना करता उपन्यास अपनी परिणति की ओर चलता है। पूरा देश किस प्रकार इंदिरा गांधी को महिमा मंडित कर उन्हें 'देवी', 'दुर्गा' आदि का रूप

दे रहा था, साहित्यकार तब किस प्रकार चापलूसों की भूमिका में आ गए थे। इस सबका चित्रण क्षुब्ध-भाव से किया गया है। पत्रकारों, सही सहित्यकारों, की आवाज़ किस प्रकार बन्द कर दी गई, उसकी प्रतिक्रियास्वरूप एक कहानी 'कहानी चार मुर्गों की' आनन्द सबको सुनाता है। (प्रसंगात्, स्वयं महीप सिंह की ही कहानी है जो आपातकाल में प्रकाशित हुई थी। एक लोक कथा के रूप में।) अन्ततः पत्रकार आनन्द को अपनी वैचारिक स्वतंत्रता की क़ीमत अपनी गिरफ्तारी के रूप में देनी पड़ती है। यहीं इस उपन्यास (के इस खंड) का समापन होता है। 'पूर्वा' शीर्षक भूमिका में लेखक ने बताया है कि उसकी इच्छा इसी रूप में एक त्रयी लिखने की है। इतने व्यापक कथा-फ़लक को अपनाकर लेखक उपन्यास में पूरा कसाव रख सका है, यह उसकी बहुत बड़ी उपलब्धि है। भाषा-शिल्प और तकनीक के स्तर पर भी 'अभी शेष है' एक अत्यन्त सधी कलम का परिचय देता है। हिन्दी के समकालीन या कहें इधर प्रकाशित उपन्यासों में इसका अत्यन्त महत्त्वपूर्ण स्थान है।

सन्दर्भ

1. *अभी शेष है,* पृ. 35
2. वही, पृ. 14
3. वही, पृ. 83, 84
4. वही, पृ. 86
5. वही, पृ. 38
6. वही, पृ. 42
7. वही, पृ. 54
8. वही, पृ. 60
9. वही, पृ. 78
10. वही, पृ. 192
11. वही, पृ. 156

अपने समय का वृतान्तिक प्रलेखन : 'ज़मीन'

– "बरसात आती है तो किसान के घर में सूखा पड़ जाता है। ईख के पैसे तो पहले ही ठिकाने लग जाते हैं, बरसात आते-आते अनाज के दाने भी किनारे आ लगते हैं। दस रुपए का खर्चा भी आ जाए जो किसी न किसी के सामने हाथ फैलाना पड़ता है।" (पृष्ठ 191)

– "गाँव-गाँव में उम्मीदवारों के दफ़्तर खुल गए। दारू के ड्रम आने लगे। देसी घी की कड़ाहियाँ चढ़ गईं। गरम-गरम पूड़ियाँ उतरने लगीं। ग़रीब-गुरबाओं की मौज आ गई। वोट तो जिसे देना होगा, दे लेना। अब तो छककर दारू पीयो और पूड़ियाँ उड़ाओ। धन्न भाग! भगवान करे—इलेक्शन...महाराज हर साल आएँ!" (पृष्ठ 205)

– "...कैसी आज़ादी आई है यह? राघो जी ने बस का परमिट ले लिया, सीमेन्ट की एजेन्सी ले ली और ठेकेदार बन बैठे। पण्डत परसराम ने पेट्रोल पम्प खड़ा कर लिया, हकीम तराबुद्दीन ने कपड़े के मिल की एजेन्सी ले ली और हरिचन्द ने अंग्रेज़ी शराब का ठेका! या तो कभी शराब के ख़िलाफ़ पिकेटिन किया था और अब खुद शराब बेचेंगे, वह भी अंग्रेज़ी! अरे, डूब मरो चुल्लू भर शराब में...तमाम कांग्रेसी लूट-खसोट में लगे हैं।" (पृष्ठ 268)

– "आ गई आज़ादी! खुशहाल जिन्हें होना था, हो गए। उनके घर घी-दूध की नदियाँ बह रही हैं। लेकिन बेचारे भजनलाल! उनकी हालत तो गुलामी के दिनों से भी बदतर है। क्या कहें किसी से।" (पृष्ठ 269)

आज़ादी से मोहभंग के ये विभिन्न चित्र पिछली शती के पचास-साठ के दशक की ज़मीनी हक़ीक़त के दस्तावेज़ बनते हैं जिन्हें पूरी बारीकी से भीमसेन त्यागी ने अपने उपन्यास 'ज़मीन' में प्रस्तुत किया है। उपन्यास की स्वातंत्र्य-पूर्व के काल-खंड के इतिहास को कथा में समेटने की कोशिश इधर के कई हिन्दी उपन्यासों में बड़े कौशल के साथ हुई है, यथा 'निन्यान्वे' (रवीन्द्र वर्मा), 'काल कथा' (कामतानाथ), आदि। इसी क्रम में भीमसेन त्यागी का उपन्यास 'ज़मीन' है जिसकी बहुत बड़ी विशेषता यह है कि इसमें अपने कालखंड के जन-जीवन का जो सर्वांगीण, सर्वपक्षी, चित्रण जितनी प्रामाणिकता से अपनी माटी की जितनी सौंधी महक लेकर प्रस्तुत हुआ है, वह एक अनुपम उपलब्धि है। अपनी ऐतिहासिक चेतना में उपन्यास वर्णित काल-खंड की महत्त्वपूर्ण राजनीतिक घटनाओं, उस समाज की समाजार्थिक दशा का एक प्रकार से प्रलेखन (डाक्यूमेंटेशन) प्रस्तुत करता है। यह दस्तावेज़ी चित्रण उपन्यास के वृत्तान्त को एक नई धज देता है। उपन्यासकार अपने वृत्तान्त को जो इतना सहज और प्रामाणिक रूप दे सका है, उसका एक बहुत बड़ा कारण इन स्थितियों का चश्मदीद गवाह होना है। धीरे-धीरे वह पीढ़ी अवसान

की ओर है, जिसने आज़ादी के ठीक पहले और बाद की स्थितियों को इतने निकट से देखा-भोगा है (अब 'ज़मीन' के लेखक का निधन हो चुका है)। भीमसेन त्यागी की स्मृति में सन् 1942 का भारत छोड़ो आन्दोलन भी है और अपनी किशोरावस्था से उन्होंने अपने गाँव-समाज के जिस परिवर्तनशील स्वरूप को निरखा-परखा है, आज़ादी आते हुए और उसके बाद के संक्रमणकालीन जिस भारतीय समाज की आशा-आकांक्षाओं, स्वप्नों, को बनते-बिगड़ते, ध्वस्त होते देखा है, उसका रसपूर्ण चित्रण भी 'ज़मीन' में प्रस्तुत किया है।

'ज़मीन' उपन्यास का पाठ इसलिए भी महत्त्वपूर्ण हो जाता है कि मेरठ-मवाना—खड़ी बोली का जन्म-स्थल और कौरवी जन-भाषा का महत्त्वपूर्ण क्षेत्र—एक लम्बी अवधि के बाद कथा का विषय बना है। सन् 1870 ई. में पं. गौरीदत्त का उपन्यास, 'देवरानी जेठानी की कहानी' (जो निश्चय ही हिन्दी का प्रथम उपन्यास है) प्रकाश में आया जिसमें मेरठ-क्षेत्र के वैश्य परिवारों को कथा का केन्द्र बनाया गया था। ज़मीन आज़ादी से पहले के भारतीय गाँव-समाज के उस मानस का चित्रण है जो आज़ादी के तरह-तरह के स्वप्न संजोए हुए था, एक ओर ऐसी चिन्ताएँ थीं "अंग्रेज़ बहादुर की हुकूमत में चैन की वंशी बज रही थी। पता नहीं यह कांग्रेसी सरकार उनके साथ कैसा सलूक करे।" "तुम क्या जानो आज़ादी क्या होती है। अरे, यह तो हमसे पूछो, हमसे। हमने बड़ी-बड़ी आज़ादी देखी है," "अंग्रेज़ बहादुर चले जाएँगे तो क्या होगा? ये टुच्चे कांग्रेसी सँभाल सकेंगे हुकूमत? ये चरखे? साला भजना...बना फिरता है नेता जी! एक धमकी दे दूँ तो...।"[1] जन-सामान्य को लगता है गोरों के पास फौज-फर्राटा है, कांग्रेसियों के पास चरखा, फिर भला ये कैसे आज़ादी ले पाएँगे। ज़मींदारी के बोझ तले दबे किसान जिस ग़रीबी में पड़े बिलबिला रहे थे, और साहूकारों का कर्ज़ जिस रूप में उन्हें दोहरी मार दे रहा था, उसका प्रभावी अंकन यहाँ हुआ है, "हर साल दशहरे पर ठाकुर चन्दन सिंह महकू के अँगूठे की टीप ले लेता है। कलम की मार। बेचारा महकू कुछ नहीं समझता, उसे नहीं पता कि ठाकुर का क्या लेना-देना है। बस, इतना पता है कि उसके दादा ने चन्दन सिंह के दादा से दो बिस्सी और दस रुपए लिये थे। कुल जमा बीस गिनती जानता है महकू। लम्बा-चौड़ा हिसाब उसकी समझ में नहीं आता। समझने से फ़ायदा भी क्या। और खून सूखेगा। सूद-दर-सूद लगते-लगते कर्ज़ पहाड़ बन चुका है। महकू को मालूम है कि अपनी खाल बेचकर वह ठाकुर का कर्ज़ नहीं चुका सकता।"[2] फिर वह समय भी आता है जब धीरे-धीरे ज़मींदारी समाप्त हो रही थी। अघाये हुए ज़मींदारों ठाकुर रौनक सिंह व चन्दन सिंह की ज़मींदारी जा रही थी तो उनके स्थान पर कोटा-परमिट की राजनीति में पनपंती वह पीढ़ी आ रही थी जिसका संकेत प्रेमचन्द ने 'रंगभूमि' में यह कहकर दिया था कि 'जॉन की जगह गोविन्द' ले लेंगे। सच्चे कांग्रेसी भजनलाल की परेशानी है कि "आज़ादी के आते ही आख़िर कांग्रेस को हो क्या गया? हमारे नेताओं को सत्ता की चाट लग गई है। भगवान ही देश का रक्षक है।"[3] लोकसभा के पहले आम चुनाव भुगतती जनता थी तो 'बहादरा ओकील' (वकील) जैसे मन्त्री पद तक पहुँचे नई कांग्रेसी कल्चर में पनपे नेताओं की एक पूरी फौज आस्तित्व में आ रही थी। उपन्यास के कथा-वितान का पसारा 1962 ई. के चीनी आक्रमण और 1964 ई. में पंडित नेहरू के निधन तक फैला हुआ है—नेहरू-युग के अन्त के साथ ही 'ज़मीन' की कथा अन्त को प्राप्त होती है। भीमसेन त्यागी इसके बाद के कालखंड को उपन्यास के दूसरे भाग में चित्रित करना चाहते थे किन्तु इस स्वप्न को वे अपने जीवन-काल में पूरा न कर सके।

उपन्यास की कथा का प्रारम्भ देश को आज़ादी मिलने की सुगबुगाहट और सूचना से होता है—सुगबुगाहट गाँवों में थी और पक्की सूचना शहरों में। अखबारों आदि के माध्यम से आज़ादी

मिलने की ख़बर शहरों में पहुँच रही थी। इस सूचना से गाँवों में नव-निर्माण के स्वप्न जनता बुन रही थी। महकू चमार जैसा छोटा-सा आदमी यह स्वप्न इस रूप में देख रहा था, "आज़ादी के आने से सबको फ़ायदा मिलेगा। सबके दुख-दलिद्दर कट जाएँगे। हम और हमारे बच्चे सुख-चैन से रहेंगे।" किन्तु आज़ादी के साथ ही लुट-पिटकर आए 'सन्नारतियों'—शरणार्थियों—के रेले और उनकी दशा देखकर यहाँ के गाँवों में फैली साम्प्रदायिकता की लहर का परिचय देती कथा आगे बढ़ती है। इस माहौल में कांग्रेसी मूल्यों और निष्ठा से जुड़ा महाशय भजनलाल आज़ादी को ठीक उसी रूप में देखना चाहता है जिस रूप में गांधी जी ने सोचा था। वस्तुतः भजनलाल देश को आज़ादी के लिए लड़ने वालों की संघर्ष-कथा और यातनाओं को प्रतीकीकृत करता है। उसे गाँव की सामन्तवादी शक्तियों ने जो दैहिक यातनाएँ दीं वे किसी भी नरक से कम नहीं हैं किन्तु उन सबसे गुज़रता हुआ भजनलाल अन्त तक अपनी निष्ठा और मूल्यों को नहीं छोड़ता है। उपन्यास के अन्त के साथ ही भजनलाल का अन्त उन सब मानवीय मूल्यों और देश की आज़ादी के स्वप्नों की मृत्यु का सूचक बनकर उपस्थित होता है। हिन्दुस्तान के आज़ाद होते ही गांधी जी की हत्या, आर.एस.एस. का गाँवों में पसारा, गाँवों की शान्त-सी झील में साम्प्रदायिकता की कंकड़ियों का पड़ना, किसान और मज़दूर की ग़रीबी, तेलांगना का कृषक आन्दोलन, मेरठ क्षेत्र के गाँवों में कम्यूनिस्ट आन्दोलन की लहर का प्रवेश, प्रथम चुनाव, भूदान आन्दोलन, गाँवों में पनपती दलित जागृति-लहर, चीन का आक्रमण और अन्त में जवाहर लाल नेहरू का देहावसान जैसी प्रमुख घटनाओं को अपनी कथा में समेटता 'ज़मीन' उपन्यास अपने विराट कथा-फलक का परिचय देता है। आज़ादी के बाद दलितों में जागृति, दलितों में भी एक उच्च वर्ग का अस्तित्व में आना और अपने शेष भाइयों से घृणा, भूदान आन्दोलन, गाँवों में कम्यूनिस्टों का प्रवेश, गाँवों में सरकारी उपक्रमों से सुधार की नई लहर, आदि पर दृष्टि डालता हुआ उपन्यासकार कथा को चीनी आक्रमण और उसके बाद पं. नेहरू की मृत्यु तक लाता है।

इस समस्त घटना-क्रम के बीच में ज़मींदारी प्रथा में गाँवों की दशा और बदतर किस रूप में होती जा रही थी, इसका बड़ा सशक्त और प्रामाणिक चित्रण यहाँ मिलता है। ठाकुरों की ज़मींदारी में किसान और मज़दूर किस प्रकार घोर गरीबी का जीवन जी रहे थे, उसका परिचय अकेला महकू दे सकता है जो "अपनी कोठरी के आगे, छप्पर में ज़मीन पर बैठा बान बट रहा है। जिस्म पर सिर्फ़ आठ अँगुल चौड़ी लंगोटी है। जिस्म जली लकड़ी जैसा रूखा और खुरदरा।" झंगोल पड़ी उसकी चार तरह के चार पायों की चारपाई उसकी गरीबी की दास्तान कहती है। कामरेड "जोशी उस नायाब चारपाई को देखते रह गए। उसके चारों पाए अलग-अलग नस्ल के हैं। एक खराद किया गया पाया उस ज़माने का है, जब कभी यह चारपाई बनी होगी। बाकी तीन इतिहास के अलग-अलग दौर के साक्षी हैं। टेढ़ी-मेढ़ी लकड़ियों को काटकर बिना छीले तराशे उसमें सूराख करके बाहीं-सेरवे ठोंक दिए गए हैं। एक बाहीं और एक सेरवा बाँस के हैं। दूसरी बाहीं ठाकुर चन्दन सिंह के बगीचे से अमरूद की शाखा काटकर बनाई गई है और दूसरे सेरवे की जगह लोहे का जंग खाया सरिया लगा है। चारपाई के आधे बान टूट चुके हैं। वे झालर की मानिन्द नीचे झूल रहे हैं। महकू इस चारपाई पर टाट बिछाकर ठाठ से सोता है।"[4] यह तत्कालीन किसान और मज़दूर की ग़रीबी का ऐसा चित्र है जिससे उसके जीवन में छाई ग़रीबी की कल्पना सहज ही की जा सकती है। ध्यातव्य है कि यह वर्णन 1924 ई. में प्रेमचन्द की कहानी 'सवा सेर गेहूँ' के शंकर कुर्मी से अलग नहीं है, सन् 1924 से 1952-60 ई. तक आते-आते भी उसकी दशा यही है। ठाकुरों के भी छोटे किसान वर्ग की स्थिति इससे कुछ अलग

नहीं है जिसे रतनू और चम्पा के माध्यम से जाना जा सकता है। जेल से आया रतनू, पूस की हाड़ कँपा देने वाली ठंड (सहसा ही 'पूस की रात' का स्मरण), तीन दिन से लगी झड़ी, चम्पा की टपकती-चूती कोठरी और तेज़ बारिश में उसकी रात में ही गारे से मरम्मत—इस सबके बीच चम्पा का जीवट—यह सारा चित्रण लोमहर्षक है जिसे उन स्थितियों के भोक्ता और प्रत्यक्षदर्शी ही अधिक गहराई से महसूस कर सकते हैं। निश्चय ही यह त्यागी के कथाकार का अनुभूत चित्रण है, 'भोगे हुए यथार्थ' के नारे के बिना।

'ज़मीन' रूढ़ अर्थ में आंचलिक उपन्यास नहीं है किन्तु जिस क्षेत्र विशेष—मेरठ-मवाना—को वह कथा-भूमि (लोकेल) के रूप में अपनाता है, उसका अत्यन्त जीवन्त और गहन चित्रण यहाँ प्राप्त होता है। वहाँ के लोकाचार, जातीय स्मृतियाँ, लोक-विश्वास, अंधविश्वास, राह-रीति, तीज-त्योहार, मेले—दंगल, लेन-देन, व्यवहार, वहाँ की किसानी का ढंग, फसल बोने की प्रक्रिया, ईख बोने पर गरीब के घर भी उत्सवधर्मी आयोजन, गाय-बैल, भैंस, खेत-खलिहान, वहाँ के रथ-रब्बा और मंझोली—सभी का बहुत-बहुत प्रामाणिक चित्रण त्यागी ने अपने इस उपन्यास में किया है। पात्रों के नाम—पीपन पंसारी, पुन्नू बनिया, मीर सिंह, समेरा नाई, मिरची, सोल्हू, नथुआ भंगी, बदलू चमार, महकू, हरदेवी, चम्पा, अनारो, विलासो, कला, भगीरथी, शरबती, मखमली हमें उस मिट्टी से सीधे जोड़ते हैं—इन पात्रों की भंगिमाएँ, बोली-बानी, उठन-बैठन सभी में गज़ब की स्वाभाविकता है।

कथा का इतना विराट फलक अपनाकर भी लेखक कथा-सूत्रों की वल्गाओं को पूरी तरह कसकर थामे हुए है, कथा कहन की युक्तियाँ उसे तलाशनी नहीं पड़तीं, स्वाभाविक रूप में वह उनका प्रयोग करता है। यही कारण है कि 'ज़मीन' में एक आकर्षक पठनीयता है और समकालीन उपन्यास में उसका महत्त्वपूर्ण स्थान है।

सन्दर्भ

1. *ज़मीन*, पृ. 15
2. वही, पृ. 51
3. वही, पृ. 108
4. वही, पृ. 161

प्रेम-कथा में स्त्री-विमर्श

समकालीन कथा-लेखन में मैत्रेयी पुष्पा का महत्त्वपूर्ण स्थान है। पहले अपने 'इदन्नमम्' और फिर 'चाक' जैसे उपन्यासों से उन्होंने यह प्रतीति दी कि वे ग्रामीण समाज, ब्रज-क्षेत्र और बुन्देलखंड-ओरछा क्षेत्र की परिवर्तित समाजार्थिक स्थितियों में नारी के नए वज़ूद का चित्रण करने वाली एक सशक्त कथाकार हैं। उनकी ग्रामीणा अपने परम्परागत घूँघटधारी लाजवन्ती चोले को उतार चुनाव लड़ती है (वसुमति), अपनी अनपढ़ता को दूर कर ज़रूरत पड़ने पर खेतों में ट्रैक्टर ले कूद पड़ती है ('इदन्नमम्'), अपनी इच्छा और स्वप्नों के राजकुमार से सारी भीतियों को तोड़ खुल्लम-खुल्ला प्रेम करती है ('चाक') और तरह-तरह से नए युग की नारी की प्रतीति देती है। वह स्वच्छन्दा नहीं पर स्वतंत्र ज़रूर है, अपने व्यक्ति स्वातंत्र्य को नए रूप में परिभाषित करती हुई। अपने अन्य उपन्यासों–'झूला नट', 'अल्मा कबूतरी', 'विज़न', 'अगन पाखी', 'बेतवा बहती रही', 'कही ईसुरी फाग' तथा आत्मकथात्मक उपन्यास 'कस्तूरी कुंडल बसै' में भी वह अपनी नारी को इसी रूप में देखती हैं। अपने नए उपन्यास 'त्रिया हठ' में भी उनकी चेष्टा "औरत में से औरत की असलीयत निकालकर (उसका) विश्लेषण करना" है। उपन्यास में उर्वशी के रूप में एक ऐसी हठीली विधवा का चरित्र केन्द्र में है जो अपने मन की आवाज़ सुनकर अपनी ही चाल चलती है, पहले उसका मन बैरागी से बँधता है, फिर अपने पिता की आयु के फूफा बरजोर सिंह से और उसके बाद उन्हीं के पुत्र उदय के प्रेम-पाश में बँधती हुई भी बरजोर सिंह से अन्त में प्रीति निभाती है। उसके माध्यम से लेखिका ने यह प्रश्न उठाया है कि क्या विधवा होते ही तन-तन की सारी कामनाएँ स्त्री को होम कर देनी चाहिए? क्या उसका मन बनने-सँवरने को नहीं करता? उपन्यास में मीरा की दादी, जो पिछली पीढ़ी का प्रतिनिधित्व करती है, भी इस सत्य को इस रूप में स्वीकारती है, "धनी मरे पीछे हमारी देह नहीं मर जाती, हम मानते हैं, काए से कि हमने खुद भुगता है।...हम तो महीनों नहीं, सालों टिकुली लगाते रहे। माँग भर लेते, काजल आँज लेते थे। रात होते ही सेज सजा देते। नींद और अधनींद में पुरिख को खोजते, नहीं मिलता तो मछली से तड़पते। रात का समय तड़प-तड़प कर नहीं गुज़रता, भले ठंडे पानी से नहा लो।...जवानी बुढ़ापा तो नहीं हो जाती विधवा होकर?" उपन्यासकार को लगता है कि 'बारह वर्ष पूर्व की खामोशी' (भूमिका) में वह 'बेतवा बहती रही' कि कथा-नायिका उर्वशी के चरित्र के साथ पूर्ण न्याय नहीं कर पाई थी। 'लड़की की प्रकृत प्रकृति' के अनुरूप उर्वशी को प्रस्तुत न कर पाने की पीड़ा उसके चरित्र को पुनर्विचारित रूप में 'त्रिया हठ' में प्रस्तुत कराती है। अपनी कथा और सम्मति को पुनर्विचारित करने की यह प्रवृत्ति अपने आप में एक स्वस्थ प्रवृत्ति है। इस प्रकार 'त्रिया हठ' उपन्यास 'बेतवा बहती रही' का ही विस्तार है, इसीलिए लेखिका का आग्रह रहा है कि इसे उसके साथ, उसकी अगली कड़ी के रूप में पढ़ा जाए।

उर्वशी एक ऐसी अल्हड़ विधवा है जिसके रूप का दाहक प्रभाव गाँव समाज के अनेक छोटों-बड़ों, युवाओं-प्रौढ़ों, को अपने ताप से प्रभावित करता है। वह सामाजिक मान्यता प्राप्त रिश्तों-सम्बन्धों की मर्यादाओं की धज्जियाँ उड़ाती हुई अपने पिता की आयु के फूफा से सम्बन्ध बनाती हुई यह प्रश्न उठाती है कि हम रिश्तों-नातों की डोर में ही क्यों बँधी रहें, क्या मनचीता प्रेम-प्रेमी पाने की ललक वे मन में रखकर आखिर कब तक कसमसाती रहें। बैरागी भी इसी प्रेम-दृष्टि को जीता है। वह उर्वशी को 'दिलोजान' से चाहता है किन्तु उसका दोष यह है कि वह उस विवाह-सम्बन्ध को ढो रहा है जिसमें मेरा (उसका) अपना हाथ बिलकुल न था। माता-पिता और घरवाली के माता-पिता के फैसले ने मुझे मुज़रिम बनने के लिए मज़बूर कर दिया। बैरागी को उर्वशी में वह लड़की दिखाई देती है जो "किसी परिवार से बँधी लड़की नहीं, बेतवा की उज्ज्वल धारा-सी अभी खिलखिलाने वाली है। तटबंधों से संघर्ष करती हुई यह अपने जल की खुद मालकिन हो सकती है।" बैरागी के ये शब्द उर्वशी के चरित्र को पूरी तरह व्यक्त कर देते हैं। उपन्यास में विशेष रोचक स्थल वे हैं जहाँ लेखिका कथानक में स्त्री-विमर्श को आधुनिकतापूर्ण दृष्टि से अनुस्यूत कर अपने विचार रखती है। बरजोर सिंह की पुत्री मीरा अपने विधुर पिता के उर्वशी से सम्बन्धों पर अप्रीतिकर चर्चाएँ सुन यह प्रश्न उठाती हैं कि "किसने छोड़ दिया यह सपेलुआ कि एक विधुर एक विधवा से मित्रता नहीं, शादी ही रचाने की बात सोचता है। या यह मान लिया है हमने कि इस पिता पर उसी मृत माँ का अधिकार है, जो कहीं है ही नहीं।" गाँव समाज में अवैध सम्बन्धों (?) की निर्णायक बनती है वहाँ की पंचायत किन्तु लेखिका ने इन पंचायतों के पुरुष-वर्चस्व और मर्दवादी दृष्टि की ख़बर ली है। पंचायतों का स्वरूप युगों पुराना ही चल रहा है, रत्ती-भर भी बदलाव नहीं आया। हमारी दादियों और माँओं के ज़माने का क़ानून पंचायतों में आज भी चलता है।...हरियाणा, उत्तरप्रदेश, बिहार और राजस्थान जैसे प्रदेशों की पंचायत ने औरतों पर कैसा क़हर बरपाया है। झज्जर की गुड़िया, मुजफ्फरनगर की इमराना, बिहार की दलित महिला, राजस्थान की भँवरी देवी हमारी लोकतांत्रिक व्यवस्था में पंचायतों की ही शिकार हुई हैं और उनकी सुनवाई में किसी न्यायालय में न्याय नहीं...हम और तुम अपनी-अपनी योग्यता के झंडे गाड़ते हुए सभ्य होने का दंभ भर रहे हैं। क्या हमारी सभ्यता इन क्रूर आदिम पंचायतों के रूप में आज भी चुनौती बनकर नहीं खड़ी है जबकि हमारा देश अपनी स्वतंत्रता की शानदार अर्द्धशती मनाकर फूला नहीं समा रहा।" यह प्रेम-कथा अहीर-यादव, लोधे, राजपूत, जाटों, कुर्मी, आदि खेतीहर जातियों में स्त्री की, विशेषतः विधवा स्त्री की, स्थिति पर भी प्रकाश डालती है कि इन समाजों में विधवा को मनचाहे सम्बन्ध अपनाने की स्वीकृति इसलिए भी नहीं दी जाती कि उन सम्बन्धों से उत्पन्न सन्तान ज़मीन-भूमि-पर अपना हक़ माँगेंगी। इसलिए पुनर्विवाह के लिए चादर ओढ़ाने, बिछिया करने, चूड़ियाँ पहनने, आदि के नाम से यह रस्म निकाल ली गई कि विधवा परिवार के ही किसी व्यक्ति की होकर रहे जिससे घर की धरती घर में ही बनी रह जाए। इसीलिए उर्वशी "जेठ की अकूत शक्ति के सामने देवेश के हिस्से की धरती का ही नहीं अपने हक़ का दावा लेकर खड़ी है। पचासियों वर्ष पहले आया विधवा का ज़मीनी हक़ कोई कैसे दबा सकता है?" इस प्रेम-कथा को कहने के लिए लेखिका कई नई युक्तियाँ भी अपनाती है, उसका पुत्र देवेश माँ की असलीयत जानने के लिए उतावला है, उसके सच को बताने के लिए मीरा का पक्ष, दादी का पक्ष, शोध-छात्रा स्मिता का पक्ष रखकर कथ्य को रोचकता प्रदान की गई है। किन्तु उपन्यास को पढ़ते हुए बार-बार यह

अहसास भी होता है कि मैत्रेयी पुष्पा निरन्तर अपने परिवेश को जिस रूप में खँगाल रही हैं, उससे उनके लेखन में दुहराव-ठहराव आया है। अपने ही उपन्यासों 'इदन्नमम्' तथा 'चाक' के द्वारा जो रेखा उन्होंने खींची है, बाद का लेखन उसका अतिक्रमण करके आगे नहीं बढ़ पाता है। प्रेम-कथा के साथ-साथ उपन्यास थोड़ा-थोड़ा उन स्थितियों को भी छूता है कि किस प्रकार बेरोज़गारी में नौजवान बन्दूक उठाकर चम्बल के बीहड़ों में उतरकर डाकू बनने को विवश होते हैं। कुल मिलाकर कृति पठनीय है और उर्वशी का चरित्र देर तक स्मृति में बना रहता है।

एक बौद्धिक का वानप्रस्थ

वृद्धावस्था हिन्दी कथा-साहित्य का एक प्रमुख कथ्य बना रहा है। यशपाल ('समय') तथा 'नई कहानी' के समय ('वापसी', उषा प्रियंवदा) से लेकर इस पर बहुत-सी सशक्त कहानियाँ अब तब प्रकाशित हुई हैं किन्तु इधर आए उपन्यासों में इसी कथा-भूमि पर दो बहुत ही सशक्त उपन्यास आए हैं—कुछ समय पहले चित्रा मुद्‌गल का 'गिलिगडु' (2002) तथा सद्यःप्रकाशित रमेशचन्द्र शाह का 'सफ़ेद परदे पर' (2006)। बात फ़िलहाल रमेशचन्द्र शाह की इसी कृति की। रमेशचन्द्र शाह एक सिद्धहस्त कथाकार हैं—'गोबर गणेश', 'किस्सा गुलाम', 'पूर्वापर', 'आप कहीं नहीं रहते विभूति बाबू', आदि उनके चर्चित उपन्यास हैं। इसी कड़ी में उनका वानप्रस्थ जीवन को लेकर लिखा गया उपन्यास 'सफ़ेद परदे पर' आया है। वृद्धावस्था में तरह-तरह की जो समस्याएँ—शारीरिक सामर्थ्य के शेष होते चले जाने, एकाकीपन, पत्नी के अपने से पहले दिवंगता हो जाने पर एकाकीपन का और बढ़ता दंश, आदि जो मनुष्य को प्रायः ही घेरे रहती हैं, उनसे तो यह उपन्यास सीधे-सीधे टकराता ही है, उसकी बहुत बड़ी उपलब्धि यह है कि यह एक बौद्धिक की व्यथा-कथा अपने ही ढंग से बहुत खिलन्दड़ अन्दाज़ में कहता है। भाषा-शैली की बेबाकी और कथ्य के बयान की बेनियाज़ी इस कृति को गजब की पठनीयता देती है। आज जब-जब मोटे-मोटे 'महा-उपन्यास' (इस समस्या को मैंने 'जनसत्ता' में भी उठाया है) लिखने का प्रचलन हिन्दी में बढ़ा है, तब ये लघु आकारीय उपन्यास पाठक को एक राहत-सी देते हुए अपने कथा रस में डुबोते हैं।

उपन्यास 'सफ़ेद परदे पर' वृद्धावस्था की जिस समस्या को उठाता है, वह भारतीय समाज में निरन्तर बढ़ती जा रही एक विकट समस्या बनती जा रही है। भारत जैसे विकासशील देशों में और संसार के अन्य देशों में भी वृद्धों की बढ़ती आबादी और संयुक्त परिवार के ढाँचे का चरमरा जाना—इस समस्या को और भी बढ़ा रहे हैं। समाजशास्त्र के विद्वानों ने अपने अध्ययनों के आँकड़े देते हुए बताया है कि आगामी पच्चीस वर्षों में (2001 से 2025 ई. के बीच) साधारण जनसंख्या में 46.25 प्रतिशत वृद्धि का अनुमान है, जबकि वृद्धों की आबादी 133.67 प्रतिशत बढ़ सकती है। वृद्धावस्था की इन समस्याओं पर हिन्दी कथाकारों ने विभिन्न रूपों में लिखा है। प्रस्तुत कृति एक बौद्धिक कथा-नायक के माध्यम से उस समस्या को उठाती है, जब भरे-पूरे परिवार के रहते हुए भी कोई उससे अलग, किसी वृद्ध आश्रम नहीं अपितु अपने ही ख़ाली फ़्लैट में बेटा-बहू-पोते से अलग जाकर रहने लगता है। यूँ तो उपन्यास-विधा को बहुत हद तक आत्मवृत्तान्ती प्रवृत्ति का माना जाता है किन्तु इस उपन्यास में यह प्रवृत्ति बहुत मुखर रूप में देखी जा सकती है। उपन्यास का प्रारम्भ ही 'मैं' की शैली में होता है, साथ ही रमेशचन्द्र शाह का साहित्यिक व्यक्तित्व जगह-जगह स्पष्टतः देखा जा सकता है। उनको बहुत नज़दीक

से न जानने वाले पाठक भी, उनके व्यक्तित्व के अनेक पक्षों से परिचित होते चले जाते हैं। उपन्यास का कथानायक 'मैं' भी एक लेखक है जो उम्र के वानप्रस्थी पड़ाव पर बेटे-बहू के परिवार से अलग रहने के लिए अपने ही ख़ाली फ़्लैट में रहने आ जाता है। वह एक ओर तो सांसारिक मायाजाल को काटकर एकान्तवास का सुख भोगने आया है, दूसरी ओर वह दूसरी तरह से तरह-तरह के लोगों का सान्निध्य चाहता है। पैंसठ वर्षीय ज़िन्दगी को भोग चुका लेखक अलग रहने तो आ जाता है किन्तु वह अपने बेटे-बहू के विषय में नहीं सोच पाता कि उनके इस प्रकार चले आने से उन्हें क्या-क्या सामाजिक प्रताड़ना सहन करनी पड़ेगी। प्रकारान्तर से उपन्यासकार उस समस्या की ओर भी संकेत कर देता है कि वृद्ध-आश्रमों में बुज़ुर्गों के चले जाने पर उनके पीछे छूटे पारिवारिकों को क्या-क्या सुनना पड़ता है।

प्रस्तुत उपन्यास का एक बहुत सशक्त पक्ष यह है कि यह बहुत ईमानदारी से दाम्पत्य-सम्बन्धों का सूक्ष्म निरीक्षण करता है। दाम्पत्य की चख-चख के चलते आदमी उससे निजात पाना चाहता है किन्तु जब पत्नी पति से पहले चली जाती है तो वही रात-दिन की चख-चख मचाने वाली कितनी-कितनी मूल्यवान हो उठती है, उसकी संवेदनात्मक प्रतीति लेखक बड़े सशक्त रूप में दे सका है। इस वर्णन की खूबी यह है कि यदि लेखक पत्नी के अभावों की ओर देखता है तो उस सम्बन्ध में अपने को भी नहीं बख़्शता। "तू ही ज़िम्मेदार है मेरी इस दुर्दशा के लिए जाह्नवी। इत्ती जल्दी क्या थी तुझे? अरे, लड़ते-झगड़ते भी जब हमने तीस बरस काट ही दिए थे तो पाँच-दस बरस और काट लेते। कोई दिन ऐसा नहीं जाता जबसे तू गई—जब कोई न कोई चीज़, कोई न कोई घटना मुझे तेरी याद नहीं दिला देती। मन-ही-मन देखती नहीं तू—अब भी झगड़ता हूँ तुझसे। बिला वजह आपसे आप चलती रहती है एक अन्तहीन जिरह, जिसका कोई फ़ैसला नहीं। पर ख़ुद ही ज़्यादा बोलता हूँ। पर क्या फ़ायदा। तू कैसे सुनेगी मेरी धारावाहिक बकवास। तू तो सारे झंझटों से हाथ झाड़कर चल दी और मुझे अकेले मरने को छोड़ गई अपने बेटे-बहू के पास। शिकायतें मेरी सब तेरे साथ ही विदा हो गईं। शिकायतें जो थीं, वो सबकी सब तुझी से थीं या फिर तुझी से की जा सकती थीं। अब किससे करूँ शिकायत? आदत तो आदत है। तुझ पर खीझने-झल्लाने के लिए तेरा सामने होना क्या ज़रूरी है...।"[1] दाम्पत्य का यह शाश्वत और सार्वभौम सत्य लेखक ने बहुत मार्मिकता से व्यक्त किया है।

बौद्धिक के इस वानप्रस्थ में जगह-जगह समाज की समस्याओं यथा एन.जी.ओ. संस्थाओं के निहित स्वार्थ, साहित्य और साहित्यकारों—दोस्तोएवस्की, चेख़व आदि, अरविंद जैसे दार्शनिकों, योग के विभिन्न रूपों आदि पर भी लेखकीय चिन्तन और विमर्श के दर्शन होते हैं। इन सबमें सर्वाधिक महत्त्वपूर्ण और मार्मिक अंश है बेटी ममता का अपने पिता—'पापई'—को लिखा पत्र जिसमें उनके अलग रहने के सारे तर्कों को बड़े तार्किक रूप में धराशायी कर पापा को 'घर' लौटने को बाध्य किया गया है, बेटी के प्रेमांकुश द्वारा। इस पत्र की और बड़ी विशेषता यह है कि यह उपन्यास को आत्मकथात्मक संस्पर्श देता है; उपन्यास में आत्मकथा की आवाजाही होती है। पुत्री के माध्यम से लेखक 'स्व' को अभिव्यक्ति देता है किन्तु पूर्ण तटस्थ भाव से अपने गुण-दोष का विवेचन करता हुआ, एक उदाहरण द्रष्टव्य है—"संकल्प और उत्साह की आपमें कब कोई कमी रही? वे बस टिकाऊ साबित नहीं होते—इतना ही न?" इस पत्र के कुछ अंश द्रष्टव्य हैं : "पापई मज़ाक छोड़िए और मुझे बताइए, आपको मेरे भैया-भाभी के साथ रहने में क्या दिक्कत आ गई कि अकेले भुतहा फ़्लैट को बसाने चल दिए? पापई! आप किस

जुमले को तकिया-कलाम की तरह मौके-बेमौके किसी पर भी चस्पा कर दिया करते हैं, वहीं आप पर दे मारा जाए, तो आपको कैसा लगेगा? 'ही हैज़ गॉन सेनाइल' आप कहा करते थे...।"

× × × ×

"वहाँ मुहल्ले वालों ने भैया-भाभी का जीना हराम कर डाला है। बेचारे किस-किस को कहाँ-कहाँ और कब तक 'एक्सप्लेनेशन' देते फिरेंगे?"

× × × ×

"क्या मैं आपको नहीं जानती? आपकी तुनकमिज़ाजी के सैकड़ों किस्से मैं अभी गिना सकती हूँ।...और...वह स्वभाव आपका इतना जल्दी बदल गया होगा, यह आपकी बेटी मानेगी नहीं। बताइए, ऐसा क्या हुआ, जिसके कारण आप सरीखा पुत्र-वत्सल, बहू-वत्सल और उससे भी ज़्यादा पोता-वत्सल आदमी रातोरात घर छोड़ के भाग जाने को मज़बूर हो गया? यह वानप्रस्थ का बहाना-भर है पापई!"[2] अपनी तुनकमिज़ाजी को भी नहीं बख़्शता वह। अन्त में सारे हथियार डालता हुआ कथानायक अपनी बेटी के घर फिलहाल चला जाता है। 'वानप्रस्थ' से पुनः 'गृहस्थ' में लौटने की इस कथा का यही सुखद अन्त है।

इतने उम्दा उपन्यास की कथा-संरचना में एक झोल भी है। उपन्यास का दो-तिहाई से अधिक का अंश (पृ. 94 तक) 'मैं'–आत्मकथात्मक शैली में ही बुना गया है किन्तु बेटी के पत्र के बाद वह अपने 'स्व' से अलग होकर एक तटस्थ रूप में हर जगह 'कथा-नायक' का प्रयोग करता है, लगता है कि 'मैं' शैली में जो आत्मीयता थी, उसमें एक बेगानापन-सा आ गया। कुछ जगह 'मैं' का प्रयोग भी है किन्तु अधिकांशतः 'कथा-नायक' कहकर एक दूरी-सी बरती गई है। विवेच्य उपन्यास की भाषा का एक बड़ा सबल पक्ष उसकी लोकधर्मी गन्ध है। भाषा पर पूरी पकड़, उसका सहज-तरल प्रवाह, बयानी का ढंग–यह सब तो बाँधता ही है किन्तु जब वह जनभाषा के प्रयोग–क्रियाओं, विशेषणों, आदि के रूप में करता है तो भाषा का मार्दव मोहता है, कुछ प्रयोग–

"'बाबू जी पूजा में बैठे हैं' कहके कौन *टिरी करता* था।"

"तुम तो सारी *ओल-टोल* मुझी पर डाल देना।"

"ये लोग उसी को *पिछुवा रहे* हैं।"

"श्मशान के इतना करीब रहने के विचार से ही *बिदक जाते रहे* होंगे।"

"...मुझे कुछ अजीब ही तरीके से *खलबला* दिया है।"

"*भनक* तो पड़ ही गई होगी उन्हें।"

"मुझे एक-एक की *पोल-पट्टी* मालूम है।" आदि।

लोकधर्मी प्रयोगों के अलावा भी भाषा का सशक्त रचाव हिन्दी गद्य की समृद्धि में अपने ढंग से योग देता है, केवल दो उदाहरण :

"दुनिया सचमुच मीडियाकारों से ही नहीं हद दर्जे के नकलची और छायाजीवी अहम्मन्यों से ही पटी हुई है।"

"मैंने किसी स्त्री को परिचय होने के अगले दिन से ही सीधे अपने मन के सहज उन्मेष से भाभी कहना शुरू कर दिया हो।"

चलते-चलते, बहुत छोटी किन्तु बहुत महत्त्वपूर्ण शिकायत इतनी समर्थ भाषा के स्वामी और हिन्दी के वरिष्ठ प्रतिष्ठित साहित्यकार से मेरी है : बहुत देर से मैं अपनी टिप्पणी-समीक्षाओं में यह प्रश्न उठाता रहा हूँ कि हिन्दी में इधर के वर्षों में 'यह' और 'ये' के प्रयोग को लेकर

निरन्तर असावधानी की प्रवृत्ति बढ़ती जा रही है या कहूँ संक्रामक रोग का रूप ले रही है। पात्रों के संवादों में स्वाभाविकता लाने के लिए 'यह' के स्थान पर 'ये' का प्रयोग स्वीकार्य हो सकता है किन्तु अनेक लेखक अपने विवेचन और लेखकीय अभिव्यक्ति में भी बिना एकवचन-बहुवचन का विचार किए 'यह' के स्थान पर 'ये' का प्रयोग कर रहे हैं—या केवल और केवल 'ये' का प्रयोग कर रहे हैं। प्रस्तुत उपन्यास भी इस ओर से उसी तरह 'बेपरवाह' रहा है, यथा—"अब ये बेटी की फटकार ऊपर से" (पृ. 90), "आज ये क्या हो गया", "ये हो क्या रहा है" (पृ. 109)—हो सकता है कुछ जगह यह मुद्रण की भी भूल हो किन्तु हिन्दी में यह प्रवृत्ति अब बढ़ती जा रही है। इस न्यूनता के होते हए भी कृति की पठनीयता कहीं भी बाधित नहीं होती, यह एक स्मरणीय उपन्यास है।

सन्दर्भ

1. *सफ़ेद परदे पर*, पृ. 16-17
2. वही, पृ. 96, 97, 99

साम्प्रदायिकता पर एक चोट

हिन्दी में हाल में कुछ ऐसे उपन्यास आए हैं जिन्हें पढ़कर मैथिलीशरण गुप्त का 'साकेत' का वह कथन याद आता है 'राम! तुम्हारा वृत्त स्वयं ही काव्य है, कोई कवि बन जाय सहज सम्भाव्य है।' हिन्दू-मुस्लिम साम्प्रदायिक दंगे, गुजरात की त्रासदी, बाबरी मस्जिद ध्वंस-प्रकरण, आदि हमारे इतिहास की कुछ ऐसी प्रमुख घटनाएँ हैं जिनको निरन्तर कथाकारों ने रचना-विषय बनाया है। इसमें कोई दो मत नहीं हो सकते कि इन प्रसंगों ने रचनाकार की चिति को गहरे रूप में आन्दोलित किया है। इन प्रकरणों पर लिखे गए कई कमज़ोर उपन्यास केवल इसलिए चर्चा में 'लाए गए' या 'बने रहे' कि इनका कथ्य इन्हीं ज्वलन्त प्रश्नों पर केन्द्रित था। सवाल यह है कि क्या विषय को अपनाने भर से औपन्यासिक कृति की सफलता सुनिश्चित हो जाती है, मुख्य बात तो यह है कि उपन्यास में कथ्य का निर्वहन किस रूप में हुआ है। मो. आरिफ के रचनाकार ने अपनी कहानियों से एक आश्वस्ति भाव जगाया था किन्तु अपने उपन्यास 'उपयात्रा' में वे अपेक्षाओं के अनुरूप नहीं उतर पाते। बाबरी-मस्जिद प्रकरण जैसे सशक्त कथ्य को अपनाकर भी उनके उपन्यास का शीराज़ा बिखरा-बिखरा-सा है। कई स्थलों पर कथा अपने उद्देश्य से भटककर अन्य उपयात्राओं पर चल निकलती है। जिन कथा-युक्तियों का प्रयोग लेखक करता है, वे न तो उपन्यास के कथा-शिल्प को समृद्ध करती हैं, न ही वे औपन्यासिक ढाँचे को खड़ा करने में मददगार हो पाती हैं। बार-बार पाठक को सम्बोधित कर विश्वास में लेने का प्रयत्न किया जाता है किन्तु यह प्रयास इसलिए निरर्थक और कथा में झोल देता दिखाई देता है कि प्रत्यक्षतः लेखकीय उपस्थिति, अपनी टिप्पणियों के माध्यम से, कथा-रस को क्षरित करती है, "इसके बारे में कुछ और बातें बाद में। आप सोच रहे होंगे आखिर रज़नीश दीक्षित की आंटी का क्या हुआ। यह बन्दा मिश्रा अंकल से दुबारा कब और कैसे मिला। भाइयो, बस थोड़ा-सा इन्तज़ार और। मैं आपको अपने एक प्रिय सीनियर की दुखभरी कहानी को छोड़कर अजय सर के पीछे पड़ गया। पर उनकी कथा बयान करना निहायत ज़रूरी है। उस कथा के बिना यह पूरी कहानी अधूरी है। दूसरे, सुमित्रा प्रताप से बचने का इसके अतिरिक्त रास्ता ही क्या था कि मैं डी. कम्पनी में आँखें बन्द किए पड़ा रहूँ। पता नहीं वह महिला कब जग जाए।"[1] इसी प्रकार 'अजय सर की कहानी' कहते हुए भी ऐसा ही अतिरिक्त प्रयास कथा-रस को बाधित करता है, "आप भी सुनिए, और सुनकर हँसिए, और दूसरों को सुनाकर उन्हें भी हँसाइए...।" क्या पूरी कथा लेखक अपने पाठक को ही नहीं सुना रहा है? इसी प्रकार 'उपयात्रा' के उपशीर्षक अनावश्यक रूप से, महज़ फ़ैशन के तौर पर आए हैं—जैसा आज कहानी में भी हो रहा है बिना ज़रूरत लेखक कहानियों में उपशीर्षक चस्पाँ कर रहे हैं, उनका कोई औचित्य बनता ही नहीं। दूसरे अध्याय के ही कुछ उपशीर्षकों पर नज़र डाली जा सकती है—'राजकुमार और राधेश्याम',

'सुमित्रा-दीदी', तीसरे अध्याय में 'फरीद की फ़रीदाई', 'अजय सर की कहानी', आदि। प्रसंगात् 'अजय सर की कहानी' की रैगिंग की सुविस्तृत कथा को पढ़कर लगने लगता है कि कहानी अपने उद्देश्य से भटककर उप रास्तों की ओर चल पड़ी है। कुछ देर तक पाठक सोचता है कि उपन्यास में बाबरी मस्जिद सन्दर्भ प्रमुख है या यह हॉस्टल-वृत्तान्त!! इसी प्रकार रजनीश दीक्षित प्रसंग में उसकी 'औरतकार' या 'औरतखोर' प्रवृत्ति को इतना घसीटा जाता है कि कथा फिर पटरी से उतरी दिखाई देती है। इस प्रकार के प्रसंग किसी मनोवृत्ति विशेष का गहन विश्लेषण भी नहीं कर पाते हैं, हाँ, यह अहसास ज़रूर देते हैं कि लेखक सब कुछ को यहाँ कहने के लिए उतावला है, फरीद कथा-नायक अवश्य है किन्तु वह लेखकीय प्रतिरूप ही ज़्यादा दिखाई देता है। 'रजनीश दीक्षित की कारस्तानियाँ और सच से भेंट' का अनावश्यक विस्तार वाला लव प्रसंग कहीं-कहीं 'हमजाद' (मनोहर श्याम जोशी) की याद दिलाने लगता है। इस सुदीर्घ वर्णन (पृ. 94 से 123 तक) को यदि कथा से पूरी तरह हटा भी दिया जाए तो उपन्यास की सेहत ज्यों की त्यों बनी रहती है। कुछ अंशों को हटाकर उपन्यास को कसे हुए रूप में रखने की बात दिमाग़ में आई तो सोचा इसमें से और क्या आलतू-फालतू हटाया जा सकता है जिससे उपन्यास सीधे अपने गन्तव्य की ओर सुविधा से बढ़ सके तो लगा कि उपन्यास के तीसरे (पृ. 39 से 65), छठे (94 से 123) के लगभग 44 पृष्ठों की फालतू सामग्री अपने हटने की माँग करती नज़र आती है जिसका अर्थात् यह हुआ कि उपन्यास 164 पृष्ठों या अधिक से अधिक 180 पृष्ठों तक अपनी बात भली प्रकार बल्कि और अच्छी तरह कह सकता था। इस रूपाकार में हिन्दी में कई सशक्त उपन्यास हैं किन्तु हिन्दी में उपन्यास को पृथुलाकार करने की प्रवृत्ति खूब 'ज़ोर मार रही है।' ऐसा नहीं है कि उपन्यास में प्रासंगिक कथाएँ, विवरण, होते ही नहीं किन्तु उनका कुछ न कुछ औचित्य तो बनना ही चाहिए।

अब 'उपयात्रा' उपन्यास के जानदार कथ्य और उसके सफल निर्वहन पर बात की जा सकती है। कहानी का प्रसार लगभग 4 दिन का ही है जिसमें लेखक अल्पसंख्यक मुसलमान समुदाय के मनोजगत् में सूक्ष्मता से प्रवेश करता हुआ उसकी चिति ('साइके') का परिचय देता है। देश के बहुसंख्यक समुदाय—हिन्दुओं—द्वारा मुसलमान का नाम मात्र सुनकर ही उसकी दृष्टि किसी हद तक साम्प्रदायिक हो उठती है, उसकी राष्ट्र-भक्ति और राष्ट्रीयता प्रश्नांकित हो उठती है। बाबरी मस्जिद विध्वंस से पहले 4 दिसम्बर, 1992 को कथा-नायक फरीद—एम. फरीद—जो रेल-यात्रा करता है उसमें उसे शिद्दत से अहसास होता है कि नाम का उच्चारण मात्र किस प्रकार लोगों की भृकुटि तानने के लिए काफी है। इसीलिए वह बहुत देर तक अपनी नामगत पहचान छिपाने का प्रयत्न करता है। हिन्दुओं और वे भी विशेषतः बाबरी मस्जिद-ध्वंस के लिए जाते कार-सेवकों के बीच यात्रा करते एक मुसलमान की जो स्थिति होती है उसे जो अनुताप सहन करना पड़ता है उसे लेखक ये शब्द देता है, "चलती ट्रेन में पाँच हिन्दुओं के बीच एक अकेला मुसलमान होना एक अजीब-सा भाव जगाता है। इसे सब नहीं समझ सकते।" उन दिनों मुसलमानों में जो आतंक और भय का तनाव हर समय छाया रहता था, लेखक ने उसकी भुक्तभोगी स्थितियाँ बयान की हैं, "रातोरात मनुष्यों के सिरों से लेकर घरों की छतें और पेड़ों की फुनगियाँ सभी केसरिया रंग में रँग गए थे और मुसलमानों के दिल धड़कने शुरू हो गए थे।" सुमित्रा दीदी जैसों की 'कूपमंडूकता' के चलते सामान्य हिन्दू की चर्चा 'भारतीय', 'राष्ट्रीय', 'हिन्दू' आदि के ख़तरों में पड़ जाने की ओर मुड़ जाती है। यह वह समय था जब 'अयोध्या के एक कोने में सम्पूर्ण भारतीयता पर घोर संकट आन पड़ा था।' सुमित्रा जैसे लोगों की

विचार-सरणि 'साम्प्रदायिकता और 'नस्लवाद' फैलाती है। कथानायक फरीद का गाँव हुसैनपुरा अयोध्या के बहुत नज़दीक है, वहाँ से गुज़रते कार-सेवकों के दशहत-भरे नारों की गूँज और हुड़दंग मुसलमानों को हिलाकर रख देता है, "पाँच दिसम्बर बानवे की शाम छह बजे तक हुसैनपुरा के समुदाय का एक भी सदस्य घर के बाहर नहीं था। वे लोग भी न जाने कहाँ गुम हो गए थे जिन्हें अपनी सेना के साथ मस्जिद की रक्षा के लिए कूच करना था। वे अपनी आँखों से भारत के बहुसंख्यक समुदाय द्वारा धर्मांधता का इतना क्रूर प्रदर्शन देख रहे थे। मुसलमानों की यह धारणा कि हिन्दू हमसे कम साम्प्रदायिक और धार्मिक हैं देखते-देखते धराशायी हो गई। हुसैनपुरा के मुस्लिमों की सोच और उनकी मानसिकता पर गहरा आघात था। कुठाराघात था।" 'पाँच दिसम्बर की मुश्किल रात' जहाँ एक ओर भय-आतंक के उस तनावभरे माहौल का वर्णन करता अध्याय है, वहीं उसमें बड़ी कुशलता से हिन्दू-मुसलमानों के युगों से चले आते सौहार्दपूर्ण सम्बन्धों की ऊष्मा का चित्रण कितनी ही रीतियों, त्योहारों तथा आपसी मिलन-वर्णन के विभिन्न प्रसंगों से दिया गया है। एक उदाहरण—"हुसैनपुरा के मुसलमानों से रामायण और महाभारत का शायद ही कोई भाग छूटा हो। इमरजेन्सी के लिए छोटा टी.वी. सैट और बैटरी तैयार रखी जाती थी।" मुसलमानों की दक़ियानूसी विचारधारा पर भी उपन्यास चोट करता है, मुल्लाओं के कठमुल्लेपन पर भी व्यंग्य करता है। 'मुहब्बत अली की कारस्तानी' अध्याय मुस्लिम सामाजिक जीवन की कितनी ही अन्दरुनी कमज़ोरियों को स्पष्ट करता हुआ इस समुदाय के वक्त के साथ-साथ हुए परिवर्तन को रेखांकित करता है। 'छह दिसम्बर' शीर्षक अध्याय इस उपन्यास का सर्वाधिक सशक्त अंश है जिसमें बाबरी मस्जिद के ध्वंस से पहले के इस अल्पसंख्यक समुदाय के मानसिक त्रास का परिचय देते हुए छह दिसम्बर के घटना-क्रम को इनकी नज़र से पेश करते हुए तत्कालीन राजनीतिक नेतृत्व के कहीं न कहीं बाबरी मस्जिद ध्वंस से जुड़े तारों को बेनक़ाब करने की ईमानदार और निडर कोशिश की गई है, प्रधानमन्त्री तक की भूमिका को शक के घेरे में रखा गया है। मीडिया की भूमिका का भी परीक्षण हुआ है। वस्तुतः बाबरी मस्जिद का विध्वंस भारत के सांस्कृतिक इतिहास की एक बहुत बड़ी त्रासदी थी जिसके साथ ही मुसलमानों की आस्था का कलीरा ढहा था, विश्वासों का अकाल तख़्त ध्वंस हुआ था। उपन्यासकार सामान्य जन के मनोभावों का चित्रण करता हुआ उस अलिखित लोक-इतिहास को संजीदगी से पेश करता है जिसकी अनदेखी करने की ऐतिहासिक भूल देश की राजनीति के वर्तमान से हुई थी, "वास्तविकता तो यह है कि आम मुसलमान को यह पता भी नहीं था कि अयोध्या में कोई बाबरी मस्जिद जैसी चीज़ भी है। उनकी मस्जिद तो उनके गाँव, मुहल्ले, बाज़ार और शहर में थी जिसमें वे नमाज़ अदा करते थे। अयोध्या में मस्जिद? और ऐसी मस्जिद जिसके लिए सिर कटा लिया जाए? बाबरी मस्जिद के बारे में हुसैनपुरा में सन् छियासी से पहले किसी को सपने में भी ख़बर नहीं थी, जबकि हुसैनपुरा अयोध्या से मात्र साठ किलोमीटर दूर है। जी हाँ, अयोध्या हर लिहाज़ से हुसैनपुरा की हद और जद में है। पर अयोध्या में मस्जिद। कौन कहता है? बचपन से रामलीला देखने वाले जानते थे अयोध्या माने राम लक्ष्मण, दशरथ, धनुषबाण, बस।" "बाबा के पूर्वजों के पूर्वजों के पूर्वज राम की प्रजा जो थे। दोनों स्थानों में कुछ किलोमीटर और बहुत-सी पीढ़ियों का ही तो अन्तर है। रघुकुल रीति से हुसैनपुरा वाले अच्छी तरह वाकिफ़ हैं। बोली-बानी, खान-पान, रहन-सहन, अतिथि सत्कार, मूड-मिजाज, सभी में ये लोग पूरे के पूरे अवधी हैं।"[2] इस प्रकार उपन्यासकार ने जन-सामान्य की चिति को बहुत कुशलता से चित्रित कर उन स्थितियों से परिचित कराया है जिन्होंने दोनों तबकों—हिन्दू-मुस्लिम—को साम्प्रदायिक मनोवृत्ति में ढाल

दिया और अवध की साँझी संस्कृति को मटियामेट कर दिया। इस पीड़ा का आख्यान फरीद के बाबा के चरित्र द्वारा दिया गया है। बाबा हिन्दुओं से मदद माँगने जाते हैं और साथ ही मुस्लिम सरदार से असलाह–दोनों से सहायता मिलती है, पर वह बाबा के रूपान्तरण को रोकने में कामयाब नहीं हो पाती। भीतर तक से हिले बाबा को लगता है कि पीढ़ियों से बने विश्वासों को कार-सेवकों के नारे हिलाकर रख देंगे। ये नारे "सदियों से चली आ रही एकता की रस्सी को तोड़ देने वाले", "हिन्दू को हिन्दू, मुसलमान को मुसलमान बनाने वाले नारे हैं।" 'नई सुबह?' शीर्षक अध्याय पुनः छह दिसम्बर की घटनाओं के परिप्रेक्ष्य में हिन्दू-मुस्लिम सम्बन्धों के ताने-बाने और रोएँ-रेशे को उघाड़कर देखता हुआ उनकी मीमांसा करता है। कथानायक बड़ी ईमानदारी से बचपन से ही देखी आ रही उन घटनाओं पर विचार करता है जिन्होंने मुसलमान को हिन्दुओं के बीच एक अछूत ही बनाकर रख दिया है–खान-पान से लेकर सामाजिक व्यवहार तक में इन्हें यह सब भुगतना पड़ता है। फरीद में बैठे लेखक का आग्रह है, "इन बातों को लेकर मुसलमानों पर उँगली उठाने से पहले कारणों में जाना चाहिए।" फरीद के बाबा देर तक इस सदमे को बर्दाश्त नहीं कर पाते, उनकी मृत्यु हो जाती है।

सम्प्रदायवाद पर औपन्यासिक कृति लिखना कोई बहुत सरल कार्य नहीं है, उसमें बहुत पेचीदगियाँ तक उठ खड़ी होती हैं, जब लेखक एक साम्प्रदायिक मनोवृत्ति का शिकार हुए लोगों पर आक्रमण करने के लिए खुद साम्प्रदायिक हो उठता है, अपने तर्कों में, अपनी जिरह में। 'उपयात्रा' में भी ऐसी विचलन एक स्थान पर दिखाई देती है, जो विवेकवान पाठक को सुपाच्य नहीं हो पाती है। निःसन्देह कुरान की आयतों की मनमानी व्याख्या कर उनका मख़ौल उड़ाना, सन्दर्भ से बाहर रखकर उन्हें हिंसा की जननी सिद्ध करना, पैगम्बर पर लांछन लगाना, आतंकवाद, युद्ध और जनसंख्या-वृद्धि की दृष्टि से लेकर मुसलमानों के शैक्षिक पिछड़ेपन के लिए इस्लाम को दोषी ठहराना, मुसलमानों को बात-बात पर पाकिस्तानी, देशद्रोही, आतंकवादी, जेहादी कहना "फासिस्टवादी, हिन्दूवादी दुष्प्रवृत्ति है" जिस पर कथा नायक फरीद "क्रोध, ग्लानि और सन्देह से भर" जाता है। चौधरी और सुमित्रा की यह मनोवृत्ति निश्चय ही प्रत्येक प्रकार की प्रतारणा और धिक्कार की पात्र है; किन्तु उसके प्रतिकार के लिए कथानायक फरीद में बैठा लेखक भी इन्हीं कुफ़्रों का शिकार हो जाता है। वह भी गीता को 'जिंगोइस्टिक पुस्तक', 'जिंगेइस्टिक धर्म ग्रन्थ' ही नहीं कहता उसके श्लोकों (11 वाँ अध्याय, 34; दूसरा अध्याय, 31; 11 वाँ अध्याय-33 आदि श्लोकों) की मनचाही प्रसंगबाह्य व्याख्या तथा दूसरे सम्प्रदाय के लिए भड़काऊ व्याख्या कर उसी दक़ियानूसी प्रवृत्ति का शिकार होता है जिसका वह खंडन करना चाहता है। एक गन्दी गाली का जवाब दूसरी गन्दी गाली से देकर मसला नहीं सुलझाया जा सकता और न ही शब्द-साधक के लिए यह कोई वरणीय, स्तुत्य मार्ग है। वस्तुतः इस स्थल पर लेखक ने अपना संयम खोया है और जो उपन्यास अपना लक्ष्य निर्धारित करता है, उससे उसका विचलन होता है।

भाषा, अभिव्यक्ति, के स्तर पर उपन्यास सन्तोषप्रद है। इस सबके बावजूद उपन्यास की समाप्ति पर पाठक को यह अहसास होता है कि इसकी और बेहतर प्रस्तुति हो सकती थी, मो. आरिफ अपनी क्षमता का दोहन करने में असमर्थ नज़र आते हैं।

सन्दर्भ

1. *उपयात्रा,* पृ. 50-51
2. वही, पृ. 161

बिहार के गाँवों का नया निज़ाम

आज़ादी के बाद के भारतीय ग्राम-समाज के बदले हुए परिदृश्य का चित्रण करते हुए विभिन्न अंचलों पर लिखे गए अनेक सशक्त उपन्यास प्रकाशित हुए हैं। अपने-अपने क्षेत्र के समाजार्थिक-सांस्कृतिक यथार्थ का अत्यन्त सूक्ष्म चित्रण करने वाले इन उपन्यासों को 'आंचलिक उपन्यास' की श्रेणी में नहीं खतियाया जा सकता। देखें तो, इस 'आंचलिक' श्रेणी का कोई अलग अर्थ भी आज नहीं रह गया है, यह श्रेणी-विभाजन अब प्रायः बेमानी हो चला है। बिहार के जन-जीवन पर लिखने वाले उपन्यासकारों में रामधारी सिंह 'दिवाकर' की चर्चा कम हुई है या प्रायः ही उन्हें नकार दिया गया है। उनका उपन्यास 'अकाल सन्ध्या' बिहार के जन-जीवन पर लिखे गए कितने ही प्रतिष्ठित नामों द्वारा लिखे गए उपन्यासों के लिए एक चुनौती बनता है। पूर्णिया ज़िले के गाँव-समाज पर केन्द्रित यह उपन्यास गाँवों में पनप रहे नए निज़ाम का प्रामाणिक अंकन बहुत सशक्त रूप में करता है। एक और दृष्टि से उपन्यास का पाठ महनीय हो उठता है, इधर दलित-समस्या या कहें दलित विमर्श पर अनेक कथा-कृतियाँ आई हैं, किन्तु दलितों की समाज में वास्तविक स्थिति और उनकी सत्ता के स्वीकार पर शायद इतने बेबाक रूप में पहले नहीं लिखा गया है। इस दृष्टि से यह उपन्यास एक मानक (मॉडल) बनाता है। उपन्यास सवर्णों और दलितों के जीवन यथार्थ का जीवन्त चित्रण करता हुआ किसी एक पक्ष में खड़ा नहीं दिखाई देता, निष्पक्ष, तटस्थ रूप में स्थितियों को जस का तस सामने रख देता है। दलितों के साथ-साथ सवर्णों के दर्द को भी चीन्हता हुआ उन कारकों में जाता है जिनके कारण वे उस गति को प्राप्त हुए हैं। सही-ग़लत का विवेक कथा के बीच से ही निष्पन्न होता है, वह कथित या वर्णित प्रायः उतना नहीं है।

'अकाल-सन्ध्या' उपन्यास वस्तुतः सवर्णों, ज़मींदार वर्ग और बबुआन टोलों के पराभव और दलित शक्ति के निरन्तर होने वाले उत्कर्ष की कहानी कहता है। भारतीय राजनीति में शूद्रों, दलितों का आकस्मिक उभार एक बहुत बड़ी घटना है जिससे "अब तक चली आती धारणा और व्यवस्था चरमरा" उठी है। उपन्यास जहाँ एक ओर इस दलित-शक्ति के उन्नयन की गाथा कहता है तो दूसरी ओर उनके द्वारा सत्ता के दुरुपयोग और ज़मींदारों या बबुआन टोले का परिवर्तित संस्करण बन जाने पर गहरा दुख और चिन्ता भी व्यक्त करता है। कथा के केन्द्र में है पूर्णिया ज़िले के दो गाँव : मरकसवा और बड़का गाँव। बड़का गाँव में बबुआन टोले के साथ "गाँव के नामी ज़मींदार बाबू हरिवंश शर्मा के बेटे सुरवंश शर्मा की हवेली है, "जिसमें 'हथुआ इस्टेट वाली' बड़ी मालकिन, सुरवंश शर्मा की पत्नी भी हैं। गाँव में दलित दयानन्द उर्फ़ डायमंड का 'जलमहल' तथा दलित लुचाय राम के एस. पी. बेटे रामबरन राम का 'व्हाइट हाउस' भी है। बड़का गाँव का नया इतिहास दरअसल जलमहल और 'व्हाइट हाउस' से शुरू

होता है।" ये दोनों महलनुमा बँगले-हवेलियाँ सवर्णों के हाथ से सत्ता के खिसकने की कहानी कहते हैं। पिछले "बारह-चौदह साल से जाने कैसी हवा चली है कि धीरे-धीरे सत्ता केन्द्रों से सवर्ण वर्ग ग़ायब होता चला जा रहा है। जब से आरक्षण लागू हुआ है, पिछड़ी जातियों के लोग बात-बात में नीचा दिखाने लगे हैं सवर्णों को।" "शासन-प्रशासन और अन्य कई क्षेत्रों में पिछड़े-दलितों के बढ़ते वर्चस्व ने सवर्ण सत्ता को छिन्न-भिन्न कर दिया है।" "शूद्रों के उदय की यह कैसी काली आँधी है? इस काली आँधी ने परम्परा से चली आ रही सवर्ण सत्ता के चमकते सूरज को शाम होने से पहले ही ढँक लिया। बाबू रणविजय सिंह की ज़मीन ख़रीद रहा है गाँव का खवास झौली मंडर। नौकर-चाकर अब मिलते नहीं हैं। सब भाग रहे है—दिल्ली-पंजाब। बाबू-बबुआनों की ज़मीन ख़रीद रहे हैं गाँव के राड़-सोलकन।"[1] सत्ता केन्द्रों के इस रूप में खिसकने की यह दास्ताँ अकेले पूर्णिया या पूरे बिहार की ही नहीं है, पूरे देश के गाँव-समाज में ये स्थितियाँ कमोबेश इसी रूप में पसर गई हैं। इसी बिन्दु पर यह उपन्यास आँचलिकता की सीमा को लाँघ सर्वदेशीय हो उठता है। धोबी, चमार, दुसाध, यादव, कुर्मी कोहरी, नोनिया, खवास के लड़के सरकारी नौकरियों में चले गए। यह शिक्षा, उच्च शिक्षा के विस्फोट से सम्भव हो पाया। परम्परागत समाज दीवार पर लिखे इस सत्य को समय रहते पढ़ नहीं पाया, इसीलिए दलितों के इस सत्ता-वर्चस्व से दुखित-कुपित है, वह इसे 'अकाल सन्ध्या' (प्रलय काल की सन्ध्या) का नाम देता है। स्वामी विवेकानन्द के कथन 'अगली शती शूद्रों की होगी' को झुंझलाहट में उद्धृत करता है, पंडित खड्गनाथ झा अपना गुबार इस रूप में निकालते हैं, "सब जनतंत्र के कारण हुआ। यह जो वोट देने का अधिकार मिला है न, यही तोड़ रहा है समाज की व्यवस्था को। जो होना था बाद में, पहले होने लगा। असमय साँझ हो गई। अकाल सन्ध्या और क्या होती है? अछूत जात का लड़का एस.पी. बन गया। नील पोखर किनारे उसका व्हाइट हाउस है। खवास बन गया हाकिम, विधायक यादव, प्रखंड प्रमुख यादव...अब बचा क्या? 'पंडित जी' श्रेणी के लोग यही सोच-सोचकर हैरान-परेशान हैं कि 'शूद्रराज इतनी जल्दी' आ गया। यह उनकी गहन चिन्ता का विषय बन जाता है। वे इस सत्य को अंगीकार नहीं कर पा रहे हैं कि प्रतिभा, मेधा सवर्णों की बपौती नहीं है, दलितों का भी उस पर इतना ही हक़ है, सब कुछ उन्होंने अपनी मेहनत से आयत्त किया है।"

बदली हुई व्यवस्था में दो सवाल सबसे बड़े हैं जिसे उपन्यास में बुद्धन माँझी के माध्यम से उठाया गया है। जब मार्क्सवादी तथा अन्य लोग दलित वर्ग के सत्ता में आने की बात कर रहे थे तो बुद्धन दो सवाल उठाता है, पहला, "जब आप लोगन का राज आएगा तो क्या 'पैला' में जो आटा सटा रहता है, वह हटा दिया जाएगा?" अर्थात् सभी क्षेत्रों में व्याप्त बेईमानी समाप्त हो जाएगी। उसका दूसरा सवाल है "कि आप लोगन का राज़ आएगा तो क्या बाबू-बबुआन के लड़के जो हमारे टोले में आकर अपना जाँच करते हैं कि ऊ शादी के लायक़ हुए हैं कि नहीं...क्या यहाँ बन्द हो जाएगा।"[3] पच्चीस-तीस साल पहले पूछे गए इन सवालों के जवाब जस के तस खड़े हैं—भूमिकाएँ बदल गई हैं, सत्ता में दलित आ गए हैं और उनका चरित्र, व्यवहार सब उसी सवर्ण वर्ग, ज़मींदार, बबुआन श्रेणी के लोगों का हो गया है। वे उनसे भी अधिक 'ज़ालिम' होकर सामने आ रहे हैं, सत्ता का मद उन्हें उसी धरातल पर ला खड़ा कर देता है।

दलितों के सत्ता वर्चस्व के बहाने लेखक बिहार में विद्यमान बाहुबलियों के खुले खेल और तरह-तरह की सेनाओं—लाल सेना, रणवीर सेना, सवर्ण सुरक्षा संघ, आदि का परिचय देकर वर्तमान की गन्दी राजनीति और भ्रष्टाचार-कदाचार में डूबे प्रशासन-तंत्र की खुलकर ख़बर लेता है। सवर्ण

और दलित दोनों अपने-अपने बाहुबलियों के माध्यम से राजनीति में अपनी गोटियाँ चलकर अपनी-अपनी रोटियाँ सेंक रहे हैं। इस सबका चित्रण करने के लिए उपन्यास में दयानन्द उर्फ़ डायमंड दलित समाज से तथा वैताल सिंह ठाकुर समुदाय से, दो विधायक प्रातिनिधिक चरित्रों के रूप में खड़े किए गए हैं। दोनों की बनत, शिक्षा-दीक्षा, लगभग एक जैसी है। हत्या, चोरी-डकैती, अपहरण, बलात्कार जैसे कर्मों में दोनों पारंगत हैं। राजनीति कैसे की जाती है, डायमंड इसका खुलासा यों करता है, "जहाँ वोट नहीं मिलते वहाँ नोट लिए जाते हैं। अब कैसे लिए जाते हैं यह अलग टेकनीक है। इतना जान लो कि सेवा करने से, चरित्रवान, ईमानदार बनने से नेतागिरी नहीं चलेगी। सीधा समीकरण है—पैसा होना चाहिए। हर गाँव में दो-चार चालू पुर्ज़ों लोगों को पीट कर रखो, छोटे-मोटे काम दे दो, इलाके में जो क्रिमीनल हैं उनको संरक्षण दो, ठेके वगैरह दिलाते रहो। अफ़सरों को खुश रखो, उनकी ट्रांसफ़र-पोस्टिंग कराओ, किसी पार्टी में रहो, मगर सत्ताधारियों से मिलकर रहो...देखो कौन हराता है तुमको।"[4] दलित शक्ति के अभ्युदय से पूर्व चुनावी रणनीति और समीकरण लगभग सभी जगह एक जैसे थे। सन् 1967 तक चुनावी राजनीति इस प्रकार की थी, "अनुसूचित जातियों और पिछड़ी जातियों के लगभग सत्तर प्रतिशत से ज़्यादा मतदाता थे, लेकिन इतिहास ही ऐसा था कि विधानसभा और लोकसभा के चुनावों में सवर्ण वर्ग के नेता ही विजयी होते थे। लोकसभा क्षेत्र चूँकि अनुसूचित जाति के लिए सुरक्षित था, इस कारण सवर्ण-दबंग नेताओं के पालित पोषित अनुसूचित जातियों और अत्यन्त पिछड़ी जातियों के बहुत कम वोटर मतदान कर पाते थे। यथा—कुर्मी और कोइरी जातियों के मतदाताओं को छोड़ अन्य पिछड़ी और दलित जातियों के वोटरों को मतदान केन्द्रों पर जाने की ज़रूरत ही नहीं होती थी। उनके वोट अपनी-अपनी ताक़त के अनुसार मतदान केन्द्रों पर बाँट लिए जाते थे। पहले ही कह दिया जाता था कि बूथ पर जाने की ज़रूरत नहीं। लोकसभा के पाँच आम चुनाव हो चुके; लेकिन बड़का गाँव के दक्षिण टोलों के कुछ गिने-चुने लोगों को छोड़ लोग जानते भी नहीं थे कि कैसे किया जाता है मतदान।"[5] किन्तु दलित शक्ति के अभ्युदय ने इस रीत को भी बदल डाला, अब उनके वोट किसी की धरोहर के रूप में इस्तेमाल नहीं किए जा सकते। मायावती के अभ्युदय की बात इसी कोण से उपन्यास में उठाई गई है। माई के मुख से इस बदली हुई हवा को इस रूप में कहलाया गया है, "क्या हो गया इस बीच? पन्द्रह सोलह बरस में क्या हो गया कि जेल में रहने वाला बलवीर सिंह एम.एल.ए. बन गया? ममहर के बड़का गाँव ने बलवीर सिंह को जात से 'बार' दिया था, उसी के स्वागत में ढोल-पिपही बजाई जा रही है? क्या हो गया इस बीच? क्या हो गया?"[6] वस्तुतः माई की तरह ही सामान्य जन इस सब पर ऐसे ही भुनभुनाता रह जाता है। इस बीच राजनीति ने आदर्शों की पुड़िया बनाकर रख दी है। 'अकाल सन्ध्या' एक प्रतिरोधी स्वर रचता हुआ अपने समय में सार्थक ढंग से हस्तक्षेप करता है।

उपन्यास में जगह-जगह ज़मींदारों के जलाल का जलवा भी चित्रित हुआ है किन्तु मुख्य बल उनके पराभव के चित्रण पर रहा है। धीरे-धीरे ज़मींदारों और उच्च वर्ग, बबुआन टोले का जो हश्र हुआ उसका प्रातिनिधिक रूप में चित्रण इस रूप में होता है, "इधर बबुआन टोले के रण विजय बाबू के पिता धनपत सिंह की ज़मीन जो लीज या अधिया-बटाई पर लगी हुई थी हाथ से निकलने लगी। सीढ़ी से गिरी कोई चीज़ जैसे लुढ़कती हुई आख़िरी सतह पर आकर ही रुकती है, वही स्थिति हो गई धनपत बाबू की। बाप की तरह बेटे रणविजय की भी आदत मौज-मस्ती वाली थी। देखते-देखते कुछ ही वर्षों में ड्योढ़ी की चारदीवारें जो टूटी तो टूटी ही रह गईं। बाबू धनपत सिंह बीमारी से कम, दुखद स्थिति के कारण ज़्यादा परेशान हुए और

क़स्बे के अस्पताल में ही मर गए।"[7] रणविजय सिंह की 'लाल ड्योढ़ी का खंडहर' में तब्दील होना, बेटियों-पोतियों के ब्याह-कारज़ के लिए ज़मीन का बार-बार बिकना, आदि ने इस वर्ग की रीढ़ ही तोड़कर रख दी। बड़ी मालकिन जैसे एकाध किरदार ने इस डूबती नैया को सँभालने का बीड़ा अवश्य उठाया, "इधर बड़ी हवेली की पतन गाथा का अन्त नहीं था। जब जायदाद बिकते-बिकते आख़िरी सीमा तक पहुँची और शीशम के बागान बिकने तक स्थिति पहुँच गई तो बड़ी मालकिन से रहा नहीं गया। उन्होंने पति पर अंकुश लगाना शुरू किया।"[8]

दलित समाज का चित्रण करते हुए एक और बात का रेखांकन प्रथम बार इस उपन्यास में हुआ है। बिहार की जनसंख्या का एक बड़ा वर्ग पंजाब, हरियाणा, दिल्ली कमाने जाता है जिसे 'पंजाब कमाने गया है' के मुहावरे के रूप में भी वहाँ इस्तेमाल किया जाता है। इस वर्ग ने अपने घरों की आर्थिक स्थिति का तो नक़्शा बदलकर ही रख दिया, बिहार के समाज की पारम्परिक सामाजिक व्यवस्था को भी बदलकर रख दिया है, "दिल्ली, पंजाब, हरियाणा से लेकर जम्मू तक काम की तलाश में निकलने वाले इन मज़दूरों के कारण गाँव की कृषि-व्यवस्था चरमरा गई है। बनी-बनाई समाज की व्यवस्था भी दरक गई है। गाँव में कोई रहना नहीं चाहता। बूढ़े, कमज़ोर और कुछ निकम्मे बचे हैं या तो कोई छोटा-मोटा काम कर लेते हैं या अपनी बाड़ी-झाड़ी और खेती-पथारी। इनके घर की औरतें भी रोपनी-डोभनी, कमौनी-कटनी करना नहीं चाहतीं। बेटा, पति या भाई-भतीजे बाहर से मनीआर्डर भेजते ही हैं तो क्यों की जाए मेहनत-मजूरी।"[9] आर्थिक आत्म-निर्भरता ने इन्हें कर्ज़-पानी लेने की विवशताओं, ज़िल्लतों से उबारा है। इनमें एक दर्प-भाव आया है जो इन्हें सिर उठाकर चलने का आत्मविश्वास भरता है। झाड़-बुहारू से लेकर गोबर-करसी, दुआर-बथान तक के काम करने वाली "सनीचरी माय अब सीधे मुँह बात करने को तैयार नहीं। बेटा डोमन और ककेसर दिल्ली-पंजाब कमाते हैं। हर महीने मनीऑर्डर आता है। पहले फूस के घर थे, अब करकट (एस्बेस्टस) के घर हो गए हैं। दुआर पर चाँपाकल। डेढ़-दो एकड़ ज़मीन हो गई है। बदल गया गाँव का हवा-पानी, बदल गई बनी बनाई व्यवस्था। नहीं तो मज़ाल था कि जन-मजूर इस तरह ऐंठ कर बात करें?"[10]

गाँव के बदलते जातीय समीकरणों में लेखक का ध्यान इस ओर भी जाता है कि किस प्रकार इस समाज में अन्तर्जातीय विवाह की स्वीकृति धीरे-धीरे हो रही है, विशेष रूप से बड़ी कही जाने वाली जातियों की लड़कियों से दलितों का विवाह। दलित वर्ग के अच्छे पदाधिकारियों के घरों में पत्नी रूप में जाकर ये लड़कियाँ राज कर रही हैं। लेखक अपनी इस धारणा का रेखांकन कई कथा-सूत्रों के माध्यम से कराता है—चन्द्रदेव झा की बेटी का छोटी कही जाने वाली जाति के मास्टर से विवाह सम्बन्ध न होने पर उसकी आत्महत्या, पंडित खड्गनाथ झा की दोनों बेटियों के अलग-अलग जातियों में होने वाले विवाहों में छोटी जाति में ब्याही बेटी का अधिक सुखी होना, आदि। किन्तु इन विवाहों की परिणति का रोचक आख्यान बनता है पंडित खड्गनाथ झा का ऑपरेशन और उसके बाद उनका झौली मंडर के साथ रहना—एक ओर पंडितजी की चौकी और दूसरी ओर झौली मंडर की। विनोद और कलावती के नौकर-चाकर भी इनसे अलग-अलग तरह का व्यवहार करते हैं। उन दोनों की मनोवृत्तियों (चिति-'साइके') का बहुत अच्छा चित्रण किया गया है। किन्तु लेखक सही ही सोचता है कि इन अन्तर्जातीय विवाहों के बावज़ूद भी समाज में जातीयता, ऊँच-नीच के बन्धन शिथिल नहीं हो पाए हैं।

गाँव-समाज की और अनेक समस्याओं, प्रशासन के भ्रष्टाचार, गाँवों और दलितों में भी महिला-सशक्तीकरण के प्रयत्न, देश की मेधा का विदेशों में पलायन, भूदान-समस्या, जातीय

आधार पर बिहार में पनप रही सेनाओं, आदि का चित्रण करने के लिए उपन्यासकार ने अपनी पात्र-सृष्टि का सहारा लिया है। इस दृष्टि से माई कजरी तथा महाबिर मियाँ की चरित्र-सृष्टि विशेष रूप से की गई है। माई एक ओर अपनी वृद्धावस्था और अकेले हो जाने की स्थिति का दंश भीतर ही भीतर भोगती है और अपनी पीड़ा का पर्यवसान समाज-सेवा में कर देती हैं—उनका दालान सबका सहारा बन जाता है—'होम फार होमलेस! बेचारों का घर।' आँगन वाली खपरैल का दालान उन सब बेसहाराओं का आश्रय-स्थल बनता है जिसको कहीं भी सिर छिपाने-भर को ठौर नहीं है। इस चरित्र के माध्यम से सबसे बड़ी समस्या युवकों के अमेरिका पलायन की उठाई गई है। यद्यपि एतद् सम्बन्धी जिन समस्याओं की बात उपन्यास करता है, वे चिर परिचित हैं। यह एक अकेली माई का दर्द नहीं है, न जाने कितने वृद्ध जनों का दर्द है। स्मृति-वनों में भटकती हुई अकेली माई को यह पीड़ा सालती है कि मोह-ममता की सारी रज्जुओं को एक झटके से काटकर बेटा नन्दू अमेरिका चला जाता है, अपने पलंग को देखकर उन्हें नन्दू की याद इस रूप में आती है, "तू वैसा का वैसा रह गया और देख मुझे! बूढ़ी हो गई मैं। और नन्दू जिसकी बुनियाद पड़ी इसी पलंग पर और आँगन के सौरी घर में जिसका जन्म हुआ, बरही के बाद जो इसी पलंग पर सोता रहा, वह इतना बड़ा हो गया...इतना बड़ा हो गया कि मुझ अकेली माँ को गाँव में छोड़कर जाने कितने समुंदर पार अमेरिका चला गया अपना परिवार लेकर। पैसे की भूख! सुख-भोग की भूख। दुलहिन, पम्मी, नेहा छोटू सब चले गए।" माई इस बात पर पूरी तरह पुख़्ता है कि धन और केवल धन की भूख ही उस पराई धरती के 'स्वर्ग' में जाने का एक मात्र कारण है, "क्या है अमेरिका में जिसके कारण मुझे छोड़कर चली गईं तुम सब? कितना धन चाहिए आख़िर एक आदमी को? धन की प्यास का कोई अन्त भी है?..." किन्तु माई एक स्वस्थ सोच की स्वामिनी है, वह सोचती है, "बेटा-बहू यदि अपना सुख और भविष्य किसी दूसरे देश में खोज सकते हैं तो वे क्यों नहीं खोज सकती अपनी बाकी बची ज़िन्दगी का सुख? अपना गाँव है, गाँव के अपने लोग हैं।" मन-ही-मन विकल्प ढूँढ़ लिया था माई ने। "तुम अगर यह सोचते हो नन्दू कि तुमने माई को अकेला और दयनीय बनाकर छोड़ा है तो भरम में हो।"[11] समस्या का यह एक आदर्शात्मक समाधान लेखक ने प्रस्तुत किया है। इसी आदर्श की झोंक में एड्स का मरीज़ हदीस भी माई के दालान में शरण पाता है। हदीस का एड्स-प्रसंग उपन्यास की कथा पर भारी पड़ता है, कथा में उसके लिए कोई स्थान नहीं था, इसलिए यह पूरी तरह थोपा हुआ और 'सब कुछ समेटने की' ललक का परिणाम है जो कथा-रस को बाधित भी करता है।

कजरी के चरित्र के माध्यम से उपन्यासकार दलितों में उठती महिला-सशक्तीकरण की लहर को रेखांकित करना चाहता है। बलात्कार के लिए आए विधायक भदेसर राम का कजरी हँसिया से लिंगोच्छेद कर उसे 'कटुआ नेता' बना देती है। बाद में यह दिल्ली में रहकर पूरी तरह 'जाग्रत' हो जाती है। किन्तु कजरी द्वारा जिस रूप में स्त्रियों में स्वावलम्बन, शिक्षा, आदि के विभिन्न पग उठाए जाते हैं, वे पात्र को आकर्षक तो बनाते हैं किन्तु उसका चरित्र बहुत आदर्शीकृत ('ओवर') हो जाता है, यह चरित्र ज़मीन का नहीं लगने लगता। किन्तु उसके बहाने कोर्ट-कचहरी, पुलिस-थाना, राजनेताओं के चरित्र की बखिया ख़ूब अच्छी तरह ली गई है। माई के आँगन दालान में ही महाबिर मियाँ का चरित्र स्थापित किया गया है जिसके माध्यम से बिहार के गाँव-समाज में हिन्दू-मुस्लिम की गंगा-जमुनी संस्कृति का परिचय मिलता है। बीवी हसीना के प्रेम में पागल महाबिर अपना धर्मान्तरण कर मुसलमान बन जाता है किन्तु उसमें किसी भी प्रकार की धार्मिक कट्टरता नहीं है, "वह हिन्दू है या मुसलमान है, यह भी स्पष्ट नहीं था।

वह कभी-कभी अपने त्रिनेत्र महादेव के मन्दिर में भी जाता था और रमज़ान के महीने में रोज़ा भी रखता था। हाज़ी टोले के लोग महाबिर को न मुसलमान मानते थे, न हिन्दू टोले के लोग महाबिर को हिन्दू मानते थे। वह न हिन्दू था, मुसलमान। या शायद दोनों था।" वह निख़ालिस मुसलमान नहीं बन पाता, वह "भजन गाता है भगवान कृष्ण के। आधा हिन्दु-आधा मुसलमान।"[12] बाद में तो वह कबीरपन्थी बन जाता है और साहब के शबद, रमैणी और निरगुनिया गाते फिरता है। इसी महाबिर और माई के दालान के बहाने उपन्यास में प्रसंगात् भूदान आन्दोलन, गाँवों में उठती वामपन्थी लहर, नक्सलबाड़ी आन्दोलन, आदि की भी चर्चा की जाती है।

उपन्यासकार अपनी शैल्पिक युक्तियों के बल पर कथा के विभिन्न सूत्रों को अन्तर्ग्रथित करने में पूरी तरह सफल हो सका है। कथा-विन्यास में पुनरुक्ति का दोष कहीं-कहीं खटकता है—दलित शक्ति के उभार, अभ्युदय की बात कई स्थानों पर बार-बार एक ही रूप में की जाती है, द्रष्टव्य, पृ. 115, 149, 286, आदि। उपन्यास में आदि से अन्त तक भाषा का ऐसा रचाव है, जो अपनी देशजता में मोहता है, वहाँ की भाषा के अनेक देशज अर्थ-सक्षम शब्दों का प्रभावी प्रयोग कर वह भाषा को अपनी ज़मीन से जोड़े रहता है—घबहा कुत्ता (पृ. 9), 'बेख़बर फोंफ काट रहा था' (11), 'अरिआतने गईं' (112), दूधपिउआ बच्चा' (123), 'कौन एगो मौगी आई' (126), 'कुँहरना' (142), 'केवटाही में समाद दे आई' (154), 'बाबू कापिस लहर गया' (184), 'एकदम बमपिलाठ होती हैं हरियाणे की औरतें' (200) जैसे अनेक शब्द, अभिव्यक्तियाँ भाषा को बहुत प्रभावी बनाती हैं। इसी प्रकार देशज संस्कार में पगी उपमान और बिम्ब योजना भी बहुत जगह बहुत अर्थ सक्षम हैं, यथा—"बोलते-बोलते उन्होंने डबडबाई आँखें आँचल के कोर से पोंछ लीं। फिर जाने कैसे, कुछ ही क्षणों में वे तन-मन से एकदम स्वस्थ, धुला नीला आकाश बन गईं।" (पृ. 27), "माई भुनभुनाती रहीं और बग़ल में बेड पर लेटी कजरी सुनती रही। बोली कुछ नहीं, समझ गई—आशा की पकी फ़सल पर चैत के बादल बरसे हैं।" (पृ. 276)—कहना न होगा कि ज़मीन से जुड़ा कथाकार ही ऐसे देशज ठाठ की अभिव्यक्तियाँ प्रयुक्त कर सकता है। मैं बहुत देर से कहता आ रहा हूँ कि हिन्दी ने अपनी बोलियों से उतनी प्राणशक्ति ग्रहण नहीं की जितनी करनी चाहिए थी। ऐसी कथा-भाषा इस अभाव की पूर्ति का एक सबल पग बनती हैं। वस्तुतः 'अकाल-सन्ध्या' बिहार के गाँव-समाज का प्रामाणिक और सूक्ष्म चित्रण करने वाला एक स्मरणीय उपन्यास है।

सन्दर्भ

1. *अकाल सन्ध्या*, पृ. 71, 72
2. वही, पृ. 207
3. वही, पृ. 14
4. वही, पृ. 175
5. वही, पृ. 210
6. वही, पृ. 75
7. वही, पृ. 41
8. वही, पृ. 181
9. वही, पृ. 97
10. वही, पृ. 19, 57, 27
11. वही, पृ. 17, पृ. 58

दस बरस के विकराल समय का रेखांकन

रवीन्द्र वर्मा अपने उपन्यासों के माध्यम से जहाँ एक ओर साम्राज्यवादी शोषण और कुशासन को गहरी इतिहास-दृष्टि से विश्लेषित करते हैं, वहीं दूसरी ओर भूमंडलीकरण की अपसंस्कृति का तीव्र प्रतिरोध करते हुए भारतीय सामाजिक परिवेश में विष की तरह फैलती हुई साम्प्रदायिक मनोवृत्ति और उसके दुष्परिणामों की परिणति को बड़ी गहरी समझ से पाठकों के सामने प्रस्तुत करते हैं। उपन्यास अपने समय का जीवन्त आलेखन ही नहीं है अपितु समय की विकराल स्थितियों में एक सार्थक हस्तक्षेप भी है, अपने पाठक को एक सही सोच देता हुआ और गहरी समझ विकसित करता हुआ। रवीन्द्र वर्मा अपने परवर्ती तीन उपन्यासों—'निन्यान्वे' (1998 ई.), 'मैं अपनी झाँसी नहीं दूँगा' (2004 ई.) तथा 'दस बरस का भँवर' (2007 ई.) में 1857 ई. से बाद की साम्राज्यवादी स्थितियों, देश में स्वतंत्रता-प्राप्ति के बाद 'स्वराज्य' और 'सुराज्य' स्वप्न के बिखरने-टूटने की पीड़ा, बाबरी मस्जिद ध्वंस-प्रकरण और राम-मन्दिर की राजनीति, उपभोक्तावाद का बढ़ता पसारा, वैश्वीकरण की सौगात के रूप में अपसंस्कृति के अनेकशः रूप और प्रकार, अमेरिकीकरण और ब्रांडिड संस्कृति में नई पीढ़ी का ढलते चले जाना, आदि महत्त्वपूर्ण प्रश्न इन तीनों उपन्यासों में बार-बार प्रकारान्तर से आते हैं। वस्तुतः तीनों उपन्यास एक त्रयी-लड़ी के रूप में प्रस्तुत होते हैं। 'निन्यान्वे' में कथा को 1857 ई. के बाद के समय से उठाकर 1992 ई. तक के समय-सन्दर्भों तक लाया गया है, 'मैं अपनी झाँसी नहीं दूँगा' में भी कथा कम्पनी-राज (ईस्ट इंडिया कं.) से अपना आरम्भ उठाती हुई, 1857 ई. के बाद के समय का आकलन करती हुई 1921 ई. तक के राष्ट्रीय स्वतंत्रता आन्दोलन का विश्लेषण करते हुए बिलकुल आज के समय की उपभोक्तावादी संस्कृति के संकटों पर विचार करती है। अंग्रेज़ी राज के दमन-चक्र का लोमहर्षक चित्रण न केवल ऐतिहासिक आधारों पर अपितु लोकवार्तिक आधारों पर जिस संवेदनात्मक स्तर पर किया गया है, वह उपन्यास की एक बड़ी उपलब्धि है। बाबरी मस्जिद ध्वंस की जिस त्रासदी पर लाकर 'निन्यान्वे' उपन्यास का समापन हुआ था, उसी घटना को केन्द्रीयता देते हुए 'दस बरस का भँवर' में कथा को विस्तार में बुनते हुए पिछले दस बरस का बड़ा प्रामाणिक, सूक्ष्म और जीवन्त चित्रण प्रस्तुत किया गया है। रवीन्द्र वर्मा इतिहास के विद्यार्थी और गहन अध्येता रहे हैं, उनके उपन्यासों में इसीलिए एक गहरा इतिहास-बोध है जो लोकवार्तिक परम्परा से अपना आत्मीय रिश्ता रखते हुए अपने समय और समाज में अपेक्षित चिन्ता ('कन्सर्न') से प्रवेश करता है, स्थितियों में एक सार्थक हस्तक्षेप करता हुआ। इन उपन्यासों की तासीर का परिचय देते हुए प्रारम्भ में जिन उद्धरणों को रखा गया है, वे उस उपन्यास की केन्द्रीय संवेदना की परख में बहुत सहायक सिद्ध होते हैं। 'निन्यान्वे' में एक बुन्देली क्रान्तिकारी (लोक) कवि भगवानदास मोहर का यह उद्धरण है :

रैयत रई सब हक्का-बक्का,
खा सुराज का धक्का।

'मैं अपनी झाँसी नहीं दूँगा' के प्रारम्भ में उपन्यासकार भारतेन्दु हरिश्चन्द्र और महात्मा गांधी के जो दो उद्धरण देता है, वे उसके कथा-सरोकारों की समझ देते हैं—

अपनी वस्तुन कहें लखिहै सबहिं पराई।
निज चाल छोड़ि गाहिहैं औरन की धाई॥ —भारतेन्दु हरिश्चन्द्र

"मुझे लगता है कि स्वराज के रूप में स्वदेशी राज के आगमन के साथ ही स्वदेशी की भावना देश में तेज़ी से ग़ायब हो रही है। यदि सचमुच वह किसी बड़े पैमाने पर हो रहा है, तो मुझे डर है कि हमारी प्यारी आज़ादी ज़्यादा दिन नहीं टिकेगी।" —महात्मा गांधी

'दस बरस का भँवर' में उपन्यासकार ने किसी का ऐसा उद्धरण तो नहीं दिया है किन्तु उसकी चिन्ता में पिछले दस बरस का भँवर है जिसमें हमारे राजनीतिक-सामाजिक परिदृश्य में घटनाएँ इतनी तेज़ी से घटी हैं कि हम उसमें अपने को फँसा अनुभव करते हैं, भँवर में फँसा। भँवर में फँसी इन स्थितियों का प्रतिरोधी स्वर उपन्यास में बिना बहुत अधिक मुखर ('वोकल') हुए अपनी अभिव्यक्ति पाता है।

रवीन्द्र वर्मा के इन तीनों उपन्यासों की कथा-भूमि ('लोकेल') यद्यपि झाँसी है किन्तु वह इस रूप में चित्रित है कि पूरे देश की नगरीय-क़स्बाई संस्कृति का जीवन्त उदाहरण बनती है। रवीन्द्र वर्मा की जन्मभूमि झाँसी पाठक को अपना 'समाज' लगती है, उसे उसमें अपने क़स्बे-नगर के सांस्कृतिक रूपान्तरण का वैसा ही क्रम दिखाई देता है जिसने प्रत्येक नगर के भूगोल, इतिहास और आत्मा को उसी रूप में बदला है। यदि इन तीनों उपन्यासों की कथा के सम्पूर्ण विस्तार-काल को देखें तो यह 1857 ई. के एकदम बाद से लेकर प्रायः अद्यतन के समय को अपनी इतिहास-दृष्टि विश्लेषित करने का उपक्रम बनाता है। अनायास नहीं हुआ है कि रवीन्द्र वर्मा 'निन्यान्वे' और 'मैं अपनी झाँसी नहीं दूँगा' दोनों ही उपन्यासों में एक ही परिवार की कथा को आगे बढ़ाते हैं। इस तकनीक का इस्तेमाल हिन्दी में एक और उपन्यासकार जगदीश चन्द्र ने किया है, 'धरती धन न अपना' के कथा-नायक काली की कथा को ही आगे 'नरक कुंड में वास' उपन्यास में अपनाया गया है। देश में विष-बेलि की तरह फैली साम्प्रदायिक मनोवृत्ति और 'हिन्दुत्व' के नाम पर फैल रही पोंगापन्थी सोच और उस सबको राजनीति द्वारा भुनाए जाने का वोट का गणित बार-बार इन दोनों उपन्यासों—'मैं अपनी झाँसी नहीं दूँगा' और 'दस बरस का भँवर' में एक मुख्य कथ्य बनकर बाबरी मस्जिद ध्वंस और राम-मन्दिर की राजनीति के रूप में उभरता है जिसकी चरम परिणति गुजरात के गोधरा कांड का गुजरात नरसंहार है। इस सबकी चर्चा आगे होगी, यहाँ रवीन्द्र वर्मा की उपन्यास-तकनीक पर ही कहना अभीष्ट है।

आज जब उपन्यास की महाकाव्यात्मकता को उसके पृथुलाकार, महा आकार से जोड़कर देखने का फ़ैशन बढ़ रहा है, प्रकाशक और लेखक यह मानने का दुराग्रह पाले हुए हैं कि महा आकार ही उपन्यास को महाकाव्यात्मक गौरव प्रदान कर सकेगा, रवीन्द्र वर्मा के उपन्यास आकार की दृष्टि से उपन्यास का एक आदर्श प्रतिरूप (मॉडल) बनते हैं। तीनों ही उपन्यास आकार में मानकीकृत हैं—'निन्यान्वे'-207 पृष्ठ, 'मैं अपनी झाँसी नहीं दूँगा'-185 पृष्ठ तथा 'दस बरस का भँवर'-205 पृष्ठ। किन्तु इनमें इतनी गझिन बुनावट है कि वे इस मिथ (भ्रम) को तोड़ते हैं कि महत् उपन्यास होने के लिए उसका महताकार होना अपेक्षित है। मुख्य कथा में, विभिन्न-युक्तियों का सूझवान प्रयोग कर किस प्रकार कथ्य को बहुआयामी विस्तार दिया जा

सकता है, अपने समय और समाज की हर चिन्ता और सरोकार से टकराया जा सकता है, यह गुण रवीन्द्र वर्मा के औपन्यासिक शिल्प में देखा जा सकता है। इस गुण का अभाव ही उपन्यास को महताकार रूप दे देता है। अपने कथानक की संक्षिप्ति में कथ्य का इतना विस्तृत वितान रचने की कला हिन्दी में कम उपन्यासकारों के पास है। एक प्रसंग को छोड़ दूसरे वांछित प्रसंग पर कैसे छलाँग लगाई जाए, रवीन्द्र वर्मा इस हुनर को बहुत अच्छी तरह जानते हुए उसका निर्वाह करते हैं, इसी कारण उनकी यहाँ कथा एकरेखीय या एकायामी न होकर बहुआयामी हो जाती है। अपने समय, परिवेश की प्रायः सभी छोटी-बड़ी चिन्ताओं से टकराकर भी उपन्यास घटनाओं, सूचनाओं का भंडारण नहीं बनता है अपितु स्वाभाविक रूप में प्रसंग कथा में अनुस्यूत होते चले जाते हैं, बिना यह आभास दिए कि लेखक 'सब कुछ' को समेट रहा है। यदि केवल 'दस बरस का भँवर' को ही लें तो रिटायर्ड पिता बाँके बिहारी के सबसे छोटे बीमार पुत्र रतन की कथा आगे बढ़ाते हुए दिग्भ्रमित युवा पीढ़ी के चित्रण के कथा के खोल में पिछले दस बरस की कोई ऐसी महत्त्वपूर्ण घटना नहीं है जिस पर उपन्यासकार की दृष्टि नहीं जाती है—बाबरी मस्जिद ध्वंस तथा राम-मन्दिर की राजनीति, साम्प्रदायिकता का जनून, गोधरा कांड और गुजरात नरसंहार, इंदिरा गांधी की हत्या के बाद पूरे देश में हुए सिख विरोधी दंगे, भूमंडलीकरण की अपसंस्कृति का पसारा, उपभोक्तावाद की बढ़ती सनक, फास्ट-फूड और ब्रांडिड संस्कृति, देश की आर्थिक प्रगति के निरन्तर बढ़ते ग्राफ़ के बीच किसानों की हत्याओं का न थमने वाला क्रमिक सिलसिला, पोखरन में परमाणु विस्फोट, 11 सितम्बर, 2001 को न्यूयार्क में वर्ल्ड ट्रेड सेन्टर की मीनारों का ध्वंस, नव धनाढ्य वर्ग की भोगवादी जीवन-चर्या के सभी ट्रेंड्स, अमेरिका आदि देशों में बसे भारतीय प्रवासियों की ज़िन्दगी और उनकी समस्याएँ तथा इन सबके साथ पारिवारिक रिश्तों की टूट-फूट तथा ऊष्मा-शेष स्थिति और मध्यवर्गीय भारतीय समाज में 'मानस' के सुन्दरकांड-पाठ में सर्व-सुख की तलाश तथा गणेश जी के दूध पीने की घटना के पीछे का परम्परा-प्रेम के प्रश्न, आदि उपन्यास के कथ्य को बहुआयामी रूप प्रदान करते हैं।

रवीन्द्र वर्मा के उपन्यासों में प्रकृति और वातावरण का जो सूक्ष्म अंकन और उसका कथात्मक उपयोग मिलता है, वह उनके उपन्यासों की एक विरल विशेषता है। यह उनकी शैली की निजता है। आज की अति यांत्रिक जीवन-शैली में लेखक प्रकृति के कितना सन्निकट है और उसकी अभिव्यक्ति जिस काव्यात्मक लय के साथ की गई है, वह विस्मयकारी है। अँधेरे के बीच खड़ा झाँसी का क़िला, सुबह उठने पर आँगन में चिड़ियों की चहचहाहट, रेत पर चाँदनी का बियाबान, पानी और धूप की संधि, समुद्र की सोचती सतह पर डूबते सूर्य की सोने की खेती, आदि कितने ही बिम्ब हैं जो भूमंडलीकरण की समस्याओं से जूझते कथा-सरोकारों और साम्प्रदायिकता की आँधी में इनसान के वहशीपन के बीच में प्रकृति के ये काव्यात्मक बिम्ब पाठक को एक सकून-भरा आस्वाद देते हैं। कथा-शिल्प की इस समस्त समृद्धि को लेकर रवीन्द्र वर्मा 'दस बरस का भँवर' में उपस्थित हैं जिससे यह एक उपलब्धिपूर्ण उपन्यास बन सका है।

'दस बरस का भँवर' की कथा का प्रारम्भ बाँके बिहारी के सामान्य से मध्यवित्त परिवार की कथा से होता है जो पिछले पचास बरस से पत्नी के तकाज़ों के बावजूद घर के अन्दर की सीढ़ियों पर दीवार का परदा भी नहीं करा सके हैं, जिनके तीन समृद्ध, अच्छा खाते-पीते, बेटे उनके चौथे सबसे छोटे बेटे रतन का न इलाज करा पाते हैं और न उसे प्रेम और सम्मान से अपने पास रख पाते हैं। दो साल पहले वे अपने इस नीम पागल बेटे के विषय में इसकी भाभी की उपेक्षाभरी टिप्पणी सुनकर उसे लखनऊ से एक बेटे के पास से लिवा लाए थे और अब मुम्बई दूसरे बेटे के

पास दस महीने से रह रहे बिन पैसे के बँधुआ मज़दूर-से उसी बेटे को फ़ोन पर रोते हुए यह सुनना कि वह वहाँ भाई के घर में बिना वेतन का नौकर होकर रह गया है, दुखी होकर वे उसे मुम्बई से झाँसी ले आते हैं—दस बरस का समय उनका इसी तरह गुज़र गया। कथा का यह खोल ग्रहण कर लेखक भारतीय परिवेश की राजनीतिक उथल-पुथल और सांस्कृतिक ऊहापोह के पिछले दस बरसों की गाथा कहता है—समय की प्रत्येक महत्त्वपूर्ण घटनाओं और खलबलियों को शब्दबद्ध करता हुआ। प्रसंग में से प्रसंग निकालने की कथा-युक्ति के प्रयोग में उपन्यासकार को बहुत महारत हासिल है। बाँके बिहारी-रतन की कथा में गुजरात-प्रकरण वे बाँके बिहारी के अख़बार पढ़ने से लाते हैं जिसमें मुख्य ख़बर गुजरात के दंगों की थी, "परसों घटा 'गोधरा' का बदला कल गुजरात से लिया। हत्या, लूट और आगजनी का तांडव शुरू हुआ था। पता नहीं क्या-क्या हुआ था?" इस गोधरा-गुजरात कांड ने बाँके बिहारी को फिर से याद करा दिया था कि उनके घर में उनके पोते की माँ नूरजहाँ है, उनके बेटे नमन की बहू। उन्होंने बहू को ब्याह के वक्त मुसलमान की तरह देखा था, फिर भूल गए थे कि घर में कोई मुसलमान भी है, "फिर भूल गए थे। भूला हुआ शिद्दत से दिसम्बर 1992 में याद आया था। फिर लगातार याद आता रहा। जब-जब बाबरी-मस्जिद-रामजन्म भूमि का मामला गरमाता रहा, बाँके बिहारी को नूरजहाँ का मुसलमान होना याद आता जैसे कोई दर्द बार-बार उठता हो।"[1] कथा युवा गुमराह नई पीढ़ी के प्रतिनिधि रतन और साम्प्रदायिकता की समस्या के बीच में निरन्तर आवाजाही करती हुई बाबरी मस्जिद ध्वंस, राम-जन्मभूमि की राजनीति और उसी की निष्पत्ति गुजरात कांड को उपन्यास का मुख्य कथ्य बनाती है।

वस्तुतः साम्प्रदायिकता, साम्प्रदायिक मनोवृत्ति का प्रतिरोध उपन्यास की कथा में एक अन्तःसलिला (अंडर-करेंट) की तरह अपनी निरन्तरता बनाए हुए हैं। न्यस्त राजनीतिक स्वार्थों से प्रेरित बाबरी-मस्जिद और रामलला जन्मभूमि की घटनाओं ने हमारे सामाजिक ताने-बाने को किस प्रकार एकबारगी क्षत-विक्षत कर प्रत्येक प्रबुद्ध भारतीय के मानस को विक्षुब्ध किया, उसे उपन्यास में विभिन्न बिम्बों और प्रसंगों द्वारा विश्लेषित किया गया है। बाँके बिहारी के बेटे-बहू जिन्होंने हमेशा अपने को मात्र इनसान की तरह ही देखा—कभी भी 'नमन' और 'नूर' (नूरजहाँ) के रूप में नहीं, वे दोनों गुजरात कांड की ख़बर पाकर, लखनऊ में हिन्दू-मुस्लिम दंगे देखकर—उनकी ख़बर सुनकर 'नूर' और 'नमन' की मनःस्थिति यह हो जाती है, "यह पहली रात थी जब वे एक ही पलंग पर अकेले लेटे थे और उन्होंने एक-दूसरे को छुआ तक नहीं था। उपन्यासकार उस इतिहास में जाता है कि लखनऊ में हिन्दू-मुस्लिम दंगे बिल्कुल अजाने थे, ताजिए निकालने की बात को लेकर शिया-सुन्नी झगड़े तो होते रहे थे किन्तु हिन्दू-मुसलमानों के दंगे कभी नहीं। इसी समाज में बाबरी मस्जिद-ध्वंस के बाद फ़िज़ा ऐसी बदली कि लोगों ने घरों की छतों पर ईंट-पत्थर इकट्ठे करने शुरू कर दिए थे। ऐसा ही प्रसंग लेखक ने ढूँढ़कर कथा में नियोजित किया है कि गुजरात दंगों में डॉ. अहमद का वह रिश्तेदार बड़ौदा में मारा गया है जिसके पूर्वज झाँसी की रानी के सिपाही थे और अंग्रेज़ों के दमन-चक्र से बचने के लिए वह सुदूर बड़ौदा में जा बसे थे। बाँके बिहारी सोचते रह जाते हैं कि, "झाँसी की रानी का मुसलमान सिपाही जो डेढ़ शती पहले अंग्रेज़ों से बच गया था, उसे डेढ़ शती बाद हिन्दुओं ने मार दिया।"[3] ज्ञात इतिहास की ऐसी सचेत प्रस्तुति कि वह वर्तमान के लिए भी दिशा-बोधक सिद्ध हो, इस उपन्यास की अपनी विशेषता है।

बाबरी मस्जिद-ध्वंस तथा गुजरात दंगे राम-जन्मभूमि विवाद की ही निष्पत्तियाँ हैं, इसलिए लेखक राम-जन्मभूमि और रामलला की मूर्ति-स्थापना के प्रयत्नों में परदे के पीछे की राजनीति

की तहों में जाता है क्योंकि उसका दृढ़ विश्वास है कि सच्चे रामभक्तों के रूप में बाबरी मस्जिद पर चढ़ी 'वानरी सेना' ऐसा उत्पात नहीं कर सकती थी, ऐसा तो उसने लंका में भी नहीं किया था। ये सतयुग के राम की सेना के वानर नहीं अपितु नए राम, 'प्रतिशोधी राम' के प्रतिनिधि हैं, "चाहे लंका तामसी राक्षसों की लंका ही क्यों न हो। राम की वानर सेना राक्षसी व्यवहार नहीं कर सकती थी। लूट और बलात्कार और आगजनी करते साक्षात् राक्षस राम की सेना नहीं हो सकते।"[4] लेखक का विश्वास है कि राम-मन्दिर की राजनीति की आधारशिला 1949 ई. में उस समय रख दी गई जब 'बाबरी मस्जिद' में मूर्तियाँ रखी गईं। राम-जन्मभूमि मुद्दे को गर्माए रखने में राजनीतिक उद्देश्य पूरे होते थे, "...सन् 1949 में जो रामलला बाबरी मस्जिद में अवतरित हुए और जिनकी अध्यक्षता में मस्जिद गिरी, वे तुलसी के राम नहीं थे। राम दिल्ली की कुर्सी का पायदान नहीं हो सकते थे।"[5] नूर और नमन के बेटे मुन्ना के मुँह से कहलवाया गया यह वाक्य "मन्दिर और मस्जिद एक साथ क्यों नहीं रह सकते" तथा एक मीटिंग में एक युवक का एक नारे का प्रस्ताव—'धर्म हटाओ, देश बचाओ', इस समस्या का उत्तर तलाशने की दिशा में बढ़ते क़दम हैं। देश में होने वाले चुनावों के समय अयोध्या मसले का गरमाना "कोई संयोग नहीं था। मन्दिर के हल्ले की धूम में भूख और बेरोज़गारी और महँगाई छिप जाती थीं।" "सत्ता के खेल में धार्मिक रूपकों और प्रतीकों का दोहन"[6] किया गया था।

साम्प्रदायिकता की समस्या से जूझते उपन्यास का दूसरा प्रमुख उद्देश्य गुजरात की त्रासदी के भयावह तथा नृशंस रूप को सामने लाना था और उनकी स्मृति इस रूप में कराई गई है कि पाठक उस सबसे घृणा करता हुआ एक सही सोच विकसित कर सके। बाँके बिहारी समाचार-पत्र की नौकरी ग्रहण कर चुके हैं और गुजरात दंगों पर अपने पत्र के लिए रपट लिखने के लिए गुजरात-यात्रा पर गए हैं। इस यात्रा के मिस उपन्यासकार ने अहमदाबाद के विभिन्न मुहल्लों, बड़ोदरा, सूरत आदि स्थानों में हुए नरसंहार के एक-से-एक लोमहर्षक चित्र प्रस्तुत किए हैं। बेकरी कांड, एहसान जाफ़री की निर्मम हत्या, वली दकनी की मज़ार का मटियामेट किया जाना, गर्भवती स्त्रियों से बलात्कार और गर्भस्थ भ्रूण को त्रिशूल पर टाँगना, आँगन में पानी भरकर तालाब-सा बनाकर उसमें पूरे घर के लोगों को बिजली का करेंट लगाकर मार डालना, लूट-पाट के दिल दहलाने वाले दृश्य, आदि यहाँ पूरी गहरी मानवीय संवेदना के साथ चित्रित हैं। इसमें से कुछ भी पाठकों के लिए अनजाना नहीं है, समाचार-पत्रों, पत्रिकाओं तथा अन्य सूचना माध्यमों से ये सब अमानवीय घटनाएँ सामने आ चुकी हैं। इन सबका चित्रण करते हुए उपन्यास रिपोर्ताज़ का रूप भी लेने लगता है किन्तु फिर लेखकीय चिन्तन इन्हें उपन्यास का कथ्य बना देता है। वह इन घटनाओं को जलियाँवाला बाग त्रासदी और 'ब्लैक होल' ('काल कोठरी') से भी अधिक अमानवीय ठहराता है, पूरी तार्किकता से, "जलियाँवाला बाग की 379 हत्याओं के लिए जनरल डायर पर मुकदमा चला था। गुजरात के नरसंहार के लिए जिसमें करीब तीन हज़ार जानें गईं, कहाँ मुकदमा चलेगा।"

"नरोडा-पाटिया के नरसंहार की संख्या से कहीं ज़्यादा अहम उसकी तकनीक थी, जिसके बरक्स जलियाँवाला बाग एक क्रूर खेल लगता था। ज़रा तसव्वुर कीजिए, एक गर्भवती स्त्री से सार्वजनिक सामूहिक बलात्कार, फिर उसका गर्भ चीरकर शिशु को निकालना और उछालना। जब नवजात शिशु हवा में नीचे उतरता है तो धरती से पहले उसे एक संगीन की नोक धारण कर लेती है। नवजात शिशु चीख़ भी नहीं पाता। जीवन की पहली चीख़ भी मयस्सर नहीं हो पाती।" उसकी माँ को "दूसरी नंगी औरतों के साथ पेट्रोल डालकर जला दिया जाता है। कोई नामोनिशान

नहीं।"[7] इसी प्रकार 'ब्लैक होल' अंग्रेज़ी राज त्रासदी की तुलना करते हुए कहा गया है, " 'ब्लैक होल' अंग्रेज़ी राज का षड्यंत्र था। नरोडा-पाटिया जनतंत्र का षड्यंत्र था।...'ब्लैक होल' में लाशें बची थीं। नरोडा-पाटिया में लाशें नहीं बची थीं—ताकि कोई सनद न रहे जो वक्त पर काम आए।"[8] इस प्रकार उपन्यास और उपन्यासकार दोनों अपनी पूरी शक्ति से भारतीय गणतंत्र के इस लज्जाजनक प्रकरण का पुरज़ोर विरोध करते हुए साम्प्रदायिकता के विरुद्ध खड़े होते हैं।

भारतीय समाज में घर कर गई साम्प्रदायिकता को रवीन्द्र वर्मा ने उपर्युक्त दो बड़ी घटनाओं के माध्यम से ही नहीं देखा है अपितु इंदिरा गांधी की हत्या के पश्चात् 1984 ई. में हुए सिख विरोधी दंगों, ओडिशा में हुई ग्राहम स्टेंस और उसके परिवार के लोगों की हुई जघन्य हत्या भी उसे इसी प्रकार आन्दोलित करती है। नूर को लखनऊ में हुए दंगे देखकर कानपुर में सिखों के साथ हुए सलूक की याद आती है, "पिछले माह कानपुर में विकराल दंगे हुए थे, जिसमें सिखों को गले में जलते टायर डालकर या उन्हें पेट्रोल में नहलाकर जला दिया गया था। वे सड़क पर आग पहने हुए भागे थे...वे चीख़ते थे और उनको घेरे आग भड़क जाती थी।"[9] इसी रूप में नूर टी.वी. पर ग्राहम स्टेंस और उसके दो बच्चों की हत्या देखती है, "शाम को टी.वी. पर ग्राहम स्टेंस और उसके दोनों बच्चों के उड़ीसा के एक गाँव में जीप में सोए हुए ज़िन्दा जलाए जाने की ख़बर थी। टी.वी. के परदे पर उस जली जीप के कंकाल के बिम्ब छपे थे, जिसमें तीनों रात को सोए और सुबह नहीं उठे।"[10] राष्ट्रीय शर्म की इन सारी त्रासदियों, घटना-प्रसंगों को उपन्यास में पूरी मानवीय चिन्ता के साथ उठाया गया है।

'दस बरस का भँवर' की दूसरी बड़ी चिन्ता भूमंडलीकरण की अपसंस्कृति के प्रभाव की है। पिछले दस-पन्द्रह वर्षों में और विशेषतः पिछले दस बरसों में जितनी तेज़ी से भूमंडलीकरण के दुष्प्रभावों ने भारतीय समाज को अपनी गिरफ़्त में लिया है, उनसे सब हत्प्रभ हैं। आधुनिकीकरण की आँधी को तो झेलकर भारतीय समाज जिस-तिस रूप में आत्मसात कर गया था किन्तु वैश्वीकरण की आँधी में उसके पैर पूरी तरह उखड़ गए हैं। पुरातन जीवन-मूल्यों की धज्जियाँ उड़ रही हैं और नए मूल्यों का अधूरा-अधूरा-सा स्वीकार हमें दिग्भ्रमित किए हुए है। भूमंडलीकरण के नाम पर सीधे-सीधे हमारा जो 'अमेरिकीकरण' हो रहा है, उसे हम तन-मन से अपना-अपनाकर भी कहीं न कहीं दुखी और असन्तुष्ट हैं। इन सब स्थितियों को उपन्यास में बाँके बिहारी और रतन की कथा के द्वारा विशेष रूप से तथा उनके अन्य पारिवारिकों, बेटे-बहुओं के प्रसंगों द्वारा भी कुशलतापूर्वक अनुस्यूत किया गया है। रतन को ऐसी नई पीढ़ी का प्रतिनिधि बनाया गया है जो प्रदत्त परिस्थितियों और कुछ ख़ुद की काहिली से लाचार और नाकारा बनकर दिग्भ्रमित है—नशाख़ोरी, पब-क्लबों की रात की रंगीनी, तरह-तरह की ऐय्याशी उनके शौक हैं। अपने सपनों को पाने के लिए उनके दो ही आदर्श (रोल मॉडल) हैं—कोई फ़िल्मी हीरो (यहाँ आमिर खान) तथा अम्बानी जैसा कोई उद्योगपति। रास्ते वे दोनों के अख़्यार करना चाहते हैं किन्तु उस बिन्दु तक पहुँचना उनके वश की बात नहीं है। हाँ, किसी फ़िल्मी लोकप्रिय नायक की राह चलने के लिए वे मुम्बई की फ़िल्म-नगरी में ज़रूर जा भटकते हैं। रतन की नीम पागल स्थिति का विश्लेषण करता मनोचिकित्सक डॉ. पांडे यही कहता है, "...रतन अपनी पीढ़ी का नौजवान है। वह जल्दी में है। उसे 'फास्ट फूड' की तरह फास्ट सक्सेस चाहिए। वह इन्तज़ार नहीं कर सकता। वह सीधा पहले नम्बर की सीढ़ी पर उछल जाना चाहता है।"...नौकरी छोड़कर वह अम्बानी और आमिर के सपने देखता है, सपने तो सपने हैं।[11] "भौतिकतावादी दृष्टि, उपभोक्तावाद, बाज़ार, बाज़ार की ब्रांडिड संस्कृति इन्हें सनकी ('क्रेज़ी') बना रही है, 'बाज़ार इन्हें भड़काता है'।" डॉ. पांडे ने

कहा, "हर लड़के को ली वाइस जींस, सेल-फ़ोन, मारुति और उन तीन लड़कियों में से एक लड़की चाहिए जो नए ब्रीफ़ के विज्ञापन में समुद्र की लहरों से दौड़ती हुई लड़के की ओर रोज़ टी.वी. के परदे पर आती हैं।"[12] ब्रांडिड संस्कृति छोटे-से-छोटे बच्चों को भरमा रही है, नूर और नमन का बेटा मुन्ना सोलह सौ रुपयों के जूतों की माँग करता है। मध्यवित्त परिवार भी मारुति और उससे भी बढ़िया बड़ी गाड़ियों की क़तार की क़तार देखकर उन्हें प्राप्त करने का स्वप्न पालते हैं, उसके लिए ऑफिस या बैंक से लोन ('कर्ज़' का सम्मानप्रद रूप) लेते हैं। विदेश की हर चीज को इस अपने देश में और अपने पास देखना चाहते हैं। शराब भी विदेशी चाहता है रतन क्योंकि "यह विश्व-ग्राम का ज़माना है। धरती के टुकड़ों में फ़र्क़ नहीं रहा।"[13] आज उच्च मध्यवर्ग किस प्रकार उच्च वर्ग में संचरण करता हुआ उपभोक्तावाद, बाज़ारवाद और मुक्ति कामना के लिए बाबाओं तथा किस्म-किस्म की माताओं के चक्कर में पड़ा हुआ है, इसको बड़े व्यंग्यात्मक रूप में बाँके बिहारी के बड़े बेटे पवन तथा उसकी पत्नी किशोरी के माध्यम से चित्रित किया गया है। पति बढ़ते व्यापार में मग्न रहता हुआ नई-नई लड़कियों का सेवन करता है और उस सबको जानती हुई त्रासद स्थितियों में जीती किशोरी किसी 'कौशल्या मैया', अपनी गुरु माँ के चरणों में शान्ति पाने का भ्रम पाले हुए है, वह गुरु मैया के इस रुतबे से आतंकित है कि वह किसी आई.ए.एस. की पत्नी है। किशोरी के ड्राइंग रूम में कौशल्या मैया के चरणों की तस्वीर दिखाकर उपन्यासकार इस स्थिति पर व्यंग्य करता है कि अधिक खाए और अघाए वर्ग में बाबाओं-गुरु माताओं का वर्चस्व किस रूप में फैला हुआ है। किन्तु क्या गुरु मैया के चरणों की भक्ति कर किशोरी उपभोक्तावादी संस्कृति से मुक्त हो गई? नहीं, अभी भी ज़ेन कार के होते हुए उसे अपनी सहेली की तरह फोर्ड आईकन लेने की तीव्र कामना है। गुरु और गुरु माताएँ जिस प्रकार एक हाईटैक जीवन जीती हैं, उसका व्यंग्यात्मक चित्रण गुरु माता के 'पैरों' (किशोरी बलपूर्वक इसे शुद्ध कर रतन से 'चरण' बताती है) में पड़ी सोने की पायल हैं। मात्र 5-6 वर्षों की अवधि में यह वर्ग किस प्रकार बड़ी गाड़ियों में घूमते हुए ऐश और अय्याशी का जीवन जीते हैं, यह पवन-किशोरी जैसे अनुयायियों के बल पर ही सम्भव हो पाता है।

रतन को पवन के पास पहुँचाने की कथा-युक्ति से उपन्यासकार महानगरीय जीवन के भूमंडलीकृत हो जाने की स्थितियों को चित्रित करने में सफल हो सका है। महानगरीय यांत्रिक जीवन शैली के अनेक बिम्ब लेखक सिरजता है, "लोग समुद्र और दुकानों से लौटकर अपने घर जा रहे थे। मुम्बई में घर शहर से इतनी दूर थे जैसे परदेस हो। लोग घर परदेस की तरह जाते थे और दिन-भर दफ़्तरों या रेलगाड़ियों में रहते थे।"[14] रतन के बम्बई-प्रवास में ही उपन्यास में वहाँ के रात्रिकालीन क्लब-जीवन, टी.वी. के मिक्स आदि की स्थितियों का चित्रण कर ग्लोबलीय गाँव की अपसंस्कृति का विश्लेषण किया गया है। अन्तिम चौथे खंड में उपन्यासकार जब रतन को वापिस झाँसी में लाता है तो उसके और सपना की प्रेम-कहानी के माध्यम से इस स्थिति को स्पष्ट किया गया है कि टी.वी. ने क़स्बे-छोटे शहरों तक में किस प्रकार एक नंगई को बढ़ावा दिया है, "ऐसी दोस्ती का अंजाम अब इस छोटे शहर में भी एक अदद सूना कमरा और एक अदद कंडोम हो गए थे—जिसमें परिवार-नियोजन और टी.वी. का भरपूर योगदान था। अब वह ज़माना नहीं था कि लड़के-लड़कियाँ मोहल्लों में छतों से नज़रों के तीर चलाएँ और मन्दिरों में एक दूसरे से टकरा जाएँ। तब शहर में प्रेमी और प्रेमिका के बीच चुम्बन एक पराक्रम था। अब प्रेमी ने प्रेमिका का बलात्कार किया। फिर प्रेमिका ने थाने में जाकर रपट लिखाई!! लोग पहले खिलखिलाकर हँसते, फिर सहम जाते! शहर को क्या हो गया था?"[15] शहर की आत्मा के बदलने का यह एक

बिम्ब है जिसके द्वारा लेखक जीवन-दृष्टि और मूल्यों में बदलाव को रेखांकित करना चाहता है। कॉल गर्ल्स, बम्बई-प्रवास के समय देखे नाइट-क्लब आदि का जीवन अब छोटे शहरों-क़स्बों के लिए भी बहुत अजाना नहीं रह गया है। झाँसी में आकर रतन कमला, स्टैला जैसी लड़कियों को देखता है—'ऐसी दोस्तियों' का चलन झाँसी में नया है जिसमें कमला और स्टैला जैसी लड़कियाँ अपनी देह का मूल्य वसूलती हैं, वह दोस्ती महज़ पैसे के लिए है। यह सब हमारे अमेरिकीकरण और वैश्विक ग्राम का हिस्सा बनने की स्थितियाँ हैं जिन्हें उपन्यासकार विविध घटना-प्रसंगों के माध्यम से बार-बार कहता है और बहुत कुछ पाठकीय कल्पना के लिए छोड़ देता है।

वस्तुतः अमेरिका आज पूरी दुनिया पर छाया हुआ है, पढ़ने में थोड़ा भी 'लायक' युवक अपना मक्का-मदीना अमेरिका को ही समझता है। बाँके बिहारी के बेटे मदन के माध्यम से इस अमेरिका प्रेम और वहाँ रह रहे भारतीयों—एन.आर.आईज़—की स्थितियों को चित्रित किया गया है। वहाँ रहकर उन्हें वतन की याद भी आती है, कभी उन्हें भारत, अपनी मातृभूमि दुनिया का सबसे अच्छा देश लगती है किन्तु डॉलर की चमक उन्हें स्वदेश नहीं लौटने देती और इधर उनका रिटायर्ड पिता डॉलर स्वीकार करने में अपनी हेठी समझता है पर बेटों के दिलाए 'नाइक शू' पहनकर अपने को चुस्त-दुरुस्त पाता है। भूमंडलीकृत गाँव की स्थिति का दूसरा पक्ष यह भी है कि यहाँ किसान निरन्तर आत्म-हत्या कर रहे हैं। कारख़ानों से निकाले गए मज़दूर भी ज़िन्दगी से ही निकल गए। नमन अपने भाषण में भूमंडलीकरण के चाक-चिक्य की असलीयत इस रूप में खोलता है, "उसने आँकड़ों की मदद से बताया कि भूमंडलीकरण का पहला दशक अवसान की ओर अग्रसर है और उसके राष्ट्रीय और अन्तर्राष्ट्रीय प्रवक्ताओं के सुनहरे वादे धूल में लोट रहे हैं।...मध्यवर्गीय कर्मचारी किसी धोखे में न रहें। यह पिज़्ज़ा और डिज़ाइनर कपड़ों का संसार घरों में टी.वी. का परदा उठाकर घुस रहा है। बच्चे, हज़ारों के कपड़े और जूते माँगते हैं।...दो शती पहले अंग्रेज़ों ने एक हाथ में सलीब और दूसरे हाथ में बन्दूक लेकर हमारे देश में प्रवेश किया था। इस दशक में गोरों ने फिर एक हाथ में पेप्सी और दूसरे हाथ में टी.वी. का केबल लेकर हमारी धरती पर कदम रखे हैं। धरती पर क़दम रखने वाले ये खुद नहीं हैं। उनके अक्स हैं। ये अक्स अन्तरिक्ष में घूमते सैटलाइट के ज़रिए हमारे घरों में आते हैं। हमें पता नहीं चलता। हम अमरीकी बिम्बों के गुलाम हैं।"[16] पूरा देश अमेरिकीकरण की प्रक्रिया में मानो शिज़ोफ्रेनिया का शिकार हो रहा था, "वह ऐसा समय था जिसमें देश के एक तिहाई लोग भूखे थे और एक चौथाई पिज़्ज़ा खा रहे थे—बाकी लोग पिज़्ज़ा की प्रदर्शन-खिड़की में आँखें गड़ाए खड़े थे।"[17] ये खिड़की में आँखें गड़ाए खड़े वे लोग हैं जो उस दुनिया में पर्दापण की जुगत खोज रहे हैं। वे 'फास्ट फूड' की तरह 'फास्ट सक्सेस' की कामना करते हैं। उपभोक्तावादी बाज़ार के समस्त मायावी प्रपंचों पर उपन्यास अपनी दृष्टि डालता है। पोखरन का धमाका भी अमेरिकीकरण के ही प्रभाव से है। दुनिया के दादा देश का मान-मर्दन करने के लिए आतंकवादी संगठनों ने 11 सितम्बर, 2001 को वर्ल्ड ट्रेड सेन्टर की जुड़वाँ मीनारों को ध्वस्त कर दुनिया को जो यह अहसास दिया कि "यदि बादशाह के बिस्तर पर विस्फोट हुआ था, तो कहीं कुछ भी हो सकता था" लेखक की दृष्टि उस पर भी जाती है। भारत ने पोखरन में जो परमाणु विस्फोट किया, उसके पीछे भी कहीं न कहीं, किसी रूप में अमेरिकी प्रभाव ही कहा जाएगा, "यह अजीब इत्तफ़ाक था कि जिस दिन अमरीकी सहायता रतन को मिली, उसी ग्यारह मई के जलते दिन पोखरन-2 का नाभिकीय विस्फोट हुआ और भारत एक महाशक्ति बन गया।"[18] इस सबके चित्रण ने 'दस बरस के भँवर' को एक अत्यन्त व्यापक फलक प्रदान किया है।

दस बरस के विकराल समय को व्यापकता में समेटता हुआ यह उपन्यास पारिवारिक रिश्तों, वैयक्तिक सम्बन्धों की टूट-फूट और ऊष्मा-शेष स्थिति को बड़ी कारुणिक दृष्टि से विश्लेषित करता है। बाँके बिहारी के लिए यह बड़ा पीड़ादायक अनुभव है कि उनके रिटायर हो जाने पर भी उनके तीन-तीन अन्य समर्थ बेटे अपने छोटे भाई का बीमारी और नौकरी न लगने की स्थिति में भी निर्वाह नहीं कर पाते। असम्मानजनक ढंग से उनका अमेरिका में बसे बेटे से डॉलर लेना स्वीकार्य नहीं है, "डॉलर नहीं लूँगा, बाँके बिहारी ने सोचा। नीम-पागल या घर के नौकर के लिए डॉलर दान नहीं लूँगा। दान नहीं लूँगा। छोटे मेरा बेटा है, मैं उसे पालूँगा।...पहले वे उठकर बैठे, फिर खड़े हो गए थे, गोवा किसी महायात्रा का संकल्प हो।"[19] यह खड़ा होना अपने को आर्थिक रूप से खड़ा करने का उपक्रम है, इसीलिए वे पत्र के संवाददाता का कार्य स्वीकारते हैं। अमेरिकावासी मदन अपने भाई को 'सहायता' का प्रस्ताव नहीं अपितु व्यंग्यात्मक रूप में 'भारत में निवेश' की पेशकश करता है। न ही पिता बाँके बिहारी को यह स्वीकार हो पाता है कि बेटा बाप के माँगने पर ही अपने छोटे भाई के इलाज के लिए रुपया मुहैया कराएगा। नई पीढ़ी बुज़ुर्गों की भावनाओं को अपने छोटे-छोटे व्यवहारों से किस प्रकार आहत करती है, उसका बहुत मार्मिक आख्यान एक स्थान पर उपन्यासकार ने अत्यन्त कम शब्दों में बहुत सहजता से इस प्रकार किया है, "रतन को उनके पैर छूना याद न रहा। बाँके बिहारी को बेटे का पैर न छूना याद रहा।"[20] सम्बन्धों के चुकने की ऐसी कई स्थितियाँ उपन्यास में चित्रित हैं। घर से बाहर भूमंडलीकरण की विषम स्थितियों, देश में चारों ओर फैली साम्प्रदायिकता की समस्याओं, आदि से त्राण पाने का बाँके बिहारी को एक ही उपाय सूझता है—वे अपने गाँव का रास्ता अख़्तियार कर लेते हैं। गाँव लौटने की विवशता को उपन्यास में चरम बिन्दु के रूप में अत्यन्त मार्मिकता से अंकित किया गया है, एक निष्ठावान व्यक्ति के रूप में पूरी ज़िन्दगी जीते हुए बाँके बिहारी को कचहरी में अपने छोटे बेटे रतन के ख़िलाफ़ गवाही देनी पड़ी जिसका चेहरा उन्हें गुजरात के दंगाई रामकुमार जैसा लगता है। यह दृढ़ बाँके बिहारी का अन्तिम प्रतिरोध है, इसके बाद उनके घर लौटने की गुंजाइश नहीं बचती। अपने बेटे के ख़िलाफ़ गवाही देकर जैसे उन्होंने अपनी निष्ठा को बचा लिया हो, जैसे उनका काम पूरा हो गया हो। बाँके बिहारी गाँव लौटते हैं और अन्त में "उन्होंने एक-एक क़दम बढ़ाते हुए घास में प्रवेश किया जैसे वे स्वयं घास की पत्ती हों।" यह उनका मृत्यु स्वीकार भी है। उपन्यास की कथा इसी बिन्दु पर विश्राम पाती है।

अत्यन्त समृद्ध शिल्प के स्वामी रवीन्द्र वर्मा के उपन्यासों की भाषा बहुत सधी हुई और ताप में ताई हुई है। वे भाषा को बहुत सचेत होकर सहज और अनुभव-गम्य रूप प्रदान करते हैं। सीढ़ी से पैर के लड़खड़ाने की स्थिति को शाब्दिक अभिव्यक्ति देने में बाँके बिहारी की मनःस्थिति साक्षात् हो जाती है, "नीचे आँगन नहीं था, समुद्र था। सीढ़ी के ऊपर आसमान था, नीचे समुद्र था। वे आँखें बन्द किए नीचे उतरते गए। सीढ़ी ख़त्म ही नहीं होती थी जैसे समुद्र पाताल में उतरता जाता हो।"[21] रतन की मनोस्थिति को व्यक्त करते समय कितने ही स्थानों पर भाषा के उपमान इतने टटके और प्रभावी हैं कि पाठक को बाँध लेते हैं। बोलचाल में भाषा की श्लेषात्मक शक्ति का इस्तेमाल भी रवीन्द्र वर्मा बोलचाल के व्यंग्य के रूप में कर भाषा को एक नया मिज़ाज देते हैं। पारिवारिक तनाव-भरी स्थिति में मुम्बई से पवन के घर से रतन को लाते समय बाँके बिहारी का यह कथन "हवा काफ़ी बदल गई है", "हवा कौन-सी हवा?", "जिसे बदलने छोटे यहाँ आया था।"[22] इतने कम शब्दों में सहजता से पारिवारिक सम्बन्धों

में आई तनाव-भरी हवा को मार्मिक अभिव्यक्ति मिली है। उपन्यास के शिल्प में जिस प्राकृतिक चित्रण की वातावरण को मूर्त करने की विशिष्टता की चर्चा पहले की गई है, उसके भी एकाध उद्धरण देने का लोभ-संवरण नहीं किया जा सकता–

– "एक पल सन्नाटा। चाँदनी में लिपटा हुआ। चारों ओर से। सामने प्रेत।"-(पृ. 42)
– "पानी और धूप की संधि पानी पर चमक रही थी। आकाश भी पेड़ों के सिरों पर चमकता हुआ लगता। बादल नहीं थे। आकाश नीला था, उजाले में घुला हुआ। बच्चों की खिलौना-रेल दूर से आ रही थी। आती हुई रेल की आवाज़ नहीं थी। लगता था वह पटरियों के बिना हवा में तैर रही थी।" (पृ. 57)
– "रेलिंग के परे समुद्र था जिसकी सोचती सतह पर डूबता हुआ सूर्य सोने की खेती कर रहा था। पानी पर सूर्य की सुनहरी किरणें काँपती जैसे खेत में सोने की बालियाँ झूम रही हों।" अगली ही पंक्ति में उसे उपन्यास के कथ्य से इस जुगत से जोड़ दिया गया है, "समुद्र पश्चिम दिशा में फैलता गया था जहाँ से अंग्रेज़ भारत में आए थे और सोना लेकर लौट गए थे।"–(पृ. 115)

अपनी इन्हीं विशिष्टताओं में 'दस बरस का भँवर' एक अत्यन्त महत्त्वपूर्ण उपन्यास सिद्ध होता है।

सन्दर्भ

1. *दस बरस का भँवर*, पृष्ठ 13
2. पृष्ठ 64
3. पृष्ठ 22
4. पृष्ठ 35
5. पृष्ठ 96
6. पृष्ठ 96
7. पृष्ठ 191
8. पृष्ठ 179
9. पृष्ठ 59
10. पृष्ठ 94
11. पृष्ठ 76
12. पृष्ठ 77
13. पृष्ठ 65
14. पृष्ठ 117
15. पृष्ठ 162
16. पृष्ठ 73-74
17. पृष्ठ 74
18. पृष्ठ 90
19. पृष्ठ 12
20. पृष्ठ 109
21. पृष्ठ 10
22. पृष्ठ 154

वैश्विक ग्राम के कला जगत में हँसती मोनालिसा

हिन्दी उपन्यास के कथा-फलक की विस्तृति की यह सुखद स्थिति है कि विभिन्न जीवन-क्षेत्रों में कार्यरत लेखक अपनी-अपनी अनुभव सम्पदा से उसे समृद्ध कर रहे हैं। चित्रकला जगत के बहुत अन्तरंग और समृद्ध–'रिच'–अनुभवों को लेकर चित्रकार की रंगोज्ज्वल तूलिका और कथात्मक संवेदना से सिरजा गया अशोक भौमिक का उपन्यास 'मोनालिसा हँस रही थी' प्रकाशित हुआ है। अशोक भौमिक कविता, कहानी और चित्रकला की दुनिया में देर से सृजनरत हैं किन्तु उपन्यास के रूप में यह कृति उनका प्रथम प्रयत्न है। आश्चर्य होता है कि किसी लेखक का प्रथम और आकार में इतना छोटा कि कुल मिलाकर 127 पृष्ठों के आकार का, यदि प्रारम्भ के 6 पृष्ठ छोड़ दें तो मात्र 120-121 पृष्ठ, होते हुए भी अपने ब्रश के मास्टर स्ट्रोक्स से अपने समय के महत्तर प्रश्नों का विमर्श इतने विस्तार में रचता है, देखकर आश्चर्य होता है। कला-स्कूल (आर्ट स्कूल) को ज़िन्दगी का यथार्थ और उसमें अपने आदर्शों और मूल्यों की रक्षा के लिए तिल-तिल मिटते प्रो. अमित कुमार नियोगी जैसे निष्ठावान चित्रकार, दूसरी पंचवर्षीय योजना में अमेरिका के पी-एल-480 के उदार दान की असलीयत, अमेरिकी डॉलर की दुनिया को अपनी मुट्ठी में कर लेने की सर्वग्रासी स्थितियाँ, लार्ड क्लाइव से लेकर लॉर्ड माउंटबेटन तक की साम्राज्यवादी नीतियों का सच और उसमें देश में हर युग में पैदा होते रहे मीर जाफ़रों की उपस्थिति, कला के बाज़ार को हथियाने के विदेशी मंसूबे, छोटे क़स्बे, शहर में कला-अध्ययन की संघर्षपूर्ण नियति, बाद में बम्बई में उसका अस्तित्व के लिए संघर्ष, कुसुम और तुलसी के माध्यम से दलित-समस्या से मुठभेड़, राहुल और जीत शेट्टी के माध्यम से कला जगत के बाज़ार को नियन्त्रित और चालित करने की चालें-कुचालें, 'सड़क कविता पत्रिका' के माध्यम से उठे वैचारिक आन्दोलन को सड़क से उठाकर संसद तक पहुँचाने की जुगत, इन कवियों और प्रो. नियोगी जैसे कलाकारों द्वारा उपभोक्तावाद के युग में अपनी निष्ठाओं की रक्षा का महत् प्रयत्न, प्रकाश-सुनीता के माध्यम से औद्योगिक घरानों की 'तिजोरियों' पर नज़र रखने की वणिक वृत्ति, प्रभु कुमार जैसे बड़े बिल्डर को अत्यल्प समय में मिट्टी में मिलाने की जीत शेट्टी की अमानवीय रणनीति, आदि कितने ऐसे प्रश्न-समस्याएँ हैं जिन पर उपन्यासकार की दृष्टि इस संक्षिप्त कलेवर के महत् उद्देश्यपूर्ण कथानक में गई है। यह सब तो उपन्यास में बाइ-प्रोडक्ट, आनुषंगिक रूप में, प्रसंगतः अनुस्यूत होता चला गया है जो उसकी कथा को एकरेखीय मात्र नहीं रहने देता है। उपन्यास का प्रमुख कथ्य भारतीय कला जगत का यथार्थ प्रस्तुत करते हुए मोनालिसा के अमर विश्वविख्यात चित्र और उसके सृजनकर्ता लियोनार्दो-दा-विंसी को इतिहास तथा इस चित्र की मॉडल लीसा घेरारडीन का इतिहास पूरे रोमांटिक अन्दाज़ में बयान करना था। प्रसंगतः कला इतिहास में खूबसूरती की मिसाल 'वीनस डे मेलो' की खंडित मूर्ति का इतिहास भी बहुत

ही संवेदनशील रूप में अभिव्यक्त हुआ है। मोनालिसा की पवित्र मुस्कान और उस चित्र के चोरी होने की घटनाएँ, आदि जिस प्रामाणिकता से यहाँ वर्णित हैं, उससे तो प्रभावित हुए बिना रहा ही नहीं जा सकता किन्तु जिस कलाकारिता से यह कथा वर्तमान के चित्रकार किशन के जीवन में आवाजाही करती है और जिस रूप में चार बार उसे मोनालिसा मिली है, वह रोमांचक तो है ही, उपन्यास की तीन-तीन प्रेम-कथाओं की पूर्ण निष्पत्ति भी 'मोनालिसा हँस रही थी' के रूप में होती है।

उपन्यास के कथानक में प्रवेश करने से पूर्व इस उपन्यास के उस कथा-कौशल की चर्चा भी अपेक्षित है जो इस उपन्यास को एक यादगार उपन्यास का रूप देता है। वे कौन-सी और कैसी कथा और कथा युक्ति और कथ्य हैं जिनके कारण यह उपन्यास अद्वितीय बन पड़ा है। गझिन बुनावट की यह छोटी सी कृति हिन्दी के कितने ही पृथुलाकार 'महा' उपन्यासों के सामने एक बड़ी चुनौती के रूप में खड़ी है कि 'महत् उपन्यास' बनने के लिए उसका 'वृहद्काय' होना आवश्यक नहीं है। बहुत देर से मैं यह बात रेखांकित करता रहा हूँ कि उपन्यास की श्रेष्ठता का आधार उसका आकार निश्चय ही नहीं हो सकता। अशोक भौमिक का प्रस्तुत उपन्यास तथा रवीन्द्र वर्मा, काशीनाथ सिंह, रमेशचन्द्र शाह, गोविन्द मिश्र आदि के उपन्यास इस दिशा में एक मानक (मॉडल) का कार्य करते हैं। मोनालिसा की प्रमाणपुष्ट, तिथि-निर्देश, ऐतिहासिकता को जिस रूप में बार-बार वर्तमान में अन्तर्भुक्त किया गया है वह वर्तमान में किशन की मोनालिसाओं की प्रेम-कथाओं को और भी तीव्र प्रभावान्विति देता है। किशन-कुसुम, किशन-मीना तथा प्रो. अमितकुमार नियोगी तथा मानसी की भीनी-सी प्रेम-कथा में 'सुजाता एवं बुद्धा' के रूप में—तीनों प्रेम-कथाओं में मोनालिसा के हँसने की द्युति है, प्रेम की पूर्ण गोपनीयता लिये हुए 'साहसिक' (बोल्डनेस) के नाम पर देह विमर्श से अलग। किशन को चार बार लगा था मोनालिसा उसी की ओर देखकर हँस रही थी—तीनों बार लगभग एक-सी शब्दावली में मोनालिसा के हँसने की अभिव्यक्ति दी गई है—प्रथम बार मोनालिसा बनी मॉडल लीसा घोरारडीन लियोनार्दो दा विंसी से विदा लेते समय 'मोनालिसा दरवाज़े पर खड़ी मुस्काई थी', दूसरी बार किशन के लिए मॉडल बनी कुसुम इसी प्रकार विदा-वेला में प्रतीक्षारत मुस्कराई थी 'पिछले पाँच सौ सालों' से दरवाज़े पर यूँ ही खड़ी मोनालिसा थी और वह हँस रही थी, और तीसरी बार मॉडल बनी किशन की मीना भाभी इस रूप में मुस्काई थी, 'आँखों से एक हँसी चलकर, गालों को चूमती हुई उसके होंठों पर जा रुकी थी। मोनालिसा किशन पर हँस रही थी।' मीना के प्रति किशन के आकर्षण की प्रथम अनुभूति भी उपन्यासकार मोनालिसा के प्रतीक से ही करता है, 'किशन को लगा उसकी ओर देखती हुई मोनालिसा हँस रही थी।' चार बार उपन्यास में मोनालिसा के हँसने का बिम्ब अनायास नहीं आया है अपितु उपन्यासकार ने इस कथा-युक्ति से प्रेमकथा की अनुगूँज और सुगन्ध जिस रूप में बार-बार दी है वह इस संघर्षशील नायक किशन की कला जगत में बेचारगी की कथा के साथ-साथ, समानान्तर चलती हुई, प्रेमकथा को भी उतना ही महत्त्वपूर्ण बना देती है। उपन्यास को स्मरणीय रूप देने का यह गुण विरलता से मिलता है। बात प्रेम-कहानी की चल ही गई तो कथा-शिल्प की दृष्टि से प्रेम के अन्तरंग क्षणों का चित्रण भी यहाँ जिस संयम, कलात्मक अनुशासन से किया गया है, वह उसे दिव्यता और कथात्मक औदात्य से मंडित करता है—"मीना के घने काले बालों के बीच से गुज़रती माँग, उसे आदिवासियों की उस जंगल की पतली पगडंडी-सी लगी, जिस पर लाल पलाश के कुछ फूल कुचले पड़े थे।...जंगल के अन्दर नशीले माँदल की आवाज़ सुनते हुए मीना और किशन, उस आवाज़ के

उत्स को तलाशते, धीरे-धीरे बढ़ने लगे। घने दरख़्तों वाले हरे जंगल के अन्दर, भरी दोपहरी में शाम उतर आई थी। पर कोई भी दीप कहीं नहीं जल रहा था।...आदिवासियों का माँदल न जाने कब थम गया था। मीना और किशन जंगल के काजल–हरे अँधेरे में अपना रास्ता खो चुके थे।" मेरा मानना है कि कथाकार (उपन्यासकार और कहानीकार दोनों ही) प्रेम-मिलन के अन्तरंग क्षणों को तभी स्थूलता और अश्लीलता की परिणति देता है जब उसके पास सक्षम अभिव्यक्ति और कथात्मक संवेदन नहीं होता, न स्थूल देह-विमर्श वाली कहानियों का यह हश्र देखा जा सकता है, कुछ उपन्यासों में भी यह हुआ है।

विवेच्य उपन्यास की भाषा की बात भी करना अपेक्षित होगा। संक्षिप्ति और सादगी में भी बात सरल रूप में कहना अभिव्यक्ति का बहुत बड़ा गुण है (साक्ष्य मिल्टन जो भाषा में सादगी, असलीयत और जोश को तरजीह देते हैं)। विवेच्य उपन्यास का प्रथम वाक्य मात्र इतना है–'कुसुल लाईव मॉडल थी'–इसके तुरन्त बाद छोटा-सा पैरा–उपन्यास का पूरा गठन प्रायः छोटे-छोटे अनुच्छेदों में, बड़े भी हैं तो अति दीर्घ नहीं। कहीं पूरा वातावरण चित्रण मात्र एक छोटे-से वाक्य में–पूरे पैराग्राफ में एक ही वाक्य–'इतवार का अलसाया दिन था वह।' बाद में भर्राती नदी को लेखक कुछ ही शब्दों में साक्षात् कर देता है–'गोमती रातोरात उफ़न पड़ी थी। बाढ़ में वह सब कुछ दह गया था, जिसे देर रात हुंकारती नदी दहा सकती थी–बहा सकती थी।'

एक ही विशेषण शब्द पूरे वातावरण की प्रतीति दे देता है–'उत्सव-मुखर क्वार्टर'। कहीं-कहीं उनके वाक्य अपने निहितार्थ को पढ़ने के लिए उत्प्रेरित करते हैं। (आधुनिक आलोचना का रूढ़ शब्द 'स्पेस' देते हैं।) "देवगाँव–लालगंज के बहुत करीब था, पर ये दोनों पड़ोसी गाँव बम्बई से हज़ारों मील दूर थे।" जब भौमिक का कथाकार काव्यात्मक संवेदना से भावुक हो 'चित्रित' करने में प्रवृत्त होता है तो उसकी भाषा के बिम्ब और उपमान तैलीय रंगचित्रों के आकर्षण से उपस्थित होते हैं, प्रिंसिपल डंगवाल के उल्लास को चित्रित करने वाला यह भाषा-लालित्य द्रष्टव्य है, "इतना भावुक होते भी नहीं देखा था किसी ने उन्हें। यह पहाड़ पत्थर का नहीं, श्वेत ख़ालिस बर्फ़ का बना हुआ था जो प्रेम और आत्मीयता की ऊष्मा से पिघलकर उल्लास की अलकनन्दा बनकर बह चला था, उस दिन।"

फ़न्तासी का बहुत कुशल प्रयोग इस उपन्यास में मिलता है–मीना और किशन के मध्य फूटती प्रेम-कलियों के विकास की सुगन्ध का अहसास फ़न्तासी के रंग में ही कराया गया है जब बार-बार पूछे गए मीना के इस प्रश्न का उत्तर कि 'कहीं मैं मिली हूँ आपसे' जब किशन इस रूप में देता है कि 'मैं ठीक पाँच सौ साल पहले आपसे मिला था। चार सालों तक, यानी 1503 से लेकर 1507, हम रोज़ मिलते थे।' किसी भी कथाकार-चित्रकार का महत्त्वाकांक्षी सपना हो सकता है कि उसकी प्रेमिका मॉडल मोनालिसा जैसी ही हो, वह प्रेमिका मॉडल में मोनालिसा की तस्वीर ही कल्पना में लाता है। और इसी बहाने वह लियानार्दो-दा-विंसी और मोनालिसा की मॉडल लीसा घेरारडीन का पूरा जीवन-वृत्त पूरी ऐतिहासिक प्रामाणिकता में चित्रित कर देता है। फ़न्तासी का अत्यन्त सशक्त प्रयोग है यह!! भौमिक फ़न्तासी का चरम चमत्कार उपन्यास के प्रायः अन्त में लिखते हैं जब कई वर्षों से पैरों में कील ठोककर सलीब पर टाँगकर रखे हुए प्रो. अमित नियोगी 'सलीब से उतरकर, बम्बई की सड़क के सिगनल पर प्रोफ़ेसर किशन का इन्तज़ार कर रहे थे।' 'ज़िन्दगी से भागते हुए किशन की ज़िन्दगी का असली मतलब समझना और लियोनार्दो की अन्तिम यात्रा का रोमांचित करने वाला विवरण देना कि अपनी माँ का

इकलौता नाजायज़ बेटा, ख्याति के शीर्ष पर पहुँचकर अपनी औकात नहीं भूला था। साठ भिखारी उसकी अर्थी के साथ चलेंगे, यह लियोनार्दो की अन्तिम इच्छा ही नहीं थी, आख़िरी ज़िद भी थी।' इस प्रकार फ़न्तासी उपन्यास में प्रस्तुत विंची की जीवनी की रेखाओं को समापन की परिणति देती है और साथ ही कला के वैश्वीकृत समाज में व्याप्त पैसे की अगाध भूख से निजात पाने की इस सीख से दी गई है, 'एक तो ज़िद पाल लेता किशन। एक छोटी-सी ज़िन्दगी जीने के लिए। किसी के हाथों की कठपुतली न बनने की ज़िद ही सही, या सीधे खड़े होकर कविता के पन्नों को जलाकर ख़ाक करने की ज़िद, या पैसों के पीछे बेतहाशा न दौड़ने की ज़िद। इनमें से किसी भी एक ज़िद से दोस्ती कर लेता, तो आज तू इतना अकेला नहीं होता। तेरी यात्रा मंगलमय हो।' हवाई जहाज में पुनः मोनालिसा की उपस्थिति फ़न्तासी के इसी रंग में हुई है और अन्त तक मोनालिसा के हँसने का बिम्ब पूरे औपन्यासिक वितान में अपनी उपस्थिति प्रदान करता है अपितु उपन्यास की प्रभावान्विति में तीव्र अभिवृद्धि करता है। हिन्दी उपन्यास में समानान्तर दुहरे कथानक शिल्प में बुना गया कला जगत और वैश्वीकरण के माया-जाल को युगपत प्रस्तुत करता 'मोनालिसा हँस रही थी' अपने प्रकार की बेजोड़ कृति बन सका है।

उपन्यास कथ्य की यत्किंचित चर्चा तो शिल्पगत उपलब्धियों के सन्दर्भ में अभी है किन्तु उसमें कुछ प्रमुख पक्षों का विवेचन अभीष्ट होगा। लखनऊ के स्टेट कॉलेज ऑफ़ आर्ट्स के प्रांगण से कथा का प्रारम्भ होता है जहाँ प्रो. अमित नियोगी जैसे कला को समर्पित पितृ-भाव भरित कला अध्यापक हैं जो अपने मूल्यों और आदर्शों से कोई समझौता नहीं करते और न ही अमेरिका की बाज़ारवादी ताक़तों के प्रतिनिधि रिचर्ड बार्ड के सम्मोहक प्रस्तावों से आकर्षित हो अपनी कृतियों को बेचने की बात कभी भी नहीं सोचते। किन्तु कितना त्रासद है यह कि ये ही बाज़ार की ताक़तें ग़लत रास्ता अख़्तियार कर उनकी 'शकुन्तला' नामक अनमोल कृति को उनके बिकाऊ मित्र आस्थाना से हस्तगत कर लेती है और यहीं उपन्यासकार का इतिहास-बोध जागकर हर युग में पैदा होने वाले मीर जाफ़रों का रेखांकन करता है जिनके कारण हर युग में 'सिराज़ों (सिराजुदुल्लाओं) को हार माननी पड़ती है। प्रो. नियोगी कला गुरुओं और अन्य क्षेत्र के उन महान गुरुओं की परम्परा के अन्तिम प्रतिनिधि बन जाते हैं जो सर्वोच्च सम्मानों और अन्यतम उपलब्धियों के बीच भी अपनी निष्ठाओं और मूल्यों से समझौता नहीं करते। आख़िरी दम तक उनकी बाज़ारवादी शक्तियों से लड़ने की निष्ठा इस रूप में बनी रहती है, 'मैं कहीं नहीं जाता। आख़िरी दम तक फाईट करूँगा। एक भी पेंटिंग को हाथ लगाया तो हाथ काट लूँगा उस अमेरिकी का।' जिस पितृ-छाया के रूप में उन्होंने कुसुम को कॉलेज में संरक्षण दिया वह अपने आप में एक आदर्श है। अनायास नहीं है कि होने वाले प्रिंसिपल डंगवाल...'उस बँगले के अन्दर रह रहे आर्ट्स कॉलेज के आख़िरी शरीफ़ आदमी को सलाम कर रहे थे।' किशन का जीवन चित्रित करते समय लेखक तीन कथा-भूमियों (लोकेल्स) का प्रयोग करता है—लखनऊ, आजमगढ़ और बम्बई के कला-संघर्ष के समय परवान चढ़ती है जिनकी भीनी महक की कलक और तूलिका के माध्यम से बेहतरीन चित्रण करने की चर्चा ऊपर हुई है। बम्बई आकर अपने संघर्ष के दिनों में रामदेव पाठारे और विजय सिंह के सान्निध्य में न केवल अपनी प्रगतिशील सोच विकसित करता है अपितु कविता को 'सड़क' पर लाकर एक पूरा आन्दोलन खड़ा करता है। उपन्यासकार इनके मनोभावों को अपनी जिन कविताओं के माध्यम से सम्प्रेषित किया है, वे अत्यन्त सशक्त, अपने युग की नब्ज़ पकड़ने वाली कविताएँ हैं। जो कविता के उद्देश्य का रेखांकन करती है, 'हम कविता को काग़ज़ की रखैल बनाकर नहीं रहने देंगे/कविता रहेगी जनता

की जुबान पर/अनपढ़ ग़रीबों की जुबाँ पर जीती गालियों जैसी, जो युगों-युगों से शोषकों के ख़िलाफ़ नारे बनती रही हैं/...काग़ज़ कहाँ था तब।'

कला-बाज़ार की विपणन नीतियों के द्वारा प्रायोजित रूप में किसी कलाकार को रातोरात उत्कर्ष के चरम पर पहुँचने की चालों-कुचालों को वर्णित करता उपन्यास चित्रकला जगत के इस सामान्यतः अनजाने पक्ष को पाठक के सामने बड़े प्रामाणिक रूप में प्रस्तुत करता है। जीत शेट्टी किशन के दोस्त राहुल के कहने पर किशन की 'मार्केटिंग' इस रूप में करता है कि...जिस मंज़िल पर दूसरे कलाकार तीस सालों की मेहनत से भी नहीं पहुँच पाते हैं, वहाँ किशन दो-तीन सालों में ही पहुँच चुका था।' इस कथा का अत्यन्त कारुणिक पक्ष यह है कि इतना सब कुछ किशन के लिए करने वाला उसका मित्र राहुल जिसके प्रति किशन बम्बई आकर सदैव 'क्रूर'-सा रहा है—कहीं भी अपना नाम नहीं आने देता। इस मित्रता-सम्बन्ध का निर्वहन भी भौमिक का कलाकार अत्यन्त संवेदनात्मक रूप में करता है। राहुल के जीवन-शेष हो जाने के उपरान्त जब किशन को राहुल के व्यवहार की वास्तविकता का पता चलता है तो वह न केवल स्वतन्त्र होता है अपितु इतने अच्छे मित्र के खो जाने का पीड़ा-बोध भी उसे भीतर तक सालता है। उसकी 'मेमोरीज़ इन रेड' पेंटिंग की नीलामी सबसे ऊँची 'नाइन्टी फाइव थाउजैंड' पौंड की बोली का राज़ अब उसकी समझ में आता है। ऐसे ही विकट समय में फ़न्तासी के माध्यम से प्रो. अमित नियोगी की उपस्थिति किशन के कलाकार को जीवन-दृष्टि का बोध देती है। आर्ट जगत, कला-वीथियों (आर्ट गैलरीज़) का सच जितनी बेबाकी से प्रस्तुत किया गया है, वह इस उपन्यास की महत्त्वपूर्ण उपलब्धि है। वस्तुतः 'मोनालिसा हँस रही थी' कला-जगत के रूप को उजागर करता हुआ एक वरिष्ठ और सच्चे कलाकार द्वारा कलाकारीतापूर्ण उपन्यास है जिसे हिन्दी उपन्यास की उपलब्धि के रूप में देखा जाना चाहिए।

'इतिहास से बाहर' का विमर्श

'तीस साल का सफ़रनामा' कहानी-संग्रह और 'किशनगढ़ के अहेरी' उपन्यास से कथा-यात्रा प्रारम्भ करने वाले कथाकार संजीव का 'आकाशचम्पा' आठवाँ उपन्यास है। 'किशनगढ़ के अहेरी', 'सावधान नीचे आग है', 'जंगल जहाँ शुरू होता है', 'धार', 'पाँच तले की दूब', 'सूत्रधार', आदि उनके चर्चित उपन्यास हैं, अब उनका 'रह गईं दिशाएँ इस पार' (2011) वैज्ञानिक और प्रौद्योगिकी की पृष्ठभूमि पर आधारित उपन्यास चर्चा में है। 'आकाशचम्पा' को एक प्रकार से मोहभंग का उपन्यास कहा जा सकता है। यह मोहभंग आज़ादी के बाद के सपनों के टूटने का है, यह मोहभंग नव भारत के नव-निर्माण की महत्त्वाकांक्षाओं के बिला जाने का है, भूमंडलीकरण के बड़े-बड़े दावों में सामान्य आदमी के बुरी तरह टूटने का है, अनेक श्रेष्ठ जीवन-मूल्यों के क्षरण का है। जीवन जीने का व्यर्थताबोध उपन्यास के नायक मास्टर मोतीलाल में जीवन को एक नए सिरे से जीने की कामना जगाता है, इस जीवन में जो प्राप्य नहीं मिला, उसे आगामी जीवन में आयत्त करने की कामना, ठीक उसी प्रकार जिस प्रकार आकाशचम्पा का पादप उन भूलों को सुधारता है जो पिछले वसन्त में हुई थीं, उन डालियों पर पुष्प कुसुमित होते हैं जिन पर पिछली बार नहीं हुए थे, "हाँ, दो-दो बार वसन्त आता है इसमें—दो-दो बार खिलती हैं आकाशचम्पा की कलियाँ—ज़िन्दगी की तरह। एक बार जो जीवन जिया, उसमें कितना कुछ जीने से रह गया, जिस-जिस मोड़ पर मुड़ना था, नहीं मुड़े, जहाँ पलटकर पीछे देखना था, नहीं देखे, जहाँ ठहरना था, नहीं ठहरे। सो आकाशचम्पा उन भूलों को सुधारती है, पहली बार जिन डालों में फूल नहीं आए होते, दूसरी बार उन डालों पर भी फूल खिलाती है।"[1] आकाशचम्पा के माध्यम से एक भीनी-सी प्रेम-कथा, मास्टर मोतीलाल और उनकी भाभी द्वारा बुनी गई है जो इस जीवन में केवल एक ललक बनकर रह गई, आगामी जीवन में काफ़ी पूर्णता की तलाश की कामना लिए हुए। किन्तु आकाशचम्पा से भी अधिक महत्त्व और सार्थकता एक और वृक्ष उपन्यास में पाता है, वह है नीम का पेड़ जो पूरे उपन्यास की चेतना पर हावी रहता है।[*] मास्टर मोतीलाल शहर में अपनी नवविवाहिता पत्नी को लाकर घर में प्रवेश करते ही खिड़की से दिखाई देते इस नीम के पेड़ का ही परिचय देते हैं जिस पर 1857 की क्रान्ति के बाद पाँच व्यक्तियों को फाँसी दे दी गई, आज भी उनके वज़ूद में पेड़ से टँगी लाशें बार-बार, तरह-तरह से प्रवेश करती रहती हैं। इन्हीं का इतिहास खोजने के लिए मास्टर मोतीलाल उस इतिहास में प्रवेश करते हैं जो इतिहास की किताबों में दर्ज़ नहीं है। उन्हें प्रेरणा मिलती है कि वे 'इतिहास' और 'मिथहास'

* लेखक से फ़ोन पर हुई बातचीत में मैंने कहा कि इसका शीर्षक 'नीम' या नीम से सम्बन्धित होना चाहिए था, उन्होंने इस कथन का औचित्य माना और कहा कि मैं 'नीम' या नीम से सम्बन्धित रखना चाहता था किन्तु उसमें राही मासूम रज़ा की नक़ल-सी बन जाती।

की भूलों पर अपनी शोध करें और इसी संकल्प का परिणाम है उनकी पुस्तक 'इतिहास से बाहर', इसमें वह सब दर्ज़ करने का प्रयत्न है जो ज्ञात इतिहास में नहीं है। 'इतिहास की भूलें' शीर्षक अध्याय शोधपूर्ण चिन्तना से कुछ दीर्घ अवश्य ही हो गया है और उससे कथा-रस की भी किंचित् क्षति होती है किन्तु पूरे इतिहास की भूलों पर लेखकीय आक्रोश और विमर्श उसे बहुत पठनीय भी बना देता है—पूरे ऐतिहासिक क्रम में जिस रूप में निरन्तरता में दलितों को दबाया जाता रहा है, वह लेखक की चिन्ता का विषय बनता है। उत्तर वैदिक काल में जाति-प्रथा के बन्धनों का कड़ा होते चला जाना, 'नन्द बनाम चाणक्य'—ब्राह्मण द्वारा नन्द जैसे शूद्र राजा का उन्मूलन। शूद्रों को श्रमशील कार्यों के लिए निश्चित कर देने से ही भारतीय समाज की जातिगत अव्यवस्थाएँ प्रारम्भ हुईं—"श्रम के अपमान से ही शुरू होती है भारत की विडम्बना। शूद्र यानी सेवक जातियाँ!"[2] अपनी इसी अवधारणा को संजीव आगे बढ़ाते हैं और इस क्रम में राम-कथा, बौद्ध कथाओं, महाभारतीय कथा की व्याख्या करते हुए 'मिथहास' को अपने ढंग से 'डीकोड' कर खोलने लगते हैं। उन्होंने अपनी अवधारणा को इन शब्दों में परिभाषित करने की चेष्टा की है, "ब्राह्मण बनाम शूद्र के विषैले अंडरकरेंट को जब-जब नियंत्रित किया गया, अच्छा फल आया और जब-जब नहीं कर पाए तो पराजित होने को अभिशप्त हुए। यह बात न चाणक्य की समझ में आई, न नन्द की समझ में। राम-रावण संघर्ष को भी वे बौद्ध-हिन्दू संघर्ष के रूप में देखते हैं।"[3] 'हिन्दू वर्सेस बौद्ध' को उनका कथानायक अपनी पुस्तक में 'थाउजैंड ईयर्श वार' के रूप में दर्ज़ कर अरबों के सिंध पर आक्रमण करने तक देखते हैं।

'आकाशचम्पा' उपन्यास अपने सीमित कलेवर में अपने समकाल की समस्त महत्त्वपूर्ण घटनाओं को समेटने का महत्त्वाकांक्षी प्रयत्न करता है : अन्तर्राष्ट्रीय स्तर पर सीटो और नाटो के ध्रुवीकरण, देश में दक्षिणपन्थी और वामपन्थी पार्टियों, कांग्रेस के भीतर 'इंडिकेट' और 'सिंडीकेट' के ध्रुवीकरण, नक्सलबाड़ी, भूदान, इमरजेन्सी—आपातकाल—की स्थितियाँ, बाबरी मस्जिद प्रकरण के बहाने साम्प्रदायिकता की समस्या, 'मंडल कमंडल' अध्याय में अगड़ों-पिछड़ों, दलितों की समस्या, आदि अनेक घटनाएँ यहाँ अपने विमर्श के लिए इस्तेमाल की गई हैं, यथा, दलित समस्या पर यह विचार द्रष्टव्य है कि किस प्रकार ब्राह्मणों ने अपना वर्चस्व बनाने के लिए धार्मिकता की आड़ में ऐसे नियम बनाए जो शूद्रों को समाज में सबसे निचली स्थिति में बनाए रख सकें, "मनुस्मृति, रामायण, महाभारत, पुराण यानी अधिसंख्य मिथहास का सृजन और संचयन इसी काल में हुआ माना जाता है।...शुंग के शासन-काल का सबसे बड़ा अवदान है 'मनुस्मृति' जिसमें पहले से चली आ रही सामाजिक व्यवस्था, कर्मकांड, आचार संहिता और दंड संहिता का वर्णामित्तिक नियमन सम्पन्न हुआ। एक ही अपराध के लिए ब्राह्मण को सामान्य, क्षत्रिय को उनसे किंचित् ज़्यादा और शूद्र के लिए सबसे ज़्यादा दंड का विधान बताया गया। ब्राह्मणों को हर तरह की छूट दी गई और शूद्रों को हर तरह का निर्यातन!"[4] उपन्यासकार का कौशल यह है कि वह कहीं भी यह आभास नहीं होने देता है कि वह उपन्यास को घटनाओं और सूचनाओं का भंडारण केन्द्र (स्टोर) बना रहा है, उसे बहुत अच्छी तहज़ीब है कि किस घटना पर कैमरे का फ़ोकस कितनी देर रखना है—इसीलिए ये सारे विवरण ऊबाऊ नहीं बनते। कहीं-कहीं उनमें जो शोधपरक दृष्टि है, उससे उपन्यास की पठनीयता और भी बढ़ती है, उदाहरणतः कोल्हापुर (महाराष्ट्र) के दलित राजा छत्रपति शाहू जी महाराज द्वारा 26 जुलाई, 1902 को इंग्लैंड से फरमान जारी करना कि "उनके राज्य की नौकरियों के पचास परसेंट पद पिछड़ी जातियों के लिए आरक्षित माने जाएँगे।" बीसवीं शती के प्रारम्भ में दिया गया यह आदेश निश्चय ही ऐतिहासिक है जिसका

पुरज़ोर रेखांकन संजीव उपन्यास में करते हैं। इसी प्रकार 'बाबरनामा' के उद्धरण देकर, कर्नल टॉड के इतिहास, आदि के आधार पर यह सिद्ध करने का प्रयत्न किया गया है कि ये इतिहास की भूलें हैं जिन्होंने दलितों को उनका प्राप्य नहीं लेने दिया, "झलकारी देवी, ऊदा पासी समेत कितनी शख़्सियतें हैं, जो इतिहास में दाख़िल होने के लिए दस्तक दे रही हैं। इन दस्तकों को कब तक अनसुना किया जा सकता है?"[5]

उपन्यास में अध्यापन-क्षेत्र और शिक्षा जगत की विसंगतियों को मास्टर मोतीलाल, उनके सहकर्मियों ओझा जी, आदि तथा पुत्र ज्ञान के माध्यम से उजागर किया गया है। इसी प्रकार उपन्यास वर्तमान राजनीतिक भ्रष्टाचार, राजनेताओं के अपराध-कर्मों, आदि पर ज़मीनी सच्चाइयों के साथ प्रकाश डालता है। ज्ञान जैसे शिक्षकों का अपराधी किस्म के राजनेताओं से जो गठबन्धन होता है, उनकी गतिविधियों के माध्यम से भूमंडलीकरण द्वारा लाई गई अपसंस्कृति भी लेखकीय चिन्ता का विषय बनती है। उपन्यास का अत्यन्त सशक्त पक्ष उसके उत्तर भाग में झारखंड के वनांचलों-पर्वतांचलों में बसी पहाड़िया जैसी अनेक जनजातियों का अध्ययन है। जनजातियों द्वारा 1857 ई. से पहले भी 'हूल' के द्वारा किस प्रकार अंग्रेज़ों के ख़िलाफ़ आवाज़ उठाई गई थी, इसका भी अत्यन्त रोचक, प्रामाणिक, चित्रण किया गया है। भाषा स्तर पर भी यह उपन्यास अपनी ताज़गी और जनभाषा की समर्थ रंगत के लिए स्मरणीय बन पड़ा है। उपन्यास के शीर्षकों और कुछ कथा-युक्तियों के प्रयोग में उपन्यासकार अपने समकालीनों की अनुकरण-प्रवृत्ति का शिकार हुआ है, समर्थ कथाकार संजीव इससे बच सकते थे। संजीव इस उपन्यास में भाषा का प्रयोग निजता से करते हैं, अपनी ही शैली में निःसंकोच देशज, अंग्रेज़ी, उर्दू का प्रयोग करते हुए उसे सहज प्रवहमान बनाते हैं, यथा—"मास्टर साहब पंकज के शब्द-शब्द को अनिर्वचनीय तृप्ति के साथ पी रहे थे। उन्हें कयास भी नहीं था कि विदा के शेष मुहूर्त में कोई ऐसा सहज इत्तेफाक भी हो सकता है कि अनास्था और पराजय के पहाड़ पंख लगाकर उड़ जाएँगे और अकारण-सी ज़िन्दगी को अर्थ मिल जाएँगे। लोग रिटायरमेंट के बाद और भी बूढ़े होकर लौटे थे, मगर मास्टर साहब जवान होकर लौटे थे।"[6] इस प्रकार कथ्य और शिल्प दोनों दृष्टियों से उपन्यास आकर्षित करता है। 'आकाशचम्पा' संजीव का एक महत्त्वपूर्ण और पठनीय उपन्यास है।

सन्दर्भ

1. *आकाशचम्पा*, पृ. 273
2. वही, पृ. 151
3. वही, पृ. 152
4. वही, पृ. 161
5. वही, पृ. 164
6. वही, पृ. 115

नव उदारवाद, उपभोक्तावाद तथा बाज़ारवाद के विद्रूप

यद्यपि भूमंडलीकरण की अपसंस्कृति का चित्रण विविध रूपों में उपन्यासों में हुआ है किन्तु पूरी तरह से केवल भूमंडलीय आर्थिकता (इकॉनॉमी), नव उदारवाद की स्वप्निल मोहक दुनिया, उपभोक्तावाद तथा बाज़ारवाद का विज्ञापन परिचालित मायाजाल जिसमें 'ज्यों-ज्यों सुरझत जात है, त्यों-त्यों उरझत जात' की स्थिति में मनुष्य पड़ गया है—पर पूरी तरह से केन्द्रित अलका सरावगी का उपन्यास 'एक ब्रेक के बाद' (2008) ही आया है (इसके बाद 2009 में राजू शर्मा का 'विसर्जन' भी पूरी तरह कथ्य पर केन्द्रित है)। 'एक ब्रेक के बाद' बड़ी दृष्टि, संकल्पना (विज़न) का उपन्यास है किन्तु इसकी नियति यह बनी कि अलका सरावगी के ही अपने पहले साहित्य अकादमी पुरस्कार से सम्मानित उपन्यास 'कलिकथा : वाया बाईपास' के प्रभा-आलोक में यह उससे भी सशक्त और बेहतर उपन्यास हिन्दी जगत में अचर्चित रह गया, गतानुगतिक रूप में 'कलिकथा : वाया बाईपास' का ही नाम रहा। वास्तविकता यह है कि इस उपन्यास में अलका सरावगी अपने पहले उपन्यास द्वारा खींची गई अपनी ही रेखा का अतिक्रमण कर एक लम्बी छलाँग लगाती है। नव वैश्विक पूँजी और बाज़ारवाद के खेल में डूबे औद्योगिक प्रतिष्ठानों—'कॉर्पोरेट हाउसिज़' की दुनिया का अत्यन्त सूक्ष्म और विस्तार में अंकन कर अपना सुचिन्तित विचार प्रस्तुत कर भारत में बन रही अमीरी और ग़रीबी की दुनिया के अन्तर्बाह्य को उजागर कर पाठक के संवेदन तंत्र और सोच को जगाती है। उपन्यास की रचना तब होती है जब इस भूमंडलीय नव उपनिवेशवाद का देश में पर्दापण हुए प्रायः बीस बरस बीत चले हैं। तब तक देश पूरी तरह नव पूँजी की मायावी दुनिया को जान तो चुका ही था किन्तु उसके संजाल में इस बुरी तरह फँस चुका था कि उससे बाहर आने का कोई मार्ग अभी तक नहीं सूझ पा रहा है। भौतिक दृष्टि से अधिक से अधिक सम्पन्नता में जीता मनुष्य, आत्मिक दृष्टि से अत्यन्त विपन्न हो चुका है। 'एक ब्रेक के बाद' की कथा इन्हीं सब प्रश्नों से जूझती है।

कथा के केन्द्र में दो पात्र हैं के.वी., पूरा नाम के.वी. शंकर अय्यर जिनका उल्लेख प्रायः ही केवल 'के.वी.' नाम से होता है तथा गुरुचरण, गुरु, बीच-बीच में उनके मित्र भट्ट की उपस्थिति भी है किन्तु लेखिका का जो कुछ कहना है, उसने जो सोचा-विचारा है उसकी अभिव्यक्ति मुख्यतः के.वी. और गुरु के माध्यम से ही होती है। बीच में इन तीनों की पत्नियाँ भी आती हैं, इनके माध्यम से भी कथा-क्रम अपने ही रूप में आगे बढ़ता है, "ज़माना हर समय बदलता है, पर पिछले दस सालों में ज़माना एक बार छलाँग लगाकर जैसे सौ साल आगे निकल गया है। इसकी नब्ज़ पकड़ना अब के. वी. के लिए कोई आसान काम नहीं है।"[1] उपन्यासकार इसी बदले ज़माने की तासीर को विभिन्न कथा-युक्तियों के माध्यम से पकड़ने की कोशिश करती है, एक सफल कोशिश करती है।

साठ की उम्र का पाठा के. वी. कारपोरेट की दुनिया का एक सितारा है, वह "शहर में सबसे ज़्यादा पैसा पाने वाले 'मार्केटिंग कन्सल्टेन्ट' हैं। उनके आसपास नौकरियाँ चक्कर लगाती हैं। बजाय इसके कि वे नौकरियों के लिए चक्कर काटे।" "चार फर्मों में सलाहकार का काम छोड़कर एक नई नौकरी पकड़ी है। उनसे अगर कोई पूछता है कि चार फर्मों में सलाहकार बनकर वे जितना कमा रहे थे, उससे क्या ज़्यादा कमाई उन्हें यह नौकरी देगी; तो के.वी. शंकर अय्यर एक क्षण के लिए अपनी पैनी आँखें झुका लेते हैं। फिर वे पूछने वालों की आँखों में गहराई से एकटक देखते हैं मानो उसे तौल रहे हों।" सामान्य जन भले ही न जानता हो कि आजकल इंडिया में टॉप एक्ज़ीक्यूटिव का वेतन क्या है किन्तु के. वी. इस तथ्य से वाक़िफ हैं कि "पिछले दो साल में इंडिया में टॉप एक्जीक्यूटिव की तनख्वाह सालाना चार करोड़ तक पहुँच गई है। एक करोड़ पाने वाले तो सैकड़ों की तादाद में मिल जाएँगे।"[2] पर इसके पीछे का सच यह भी है कि उद्योगपति इन टॉप एक्जीक्यूटिव को भी नौकरों की तरह रखते हैं। यह कहानी इन हलकों में प्रायः सुनी जाती है कि एक बड़े उद्योगपति ने अपने सूट-बूट पहने मैनेजरों को हाथ हिलाकर दिखाते हुए इंदिरा गांधी से कहा था, "ये सब हमारे नौकर हैं।" के.वी. के उत्थान की कहानी के माध्यम से बताया गया है कि पिछले कुछ वर्षों में बड़े उद्योगों और प्रशासन के ऊँचे ओहदों पर दक्षिण भारतीयों का वर्चस्व बढ़ गया है, वे अपनी मेधा और लगन के बल पर पूरे उत्तर भारत में छा रहे हैं। अपने धर्म और जातीयता के संस्कारों में जकड़े दक्षिण भारतीयों ने चहुँ ओर अपना प्रताप जिस रूप में फैलाया है, उस पर बहुत सुचिन्तित रूप में बेबाकी से टिप्पणी की गई है–

- "नरसिम्हा राव को कभी क्रेडिट नहीं मिला। सात भाषाएँ जानने वाला बेचारा असली इंटेलेक्चुअल तो इंडियन पोलिटिक्स में एक वही था। 1991 में उसी ने देश को नया रास्ता दिखाया।
- अब जागा है 'साउथ इंडिया'।
- देखो बंगलौर और हैदराबाद से शुरू हुआ ना 'ब्रांड इंडिया'।
- नारायणमूर्ति को देखो। खाँटी असली इंडियन है। कोई ताम-झाम नहीं।
- यहाँ से कहाँ पहुँचा दिया इंडिया को। पूरी दुनिया पर छा गया इंडिया।
- क्रिकेट में द्रविड़ और कुम्बले, शतरंज में विश्वनाथ, सानिया मिर्ज़ा टेनिस में।
- कुछ भी कहो–सी.वी. रामन, रामानुजम, राधाकृष्णन, कलाम तक...।
- सब के सब साउथ इंडियन! मानना ही पड़ेगा ना!"[3]

दक्षिण भारत किस प्रकार बड़े औद्योगिक प्रतिष्ठानों और बहुराष्ट्रीय कम्पनियों का केन्द्र बनता जा रहा है, उसे आँकडों सहित, प्रमाण-पुष्ट ढंग से प्रस्तुत कर औद्योगिक विकास को एक नए नक्शे से परिचित कराया जाता है, "पिछली बार चेन्नई की यात्रा में के.वी. तेरह सौ एकड़ में फैला 'महिन्द्रा वर्ल्ड सिटी' का बिजनेस-आई.टी. पार्क देखकर आए थे। वहाँ नारायणमूर्ति इन्फोसिस का दुनिया का सबसे बड़ा आई.टी. प्रोजेक्ट बना रहा है। चेन्नई में मल्टीनेशनल कम्पनियाँ लाइन लगाकर खड़ी हैं; चाहे गाड़ियों की बी.एम.डब्ल्यू., फोर्ड या हिन्डाई कम्पनियाँ हो या इलेक्ट्रॉनिक की नोकिया, मोटरोला, सैमसंग। ख़रीददारों के पास में जैसा पैसा अब साउथ इंडिया में है, उसकी नॉर्थ वाले कल्पना भी नहीं कर सकते। कितने रेस्तराँ, ए.टी.एम., बैंक, शॉपिंग मॉल और सिनेमा के मल्टीपलेक्स चेन्नई में खुल गए हैं और लोगों में सामान ख़रीदने की कैसी क्षमता है, इसका अन्दाज़ा चेन्नई, हैदराबाद, बंगलौर गए बिना नहीं हो सकता। कोयम्बटूर

जैसे शहर में तीन दिन में के.वी. ने जितनी मर्सीडीज़ गाड़ियाँ देखीं, उतनी तो बम्बई-दिल्ली में भी नहीं दिखतीं।"[4] देश की औद्योगिक स्थिति और बड़े प्रतिष्ठानों की चाक-चिक्य का वर्णन करता हुआ उपन्यास बदलते भारत की तस्वीर पेश करता है जो 'इंडिया शाइनिंग' का बोध कराता हुआ उसके वास्तव की पोल खोलता है।

उपभोक्तावाद और बाज़ारवाद के चक्र ने सामान्य आदमी की जो गत बनाई है, उसका चित्रण विभिन्न कथा-युक्तियों के माध्यम से बार-बार किया गया है। आश्चर्य का विषय लोगों की क्रय शक्ति का निरन्तर बढ़ना है, उस समय में जब रुपए की क्रय शक्ति निरन्तर घट रही है। 'कारपोरेट इंडिया बनाम पोंगापन्थी भारत' अध्याय में लेखिका ने के.वी. की स्काई शॉप और मोबाइल की क्रान्ति का बड़ा रोचक चित्रण किया है। आज मोबाइल धारकों ने दुनिया को अपनी मुट्ठी में तो कर ही लिया है, लोग महँगे से महँगा मोबाइल तो ख़रीदने की क्षमता से युक्त तो हो ही गए हैं, आज के करोड़ों-करोड़ों की चीज़ें भी सहज भाव से ख़रीद सकते हैं। एक से एक महँगे उत्पादों से बाज़ार और मॉल्स पटे पड़े हैं। दुनिया के सबसे बड़े उपभोक्ता बाज़ार के रूप में विकसित हो रहे भारत की बाज़ार स्थिति का आकलन करने वाला यह चित्र दर्शनीय है, "दुनिया के सबसे बड़े मार्केट बनने से इंडिया में मार्केटिंग की बहार के दिन तो आने ही थे। 'विज्ञापन परिचालित मार्केटिंग ही हमारी ख़रीद की प्राथमिकताओं का निर्धारण करती है, "अब गए वे दिन जब इंडिया में सरकारी अफ़सर तय करते थे कि औरतें बाज़ार से कौन-सी क्रीम और लिपिस्टिक ख़रीदेंगी और लोग किस टी.वी. पर कौन-से प्रोग्राम देखेंगे। अब तो देश के दस करोड़ मोबाइल फोन वाले परेशान हैं कि पचासों मॉडलों में से कौन-सा मोबाइल ख़रीदें। अभी चंडीगढ़ के एक युवक ने मोबाइल का फैन्सी नम्बर प्राप्त करने के लिए पन्द्रह लाख रुपए दिए हैं और उसके माँ-बाप ने उसकी इस सफलता पर मिठाई बाँटी है। दो करोड़ क्रेडिट कार्ड वाले लोग परेशान हैं कि कौन-सा एयरकंडीशन, कौन-सा कैमरा, कौन-सा वैक्यूम क्लीनर और कौन-सा माइक्रोवेव ख़रीदें। के.वी. ने एक कोरियन कम्पनी की बड़ी गाड़ी ख़रीद ली है और उसमें बैठकर कभी ऐसा नहीं हुआ कि उन्हें अपने दिल में एक ख़ुशी की लहर महसूस न हुई हो। ख़ासकर जब पास से मारुति जेन या सेन्ट्रो गाड़ियाँ गुज़रती हैं, तो के.वी. अपने को शाबाशी देते हैं कि सिर्फ़ दो-तीन लाख की कंजूसी करके छोटी गाड़ी ख़रीद उन्होंने अपने को इस ख़ुशी से वंचित नहीं किया।"[5] ऐसा नहीं कि इस उपभोक्तावाद की महाठगिनी ने केवल उच्च वर्ग को ही अपनी मोहिनी में डाला हो, छोटे-छोटे मज़दूरों-दिहाड़ियों को भी 'ये दिल माँगें मोर' के माया-जाल में उलझा लिया है, "बस्तर के गाँव में अपनी झोंपड़ी में बैठकर आदिवासी टी.वी. पर वाशिंग मशीन में कपड़े धुलते देख रहा है और डबल डोर फ्रिज में जाने कब से रखी ताज़ी लौकी और टमाटर की गाथा सुन रहा है। इस देश की एक अरब जनता अब एक साथ सपने देख रही है—फ़र्क़ यही है कि किसी के सपने छोटे तो किसी के ज़्यादा बड़े सपने।"[6] विज्ञापन से उपभोक्तावाद किस प्रकार देश में बढ़ रहा है, इसका उदाहरण बनता है उपन्यास में चित्रित 'एम्बर डिपार्टमेंट स्टोर' जिसका घोषित नारा है कि उनके यहाँ हर चीज़ मिलती है केवल 'टीयर्स फ्रॉम एल्सवेअर', दक्षिण भारत के इस स्टोर ने एक दिन में पाँच करोड़ की सेल कर ली थी जिसे सुनकर कारपोरेट की दुनिया का सितारा के.वी. भी हतप्रभ है। उस स्टोर की विपणन रणनीति यह थी कि "दक्षिण भारत और दुनिया में फैले तमाम तमिलभाषी लोगों का चहेता हीरो रविकान्त उस दिन तीस साल का हुआ था। अपने जन्म दिन पर वह स्टोर में मास्क लगाए वही शानदार सूट पहने मौजूद रहेगा, जिसका विज्ञापन पूरे शहर में लगा

हुआ था और हर अख़बार में पूरे पृष्ठ पर फैला था। अब रविकान्त के जन्म दिन पर डिपार्टमेंटल स्टोर की यह हालत थी, "दस को स्टोर खुलने तक दस हज़ार लोगों की भीड़ को काबू में लाने के लिए शहर की पुलिस के जत्थे के जत्थे आ गए। उन दस हज़ार लोगों के अन्दर घुसते-घुसते उतने ही लोग स्टोर के बाहर सड़क पर लाइन लगाए खड़े थे, जैसे कि रात-भर तिरुपति के गर्भगृह में घुसने के लिए खड़े रहते हैं। टी.वी., मोबाइल फ़ोन और डी.वी.डी. प्लेयर से लेकर सोफ़ासेट, कुर्सियाँ तक स्टोर से ऐसे साफ़ हो रही थीं, जैसे कि वे भारी छूट पर न मिलकर मुफ़्त में बाँटी जा रही हों। दोपहर के तीन बजे स्टोर इसलिए बन्द कर देना पड़ा था, क्योंकि स्टोर का सारा माल खत्म हो गया था और बेचने के लिए कुछ नहीं बचा था।...पाँच करोड़ की रिकार्ड-तोड़ बिक्री ने स्टोर के मालिक टी.एस.एस. राजन और 'मिरेकल एडवरटाइजिंग' के 'यंग' मालिक रवि श्रीनिवास का नाम हमेशा के लिए देश के आर्थिक इतिहास में दर्ज़ करवा दिया था।"[7] लगभग फ़न्तासी की शैली में किया गया डिपार्टमेंटल स्टोर का यह चित्रण निश्चय ही युग की नब्ज़ पर ठीक अँगुली रखता है। इसी प्रकार भट्ट की यशोदा दूध योजना की लोकप्रियता में मार्केटिंग का ही कमाल था कि हर जगह यशोदा डेरीज़ के ही दूध पैकिट दिखाई देने लगे, "उसने कम्पनी का एडवरटाइजिंग का बजट सीधे दुगुना किया और ऐसी मार्केटिंग व्यवस्था की कि दूर-दराज़ के गाँव-गाँव में हर परचून की दुकान पर 'माँ यशोदा डेयरीज़' के नीले पैकेट दिखाई पड़ने लगे।" यहीं पर लेखिका सरकार की उन नीतियों की ख़बर लेती है कि वह विदेशों से माल आयात करती है बिना यह ख़याल किए कि स्वदेशी उत्पादों पर उसका कितना प्रभाव पड़ेगा, "मज़ा यह कि उसी समय इस देश की सरकार ने किसी यूरोपीय देश से बीसों हज़ार टन पाउडर का दूध बिना ड्यूटी के बाज़ार में ला पटका। सारी दूध की कम्पनियों से लेकर दो-चार गायें पालने वाले औरत-आदमी तक सरकार के इस फैसले पर रो-पीट रहे थे, पर 'माँ यशोदा डेयरीज़' का दूध उसी दाम में—लेकिन चार दूध के पैकेट के साथ एक पैकेट मुफ़्त में की स्कीम में धड़ल्ले से बिक रहा था।" इसी प्रकार बाज़ार की विपणन व्यवस्था (मार्केटिंग) के अनेक अनजाने पक्षों पर विचार किया गया है।

नव उदारवाद की पूँजी से आगे बढ़ते भारत में ग़रीबों की क्या स्थिति है, इस पर भी उपन्यास विचार करता है। क्या विकास का यह मॉडल ग़रीबों की ज़िन्दगी में कुछ सुधार कर सकता है, इस पर के. वी. इस रूप में विचार करता है, "अच्छा बताइए, क्या आप सचमुच सोचते हैं कि हमारे देश की तरक्की का मतलब यह होगा कि ग़रीबी रेखा के नीचे के छब्बीस प्रतिशत लोगों का पेट भरने लायक हम हो जाएँगे? छब्बीस प्रतिशत यानी कि तीस करोड़ लोग। इतने सारे लोगों की ज़िन्दगी कैसे बनेगी, जो सड़क के कुत्तों जैसी ज़िन्दगी जी रहे हैं।"[8] देश और प्रान्तों की सरकार को सामान्य व्यक्ति की चिन्ता नहीं है, उनका ध्यान केवल विदेशी निवेश पर है, हरियाणा का उदाहरण देते हुए बताया गया है कि "हरियाणा की सरकार ने विदेशी कम्पनियों को देश में पैसा लगाने के लिए यानी कि फारेन डायरेक्ट इन्वेस्टमेंट हासिल करने के लिए इतनी सुविधाएँ दी थीं कि कोरिया की एक कम्पनी ने हरियाणा में एक विराट जिपर प्लांट रातोरात तैयार कर लिया था। कम्पनी ने मार्केटिंग के लिए देश की धुरंधर मार्केटिंग कम्पनियों को लगा रखा था। भट्ट जानता था कि माल का दाम कम करने से लेकर सारी तिकड़में लगाकर कोरिया की कम्पनी वह आर्डर हासिल कर सकती है, जिस पर विवेक देवराय ने इतनी उम्मीदें लगा रखी थीं।"[9] जिप जैसी छोटी-सी चीज़ पर भी देसी कारखानों को पछाड़कर विदेशी बहुराष्ट्रीय कम्पनियाँ बाज़ार पर कब्ज़ा कर छोटे दुकानदारों, व्यावसायिक लघु उद्योगों को किस प्रकार पटखनी

लगा रही हैं, यह इस उदाहरण से भली-भाँति स्पष्ट किया गया है। केन्द्र सरकार और प्रान्तीय सरकारें किस प्रकार बहुराष्ट्रीय कम्पनियों की ग़लतियों पर भी उन्हीं के पक्ष में खड़ी होती हैं, उसके लिए 'होंडा कम्पनी' (कदाचित् ग़लती से होंडा लिखा गया है, यह घटना 'मारुति' उद्योग की है, है भी वह विदेशी बहुराष्ट्रीय का भारतीय सहकार से बना उपक्रम) के मज़दूरों पर जिस प्रकार बेरहमी से लाठी चार्ज कराया गया, उसे मीडिया पर देखकर बड़ी वितृष्णा और आक्रोश उमड़ता है जिसे गुरुचरण की पत्नी इस रूप में व्यक्त करती है, "हद हो गई। यह देश एकदम बिक गया है। यहाँ की पुलिस, सरकार, पार्लियामेंट सब ये जापानियों-कोरियनों के साथ हैं। किस तरह मार रहे हैं। यह पुलिस है या राक्षस।"[10]

भूमंडलीय बाज़ार ने भारत के कला बाज़ार को भी नई ऊँचाइयाँ दे दी हैं। कला कृतियों, चित्रों की मार्केटिंग, विज्ञापन, आदि से उनकी जो ऊँचे दामों पर बिक्री होती है, वह भी आश्चर्यकारी है। भट्‌ट पाँच हज़ार से पाँच लाख तक की पेंटिंग मिनटों में गाजर-मूली की तरह बेच सकता है। कलाकार अब कला-साधना के बजाय जिस रूप में 'कला के बाज़ार' के चक्कर में पड़ गए हैं, वह उनकी 'दीये की लौ को पकड़ने की साधना' से कोसों-कोसों दूर की बात हो गई है। उपन्यास उस सब बाज़ारीकरण का प्रतिरोध उपस्थित करता है जिससे मनुष्य की मनुष्यता किसी न किसी रूप में क्षीण होती है। मल्टीनेशनल कम्पनियों का फिटनेस बाज़ार, टी.वी. के 'इंडियन आइडिल' जैसे कार्यक्रम, आदि पर दृष्टि डालकर इस बात को रेखांकित किया गया है कि भूमंडलीय उपसंस्कृति से किस प्रकार मनुष्य एक माया-जाल में उलझकर रह गया है, "तुम्हें क्या मालूम है कि वहाँ बिजनेसमैन के पास बड़े से और बड़े होते जाने का ग्लोबल सपना है, दलाल का दूसरे की मेहनत में हिस्सा पाते रहने का सपना है, नेता का स्विस बैंक में अकाउंट खोलने का सपना है, अफसर का घूस की रकम सपरिवार शॉपिंग मॉल में खर्च करने का सपना है। शहरों के पास महानगर बनने का। महानगरों के पास मैगयोलिस बनने का। हिमालय के सपनों की कब्रगाह पर अब नए सपने उग आए हैं...।"[11] इन सपनों से मुक्ति दिलाने की इंगिति भट्‌ट के माध्यम से दी गई है जो सब कुछ तज अपने पहाड़ी गाँव का रास्ता अपनाता है। इस प्रकार 'एक ब्रेक के बाद' बहुत सशक्त रूप में उपभोक्ता तथा बाज़ारवाद का तीव्र प्रतिरोध उपस्थित करता हुआ एक महत्त्वपूर्ण उपन्यास है।

सन्दर्भ

1. *एक ब्रेक के बाद*, पृ. 73.
2. वही, पृ. 8, 10
3. वही, पृ. 23
4. वही, पृ. 116
5. वही, पृ. 113
6. वही, पृ. 11
7. वही, पृ. 68, 69
8. वही, पृ. 51
9. वही, पृ. 137
10. वही, पृ. 117
11. वही, पृ. 214

अभिनव उपन्यास-शिल्प से समय में सार्थक हस्तक्षेप

उपन्यास न केवल अपने युग-जीवन का विशद चित्रण करता है अपितु समय की ज्वलन्त समस्याओं पर अपना विमर्श रच एक स्वस्थ दृष्टि प्रदान कर अपना हस्तक्षेप करता है। यहीं से समाज एक सही दिशा और समस्याओं से रू-ब-रू होने की नई ऊर्जा प्राप्त करता है। हरीचरन प्रकाश का उपन्यास 'एक गन्धर्व का दुःस्वप्न' एक अभिनव औपन्यासिक शिल्प में जन-जीवन पर अपनी पैनी सोच के कारण समकालीन उपन्यास साहित्य में अत्यन्त विशिष्ट हो उठता है। राम-जन्मभूमि-बाबरी मस्जिद विवाद, आपातकाल और उसके बाद बनते सत्ता-समीकरण उपन्यास की राजनीतिक धुरी हैं और लखनऊ, फ़ैज़ाबाद-अयोध्या का उ.प्र. का पूर्वीय अंचल इस कथा की सामाजिक धुरी है। इन दोनों धुरियों पर घूमते कथानक को उपन्यासकार ने बड़े कौशल से एक-दूसरे में संग्रंथित ('इन्टरवोविन') किया है जिसका आधार बनता है भवनाथ का चरित्र जिसके माध्यम से कथा दोनों क्षेत्रों में अपनी आवाजाही बनाए रखती है। उपन्यासकार के पास एक शोधक का अध्यवसाय और दृष्टि है जिसने उसकी इतिहास-चेतना को शाणित किया है। बड़े कौशल से वह अपना अध्ययन, सूचना-संज्ञान और अपनी इतिहास दृष्टि उपन्यास में प्रस्तुत करता है। विष्णु पुराण, शब्द चिन्तामणि, फ़ैज़ाबाद जनपद के जनगणना आँकड़े, चकबस्त, तुलसीदास, द्वारकाप्रसाद माहेश्वरी, महात्मा गांधी के लेखों के अंश, ऋग्वेद, अथर्ववेद, सत्यार्थ प्रकाश, उदासीन सम्प्रदाय का अतीत और डॉ. राममनोहर लोहिया, वामाचार के ग्रन्थ 'पिच्छिला तंत्र', शहीद रामप्रसाद बिस्मिल, शहीद अशफ़ाक़ उल्ला खाँ के अन्तिम वक्तव्य, आदि के उद्धरण तथा फ़ैज़ाबाद-अयोध्या की विवादास्पद भूमि के फ़ैज़ाबाद म्युनिस्पल रिकार्डों की छानबीन कर ऐतिहासिक तथ्यों की नए प्रकाश में प्रस्तुति, आदि सिद्ध करती हैं कि लेखक ने उपन्यास का कच्चा माल इकट्ठा करने में कितना परिश्रम किया है। नवीन कथा-युक्तियों के प्रयोग और प्रचलित कथा-प्रयोगों में एक नव कौशल लाते हुए हरीचरन प्रकाश न केवल उपन्यास के प्रचलित ढाँचे—फार्म—में तोड़-फोड़ कर उसे सशक्त बनाते हैं अपितु उपन्यास के अभिनव शिल्प का भी सृजन करने में सक्षम हुए हैं। इसके साथ ही उनकी लोक-जीवन से गहरी-सम्पृक्ति और उससे निष्पन्न लोक कथाओं की सरसता से युक्त एक नई कहन (अभिव्यक्ति) भाषा के अनुपम लालित्य के साथ प्रस्तुत होकर उनकी क़िस्सागोई के प्रति आश्वस्त करती है। एक कुशल प्रशासक की पैनी आँख से उन्होंने अपने समय की राजनीतिक तथा समाजार्थिक स्थितियों को देखा-परखा है जिससे वे ज्ञात तथ्यों, घटनाओं-प्रसंगों में भी बहुत कुछ नया जोड़ सके हैं। गायन, वादन, नर्तन विभाग, जिसे किसी भाषायी कठिनाई के कारण 'संस्कृति-विभाग' कहा जाता था, में नियुक्ति पाकर जिस एक पात्र भवनाथ शुक्ल से उनका टकराव हुआ जिसे उस विभाग से स्थानान्तरित होकर भी वे चेतना में बसाए रखते हैं और उसे बाद में अपनी देखी हुई स्थितियों और कल्पना के सहारे

इसे अपने वक्त का आईना ही बना देते हैं, 'पूर्व पीठिका' शीर्षक उपन्यास की भूमिका में इस तथ्य की स्वीकृति इस रूप में हुई है, "यह तो कोई बात नहीं हुई कि जीता-जागता आदमी उठाकर साहित्य के फ्रेम में फिट कर दिया जाए जबकि वहाँ तो कोई आईना ही लग सकता है।...तो इस प्रकार और इसलिए मैंने भवनाथ को गढ़ना शुरू किया। भवनाथ का सच क्या है, मुझे पता नहीं, लेकिन जो गढ़ा हुआ है वह भी सम्भवतः समय और जीवन है, माया की माया।"[1] और इस प्रकार 'समय' और 'जीवन' दोनों इस कथा के आधार बनते हैं, भवनाथ की कहानी कभी उसके जीवन का आख्यान बनती हुई पूर्वांचल के लोक-जीवन को चित्रित करती है, तो कभी यह इतिहास के समय में संचरण करती हुई देश के राजनीतिक जीवन की घटनाओं का सूक्ष्म विवेचन करती है। दोनों ही क्षेत्रों को एक कुशल प्रशासक की सूक्ष्म दृष्टि से जिस रूप में लेखक ने देश और समाज को देखा है, वह उपन्यास में प्रामाणिकता में प्रतिच्छायित होता है।

कथा की मुख्य धारा में राजनीतिक घटना-क्रम और उनका सटीक विवेचन है। यद्यपि कथा के केन्द्र में राम-जन्मभूमि-बाबरी मस्जिद विवाद है किन्तु साथ ही आपातकालीन स्थितियों और जन-जीवन का चित्रण भी यहाँ प्रमुखता से हुआ है। महात्मा गांधी की हत्या का प्रसंग आकर उपन्यास के समय को 1948 तक ले जाता है किन्तु उसमें 1921ई. में फ़ैज़ाबाद में गांधी जी के आगमन और उनके भव्य जोशीले स्वागत के प्रसंग को अनुस्यूत कर इसके समय को और पीछे तक ले जाया गया है। गांधी जी के प्रसंग की नियोजना का उद्देश्य यह भी दर्शाना रहा है कि किस प्रकार गांधी बाबा उस समय तक 'प्रायः देवत्व' की कोटि तक जा पहुँचे थे, "जब 1921 में बापू पहली बार फ़ैज़ाबाद आए थे, किसानों और ज़मींदारों के बीच हुई हिंसा पर फटकारने के लिए, तब भी बड़ी भीड़ थी। उस भीड़ में एक कुर्मी दम्पत्ति एक छोटा-सा बच्चा लिये खड़ा था। बच्चे के माँ-बाप चाहते थे कि महात्मा जी उसे छू लें। इस दम्पत्ति के कई बच्चे पैदा होकर छोटी-छोटी उम्रों में मर चुके थे। बच्चे को छूने की प्रार्थना सुनकर महात्मा जी मन ही मन, तन ही तन मुस्कराए। यह बच्चा गांधी का प्रसाद था, नाम गांधी प्रसाद वर्मा।"[2] इस प्रकार यह घटना उन गांधी जी का परिचय देती है जो 1921 ई. तक, भारतीय राजनीति के क्षितिज पर आए तब तक उन्हें थोड़ा ही समय हुआ था, जनता के लिए एक करिश्माई व्यक्तित्व का रूप ले चुके थे। गांधी के प्रसाद से उत्पन्न गांधी प्रसाद वर्मा की—उपन्यास के अन्त में 2 अक्तूबर, 1992 को मृत्यु दिखाकर कदाचित् लेखक प्रतीक रूप में गांधीवादी मूल्यों की निरन्तर हत्या ही दिखाना चाहता है।

बाबरी मस्जिद प्रकरण पर आने से पहले उपन्यासकार भवनाथ के स्मृति-ज्ञान के सहारे 1946-47 ई. तक के समय तक आता है जब पाकिस्तान जाने के लिए चारों ओर मुसलमानों में भगदड़ मची हुई थी किन्तु "इस शहर के मुसलमान स्पेशल रेलों, काफिलों में पाकिस्तान नहीं गए। वह जाते रहे फुटकर सवारियों की तरह और छोटे-छोटे कारणोंवश। शायरे शहर नूर फ़ैज़ाबादी कभी मादरेवतन को छोड़ जाएँगे, यह उन्होंने सोचा भी नहीं था। इश्तियाक बाबू के ज़हन में तो केवल इतना ही था कि जहाँ बुजुर्गों की हड्डियाँ दफ़न हैं वहीं उनकी भी होगी। लेकिन दफ़न के एक झंझट के कारण नूर फ़ैज़ाबादी का कफ़न ओढ़े-ओढ़े, इश्तियाक बाबू को बहुत दिन जीना पड़ा।"[3] लेखक ने बड़े गम्भीर रूप में उस संक्रान्तिकालीन सामाजिक मनोस्थिति का चित्रण किया है कि किस प्रकार उस समय "बाबरी-मस्जिद में साल डेढ़ साल पहले एक कामचलाऊ मन्दिर खुल चुका था और यह झगड़ा हिन्दूवादी ताक़तों ने किस प्रकार बावेले के रूप में खड़ा कर दिया। मस्जिद के पास की जो कब्रिस्तान की भूमि थी, उस पर हिन्दुओं के अलगाववादी

तत्त्वों ने साम्प्रदायिक विद्वेष बढ़ाया और मुसलमानों को यह अहसास दिया कि अब वे भारतवर्ष के मुसलमान थे, हिन्दुस्तान के नहीं।" इन तत्त्वों ने हिन्दू-मुस्लिम के बीच की सामाजिक संरचना को जिस रूप में तोड़ा, उसका बड़ा प्रमाणपुष्ट चित्रण लेखक ने मय्यत दफ़नाने के प्रसंग में किया है, "इश्तियाक बाबू ने म्युनिस्पल रिकार्ड में देखा था कि यह जगह कब्रिस्तान के रूप में दर्ज़ थी। आचार्य जगत प्रसाद कहते थे कि वहाँ सन् 1934 से कोई दफ़न नहीं हुआ तो अब यह भड़काने वाली कार्रवाई क्यों की जा रही है। बाईस घंटों की जद्दोजहद और सड़न के बाद इश्तियाक बाबू के रिश्तेदार को किसी और जगह कब्र नसीब हुई।"[4] यहीं से हिन्दू-मुस्लिम के बीच पनपी गंगा-यमुनी संस्कृति में प्रदूषण प्रारम्भ हो गया। इस सबके चलते न जाने नूर फ़ैज़ाबादी जैसे लोगों को पाकिस्तान में जाकर 'बेवतनों' की तरह का जीवन जीना पड़ा।

इस राजनीतिक समस्या के बीच भवनाथ की शिक्षा के वर्णन के माध्यम से उ.प्र. सरकार की भाषा विषयक उस बौड़मपन्थी पर भी लेखक उँगली रखता है जिसमें हिन्दी का कबाड़ा करने के लिए, उसे 'हिन्दुस्तानी' का रंग देने के लिए हिन्दी पाठ्य-पुस्तकों में छोटी 'इ' की मात्रा के लिए आधी पाई और बड़ी के लिए पूरी पाई लगाई जाती थी, "इ की मात्रा लगाना उस समय एक कठिन कार्य था। बड़े-बड़ों से इ की डंडी बड़ी हो जाती थी तो बच्चों की क्या बिसात।" "भवनाथ और उसकी पीढ़ी के दूसरे बच्चों की जान बचाई एक चिट्ठाविलासी मुख्यमन्त्री ने।"[5] उपन्यास की कथा से अवान्तर प्रसंगात् कहें तो उस समय हिन्दुस्तानी के जोश में उ.प्र. में पाठ्य-पुस्तकों में भाषा यह रूप ग्रहण कर रही थी—"शहंशाह राम बेगम सीता के साथ...।" सरसरी तौर पर उपन्यास अपने समय में घटित सभी राजनीतिक घटनाओं की थोड़ी-थोड़ी ख़बर लेता चलता है। भवनाथ "14 मई सन् 75 को जब परीक्षाफल बाँटकर घर लौटा तो पूरे वातावरण में एक कौतूहलमय सन्नाटा था, 'दुर्गा जाने वाली है', लोग आधी आशा और आधी शंका के साथ कहते। इलाहाबाद हाईकोर्ट का निर्णय इन्दिरा गांधी के विरुद्ध आ चुका था।"[6] इसके बाद 'आधी रात की दस्तक', 'नस की खातिर' शीर्षक से दो अध्यायों में आपातकाल के अनाचारों-अन्यायों का पर्दाफाश किया गया है। बहुत-से परिचित घटना-प्रसंगों का स्मृति में भंडारण पहले से ही है किन्तु यहाँ इस सबका निर्वहन इस कुशलता के साथ किया गया है कि वह रोचक बन पड़ा है। लेखक ने प्रशासनिक अधिकारी के रूप में गाँव, ब्लॉक, तहसील और ज़िले की व्यवस्था को राजनीतिक नेतृत्व के हाथों की कठपुतली बनते निकट से देखा है, वे इन प्रसंगों को बहुत अधिक प्रामाणिक रूप में प्रस्तुत कर बहुत पठनीय बना देते हैं। इमरजेन्सी घोषित होते ही जिस रूप में गिरफ़्तारियाँ, धर-पकड़ प्रारम्भ हुई, उन त्रासद स्थितियों को विभिन्न पात्रों की गिरफ़्तारियों द्वारा मूर्त किया गया है। स्थानीय नेताओं की बात-बेबात गिरफ़्तारियाँ जिस भय के माहौल का सृजन कर रही थीं—निष्ठावान कांग्रेसियों से लेकर, हाफ़पैंट और कमीज पहनने वाले दल के लोग—सभी बिना किसी कारण के जिस रूप में जेलों में डाले जा रहे थे, उनका अनुमान इस वर्णन से सहज ही लगाया जा सकता है, खौफ से घबराकर कुछ लोगों के हार्ट फेल तक हो गए, "श्याम सुन्दर तिवारी उस दिन लेटे-लेटे ही मर गए। पूजा की तरह चरखा कातकर उठे तिवारी जी को दिल का पहला और आखिरी धक्का लगा। वह जान नहीं पाए कि देश में इमरजेन्सी लग गई है। वह इस समय कांग्रेस के जिलाध्यक्ष थे और चरखा कातने वाले जिले के एक मात्र नेता तीन टर्म एम.एल.ए. और एक टर्म एम.पी. रहने के बावजूद उन्होंने अपना जीवन सादगी और ईमानदारी से बिताया। वह उन मूल्यवान दलीलों के विरुद्ध एक दलील थे जिनके तहत कहा जाता है कि नई पीढ़ी की मूल्यविहीनता की जनक पुरानी

पीढ़ी है। वह बीते हुए समय के कैदी थे। जब पुलिस उन्हें गिरफ़्तार करने पहुँची तो विलाप के बाद की खामोशी छाई हुई थी। उस गमगीती में पुलिस की अच्छी तरह से निभ गई।"[7] "श्याम सुन्दर तिवारी उस बहुत बड़े निष्ठावान देश-सेवकों के वर्ग का प्रतिनिधित्व करते हैं जिसे आपातकाल की निरंकुश सत्ता ने जेल के सींखचों के पीछे डाल दिया और इस पुलिस क़हर की कहीं कोई सुनवाई नहीं थी। उपन्यास की एक बड़ी विशेषता यह है कि आपातकालपूर्व, आपातकाल और उसके बाद की स्थितियों का चित्रण करते हुए लेखक तत्कालीन किसी नेता का प्रत्यक्षतः नाम नहीं लेता है किन्तु उनका रेखांकन इस रूप में करता है कि आप इन राजनीतिक शक्तियों को सहजता से पहचान जाते हैं; कुछ उदाहरण द्रष्टव्य हैं—"लिपिस्टिक के आधी सुपारी जैसे चिकने अग्रभाग को वह संन्यासिनी अपने होंठों पर व्यर्थ में घुमा रही थी। वह एक ओजस्वी वक्ता थी जिसे भारतीय जनसंघ की सार्वजनिक सभाओं में देशभक्ति की अग्निवर्षा करने बुलाया जाता था। वह रामचरितमानस की चौपाइयों में भी देशभक्ति ढूँढ़ लेती थी।" आपातकाल के राजकुमार कांग्रेस के युवा नेता का परिचय देखिए—"अगली लाइन में युवा नेता बैठे हुए थे। वह अपने परिवार के सुपरिचित सौन्दर्य के प्रतीक थे।" इंदिरा गांधी की हत्या के पश्चात् पार्टी के नए राजकुमार का परिचय यह है, "उसे एक प्रतिभा की तरह गढ़ा जा रहा था किन्तु वह अपना प्राण-प्रतिष्ठापक स्वयं था। वह आने वाली शती की बात कर इस शती के लोगों को जगा रहा था।" इस राजकुमार के बाद जिस व्यक्ति की सत्ता आई, उसका परिचय इस रूप में दिया गया है—"क्योंकि सुन्दर प्रधानमन्त्री का सूर्य इस समय अस्ताचलगामी था। उसने एक तोप ख़रीदी थी जिसके मुकाबिल अखबार गरज रहे थे। आगे चलकर राजर्षि की उपाधि पाने वाले एक सहयोगी ने उसकी पीठ में ईमानदारी का खंजर भोंका था।" "राजर्षि जीत गए और लाख मना करने के बावजूद कुछ लोगों ने यह सन्तोष भी प्राप्त किया कि पृथ्वीराज चौहान के बाद अब दिल्ली की गद्दी पर कोई राजपूत बैठा था।" इन व्यक्तित्वों का परिचय देते हुए समकालीन राजनीतिक स्थितियों पर तीख़ी टिप्पणियाँ करता उपन्यासकार इसे अपने समकाल का जीवन्त चित्रण बना देता है। 'नस की खातिर' नसबन्दी के लिए हुए अत्याचारों का चित्रण जिस रूप में करता है, उससे गाँवों से लेकर क़स्बों-नगरों, महानगरों तक में व्यापे क़हर का परिचय मिलता है—ग्राम सेवक, ब्लाक-अधिकारियों, शिक्षकों आदि का प्रशासन-तंत्र ने जिस रूप में इस्तेमाल किया, दलित-शोषित वर्ग, समाज की तथाकथित छोटी जातियों को जिस रूप में नसबन्दी के लिए ख़रीदकर प्रताड़ित किया गया, उसका बहुत निकट से देखा, भोगा गया चित्रण उपन्यास की उपलब्धि बन गया है।

'ताला-चाभी', 'रथ-यात्रा', 'लहरों का उत्पात' से लेकर अन्त तक उपन्यास की कथा बाबरी-मस्जिद ध्वंस और राम-जन्मभूमि मन्दिर की राजनीति के विश्लेषण पर केन्द्रित रहती है। 'ताला-चाभी' शीर्षक अध्याय के प्रारम्भ से पूर्व अध्याय के मुखबंध रूप में पृथक्-पृथक् दो पृष्ठों पर तुलसीदास और 'महात्मा गांधी' के एक ही लेख के तीन अंश उद्धृत हैं—ये दोनों अंश 'राम'—ईश्वरत्व—की व्याख्या के दो भिन्न दृष्टियों वाली विचार-दृष्टियाँ हैं। तुलसी का कथन तुलसी मस्तक तब नवै, जब धनुष बाण लेहु हाथ' उस राम की व्याख्या देता है जो अयोध्या के रामभक्तों की टोलियों के अनुकूल है—वे राम को अपने ही रूप में स्थापित करना चाहते हैं—उनकी निष्ठा तुलसी के कथन की सम्पुष्टि से, कट्टरपन के रूप में रामत्व को स्थापित करना चाहती है कि जब तक यह सब नहीं होगा, मन्दिर वहीं नहीं बनेगा, तब तक उनका मस्तक नहीं झुकेगा। दूसरी ओर गांधी रामत्व की व्याख्या एक अलौकिक निराकार शक्ति के रूप में करते हैं—"जो हमारे

हृदय में बसते हैं, वे राम देहधारी हो ही नहीं सकते। अँगूठे के समान छोटा-सा तो हमारा हृदय और उसमें भी समाए हुए रामदेहधारी क्योंकर हो सकते हैं, या किसी साल चैत की नवमी में उनका जन्म हुआ ही नहीं होगा। वे तो अजन्मा हैं, वे तो सृष्टि को पैदा करने वाले हैं, संसार के स्वामी हैं, इसलिए हम जिन राम का स्मरण करना चाहते हैं और जिनका स्मरण करना चाहिए, वे राम हमारी कल्पना के राम नहीं।" गांधी जी के राम की यह निराकार, निर्गुण अवधारणा और अगले दो कथन सहज ही यह प्रस्थापित करते हैं कि राम को रामलला के रूप में स्थापित करना ही धर्म नहीं है, इसलिए राम के नाम पर यह मार-काट क्यों? अयोध्या की उस समय स्थिति कैसी थी और क्या बनाई जा रही थी, उसका परिचय इस रूप में दिया गया है, "ताला खोलो", "ताला खोलो" की चीख़ सड़कों से उड़कर घरों पर मंडराने लगी थी। एक लम्बी और गहरे में पलती फुसफुसाहट को चीख़ में बदलने का अहसास किया जा रहा था। यह अवरोह से शीर्ष की उलट-यात्रा थी, पुरानी राग-रागनियों को पकाकर अयोध्याराग तैयार हो रहा था। तमाम ऐतिहासिक और पुरातात्विक अनुसंधान हो रहे थे। समाज का टेंपरामेंट ऐतिहासिक हो रहा था।" इस व्यंग्यात्मक आखेलन के बाद कथाकार कांग्रेस के राजकुमार (राजीव गांधी) के प्रबन्धन पर व्यंग्य करता है कि किस प्रकार उनकी व्यवस्था ने फ़ैज़ाबाद के जिला जज से जन्मभूमि में स्थापित मन्दिर का ताला खोलने का निर्णय सुनवा दिया था। लेखक इस समाधान को हिन्दू और मुस्लिम दोनों को तुष्ट करने की नीति 'कुछ इधर दो और कुछ उधर' के सिद्धान्त से जोड़ना चाहता है जिसके तहत सुप्रीम कोर्ट द्वारा शाहबानो के मुकद्दमे में तलाकशुदा औरत को गुज़ारा भत्ता देने की व्यवस्था की गई थी और मन्दिर-मस्जिद विवाद के साथ 'इस्लाम ख़तरे में है' के रूप में उधर भी आन्दोलन शुरू हो गया। इस वर्णन के साथ यह अध्याय पूरी तरह भवनाथ के वैयक्तिक सम्बन्धों की ओर मुड़ जाता है किन्तु 'रथ-यात्रा' अध्याय हिन्दुत्व की सही व्याख्या न होने के कारण देश और समाज को जो हानि उठानी पड़ी, मन्दिर-मस्जिद प्रकरण के माध्यम से उसकी व्याख्या करता हुआ आपातकाल के बाद के राजनीतिक घटना-क्रम पर तेज़ी से दृष्टि डालता है। इस अध्याय के प्रारम्भ में लेखक डॉ. राममनोहर लोहिया के तीन महत्त्वपूर्ण कथन उद्धृत करता है जिनको देश में धार्मिक कट्टरपन्थी के प्रश्न पर विचार करते हुए सदैव ध्यान में रखा जा सकता है—इन तीनों कथनों के हृदय-स्थलों पर दृष्टिपात करना समीचीन होगा—

(क) "महात्मा गांधी की हत्या, हिन्दू-मुस्लिम झगड़े की घटना उतनी नहीं थी जितनी हिन्दू धर्म की उदार कट्टरपन्थी धाराओं की। इससे पहले कभी किसी हिन्दू ने वर्ण, स्त्री, सम्पत्ति और असहिष्णुता के बारे में कट्टरता पर इतनी गहरी चोटें नहीं की थीं।"

(ख) "अब तक हिन्दू धर्म के अन्दर कट्टर और उदार एक-दूसरे से जुड़े क्यों रहे और अभी तक उनके बीच कोई साफ़ और निर्णायक लड़ाई क्यों नहीं हुई, यह एक ऐसा विषय है जिस पर भारतीय इतिहास के विद्यार्थी खोज करें तो बड़ा लाभ हो सकता है।"

(ग) "इन सभी हल न होने वाले झगड़ों के पीछे निर्गुण और सगुण रूप के सम्बन्ध में सवाल है। उस सवाल पर उदार और कट्टर हिन्दुओं के रुख में बहुत कम अन्तर है।"[8]

वस्तुतः उपन्यास अपनी कथा के माध्यम से हिन्दुत्व की इसी उदार और विवेकवान विचारधारा के पल्लवन का सार्थक प्रयास करता है। 'रथ-यात्रा' ने राम के 'पाणौ महासायकं चारु चापम्' रूप को वरेण्य बनाकर हिन्दुत्व की उग्र विचारधारा को और भी शाणित कर दिया था, "जहाँ-जहाँ रथ-यात्री जाते धनुष बाण का बाज़ार खुल जाता। वह सोमनाथ से चले थे और एक टेढ़ा तथा सब रास्ता तय कर उन्हें अयोध्या पहुँचना था। उनकी हुँकार थी—'सौगन्ध राम की खाते हैं/हम

मन्दिर वहीं बनाएँगे।' इस हुँकार की गूँज बाबरी-मस्जिद के मटमैले गुम्बदों से टकरा रही थी।"[9] फिर उन सब स्थितियों का जायज़ा लिया गया है जिससे मन्दिर बनाने का यह आन्दोलन उग्र से उग्रतर होता चला गया। साध्वियों के भाषणों के कैसेट जिस प्रकार विष वमन कर रहे थे उसे साध्वी सुचरिता के कैसेट के वर्णन से साक्षात् किया गया है—"अद्भुत वक्तृता है भवनाथ। नपुंसकतम हिन्दू भी सुन ले तो पनपनाकर तलवार निकाल ले।" कैसेट में जो आवाज़ थी उसमें "...बिजली की कड़क थी। मुसलमानों के अत्याचार और हिन्दुओं के विरोध का वाचाल इतिहास था। लगता था कि हिन्दुस्तान के इतिहास का आदि और अन्त यही है। इसके सिवाय कुछ नहीं। कैसी है यह औरत जिसकी नस-नस में इतनी आग भरी है।"[10] 'लहरों का उत्पात' शीर्षक अध्याय में मस्जिद-विध्वंस से पूर्व की स्थितियों पर विचार किया गया है कि किस प्रकार व्यवस्था का तंत्र स्थिति से निपटने की 'तैयारी' राजनीतिक नेतृत्व की इच्छानुसार कर रहा था। स्वामी दयानन्द के 'सत्यार्थ प्रकाश' के उद्धरण इस अध्याय के मुखबंध रूप में प्रयुक्त हुए हैं जिनमें मूर्ति पूजा और उसके सन्दर्भ में मस्जिद को बुतपरस्ती में शामिल न करने तथा 'काफ़िरों' को सजा देने के प्रवचन को रेखांकित किया गया है। मुसलमानों से निपटने के लिए उग्र हिन्दूवाद जो तैयारी कर रहा है, इस अध्याय में संक्षिप्त में ही उसका बड़ा प्रामाणिक विमर्श रचा गया है, "'जय श्रीराम, जय श्रीराम' के नारों से सरयू का पानी हिल रहा था। नदी के सीने पर मज़बूती से खम्भा गाड़े वह पुल किसी पीपे के पुल की ही तरह हिल रहा था। मनचले धर्मकर्मियों की भीड़ उमड़ी पड़ रही थी।" 'संन्यासियों की हिलती दाढ़ियों का आक्रोश', 'रामकाजियों की गभिन भीड़ उत्तेजित और स्फुरित', 'जहाँ राम का जन्म हुआ है, मन्दिर वहीं बनाएँगे के उद्घोष', तथाकथित शिक्षितों-बुद्धिजीवियों का यह तर्क "इस देश के इतिहास में मुसलमान पहली बार डिंफेसिव हो रहा है", आदि से परिव्याप्त परिमंडल और साथ ही हिन्दू चिति ('साईकी') का 'रामकाज' के लिए अनुकूलन जिससे वे 'राम-मन्दिर के आन्दोलन को एक दूसरे पागलपन' का रूप दे रहे थे।'[11] लोकतंत्र की चौथी सत्ता समाचार-पत्र ऐसी ग़ैर-ज़िम्मेदाराना भूमिका निभा रहे थे "आज दिनांक 30-11-90 के एक लोकप्रिय हिन्दी अख़बार में आह्वान किया गया था कि सावधान हिन्दू जाग गया है। असुर भारत का विध्वंस कर रहे हैं। चलो असुर का विध्वंस करो।" पुलिस किस प्रकार एक निर्देशित वाहिनी की भूमिका में अपनी ड्यूटी निभा रही थी, उसे मात्र एक वाक्य से संकेतित कर दिया गया है, "पुलिस की नाकाबन्दियों से आरामदेह आँखमिचौनी करते हुए लोग सड़क पर जा रहे थे।" किस रूप में हिन्दू उग्रवाद बाबरी-मस्जिद पर आक्रमण की तैयारी में था और किस रूप में उसे सरकारी तंत्र का सहयोग मिल रहा था, उसका चित्रण करती लेखक की कलम विभिन्न क्षेत्रों में प्रवेश करती उस मंजर का चित्रण करती है, "गौपट्टी के हिन्दू पिले हुए थे। यह लोग अयोध्या के आसपास के गाँवों में बड़े जलवे के साथ छिपे हुए थे। अख़बार उनकी सांगठनिक चतुराई पर फिदा थे। गुप्तचर एजेंसियाँ उनसे पूछ-पूछकर रिपोर्ट दे रही थीं।...दिन चढ़ने तक अयोध्या में भगदड़ मच गई।...कर्फ्यू और कसकर लगा दिया गया। फिर भी दूसरे दिन अखबार वाला अखबार डाल गया। अयोध्या में नरसंहार, शहीदों की भरमार और मुख्यमन्त्री की ललकार कि परिंदा भी पर नहीं मार पाएगा, के उपहास से अखबार का मुखपृष्ठ फटा पड़ रहा था। बाबरी-मस्जिद पर कार सेवकों ने भगवा फहराया और इसके साथ-साथ आदि-इत्यादि का विस्तृत विवरण, कुछ झाँकियाँ भी। वह दिन तिरंगे का नहीं था।"..."रस्सियों से चन्दन-चर्चित निष्णात प्रचारतंत्र के आगे मुख्यमन्त्री उस दिन अपने ही कलेजे के दम पर खड़ा था। इस साहब को ही अमानुषिक ठहराया गया। अगला चुनाव

वह बुरी तरह हारा, लड़ते-लड़ते हारा।"[12] 'टूटी हुई आँधी' शीर्षक अगले अध्याय में 'शंख बजाते-बजाते रथयात्रियों की सरकार का बनना', बाबरी मस्जिद पर अखिल भारतीय शाक्य सभा का दावा बताकर हाई कोर्ट में ऊलजलूल केस कि 'बाबरी मस्जिद की ज़मीन पर, मस्जिद से पहले एक बौद्ध-स्तूप था जो बौद्धों को वापस किया जाना चाहिए', 'विश्वास के ठगे हुए राजकुमार' (राजीव गांधी) की बम-विस्फोट में हत्या, आदि का चित्रण करता हुआ उपन्यास तत्कालीन स्थितियों पर प्रकाश डालता है। 'घाट का जलसा' में राजीव गांधी की हत्या के बाद की राजनीतिक स्थितियों, लोकसभा चुनाव से केन्द्र में कांग्रेस सरकार और उ.प्र. में 'भगवा दल की सरकार' के बनने, 'अयोध्या में कला और संस्कृति की उल्टी बयार बहने' से सांस्कृतिक कार्यक्रमों का फूहड़पन, आदि का चित्रण करते हुए लेखक इस बात को बलपूर्वक रेखांकित करना चाहता है कि "कांग्रेस और भगवा दल दोनों की सरकारें इस अयोध्या मुद्दे को किसी न किसी प्रकार जीवित रख अपने-अपने वोट बैंक की सुरक्षा में लगी हुई थीं।"

"प्रदेश और केन्द्र की कुर्सियाँ भी अपनी-अपनी कक्षा में स्थापित थीं। यद्यपि वोट देने के मामले में मंडली और कमंडली हिन्दुओं की लाइन अलग-अलग लगती थी लेकिन चुनाव सम्पन्न हो जाने के बाद दोनों हिन्दू भिन्न-भिन्न तापमान के साथ एक ही बात सोचते कि अयोध्या में इतनी भारी मस्जिद क्यों आ बनी।"[13] 'जेल में जयन्ती' अध्याय के मुखबंध रूप में शहीद रामप्रसाद विस्मिल की फाँसी से तीन दिन पहले 19 दिसम्बर, 1927 की लिखी हुई आत्मकथा का वह अंश दिया गया है जिसमें उन्होंने शहीद अशफ़ाक़ उल्ला खाँ की धर्मनिरपेक्ष दृष्टि और उनके राष्ट्रीयतावादी व्यक्तित्व की प्रशंसा और सम्पुष्टि की गई थी। हिन्दू-मुस्लिम एकता के पक्षधर अशफ़ाक़ उल्ला खाँ को मुसलमान "काफ़िर के नाम से पुकारते थे। पर तुम कभी उनके विचारों से सहमत नहीं हुए, सदैव हिन्दू-मुस्लिम ऐक्य के पक्षपाती थे। तुम एक सच्चे मुसलमान तथा सच्चे स्वदेश भक्त थे।" इस मुखबंध में दूसरा कथन अशफ़ाक़ उल्ला खाँ का है जो 19 दिसम्बर, 1927 को फाँसी के तख़्ते पर जाते हुए उनके अन्तिम शब्द थे, "भारतीय भाइयो, आप कोई, चाहे जिस सम्प्रदाय के अनुयायी हों, परन्तु आप देश हित में एक होकर योग दीजिए। आप लोग व्यर्थ में लड़-झगड़ रहे हैं। सब धर्म एक हैं, रास्ते चाहे भिन्न-भिन्न हों, परन्तु लक्ष्य सबका एक ही है। फिर यह झगड़ा-बखेड़ा क्यों? यह सोचकर कि सात करोड़ मुसलमान भारतवासियों में मैं सबसे पहला मुसलमान हूँ जो भारतमाता की स्वतंत्रता के लिए फाँसी पर चढ़ रहा हूँ।"[14] यह उपन्यासकार का नया कथा-युक्ति-प्रयोग है जिसके द्वारा वह बारम्बार आर्ष ग्रन्थों, प्रबुद्ध चिन्तकों तथा साम्प्रदायिक एकता के पक्षधर राजनेताओं के कथन की उद्धृति कर उन प्रयत्नों को उजागर करता है जिन्होंने राष्ट्रीय एकता और साम्प्रदायिक सौहार्द बनाने का महत् कार्य किया है। 'लम्बी चीख़' शीर्षक अन्तिम अध्याय में एक बार फिर वह कथा में बाबरी-मस्जिद ध्वंस के दृश्यों को प्रामाणिकता में प्रस्तुत करने का प्रयत्न करता है। "6 दिसम्बर, 1992 को सवा बारह बजे कार-सेवा का मुहूर्त था" किन्तु उससे एक दिन पहले जब 5 दिसम्बर को गीता जयन्ती मनाई गई तो अयोध्या का यह दृश्य था, "कार-सेवक एक ग़ैर अवधी शब्द था लेकिन अखंड भारतीयता के रूप में आज वह अवधपुरी में बहुतायत से मौजूद था। कारसेवक बाद में पानी की तरह इकट्ठे हो गए थे और असली कार-सेवा पर उतारू थे।"[15] उस दिन अयोध्या में केसरिया सरोवर लबालब हो रहा था। साधुओं का विषवमन उसमें लहरें पैदा कर रहा था। दूर-दूर तक नरमुंड खिले हुए थे। कार-सेवकों का सैलाब सारे रोक नकारकर भीड़ रोकने के लिए बल्लियों पर दबाव बनाने लगा। दो तरफ़ से इतनी जोर

का धक्का आया कि बल्लियाँ और गेट टूट गए। इसके बार उपन्यास में एक स्वप्न फ़न्तासी का प्रयोग हुआ है, भवनाथ का यह स्वप्न मुहम्मद बिन कासिम, महमूद गज़नवी और मुहम्मद गोरी आक्रमण के मंसूबों पर प्रकाश डालता हुआ, इस देश में हज़ारों राम-कृष्ण और हज़ारों सीता-राधा की परिकल्पनाओं की बात करता है—वाल्मीकि, व्यास, तुलसी, सूर, राजा रवि वर्मा और इस देश के जन-सामान्य ने जिस रूप में 'जाकी रही भावना जैसी' के अनुरूप अपने-अपने राम की 'मूरत' देखी थी। इस सबका अर्थात् यह है कि उग्रवादी शक्तियाँ ईश्वरत्व, रामत्व, की सही अवधारणा को ग्रहण क्यों नहीं कर पाती हैं। मस्जिद ध्वंस का चित्र उपन्यासकार ने उसी प्रकार खींचा है जिस प्रकार उस समय विभिन्न राष्ट्रीय और अन्तर्राष्ट्रीय टी.वी. चैनलों के कैमरे ने दिखाया था किन्तु उसकी नवीन परिकल्पना मस्जिद की चोटी पर चढ़ प्रथम प्रहार करने वाले व्यक्ति की है जिसे उसने उन्मादी लँगड़े भिखारी के रूप में देखा है जो जन्म से ही पूरी तरह असामाजिकता से जन्मा और पला था, "बैसाखी से अपने को कहीं भी ठेल पाने में असमर्थ वह भिखारी बिलकुल असहाय होकर खड़ा हो गया कि तभी भीड़ के रेले ने उसे हाथोहाथ उठा लिया।" उसे मस्जिद के सबसे ऊँचे गुम्बद को पत्थर से तोड़ने का जो काम दिया गया था, उसे एक वहशी अन्दाज़ में उन्मत्त जन-समूह ने किस प्रकार सम्पन्न कराया, उसका बड़ा सशक्त चित्रण यहाँ प्रस्तुत किया गया है, "अब वह कंधे से कन्धा चढ़ता हुआ बैसाखी-ध्वज लहराने लगा। बेपरवाह होकर उसने पान मसाले का आखिरी पाउच मुँह में भरा और उस पत्थर की ओर देखा जो अभी-अभी और खेल-खेल में उसके हाथ में इस हिदायत के साथ थमाया गया था कि देखो किसी की खोपड़ी मत फोड़ देना। पैरों के नीचे दबे मज़बूत कन्धों को निदर्यतापूर्वक हुमचकर उसने बाबरी मस्जिद के गुम्बद पर पत्थर फेंका। उसकी आँखों का पीला धुआँ और गहरा हो गया था। अब हमारी बारी कहते हुए आदमी ने उसे पुलिस की सुरक्षा में बैठे एक घायल पत्रकार की ओर पटका और ढाँचे को दोनों हाथों से ठेलियाने लगा।"[16] इस प्रकार उपन्यासकार ने मस्जिद ध्वंस के दृश्य का बहुत निकट से देखा चाक्षुष साक्षात्कार कराया है। उपन्यास के समापन की ओर बढ़ता लेखक इतिहास को सही भित्ति पर स्थापित करने का प्रयत्न करता हुआ इस तथ्य को रेखांकित करता है कि "लोग क्यों भूले कि मुसलमानी हमले के समय अयोध्या में तीन मुख्य हिन्दू स्थल थे; जन्म-स्थल-मन्दिर, स्वर्गद्वार और त्रेता का ठाकुर जो एक-एक कर सगर्व और दर्ज कर तोड़े गए। इस सच के विरुद्ध धर्मनिरपेक्षी जितना गढ़ेंगे उतना ही पस्त होंगे।" लेखक ऐतिहासिक तथ्यों के परिप्रेक्ष्य में यह सिद्ध करने में सफल होता है कि मन्दिर तोड़कर बाबरी-मस्जिद बनाने वाला मिथ भरमाने वाला है जिसका जनक उग्र हिन्दूवाद है। 'रथयात्री' (सीधा-साधा संकेत अडवानी की ओर) के इशारे पर, रूमाल के 'अनुशासनपूर्वक तहाकर' सामने की ओर देखने पर, "सी.आर.पी.एफ. और पी.ए.सी. के जवान मस्जिद कारसेवकों के हवाले कर बाहर निकल रहे थे। बन्दूक कंधे पर लटकाए विध्वंस को एक तरह का गार्ड ऑफ़ ऑनर दे रहे थे।" हनुमान गढ़ी पर लगी 'सजावटी' तोपें भी मौन रहीं। लेखक ने बार-बार बहुत तकलीफ़ से तफ़सीलों में जाकर उन स्थितियों को रेखांकित किया है जिससे सरकारी तंत्र की निष्क्रियता और कार-सेवकों को पुलिस तथा सुरक्षा बलों का परोक्ष समर्थन देने का प्रशासन का हथकंडा साफ़ दिखाई देता है। उपन्यासकार धर्मनिरपेक्ष ताक़तों को बल देता हुआ 1855 ई. की उस घटना का उल्लेख करता है जब अवध के अन्तिम नवाब ने अमेठी के मौलवी अमीर अली के हनुमान गढ़ी से नष्ट करने के इरादों को पूरी तरह विफल कर दिया था। बाबरी-मस्जिद ध्वंस के बाद जिस प्रकार उन मुसलमानों को रगेद-रगेद कर मारा

गया, जो हिन्दू संस्कारों, रीति-रिवाज़ों की धुरी थे, रगेद गयों की उन कातर आवाजों का चित्रण रोंगटे खड़े कर देनेवाला है, "मुसलमान मानि-हारिन की हलाल होती प्रार्थना, चूड़ियों के गट्ठर को पटक-पटककर टुकड़ा-टुकड़ा अलग होती आवाज़। खड़ाऊँ बनाने के लिए मुसलमान का आश्चर्यविजड़ित आर्तनाद और दूर तक फेंके जाने वाले खड़ाऊँ की तड़पकर लोटती हुई चीख। आग की आवाज़, जिससे यह नहीं पता चलता था कि यह आदमी जलाने वाली आग है या सामान। टप-टप गिरते खून की आवाज़ जिससे यह पता नहीं लगता था कि यह खून हत्या का है या बलात्कार का।"

बाबरी-मस्जिद ध्वंस को हिन्दी कथा (कहानी और उपन्यास) ने व्यापकता में अपना कथ्य बनाया है, सभी जगह धर्मनिरपेक्ष दृष्टि और ताक़तों की पक्षधरता मिलती है किन्तु जिस सधी सोच और निकट से देखे यथार्थ का जितना कुशल शिल्प-ढला कथन इस उपन्यास में हुआ है, वह अद्वितीय है। अपनी बात कहने के लिए वह कथा-वितान का प्रयोग जिस रूप में विभिन्न कथा-युक्तियों के नूतन प्रयोग द्वारा उपन्यासकार करता है, वह कथा के बहुत-बहुत परिचित घटना-क्रम को भी रोचक बनाए रखता है। बाबरी-मस्जिद का ध्वंस चित्रित किया जा रहा है, मस्जिद का गुम्बद तोड़ा जा रहा है किन्तु उसी बीच भवनाथ संन्यासिनी सुचरिता के साथ अपने कैशोर्य के दिवा-स्वप्नों में डूबने लगता है—"तीसेक बरस पहले का एक क्षण आधी तस्वीरों में बँट रहा था। अधेड़ तस्वीर आगे बढ़ी और उसने सुचरिता को कलेजे से लगा लिया।" इसके बाद इस काल्पनिक मिलन-क्षण का अत्यन्त मदिर रोमानी चित्रण पूरे प्रसंग को प्रेम की सरस सरिता में डुबो देता है, "...रात पाकर पहली दूब की तरह उगे हुए काम्य और कोमल केशों से उठती गन्ध देखी और छुई जा सकती थी। उँगलियों और होंठों के स्पर्श तन्तु चटखने लगे। उनकी साँसों के परदे में संसार छिप गया। हर साँस रोशनी का एक नया रंग सामने ला रही थी...।"[17] भवनाथ के प्रेम की इस फ़न्तासी-सी में प्रेम के अन्तरंग क्षणों को अभिव्यक्त करती यह भाषा कहीं भी स्तर से च्युत होकर इस दृश्य को स्थूल नहीं होने देती है।

भवनाथ के चरित्र की गन्धर्व के रूप में संरचना, इलाहाबाद की जनगणना 1901 में इस जाति के 39 लोगों का उल्लेख और पश्चात् पीठिका में 1992 ई. आते-आते उनकी विलुप्ति और गाकर माँगने वाली जोगो जाति के रूप में उनकी अन्तर्भुक्ति दिखाकर उसका जातिगत व्यक्तित्व गढ़ा गया है। किन्तु भवनाथ की जन्म-कथा और उसके जीवन-विकास की स्थितियों का चित्रण करते हुए बहुत कौशल से न केवल उ.प्र. लखनऊ-फ़ैज़ाबाद- अयोध्या के निकटस्थ के पूर्वांचल के लोक-जीवन का चित्रण किया गया है अपितु उसे बार-बार बाबरी मस्जिद ध्वंस और आपातकाल की कथा से संगुम्फित किया गया है—कथा के दोनों रंग बार-बार एक-दूसरे में गड्मड्ड हो, जानने ही नहीं देते कि यह कथा मुख्य कथा से अलग है और इसका उपयोग उपन्यास के मुख्य कथ्य को रोचक और प्रभावी बनाने के लिए किया गया है। भवनाथ के जन्म के समय टीकापाली और अनेक क़स्बों की जो सामाजिक स्थितियाँ थीं, जचगी की सुविधाएँ, नामकरण विधि, गांधी जी की हत्या की सूच्य घटना के रूप में उल्लेख, कायस्थ कुलोत्पन्न मुंशी लालता प्रसाद का परिचय और उनकी जीवन-शैली, गांधी जी की हत्या पर समाज के विभिन्न वर्गों की प्रतिक्रियाएँ, ज़मींदारी प्रथा की आखिरी बुर्ज़ों को सँभालते विशम्भर सिंह और 12 फरवरी को अयोध्या में गांधी जी की अस्थियों का आना, आदि घटनाओं का बड़ा सचेत चित्रण उपन्यास के प्रथम अध्याय 'जननी जन्मभूमि' में हुआ है। किसी भी घटना-प्रसंग अथवा विचार को जिस क्षिप्रता और संक्षिप्ति में लेखक यहाँ कहता है, उसमें उसके भाषा-लाघव का

बहुत बड़ा योग है, भाषा की बात थोड़ी देर में की जाएगी, अभी कथ्य पर ही अपने को केन्द्रित रखते हैं। गांधी की हत्या पर राष्ट्रीय स्वयंसेवक संघ की भूमिका को विश्लेषित करता हुआ आचार्य जगत प्रसाद उग्र हिन्दू राष्ट्रवाद पर इस प्रकार प्रहार करता है, "उन्होंने और उनके संघ ने आदिकाल की जंजीर काटने के लिए कुछ नहीं किया था, फिर भी उनके लिए दुख प्रकट करना उनका जन्मसिद्ध अधिकार था। वह प्रखर हिन्दू थे फिर भी डर रहे थे। जिस आदमी ने पाकिस्तान के धर्मान्ध हत्यारों को पचपन करोड़ दिलवाए, जो हर प्रकार के अत्याचार के शिकार शरणार्थियों की दुर्दशा देखकर भी शान्ति के उपदेश दे रहा है, उसकी हत्या पर हिन्दू देश में इतना दुख कि मन्दिरों में मातम छा गया। और यह देश कहीं फिर गुलाम न हो जाए, पाकिस्तान का गुलाम। पिछले दिनों उन्होंने गांधी के हिन्दू विरोधी अथवा राष्ट्र विरोधी कार्यों को खोद-खोदकर प्रकट किया था। लोग उनके बारे में क्या सोच रहे होंगे। उन्हें कल तक हॉफ पैंट, कमीज़ और काली टोपी कहीं छिपानी होगी।"[18] टीकापाली गाँव या कहें क़स्बा इन राजनीतिक प्रभावों को किस रूप में ग्रहण कर रहा था, मुस्लिम नेशनल गाड्र्स आदि किस प्रकार अपनी नई लीक बना रहे थे, इस सबका चित्रण करता हुआ उपन्यास वहाँ के मध्यवर्गीय जीवन की बड़ी प्रामाणिक तस्वीर प्रस्तुत करता है। टीकापाली का समाज न गाँव का है, न क़स्बे का– "वह न क़स्बे जैसा क़स्बा और न गाँव जैसा गाँव।" इसके चरित्र लालता प्रसाद, केशव प्रसाद, बाबा राघवदास, बाबा विशुनदास, आचार्य जगत प्रसाद, आदि सब अपनी-अपनी तरह के प्रातिनिधिक पात्र हैं और उनका बड़ा चित्रात्मक रेखांकन किया गया है, "मुंशी लालता प्रसाद वल्द मुंशी केशवप्रसाद कौम कायस्थ हाल मुकीम टीकापाली परगना हवेली अवध जिला फ़ैज़ाबाद तिरस्कार के अक्षय पात्र थे।" इनका हुलिया और रहन-सहन तत्कालीन कायस्थ समाज का जीता-जागता चित्र है, पूरे उ.प्र. में कचहरी को जाते इन मुंशियों का यही हाले-बयान होता था, "सोमवार से शुक्रवार तक पायजामे में क्लिप लगाए, अचकन और टोपी पहनकर वह साइकिल से कचहरी जाते और आते। लौटते समय महँगी तरकारी और एक अखबार उनके साथ होता था। शनिवार को वह ताँगे से कचहरी जाते और उस दिन टीकापाली नहीं लौटते। यह उनका नियमित रंडीबाज़ी का दिन था। गाना-वाना सुनने में उनकी कोई दिलचस्पी नहीं थी लेकिन मर्यादा की भद्र-रक्षा के लिए गाना भी सुनते।"[19] ऐसे ही विवरणों में क़स्बे का जीवन यहाँ बड़ी प्रामाणिकता से मूर्त हुआ है। विशम्भर सिंह के माध्यम से गाँवों में ज़मींदारी प्रथा के ध्वंसावशेषों का परिचय मिलता है, "विशम्भर सिंह एक जागरूक ज़मींदार और सफल वकील थे। वह जानते थे कि देहात में ज़मीन, ताक़त और क़ानून के रिश्ते बदलने वाले हैं। वह पूरी ईमानदारी से विश्वास करते थे कि इस बदलाव को रोकने के पीछे केवल उनका निहित स्वार्थ नहीं था। वह युक्त प्रान्त ज़मींदार एसोशिएशन की फ़ैज़ाबाद शाखा के अवैतनिक अध्यक्ष थे। वह पिछले दिनों घूम-घामकर सभा कर रहे थे कि ज़मींदारी उन्मूलन से मध्यम वर्ग को सर्वाधिक हानि पहुँचेगी और अगर देहात से मध्यवर्ग का प्रभाव उठ गया तो शान्ति व्यवस्था ख़तरे में पड़ जाएगी क्योंकि मध्य वर्ग ही शान्ति व्यवस्था का धारक है।"[20] इनके अतिरिक्त कामरेड वर्मा जैसे कम्यूनिस्ट और कामरेड गांधी प्रसाद वर्मा जैसे गांधीवादी भी गाँव में मौजूद हैं। पोस्टमास्टर साहब, पटेश्वरी मिश्र जैसे पात्र इस उपन्यास की कथा-भूमि में ही नहीं पूरे गाँव-समाज में देखे जा सकते हैं।

भवनाथ की शिक्षा के बहाने उ.प्र. के हाई स्कूलों और इंटर कॉलेजों की बड़ी सच्ची तस्वीर पेश की गई है, "गाता बजाता भवनाथ हाई स्कूल पार कर गया। उस समय हाई स्कूल में फेल होना कोई ख़ास बात नहीं थी। बोर्ड परीक्षा का आतंक चहुँ ओर व्याप्त था। उसके विद्यालय

में कभी-कभार कोई इक्का-दुक्का ही फर्स्ट क्लास आता था, कुछ सेकंड क्लास। अधिकतर गांधी डिवीज़न के नाम से थर्ड और बकिया फेल।"[21] हाई स्कूल का रिज़ल्ट आता, दूर-दराज़ से परीक्षा-परिणाम वाला अखबार प्राप्त करना, उस पर विद्यार्थियों, अभिभावकों का टूट पड़ना, चवन्नी-चवन्नी लेकर 'अखबार-स्वामी' का लड़कों को रिज़ल्ट बताना—ये तत्कालीन समय के बड़े जाने-पहचाने चित्र हैं। हाई स्कूल में फेल होना लगभग ज़रूरी जैसा फैशन था, इसीलिए लोग बच्चों की उम्र कम लिखाते थे जिससे हाई स्कूल में फेल हो जाने की क्षति-पूर्ति हो सके। हाई स्कूल-इंटर तक पहुँचते-पहुँचते ये किशोर रिश्तेदार आदि के माध्यम से किशोर सुलभ कामानुभव प्राप्त कर जाते थे—बिट्टन भाभी के प्रसंग से, यही चित्रित हुआ है, "बिट्टन भाभी की देह में आखिरी लकीरों तक उफना हुआ स्वस्थ कुँआरापन था जिसके चलते धौल-धप्पा उन्हें अच्छा लगता था।" सुचरिता-प्रसंग भी इसी प्रकार का है—इसी सुचरिता को बाद में भगवा ब्रिगेड की आग उगलती संन्यासिनी का रूप दे दिया गया है और बाद में बाबरी मस्जिद के बड़े गुम्बद के ध्वंस प्रसंग में इसकी स्मृति का दिवा-स्वप्न भवनाथ को आता है। सुचरिता के परिचय में कहे गए शब्दों से लेखक के भाषा-लाघव का बहुत अच्छा परिचय मिलता है, "सुचरिता चमत्कारी बचपन के पूजनीय हादसों से उबरी हुई; एक उभरी-सी लड़की थी।" 'प्रेम का कच्चा फल और ढेले की सनसनाहट' शीर्षक अध्याय का मुखबंध इसके उद्देश्य को स्पष्ट करता है, "पोस्टमास्टर साहब की कहानी बुजुर्गों के मनोविनोद के लिए है। नई पीढ़ी किताबों और फिल्मों की तरह प्रेम का फल सूँघना चाहती है।" इस अध्याय में ऐसे ही कई प्रेम-प्रसंगों का चित्रण कर लेखक वामाचारी पन्थ और ऋग्वेद में मुक्त काम-भोग के प्रसंगों के उदाहरण देकर अपने आर्ष ग्रन्थों में आए ऐसे वर्णनों को प्रश्नांकित करता है। तांत्रिक पुस्तकों में से 'पिच्छिला तंत्र' के दसवाँ पटल को इस प्रकार उद्धृत किया गया है, "मद्य, मांस, मुद्रा और मैथुन के बिना पूजा नहीं हो सकती। स्त्री-भग, पूजा का आधार है...किन्तु कलियुग में मन ही मन सब कर्म करने का मार्ग है। मानस-स्नान, सर्वदा मानस वैदिक कांड जहाँ महापूजा भोग हो वहीं मानस भोजन और मन ही मन स्वकीया या परकीया स्त्री में रमण करें। कलिकाल में निश्चित वास्तविक आधार नहीं है। मन ही मन भग-रोम आदि की चिन्ता और पूजन करें। मानस भावों के द्वारा ही सर्वसिद्धि प्राप्त होती है।" देव-सृष्टि और हमारे ऋग्वेद जैसे पूजनीय और सुश्रुत जैसे माननीय ग्रन्थों में भी जिस विलासी और समाज-बाह्य यौन-जीवन की चर्चा है, लेखक उसे भी उद्धृत करता है, ऋग्वेद का यह कथन है, "रमणियों का पहले चन्द्र ने, उसके बाद गन्धर्व ने उपभोग किया। इन्हीं का उपभोग शेष होने पर मनुष्य पति ने उन्हें ग्रहण किया।" कथा-प्रसंग के बीच में ऐसी उक्तियाँ अनुस्यूत कर लेखक अपनी 'महान सभ्यता की ऐसी महान् स्थापनाओं' पर व्यंग्य करता है। क़स्बे के पशु डॉक्टर राजपूत के माध्यम से वह इन प्रसंगों में रम सका है। बात उ.प्र. में शिक्षा की चल रही थी तो वहाँ के हाई स्कूलों और इंटर कॉलेजों के 'प्रबुद्ध अध्यापक' किस प्रकार कुंजी-ज्ञान के सहारे अपना कार्य-निष्पादन करते हैं, इसका बड़ा व्यंग्यात्मक चित्रण किया गया है, 'अलमारी में सारी पाठ्य-पुस्तकों की कुंजियाँ थीं', प्रधानाचार्य भवनाथ के पढ़ाए हुए में शंका व्यक्त कर रहे थे तो भवनाथ ने अपना बचाव-पक्ष इस रुख में प्रस्तुत किया, "एक मिनट" और लपककर अपनी कुंजी उठा लाया। यह कुंजियों का अन्तर था। भवनाथ के पास लखनऊ में छपी कुंजी थी और वासुदेव विद्यालय की लाइब्रेरी में मेरठ की छपी कुंजी थी। "मेरठ वाली से ही पढ़ाइए मास्टर साहब, नहीं तो कन्फ्यूजन होगा।" टाई से शक्ति ग्रहण करते हुए प्रधानाचार्य बोले। "गिरीशनन्दन अस्थाना थ्रूआऊट थर्ड डिवीज़न थे लेकिन टू द प्वांइट पढ़ाना

जानते थे। टाई उनके और अन्य लोगों के बीच का एक झीना परदा थी।"[23] इन कॉलेजों में अच्छे खिलाड़ी कई-कई सालों तक किस प्रकार एक ही कक्षा के मौसमी छात्र होते थे, इस पर भी खूब व्यंग्य करते हुए उपन्यास-कथा दलितों की ओर भी मुड़ती है, भारतीय ग्राम के जाति-विभाजन और उसमें ब्राह्मण के ब्रह्मणत्व-बोध पर नसबन्दी के केस लाने के सन्दर्भ में विचार हुआ है। गाँवों में शादी-ब्याह की रीति-रस्मों, बारात आगमन, हीन से हीन व्यक्ति का दूल्हे रूप में एक दिन का राजसी ठाट, विवाह की ज्योनार (प्रीति-भोज) और दहेज के रूप में 'मोपेड' की माँग की हुज्जत जायज ठहराया जाना, आदि का चित्रण करते समय लेखक पूरी तरह उस जनसमाज का अंग ही बन गया है। इस प्रकार भवनाथ की रोचक वैयक्तिक कथा उपन्यास के अपेक्षाकृत शुष्क विषय-जानी-पहचानी राजनीतिक घटनाओं के चित्रण को रसमय बनाए रखती है, या कहें इस पक्ष को भी कम रोचक नहीं रहने देती।

उपन्यास के भाषा-लाघव और सामर्थ्य की चर्चा ऊपर एकाधिक बार प्रसंगात् की गई है किन्तु यदि इस उपन्यास की भाषा पर अलग से विचार किया जाए तो लेखक ने जिस रूप में भाषा को तराशकर नए लालित्य से युक्त किया है, वह उसकी बहुत बड़ी उपलब्धि है, भाषा में जो लाघव और अर्थ सामर्थ्य तथा व्यंग्य की धार है, उसने कथा को क्षिप्र गति से आगे बढ़ाने में बहुत सहायता तो की ही है, उपन्यास की संक्षिप्त कथा में बहुत कुछ भर देने में भी सक्षम बनाया है। कुछ उदाहरणों से इस कथन की सम्पुष्टि की जा सकती है–

"सचेतन हिन्दी में बोले..., भवनाथ वार्ता विमुख हुए...।"

"समाज का खूँटा और ब्याह की डोर के लिए वह प्रस्तुत नहीं थे।"

"उपपत्नी उपविधवा नहीं हो सकती। वंश और सम्पत्ति के सतवन्ती सिलसिले के कुल देवताओं ने ऐसा त्रास दिया कि माँ को लगा कि उसके बेटे का जीवन ख़तरे में है।"

भाषा के वैभवपूर्ण रूप ने लेखक की सबसे अधिक सहायता रति-प्रसंगों के अन्तरंग चित्रण को बहुत संयत रूप में प्रस्तुत करने में की है, दो उदाहरणों से यह बात अधिक साफ होगी, "इसी दिन इकबाल बाबू ने चुपके से नहाने का एक महँगा साबुन ख़रीद कर कमली को दिया। वह दिन बहुत भारी गुज़रा। काम्य कल्पनाओं के दुरन्त अश्व खाली खुले मैदान को दौड़-दौड़कर खूँदे डाल रहे थे। दिन दहाड़े उनके सनसनाते-काँपते मन ने पहला प्रयास किया।...एक-एक क्षण घनीभूत होकर तरह-तरह के ठोस और गुलगुले आकार ग्रहण कर रहा था। फिर चीख़ती-चिल्लाती साँसों के बीच अतल-तल की औंधे-मुँह फिसलन। चरमोत्कर्ष। घोर पतन। हे भगवान, वह उसके जीवन के प्रथम पुरुष थे। उनकी आँखों में आँसू आ गए। उन्होंने बड़े प्यार और ज़िम्मेदारी से अपनी नायिका को चूम लिया।"[24] इसी प्रकार भवनाथ की सुहागरात का वर्णन इस भाषा-सामर्थ्य के कारण ही इतना सहज और संयत बन पड़ा है, "उसे धीरे-धीरे आगे बढ़ने की सलाह मिली थी। लेकिन जल्दी ही वह इस धीरे-धीरे की कला से ऊब गया। अधीर होने लायक उत्तेजना उसके अन्दर भर गई थी। पत्नी स्वाभाविक और कृत्रिम दोनों तरह के प्रतिरोध नपी-तुली मात्रा में कर रही थी।...अन्ततोगत्वा, सरसराहटकरते हुए, अँधेरे को खरोंचते हुए तीखी गहरी कराह उसे सुनाई पड़ी। वह एक पल के लिए थमा। वह एक पल कल्पना को शून्य और मन को ऊसर बना देनेवाला था। सामने आया डॉ. राजपूत का कृत्रिम गर्भाधान केन्द्र। मनुष्य कितना सौभाग्यशाली पशु है।"[25]

शैल्पिक नवीनता और भाषागत नूतन रचाव के साथ-साथ एक और दृष्टि से यह उपन्यास स्पृहणीय है, अपनी संक्षिप्ति में कथ्य का व्यापक वितान। काफ़ी समय से मैं विभिन्न उपन्यासों की

समीक्षा के सन्दर्भ में यह कहता आ रहा हूँ कि सशक्त उपन्यास बनने के लिए उपन्यास का पृथुलाकार होना आवश्यक नहीं है, संक्षिप्त आकार-सीमित पृष्ठों में भी उपन्यास के कथ्य को पर्याप्त विस्तार दिया जा सकता है। ऐसे ही कुछ सफल और महत्त्वपूर्ण उपन्यासों की श्रेणी में यह सशक्त उपन्यास है जो मात्र 165-66 पृष्ठों (प्रारम्भ में 10 पृष्ठ गणनीय नहीं है—उपन्यास में कुल 176 पृष्ठ हैं) में कथ्य के व्यापक सन्दर्भों को समेटता हुआ एक विशिष्ट उपन्यास बन जाता है।

सन्दर्भ

1. उपन्यास *एक गन्धर्व का दुःस्वप्न*, पूर्व पीठिका, पृ. 14
2. पृष्ठ 30
3. पृष्ठ 33
4. पृष्ठ 34
5. पृष्ठ 39
6. पृष्ठ 78
7. पृष्ठ 89
8. पृष्ठ 139
9. पृष्ठ 141
10. पृष्ठ 142
11. पृष्ठ 148
12. पृष्ठ 149, 50
13. पृष्ठ 160
14. पृष्ठ 162
15. पृष्ठ 170
16. पृष्ठ 172
17. पृष्ठ 173
18. पृष्ठ 24
19. पृष्ठ 21
20. पृष्ठ 25-26
21. पृष्ठ 51-52
22. पृष्ठ 73 एवं पृष्ठ 67
23. पृष्ठ 78
24. पृष्ठ 44
25. पृष्ठ 117

कथात्मक संवेदन में साम्प्रदायिकता का प्रतिरोधी स्वर

इधर साम्प्रदायिकता के विरोध में कई-कई उपन्यास प्रकाशित हुए हैं जिनके केन्द्र में या तो हमारे सन्निकट वर्तमान की गुजरात नरसंहार की त्रासदी अथवा फिर बाबरी मस्जिद ध्वंस की हृदय विदारक घटना है। कई उपन्यास 'मुस्लिम लेखकों' द्वारा (यद्यपि अब्दुल बिस्मिल्लाह को इस शब्द से सख़्त चिढ़ है जो बिलकुल वाज़िब भी है) प्रयास किया गया है कि इन राष्ट्रव्यापी घटनाओं के प्रकाश में मुस्लिम चिति ('साइकी') को अभिव्यक्ति दे सके। इन उपन्यासों से अलग हटकर अब्दुल बिस्मिल्लाह के सद्यःप्रकाशित उपन्यास 'अपवित्र आख्यान' की विशेषता यह है कि यह तात्कालिक घटनाओं से अलग हटकर, बाबरी-मस्जिद प्रकरण या गुजरात नरसंहार की त्रासदी, आदि का ज़िक्र किए बिना भी भारतीय मानस—जिसमें हिन्दू और मुस्लिम, दोनों शामिल हैं—में घर कर गए साम्प्रदायिक वैमनस्य की विष चेतना ('साइकी') को पूरी तरह उघाड़ता है। अपने इस प्रयत्न में एक ओर वे कबीर की उस चेतना की स्मृति कराते हैं—'हिंदुअन की हिन्दुवाई देखी, तुरकन की तुरकाई'—न हिन्दू को बख़्शते हैं न मुसलमान को, सर्वत्र चिन्ता आदमी के 'ईमान' को बचाने की है। अपने कथ्य के निवर्हन में अनायास ही वे राही मासूम रज़ा का स्मरण कराते हैं, 'गंगोली' जैसे राही साहब को प्यारी थी, उसी प्रकार अब्दुल बिस्मिल्लाह को अपना गाँव प्यारा है, अपनी गंगा-जमुनी संस्कृति की सम्पूर्ण धरोहर के साथ वह गाँव पाठकीय मन पर छा जाता है।

'अपवित्र आख्यान' की बहुत बड़ी विशेषता यह है कि किसी भी रूप में उपन्यास में वैचारिकता का मुखर ('वोकल') आरोपण नहीं है। पात्रों की सहजता से उसकी वैचारिक सरणि स्वयं पाठक को अपने साथ लिये चलती है, बहुत बड़ी आश्वस्ति (कंविंसिंग) रूप में। उपन्यासकार बहुत शिद्दत से इस विचार का प्रतिरोध उपस्थित करता है कि किस प्रकार राजनीति ने भाषाओं—उर्दू और हिन्दी—को जाति विशेष मुस्लिम और हिन्दू से जोड़कर पूरे देश में साम्प्रदायिक वैमनस्य बढ़ाया है। भारतीय परिदृश्य में यह एक बहुत ख़तरनाक बात हुई जिसने कौमों को बाँटा—पंजाब में भी यही हुआ जहाँ भाषा को धर्म और जाति से जोड़कर जनसंख्या परिगणना तक में ग़लत आँकड़े दिलाकर साम्प्रदायिक मनोवृत्ति को बढ़ावा दिया गया। वह हिन्दू-मुस्लिम दोनों फिरकों की उस तंग ज़हनियत की ख़बर पग-पग पर लेता चलता है जो भाषा के प्रश्न को कौम से जोड़कर देखना चाहते हैं। पैसेंजर ट्रेन में सफ़र करते जमील को इसी मनोवृत्ति का सामना करना पड़ता है, सहयात्री कहता है, न केवल भाषा पर अपितु मुसलमानों के प्रति बद्धमूल दृष्टि का खुलासा इस रूप में करता है, "...मास्टर साहब यह उर्दू हमारे देश की भाषा नहीं है। शुद्ध रूप से विदेशी है। मुसलमानों की भाषा। इस भाषा को महत्त्व देने का अर्थ है मुसलमानों को महत्त्व देना। और मुसलमानों को महत्त्व देने का अर्थ है उन्हें शक्तिशाली बनाना। वे लोग तो

वैसे ही शक्तिशाली हैं। चार-चार विवाह करके और दर्जनों बच्चे पैदा करके उन्होंने अपनी संख्या कितनी बढ़ा ली है! है कि नहीं। अब तो उनके यहाँ घर-घर बम बनने लगे हैं। मुर्गी-मुर्गा और बकरी-बकरा काट-काटकर, हत्या का अभ्यास भी वे करते ही रहते हैं। अगर इसी तरह उन्हें छूट मिलती रही तो एक दिन हम सभी हिन्दुओं को पछताना होगा। हम एक बार पुनः उनके अधीन हो जाएँगे।"[1] इसी प्रकार जमील को पग-पग पर मुसलमानों द्वारा लांछित किया जाता है कि वह हिन्दी बोलकर, उस भाषा का शिक्षक बन मुसलमानों और उर्दू के साथ दगा कर रहा है, उसे बार-बार अपने पक्ष को रखने के लिए तरह-तरह की दलीलें पेश करनी पड़ती हैं, "नहीं, नहीं, मैं हिन्दुओं की नहीं, हिन्दी ज़ुबान बोल रहा हूँ। और आप तो जानते ही होंगे कि मिर्ज़ा ग़ालिब ने अपनी ज़ुबान को हिन्दवी कहा है।"[2] इसी विचार-सरणि से लेखक इस बात का विरोध करता है जहाँ हिन्दी जगत में 'मुस्लिम लेखक' की अवधारणा को बलपूर्वक पोषित करते हुए बार-बार यह अहसास कराया जाता है कि वह हिन्दी का एक मुस्लिम लेखक है, उसे पीड़ा है कि उसकी कविता और कृतित्व को केवल कबीर, जायसी की परम्परा से जोड़ा जाता है, सूर-तुलसी की परम्परा से नहीं। पूरा उपन्यास इस पीड़ा को गहरी कथात्मक संवेदना के साथ बुनता है कि व्यक्ति को व्यक्ति न मानते हुए भाषा से जोड़कर हिन्दू और मुसलमान के रूप में जाना जाता है। जमील को जीवन-भर इस पीड़ा को ढोना पड़ता है कि उसे 'हिन्दी का मुसलमान लेखक' के रूप में जाना जाता है, जबकि उसका "...यह मानना है कि लेखक का एक ही धर्म है—मानवता। लेखक न हिन्दू होता, न मुसलमान, वह सिर्फ़ लेखक होता है। और जमील साहब यह न भूलिए कि आप लेखक भी हैं। "जी हाँ, हिन्दी का मुसलमान लेखक।" "इससे फ़र्क़ क्या पड़ता है?" "आप शायद ठीक कहते हैं, इसीलिए तो हिन्दी का कोई ब्राह्मण लेखक, ठाकुर लेखक या कायस्थ लेखक नहीं होता मगर...।"[3] शैक्षणिक संस्थाओं में स्कूल, इंटर कॉलेज से लेकर विश्वविद्यालयों तक एक मुस्लिम हिन्दी अध्यापक को जो भोगना-जीना पड़ता है, वह सब यास्मीन और विशेषतः जमील के माध्यम से चिन्तित हुआ है। महात्मा गांधी विद्यालय-इंटर कॉलेज के 'हिन्दू टीचर' का परिचय देती हुई यह टिप्पणी इस पीड़ा का ही साक्षात्कार कराती है, "हिन्दू टीचर इसलिए कि वे टीचर नहीं, हिन्दू टीचर थे। जैसे हिन्दू-बहुल विद्यालयों में पढ़ाने वाला मुसलमान टीचर होता है।" जमील के चरित्र की बनत यह प्रस्थापित करने के लिए ही होती है कि 'यह सिद्ध किया जा सके' कि 'हिन्दी केवल हिन्दुओं की भाषा नहीं है।' महात्मा गांधी इंटर कॉलेज में उसकी नियुक्ति को लेकर भी बात उसकी धर्म और जाति से जोड़कर की जाती है। उसको पीड़ा होती है इस बात को लेकर कि उसकी नियुक्ति का आधार उसकी हिन्दी की योग्यता नहीं, अपितु मुसलमान होना है, "उसका एपाइंटमेंट इसलिए नहीं हुआ कि वह एक योग्य युवक है बल्कि इसलिए हुआ कि वह मुसलमान है। अगर वह मुसलमान न होता तो? अगर उसका नाम जमील अहमद की जगह राजाराम होता तो?" न केवल अल्पसंख्यक वर्ग द्वारा चलाए गए स्कूल-कॉलेजों में अपितु दूसरी जाति के कॉलेजों, आदि में नियुक्ति की जो जातिगत स्थितियाँ और समीकरण हैं उनको विश्लेषित कर शिक्षण-क्षेत्र की जातीयतावादी स्थितियों के नरक को उघाड़ा गया है। विशेषतः उत्तर प्रदेश के सन्दर्भ में यह स्थिति कितनी सटीक है, "ब्राह्मणों के कॉलेज में ब्राह्मण का और कायस्थों के कॉलेज में कायस्थों का ही हो सकता है। मगर मेरी बात भी सच है कि किसी मुसलमान का नहीं हो सकता। अगर अहीरों के कॉलेज में इंटरव्यू हो और कोई योग्य यादव न मिले तो वे बनिया को रख लेंगे मगर मुसलमान को नहीं।"[4] उपन्यासकार स्कूलों-कॉलेजों से लेकर यूनिवर्सिटी स्तर तक नियुक्तियों

की समस्या के अन्तर्बाह्य से परिचित है, गहन रूप में। 'मुस्लिम क़ौम के सेवक' नक़वी जैसे नेता यास्मीन का 'सेवन' कर ही उसे यूनिवर्सिटी के हिन्दी विभाग में नौकरी दिलाते हैं—ऐसे विभाग में जहाँ केवल ब्राह्मणों का ही वर्चस्व है। उत्तर प्रदेश के इंटर कॉलेजों में जिस रूप में परीक्षा में नकल कराने का काम प्रिंसिपल और अन्य अध्यापकों के सम्मिलित 'व्यावसायिक सहयोग' से चल रहा है, उस पर भी यहाँ खूब खुला प्रहार किया गया है। जमील अहमद जिस रूप में नौकरियों के विभिन्न स्तरों के लिए जी तोड़ कोशिश करता है, उसमें सामान्य आदमी का जीवन-संघर्ष वाणी पाता है, यूनिवर्सिटी में इंटरव्यू के लिए जाते हुए जमील की आर्थिक तंगदस्ती यही सब बयान करती है। इंटरव्यू के बहाने मुसलमानों की हिन्दी और हिन्दुओं को लेकर जो बीमार सोच है, उस पर भी अँगुली रखी गई है। यास्मीन के अब्बा को यास्मीन द्वारा 'वर्चस्व' शब्द का इस्तेमाल किए जाने पर यह टिप्पणी "वार्चा...शन्नो, कितनी बार कहा गया है कि कम-से-कम घर में इस गन्दी ज़ुबान का इस्तेमाल न किया करो" इस मानसिकता को उघाड़ती है और आगे के संवाद में मुसलमानों में शिया और सुन्नी को लेकर जो घृणा और विवाद रहता है, उसकी भी इंगिति की गई है। वस्तुतः जमील हिन्दू और मुस्लिम दोनों वर्गों में 'अपवित्र' होकर रह गया है और उसी का 'आख्यान' बनता है उपन्यास का कथानक। उसकी बीवी का न केवल का नाम 'राबिया देवी' है अपितु वह पूरी तरह अपने माँ के हिन्दू संस्कारों और रहन में ढली हुई है। उसके मायके में बनिए के लड़के तथा उसके भाई, धर्मभाई श्यामू के तिलकाचार में राबिया की उपस्थिति, वहाँ गाँव के बड़े-बूढ़ों की बातचीत, पूरे गाँव का व्यवहार, साम्प्रदायिकता की खड़ी की गई दीवारों को पूरी तरह ध्वस्त कर एक व्यापक मानवीयता के सरोकार से परिचित कराता है। यह उपन्यास का बहुत सशक्त और मार्मिक पक्ष है। वहाँ का लोक, जनसाधारण का मानस इस सबसे बहुत ऊपर है, "तब बचवा बहुत छूतछात रहा। मुलाँ दिल यद्दम (एकदम) गंगा की तरे साफ़।" भारतीय परिदृश्य में साम्प्रदायिकता की स्थिति जो 'घृणा तथा प्रेम' की स्थितियाँ उन्हें लेखक 'शाश्वत और अनन्त' मानता हुआ 'कुछ समय बाद' के परिशिष्ट में जिन पत्रों का प्रयोग कर एक नई कथा-युक्ति अपनाता है, वह 'हिन्दू' और 'मुसलमान' दोनों पक्षों के बीमार चिन्तन, सोच को दर्शाता हुआ, साम्प्रदायिकता की मनोवृत्ति पर करारी चोट करता है। समग्र रूप में अब्दुल बिस्मिल्लाह का यह उपन्यास समकालीन उपन्यास परिदृश्य में अपनी महत्त्वपूर्ण उपस्थिति दर्ज़ कराता है, ठीक उसी रूप में जिस रूप में 'पगला राजा' जैसी महत्त्वपूर्ण कहानी और 'रैन बसेरा' जैसा कहानी-संग्रह देकर उन्होंने कहानी को समृद्धि प्रदान की थी।

सन्दर्भ

1. *अपवित्र आख्यान*, पृ. 88
2. वही, पृ. 94
3. वही, पृ. 136
4. वही, पृ. 53

नई स्त्री-चेतना की कथा

इधर मीडिया में सी.एन.एन. समाचार चैनल पर समाचार था कि अमेरिका में एक मिनट में घरेलू हिंसा के पाँच हादसे होते हैं, फिर 'जनसत्ता' के एक रविवारीय अग्रलेख में विवेचन था कि बन्द दरवाज़ों के पीछे किस प्रकार विवाहिताओं को पुरुष की क्रूरताओं का शिकार होना पड़ता है और नित्य प्रति टी.वी. चैनलों पर इसी विषय पर केन्द्रित 'बैल बजाओ' कार्यक्रम देखकर लगता है कि भारत ही नहीं, पूरे वैश्विक परिदृश्य में यह कितनी गहन-गम्भीर समस्या है। रजनी गुप्त का 'एक न एक दिन' इसी समस्या पर केन्द्रित उपन्यास है जो स्त्री विमर्श के अनेक महत्त्वपूर्ण पक्षों का विचार-प्रेरक विश्लेषण करता है। मध्यवर्गीय, निम्नवर्गीय परिवेश की घरेलू हिंसा को पहले भी कथा-साहित्य का विषय बनाया गया है किन्तु रजनी गुप्त के इस उपन्यास की विशेषता यह है कि इसमें प्रथम बार अत्यन्त उच्च पदस्थ नारी या कहें समाज के समृद्ध तबके, खाए-पीए अघाए लोगों के दाम्पत्य सम्बन्धों में आई घरेलू हिंसा को विषय बनाकर यह प्रश्न उठाया गया है कि क्या स्त्री का आर्थिक स्वातंत्र्य उसे उसका सम्मानप्रद स्थान समाज और घर में दिला सका है। यह वह वर्ग है जो प्रतिष्ठा-मोह में अपने घर की बात घर की बन्द-ऊँची दीवारों से बाहर नहीं जाने देता है, विवेच्य उपन्यास बहुत गहरे संवेदन से इन स्थितियों को चित्रित कर सका है। इतना अच्छा कमाती, इतना अच्छा सामाजिक जीवन जीती स्त्री, कितनी-कितनी बेचारी हो सकती है, यह उपन्यास की कृति और अनन्या के दाम्पत्य की त्रासद स्थितियों से जाना जा सकता है। चौहान साहब और राजीव दोनों ही उच्च शिक्षा प्राप्त हैं, एक उच्च प्रशासनिक अधिकारी भी किन्तु दोनों ही जिस रूप में अपने घर में व्यवहार करते हैं, वह न केवल अमानवीय और बर्बर है अपितु पितृ सत्तात्मक परिवार व्यवस्था की खोखली नींव की कलई भी खोलता है, जिसमें स्त्री-पुरुष के लिए नैतिकता के पृथक-पृथक खाँचे निर्मित कर लिये गए हैं। उपन्यास के स्त्री-पात्र इन प्रश्नों से बार-बार टकराते हैं, "राजीव, सारे लांछन इकतरफ़ा मुझी पर क्यों? तुम्हारा ये तथाकथित समाज तुम पुरुषों से क्यों नहीं अग्नि परीक्षा लेता कभी? नैतिकता का सारा ढोंग सिर्फ़ हमीं क्यों ढोएँ? तुम्हारे लंपटता के तमाम क़िस्से सुनती रही मगर हमसे तो तुम यही अपेक्षा करोगे कि 'हम तो पुरुष हैं—सो कुछ भी करेंगे।' तुम्हारा ये तथाकथित समाज तुम्हारी हर कमी को ढकने में खूब मदद करेगा।" आज की नारी इन सब प्रश्नों पर मूक बनी नहीं रह सकती, वह चुनौतीपूर्ण स्वर में जवाब माँगती है, "तुम्हारी किसी भी दोस्ती पर आज तक कभी एक भी शब्द कहा है मैंने? बोलो? जवाब दो? चुप क्यों हो गए? मेरी जरा-सी दोस्ती पर तुमने इतना बड़ा भँवर जाल बुन लिया?"[1] स्त्री-पुरुष के दाम्पत्यगत सम्बन्धों का इस रूप में विवेचन करता उपन्यास विवाह-संस्था के निरर्थक हो जाने की प्रतीति बार-बार देता है। कृति को बार-बार इसलिए प्रताड़ित होना पड़ता है कि वह ऑफ़िस में

अमुक-तमुक के साथ क्यों उठती-बैठती है या कार्यालयी दौरों पर किस-किसके साथ जाती है। अपने कमाए गए पैसों में भी पति का इतना-इतना दख़ल उसे असह्य हो उठता है। ये सारी स्थितियाँ कृति के मन में बार-बार ये कँटीले सवाल उठाती हैं, "आखिर किसने थमाए एक व्यक्ति के हाथों में इतने अत्यन्त अधिकार? क्यों ये व्यवस्था हमेशा औरत पर ही छींटाकशी के मौके ढूँढ़ती रहती है? आज सात फेरे लेने से क्यूँकर एक पुरुष किसी स्त्री का सर्वांग मालिक बन जाएगा? स्त्री की सारी सोच, सारी क्षमताएँ और सारी ऊर्जा क्यूँकर एक पुरुष के इर्द-गिर्द चक्कर काटकर वहीं थम जाने के लिए अभिशप्त है?"[2] जब पुरुष का शक दफ़्तर तक में जाकर अपनी पत्नी की चारित्रिक शुद्धता की खोजबीन करे तो यह स्त्री के लिए कितना शर्मनाक और पीड़ादायक हो सकता है, कृति के माध्यम से एकाधिक बार यह चित्रित किया गया है। यहीं लेखिका माता-पिता द्वारा सँजोए गए ('एरेंज्ड') वर और प्रेम-विवाह के दाम्पत्य सम्बन्धों को भी विश्लेषित करती है, प्रेम-विवाह का प्रश्न नेहा के माध्यम से अभिव्यक्ति पाता है। नेहा से कृति का यह प्रश्न, "नेहा ज़रा सोचो, जब हम कमाऊ औरतों की ये हैसियत है तो उन घरेलू गृहस्थिनों का क्या होता होगा जो डर के मारे जुबान तक नहीं खोल पाती हैं?" स्त्री के आर्थिक परावलम्बन के प्रश्न से उसके स्वातंत्र्य को जोड़कर देखने का प्रयास करती हुई उपन्यासकार कृति के घर छोड़ने पर यह सवाल उसके मन-मस्तिष्क में बार-बार खड़ा करती है कि अच्छा कमाती स्त्री भी पति के अनाचारों, घरेलू हिंसा, प्रताड़ित हो घर छोड़ने को विवश क्यों हो जाती है, "हाँ, बड़ी ही बेरहमी से मारा है उन्होंने! उफ़! बड़े क्रूर हैं वो। अच्छा तुम्हीं बताओ, मैं क्यों सहूँ उन्हें, कितने सालों से सहती ही तो आ रही हूँ। क्या सारी ज़िन्दगी ऐसे ही नरक में रोते-कलपते बीतेगी? फिर मुझमें और बाक़ी औरतों में फ़र्क़ ही क्या? घरेलू औरतों को इसीलिए तो सहना पड़ता है क्योंकि वे आर्थिक तौर पर पूरी तरह अपने पति पर आश्रित हैं, इसीलिए वे कोई बोल्ड क़दम नहीं उठा पातीं।"[3] ऐसी स्त्री के स्वातंत्र्य के प्रश्न को लेखिका कई कथा-युक्तियों द्वारा बार-बार उठाती है। चित्र-प्रदर्शनी के सन्दर्भ से स्त्री की बेबस फड़फड़ाहट को इस रूप में अभिव्यक्ति दी गई है, "...एक से बढ़कर एक भव्याकार कोठियों में आन-बान-शान से रहती स्त्रियों की दशा किसी से छिपी नहीं। बाहर से जगमगाती दुनिया की चकाचौंध भेदकर जब कोई अन्दरूनी तहखानों तक पहुँचता है तब पता चलता है भद्रजनों के उजाड़ जीवन की जड़ता, रिश्तों का ठंडापन और स्टीरियो टाइप जीवन-शैली की यांत्रिकता के बीच फँसी फड़फड़ाती स्त्री की चीख। बड़े-बड़े कमरों में घुटती स्त्री जैसे जोर से चिल्लाना चाहती हो—ये घर है या सोने का पिंजड़ा? यहाँ क़ैद रहकर तो मैं हँसना, चहचहाना, चीखना, चिल्लाना सब कुछ भूलती जा रही हूँ। दम घुटता है यहाँ मेरा। बन्द कोठियों की सरहदों को न लाँघ पाने की बेबसी दर्शाते चित्रों में गठरी बनी स्त्री वाला सीन...जैसे आतंक के साये में सिमटी-सिकुड़ी स्त्री का गुम होता वजूद कहना चाहता हो...ज़िन्दा रहना है तो इन्हीं दीवारों में दफ़ना दे खुद को...दीवार बन जा।"[4] इस प्रकार के दाम्पत्य का सबसे करुण, दारुण पक्ष यह है कि अधिकांशतः इन सब औरतों को अन्ततः भाग्य मानकर स्थितियों से समझौता कर उसी खूँटे से बँधे रहना पड़ता है। घरेलू हिंसा और उससे उपजे इन सवालों के जवाब ढूँढ़ने के लिए लेखिका प्रमुखतः दो युगलों ('कपिल्स') का गठन करती है—राजीव-अनन्या तथा कृति और चौहान साहब। दोनों पुरुषों का व्यवहार प्रायः एक जैसा है, जिसके चलते कथा का अनावश्यक विस्तार और शिल्प-स्तर पर एक ढीलापन भी उपन्यास के पूर्वार्द्ध में आ गया है—केवल एक ही युगल के माध्यम से कथा की सारी बातें समेटी जा सकती थीं, कुछ अनावश्यक सुदीर्घ विवरण यथा पृष्ठ 64 से 69 तक के विवरण,

भी सहज ही टाले जा सकते थे किन्तु अच्छा यह है कि शीघ्र ही लेखिका अपने इस शैल्पिक अभाव पर काबू पा जाती है और 'सर्जना का साथ' शीर्षक अध्याय से उपन्यास फिर एक उठान भरता है।

घरेलू हिंसा के बीच पति की निरन्तर प्रताड़ना में 'तीसरे' की सहज उपस्थिति दोनों युगलों के बीच आती है किन्तु यह बात तो सभी प्रेम-कथाओं में आ ही जाती है, विवेच्य उपन्यास का सबल पक्ष यह है कि कृति अपने किशोर होते बच्चों को किस प्रकार शिक्षा और समुचित कैरिअर प्रदान करती है, अपने बच्चों के लिए उसका यह संघर्ष उसे एक जुझारू चरित्र के रूप में प्रस्तुत कर उसके प्रति सम्मान भाव जगाता है। राष्ट्रीय कला-केन्द्र में अनन्या की प्रदर्शनी के माध्यम से कला-जगत में प्रवेश करती लेखिका ने उस क्षेत्र पर बड़े अधिकार से लिखा है। यहीं यह सवाल उठाया गया है कि क्या फ्री-लांसिग से कलाकार-साहित्यकार जीवन-यापन कर सकता है, "कलाकार-साहित्यकार, शिल्पकार वगैरह का पेट भर नहीं सकता उनके सृजन से, इसलिए लोग ये मानकर चलते हैं कि ये तो इनका प्रोफ़ेशन हो ही नहीं सकता। नहीं-नहीं आपकी ग़लती नहीं है।"[5] घरेलू हिंसा और दाम्पत्य-कलह के बीच बच्चे किस प्रकार परवरिश पाते हैं और सारे दंशों को झेलते हुए अपनी शिक्षा पूरी करते हैं, यह भी उपन्यास का सबल पक्ष है। कृति के बच्चे बड़े हो जाते हैं, तन्मय और नीति ऊँची नौकरियों में आ जाते हैं और 'वो जो कुछ भी है' शीर्षक अध्याय से कथा कार्पोरेट जगत में प्रवेश करती हुई वैश्वीकरण की स्थितियों का हमारे जीवन पर पड़ने वाले प्रभावों का बड़े कुशल रूप में अंकन करती है। पैसे की अंधी दौड़ और आपाधापी ने भावी पीढ़ी के सामने जो आकाश रचा है, उसमें इनके पास न खाने-पीने का समय है, न उस पैसे को ढंग से भोगने, न प्रेम का न विवाह का समय है उनके पास। जीवन-साथी के चुनाव को लेकर उनकी कठिनाइयाँ और असमंजस, प्रेम और विवाह, सहजीवन आदि के उनके मानक और उन मानकों पर व्यापक विमर्श उपन्यास के इस अन्त को बहुत सारवान बनाते हुए भूमंडलीय समाज—वैश्विक गाँव—की सांस्कृतिक समस्याओं पर केन्द्रित करते हैं। 'यह' 'ये', 'वह' और 'वो' के भाषिक प्रयोग की जैसी असावधानी प्रायः इधर लेखन में दिखाई देती है, यह उपन्यास भी उससे अछूता नहीं है किन्तु यह अत्यल्प न्यूनता 'एक न एक दिन' के महत्त्व को कम नहीं करती, समकालीन लेखन में यह एक महत्त्वपूर्ण उपन्यास है।

सन्दर्भ

1. *एक न एक दिन*, पृ. 52
2. वही, पृ. 171
3. वही, पृ. 195
4. वही, पृ. 30
5. वही, पृ. 263

वास्तुशिल्पियों की दुनिया का जादुई यथार्थ

आचार्य हज़ारी प्रसाद द्विवेदी ने लिखा है कि 'हिन्दी उपन्यासों में यथार्थवाद का आतंक बढ़ता जा रहा है। वैसे तो यथार्थवाद को लेखकों ने विश्वास के रूप में नहीं बल्कि आजकल के आवश्यक साधन के रूप में ग्रहण कर लिया है। कविता यथार्थ की उपेक्षा कर सकती है, संगीत यथार्थ को छोड़कर भी जी सकता है, पर उपन्यास और कहानी के लिए यथार्थ प्राण है।' जीवन का प्रत्येक क्षेत्र कथा का अंग बन रहा है। पेशे से वास्तुशिल्पी—आर्किटेक्ट—तथा शौक से अति यथार्थवादी चित्रकार नरेन्द्र नागदेव का 'खम्भों पर टिकी खुशबू' ऐसा ही उपन्यास है, जिसमें वास्तुशिल्पियों और भवन-निर्माताओं—बिल्डरों—की दुनिया में व्याप्त भ्रष्टाचार-कदाचार का बड़ा निकट से देखा संसार चित्रित किया गया है। अपने 'तमाशबीन', 'उसी नाव में', 'बीमार आदमी का इकरारनामा', 'वापसी के नाखून', 'सैलानी' तथा 'वहीं रुक जाते' जैसे कहानी-संग्रहों और वास्तुकला के व्यवसाय पर आधारित 'अन्वेषी' उपन्यास से उन्होंने कथा-साहित्य में अपना विशेष स्थान बनाया है। 'खम्भों पर टिकी खुशबू' का वृत्तान्त जिस रूप में रचा गया है, वह किसी भी क्षेत्र में मूल्याधारित ज़िन्दगी जीने वालों की नियति बन जाता है। श्रेष्ठ जीवन-मूल्य चारों ओर नित्य हार का मुँह देखने को अभिशप्त हैं। उपन्यासकार की बहुत बड़ी सफलता यह है कि वह अपने पाठकों को बहुत विश्वसनीय रूप में वास्तु के संसार में चल रहे माफ़िया-साम्राज्य से निकट का परिचय कराता है। इसी पेशे से जुड़े होने के कारण वह इन कुत्सित चालों से गहरा परिचय रखता है। इन मूल्यों के लिए लड़ने वाले सुनील सर चक्रव्यूह में घिर गए अभिमन्यु जैसे हैं जिन्हें अपनी लड़ाई टूटे हुए रथ-चक्र से ही लड़नी पड़ती है। उनका माफ़िया-साम्राज्य से युद्ध युग-युगों से चली आती उस लड़ाई का अंग है जो सदैव अनेक मुहानों पर सही आदमियों द्वारा हमेशा से लड़ी जा रही है, "...बात यह है कि यह सब जो घट रहा है ना, ये एक चिरन्तन संघर्ष के शेड्स हैं, जो सही और ग़लत के बीच चलता ही रहता है। जिस दिन आदमी ने होश सँभाला था, उसी दिन शुरू हुआ था यह। और उसके अन्तिम दिन तक ऐसे ही चलेगा। इसमें किसी भी तरह के विराम की गुंजाइश नहीं है। पैटर्न भी वैसी ही है हर जगह। अर्थात् जो भी ग़लत होगा, उसी का आक्रमण, आँधी-तूफ़ान की तरह होगा...वे बुलडोजरों के काफ़िले की तरह आएँगे, और अपने प्रवाह में हर चीज़ को छिन्न-भिन्न कर चले जाएँगे, और जो सही होगा, वह कैसे प्रतिवाद करेगा।" (पृ. 104)

एक प्रतिभाशाली आर्किटेक्ट सुनील सर की यह संघर्ष यात्रा तब प्रारम्भ होती है जब 'पैरामाउंट' जैसी भवन-निर्माता कम्पनी में 'हर ग़लत' का विरोध करते हुए उन्हें बाहर का दरवाज़ा दिखा दिया जाता है, बहुत ही तिरस्कारपूर्वक। वे प्रेसवालों को बुलाकर पैरामाउंट कम्पनी में चल रही धाँधलियों का पर्दाफ़ाश कर देते हैं। माफ़िया के बॉस सालोमन को उन्होंने चुनौती देते हुए

अपनी समानान्तर भवन-निर्माता कम्पनी खड़ी कर ली थी—उस माफ़िया कम्पनी से मुक़ाबला करने के लिए, शहर में जिसकी समान्तर सत्ता चलती थी। जिसके सामने कोई टेंडर भरता ही नहीं था। भरता भी था तो वह पास नहीं होता था, क्योंकि नगरपालिका स्तर से लेकर ऊपर तक के अधिकारी और राजनीतिक नेतृत्व पैसे के बल पर माफ़िया के ख़रीदे हुए गुलाम और उसकी गोटियाँ मात्र थे। 25 बरस पहले विशी अंकल जैसे आर्किटेक्ट को भी यही सब भुगतना पड़ा था। उनके सहयोगी-साझेदारों को पैरामाउंट ने ख़रीद लिया था। "इसीलिए विशी अंकल को लगता था कि उनका अतीत ही सुनील का वर्तमान है।" सुनील सर की इस संघर्ष-यात्रा का खुलासा करने के लिए उपन्यासकार ने जो कथा-युक्तियाँ अपनाई हैं वे विस्मयकारी हैं और उपन्यास-शिल्प को नए आयाम देती हैं। अप्पा जैसे सदाचारी व्यक्ति के पुत्र छोटे को उसके चाचा ने किस प्रकार इस माफ़िया गिरोह का सदस्य बनाकर उसे 'हरदयाल एंड कम्पनी' में जासूसी के लिए 'प्लांट' किया था। उससे उसका ऐसा सदाचारी रूप सामने आता है कि वह अपने निकट से निकटस्थ व्यक्ति की भी जासूसी करने से बाज नहीं आता। उसकी आत्मा उसे भले ही क्षणांश के लिए ऐसे कुत्सित कार्य के लिए धिक्कारे, पर उसके पैर माफ़िया गिरोह तक ख़बर पहुँचाने के लिए स्वतः चल पड़ते हैं। उसके जन्मजात गुणों का ब्योरा देने के लिए साहित्यकार ने यक्ष और यक्षिणी का संकेत इस्तेमाल कर अपने दक्ष कलम का परिचय दिया है। छोटे की करतूतों का भंडाफोड़ करते हुए उसने हिटलर की नाजी सेनाओं को लेफ़्ट-राइट-लेफ़्ट-राइट मार्च करते हुए, गलियों में यहूदियों को रौंदते हुए चले जाने का वर्णन किया है। उन तक जासूसी ख़बरें पहुँचाने वाले संगीतकार बूढ़े का एक मासूम-सा दिखने वाला बेटा है, जो चुपचाप जर्मन सैनिकों को इशारा कर रहा है कि उधर...वहाँ छिपे हैं यहूदी...। द्वितीय महायुद्ध पर आधारित एक फिल्म का यह दृश्य उपन्यास में बार-बार अपनी उपस्थिति एक अनुगूँज की तरह कराता है, जब-जब छोटे अपना जमीर बेचकर अपनों का ही राज डॉन सालोमन के आदमियों तक पहुँचाता है। फ़न्तासी का प्रयोग करते हुए उपन्यासकार एक और कथा-युक्ति का सशक्त प्रयोग करता है। छोटे की आत्मा की आवाज़ को जगाने और उसकी कार्य-विधि को नियंत्रित करने के लिए स्वर्ग से उसके पिता अण्णा को बार-बार इस मृत्युलोक में अवतरित किया जाता है। यह अलग बात है कि वे छोटे को नियन्त्रण में नहीं कर पाते हैं और हर बार ऊपर निराश लौटते हैं। पूरी कथा छोटे के पश्चाताप के रूप में ही कही जाती है—वह अपनी करनी पर पछताता पैरामाउंट कम्पनी के माफ़िया साम्राज्य और उसके डॉन सालोमन की एक-एक करतूत का पर्दाफाश करता चलता है। छोटे ऐसा दुर्दान्त जासूस क्यों बना, इसको स्वयं वह कथा के अन्त में अपने आत्म-मंथन के रूप में वर्णित करता है, किन्तु उपन्यासकार यहाँ कभी मिथकीय चरित्रों को प्रस्तुत कर उसकी मनोदशा को उद्घाटित करता है, तो कभी भाग्यवादी चिन्तना के रूप में—"बदलाव का क्षण आया होगा, कहीं नींद के दौरान?/होता है बन्धु! किसी बच्चे की किलकारी में बदल जाता है कोई जल्लाद/बुद्ध की दयामय दृष्टि से बदला नहीं था क्या क्रूर अंगुलिमाल? वाल्मीकि भी तो दस्यु थे, प्रभु के सान्निध्य तक! इन सबके दुर्दान्त जीवन के भीतर 'पुण्य की कोई कंचन आभा छिपी होगी' जो भक्-भक् जगमगा उठी होगी दिव्य के स्पर्श से।" (पृ. 241) तभी वे बदल सके थे किन्तु छोटे के जीवन में ऐसा अवसर नहीं आया, अतएव इस प्रकार जासूसी करना, चाचा के माध्यम से सालोमन के लिए स्वयं को बेच देना ही उसकी नियति बन जाती है। उपन्यास के इस शैल्पिक प्रयोग में उपन्यासकार का चित्रकार और आर्किटेक्ट एक साथ ही उपस्थित हो जाता है। वस्तुतः विवेच्य उपन्यास का कथ्य तो सामान्य ही है, उसकी विशिष्टता केवल यह है कि

वह वास्तुशिल्पकारों-भवन निर्माताओं की कार्य-शैली का प्रथम व्यू प्रस्तुत करता है किन्तु इसकी शैल्पिक नवीनता इसे बहुत सशक्त और पठनीय कृति का रूप देती है। जिस दो हज़ार साल पुराने 'हमारे शहर' में एक बच्चे के स्वतंत्रता आन्दोलन में शहीद हो जाने वाली शिला पर उसका स्मारक बनना है, उस शहर में अभी भी राजा आदित्य सेन वर्मा आता है, 'कच्चे धागे पर नाचती हुई नटिनी' का 'बारिश में उफ़नती नदी को पार करना' सिंहासन बत्तीसी की पुतलिकाओं का एक-एक कर प्रश्न पूछते हुए उड़ जाना, बत्तीसवीं पुतली के प्रश्न पर राजा (मुख्यमन्त्री) का सहम जाना और उस आवाज़ की यह प्रतीति "आवाज़ जो स्वतंत्रता आन्दोलन के तूफ़ानी दिनों में, एक आठ-दस साल के बच्चे की, गोली खाकर इस शिला पर गिरने की गौरवमय शहादत की कथा, बहुत भावुक होकर सुना रही थी। फिर उसने पूछा कि क्या तुम्हें अभी भी नज़र आते हैं, इस पर जमे हुए रक्त के धब्बे...एक विस्मय-भाव में डाल देती है।" उपन्यास के बीच में इस बालक के शहीद होने की लोमहर्षक कथा का कौशलपूर्वक विन्यस्ति और फिर उसका स्मारक बनाने की ये कारस्तानियाँ बड़े कौशल से उपन्यास को अपने समय की राजनीतिक, प्रशासनिक और भवन-निर्माण के क्षेत्र में चल रही कारगुजारियों का एक सशक्त विमर्श बनाती हैं। कितनी ही योजनाओं, भवन-निर्माण, आदि के 'ब्लू प्रिंट', किस प्रकार देश में 'धोखाधड़ी के दस्तावेज़' बन गए हैं, इसका गहरा परिचय देती हुई कथा अपना यह निष्कर्ष प्रस्तुत करती है कि "अब तो दूसरी दुनिया है विशी। खालिस दुनियादार। और वहाँ कला कहाँ है। वहाँ तो शुद्ध व्यवसाय है। मुनाफ़े पर टिका हुआ।" इसी प्रवृत्ति के चलते हर योजना 'सही हाथों से निकलकर ग़लत हाथों में पहुँच जाती है—पैसे के बल पर भ्रष्ट माफ़िया साम्राज्य सत्ता और प्रशासन को ख़रीद कर मनचाहे ढंग से उनका इस्तेमाल कर सकता है।' 'खम्भों पर टिकी खुशबू' इन्हीं स्थितियों के बीच मूल्यों की लड़ाई लड़ने वाले निष्ठावान आर्किटेक्ट सुनील सर की अतुलनीय कहानी बन जाता है। अपने कथ्य और शिल्प दोनों ही दृष्टियों से उपन्यास समकालीन उपन्यासों में अपना विशिष्ट स्थान बनाता है।

ब्रज-क्षेत्र के जनजीवन का एक दस्तावेज़

'बेघर', 'नरक-दर-नरक', 'दौड़' तथा 'अँधेरे का ताला' उपन्यासों के बाद ममता कालिया अपने नए उपन्यास 'दुक्खम सुक्खम' में ब्रज-क्षेत्र का जन-जीवन अत्यन्त प्रामाणिक तथा दस्तावेज़ी रूप में चित्रित करती हुई उपस्थित हैं, एक ऐसा दस्तावेज़ जो प्रायः 60-70 बरस पूर्व के समाज को बड़े चटख़ रंगों में प्रस्तुत करता है—एक प्रकार से यह बीसवीं शती के पूर्वार्द्ध की समाज-कथा है। 50-60 बरस पहले के समाज का चित्रण इसलिए भी महत्त्वपूर्ण हो जाता है कि यह प्रयास वर्तमान की पीढ़ी को अतीत की उस थाती से परिचित कराता है जो आज अतीत की विस्मृति में सर्वथा अपरिचित हो उठा है। यद्यपि कथा के केन्द्र में मथुरा है, कहीं-कहीं वृंदावन भी किन्तु यह कथा केवल इस ब्रज क्षेत्र की कथा न रहकर पूरे उत्तर भारत की क़स्बाई-संस्कृति को पुनर्जीवित करती है। लेखिका स्मृति के सहारे पाठक को उस तीन लोक से न्यारी मथुरा नगरी में ले चलती है जो अभी भी मध्यकालीन संस्कारों में जी रहा है। यद्यपि मथुरा एक जनपद का मुख्यालय है किन्तु अपनी संस्कृति में पूरी तरह क़स्बे की संस्कृति को जीता है। वस्तुतः यह वह मथुरा है जिसको अभी उद्योगीकरण जनित नगरीकरण की हवा नहीं लग पाई है। उस समय बड़े-बड़े नगरों यहाँ तक कि दिल्ली जैसे महानगर के संस्कार भी कमोबेश क़स्बाई ही थे, आधुनिकता का संचरण वहाँ नहीं हुआ था। इस समाज का एक यह रूप द्रष्टव्य है, "उनके रुक्के पर विक्टोरिया के सिक्के जितना मंडी में एतबार था। दिए हुए कौल से वे कभी न हटते। इन्हीं वजहों से उन्हें गल्ला व्यापार समिति का सदस्य चुना गया। बच्चों को चूमना, पुचकारना, बेटा-बेटा कहकर चिपटाना बेशर्मी समझा जाता। मान्यता यह भी कि लाड़-प्यार से बच्चे बिगड़ जाते हैं। सभी अपने बच्चों से, विशेषकर लड़कों से, सख़्ती से पेश आते और कभी अनुशासन की वल्गा डीली न होने देते।"[1] विगत शती के प्रायः अर्द्ध-भाग के काल खंड से लेकर कथा वर्तमान तक संचरित होती हुई हमारे समाजार्थिक परिवर्तनों की साक्ष्य तीन पीढ़ियों के माध्यम से कराती है। लाला नत्थीमल तथा उसकी पत्नी विद्यावती उर्फ जीजी का वैश्य परिवार, उनके पुत्र कवि तथा पुत्रवधू इन्दु तथा तीसरी पीढ़ी इन दोनों की दो पुत्रियाँ मनीषा और प्रतिभा जिस प्रकार क़स्बे से दिल्ली (तब नगर) और फिर बम्बई (महानगर) में प्रस्थापित होते चले जाते हैं, उससे इस काल-खंड का समाजशास्त्रीय विवेचन उपन्यास में प्रस्तुत हो जाता है। इस चित्रण की विशेषता यह है कि जिन पात्रों के माध्यम से कथा कही गई है, वे इस प्रकार ज़मीन से उठाए गए पात्र हैं कि लगता है कि वे हमारे आस-पास के ही जीवन्त पात्र हैं। पात्रों की इन तीन पीढ़ियों के साथ चलती हुई कथा प्रतिभा के माध्यम से वैश्वीकरण की स्थितियों तक आती है और इस रूप में बीसवीं शती के प्रायः मध्य से चलकर इक्कीसवीं शती के प्रथम दशक तक के समय को अपने कथा-परिवृत्त में घेरती है। उपन्यासकार ने बड़े कौशल से वर्तमान से पुरातन और आगत

भविष्यत को संग्रथित कर बिना बहुत मुखर ('वोकल') हुए सहज रूप में समस्याओं को कथा में अनुस्यूत किया है, यथा—"नव स्वाधीन भारत देश का न केवल भूगोल वरन् इतिहास भी बदला था। उसका बाज़ार और भाव भी बदल रहा था। जिसने यह सत्य जितनी जल्द पहचान लिया उतनी जल्द वह तरक्की की दौड़ में शामिल हो गया। पीछे छूटे लोग रोते रह गए अपनी पुरानी दुकान और दुकानदारी को।" "उन्हें पता था कि अब बाज़ार विक्रेता का नहीं, ख़रीददार का हो रहा है।" इसी प्रकार स्त्री शिक्षा को अपनाकर आर्थिक स्वावलम्बन का जो पथ अपना रही थी, उसका परिचय भी दिया गया है, "पढ़ाई के बिना औरत की ज़िन्दगी नरक है। येई लीली को बीच में स्कूल से उठा लिया। कुंत्ती भी छठी के आगे नाँय पढ़ी कवि देखो पढ़ गया तो कित्ता आगे बढ़ गया।" लाला नत्थीमल इस ख़बर से भौंचक हैं कि "ऐसा ज़माना आएगा जब लड़की भी कमाई करने लगेगी।"[2]

समस्त आधुनिकता के बावजूद स्त्री की भारतीय परिवार-व्यवस्था में जो दुर्गति है, उपन्यासकार ने उसे अपने विभिन्न स्त्री-पात्रों के जीवन से अभिव्यक्ति दी है। इन्दु की स्थिति किसी भी भारतीय नारी की नियति है, "उसे लगता है जैसे वह जमुना की मझधार में फँसी है, उसके लिए न कूल है न किनारा। पति रूपी पतवार उसके हाथ से छूटी जा रही है। अल्लीपार ससुराल का जाल-जंजाल है तो पल्लीपार मायके का मृग-जाल। माँ-बाप के मर जाने के बाद मायके में भाइयों की जगह भाभियों का राज था। जहाँ उसकी रसाई मुश्किल थी। ससुराल में जानखपाई के लिए कुछ नहीं था। वह सोचती स्त्री के लिए तीसरी कोई जगह नहीं होती जहाँ जाकर वह अपना मन हलका कर ले।"[3] इन्दु की अगली पीढ़ी, उसकी बेटी इन्दु को समस्त आधुनिकताओं से लैस दिखाया गया है, वह मॉडलिंग से लेकर फ़िल्मी दुनिया तक भाग-दौड़ करती है किन्तु शान्ति उसे कहीं नहीं मिल पाती। इस प्रकार पूरे उपन्यास में कथाकार स्त्री प्रश्नों से जूझती है। गांधी बाबा को भी विद्यावती पूछना चाहती है कि उनकी सारी लड़ाई पुरुषों को ही आज़ादी दिलाने की रही, स्त्री-स्वातंत्र्य के लिए उन्होंने कुछ नहीं किया, "मोम नाय मिलौ गांधी बाबा नहीं मैं बासो पूछती ज्यों जी तुमने सिर्फ़ आदमियों को आज़ादी दिला दी, लुगाइयों को कब आज़ाद करोगे, वो तो आज भी गुलाम हैं।" "अरे औरत रोटी और पाटी के ऊपर भी कछू चाहै कि नायँ। मर्द की गुलामी से अच्छी तो मौत होवै।"[4] उपन्यास का प्रारम्भ यद्यपि परिवार में पुत्री-जन्म की घटना पर पारिवारिकों की प्रतिक्रियाओं से होता है किन्तु यह विवरण सहज ही स्त्री-विमर्श का प्रकरण बन जाता है। हमारे समाज में कन्या-जन्म के साथ ही उसे और उसकी जन्मदात्री माँ को सास तथा अन्य पारिवारिकों के ताने-तिसने और अमानवीय व्यवहार, प्रताड़ना, विशेषतः नारी जाति द्वारा ही मिलता है, मानो उसने कोई जघन्य पाप, कठोर अपराध कर डाला है, "जिस दिन वह पैदा हुई, घर में कोई उत्सव नहीं मना, लड्डू नहीं बँटे, बधावा नहीं बजा। उल्टे घर की मनहूसियत ही बढ़ी। दादी ने चूल्हा तक नहीं जलाया। लालटेन की रोशनी में सिर पर हाथ रखे वे देर तक तख़्त पर बैठी रहीं। बेटे की बेटी के लिए उनके मन में अस्वीकार का भाव था।" स्त्री के गर्भ धारण करते ही जिस प्रकार पुत्र-जन्म के स्वप्न बुने जाते हैं, वे समाज की विद्रूपमयी स्थितियाँ हैं जिसके मूल में लेखिका जाती है और दूसरी पुत्री के होने पर परिवार में जो कुहराम मचता है, उस सबका चित्रण बड़े प्रामाणिक और सूक्ष्म रूप में कथा में हुआ है। इन्दु और उसकी सास के बीच निरन्तर चलती चख-चख इस कथन की साक्ष्य है। स्त्री-चेतना की अभिव्यक्ति के लिए उपन्यास में जब-तब अवसर निकाल ही लिए गए हैं। औरतों की गप्प गोष्ठी में गांधी बाबा के प्रवचनों का उदाहरण देकर स्त्री-पुरुष समानता

की बात की जाती है। उपन्यास का शीर्षक भी यही ध्वनित करता है कि औरत की पूरी ज़िन्दगी किसी प्रकार दुक्खम-सुक्खम कट ही जाती है, "औरत की ताउम्र ऐसे ही कट जाती है—कभी दुक्खम कभी सुक्खम। कहने की बात है कि मायके में सुख मिले, सासरे में दुख। माँ भी कम वैरी नहीं होती। बच्चों में दुभाँत करना बाप का नहीं, माँ का काम दिखता है। बेटों को प्यार, बेटियों को दुत्कार। बेटे सारी 'जमा-पूँजी, ज़मीन-जायदाद' ले जाएँ तो भी प्यारे। बेटियाँ अचार की फाँक पर पलें, तब भी भारी।"[5] ऐसे कई प्रसंग और कथा में अनुस्यूत रानी फूलमती की कथा भी भारतीय समाज के इसी विद्रूप को उघाड़ती है।

सामाजिक सरंचना का विश्लेषण करता हुआ उपन्यास राष्ट्रीय स्वतंत्रता-संग्राम के समय इस क्षेत्र के जनजीवन पर भी उँगली रखता है। जब गांधी बाबा का वर्चस्व राजनीति में छाया हुआ था, तब गाँव-समाज और विशेषतः स्त्रियाँ उसमें कैसे अपनी भागीदारी निभा रही थीं, उसका भी रेखांकन यहाँ किया गया है। ब्रिटिश साम्राज्यशाही के ख़िलाफ़ जो लड़ाई लड़ी जा रही थी और जन-जन में उसका जो प्रतिरोधी स्वर उठ रहा था, ब्रज-क्षेत्र भी उससे अछूता नहीं था। सामान्य आदमी यह अनुभव कर रहा था कि "जे अंग्रेज़ सरकार ऐसी जालिम आई कि नमक की लुनाई, गुड़ की मिठाई सब सुई से खींचकर निकार लेवे हैं।"[6] गांधी की आँधी जिस प्रकार पूरे देश में छा रही थी उसका प्रभाव बहुविध रूपों में चित्रित किया गया है, विदेशी कपड़ों की होली जलाने में बच्चों तक का उत्साह देखते ही बनता था, फिर गांधी की सभा का तो कहना ही क्या "जब गांधी की विशाल सभा हुई तो यही आटा स्वयंसेवकों के काम आया। जाने कितने नौजवान नौकरी की परवाह न कर स्वाधीनता आन्दोलन में कूद पड़े थे। महात्मा गांधी एक सन्देश देते और सब मन्त्र-मुग्ध हो उसका पालन करने दौड़ पड़ते। सुबह-सुबह सड़कों पर प्रभात फेरियाँ निकाली जातीं। बड़े सुर में गाते हुए सुराजियों का जत्था निकल पड़ता, "नई रखनी सरकार जालिम नईं रखनी।"[7] कमला बहन के नेतृत्व में मथुरा की सभी महिलाओं का टाउनहॉल पर तिरंगा फहराने और 'विजयी विश्व तिरंगा प्यारा, झंडा ऊँचा रहे हमारा' का गान-गाने का कार्यक्रम भी महिलाओं का साहसी पग है।

देश को स्वाधीनता मिलने के साथ शरणार्थी-समस्या जिस रूप में देश में आई, उसका भी चित्रण करते हुए उन्होंने अपने पुरुषार्थ और जीवन-पद्धति से जो सामाजिक बदलाव उपस्थित किए, उन पर भी लेखिका का ध्यान जाता है। 'सुराजियों' की सभाओं में शिरकत करती ग्रामीणाएँ स्वदेशी की भावना से किस प्रकार प्रभावित थीं, उसका चित्रण विद्यावती के माध्यम से भी हुआ है। महिला-सभाएँ, वानर सेना, आदि विदेशी वस्तुओं का बहिष्कार कर रही थीं। विद्यावती को यह स्वीकार्य नहीं कि उसका पति गांधी बाबा के स्वयंसेवकों को 'धुना हुआ कनक' (गेहूँ) खिलाए, वह पति से भिड़ पड़ती है, "गांधी बाबा के भौलंटियरों को धुना हुआ गेहूँ खिलाओगे तो तुम्हें पाप पड़ेगा, समझे।"

लाला नत्थीमल की तीसरी पीढ़ी अर्थात् इन्दु और कवि की पुत्री प्रतिभा जिस रूप में बम्बई की दुनिया से चाक-चिक्य में प्रवेश कर विज्ञापन और माडॅलिंग की दुनिया में छा जाने का प्रयत्न करती है, उसके द्वारा वैश्वीकरण के बढ़ते चरणों का परिचय मिलता है। अपने समापन की ओर बढ़ती कथा उस समाज के रूपातंरण का परिचय देती है जो क़स्बाई संस्कृति से चलकर वैश्विक गाँव की संस्कृति में ढल गया है। इस प्रकार 'दुक्खम सुक्खम' तीन लोक से न्यारी मथुरा की कथा के माध्यम से भारतीय समाज के पिछले 60-70 वर्षों का समाजशास्त्रीय अध्ययन प्रस्तुत करता है।

विवेच्य उपन्यास का बहुत बड़ा आकर्षण उसका ब्रज भाषा की बोली-बानी का सहज-सरस प्रयोग है। पुरातन परिवेश के सभी पात्र पूरी तरह ब्रज-संस्कृति में ढले-पगे अपनी भाषा की शब्दावली, मुहावरे, लोकोक्तियों का प्रयोग जिस रूप में करते हैं, वह लोक-जीवन को और भी चटख रंगों में प्रस्तुत कर देता है। ब्रज-क्षेत्र, मथुरा, वृन्दावन के पात्रों की बोली-बानी पूरी तरह ब्रज-रस में सनी-पगी है। उनकी अभिव्यक्तियाँ, गालियाँ, देशज शब्दावली, मुहावरेदानी, लोकोक्तियाँ, लोक-कथाएँ, आदि जिस रूप में आई हैं, वह पात्रों को आँचलिकता का रंग दे देती हैं, एक-दो उदाहरण द्रष्टव्य हैं–

– "ज्यों इन्दु जे दई क्या घर में जमायौ है।" (पृ. 43)
– "हाय ऐसा कठकरेज बाप हमने नायु देखो जो कच्ची कली को सिल पे दे मारे।" (पृ. 45)
– "मोय तो लगै तुम जुलहिन की जाई हो। बनिया तो तराजू छोड़ और कछू चलाना नायँ जानै।"

ब्रज-रज में बसा लेखिका का मन ऐसी लोकोक्तियों को भी नहीं भूला है जो वहाँ के निवासियों के मन में बसी 'तीन लोक तै न्यारी मथुरा' और वृंदावन से प्रीति को सहज ही अभिव्यक्त कर देती हैं–

"मथुरा की छोरी और विंदावन की गाय
जो और कहीं ब्याहो, तो भूखी रह जाय।"[8]

यह लोकोक्ति सहज ही रसखान के ब्रज-प्रेम के प्रसिद्ध पद की याद दिला देती है। इस प्रकार कथ्य और भाषा शैली दोनों दृष्टियों से 'दुक्खम-सुक्खम' एक महत्त्वपूर्ण और अत्यन्त पठनीय उपन्यास बन पड़ा है।

सन्दर्भ

1. *दुक्खम सुक्खम*, पृ. 27
2. वही, पृ. 162, 163
3. वही, पृ. 17
4. वही, पृ. 167
5. वही, पृ. 167
6. वही, पृ. 48
7. वही, पृ. 53
8. वही, पृ. 235

स्मृतियों में बसे मायावी इतिहास का निष्कवच यथार्थ

"इन सत्रह सालों में विवान के अन्दर कोई भी स्मृति न तो बुझी, न तिरोहित हुई। वे विवान के अन्दर हमेशा आलोकित रहीं, अलबत्ता उनकी आवृत्ति कम हो गई थी। वे विवान के अन्दर अब देर तक नहीं रहती थीं। वे छोटे-छोटे स्फुलिंगों की तरह अचानक किसी क्षण चमकतीं और बुझ जातीं। नई स्मृतियाँ भी बनी थीं।...अब जो नई स्मृतियों की तरह आती थीं, वे विवान के अन्दर कभी नहीं कौंधा हुआ कोई क्षण होता था, अनुभव की कोई ऐसी तरंग होती थी, जिसमें से विवान पूरी बेख़याली से गुज़र गया होता था, पर जब वह अचानक अनायास कौंधता था, तब विवान उसे पहचान लेता था कि यह उसका ही वह जीवन है जिसे वह भूल गया था।"–(पृ. 268)

× × × ×

"मुझे बताओ कैसे स्मृतियों से ज़िन्दगी की रोशनी मिलती है, तुम्हें।"

–(पृ. 136)

विवान डगलस के स्मृति-चिह्नों के माध्यम से कथाकार प्रियवंद का इतिहासकार ऐसे रोचक और आश्चर्यजनक इतिहास-जगत् में ले जाता है जिसे कुछ अंशों में मायावी भी कहा जा सकता है किन्तु वे तत्कालीन जीवन के निष्कवच यथार्थ को प्रस्तुत कर एक नई इतिहास-दृष्टि, इतिहास-विवेक, सृजित करते हैं। प्रियंवद यहाँ कल्पना का सहारा तो लेते हैं, किन्तु वे किसी भी रूप में इतिहास-तथ्यों को तोड़ते-मरोड़ते नहीं हैं, उनकी प्रामाणिकता का सदैव ध्यान रखा गया है, "इस उपन्यास में जहाँ भी ऐतिहासिक चरित्रों का उल्लेख हुआ है, उनसे जुड़ी घटनाएँ या कथन प्रामाणिक स्रोतों पर आधारित हैं। यह प्रामाणिकता कई स्रोतों से सिद्ध की जा सकती है। इन स्रोतों को ऐतिहासिक साक्ष्य के रूप में स्वीकृत किया जाता रहा है ('भूमिका' से)।" अपने इसी इतिहास-बोध से वे ईस्ट इंडिया कम्पनी, 1857 के स्वतंत्रता संग्राम और राष्ट्रीय स्वतंत्रता संग्राम के कितने ही अलक्षित तथ्यों पर तिथि-पुष्ट प्रकाश डालते हैं जिनको पढ़कर न केवल विस्मय होता है अपितु पाठक को एक नया आस्वाद मिलता है कि वह इतिहास की अनजानी गालियों से गुज़र रहा है। विवान डगलस छुट्टी के दिन ऐसी ही स्मृतियों से गुज़रता हुआ इस सत्य की प्रतीति इस रूप में करता है, "जो मायावी है, वह वास्तविक खुरदरी सच्चाई की तरह सामने आता है। पर स्मृतियों में ऐसा भ्रम ऐसा छल नहीं होता है। वे हमेशा इकहरी, सपाट और पारदर्शी होती हैं। उनका सत्य कभी धुँधला, बहुअर्थी या ओझल नहीं होता। विवान डगलस का छुट्टी का दिन, ऐसी मायावी वास्तविकताओं और स्मृतियों में बसे निष्कवच यथार्थ का दिन होता है।"[1]

विवान की स्मृतियों के सहारे देश-काल का इतिहास धीरे-धीरे करवटें लेता कथा में विस्तार पाता चलता है। पन्द्रह साल जेल में काटकर लौटा विवान तरह-तरह से अपने स्मृति-वनों में भटकता अतीत में लौटता है। पहले उससे परिचय पाया जाए : विवान डगलस के पिता विली

डगलस 1914 की बड़ी लड़ाई, प्रथम महायुद्ध, के बाद अंग्रेज़ी फौज की नौकरी छोड़कर राजस्थान के एक क़स्बे में आ बसे थे। "विली डगलस इंग्लैंड के उन पुराने ज़मींदारों के खानदान का था जो गोरी चमड़ी, नीली आँख और पीले बालों वाले इनसानों को धरती पर सबसे ऊँची और विशिष्ट नस्ल का मानते थे।" विन्सेंट की दादी 1923 ई. में 1857 के ग़दर के अनेक क़िस्से सुनाती मर गई थीं, वे अपने उन पुरखों को अक्सर याद करतीं "जिन्होंने 20 जून, 1756 ई. में कलकता के ब्लैक होल से लेकर 1857 के ग़दर तक ईस्ट इंडिया कम्पनी और ब्रिटिश साम्राज्य की नींव रखने और इस रहस्यमय पूर्वी मुल्क में उसकी जड़ें ज़माने में, गुमनामी में प्राण दिए थे।" वे अंग्रेज़ों के उस वर्ग का प्रतिनिधित्व करती थीं जो 'इंडिया' को अजूबों का देश मानता था, "...हमेशा के लिए 1925 के उस हिन्दुस्तान में, जब वहाँ लोग भिखारी या फ़कीर थे, जब ब्रिटिश इंडिया के किसानों पर महाजनों का एक 'अरब नब्बे करोड़ पौंड का कुल कर्ज़ था, जब अट्ठावन करोड़ से ज़्यादा लोगों ने रेल के तीसरे दर्ज़े में सफ़र किया था और अकेले हैदराबाद के निज़ाम के पास दो सौ मिलियन डॉलर का सोना जमा था।" विवान के जन्म का और प्रारम्भिक जीवन का परिचय कथा में एक आदमी इस रूप में देता है : उसके पिता विन्सेंट डगलस ने 1932 में एक हिन्दू महिला से विवाह किया 1933 में उसका जन्म हुआ। वह फुटबाल का बेहतरीन खिलाड़ी था और 14 वर्ष की उम्र में उसने कविताएँ लिखना शुरू कर दिया था, 18 साल की उम्र में हॉस्टल चला गया था। आज़ादी को वह झूठा समझता था और पूरे ढाँचे को हिंसात्मक तरीक़े से बदलना चाहता था, इसी क्रम में 1956 में रिमाडी के जंगलों में चला गया था जहाँ वह 17 साल तक रहा। "उन सत्रह सालों में तुमने विचार, क्रान्ति, परिवर्तन, अनुशासन और प्रतिबद्धता के नाम पर, अलग-अलग जगहों पर बहुत-सी हत्याएँ कीं। इस देश की चुनी हुई वैधानिक सरकार के समानान्तर सरकार चलाई। समानान्तर सत्ता केन्द्र बनाए। 1973 में तुम पकड़े गए। तुम्हें जेल हुई। 1988 में तुम जेल से छूटे और तब से यहाँ चुपचाप अकेले अपने अतीत से पूरी तरह अलग होकर रहते हो।"[2] इस प्रकार उसके जीवन-परिचय से यह भी पता चल जाता है कि विवान इतिहास के किस दौर में किस रूप में रह रहा था। उसकी स्मृतियों, दादी की स्मृतियों, पुरखों के मिले काग़ज़-पत्तर से वह मुख्यतः स्मृतियों के सहारे इतिहास के अनछुए-अनदेखे पृष्ठों का सत्य पाठक के सामने आता चलता है। ईस्ट इंडिया कम्पनी के शासनकाल का परिचय दादी-पिता के द्वारा बताई गई घटनाओं के आधार पर मिलता है। उस समय हिन्दुस्तानी भद्रलोक, विशेषतः बंगाल में जिस रूप में अंग्रेज़ों के सामने बिछ रहा था, उसका परिचय दामोदर कुंडेल के व्यवहार के द्वारा दिया गया है। विवान के पिता विन्सेंट डगलस के स्वागत-सत्कार के लिए वह अपनी दोनों पुत्रियों को उसके 'स्वागत' में लगा देता है। उनकी बड़ी पुत्री से विन्सेंट विवाह कर लेता है और उसी से विवान का जन्म होता है। वस्तुतः "दामोदर बंगाल के उस हिन्दू भद्रलोक की परम्परा में थे जो मानते थे कि इस देश में जो भी श्रेष्ठ आया है और अभी तक बचा है, वह अंग्रेज़ों की बदौलत ही है और जो पूरी निष्ठा के साथ, अंग्रेज़ी जीवन-शैली, शिक्षा, वस्त्र, भोजनादि का अनुगमन करते थे। उनकी तरह बनना चाहते थे और जिन्हें पूरा विश्वास था कि अंग्रेज़ों के चले जाने के बाद देश फिर से जहालत और जंगलराज वाले अँधेरों में लौट जाएगा, जहाँ से अंग्रेज़ों ने उन्हें बाहर निकाला था।"[3] औपनिवेशिक दासता में पलते-बढ़ते हिन्दुस्तान की इसी मनोवृत्ति ने उन्हें इतने वर्षों कम्पनी शासन और ब्रिटिश राजमुकुट की पराधीनता में रहना पड़ा। फिर उपन्यासकार 1932 के उस हिन्दुस्तान में आता है जिसमें ईस्ट इंडिया कम्पनी का शासन तंत्र देश में हिन्दू-मुस्लिम के बीच साम्प्रदायिक वैमनस्य फैलाता हुआ जगह-जगह दंगों को अपने

प्रकार से शह दे रहा था। तत्कालीन जन-मानस का परिचय देने के लिए लेखक उस समय की हिन्दी पत्रिकाओं—'सरस्वती', 'सुधा'...आदि में छपे 'इश्तिहारों' के आधार पर यह सामग्री प्रस्तुत करता है, प्रसव के बाद दुर्बलता दूर करने वाले 'सुख संचारक' द्राक्षासव और गर्भाशय के रोगों की दवा 'प्रदराशि' के अतिरिक्त "300 वर्ष पुराना और धरती के नीचे 400 फीट पर प्राप्त तामपत्र पर लिखा, 'मंगलमुखी यंत्र' उपलब्ध था जो सन्तान होने की गारन्टी देता था, लीवर की रिस्टवाच साढ़े तीन रुपए में मिल रही थी, तो अमेरिकन एयर गन, जिकमिक कैमरे के साथ-साथ प्रेमचन्द की नई रचनाएँ 'कायाकल्प', 'प्रतिज्ञा', 'ग़बन' और कहानियों के संग्रह घरों में थे। नए डिज़ाइन के टेबिल क्लाथ, पेटीकोट और नई-नई लेसों के लिए 50 नमूने वाली पुस्तक 'शिल्पकुंज', बाज़ार में सम्भोग-पूर्व महिलाओं के इस्तेमाल के लिए पेंटेटैक्स जैली भी उपलब्ध थी जो वीर्य के कीटाणुओं का छह घंटे में नाश कर देती थी। रुद्राक्ष माला, 'नेत्रबंधु सुरमा', शारदा फ्लूट हारमोनियम, हैजे का जानी दुश्मन 'रत्नामृत', आश्चर्यजनक सुगन्ध का मुश्क सोप, गुप्त पत्र-व्यवहार करने वाली जादू की स्याही के साथ मिस मेयो की 'देवताओं के गुलाम', 'आयरलैंड के गदर की कहानियाँ' और आचार्य चतुरसेन शास्त्री के बनाए शक्तिवर्द्धक चूर्ण व पाक के साथ ओरिएंटल बीमा कम्पनी की पॉलिसी, का-हा-पैसरी, श्वेत कुष्ठ की दवा और राष्ट्रीय गान पुस्तिका का चौथा संस्करण बिक रहे थे।" यह सुदीर्घ विवरण हिन्दुस्तान के उस सांस्कृतिक तथा सभ्याचारिक रूपातंरण का चित्र प्रस्तुत करता है जो ब्रिटिश अमलदारी में घटित हो रहा था।

सन् 1988 में मय्यत कमेटी में नौकरी के पहले दिन विवान को वहाँ की अलमारियों में कुछ पुराने काग़ज़ मिलते हैं जो फ़ारसी और उर्दू के अलावा चग़ताई तुर्की, प्राकृत और संस्कृत तक में लिखे हुए रोज़नामचे हैं, जो अलग-अलग समय पर 'नामालूम मुंशियों' ने विभिन्न तारीख़ों में भरे हैं और इनमें "130 साल यानी 45450 दिनों में गुज़ारे हुए समय की चुभती हुई रंगीन किरचें उन पन्नों पर बिखरी हुई थीं। विवान ने बारिश की उस रात, रोज़नामचों को पलटते हुए बीच-बीच में लिखे इन कुछ इन्दराज़ों को पढ़ा था।"[5] ये इन्दराज़ 9 नवम्बर, 1862 से लेकर 15 अगस्त, 1987 तक फैले हुए हैं, इनमें से कुछ अत्यन्त महत्त्वपूर्ण इन्दराज़ों, प्रविष्टियों, पर नज़रसानी की जा सकती है :

"7 तारीख को (1862 ई. में) रंगून की जेल में बहादुरशाह जफ़र की मौत हो गई। ...धीरे-धीरे कैसे कोई चीज़ खत्म होती है और कितनी बुरी तरह से ख़त्म होती है, बहादुरशाह उसकी मिसाल था। जो पीछे, शायर बुरा नहीं था। वह बहुत मायनों में बदकिस्मत रहा। उनमें से एक यह भी कि वह उस्तादों के समय में शायरी कर रहा था।"

× × × ×

9 फरवरी, 1872

"कल एक क़ैदी शेर अली ने वाइसराय मेयो की हत्या कर दी। पूरी अंग्रेज़ी हुकूमत थर्राई हुई है। कौन है ये शेर अली?"

13 मार्च, 1872

"कल शेर अली को फाँसी दे दी गई। हिन्दुस्तान की कोई तारीख़ शेर अली के बग़ैर लिखी गई, तो उसे जला देना चाहिए। वह झूठी होगी।"

18 जुलाई, 1875

"14 तारीख़ को गंगा पर बना पुल खुल गया। क्या मजे की बात है कि ऊपर रेलगाड़ी चलती है। नीचे बैलगाड़ी और पैदल इनसान।"

1 जुलाई, 1879

“आज मुल्क में पोस्टकार्ड शुरू हुआ। ये फिरंगी भी नई-नई और लाजबाब चीज़ें करते हैं। क़ीमत है चौथाई आना।”

4 अप्रैल, 1972

“तीन दिन पहले हिन्दुस्तान की राजधानी दिल्ली चली गई। कलकत्ता अब बेनूर हो जाएगा। कलकत्ता हिन्दुस्तान के बसने की और दिल्ली हिन्दुस्तान के उजड़ने की कहानी है। शहरों की भी एक ज़बान होती है जिसे समझना मुश्किल होता है। इस ज़बान में ज़िन्दगी के तमाम फलसफ़े मौज़ूद रहते हैं। कलकत्ता और दिल्ली, इन दोनों शहरों में इस मुल्क का पूरा इतिहास लिखा है।”

इसी प्रकार 3 मई, 1913 को 'राजा हरिश्चन्द्र' प्रथम चलचित्र का जन्म, 14 मई, 1931 को पहला बोलता हुआ बायस्कोप 'आलमआरा', 20 दिसम्बर, 1942 को कलकत्ता पर जापानियों द्वारा पहला हमला, एवरेस्ट विजय की घटना, 17 मार्च, 1959 को दलाई लामा का तिब्बत से भागकर हिन्दुस्तान आना, आदि, आदि घटनाओं का ज़िक्र करते हुए 3 अक्तूबर, 1969 की डायरी में कल मनाए हुए गांधी के सौवें जन्म-दिन पर हुए गल्ला मंडी के दुकानदारों के जलसे का जो वर्णन है, वह आज़ादी से मोहभंग का जीवन्त चित्र बन जाता है, “गल्ला मंडी में अनाज की कमी नहीं थी। पैसों की कमी भी नहीं थी। मैं देखने गया था। चारों तरफ़ भूखे, नंगों, अपाहिजों का रेला था। वे सैकड़ों थे, हज़ारों थे। आसमान तक धूल और उनकी चीख़ें उड़ रही थीं। उनके चेहरों पर भूख थी, इस भूख के मिटने की उम्मीद की गहरी लालसाएँ थीं। वे अधनंगे, भूखे, हड्डियों के ढाँचे चीख़ रहे थे। अपने झोलों में, कपड़ों की लटकती, फटी जेबों में पूड़ियाँ, तरकारी भर रहे थे।...वे चारों दिशाओं से आए थे।...वह हर धर्म, हर जाति, हर उम्र के थे। वे असंख्य थे। वे गन्दे जल पर फैली जलकुंभी की तरह थे। वे शरीर की सड़ी कोशिकाओं की तरह थे।...वे धूल में गिरी पूड़ियों को उठाकर, झाड़कर, मुँह में रखकर चबाते हुए आनन्द के आँसू बहा रहे थे। वे ईश्वर को धन्यवाद दे रहे थे। मुझे नहीं पता गांधी ने इसे देखा या नहीं।”[6] भारतीय लोकतंत्र का फ़न्तासी के स्तर पर किया गया यह व्यंग्यात्मक चित्रण देश में सामान्य आदमी के स्वप्नों का बुरी तरह भंजित हो जाना है। इसी प्रकार इन विवरणों को 1995 तक लाया जाता है। विवान के दादा बिलमौट डगलस की नवम्बर 1857 से नवम्बर 1859 की डायरी की कथा-युक्ति के माध्यम से स्वतंत्रता की पहली लड़ाई और उसके बाद के वर्षों की कितनी ही अनजानी घटनाओं के प्रकाश में उस समय का पुनर्वीक्षण हुआ है, विलमौट डगलस की तैनाती नाइन्टीथर्ड सदरलैंड, हाईलैंडर्स रेजिमेंट, इंग्लैंड की अवध स्थित टुकड़ी में थीं, तो उसकी डायरी के विवरण प्रत्यक्षदर्शी हैं। इसमें स्मृति रूप में यह भी अंकित है कि किस प्रकार ‘‘1600 ई. की डूबती शती के आख़िरी दिन, आखिरी लम्हों में, जब चर्च के घंटे अपने काँटों के बारह पर पहुँचते ही इस शती के खत्म होने की घोषणा करने को बेचैन थे, रानी एलिजाबेथ ने उस कागज़ पर दस्तख़त बनाए जिसने ईस्ट इंडिया कम्पनी के लिए हिन्दुस्तान आने के रास्ते खोल दिए।” ईस्ट इंडिया कम्पनी के सामने भारत पूरब, किस प्रकार अपनी 'सारी दौलत-वैभव हमारी महारानी के क़दमों पर बिछा रहा था' के यथार्थ को ईस्ट इंडिया हाउस में लगी एक पेंटिंग के माध्यम से दर्शाया गया है। 1857 के स्वतंत्रता संग्राम की कई नई सूचनाएँ उपन्यास में हैं जिन्हें लेखक विभिन्न कथा-युक्तियों के माध्यम से अभिव्यक्ति देता है। मेरठ में शुरू हुए सिपाही विद्रोह ने कम्पनी के वैभव के

नष्ट होने की घोषणा कर दी थी, मेरठ से भेजे गए और कलकत्ता में 12 मई, 1857 की दोपहर को मिले, एक मामूली औरत के तार में थी, "सिपाहियों ने विद्रोह कर दिया है। वे अपने बहुत-से अफ़सरों के घर जला रहे हैं। उन्हें जो भी यूरोपियन अफ़सर या सिपाही मिला उसको मार दिया है या घायल कर दिया है। अगर मौसी कल शाम को चलने वाली है तो उन्हें ऐसा करने से रोक लो। स्टेशन से किसी भी गाड़ी का आना-जाना बन्द कर दिया गया है।"[7] लेखक की खोज में प्राप्त यह तार मेरठ में हुए विद्रोह की सूचना जिस रूप में देता है, वह एक ओर तो उसकी गहन शोध का साक्ष्य बनता है और दूसरी ओर विद्रोह के प्रारम्भ की प्रामाणिक जानकारी देता है। फिर जिस रूप में विलमौट डगलस चीन, मारिशस होते हुए किस प्रकार वे लोग हिन्दुस्तान पहुँचे और फिर यहाँ चिनकुरा से चलकर रेलगाड़ी, बैलगाड़ियों तथा पैदल चलकर किस प्रकार इनकी कम्पनी इलाहाबाद, कानपुर और लखनऊ का जो सफ़र स्वतंत्रता-सेनानियों का मुकाबला करते हुए तय किया, उसका अत्यन्त रोचक और तिथिवार सविस्तार वर्णन इस सारे प्रसंग को बहुत पठनीय बना देता है। दो उदाहरण द्रष्टव्य होंगे, "10 नवम्बर को पूरी सेना आलम बाग के सामने 5 मील की दूरी पर लखनऊ की मुक्ति अभियान के लिए एकत्र हुई। इसमें सब टुकड़ियों को मिलाकर लगभग 5000 सैनिक थे। उनमें सम्पूर्ण रेजिमेंट केवल 93 हाईलैंडर्स की थी। इसमें 10 कम्पनियाँ यहाँ पहुँच गई थीं जिसमें एक हज़ार के ऊपर नौजवान थे। उनमें लगभग 700 की छातियों पर क्रीमिया मेडल लगे हुए थे।" "12 नवम्बर की दोपहर तक सर कॉलिन कैम्पबल की अध्यक्षता में लखनऊ को मुक्त कराने वाली सेना के सारे अंगों को मिलाकर केवल 4550 सैनिक थे और 32 तोपें थीं। इनमें सबसे भारी 24 पाउंडर थीं, और दो 8 हाउत्ज़र थीं।"[8] 1857 के विद्रोह को कुचलने के लिए जिस प्रकार के प्रयत्न किए गए और स्वतंत्रता सेनानियों ने जो साहसी प्रतिरोध उपस्थित किया, उस सबके अत्यन्त प्रामाणिक और दहलाने वाले वर्णन प्रस्तुत कर उपन्यासकार ने अपनी ऐतिहासिक शोध और दृष्टि का गहन परिचय दिया है।

विवान 1956–73 तक रिमाडी के जंगलों की निकटवर्ती बस्तियों और सीमा पार के देशों में भी रहा। उसके इस प्रवास के माध्यम से लेखक पूरे देश में पनप रहे नक्सलवाद जैसे सशक्त आन्दोलन की तह में जाकर उसका औचित्य बताता है कि वे सब लोग 'मुनुष्य विरोधी संरचना' का विरोध कर रहे हैं, वे मौज़ूदा व्यवस्था को बदलना चाहते हैं। उनका दृष्टिकोण इस रूप में स्पष्ट किया गया है, "पूरी दुनिया में इस समय ऐसी लड़ाइयाँ चल रही हैं। इसी तरह कभी किसी जंगल में, किसी पहाड़ी पर या फिर किसी के दिमाग़ में। वे सब कामयाब भी होते हैं। हम भी होंगे। हो रहे हैं।...हम अपने क्षेत्रों में धीरे-धीरे एक समानान्तर सत्ता, व्यवस्था बनाते चलते हैं जो हर तरह से मनुष्य के समर्थन में है। हम न्याय करते हैं, हम विरोधियों को मारते हैं, हम सुरक्षा देते हैं। लोगों का सरकारी तंत्र पर भरोसा खत्म करते हैं। धीरे-धीरे लोग हम पर और हमारी ताक़त पर विश्वास करने लगते हैं, सूचनाएँ देते हैं, अनाज, हथियार पहुँचाते हैं। हम अपना दायरा बड़ा करते चल रहे हैं। यह बड़ा होता जाएगा और ऐसा समय आएगा, जब इस सत्ता को तंत्र को चलाने वाले भी हमारे साथ जुड़ने लगेंगे। उनकी पुलिस, उनके अधिकारी, उनकी प्रजा, उनकी सेना हमारे विरुद्ध लड़ने से मनाकर देगी। यही हमारी जीत होगी। हमारे अपने लोगों के हाथ में सब होगा।"[9] यह सारा विवरण जिस रूप में दिया गया है, लगता है लेखकीय विवेक इस विचारधारा के पक्ष में खड़ा है किन्तु किसी भी रूप में संवैधानिक सत्ता को इस रूप में चुनौती देना श्रेयस्कर नहीं बताया जा सकता।

उपन्यास में विवान का अमीना से प्रेम भी चित्रित किया गया है। अमीना अपने पूर्व प्रेमी परवेज़ की स्मृतियों में खोई हुई, उसके साथ बिताए अन्तरंग क्षणों को जीते हुए विवान से प्रेम करती है। इस प्रेम के तथा अन्य सुदीर्घ यौन-चित्रण उपन्यास में अनावश्यक रूप से आए हैं, यथा : निर्वसन मीना के दिव्य-दर्शन केवल यौन-चित्रण में अपितु परिवेश-चित्रण में भी कथाकार इतने सूक्ष्म विवरणों में चला जाता है जिसे पढ़कर पाठक को एक खीझ, झुँझलाहट-सी होती है। ऐसे स्थलों पर कथा-रस बाधित होता है। एक ऐसा उदाहरण द्रष्टव्य होगा, "विवान डगलस ने अपना मुँह नहीं धोया था। अभी रात का बचा हुआ खट्टापन उसके दाँतों पर चिपका था। जीभ दुर्गंध से सनी थी। धूप, अंडों की भुजिया और दाँत साफ़ करने के बीच कुछ देर तक फँसकर लिथड़ने के बाद उसने सर को हिलाया और रसोई में आ गया। उसने फिर चाय का पानी चढ़ा दिया। पानी चढ़ाकर उसने रसोई की छोटी खिड़की से नीचे झाँका। भैंसों के चट्टे पर अब सन्नाटा था। दूध लेने वाले चले गए थे। एक ट्रैक्टर टाली से भूसा उतर रहा था। भैंसों के नहलाने की, उनके कमरों की सफ़ाई की तैयारियाँ शुरू हो गई थीं। विवान डगलस ने रसोई में लगे नल पर अपना मुँह धोया। दाँतों को उँगली से घिसा। उसी उँगली से जीभ साफ़ की। खट्टापन उगलते हुए बलगम बाहर आया। विवान डगलस की आँखों में पानी आ गया। उसने नल के पानी में मुँह ठीक से धोया। मुँह धोने के बाद आस्तीन से रगड़ दिया। चाय का पानी खौल गया था। पानी में दूध; शक्कर और पत्ती डालने के बाद उसने पानी को उबालकर बड़े मग में पलट दिया। मग की भाप को सूँघता हुआ विवान डगलस कमरे में आ गया।" (क्या बात है! सूक्ष्म विवरणों में निर्मल वर्मा याद आ गए)।

अस्तु, इन न्यूनताओं के होते हुए भी अपनी इतिहास-दृष्टि और ईस्ट इंडिया कम्पनी, ब्रिटिश साम्राज्यशाही के अन्तर्गत भारतीयों की दशा तथा 1857 के स्वतंत्रता-संग्राम पर अलभ्य सामग्री की इतिहास-बोध के साथ प्रस्तुति के लिए 'छुट्टी के दिन का कोरस' एक स्मरणीय कृति है।

सन्दर्भ

1. *छुट्टी के दिन का कोरस*, पृ. 19
2. वही, पृ. 95
3. वही, पृ. 28-29
4. वही, पृ. 25
5. वही, पृ. 81
6. वही, पृ. 82-93 तक रोज़नामचे के विवरण दर्ज़ हैं
7. वही, पृ. 195, 196
8. वही, पृ. 203, 205
9. वही, पृ. 235

नई कथा-युक्तियों में बुना एक ऐतिहासिक रोमान

इतिहास को आधार बनाकर औपन्यासिक कथाएँ तो प्रायः ही लिखी जाती रही हैं किन्तु विभूतिनारायण राय का उपन्यास 'प्रेम की भूत कथा' इस दृष्टि से विशिष्ट है कि इसमें मसूरी में 100 वर्ष पहले, 1909 में हुई पहली हत्या की गुत्थी को मसूरी का खंडहर बन चुकी महलनुमा अंग्रेज़ों की आलीशान हवेलियों, नैनी जेल, इलाहाबाद, मसूरी और देहरादून के अनाम स्थानों पर अपनी पुलिस अफसर की खोजी दृष्टि से लगभग एक शोध जैसी प्रक्रिया से गुज़रने के बाद, सुलझाने का प्रयास किया गया है। रस्किन बांड की मसूरी पर लिखी पुस्तक के 'दो-तीन पैराग्राफ़ों' में बिखरी इस कहानी के सूत्र तलाशते हुए लेखक 1900 ई. में बीस खंडों में प्रकाशित एक महत्त्वपूर्ण ग्रन्थ 'द इंटरनेशनल लाइब्रेरी ऑव फेमस लिटरेचर' के कुछ खंडों को भी खँगाल डालता है। कथा-नायक के रूप में एक पत्रकार की परिकल्पना की गई है। केमिस्ट जेम्स की हत्या के लिए गुरखा रेजीमेंट की 14 वीं लाइट कैवेलरी के कारपोरल एलन को फाँसी की सज़ा हुई थी किन्तु न तो फाँसी लगाने वाले जल्लाद मेहतर कल्लू को यकीन आया और न ही फ़ादर कैमिलस को कि एलन जैसा यह ब्रिटिश फौजी कोई क़त्ल भी कर सकता है। उसे फाँसी ग़लत दी गई है इस तथ्य की पुष्टि एलन द्वारा फाँसी के फंदे पर चढ़ने से पूर्व लिखी गई एक छोटी-सी कागज़ की पुर्जी भी करती है जिस पर उसने टाँका था—'नो रिग्रेट्स माय लव।' कथा-नायक पत्रकार के लिए यही कथन गुत्थी बन जाता है कि यह वाक्य किसे सम्बोधित था? पत्रकार की खोज दो दिशाओं में चलती है—जेम्स की हत्या किसने की और यह वाक्य 'नो रिग्रेट्स माय लव' किसे सम्बोधित है? इन्हीं तलाशों में 'एक अद्‌भुत प्रेम-कथा' खुलती चली जाती है जिसके सूत्र नई कथा-युक्तियों से तलाशे गए हैं। प्रेम-कथा 'भूतनी' के द्वारा आगे बढ़ाई जाती है किन्तु 'भूतनी' एक गाली के रूप में प्रयुक्त होती है, इसीलिए लेखक 'भूतनी' को 'भूत' कहना पसन्द करता है और इसीलिए 'प्रेम की भूत कथा' शीर्षक उपन्यास को दिया गया है। किन्तु प्रेम के कोमल-ललित सन्दर्भों में 'भूत कथा' शीर्षक का प्रयोग कुछ ज़्यादा पठनीय और सुपाच्य नहीं बन पाता। पुस्तक का शीर्षक रखने का अधिकार तो निश्चय ही लेखक का है किन्तु यह पाठकीय रुचि के अनुकूल नहीं बन पाया है किन्तु भूतों के माध्यम से भी लेखक एक बहुत सुन्दर प्रेम-कथा बुन सका है। इस प्रेम-कथा की गुत्थी सुलझाने के लिए कई-कई भूतों (भूतनियों) की सहायता लेता है क्योंकि भूतों से दोस्ती करना उसका प्रिय शग़ल है। एलन के हत्यारे का तो पता अन्त तक नहीं चलता है किन्तु यह रहस्य अवश्य खुलता है कि उसकी प्रेमिका अपने प्रेमी को फाँसी के फंदे से बचाने के लिए इस सत्य को उजागर नहीं कर पाती कि जिस समय जेम्स की हत्या हुई, वह अपने प्रेमी एलन की बाँहों में थी जिसका कारण तत्कालीन परिवेश में विक्टोरियन नैतिकता थी जिसके चलते "एक लड़की के लिए यह कबूल करना कि वह विवाह के पहले

किसी मर्द के साथ सोई थी, बहुत मुश्किल था।" लड़की मन से चाहती थी कि वह "चीख़-चीख़कर दुनिया को बता दे कि एलन हत्यारा नहीं है, पर डरती थी।" और दूसरी ओर प्रेमी एलन है जो प्रेमिका की इज़्ज़त पर कोई खरोंच यह बताकर नहीं देना चाहता कि वह हत्या के समय प्रेमिका के पास था—इसीलिए वह 'नो रिग्रेट्स माय लव' लिखकर प्रेम के लिए सहर्ष अपना बलिदान कर देता है। 'हार्स नट के नीचे' पल्लवित होते इस प्रेम का चित्रण विभिन्न दृश्यों—एक, दो से लेकर नौ दृश्यों तक तथा डायरी और एलन द्वारा लिखे गए आठ प्रेम-पत्रों द्वारा अत्यन्त सूक्ष्मता में और काव्यात्मक संवेदन के कौशल के साथ करता हुआ लेखक इस प्रेम-कथा को एक कमनीय और मदिर रूप प्रदान कर सका है। प्रेम के अन्तरंग क्षणों में एलन और उसकी प्रेमिका जो एक भाषा 'पिछले तीन महीने' में 'हासिल' करते हैं उसका सान्द्र चित्रण इस रूप में किया गया है, "शब्दकोशों से परे है वह भाषा। इसके शब्दों के वही अर्थ नहीं हैं जो डिक्शनरी में मिलते हैं। कुछ के पास तो सिर्फ़ ध्वनियाँ हैं, अर्थ हैं ही नहीं। कल उस लम्बे-चौड़े छतनार हार्स चेस्ट नट के दरख़्त के नीचे जब तुम पिघल रही थीं तब अचानक मेरी गर्दन में नाखून गड़ाकर तुम क्या चीखी थीं।...नीचे ज़मीन पर पतझड़ था और हमारे शरीरों में वसन्त फूट रहा था।" इस बिन्दु पर यह उपन्यास प्रेम-चित्रण के बेहतरीन उपन्यासों की श्रेणी में आ जाता है।

'प्रेम की भूत कथा' उपन्यास अपने शैल्पिक लाघव की कुशल कारीगरी के लिए भी विशिष्ट बन पड़ा है। बहुत देर से मैं यह बात कहता आ रहा हूँ कि श्रेष्ठ उपन्यास के लिए उसका वृहदाकार होना आवश्यक नहीं है। यह उपन्यास मात्र 136 पृष्ठों का है किन्तु प्रेम की मुख्य कथा के साथ इसमें जिस कौशल से अपने समय के कई महत्त्वपूर्ण प्रश्नों पर विमर्श रचा गया है, वह श्लाघ्य है। पत्रकारिता का चरित्र और वहाँ का वातावरण, फ्रांसीसी क्रान्ति के 14 जुलाई, 1789 के दिन का चित्रण जिसमें 'रोटी रोटी' चिल्लाने और स्वतंत्रता तथा समानता का नारा लगाते हुए क़िले पर किसानों का धावा, फ्रांसीसी क्रान्ति के नायकों से मुलाकात, मसूरी के माध्यम से पहाड़ों पर भी अर्थशास्त्र की पहुँच, देहरादून, मसूरी के सैनिक इतिहास की खँगाल, गोरखा पलटन के गठन का इतिहास, आदि प्रसंग उपन्यास की कथा को एकरेखकीय न रखकर बहुआयामी बना देते हैं। फ्रांसीसी क्रान्ति का यह प्रसंग आम किसानों द्वारा की जा रही आत्म-हत्याओं, ज़मीन अधिग्रहण, आदि के सम्बन्ध में चल रहे आन्दोलनों के सन्दर्भ में आज और भी प्रासंगिक हो उठता है, "...14 जुलाई, 1789 को बास्तीय के किले पर मज़दूरों, किसानों और छोटे किरानियों के हमले पर था। बास्तीय पेरिस से थोड़ी दूर एक छोटा-सा क़िला था जो वर्षों से खूँखार क़ैदियों को रखने के काम आ रहा था। इस समय स्वतंत्रता और समानता का नारा लगाते हुए 'रोटी-रोटी' चिल्लाते किसानों से खतरनाक कौन हो सकता था?" मसूरी के प्राकृतिक सौन्दर्य, वहाँ के भवनों के स्थापत्य और फर्नीचर की नक़्क़ाशी, आदि का सूक्ष्म चित्रण, पात्रों की मुखाकृति आदि का सूक्ष्म-चित्रण भी जिस कौशल से किया गया है, वह उस कथा के परिवेश को पूरी तरह जीवन्त कर देता है। आज हिन्दी गद्य जिस रूप में अपना विकास कर रहा है, उसमें कथा-भाषा का महत् योगदान है। विवेच्य उपन्यास की ताज़े रचाव की भाषा उसमें अपनी तरह से योगदान करती है। ऐतिहासिक रोमानों में रुचि रखने वाले पाठकों के लिए यह एक बहुत रोचक और महत्त्वपूर्ण उपन्यास है।

रामकथा का नया आयाम : 'विश्वामित्र'

"आज से हज़ारों वर्ष पूर्व विकल्पों को ढूँढ़ते, प्रयोगों को दोहराते, एक ऋषि ने चुनौती दे डाली, इन्द्र के वर्णवादी कुशासन को, ललकारा उसके स्त्री मान-मर्दन चरित्र को, सेनाएँ सजाईं, युद्ध लड़ा और पराजित हुआ।

आज से हज़ारों वर्ष पूर्व, उसी ऋषि ने फिर से कसी कमर। एक साथ चुनौती दी इन्द्र और रावण को! जन गण का सपना सजाया। साथ लिया राम को और विजयी हुआ।" —('भूमिका' से)।

इस वैचारिकता, सोच पर खड़ा हो ब्रजेश के. वर्मन का उपन्यासकार 'विश्वामित्र' उपन्यास में इस ऋषि और उनके युग की अवतारणा एक बिलकुल नए रूप में करता है। कृष्ण कथा मिथक के लचीलेपन में तो प्रत्येक युग के अनुरूप अभिव्यक्ति की बहुत बड़ी सम्भावनाएँ हैं किन्तु इधर रामकथा मिथक को नई दृष्टि से खोलकर उसे युग-सम्मत अर्थ देने के प्रयत्न उपन्यासों में हो रहे हैं। इसी क्रम में सर्वथा नया पग वर्मन के सशक्त उपन्यास 'विश्वामित्र' में उठाया गया है, जहाँ लेखक ने ऋग्वेद, अथर्ववेद, वाल्मीकीय रामायण, पुराणों, आदि का गहन अध्ययन, इतिहास और लोक परम्पराओं को खँगाल कर अपनी उर्वर कल्पना और प्रखर सोच से विश्वामित्र को 'तत्कालीन प्रगतिशील प्रवृत्तियों का प्रतीक' तथा इन्द्र की वर्णवादी तथा विलासी जीवन की पक्षधर शक्तियों का प्रतिरोध कर राष्ट्र हित में एक नवीन राष्ट्र की संकल्पना का स्वप्न सिरजने वाले ऋषि के रूप में परिकल्पित किया है। शोधपूर्ण दृष्टि से विश्वामित्र के आश्रम की स्थिति इस प्रकार बताई गई है, "विश्वामित्र का आश्रम वहाँ था जहाँ से वर्तमान झारखंड-विन्ध्य क्षेत्र प्रारम्भ होता है। विन्ध्य क्षेत्र में वैदिक संस्कृति का प्रचार किया जाना निश्चय ही उन्हें नागवार लगा होगा, जो दलितों और आदिवासियों को वेद-ग्रहण के अनुकूल नहीं समझते थे। ऐसे लोग जनक की कृषि-संस्कृति के पक्षधर नहीं थे। इसलिए विश्वामित्र के साथ जो भी ब्राह्मण वर्तमान बिहार, विन्ध्य-झारखंड, नेपाल के मधेसी क्षेत्र में कार्यरत थे उन्हें निम्न कोटि का ब्राह्मण घोषित किया गया था।"[1] 'विश्वामित्र' में मिथेतिहास में जो स्पेस वर्तमान को चित्रित करने के लिए है, उसका पूर्ण उपयोग करते हुए उपन्यासकार विश्वामित्र के समय को बार-बार वर्तमान में प्रक्षेपित करता है। विश्वामित्र, इन्द्र, रावण, आदि के परम्परा-प्रचलित चरित्रों में नवीन सम्भावनाओं की तलाश उपन्यासकार का एक महत् प्रयत्न है, विश्वामित्र के चरित्र की संकल्पना इसी रूप में की गई है। वास्तव में आज भी देश को ऐसे ही किसी राष्ट्र-नायक की आवश्यकता है जो इन सब स्थितियों को उस ऋषि के समान ही सँभाल सके। इसी प्रवृत्ति के चलते उपन्यास विमर्शधर्मा बन जाता है, विश्वामित्र के समय को चित्रित करती उसकी दृष्टि वर्तमान में राष्ट्र की समस्याओं पर आ टिकती है, वे राष्ट्रीयता

के मूल्यों को पुनर्परिभाषित करने का सार्थक प्रयत्न करते हैं, राष्ट्र की अवधारणा को नए और प्रेरक रूप में स्थापित करने का यह उदाहरण द्रष्टव्य है, "राष्ट्रीय संसाधनों का समयानुकूल दोहन, उद्यम से उत्पाद का निर्माण और उनका न्याय-संगत वितरण ही राष्ट्र का उद्देश्य है और यही राष्ट्र-धर्म। उत्पादन और वितरण ही दो पहिए हैं जिन पर सवार राष्ट्र-रथ आगे बढ़ता है। उत्पादन और वितरण में खोट होने से मानवाधिकारों का हनन प्रारम्भ होता है, शोषक और शोषित वर्ग का निर्माण होता है। ऐसा प्रत्येक राष्ट्र जहाँ मानवाधिकारों का हनन होता है, वहाँ राष्ट्र भक्ति का नारा एक छलावा है, एक धोखा है।"[2] विश्वामित्र केवल चौबीस दिनों के लिए राम-लक्ष्मण को माँगकर ले गए थे और इसी छोटी-सी अवधि में वे न केवल 'ताड़का, रावण और इन्द्र के बीच घट रहे राजनीतिक समीकरणों' का समुचित उत्तर राम की अगुआई में देते हैं—विश्वामित्र के आश्रम में रहते हुए राम द्वारा ताड़का, मारीच और सुबाहु जैसे राक्षसों के संहार का यही कारण है। यहाँ घटनाओं को आधुनिक वैचारिक धरातल पर प्रस्तुत किया गया है। विश्वामित्र राम को अपना सहायक शिष्य बना भ्रष्ट और कदाचारी व्यवस्था को समाप्त करने का संकल्प बार-बार करते हैं। ऋषि के उन संकल्पों के माध्यम से युग-प्रश्नों पर एक गम्भीर विमर्श उपन्यास में सर्वत्र अपनी उपस्थिति पाता है—भारत राष्ट्र क्या है, भोगवाद से निकला आतंकवाद, आतंकवादी, ब्राह्मणत्व, ज्ञान-बुद्धि और विवेक, लोक-भाषा और संस्कृत भाषा, अच्छे आलोचक, सत्सहित्य सृजन, वर्तमान में साहित्य की प्रासंगिकता, वेद की नई युग-सम्मत व्याख्या, नीत्शे द्वारा आधुनिक समय में की गई 'घोषणा' 'ईश्वर मर चुका है' ('गॉड इज़ डैड') को शाक्य-मुनि की परम्परा में देखना, भोगे गए यथार्थ का प्रश्न, दास-प्रथा, पग-पग पर राजनीतिक घटनाक्रमों को राष्ट्रीयता की धारणा से जोड़ना, राष्ट्र-नायक की परिकल्पना, लोक मन और उसका महत्त्व, जाति-प्रथा, मेनका और रम्भा अप्सराओं के स्वरूप की सही व्याख्या, पत्नी-धर्म, प्रज्ञा-ज्ञान-विवेक का सूक्ष्म अन्तर, धर्म की धारणा, समगोत्रीय विवाह, आदि पर विचार करते हुए जिस प्रकार मिथकीय कथा का प्रक्षेपण वर्तमान में किया गया है, वह लेखकीय कौशल से परिचित कराता है। ताड़का, शूर्पणखा, रावण और इन्द्र के बीच चल रहे समीकरण तत्कालीन राजनीति के लिए सुखद नहीं थे। इसीलिए गुरु विश्वामित्र ने उनके लिए इस समीकरण का प्रतिरोध किया, ताड़का-वध उसी का परिणाम था, "ऐसा निश्चय कर विश्वामित्र ने बिना लाग-लपेट के समकालीन राजनीतिक संकट का स्वरूप उद्घाटित कर दिया।" इन शक्तियों ने भोगवाद में संलिप्त हो जो विकृतियाँ फैलाई थीं, उनका चित्रण इस रूप में हुआ है कि वह वर्तमान के वैश्वीकरण द्वारा फैलाए जा रहे भोगवाद, उपभोक्तावाद और अमेरिकीकृत संस्कृति के अपस्वरूप को संकेतित करता है, "...भोगवाद! धरती, जलवायु, अग्नि, अन्तरिक्ष सभी को भोगवादी सभ्यता में बाँधकर रख देना। विकास की चरम अभिव्यक्ति—सिर्फ़ भोग। समृद्धि का अर्थ भोग। प्यार का अर्थ भोग। अपराध करना तो ग़लत है ही पर अपराध कर हेकडी दिखलाना तो उससे भी बड़ा अपराध है।" अतिशय भोग को वे आतंकवाद से जोड़कर देखते हैं, क्योंकि "भोग, उन्माद और आवेगों में शौर्य की परिभाषा ढूँढ़ने वाले आतंकवादी नहीं बनते तो और क्या।" लेखक का दृढ़ विश्वास है कि "भोगवाद से निकलकर जाती अंधी गलियाँ आतंकवाद के उन दलानों पर जाकर खत्म हो रही थीं, जहाँ पंक्तिबद्ध बैठे धर्म-प्रचारक, समवेत स्वर में ऐसी पंक्तियों का पाठ करते जा रहे थे, जिसे सुनकर खाड़कुओं के खून का उबाल बना रहे।"[3] इस कथन से लेखक बताना चाहता था कि किसी भी देश-काल में धार्मिक शक्तियाँ ही आतंकवाद को जन्म और प्रश्रय देती हैं जिनकी चिति पूरी तरह धार्मिक उन्माद में पगी

होती है। 'विश्वामित्र' उपन्यास का सबसे सशक्त और रोचक प्रसंग अहल्या-उद्धार का प्रसंग है जिसमें वर्तमान समय का स्त्री-विमर्श अपने पूरे विस्तार और गहराई में विश्लेषित होता है, अहल्या जिस दाम्पत्यगत उपेक्षा का दंश सहती हुई तन की तपन मिटाने के लिए इन्द्र के साथ संसर्ग-रत हो पूर्ण काम-तुष्टि पाती है, उसे अनौचित्य की सीमा से निकालकर स्त्री-पक्ष का आधुनिक दृष्टान्त बना दिया गया है। उपन्यास प्रथम बार अहल्या को मानवी के रूप में देखता है, केवल ऋषि पत्नी के रूप में नहीं। इस रूप में वह स्त्री के तन की माँग और गौतम से निरन्तर प्रताड़ित होने की पीड़ा में कुछ क्षणों के लिए पथ-विचलित हो गौतम रूप में इन्द्र से पूर्ण मन से समागम करती है। वह ऐसी क्यों हो गई, उसका पक्ष स्त्री के अधिकारों की चर्चा करते हुए प्रस्तुत कर उसके चरित्र की स्वाभाविक परिणति की तार्किक संगति यहाँ प्रथम बार इस रूप में प्रस्तुत हुई है। वह गौतम को प्राप्त करने के लिए पूर्ण शृंगाररता होकर उसकी प्रतीक्षा करती है किन्तु गौतम के मन में एक ही ग्रंथि पड़ी हुई है कि वह अक्षत यौवना है कि नहीं। तन-मन से पूर्ण समर्पण उस ऋषि के लिए कोई अर्थ नहीं रखता, "क्या अर्पण ही मेरी नियति है। पूर्ण समर्पण। इससे पहले कुछ नहीं। इसके बाद कुछ नहीं। मेरा ध्यान, भक्ति, मेरी सेवा, इन सब पर मेरा रूप यौवन भारी था। गौतम के लिए यही मायने रखता है कि मेरा यौवन है, या नहीं। पन्द्रह वर्षों की मेरी तमाम साधना इस एक पल पर भारी पड़ गई।...क्या मैं उससे आजीवन विनती करती रहूँ कि वह मुझे अपना ले। उसकी शरण का एक कोना माँगकर जीवन बिता दूँ। वह मिलन दे, तपन दे, जीवन दे या मरण दे? ये कैसी प्रीति है।"[4] अहिल्या की दोष-मुक्ति का ऐसा तार्किक विमर्श स्त्री पर युगों से होते आ रहे इस प्रकार के अत्याचारों का कड़ा प्रतिरोध उपस्थित करता है। अहिल्या, गौतम, इन्द्र और शची के बीच हुआ संवाद एक व्यापक दृष्टि का स्त्री-विमर्श रचता है। विश्वामित्र और मेनका के बीच हुआ संवाद स्त्री पर हो रहे समस्त अत्याचारों और उसके निरन्तर शोषण को इस रूप में देखता है, "...एक स्त्री की असुरक्षा का कारण अनियंत्रित भोग है, जो असंयमित एवं दंभी लोगों द्वारा स्त्री जाति पर थोपा जाता है।"[5]

उपन्यास केवल विश्वामित्र की कथा पर ही केन्द्रित होकर नहीं रह जाता, युग-प्रश्नों पर लेखकीय चिन्ता अनेक रूपों में अभिव्यक्त होती है, साहित्य-सृजन, श्रेष्ठ सृजन, शाकाहारी-मांसाहारी की तुलना, राम-रावण युद्ध की नई व्याख्या, भारत-भूमि की महत्ता, शिव-तत्त्व, विवाह संस्था, मानव-सभ्यता और युद्ध जैसे प्रश्नों पर यहाँ नए रूप में विचार हुआ है। मिथ को आधुनिक चिन्ताओं का वाहक बनाने का महत् कार्य इस उपन्यास में जिस रूप में सम्भव हुआ है, उसके उदाहरणस्वरूप विश्वामित्र का शिव-धनुष-भंग प्रसंग में यह कथन देखा जा सकता है, "...जिस लड़ाकू संस्कृति से तप कर मानव-सभ्यता पैनी हुई, उसकी चमक सिर्फ़ युद्ध के सहारे बनाए रखना कठिन हो चला है। आज मानव-सभ्यता उस दहलीज़ पर खड़ी है, जहाँ से युद्ध का एक और कदम उन्माद की उस दिशा की ओर संकेत जाता था जहाँ से नीतिविहीन, असंगत और बर्बर समाज की सीमा दूर नहीं है। सहस्रबाहु और परशुराम का युद्ध ऐसी ही भयावहता का संकेत करता है। असमंजस के इस चौराहे से किधर जाएगा भारतवर्ष। उत्पादन और उद्यम ही यह दायित्व है जिसे निभाकर मानव-जाति श्रेष्ठ बनेगी। शिवधनुष का तोड़ा जाना कोई शैव बनाम वैष्णव का मामला नहीं है। जो लोग उसे ऐसा मुद्दा समझते हैं, वे असली मुद्दे की भले ही अनदेखी करें पर असली मुद्दा है भारतवर्ष को उद्यम और उत्पादन की विकास-यात्रा से जोड़ना।"[6] इसी प्रकार पूरे उपन्यास में राम-कथा-मिथक की नई व्याख्या

इस उपन्यास को अत्यन्त पठनीय बनाती है। वस्तुतः पूरा उपन्यास इस बात की प्रतीति देता है कि मिथक में वर्तमान युग की प्रस्तुति की कितनी भारी सम्भावनाएँ हैं—इस दृष्टि से 'विश्वामित्र' समकालीन उपन्यास में अपना विशिष्ट स्थान बनाता है।

सन्दर्भ

1. ब्रजेश के. वर्मन, *'विश्वामित्र'*, *'भूमिका'*, पृ. 7
2. वही, पृ. 19-20
3. वही, पृ. 31-32
4. वही, पृ. 59
5. वही, पृ. 125
6. वही, पृ. 86

सत्ता के गोपनीय गलियारों में विचरण

जिस तेज़ी से भूमंडलीकरण पूरे विश्व में अपने पग पसार रहा है, उतनी ही तेज़ी से साहित्य और कलाओं में उसकी व्याप्ति निरन्तर बढ़ती जा रही है। राजू शर्मा के 'विसर्जन' उपन्यास (विजय वर्मा कथा सम्मान से पुरस्कृत) में कथा के केन्द्र में देश के उच्चतम खुफ़िया तंत्र के आई.बी., रॉ, सी.बी.आई., जैसे उच्च संस्थान हैं जिनके इतिहास और कार्य-प्रणाली के विस्तार में जाकर वहाँ व्याप्त भ्रष्टाचार, कदाचार की पोल खोली गई है। किन्तु उपन्यास के कथ्य पर विचार करने से पूर्व उपन्यास की समग्र प्रस्तुति पर चर्चा करना अपेक्षित है। इधर कुछ लेखकों ने अंग्रेज़ी के भारतीय उपन्यास लेखन के प्रभाव को अधिगृहीत करते हुए स्पष्टतः दो प्रभाव तो ग्रहण किए ही हैं : प्रथम, उपन्यास में वर्तमान की बहुत सारी समस्याओं को समेटना जिसमें भूमंडलीकरण की अपसंस्कृति के नई पीढ़ी पर पड़ते प्रभावों का आकलन, दूसरे अकुंठ भाव से कथा में यौन-चित्र अवसर-बेअवसर प्रस्तुत करना ऐसी परिस्थितियों की अकारण कल्पना जिसमें गरमागरम काम-चित्रण के अवसर खोजे जा सकें। राजू शर्मा का उपन्यास 'विसर्जन' पढ़ते हुए ये दोनों प्रवृत्तियाँ स्पष्टतः परिलक्षित होती हैं। उपन्यासकार ने कथा के बीच में ऐसी स्थितियाँ प्रकल्पित की हैं कि भूमंडलीकरण के विभिन्न तत्त्वों, घटकों, आदि पर काफ़ी विस्तार में विमर्श रचा जा सका है। प्रथम बार कथात्मक धरातल पर वैश्वीकरण की आर्थिकता ('इकॉनॉमी') की सैद्धान्तिकी इस प्रकार प्रस्तुत की गई है जिससे भूमंडलीकरण का ऐतिहासिक विकास-क्रम, उसके द्वारा पल्लवित बाज़ारवाद, उपभोक्तावाद, आर्थिक सुधारों और 'इंडिया शाइनिंग' की वास्तविकता, भूमंडलीकरण के सन्दर्भ में बनी कितनी ही वैश्विक नीतियाँ, वाशिंगटन आम राय, क्रिब रिपोर्ट, किंग्सले रिपोर्ट, आदि का परिचय देते हुए अमीरी-गरीबी के बीच की बढ़ती खाई, विदेशी निवेश, नव उदारवाद, शेयर बाज़ार, आदि की चर्चा द्वारा उपन्यास का कथा-क्षितिज विस्तार पाता है। उपन्यास में दिल्ली के औद्योगिकीकरण में जमीनों के भाव किस प्रकार बढ़कर आसमान छूने लगे और सत्ता के शीर्ष पर बैठे लोगों ने उस ज़मीन को बहुत सस्ते, कोड़ियों में, अपनी बना लिया—खान मार्केट और कनॉट प्लेस जैसी जगहों में जब ज़मीन के भाव आसमान छूने लगे तो इन लोगों की चाँदी हो गई—'कनॉट प्लेस में सन् 2000 में ज़मीन का कमर्शियल रेट 57960 रुपए प्रति वर्ग मीटर तय किया गया था।' इसी रूप में उपन्यास लुटियान की दिल्ली के विभिन्न स्थलों और स्मारकों के इतिहास में विस्तार से जाता है, इतने विस्तार में कि वह वर्णन किंचित् अनापशनाप-सा लगने लगता है और कथा-रस को बाधित करता हुआ उपन्यास को अपने कथ्य के मार्ग से इतर ले जाता है। इसके लिए ऐसार द्वारा दिल्ली के इतिहास पर लिखी जाने वाली पुस्तक की कथा-युक्ति निकाली गई है। यह वर्णन यदि संक्षेप में होता तो कथा संगुम्फित रह सकती थी। किन्तु कथा का मुख्य उद्देश्य तो देश

की सर्वोच्च खुफ़िया संस्थाओं की कार्य-प्रणाली की पोल खोलना है। उपन्यास की कथा से अलग इन वर्णनों को फिर भी दिल्ली के इस वर्णन को एक अलग इतिहास-से के रूप में रोचकता से पढ़ा जा सकता है क्योंकि इससे आँकड़ों सहित दिल्ली के अतीत और वर्तमान का चित्र मिलता है, यथा—"दिल्ली : जहाँ ज़मीन इस तरह बँटती या बिकती चली गई कि उसका साफ़ अन्दाज़ न केवल कठिन बल्कि नामुमकिन था, इस प्रक्रिया में 1500 अनाधिकृत कॉलोनियाँ सामने आ गईं, नगर निगम ने एक तूफ़ानी सर्वेक्षण के बाद कोर्ट में हलफ़नामा दाख़िल किया कि दिल्ली का सत्तर प्रतिशत रियल एस्टेट स्टॉक ग़ैर क़ानूनी है, यह शहर जो पौराणिक कल्पनाओं में इन्दप्रस्थ की महिमा की विरासत है, जहाँ हर असम्भव सम्भव है, जहाँ मामूली सबसे बड़ी हैरत है...एक शहर में भी सैनिक फॉर्म एक अलग कोटि का अजूबा है, एक नई शीर्ष, विश्वास और अविश्वास का विस्मयकारी प्रयास।"

"कहा जाता है कि दिल्ली में कम से कम 5000 बेशक़ीमती ऐतिहासिक स्थल और स्मारक हैं, एक संस्था ने इनमें से 1240 को चिन्हित कर मशहूर किया है, ये दिल्ली की विरासत की शान हैं।"[1] इस प्रकार के अनेक आधिकारिक आँकड़े प्रस्तुत कर दिल्ली के सुदीर्घ वर्णन या कहें अतीत और वर्तमान के इतिहास से काफ़ी रोचक बनाया गया है। इस वर्णन की न्यूनता यह है कि यह एक अलग पुस्तक का विषय था, 'विसर्जन' की कथा में एक अलग पैबन्द-सा लगता है। खुफ़िया ब्यूरो—आई.बी. के दफ़्तर, उसकी कार्य-प्रणाली और उसके सारे अन्तर्बाह्य में अपने पात्रों के माध्यम से प्रवेश करता लेखक खुफ़िया तंत्र के इतिहास में झाँकता है कि किस प्रकार 1946 ई. में "इसे क़ानूनी दर्ज़ा मिला और 1963 में वर्तमान नाम।" आई.बी. की कार्य-प्रणाली की विस्तृत रूप में समीक्षा कर लेखक यह निष्कर्ष स्थापित करता है कि "एक दशक पहले तक सचमुच आई.बी. के पास सूचना की ताक़त और सत्ता थी। पर आज ऐसा नहीं है।" आज यह संस्था प्रधानमन्त्री की "सबसे भरोसेमन्द 'रखैल' बनकर रह गई है...खुफ़िया ब्यूरो का निदेशक पी.एम. से रोज़ मिलता है, बिना नागा, यह एक परम्परा बन गई है। फिर हर सुबह और देर रात आई.बी. की डेली रिपोर्ट प्रधानमन्त्री के सामने रखी जाती है, डिब के पास इस तरह रोज़ पी.एम. के कान में फुसफुसाने का मौका और अधिकार है। इस खास ताक़त को कोई मन्त्री या नौकरशाह नजरअन्दाज़ नहीं कर सकता है।" उपन्यासकार एक ऊँचे नौकरशाह के रूप में इन सब स्थितियों का प्रत्यक्षदर्शी रहा है, इसीलिए यहाँ इतना प्रामाणिक और जीवन्त चित्रण हो सका है। इसका एक उदाहरण स्पेशल सर्विस ब्यूरो से दिया जा सकता है जिसकी कलई इस रूप में खोली गई है, "सर स्पेशल सर्विस ब्यूरो कंडम जगह है। सबको पता है यहाँ उँगली करने वाले अधिकारियों को मरने या रिटायर होने के लिए पटका जाता है। न यह स्पेशल है, न सर्विस, न ब्यूरो। यहाँ घर की खेती चलती है, ये लोग वैद्य ज़्यादा हैं, एजेन्ट कम। इनकी काबिलीयत ज़ीरो है। न इन्हें होम मिनिस्ट्री लेने को तैयार है, न फाइनेन्स डिपार्टमेंट। इनका कोई माई-बाप नहीं।"[2] हिन्दी कथा के लिए यह अनुभव-संसार बहुत-बहुत नया है। इस ब्यूरो का फैलाव पूरे देश में, प्रत्येक नगर-महानगर में जिस रूप में फैला है, उसकी भी रोचक जानकारी देते हुए उपन्यास इस कथ्य पर पहली कृति का रूप लेता है। इस संस्था पर पूरे देश में हो रहे बड़े-बड़े घोटालों की जाँच का दायित्व रहता है किन्तु घोटालों की इन जाँचों में भी घोटाला रहता है, इसकी सम्पुष्टि के लिए लेखक देश के प्रसिद्ध दूरदर्शन घोटाले की पोल खोलता है कि किस प्रकार इन जाँचों के चलते जाँच संस्था के उच्च अधिकारी करोड़ों-करोड़ों का वारा-न्यारा अपने वैयक्तिक हितों के लिए करते हैं—जाँचों को लम्बे-लम्बे समय तक खींचना और जब

भारी-भरकम रिपोर्ट आए तो उसकी वास्तविकता का चिट्ठा इस रूप में पेश किया गया है, "सूचियाँ बनाने में कमीशन की अधिकांश ऊर्जा चुक गई। विषय-वस्तु के लिहाज से रिपोर्ट दक़ियानूसी और लगभग शून्य थी। सात खंडों की रिपोर्ट में कुल 5,426 पृष्ठ थे। सूचियाँ और परिशिष्ट 5,000 पन्नों में फैले थे, सिफ़ारिशों के 240 पन्ने और रिपोर्ट का मुख्य अंग 186 पन्नों का था जिसमें कार्यकारी शासकों, कार्य-सूची, कमीशन का गठन और इतिहास, इसके अलावा प्रस्तावना शामिल थी। 1991 और 2001 के बीच दस साल की अवधि में कितना घूस का लेन-देन हुआ, कमीशन ने विभिन्न स्रोतों से इसका अनुमान लगाया। कमीशन का निष्कर्ष था कि जहाँ धारावाहिकों के घोटालों की कुल स्वीकृत राशि 6000 करोड़ रुपए थी, घूस का लेन-देन 575 करोड़ रुपए था। पर दूसरे सन्दर्भ बिन्दुओं पर या कमीशन चुप रही या किसी नतीज़े पर नहीं पहुँची।"[3] यह खोदा पहाड़ निकली मरी हुई चूहिया जैसी स्थिति है। यह चित्रण सभी जाँच कमीशनों की प्रस्तुति प्रातिनिधिक रूप में करता हुआ सरकारी लीपा-पोती का रूप पेश करता है। इतना ही नहीं यह अफ़सरशाही किस प्रकार एक भोगवादी संस्कृति में डूबी हुई है, उसका परिचय भी वी., ऐसार, सपना, आदि के माध्यम से दिया गया है और इसीलिए सम्भोग चित्रण बार-बार उपन्यास में आए हैं। सपना का यह सद्यःस्नाता रूप द्रष्टव्य है, "फिर वह बाहर निकलीं, बाल गीले थे और पीछे की ओर समेटे और कंघी किए हुए, उसने कसी डेनिम की शॉर्ट्स पहनी थी जिसकी निचली किनारियों के धागे निकल रहे थे और उसकी चिकनी, उजली जाँघों पर हिल रहे थे; उसने पतले, स्ट्रेच कपड़े की एक सफ़ेद टी-शर्ट ऊपर डाली थी, जो उसके वक्षों के ऊपर उभार में गिर रही थी, उसने ब्रा नहीं पहनी थी और हवा के किसी अनजान झोंके में शर्ट यदा-कदा उसकी देह से उठ चिपक रही थी और तब उसके उरोज़ के शिखर चमक उठते थे...वह शरीर और मन से पूरी तरह उन्मुक्त, तल्लीन और स्व-परिभाषित दिखाई दे रही थी, यह कि लिबास उससे था, वह लिबास से, वह खुद से भी, खुद अपने से...।" "प्यार के लिए चार मीनारों वाला बिस्तर तो था ही। हर कमरा उनके उन्माद के क्षणों का गवाह था। अक्सर संसर्ग का पराक्रम दो कमरों या कभी तीन कमरों और खुले आकाश के बीच मानो बँट जाता। कामदेव कहाँ नहीं विराजे थे : किचिन, सिंक के ऊपर, बरामदा, स्नानघर, कोठरी, लाफ्ट—रतिरमन के लिए हर जगह सुगम थी। आगे-पीछे, ऊपर-नीचे, अगल-बगल, धारण-धारित। उनके संसर्ग का संगीत हर जगह सुनाई दिया था।"[4] ऐसे स्थलों को पढ़कर ही अंग्रेज़ी के भारतीय उपन्यासों; बेस्ट सेलर्स; का ध्यान आता है। उपन्यास अनावश्यक रूप से ऐसे प्रसंगों से भरा पड़ा है—द्रष्टव्य पृ. 50, 57, 58, 60, 70-71, 102, 133, 239, 247, 294, 295, आदि।

उपन्यास बहुत पैनी दृष्टि से भूमंडलीकृत आर्थिकता को विश्लेषित करता है जिसमें नव-उदारवाद, आई-टी कम्पनियों, रियल्टी बाज़ार के बूम, बहुराष्ट्रीय कम्पनियों और हमारी बड़ी कम्पनियों में होने वाले समझौतों (डील्स), 'सी.ई.ओ.' नामक जन्तु की आकाशचुम्बी तनखाएँ या देश के अरबपतियों की निरन्तर बढ़ती संख्या, इंडिया गेट की चौखट पर प्रज्वलित मोमबत्तियों से पिघलता न्याय या एस.एम.एस. जनित राजनीतिक डिस्कोर्स, आदि पर तीख़ी टिप्पणियाँ की गई हैं। नव उदारवाद को आज जिस प्रकार हर बीमारी का इलाज बताया जा रहा है और भारत की आर्थिक छवि को जिस प्रकार बढ़ा-चढ़ाकर वाहवाही लूटी जा रही है किन्तु वास्तविकता यह है कि "दुनिया-भर की कम्पनियाँ इस जाग उठे हाथी की पीठ पर सवारी करना चाहती हैं।" क्रिब रिपोर्ट में भारत को "2050 तक धन-अर्जन की होड़ में अमरीका को पछाड़कर दूसरा स्थान पाने की वास्तविकता को भी नंगा भूखा भारत, बिलखता भारत, चलता नहीं पर चलता

पुर्जा भारत...” के यथार्थ के बीच रखकर देखा गया है। देश की बड़ी हस्तियाँ किस प्रकार इस विकासशील अर्थ-व्यवस्था में अपने को 'आर्थिक हस्ती' के रूप में तब्दील कर रही हैं, उपन्यास इस सबकी ख़बर लेता हुआ विदेशी निवेश, आसमान छूते शेयर बाज़ार के सेन्सेक्स, 'सेज़', योजनाओं, चुनावी राजनीति, जी. डी. पी., मुद्रा स्फीति, इन्फलेशन, आदि प्रश्नों-समस्याओं पर उँगली रखता है। उपन्यास बहुत गम्भीर आर्थिक विमर्श रचता है जिसका यह एक उदाहरण द्रष्टव्य होगा, “...यह राग उदारीकरण और ग्लोबलाइजेशन की ताक़तों के काफ़ी अनुकूल है। भारत और दूसरे बड़े विकासशील देशों को इस राग में लुभाने के लिए, समझ लो, अस्सी के दशक के प्रलोभन और कलाकारी के तत्त्व बढ़े हैं। यह इसलिए क्योंकि ग्लोबल पूँजी और निवेश को नए हीरो और विजेताओं की ज़रूरत है : जो राष्ट्रीय राजनीति से बँधे नहीं, जो राष्ट्रवाद और समता के पुराने खूँटों से परे हैं।...ऐसे हीरो जो कथित ग्लोबल संस्कृति के प्रतीक हैं। और आज की दुनिया में विशेषज्ञ, ख़ास तौर से अर्थशास्त्री, नया ग्लोबल नायक है। यह मात्र संयोग नहीं कि जहाँ अमेरिका में अभी तक कोई शुद्ध अकादमिक राष्ट्रपति नहीं बना, बहुत से ग़रीब देशों में राजनीति से परहेज़ रखने वाले बुद्धि के रण बाँकुरे सत्ता के शीर्ष पर विराजे हैं।”[5] इस प्रकार उपन्यास ने केवल देश अपितु दुनिया के पूरे परिदृश्य पर दृष्टि रखता हुआ घटनाओं का सूक्ष्म विश्लेषण करता है। ग्लोबल आर्थिकता या कथात्मक विश्लेषण प्रस्तुत करता हुआ यह हिन्दी का बहुत महत्त्वपूर्ण उपन्यास है, अभाव है तो यही कि इसकी कथा तीव्र गति से लक्ष्योन्मुखी नहीं है जिसका कारण उपन्यास को अनेक सूचनाओं का भंडारण बनाने का लोभ-संवरण न कर पाना भी रहा है। कथा का बहुआयामी होना किसी उपन्यास का दोष नहीं है किन्तु वह सब कथा में स्वाभाविक रूप से विन्यस्त होना चाहिए जो यहाँ नहीं हो सका है। उपन्यास की भाषा में कथ्य के अनुरूप एक नया रचाव और उसका उत्फुल्ल रूप इसे बहुत पठनीयता प्रदान करता है। अपनी समस्त न्यूनताओं में भी 'विसर्जन' समकालीन उपन्यास में अपना महत्त्व-स्थापन करता है।

सन्दर्भ

1. *विसर्जन*, पृ. 117
2. सन्दर्भ, पृ. 22
3. वही, पृ. 208
4. वही, पृ. 294, 295
5. वही, पृ. 146

सब कुछ समेटने के सम्मोहन में निराश करता उपन्यास*

इस उत्तर आधुनिक समय में कोई भी विधा अपने मूलभूत चरित्र की नहीं रह गई है, उसमें अन्य विधाओं की अन्तर्भुक्ति, आवाजाही, निरन्तर होती रहती है। उपन्यास का पारम्परिक शैल्पिक ढाँचा, रूपाकार, चरित्र भी समय-समय पर चुनौतीपूर्ण रचनाओं द्वारा टूटा है, यह उपन्यास की शैल्पिक समृद्धि या विधा के निरन्तर विकास की स्थिति है। इस सबके बावजूद भी उपन्यास अपनी इस मूल प्रवृत्ति से नहीं भटक सकता है कि वह अपने युग, समय का प्रामाणिक अंकन कर भी अपनी एक दृष्टि, सोच इस रूप में प्रस्तुत करे कि वह अपने समय की चिन्ताओं में सही भागीदारी निभाए। यदि वह दृष्टि उपन्यास के पास नहीं है तो उसमें अख़बारी ख़बर से आगे बढ़ सकने की सार्थक दृष्टि नहीं है। प्रदीप सौरभ के चर्चित उपन्यास 'मुन्नी मोबाइल' की दुर्नियति यही है कि वह यथार्थ को समाचार-पत्र की रिपोर्टिंग, पत्रकारिता की समाचार-प्रस्तुति से आगे नहीं जा पाता। प्रदीप सौरभ का पत्रकार जहाँ-जहाँ जाता है (या कहें गया है) उसकी रिपोर्टिंग बहुत खोजी दृष्टि से करता है। इसी का परिणाम है कि 'डायरी, रिपोर्टिंग, कहानी की विधाएँ मिक्स होकर' उपन्यास का 'वृत्तान्त' रचती हैं। (यात्रा-वृत्त का रंग भी यहाँ देखा जा सकता है) इस सबसे लेखक यथार्थ को तो पूरी सत्यता और निजता में प्रस्तुत कर सका है किन्तु समकालीन उपद्रवित, अति उलझे हुए उस रौरव यथार्थ[1] को वह उपन्यास के रूप में नहीं ढाल पाता है। उपन्यास कथा राष्ट्रीय राजधानी क्षेत्र (एन.सी.आर.) जिसे लेखक 'गोबर पट्टी' भी कहता है, के साहिबाबाद से शुरू होकर अहमदाबाद, गोधरा—इनके माध्यम से गोधरा कांड, नरेन्द्र मोदी के तत्कालीन सुलगते गुजरात, फिर इलाहाबाद, बिहार प्रदेश, लन्दन, लखनऊ, इलाहाबाद, अमेरिका, गुड़गाँव के कॉल-सेन्टरों, आदि पर घूमती हुई फिर साहिबाबाद पर आ टिकती है। सुधा पांडेय के बहाने कलकत्ता और वहाँ के नक्सलवाद के विवरण भी उपन्यास में आ जाते हैं। आनन्द भारती के पत्रकार व्यक्तित्व में लेखक प्रदीप सौरभ के पत्रकार का अवतरण हुआ है और वह (आनन्द भारती-प्रदीप सौरभ) जिन-जिन स्थानों पर गया है, वहाँ की विस्तृत रिपोर्टिंग पत्रकारिता की शैली में की गई है जिनमें साहिबाबाद—राष्ट्रीय राजधानी क्षेत्र, अहमदाबाद-गोधरा का क्षेत्र तथा इंग्लैंड मुख्यतः कथा-भूमि (लोकेल) बनते हैं। गुजरात दंगों की पूर्वविदित रिपोर्टिंग से अलग हटकर कुछ नए तथ्य अवश्य ही उपन्यास की रिपोर्टिंग में आए हैं, शेष तो बहुकथित प्रसंग हैं जो बार-बार गुजरात दंगों पर लिखी गई कहानियों, रिपोर्ताज़, पत्रकारों की पुस्तकों तथा उस समय के समाचार-पत्रों में आ चुके हैं। एक के बाद एक घटना-स्थानों की रिपोर्टिंग का दबाव लेखकीय मानस पर इतना अधिक बना हुआ है कि पूरा उपन्यास एक ही साँस में अपनी कथा कहना चाहता है, उसे कहीं भी अध्याय या शीर्षकों के रूप में बाँटा नहीं गया है, आदि से

* कुछ कृतियों की चर्चा इसलिए भी आवश्यक हो जाती है कि वे बहुत अधिक चर्चा के कारण अधिमान (ओवर रेटिंग) प्राप्त कर जाती हैं। इस आलेख का औचित्य इसी से बनता है।

अन्त तक बिना किसी शीर्षक के कथा चली चलती है, यद्यपि कथानक की कथा-भूमियाँ बार-बार बदलती हैं, उनको अलग-अलग अध्यायों में रखा जा सकता था जिससे उपन्यास में कथा-रस का संयोजन बेहतर ढंग से किया जा सकता था। ऐसा नहीं है कि 'मुन्नी मोबाइल' (2009) उपन्यास में यह कोई नया शैल्पिक प्रयोग है, उसी वर्ष आए प्रियंवद के 'छुट्टी के दिन का कोरस', 'विश्वामित्र' (ब्रजेश के. वर्मन) तथा 2010 में मनीषा कुलश्रेष्ठ के 'शिगाफ़', आदि उपन्यासों में यही शैल्पिक प्रविधि अपनाई गई कि पूरी कथा बिना किसी अध्याय संख्या या शीर्षक के कही गई है। 'मुन्नी मोबाइल' का कथा-विन्यास इस अध्याय/शीर्षक-विभाजन की अपेक्षा रखता है।

उपन्यास का सबल पक्ष यह है कि जिस भी स्थान या घटना का चित्रण करता है उसको पूरी बारीकी और प्रामाणिकता में प्रस्तुत करता है, इस रूप में कि वह स्थान विशेष का प्रातिनिधिक रूप बन जाता है। कथा का पट राष्ट्रीय राजधानी क्षेत्र के गाजियाबाद के सन्निकट साहिबाबाद में खुलता है जो अपनी आपराधिक गतिविधियों के लिए नित्य ख़बरों में रहता है। साहिबाबाद का यही रूप समाचार-पत्रों में छाया रहता है, "टीटी ने अपराध जगत में अपना नाम कमा लिया। टीटी अपने बाप का हत्यारा है। उसने अपने बाप को अपनी बहन के साथ छेड़खानी करते देखा था। बस इसी बात पर उसने अपने बाप की हत्या कर दी थी। टीटी के चाचा हेमराज भी अपने माँ-बाप की हत्या कर चुके हैं। गाँव की ज़मीन गाजियाबाद विकास प्राधिकरण द्वारा एक्वायर होने के बाद मिले मुआवज़े को न देने पर उसके चाचा ने दरान्ती से अपने माँ-बाप की हत्या कर दी थी। टीटी के पंचायत का मुखिया बनने में भी उसकी अपराध छवि ही काम आई। असल में टीटी से लेकर वीरेन्द्र, बबली, जितेन्द्र, सुनील कसीना तक सभी रंगदार सुरेन्द्र बिहारी पहलवान के चेले हैं। आसपास के गाँवों—भंडापुर, कड़कड़ी, प्रहलाद गढ़ी, कनावनी, भकनपुर के रंगदार भी उसी के अखाड़े से निकले हैं। पहलवान बिहार से हर तरह के देसी कट्टे मँगाकर सप्लाई करता है। अंग्रेज़ी सामान का भी वह इन्तज़ाम कर देता है।"[2] वस्तुतः साहिबाबाद क्षेत्र की पट्टी ने राष्ट्रीय राजधानी क्षेत्र में 'गाँव के युवाओं में अपराध ने पेशे का रूप ले रखा है।' यहाँ मूल निवासियों के अतिरिक्त बिहार, पहाड़, आदि से आकर इतने सारे लोग आ बसे हैं कि इसका रूप पूरी तरह महानगरीय हो गया है, यहाँ के वासी अपने को दिल्ली-वासी ही मानते हैं। वे यहाँ मज़बूरी में रहते हैं, दिल्ली में उन्हें कोई अपने सींग फँसाने ही नहीं देता है। इसी बहाने लेखक दिल्ली महानगर की भी ख़बर ले लेता है, इन शब्दों में दिल्ली के प्रति उसका रोष फूट पड़ता है, "दिल्ली अब आदमियों का श्लाटर हाउस हो गया है। हर आदमी यहाँ कट रहा है, कसाईबाड़े में मुर्ग़े की क़ीमत से भी सस्ती आदमी की क़ीमत है यहाँ। बंगलादेशी घुसपैठियों ने तो इंडियन आदमी की क़ीमत और घटा दी है। इस देश के नेता वोट बैंक की राजनीति के चलते बांग्लादेशियों को अपने सीने से लगाने के लिए देश का संविधान तक बदलने में नहीं हिचकिचाएँगे।"[3] इसी साहिबाबाद में आनन्द भारती की मुलाक़ात बिहार से आई घरों का कामकाज करने वाली मुन्नी से होती है जो जल्दी ही दिल्ली की चकाचौंध और उपभोक्तावादी प्रभाव में मुन्नी से मुन्नी मोबाइल (वाली) हो जाती है। आगे जाकर यह मोबाइल ही वह साधन बनता है जिससे मुन्नी दुनिया को अपनी मुट्ठी में कर लेने का स्वप्न साधती है। यहीं वह झोलाछाप अवैध गर्भपात कराने वाली डॉक्टरनी शशि खोखरा से मिलती है। इसी मोड़ से आगे बढ़ मुन्नी उस उपभोक्तावाद में पड़ जाती है जिसमें येन-केन प्रकारेण 'हाय पैसा, हाय पैसा' ही प्रमुख रह जाता है—बस की ठेकेदारी से लेकर कॉलगर्ल रैकेट चलाने और अपनी बेटी रेखा चितकबरी को इस दलदल में डाल देना ही उसकी नियति बन जाता है। 'कॉलगर्ल रैकेट' की नई अवतार बन चुकी रेखा चितकबरी के विषय में लेखक को पूरा

यकीन है कि मुन्नी मोबाइल की लड़की की नियति यही होनी थी, "कॉलगर्ल वर्ल्ड में मुन्नी मोबाइल की जगह रेखा चितकबरी ने ले ली थी। आनन्द भारती को इस बार कोई हैरानी नहीं हुई थी बल्कि मन ही मन वह रेखा की यही तस्वीर अपने मन में बना चुके थे। इसके अलावा रेखा के रास्ते किसी और दिशा में भला जाते भी कैसे? मुन्नी ने जो रास्ता चुना था, रेखा के लिए वही उसकी विरासत थी।" अपने लैपटॉप, इंटरनेट, अपने ब्लॉग, आदि से जिस रूप में वह देह-व्यापार चलाती है, वह अपराध जगत का नई प्रविधियों, जुगुतों का नया चेहरा है।

गाज़ियाबाद के पत्रकारपुरम् के फ़्लैट के कारण मुन्नी मोबाइल से हुई भेंट के इन अनुभवों के साथ ही आनन्द भारती को अपने अहमदाबाद के कार्यकाल की याद आती है जहाँ "'गोधरा कांड' उनकी आँखों से गुज़रा था। उनकी कलम ने उस सच्चाई को बेखौफ़ अपनी रिपोर्टिंग का हिस्सा बनाया था।" गुजरात दंगों की यही बेखौफ़ सच्चाई वे फिर आगे के छब्बीस पृष्ठों (पृ. 21 से 47 तक) में अख़बारी रिपोर्टिंग के रूप में प्रस्तुत कर साम्प्रदायिकता का वह वहशी ज़ुनूनी चेहरा उजागर करते हैं। लेखक इस बात से क्षुब्ध है कि इतने-इतने आयोग बने और तरह-तरह से सुनवाई-दर-सुनवाई, गवाहों की पेशी, आदि हुई पर नतीज़ा वही ढाक के तीन पात, "जस्टिस बनर्जी से लेकर जस्टिस नानावटी तक कारणों की तह में गए और बिना गए अपने-अपने फ़ैसले दे चुके हैं। सेक्यूलरिस्ट कहते हैं कि कार सेवकों ने ख़ुद आग लगा ली। हिन्दू बिग्रेड कहती है कि मुसलमानों ने आग लगाई।"[4] लेखक इस आग के बीज 6 दिसम्बर, 1992 को हुए बाबरी मस्जिद ध्वंस में खोजता हुआ अयोध्या राम-मन्दिर की राजनीति की तह में जाता है। फिर 1998 के चुनाव, उसके बाद 'हिन्दुत्व' के नाम पर चली राजनीति ने किस प्रकार घटनाओं की परिणति को गोधरा कांड तक पहुँचाया, किस प्रकार नरेन्द्र मोदी से मुलाक़ात हुई, आदि का विवरण जिस रूप में प्रस्तुत किया गया है, उसमें कथात्मक संवेदन एकदम ग़ायब है, वहाँ मात्र घटनाओं के विवरण और विवरण हैं, यथा "मोदी से आनन्द भारती की पहली मुलाक़ात शिमला में हुई थी। सरकारी गेस्ट हाउस पीटर ऑप के कमरा नम्बर 51 में। पार्टी महासचिव होने के नाते वह हिमाचल प्रदेश के प्रभारी थे। शिमला में भारतीय जनता पार्टी के मुख्यमन्त्री प्रेमकुमार धूमल की ताजपोशी होने वाली थी। पार्टी के पास बहुमत नहीं था। उसने घोटालों में घिरे पूर्व केन्द्रीय संचार मन्त्री सुखराम की पार्टी हिमाचल विकास पार्टी के पाँच विधायकों और अपनी पार्टी के बाग़ी विधायक रमेश धवाला के साथ मिलकर सरकार बनाई थी। सुखराम के घोटाले के खुलासे के वक्त संसद में भारतीय जनता पार्टी ने खूब हो-हल्ला मचाया था। कई दिन संसद को ठप्प कर दिया था। लेकिन हिमाचल प्रदेश में सरकार बनाने के लिए उनका समर्थन लेने में उसे शर्म नहीं आई। पार्टी की चाल, चरित्र और चेहरा ही सत्ताख़ोर है तो उसे शर्म कैसे आती?"[5] कहना न होगा कि इस सुदीर्घ उद्धरण में केवल पत्रकारिता के ही दर्शन होते हैं, औपन्यासिक संवेदन कहीं नहीं है। पात्रों और स्थानों के नामों को भी यथावत रखकर अख़बारी रिपोर्टिंग का ही चरित्र नज़र आता है। लेखक अपनी दृष्टि को पूर्ण तटस्थ भी नहीं रख सका है। माना कि गुजरात दंगों के लिए पार्टी विशेष ही उत्तरदाई है किन्तु केवल एक ही पार्टी की 'चाल, चरित्र और चेहरों' को ही 'सत्ताख़ोर' कहना किसी पाले में खड़ा होना नहीं है, हर पार्टी की 'चाल, चरित्र और चेहरा', 'सत्ताख़ोर' है—ऐसे में लेखक को अपनी रचना में निष्पक्ष ही रहना चाहिए था।

गुजरात दंगों के विभिन्न स्थानों के लोमहर्षक दृश्यों का चित्रण कर लेखक कदाचित् उपन्यास में पहली बार दंगों की रिपोर्टिंग में मीडिया से जवावदेही माँगता है। गुजरात दंगों की रिपोर्टिंग करता मीडिया इसे इनसानियत का फर्ज़ नहीं मान रहा था अपितु अपने व्यावसायिक हितों को

साध रहा था। अपनी बिक्री बढ़ाने के लिए वे तरह-तरह के हथकंडे अपना रहे थे, "दंगों का विरोध करने वाले अख़बार भी मूल्यों के प्रति निष्ठावान हों, ऐसा नहीं था। औरत की नंगी तस्वीरें पेश करना उनकी प्राथमिकताओं में था। बाज़ार की शक्तियों के आगे वह भी नतमस्तक था। उसकी अपनी संस्थाओं में पत्रकारों और ग़ैर-पत्रकारों की स्थिति अच्छी नहीं थी। बड़ी संख्या में कर्मचारियों को रातोरात निकाल देना उनके शगल में शामिल है।" "असल में आज़ादी के बाद विकसित हुआ देश का मीडिया बाज़ार ही रखैल बन गया। उसके पास न तो कोई सपना है और न ही समाज के प्रति कोई प्रतिबद्धता। वह एक उद्योग में तब्दील हो चुका है। लाभ कमाना और सत्ता के गलियारों में दबाव बनाना उसका एकमात्र उद्देश्य है।"[6] प्रिंट मीडिया के साथ-साथ दृश्य मीडिया—टी.वी. चैनलों की भी यहाँ अच्छी ख़बर ली गई है। इस माध्यम में लड़कियों का जो उपभोग-उपयोग किया जाता है, वह जग जाना है, बहुत-सी लड़कियाँ यहाँ अपनी ख़ूबसूरती को ही भुनाकर तरक्की की सीढ़ियाँ चढ़ती हैं जो इन स्थितियों को स्वीकार नहीं कर पातीं, वे ज़्यादा दिन चैनल में टिक नहीं पाती हैं या वहीं गुमनामी के अँधेरों में धकेल दी जाती हैं।

गुजरात-दंगों के इन विवरणों में उपन्यासकार ने बहुत जीवन्त रूप में दंगा पीड़ित शिविरों की अन्दरूनी स्थितियों पर प्रकाश डाला है। शाहआलम मजार परिसर के शिविर का चित्रण भयावह सत्यों को उजागर करता है। अहमदाबाद के नरोडा पाटिया इलाक़े के दंगों की रिपोर्टिंग भी उस रूप में की गई है कि वहाँ इतिहास भी शरमा जाता है। दंगों के बीच नरेंद्र मोदी की उत्थान-गाथा जो स्वरूप ग्रहण कर रही थी, उसका अत्यन्त सूक्ष्म और प्रामाणिक चित्रण इस प्रसंग में किया गया है। मोदी ही नहीं 'हिन्दुत्व ब्रिगेड' के अन्य सितारों की भी यहाँ अच्छी ख़बर ली गई है। इन सबने गुजरात को जिस रूप में हिन्दुत्व की प्रयोगशाला बना दिया था, उसका भी रोचक विवरण यहाँ दिया गया है। इस माहौल में सही आदमी का जो हश्र हुआ, वह आनन्द भारती के साथ हुए सलूक में दर्शाया गया है। उपन्यासकार के पास यह सब बहुत महत्त्वपूर्ण सामग्री थी जिसकी वह रिपोर्टिंग तो कर सका है किन्तु उसको औपन्यासिकता में नहीं ढाल पाता है।

इसके पश्चात् पत्रकार लेखक का कैमरा दिल्ली पर ज़ूम करता है जिसमें पत्रकारिता की दुनिया का थोड़ा-बहुत उल्लेख होकर आनन्द भारती और शिवानी के प्रेम तथा दाम्पत्य की परिणति तलाक तक पहुँचने की स्थितियों का चित्रण है। इस सब विवरण में सबसे प्रभावी वर्णन कोर्ट-कचहरियों के निज़ाम का है जहाँ रिश्वत का खेल खुल्लमखुल्ला चलता है, भारती का सम्बन्ध टूटने पर "कैसी विडम्बना थी और कोर्ट का कैसा रिवाज़ था कि कोर्ट के कर्मचारी दोनों को बधाई दे रहे थे। वे मिठाई के लिए पैसे माँग रहे थे। ढिठाई और बेहयाई का इससे बड़ा सबूत क्या हो सकता है कि इन क्लर्कों के लिए हर काम घूस और रिश्वत से इस कदर जुड़ा है कि सम्बन्ध बने या टूटे, उन्हें सिर्फ़ अपने रुपयों से मतलब होता है। यहाँ एक घर टूट गया है और उसके लिए यह टूटन भी 'बधाई' का हिस्सा थी।"[7] घटनाओं पर ऐसी ही सोच, विमर्श कुछ विस्तार में रचा जाता तो यह उपन्यास उपन्यास बन सकता था। फिर लेखक अहमदाबाद के शिविरों में लौट आता है और उसके बाद दिल्ली की सीमा पर बसे 'फास्टेस्ट डेवलपिंग सिटी' गुड़गाँव पर उसकी दृष्टि जाती है। इसके बाद इलाहाबाद विश्वविद्यालय में लेक्चर देने के बहाने कथा-सूत्र इलाहाबाद पर ले जाया जाता है। वहाँ के अपने छात्र जीवन के स्मरण में मुख्य बात विश्वविद्यालय में छात्र राजनीति के तेज़ी से होते अपराधीकरण की की जाती है। नक्सली छात्र-संगठन, बम विस्फोट की गतिविधियाँ, विश्वविद्यालय को लीलती जातिवाद, क्षेत्रवाद जैसी बीमारियों, आदि की चर्चा की जाती है। यहीं आनन्द भारती और मानसी के बीच में पल्लवित होती प्रेम-कथा की भीनी खुशबू

भी है जिसमें "पहाड़ों पर बहते निर्झर की तरह मानसी के साथ बने रहने" की स्मृति कथा-नायक को नहीं छोड़ती। यह प्रेम विवाह की परिणति को न पाकर एक मीठी टीस देता है। इलाहाबाद का सुनहरा अतीत किस प्रकार वर्तमान में आकर कलुषित होता है, उसकी कचोट भी भारती को विकल करती है। नदी के बीचोबीच कच्ची शराब बिकना, कछार वाले हिस्सों में साधुओं की जगह डाकुओं का बसेरा, इलाहाबाद में देसी बमों और अवैध हथियारों का पनपता व्यवसाय उसे दुखित करता है। इसके पश्चात् मुन्नी को अपने गाँव बिहार भेजने की कथा-युक्ति से लेखकीय कैमरा बिहार पर फ़ोकस होता है और आठवें दशक के बिहार में होती नक्सली हिंसाओं और तत्सम्बन्धी राजनीति से परिचय कराया जाता है। पश्चिम बिहार के आरा, छपरा, सिवान, गोपालगंज क्षेत्र, में फैली नक्सली हिंसा और जाति की राजनीति के समीकरणों के तहत गठित विभिन्न सेनाओं की महत्त्वपूर्ण सूचनाएँ लेखक जुटाता है, "लाल सेना में अधिकतर पिछड़ी जाति के लोग थे, जो सामन्तों और रंगदारों से प्रताड़ित थे। लाल सेना ने इलाके में बड़े-बड़े नरसंहार किए थे। बड़ी संख्या में भूमिहार, ठाकुर और ऊँची जाति के लोग मारे गए थे। नतीजतन लाल सेना की प्रतिक्रिया में आठवें दशक में कई जातिगत सेनाएँ तैयार हुईं। लाल सेना से टक्कर लेने के लिए कुँवर सेना, लोरिक सेना, ब्रह्मर्षि सेना, रणवीर सेना। इन सेनाओं ने भी दलितों और हरिजनों का सामूहिक नरसंहार शुरू किया। नक्सली आन्दोलन इस इलाके में जातीय रूप ले चुका था। वैचारिकता उसकी ख़त्म हो चुकी थी। इसीलिए इस आन्दोलन को बिखरने में ज़्यादा वक्त नहीं लगा। छिटपुट तरीके से नक्सली अभी इस इलाके में हैं। भगत सिंह बनने की चाह में अब भी कुछ युवक नक्सलियों के साथ हो जाते हैं।"[8] वहाँ आए दिन होती रैलियों, प्रदर्शनों, आदि के कारण सामान्य जन-जीवन जिस रूप में बाधित होता है, उसका परिचय भी यहाँ मिलता है। मुन्नी साहिबाबाद घर लौटती है, यहाँ कुछ अनावश्यक वर्णन पाठक पर भारी पड़ता है, पृ. 84 पर आया "वैसे भी एक बार काम बता देने..." से शुरू होकर "एयरपोर्ट के लिए रवाना हो गए" तक का पूरा अनुच्छेद पूर्णतः अनावश्यक है, एक वाक्य में आनन्द भारती को एयरपोर्ट के लिए निकाला जा सकता था।

एयरपोर्ट से चलकर कथा लन्दन पहुँचती है, गेटविक एयरपोर्ट पर पहुँचने से पहले के जहाज में खाने आदि के अनावश्यक विवरण पाठक को झुँझलाहट देते हैं। लन्दन में पहुँचकर लखनऊ भी अपनी औपनिवेशिक स्मृतियों को जीता हुआ लेखक को याद आता है। लन्दन के रेड लाइट एरिया सोहो, सोहो में ओल्ड काम्पटन स्ट्रीट पर चलते हुए 'गे क्लब' का परिचय, लन्दन की रात दिखाने के लिए लेस्टर स्कवयर वहाँ के येट्स पब, पब में युगलों का स्वच्छन्द प्रेमाचार, चाइना टाउन, बंकिंघम पैलेस, टेम्स नदी की खूबसूरती, टेम्स के प्रदूषण के सन्दर्भ में दिल्ली में जमुना प्रदूषण, ग्लोबल वार्मिंग, अमेरिका, आदि देशों का कार्बन उत्सर्जन, मिनी इंडिया, साउथ हॉल, क्रिस्टल, होटल ब्रिस्टो में वाइल्ड स्क्रीन, कई थियेटरों की फ़िल्मों, आदि के सविस्तार वर्णन यात्रा-वृत्त की शैली में किए गए हैं। यहीं अमेरिका की आर्थिक मन्दी, पोखरण के दो न्यूक्लियर टेस्ट, आर्थिक मन्दी में भारत की स्थिति, आदि पर बड़े चलताऊ से रूप में कहा गया है।

इस सबके बाद लेखक के साथ ही कथा साहिबाबाद में लौटती है। यहाँ मुन्नी के नए अवतार की विशद चर्चा है कि किस प्रकार वह अपनी व्यावसायिक ऊँचाइयों को छूती चली जाती है। प्रसंगात् यहाँ राष्ट्रीय राजधानी क्षेत्र विशेषतः गुड़गाँव और नोएडा में फैले कॉल सेन्टरों के जीवन की चर्चा की गई है, "गुड़गाँव और नोएडा में करीब सात-आठ सौ कॉल सेन्टर हैं जिनमें हज़ारों नौजवान काम करते हैं। बड़ी संख्या में नौकरी का संकट खड़ा हुआ है।" कॉल सेन्टरों में ड्रग्स की बढ़ती बीमारी पर तथा वहाँ चल रहे लास्ट चांस, मोजोस, दि डेक, ओडीसी,

नशा, तंत्रा, एलीवेट जैसे प्रसिद्ध डिस्को के जीवन की चर्चा पर्याप्त विस्तार में जाकर की गई है, "इन्हीं डिस्को में किसी भी स्ट्रेंजर लड़के-लड़की से मुलाकात हो सकती है। नशे में दोनों एक रात भी गुज़ार लेते हैं। ऐसे सहयात्रियों को कॉल सेन्टर की दुनिया में 'वन नाइट स्टैंड' कहा जाता है। इसके बाद दोनों अपनी दुनिया में अपरिचितों की तरह चल देते हैं।"[9] यहाँ के नैतिक मानदंड अपने ही हैं, 'लिव इन रिलेशन आम हैं', आपस में लड़कियाँ भी बदलते रहते हैं—ऐसे कितने ही युवाओं के चेहरे ममता, अनिल, राधा, आदि के माध्यम से उजागर होते हैं। 'ओरल सेक्स', सेक्सगत बीमारियाँ—एड्स, आदि पर भी लेखक की दृष्टि जाती है।

सुधा पांडेय के माध्यम से कहानी कलकत्ता पहुँचती है, वहाँ का वातावरण भी लेखक सूक्ष्म और विश्वसनीय दृष्टि से चित्रित करता है। एक ओर उसकी दृष्टि कलकत्ता की बहुप्रान्तीय सामासिक संस्कृति पर जाती है तो दूसरी ओर वहाँ की वामपन्थी राजनीति और नक्सलवादी घटनाओं पर जाती है। 22 अप्रैल, 1968 ई. के चारु मज़ूमदार के ख्रुश्चेव विरोधी प्रदर्शन से लेकर वर्तमान तक की घटनाओं का जायज़ा लिया गया है। कलकत्ते के साहित्यिक वातावरण का भी उल्लेख, "साहित्य ही नहीं कला, गान, रवीन्द्र संगीत, अतुलप्रसादेर गान, नजरूल गीति, श्यामा संगीत, मटियाली बाउल संगीत, नाटक जात्रा" अन्य नाट्य प्रदर्शनों का उल्लेख भी वह एक साँस में कर वहाँ के सांस्कृतिक परिवेश से पाठक का परिचय कराता है। समाप्ति की ओर बढ़ते उपन्यास के कथानक को लेखक '...दो साल बाद' का अन्तराल देकर मुन्नी के अन्तिम दिनों तक ले जाता है जिसकी परिणति उपभोक्तावाद की ही भयावह परिणति है। मुन्नी मोबाइल की पुत्री की नियति उपभोक्तावाद का अगला क़दम है। इस प्रकार इस घटना बहुल उपन्यास की कथा का आग्रह बहुत कुछ को अपने में समो लेने का है, स्थान-स्थान की घटनाओं का घटाटोप उन पर विमर्श रचने की फुरसत उपन्यासकार को नहीं दे पाता है।

उपन्यास की भाषा में जगह-जगह एक नया रचना-प्रवाह है, सामान्य बोलचाल की भाषा को विशेष अर्थान्विति प्रदान कर हिन्दी गद्य को एक नई बंकिमा और लोच प्रदान की गई है, यथा—"...तीन माह की मियाद पूरी हो चुकी है। अस्मिता को दूसरी नौकरी नहीं मिली। नतीजतन उसकी गाड़ी बैंक ने जब्त कर ली। ईएमआई का जुगाड़ नहीं हुआ। उधर मन्दी के बावज़ूद भी मुन्नी टॉप गियर में अपनी ज़िन्दगी की गाड़ी दौड़ा रही थी। कामवालियों की महारानी वह पहले ही बन चुकी थी। वसुन्धरा में बिना उसके हिलाए कुछ नहीं हिलता था।"[10] भाषा का सहज प्रवाह इस उपन्यास का बहुत सबल पक्ष है।

सन्दर्भ

1. सुधीश पचौरी, उपन्यास-फ़्लैप पर
2. मुन्नी मोबाइल, पृ. 12
3. वही, पृ. 15
4. वही, पृ. 21
5. वही, पृ. 24
6. वही, पृ. 30-31
7. वही, पृ. 52
8. वही, पृ. 82
9. वही, पृ. 111
10. वही, पृ. 114

निम्नवर्गीय मुस्लिम समाज और कोयला खनन क्षेत्र का यथार्थ

कोयला खदानों पर हिन्दी में पहले भी संजीव के 'सावधान नीचे आग है', 'धार' आदि उपन्यास आए हैं किन्तु अनवर सुहैल का 'पहचान' इस कथ्य पर एक नई कथा-भूमि का उत्खनन करता है। उत्तर प्रदेश और मध्य प्रदेश की सीमा पर बसा सिंगरौली क्षेत्र कथानक के केन्द्र में है। यह वह क्षेत्र है जिसमें "एशिया की सबसे मोटी कोयला परतों में से एक परत 'झिंगुरदह सीम' जो कि लगभग एक सौ पचास मीटर मोटी है" स्थित है। 'उत्तर प्रदेश और मध्य प्रदेश की सीमा पर बसा सिंगरौली क्षेत्र' ऐसा क्षेत्र था जिसके "लोगों की चिन्ता न उत्तर प्रदेश सरकार को थी और न मध्य प्रदेश की सरकार को।"[1] यहाँ की प्राकृतिक सम्पदा की सम्भावनाओं की तलाश में देश के बड़े उद्योगपति और भारत सरकार के सार्वजनिक उद्यम, प्रतिष्ठान यहाँ के निवासियों को जो विस्थापन का दंश दे रहे हैं उसे बड़ी पीड़ा से शब्द दिए गए हैं, "लोगों को कहाँ मालूम था कि देश के एक बड़े उद्योगपति बिड़ला की इच्छा है कि उन्हें एल्यूमिनियम बनाने का एशिया-प्रसिद्ध प्लांट यहीं डालना है, क्योंकि यह एक पिछड़ा इलाका है। यहाँ किसी तरह का राजनीतिक हस्तक्षेप नहीं होता। किसी तरह की कोई प्रशासनिक अड़चनों का सामना नहीं करना होगा। कम से कम लागत पर अत्यधिक लाभ का अवसर वहाँ था।" उपन्यास यह संकेत भी देता है कि उद्योगपतियों और राजनीतिज्ञों के अपने समीकरण होते हैं, "गांधी-नेहरू मित्र बिड़ला को अपने भावी उद्योग के लिए चाहिए थी सस्ती ज़मीन, आयतित उपकरण और पर्याप्त मात्रा में बिजली।" यहाँ यह सब प्रभूत मात्रा में उपलब्ध था क्योंकि उत्तर प्रदेश व मध्य प्रदेश सरकारों के ही नहीं, केन्द्र सरकार के एन.टी.पी.सी. जैसे ताप-विद्युत सयंत्र स्थापित किए जा रहे थे। इसी का लाभ बिड़ला उद्योग समूह ने उठाया था, "झिंगुरदह खदान से कोयला 'एरियल रोप वे' द्वारा बिड़ला के पावर प्लांट 'रेणू सागर' में जाता।" ऐसे औद्योगिक प्रतिष्ठानों के इर्द-गिर्द एक बहुत सम्भ्रान्त आबादी बस जाती है, "आज वही अभिशप्त बैढ़न नव उद्यमियों, तकनीशियनों, पूँजीपतियों, पब्लिक स्कूलों, गैर सरकारी संगठनों, धार्मिक-आध्यात्मिक व्यावसायियों, आदि के लिए स्वर्ग बना हुआ है।"[2] किन्तु लेखक की क़लम के कैमरे का फोकस इन औद्योगिक बस्तियों के आस-पास बस गई छोटे तबके के लोगों की बस्तियों पर है जिसकी पहचान यहाँ 'आज़ाद नगर' और 'कोतमा' के रूप में गई है। आज़ाद नगर दर्रा नाला के बदबूदार क्षेत्र में बसा हुआ है, "यह ठेकेदारों की बस्ती थी। इस आबादी का नाम खानाबदोश लोगों ने आज़ाद नगर दिया था।/आज़ाद नगर नाम के अनुसार ये बस्ती भारतीय दंड विधान की धाराओं, उपधाराओं आदि पाबन्दियों से आज़ाद थी। इस बस्ती को समस्त वर्जनाओं से आज़ादी मिली हुई थी। आज़ाद नगर में प्रचुरता से उपलब्ध था—शराब, शबाब, कबाब, जरायम-पेशा लोग, भूख-बीमारी-बेकारी और सट्टा जुआ के अड्डे।"[3] वस्तुतः यह बस्ती किसी भी बड़े औद्योगिक संस्थान के आस-पास

देखी जा सकती है। कोतमा रेलवे स्टेशन के पास ही बसा ऐसा ही उपनगर 'लहुराई' है जिसे कोतमा के बहुसंख्यक 'मिनी पाकिस्तान' कहते हैं। "जिसके बारे में कई धारणाएँ बहुसंख्यकों के दिलो-दिमाग़ में पुख़्ता हैं। जैसे लहसुई के बाशिंदे अमूमन जरायमपेशा लोग हैं। ये लोग स्वभावतः अपराधी प्रवृत्ति के हैं। इनके पास देसी कट्टे-तमंचे, बरछी-भाले और कई तरह के असलहे रहते हैं। लहसुई में खुले आम गौ-वध होता है। लहसुई के निवासी बड़े उपद्रवी होते हैं। इनसे कोई ताक़त पंगा नहीं ले सकती। ये बड़े संगठित हैं। पुलिस भी इनसे घबराती है।"[4] कहना न होगा कि इन अफवाहों में काफ़ी कुछ सत्य भी होता होगा। इस प्रकार उद्योग-नगरियों के पास की बस्तियों का उपन्यासकार ने बहुत सूक्ष्म निरीक्षण प्रस्तुत किया है। कथा-सूत्र इस बात को भी रेखांकित करता है कि भूमि अधिग्रहण की समस्या नेहरू-युग से ही चली आ रही थी। यहाँ भूमि अधिग्रहण से जो व्यथा झिंगुरदह के लोगों की थी, जो व्यथा प्रेमचन्द की 'रंगभूमि' के सूरदास से लेकर वर्तमान में नन्दी ग्राम, सिंगूर, आदि के लोगों को भोगनी पड़ रही है, औद्योगिकीकरण और भूमंडलीकरण के बढ़ते चरणों का यह महाप्रसाद झिंगुरदह के सामान्य-जन को भी भोगना पड़ रहा है। देश के इस प्रमुख 'ऊर्जा-तीर्थ' में चल रहे कोयला, उत्सर्जन कार्य का सूक्ष्म और प्रामाणिक विकास जिस रूप में लेखक साक्षात् करता है, वह उपन्यास की बहुत बड़ी सफलता है जिसके माध्यम से पाठक उस सारे दृश्य की चाक्षुष कल्पना कर रोमांचित हो उठता है। 'ड्रेगलाइन', 'डम्पर' जैसी दैत्याकार मशीनों की कार्य-विधि, उनका चलना, कार्य करना आदि बहुत चित्रात्मक रूप में प्रस्तुत हुआ है, "यूनुस जब इन मशीनों को देखने जाता है तो भौंचक रह जाता है, "रात का समय। सैकड़ों बल्बों के प्रकाश से ड्रेगलाइन का चप्पा-चप्पा प्रकाशमान था।...उतनी बड़ी ड्रेगलाइन के समक्ष इनसान कितना बौना नज़र आता है। हाथी के समीप चींटी की-सी हैसियत। ड्रेगलाइन एक घंटे में एक हज़ार मज़दूरों के एक माह काम के बराबर मिट्टी हटाती है। इसे मात्र एक आदमी चलाता है। ड्रेगलाइन-ऑपरेटर। जिसका वेतन खदान के सभी श्रमिकों से ज़्यादा होता है।" इसी प्रकार डम्पिंग-एरिया में शेर की तरह दहाड़ते डम्पर आते तो उन्हें देखकर 'कलेजा' दहल जाता। इस खदान क्षेत्र के निकटस्थ बस गई बस्तियों, उनके जीवन-संघर्ष, विभिन्न संयंत्रों में काम करते मज़दूरों को लग जाने वाली बीमारियों, मज़दूर हितों के लिए बन गई मज़दूर यूनियनों और उन पर कब्ज़ा किए 'दादाओं' आदि का, उस समाज की समाजार्थिक स्थितियों का, बड़ा गहरा और सूक्ष्म चित्रण इस लघुकाय उपन्यास में हुआ है। लेखक ने अपने कथ्य की प्रस्तुति के लिए जो अध्ययन कर इस क्षेत्र का इतिहास-भूगोल खँगाला है, बंगलादेश से आए और राँची में बस गए मुखर्जी दा के मुख से यह शोध इस रूप में बोलती है, "उन्होंने बताया कि करोड़ों बरस पूर्व यहाँ घने जंगल हुआ करते थे। फिर महाजल प्लावन हुआ होगा और वे सारे जंगलात पानी में डूब गए होंगे। पेड़-पौधे, वन्य जन्तु, वनस्पतियाँ आदि सड़-गलकर कार्बनिक पदार्थों में तब्दील हो गए। धीरे-धीरे उच्च ताप और दाब सहते-सहते जंगलात कोयले में बदल गए होंगे। इसलिए अभी भी इन कोयले की परतों में वृक्षों के फासिल्स यानी जीवाश्म पाए जाते हैं।"[5]

उपन्यास का दूसरा सबल पक्ष इस देश के अल्पसंख्यक समुदाय—मुसलमानों के निम्नवर्ग की समाजार्थिक स्थितियों का ऐसा आलेखन है, जो अब तक हिन्दी उपन्यास के लिए अजाना है। साथ ही आज का एक अहम सवाल कथात्मक संवेदन के धरातल पर अपना विमर्श रचता है कि केवल नाम मात्र लेने से 'मुसलमान' की एक अलग पहचान, हिकारत-भरी पहचान, मुख्य धारा के समाज के लिए पूरे भारत में हो जाती है। कथा-नायक यूनुस के माध्यम से उस वर्ग

के भुक्त-भोगी उपन्यासकार ने मुस्लिम 'चिति' ('साइके') का बहुत अच्छा परिचय दिया है। उसकी प्रतीति उपन्यास के प्रारम्भ में दिए गए शम्सुर्रहमान फ़ारुक़ी के उद्धरण से होती है, "जब हमने अपनी पहचान यहाँ की बना ली और हम इसी मुल्क में हैं, इसी मुल्क के रहने वाले हैं तो आप पूछते हो कि तुम हिन्दुस्तानी मुसलमान हो या मुसलमान हिन्दुस्तानी?" उपन्यासकार ने बहुत बारीक़ी और सहजता से कथा में यह सवाल बार-बार उठाया है और इसी बहाने मुस्लिम समाज के दो जख़्मों—बाबरी मस्जिद विध्वंस तथा गोधरा कांड—पर भी अपनी खुली सोच प्रकट की है। यूनुस के ट्रेन के सहयात्री कमल गुप्ता ने उसका नाम नहीं पूछा और कटनी में रुकने के लिए वे एक धर्मशाला का रुख करते हैं। वहाँ प्रबन्धक जब उसका नाम पूछते हैं तो न केवल प्रबन्धक चौंकता है अपितु सहयात्री गुप्ता भी। प्रबन्धक साफ़ कह देता है कि यह "धर्मशाला सिर्फ़ हिन्दुओं के लिए है।" यूनुस जो ताला धर्मशाला के कमरे में लगाने के लिए लाया था, उसे देखकर "वह कभी प्रबन्धक महोदय के दिमाग़ में लगे ताले को देखता और कभी अपने हाथ के उस ताले को, जिसे उसने कुछ देर पहले ख़रीदा था।"[6] नाम के चलते ही मुसलमानों को जो असुविधाएँ जीवन में पग-पग भोगनी पड़ती हैं, उसका एक और मार्मिक दृष्टान्त उपन्यास में प्रस्तुत हुआ है। युनूस का साबका एक बार पी.जी.आई. लखनऊ में पड़ा, अपनी खाला के इलाज के लिए पी.जी.आई. लखनऊ गया था, वहाँ एक मौलाना ने अपना यह तल्ख़ अनुभव उससे बयान किया, "कैसा ज़माना आ गया। हद हो गई भाई। ये डॉक्टर जिन्हें फरिश्ता कहा जाता है, मुसलमान मरीज़ों से चिढ़ते हैं। जान जाते हैं कि मरीज़ मुसलमान है तो फिर इलाज में लापरवाही करते हैं। सारे काफ़िर डॉक्टर आर.एस.एस. के एजेन्ट हैं।" जब एक ओर साम्प्रदायिक नफ़रत के जज़्बात उबलते हैं तो दूसरी ओर इसकी सहज प्रतिक्रिया होती है। बूढ़ा मौलवी सोचता है कि "इस मुल्क के उलेमा ये फतबा जारी कर दें कि मुसलमानों को दाढ़ी रखने की सुन्नत से छूट मिल जाए।"[7] इससे बहुत-कुछ सीमा तक मुसलमान यहाँ के जन-समुदाय में रल-मिल सकें। कृतिकार की विशेषता यह है कि यहाँ कहीं भी उसके विमर्श में साम्प्रदायिकता का ज़हर देखने को नहीं। उपन्यास की विशेषता यह है कि ये सभी समस्याएँ उसने छोटे तबक़े के मुसलमान के माध्यम से चित्रित की हैं। यूनुस मियाँ और उसका परिवार जिस दक़ियानूसी जीवन-पद्धति को जी रहे हैं, उनकी तंग-ज़हनियत को भी वह बख़्शता नहीं है। यद्यपि गुजरात दंगों में हुए नरसंहार को मीडिया ने बहु-प्रचारित कर खूब-खूब उजागर कर दिया, कई उपन्यासों (यथा—'दस बरस का भँवर'—रवीन्द्र वर्मा) में भी ये दृश्य बार-बार आए हैं किन्तु अनवर सुहैल का उपन्यासकार यहाँ भी इन दृश्यों को बड़ी तकलीफ़ से चित्रित करता है, मीडिया के माध्यम से ही यह दृश्य यहाँ निरूपित हुआ है, "वो देखिए एक गर्भवती महिला किस तरह भागना चाह रही है...किस तरह त्रिशूल और लाठियाँ लिये, माथे पर गेरुआ पट्टी बाँधे युवक उस महिला को चारों तरफ़ से घेरकर खड़े हो गए हैं...और...और ये रहा उस महिला के पेट को त्रिशूल की नोंक से चीरा जाना...देखिए किस तरह त्रिशूल की नोंक पर अजन्मा बच्चा भीड़ के सिरों पर खुले आसमान में लहराया जा रहा है : याद रखिए ये लाइव कवरेज़ हमारे चैनल पर ही दिखलाया जा रहा है... ।" कहना न होगा कि इन शर्मनाक, खौफ़ज़दा दृश्यों को मुस्लिम चिति आसानी से भुला नहीं सकतीं, इसलिए इनका बार-बार उनकी रचना में आना अस्वाभाविक नहीं है। उपन्यास इसलिए और भी प्रभावी हो उठता है कि यहाँ चित्रित निम्नवर्गीय मुस्लिम समाज केवल सिंगरौली क्षेत्र, और वहाँ के कोतमा और उस जैसे नगर-क़स्बों का ही नहीं है, वह पूरे भारत के इस समाज का प्रातिनिधिक चित्रण करता है, उ.प्र. में भी उनका यही

बदहाल है, म.प्र. और बिहार, आदि में भी वह ज़िन्दगी के इसी नरक में रह रहा है। युनूस अपनी उम्र और वर्ग के सभी नवयुवकों का आईना बन जाता है। बड़े-बड़े औद्योगिक प्रतिष्ठानों-सयंत्रों के पास जो बस्तियाँ बस जाती हैं, 'आज़ाद नगर' उनका प्रतीक बनकर आया है जिसमें युनूस को रहना पड़ता है।

'पहचान' उपन्यास अपने शिल्प और आकार के कारण भी विशिष्ट बन गया है–एक बार की रेलगाड़ी की यात्रा में पूर्वदीप्ति पद्धति से नायक जिस संक्षिप्ति में अपनी और उस सिंगरौली कथा-क्षेत्र की कथा प्रस्तुत करता है, वह एक अनुकरणीय उदाहरण है, पृथुलाकार उपन्यासों के सामने यह सवाल उठाता हुआ कि क्या उपन्यास महताकार बनकर ही युग-जीवन की समस्याओं का कुशल चित्रण कर सकता है? आवश्यकता इस बात की है कि अपने संगुम्फित आकार में उपन्यास अपनी बात कहे। 'पहचान' इस दृष्टि से अपनी पहचान को स्थापित करने वाला स्मरणीय उपन्यास है।

सन्दर्भ

1. *पहचान*, पृ. 20
2. वही, पृ. 21
3. वही, पृ. 23
4. वही, पृ. 59
5. वही, पृ. 81
6. वही, पृ. 101
7. वही, पृ. 121

राजेन्द्र कुमार कन्नौजिया / *माइक्रोस्कोप*

चिकित्सा जगत का यथार्थ

हिन्दी उपन्यास के कथ्य की विराटता का कारण यह है कि आज कथा-जगत में विभिन्न व्यवसायों के जुड़े व्यक्ति अपना-अपना जीवन-यथार्थ प्रस्तुत कर वस्तु-स्थिति को बदलने की छटपटाहट से परिपूर्ण हैं। चिकित्सा जगत से जुड़े जो नाम उपन्यास-लेखन में प्रमुख होकर उभरे हैं, उनमें अनुसूया त्यागी और राजेन्द्र कुमार कन्नौजिया के हैं। अनुसूया त्यागी के उपन्यास महज़ घटनाओं का विवरण देकर रुक जाते हैं, वहीं राजेन्द्र कुमार कन्नौजिया अपने उपन्यास 'माइक्रोस्कोप' में कथात्मक संवेदन में बहुत प्रभावी ढंग से चिकित्सा जगत के जाने और कुछ अनजाने पक्षों पर भी दृष्टि डालते हुए इसे एक पठनीय कृति का रूप देते हैं।

इस उपन्यास की कथा की अन्तःप्रवाही धाराएँ (अंडर करेंट्स) हैं : प्रथम दलित चेतना और दूसरी चिकित्सा जगत में फैले महाभ्रष्टाचार के घिनौने सच को सामने लाना। कथा-नायक जतिन 'चमार' परिवार से है (वह अपनी जाति का परिचय इसी रूप में देता है)। दलित जाति की जैसी आर्थिक स्थिति हो सकती है, उससे कुछ बेहतर स्थिति जतिन की है, वह इस वर्ग में मध्यम वर्ग की श्रेणी से आता है, "सपने एक मध्यवर्गीय परिवार में, एक छोटी-सी सरकारी नौकरी वाले पिता के, एक सीधी-सादी सामान्य-सी माँ के, छोटे भाई बहनों के, कि एक दिन उनका जतिन सबका चहेता डॉक्टर जतिन बन पाएगा।"[1] इस प्रकार उपन्यासकार रूढ़ ढंग से कथा-नायक की ग़रीबी चित्रित नहीं करता, वह उसे 'मध्यवर्गीय परिवार' की कोटि में रखकर कथा को अधिक विश्वसनीय रूप प्रदान करता है। डॉक्टर बनने का संकल्प वह गाँव में चिकित्सा सुविधाओं की दुर्दशा देखकर लेता है, बचपन में ही उसने देखा है कि किस प्रकार सबीना के प्रसव पर विकट स्थितियाँ पैदा हो गई थीं, तब जाकर उसने एक लड़की को जन्म दिया। करीम मियाँ अपने जन्म की बात करते हैं तो वह भी हास्यास्पद स्थिति है, उनका जन्म गंगा नदी पार करते हुए स्टीमर पर ही हो गया था। गाँव में इस प्रकार की आपात स्थिति से निपटने का कोई उपाय ही नहीं है, निकटवर्ती क़स्बों के अस्पतालों की भी यही दुर्दशा है, ग़रीब आदमी प्राइवेट नर्सिंग होम का ख़र्चा जुटा नहीं पाते हैं। कथा गाँव के जीवन और परिवेश का भी प्रभावी अंकन करते हुए आगे बढ़ती है। गाँव के जीवन के सभी वर्णन स्वानुभूत हैं, इसीलिए वे पाठक को बाँधते हैं, यथा—"नीम के पेड़ के नीचे बना हनुमान जी बजरंग बली का लँगोट बाँधे सिन्दूर से लीपी-पोती चाँदी की आँख वाली मूर्ति वाला छोटा-सा हनुमान मन्दिर। मन्दिर के उत्तर में पीली मिट्टी का एक अखाड़ा दिन में शान्त रहता। सिर्फ़ पलटू और उनके दो चेले वहाँ रहते...वहीं दो कमरे, एक गुसलखाना, एक रसोई। (अब तब सुलभ शौचालय के सौजन्य से गाँव तक शौचालय के पैर जम चुके हैं।)" गाँव में वर्ग-संघर्ष की बात भी यहाँ की जाती है किन्तु पारम्परिक शैली में नहीं अपितु ज़मीनी सच्चाइयों के साथ, "...समाज के उन संघर्षों में भी एक विभाजन है,

जहाँ एक ही वर्ग, जाति में छोटे-छोटे गढ़, किले हैं, मठ हैं। जहाँ एक थोड़ा-बड़ा या दूसरा थोड़ा छोटा है। बस यहीं से शुरू हो जाता है एक अन्तःसंघर्ष या वर्ग-संघर्ष।"[2] फिर धीरे-धीरे कथा के केन्द्र में अस्पतालों की दुर्दशा आती है, लछमनिया के बहुत बीमार पड़ने पर गाँव के पी.एच.सी. (पब्लिक हैल्थ सेन्टर) ले गए थे, वहाँ की स्थिति का मुँहबोलता चित्र यह है, "अस्पताल के छोटे डॉक्टर साहब ने उसे देखा था। लोग बताते थे कि बड़े डॉक्टर साहब अक्सर शहर में ही रहते हैं। अस्पताल तो सिर्फ़ छोटे डॉक्टर साहब और कम्पोटर बाबू चलाते हैं। लोगों का तो यह भी मानना था कि छोटे डॉक्टर को खूब डॉक्टरी आती है। हर मर्ज़ की दवा पर्ची पर लिखकर पकड़ा देते हैं। पर्ची पकड़ाते समय वे इतना बताना नहीं भूलते कि दवा अस्पताल से सटे किस दवाख़ाने से लेनी है। हर कोई जानता है, छोटे डॉक्टर रोज़ शाम को अस्पताल से जाते समय उसी दवाखाने से होकर जाते हैं। वहाँ उनका चाय-नाश्ता तैयार रहता है। अस्पताल की पट्टी, दवाई, स्प्रिट सब बाहर दवा की दुकान पर अक्सर मिल जाते हैं। अस्पताल में वही ढाक के तीन पात। ना दवा, ना पट्टी, ना टीका-सुई बस छोटा डॉक्टर महादेव बिलकुल परमानेंट। हर बीमारी का इलाज जैसे उसे पता है।"[3] सरकारी अस्पतालों, विशेषतः गाँव के चिकित्सालयों, का यह जग जाना सत्य है जिसे यहाँ रेखांकित किया गया है। बाहर के दवाखानों से अस्पताल के डॉक्टरों की जो मिली-भगत रहती है, उस पर भी उँगली रखी गई है। अकेले डॉक्टर क्या गाँव का पूरा निज़ाम ही जैसे आपाद-मस्तक भ्रष्टाचार में डूबा हुआ है, "डॉक्टर श्रीवास्तव उसी क़तार में खड़े थे, जहाँ इंजीनियर विनोद कुमार, थानेदार फौजदार सिंह और स्कूल के हेडमास्टर कुंजबिहारी पाल और उनके ही जैसे तमाम लोग हों।" पूरा देश भ्रष्टाचार के जिस दलदल में डूबा हुआ है, लेखक उस पर बार-बार व्यथित होता है, उसे लगता है, "एक बड़ा-सा तंदूर, एक कुम्हार का चाक, एक लोहार की धौंकनी में धधकते तमाम गारा-मिट्टी, लोहे-टीन के लोगों से भरी चौपाल, गाँव, शहर, देश। भ्रष्टाचार, झूठ, चोरी, बेईमान के रंग से रँगे, देशभक्ति की चमक से दूर किसान, मज़दूर, नेता, डॉक्टर, इंजीनियर, अध्यापक और पूरा देश। सबकी वहीं ज़रूरतें, वही रास्ते और आख़िर में वहीं मंज़िलें।"[4] वस्तुतः देश का हर बुद्धिजीवी महाभ्रष्टाचार के इस तांडव को देखकर दुखित है। उपन्यासकार देश में चहुँ ओर व्याप्त इस भ्रष्टाचार से बहुत कुपित और क्षोभपूर्ण स्थिति में है, उससे बचा किस प्रकार जाए, यह उसकी प्रमुख चिन्ता है, "नैतिकता, अपने अन्दर के इनसान को इतनी बड़ी सुरंग में से बिना कालिख लगे निकाल ले जाने की नैतिकता। चक्की के कई सारे पाटों में (ध्यातव्य-दो पाटों में नहीं) से गेहूँ या घुन किसी भी हालत में पीस दिए जाने की नैतिकता के नाम पर अनैतिक होने की उलझन और अपने बौनेपन को झूठ, मक्कारी, चोरी-चकारी से कमाई दौलत की सीढ़ियों पर चढ़कर क़द बड़ा कर लेने की।" उपन्यासकार ने भ्रष्टाचार के एक और पक्ष पर पहली बार सुचिन्तित विचार प्रस्तुत किया है कि भ्रष्टाचार से कमाई दौलत से जिस रूप में सन्तान की परवरिश की जाती है, उनकी हर इच्छा को पूर्ण करने की तत्परता, क्षमता, अपने धन-बल पर रहती है, वह उन्हें ऐसे मार्ग पर ले जाती है जहाँ से लौटने के रास्ते नहीं हैं। डॉक्टर श्रीवास्तव की बेटी पूजा अपने सभी शौकों को पूरा करती हैं जिनका "रास्ता पापा की जेब से होकर ही निकलता था।" वह और उनके परिवार के अन्य सदस्य भी अनाप-शनाप पैसे के बल पर जिस रास्ते पर चल निकले हैं, श्रीवास्तव उन्हें अब उस भोगपरक रास्ते से हटाना चाहता है किन्तु "डॉक्टर श्रीवास्तव के पास हो सकता है कि सरकारी अस्पताल, प्राइवेट क्लीनिक और कई सारे नर्सिंग होम के मरीज़ों की बीमारियों का इलाज हो, लेकिन उनके पास घर के इस संक्रामक रोग का कोई इलाज नहीं

था। कोई वैक्सीन, टीका नहीं था, कोई ऑपरेशन नहीं था, जिससे वे अपने घर के लोगों की समस्याओं का निदान कर सकते।"[5]

डॉक्टर कन्नौजिया अपने उपन्यास में अस्पतालों में डॉक्टरों के अमानवीय व्यवहार को कई-कई दृष्टान्तों के माध्यम से चित्रित करते हैं, कम्प्यूटर इंजीनियर सुदर्शन का जलना, डॉक्टरों का लापरवाह अमानवीय व्यवहार, ऊपर से उसकी बीवी का चला जाना, बाबा द्वारा अस्पताल में लाए गए बच्चे की डॉक्टरों की लापरवाही के चलते हुई मौत और फिर लाश न देकर उलटे उन पर एफ.आई.आर. दर्ज़ करवाने की साजिश, बिल-भुगतान न कर पाने की स्थिति में प्राइवेट नर्सिंग होम्स का लाश न देना, आदि अस्पतालों में फैली दुरवस्था और भ्रष्टाचार के नंगे सच के दृष्टान्त हैं। सरकारी अस्पतालों में ख़रीद, आदि में जिस रूप में पैसा कमाया जाता है और बड़ी दवा कम्पनियाँ जिस प्रकार पैसा बहा कर अपने घटिया उत्पादों, दवाओं, की बड़ी खपत कराते हैं, इस सबका चित्रण भी यहाँ सूक्ष्मता से किया गया है, "पैसा ऐसा बहाया है कम्पनियों ने जैसे गंगा बही हो। राम-नाम की लूट है लूट सके तो लूट जैसी।/लाखों के वारे न्यारे हो गए थे। पर्चेज़ डिपार्टमेंट, क्लर्क शुक्ला, पर्चेज़ कमेटी और डॉक्टर रमन सब जानते हैं। क्वालिटी की कोई बहुत गारंटी नहीं...सामान कितना चलेगा पता नहीं। फिर तमाम ड्रामे...लोगों को इतना महँगा सामान हैंडिल करना ही नहीं आता...तोड़ देते हैं और फिर एक नई पर्चेज़...वही सिलसिला...लूट का लगातार चलने वाला महोत्सव।" उस पर भी तुर्रा यह कि "सी.एम.ओ. साहब खुश थे, बता रहे थे ऊपर मन्त्री जी चाहते हैं और पर्चेज़ हो।"[6] इस प्रकार उपन्यास पूरे विस्तार और गहराई में चिकित्सा जगत के भ्रष्टाचार पर उँगली रखता है।

उपन्यास की कथा के केन्द्र में दूसरा अहम मुद्दा दलित-उत्पीड़न का है। जतिन जैसे ही मेडिकल कॉलेज में प्रवेश करता है, उसे पग-पग पर जाति के आधार पर उत्पीड़ित किया जाता है, होस्टल में खाना खाने पर उसकी पिटाई की जाती है, सुनाया जाता है, "साला शिड्यूलकास्ट, मना किया था फिर भी हमारी मेस में खाना खाएगा।" आज़ादी के इतने वर्षों बाद भी शिक्षित अल्पसंख्यक को भी इसी प्रताड़ना से गुज़रना पड़ता है, तो निश्चय ही इस स्थिति का प्रतिरोध किया जाना चाहिए, जो लेखक इस प्रकार प्रकट करता है, "देश की तमाम एकता, अखंडता, भाईचारा, मेल-जोल के ढकोसलों की नदी का बजबजाता मुहाना और वहीं से निकलती सूखी बंजर धरती की पगडंडी। इक्कीसवीं शताब्दी पर खड़ा देश आज भी उन्हीं जोंक और बिच्छुओं का डंक सह रहा है। कौन समझाए इन्हें खून के 'अछूत' होने का सच! इसकी राजनीति। समय करवट बदल चुका था।"[7] किन्तु समय के बदलने पर भी उच्च शिक्षा प्राप्त अल्पसंख्यक अफ़सर, डॉक्टर, इंजीनियर, आदि को जाति के नाम पर जो प्रताड़ना सहनी पड़ती है, उसकी पीड़ा इस रूप में दर्ज़ की गई है, "...कभी तुमने हमें अपना नहीं समझा। चाहे हम अनपढ़ हों या पढ़े-लिखे डॉक्टर, इंजीनियर, प्रोफ़ेसर या प्रशासक। तुम्हें हमारी जाति दिखी और हमारी काबिलीयत में कहीं न कहीं कुछ खोट दिखी। देखना है कि क्यों चाहिए आरक्षण हमें, तो जाओ गाँवों में और देखो दमन, अत्याचार और उत्पीड़न का नंगा नाच। भूल जाओगे अपने को सभ्य और पढ़ा-लिखा कहना। घिन्न आती है तुम्हारी और तुम जैसों की विकृत मानसिकता पर।"[8] दलितों के आरक्षण पर लेखक बहुत सबल तर्क प्रस्तुत करता हुआ उन नरकों का उल्लेख करता है जिनमें इन जातियों को सदियों से जीते रहना पड़ा है, "कुत्ते के मुँह से छीनकर पूड़ी खाई है तुमने? नहीं ना, क्या कभी पत्तलों से बचा जूठन चखा है? सुअर की नाक के नीचे से चावल चुराकर खाना तब पता चलेगा छूत-अछूत...आदमी की पेशाब कैसी होती है बता पाओगे? किसी बामन-ठाकुर की लैट्रिन

चाटकर देखना तब पूछना कि साले सरकारी दामाद...क्यों आ गए डॉक्टरी पढ़ने?...अब बोलो कहाँ से ग़लत है आरक्षण?" विचार-सरणि आगे बढ़ती है और दलितों के ज़हन में सवाल अंगारे-से दहकते हैं, "क्या हमारी माँ-बहनें तुम्हारे बर्तन, झाड़, कपड़े धोने के लिए बनी हैं? हमारे बाप-भाई तुम्हारे खेत खलिहान, दफ़्तर, कारख़ाने में मजूरी के लिए पैदा हुए हैं... ।" इस दलित समाज की पीड़ाओं का मार्मिक आख्यान यहाँ स्वानुभूत रूप में प्रस्तुत हुआ है। वस्तुतः उपन्यास अपने जिन उद्देश्यों को लेकर चलता है—चिकित्सा जगत के भ्रष्टाचार और असह्य मानवीय स्थितियाँ तथा दलितों की पीड़ा और उसका तीव्र प्रतिरोध—उन दोनों में ही वह पूर्ण सफल होता है। भाषा-शैली की दृष्टि से भी 'माइक्रोस्कोप' में अपेक्षित परिपक्वता है, लेखक की प्रथम औपन्यासिक कृति होते हुए भी उसमें कहीं भी कच्चापन नहीं है। स्वानुभूत यथार्थ का चित्रण करने वाला प्रखर वैचारिकता से सम्पन्न डॉक्टर का यह मर्मस्पर्शी उपन्यास अपनी निजता से आकर्षित करता हुआ एक विशिष्ट उपन्यास बन जाता है।

सन्दर्भ

1. *माइक्रोस्कोप*, पृ. 32
2. वही, पृ. 29, 33
3. वही, पृ. 41
4. वही, पृ. 43
5. वही, पृ. 47, 46
6. वही, पृ. 106
7. वही, पृ. 65
8. वही, पृ. 67

अपना आकाश और स्त्रीत्व खोजती उत्तर-आधुनिक समय की नारी

"तुम्हारी तरह मैं भी कुछ पहले तक मानती थी कि औरत को पुरुष दिशा देता है। मैं अपनी तलाश में बहुत भटकी। बहुत पुरुषों में सहारा ढूँढ़ा। पर मिला, तो अपने कन्धों पर। मेरी तरह शायद तुम भी अभिशप्त हो। कोई पुरुष कभी तुम्हारा नहीं हुआ। जो अपना था, उसे तुमने जाना नहीं। हम हर पुरुष में एक आदर्श ढूँढ़ते हैं। सब किताबी बातें हैं। ऐसा कुछ नहीं होता।"

जयन्ती का उपन्यास 'खानाबदोश ख़्वाहिशें' इसी धुरी पर इस उत्तर आधुनिक समय में अपना आकाश, स्पेस, और स्त्रीत्व की अपनी परिभाषा खोजने का प्रयत्न करता है। उनकी नायिका निधि भटक-भटककर अपने पथ का संधान करती है। अपने प्रथम पाठ में उपन्यास अपने अन्तर में प्रवेश नहीं करने देता, पहली बार उपन्यास पढ़ते हुए, विशेषतः निधि के प्रेम, यौनानुभवों के दो 'अकुशलतापूर्वक सम्पन्न हुए एडवेंचरों' के वर्णन पढ़कर ऐसा लगने लगता है कि लेखिका शोभा डे के अन्दाज़ में अपनी नायिका तथा अन्य पात्रों के 'कुशलता-अकुशलतापूर्वक सम्पन्न हुए' इन यौनानुभवों के इर्द-गिर्द ही कथा को विन्यास दे रही है। अपनी कारस्तानियों के द्वारा पीटी जाने पर 'इक्कीस साला' "निधि की ज़िन्दगी का पहला एडवेंचर अकुशलतापूर्वक सम्पन्न हुआ।"[1] दो बच्चियों की माँ, एक अपनी तथा एक स्वर्गीया जीजी की, निधि को जब दूसरी बार बसा-बसाया घर छोड़ना पड़ा तो "निधि की ज़िन्दगी का दूसरा एडवेंचर बिना किसी निष्कर्ष के ख़त्म हो गया।"[2] तो लगने लगता है कि विभिन्न जोड़ों—बिन्दिया-उत्तम, लतीफ़-अरुणिमा, सुफला-नीरव, आकाश- निधि-कैटरीना—के माध्यम से लेखिका उस स्वतंत्र युग की स्वतंत्र (स्व-तंत्र से परिचालित) नई नारी की जीवन-शैली को उद्घाटित करना चाह रही है। प्रथम द्रष्टया वे ऐसी ही स्वेच्छाचारिणी छवि की नारियाँ हैं। किन्तु उपन्यास के दूसरे पाठ में वैश्विक गाँव की संस्कृति में ढली नए युग की नई नारी की चुनौतियों, जीवन-संघर्ष, नई जीवन-शैली की लमतरानियों, नई पीढ़ी की भटकन के बीच स्त्रीत्व की तलाश के प्रयत्न का गम्भीर उपन्यास बनता दिखाई देता है। पत्रकारिता से जुड़ी लेखिका के पास इस उत्तर आधुनिक समय की नारी की बहुत-सी, प्रायः अपराधी प्रवृत्ति-परक, प्रेम कहानियाँ (स्टोरीज़) हैं जिन्हें उसने बहुत कौशल से कथा के ताने-बाने में विन्यस्त कर उपन्यास को बेहद पठनीय बना दिया है। विभिन्न प्रेमी जोड़ों की इन कहानियों को किसी न किसी सम्बन्ध-सूत्र से जोड़कर केन्द्रीय पात्र निधि से सम्बद्ध कर उपन्यास की कथान्विति को कायम रखा गया है। वस्तुतः इन विभिन्न युगलों के अपने-अपने कथा-प्रसंगों के माध्यम से लेखिका आधुनिक समय की नारी के व्यक्ति-स्वातंत्र्य, अपनी अस्मिता और निजता के सवालों से अपने स्तर पर जूझती है। अपने इन सवालों को सुलझाने के क्रम में उनकी स्त्री न केवल साहसिक और प्रगल्भ है

बल्कि कभी-कभी वह 'वीरांगना' का रूप धरने का भी प्रयास करती है। यह दीगर बात है कि अन्ततः उसके हाथ खाली ही रह जाते हैं। निधि अपने जिस प्यार को पहला अकुशल साहसिक पग—एडवेंचर—बताती है वह बम्बई महानगर की व्यस्त ज़िन्दगी में एक ओर तो नई पीढ़ी के संघर्षों से परिचित कराता है, दूसरी ओर वह उस ज़िन्दगी में नई पीढ़ी की नारी द्वारा ली जा रही स्वतंत्रताओं से भी परिचित कराती है। निधि जिस रूप में वहशी-सी और बोहेमियन ज़िन्दगी जीते शिवम से जुड़ती है, उसमें प्यार का उद्दाम प्रवेग कम है, आवश्यकता पूर्ति जैसा समझौता ज़्यादा दिखाई देता है। वह अपनी इस भटकन में रूपदत्त से निजात पा शिवम की ओर बढ़ती है। टेलीफोन ऑपरेटर निधि और सिने-संसार का जूनियर-सा आर्टिस्ट शिवम प्रीति के बड़े विचित्र-से बन्धन में बँधते हैं। पल-पल उसका रूपदत्त के साथ अतीत जानने के लिए शिवम निधि को तरह-तरह से प्रताड़ित करता है, शारीरिक कष्ट देते हुए भी, कभी जोर का धक्का देकर कोहनी छील देता है, कभी उसे गिरा देता है। निधि के मन में ग्रंथि है कि यह स्वैराचरण "अपने उस पापा को सबक सिखाने के लिए, जो अब इस दुनिया में नहीं रहे।" मम्मी-पापा की लड़ाई, उन दोनों के मध्य एक तीसरी उपस्थिति ने निधि के बाल मन को भय-ग्रस्त कर दिया। इसके चलते वह शिवम के प्यार के अत्याचार को भी बर्दाश्त करती है, "अचानक शिवम ने उसे अपनी बाँहों में भर लिया। निधि छटपटाने लगी। शिवम के हाथ में उसका हाथ था। खरोंच की वजह से खून की लकीरें-सी खिंच आई थीं बाँह पर। शिवम ने वहाँ चूम लिया। एकदम से भावुक होकर बोला, 'क्या कर दिया मैंने? मैं बहुत बुरा हूँ निधि। तुझे कितना सताता हूँ, तू कितनी अच्छी है। तब भी मेरे साथ रहती है। मैं कैसे बताऊँ कितना चाहता हूँ तुझे... ।'[3] शिवम ऐसी ही भोली, अच्छी, निधि का पूर्ण भोग कर उससे एक दिन बिलकुल अलग जा खड़ा होता है। पूरी तरह 'यूज़ एंड थ्रो' की नई नैतिकता में, पुलिस और जीजा धीरज की सहायता से उसकी माँ उसे इस स्थिति में सँभालते हैं, निधि को यह प्रश्न मथता रह जाता है, "निधि हताश हो गई, कहाँ चला गया शिवम? ऐसा कैसे कर सकता है? निधि से एक दिन मिले बगैर उसकी जान जाती थी। कम से कम ऐसा कहता तो था। उस दिन इतनी बड़ी बात हो गई; पर वह पलटकर आया नहीं।"[4] पहला एडवेंचर जीती निधि का चरित्र यहाँ कई सवाल उठाता है कि लेखिका ने उसे क्यों इतना पराश्रित और लिजलिजी-सी बना डाला कि वह रूपदत्त या शिवम जो भी उसकी राह में आता है, उसकी होती चली जाती है। यह ठीक है कि उसकी मम्मी ने उसे "पाँचवीं में कान्वेंट स्कूल से निकालकर सरकारी स्कूल में पढ़ाया, उसका मन था कि जेवियर्स में कॉलेज करने का, पर माँ ने पढ़वाया निर्मला निकेतन में। माँ नहीं चाहती थी कि वह सही समझे, सोचे और निर्णय ले। बस अपने जैसा बना दिया। उसे नहीं बनना मम्मी की तरह।"[5] तो क्या जेवियर्स से कॉलेज किए बिना बम्बई जैसे महानगर की 21 वर्षीया नौकरी करती लड़की स्व-विवेक नहीं बना सकती कि वह इस प्रकार रूपदत्त और शिवम की क्रीड़ा-कंदुक न बने। स्त्री-विमर्श के इस दौर में निधि को कुछ दृढ़ और स्वतंत्र विचारों की बनाना चाहिए था। आगे भी लेखिका ने उसकी नियति इसी रूप में निर्धारित कर दी है कि वह समय-प्रवाह में बहती चली जाती है, विकट स्थितियों के प्रतिरोध की जीवट उसमें नहीं दिखाई जाती है।

जीवन के दूसरे निष्कर्षहीन 'एडवेंचर' में वह अपनी दीदी नेहा की मृत्यु के पश्चात् जीजा धीरज से ब्याह दी जाती है। दीदी की एक पुत्री अरुणिमा और स्वयं की कोख से उत्पन्न मानसिक रूप से विक्षिप्त बेटी विभावरी को छोड़ उसे सात साला वैवाहिक ज़िन्दगी इसलिए छोड़नी पड़ी

कि पति धीरज को अपने मित्र जगन्नाथ के साथ उसकी मित्रता सह्य नहीं थी, पति उसे धक्के देकर निकाल देता है, "क्या-क्या गुल खिलाने वाली।" निधि अपने को शरीर के स्तर पर पाक-साफ़ मानती है, "यह तक नहीं कहा कि शिवम भले ही उसकी ज़िन्दगी में आ चुका हो; पर देह के स्तर पर उसे किसी ने नहीं छुआ। वह यह बात धीरज तक को नहीं बताना चाहती थी। बताकर अपना कद छोटा क्यों करे?...वह अपनी तरफ से अक्षुण्ण है अपने पति के लिए। बहुत बाद में अहसास हुआ निधि को कि उसकी इस पवित्रता को किसी ने नहीं स्वीकारा, धीरज ने भी नहीं। सब उसके लिए बदचलन, छिछोरी, आवारा जैसे सम्बोधनों का ही प्रयोग करते रहे। किसी ने यह जानने की कोशिश तक नहीं की कि वह क्या है?"[6] किन्तु निधि का यह दावा बड़ा खोखला और एक मिथ्या दंभ की तरह का है, शिवम के साथ उसके एक कमरे में एक गद्दे पर रात बिताने के बाद शिवम यूँ ही तो नहीं चला गया है जिसकी प्रतीति शिवम के लौटने पर निधि स्वयं इस प्रकार देती है, "निधि ने दरवाज़ा खोला, वह दोनों हाथों में खाने-पीने की चीज़ें लिये खड़ा था। उस क्षण निधि को बहुत प्यारा लगा। निधि के चेहरे पर हल्की-सी मुस्कुराहट आई। उसने आगे बढ़कर शिवम के सीने पर अपना चेहरा रखा और उचककर उसके गाल पर चुम्मा जड़ दिया।" कहना न होगा कि इस वर्णन के बाद निधि का शरीर स्तर पर पाक-साफ़ होने का दंभ बेमानी होकर रह जाता है। यहाँ उसके चरित्र में एक ऐसा झोल है जिसे लेखिका आसानी से दूर कर सकती थी।

आधुनिक ज़िन्दगी के संत्रास चित्रित करने के लिए कथा की अगली कड़ी बनती है बिन्दिया-उत्तम का गार्हस्थिक जीवन और उनकी किशोर बेटी शाल्वी की नए चलन की जीवन-शैली। बिन्दिया और निधि की बातचीत में निधि अपनी दृष्टि से वैवाहिक जीवन और सुख को परिभाषित करने की चेष्टा करती है। उत्तम, विन्सेट, मारिया, आदि की उपस्थिति कराकर नए चलन के ज़माने का परिचय तो दिया ही गया है, अत्याधुनिक—मॉड—जीवन से संगति न बिठा पाने वाली पुराने संस्कारों की बिन्दिया इस अति आधुनिकता और परम्परा के द्वन्द्व को जीती है। उत्तम को यह शिकायत रहती है कि "पिछले दस सालों में उन्होंने अपनी जो पोजीशन बना ली है, बिन्दिया कदम मिलाकर उनके साथ नहीं चल पाई। अब भी बिन्दिया की मान्यताएँ वही पहाड़गंज वाली हैं, घुटन भरे कमरे में अपनी गृहस्थी चलाने वाली बिन्दिया इस शानदार कोठी में अटपटी दिखती है।"[7] इस दाम्पत्य में पलती सन्तति—बेटा गौरांग और बेटी शाल्वी—जिस रूप में एक त्रास, अकेलेपन और एक असन्तोष-भाव में जी रही है, उसको गौरांग के मुख से कहलाया गया है। शाल्वी तथा अरुणिमा-लतीफ़ के माध्यम से नवयुवकों की जिस जीवन शैली को यहाँ चित्रित किया गया है, वह उपन्यास का बड़ा सबल पक्ष है। शाल्वी का घर से विद्रोह पारिवारिक वातावरण की ही देन है, एक प्रकार से अपने आचरण द्वारा वह इन सब स्थितियों का प्रतिरोध उपस्थित करती है। रात के साढ़े ग्यारह बजे 'टुन्न होने की कगार पर आ गए' पापा की पार्टी में समय आने पर शाल्वी को कुछ भी अकरणीय और अशोभनीय-सा नहीं लगता। अपनी मम्मी के बरजने पर उसका दो टूक उत्तर यह है, "मम्मी, मेरी अपनी ज़िन्दगी है। मुझे अपनी तरह से जीने दो। पापा भी तो यही करते हैं।" बिन्दिया जब उसे इस तरह कहने से रोकती है तो वह और भी उग्र हो उठती है, "तू पापा की बराबरी करेगी। इतनी बड़ी हो गई है तू, पता नहीं किस-किस के साथ रात-भर घूमती रहती है?" "तो यहाँ सब कौन से शरीफ़ हैं। मुझसे क्या उम्मीद करते हैं आप लोग। मुझे मेरे हाल पर छोड़ क्यों नहीं देते?" अरुणिमा और लतीफ़ के सम्बन्धों (प्रेम-सम्बन्ध नहीं) का चित्रण भी आधुनिक किशोर-पीढ़ी

की जीवन-चर्या दिल दहला देनेवाला ('हॉरर फुल') चित्रण है—कैशोर्यजनित प्रीति से लेकर बलात्कार तक की स्थितियों को जीती अरुणिमा एक साथ ही पाठकीय दया और घृणा की भी पात्र हो उठती है क्योंकि अपने को 'बेचारी' बना डालने की स्थितियों की ज़िम्मेदार वह खुद है। वह भी शाल्वी के समान पिता और घर की स्थितियों को ज़िम्मेदार ठहराती है, बिन माँ की बच्ची का पिता धीरज पूरा ख़याल नहीं रख पाए थे, उसके ऊपर मानसिक रूप से विकलांग बच्ची और गृहस्थी का भार डाल दिया था, उसकी शिक्षा पर समुचित ध्यान नहीं दिया गया। सुफला-नीरव और सुफला के पूर्व पति संजीव के माध्यम से 'खुली ज़िन्दगी जीने की कामना रखने वाली' स्त्री, "ड्रग्स सेवन करती और बड़े-बड़े होटलों के एल्बम में उपस्थिति दर्ज कराती कॉर्ल-गर्ल की भूमिका करती लड़कियों, आदि के विवरण महानगर की तेज़ रफ़्तार ज़िन्दगी जीती लड़कियों के उदाहरण बनते हैं। आधुनिक समाज में स्त्री यदि एक विवाह सफल न हो जाए तो दूसरा साथी खोजकर विवाह करने से गुरेज़ नहीं कर रही है, सुफला और विश्वनाथ के माध्यम से इस समस्या पर विमर्श हुआ है, "स्त्री इतने सारे पुरुषों को बीच में लटकाकर क्यों रखना चाहती है," इस पर सुफला का यह उत्तर इस भटकन को रोकने का पग बनता दिखाई देता है, "ऐसा नहीं है, पर मैं तीसरी शादी नहीं करना चाहती। मुझे बहुत हास्यास्पद-सा लगता है। एक शादी नहीं निभी, तो दूसरी तो करते सुना है। पर तीसरी? अगर तुम्हारे साथ अनबन हो जाए तो फिर क्या होगा? चौथी, पाँचवीं शादी...।" उसकी यह भी मानसिक समस्या है कि "इतनी जल्दी एक रिश्ते से निकलकर दूसरे में बन्धना। हम दोनों को थोड़ा वक्त देना चाहिए इसे पनपने के लिए।" इस सबके बावजूद सुफला का विश्वनाथ से जुड़ना किंचित् अस्वाभाविक लगता है, साथ ही इससे सुफला का चरित्र कमज़ोर सिद्ध हो जाता है।

चार साल के समय-अन्तराल के बाद उपन्यास फिर निधि पर लौटता है, रूपदत्त के साथ, पर आकाश नामक स्वामी की स्मृतियों का संसार लिये। इस कथा-संसार का बहुत रोचक और प्रभावी पक्ष स्वामी, धर्माचार्य आकाश के माध्यम से आधुनिक समय में अध्यात्म के नए कारोबार का सच उघाड़ने वाला पक्ष है किन्तु इसमें निधि की एक करोड़ की लॉटरी वाला प्रसंग 'स्लम-डॉग' फिल्म की संयोगात्मक स्थितियों जैसा बनकर न केवल अप्रभावी रह जाता है, उपन्यास के स्तर को भी थोड़ा नीचे ले आता है। आकाश के आश्रय में भीतरी सच अनेक धर्माचार्यों, बाबाओं, सिद्धों—महन्तों—के आडम्बरों का पर्दाफ़ाश करता है, इसका एक चित्र द्रष्टव्य है—"आकाश रुककर बोला, "देखो क्या हाल हो गया है, मेरा? मैं बिना ए. सी. की गाड़ी में नहीं जाता। जिनके घर ए. सी. न हो उनके घर प्रवचन नहीं करता। कपड़े नए और कोरे पहनता हूँ। खाने में महँगे फल चाहिए। रोज़ देखता हूँ कि कितनी फैन मेल आई, कितने कारेस्पाडेंट ने मेरा इंटरव्यू किया। यह सब मैं नहीं जानता था, पर अब इनके बिना नहीं रह सकता।" ऐश्वर्य-भोग इन महात्माओं तक चलकर आता है, महिला भक्त जिनकी कोटियाँ ये हैं—"तलाकशुदा, अकेली रहने वाली या पति से आजिज आने वाली महिलाएँ"—किसी माया को दीदी बनाते हैं तो किसी निधि को 'भोगो और फेंक दो' ('यूज़ एंड थ्रो') श्रेणी की भक्तिन। निधि उसके साथ रति-सुख प्राप्त कर सातवें आसमान पर है, "उस दिन निधि बहुत दिनों बाद तन-मन से तृप्त हुई। कई दिनों का, सदियों का रुका बाँध जैसे खुल गया। देह की नस-नस, पोर-पोर, एक-एक कोशिका रस विभोर हो उठी।"[8] आकाश की हत्या आश्रमों के गुरुओं की पोल पूरी तरह खोल देती है।

उपन्यास का समापन कुछ स्त्री-प्रश्नों के उत्तर खोजने में प्रवृत्त होता है—मेरिटल रेप, औरत की ज़िन्दगी में पुरुष का महत्त्व, स्त्री-जीवन की सार्थकता, औरत की अपनी देह पर हक़ आदि।

सुफला, निधि, विश्वनाथ, आदि पात्र अपनी-अपनी परिभाषाओं में अपना जीवन-उद्देश्य और अपना आकाश तलाशते हैं। कुल मिलाकर उपन्यास नए युग की नई नारी की चर्चा, सोच, भटकावों और संत्रासों में गहरे जाकर परिचय तो कराता है किन्तु निधि को ऐसा चारित्रिक रूप प्रदान नहीं कर पाता है कि वह एक स्मरणीय पात्र बन सके। इस सबके बावजूद उपन्यास में आद्यन्त एक पठनीयता बनी रहती है।

सन्दर्भ

1. *खानाबदोश ख़्वाहिशें*, पृ. 26
2. वही, पृ. 48
3. वही, पृ. 12
4. वही, पृ. 26
5. वही, पृ. 17
6. वही, पृ. 44
7. वही, पृ. 53
8. वही, पृ. 112

बम्बई के ग्लैमर वर्ल्ड का 'सम्पूरन' (सम्पूर्ण) '17 रानडे रोड'

मुम्बई के जीवन के विविध पक्ष कई उपन्यासों में अपने-अपने ढंग से चित्रित हुए—कहीं कथा के केन्द्र में मुम्बई का वेश्या संसार और दलित दुनिया रही तो कभी फिल्म-संसार, किन्तु रवीन्द्र कालिया के सद्यःप्रकाशित '17 रानडे रोड' उपन्यास में बम्बई के ग्लैमर वर्ल्ड, फिल्म और टी.वी. की दुनिया ही नहीं अपितु जिसे 'पेज थ्री' की दुनिया कहा जाता है, का पूरी अन्तरंगता में चित्रण सम्पूरन जैसे यादगार चरित्र को केन्द्र में रखकर उसके पूरे श्वेत-श्याम में किया गया है। रवीन्द्र कालिया का 'खुदा सही सलामत' तथा 'ए.बी.सी.डी.' के बाद यह तीसरा उपन्यास है जिसमें उनका कथाकार पूरे 'उरूज़' (शब्द कुणाल सिंह और कालिया का) पर है, 'खुदा सही सलामत' का कथ्य सशक्त होते हुए भी उसकी गति धीमी रह जाती है, 'ए.बी.सी.डी.' अपनी संक्षिप्ति में प्रवासी भारतीयों के माध्यम से केवल 'डॉयस्पोरा'—सांस्कृतिक विस्थापन—तक सीमित होकर रह गया है किन्तु इस उपन्यास तक आते-आते रवीन्द्र कालिया का कथाकार पूरे 'उरूज़' पर है, अपनी खिलंदडी गद्य-शैली में विदग्धता के साथ कथा में बेहद रोचकता और पठनीयता बनाए हुए, वे अपनी ही कृति 'ग़ालिब छुटी शराब' का स्मरण कराते हैं* और अब यह उपन्यास उनकी एक और महत् उपलब्धि के रूप में सामने आता है।

प्रस्तुत उपन्यास की सबसे बड़ी उपलब्धि इसकी पात्र-सृष्टि है। सम्पूरन जैसे रिंद और दरवेशी पात्र की सर्जना और उसके माध्यम से मुम्बई के उस जीवन में प्रवेश किया गया है जिसका चाक-चिक्य—ग्लैमर—एक वैश्विक पूँजीवादी समाज की सच्चाइयों की कलई खोलता है, एक ऐसी तिलिस्मी दुनिया सामने आती है जिसका यथार्थ अनूठे कथा-संवेदन में यहाँ प्रस्तुत हुआ है। सम्पूरन बोरी-बन्दर के प्लेटफार्म से ज़िन्दगी शुरू करता है और "भायखला, माहिम, अँधेरी के गेस्ट हाउस की खटिया भर स्पेस से" वह रानडे रोड के सी फेस के भव्य फ़्लैट तक पहुँचता है, उस भुतहे फ़्लैट को वह 'जन्नत' में तब्दील कर डालता है। 'नाऊ और नेवर' का विश्वासी सम्पूरन योजनाओं का तो पिटारा है, सदैव 'पंच सितारा' ज़िन्दगी जीता यह रिंद धन पास हो तो उसे फ़कीरी फक्कड़ता से उड़ाता हुआ दरवेश का रूप ले लेता है जिसे पंजाबी में 'शाह ख़र्च' कहा गया है उसी नस्ल का यह जीव यदि पिछली रात मुम्बई के ग्लैमर संसार की बड़ी-बड़ी हस्तियों की दावत पंच सितारा होटल में महँगी से महँगी शराब पिलाते कर सकता है तो अगली सुबह टैक्सी के लिए भी पैसे न रहने पर वह अपने पान वाले के गल्ले से सत्तावन रुपए जैसी रक़म पूरी बेतकल्लुफ़ी से निकाल सकता है, अपने बीस जोड़ी से ऊपर जूतों की पालिश का महीने-भर का बिल सौ रु. की जगह दो सौ रु. तक दे सकता है, किसी सुन्दरी

* 2004 ई. में प्रकाशित अपनी पुस्तक 'हिन्दी गद्य : इधर की उपलब्धियाँ' में मैंने इसे एक उपलब्धिपूर्ण कृति कहा था।

(मॉडल) के पसन्द आ जाने पर उसके लिए वार्ड रोब पूरी दयानतदारी से खोल सकता है, पैसा पास न हो तो शिवेन्द्र जैसे दोस्त की सहायता से अपनी पंचसितारा पार्टी को किसी से 'फाइनेन्स' भी करा सकता है, "उसका भाग्य ही कुछ ऐसा था, कभी एकदम फाइव-स्टार जीवन और कभी फुटपाथी। कभी अर्श पर कभी फर्श पर। कभी तेरा दर कभी दर बदर।"[1] किन्तु इस जीवट वाले तेज़ दिमाग़ की फ़ितरत यह है कि विषम से विषम स्थिति में भी अपने औसान नहीं खोता। इस समय पैसा भी पास न होते हुए अगले ही क्षण, कुछ घंटों में वह हज़ारों-लाखों अपनी तदबीरों से हाज़िर कर देता है। पैसों की तरफ़ से वह पूरी तरह लापरवाह और अलमस्त है। वह 'आज' खूब खर्च करता है, बिना यह परवाह किए कि कल को 'बिल' 'कल' कैसे अदा किए जाएँगे। उसकी मान्यता ही यह है, "पैसा आने-जाने वाली शै है। काहे का ग़म करती हो!" घर में ऐसी-ऐसी भव्य और बहुत सारे आमंत्रितों के लिए ऐसी पार्टियाँ अक्सर देता रहता है जिनसे परेशान होकर खाना बनाने वाला कह उठता है, "घर में अक्खी बारात को न्यौता दे डाला है।" उधार की संस्कृति में पगा सम्पूरन ओबराय वस्तुतः 'दिल का राजा जेब का फ़कीर' बना रहता है। मलकानी की दुकान में घुसकर जेब में पैसों के बिना भी वह साधिकार महँगी कमीज़, पैंट, टाई, बैल्ट आदि हथिया लेता है। वह जिस ढंग से मलकानी से बात कर सारी चीज़ें ऐंठता है तो मलकानी को ऐसा लगता है कि कोई बड़ा आदमी है और फकीर भेष में मेरा इम्तिहान ले रहा है "न केवल कपड़े और बल्कि मलकानी से नक़द पचहत्तर रुपए भी मार लेता है," "मलकानी ठगा-सा नए कपड़ों में लैस सम्पूरन को देखने लगा। सम्पूरन किसी पहुँचे हुए फ़कीर की तरह मुस्कराया और मुस्कराता रहा, जब तक मलकानी ने सेफ़ से पचहत्तर रुपए निकालकर उसे सौंप न दिए।"[2]

बम्बई के विज्ञापन जगत का यह बेताज बादशाह सम्पूरन उर्फ़ ओबी सातवें दशक के शुरू में बम्बई में अपना वर्चस्व जमाए हुए था, यह वह समय था "जब सोना सौ रुपया तोला था और मुम्बई बम्बई के नाम से जाना जाता था। कुछ लोग इसे बाम्बे भी कहते थे। टैक्सियों का न्यूनतम भाड़ा साठ पैसे हुआ करता था।" इसी सम्पूरन की कथा को उपन्यासकार उसकी मृत्यु के बाद पूर्वदीप्ति शैली में वर्णित करता है। सम्पूरन जैसे फक्कड़ और दरवेशी चरित्र का वृत्तान्त नई कथा-युक्तियों के प्रयोग से अत्यन्त रोचक रूप में प्रस्तुत किया गया है। छोटे-छोटे प्रारम्भिक पाँच अध्यायों में अतिथि पात्र, एक, दो, तीन, चार तथा पाँच की परिकल्पना कर न केवल सम्पूरन ओबराय अपितु उसके दोस्तों, उसके भूत बन सुदर्शन पुरुषार्थी, स्वर्ण सिंह, एक अद्‌भुत प्रेतात्मा, के.सी. मलकानी तथा बम्बई नगरी और उसके भूत बँगले का वर्णन कर, 'बम्बई से चलकर मुम्बई तक' के काल-खंड की यात्रा में न केवल सम्पूरन के कथा-चरित्र की निर्मिति की गई है अपितु जलंधर से चलकर सुदर्शन, स्वर्ण, जैसे दोस्तों के बम्बई पहुँचने, मलकानी से दोस्ती गाँठने के कथा-प्रसंग निरूपित हुए हैं। जलंधर के रेडियो स्टेशन से चलकर बम्बई के एक साहित्यिक पत्र में सहायक सम्पादक होकर आने और स्वर्ण की साहित्यिक पत्रिका 'चेतना' का सम्पादन, हरविन्दर 'रवि' (रविन्दर रवि) और इन सबकी गहरी दोस्ती छनने, सम्पूरन का सुदर्शन को अपने कपड़ों-जूतों, आदि से लैस कर सचमुच सुदर्शन बना देने के कथा-प्रसंगों में बहुत हद तक सुदर्शन में स्वयं उपन्यासकार रवीन्द्र कालिया की नुहार उतर आती है। हरिवल्लभ मेले के प्रसंग में जलंधर भी पूरी जीवन्तता में उपन्यास में उतर आता है, "आज भी यह शहर आपके राज्य की सांस्कृतिक राजधानी है। आज भी यहाँ बहुत से गायक देश के मंच पर प्रकट होने के लिए साधना कर रहे होंगे। बहुत से शायर होंगे जो फ़कीर-मलंगों की तरह शहर की आबोहवा से तख़लीकी ताक़त पा रहे होंगे।"[3] बम्बई आकर यह सुदर्शन जैसे साहित्यकार का

ही मानस है जो बम्बई के अजनबीपन में रविवार के खालीपन से लड़ता है, "कल इतवार है, और मैं हूँ। जैसे दोनों आमने-सामने खड़े हैं। देखें कौन जीतता है। इतवार ही जीतेगा, मैं हार जाऊँगा। हमेशा की तरह।" किन्तु कुछ समय बाद सुदर्शन बम्बई में रमने लगता है, वह उसका घर हो गई थी, फिर भी एक वास्तविकता यह है कि 'यह शहर किसी का नहीं है'—एक प्रकार का बेगानापन यहाँ सब जीते हैं।[4]

बम्बई आकर सुदर्शन जिस सम्पूरन से मिलता है, वह बहुत जीवट वाला ऐसा आदमी है जो पूँजीवादी व्यवस्था में पल रहे जुगाड़ू लोगों से अलग है, वस्तुतः वह 'क़तार के आदमी से अलग है', क़तार में लगकर आगे बढ़ना उसे कभी रास ही नहीं आता, 'मैं क़तार में लगने के लिए पैदा ही नहीं हुआ', वह तो लम्बी-लम्बी छलाँगें लगाकर अपनी ज़िन्दगी की मीनारें प्राप्त करता है। योजनाएँ-दर-योजनाएँ उसके उर्वर और खुराफाती दिमाग़ में जन्म लेती रहती हैं। उस जैसा साहसी आदमी ही समुद्र की तरफ़ खुलने वाली खिड़की-सी फेसिंग वाले 'भुतहा फ़्लैट' का तोहफ़ा मिसेज़ क्लिफ़टन से स्वीकार कर सकता है और अपनी कर्मठता, साहस-दुस्साहस की हद तक के साहस से उसे अपनी जन्नत में तब्दील कर उसे अपने व्यापार-केन्द्र में बदल सकता है। उसके भाग्य की 'लक लेडी' कभी उस पर मुस्कराती है, तो कभी उसे आँखें दिखाती है। जाड़िया उसे 'आग से न खेलने' की चेतावनी भी देता है किन्तु वह 17 रानडे रोड के इस भुतहे बंगले पर कब्ज़ा करके ही दम लेता है, क्योंकि उसे यह गुर पता है कि बम्बई "इतना बड़ा शहर है, यहाँ दौलत का समुद्र बहता है। यहाँ मैंने लोगों को खाकपति से लखपति बनते देखा है। फुटपाथ से उठकर आसमाँ तक पहुँचते देखा है। बस ज़रा सूझ-बूझ होनी चाहिए।"[5] 'क्लिफ़टन पार्टी एंड ली' कम्पनी का विस्तार वह कभी अन्तःसज्जा (इनर डिज़ाइनिंग), कभी ऐड एजेन्सी, कभी ट्रेवल एजेन्सी तो कभी फ़िल्म बनाकर करना चाहता है, उसे मुम्बई में 'सम्भावनाएँ ही सम्भावनाएँ' नज़र आती हैं। उपन्यास के अन्त में भी जब दूरदर्शन के लिए तैयार सीरियल की स्वीकृति का काम खटाई में पड़ जाता है, वह पुनः अपना नया जीवन प्रारम्भ करने की जीवट के साथ अपना एक नया प्रस्थान बना लेता है।

सम्पूरन ही नहीं इस उपन्यास के सभी पात्र शिवेन्द्र, स्वर्ण, चन्नी, अशोक सिंह, डैंगसन, सुप्रिया, सुषमा—सभी एक बिदांस ज़िन्दगी जीते हैं। बम्बई आया आयकर अधिकारी शिवेन्द्र 'अफ़सर कम अभिनेता ज़्यादा' है। वह घोड़ों की रेस से लेकर फिल्म-निर्माण तक के काम करता है, सम्पूरन को फ़िल्म इंडस्ट्री में ज़माने के लिए महँगी शराबों, कबाबों और बम्बई के 3 पेज वाली सारी हस्तियों को खुश करने के लिए आलीशान पार्टियों की व्यवस्था चुटकी बजाकर कर देता है, 'हींग लगे न फिटकरी' के अन्दाज़ में। महत्त्वाकांक्षी लड़कियों को 'ब्रेक देना' उसका प्रिय शगल है। कैप्टन चन्नी और स्वर्ण भी इसी चांडाल चौकड़ी के चार नाम हैं। अशोक सिंह जैसे फोटोग्राफ़र और उसके साथी फ़िल्मों में संघर्ष करते पात्र हैं। डैंगसन जिस ज़िन्दगी को जीता है, उसमें दाम्पत्य का कुसमंजन (मैल-एडजस्टमेंट) है, वस्तुतः ये सभी पात्र अपनी वैयक्तिक विशेषताओं के साथ-साथ अपने वर्ग का प्रतिनिधित्व करते हैं। डैंगसन जिस रूप में अपनी बीबी के 'ज़ुल्म और सितम' बयान करता है, वह इस महानगर की ज़िन्दगी में न जाने कितने उच्च पदस्थ नवयुवकों की सच्चाई है, "शादी के सात साल बाद भी दोनों के बीच समझदारी पैदा नहीं हो सकी तो दोनों को अपने-अपने रास्ते अलग कर लेने चाहिए। वह कब तक इस तरह इस शहर में अकेला पड़ा रहेगा।" इन पात्रों की वैयक्तिक ज़िन्दगी के माध्यम से फिल्म संसार के राग-रंग तथा संघर्षशील कलाकारों की स्थिति और साथ ही सुप्रिया के

माध्यम से चाल में रह रहे सामान्य आदमी की ज़िन्दगी से बम्बइया जीवन के अनेक पक्ष उपन्यास में खुलते चले जाते हैं। 'रिश्ता दुर्गन्ध और सुगन्ध का' अध्याय में छोटी-सी चाल में माँ-बाप, भाई-बहन, भाई-भाभी किस प्रकार अपना 'यौन-जीवन' जीते हैं उसका त्रासद चित्रण कुछ प्रसंगों में कुशलतापूर्वक किया गया है। सुदर्शन अपनी डायरी में बम्बई के चित्र इस रूप में अंकित करता है, "...बम्बई। एक दौड़। घुड़दौड़। पानी। समुद्र। छाते। ऊँची इमारतें और बहुत नीची झुग्गियाँ।...एक कमरे के फ़्लैट में घर में सात प्राणी रहते हैं, जिनमें चार औरतें हैं। वे चारों बारी-बारी से गर्भ धारण करती हैं और कमरे की लम्बाई-चौड़ाई में कोई तब्दीली नहीं आती। गर्भपात के सिलसिले में लड़कियाँ माँ की सलाह लेती हैं और दस दिन की छुट्टी।" उपन्यास के अन्त में सम्पूरन का सीरियल पास करवाने के सन्दर्भ में वर्तमान में दूरदर्शन की कार्य-पद्धति सामने आती है। बम्बई में पसरी भूमंडलीय संस्कृति की त्रासद स्थितियाँ कितनी दुर्वह हो चली हैं, उसका चित्रण 'घर रहेंगे, हमीं उनमें रह न पाएँगे' अध्याय में हुआ है, जब सब कुछ छोड़कर अपने गृह-नगर पठानकोट के लिए चल पड़ता है—लाखों-लाखों में खेलता ओ.बी. (सम्पूरन) पुरुषार्थी से टिकट के पैसे लेकर अपने शहर की ओर दौड़ता है। वहाँ उसके परिवार में वृद्ध चाचाओं की जो दुर्गति है, वह पूरे भारतीय समाज में आज वृद्धों की त्रासद स्थिति का बयान बन जाती है। इससे पहले भी सुषमा के नाना-नानी के सन्दर्भ में समाज में वृक्षों की दुर्दशा का संकेत मिलता है। यद्यपि उपन्यास की कथा में स्त्री की सामाजिक स्थिति पर विमर्श रचने का अवकाश नहीं था किन्तु फिर भी एक-दो स्थानों पर मिसेज़ बेदी, आदि के प्रसंग में स्त्री-पक्ष में टिप्पणियाँ दी गई हैं। अपनी इन टिप्पणियों से उपन्यास ज़िन्दगी के व्यापक सरोकारों से जुड़ता है।

उपन्यासकार बम्बई की ग्लैमर और थ्री पेजी दुनिया के यथार्थ में प्रवेश पंच सितारा होटलों की भव्य पार्टियों के माध्यम से करता है। इन पार्टियों में आने वाली 'सेलेब्रेटीज़', अभिजनों, आदि की सूची, शराबों और कबाबों की विभिन्न किस्मों तथा वहाँ के आचार-व्यवहार का चित्रण बहुत सूक्ष्मता से और विस्तृति में जाकर किया गया है। ऐसी कई पार्टियों के चित्र उपन्यास में एकाधिक बार आए हैं। बम्बई का पार्टी कल्चर, जिसमें 'दस-पन्द्रह लोगों से ज़्यादा लोग नहीं' होते की 'सैद्धान्तिकी' पर बात करता शिवेन्द्र सम्पूरन को इस प्रकार दीक्षित करता है, "बम्बई ग्लैमर और दौलत की नगरी है। जिसके पास पैसा है, वह ग्लैमर दौलत के पीछे। इसलिए पार्टी में ग्लैमरस और दौलतमन्द चेहरे दिखाई देने चाहिए। अपने यहाँ पार्टी का स्ट्रक्चर, मैं कुछ इस प्रकार रखता हूँ।"[6] शिवेन्द्र के इस प्रवचन को सम्पूरन अपनी डायरी में नोट करने लगा, "पार्टी में दो उद्योगपति रहने चाहिए, एकाध पालिटिशियन, एक फैशन डिज़ाइनर या ज्यूअलरी डिज़ाइनर, एक फुलटाइम सोशलाइट, जिससे आप सब पार्टियों में मिल सकते हैं, और एक ऐसी ग्लैमरस सोशलाइट जिसकी उपस्थिति मात्र से लोग रोमांचित हो उठें। बम्बई में पब्लिशिस्टों की भी कमी नहीं, ये लोग आपकी दारू ज़रूर पिएँगे मगर आपकी एक मनोहर छवि बनाने में भी सहायक होंगे।" इनके अतिरिक्त दढ़ियल किस्म का दिलफेंक नया कलाकार, महत्त्वाकांक्षी लड़कियाँ तथा इनके अतिरिक्त एकाध विदेशी लोग भी पार्टी में होने चाहिए। "गुज्जू भाई और रईस लोग विदेशियों से भी बहुत प्रभावित होते हैं।"[7] इन पार्टियों में जिस तरह शैंपेन, कम्पारी, ब्लडी मेरी, शिवाज़, रीगल आदि तरह-तरह की दारू का दरिया बहता है, उसका वर्णन तो किया ही गया है, मयखोरों की मस्तियों-दीवानगियों का चित्र भी कई जगह बहुत बारीकी और (लेखक की) भुक्त-भोगी स्थितियों से किया गया है—रासूजा अपनी मस्ती के आलम में बयान करता है, "मैं

पहले पटियाला पेग पीता हूँ। जब स्कूटर स्टार्ट हो जाता है, तब आहिस्ता-आहिस्ता साहब लोगों की तरह सिप करता हूँ।" सम्पूरन 'तीसरे पैग के बाद' अध्यात्म में चला जाता था। कहता था—'दुनिया फ़ानी है।' अपने-अपने व्यापारिक हित साधने, विभिन्न योजनाओं पर बातचीत, फिल्म-निर्माण, अभिनेत्री, मॉडल का चुनाव, ऐड-फिल्म निर्माण, टी.वी. सीरियल की स्वीकृति, आदि कार्यों की जुगतें, इन भव्य ग्लैमरस-पार्टियों में ही भिड़ाई जाती हैं।

इन पंचसितारा पार्टियों के वर्णन में फिल्म-निर्माण की कितनी ही तकनीकी बातों का परिचय मिलता है और 'ऐड फिल्मों' की बारीक जानकारियाँ भी पूरी तफ़सील में दी गई हैं। सम्पूरन जो नगण्य-सी जानकारियाँ फिल्म-क्राफ्ट की प्राप्त कर लेता है, उन्हीं के बल पर वह ऐड फिल्म बना डालता है, फेड इन, फेड आउट, क्लोजअप, स्क्रीन प्ले, डायलॉग, बॉक्स ऑफ़िस, एक्सट्रा, आउटडोर, आदि शब्दों का बहुत होशियारी से प्रयोग करता, "वह दिन में स्टोरी सैशन करता, डायरेक्टर और फोटोग्राफर तथा साउंड रिकार्डिस्ट से बातें करता।" फिल्म-निर्माण की यह दुनिया ऐसी है कि इलाहाबाद के ज्वेलर का घर से भागा बेटा चन्दन (उस मन्दी के ज़माने में) दो लाख रु. फिल्म में लगाने के लिए इसलिए आमादा है कि उसे फिल्म में कोई अच्छी भूमिका मिल जाए। कोका कोला के लिए बनाई जाने वाली ऐड फिल्म का वर्णन जिस रूप में उपन्यासकार ने किया है, उससे पाठक उसके तद्विषयक ज्ञान से चमत्कृत होता है, "बिजली की तरह फ़िल्म स्क्रीन पर कौंध गई। ज़रीवाला ने दोबारा देखने की इच्छा प्रकट की। मॉडल उसे बेहद पसन्द आई, सचमुच वह परी ही लग रही थी। उसके हाथ में सॉफ्ट ड्रिंक की बोतल थी। अचानक परी बोतल में तब्दील हो गई—पाँच सैकेंड तक बोतल स्क्रीन पर कूदती रही और धीरे-धीरे वह मॉडल में तब्दील हो गई—मॉडल जिसके हाथ में कोला था।"[8] उपन्यासकार अपने एक और 'गम्भीर ज्ञान' से चमत्कृत करता है, वह है 'लेडीज़ के ब्यूटी-कल्चर'—सौन्दर्य-संसार और फैशन ब्रांडों की दुनिया का ज्ञान। ढाई हज़ार की साड़ी में सज्जित सुषमा की बाँहों में 'हाइड साइन का खूबसूरत पर्स', मिसेज़ दत्त से मिलते समय 'ला ओरिएल' ब्यूटी पार्लर से शैंपू कराई केश-राशि, सुप्रिया के बालों और होंठों को 'सेक्सी लुक देने' के लिए लिपग्लास का इस्तेमाल, 'बगलों में फ्रांसीसी नामालूम परफ़्यूम का स्प्रे', सुषमा का 'फ्रूट सोप' की झागों में टब-स्नान, फ्रांस से आयातित कामुक लिंगरीज़, महीन फ्रैब्रिक और कोमल इलास्टिक की पारदर्शी और मादक 'ब्रा'—ये सब उस ग्लैमर की दुनिया की विलासताएँ हैं जिनका प्रसंगानुकूल वर्णन उपन्यास की रोचकता में अभिवृद्धि करता हुआ इस क्षेत्र में लेखकीय ज्ञान/अनुभव पर चकित भी करता है।

उपन्यास बम्बई के केवल उच्च वर्ग, ग्लैमर की दुनिया के चित्रण तक ही सीमित होकर नहीं रह जाता है अपितु सुप्रिया और सुषमा के विगत के माध्यम से बम्बई की चालों के जीवन में भी झाँकती है। सुदर्शन के बम्बई आगमन को भी इस महानगर की भीड़-भाड़ और उस सबके बीच व्यक्ति के एकाकीपन के चित्रण के लिए प्रयुक्त किया गया है। सुदर्शन पहले ही दिन बम्बई में लोगों का हुजूम देखकर सहम जाता है। वह डायरी में बम्बई-जीवन के उन प्रसंगों को चित्रित करता है जिनमें शादी के छह महीने बाद भी मकान न ढूँढ़ पाने के कारण "आदमी अपनी बीबी को ऑफिस में चूमते हुए पकड़ा जाता है", "एक कमरे के फ़्लैट में घर में सात प्राणी रहते हैं, जिनमें चार औरतें हैं।" महानगर का यह चित्रण वहाँ की भागमभाग-भरी ज़िन्दगी का सही परिचय देता है, "लोग सुबह आँधी की तरह शहर में घुसते हैं और शाम तूफ़ान की तरह लौट जाते हैं। प्रातः पाँच बजे सिनेमा देखने वालों की भीड़ परेल में इकट्ठी हो रही है। एक ही बाज़ार में हरेक चीज़ की कीमत अलग-अलग है। एक शहर है जो दौड़ रहा है—एक

दूसरे के पीछे दौड़ रहा है। रात को दो बजे गाड़ियों में जगह नहीं मिल रही। चलती गाड़ी में कीर्तन हो रहा है और लोग ताश खेल रहे हैं। खड़े-खड़े ताश खेल रहे हैं।"[9] इसी प्रकार सुप्रिया की छोटी-सी चाल के नारकीय जीवन को चित्रित किया गया है, "भाई-भाभी किचेन में सोते हैं। किचेन और कमरे के बीच दरवाज़ा नहीं है, एक मैला-सा साड़ी का पर्दा लटक रहा है। उस पर चिकनाई के इतने धब्बे हैं कि दिन में वह पेंटिंग की तरह लगता है। उस पर हल्दी के दाग हैं, मिर्च मसाले के, दूध के, चाय के। भाभी ठीक दस बजे पर्दा गिरा देती है, यह पर्दा तो गिर जाता है किन्तु भाई-भाभी के रति-प्रसंग, उससे प्राप्त छोटे भाई को उत्तेजना और हस्तमैथुन-क्रिया, भाई के उच्छवासों से कमरे के माहौल का घुटन से भरना, जवान बहन और उससे छोटी बहन की इस सब पर प्रतिक्रिया, माँ-बाप के निर्द्वन्द्व और बेशर्म कामाचार को जिस रूप में उपन्यास में बेपर्द किया गया है, वह बम्बई के चाल जीवन का त्रासद और अमानवीय पक्ष है। इन्हीं नारकीय स्थितियों से त्राण खोजती सुप्रिया जया के साथ समलैंगिक रति में प्रवृत्त होती है जिसे स्थितियों की एक स्वाभाविक परिणति के रूप में चित्रित किया गया है। सुषमा की कार का ड्राइवर जिस रूप में किसी सेठानी से ड्राइवर के इश्क़ की दास्तान कहता है, और सुषमा के प्रति उसका स्वयं का व्यवहार, इस महानगर के अतृप्त काम-सम्बन्धों के अपसामान्य ('एबनार्मल') रूप को ही दर्शाता है। महानगरीय ज़िन्दगी के ये त्रासद पक्ष हैं, इन पर अपने कैमरे को फोक़स कर कथाकार समग्र रूप में बम्बई-जीवन की प्रस्तुति करता है।

फिल्मी दुनिया अपने ग्लैमर और अति-आधुनिक रूप—'अल्ट्रा मॉडर्न वे ऑफ लाइफ़'—के लिए तो ख़्यात है ही जिसका चित्रण उपन्यास में पंचसितारा संस्कृति के माध्यम से किया गया है, यहाँ की ज़िन्दगी में ऐसे विद्रूप भी हैं जहाँ ये लोग अपने को मध्यकालीन समय में ही विद्यमान पाते हैं। फिल्मी हस्तियों का ज्योतिष और ज्योतिषियों में विश्वास, इस तथ्य को सत्यापित करता है। उपन्यास में फिल्म के प्रोड्यूसर दत्त साहब फिल्म का मुहूर्त निकालने के लिए एक कश्मीरी पंडित को जम्मू से बुलवाते हैं। फिल्म-संसार के अनेक परिचित-प्रसिद्धों को कभी नाम बदलकर, यथा—ओमजी सोमजी, शर्मिष्ठा टैगोर, श्रीलाला लक्ष्मीलाल तो कभी वास्तविक नामों के साथ यथा—लता और मन्ना डे कथा में यथा-प्रसंग उपस्थित किया गया है। इस सबके द्वारा उपन्यासकार ने फिल्मी दुनिया के अन्तर्बाह्य में प्रवेश किया है। यद्यपि कथा में अवसर नहीं हैं किन्तु फिर भी लेखक ने भूमंडलीय बाज़ारवाद, स्त्री-पक्षधरता, आदि पर अपनी संक्षिप्त टिप्पणियाँ देने के अवसर निकाल लिए हैं। हिन्दी और मराठी नाटकों के बाज़ारू नाम देखकर कहा गया है, "महसूस हुआ कि बाज़ार ने नाटकों पर भी हमला बोल दिया है। कम्प्यूटर व्यवस्था से जुड़े बहुत से विज्ञापन थे। लेमिंग्टन रोड के आसपास ही कहीं कम्प्यूटर हार्डवेयर सॉफ्टवेयर की मार्किट थी।"[10] इसी प्रकार स्त्री पक्षधरता में मिसेज़ बेदी के सन्दर्भ में तथा अभिनेत्री मनीषा के द्वारा यह कहलाया गया है, "आप शायद जानते नहीं, औरत हर इंडस्ट्री में असुरक्षित है। यहाँ तक कि भरे बाज़ार में भी वह सुरक्षित नहीं है।"

'17 रानडे रोड' अपने शैल्पिक प्रयोगों—नई युक्तियों तथा अभिव्यक्ति की ताज़गी की दृष्टि से भी महत्त्वपूर्ण बन पड़ा है। उपन्यास के प्रारम्भिक पाँच अध्यायों में पाँच अतिथि पात्रों के रूप में कथा के चार चरित्रों और कथा-भूमि बम्बई की अवतारणा कर फिर पूर्वदीप्ति शैली में सम्पूरन ओबराय की पुरानी बम्बई में 'बम्बई से चलकर मुम्बई तक' अध्याय में लौटना कथा-शैली की रोचकता में अभिवृद्धि करने वाला शिल्प है। उपन्यास में डायरी-शैली का प्रयोग नया नहीं है किन्तु जिस शहर में उसे यहाँ सुदर्शन की डायरी के रूप में प्रस्तुत किया है, वह संक्षिप्ति

में ही बम्बई के जीवन से बहुत अच्छी तरह परिचित करा देता है, सामान्य कथा-शैली में यह बहुत पृष्ठ घेर लेता। अपनी भाषा के लालित्य, खिलन्दड़ीपन, विदग्धता, विट् तथा स्मित हास्य के लिए उनका गद्य 'काला रजिस्टर', 'नौ साल छोटी पत्नी' तथा 'ग़ालिब छुटी शराब' के समय से ही जाना जाता रहा है, यहाँ भी बहुत चुटीले, ताज़े उपमानों, बिम्बों, उर्दू, मराठी तथा पंजाबी तड़के के साथ भाषा का रचाव बाँधता है, यथा–"उसके पास जयललिता से कुछ ही कम जूते थे", "समुद्र इस समय लो टाइड में था और एक थके सिपाही की तरह जैसे तट पर विश्राम कर रहा था", "बाँहें इतनी ताज़ा लग रही थीं जैसे अभी-अभी डिब्बे से खोलकर पहनी हों", "समुद्र बौराया हुआ था", आदि। उर्दू के रचाव में पगी भाषा की एक बानगी यह है, "दीवारों का रोम-रोम सजीव और पुलकित हो उठा था और एक मुकद्दस उजाला जैसे उसकी बाट जोह रहा था। उस समय सूरज गुरुब हो रहा था, जब सम्पूरन कमरे में पहुँचा।" पंजाबी ठस्से की गहरी यारी और धौल-धप्पे वाले प्यार को बिना 'भूतनी' के प्रयोग के दर्शाया ही नहीं जा सकता था चाहे वह बेदी साहब का यह कथन हो–"भूतनी का, मेरा बेटा होते हुए भी मेरी ही बदनामी कर रेया है। जे मैं तैनूं ओदियाँ करतूताँ दस्सा। चल छड्ड। शामी मिलेंगे।" या फिर अरसे बाद मिले दोस्तों और सम्पूरन के बीच की यह बातचीत हो "भूतनी के, मैं अशोक सिंह हूँ, वही पुराने लाज की खाट नम्बर आठ वाला।" इसी प्रकार 'अक्खी' बम्बई में घुमाने वाला यह उपन्यास हो और उसमें मराठी के प्रचलित जुमले न हों यह भी सम्भव नहीं था, 'ही माझी रिकवेस्ट आहे', 'थैंक्यू सर चालेल', 'असल्या बदमाश माणसा बरोबर कुंठ गेली होलीस?' जैसे प्रयोग उपन्यास की भाषा को आकर्षक बनाते हैं। वस्तुतः अपने कथ्य, शिल्प और अभिव्यक्ति सभी दृष्टियों से '17 रानडे रोड' एक अत्यन्त पठनीय और महत्त्वपूर्ण औपन्यासिक कृति है, देर तक स्मरण में रहने वाली।

सन्दर्भ

1. *17 रानडे रोड*, पृ. 220
2. वही, पृ. 43
3. वही, पृ. 17
4. वही, पृ. 48, 49
5. वही, पृ. 133
6. वही, पृ. 160
7. वही, पृ. 149-50
8. वही, पृ. 217, 259
9. वही, पृ. 46
10. वही, पृ. 53

कालिदास के जीवन, साहित्य और युग का भास्वर पुनरावतरण

सुरेन्द्र वर्मा हमारे समय के महत्त्वपूर्ण साहित्यकार हैं, उनकी जब भी कोई कृति आती है तो वह अपना मानक आप घड़ती है, साहित्यिक हलकों में खूब हलचल मचाते हुए, चाहे वह 'सूर्य की अन्तिम किरण से सूर्य की पहली किरण तक' हो, या 'आठवाँ सर्ग' हो, या 'मुझे चाँद चाहिए' हो या फिर हाल ही में प्रकाशित 'रति का कंगन' (नाटक) हो अथवा अब प्रकाशित 'काटना शमी का वृक्ष पद्मपंखुरी की धार से' (2010) हो। 'काटना शमी का वृक्ष...' बैठता तो आकर उपन्यास के कक्षा वर्ग में ही है किन्तु उपन्यास की कथ्य और शैली (फॉर्म) की सारी बँधी-बँधाई रूढ़ियों को तोड़ता हुआ। वे सचेत रूप में उपन्यास को 'एक दृश्य काव्याख्यान' कहते हैं और इसे 'कवि सुरेन्द्र वर्मा विरचित' मुद्रित कराते हैं, शीर्षक भी पुरातन हस्तलिखित संस्कृत काव्यों, नाटकों, की तरह...। दो खड़ी पाइयों के बीच में मुद्रित कराते हैं जिसका अर्थात् यह बनता है कि 'आख्यान' होने के कारण, वह भी गद्य में, वह उपन्यास की श्रेणी में ही आता है किन्तु कवि विरचित होने के कारण उसकी भाषा-शैली में एक काव्यात्मक संवेदन है और शैल्पिक संरचना में उपन्यास, आख्यान के भीतर नाट्यात्मक संरचना—इसीलिए आख्यान का विभाजन अध्यायों में न होकर 'दृश्योच्छवासों' में है, नाटक के समान दृश्य-परिवर्तन। उसमें भी यह नावीन्य कि कृति का प्रारम्भ 'उपसंहार' के 94 (क) दृश्योच्छवास, अन्त से कथा का सिरा उठाकर किया गया है। उपन्यास या 'दृश्य काव्याख्यान' की कथा पाँच खंडों और 95 दृश्योच्छवासों में विन्यस्त है और समापन भी नाट्य-शैली में 'भरत वाक्य' के साथ होता है। वैसे जब कोई भी बड़ा कलाकार, अपनी कृति के लिए जिस विधा को अपनाता है तो वह उसके प्रचलित रूप-बंध को तोड़ता है और अपनी कृति की सैद्धान्तिकी की निर्मिति स्वयं करता है। सुरेन्द्र वर्मा अपने इस उपन्यास द्वारा साहित्यशास्त्र में अपना स्वतंत्र मानक गढ़ते हैं।

उपन्यास में, (इसे आगे भी उपन्यास ही कहकर विवेचित किया जाएगा क्योंकि कई विधाओं में आवाजाही करती यह कृति अन्ततः उपन्यास का ही बानक धारण करती है) कालिदास के जीवन, साहित्य और समय का अत्यन्त सशक्त पुनरावतरण हुआ है। प्रारम्भ में ही जोसेफ़ कैम्पबैल (Joseph Campbell) को उद्धृत किया गया है कि मिथ इतिहास से भी अधिक सत्य होता है—'डू नॉट इग्नोर माइथोलॉजी, इट इज़ ट्रूअर दैन हिस्ट्री।' इसी प्रस्थान-भूमि पर खड़े होकर इतिहास, जनश्रुति प्रचलित मिथ और उर्वर कल्पना तथा भाषा शिल्प पर घोर परिश्रम करते हुए ऐतिहासिक शोध के साथ कृतिकार इसके प्रणयन में प्रवृत्त हुआ है। तत्कालीन वेशभूषा, अलंकरण, भाषण-शैली और परिवेश की तद्युगीन भास्वर प्रस्तुति जिस रूप में हुई है, पाठक उस पर रीझता तो है ही, वह लेखकीय निष्ठा और उसकी कारीगरी पर आश्चर्यचकित भी होता है और लगता है कि केवल सुरेन्द्र वर्मा ही उसे सम्भव बना सकते हैं। 'वर्तमान के अतीत बनने की प्रक्रिया का पल-पल अंकन' (दृश्योच्छावास 26 का शीर्षक) और फिर बार-बार उस अतीत

का वर्तमान के परिवेश में प्रक्षेपण बड़े कौशल से कर कालिदास के काव्य-वैभव और गुप्त साम्राज्य के गौरव-गरिमापूर्ण परिवेश को साक्षात् किया गया है, उसके पूरे सांस्कृतिक वैभव के साथ!

चर्चा उपन्यास के एक बीघे में प्रसरित 'काटना शमी का वृक्ष पद्मपंखुरी की धार से' शीर्षक से प्रारम्भ की जा सकती है। कालिदास के 'अभिज्ञान-शाकुन्तलम्' का यह श्लोक सुरेन्द्र वर्मा को बड़ा प्रिय है जिसमें शकुन्तला को दी गई उपमा से उन्होंने यह शीर्षक अपनाया है—

इदं किलाव्याजमनोहरं वपुः
तपःक्षमं साधयिन्तु य इच्छति
ध्रुवं स नीलोत्पलपत्रधारया
शमीलतां छेत्तुमृषिर्व्यवस्यति। (1/18, अभिज्ञानशाकुन्तलम्)

अपने 'मुझे चाँद चाहिए' उपन्यास के खंड दो के आठवें परिच्छेद का शीर्षक भी वे 'पदमूपंखुरी की धार से शमी का पेड़ काटोगे?' ही रखते हैं। इतना सुदीर्घ शीर्षक चमत्कृति के लिए ही रखा गया है, अन्यथा शकुन्तला-प्रसंग से विवेच्य उपन्यास की कथा का कोई तारतम्य नहीं बैठता, अलावा इसके कि यहाँ भी कालिदास के कतित्व-सन्दर्भ में उनके इस विश्वप्रसिद्ध नाटक का उल्लेख है। यहाँ इस शीर्षक का यह औचित्य अवश्य अनुमानित किया जा सकता है कि कालिदास के 'शाकुन्तल' और शकुन्तला के बिना उनके व्यक्तित्व की परिकल्पना भी नहीं की जा सकती।

मोहन राकेश ने भी 'आषाढ़ का एक दिन' में कालिदास के जीवन के बहुत थोड़े अंश का चित्रण किया है, इस नाटक की छाया भी कालिदास के जीवन का पूर्वार्द्ध कल्पित करने में यत्किंचित् रूप में यहाँ देखी जा सकती है, विशेषतः कालिदास के मातुल और प्रेमिका मुग्धा की चरित्र-निर्मिति में। मातुल तो 'आषाढ़ के एक दिन' का ही पुनर्संस्करण लगता है किन्तु इससे विवेच्य उपन्यास के गौरव में कोई न्यूनता नहीं आती है। मातुल कालिदास की कविता से चिढ़ता है, उसे स्वीकार्य नहीं कि उसका भानजा उस कवि कर्म को अपनाए जो सर्वनाश की ओर ले जाता है, वह उसे अपने पैतृक व्यवसाय पशु-वैद्यक का ज्ञाता बनाना चाहता है, नन्दीग्राम में ही शाला का अध्यापक बना रहकर और पशु-चिकित्सा का कार्य कर वह अपना भरण-पोषण करे और अपनी प्रेयसी मुग्धा से विवाह कर ग्राम-प्रान्तर में ही सुखी जीवन व्यतीत करे, यही मातुल की कामना है। इसीलिए वह पग-पग पर उसके कवि-कर्म की खिल्ली उड़ाता रहता है, "आर्यावर्त के स्वयंघोषित महान कवि के आत्म-विनाश का मूक साक्षी बनना मुझे स्वीकार नहीं, जिसने मेरी अनन्त याचना पर अन्ततोगत्वा कृपापूर्वक कान देकर अपनी भीषण रचनात्मक महत्त्वाकांक्षा के पर ही नहीं कतरे वरन् अपनी सतत क्रियाशील कुटिल बुद्धि को क्रीड़ोल्लासित करते हुए अपने परपीड़क दायक उद्य को अनुपम विस्तार देने का संहारक चुनाव कर लिया—महिमामंडित अब नाटककार बनने का स्वांग भरने लगे।"[1] किन्तु नियति ने कालिदास के लिए विश्वविश्रुत 'महाकवि' होना लिखा था, इसीलिए वह अपनी रचना 'ऋतुसंहार' की पांडुलिपि तथा कुछ भावी कृतियों के प्रारूप संजोए गुप्त साम्राज्य की राजधानी उज्जयिनी की ओर प्रयाण करते हैं। उपन्यासकार ने उस द्वन्द्व को कालिदास के चरित्र में सकौशल चित्रित किया है कि मुग्धा जैसी प्रेयसी और ग्राम-प्रान्तर की प्रकृति का सन्निध्य छोड़कर जाने में उसे किस मनोद्वन्द्व को जीना पड़ा है, उसकी चर्चा कालिदास के प्रेम के सन्दर्भ में यथास्थान की जाएगी किन्तु यहीं से उसके कवि की संघर्ष-यात्रा प्रारम्भ होती है। विद्याभास्कर जैसे स्थानीय आचार्य जिस 'ऋतुसंहार' की प्रशंसा इन शब्दों में करते हैं, उसी पूँजी को लेकर कालिदास उज्जयिनी का रुख करता है, "मैंने अब तक नहीं देखा प्रकृति का ऐसा गहन और सूक्ष्म पर्यवेक्षण, मनुष्य

और प्रकृति के संकलन का ऐसा तरल विभोर और गीतात्मक आनन्दोच्छ्वास; जीवन के प्रति ऐसा मोहक और निर्दोष लगाव..., जो जीवन से प्रेम करता है, यह कृति गालों से लगा लेगा।"[2]

कालिदास की उज्जयिनी यात्रा का चित्रण खंड 1 से प्रारम्भ होता है जिसकी शोधपरक परिकल्पना में लेखक का श्रम प्रत्यक्ष झलकता है। तत्कालीन समय के यात्रा दलों, सार्थवाहों-कारवाँओं की विभिन्न श्रेणियों में किस प्रकार यात्रा की जाती थी, इसका परिचय कालिदास की निम्नतम श्रेणी में की गई यात्रा के वृत्तान्त से मिलता है, "कालिदास बैलों द्वारा ढोए जाने वाले सबसे सस्ते यात्री वाहनड में था : श्रेणी ज्ञ + (नितान्त सामान्य, जिसमें वाहन पर किसी प्रकार सिमट-सिकुड़ कर बैठना था और आहार वाहन से केवल जल मिल सकता था। बस!) इस निम्नतम श्रेणी में केवल एक वाहन था। (यात्रा-दल कर्मचारियों की सांध्य भाषा में इसे 'कुष्ठ वाहन' कहा जाता था) इसमें चार यात्री थे—भिक्षुक लम्बोदर, जो ग्रामीण क्षेत्र की निर्धनता से उकताकर किसी नगर में भाग्य परखना चाहते थे; लँगड़ा अंगमर्दन जिसे किसी नगरश्रेष्ठ ने साक्षात् के लिए बुलाया था; चोर प्रवालगिरि, जिन्हें एक सौ तेरह बार पकड़े जाने के बाद प्रान्तर से बाहर हो जाने का दंड मिला था और एक सैनिक यात्रा दलाध्यक्ष को उन्हें सौंप कर, हथकड़ी की चाबी देकर गया था; और चौथे थे नाट्य-रचना और कवि-कर्म की सम्भावनाओं से छलछलाते कालिदास!"[3] कहना न होगा कि इन संगी-साथियों से कालिदास की विपन्नावस्था भी सहज ही अनुमानित की जा सकती है। "कालिदास की विडम्बना यह थी कि सबसे सस्ता शुल्क भी भारी था उसके लिए।" इसी जर्जर आर्थिक अवस्था में वह कला नगरी उज्जयिनी में अपनी इस पूँजी के साथ प्रवेश करता है, "एक पिटा हुआ प्रगीत ऋतुसंहार, एक महान् कथासूत्र वाले नाटक के दो अंकों का कच्चा प्रारूप जिसे आगे बढ़ाने की सामर्थ्य है ही नहीं उदीयमान स्वयंसिद्ध नाटककार में। और एक सामान्य-सी दूसरी नाट्य-कृति की कच्ची रूपरेखा—फिर आगे दृश्योच्छ्वास 30 में कालिदास की स्वप्न नगरी, गुप्त साम्राज्य की वैभवशाली राजधानी उज्जयिनी की श्री का रोचक वर्णन प्रस्तुत किया गया है। उसी महानगरी की 'महाकाल धर्मशाला के कक्ष क्रमांक 35 का सहवासी नवोदित कवि कालिदास' अपना भाग्य आज़माने के लिए विक्रम-विश्वविद्यालय के संस्कृत साहित्य के महान आलोचक, संस्कृत के विभागाध्यक्ष, राष्ट्रीय नाट्य केन्द्र के अधीक्षक, सर्वेसर्वा, आचार्य आलोकधन्वा के दर्शनों की प्रतीक्षा करता है। आलोकधन्वा की चरित्र-निर्मिति आजकल के विश्वविद्यालयों के विभागाध्यक्षों की, की गई है। उनके दर्शन ही दुर्लभ हैं क्योंकि "आज प्रातः आचार्य तक्षशिला चले गए—ग्यारह शोधार्थियों का साक्षात्कार लेने। विभागाध्यक्ष (एच.ओ.डी.) की जीवनचर्या का चित्रण किंचित् व्यंग्यात्मक रूप में वर्तमान का चित्रण करने के लिए किया गया है। वर्तमान के शोध-प्रबन्धों की दशा (दुर्दशा) पर भी व्यंग्य का प्रहार होता चलता है, "उद्धरण तक तो सही दे नहीं सकते—शोध-प्रबन्ध लिखेंगे!" आचार्य आलोकवर्द्धन के अवलोकनार्थ जो शोधप्रबन्ध, पांडुलिपियाँ रखी गई हैं, उनमें कालिदास के 'ऋतुसंहार' की पांडुलिपि ऊपर से इकहत्तरवीं थी।" उज्जयिनी के राष्ट्रीय नाट्य केन्द्र की संकल्पना में वर्तमान का राष्ट्रीय नाट्य विद्यालय (एन. एस. डी.) ही उपन्यासकार की कल्पना में रहा है, अपने पूरे ताम-झाम, क्रिया-कलाप के साथ। कम से कम एक वर्ष के लिए रंग-मंडल का आरक्षित ('बुक्ड') रहना, वहाँ के निदेशक से मिलने के लिए 'पौष की सोमवती अमावस्या' तक की प्रतीक्षा, आदि ऐसे ही प्रसंग हैं। वस्तुतः यहाँ वर्तमान की तीन अकादमियों—'साहित्य अकादमी, ललित कला अकादमी, नृत्य-संगीत कला अकादमी' के चित्रण के लिए पर्याप्त अवसर निकाल लिया है। सांस्कृतिक समिति के तीनों सदस्य—धवलकीर्ति—निदेशक राष्ट्रीय साहित्य केन्द्र,

राष्ट्रीय ललित कला केन्द्र की निर्देशक कर्णिका और राष्ट्रीय नृत्य-संगीत केन्द्र की निर्देशक मन्दाकिनी की 'क्लास लेती हुई' तीनों केन्द्रों की अध्यक्षता ग्रहण करती हुई राजदुहिता प्रियंगुमंजरी उन्हें लताड़ती है, मानो यह कथन वर्तमान के लिए ही है, "साधन पर्याप्त नहीं हैं, साधन पर्याप्त नहीं—आप लोगों की यह स्थायी रागिनी रही है अब तक। मेरे पदभार लेने के बाद हर विषय के विनियोजन में अब तक तीन गुनी वृद्धि हो चुकी है।" "लेकिन परिणाम क्या है?" "शून्य", "चित्रकला, स्थापत्य, साहित्य, प्रदर्शनधर्मी कलाएँ—हर क्षेत्र में मौन, हर क्षेत्र में गतिरोध—दो वर्ष के मेरे कार्यकाल में किसी एक विभाग ने भी ऐसा कुछ दिखाया है कि मैं विभोर होकर कहूँ कि यह है रचनात्मक की उपलब्धि, सौन्दर्यबोध का गौरव-सोपान, जो सचमुच इस बात का अधिकारी है कि उस पर मैं और गुप्त साम्राज्य गर्व कर सके।" यहाँ अतीत पूरी तरह वर्तमान में प्रक्षेपित हो जाता है। साहित्य केन्द्र पर की गई यह टिप्पणी तो वर्तमान के कितने ही मठाधीशों की दादागिरी पर कटाक्ष करती है, "आपको यह स्मरण रखना है कि साहित्य केन्द्र कुछ गिने-चुने स्वनाम-धन्यों की लीला-भूमि नहीं।"[4] इसी प्रकार वर्तमान की चयन समितियों, पुनर्मूल्यांकन समितियों, आदि पर भी व्यंग्य किया गया है। 'ऋतु संहार' की महत्त्व—स्वीकृति जिस रूप में दर्शाई गई है, उसमें वर्तमान के पुस्तक लोकार्पण के उत्सवी वातावरण का चित्रण किया गया है।

कालिदास के घोर परिश्रम तथा विविध प्रयत्नों से वह अवसर भी आता है, जब राजधानी उज्जयिनी में कालिदास की महत्त्व-स्वीकृति होती है और उनकी कृतियों 'ऋतुसंहार', 'मेघदूतम्' और 'अभिज्ञान शाकुन्तलम्' को अपार लोकप्रियता प्राप्त होती है। उनके लक्ष-लक्ष के संस्करण हाथों-हाथ बिक रहे हैं। देखते-देखते 'मेघदूत' नृत्य नाटिका के 'चार सौ सैंतीस प्रदर्शन हो चुके थे।' मेघदूत की रिकार्डतोड़ बिक्री के दृश्य की जो कल्पना की गई है, वह अद्‌भुत है। "हमें चाहिए मेघदूतम्—हमें चाहिए मेघदूतम्—साहित्य केन्द्र का प्रांगण पुकारों से गूँजने लगा।" "केवल पाँच सहस्र प्रतियाँ दे रहा है आपका अधिकारी मुझे" वैषेय का अरविंदासन बोला, "मुझे चाहिए कम से कम तीस सहस्र-" "मैं तीन सौ इकतीस योजन दूर से एक के बाद एक पैंतीस अश्व बदलते हुए यहाँ तक पहुँचा हूँ—और आपका उत्तरीय आपके गले में कसे बिना चेतावनी दे रहा हूँ—पचास सहस्र प्रतियाँ मुझे नहीं दीं, तो यहाँ शान्ति और व्यवस्था संकट खड़ा कर दूँगा।" 'प्रतिलिपिकारों की अनेकानेक पंक्तियाँ'; मेघदूतम् की प्रतियाँ तैयार कर रही थीं। "यह कालिदास का प्रतिष्ठा-काल है, राजकीय सम्मान और पुरस्कार, राजकवि का आसन और गुप्त सम्राट विक्रमादित्य (चन्द्रगुप्त द्वितीय) के नवरत्नों में सम्मानपूर्ण स्थान उन्हें प्राप्त होता है जो उनकी अद्वितीय कवि-प्रतिभा की महत्त्व-स्वीकृति थी। नव रत्न क्या थे सम्पूर्ण भारतवर्ष की अद्वितीय मेधा और ज्ञान का पुंजीभूत नवधा स्वरूप थे, 'गुप्त साम्राज्य, आर्यावर्त और बृहत्तर संसार का आलोकपुंज एवं आत्मा' थे वे सब—" धनवन्तरि, वराहमिहिर, अमर सिंह, घटखर्पर, क्षपणक, शंकुक, वररुचि, वैतालभट्ट तथा राजकवि पद को सुशोभित करने वाले महाकवि कालिदास। तुंगभद्र के मुख से कहलाया गया है "जिस प्रकार पुरुषोत्तम केवल विष्णु, त्रयंबक केवल शंकर और शतक्रतु केवल इन्द्र ही हैं, उसी प्रकार आधुनिक संस्कृत साहित्य में कवि भी केवल एक ही है।"[5]

कालिदास-कथा में सर्वप्रमुख कथा है उनकी प्रेयसी मुग्धा और राजदुहिता प्रियंगुमंजरी की, जिसका निर्वाह उपन्यासकार ने बहुत कौशल से मिथ, जनश्रुति और इतिहास की बहुत सर्तकता से रक्षा करते हुए अपनी उर्वर कल्पना के मृदुल स्पर्श से किया है। यह लगभग इतिहासप्रसिद्ध और जनश्रुति-पुष्ट सत्य है कि कालिदास के जीवन के पूर्वार्द्ध में उनकी प्रेयसी का महत्त्वपूर्ण अवदान है, मोहन राकेश ने उसे मल्लिका के रूप में चित्रित किया और सुरेन्द्र वर्मा ने उसके चरित्र के मनोद्वन्द्व

को और उजागर करते हुए मुग्धा के रूप में परिकल्पित किया। मुग्धा कालिदास की नैसर्गिक सहचरी है, ग्राम प्रान्तर में उनकी प्रीति-वल्लरी अपनी ही तरह से पल्लवित होती है, असमय कुम्हला जाने के लिए या कहें कालिदास के राजकीय दायित्वों की कुल्हाड़ी से कट जाने के लिए अभिशप्त। किन्तु सुरेन्द्र वर्मा ने इस प्रेम-कथा का अन्त बहुत मार्मिक रूप में किया है, मुग्धा का विवाह अन्यत्र से दिखाकर और कालिदास के हृदय पर अपराध-बोध का एक पत्थर रखकर दिखाना, सम्राट चन्द्रगुप्त और मुग्धा का वार्तालाप तथा अन्त में मातुल से हुआ संवाद चित्रित कर सुरेन्द्र वर्मा इस प्रेम-कथा को एक नई ऊँचाई देते हैं। दृश्योच्छवास : 91 में 'उत्सव के बाद परम अवसाद' का कथा-प्रसंग इस कथा को एक मार्मिक टीस-सी देता हुआ राजदुहिता प्रियंगु के उस दृष्टिकोण को स्पष्ट करता है कि उसे भान ही नहीं था कि उससे पूर्व मुग्धा भी उसके जीवन में रह चुकी है, प्रियंगु मुग्धा से कहती है, उसकी आँखों में तनिक-सी असह्य आर्द्रता आ गई, "मैंने तुम्हारा सौभाग्य नहीं लूटा, क्योंकि मुझे तुम्हारे अस्तित्व का बोध ही नहीं था—" सहसा कठोर हो गई, "और सत्य के लिए व्याकुल हो तुम? तो सुन लो स्वयंवर से कई दिन पहले मैंने सोच लिया था कि युवराज प्रचंडबल का वरण करूँगी, क्योंकि यही मेरी माँ की प्रबल आकांक्षा थी।" किन्तु अपने निर्णय को परिवर्तित करने का जो आधार प्रियंगु प्रस्तुत करती है, उससे प्रभावित होकर मुग्धा सांत्वना का हाथ उसके हाथ पर रख अपना तोष प्रकट करती है। राजसभा में स्वयंवर का 'अभिशून्यन' ('नल्लीफिकेशन'), 'व्यर्थन', के लिए जो विमर्श होता है, उसमें न्यायप्रिय विक्रमदित्य का मुग्धा से यह कहना, "समान नागरिक अधिकार और न्याय मेरे लिए सर्वोच्च है" और मुग्धा का नमन कर राजसभा से बाहर हो जाना, एक प्रकार से उसकी कालिदास-प्रियंगुमंजरी के वैवाहिक सम्बन्ध की विवश स्वीकृति है। इस प्रसंग की नियोजना से 'कवि सुरेन्द्र वर्मा' ने चारों चरित्रों—विक्रमादित्य, प्रियंगुमंजरी मुग्धा और कालिदास के साथ पूर्ण न्याय कर इस मिथेतिहास की कथा को पूरी तरह नवीन रूप दे दिया है।

अब इस पर संक्षिप्त विचार कर लिया जाए कि इस प्रेम-कथा में मुग्धा और प्रियंगु के कालिदास के साथ सम्बन्ध को उपन्यासकार ने किस प्रकार पल्लवित किया है। ग्राम-प्रान्तर में मुग्धा और कालिदास की परवान चढ़ती प्रीति का कालिदास की ही साहित्य-शैली में चित्रण बड़े रसपूर्ण रूप में हुआ है। कालिदास मुग्धा के साथ प्रगाढ़ प्रीति-बन्धन में पड़ा हुआ अपनी महत्त्वाकांक्षा के कारण ग्राम में उसके लिए रुक नहीं पाता है, यद्यपि भावावेश में एक बार वह अपनी 'रचना महत्त्वाकांक्षा को तिलांजलि' देने की बात भी कहता है किन्तु मुग्धा उसकी प्रेरणा बनना चाहती है, पैरों की बेड़ियाँ नहीं, इसलिए वह उसके इस प्रस्ताव को स्वीकार नहीं करती। वह जानती है कि उसका कालिदास गाँव में रहकर मात्र पशु चिकित्सक बनने को नहीं जन्मा है, "तुम अकेले हो, जिसमें कुछ भिन्न बनने की क्षमता है।" किन्तु यह प्रीति कितनी प्रगाढ़ है, उसके कई चित्र उनके अन्तरंग क्षणों के चित्रण में मिलते हैं, यथा—नाभि प्रदेश पर विशेषक ('टैटू') बनाने का अवसर जब "कमल पराग से लालिम मानसरोवर तट पर कालिदास मुग्धा के नाभि प्रदेश पर विशेषक बना रहा था।" वह विशेषक बनाते हुए अपनी प्रीति की प्रगाढ़ता को इस प्रकार व्यक्त करता है, "गोपनीयता उत्सुकता बढ़ाने और विशेषक रचना-प्रक्रिया को कमनीय बनाने की कंदर्प स्वीकृत सार्थक रणनीति है। क्योंकि स्त्री प्रेम का माध्यम और ऐन्द्रिय कमनीयता का पात्र है, इसलिए वह प्रेमी का एकाधिकार होता है।" इस प्रगाढ़ता के अन्तरंग क्षणों का चित्रण कई स्थानों पर बहुत कलात्मक रूप में हुआ है, यथा सरोवर-क्रीड़ा के समय शाखा के टूटने पर दोनों घास पर जा गिरते हैं, तब...वह कालिदास की बाँहों में थी। उसने जैसे सारी शक्ति से मुग्धा को अपने कलेजे से जकड़ रखा था—दबाव में ऐसा आवेग था कि अब कभी मुक्त करेगा ही नहीं-/अब

आलिंगन में थी मुग्धा! यही अन्तिम सत्य था!⁄ कालिदास उसका मुख चूम रहा था—जहाँ-तहाँ। कपोलों और माथे पर चिबुक पर—फिर अधरों की चुम्बन-शृंखला जो आरम्भ हुई, तो अटूट होती चली गई। मुग्धा की हथेलियाँ उसकी पीठ पर कसी थीं—दोनों ने जैसे विशृंखलित न होने की सौंगध खा ली थी-⁄कूर्पासक के बन्द कैसे खुले, किसी को मालूम नहीं हुआ-।" अपनी अपनी प्रेयसी को छोड़ कालिदास अपनी महत्त्वाकांक्षा-पूर्ति के लिए उज्जयिनी प्रयाण करता है, प्रिय की कल्याण-कामना के वशीभूत मुग्धा उसे वहाँ जाने के लिए पूर्णमना प्रेरित करती है, क्योंकि उसे विश्वास है कि यह प्रिय एक न एक दिन उससे मिलने, विवाह करने निश्चय ही लौट आएगा।

दूसरी ओर प्रियंगुमंजरी है जिसकी चारित्रिक संरचना लेखक ने पूर्ण राजकीय गौरवोचित रूप में की है। विक्रमादित्य (चन्द्रगुप्त द्वितीय) की राजसभा के वरेण्य एक आचार्य 'वरिष्ठतम नवरत्न वराहमिहिर' प्रियंगुमंजरी को इस रूप में परिभाषित करते हैं, "ब्रह्मा ने संसार में स्त्री नामक जो सबसे बहुमूल्य रत्न बनाया है—श्रुत, दृष्ट, स्पृष्ट और स्मृत होते ही आह्लाद देने वाला—उसकी अत्यन्त मंजुल, मेधावी और अन्यतम प्रतीक है प्रियंगुमंजरी।" प्रियंगुमंजरी धीरे-धीरे कालिदास के प्रति आकर्षित होती है, कालिदास पहले उसकी ओर से बहुत बेमना है किन्तु धीरे-धीरे एक साहचर्यजन्य प्रीति प्रस्फुटित होने लगती है और वे एक दूसरे के निकट आते हैं। उनमें अन्तरंगता के वैसे पल भी आते हैं जैसे मुग्धा और कालिदास के बीच सम्पन्न हुए थे, यथा—"बहुत निकट थे दोनों। कालिदास की आँखों में भी कुछ भावातिरेक आन्दोलित था। उन्हें पता ही नहीं चला कि वह कब और आगे आ गए—सर्वथा अनमने थे मुँह—अनुभूत हो रही थी एक-दूसरे की श्वास—बाल बराबर अन्तर था अधर युग्मों के बीच—प्रियंगुमंजरी की पलकें तीन-चौथाई बन्द हो रही थीं—अधरों के एक कोने में कम्पन था—सम्पन्न होने के सूक्ष्म चुम्बन सोपान गतिशील थे—कालिदास ने आवेगी घूँट-सा भरा—स्पर्श-सीमा तक अधर-द्वय आ गए-जैसे हिमीकृत हो गए दो पल। प्रियंगुमंजरी की पलकें खुलीं, जैसे ओस-बूँद को फिसलने से बचाने के लिए कलिका खुलती है—अगले पल वह सँभल गई—लगभग साथ ही कालिदास भी सचेत हुआ... ।"[7] कालिदास और प्रियंगुमंजरी के ऐसी अन्तरंगता के कई चित्र उपन्यास में आए हैं (यथा पृ. 320-21) जो इस सत्य को स्पष्ट करते हैं कि प्रियंगु स्वयंवर में कालिदास के गले में जयमाल डालने को क्यों विवश हुई, उसके मनोद्वन्द्व का विश्लेषण पहले किया जा चुका है। परिणय-बन्धन में बँध यह प्रीति इस प्रेमी-युगल की नियति बन जाती है।

इस उपन्यास की नाट्यात्मक भाषा, समस्त शैल्पिक संरचना के विषय में पहले कहा जा चुका है कि यह शैली नाटक, उपन्यास और काव्य के क्षेत्रों में निरन्तर संक्रमित होती चलती है। नाट्यात्मक भाषा-संरचना, नाट्य रूढ़ियों का कथन और कालिदास के काव्यों—विशेषतः 'ऋतुसंहार', 'मेघदूतम' तथा 'अभिज्ञान शाकुंतलम्' की शब्दावली के अनुरूप दृश्य-चित्रण तत्कालीन वातावरण का रम्य और जीवन्त सृजन—यह सब पाठक को कालिदास के समय में ले जाता है। मकरंद से कालिदास का संवाद (दृश्योच्छ्वास—17) उनके नाट्य-शास्त्र के गहन अध्ययन को द्योतित करता है जिसमें रंग-व्याकरण, नाट्य-रूढ़ियों के निवर्हन, निर्देशक की अर्हताएँ, आदि पर व्यापक रूप में चर्चा हुई है। कालिदास की कृतियों से श्लोक-दर-श्लोक उद्धृत करता उपन्यासकार उपन्यास में एक काव्यात्मक संवेदन निरन्तर बनाए रखता है। तत्कालीन भाषा को उपन्यास के क्लेवर में ढालने के लिए लेखक ने अकूत परिश्रम किया है—कल्पना की जा सकती है कि आज की भाषा से अलग उस युग की भाषा के रचाव के लिए कितना-कितना प्रयत्न किया गया है। भाषा के इस वैभव ने तत्कालीन परिवेश-सृजन में किस प्रकार सहायता की है, इसे एक उदाहरण से

समझा जा सकता है, "ऊँचे मुख्य द्वार पर वेत्रलता लिये कृष्णवर्णी सशस्त्र प्रतिहारियाँ सन्नद्ध थीं। फिर एक सौ एक स्फटिक सीढ़ियाँ। प्रत्येक सीढ़ी के दोनों सीमान्तों पर कुसुम्भी परिधान में पाँच-पाँच नर्तकियाँ स्वागत की, नृत्य मुद्रा में सक्रिय थीं। जैसे ही कालिदास पहली सीढ़ी के निकट पहुँचा, उसे आगे बढ़ने का संकेत करते हुए सहायक कुंचुकी ठिठक कर पीछे रह गया।"[8] तत्कालीन वस्तुओं, पदार्थों, वस्त्राभूषणों, आदि के नामों को जिस प्रकार खोज-खोज कर निकाला या सृजित किया गया है, वे भले ही दुरूह लगें (यद्यपि उनके अर्थ पाद-टिप्पणियों में दे दिए गए हैं) किन्तु गुप्तकालीन समय की अवतारणा के लिए यह नितान्त आवश्यक ही था। कुछ शब्द द्रष्टव्य होंगे—'कालयिक' (देवदारू की एक किस्म)—पृ. 23, 'कुसुमस्तवककालपत्र'—(फूलों के गुच्छों से गूँथे गोल छत्र)—पृ. 85, 'रत्नजटित छत्र और अवलम्बित मुक्तालाप-शृंखला' (लटकते मोतियों के झुग्गे)—पृ. 271, 'तन्वंशुक' (महीन वस्त्रांचल)-पृ. 272, 'कायमान' (छावनी)—पृ. 301, 'दुर्वाचन' (उच्चारण की दृष्टि से कठिन शब्दों से भरे श्लोक बोलने का मनोविनोद)—पृ. 303, 'शृंगवेर' (अदरक)—पृ. 309, 'स्वच्छक' (रूमाल)—पृ. 312, 'लालित्य मार्ग शृंगारिका' (चौरस्ता)—पृ. 327, 'द्वारबलिमुक' (द्वार पर बैठा काग)—पृ. 375—आदि, ऐसी तत्युगीन शब्दावली जिसका सृजन बहुत कुछ उपन्यासकार का ही है, लगभग प्रत्येक पृष्ठ पर देखी जा सकती है। इस क्रम में कहीं-कहीं भाषा बहुत दुरूह और अग्राह्य भी होने लगती है, यथा—"हमारा मस्तिष्क शान्ति के अँधेरे क्रोड़ में निवर्तन करने लगता है," कालिदास कह रहा था, "हमारी आत्मा को हमारे लिए उपगम्य बनाते हुए-और हम काँपती उँगलियों से अपनी सर्वऋतु तीक्ष्ण मनोग्रन्थी की बाहरी परिधि छूने लगते हैं—।" इस न्यूनता के होते हुए भी यह भाषा कालिदास के प्रेमी पाठकों को बाँधती अवश्य है।

नाटकीय भाषा के विधान में कहीं-कहीं कवि ने श्रुति के आधार पर संवादों को जीवन्त बनाने की चेष्टा की है, यथा—"कीईईईर्तियअअअअअ ट्ट" दूर से स्वर सुनाई दिया—(पृ. 243); "बचाओओओओओओओओओ-" और अगले पल विथिका का फर्श विलुप्त हो गया—वह अँधेरे अतल में धँसती जा रही थी (पृ. 266)। इसी प्रकार में "ऐंऐं...ऐंऐं ऐंऐ—ऐंऐं ऐंऐं।" तथा "होओओओओओओओओ ओओओओओओओओओ"—पृ. 303, वस्तुतः उपन्यास की संरचना में सुरेन्द्र वर्मा एक पल को नहीं भूल पाते हैं कि वे एक नाटककार भी हैं और वे अपना 'दृश्य काव्याखान' रच रहे हैं। वस्तुतः 'कवि सुरेन्द्र वर्मा विरचित' यह रम्य आख्यान अद्भुत बन पड़ा है। किन्तु अपनी समस्त विशिष्टताओं, उपलब्धियों के बावज़ूद यह आख्यान विशिष्ट जन का ही बना रहता है, सामान्य पाठक का नहीं, यह उपन्यास की न्यूनता नहीं, उसका आभिजात्य है। अपने इसी गुण के कारण इसका हिन्दी उपन्यास-साहित्य में विशिष्ट स्थान बना रहेगा।

सन्दर्भ

1. सुरेन्द्र वर्मा, *काटना शमी का वृक्ष पद्मपंखुरी की धार से*, पृ. 87
2. वही, वही, पृ. 31
3. वही, पृ. 150
4. वही, पृ. 198, 289
5. वही, पृ. 322
6. वही, पृ. 99
7. वही, पृ. 187, 315
8. वही, पृ. 261

मिलजुल मन : नए शिल्प में ढली आत्मकथा

इक्कीसवीं शती का हिन्दी उपन्यास इसलिए भी महत्त्वपूर्ण है कि उपन्यास के शैल्पिक ढाँचे में बड़े कौशल से नई तोड़-फोड़ हुई है और उसका अभिनव रूप तरह-तरह से आकर्षक बन सका है। नई शती की शुरुआत में ही कमलेश्वर ने 'कितने पाकिस्तान', काशीनाथ सिंह ने 'काशी का अस्सी' से उपन्यास का शिल्प परिवर्तन करने की जो शुरुआत की थी, उसे अलका सरावगी, अनामिका, हरीचरन प्रकाश, अशोक भौमिक, विभूतिनारायण राय, रणेंद्र, आदि ने अपने नए शैल्पिक प्रयोगों से इस विधा को एक सर्वथा नया और लचीला रूप प्रदान किया। अब मृदुला गर्ग ने अपने आत्मकथात्मक उपन्यास 'मिलजुल मन' में औपन्यासिक ढाँचे में एक नया प्रयोग किया है जिसमें उनकी 'स्व जीवनी' उपन्यास और आत्मकथा की विधाओं में आवाजाही करती है। इधर हिन्दी में आत्मकथाओं-संस्मरणों का दौर (किसी सीमा तक 'बुखार' भी इसे कहा जा सकता है, वे लोग भी आत्मकथा, डायरियाँ लिख रहे हैं जो अभी साहित्य में भली प्रकार पहचान भी स्थापित नहीं करा पाए, न ही वे कोई शोभाधर्मी व्यक्तित्व—'सेलेब्रिटी स्टेटस'—में हैं कि सामान्य पाठक की उनके व्यक्तित्व में रुचि हो, पता नहीं प्रकाशकों की रुचि उनमें क्यों जगी!! कुछ 'महती' व्यक्तित्व तो 510-20 पृष्ठों के रूप में आत्मकथाओं का बोझ हिन्दी संसार पर डाल रहे हैं।) चल रहा है, विशेषतः साहित्य के 'दो दलित वर्गों' द्वारा!! 'मिलजुल मन' इस रूप में एक व्यवस्थित आत्मकथा नहीं है जिसमें लेखकीय व्यक्तित्व समग्रता में उद्घाटित होता है, इसे संस्मरणधर्मा आत्मवृत्त कहा जा सकता है जिसमें कुछ जीवन-प्रसंगों को केन्द्र में रखकर स्व-जीवन उद्घाटित किया जा रहा है। किन्तु लेखिका की मंशा इसे उपन्यास रूप में प्रस्तुत करने की ही रही है—पुस्तक का भीतरी मुख पृष्ठ इसे 'उपन्यास' ही घोषित करता है।

अपने उत्फुल्ल-उल्लासपूर्ण गद्य, शैली के खिलन्दड़ीपन और नई शैल्पिक युक्तियों से सृजित क़िस्सागोई के कारण यह आत्मवृत्त अत्यन्त पठनीय हो जाता है। वस्तुतः यह अकेली मृदुला गर्ग की ही जीवन-कथा नहीं है, इसमें उनकी बहन मंजुल भगत की भी उपस्थिति उतने ही महत्त्वपूर्ण रूप में आद्यन्त बनी रहती है। दोनों बहनों की उपस्थिति को एक बिलकुल नए अन्दाज़ में दो काल्पनिक नाम रखकर-गुल मोहर उर्फ़ गुल-मंजुल भगत तथा मोगरा-मृदुला गर्ग की कथा कही गई है किन्तु दो प्रसिद्ध लेखिकाओं को दिया गया नामों का यह निर्मोक अधिक दूर तक साथ नहीं चल पाता—उनकी प्रत्यक्ष उपस्थिति थोड़ी देर में ही पता चल जाती है, लेखिका को भी इस बात का अहसास है—"फिर मोगरा और मैं मिलकर हँसे, लेखक-किरदार का फ़र्क़ मिट गया।" इन दोनों के संवादों में जो युक्तियाँ-प्रविधियाँ लेखिका अपनाती है, उससे इस आत्म-वृत्त में क़िस्सागोई का नायाब गुण भरपूर रूप में आया है—क़िस्सा-दर-क़िस्सा बयान होता चला जाता है, पाठक को अपने प्रवाह में लिये हुए। 'खालिस पिताजी की कथा' सुनकर गुल एतराज़ उठाती है तो मोगरा 'फिलहाल यही सही। अपनी बात अगली मुलाक़ात में' कहकर आगे अपनी

कथा-युक्ति का खुलासा इस प्रकार करती है, "इसलिए मैंने तय किया है कि बीच-बीच में, बक़लम लेखक, मोगरा की मदद करती चलूँगी। उसके दो फ़ायदे होंगे। एक तरफ़ मोगरा की ज़ुबानी, पोशीदा बातों का ज़िक्र आप तक पहुँचता रहेगा। दूसरी तरफ़ जब जहाँ, वह असलीयत को राज़ बनाएगी, मैं उसे अफल कर दूँगी। यक़ीन मानिए, वह जानबूझ कर नहीं छिपाएगी।"[1] कुछ भी न छिपाने की इस प्रतिबद्धता का निर्वाह पुस्तक में आद्यन्त किया गया है, लेखिका दोनों बहनों के जिन जीवन-प्रसंगों को उठाती हैं, पूरी ईमानदारी और साफ़गोई से उनका बयान किया गया है। क़िस्सा-दर-क़िस्सा बयान करते हुए पाठक में ऐसी ही समुत्सुकता जगाए रखती है जैसी मोगरा में है, "चलो देखते हैं, 'आगे-आगे होता है, क्या?' जिस प्रकार 'किस्सा तोता मैना' या 'सहस्त्र रजनी चरित्र' में पिछली कथा से अगली कथा का सूत्र निकलता है, वैसा ही प्रत्येक अध्याय के अन्त में यहाँ होता है, एक बार...खैर छोड़ो, जुग्गी चाचा का क़िस्सा मोगरा बेहतर सुनाएगी।" "मैं कॉलेज का क़िस्सा बयान कर रही थी, तुम ज़बरन शादी-ब्याह पर जा पहुँची। अब सब्र करो, वक्त आने पर कहूँगी। फ़िलहाल सुनो मसूरी की कहानी मेरी ज़ुबानी", आदि।

'मिलजुल मन' की आकर्षक पठनीयता का बहुत बड़ा घटक उसकी खिलन्दड़ी भाषा-शैली है जिसमें बहुत बिदांस ढंग से उन्होंने अपने मन की बातें विभिन्न कथा-युक्तियों के प्रयोग से कही हैं। बड़े कौशल से लेखिका ने कथा-सूत्रों को सँवारकर कभी गुल की ओर रुख किया है तो कभी मोगरा (स्वयं) की ओर मुड़ लेती है वह—"एक मिनट! तुमने कहा था, अगली खेप में सिर्फ़ अपनी बात कहोगी, फिर गुल को क्यों ले बैठी/सुनो तो, दिलचस्प वाक़या बयान करूँगी।/मुझे नहीं सुनना! अपनी कहो/"इतना तो कह चुकी।"[2] इस प्रकार यह आत्मवृत्त कभी गुल-मंजुल भगत पर जाकर रुकता है तो कभी मोगरा-मृदुला गर्ग पर। किन्तु कभी-कभी लगने लगता है कि यह जीवनी मृदुला गर्ग से अधिक मंजुल भगत की होती जा रही है, वही उपन्यास के केन्द्र में आ जाती है। शायद लेखिका को भी इसका भान है, तभी तो उसे वह कह उठती है, "मेरी नहीं गुल की कहानी। कहानी जो है गुल की है, मैं सिर्फ़ परछाई हूँ।"[3] इसी प्रवृत्ति के चलते अपने 'पहले इश्क' का वर्णन संक्षिप्ति में ही निबटा वे गुल के उस इश्क का सविस्तार वर्णन करती है, जो विवाह तक जा पहुँचता है, अपने 'पहले और इकलौते इश्क' का वर्णन वे इस रूप में करती हैं, "अब चलो आपसे क्या छिपाना, एम. ए. की कक्षा में बैठे-बैठे, हमारा उम्र भर का इकलौता इश्क हो गया। हर किताब के पन्ने से हमें उनका चेहरा झाँकता नज़र आने लगा। मित्र प्रसाद के अल्फ़ाज़ में, उन दिनों हमारे चेहरे पर से "दैट वाइड आइड वंडर अबाउट लिटरेचर एंड लाइफ़' ग़ायब हो चुका था और एक बौड़म अहमकाना स्थायी भाव बन गया था। बहरख़ैर, उनकी बदौलत आज हम लेखक बने बैठे हैं।" इस प्रकार के सम्बन्ध को संकेतित करती उपन्यास के अन्त में भी दो-एक पंक्तियाँ इस रूप में आई हैं, "प्यार हुआ तो पिछली बरफ लावा बन बाहर फूट आई। पहली बार अपने नाज़ायज़ प्यार के बारे में ज़बान खोली है, घबराइए मत, तफ़सील में नहीं जाऊँगी, उपन्यास में कह चुकी।" तफ़सील में तो वे शमित और मंजुल के प्रेम में ही जाती हैं, जिसे बड़े रसपूर्ण ढंग से अभिव्यक्ति दी गई है। प्रसंगात् चर्चा मृदुला गर्ग के उपन्यास ('चित्तकोबरा') की आई तो उसके प्रकाशन पर हुई तल्ख़ प्रतिक्रियाओं पर अपनी बेबाक राय, उपन्यासकार इस रूप में देती हैं, "तोबा! सुनिए! ज़माना गुज़रा एक पाक-साफ़ उपन्यास लिखा था 'चित्तकोबरा' नाम से। दो निहायत पाक-दिल बन्दों का, मियाँ, बीबी के अलावा, दूसरों से प्यार था। इसी पर अपने ज़हीन आलोचकों ने इतना दिल जलाया कि क्या बयान करें। पता नहीं वैसा हसीन प्यार न कर पाने की तकलीफ़ और हसद थी या कुछ और। हो सकता है, एक तकलीफ़ यह रही हो कि पता

चलने पर शौहर ने न मारपीट की, न मौका भांजा, न बेगम को दरबदर किया। ऐसे ग़मख्वार मर्द को, हिन्दी हुए मुम्बइया किस्से के मर्द, भला क्योंकर सही मानते? तुर्रा यह कि बीबीजान ने तनिक जो गुनहगार महसूस किया। नासपीटी को सिलाई मशीन के सहारे बच्चे पालने पड़ते तो पता चलता। मर्दानगी साबित करने की छूट मैंने नहीं दी, इसलिए इंसाफपसन्द हिन्दीवरों ने मुझे ग़लती की सज़ा दी। दूध में तिश्नगी भले ही न हो, औटा-औटा कर तत्ता-तत्ता सिर पर उलट दोगे तो दूध से बन्दा जलेगा ही। वही मेरे साथ हुआ।"[4] बहरहाल 'चित्तकोबरा' के सम्बन्ध में ये दो स्पष्टोक्तियाँ उसकी रचना-प्रक्रिया को समझने में दूर तक मददगार साबित होती हैं।

इस आत्मकथात्मक वृत की एक विशेषता यह भी है कि यह अपने समय के समाज और राजनीति का खाक़ा भी पेश करता चलता है। दिल्ली के इक्कों के समय से लेकर इक्का-दुक्का कार आने तक का समय और फिर पिता बैजनाथ के माध्यम से उस समय की व्यापारिक गतिविधियों, आदि से यत्किंचित् परिचय होता चलता है, साथ ही नेहरू की आर्थिक और वैदेशिक नीतियों की भी मृदुला गर्ग के अर्थशास्त्री ने खूब जमकर ख़बर ली है। लगभग 50 बरस पूर्व की दिल्ली के माध्यम से तत्कालीन सामाजिक स्थितियों का चित्रण कथा में समानान्तर रूप में हुआ है। आज जिस रूप में वैश्वीकरण भारतीय समाज का अमेरिकीकरण कर रहा है, उस पर भी लेखिका अपनी तीव्र प्रतिक्रिया देती है। आपबीती के साथ जगबीती का वर्णन कथा को एक व्यापकता प्रदान कर इसके प्रभाव को बढ़ाता है। देश के तत्कालीन समाजार्थिक-राजनीतिक परिदृश्य पर ऐसी तल्ख़ टिप्पणियाँ मृदुला गर्ग की राजनीतिक समझ का परिचय देती हैं, "पर हिन्दुस्तान पर हुकूमत बनियों ने की। उनकी हुकूमत बरकरार रखने में, इस देश के बनियों ने अहम भागीदारी की। चोर-चोर मौसेरे भाई। वी-आर वन फ़ैमिली।"...इस तरह हमारे मुल्क के पहले दूरंदेशी वजीरे आज़म की दुविधा नीति, बीसवीं शती के नए तीर्थ बने बाँधों की मार्फ़त बैजनाथ की ज़िन्दगी में बरकत लाई। वही जिसे केन्ज़ ने बूम कहा था। उर्दू में मतलब उल्लू है तो वाजिब है। बूम वह वक़्त होता है, जब सावन के अंधे को हरा ही हरा दीखता है और वही मरीचिका मन्दी लाती है। पुरानी औपनिवेशिक क़ौम का बाशिंदा बिचौलिया बना, वह भी बातुक था।"[4] इस जगबीती के वर्णन-क्रम में वे मंजुल भगत के औपन्यासिक अवदान पर बहुत सार्थक टिप्पणी कर हिन्दी समीक्षा की 'दुर्गति' पर भी मुँह खोलती हैं, यूँ समीक्षा से अपनी शिकायत को वे 'चित्तकोबरा' सन्दर्भ में भी दर्ज़ करती हैं। मृदुला गर्ग लिखें और उसमें स्त्री-पक्ष में कुछ न कहा जाए, ऐसा हो नहीं सकता। इस आत्मवृत्त में भी जहाँ भी उन्हें स्त्री-अस्मिता के पक्ष में कुछ कहने का अवसर मिला है, उसका पूरा उपयोग उन्होंने किया है। अपने पिता के बच्चों से लगाव की व्याख्या करते-करते वे यह निष्कर्ष देने का अवसर निकाल ही लेती हैं, "पितृत्व को मातृत्व में समा, उसे जनाना बनाना, मेरे ख़याल से पितृसत्ता की सबसे अचूक चाल रही है।"[5] इसी प्रकार मिरांडा हाउस कॉलेज का वर्णन करते यह सवाल उछाला गया है कि लड़कों की तरह लड़कियों को भी 'घर का चिराग़' क्यों नहीं कहा जाता, इसलिए लेखिका 'खानदानों की मोमबत्तियाँ' कहकर अपने दृष्टिकोण की इंगति दे देती हैं। उनका यह स्त्रीवादी स्वर महाभारतीय कथा में स्त्री की दोयम स्थिति के प्रति, अपने 11 वर्षीय किशोर मन की शंकाओं के रूप में अभिव्यक्त होता है—"शर्मिष्ठा ने एक मर्द से मुहब्बत कर क्या गुल खिलाए", "आज़ाद ख़याल दासी ने अपनी मर्ज़ी से सहवास कर पूर्ण ज्ञानी विदुर को कैसे जन्म दिया", "नपुंसक पांडु राजा की रानी कुन्ती ने, पौरुष से दिपदिपाते देवताओं से नियोग कर, एक के बाद एक बेटे कैसे पैदा किए", "पिछली पीढ़ी की सत्यवती ने अपने नाजायज़ बेटे को किस ठसक से अपना बतलाया,

कुंती नहीं बतला पाई", आदि प्रश्न उठाते हुए पुरुष वर्चस्ववादी समाज में स्त्री की स्वतंत्र अस्मिता का पक्ष पूरी निष्ठा से लिया गया है। कहीं-कहीं जीवन-दर्शन को व्यक्त करते खूबसूरत टुकड़े इस उपन्यास के पाठ को और भी रोचक बना देते हैं, "उम्र के आखिरी पड़ाव पर आकर, मैं इस नतीजे पर पहुँची हूँ कि ज़िन्दगी की एक अहम चीज़ पैसा है। उससे सुकून भले न ख़रीदा जा सके पर सुकून की ख़्वाहिश छोड़ दी जाए तो जीने को काफ़ी ख़ुशदिल बना देता है।"[6]

मृदुला गर्ग के इस आत्मकथात्मक वृत्त की भाषा शैली का लोच और खिलन्दड़ प्रवाह जहाँ आकर्षित करता है, वहीं यह सवाल भी सहज रूप में पाठक के मन में उठता है कि इतनी परिनिष्ठित भाषा की स्वामिनी मृदुला गर्ग को ऐसी क्या मज़बूरी आन पड़ी कि उन्हें यहाँ भाषा को उर्दू का ऐसा निर्मोक देना पड़ा जो सहज नहीं, पर्याप्त अंशों में श्रमसाध्य रहा होगा—ज़बर्दस्ती ऐसे उर्दू शब्दों का प्रयोग जो 'आम-फहम' भाषा से इस भाषा को काफ़ी दूर बिठा देते हैं। यह तर्क भी बहुत दूर तक लेखिका का साथ नहीं दे सकता कि वे दिल्ली में बसे अपने पिता बैजनाथ जैन के जिस खानदान की तवारीख से उपन्यास की कथा का प्रारम्भ कर रही हैं, उसमें यही भाषा-संस्कार था। गुल भले ही मिरांडा हाउस में अपने खास...के लिए जानी जाती हो, इस उपन्यास के पाठक वर्ग में तो वह पीढ़ी भी शामिल है जो उर्दू के भाषा-संस्कार से बहुत दूर जा चुकी है, कारण उसके भले ही कुछ भी रहे हों। पुरानी पीढ़ी के भी उन पाठकों के लिए उर्दू कोश देखना ज़रूरी हो जाता है जिनकी मादरी ज़बान उर्दू नहीं रही, भले ही वे गंगा-जमुनी भाषा-संस्कृति में पले-बढ़े हों, कुछ उदाहरणों से यह बात भली प्रकार समझी जा सकती है, 'तवस्सुल बिठाने की बीमारी', 'जितना मिराक़ आज़ादी का था, उतना तवारीख़ का' 'दिलजोई और तंज़ीअ औकात', 'जीता तो अपनी बसारत से और हारा तो कद्दावर हरीफ़ से', 'जुग्गी चाचा पर मर्कूज़ थी,' 'दिमागी तनासुब', 'हैरतज़ाद मसर्रत', 'शोहदों के माहिरे ख़सूस हैं', 'मज़ाहिया क़िस्से', आदि। ऐसे उर्दू शब्दों का प्रयोग ही नहीं किया गया है, अपितु वाक्य-विन्यास को उर्दू का जामा भी पहना दिया गया है, यथा—"इंतज़ामात में दोनों बीबियाँ जितनी लायक़ और ख़बरदार थीं, सास हमारी उतनी ही काहिल। वाकई थीं यह (या) कह-कह कर बना दी गई थीं, दीगर है।" भले ही लेखिका को इस भाषा को रचने में मशक़्क़त न करनी पड़ी हो, पाठक को तो कोश देखने में मेहनत करनी पड़ेगी ही, पूरी अर्थ-छवि पाने के लिए। हिन्दी के प्रतिष्ठित साहित्यकार अपनी भाषा का कौन-सा 'मॉडल' नई पीढ़ी के सामने पेश करें, यह सवाल आज बहुत अहम हो जाता है जब करोड़ों-करोड़ों की संख्या में बिकने वाले अख़बार अपने भाषा-प्रयोग से हिन्दी की लुटिया डुबोने का संकल्प ही लिए बैठे हों।

इस सबके बावजूद 'मिलजुल मन' हिन्दी की आत्मकथाओं में अपना विशिष्ट स्थान बनाती है—अपनी उत्फुल्ल-उल्लासपूर्ण गद्य शैली, खिलन्दड़ अन्दाज़ में बात कहने का बाँकपन और सलीका, हिन्दी की दो प्रसिद्ध कथाकारों के जीवन और साहित्य के अनकहे को कहने, तत्कालीन दिल्ली के सामाजिक जीवन में झाँकने, आदि कारणों से।

सन्दर्भ

1. *मिलजुल मन*, पृ. 32
2. वही, पृ. 60
3. वही, पृ. 209
4. वही, पृ. 43
5. वही, पृ. 53
6. वही, पृ. 124

प्रेम-कथा में बौद्धिक विमर्श

इधर उपन्यास के शिल्प में तेज़ी से बदलाव आया है, बदलाव की एक दिशा यह है कि उपन्यास में आत्मकथा-विधा की अन्तर्भुक्ति ने एक नया शैल्पिक आयाम दिया है। हाल ही में मृदुला गर्ग का उपन्यास 'मिलजुल मन' इसी शिल्प में प्रस्तुत हुआ और इसी कालक्रम में कमल कुमार का उपन्यास 'पासवर्ड' आया है जो आत्मवृत्त और उपन्यास दोनों विधाओं में निरन्तर अपनी आवाजाही रखता है। लेखिका का यह उपन्यास एक प्रेम-कथा के रूप में ही है किन्तु यह प्रेम-कथा ई-मेल की नई तकनीक का भरपूर इस्तेमाल करते हुए आदि से अन्त तक एक स्वगत कथन-से में चलती है। उपन्यास की कथा-वक्ता—नैरेटर—अपनी ई-मेलों (ई-मेल्स ज़्यादा मौजू नहीं लग रहा है) के माध्यम से अपने प्रेम के विकास और परिणति को अभिव्यक्ति देती है। इधर हिन्दी में कितनी ही कहानियों और एकाधिक उपन्यास भी ई-मेल की कथा-युक्ति के रूप में लिखे गए हैं (नासिरा शर्मा, सुषमा, मुनीन्द्र, मनीषा कुलश्रेष्ठ, आदि)। कमल कुमार अपना पूरा उपन्यास ही ई-मेल में रच डालती हैं। ई-मेल की इस कथा-युक्ति ने लेखिका को खूब खुली छूट दे दी है कि वह चाहे बिना किसी क्रम के, दुनिया जहान के बारे में अपने प्रेमी डॉ. आशीष से बतियाती रहती है। ई-मेल का यह वृतान्तिक रूप लेखिका को कई गद्य-विधाओं के प्रयोग की इजाज़त दे डालता है। कभी डायरी-शैली है, कभी यात्रा-वृत्तान्त, कभी निबन्ध धर्मा टिप्पणियाँ, समीक्षा, आदि। इसी प्रकार उसे कभी थाईलैंड, कभी फ्रांस, कभी अमेरिका, कभी लन्दन, तो कभी कहीं और। विभिन्न फ़िल्मों, विश्व महिला की क्लासिक कृतियों, मास्टरपीसों पर अच्छा विमर्श रचने का अवसर भी ई-मेल की यह कथा-युक्ति प्रदान करती है। किन्तु, इस प्रेम-कथा का विकास इकहरा, एकरेखीय नहीं रहता है, दुनिया-जहान की सूचनाओं से भरपूर और अनेक समस्याओं पर लेखिका एक विमर्श रचती है और अपना सुनिश्चित मत देती है। उसके मत में एक निजता है, चाहे वह स्त्री-स्वातंत्र्य पर हो, किसी उपन्यास पर हो, किसी फ़िल्म की समीक्षा हो, 'सिंगूर' और 'नन्दी ग्राम' में भूमि अधिग्रहण की समस्या हो। कितनी ही पुस्तकों, प्रसिद्ध फ़िल्मों, प्रख्यात चित्रकारों के चित्र, आदि की समीक्षा जिस रूप में की गई है, तब उपन्यास समीक्षा की सीमा में प्रवेश कर जाता है किन्तु अच्छी बात यह है कि साहित्य, संगीत, फ़िल्म-जगत, आदि पर अपनी सटीक, बेबाक राय देकर भी लेखिका उपन्यास को सूचनाओं का भंडारण नहीं बनने देती है। वांछित प्रसंग को कलात्मक रूप में यथावसर कथा में नियोजित करने की कला उसके पास है, इसलिए कोई भी प्रसंग कथा में ज़बरदस्ती पिरोया हुआ नहीं लगता है। विश्व साहित्य की कितनी ही क्लासिक कृतियों का ज्ञान यहाँ एक सम्पुट में रखकर पाठक के बौद्धिक क्षितिज के विस्तार का श्लाघ्य प्रयत्न उपन्यास को मूल्यवान बनाता है। नैथनियल हार्थान का उपन्यास 'द स्कारलेट लैटर', 'आडिपस द किंग', अरस्तू का 'काव्य-शास्त्र', ग्रीक त्रासदियों की विशेषताओं

का रेखांकन, 'लेडी चटर्ली लवर' और उस पर आधारित फ़िल्म की गहन मीमांसा, सोफ़ोक्लीज़ के नाटक 'इडीपस रेक्स' और उस पर 'वैधपश्य' नाटक की राजस्थानी प्रस्तुति, आयन रैड के उपन्यास 'द फाउंटेन हैड' पर टिप्पणी, आर्नेल्ड बेस्कर का नाटक 'फोर सीजंस', डोरिस का 'द ग्रास सिंगिंग', आदि अनेक पुस्तकों-फ़िल्मों पर की गई समीक्षात्मक टिप्पणियाँ उपन्यास के आकर्षण में अभिवृद्धि करती हैं। यह केवल पुस्तकों के नाम-भर गिनाने के लिए किया गया प्रयत्न नहीं है अपितु उनमें प्रवेश कर जीवन को समझने की दृष्टि का रेखांकन प्रत्येक कृति के सन्दर्भ में हुआ है, 'लेडी चटर्ली' उपन्यास और फ़िल्म की गहन समीक्षा इस कथन के उदाहरणस्वरूप देखी जा सकती है। इस उपन्यास पर बनाई गई फ़िल्म को देखकर "तो एक मास्टरपीस के अनुभव से गुज़री यह फ़िल्म एक क्लासिक है, न्यूडिटी और सेक्स के भरपूर दृश्यों के बाद भी कहीं अब्सीन और वल्गर नहीं होती। इस फ़िल्म को देखना एक गहरे, कलात्मक अनुभव से गुज़रना है। प्रकृति और मनुष्य का गहरा साहचर्य, प्रकृति और मनुष्य की एकात्मकता, प्रकृति की पूर्णता, असीमता, निर्बाधता और अखंडता में मनुष्य भी पूर्ण, असीम, निर्बाध और अखंड हो जाता है। अनावृत प्रकृति में बारिश की फुहारों में निरावरण, आनन्द से आलोड़ित स्त्री और पुरुष प्रकृति में एकात्म हो जाते हैं। एक तरह से अभेद हो जाते हैं। यही प्रेम की पराकाष्ठा है।"[1] इसी प्रकार की गहराइयों में उतरकर लेखिका जगह-जगह स्त्री-विमर्श के लिए जगह निकाल लेती है और अपने अकाट्य तर्कों से स्त्री-पक्ष में सबलता से खड़ी होती है। इसी सन्दर्भ में वह अपनी पुरा कथाओं की नवीन व्याख्या तलाशती है, स्त्री के साथ हुए व्यवहार के दुहरे मानदंडों का प्रतिरोध करती है।

जिस रूप में कथा का प्रयोग होता है, वह चिरपरिचित स्त्री-विमर्श का ही एक बहुत-बहुत जाना, बहुत-बहुत चर्चित-लिखित तर्क है किन्तु वह जिस रूप में 'बहुत पहले पढ़े' नैथियल हार्थान के उपन्यास 'द स्कार्टलेट लेटर' ('The Scarlet Letter' - Nathanial Hawthrone) के 'मार्केट प्लेस' अध्याय में वर्णित नायिका हेस्टर प्रिन के परपुरुष से सम्बन्ध बनाने और उसके लिए दी जाने वाली सज़ा का चित्रण किया है, उससे यह स्त्री-विमर्श एक नई ही ताक़त पा जाता है, "लगभग डेढ़ सौ वर्ष पहले लिखे गए इस उपन्यास की नायिका हेस्टर प्रिन की स्थिति में और आज की नासिरा या औरत की स्थिति में कितना अन्तर आया है? आया है क्या कोई अन्तर? यह भी एक बड़ा सवाल है। पाकिस्तान का और दूसरे मुस्लिम देशों का बर्बर क़ानून भी औरतों के साथ यही सलूक करता है।"[2] नारी की इस दोयम स्थिति और प्रतारणा के पूरे वैश्विक परिदृश्य में उपन्यास में कई जगह देखा गया है। विभिन्न देशों में घट रही घटनाओं के चित्रण के माध्यम से कमल कुमार स्त्री की बदली हुई छवि की चर्चा उपन्यास में निरन्तर करती है—बहुत से स्थानों पर, बहुत सी अजीबो-ग़रीब घटनाओं, पुस्तकों, फिल्मों, आदि के माध्यम से। अमेरिकी अख़बारों की ख़बरों के सन्दर्भ से उस समाज में चल रहे नैतिकता-अनैतिकता के द्वन्द्व को चित्रित किया गया है, माँ का अपने अंडाणु फ्रीज करके रखना ताकि उसकी सात वर्षीय बेटी जो लेवी टर्नर सिंडरोम से पीड़ित है और माँ बनने में अक्षम रहेगी, बड़ी होने पर माँ के इस अंडाणु-दान से माँ बन सके—जैसी घटनाएँ उस समाज के वैचित्र्य से परिचित कराती है, 'नर्स फेमिली पार्टनरशिप प्रोग्राम', इंग्लैंड के और अमेरिकी समाज के किशोरवय कुँवारी माँओं की जो समस्या विकट रूप लेती जा रही है, उसका चित्रण भी ऐसा ही है।

लेखिका उपन्यास में बहुत कुछ समाहित कर लेना चाहती है किन्तु उसमें बिखराव न आए इसलिए कई नई कथा-युक्तियाँ अपनाती है। उसने अमेरिका, यूरोप और एशिया के कई देशों

की यात्राएँ कभी किसी कान्फ्रेंस सन्दर्भ में तो कभी किसी गोष्ठी-सन्दर्भ में बार-बार की हैं, वहाँ के अपने अनुभवों को पाठकों के साथ बाँटने के लिए वह उपन्यास में यात्रा-वृत्त विधा का प्रयोग करती है। अमेरिका, अमेरिकी संस्कृति के मृग-मरीचिका वाले रूप पर, जहाँ भी अवसर मिलता है, उपन्यासकार खूब करारी चोट करता चलता है, "ईट, शॉप एंड प्ले। खाओ, ख़रीदो और खेलो। यहाँ ज़िन्दगी का मोटो है। बड़े-बड़े मॉल हैं, शापिंग सिटी। आठ-आठ मंज़िलें मात्र। कपड़ों की दुकानें। खाने की दुकानें। 'फूड रिपब्लिक' जिसमें मुरक्कन, इतालवी, स्पेनिश, थाई, इंडियन, सारे रेस्तराओं में भीड़ है। एक तरह से हाउस फुल है।" फारबिडन सिटी से आगे एक 'क्लीनिक रेस्तरा' है, "जिसमें लोग व्हील चेयर पर बैठे हैं या हस्पताल के बिस्तर जैसे सोफ़ों पर बैठे हैं। इंजेक्शन लगाने की सुईं, सीरिंज से अपनी ड्रिंक सी रहे हैं। सर्जरी के उपकरणों से खाना खा रहे हैं। इट्स ए क्रेज़ी वर्ल्ड।"[3] इस क्रेज़ी वर्ल्ड की ऐसी कितनी ही विद्रूपताओं का चित्रण स्थान-स्थान पर लेखिका ने किया है। अमेरिका की यह मॉल संस्कृति हमारे देश में विभिन्न मॉलों और 'रिटेल स्टोर्स' के रूप में आ रही है, इसका भी चिन्ताकुल रूप यहाँ चित्रित है। इस बढ़ती भौतिकतावादी जीवन-शैली में देह-व्यापार किस प्रकार अमेरिका, थाईलैंड, सिंगापुर, आदि देशों में फैल रहा है, वह भी चिन्ता के विषय के रूप में चित्रित है। अमेरिका का चित्रण करते हुए पूरे विश्व में छा गई अमेरिकी संस्कृति के दुष्प्रभाव का आकलन करती है, विकास की नव संस्कृति ने जो बाज़ारवाद हमें दिया, मॉल्स उसी की सौगात हैं जिन्होंने उपभोक्तावाद को बढ़ावा दिया है, इस स्थिति का निरूपण इस रूप में किया गया है, "हमारी अलमारियाँ कपड़ों और चीज़ों से भरी होती हैं। हम और ख़रीदकर उनमें रखते जाते हैं। आधे से ज़्यादा कपड़े पहनते नहीं, चीज़ें इस्तेमाल नहीं करते। मन से उतर जाते हैं क्योंकि नए फैशन से ख़रीद लिए होते हैं। पुरानों का क्या किया जाए। कई बार लालच में किसी को भी देते भी नहीं और पहनते भी नहीं। मार्केट की ताक़त हैं हम और ख़रीद लाते हैं, ख़रीदना एक मज़बूरी बन जाता है। कई बार बीमारी भी और कई बार यह थॅरापी होता है। कई बार कथॉरिसिस् भी, लेकिन ख़रीदने के पीछे का जो मूल कारण है कि पूरे विश्व में इस मॉल-संस्कृति ने छोटे दुकानदार की रोज़ी-रोटी को किस प्रकार प्रभावित किया है, अपने देश में जगह-जगह हुए उसके विरोध को भी यहाँ विश्लेषित किया गया है। बहुराष्ट्रीय कम्पनियों ने विकास के साथ जो जीवन जीने का नया मॉडल हमारे ऊपर थोप दिया है, उस पर तल्ख टिप्पणियाँ यह उपन्यास करता है। "मैंने तुम्हें कहा था न, इस बाज़ार का, आर्थिक व्यवस्था का एक हिस्सा देह बाज़ार है", थाईलैंड की यात्रा के वर्णन में इस समस्या पर स्त्रीवादी दृष्टि से गम्भीर विचार किया गया है। बी.बी.सी. की एक चर्चा के आधार पर अंडाणु फ्रीज़ की घटना का ब्योरा वह इस प्रकार देती है, "विषय बहुत ही अद्‌भुत था। एक 35 वर्ष की वकील ने, जो कनाडा गवर्नमेंट के साथ थी, फैसला किया कि वह अपने अंडाणु फ्रीज़ करके रखेगी, ताकि उसकी बेटी, जो अभी 7 वर्ष की है, बड़ी होने पर उनसे माँ बनने का अवसर पा सकेगी। उसकी बेटी लेवी टर्नर सिंडरोम से पीड़ित है और माँ नहीं बन सकेगी। फ्रेंच कैनेडियन माँ बोबिन मोट्रियल में अपने पति के साथ रहती है। उसके तीन बच्चे हैं। 11 साल का लड़का जैमी, सात साल की लेवी और दो साल की क्लारा। माँ अपनी खुशदिल, प्रतिभाशाली और बर्हिमुखी लड़की से बहुत प्यार करती है। पहली बार माँ अपने अंडाणु बेटी के लिए डोनेट करेगी।"[4] फिर बताया जाता है कि इस विषय में क़ानून ने क्या व्यवस्था कर रखी है, फ्रांस के डॉक्टरों ने किस प्रकार इस समस्या पर विचार किया। इसी प्रकार अमेरिकी समाज में किशोर माँओं, 'नर्स फेमिली पार्टनरशिप', जैसी कितनी ही समस्याओं

की जानकारी दी गई है। इतनी सारी समस्याओं और प्रश्नों पर टिप्पणी करती लेखिका उपन्यास की सर्जनात्मकता को क्षत नहीं होने देती—उपन्यास की प्रेम-कथा में यह सब संग्रथित होता चलता है।

'पासवर्ड' उपन्यास की कथा की मूल संवेदना प्रेम-चित्रण की ही है। प्रेम की विभिन्न स्थितियों—विवाहपूर्व प्रेम, विवाहेतर प्रेम, प्रेम में शरीर की स्थिति, प्रेम क्या बिना शारीरिक मिलन के बिना भी क्या प्रेम को पूर्णता मिल सकती है, आदि प्रश्नों पर लेखिका बहुत खुला विमर्श रचती है, जिसमें स्त्री की पक्षधरता मुखर रूप से प्रतिभासित होती है। उपन्यासकार ने स्त्री यौनिकता ('सेक्सुअलिटी') पर भी इस दृष्टि से विचार किया है कि क्या स्त्री की अपने शरीर की माँग, आगे व पूर्ण, उत्तप्त कामनाएँ, अभीप्साएँ नहीं हो सकतीं। यदि है तो उनका साहित्य में अंकुठ स्वीकार क्यों न हो!! जगह-जगह वह अवसर निकाल स्त्री के इस मन की मुक्त स्वीकृति जतलाती है, अडूर के वृत्तचित्र को देखकर वह अपनी प्रतिक्रिया इस रूप में व्यक्त करती है, "अडूर का वृत्तचित्र भी देखा, 'द डांस आफ दि संचाट्रेस' यहाँ भी नृत्य की मुद्राओं और भाव-भंगिमाओं में प्रेम में पगली औरतों की प्रतीक्षा, उनकी त्वरा और उनके आवेग को दर्शाया गया है, लेकिन इससे बाहर वे कहाँ हैं? यह सवाल फिल्म को अँधेरे से बाहर ले जाता है और मेरे भीतर के अँधेरे में टटोलने लगता है मुझे, मेरे मैं को।"[5] प्रेम केवल भावात्मक सम्बन्ध ही नहीं है, "भावनाएँ भी तो देह पर साक्षात् होती हैं। उद्घाटित होती हैं।" स्त्री-पुरुष मिलन के देहोत्सव में भी स्त्री की भूमिका को साहित्य में वरीयता नहीं मिल पाई, यद्यपि इस ओर मृदुला गर्ग का 'चित्तकोबरा' पहल कर चुका था। कमल कुमार का यह उपन्यास इस दृष्टि से भी हिन्दी के विरल उपन्यासों में गिना जाना चाहिए कि उन उत्तप्त मिलन-क्षणों में स्त्री को तीन लोकों की जो सम्पदा प्राप्त हुई, उसका इतना उन्मुक्त और कुंठा रहित चित्रण ऐसी काव्यात्मक संवेदना के धरातल पर हुआ है कि उसमें नग्नता, अश्लीलता पावित्र्य में पर्यवसित हो जाती है। जिस प्रकार लेखिका ने 'लेडी चेटर्लीज़ लवर' फिल्म की मीमांसा करते हुए 'न्यूडिटी', 'बोल्डनेस' और अश्लीलता की सीमाएँ मिला जाने की बात कही थी, वैसी ही अनुभूति उपन्यास के इस चित्रण में है, यद्यपि उद्धरण कुछ लम्बा हो जाएगा किन्तु उसकी उद्धृति के बिना बात स्पष्ट नहीं हो पाएगी, "एक खामोशी, खामोशी से घिरे हम। खामोशी की सीढ़ियों पर चढ़ते जाते हम, तुमने मेरी आँखों को चूमा था, तुम्हारे होंठ गालों पर घिसटते हुए मेरे होंठों पर टिक गए थे। मैं अपने भीतर आग और पानी में एक साथ नहीं रही थी। लहरों के शोर से घिरी। उस शोर का संगीत सुनती हुई। तुम्हारे स्पर्श का आह्वान, मेरी देह में उठता आह्लाद, निर्बंध बहते जाने का अहसास कि एक उत्ताल लहर उठी थी, एक दुर्विनार ज्वार था। एक अन्तहीन क्षण था। एक प्रगाढ़ क्षण। अनजाना, अनपहचाना, स्वप्नातीत।

पृथ्वी-सी पसरी थी। विस्तारित, तुमने आकाश बनकर आवरित कर लिया था। मेरी पलकें तनिक-सी खुलीं और फिर झप गई थीं। सहमी-सी प्यास थी, जो धीरे-धीरे तीव्र से तीव्रतर होती गई थी। जैसे पपड़ाई धरती सोख लेती है अपने भीतर पहली बारिश की बूँदों को। उस स्तब्धता में सैकड़ों झंझावात झिंझोड़ रहे थे।

पछाड़ खाती आदिम अतृप्ति के क्षण थे। भीतर से बाहर तक रोम-रोम से उठती छटपटाहट थी। कोई गहरी खोह का मुँह खुला था, साँय-साँय करता सन्नाटा था, जहाँ हम जाकर थिर हो गए थे। कैसे बाहर आए थे अँधेरी सुरंग में टटोलते हुए, पर तब तक मेरी पूरी दुनिया बदल चुकी थी। मेरा 'मैं' तुममें बदल गया था। मेरी चेतना लुप्त नहीं हुई थी, पर मेरा चैतन्य भाव

तुम में समाहित जैसा हो गया था। मेरे भीतर के सूखे पठार पानी से लबालब हो गए थे। किनारों पर जाने इतनी हरियाली कैसे उग आई थी और भीतर ब्रह्मांड में, आकाश, ग्रह, उपग्रह, झरने और ठाठें मारता समुद्र पूरी सृष्टि दृश्यमान हो गई थी। समुद्र में दिखती-कभी छिपती मछलियाँ, आसमान में उड़ते पक्षी, पेड़ों पर फड़फड़ाते फूल, पत्ते, पक्षी, भरा-पूरा जाग्रत संसार था। उस अर्धचेतन अवस्था में शायद मैं बड़बड़ा रही थी—मत जाओ, आशीष मत जाओ। रुको, यहीं मेरे पास।" बहुत ईमानदारी से स्त्री-मन को यहाँ अकुंठ अभिव्यक्ति मिली है।

अपने नारीवादी स्वर में लेखिका ग्रीक पुराकथाओं, 'महाभारत' और 'रामायण' की कथाओं में भी नए अर्थ की संगति बिठाती है—एक प्रकार से यह उन कथाओं और देवी-देवताओं के मिथक का स्त्रीवादी पाठ है। शिव के विषय में उनकी यह व्याख्या देखी जा सकती है, "वैसे मुझे इन भगवान जी से डर नहीं लगता। मैंने कहा था, ये सबसे बाँके देवता हैं। इनकी कोई गर्लफ्रेंड नहीं। एक पत्नीव्रत। अपनी पत्नी की मृत देह को कन्धों पर लादे घूमते रहे कि उसमें प्राण प्रतिष्ठा हो जाए। तुम्हें नई भाषा में बताऊँ—ये एकदम माचो मैन है। लुक एट हिज़ बॉडी! वाओ! सी हिज़ सिक्स ऐब्स! रोमन हीरो, सेक्सी! हेयर स्टाइल देखा! मैट हेयर! ही इज़ एक रॉक स्टार! एकदम डूड है। मेरे मन में उनके प्रति स्त्री श्रद्धा है। ये मेरे ईष्ट देव हैं।"[6] वस्तुतः लेखिका जगह-जगह धर्म की रूढ़ियों और आडम्बरों पर चोट करती चलती है।

अपनी शैल्पिक नवीनता में यह उपन्यास आकर्षित करता है, कहीं डायरी है, कहीं व्यक्तिगत ई-मेल है, कहीं आत्म-वृत्त के समान विभिन्न देशों में अपनी भाषण-यात्राओं के रोचक विवरण हैं, उस देश के कितने ही अनजाने पक्षों को उद्‌घाटित करते हुए और पुनः कथा वहीं अपने डॉ. प्रेमी आशीष के पास लौट आती है। इस रूप में यह बौद्धिक विमर्श में ढली सफल प्रेम-कथा है, भाषा लालित्य की दृष्टि से भी कमल कुमार इसमें अपनी पिछली औपन्यासिक कृतियों से आगे जाती है।

सन्दर्भ

1. कमल कुमार, *पासवर्ड*, पृ. 108
2. वही, पृष्ठ 10-11
3. वही, पृष्ठ 13
4. वही, पृष्ठ 23
5. वही, पृष्ठ 103
6. वही, पृष्ठ 120

स्मृतियों से ज़िरह का प्रभावी उपन्यास

"स्मृतियों के संसार की यही तो खूबी है, न वीज़ा, न पासपोर्ट। न प्रवेश शुल्क न टोलटैक्स। देवदत्त उठकर गए हैं। बहुत सारी चीज़ें उठाकर ले आए हैं—केतन की चीज़ें। पेन स्टैंड। बैड। कंघी। कुछ कपड़े। फ़ोटो। चश्मे। कुछ किताबें। सीडी। पहले ये सब चीज़ें थीं, केतन की चीज़ें। अब निशानियाँ हो गई हैं।"

इधर हिन्दी उपन्यास की दुनिया में वैयक्तिक सम्बन्धों के त्रासद अनुभव जगत पर लिखना काफ़ी कम हो गया है, उपन्यास भूमंडलीकरण की अपसंस्कृति, नव उदारवाद के भयावह परिणामों, व्यवस्था की भ्रष्टता और कदाचार या फिर बाज़ारवाद और उपभोक्तावाद के दुष्परिणामों पर ही अधिक लिखे जा रहे हैं। यदि वैयक्तिक सम्बन्धों पर कोई लिखता भी है तो बात घूम-फिरकर केवल प्रेम-सम्बन्धों पर ही आकर टिकती है। कथा-कथन के ऐसे माहौल में ज्ञानप्रकाश विवेक 'चाय का दूसरा कप' उपन्यास में बाप-बेटे के विछोह पर एक मार्मिक कृति की रचना करते हैं जिसमें काव्यात्मक संवेदन में जगह-जगह उस पिता की पीड़ा है जो अपनी एकमात्र सन्तान और परिवार के इकलौते सदस्य को खो देते हैं—बेटा कहीं चला जाता है। अब वे नितान्त अकेले शून्य-सा जीवन बिताते हैं किन्तु वे सही मायने में अकेले कहाँ हैं! स्मृतियों में बसा केतन पल-पल उनके साथ है! पुत्र की स्मृतियों का दंश उन्हें तरह-तरह से सालता है और स्मृतियों से ज़िरह करते हुए उनके पूरे जीवन की घटनाओं का ब्योरा मिलता है। इस रूप में इस छोटे-से उपन्यास का कथ्य बिलकुल नई ज़मीन पर खड़ा है। पूरे हिन्दी उपन्यास में पिता के पुत्र-प्रेम और मोह पर ऐसी कृति नहीं है। पिता देवदत्त के लिए "अनुपस्थित केतन, कितना अधिक उपस्थित रहता है उनके ज़ेहन में।" अपनी अनुपस्थित उपस्थिति में स्मृतियों के वन में देवदत्त को भटकाता हुआ केतन इसकी कथा को एक रेखकीय नहीं रहने देता, उसमें देश-दुनिया, समाज और व्यवस्था के कितने ही प्रश्न अपनी नोकदार उपस्थिति से विचलित करते रहते हैं। पुलिस, दफ़्तरों का माहौल, बाज़ारवाद, भूख-ग़रीबी, ईराक-युद्ध में अमेरिका की उपस्थिति, इंश्योरेंस दफ़्तर का आतंक, अपराध जगत और उनके द्वारा चलाया जा रहा फिरौती उद्योग, आदि पर कितने ही सवालिया निशान लगाता उपन्यास निरा वैयक्तिक सम्बन्धों का उपन्यास नहीं रह जाता है। कथा के सम्भार को सँभालने के लिए ग़ज़लगो ज्ञानप्रकाश विवेक के पास उर्दू रंगत में रँगी अत्यन्त आकर्षक भाषा और कहन की अपनी अलग ढब है जो उपन्यास को बहुत पठनीय बना देती है। उनका काव्यात्मक संवेदन कहीं भी कथा-रस को क्षत नहीं करता, उनके कथा-कौशल को परवान चढ़ाता है।

देवदत्त का बेटा केतन प्लस-टू का छात्र था, 'होनहार, हाजिरजवाब, खुशमिज़ाज, सूचनाओं से लबरेज़' ऐसे ज़हीन बेटे के अचानक गुम हो जाने पर पिता पर मानो वज्रपात हुआ, वही उनका एकमात्र सहारा था, उसी के अस्तित्व से उनके परिवार की कल्पना मूर्त्त रूप पाती थी, पत्नी पहले ही प्रयाण कर चुकी थी, यह सब कथा में पूर्व दीप्ति शैली में स्मृतियों के रह-रहकर

दस्तक देने से ही पता चलता है। अनुपस्थित केतन की सदैव सर्वत्र उपस्थिति पिता देवदत्त को बिलोए रखती है। सुनील दत्त की एक फ़िल्म आई थी 'यादें', उसमें पत्नी तथा बच्चों के दूसरे शहर (शायद ननिहाल) जाने के बाद नायक जिस प्रकार उनकी स्मृतियों में जीता है, बच्चों की जिन खुराफ़ातों से वह परेशान हो जाता था, उन्हीं के लिए अब स्मृतियों में ललकता रहता है। इस उपन्यास को पढ़कर यह फ़िल्म अनायास ही ज़ेहन में उभर आती है। स्मृतियों को कथा का आधार बनाने से लेखक को यह छूट कथा में मिल जाती है कि पिता देवदत्त जब चाहें, जहाँ से भी अपने जीवन-प्रसंग और अनुभव उठाकर उन्हें बयान करने लगता है, अपने संवेदन में पाठक को पूरी तरह भिगोता हुआ। केतन की माँ कल्याणी से उनका प्रेम, छोटा-सा वैवाहिक जीवन और फिर कल्याणी की असमय मौत, आदि के चित्र पाठक-मन में करुणा का संचार करते हैं। बहुत-बहुत प्रयत्न करने पर भी देवदत्त केतन को खोज नहीं पाता है, सड़कों, स्कूल, पुलिस-थानों—किसी भी जगह को वह छोड़ता नहीं है किन्तु केतन का पता कहीं भी नहीं चलता। पूरी तरह से टूटा देवदत्त फिर भी किसी भी तरह उसको अनुपस्थित मानने को तैयार नहीं है, इसीलिए वह हमेशा अपनी चाय के साथ 'चाय का दूसरा कप' बनाता है और अनुपस्थित केतन से घंटों-घंटों स्मृतियों के सहारे बतियाता है, दोस्त की तरह गपशप करता है। पिता-पुत्र की इस दुनिया को उपन्यासकार ज्ञानप्रकाश का ग़ज़लकार (ग़ज़लगो) इस प्रकार अभिव्यक्ति देता है, "वो एक छोटी-सी दुनिया थी—पिता पुत्र की दुनिया। जैसे दरिया के दो किनारे। जैसे ज़िन्दगी के दो पाँव। जैसे कुर्सी की दो हत्थियाँ। जैसे जलते हुए दो चिराग़। और चिराग़ों की दो विनम्र रोशनियाँ। बस, इतनी-सी दुनिया दो जनों की छोटी-सी, लेकिन सम्पूर्ण।"[1] अपनी स्मृतियों से तरह-तरह से ज़िरह करता पिता देवदत्त अपनी जीवन-कथा तथा बेटे के साथ बिताई ज़िन्दगी का परिचय इसी रूप में देता है। पुत्र-विछोह देवदत्त को लगभग 'पुत्र-शोक' की स्थिति में ला देता है किन्तु उपन्यास के समापन पृष्ठों में वह निज दुख से छुटकारा पाता है अन्य बच्चों में केतन की छवि और उपस्थिति ढूँढ़कर। किसी बच्चे का अपने लिए 'पापा' सम्बोधन सुनकर 'उन्हें एक नायाब ख़याल' आता है जैसे 'रोशनी-सी पैदा हुई हो उसके अन्दर'—"क्यों देवदत्त, एक मासूम-सा बच्चा अगर तुम्हारी पतलून पकड़कर, तुम्हें पापा कह सकता है तो क्या तुम सब बच्चों में केतन नहीं ढूँढ़ सकते?" इस 'खूबसूरत-से सन्देश' में ही उपन्यास का सकारात्मक पक्ष और समापन है।

विभिन्न कथा-युक्तियों द्वारा उपन्यास की कथा में ऐसे अवसर ('स्पेस') निकाल लिए गए हैं कि यह कथा मात्र पिता-पुत्र-प्रेम की एकरेखीय कथा बनकर ही नहीं रह गई है अपितु उसमें अपने समय की चिन्ताकुल आहटें जगह-जगह सुनी जा सकती हैं। पुलिस थाने में रपट लिखाने गए देवदत्त के सामने पुलिस का अमानवीय-सा व्यवहार करता एक चेहरा उजागर होता है और जब वह अपने इंश्योरेंस दफ़्तर जाता है तो वहाँ का उबाऊ दफ़्तरी माहौल चित्रित हो जाता है। दफ़्तर के उस संवेदन-शून्य माहौल में अनुमेहा जैसा कोमलमना चरित्र भी है जो उसके जख़्मों पर फ़ाहा रखने का काम करती है, अपनी सीमाओं का पूरा ख़याल रखते हुए, सारी सामाजिक वर्जनाओं को धता बताते हुए, "अनुमेहा चतुर है। उसने चाय जल्दी से ख़त्म की है। वो दफ़्तर के रग-रेशे से परिचित है। वो जानती है, दफ़्तर में रंज मनाने का समय नहीं होता। सारे रंज स्थगित रखने पड़ते हैं। दफ़्तर में मनुष्य, फ़ाइल, केबिनेट, कम्प्यूटर, केलकुलेटर, घड़ी, पेन, डायरी, डायरेक्टरी, कवरनोट, पॉलिसी कुछ भी हो सकता है। लेकिन इमोशनल नहीं हो सकता। इमोशनल लोगों की 'सी आर' अक्सर ख़राब हो जाती है।"[2] आज चारों ओर बाज़ार ने सामान्य आदमी को जिस प्रकार अपनी गिरफ़्त में लेकर उपभोक्तावाद का तंत्र फैला रखा है, उस पर भी वह सोच-भरी टिप्पणी

की गई है, "बाज़ार कई कलाएँ जानता है। वो फ़न्तासी के कालीन बिछाता है, कुछ इस चालाकी के साथ कि उपभोक्ता अपने पाँव जकड़े हुए महसूस करता है। बाज़ार जब नतमस्तक होता है तो उपभोक्ता की जेब तराशी जा चुकी होती है। बाज़ार की यही तो अदा है। वो आदमी को आदमी नहीं रहने देता। उपभोक्ता बना देता है।"[3] केतन को सूचनाओं, जानकारियों का भंडार बताकर लेखक इस युक्ति से अनेक समस्याओं पर विचार करता है, वह बार-बार केतन की कही हुई बातों को दोहराता है, भूख और ग़रीबी पर उसकी यह टिप्पणी वैश्वीकृत आर्थिकता ('इकॉनॉमी') के क्रूर यथार्थ को इस प्रकार रेखांकित करती है, "पापा, दुनिया के छह अरब लोगों में एक अरब के करीब ऐसे भी लोग हैं जिन्हें खाने को बहुत कम मिल पाता है। ऐसे सौ करोड़ लोग भूखे पेट सो जाते हैं।" शहर की सच्चाई बयान करता लेखक चिन्ताकुल स्वर में दुनिया से सुख-शान्ति छिन जाने की बात इस रूप में करता है, "वैसे इस बड़े शहर में एक तल्ख़ हक़ीक़त यह भी थी कि हर शख़्स हासिल करने की दौड़ में अपना सब-कुछ खो चुका था। बरसों तक इराक युद्ध चलने के कारण वहाँ के बच्चों की हँसी छिन गई थी और "संयुक्त राष्ट्र की पहल पर ऐसे बच्चों को जोकर हँसाएँगे।" एक दिन केतन ने गहरी साँस लेते हुए कहा था, "यू नो सर? इराक के बच्चे जो बरसों से युद्ध की काली छाया में जी रहे हैं...शरणार्थी शिविरों में जी रहे हैं, ये बच्चे हँसना भूल चुके हैं। पापा, इस बात को ग़ौर से सुनिए...बच्चे हँसना भूल चुके हैं। पापा, उनकी हँसी किसने छीनी...आप बता सकते हैं? युद्ध ने उनको इतना डराया है कि वो हँसना भूल गए हैं।" केतन रुका। पापा को देखने लगा। फिर बड़े तंज़िया लहज़े में बोला, ए गुड न्यूज़ सर! संयुक्त राष्ट्र की पहल पर, ऐसे बच्चों को जोकर हँसाएँगे। क्या विडम्बना है पापा! पहले हम युद्ध के ज़रिए बच्चों की हँसी छीनते हैं। फिर उन्हें हँसाने के लिए जोकर भेजते हैं।"[4] केतन के गुम होने की स्थिति में क़यास लगाने में बच्चों के अपहरण द्वारा उनका यौन-शोषण, उन्हें अपराध जगत में धकेल दिए जाने, फिरौती का एक उद्योग में रूपान्तरित हो जाना, आदि जैसी अनेक स्थितियों, पर लेखक अपनी कथा-युक्तियों के द्वारा ही विचार कर सका है और यह सब कथा पर आरोपित नहीं लगता, उसका स्वाभाविक अंग बन जाता है। देवदत्त के माध्यम से समय का बड़ा तल्ख सवाल लेखक इस रूप में खड़ा कर देता है, "आज़ादी के तिरसठ साल बाद भी पुलिस का आचरण नहीं बदला था। उनका व्यवहार खुरदरा था। वो खुद क्रूर थे और भ्रष्ट। समाज को सुधारने का जिम्मा जिनके हाथ में था, विडम्बना थी कि वो खुद सुधरने का पहला पाठ भी नहीं सीख पाए थे। पुलिस का चेहरा इतना अमानवीय क्यों था, इसका जवाब किसी के पास नहीं था।"[5] केतन के माध्यम से दुनिया-भर में अमीर और ग़रीब के बीच की खाई को पार इस प्रकार किया जाता है, "पापा, दुनिया के छह अरब लोगों में, एक अरब के करीब ऐसे भी लोग हैं, जिन्हें खाने को बहुत कम मिल पाता है। ऐसे सौ करोड़ लोग भूखे पेट सो जाते हैं।"[6] ये दार्शनिक उक्तियाँ बहुत देर तक पाठकीय चेतना पर दस्तक देती हुई उसे सोचने को विवश करती हैं, वे ऐसी सोच जमाती हैं जो हमें वैचारिक दृष्टि से एक सम्पन्नता देती हैं, "हमारा समय, सत्य का समय नहीं, अर्द्धसत्य का समय है। हमारे वर्तमान के शीशों पर वाष्प है और 'वाइपर' हमारे पास है नहीं। हर शय धुँधलाई हुई। हम जो देखते हैं, वो नासमझी का धुँधलका है।"[7] बच्चों को अपराध जगत में ठेलकर किस प्रकार उनसे अपराध कराए जाते हैं, इस ओर भी लेखक का ध्यान जाता है किन्तु 'फ़िरौती के उद्योग' पर जिस प्रकार तल्ख टिप्पणी यहाँ की गई है, वह उपन्यास के कथ्य को बिलकुल नया मोड़ दे देता है, "सर, आप क्या जानते हैं फ़िरौती का धन्धा किसी बड़े उद्योग से टक्कर लेने लगा है। उसका टर्न ओवर एक हज़ार करोड़ रुपए तक जा पहुँचा है। एंड लिसन सर! इस उद्योग से जुड़े सात सौ चौदह गैंग हैं। ज़्यादा भी हो

सकते हैं। सत्तासी गैंग ऐसे हैं...बड़े गैंग की बात कर रहा हूँ, जो वेश्यावृत्ति कराते हैं।...यू नो सर?...पिछले साल, चवालिस हज़ार नौ सौ सैंतालिस बच्चे गुम हुए। और पूरा देश टी.वी. के लाफ़्टर चैनलों और 'नच बलिये' जैसे कामुक नृत्यों में मस्त रहा।...सर, अजीब विडम्बना है। हर बड़े टाउनशिप में, कहीं न कहीं, न्याय की भीख माँगती 'निठारी' भी होती है।"[8] इस प्रकार वैयक्तिक सम्बन्ध की त्रासदी पर टिका यह उपन्यास एकरेखीय बनकर नहीं रह जाता है, विवेकपूर्ण विमर्श के लिए इसमें कितने ही अवसर नियोजित किए गए हैं। इस रूप में उपन्यास की पठनीयता और भी बढ़ जाती है और यह अपने प्रकार का अकेला ही उपन्यास बन जाता है।

उर्दू की रंगत लिये हुए भाषा, उसमें प्रयुक्त उपमान, बिम्ब, आदि भाषा को एक ताज़ापन देते हैं, भाषा की खूबसूरती का बयान न कर उसके दो-तीन टुकड़े देखना ही बेहतर होगा :

– "इस हंगामाख़ेज़ शहर में देवदत्त! जैसे मरदमशुमारी की क़तार में खड़ा कोई आख़िरी आदमी।" (पृष्ठ 8)
– "एक ख़ामोशी से दूसरी ख़ामोशी की कितनी तहें जम चुकी हैं उनके अन्दर। जैसे ख़ामोशी का कोई थान हो—तहाकर रखा गया थान।" (पृष्ठ 11)
– "बहुत सारे काम...बहुत सारे लोग नहीं कर सकते। हम सब अगर रफ़ूगर होते तो दर्द के जख़्मों को अच्छी तरह से पिरो लेते।" (पृष्ठ 137)

भाषा की व्यंग्यात्मक शक्ति का प्रयोग भी ज्ञानप्रकाश इस रूप में करते हैं कि वह अपनी संक्षिप्ति में बहुत कुछ बयान कर जाती है। नोएडा शहर के चरित्र को चन्द शब्दों में इस खूबसूरती से बयान कर जाती है, "यह शहर जिसका नाम नोएडा है। नोएडा जैसे नाम न तो कुछ और हो। कोई विशेषण। नया नाम गौतम बुद्ध नगर है। क्या यह विडम्बना नहीं कि बुद्ध के नगर में शान्ति कुछ कम है, बदहवासी ज़्यादा!" (पृष्ठ 8) भाषा की इसी शक्ति से ही लेखक अपने दार्शनिक चिन्तन को बहुत चुपके से अपने पाठक को थमा जाता है, वर्तमान में श्रेष्ठ जीवन-मूल्यों के क्षरण को वे इस प्रकार व्यक्त करते हैं, "तब लोग जेब से ख़ाली होते। तब, लोगों के दिल संवेदना से भरे होते। तब, बाज़ार तो था लेकिन वो लश्कारे नहीं मारता था। वो अपना तिलिस्म नहीं फैलाता था। वो ठगता नहीं था।" (पृष्ठ 10)

ऐसे स्थलों पर भाषा स्वयं ही अपनी दाद पा जाती है और मुँह से 'वाह' निकल जाती है किन्तु उपन्यास की भाषा में कहीं-कहीं कुछ असावधानियाँ भी हैं : 'प्रविष्ट' को हर जगह 'प्रविष्ठ' ही लिखा गया है, इसी का रूप 'प्रविष्ठि' भी प्रयुक्त किया गया है। सात-आठ स्थानों पर इस प्रयोग को मुद्रण-त्रुटि भी नहीं कहा जा सकता, प्रूफ़-शोधक ने यह कमाल दिखाया हो तो बात दीगर है पर ज्ञानप्रकाश जैसे वरिष्ठ रचनाकार को ऐसे प्रयोग की रियायत नहीं दी जा सकती। बहरहाल यह अच्छी दाल में कंकड़ी जैसा है, उपन्यास की श्रेष्ठता को इससे आँच नहीं आती।

सन्दर्भ

1. ज्ञानप्रकाश विवेक, *चाय का दूसरा कप* (उपन्यास), पृष्ठ 27, 14
2. वही, पृ. 104
3. वही, पृ. 14
4. वही, पृ. 8
5. वही, पृ. 10
6. वही, पृ. 13
7. वही, पृ. 149
8. वही, पृ. 132

ग्लोबल गाँव के देवता : खनन क्षेत्रों में भूमंडलीकृत आर्थिकता का क़हर

खनिज सम्पत्ति से भरपूर छत्तीसगढ़, झारखंड तथा ओडिशा की भूसम्पदा का बहुराष्ट्रीय कम्पनियों ने जिस रूप में दोहन कर वहाँ नव धनाढ्य वर्ग को यदि एक ओर स्वर्ग-सुखों से एक भोगमय ऐश्वर्ययुक्त संसार दिया है तो दूसरी ओर वहाँ की जन-जातियों, मूल निवासियों को एक नरक की दुनिया दे डाली है। इधर हिन्दी उपन्यास में इस क्षेत्र के उपन्यासकारों का ध्यान अपने चारों ओर पसरे इस भयावह यथार्थ की ओर गया है। कोयला खदानों के जीवन पर पहले संजीव के 'सावधान नीचे आग है' और 'धार' जैसे उपन्यास आए हैं किन्तु इस दशक में झारखंड क्षेत्र के खनन क्षेत्र पर अनवर सुहैल का 'पहचान' और रणेन्द्र का उपन्यास 'ग्लोबल गाँव के देवता' आए हैं, जो यहाँ के मूल निवासियों की व्यथा-कथा को अपनी-अपनी दृष्टि से विश्लेषित करते हैं, यहाँ चर्चा रणेन्द्र के उपन्यास की अपेक्षित है जिसमें झारखंड के कोयलबीघा क्षेत्र के भौंरापाट को केन्द्र में रखकर उन स्थितियों को बहुत गहराई से विश्लेषित किया गया है जिनसे वहाँ के मूल निवासियों की असुर संस्कृति को ग्लोबीकरण की प्रक्रिया लीलती जा रही है। इस क्षेत्र में 'वेदान्त'—जिसे उपन्यासकार ने 'वेदांग' का नाम दे दिया है—जैसी बड़ी बहुराष्ट्रीय कम्पनियाँ जिस प्रकार बॉक्साइट की खानों से दिनोदिन मालामाल होती हुई मूल निवासियों को साक्षात् नरक में धकेल रही हैं, उसका पीड़ा-भरा आख्यान यहाँ रचा गया है। उपन्यास का आकार अत्यन्त संक्षिप्त, मात्र 100 पृष्ठीय, होते हुए भी कथा-वितान की जो विस्तृति है, वह आश्चर्य में डालने वाली है और सहज ही विश्वास नहीं होता कि किसी नए लेखक का प्रथम उपन्यास कथ्य और शिल्प की दृष्टि से इतना चाक-चौबन्द भी हो सकता है। इस क्षेत्र में जो असुर जातियाँ हैं, उनका नृवंशशास्त्रीय अध्ययन उपन्यासकार कथा के माध्यम से प्रस्तुत कर सका है। असुर संस्कृति किस प्रकार पूरे देश और अमेरिका आदि में फैली हुई थी, इनके सूत्र खोजता हुआ लेखक उत्तर प्रदेश, बिहार तथा अमेरिका के रेड इंडियंस की जड़ों तक जाता है। 'वेरियर एल्विन से लेकर एम. सी. राय तक' के ग्रन्थ कथा-वक्ता मास्टर जी के 'कमरे की टेबल की शोभा बढ़ा रहे थे', अर्थात् इन सबके आधार पर असुर जन-जातियों का गहन अध्ययन कर उनके अतीत और वर्तमान में झाँका गया है। सबसे पहले यह प्रस्थापित किया गया है कि असुर वास्तव में राक्षस नहीं थे, परम्परा में उनका जो विकराल रूप बताया गया है, वह सब बाद में गढ़ी गई कल्पनाएँ हैं, "असुरों के बारे में मेरी धारणा थी कि खूब लम्बे-चौड़े, काले-कलूटे भयानक, दाँत-वाँत निकले हुए, माथे पर सींग-वींग लगे हुए लोग होंगे। लेकिन लालचन को देखकर सब उलट-पुलट हो रहा था। बचपन की सारी कहानियाँ उलटी घूम रही थीं।" परम्परा से चली आती लोक-श्रुतियों और कुछ नृवंशशास्त्रीय ग्रन्थों ने असुरों का बड़ा भयानक और 'जंगली' जैसा

चित्रण किया है, "सारे देवासुर संग्राम का लास्ट सीन पहले से फिक्स्ड। दूसरी एथ्रोपॉलोजी की 1926, 1947 या 1966 की किताबों में छपी केवल कॉपीन पहने मर्द और छाती तक नंगी औरतों वाली तस्वीरों वाले असुर।"[1] असुरों के स्वरूप की यह व्याख्या नई नहीं है किन्तु इस क्षेत्र की जनजातियों को देखकर उनके मूल रूप की खोज अवश्य नई है। मास्टर जी को सहसा विश्वास नहीं होता कि असुर समाज में एतवारी जैसी 'छरहरी-सलोनी' सुन्दर लड़की भी दिखाई दे सकती है। वैदिक कालीन संस्कृति में असुर देव रूप में ही मान्य थे, विश्व की प्राचीन सभ्यताओं में भी 'असुर' की मान्यता राक्षस के रूप में नहीं है, प्राचीन असरिया-बेबीलोन सभ्यता में असुर का अर्थ बलवान पुरुष ही होता है। अपने यहाँ भी सायणाचार्य असुरों को बलवान, प्रज्ञावान, शत्रुओं का नाश करने वाला और प्राणदाता पुकारते हैं। "ऋग्वेद के प्रारम्भ के लगभग डेढ़-सौ श्लोकों में असुर देवताओं के रूप में हैं। मित्र वरुण, अग्नि, रुद्र सभी असुर ही पुकारे जा रहे हैं। बाद में यह अर्थ बदलने लगता है और असुर दानव के रूप में पुकारे जाने लगते हैं।"[2] इस खनन क्षेत्र में रहने वाले असुर लोग 'मोटा-मोटी' तीन भागों में बँटे हैं—बीर असुर, अगरिया असुर और बिरजिया असुर। लेखक ने स्पष्ट किया है कि 'बीर' यहाँ बहादुर के सेंस में नहीं आया, बल्कि जंगल के अर्थ में आया है। असुर जातियाँ, यहाँ से लेकर उ.प्र. के आजमगढ़, बिहार के गया जिलों तथा अमेरिका के रेड इंडियंस में असुर संस्कृति के सूत्र खोजता हुआ जिन ऐतिहासिक साक्ष्यों के आधार पर प्रायः विलुप्ति की ओर बढ़ते इन आदिम समाजों का जो लोक जीवन अत्यन्त गहरे रंगों में बहुत डूबकर चित्रित कर सका है, वह ग्लोबल संस्कृति के द्वारा रौंदे जाने का भयावह रूप है। खानों के खनन ने असुरों की 'बदहाल ज़िन्दगी' को 'संस्कृतिविहीन', भाषाविहीन, साहित्यविहीन, धर्मविहीन' कर एक प्रकार से उनको विस्थापित कर वहाँ के नव धनाढ्य वर्ग के लिए 'सिल्वर सिटी' सृजित कर डाली है जो स्वर्ग के 'नन्दन कानन' से कम नहीं है, "फूलों, पार्कों से लदी हरी-भरी खूबसूरत कॉलोनी। एक से एक स्कूल, चमचमाते बाज़ार, क्लब घर, योगा केन्द्र, लाइब्रेरी, खेल के मैदान और न जाने क्या-क्या। सुन्दर-सुन्दर कुत्तों को घुमाती सुन्दर-सुन्दर महिलाएँ, बर्फ़ के गोलों से गुलथुल उजले-उजले बच्चे, रंग-बिरंगी गाड़ियाँ। लगा इन्द्रलोक धरती पर उतर आया हो।"[3] दूसरी ओर बॉक्साइट निकाले जाने से भूमि में जो गड्ढे हो जाते हैं, कम्पनियाँ उन्हें भरवाती नहीं हैं जबकि खनन की शर्तों के अनुसार कम्पनियों द्वारा ही गड्ढों को भरवाया जाना चाहिए, गड्ढों में पानी भर जाने से जो पोखर-से बन जाते हैं, उनमें यहाँ के बच्चे सुअरों के बच्चों की तरह लोट लगाते हैं और तरह-तरह की जानलेवा बीमारियाँ पाल लेते हैं, "...एक तरफ़ इन खानों ने मजूरी दी तो दूसरी तरफ़ बरबादी के सरंजाम भी खड़े किए। पिछले पच्चीस-तीस सालों में खान-मालिकों ने जो बड़े-बड़े गड्ढे छोड़े हैं, बरसात में इन गड्ढों में पानी भर जाता है और मच्छर पलते हैं। सेरेब्रल मलेरिया यहाँ के लिए महामारी है, महामारी। गुड़ीकरण से साल-दो साल पर भेंट होती है किन्तु इन जानमारू से तो हर रोज़ भेंट होंगी।"[4] ग़रीबी, लगभग भुखमरी में जीते ये लोग पूरी तरह शोषण की चक्की में पिसते हुए यहाँ के उच्च वर्ग के लिए महज़ एक आहार हैं, इनकी बहू-बेटियाँ उनके जंगलों में रखैलों की तरह काम करने वाली बाइयों के रूप में जाती हैं तथा ये ही विधायकों, सांसदों, अफ़सरों, ठेकेदारों के लिए रात के एकान्तों में परोसी जाती हैं। इलाके की लड़कियाँ किन स्थितियों में यहाँ के तंत्र का आहार बनती थीं, उसका एक चित्र यह है, "पाट के दो दर्जन से ज़्यादा खदानों के मेठ-मुंशी सब बाहर वाले थे। किसी ने परिवार नहीं रखा था। सबको डेरा में काम के लिए असुर लड़कियाँ ही चाहिए थीं। क्यों चाहिए यह बताने की ज़रूरत थोड़े

ही है। रामचरन जैसे बिगड़ैल असुर जवान ही उनके हथियार बनते और बड़ी आसानी से एक-एक डेरा में दो-दो, तीन-तीन लड़कियाँ खटती दिख जातीं। फिर उन्हें रामरती बनने में देर नहीं लगती।"[5]

उपन्यासकार ने असुर संस्कृति को मिथ और इतिहास के परिप्रेक्ष्य में विश्लेषित करने के लिए नई कथा-युक्तियों का प्रयोग कर कथा में कई अवसर अनुस्यूत किए हैं। वैदिक काल से लेकर भारत और यूनानी मिथक कथाओं में जिस प्रकार असुरों को लगभग समान रूप में प्रकल्पित किया गया, यहाँ की जनजातियों में भी देव-असुर-सृष्टि का लगभग एक ही रूप दिखाई देता है—वैदिक समाज के अंगिरा ऋषि से उत्पन्न अग्निवंशीय सन्तानें, यहाँ के अगरियों की भी अग्नि से उत्पत्ति, "ग्रीक कथाओं में भी प्रमथ्यू स्वर्ग से आग चुराकर लाता है तो देवता उसे सज़ा देते हैं। सिंगवोगा-सूर्य देवता द्वारा असुरों को सज़ा देने की कथा प्रचलित है।" इसी प्रकार देवासुर-संग्राम और समुद्र मंथन, आदि की कथाओं में असुरों के छले जाने की कथा-विश्लेषण-युक्ति से लेखक का निष्कर्ष यही है कि मुख्य धारा के लोग सदैव ही यहाँ के मूल निवासियों को पीछे धकेलते हुए उनको अपने शोषण का शिकार बनाते रहे हैं। केवल यहाँ ही नहीं अमेरिका के इंका, माया, एज्टैक और सैकड़ों अन्य रेड इंडियंस को भी इसी तरह खदेड़ा गया था, "इसी तरह से खदेड़े जाने वाले, इसी तरह से मार दिए जाने वाले असुरों की तरह ही उनकी भी चन्द संख्या ही बची थी।" "आज़मगढ़ से चौबीस किलोमीटर दूर घासी नामक स्थान पर मिट्टी के क़िले के अवशेष हैं, जिन्हें जनश्रुति असुरों का मानती है। वहाँ के कुंवर और मुंगी नदियों के किनारे के खंडहरों को लोक आज भी असुरों का ही मानता है। आरा से तीन किलोमीटर दूर बकरी गाँव बकासुर द्वारा बसाया कहा जाता है और इसी प्रकार गया को गयासुर नामक असुर द्वारा बसाया बताया जाता है। इस प्रकार पूरे देश में असुर संस्कृति के चिह्न मिलते हैं—इन्हें खदेड़कर जंगलों और सीमान्त क्षेत्रों में पहुँचा दिया गया। लेखक की चिन्ता यह है कि ग्लोबल गाँव के देवता—बहुराष्ट्रीय कम्पनियाँ—इन्हें अब पूरी तरह यहाँ से भी खदेड़ देना चाहती हैं—यहाँ से उजड़कर अब ये कहाँ जाएँ। सैंतीस गाँवों में बसे हज़ारों परिवार आखिर जाएँगे कहाँ?"

जिस प्रकार आज खनन क्षेत्र के आदिवासियों की ज़मीन को हथियाया जा रहा है, उसी प्रकार "अमेरिकी महाद्वीप में यूरोपीय आबादी की बढ़ती लहर और सोने की खानों के लोभ में मूल निवासियों को बार-बार पीछे ठेलने के लिए विवश किया गया। साम्राज्यवादी शक्तियाँ येन-केन भूमि पर कब्ज़ा ज़माने की नीति पर निरन्तर आगे बढ़ रही थी, जिसका प्रतिरोध करने के कारण 1759-61 के बीच चेराकी युद्ध और सन् 1763 में ओटावा विद्रोह जैसी घटनाएँ घटीं।" फिर 1830-40 ई. में जिस प्रकार आदिवासियों को अमेरिका में जिन संघर्षों से गुज़रना पड़ा, उन सबका बड़ा रोमांचक वर्णन उपन्यास में किया गया है, जिसका आधार 'वेरियर ऐल्विन से लेकर एम. सी. राय तक' के ग्रन्थ और इस क्षेत्र का लोक-जीवन है। लेखक ने अमेरिका में जनजातियों के साथ हुए दुर्व्यवहार और उसके संघर्ष के ऐतिहासिक विवरण प्रस्तुत किए हैं। सन् 1811 ई. में शहनी जनजाति के प्रधान तेक़मसेह और उसके भाई फ्रोफेट ने इंडियनों का एक महासंघ बनाया था किन्तु टेप्पेकेनोय की लड़ाई में वे पराजित हुए, लेखक का नृवंशीय शोध का यह विवरण बड़ी गहराई से अमेरिकी रेड इंडियन जातियों के संघर्ष को दस्तावेज़ी रूप में चित्रित करता है, "भूमि हड़पो अभियान को 1820 ई. के दशक में राज्य नीति में तब्दील कर दिया। सन् 1825 में राष्ट्रपति मनरो ने आधिकारिक रूप से यह प्रस्ताव रखा कि दक्षिणी महासंघ के इंडियनों को अपने इलाक़े ख़ाली कर मिसिसिपी नदी के पश्चिमी इलाक़ों में जाकर

बसना होगा। लेकिन चेराकी जनजाति संघ ने 1828 ई. में अपना संविधान बनाया और अपनी भूमि पर अपनी सार्वभौमिकता घोषित कर दी। अमेरिकी सर्वोच्च न्यायालय ने चेराकियों के भूमि स्वामित्व को मान्यता प्रदान की। किन्तु राष्ट्रपति एंड्रयू जेक्सन, सर्वोच्च न्यायालय की भावनाओं से सहमत नहीं था। उसने 1830 ई. में इंडियन रिमूवल एक्ट बनाया। सरकारी बजट में 'इंडियन रिमूवल' के लिए विधिवत् धनराशि अंकित की जाती थी। 1837 ई. में फ्रीक जनजाति के चौदह हज़ार लोग विस्थापित किए गए। 1835-1840 के बीच सेमिनोल जनजाति को उजाड़ने में चार से छह करोड़ डालर ख़र्च किए गए। सोलह हज़ार चिराकी जनजाति के लोगों को सेना ने घेरकर कैम्पों में बन्दी बनाकर रखा। पूरी गरमी बीत जाने के बाद, बरसात के दिनों में 1838 ई. में उन्हें 1500 किलोमीटर की यात्रा पर ज़बरन भेज दिया गया। लकड़ी की खच्चर गाड़ियों में उनका सामान लाद दिया गया। लगभग आठ हज़ार बच्चे, बूढ़े, बीमार, महिलाएँ इस यात्रा में मारे गए। कुछ वर्षों बाद 1851 ई. में 48 खच्चर गाड़ियाँ नर कंकालों से भरी हुई प्रसिद्ध ओरेगॉन पगडंडी (ट्रेल) के रास्ते सैकरोमेंटो पहुँचीं। इस त्रासदीपूर्ण यात्रा को 'आँसुओं की पगडंडी' का नाम दिया गया।"[8]

उपन्यासकार ने यहाँ की लोक-संस्कृति को अत्यन्त सूक्ष्मता में चित्रित कर उनके तीज-त्योहार, लोक गीत, खान-पान, रहन-सहन, युवक-युवतियों में सहजीवन की अघोषित स्थितियाँ, ज़मीन के अधिग्रहण की कष्टदायी प्रक्रिया, आदि का बड़ा गहरा और प्रामाणिक परिचय दिया है—इस समाज का बिलकुल अंग बनकर। इसीलिए इस समाज के विभिन्न पात्र—लालचन दा, रामझुम, रुमचन, सोमा, भीखा, गोनू सिंह, बालचन इतने प्रामाणिक और जीवन्त बन सके हैं। इन पात्रों के विभिन्न क्रिया-कलापों से यहाँ का लोक-जीवन साक्षात् होता चला जाता है। अपने देवता सिंगबोंगा की तरह असुर आदिम जाति बहुत बलिष्ठ और कर्मठ है, "आग से उत्पन्न, कभी लोहा पिघलाने और पिघला लोहा खाने वाले लोग खुद भी लोहा थे। केवल मक्का या कन्दा खाकर लोग इतना खट सकते हैं, यह विश्वास नहीं होता।" पाट की बंजर पत्थर-सी दिखती 'पथरीली ज़मीन' को कोड़-जोत कर तैयार करने में उनकी जीवटता दिखाई देती और उनका उत्सवधर्मी समाज "श्रम रस से डूबते, उभरते, सरहुल, हरिअरी, सोहराय, सडसी-कुटासी पर्व-त्योहारों में, अखड़ा में, जदुरा, झूमर, करम नाचते, अपने बैगा-पूजार-पाहन के साथ सामुदायिक जीवन जीते, वे ज़िन्दगी का घोड़ा दौड़ते रहते।"[9] इस समाज के कष्ट, दुख-दर्द, संघर्ष—सभी पर उपन्यासकार की दृष्टि जाती है, "अधिकांश परिवारों के पास इतनी ज़मीन होती ही नहीं कि साल-भर खाने के लिए मक्का भी मिल सके। जिस घर में मजूरी खटने वाले हाथ रहते हैं वे तो खान-खदान में खट कर पेट पाल लेते किन्तु जिन घरों में खटने लायक़ समाँग नहीं होता उस घर का पेट तो जंगल ही पालता। महुआ, कटहल कई तरह के कन्द और साग, सब पेट भरने के काम आते। एक कस्सा कन्दा तो खाने के पहले बहुत ही मेहनत करवाता। पहले उसे लकड़ी की राख के साथ उबाला जाता। फिर रात-भर दोन खेत में उसे नीचे रखा जाता, जिससे छोटी पतली धार गिरती हो। रात-भर धार के नीचे रहने के बाद भी उन कन्दों में कस्सापन बचा रहता किन्तु खाने लायक़ हो जाता।" इस प्रकार का कठिन जीवन यापन करते इस समाज के लोग अपनी गरीबी का दुखड़ा किससे कहें, उनका विलाप बहुत दारुण है, "अन्दर से बुरी तरह टूट चुके समाज का विलाप। भूख और ग़रीबी ने अन्दर से इतना खोखला कर दिया है कि सामाजिक व्यवस्था चरमरा गई है। अखड़ा में बैगा-पाहन-पुजार और गाँव के बड़े-बूढ़ों की बात का वज़न दिन पर दिन घटता जा रहा है। ठीक ही बात है कि घर में तीन-चार माह से

ज़्यादा का अनाज नहीं हो तो कौन बेटों को गाँव छोड़ने और बेटियों को डेरा में काम के बहाने रखनी बनने से रोक सकता है।" यहाँ की लड़कियों और विधवाओं को ज़िन्दगी का जो त्रास गरीबी के कारण भोगना पड़ता है, उसका यथार्थ यह है, "कसाइयों के हाथ में पड़ी गाय-सी ये बेटियाँ बार-बार पेट गिराने से असमय ही बुढ़ा जाती हैं। ये नवयुवती-वृद्धाएँ दुख-विषाद से स्याह चेहरा-देह लिये जहाँ से गुज़रती हैं, एक उदासी-सी छा जाती है। इनकी निगाहों में उग आए कँटीले सवालों की चुभन से समाज चेहरा छुपाता रहता है।" वस्तुतः इस समाज में "औरतों को पीकदान की तरह इस्तेमाल किया जाता है। यहाँ 'लड़कियाँ इफ़रात में भी' हैं और इस मातृ-प्रधान समाज में 'ग़रीबी की रपटीली राह' को 'चाँदी के सिक्के' चमत्कृत करते थे। पंडित जी जैसे लोग इन लड़कियों-स्त्रियों की मजबूरियों को भुनाना अच्छी तरह जानते थे, इन स्थितियों का बड़ा व्यंग्यपूर्ण चित्रण लेखक ने किया है।[10] प्राचीन समय में लोहा पिघलाने, गलाने वाले तथा लोहा खाने वाले ये लोग बड़ी जीवट के लोग थे। बंजर, पथरीली भूमि को कृषि योग्य बनाने में जो देह-तोड़ परिश्रम ये लोग करते थे, उसमें विश्रान्ति केवल नृत्योत्सव, लोक-गीत-गायन में ही मिल पाती थी, "इसी श्रम रस में डूबते-उमगते, सरहुल, हरिआरी, सोहराय, सडसी-कूटासी पर्व-त्योहारों में, अखड़ा में, जदुरा, झूमर, करण, नाचते, अपने बैगा-पूजार-पाहन के साथ सामुदायिक जीवन जीते वे ज़िन्दगी का घोड़ा दौड़ते रहते।"[11]

इस पारम्परिक जीवन-शैली को बॉक्साइट खानों का खनन और उसकी व्यवस्था पूरी तरह बदलकर उन्हें राजनीति और प्रशासन के अपराधीकरण की मिलीभगतों का शिकार बना रही है। कथा-नायक और कहानी के वक्ता (नैरेटर) मास्टर के कोयलबीघा के भौंराघाट जैसे दुर्गम, पहाड़ के ऊपर, जंगलों के बीच पी.जी.टी. गर्ल्स आवासीय विद्यालय में नियुक्ति को निरस्त कराने के लिए क्षेत्र के विधायक की जिस रूप में सहायता माँगी जाती है, वह सीधा-सीधा राजनीति के जीवन में हस्तक्षेप का उदाहरण बनता है और यहीं से पूरी कथा में राजनीति के दख़ल का सिलसिला शुरू हो जाता है। कोयला बीघा क्षेत्र में न केवल वेदांग और शिंडाल्को जैसी बड़ी कम्पनियों के दफ़्तर और क्वार्टर्स हैं, अपितु ग्रामीण बैंक, सरकारी स्वास्थ्य केन्द्र, प्रखंड विकास कार्यालय, आदि हैं जिनमें तरह-तरह से भ्रष्टाचार व्याप्त रहता है। कुछ कार्यालय अपराध के अड्डे बन गए हैं, हल्का कर्मचारी का किराए पर उठाया कमरा यह दृश्य उपस्थित करता है, "क्वार्टर की दूसरी कोठरी में इतना शोरगुल, हो हंगामा, देर रात में मार-पीट। नींद हराम हो गई। मालूम हुआ ठेकेदार अंसारी साहब हैं और उनकी एक रखनी है रामरति। दोस्त-यार जुटते हैं। दारू-शराब चलती है।...रोज़ रात का यही रूटीन—तीन सौ पैंसठ दिन, बिना नागा। आगे का इंटरेस्ट हो तो उसकी भी व्यवस्था। रूलाई-धुलाई के बाद ज़िन्दा ब्लू फ़िल्म, बिना टिकट। फुल बल्ब लाइट, किवाड़ खिड़की खुल्ला। कोई लोक-लिहाज नहीं। इन दिनों का एक औद्योगिक अंचल की इस बस्ती का यह दृश्य किसी भी औद्योगिक बस्ती का सच है, औद्योगिकीकरण और वैश्वीकरण का एक नंगा सच। धर्म-कर्म के नाम पर असुर समाज को किस प्रकार ठग जाता है और आडम्बरी सन्त-महन्त किस प्रकार ग़रीबों का शोषण करते हैं, इसे शिवदास बाबा और उनके कंठी आन्दोलन/अभियान के माध्यम से चित्रित किया गया है। धीरे-धीरे शिवदास बाबा ने बालिकाओं की शिक्षा के लिए विद्यालय खोल दिया और उन बच्चियों के कौमार्य का भोग स्वयं लगाते रहे। उनकी ख़ास भक्तिनों ने इस व्यवस्था को और मज़बूत कर दिया—पुलिस-थानेदार सभी को बाबा के सामने मुँह की खानी पड़ी। बाबा का वर्चस्व राजनीतिक क्षेत्र में भी होने लगा, उनके भक्तों में से 'एक लोकसभा और विधानसभा में पहुँच गए।' बाबा जी

के दबदबे के सामने नौकरशाही भी पानी भरने लगी और उनके लिए एन.जी.ओ. संस्थाओं का संजाल बिछा दिया, "अब तो लक्ष्मी, कुबेर, वरुण, इन्द्र सबके सब बाबा के आश्रम के स्थायी वासी हो गए। एक रिटायर्ड अनुभवी आई.ए.एस. बिना बाबा के कहे स्वयंसेवी संस्था का निबन्धन करवा लाए। दूसरे, रिटायर्ड आई.ए.एस. ने सिविल इंजीनियर, कृषि विशेषज्ञ, पशु चिकित्सक, बाग़वानी विशेषज्ञ आदि प्रोफ़ेशनल्स की टीम खड़ी कर दी। शेष काम इन दोनों सेवानिवृत्त हाकिमों के कार्यरत जूनियरों ने किया। पैसों की तो बारिश होने लगी।"[12] धर्म और राजनीति के अपराधीकरण का यह घिनौना पक्ष यहाँ सूक्ष्मता, गहराई और चिन्ता से चित्रित हुआ है। शिवदास बाबा और उनके बालिका स्कूलों की दास्तान सरकारी संस्थानों ने विकास के नाम पर सरकारी काग़ज़ों में जो खानापूरी की है, उसका मॉडल बनता है सरकारी आवासीय गर्ल्स स्कूल जिसमें "आदिम जाति असुर-बिरजिया बच्चियों की संख्या दस प्रतिशत से ज़्यादा नहीं थी।" सोमा के बाबा ने एक एकड़ खेत मात्र पाँच हजार रुपए में खदान के दलाल को दिया था, इसी प्रकार की धाँधलियों के विरुद्ध लालचन और रुमझुम जैसे लोग सामाजिक दबाव बनाते हैं। इसी इलाके में गोनू सिंह जैसे बाहुबली अपना वर्चस्व बनाए हुए हैं, गोनू सिंह का बाप इला़के का नम्बरी डकैत था जिसने "डकैती की कमाई से तीन एकड़ टाँड़ को तीस एकड़ दोन में बदल दिया। अब गोनू की बारी थी। उसने डकैती का रूप रंग बदल दिया था। हाई स्कूल तक की पढ़ाई काम आई। विधायक के संग ब्लॉक-थाना, ज़िला-कचहरी, घूमने-फिरने के अपने फ़ायदे थे। उसने बाजू के बदले दिमाग का इस्तेमाल किया।" "बाप की तीस एकड़ दोन भूमि को गोनू सिंह ने पचास की उमर पार करते सौ एकड़ में अपनी हिकमतों से बदल दिया था।"[13] गोनू सिंह की कारगुज़ारियों का चित्रण करता उपन्यासकार उन विवरणों में चला जाता है कि किस प्रकार 17वीं शती में मैसाच्यूट्स के राजा मैटाकोम ने अमेरिका के मूल निवासियों का विनाश किया था, और फिर किस प्रकार अंग्रेज़ो ने बड़ी निर्दयतापूर्वक राजा मैटाकोम का सिर काटकर बरस बर्षों तक सार्वजनिक स्थान पर लटका दिया गया था जिससे वहाँ के आदिवासी आतंकित होते रहें। यही स्थिति आज लालचन दा के चाचा के कटे सिर की होकर रह गई है। आज चारों ओर इन जनजातीय बस्तियों में अपराधी-वृत्ति पनप रही है, तीर-धनुष, कुल्हाड़ियाँ, कट्टे, लाइसेंसी बन्दूकें और रायफलें आपसी लड़ाई-झगड़ों में ख़ूब इस्तेमाल हो रही थीं। युवकों में सुलगते उस प्रतिरोधी स्वर का परिचय भी मिलता है जो पूरे इलाके के युवकों की लामबन्दी कर रहा है। डाक्टर रामकुमार, लालचन, रुमझुम और संघ के लड़के ज़मीन हथियाने, हत्याओं, प्रखंड-आंचल के दफ़्तरों आदि की मिलीभगत से परेशान हो खदान-प्रबन्धनों को चुनौती देते हैं, "पूरे पाट के तीस-चालीस खदानों में काम रुकवाकर उन्होंने सीधे नए देवताओं को चुनौती दे दी थी। नयका देवता लोग, आकाशचारी और ग्लोबल गाँव के वासी थे। उनमें गज़ब की एका थी। खदानों की सात दिनों की बन्दी और सशस्त्र बल के वापसी से ग्लोबल गाँव के देवताओं में खलबली-सी मच गई।" किन्तु इतनी बड़ी कम्पनियाँ यूँ ही तो हार मानने वाली नहीं, "बातचीत के लिए जाते ललिता, बुधनी दी, गन्दूर एतवारी, लालचन दा के बाबा और पन्द्रह लोगों की धज्जियाँ लैंड-माइंस बिछाकर उड़वा दी गई थीं। अपने इस कृत्य से 'ग्लोबल गाँव के देवता' खुश थे। जो लड़ाई वैदिक युग में शुरू हुई थी, हज़ार-हज़ार इन्द्र जिसे अंजाम नहीं दे सके थे, ग्लोबल गाँव के देवताओं ने वह मुक़ाम पा लिया था।" मुख्य धारा ने आदिवासी समाज को अपने में शामिल करने से फिर इनकार कर दिया था किन्तु उपन्यास इन भयावह स्थितियों में भी एक आशा का संचार करता है। इस बॉक्साइट खान-खेत्र की नई पीढ़ी का

प्रतिनिधि सुनील राजधानी के यूनिवर्सिटी हॉस्टल से अपने असुर साथियों के साथ कोयलबीघा, पाट के लिए निकल पड़ा है क्योंकि "लड़ाई की बागडोर अब उसे सँभालनी थी।" इस प्रकार यह उपन्यास बॉक्साइट क्षेत्र के लोक-जीवन, वहाँ पसर रहे भूमंडलीकरण के डैनों के नीचे पनपती वैश्विक आर्थिकता—ग्लोबल इकॉनामी—का वह भयावह और त्रासद रूप प्रस्तुत करता है जिसने वहाँ के जनजातीय समाजों की असुर संस्कृति को पूरी तरह लील लिया है। संक्षिप्त कलेवर में कथा-वितान की ऐसी विस्तृति, गझिन बुनावट, इतिहास और मिथक की गहरी समझ, भाषा का सरस विन्यास 'ग्लोबल गाँव के देवता' को समकालीन उपन्यास साहित्य में एक विशिष्ट स्थान तो प्रदान करता ही है, एक बार फिर मेरी इस धारणा को परिपुष्ट करता है कि महत्त्वपूर्ण विशिष्ट, बनने के लिए उपन्यास का वृहदाकार होना क़तई ज़रूरी नहीं है!!

सन्दर्भ

1. *ग्लोबल गाँव के देवता*, पृ. 11, 17
2. वही, पृ. 18
3. वही, पृ. 16
4. वही, पृ. 13
5. वही, पृ. 26
6. वही, पृ. 33
7. वही, पृ. 44
8. वही, पृ. 45
9. वही, पृ. 24, 39, 53
10. वही, पृ. 28
11. वही, पृ. 61
12. वही, पृ. 35
13. वही, पृ. 28, 9-10

पश्चिम बंग की धरती पर फैले जनाक्रोश की कथा

उपन्यास के वर्तमान में एक बहुत ही महत्त्वपूर्ण घटना ('डेवलेपमेंट') यह है कि उपन्यासकारों की एक ऐसी पूरी पीढ़ी सामने आई है जिसने अपनी रचनाशीलता के प्रथम विस्फोट से ही एक चमत्कृति और आश्वस्ति दी है। उनके पहले उपन्यास को पढ़कर सहसा ही यह विश्वास नहीं होता कि यह इस ओर उनका पहला क़दम है, पूर्ण अधिकार, आत्मविश्वास और परिपक्वता के साथ उन्होंने ऐसे उपन्यास दिए हैं जो अपनी कहन, अन्तर्वस्तु, बुनावट और प्रभावान्विति से एक गम्भीर प्रभाव छोड़ते हैं। ऐसे उपन्यासकारों की एक पूरी पाँत हैं, अशोक भौमिक ('मोनालिसा हँस रही थी'), ब्रजेश के. वर्मन ('विश्वामित्र'), रणेंद्र ('ग्लोबल गाँव के देवता'), पंकज सुबीर ('यह वह सहर तो नहीं'), कुणाल सिंह ('आदिग्राम उपाख्यान'), अरुण आदित्य ('उत्तर बनवास') तथा विजय शर्मा ('दिमाग़ में घोसले') के नाम अनायास अपनी कृतियों के साथ स्मरण में आ रहे हैं। विभिन्न रूपों में ऐसे 'उपन्यास' का रेखांकन समय की आवश्यकता है। इन लोगों ने न केवल अनचीन्हे, अलक्षित क्षेत्रों और चुनौतीपूर्ण विषयों का अपने लेखन में संधान किया है अपितु उपन्यास के ढाँचे, बुनतर को भी अपने नए और विभिन्न रंगों के धागों और डिज़ाइनों से सँवारकर उसके प्रचलित रूपाकार ('फ़ॉर्म') की नवीन रूप में अभिकल्पना की है। कुणाल सिंह का उपन्यास 'आदिग्राम उपाख्यान' भी ऐसी ही आश्वस्ति लेकर आया है।

अपनी कहानियों से चर्चा में आए कुणाल सिंह अपने प्रथम उपन्यास के लिए जिस कथा-भूमि ('लोकेल') का उत्खनन करते हैं, वह बंगलादेश की सीमा से लगा 'मध्यवर्ती पश्चिमी बंगाल का एकदम 'पूर्वी छोर' पर स्थित आदिग्राम है, अपने पूरे आंचलिक रंगों में, यह हिन्दी कथा के लिए बिलकुल अजाना-अनछुआ भू-क्षेत्र है। कथा के केन्द्र में इस गाँव को स्थापित कर लेखक न केवल इस अंचल को उसकी पूरी प्राकृतिक सुषमा, भौगोलिक सम्पदा में प्रस्तुत करता है अपितु प्रान्त की राजधानी कोलकाता तक कथा का पसारा विभिन्न सन्दर्भों में फैलाता है। भूमंडलीकृत आर्थिकता (इकॉनॉमी) में विकास के नए द्वारों को खोलते भूमि अधिग्रहण के संघर्षों को जिस ज़मीनी सच्चाइयों के साथ, जिस रूप में प्रस्तुत किया गया है, वह श्याघनीय बन पड़ा है। किन्तु कथाकार के ज़हन में केवल बंगाल में सिंगूर जैसे ग्रामों की ही भूमि-अधिग्रहण की मुहिम नहीं है, गुड़गाँव, राजस्थान, आदि के विशेष आर्थिक क्षेत्र—सेज़—में भूमि-अधिग्रहण के समय चल रहे संघर्ष, हीरो होंडा (गुड़गाँव) में मज़दूरों की बेरहमी से पिटाई, आदि भी उसकी चेतना को उसी रूप में आन्दोलित करते हैं। बंगाल में वामपन्थी सी.पी.एम., आदि राजनीतिक पार्टियों ने जिस प्रकार अपने कैडरों के माध्यम से वहाँ की युवा-शक्ति को ध्वंसकारी कारगुज़ारियों में उतारा उसका चित्रण प्रत्यक्षदर्शी स्थितियों के साथ बड़ा प्रभावी बन पड़ा है। लगता है लेखक उन पात्रों और स्थितियों के बीच में से उठकर अपनी कथा का विन्यास कर रहा है, अख़बारी और दृश्य मीडिया के सूचना-संसार से अलग ज़मीनी हक़ीक़तों का यह बयान पश्चिम बंगाल के इस क्षेत्र

में निरन्तर सुलगते युवा आक्रोश को सही परिप्रेक्ष्य में विश्लेषित करता है। "...एक बार उसने बस्तर की कोई साठेक अधेड़ आदिवासी महिलाओं की रिहाई करवाई थी जिन्हें सरकार ने बन्दूकधारी समझकर जेल में डाल दिया था, जबकि सच्चाई यह थी कि वे खेतों में मज़दूरी कर अपना और अपना पेट पालने वाली ऐसी महिलाएँ थीं जिन्होंने शायद ही कभी अपनी ज़िन्दगी में कभी असली बन्दूक देखी हो। तबसे वहाँ के आदिवासी समाज में इस युवा नेता को भगवान का दर्ज़ा मिला हुआ है।"[1] अपने सीमित कथा-वृत में उपन्यासकार ऐसे अवसरों की सचेष्ट नियोजना निरन्तर करता चलता है जिनसे समकाल के प्रत्येक महत्त्वपूर्ण सवाल और समस्या पर उसे अपने ढंग से विमर्श रचने की सुविधा मिल सके। औद्योगिक विकास की ज़रूरतों में गाँवों का तेज़ी से होता शहरीकरण, ग्राम-विकास योजनाओं की ज़मीनी हक़ीक़त, विकास के नए सोपानों का सच, कारख़ानों में निरन्तर हो रही छँटनी, गाँवों में सुलगते आक्रोश में ग्राम वाहिनियों, लड़ाकू सेना, लाल सेना, आदि का गठन और युवाओं की क्रान्तिकारी सोच, राजनीति के अपराधीकरण, जगह-जगह हो रहे भूमि-अधिग्रहण में राजनीति और भू-माफ़ियाओं की कारस्तानियाँ, भूमि छिन जाने से अनेक पारम्परिक उपजों, मसालों की खेती, आदि का छूटना, सीटू जैसे मज़दूर संगठनों की अन्दरूनी राजनीति, साम्प्रदायिक मानसिकता और उसके चलते बाबरी मस्जिद प्रकरण पर वहाँ से दूर-दूराज़ के गाँवों में उसकी प्रतिक्रिया और उन स्थितियों का अपने ढंग से प्रतिरोध, आदि को जिस रूप में लेखक अपने कथा-क्रम में अनुस्यूत करता है, वह एक विस्मय देता है। इस रूप में उपन्यास का कथा-फलक छोटी-सी कथा में भी एक विस्तृति पा लेता है, कथा का पाट बहुत चौड़ा हो जाता है। उपन्यास वर्तमान और अतीत में आवाजाही करता है और हमें इतिहास की लोक परम्परा जिसे वाचिक परम्परा भी कहा जा सकता है, से परिचित कराता चलता है। इस क्रम में कथाकार ईस्ट इंडिया कम्पनी के उपनिवेशवादी शोषण चक्र का पर्दाफ़ाश करता यह बताता है कि किस प्रकार 1770 ई. से लेकर आज तक आदिग्राम का किसान अपनी भूमि बचाने के लिए निरन्तर संघर्ष की स्थिति में है। कम्पनी शासन अभी ठीक से प्रारम्भ भी नहीं हुआ था, शुरुआती दौर में ही ईस्ट इंडिया कम्पनी ने किसानों की ज़मीन हथियानी शुरू कर दी थी और किसान उसका भरपूर विरोध कर रहे थे, ठीक वर्तमान के भूमि-अधिग्रहण के प्रतिरोध की तरह, "आदिग्राम के किसानों ने जब जाना कि अब उनकी ज़मीन उनकी नहीं रही, ईस्ट इंडिया कम्पनी की हो गई है, और इस पर खेती करने के लिए उन्हें फ़सल का एक हिस्सा कम्पनी को देना होगा, तो वे मरने मारने को उतारू हो गए।"[2] यह प्रतिरोध इतना आक्रामक हो उठा था कि किसानों ने अंग्रेज़ कलेक्टर और अंग्रेज़ दारोगा की हत्या कर दी थी। औपनिवेशिक समय में ही नहीं, बाद के समय में बीसवीं शती के सत्तर के दशक में जो इसी प्रकार का विद्रोह भूमि-अधिग्रहण के विरुद्ध सुलग रहा था, उसका भी वर्णन प्रत्यक्षदर्शी की तरह किया गया है, "...लेकिन बंगाल का वह समय कुछ और था, आबोहवा कुछ और थी। घर का ऐशो-आराम, बाप-दादाओं का संरक्षण, उज्ज्वल भविष्य सब कुछ पीछे छोड़ वे वहाँ अपनी पार्टी की विचारधारा को ग्रासरूट लेबल पर फैलाने के मकसद से आए हुए थे। हाँ वह ज़माना कुछ और था, कलकत्ते में एक खूनी संघर्ष छिड़ा हुआ था। पुलिस रातों में फुटपाथों पर भिखारियों के साथ कम्बल ओढ़े पड़ी रहती थी। जैसे ही कोई लड़का सुनसान सड़कों पर लेनिन या माओ का पोस्टर लगाने की कोशिश करता—धाँय।" "महेंद्र और संघमित्रा यहाँ के किसानों को एकजुट करने में लगे हुए थे। ज़मीन उसी की जो उस पर खेती करे। किसानों के नारे बुलन्द होने लगे—जान देंगे, धान नहीं देंगे।"[3] उन्होंने हर घर से 'एक भाई, एक रुपया,

एक लाठी' का आह्वान कर किसानों की एक बड़ी फौज़ एकत्र कर ली थी। कुणाल सिंह बंग-भूमि की इन ज़मीनी सच्चाइयों को पहली बार आख्यान का रूप दे रहे हैं। यह संघर्ष लिखित इतिहास में दर्ज़ नहीं है, स्कूल में सभी किताबों में " 'चुआड़ आन्दोलन' और 'जान दूँगा, ज़मीन नहीं दूँगा' जैसे नारों का ज़िक्र" तक नहीं है। कहीं उसके लिए केवल दस्तावेज़ी प्रमाण भी जुटाता है। 27 अक्तूबर की घटना इस रूप में सुनाई जाती है, "रानी रासमणि ने इलाक़े की औरतों को बटोरकर एक लड़ाकू वाहिनी तैयार की थी। 27 अक्तूबर, 1770 की घनघोर अँधेरी रात जब कम्पनी के कुछ कारिंदे नलहाटी बाज़ार से बैलगाड़ियों पर धान लादकर चले तो उन्हें इस बात की ज़रा भी भनक नहीं थी कि उनके साथ क्या होने जा रहा है।" किस प्रकार स्त्रियों ने कम्पनी सरकार के इस अन्न को लूट लिया था, इसका अत्यन्त रोचक वृत्तान्त चित्रित किया गया है। कैसा था वह 'चुआड़ विद्रोह' जिसमें अकाल की मार से बचे लोगों, स्त्रियों और बच्चों तक, ने तीव्र प्रतिकार किया था—दो अंग्रेज़ कलेक्टरों की आदिग्रामवासियों द्वारा हत्या—"अग्रेज़ इस विद्रोह को कुचलने में नाकामयाब हो रहे थे। इलाके के बच्चे-बच्चे तक तीरन्दाज़ी में पारंगत हो चुके थे।" उपन्यास का यह प्रसंग एक दिशा देता है कि हमारे लिखित इतिहास में कितना कुछ छूट गया है, 1757 ही नहीं 1857 का सच इतिहास की किताबों से अधिक लोक स्मृति में सुरक्षित है। कम्पनी शासन के 6 वर्ष के अन्दर ही किस प्रकार बंगाल को अकाल की स्थिति में पहुँचा दिया गया, थोड़े समय बाद ही दूसरा अकाल वहाँ पड़ा और "कहा जाता है कि जब दूसरा अकाल पड़ा, कम्पनी के गोदामों में कोई एक लाख मन धान जमा रखा हुआ था।"

इस वृतान्तिक सत्य को कि इस देश, बंगाल में, अकाल अंग्रेज़ों की ही देन है, जिस प्रामाणिक रूप में उपन्यासकार ने जाना है, उसको लॉर्ड मैकाले का एक भाषण प्रमाण-पुष्ट करता है जो उसने 2 फरवरी, 1835 में ब्रिटिश पार्लियामेंट में दिया था। उसने कहा था—"मैंने भारत की इस छोर से उस छोर तक यात्राएँ की हैं और मुझे एक भी व्यक्ति नहीं मिला जो भिखारी हो, जो चोर हो। मैंने इस देश में इतनी समृद्धि देखी है, इतने उच्च नैतिक मूल्य देखे हैं और ऐसी संस्कृति के लोग देखे हैं कि मुझे नहीं लगता कि हम कभी इस देश को विजित कर पाएँगे।" प्रस्तुत सन्दर्भ में भाषण का यही अंश उद्धृत करना पर्याप्त है किन्तु भाषण का यह अंश भी जो इसी क्रम में है, उद्धृत करने का लोभ-सँवरण नहीं हो पा रहा है, "जब तक हम इस राष्ट्र के मेरुदंड को नहीं तोड़ पाएँगे जो इसकी आध्यात्मिक और सांस्कृतिक विरासत है। इसलिए मैं प्रस्तावित करता हूँ कि इस (देश) की पुरानी, प्राचीन, शिक्षा पद्धति, इसकी संस्कृति को बदलकर रख दिया जाए, क्योंकि यदि भारतीय सोचते हैं कि यहाँ जो कुछ भी विदेशी और अंग्रेज़ी हैं, वह उनके लिए उस सबसे महान् है तो वे अपना आत्म-गौरव-भाव, अपनी निजी संस्कृति को खो देंगे। वे वह हो जाएँगे जो हम उन्हें बनाना चाहते हैं, वास्तविक अर्थों में एक उपनिवेशी राष्ट्र!!"* अब तक दर्ज़ इतिहास में बंगाल पर पड़ने वाला यह पहला अकाल कम्पनी-शासन के पाँच-छह साल बाद ही आया था। ईस्ट इंडिया कम्पनी के आगमन से लेकर 1976 में सी.पी.टी.

* आई हैव ट्रेवल्ड एक्रॉस द 'लेंग्थ एंड ब्रेडथ ऑफ़ इंडिया एंड आई हैव नॉट सीन वन पर्सन हू इज़ बेगर, हू इज़ थीफ़, सच वैल्थ आई हैव सीन इन दिस कंट्री, सच हाई मॉरल वैल्यूज़, प्यूपिल ऑफ़ सच कल्चर, दैट आई डू नॉट थिंक वी वुड ऐवर कॉन्कर दिस कंट्री, ॲनलैस वी ब्रेक द' वेरी बैकबोन ऑफ़ दिस नेशन विच इज़ हर स्प्रिच्यूअल एंड कल्चरल हेरीटेज़, एंड, देअरफोर, आई प्रपोज़ दैट वी रिप्लेस हर, ओल्ड एंड एनशिएंट एजूकेशन सिस्टम, हर कल्चर, फॉर इफ़ इंडिया थिंक दैट ऑल दैट इज़ फॉरेन एंड इंग्लिश इज़ गुड एंड ग्रेटर दैन देअर ओन, दे विल बिकम व्हाट् वी वांट दैम, ए' ट्रयूली डोमिनेटिड नेशन।" (मैकॉले का भाषण-अंश)

कम्पनी के आगमन तक किसानों को अपनी भूमि बचाने का संघर्ष निरन्तर इसी रूप में करना पड़ा है जिस रूप में आज कर रहे हैं। यह व्यथा आदिग्राम और उसके आस-पास के गाँवों की ही नहीं है जो 'ज़मीन अधिग्रहण प्रतिरोध समिति' का गठन कर एकजुट होना चाहते हैं, पूरे देश में व्याप रही बीमारी का मूल यह है कि "आदिग्राम, मुंशीग्राम, रानीरहाट, जगदलपुर, कासरीपाड़ा, आदि गाँवों की पाँच फ़सली ज़मीन को किसानों की मर्ज़ी के ख़िलाफ़, और बिना उनसे कोई पूर्ण राय लिये सरकार कैसे हथिया सकती है? "कोई भी सरकार भूमि से उजड़े किसानों की वैकल्पिक पुनर्वास योजना लेकर भूमि अधिग्रहण में प्रवृत्त नहीं होती। यह आज के ग्राम-प्रान्तर का सबसे जटिल प्रश्न है, जो एक भयावह समस्या का रूप ले चुका है। किसान और सरकार दोनों असमंजस की स्थिति में हैं कि वे विकास के इस नए प्रकल्प को किस सीमा तक स्वीकार करें। साम्राज्यवादी कम्पनी-ताक़त ने किस प्रकार भूमि अधिग्रहण से अपना वर्चस्व स्थापित किया था उसका लोक-स्मृति में बसा लोमहर्षक चित्रण कुणाल करते हैं—"फ़ौज के कमांडर ने गाँव-गाँव में घूम-घूमकर मुनादी करवा दी कि जो किसान कम्पनी को मालगुज़ारी देने में आनाकानी करेगा, उसे सरेआम कोड़े से पीटा जाएगा। अगर वह फिर भी राज़ी नहीं हुआ, तो उसे सूली पर टाँग दिया जाएगा। फ़ौजी सशस्त्र थे और किसान निहत्थे, बाल-बच्चे वाले, सो यह पूरी तरह से इकतरफ़ा लड़ाई थी। इस प्रकार रातोरात पूरे इलाक़े पर कम्पनी का राज हो गया। सारी ज़मीन एक झटके में कम्पनी की हो गई। अब किसान अपनी ही ज़मीन पर मज़दूरी करेंगे। फ़सल बोने से पहले उन्हें कम्पनी की इजाज़त लेनी पड़ेगी कि धान रोपें या मान लीजिए अफ़ीम या नील की खेती करें।"[4] इस ऐतिहासिक पृष्ठभूमि का इस्तेमाल उपन्यासकार वर्तमान की भूमि-अधिग्रहण की स्थितियों से तुलना करने के लिए करता है।

बंगलादेश के इस पड़ोसी ग्रामांचल में वहाँ के लोग किस प्रकार देशों को बाँटती प्रशासन द्वारा खींची गई भौगोलिक सीमाओं को तोड़ एक-दूसरे के देश में चहलकदमी की मुद्रा में आवाजाही करते हैं, इसका परिचय उपन्यास के आरम्भ में ही मिल जाता है। किस प्रकार बंगलादेश के बाशिंदे यहाँ पूरी नागरिकता पा जाते हैं, इसकी बानगी इस वर्णन में देखी जा सकती है, "पिछले विधानसभा चुनाव से पहले रानीरहाट-बशीरपुर सीट से खड़े होने वाले रासबिहारी घोष ने कई बांग्लादेशियों के राशन कार्ड्स-वोटर्स आई.डी. बनवा दिए थे। उसी लॉट में फाटाकेष्टो भी भारतीय नागरिक बन गया। उसने एक बंगाली लड़की से शादी भी कर ली और उससे चार-पाँच साल का एक लड़का है। वहाँ किस प्रकार 'गुलामी से छुटकारा पाने के लिए', 'गुरिल्ला वार' की तैयारियाँ चल रही हैं, उपन्यास इन सब स्थितियों में गहराई से प्रवेश करता है। वस्तुतः 'आदिग्राम उपाख्यान' इस क्षेत्र में भीतर ही भीतर सुलगते जनाक्रोश, वहाँ पनप रही अनेक लड़ाकू वाहनियों और नित्य होती हत्याओं, बलात्कारों, राजनीतिक प्रदर्शनों, इन प्रदर्शनों में हो रही हत्याओं और तरह-तरह की नृशंसताओं के सच को बड़ी कुशलता से अभिव्यक्ति देता है, "...वह जुलूस जब कलकत्ते में कोई दस लाख लोग निकल पड़े थे वियतनाम पर अमेरिकी हमले के विरोध में। कहते हैं, यह दुनिया का सबसे बड़ा विरोध प्रदर्शन था। आपको भली-भाँति याद होगा, पोस्टरों पर तब लिखा गया था—आमार नाम तोमार नाम, वियतनाम वियतनाम। आज एक बार फिर से वही नज़ारा दिख रहा है कलकत्ते की सड़कों पर बस वियतनाम की जगह आदिग्राम ने ले ली है।"[5] पश्चिम बंग में व्याप्त राजनीतिक चेतना उपन्यास में पूरी तरह प्रतिच्छायित होती है।

'आदिग्राम उपाख्यान' का सर्वाधिक सशक्त पक्ष उसमें आद्यन्त व्याप्त राजनीतिक चेतना है। अतीत से वर्तमान में बारम्बार संचरण करती कथा अपने समय में अनेक ज्वलन्त प्रश्नों से

टकराती है—ग्रामीण अंचलों के विकास का विद्रूप, वामपन्थी दलों के कैडरों की राजनीति, कैडरों द्वारा गाँवों में लड़ाकू दस्तों का विभिन्न नामों की 'वाहनियों' (सेनाओं) के रूप में गठन, वामपन्थियों के साथ 'खाक़ी निक्कर' 'रेड' और 'यलो' वालों की राजनीति, बंगाल के कारखानों में व्यापक स्तर पर हुई मज़दूरों की छँटनी, राजनीति के अपराधीकरण, सी.पी.एम. तथा तृणमूल कांग्रेस के बीच चलते संघर्ष, बांग्ला भाषी और हिन्दी भाषी समुदाय के अन्तःसम्बन्ध, साम्प्रदायिकता का उन्माद और बाबरी मस्जिद प्रकरण—सभी पर युवा उपन्यासकार की दृष्टि इस रूप में जाती है कि उपन्यास के विमर्श में युवा-सोच का ताप स्पष्टतः लक्षित होता है। उदाहरणस्वरूप ग़रीबी, ग़रीबी हटाओ तथा बी.पी.एल. कार्ड सम्बन्धी विमर्श को देखा जा सकता है। प्रत्येक प्रान्त के गाँवों में ग़रीबी रेखा से नीचे की आबादी की परिगणना और बी.पी.एल. कार्डों का जो सच है, उसे व्यंग्य के धरातल पर इस रूप में विश्लेषित किया गया है, "जिनके पास बी.पी.एल. कार्ड होता है, वे सरकारी ग़रीब हैं और जिनके पास यह कार्ड नहीं है, सरकार उन्हें अमीर मानती है। इसे लेकर पिछले साल चैत में काफ़ी हो-हल्ला हुआ था। दयाशंकर माइती के बेटे रघुनाथ ने कुछ लोगों को बटोरकर नलहाटी में एस.डी.ओ. के कार्यालय का घेराव कर दिया था।...उसका कहना था कि चूँकि वे ग़रीब हैं, इसलिए सरकार को उन्हें ग़रीब मानने में कोई दिक़्क़त पेश नहीं होनी चाहिए। पंचानन बाबू मातब्बर हैं, इसलिए उनका फर्ज़ बनता है कि वे जाकर सरकार को बताएँ, उनके गाँव में सिर्फ़ सत्ताईस लोग ही ग़रीब नहीं हैं।"[6] कुणाल सिंह का यह विश्लेषण पूरे देश के गाँवों का सच समेटे हुए है। इसकी पुष्टि कल रात (29.1.11) के टी.वी. के एक समाचार चैनल पर हरियाणा के एक गाँव से प्रसारित एक विशेष रिपोर्ट से मुझे मिल रही थी जिसमें बी.पी.एल. कार्ड धारक वे लोग दिखाए गए थे जो सरपंच के रिश्तेदार थे—सरपंच पिछड़ी सिकलीगर जाति के थे और गाँव के वे लोग भी दर्शाए गए थे जो घोर ग़रीबी में रहते हुए भी बी.पी.एल. श्रेणी नहीं पा सके थे। इसी प्रकार कैडरों की राजनीति किस प्रकार 1977 से ही बंगाल में प्रशासन, नियुक्तियों, आदि में अपना दख़ल बनाए हुए थी, इसका चित्रण ज़मीनी सच्चाइयों के साथ किया गया है। इसी प्रकार बंग-भूमि की राजनीति से अनभिज्ञ व्यक्ति के लिए 'स्ट्रेटेजिक हेमलेट प्रोग्राम' का सच पूरी तरह अजाना है, यह एक ऐसा 'ऑपरेशन' है जिसमें 'कॉम्बिंग' के ज़रिए समाज से चोर-डकैतों का सफ़ाया नहीं किया गया है अपितु बहुत बड़ी जनसंख्या का ही सफ़ाया कर दिया जाता है, "चोर-डकैत या जो भी असामाजिक तत्त्व हैं, उन्हें कॉम्बिंग से यों निकाल फेंका जाता है जैसे बालों से जूएँ। लेकिन सपोज़ कि जब बालों में ही जूएँ ही भर जाएँ, समाज में चाहे डकैतों की इतनी अधिक संख्या हो जाए कि आम नागरिक भी न हों, तो ऐसे में उस समाज से चोर-डकैतों को चुन-चुनकर हटाने की बजाय आम नागरिकों को ही हटाना ज़्यादा आसान है। इसे ही स्ट्रेटेजिक हेमलेट ऑपरेशन कहते हैं, यानी घुनों से भरी थाली में से चुन-चुनकर चावल को बीनना और अलग करना। यू अंडरस्टैंड?"[7] प्रत्येक पार्टी में जो कैडर और एस.पी.ओ. (स्पेशल पुलिस आफ़िसर) का गठन किया गया था, उन्हें इसी तरह इस्तेमाल किया जाता था। किस तरह अमेरिकी फ़ौजों ने वियतनाम युद्ध में इनकी 'भरपूर मदद' ली थी। उपन्यास में राजनीतिक सरगर्मियों के ऐसे कितने ही विवरण सोचने के लिए उत्प्रेरित करते हैं। इस प्रकार यह पूरी तरह से एक राजनीतिक चेतना का उपन्यास है।

राजनीतिक चेतना के उपन्यासों में प्रायः विमर्श विवरण में बदलकर वृत्तान्त की संवेदना को क्षत करता है किन्तु कुणाल सिंह का प्रस्तुत उपन्यास अपनी कथात्मक संवेदना, क़िस्सागोई और जीवनगन्धी भाषा, अभिव्यक्ति की ताज़गी से पाठक को बाँधे रखता हैं। मैं बहुत देर से

यह बात कहता आ रहा हूँ कि हिन्दी ने अपेक्षित मात्रा में अपनी जनभाषाओं से अपनी प्राणशक्ति ग्रहण नहीं की। किन्तु कुणाल सिंह उन थोड़े-से लेखकों में हैं जिन्होंने जनभाषा की शक्ति को चीन्हकर उसे अपनी अभिव्यक्ति के अंग-संग रखा है—जनभाषा से शब्द, उपमान और बिम्बात्मक क्षमता वे जिस रूप में ग्रहण करते हैं, वह उनकी भाषा को एक नई धज और सँवार देता है—जगह-जगह बतकही का-सा अन्दाज़, लोक कथाओं की कहन-शैली अपनी पूरी भंगिमाओं में, लोक कथाओं-क़िस्सा तोता-मैना जैसी कथा को आगे बढ़ाने की कथा-युक्तियों का बहुत सही और सटीक इस्तेमाल कुणाल सिंह ने किया है, 'कहानी में एक और कहानी'। कथा के पीछे एक दूसरी ही कथा। पहली की पूरक नहीं, एक बिलकुल ही अलग। इस तरह कथाओं का अनुवर्तन करतीं एक पर एक कई कथाएँ, कि कोई और अन्त ही न सूझता। "यही प्रविधि वे अपने उपन्यास की कथा के लिए अपनाते हैं। डाल से लटक रही चुड़ैल, सुवा, चुड़ैल के बाल, पिशाच बाँधने, कटोरी घुमाने के लोक विश्वास और अभिप्राय ('मोटिफ़') और ऐसी भाषा-शैली-" इतना कहने के बाद सुआ उड़ा और पेड़ के घनेरे में बिला गया..."दुआर पर चारों तरफ़ सुनसान था, चिरई का पूत भी नहीं था..." उन्हें और पाठक को सहज ही उस लोक में ले जाकर खड़ा कर देती हैं, जहाँ का वे चित्रण कर रहे हैं। इस लोकरंगी भाषा का यह एक उदाहरण द्रष्टव्य है, "हाँ तो एक बार की बात है कि एक फ़ौजी था। छुट्टियों में जब गाँव आता था तो हर शाम उसके दुआर पर जवान-जुहान लड़कों की भीड़ लगी रहती।...वह था भी लम्बा-चौड़ा, दोहरे बदन का। दोनों कानों पर भर-भर रोंएँ, छाती पर और बाँहों पर भी।...उसकी घरवाली बहुत पहले मर-खप चुकी थी सो मस्त मलंगों की तरह खाता-पीता और भर दोस्तों के साथ सो पड़ा रहता।"[8] कुणाल की भाषा में देशज शब्द और अभिव्यक्तियाँ उनकी भाषा को एक निजता देती हैं—'एक साँस में नई हेल जाए', 'थस्स से बैठ गया', 'सबसे डेंजी चोर', 'झमेले की बात', 'पारुल एकदम कारगिल है', 'गोलमाल है', 'खून के चहबच्चे', 'तक तक फ़ज़ीरा नहीं हुआ था, अँधेरा ही था' आदि ऐसे ही प्रयोग हैं। वस्तुतः शैल्पिक दृष्टि से भी 'आदिग्राम उपाख्यान' एक बहुत समृद्ध उपन्यास है। बस एक ही शिकायत उपन्यासकार से की जा सकती है। अपनी कहानियों और इस उपन्यास में भी कुणाल सिंह को अध्यायों के शीर्षक का ऐसा शौक़ है जिसमें वे नवीनता से चौंकाना तो चाहते हैं किन्तु यह वैचित्र्य पाठक को ज़्यादा सुहाता नहीं, वह मात्र वैचित्र्य बनकर रह जाता है, यहाँ भी दो-दो पंक्तियों में शीर्षक या कहें दो-दो शीर्षक प्रत्येक अध्याय को दिए गए हैं। यदि ये सरल और सहज होते तो ज़्यादा प्रभावी बन सकते थे, वर्तमान रूप में उनकी कोई विशेष संगति अध्याय के कथ्य के साथ नहीं बन पाती है। इस अत्यल्प न्यूनता के साथ भी 'आदिग्राम उपन्यास' एक बहुत सशक्त और महत्त्वपूर्ण, स्मरणीय, उपन्यास है।

सन्दर्भ

1. *आदिग्राम उपाख्यान,* पृष्ठ 86
2. वही, पृष्ठ 63
3. वही, पृष्ठ 98
4. वही, पृष्ठ 64
5. वही, पृष्ठ 184
6. वही, पृष्ठ 39
7. वही, पृष्ठ 180-81
8. वही, पृष्ठ 99

1857 का अलक्षित इतिहास और वर्तमान का समानान्तर सच

"नवाब सिकन्दर जहाँ और झाँसी की रानी लक्ष्मीबाई 1857 की उस घटना के दो चेहरे हैं। एक चेहरा बताता है कि उस घटना को क्यों कहा जाए क्रान्ति बजाय उसे ग़दर कहने के। दूसरा चेहरा बताता है कि आखिर क्यों हुई भारतीय इतिहास की यह महान क्रान्ति असफल? क्यों नहीं हो पाया हिन्दुस्तान नब्बे साल पहले आज़ाद?"

"असल में तो हिन्दुस्तान नाम के तीन समुद्रों और एक पहाड़ से घिरे इस भूभाग, जिसे हम देश भी कह सकते हैं, उसमें यदि कलेक्टर नाम का शख़्स किसी वस्तु की तलाश करे, और वह उसे नहीं मिले, ऐसा सम्भव ही नहीं है। रहा होगा कभी ये देश आर्यावर्त, किन्तु आज यदि इस देश का नामकरण करना हो तो ये क्लेक्टरावर्त ही होगा।"

इधर हिन्दी उपन्यास को नई रचना-पीढ़ी ने 1857 के इतिहास और ब्रिटिश साम्राज्यशाही के अनाचार और शोषण चक्र को अपनी-अपनी दृष्टि से विश्लेषित कर यह निष्कर्ष पाया है कि वर्तमान का प्रशासन तंत्र और राजनीतिक व्यवस्था उस औपनिवेशिक साम्राज्यवाद से किसी भी प्रकार कमतर नहीं हैं। कुणाल सिंह 'आदिग्राम उपाख्यान' में वर्तमान के भूमि अधिग्रहण प्रकरणों को ईस्ट इंडिया कम्पनी द्वारा इसी प्रकार किसानों की उपजाऊ भूमि के अधिग्रहण से तुलित कर विश्लेषण करते हैं। इसी क्रम में पंकज सुबीर ने अपना पहला उपन्यास 'ये वो सहर तो नहीं...' प्रस्तुत कर न केवल 1857 के इतिहास के अलक्षित अध्याय पर भरपूर प्रकाश डाला है अपितु उसकी वर्तमान से संगति बिठाते हुए भारतीय प्रशासन तंत्र में घर गए भ्रष्टाचार और कदाचार के बीज उसी औपनिवेशिक परम्परा में खोजे हैं जो अंग्रेज़ों ने हमें दी है। उपन्यास के वृत्तान्त में यह प्रतीति निरन्तर मिलती रहती है कि अंग्रेज़ अभी हमारे देश से गए ही कहाँ हैं, हमारी शासक-प्रशासक पीढ़ी बिलकुल अंग्रेज़ों की तरह ही व्यवहार करती है, लगता है कि "अंग्रेज़ देश से अभी गए ही कहाँ हैं।"[1] जिस प्रकार ब्रिटिश साम्राज्यशाही के शोषण की कहीं कोई सुनवाई नहीं हो सकती थी। उनका काटा कहीं पानी नहीं माँग सकता था। उसी प्रकार आज हो रहे प्रशासनिक अनाचारों-अत्याचारों, सभी तरह की मनमानियों की कहीं कोई सुनवाई नहीं हो सकती—प्रशासन की धुरी कलेक्टर, जिलाधिकारी हैं, ब्रिटिश राज के शोषण-चक्र का यह प्रतिनिधि अंग्रेज़ हमें विरासत में छोड़ गए थे। जिस प्रकार अंग्रेज़ों का पोलिटिकल एजेन्ट कम्पनी शासन के दौरान शक्ति का एक बड़ा केन्द्र होता था, उसी प्रकार "लगभग वही स्थिति आज के बाद के कलेक्टर की भी है। कहा ये जाता है कि आज का कलेक्टर जो अंग्रेज़ों के बाद के आई.सी.एस. का संवर्द्धित रूप है वह वास्तव में पोलिटिकल एजेन्ट ही है। उस पोलिटिकल

एजेन्ट के पास जितनी शक्तियाँ हुआ करती थीं, कमोबेश उतनी ही या उससे ज़्यादा शक्तियाँ आज के कलेक्टर के पास होती हैं।" लेखक की दृढ़ मान्यता है कि "अंग्रेज़ अपने साथ अंग्रेज़ी और आई.सी.एस. इन दो चीज़ों को ले जाते तो देश सचमुच ही आज़ाद हो जाता, लेकिन अंग्रेज़ ऐसा चाहते ही कब थे?"[2] इसी धुरी पर टिका उपन्यास का कथानक बड़े कौशल से 1857 के अलक्षित इतिहास और जिला स्तर पर चल रहे मनमाने, निरंकुश शासन-तंत्र के वर्तमान में आवाजाही करता है। लेखक ने स्वयं स्वीकारा है कि यह कथा-शिल्प उसने कमलेश्वर की प्रसिद्ध कहानी 'राजा निरबंसिया' से ग्रहण किया है।

उपन्यास इस तथ्य की भी सहज ही प्रतीति देता है कि अभी 1857 के इतिहास में कितना कुछ अजाना और इतिहास के मलबों में दबा पड़ा है। बड़े रोचक और विश्वस्त रूप में भोपाल रियासत के केन्द्र सीदपुर छावनी, उस समय के जिला मुण्य (भोपाल तो जिला बाद में बना) की 1857 के स्वतंत्रता संग्राम में भूमिका का इतिहास अपनी कथा में बड़े कौशल से विन्यस्त किया है। हिन्दू-मुस्लिम समुदायों ने किस प्रकार कन्धे से कन्धा मिलाकर कम्पनी सरकार को उखाड़ फेंकने का प्रयास किया, उसका बड़ा शोधपूर्ण, तिथि-वर्ष वार रसपूर्ण चित्रण कर लेखक राष्ट्रीयता के अहम सवाल को बार-बार उठाता है। भोपाल रियासत का इतिहास भी कम रोचक नहीं है, जिस प्रकार वह ईस्ट इंडिया कम्पनी के शासन केन्द्र-सीदपुर छावनी का एक छोटा-सा 'टप्पा' मात्र थी, वह "बाकायदा 2 अक्तूबर, 1972 तक राजधानी भोपाल का जिला बना रहा। मतलब प्रदेश की राजधानी कही जाने वाली भोपाल नगरी इस जिले के अन्तर्गत आने वाला एक टप्पा मात्र थी। या सभ्य भाषा में कहा जाए तो यह जिला था और भोपाल इसकी तहसील थी।" यह जानना भी एक अचरज से भरता है कि भोपाल रियासत बाकी देश के साथ 1947 अगस्त में आज़ाद नहीं हुई, "सारे देश के लगभग साढ़े इक्कीस महीने बाद यह क़स्बा आज़ाद हुआ–1 जून, 1949 को।"[3] भोपाल रिसासत ने जिस रूप में क्रान्तिकारी सिपाहियों के विरोध को दबाकर अंग्रेज़ों का साथ दिया, उसका वर्णन चाक्षुष यथार्थ के रूप में चित्रित किया गया है, इस रूप में कि पाठक इतिहास के इस पुनर्पाठ में डूबता चला जाता है, वह अलक्षित इतिहास है जो इतिहास की किताबों में दर्ज़ नहीं है और इसका मुख्यतः आधार बनी है उस समय के इतिहास की असद उल्ला खाँ द्वारा लिखित पुस्तक 'सिपाही बहादुर'। इस पुस्तक के अतिरिक्त अन्य ऐतिहासिक स्रोतों के आधार पर भोपाल-सीदपुर में घटित क्रान्ति के समय को लेखक तिथिवार कथा में अनुस्यूत करता चलता है। जिस रूप में सीदपुर नगर की भारतीय स्वतंत्रता-संग्राम में भूमिका रही है, वही देश के अन्य उत्तरी अंचलों का इतिहास दिखाई देता है, उसका पूर्ण उत्खनन अभी नहीं हो सका है। यह भी उस समय का भयावह सच है कि क्रान्ति में भोपाल जैसी बड़ी रियासतें अंग्रेज़ों का साथ दे रही थीं तो उनकी समीपवर्ती छोटी-छोटी जागीरें, जागीरदार देश में फैल रही क्रान्ति की ज्वाला में पूरी तरह अपने को झोंके हुए थे। यदि इन छोटी रियासतों-जागीरों को बड़ी रियासतों का सहयोग अंग्रेज़ों के विरुद्ध मिला होता तो कदाचित् स्वतंत्रता की इस प्रथम क्रान्ति का इतिहास और परिणाम दूसरा ही होता, अंग्रेज़ तभी भाग खड़े होते। जब भोपाल की नवाब बेग़म ने सत्ताईस अंग्रेज़ों की जान बचाने के लिए नर्मदा पार भेजने की योजना बनाई तो उसे लाड़कुई के जागीरदार कुन्दन सिंह ने विफल कर दिया था। वह अंग्रेज़ों को अपना जानी दुश्मन समझता था। उसने अपने साथियों के साथ इन अंग्रेज़ों पर धावा बोल दिया था। इन्दौर के बागी सिपाहियों ने भी क्रान्तिकारियों का साथ दिया था और इसी प्रकार भोपाल भोजागढ़ी जागीर के जागीरदार फ़ाज़िल मोहम्मद खाँ और आदिल मोहम्मद

खाँ ने क्रान्तिकारियों का साथ दिया था। भोपाल से सटे रायसेन जिले के ये दोनों ताक़तवर जागीरदार थे। इन्होंने बेग़म के ख़िलाफ़ खड़े होकर स्वयं अपनी फौज बना ली थी। ये दोनों भाई भोपाल की मस्जिद में इकट्ठी हुई भीड़ को अंग्रेज़ों के ख़िलाफ़ लड़ाई लड़ने के लिए प्रेरित करते थे और "अंग्रेज़ों तथा अंगेज़ों के वफ़ादारों के ख़िलाफ़ ज़िहाद छेड़ने की बात" ये लोग करते थे। वस्तुतः उपन्यासकार ने बड़े कौशल से स्वतंत्रता-संग्राम की उन घटनाओं को रेखांकित करने की चेष्टा की है जिनसे उस समय हिन्दू-मुस्लिम सम्प्रदायों में एक-दूसरे से कन्धा मिलाते हुए राष्ट्रीय आन्दोलन में अपना योगदान करने की होड़ लगी हुई थी, साम्प्रदायिक वैमनस्य उस समय नाम-मात्र को भी नहीं था। मुसलमान भी देश के लिए उतने ही समर्पित और स्वतंत्रता के उस यज्ञ में हर तरह की कुर्बानी देने के लिए तत्पर थे। वर्तमान में इस तथ्य का रेखांकन समय की महती आवश्यकता है, उपन्यासकार ने अपना यह कर्तव्य बहुत अच्छी तरह निभाया है। इसीलिए 6 अगस्त, 1857 को वली शाह ने सीदपुर छावनी में जो भाषण दिया, उसका विवरण इस रूप में नियोजित किया गया है, "...वली शाह ने अपना वह ऐतिहासिक भाषण दिया जिसने सभी सिपाहियों में विद्रोह की भावना को भड़का दिया। रामलीला मैदान से वापस आकर इन सारे सिपाहियों को वली शाह के एक भाई आरिफ़ शाह ने एक जगह एकत्र किया। इस सभा को रिसालदार वली शाह ने करीब घंटे भर तक सम्बोधित किया और जब भाषण ख़त्म हुआ तो सिपाही सुलग रहे थे।" इस भाषण के बाद ही "6 अगस्त, 1867 को सीदपुर छावनी में एक इतिहास लिखे जाने का दिन था। वो इसलिए कि सीदपुर छावनी 15 अगस्त, 1947 को देश के साथ भले ही आज़ाद न हो पाई हो, लेकिन 6 अगस्त, 1857 को ऐसा होने जा रहा था", "एक नई सरकार वहाँ अस्तित्व में आ गई 'सिपाही बहादुर सरकार'।"[4] ऐसा ही इतिहास का यह अलक्षित तथ्य है कि किस प्रकार झाँसी की रानी लक्ष्मीबाई ने भोपाल के नवाब सिकन्दर जहाँ को अंग्रेज़ों का साथ छोड़ अपने साथ आने के लिए प्रेरित किया। इन दो शासक महिलाओं को लेखक ने '1857 की उस घटना के दो चेहरों' के रूप में देखा है, "एक चेहरा बताता है कि उस घटना को क्यों कहा जाए क्रान्ति बजाय उसे ग़दर कहने के। दूसरा चेहरा बताता है कि आखिर क्यों हुई भारतीय इतिहास की यह महान क्रान्ति असफल? क्यों नहीं हो पाया हिन्दुस्तान नब्बे साल पहले आज़ाद?" फिर यहाँ एक बार राष्ट्रीय स्वतंत्रता संग्राम में हिन्दू-मुस्लिम की एकजुटता को इतिहास-दृष्टि से चीन्हा गया है, जाने गए इतिहास में मुसलमानों के इस योगदान को सही परिप्रेक्ष्य में आकलित नहीं किया गया है, "1857 के इस विद्रोह की एक और ख़ास बात यह है कि नवाब सिकन्दर जहाँ भले ही अंग्रेज़ों की मदद कर रही थी, लेकिन इलाक़े के मुसलमान पूरी तरह से अंग्रेज़ों के तथा नवाब के ख़िलाफ़ थे।...आदिल मोहम्मद खाँ, फ़ाज़िल मोहम्मद खाँ, शुजाअत खाँ, वली शाह, ये वो कुछ नाम हैं जो 1857 के उस विद्रोह के सूत्रधार थे। इस प्रकार देखा जाए जो 1857 में जहाँ एक ओर सिकन्दर जहाँ के रूप में अंग्रेज़ों की मदद के लिए मुस्लिम नवाब की उपस्थिति थी, तो वहीं इसके ख़िलाफ़ खड़ी हुई अधिकांश ताक़तें भी मुसलमान ही थीं।"[5] पंकज सुबीर के युवा उपन्यासकार ने इस तथ्य का रेखांकन कर वर्तमान के लिए बहुत बड़ा काम किया है, एक बहुत ज़रूरी सन्देश देश को दिया है। यह वर्तमान के लिए इतिहास का बहुत ज़रूरी और महत्त्वपूर्ण उत्खनन है।

उपन्यास के कथ्य का दूसरा यथार्थ 'आज़ाद भारत के कलेक्टरों' के उस मनमाने शासन तंत्र को उघाड़ना है जिनको 'ग्रेंड मुगलस से भी ज़्यादा अधिकार प्राप्त हैं', जिन्होंने अपनी मनमानी से सामान्य-जन के जीवन को बुरी तरह संत्रस्त कर दिया है। व्यवस्था का अपराधीकरण जिस

रूप में राजनेताओं तथा प्रशासन तंत्र की इस 'कलेक्टर' नामी धुरी के द्वारा हुआ है, उस पर बहुत सटीक टिप्पणी करता वृत्तान्त उपन्यास को हमारे समय का एक दस्तावेज़ बना देता है। विधायक, पत्रकार, सी.एम. तथा अन्य 'नेतागण' तथा उनके बाहुबली किस प्रकार व्यवस्था को अपने हाथ की कठपुतली बनाए हुए हैं, उस सबका प्रत्यक्षदर्शी जैसा चित्रण उपन्यास की उपलब्धि है। लेखक ने प्रथम बार राजनीति और प्रशासन के अपराधीकरण को इस रूप में विश्लेषित किया है कि भ्रष्टाचार की जड़ तक पहुँचा जा सकता है। राज्य का मुख्यमन्त्री स्वयं कुछ नहीं करता है, उसे जनता के लिए जो कुछ कराना होता है वह जिलाधीश के माध्यम से ही करता है। दूसरे शब्दों में कहें तो जन-जन तक शासन का प्रसाद कलेक्टर, जिलाधीश और उसकी पूरी मशीनरी के द्वारा ही पहुँचता है—मज़ा यह है कि कलेक्टर भी स्वयं कुछ नहीं करता है, वह सब कुछ अपने अमले द्वारा ही कराता है। उस अमले का परिचय किंचित् व्यंग्यात्मक रूप में लेखक ने इस रूप में दिया है, "यह जो हमारा कलेक्टर है, राजस्व एकत्र करने वाली मशीन का सबसे ऊपरी हिस्सा होता है। चेन कुछ इस प्रकार होती है—चौकीदार, फिर पटवारी, फिर गिरदावर, फिर नायब तहसीलदार, फिर एस.डी.एम., और फिर डी.एम.। जिस प्रकार सात रंग, सात समुन्दर, सात आसमान, सात महाद्वीप, सात सुर, सात ऋषि और सात दिन होते हैं, उसी प्रकार जिले में भी ये सात होते हैं।...ये सातों मिलकर अपने जिले में चाहे जो कर सकते हैं। मरे को ज़िन्दा कर दें या ज़िन्दा को मरा बता दें। होते रहें आप ज़िन्दा, लेकिन यदि पटवारी ने रिपोर्ट में लिख दिया है कि आप तो मर चुके हैं तो आपकी ज़मीन का नामान्तरण तुरन्त ही आपके बेटों को या उत्तराधिकारियों को कर दिया जाएगा। अब आप संवैधानिक रूप से मर चुके हैं।" नीचे से ऊपर तक अब कोई आपको जीवित मान या सिद्ध नहीं कर सकता। वस्तुतः "ये जो रेवेन्यू के सप्त ऋषि हैं, सातों यदि एक सुर में कह रहे हैं कि आज तो सूरज पूरब से नहीं निकल पाया था, पश्चिम से निकला था तो किसी की मज़ाल नहीं है जो कह सके कि 'माई बाप, हुजूर, जान की अमान पाऊँ तो इल्तिज़ा करूँ कि सूरज तो आज भी पूरब से ही निकला था, आप ही कल रात को ग़लत तरफ़ मुँह करके सो गए थे'।" वस्तुतः यह प्रशासन-तंत्र में घर कर गए भ्रष्टाचार-कदाचार को चीन्हने और उसका विश्लेषण करने का बड़ा विरल प्रयत्न उपन्यास में हुआ है। पटवारियों ने भू-सम्पदा के जो वारे-न्यारे किए हैं, उसका सशक्त चित्रण लेखक ने इस रूप में किया है, "...पटवारी तो मानो हिन्दुस्तान का चलता-फिरता नक्शा होता है। उसे रात को सोते में भी उठाकर यदि तहसीलदार पूछ ले कि खसरा नम्बर 366 की क्या स्थिति है? तो नींद से उठते ही, या बिना उठे ही बता देगा कि वह ज़मीन सरकारी रक़ब है, फिलहाल तो अमुक का कब्ज़ा है किन्तु उसने ऑफ द रिकार्ड लगान इस साल का नहीं भरा है, अतः जब भी हटाना चाहें कब्ज़ा हटाया जा सकता है।" फिर लेखक उस विस्तार में जाता है कि पटवारी भारतीय किसान को किस प्रकार ताज़िन्दगी 'खसरा, खतौनी, दाख़िल-खारिज, नामान्तरण, रक़बा, जरीफ़' जैसे शब्दों की पेचीदगियों में उलझाए रहता है। इसलिए 'गुरु गोबिन्द दोनों खड़े' दोहे की पुनर्व्याख्या लेखक यूँ करता है, "पटवारी हरि दोऊ खड़े काके लागू पाँव' में पटवारी बाज़ी मार लेगा क्योंकि हरि तो 'एक बार दर्शन देकर निकल लेंगे' पर सात पुश्तों का पाला तो पटवारी से ही पड़ना है।"[6] यह सारा विवरण अत्यन्त रोचक रूप में कलेक्टर और उसके अमले के वर्चस्व का परिचय देता है।

कलेक्टर-नामी यह सत्ता-पुरुष किस प्रकार सी.एम. के स्वप्नों-लक्ष्यों, संकल्पों को पूरा करने का बीड़ा उठाता है, इसे कलेक्टर मानवेन्द्र सिंह और उनकी चौकड़ी की कारगुज़ारियों से देखा

जा सकता है। राजनीति किस प्रकार बाहुबलियों का इस्तेमाल करती है, वीर बहादुर सिंह का प्रकरण, अपने भांजे द्वारा सांसद वीर बहादुर सिंह ने जिस प्रकार कलेक्टर मानवेन्द्र को थप्पड़ लगवाए हैं, वह सब उसका परिचय देता है, "...हमारे बड़े बूढ़े यूँ ही थोड़े कहते थे कि जिले का सबसे बड़ा गुंडा जिला प्रशासन होता है। सबसे पंगा लो पर उससे कभी मत लो। ऐसी मार मारता है कि पानी भी नसीब नहीं होता है।"[7] फिर मानवेन्द्र अपने इस अपमान का बदला जिस प्रकार लेता है, वह जिलाधीश की निरंकुश सत्ता का परिचायक है। आज जो भी सत्ता के निकट है, वह किस प्रकार अपनी आय से अधिक सम्पत्ति, अकूत सम्पत्ति का मालिक बनता चला जाता है, वकील और पत्रकार के संयुक्त संस्करण परमार का चरित्र बखूबी यही दर्शाता है। जिला प्रशासन, जिलाधीश, सी.एम. आदि के मिस उपन्यासकार राजनीति के वर्तमान से जुड़े अनेक सवालों पर अपनी पैनी नज़र डालता है, यथा प्रत्येक राज्य में सी.एम. के जन-दर्शन, दरबारों आदि के यथार्थ, कलेक्टर की गरिमा के उपयुक्त रिश्वत, कलेक्टर द्वारा पत्रकारों तथा मीडिया को ख़रीदने की विभिन्न जुगतें, पत्रकारिता जगत में व्याप्त सिद्धान्तविहीन कार्य शैली और उनके अन्य कदाचार उन्हें सरकारी खर्चे पर शिमला जैसे पहाड़ी स्थानों की सैर, भेंट में दी जाने वाली महँगी 'किट', आदि, वोट के लिए तरह-तरह के राजनीतिक छल-छन्द, दाँव-पेंच, आदि। वस्तुतः उपन्यास पुरज़ोर तरीक़े से कलेक्टर नामी प्रशासनिक इकाई को दी गई अकूत शक्ति-सत्ता का विरोध करता है और इस सन्दर्भ में आचार्य विनोबा भावे के कथन का सटीक प्रयोग कर अपने विचार की सम्पुष्टि कराता है, "आज़ाद भारत के कलेक्टरों को तो ग्रेंड मुगल्स से भी ज़्यादा अधिकार प्राप्त हैं। इस व्यवस्था को तुरन्त ख़त्म कर देना चाहिए, नहीं तो ये व्यवस्था देश को ख़त्म कर देगी। किसी भी एक का इस क़दर शक्ति सम्पन्न होना प्रजातंत्र के हित में नहीं होता, फिर भले ही वह मन्त्री हो या अधिकारी। शक्ति को, पावर को प्राप्त करने के बाद सहज बने रहना हर किसी के बस का नहीं होता है। अच्छा होगा कि अंग्रेज़ों की इस कलेक्टर वाली पद्धति को समाप्त कर कोई नई व्यवस्था की जाए।"[8] इस प्रकार उपन्यास हमारे वर्तमान में प्रशासन तंत्र तथा व्यवस्था की निरंकुश सत्ता को नकेल डालने के लिए बड़ा रोचक और सशक्त वृत्तान्त रचता है।

प्रस्तुत उपन्यास दो अन्य बातों के लिए भी देर तक स्मृति में बना रहेगा : प्रथम—जनरल ह्यूरोज़, पोलिटिकल एजेन्ट हेनरी विलियम्स तथा क़ानूनी विशेषज्ञ राबर्ट हैमिल्टन की तिक्कड़ी ने जिस प्रकार 1857 की क्रान्ति के ठंडी हो जाने पर दमन का जो क़हर क्रान्तिकारियों पर ढाया था, उसका पहली बार इतना सटीक लोमहर्षक चित्रण यहाँ किया गया है। दूसरे, सुदीर्घ ब्रिटिश उपनिवेशवादी दासता ने भारतीयों को जो अंग्रेज़-भक्त बनाकर एक मानसिक दासता दे डाली है, उसको व्यक्त करने वाली कई घटनाएँ-प्रकरण उपन्यास में प्रसंगात् आए हैं। अंग्रेज़ों के तोते की 'तोता शाह पीर की मजार' तथा अंग्रेज़ अफ़सर के पसन्दीदा घोड़े के मरने पर उसकी 'घोड़ा शाह पीर' के रूप में 190 साल बाद भी, आज भी हो रही पूजा, इसी मानसिक दासता के प्रतीक हैं। इस रूप में लेखक हमें सोचने को बाध्य करता है कि आज भी हम ऐसी परम्पराओं को क्यों पाल-पोस रहे हैं। इस रूप में उपन्यास 1857 की क्रान्ति की अलक्षित कथा को वर्णित कर ही नहीं रह जाता, वह हमारी सोच में उथल-पुथल मचाता चलता है।

अपनी शैल्पिक संरचना में भी उपन्यास एक ताज़गी का बोध देता है। विभिन्न कथा-युक्तियों को अपनाते हुए उपन्यास अपनी क़िस्सागोई के गुण से प्रभावित करता है—'कथा इतिहास की' जैसी प्रारम्भिक इतिहासपरक सुदीर्घ टिप्पणी जिसमें सीदपुर छावनी और भोपाल रियासत का

इतिहास वर्णित है, को भी पाठक पर भारी नहीं पड़ने देता है—कभी क़िस्सागो के अन्दाज़ में "हाँ, तो अंग्रेज़ों के आने से पहले यहाँ एक गाँव था जिसका नाम वही सीदपुर या सिद्धपुर जैसा कुछ था", कभी बतकही के दोस्ताना अन्दाज़ में यह वाक्य जड़ दिया जाता है, "मेरे ख़याल से मूल कथा पर आने से पहले जो इतिहास खंड है ये कुछ ज़्यादा ही खिंच रहा है। दरअसल, मूल कथा के पात्र वैसे क्यों हैं यह जानने की कोशिश-भर है।" समानान्तर शिल्प का प्रयोग करते हुए क्रम से एक अध्याय 1857 के इतिहास पर और फिर अगला वर्तमान में 2007 या 2008 ई. पर नियोजित करता हुआ उपन्यासकार इतिहास और वर्तमान में कथा की संगति बनाए चलता है। इस रूप में उपन्यास की शैल्पिक संरचना प्रभावी बन पड़ी है।

पंकज सुबीर की भाषा में ताज़ा रचाव, व्यंग्य की शक्ति की भरपूर पहचान कर उसका सार्थक प्रयोग, बतकही के अन्दाज़ का भाषा का खिलन्दड़पन तथा और भी बहुत कुछ आकर्षित करता है किन्तु उसमें शब्द-प्रयोग में कहीं असावधानी भी है। 'यह' के स्थान पर सभी जगह 'ये' का प्रयोग बहुत खटकता है तथा इसी प्रकार 'दरअसल में' जैसे अशुद्ध प्रयोग बहुत खटकते है—बोलचाल में 'दरअसल में' लोग प्रयोग करते हैं किन्तु 'दर' (= में) के प्रयोग के बाद 'में' की आवश्यकता नहीं रह जाती है। 'ये' के प्रयोग को कुछ लेखक 'स्थानीय प्रयोग' के रूप में मान्यता दे रहे हैं (एक रचनाकार ने इस त्रुटि पर ध्यान दिलाने पर कहा कि 'हम बुन्देलखंड' में ऐसा ही प्रयोग करते हैं) किन्तु आप यह क्यों भूल जाते हैं कि आप पूरे देश के लिए लिख रहे हैं, भाषा के परिनिष्ठित, मानक रूप का प्रयोग करना आपका 'पुनीत कर्तव्य' है—भाषा को लोच दीजिए पर इतनी नहीं कि लचक उसे तोड़ने ही लगे।

भाषागत इस अत्यल्प अभाव के बावजूद 'ये वो सहर तो नहीं...' समकालीन उपन्यास में अपना महत्त्वपूर्ण स्थान बनाता है।

सन्दर्भ

1. पंकज सुबीर, *ये वो सहर तो नहीं...*, पृष्ठ 10
2. वही, पृ. 30
3. वही, पृ. 20
4. वही, पृ. 151
5. वही पृ. 126
6. वही, पृ. 29
7. वही, पृ. 110
8. वही, पृ. 204

राम कथा का नया विन्यास : उत्तर वनवास

मिथक की शक्ति ही यह है कि वह प्रत्येक युग में अपना नवीनकरण करता है, रामायण, महाभारत और कृष्णकथाओं के मिथक प्रयोग युगानुरूप अपनी नई अर्थ व्याप्ति करते हैं। राम कथा को केन्द्र में रख इधर कई सशक्त उपन्यास आए हैं, यथा वर्मन का 'विश्वामित्र', इसी क्रम में अरुण आदित्य का 'उत्तर वनवास' उपन्यास है। 'उत्तर वनवास' भी अपने कथ्य के प्रस्तुति कौशल से उपन्यासकार की सफलता की आश्वस्ति देता है। जो रचनाकार जितने कौशल से मिथक को वर्तमान में प्रक्षेपित करने की क्षमता रखता है, वह उतनी ही सफलता से अपने विकट समय में विविध रूपों में हस्तक्षेप कर सकता है। अरुण आदित्य बिलकुल नई शैली में तुलसीदास के 'रामचरितमानस' की सुप्रसिद्ध पंक्तियों को वर्तमान जीवन-स्थितियों के समानान्तर रखकर देखते हैं, उन पंक्तियों की सत्यता को पुनपरिभाषित करते हुए, वर्तमान के पूर्ण अनुकूल पाकर उनका अभिप्रेत तो वर्तमान के विशेषतः ग्राम-समाज के, विद्रूपों का चित्रण है, 'रामचरितमानस' यहाँ नई कथा-युक्ति के रूप में एक सम्बल बनकर आता है। 'कलिमल हरणी' राम कथा को अरुण आदित्य ने कलिकाल के वर्तमान के कलुष को उजागर करने के लिए इस्तेमाल किया है।

उपन्यास की कथा का पट वर्तमान की सबसे बड़ी निसंगति के चित्रण से खुलता है। विकास के नए अर्थशास्त्र ने अमीरी और ग़रीबी के बीच जिस चौड़ी खाई का निरन्तर विस्तार किया है, उसके विद्रूप को बड़े व्यंग्यात्मक रूप में चित्रित किया गया है। 'घनी बबुराही और बंसवारी के बीच बनी ग़रीबों की तीन झोंपड़ियों पर रीझकर कलाकार इन झोंपड़ियों के स्कैच बनाता है और 'एक को डेवलप करेंगे'। एक सुन्दर लैंडस्केप बनाता है जिसे विदेशी कम्पनी ने तेरह सौ डॉलर में ख़रीदा।' इस प्रकार शुरू में ही लेखक कथ्य के प्रति अपना गहरा सरोकार प्रकट कर देता है, बाज़ार की उन शक्तियों पर व्यंग्य करता हुआ जो इस देश की ग़रीबी से भी पैसा भुनाना चाहते हैं। झोंपड़ियों के वासी नहीं जानते कि "वे एक बहुमूल्य कलाकृति में रह रहे हैं, न ही वे कलाकार से अपनी ग़रीबी की रायल्टी माँगने की स्थिति में हैं।" ग़रीबी का कारुणिक पक्ष है यह जिसका चित्रण कर यूरोपियन लेखक, चित्रकार और फिल्मकार ही नहीं भारत के अंग्रेज़ी लेखक भी लाखों-करोड़ों कमाते हैं। कला कृतियों की झोंपड़ियों में से एक में रामनवमी के दिन पुत्र-जन्म होता है, वे इसका नाम रामचन्द्र रखते हैं। यथार्थ यह है कि इस रामचन्द्र के पिता दशरथ-कौशल्या नहीं अपितु ग़रीब झोंपड़ी के मायाराम और मंगला ही हैं। काग़ज़ी आँकड़ों में 'देश काफ़ी उन्नति कर चुका था' किन्तु मायाराम का परिवार देश की चार-चार पंचवर्षीय योजनाओं के बाद आज भी इस स्थिति में है कि उसके सिर पर मकान के नाम पर खपरैल की छाया तब नसीब हुई जब "एक बछिया और एक मन गेहूँ के बदले हरखू कुम्हार ने चारों कमरों के लिए खपड़ा नरिया दे दिया था। इस तरह छत का इन्तजाम हो गया। थोड़ी

मशक्कत और थोड़े कर्ज़ से खिड़कियाँ दरवाज़े भी लग गए थे।" उपन्यास के पूर्वार्द्ध में लेखक वर्तमान गाँव-समाज की ग़रीबी के एक से एक मार्मिक चित्र और बिम्ब प्रस्तुत करता है—गाँव से दस मील दूर के गाँव में पढ़ने के लिए जाने पर बूढ़ी साइकिल लेने के लिए जिस प्रकार इस परिवार में एक खूबसूरत बछड़ा कम हो जाता (बेच दिया जाता) है, वह पूरे परिवार के लिए एक पीड़ा-दायक, कारुणिक अनुभव है जिसे भुक्त-भोगी ही जान सकते हैं, "मायाराम ने जब उसका पगहा पड़ोसी गाँव के घूरहू को थमाया था तो वह इस तरह होंकड़ रहा था जैसे कह रहा हो कि हमें अपने दुआरे से दूर मत भेजो। उहाँ केकरे साथ खेलूँगा? गैया-मैया का दूध कहाँ से पाऊँगा। उधर बछड़ा होंकड़ रहा था, इधर-गाय। गैया-मैया और रामचन्द्र को छोड़कर वह जाने को बिलकुल तैयार न था। जोर लगाकर बार-बार अपने खूँटे की ओर खींच रहा था। घूरहू उसका पगहा पकड़कर घसीट रहे थे और उनका बेटा पीछे से डंडा मारकर हाँक रहा था। रामचन्द्र से वह देखा नहीं गया। उन्होंने मुँह फेर लिया।"[2] कहना न होगा कि यह बड़ा अनुभूतिजन्य चित्र है, भोगे हुए यथार्थ के बिना काग़ज़ पर ये शब्द नहीं आ सकते। बछड़े का हौंकना, खूँटे की ओर खींचना, ख़रीददार द्वारा पगहा पकड़कर खींचना, उसके बेटे का डंडे से बछड़े को हाँकना, रामचन्द्र से इस दृश्य को देखा न जाना—सभी में कथाकार का मानवीय संवेदन प्रभावित करता है। वस्तुतः अरुण आदित्य अपने को नई पीढ़ी के उन थोड़े-से कथाकारों की पाँत में शामिल कर लेते हैं जिन्होंने आज़ादी के बाद के गाँवों की तस्वीर ज़मीनी सच्चाइयों के साथ चाक्षुष यथार्थ के रूप में प्रस्तुत की है। फूलकली जैसी दलित लड़की का सवर्ण ठाकुर द्वारा बलात्कार, इस घटना पर पूरे गाँव की जातीय समीकरणों के आधार पर गिरोहबन्दी, बाभन (बांभन) टोला और ठाकुर टोलों की लठैत राजनीति, पंचायतों में घुस आई वर्णवादी राजनीति, दलितों का पक्ष लेने पर रामचन्द्र को लेकर यह टिप्पणी, 'चमारों के बीच रहने से चमार हो गया है', पुलिस-थाना, कोर्ट-कचहरी व्यवस्था, आदि पर दृष्टि डालता लेखक इस निष्कर्ष पर पहुँचता है कि आज़ादी के इतने वर्षों बाद भी यह सारी व्यवस्था पुलिस थाने की जर्जर इमारत के समान है, "यह जर्जर इमारत हमारी गल चुकी व्यवस्था का एक बिंब है, अभी तक यह ढाँचा ढहा नहीं है, इसे तोड़ने का सपना देखने वाले लोग खुद इतना टूट गए हैं कि यह व्यवस्था उनके टूटने को नहीं लिख रही है।" पुलिस और थाने तक जाना गाँव वालों की अनिवार्य विवशता बन गई है, रात-दिन लठैती और डकैती के फेर में पड़ा गाँव समाज का पाला नित्य प्रति व्यवस्था के इस तंत्र से पड़ता ही रहता है। ग्राम-पंचायतों में ठाकुर-बांभन का वर्चस्व और दलितों की वही शोषित स्थिति पर भी उपन्यासकार विचार करता है। पुलिस जब रामचन्द्र को गिरफ़्तार करती है तो उससे अदावत रखने वाले कुँवर भूपेश सिंह केवल जाति और केवल जाति के आधार पर ही उसके पक्ष में कूद पड़ते हैं, "मायाराम के बेटे को हथकड़ी नहीं लगेगी। माना कि चमारों के चक्कर में आ गया है लेकिन है तो ठाकुर की ही औलाद। इज़्ज़त के साथ गिरफ़्तार करके ले जाओ, और ध्यान रखना, हिरासत में अगर इसे एक भी थप्पड़ मारा तो पूरे डिपार्टमेंट को ऊपर से नीचे तक हिलाकर रख दूँगा।"[3] अपनी शैल्पिक युक्ति से कथाकार रामचन्द्र को शहर स्वामी सत्यानन्द के आश्रय में पहुँचाता है और यहाँ से कथा में शहर, शहरी सभ्यता-सभ्याचार, राजनीति व्यवस्था, आश्रमों की पंचसितारा ज़िन्दगी और उनके स्वामियों के राजनीति के गन्दे गठजोड़, छोटे राजकुँवर जैसे लोगों का व्यवस्था को क्रीत दास बना डालना, आदि पर विमर्श रचते हुए उपन्यास वर्तमान व्यवस्था को अनेक ग़लाज़तों को सामने लाता है। आश्रमों-डेरों, आदि द्वारा जिस प्रकार आध्यात्मिकता का एक समानान्तर बाज़ार खड़ा कर दिया गया है, उस पर यहाँ

गहरी चोट की गई है। रामचन्द्र जब आश्रम के व्यवस्था तंत्र से बाहर निकलकर पहली बार भाषण देने निकला तो उसके सामने यह सत्य उजागर हुआ, "इसका भी एक पूरा बाज़ार तंत्र है। लाखों रुपए का पंडाल सजाया जाता है और उससे भी ज़्यादा के इश्तिहार दिए जाते हैं। भक्तों को जुटाने के लिए भी एक बड़ा नेटवर्क काम करता है। सब कुछ किसी कार्पोरेट गतिविधि की तरह बड़े इन्वेस्टमेंट, इंफ्रास्ट्रक्चर और ह्यूमन रिसोर्स के दम पर चलता है।"[4] आश्रम और डेरे किस प्रकार पंचसितारा होटल संस्कृति के ऐश्वर्य-भोग में संलिप्त हो राजनीति में अपना वर्चस्व बना रहे हैं, वह सर्वज्ञात तथ्य है। इसी का चित्रण गहरी लेखकीय संवेदना के साथ यहाँ हुआ है, स्वामी सत्यानन्द के आश्रम का यह जीवन्त चित्र द्रष्टव्य है, "स्वामी सत्यानन्द की रिहाई वाले दिन जेल के गेट पर ही आश्रम की चमचमाती हुई गाड़ी स्वागत में खड़ी थी। रामचन्द्र के मन में पर्णकुटियों वाले आश्रम की कल्पना थी, लेकिन यहाँ तो भव्य इमारत थी।" स्वामी जी का निजी कक्ष और आश्चर्यकारी था, "बढ़िया पलंग, सोफ़ा, टेलीफ़ोन, एयर कंडीशनर। रामचन्द्र को यह सब एक काल्पनिक दृश्य-सा लग रहा था। उन्हें लगा कि वे किसी आश्रम में नहीं, बल्कि आश्चर्य लोक में आ गए हैं।" इन आश्रमों के विशाल सम्पत्ति-सत्ता के बँटवारे के लिए जो इनमें अन्दरुनी संघर्ष चलते रहते हैं, स्वामी सत्यानन्द और धर्मानन्द के झगड़े में इसी का मुँह बोलता चित्र अंकित हुआ है। आश्रम जिस प्रकार तस्करी, दुराचार, देह-व्यापार के अड्डे बन गए हैं, स्वामी धर्मानन्द का आश्रम इस सबकी तस्वीर पेश करता है। यहीं उपन्यासकार आश्रमों, साधु-सन्तों और राजनीतिक दलों से उनकी सम्बद्धता का चित्रण कर वर्तमान की हिन्दुत्ववादी पार्टी, जिसे उपन्यास में 'राष्ट्रवादी पार्टी' का नाम दिया गया है और 'साधु-सन्तों के अन्योन्याश्रित सम्बन्धों पर चोट करता है। वह इस पार्टी के हिन्दुत्व के एजेंडे पर भी अच्छा विमर्श रचता है, "प्रबल जी, जिस हिन्दू शब्द को आप गर्व का विषय बता रहे हैं, वास्तव में वह हमारे लिए गुलामी का प्रतीक है। कितने शर्म की बात है कि हमारी पहचान भी दूसरों की दी हुई है। और हम इससे मुक्त होने के बजाय इस पर गर्व कर रहे हैं।"[5] लेखक प्रस्तावित करता है कि यह पार्टी 'हिन्दू' और 'हिन्दुत्व' के स्थान पर 'भारतीय' और 'भारतीयता' शब्द को क्यों नहीं अपना सकती। यहाँ से लेखक इस ओर मुड़ता है कि इस दल की विचारधारा किस प्रकार साम्प्रदायिकता को बढ़ावा देती है। नूरजहाँ के बलात्कार प्रसंग से लेखक आपातकाल इमरजेन्सी के दौर के काले समय का चित्रण एक रूपक के माध्यम से करता है, "सत्यानन्द अक्सर कहते हैं कि एक मरखनी गाय और बिगड़ैल बछड़े ने देश को अपने सींगों की नोंक पर उठा रखा है और सारा उत्पात उन्हीं के कारण है।"[6] कहना न होगा कि इस रूपक में इंदिरा गांधी और संजय गांधी को साफ़-साफ़ देखा जा सकता है। लेखकीय कौशल यह है कि इसमें भारतीय जनता पार्टी, कल्याण सिंह, दो साध्वियों, अडवाणी, अटल बिहारी वाजपेयी, आदि के चरित्र बिना नाम दिए भी भास्वर रूप में देखे जा सकते हैं।

मज़ार ढहाकर रामचौरा मन्दिर बनवाने के घटना-प्रसंग में पूरी तरह बाबरी मस्जिद ध्वंस और राम-मन्दिर निर्माण के घटना-क्रम और राजनीतिक चालों की उठा-पटक की छाया स्पष्टतः देखी जा सकती है। चिर परिचित तथ्यों और सत्यों का परीक्षण करते हुए अपनी दृष्टि से तत्कालीन राजनीतिक परिदृश्य पर विचार करता है। वस्तुतः राष्ट्रवादी पार्टी को भी राम-मन्दिर से कुछ लेना-देना नहीं है, असली बात तो वोट की राजनीति है। वोट की राजनीति में जातीय समीकरण, धर्म के ठेकेदार, मठाधीशों, आश्रमों, आदि की सहायता से जो गुल खिलाए जाते हैं, उन सबका चित्रण अरुण आदित्य पत्रकार की आँख से करते हैं। उत्तर भारत की राजनीति ही नहीं दक्षिण

भारत की राजनीति पर भी चुनावी समीकरण और सरकार-गठन के सन्दर्भ में खूब खुलकर विचार किया गया है, जयललिता के सन्दर्भ में यह टिप्पणी द्रष्टव्य है, "दक्षिणावर्त से एक शुभ संकेत मिला है। महानायिका अलंकृता जी हमारी पार्टी के साथ गठजोड़ करने को राजी है।". .."क्या आप नहीं जानते कि उनकी भ्रष्ट गतिविधियों के चलते लोग उन्हें अलंकृता के बजाय कलंकिता कहने लगे हैं। कुनबा बढ़ाने के चक्कर में हम लोग यह नज़रअन्दाज़ करते आ रहे हैं कि कैसे-कैसे लोग हमारे साथ आ रहे हैं। ऐसी अस्वच्छ छवि की नेत्री से गठबन्धन करके सिवा बदनामी के और क्या हासिल होगा? किन्तु गठजोड़ की राजनीति सरकार-गठन की मज़बूरी है जिसमें हमारे लिए एक-एक सांसद महत्त्वपूर्ण होगा।" इसी रूप में राजनीति की अन्य गलाज़तों पर भी लेखक प्रहार करता है।

आज शायद ही कोई ऐसा उपन्यास लिखा जा रहा हो जिसमें वैश्वीकरण की अपसंस्कृति और बाज़ारवाद की यत्किंचित् चर्चा न हो। अरुण आदित्य भी यहाँ अवसर निकालते हैं, जब रामचन्द्र अपने कवि मित्र सत्यबोध के घर से लौटते हुए बाज़ार के चक-चिक्य को देखते हैं तो उनकी यह टिप्पणी बाज़ारवाद और उसकी विज्ञापन संस्कृति के सत्य को उजागर कर देती है, "रास्ते में उन्हें हर आदमी डरा हुआ नज़र आया। बाज़ार में डर का भंडार था। हर दुकान में डर ही बेचा-ख़रीदा जा रहा था। अमुक दन्त मंजन नहीं करोगे तो कीटाणु दाँत सड़ा देंगे...अमुक साबुन से कपड़े नहीं धोए तो इंटरव्यू में फेल हो जाओगे...अमुक खाद्य तेल के अलावा अन्य कोई तेल खाया तो दिल का दौरा पड़ सकता है। आदमी को डराकर उसके डर की कीमत वसूली जा रही है।" इसी प्रकार प्रसंग निकालकर लेखक मीडिया के विकृत चरित्र पर भी चोट करता है। राजनीति के कदाचार और बाज़ारवाद के इस घिनौने रूप से रामचन्द्र भाग खड़े होते हैं। उनके सपने के विषय में केवल कवि सत्यबोध को ही पता है। सत्यबोध के इस कथन के द्वारा 'कवि हूँ, जन-जन के सपनों का हिसाब रखना पड़ता है'—मानो लेखक उपन्यास के भरत-वाक्य-सा यह सन्देश देता है कि इन सब स्थितियों से त्राण केवल शब्द-साधक ही दिला सकता है। इस रूप में लेखक वर्तमान का चित्रण-भर कर ही नहीं रह जाता अपितु समय के विकराल में सार्थक हस्तक्षेप द्वारा इस उपन्यास को विशिष्ट बनाता है। फिर इसी सन्दर्भ में मजार को हटाकर रामचौरा बनवाने के प्रयत्नों में बाबरी-मस्जिद ध्वंस प्रकरण को लेखकीय संवेदना के साथ चित्रित करते हुए तत्कालीन शासन, प्रान्त की हिन्दुत्ववादी सरकार और उसके अनेक नेताओं की पोल खोली गई है—नेताओं के नाम सीधे-सीधे नहीं लिए गए हैं किन्तु उपन्यास में आए पात्रों में उनके चेहरे साफ़ तौर पर दिख जाते हैं। नाम बदलकर बी.जे.पी. के हिन्दुत्व एजेंडे और साम्प्रदायिकता फैलाने वाले जुनून का चित्रण भी नए विमर्श और विवेकपूर्ण दिशा-निर्देशन के अनुसार हुआ है। समग्रतः उपन्यास तुलसी के मानस का एक समानान्तर पाठ वर्तमान को लक्ष्य कर रचता है। भाषा-शैली और नई शैल्पिक युक्तियों के लिए भी 'उत्तर वनवास' देर तक स्मरण में रहने वाला उपन्यास है। वह अपने कथा-नायक रामचन्द्र के जीवन को तुलसी के 'रामचरितमानस' के समानान्तर रखकर देखता चलता है और कहीं न कहीं कथा-नायक के जीवन की संगति मानस की चौपाइयों में खोज लेता है। घर छोड़ते समय जब रामचन्द्र अपने माता-पिता के पैर भी नहीं छू पाता तो उसे लाउड स्पीकर पर यह चौपाई सुनाई देती है, "राम तुरत मुनि वेष बनाई, चले जनक जननिह सिर नाई" इसी प्रकार पुनः अपने गाँव-घर आने पर रामचन्द्र को यह अनुभूति होती है, "चार दिन बाद जब रामचन्द्र घर लौटे तो उन्हें अपनी दुनिया उसी तरह बदली हुई दिखी, जैसे ननिहाल से लौटने पर भरत को एक लुटी-पिटी

अयोध्या मिली थी।" अनेक अवसरों पर इसी प्रकार 'रामचरित मानस' की चौपाइयाँ उद्धृत कर रामकथा के 'उत्तर वनवास' शीर्षक को सार्थकता दी गई है। राजेश जोशी, अदम गोंडवी, हरिशंकर परसाई, आदि की उद्धृति नई कथा-युक्ति के रूप में हुई है। उपन्यास की भाषा-शैली में भी एक ताज़ा रचाव और अपने प्रकार का कथारस है, 'कचोट' जैसे जनभाषा के अर्थ सक्षम शब्द का साहित्यिक प्रयोग तथा अन्य ऐसे कितने ही शब्द इस भाषा को अपनी गन्ध-गरिमा देते हैं। किन्तु कहीं-कहीं लेखक शब्द-प्रयोग के प्रति असावधान भी है, वर्तनी की दृष्टि से 'जाग्रत' को सर्वत्र 'जागृत' के रूप में ही प्रयुक्त करता है, इसी प्रकार 'नरक' को 'नर्क' ही लिखा गया है। इस ओर लेखक को और सचेष्ट होने की आवश्यकता है। सर्वत्र 'जाग्रत' के लिए 'जागृत' का प्रयोग बहुत खटकता है, भाषा के परिनिष्ठित रूप के प्रति लेखक को और सचेत होने की आवश्यकता है।

सन्दर्भ

1-2. *उत्तर बनवास*, पृष्ठ 19
3. वही, पृ. 105
4. वही, पृ. 123
5. वही, पृ. 93
6. वही, पृ. 65

क्रीड़ा-जगत पर एक महत्त्वपूर्ण उपन्यास

हिन्दी कथा का क्षितिज निरन्तर विस्तार पा रहा है, जीवन के प्रत्येक क्षेत्र में प्रवेश कर रचनाकार अपने अनुभव का कथा-यथार्थ प्रस्तुत कर रहे हैं। अब तक हिन्दी में खेलों की दुनिया पर कोई मुकम्मिल उपन्यास नहीं आया था, वरिष्ठ साहित्यकार रमेश दवे अपने प्रथम किन्तु पूरी तरह प्रौढ़ उपन्यास 'खेलगुरु' में क्रीड़ा-जगत को केन्द्र में रखते हैं। जब विभिन्न खेलों की अन्तर्राष्ट्रीय प्रतियोगिताओं में भारत अपना स्थान बनाने लगा है तो हमारे देश में खेलों की क्या अवस्था है, प्रतियोगी अपने खेल को किस निष्ठा, तन्मयता और लगन से खेलते हैं, कोच—खेल गुरु—अपने अन्तर्राष्ट्रीय खेल-प्रतियोगिताओं और ज्ञान तथा अनुभव से लैस होकर किस प्रकार अपने प्रतियोगियों को तराशने-सँवारने का काम किस लगन से करते हैं, उस सबका बड़ा प्रामाणिक, सूक्ष्म तथा संवेदनात्मक चित्रण लेखक की कलम से इस उपन्यास में हुआ है। कथा के केन्द्र में पटियाला का अन्तर्राष्ट्रीय प्रतिष्ठा प्राप्त नेताजी सुभाषचन्द्र राष्ट्रीय क्रीड़ा संस्थान है जिसके अन्दर कथाकार पूरी तल्लीनता से प्रवेश कर उसके अन्तर्बाह्य का अत्यन्त रोचक चित्रण प्रस्तुत करता है। (मेरे लिए यह कृति और भी पठनीय हो गई कि मैं इसके मुख्य प्रवेश द्वार से लगभग ढाई मिनट की दूरी पर लगभग 22-23 वर्षों से रह रहा हूँ, किन्तु मुझे भी इसका अन्तर्बाह्य इस रूप में ज्ञात नहीं है) जो विवरण हमारे इतने निकट रहते हुए भी निपट अनजाने हैं, रमेश दवे उनमें प्रवेश कर इस राष्ट्रीय क्रीड़ा संस्थान के मनोभूगोल को पाठकों के सामने लाते हैं, पूरी विश्वसनीयता के साथ। उपन्यास की उपलब्धि इस रूप में भी बहुत बड़ी है कि किस प्रकार लेखक ने एक ही क्रीड़ा—लम्बी कूद, 'लाँग जम्प'—पर कथा को केन्द्रित कर इस खेल के प्रशिक्षण की सारी बारीकियों की जानकारी दी है। इस खेल—लम्बी कूद—को साधने के लिए कैसी शारीरिक देखभाल, कैसी वेशभूषा और कैसी-कैसी तकनीकी विशेषताएँ चाहिए, कितने कोण—एंगिल—पर, कितनी डग की दूरी से दौड़ते हुए कूद लेनी है, आदि—इन सबके विस्तृत विवरणों में लेखक इस रूप में जाता है, मानो वह इस खेल का स्वयं कोई कुशल गुरु—कोच—हो। लेखक उपन्यास के विषय में अपना मन्तव्य इस रूप में अभिव्यक्त करता है—

"— यह मनुष्य के तन-मन की कहानी है।
— जीवन और अनुभव की कहानी है।
— आकांक्षा और स्वप्न की कहानी है।"

"वसुधा और व्योम की यह कथा देह और खेल की यह कथा, यौवन और उसकी ऊर्जा की यह कथा...।"[1]

केरल के कोट्‌याम जिले के एक छोटे-से चंगनछेरी गाँव की छोटी-सी तेरह साल की लड़की वसुधा लम्बी कूद में कैरियर बनाती हुई किस प्रकार अपने स्कूल शिक्षक मास्टर वासुदेवन से

प्रेरणा और पथ-प्रदर्शन प्राप्त कर केरल तथा बंगलौर के खेल संस्थानों से होती हुई पटियाला के राष्ट्रीय क्रीड़ा संस्थान तक पहुँचती है, उसका अत्यन्त रोचक चित्रण कर लेखक अपने पाठक को खेल की दुनिया के अन्तरंग से परिचित कराता है। देश के सुदूर ग्रामों, अंचलों, जनजातीय क्षेत्रों में किस प्रकार अनेक खेल प्रतिभाएँ गुमनामी में दबी पड़ी हैं, इस प्रश्न पर विचार करता हुआ उपन्यास सामान्य-सी लड़की वसुधा के उन्नति के चरम शिखर प्राप्त करने की रुचिकर कथा कहता है। वसुधा का खेल लम्बी कूद—'लाँग जम्प'—है, इस लाँग जम्प के खेल की जितनी बारीकियाँ उपन्यासकार ने चित्रित की हैं, वे आश्चर्यकारी हैं। लगता है कि कोच न केवल खिलाड़ियों के अन्तर्मन में कुशलता से प्रवेश करता है अपितु अपने खेल—'गेम' की बारीकियों में बहुत विस्तार से जाता है, मानो उसकी इस खेल और अपनी नायिका के चरित्र पर पूरी-पूरी मज़बूत पकड़ है। खेल गुरु के रूप में कथा में तीन कोच, तीन खेल गुरु हैं—मास्टर वासुदेवन वसुधा के स्कूल के शिक्षक जो प्रारम्भ से ही उसे खिलाड़ी के रूप में गढ़ते हैं, तिरुवनन्तपुरम् में विश्वनाथन जो उसको कूद—जम्प—की बारीकियाँ समझा उसे खेल-प्रतिभा के रूप में तराशते हैं और राष्ट्रीय क्रीड़ा संस्थान पटियाला में वि.वि. सर—विश्वविजय सिंह जो पूरी तरह उसे देह के भावात्मक संवेदन से ऊपर उठाकर अन्तर्राष्ट्रीय खिलाड़ी के रूप में प्रतिष्ठित करते हैं। तीनों ही स्तर पर वसुधा के कोच उसे एक अच्छे खिलाड़ी के रूप में सँवारने में कोई कोर-कसर नहीं रखते। खेल से अलग हटकर भी उपन्यासकार जीवन के अन्य प्रश्नों पर भी अपना विमर्श प्रस्तुत करता है। कथा-सन्दर्भ में विवाह संस्था पर विचार इस रूप में आया है, "जगहँसाई तो कोर्ट में शादी करने से ज़्यादा होगी। शादी हमारा एक सांस्कृतिक लोकाचार है। आप तो इतने विद्वान हैं, इस सांस्कृतिक लोकाचार को ही क़ानून मानकर समाज शादियाँ स्वीकारता रहा है।"..."हमने तो कभी नहीं सुना कि आर्य या द्रविड़ सभ्यता ने कभी कोई शादी संहिता बनाई हो, मैरिज एक्ट बनाया हो। समाज की पुस्तक, परम्परा की पुस्तक और संस्कृति की पुस्तक ही हमारे लिए क़ानून की किताब की तरह रही है।" खेलों में खिलाड़ियों की चयन-प्रक्रिया, आदि में जिस प्रकार राजनीतिक हस्तक्षेप रहता है, लेखक उस पर विशद चर्चा प्रत्यक्षदर्शी के रूप में करता है। मंत्रियों के इशारों पर नाचते विभिन्न टीमों के चयन-कर्ता खेल प्रतिभाओं के साथ पूर्ण न्याय नहीं कर पाते हैं। इस सारे राजनीतिक खेल को मुरलीधरन जैसे उच्चाधिकारी खुलकर चुनौती देते हैं, वे न केवल सिलेक्शन कमेटी की सारी गोटियों की पोल खोलते हैं, बल्कि खेल मन्त्रालय को भी लताड़ते हैं। अपने ई-मेल उत्तर में उनका यह प्रतिरोधी स्वर उनके प्रति एक आदर-भाव जगाता है, "...मुझे भले ही टरमिनेट कर दिया जाए या मैं खुद इस्तीफ़ा दे दूँ, मगर इस प्रकार की धाँधली क़तई नहीं चलने दूँगा। मैं डंके की चोट पर कहता हूँ कि सिलेक्शन लिस्ट में जो आर्डरिंग की गई, वह सरासर ग़लत है और उसमें मन्त्रालय का प्रभाव स्पष्ट है।...जिन लोगों पर न्यायाधीश की तरह सारा देश विश्वास करता है, वे मन्त्री की एक फूँक से अपनी सारी नैतिकता ताक पर रखने को तैयार हो गए। आई प्रोटेस्ट इट, फिर मेरा कुछ भी हो।"[2] स्थानीय स्तर पर अपने रूप में भी वे सेलेक्टरों को खूब खरी-खोटी सुनाते हुए अपने कर्तव्य का पालन करते हैं।

उपन्यास में व्यापक विमर्श इस बात पर है कि खेल गुरु—कोच—के दायित्वों का निर्वहन करते हुए विभिन्न रूपों में युवा खिलाड़ियों या कहें युवतियों के शरीर के विभिन्न अंगों का परिमापन करते हुए उन्हें तरह-तरह से त्रस्त कर यौन-अनुभवों की ओर बढ़ना चाहते हैं। खेल से देह का खेला किस रूप में आकर जुड़ता चला जाता है, वसुधा और वि.वि. सर के सम्बन्धों

के माध्यम से उसे सविस्तार बताया गया है। अन्त तक पाठक को लगता रहता है कि वि.वि. सर वसुधा को शैया तक ले जाकर ही रहेंगे किन्तु उपन्यासकार बड़े कौशल से इस स्थिति को बचा ले जाता है। किन्तु अन्य खेलों और खिलाड़ियों की चयन प्रक्रिया में कोच, टीम मैनेजर और प्रबन्धन के उच्च अधिकारी किस प्रकार खिलाड़ियों का देह-शोषण कर उन्हें ऊँचाइयों तक पहुँचाते हैं, इस सबका परिचय बड़े विश्वसनीय रूप में दिया गया है। इंटर-स्टेट मैरिट के आधार पर जब राष्ट्रीय टीम का चयन होता है तो उपन्यासकार ने उन सब धाँधलियों का चित्रण किया है जिनकी तलवार हमेशा ही प्रतियोगियों के ऊपर लटकती रहती है। चयन के अन्तिम चरण में जब वसुधा के मुकाबले मिनिस्टर की केंडीडेट होने के कारण उससे कमतर खिलाड़ी अलामेलू का सिलेक्शन हो जाता है। लेकिन संस्थान के निदेशक मुरलीधरन के माध्यम से ऐसी स्थितियों के लिए एक प्रतिरोधी स्वर और आदर्श उपस्थित किया गया है। डायरेक्टर मुरलीधरन का यह कहना कि “मिस्टर वासप्पा मेरा कोई केंडीडेट नहीं है और मेरी आठों लड़कियाँ मेरी केंडीडेट हैं। द सिलेक्शन इज़ नॉट फेयर।” आक्रोश-भरे स्वर में उनकी यह गर्जना, “क्या आपके नेशनल सिलेक्टर होने का यही मॉडल है। आई डोंट एक्सेप्ट योर लिस्ट! आई विल नॉट साइन इट। मैं अपना नोट ऑफ डिसेंट लिखकर मन्त्रालय और प्रेस को भेज दूँगा।” इस मूल्यहीन समय में उपन्यासकार के मुरलीधरन का यह निर्णय बहुत बड़ा है। प्रतिरोध का एक सार्थक क़दम उठाता हुआ उपन्यास का बहुत बड़ा आकर्षण लम्बी कूद जैसे खेल की समस्त बारीकियों में जाना है—कैसे, किस प्रक्रिया से खिलाड़ी को प्रशिक्षण दिया जाता है, कैसे उसकी हर कूद—जम्प—को बारीकियों में परीक्षित किया जाता है, लड़कियों को अपनी देह से छेड़-छाड़ करते देखकर जिस मानसिक तनाव से गुज़रना पड़ता है, और अपने इस मनोद्वन्द्व से ऊपर उठकर अपने खेल के लिए समर्पित करना पड़ता है, उस सबका मनोहारी चित्रण यहाँ प्रस्तुत किया गया है। कथाकार खेल की बारीकियों में जिस प्रकार प्रवेश करता है उसका परिचय इन पंक्तियों में सहज ही मिल जाता है, “छलाँग की रेंज बढ़ा दी जाएगी और कट ऑफ़ पाइंट चार मीटर पचहत्तर से. मी. होगा। इन तीन राउंड्स में जो खिलाड़ी चुन लिए जाएँगे, वे दूसरी टीमों के इस रेंज के खिलाड़ियों से मुकाबला करेंगे। उन्हें भी तीन राउंड तो मिलेंगे, मगर सभी की रेंज चार मीटर पचहत्तर से. मी. से ज़्यादा होगी। उसमें जो सबसे ऊपर जाएगा, उसका फाइनल के लिए मुकाबला होगा। फाइनल में मिनिमम का कोई कन्सीडरेशन न होकर मैक्सिमम का नाप होगा और जो खिलाड़ी मैक्सिमम रेंज की छलाँग लगाएगी, वह फर्स्ट होगी।”[3] इसी प्रकार लम्बी कूद का पूरा इतिहास, विश्व-भर में इसके रिकार्ड धारकों के विवरण और उपलब्धियों का पूरा ब्योरा दिया गया है। न केवल लम्बी कूद, छलाँग, की अपितु क्रिकेट, हॉकी, आदि की भी बारीकियों को लेखक इसी रूप में चित्रित करता है।

खिलाड़ी के रूप में वसुधा का चरित्र बहुत प्रेरणादायक आदर्श खिलाड़ी के रूप में निर्मित किया गया है। केरल के एक छोटे से गाँव से शुरू हुई वसुधा की यात्रा किस प्रकार राष्ट्रीय क्रीड़ा संस्थान, पटियाला के प्रांगण तक पहुँची है और किस प्रकार वह राष्ट्रीय स्तर की सर्वश्रेष्ठ खिलाड़ी बनी है, इसका विवरण बहुत सुन्दर बन पड़ा है। खिलाड़ी जीवन की कठोर अनुशासित ज़िन्दगी से जिस प्रकार वह अपनी यौवनगत भावनाओं को दबाकर मनोद्वन्द्व से गुज़रती है, उसका भी चित्रण उपन्यासकार ने बहुत सूक्ष्मता से किया है, “मेरे अन्दर या कहूँ मैं अपनी देह के भीतर एक और देह जीती हूँ, उसे जीने की इजाज़त ही कहाँ है मुझे? खिलाड़ी बनकर मनुष्य कम और खिलौना अधिक हो गई हूँ। जवान लड़की की देह और वह भी शानदार और

नामदार देह कितनी कीमती होती है? यह मैंने खिलाड़ी या खिलौना बनकर तो जाना, मगर इसमें मेरा मनुष्य, मेरा अपना लड़कीपन, मेरे अन्दर का स्त्री रस, सब कुछ तो सूख-सा गया है। मैं कदमों से चलने के बजाय उनका इस्तेमाल छलाँग बना-बनाकर ही कर रही हूँ।"[4] इसी प्रकार के मनोभावों को जीते हुए कभी-कभी उस पर एक हीनता बोध तारी हो जाता है। उसका मनोद्वन्द्व तब और भी बढ़ जाता है, जब कोच विश्वविजय सिंह उसके शरीर की जाँच के बहाने उसकी देह से स्वतंत्रताएँ (लिबर्टी) लेते हैं, "उसे लगा शायद औरत की देह औरत स्वयं नहीं देखती, दूसरे ही देखते हैं और देह में औरत ही औरत या औरत में देह ही देह ढूँढ़ते फिरते हैं।"[5] इन सब वर्जनाओं से ऊपर उठकर वसुधा जिस रूप में राष्ट्रीय चैंपियन की हैसियत तक पहुँची है, यह उसके लिए श्लाघ्य है। वसुधा के माध्यम से लम्बी कूद के खेल और प्रतियोगिता का सरस चित्रण करता यह उपन्यास हिन्दी में क्रीड़ा जगत पर लिखा गया पहला उपन्यास है, इस रूप में 'खेल गुरु' समकालीन उपन्यास में अपना विशेष स्थान बनाता है।

सन्दर्भ

1. *खेलगुरु*, आरंभिका, पृष्ठ 9
2. वही, पृ. 92
3. वही, पृ. 115
4. वही, पृ. 183
5. वही, पृ. 199

सूर्यनाथ सिंह / *चलती चाकी*

गाँव के प्रामाणिक यथार्थ और 'यूटोपिया' के बीच रास्तों की तलाश

इधर गाँव-समाज के जीवन पर ऐसे उपन्यास कम आ रहे हैं जिनमें फ़िलहाल के गाँव की प्रामाणिक तस्वीर भी हो और वे प्रेमचन्द तथा रेणु की परम्परा के पठनीय तथा आकर्षक उपन्यास बन सकें। सूर्यनाथ सिंह अपने उपन्यास 'चलती चाकी' में दौलतपुर गाँव का जो प्रामाणिक अंकन करते हैं, वह न जाने कितने-कितने दौलतपुरों का प्रामाणिक यथार्थ है। गाँवों का यह भयावह यथार्थ उन लोगों के लिए भी नया और अनजाना है जो कुछ समय पहले अपने गाँव-समाज से पूरी तरह कट चुके हैं, उन्हें भी आश्चर्य होता है यह सब देखकर कि बदली हुई व्यवस्था, निज़ाम और भूमंडलीय स्थितियों ने गाँव के जीवन में क्या खलबली मचाकर रख दी है। सूर्यनाथ सिंह गाँव-जीवन का सच्चा चित्र पूरे श्वेत-श्याम में प्रस्तुत करने में पूरी तरह सफल हुए हैं किन्तु ग्राम-सुधार के लिए वे जो रोड-मैप, प्रकल्प अपने कथानायक श्वेतानन्द उर्फ़ निशान्त नीरव रचते हैं, वह बहुत यूटोपियन—आदर्शात्मक—हो जाता है जिससे उनके कथानायक के चरित्र का पूर्वार्द्ध काफ़ी अविश्वसनीय हो जाता है। किन्तु ग्राम-सुधार के विभिन्न कार्यक्रमों का जो सुझाव उपन्यासकार देता है, वे अव्यावहारिक नहीं हैं, उन्हें पूरी तरह लागू कर गाँवों की तस्वीर बदली जा सकती है। अविश्वसनीय यह है कि यह सब कार्य एक व्यक्ति श्वेतानन्द के वश का कार्य नहीं है, उसके लिए पंचायतें या गाँव में खड़ी की जाने वाली कोई 'सिविल सोसायटी' (सन्दर्भ अन्ना हज़ारे आन्दोलन) जैसी ही कोई संस्था कर सकती है। उपन्यासकार की उपलब्धि यह है कि वह गाँव के विकास का इतना सुचिन्तित प्रकल्प तैयार कर सका। उपन्यास की दूसरी बड़ी विशेषता यह है कि इसकी कथा ग्राम केन्द्रित एकायामी कथा बनकर नहीं रह जाती, अपने बहुआयामी सन्दर्भों में वह अपने देश की पुलिस और अन्तर्राष्ट्रीय क्षितिज पर अन्य देशों की पुलिस की कार्य-प्रणाली, गाँवों में चुनावों के समय होने वाले जातीय समीकरणों, पंयाचतों की कार्य-पद्धति, साधु जमात का राजनीति में प्रवेश, भूमंडलीकृत स्थितियों में बाज़ारवाद और उसे पोषित करता विज्ञापन जगत, वाम दलों की प्रश्नांकित राजनीति, जे.एन.यू. के माध्यम से छात्र राजनीति, शिक्षा जगत, साहित्य की दुनिया, राष्ट्रभाषा का प्रश्न और अंग्रेज़ी का वर्चस्व, सरकारी हिन्दी, देश के विभिन्न प्रान्तों में भूमि-अधिग्रहण की समस्या आदि पर बड़ी गम्भीरता से विचार करता हुआ सभी विषयों पर अपनी सुलझी सोच प्रस्तुत करता है। इस बहुत कुछ को बड़े कौशल से विभिन्न कथा-युक्तियों के माध्यम से उपन्यास में संजोया गया है, इसलिए वह इस कृति को सूचनाओं का भंडारण नहीं बनने देता। बड़ी सीधी-सरल शैली में कथा अपने ऋतु प्रवाह में पाठक को बहा ले चलती है और आद्यन्त उसमें कौतूहल और पठनीयता बनी रहती है।

उपन्यास की कथा का पट श्वेतानन्द (साधु) को पुलिस द्वारा गिरफ़्तार किए जाने से खुलता है, उन्हें थाने ले जाया जाता है। थाने में व्यवस्था के बहाने पूरे विश्व की पुलिस और सुरक्षा बलों की मनमानी पर विचार किया जाता है, "वे सिर्फ़ सोचते रहे कि यह सिर्फ़ हमारे देश में ही नहीं है। सुरक्षा के नाम पर दुनिया-भर में पुलिस और सुरक्षा बलों को इतने अधिकार दे दिए हैं कि वे गुंडागर्दी को अपना अधिकार समझने लगे हैं।" फिर वे बताते हैं कि किस प्रकार अमेरिकी सैनिकों ने इराक आदि के युद्ध में अबू गरेव जेल में बन्द युद्धबन्दियों का कितने घिनौने रूप में यौन शोषण किया था। इसीलिए श्वेतानन्द को "दौलतपुर में ड्रिप एरिगेशन, तालाबों की खुदाई और बगीचे लगाने के लिए तैयार" किए गए नक़्शों के साथ गिरफ़्तार कर उन्हें आतंकवादी गतिविधियों में संलिप्त दिखाने की चाल चलती है। उनका खतना कर उन्हें मुसलमान सिद्ध कर पड़ोसी देश का आतंकवादी सिद्ध करने का यह प्रयास हाल की कितनी ही घटनाओं के सन्दर्भों की इंगिति दे जाता है। पुलिस अत्याचारों पर मानवाधिकार आयोग के लोग किस प्रकार अपनी रोटियाँ सेकते हैं और मीडिया इन घटनाओं को कितना तूल देता है, इस सबका बड़ा यथार्थ अंकन यहाँ हुआ है। 'शहरों का कपट और कुटिल' रूप देखने वाले गाँवों के 'कुटिल' रूप को नहीं देख पाते हैं। यहाँ बड़ी निस्संगता से गाँवों के 'कुटिल' और 'श्रेष्ठ' दोनों का अंकन हुआ है।

'चलती चाकी' का उत्तरार्द्ध जो 'कुछ बेतरतीब रंगीन बक्से' शीर्षक के अन्तर्गत आया है, वह और अधिक प्रामाणिक और रोचक हो उठता है जहाँ श्वेतानन्द का साधु बनने से पहले का जीवन चित्रित है जिसमें वे निशान्त नीरव हैं। गाँव के निशान्त का शहर आना, जे.एन.यू. में शिक्षा, नौकरी का संघर्ष, विवाह, विवाह की स्थितियाँ, पत्नी का शक का सार्वभौमिक रोग, इस सबसे परेशान युवक निशान्त का साधु बनकर श्वेतानन्द में परिवर्तित होने तक की कथा–कथा के पूर्वार्द्ध को स्वाभाविक परिणति और संगति प्रदान करती है। घर वालों के आने पर श्वेतानन्द की पुलिस के चंगुल से मुक्ति के साथ उपन्यास का समापन होता है। यह समापन अपने पाठक के लिए एक शिकायत छोड़ जाता है कि क्यों गाँव-कल्याण कार्यों में जुटा एक ऊर्जावान चरित्र स्थितियों से परास्त हो चुपचाप दुम दबाकर दुनियादारी में दाख़िल हो 'सामान्यता' में आ जाता है, उपन्यास के समापन में उसका प्रतिरोधी स्वर शान्त नहीं हो जाना चाहिए था। बहरहाल, यह सूर्यनाथ सिंह का पहला उपन्यास अत्यन्त पठनीय रूप में उनके उपन्यासकार की आमद दर्ज़ करता है।

उनके कहानी-संग्रह 'कुछ रंग बेनूर' की कथा भाषा से मुझे शिकायत रही थी कि वहाँ भाषा का रचाव कथा भाषा का नहीं है, प्रसन्नता है कि यहाँ तक आते-आते लेखक अपनी भाषा को कथा-रस के अनुकूल बना पाया है।

वैश्वीकरण का कालीदह

वैश्वीकरण की अपसंस्कृति की आँधी यूँ तो पूरी दुनिया, किन्तु तीसरी दुनिया के देशों को विशेषतः अपनी चपेट में लिये हुए है। पश्चिम के दादा देश अमेरिका से चली वैश्वीकरण की यह प्रक्रिया हमारी 'वसुधैव कुटुम्बकम्' की अवधारणा से बिलकुल अलग है जो हमारी संस्कृति के श्रेष्ठ को बुरी तरह लील रही है। हिन्दी कथा-साहित्य में इसका पुरज़ोर प्रतिरोध विभिन्न कथाकारों ने अपनी-अपनी तरह से किया है। इसी क्रम में अग्रणी वरिष्ठ उपन्यासकार गिरिराज किशोर का सद्यः प्रकाशित उपन्यास 'स्वर्णमृग' है जिसमें भमूंडलीकरण के कितने ही भयों की चर्चा कर कथा को 'साइबर क्राइम' पर केन्द्रित किया गया है। साइबर क्राइम की दुनिया पर यह हिन्दी का पहला उपन्यास अवश्य है किन्तु पुस्तक के मुखपृष्ठ पर मुद्रित 'वैश्वीकरण की त्रासदी' पर पहला मौलिक उपन्यास (लेखकीय या प्रकाशकीय?) घोषणा सहज सुपाच्य नहीं है, इससे पूर्व भूमंडलीकरण की अपसंस्कृति के प्रतिरोध में रवीन्द्र वर्मा, काशीनाथ सिंह, अलका सरावगी, राजू शर्मा, आदि के कई उपन्यास आ चुके हैं। 'स्वर्ण-मृग' की विशिष्टता यह है कि यह साइबर क्राइम की उस दुनिया के अन्दर गहराई से प्रवेश कराता है जो नित्य लगभग सभी कम्प्यूटरों और मोबाइलों पर आपके द्वारा जीती गई किसी लॉटरी की विदेश से सूचना देते रहते हैं—जीती गई राशि कभी कितने ही हज़ार-लाख डॉलरों या मिलियन पाउंड्स में होती है। सामान्य आदमी आज 'ईज़ी मनी' के फेर में ऐसा पड़ा है कि वह इनके संजाल में फँस जाता है। फँस क्या जाता है, ज्यों-ज्यों सुलझना चाहता है 'त्यों-त्यों उरझत जात' की स्थिति में आता चला जाता है। इस खेल का शिकार इंटरनेट-भोगी वर्ग ही है, वे लोग हज़ारों-करोड़ों ई-मेल करते हैं, यदि इस संजाल में कुछेक मुर्ग़ियाँ भी फँस जाती हैं, तो इस खेल को खिलाने वाले खिलाड़ियों के वारे-न्यारे हैं, "हमारा ग़रीब देश एक विचित्र मानसिकता का शिकार हो रहा है। बिना कुछ किए करोड़पति या अरबपति बनने की लालसा। यह वर्ग इंटरनेट-कामी वर्ग है जो शिक्षित और आधुनिक सभ्यता का संवाहक होने का दावा करता है। यह खेल मल्टीनेशनल के नाम पर उनकी आनुषंगिक कम्पनियाँ या उनसे जुड़े अंग्रेज़ी दाँ लोग अपने को डिप्लोमेट का दर्ज़ा देकर विदेशी बिचौलिए खेल खेल रहे हैं।...इस खेल के केन्द्र लन्दन और नाइजीरिया आदि देश हैं।" इसी चाल का शिकार कथा-नायक पुरुषोत्तम होता है जिसे 'पुरुषो' कह-पुकारकर ही कथा गति पकड़ती है। आज नई पीढ़ी जिस 'चैट सम्प्रदाय' (उपन्यासकार का शब्द) का सदस्य बनकर गौरवान्वित हो रही है, उसी की त्रासद कथा 'पुरुषो' के माध्यम से कही गई है, यद्यपि पुरुषो नई पीढ़ी का नहीं, अपने लेखक मित्र राघव की वृद्ध-श्रेणी का है। लेखक यहाँ बड़ी गहरी चिन्ता से यह सवाल उठाता है कि आज चार्वाक के 'ऋणं कत्वा घृतं पीवेत' को पीछे छोड़कर "अमेरिका की आर्थिक व्यवस्था ही ऋण पर आधारित है, हर किसी का साहूकार क्रेडिट-कार्ड है। कर्ज़ के

दम पर भी कोई संसार का सबसे शक्तिशाली देश हो सकता है।" सकून और गर्व की बात यह है कि वैश्विक मन्दी के आड़े समय में उसके बैंकों का उद्धारकर्ता भारत जैसा तथाकथित ग़रीब देश ही बनता है। उपन्यास वर्तमान की इस दशा पर करारी चोट करता है कि हमारी पूरी संस्कृति क्रेडिट कार्ड संस्कृति, उधारजीवी संस्कृति, बनती चली जा रही है, "इस देश का क्रेडिट कार्ड हम लोगों को कल्पतरु की तरह लगता था। जो माँगोगे वह मिलेगा। मकान हो, कार हो, फ्रिज हो...छोटी-से-छोटी या बड़ी-से-बड़ी चीज़ हो, क्रेडिट से माँगो सब हाज़िर। सब कुछ क्रेडिट पर, किश्त भरते रहो, माल मिलता रहेगा। यानी कार्ड को दियाबत्ती दिखाते रहो, बस।" वस्तुतः वैश्वीकृत नई आर्थिक विकास की परिकल्पना द्वारा अमेरिका ने एक 'कालीदह का निर्माण किया' जिसमें 'आज वह स्वयं डूब रहा है।' जो 'अमेरिका धन और संसाधनों का हिमालय' था, आज वह उसी कालीदह में डूब रहा है। अकूत दौलत पाने के इसी स्वर्ण-मृग के पीछे-पीछे दौड़ता कथानायक पुरुषो इंग्लैंड की कम्पनी के प्रतिनिधि, उस देश का डिप्लोमेट बने डेविड मूर के जाल में ऐसा फँसता चला जाता है कि लाख मिलियन पाउंड के चक्कर में अपनी पूरे जीवन की कमाई 11-12 लाख रुपया देकर भी वांछित राशि नहीं पा पाता है—उसे मरुस्थल की मृगमरीचिका निरन्तर भटकाती है। पर यह कथा पाठक के मन में एक बात बार-बार उठाती है कि यदि पाठक को उपन्यास का लगभग मध्य आते-आते यह समझ में आने लगता है कि यह डेविड मूर की रुपया ऐंठने की साजिश-मात्र है, पुरुषोत्तम जैसा पात्र इसे समझ क्यों नहीं पाता है। बहरहाल, उपन्यास साइबर क्राइम के लॉटरी-कांडों की असलीयत की पोल खोलता हुआ उस सत्य की ओर इंगिति करता है कि 'वैश्वीकरण के इस युग में इनसानी रिश्तों को पीछे छोड़कर पैसे की ऐसी सुनामी आई उसमें' बह जाने के लिए प्रोत्साहित करने की स्थितियाँ कदम-कदम पर प्रस्तुत हैं। उपन्यास आज के मनुष्य की इस त्रासदी को गहरी संवेदना से प्रस्तुत करता है।*

* 'स्वर्ण-मृग' आकार में अत्यन्त संक्षिप्त उपन्यास है।

परिशिष्ट

(क) उल्लेख्य उपन्यास-सूची (2001 से अप्रैल 2013)

1.	अजय नावरिया	उधर के लोग	राजकमल प्रकाशन, नई दिल्ली-2	2008
2.	अनवर सुहैल	पहचान	राजकमल प्रकाशन, नई दिल्ली-2	2009
3.	अनामिका	दस द्वारे का पींजरा	राजकमल प्रकाशन, नई दिल्ली-2	2008
4.	”	तिनका तिनके पास	वाणी प्रकाशन, नई दिल्ली-2	2008
5.	अनिता राकेश	गुरुकुल	राधाकृष्ण प्रकाशन, नई दिल्ली-2	2008
6.	अब्दुल बिस्मिल्लाह	अपवित्र आख्यान	राजकमल प्रकाशन, नई दिल्ली-2	2008
7.	”	रावी लिखता है	राजकमल प्रकाशन, नई दिल्ली-2	2010
8.	अरुण आदित्य	उत्तर बनवास	आधार प्रकाशन, पंचकूला	2010
9.	अलका सरावगी	शेष कादम्बरी	राजकमल प्रकाशन, नई दिल्ली-2	2007
10.	”	एक ब्रेक के बाद	राजकमल प्रकाशन, नई दिल्ली-2	2008
11.	अशोक भौमिक	मोनालिसा हँस रही थी	अंतिका प्रकाशन, गाज़ियाबाद	2007
12.	”	शिप्रा एक नदी का नाम है	अंतिका प्रकाशन, गाज़ियाबाद	2012
13.	असगर वजाहत	कैसी आग लगाई	राजकमल प्रकाशन, नई दिल्ली-2	2004
14.	”	बरखा रचाई	राजकमल प्रकाशन, नई दिल्ली-2	2009
15.	उषा प्रियवंदा	भया कबीर उदास	राजकमल प्रकाशन, नई दिल्ली-2	2007
16.	काशीनाथ सिंह	काशी का अस्सी	राजकमल प्रकाशन, नई दिल्ली-2	2003
17.	”	रेहन पर रग्घू	राजकमल प्रकाशन, नई दिल्ली-2	2008
18.	महुआ माजी	महुआचरित	राजकमल प्रकाशन, नई दिल्ली-2	2012
19.	कुणाल सिंह	आदिग्राम उपाख्यान	भारतीय ज्ञानपीठ, नई दिल्ली-2	2010
20.	कृष्णा सोबती	समय सरगम	राजकमल प्रकाशन, नई दिल्ली-2	2000
21.	”	जैनी मेहरबान सिंह	राजकमल प्रकाशन, नई दिल्ली-2	2007
22.	के॰ एल॰ कमल	कैंपस	सामयिक प्रकाशन, नई दिल्ली-2	2011
23.	क्षमा कौल	दर्दपुर	भारतीय ज्ञानपीठ, नई दिल्ली-2	2004
24.	गिरिराज किशोर	स्वर्ण-मृग	राजपाल एंड संस, नई दिल्ली-6	2012
25.	गीतांजलि श्री	खाली जगह	राजकमल प्रकाशन, नई दिल्ली-2	2006
26.	”	तिरोहित	राजकमल प्रकाशन, नई दिल्ली-2	2007
27.	गोविन्द मिश्र	कोहरे में क़ैद रंग	भारतीय ज्ञानपीठ, नई दिल्ली-2	2004

28.	”	धूल पौधों पर	वाणी प्रकाशन, नई दिल्ली-2	2006
29.	घनश्याम	वरःमिहिर	भारतीय ज्ञानपीठ प्रकाशन, नई दिल्ली-2	2010
30.	चन्द्रकान्ता	कथा सतीसर	राजकमल प्रकाशन, नई दिल्ली-2	2002
31.	चित्रा मुद्गल	गिलिगुडु	सामयिक प्रकाशन, नई दिल्ली-2	2004
32.	जयंती	खानाबदोश ख़्वाहिशें	सामयिक प्रकाशन, नई दिल्ली-2	2009
33.	ज्ञान प्रकाश विवेक	चाय का दूसरा कप	वाणी प्रकाशन, नई दिल्ली-2	2010
34.	दिनेश कर्नाटक	फिर वही सवाल	भारतीय ज्ञानपीठ प्रकाशन, नई दिल्ली-3	2010
35.	द्रोणवीर कोहली	चौखट	भावना प्रकाशन, दिल्ली-91	2007
36.	नमिता सिंह	लेडीज़ क्लब	सामयिक प्रकाशन, नई दिल्ली-2	2011
37.	नरेन्द्र नागदेव	खंभों पर टिकी खुशबू	हार्परकॉलिंस, पब्लिशर्स इंडिया, नोएडा	2010
38.	निर्मला भुराड़िया	ऑब्जेक्शन मी लार्ड	राजकमल प्रकाशन, नई दिल्ली-2	2008
39.	नासिरा शर्मा	जीरो रोड	भारतीय ज्ञानपीठ, प्रकाशन, नई दिल्ली-3	2008
40.	निर्मल वर्मा	अंतिम अरण्य	राजकमल प्रकाशन, नई दिल्ली-2	2004
41.	पंकज बिष्ट	पंखवाली नाव	राजकमल प्रकाशन, नई दिल्ली-2	2009
42.	पंकज सुबीर	ये वो सहर तो नहीं.....	भारतीय ज्ञानपीठ प्रकाशन, नई दिल्ली-3	2012
43.	परितोष चक्रवर्ती	प्रिंट लाइन	भारतीय ज्ञानपीठ प्रकाशन, नई दिल्ली-3	2012
44.	प्रमोद कुमार तिवारी	अरे चांडाल	सामयिक प्रकाशन, नई दिल्ली-2	2006
45.	”	उफ़्फ़	सामयिक प्रकाशन, नई दिल्ली-2	2010
46.	प्रियंवद	छुट्टी के दिन का कोरस	भारतीय ज्ञानपीठ प्रकाशन, नई दिल्ली-3	2009
47.	बादशाह हुसैन रिज़वी	मैं मुहाजिर नहीं हूँ	सुनील साहित्य सदन, नई दिल्ली-2	2009
48.	ब्रजेश के॰ वर्मन	विश्वामित्र	भारतीय ज्ञानपीठ, नई दिल्ली-2	2010
49.	भगवानदास मोरवाल	रेत	राजकमल प्रकाशन, नई दिल्ली-2	2008
50.	भीमसेन त्यागी	ज़मीन	भारतीय ज्ञानपीठ प्रकाशन, नई दिल्ली-3	2004
51.	मंजूर एहतेशाम	पहर ढलते	राजकमल प्रकाशन, नई दिल्ली-2	2007
52.	मधु काँकरिया	सेज पर संस्कृत	राजकमल प्रकाशन, नई दिल्ली-2	2008
53.	ममता कालिया	दुक्खम-सुक्खम	भारतीय ज्ञानपीठ प्रकाशन, नई दिल्ली-3	2009
54.	मनीषा कुलश्रेष्ठ	शिगाफ़	राजकमल प्रकाशन, नई दिल्ली-2	2010
55.	महीप सिंह	अभी शेष है	किताबघर प्रकाशन, नई दिल्ली-2	2004
56.	महुआ माजी	मैं बोरिशाइल्ला	राजकमल प्रकाशन, नई दिल्ली-2	2006
57.	”	मरंगगोड़ा नीलकंठ हुआ	राजकमल प्रकाशन, नई दिल्ली-2	2010
58.	मिथलेश्वर	माटी कहे कुम्हार से	भारतीय ज्ञानपीठ प्रकाशन, नई दिल्ली-3	2006
59.	मीरा कांत	एक कोई था, कहीं नहीं-सा	वाणी प्रकाशन, नई दिल्ली-2	2009
60.	मुशर्रफ़ आलम जौकी	सुनामी में विजेता	सामयिक प्रकाशन, नई दिल्ली-2	2009
61.	मृदुला गर्ग	मिलजुल मन	सामयिक प्रकाशन, नई दिल्ली-2	2010
62.	मेवाराम	दारा शिकोह	भारतीय ज्ञानपीठ प्रकाशन, नई दिल्ली-3	2010
63.	”	सुलतान रज़िया	भारतीय ज्ञानपीठ प्रकाशन, नई दिल्ली-3	2011
64.	मैत्रेयी पुष्पा	कस्तूरी कुंडल बसै	राजकमल प्रकाशन, नई दिल्ली-2	2006
65.		त्रिया हठ	किताबघर प्रकाशन, नई दिल्ली-2	2006
66.	मोहम्मद आरिफ़	उपयात्रा	राजकमल प्रकाशन, नई दिल्ली-2	2006

67.	रजनी गुप्त	एक न एक दिन	किताबघर प्रकाशन, नई दिल्ली-2	2008
68.	"	कुल जमा बीस	सामयिक प्रकाशन, नई दिल्ली-2	2012
69.	रणेन्द्र	ग्लोबल गाँव के देवता	भारतीय ज्ञानपीठ प्रकाशन, नई दिल्ली-3	2010
70.	रमेश दवे	खेलगुरु	सामयिक प्रकाशन, नई दिल्ली-2	2011
71.	रमेशचन्द्र शाह	सफ़ेद परदे पर	किताबघर प्रकाशन, नई दिल्ली-2	2008
72.	"	विनायक	राजपाल एंड संस, नई दिल्ली-6	2012
73.	"	कथा सनातन	राजपाल एंड संस, नई दिल्ली-6	2012
74.	रवींद्र कालिया	ए.बी.सी.डी.	वाणी प्रकाशन, नई दिल्ली-2	2004
75.	"	17 रानडे रोड	भारतीय ज्ञानपीठ प्रकाशन, नई दिल्ली-3	2010
76.	रवींद्र वर्मा	मैं अपनी झाँसी नहीं दूँगा	राजकमल प्रकाशन, नई दिल्ली-2	2004
77.	"	दस बरस का भँवर	राजकमल प्रकाशन, नई दिल्ली-2	2007
78.	"	आख़िरी मंज़िल	राजकमल प्रकाशन, नई दिल्ली-2	2007
79.	"	क्रांति कक्का की जन्म-शताब्दी	राजकमल प्रकाशन, नई दिल्ली-2	2010
80.	राजू शर्मा	हलफ़नामे	राधाकृष्ण प्रकाशन, नई दिल्ली-2	2006
81.	"	विसर्जन	राजकमल प्रकाशन, नई दिल्ली-2	2009
82.	राजेन्द्र कुमार कन्नौजिया	माइक्रोस्कोप	अंतिका प्रकाशन, ग़ाजियाबाद	2009
83.	राधा वल्लभ त्रिपाठी	विक्रमादित्य कथा	भारतीय ज्ञानपीठ प्रकाशन, नई दिल्ली-3	2005
84.	रामधारी सिंह दिवाकर	अकाल संध्या	भारतीय ज्ञानपीठ प्रकाशन, नई दिल्ली-3	2006
85.	लता शर्मा	सही नाप के जूते	सामयिक प्रकाशन, नई दिल्ली-2	2009
86.	विकास कुमार झा	मैकलुस्कीगंज	राजकमल प्रकाशन, नई दिल्ली-2	2010
87.	विजय	नंबरदार हुआ खुदा	भारतीय ज्ञानपीठ प्रकाशन, नई दिल्ली-3	2010
88.	विजय गौड़	फाँस	भारतीय ज्ञानपीठ प्रकाशन, नई दिल्ली-3	2011
89.	विजय शर्मा	दिमाग़ में घोंसले	अंतिका प्रकाशन, गाज़ियाबाद	2010
90.	वीरेन्द्र गौड़	सुखफ़रोश	भारतीय ज्ञानपीठ प्रकाशन, नई दिल्ली-3	2010
91.	विमांशु दिव्याल	गाथा लंपट तंत्र की	सामयिक प्रकाशन, नई दिल्ली-2	2012
92.	विभूतिनारायण सिंह	प्रेम की भूतकथा	भारतीय ज्ञानपीठ प्रकाशन, नई दिल्ली-3	2009
93.	शरद सिंह	पिछले पन्ने की औरतें	सामयिक प्रकाशन, नई दिल्ली-2	2005
94.	"	पचकौड़ी	सामयिक प्रकाशन, नई दिल्ली-2	2009
95.	शीला रोहेकर	मिस सैम्युएल : एक यहूदी गाथा	भारतीय ज्ञानपीठ प्रकाशन, नई दिल्ली-3	2013
96.	शैलेन्द्र सागर	एक सुबह यह भी	सामयिक प्रकाशन, नई दिल्ली-2	2012
97.	संजीव	आकाश चंपा	रेमाधव पब्लिकेशन्ज़, गाज़ियाबाद	2008
98.	"	रह गई दिशाएँ इसी पार	राजकमल प्रकाशन, नई दिल्ली-2	2011
99.	सुधा अरोड़ा	यहीं कहीं था घर	सामयिक प्रकाशन, नई दिल्ली-2	2010
100.	सुधाकर अदीब	मम अरण्य	लोकभारती प्रकाशन, इलाहाबाद	2012
101.	सुरेन्द्र वर्मा	काटना शमी का वृक्ष पद्मपंखुरी की धार से	भारतीय ज्ञानपीठ प्रकाशन, नई दिल्ली-3	2010
102.	सुरेश सेठ	सुलगती नदी	प्रवीण प्रकाशन, नई दिल्ली-2	2009

103.	सुषम बेदी	मैंने नाता तोड़ा	भारतीय ज्ञानपीठ प्रकाशन, नई दिल्ली-3	2009
104.	सुषमा जगमोहन	ज़िंदगी ई॰ मेल	सामयिक प्रकाशन, नई दिल्ली-2	2005
105.	सूर्यनाथसिंह	चलती चाकी	सामयिक प्रकाशन, नई दिल्ली-2	2011
106.	हरनोट	हिडिम्ब	आधार प्रकाशन, पंचकूला	2003
107.	हरि सुमन बिष्ट	आछरी-माछरी	भावना प्रकाशन, दिल्ली	2006
108.	"	बसेरा	सामयिक प्रकाशन, नई दिल्ली-2	2011
109.	हरीचरन प्रकाश	एक गन्दर्भ का दुःस्वप्न	राजकमल प्रकाशन, नई दिल्ली-2	2008
110.	हृदयेश	चार दरवेश	भारतीय ज्ञानपीठ प्रकाशन, नई दिल्ली-3	2011

(ख) आधार ग्रंथ
वर्षवार : उल्लेख्य उपन्यास-सूची (2001 से अप्रैल 2013)

2001	कृष्णा सोबती	समय सरगम
	चन्द्रकांता	कथा सतीसर
	अलका सरावगी	शेष कादम्बरी
2002	काशीनाथ सिंह	काशी का अस्सी
	रामधारी सिंह दिवाकर	टूटते दायरे
	बच्चन सिंह	पांचाली
	मैत्रेयी पुष्पा	विजन
	नीरजा माधव	यमदीप
	जितेंद्र भाटिया	शहर-दर-शहर
2003	हरनोट	हिडिम्ब
2004	असगर वजाहत	कैसी आगि लगाई
	उषा प्रियंवदा	अन्तर्वंशी
	भीमसेन त्यागी	ज़मीन
	चित्रा मुद्गल	गिलिगडु
	गोविन्द मिश्र	कोहरे में क़ैद रंग
	निर्मल वर्मा	अंतिम अरण्य
	रवींद्र कालिया	ए.बी.सी.डी.
	रवींद्र वर्मा	मैं अपनी झाँसी नहीं दूँगा
	भगवानदास मोरवाल	बाबल तेरा देस में
	निर्मला भुराड़िया	ऑब्जेक्शन मी लार्ड
	महीप सिंह	अभी शेष है
2005	नासिरा शर्मा	कुइयाँ जान
	ज्ञानप्रकाश विवेक	दिल्ली दरवाज़ा
	कांतिमयी	महिमामयी
	राधावल्लभ त्रिपाठी	विक्रमादित्य कथा
	शरद सिंह	पिछले पन्ने की औरतें

2006	कृष्णा सोबती	जेनी मेहरबान सिंह
	रमेशचन्द्र शाह	सफ़ेद परदे पर
	गीतांजलि श्री	खाली जगह
	संतोष चौबे	क्या पता कामरेड मोहन
	महुआ माजी	मैं बोरिशाइल्ला
	राजेंद्र मोहन भटनागर	क़ायदे आज़म
	प्रमोद कुमार त्रिपाठी	अरे चांडाल
	मैत्रेयी पुष्पा	त्रिया हठ
	मोहम्मद आरिफ़	उपयात्रा
	हरिसुमन बिष्ट	आछरी माछरी
	रामधारी सिंह दिवाकर	अकाल संध्या
	मिथिलेश्वर	माटी कहे कुम्हार से
	राजू शर्मा	हलफ़नामे
2007	रवींद्र वर्मा	दस बरस का भँवर
	अशोक भौमिक	मोनालिसा हँस रही थी
	द्रोणवीर कोहली	मुल्क अवाणों का
	गिरिराज किशोर	इक आग का दरिया
	गीतांजलि श्री	तिरोहित
	मंजूर एहतेशाम	पहर ढले
	सुधीर निगम	मैं धृतराष्ट्र
	उषा प्रियंवदा	भया कबीर उदास
2008	काशीनाथ सिंह	रेहन पर रग्घू
	रवींद्र वर्मा	आखिरी मंजिल
	नासिरा शर्मा	ज़ीरो रोड
	संजीव	आकाश चंपा
	अब्दुल बिस्मिल्लाह	अपवित्र आख्यान
	अलका सरावगी	एक ब्रेक के बाद
	गोविन्द मिश्र	धूल पौधों पर
	अनामिका	तिनका तिनके पास
		दस द्वारे का पींजरा
	रजनी गुप्त	एक न एक दिन
	हरीचरन प्रकाश	एक गंधर्व का दुःस्वप्न
	मधु काँकरिया	सेज पर संस्कृत
	नरेंद्र नागदेव	खंभों पर टिकी खुशबू
	जितेन ठाकुर	उड़ान
	अनुसूया त्यागी	मैं भी औरत हूँ
	मेवाराम	दारा शिकोह

	अजय नावरिया	उधर के लोग
	राकेश कुमार सिंह	साधो यह मुर्दों का गाँव
	भगवानदास मोरवाल	रेत
2009	प्रियंवद	छुट्टी के दिन का कोरस
	राजू शर्मा	विसर्जन
	ममता कालिया	दुक्खम सुक्खम
	मृदुला गर्ग	मिलजुल मन
	अनवर सुहैल	पहचान
	बादशाह हुसैन रिज़वी	मैं मुहाजिर नहीं हूँ
	शरद सिंह	पचकौड़ी
	सुरेश सेठ	सुलगती नदी
	विभूतिनारायण राय	प्रेम की भूत कथा
	ज्ञानप्रकाश विवेक	आखेट
	जयंती	खानाबदोश ख्वाहिशें
	पंकज बिष्ट	पंखवाली नाव
	असगर वजाहत	बरखा रचाई
	लता शर्मा	सही नाप के जूते
	ब्रजेश के. वर्मन	विश्वामित्र
	मुशर्रफ़ अली ज़ौकी	सुनामी में विजेता
	शत्रुघ्न प्रसाद सिंह	सिद्धियों के खंडहर
	संजय कुंदन	टूटने के बाद
	प्रेमयोगी	क्रांतिकारी
	आर॰ के॰ पालिवाल	बाँसपुर की उत्तर कथा
	सुषम बेदी	मैंने नाता तोड़ा
	रणेन्द्र	ग्लोबल गाँव के देवता
	धीरेन्द्र अस्थाना	देश निकाला
	प्रदीप सौरभ	मुन्नी मोबाइल
	मीरा कांत	एक कोई था, कहीं नहीं-सा
	राजेन्द्र कुमार कन्नौजिया	माइक्रोस्कोप
	मनोज सिंह	बंधन
2010	अब्दुल बिस्मिल्लाह	रावी लिखता है
	रवींद्र कालिया	17 रानडे रोड
	रवींद्र वर्मा	क्रांति कक्का की जन्म शताब्दी
	वीरेंद्र जैन	सुख फ़रोश
	मनीषा कुलश्रेष्ठ	शिगाफ़
	सुषम बेदी	मैंने नाता तोड़ा
	प्रमोद कुमार तिवारी	उ़फ़
	तेजिंदर	सीढ़ियों पर चीता

	सुधा अरोड़ा	यहीं कहीं था घर
	मधुकर सिंह	बेनीमाधव की पतोह
	अरुण आदित्य	उत्तर बनवास
	विजय	नम्बरदार
		हुआ नाख़ुदा
	विकास कुमार झा	मैकलुस्कीगंज
	घनश्याम पाण्डेय	वरःमिहिर
	गीतांजलि चटर्जी	तीसरे लोग
	विजय शर्मा	दिमाग़ में घोंसले
	कुणाल सिंह	आदिग्राम उपाख्यान
	कमल कुमार	पासवर्ड
		मैं घूमर नाचूँ
	ज्ञानप्रकाश विवेक	चाय का दूसरा कप
	पंकज सुबीर	ये वो सहर तो नहीं....
	विष्णु शर्मा	रेखाएँ दुःख की
	नीरजा माधव	ईहामृग
	सुरेंद्र वर्मा	काटना शमी का वृक्ष पद्मपँखुरी की धार से
2011	रमेशचन्द्र शाह	विनायक
	रमेश दवे	खेलगुरु
	नासिरा शर्मा	पारिजात
	हरिसुमन बिष्ट	बसेरा
	नमिता सिंह	लेडीज़ क्लब
	सूर्यनाथ सिंह	चलती चाकी
	के॰ एल॰ कमल	कैंपस
	विजय गौड़	फाँस
	दिनेश कर्नाटक	फिर वही सवाल
	मेवाराम	सुल्तान रज़िया
2012	गिरिराज किशोर	स्वर्ण-मृग
	रमेशचन्द्र शाह	कथा सनातन
	विद्या सागर नौटियाल	मेरा जामक वापस दो
	नीलेश रघुवंशी	एक क़स्बे के नोट्स
	सुधाकर अदीब	मम अरण्य
	महुआ माजी	मरंग गोड़ा नीलकंठ हुआ
	द्रोणवीर कोहली	पोटली
	काशीनाथ सिंह	महुआचरित
	विमांशु दिव्याल	गाथा लंपट तंत्र की
	शीलेन्द्र सागर	एक सुबह यह भी
	रजनीगुप्त	कुल जमा बीस

	अशोक भौमिक	शिप्रा एक नदी का नाम है
	परितोष चक्रवर्ती	प्रिंट लाइन
2013 (सूची अप्रैल 2013 तक की)	गंगाप्रसाद विमल	मानुषखोर
	राजश्री	पशुपति
	मुद्राराक्षस	अर्धवृत्त
	एकांत श्रीवास्तव	पानी भीतर फूल
	मधु काँकरिया	सूखते चिनार
	शीला रोहेकर	मिस सैम्युएल : एक यहूदी गाथा
	हीरालाल नागर	डेक पर अँधेरा
	जयश्री राय	साथ चलते हुए
	रंजना जायसवाल	और मेघ बरसते रहे
	वीरेन्द्र कुमार गौड़	यूँ जन्मा बंगलादेश
	श्यामसुन्दर सखा	कोई फ़ायदा नहीं
	गोविन्द मिश्र	अरण्य तंत्र

❑ ❑ ❑